CHRONOLOGIE

UNIVERSELLE

SUIVIE

DE LISTES CHRONOLOGIQUES ET DE TABLEAUX GÉNÉALOGIQUES

PAR CH. DREYSS

Ancien Recteur d'Académie, Inspecteur général honoraire

CINQUIÈME ÉDITION
corrigée et continuée jusqu'au 1ᵉʳ janvier 1883

PREMIÈRE PARTIE

PARIS
LIBRAIRIE HACHETTE ET Cⁱᵉ
79, BOULEVARD SAINT-GERMAIN, 79

—

1883

HISTOIRE
UNIVERSELLE

publiée par une société

DE PROFESSEURS ET DE SAVANTS

sous la direction

DE M. V. DURUY

7347. — PARIS, IMPRIMERIE A. LAHURE
9, Rue de Fleurus, 9.

CHRONOLOGIE

UNIVERSELLE

SUIVIE

DE LISTES CHRONOLOGIQUES ET DE TABLEAUX GÉNÉALOGIQUES

PAR CH. DREYSS

Ancien Recteur d'Académie, Inspecteur général honoraire

CINQUIÈME ÉDITION
corrigée et continuée jusqu'au 1ᵉʳ janvier 1883

PREMIÈRE PARTIE

PARIS

LIBRAIRIE HACHETTE ET Cⁱᵉ

79, BOULEVARD SAINT-GERMAIN, 79

—

1883

PRÉFACE

DE LA CINQUIÈME ÉDITION.

Trente années se sont écoulées depuis qu'a commencé la publication de ce vaste répertoire de faits. Chaque édition a donné lieu à un travail considérable, non seulement pour corriger et amender l'œuvre première, mais pour la compléter et la mener jusqu'aux dernières limites du temps présent. Et, comme nous nous sommes attaché à suivre, pendant cette longue période, les révolutions politiques, les guerres nationales ou les luttes d'ambition, l'élaboration des constitutions et des lois, les questions sociales, l'extension du domaine de la civilisation et de la science, l'ouvrage, qui a presque doublé en étendue, forme dans ses parties nouvelles une sorte de manuel de l'histoire des peuples et des États depuis 1852.

Dans l'ancien monde, il en est bien peu qui n'aient pas changé de physionomie, de forme de gouvernement, d'état social, même de frontières. Le principe des nationalités, invoqué les armes à la main par la maison de Savoie, avec le concours de Napoléon III, a créé l'Italie et l'a élevée au rang de grande puissance. C'est au nom de l'unité allemande que le chancelier Prussien a porté si haut depuis vingt ans la fortune de la maison de Brandebourg, écrasant tour à tour le Danemark, l'Autriche, la France. La France expie encore, après douze ans d'efforts pour se reconstituer à la suite d'épouvantables désastres, la confiance qu'elle avait mise en l'héritier du premier Napoléon. Par la connivence de l'Allemagne triomphante, la Russie a pu se venger sur les Turcs des coups que l'Angleterre et la France lui avaient portés en commun pour empêcher le démembrement de l'empire ottoman. La décomposition de cet empire n'est plus arrêtée par aucune puissance européenne.

L'Allemagne, pour contenir les Russes, ses alliés d'hier, en même temps que la France, a ramené à elle par des conventions récentes, encore mal connues, l'Autriche qu'elle avait vaincue en 1866. Le dualisme austro-hongrois fait vivre ensemble, depuis quinze ans, des nationalités diverses, souvent ennemies, grâce à la sagesse du souverain et des hommes d'État des deux royaumes. C'est moins une question de nationalité qu'une question sociale qui divise si profondément les deux Iles britanniques. Comment vivrait l'Irlande si elle était séparée de l'Angleterre, comme le demandent quelques-uns de ses tribuns? Et d'autre part ses manifestations violentes et les crimes agraires dont elle est le théâtre appellent des répressions que sont obligés de solliciter même les ministres les plus libéraux. Ces embarras intérieurs n'empêchent pas le gouvernement Britannique de partager avec celui de l'Allemagne la haute direction des affaires de l'Europe.

Le nouveau monde présente des spectacles différents du nôtre. Une seule grande puissance est constituée : les États-Unis, s'étendent sur presque toute l'Amérique du Nord, laissant en dehors d'eux seulement au nord-est, sous la tutelle de l'Angleterre, le *Dominion* Canadien qui couvre encore un assez vaste espace, et, au sud-ouest, la République Mexicaine, redevenue maîtresse de ses destinées depuis l'issue tragique d'une tentative de création d'empire au nom des races latines. Les 50 millions de la population actuelle de l'Union, chiffre énorme comparé à la population des États de l'Europe occidentale, sont loin de répondre à l'immensité du territoire, où les pionniers plantent son drapeau. A l'intérieur, elle ressent encore les atteintes de la guerre de sécession. Si l'esclavage n'y peut plus renaître, les inégalités de race et de couleur, à peu près effacées dans les lois, subsistent dans les mœurs. La question de l'esclavage ne peut pas tarder à avoir sa solution définitive dans l'île de Cuba, que l'Espagne, déchirée par la guerre civile et mal gouvernée, a failli perdre, et au Brésil où l'émancipation progressive, résolue il y a bientôt douze ans, a déjà porté de si heureux fruits. C'est pour des intérêts d'un ordre moins élevé que souvent sont en guerre les unes contre les autres les Républiques de l'Amérique du Sud. Mais peut-on s'étonner que chacun de ces petits États, dont le territoire n'est souvent qu'un désert ou une massive chaîne de montagnes aux cimes neigeuses, dispute à son voisin un bon cours d'eau, un port de mer, des mines, même du guano? La suppression de l'esclavage dans l'Afrique même est la préoccupation constante et sera la récompense du dévouement des missionnaires et des voyageurs qui pénètrent les mystères de ce vieux continent. Quel nom plus vénéré à ce titre que celui de Livingstone! M. Ferdinand de Lesseps a ouvert une nouvelle route au commerce du monde ; et bientôt il joindra les deux mers américaines comme il a fait de la Méditerranée et de la mer Rouge. Le canal de Suez conduisant aux Indes, l'Angleterre est résolue à dominer en Égypte, de même que la France pour couvrir l'Algérie a assuré son ascendant en Tunisie. Les parties les plus orientales de l'Asie laissent tomber ou voient forcées les barrières qui les séparaient des Européens. Les États-Unis sont associés aux nations européennes dans l'œuvre féconde de propagande de la civilisation chez les peuples de l'extrême Orient.

Dans tous les États, anciens ou nouveaux, de l'Europe et de l'Amérique, quelle que ce soit leur forme politique, les Parlements ont un rôle considérable dont nous constatons les résultats essentiels : sans pouvoir entrer dans le détail des délibérations législatives, nous ne donnons pas seulement les votes des projets de loi, nous en marquons les phases diverses au moins pour les plus importants. La liberté politique fait partout de très sensibles progrès : le suffrage universel et direct commence à s'étendre de la Suisse et de la France, les seules républiques du continent, à d'autres États. Les incidents politiques et les crises sociales de la vie de chaque peuple sont également notés ici dans la mesure restreinte que comporte notre cadre.

Nous aurions été heureux, à dix ans de distance de la précédente édition, de pouvoir envisager avec plus de sérénité et de satisfaction le sort de notre propre pays. Il a gagné du côté des institutions, puisque, après bien des lenteurs et des oppositions venant de partis qui ne voulaient pas de la république et cependant n'avaient rien à mettre à la place, la République est constituée et est assurée de vivre ; et que la démocratie fait passer dans les lois ses principes et les meilleures de ses aspirations. Mais le parti révolutionnaire socialiste est toujours menaçant ; la Société internationale des travailleurs, qui a son foyer à Genève depuis 1873, n'a jamais interrompu et reprend avec plus d'intensité son œuvre anarchique ; et les dissensions au sein du Parlement sont une entrave à la prospérité intérieure comme à la marche du gouvernement. Quant à la politique extérieure, elle se ressent trop des angoisses de l'année terrible. Nous nous arrêtons sous l'impression d'événements bien douloureux pour la France. L'âge lui avait enlevé il y a cinq ans M. Thiers, le libérateur du territoire, dont la sollicitude patriotique jusqu'au dernier instant de sa vie avait été si précieuse pour « la noble blessée » et pour la République à fonder. Mais ils n'avaient pas fourni leur carrière les deux grands serviteurs de la France et de la République, morts à quelques jours l'un de l'autre, le 31 décembre 1882 et le 5 janvier 1883 : M. Gambetta, le puissant tribun qui avait inspiré et dirigé de Tours et de Bordeaux avec une foi inébranlable dans les destinées du pays, la défense nationale, orateur et homme d'État en qui semblait s'incarner la République ; et le général Chanzy, un des plus vaillants et des plus heureux soldats des armées improvisées pendant l'invasion allemande. Les pouvoirs publics sauront sans doute faire en sorte, par leur sagesse et leur énergie à la fois, que de telles pertes n'affectent pas le jeu des institutions républicaines, notre puissance militaire et notre rôle en Europe.

Ch. Dreyss.

13 Janvier 1883.

PRÉFACE

DE LA PREMIÈRE ÉDITION

Le titre de ce livre n'est pas fait pour attirer le lecteur. La chronologie a toujours été considérée comme une branche d'étude si ingrate, que les services mêmes qu'elle peut rendre sont souvent dédaignés, et que la peur de l'ennui en éloigne ceux qui ont le plus besoin de s'instruire. Nous savons tout le mal qui en a été dit dans tous les temps : « Un sec et triste faiseur d'annales ne connaît pas d'autre ordre que celui de la chronologie, remarque Fénélon [1]; il n'ose ni avancer, ni reculer aucune narration. Souvent, au contraire, un fait montré par avance de loin débrouille tout ce qui le prépare. Souvent un autre fait sera mieux dans son jour étant mis en arrière; en se présentant plus tard, il viendra plus à propos pour faire naître d'autres événements. » Ceci a bien été écrit contre nous, qui n'admettons pour le résumé des faits d'autre loi que la date, qui encadrons dans chaque année, et même par ordre alphabétique de peuples, tous les événements de quelque importance sous le rapport politique, militaire ou social. Nous suivons ainsi le cours des siècles, prenant sur la route tout ce que la Providence nous apporte, bon an mal an, de fondations de villes ou d'États, de destructions d'empires, de crimes éclatants, de révolutions intestines, de règnes vertueux, de malheurs ou de fautes des princes cruellement expiés par les nations, de découvertes utiles à l'humanité cupide ou souffrante : nous ne racontons pas, nous posons les faits. La chronologie a un grand défaut qui la fait prendre en pitié par les imaginations vives, par les esprits philosophiques · qu'est-ce qu'une étude ou une science qui ne raisonne pas, qui

---

1. T. XXI, page 230, *Lettre sur les occupations de l'Académie.*

n'a pas de système, qui semble affecter de n'avoir pas d'opinion ? C'est un corps mutilé : l'âme et le mouvement lui manquent ; elle ne dispose pas des idées et des passions de l'humanité que les artistes, les poètes, les philosophes même et les historiens manient tout à leur aise. Son office est plus modeste : elle ressemble à l'*esclave nomenclateur* du poète Horace, chargé de faire connaître au riche insouciant et frivole quels sont ces grands personnages qui passent devant lui sur le Forum, à quelle famille ils appartiennent, s'ils ont des ancêtres bien antiques et illustres, ce qu'ils ont fait et quel est leur titre à la considération publique ; et, comme lui-même il est du peuple, il lui parle un peu, chemin faisant, de cette masse qui compose la foule, des lois, des mœurs, des lumières des plébéiens. La galerie se renouvelle incessamment, l'esclave poursuit son énumération sibyllique depuis les premiers jours du monde jusqu'en 1852.

Il aurait été facile peut-être d'échapper à ce reproche d'impassibilité et de brièveté annuelle : choisir quelques faits dans chaque année, les développer et discuter à l'aise, et sacrifier résolument tous ceux qui n'ont pas d'intérêt dramatique, c'est là une méthode chronologique de morale en action, qui a son prix et qu'on aurait pu suivre si on avait voulu répondre à un autre objet que celui que nous nous sommes proposé. Nous avons mieux aimé laisser en leur place, à mesure qu'ils se produisent, tous les faits jugés utiles, sans en soustraire aucun, quelle que fût notre opinion, sans y substituer nos réflexions : rôle bien négatif, à ce qu'il semble, mais accepté en toute connaissance de cause, dans l'espoir que la peine que nous avons prise en épargnera un peu à ceux qui consulteront ce dictionnaire d'annales. Nous offrons l'extrait, plusieurs fois remanié et réduit, de volumineuses recherches qui ont porté sur les matières les plus diverses.

Les faits certains sont seuls admis dans un pareil livre. Pour les temps de l'antiquité, sauf l'histoire biblique, la chronologie est nécessairement pauvre. « Il n'y a pas à puiser, dit M. Daunou[1], dans une multitude de chroniques et de chartes, dans de riches collections de mémoires et de monuments de chaque âge. Les sources se réduisent aux récits, quelquefois non datés, des historiens classiques, à des indications le plus souvent tra-

---

Cours d'études historiques, t. III, p. 441.

ditionnelles, à quelques débris d'annales anciennes, recueillies plus ou moins exactement par les chronographes ecclésiastiques, et à un assez petit nombre de médailles et d'inscriptions dont la clarté n'est pas toujours parfaite, ni l'authenticité toujours indubitable. » Les événements les plus mémorables et développés même avec complaisance par les historiens et par les poètes, manquent de base chronologique. Sans parler des exploits de l'âge héroïque de la Grèce, que de dates différentes données pour Lycurgue et pour Zoroastre ! L'histoire romaine n'échappe pas à ces incertitudes, soit pour les rois, soit pour l'époque des empereurs : l'avènement et la mort ou la chute des princes sont chronologiquement mieux connus que les souffrances des peuples qui les ont subis. Les temps du christianisme naissant, l'époque d'oppression du régime féodal, l'histoire locale des villes et des communes au moyen âge, et même les origines des libertés constitutionnelles pour les peuples modernes fourniraient des sujets d'érudition chronologique : nous nous en sommes tenu aux témoignages bien avérés et acceptés sans contradiction. Dans cet excès de zèle pour la vérité, quelques noms d'une célébrité problématique ont failli disparaître : mais, au risque de passer pour mauvais annaliste, et ne voulant pas chicaner un titre de gloire que l'histoire de convention a décerné jusqu'au commencement de ce siècle, à l'antique Pharamond, nous avons gardé ce nom vénéré, d'existence fort douteuse, en tête des rois francs. Nous pourrions dire ici, comme Voltaire, qu'il ne s'agit pas de savoir « en quelle année un prince indigne d'être connu succéda à un prince barbare, chez une nation grossière. » Pharamond, après tout, est avec plus de vraisemblance l'aïeul des Francs, que le dieu Mars celui des Romains.

Notre désir étant de fournir pour chaque pays les éléments essentiels de son histoire, nous ne nous sommes pas borné à la politique et à la guerre : les lettres, les arts, le commerce, les découvertes maritimes et scientifiques occupent plus de place à mesure que nous approchons de notre époque. Le chronologiste anglais Clinton nous a permis de donner une date de composition pour plusieurs monuments de la littérature grecque et romaine, qui fait l'objet de deux excellents volumes de notre collaborateur M. Pierron. Dans les temps modernes, nous avons aimé à saisir le moment où apparaît un ouvrage ou une découverte ; on apprécie mieux, et sans qu'il soit besoin de commentaire, l'action immédiate exercée par l'œuvre littéraire ou scientifique : le désastre de la *grande armada* donne naissance au premier journal anglais[1]; James Watt est contemporain des deux Pitt; Fulton, de Napoléon qui n'a pas confiance dans l'usage de la marine à vapeur pour son expédition préparée à Boulogne. Les routes du commerce asiatique, si importantes au moyen âge avant les courses audacieuses de Christophe Colomb et de Vasco de Gama, sont décrites au moyen des travaux de Malte-Brun; et, quand nous avons parlé des Indes orientales, nous avons appelé par leurs noms les plantes d'épices si longtemps productives pour la Hollande. Il n'y a pas de détails, si vulgaires en apparence, qui ne doivent figurer dans un résumé général : il nous importerait peu de savoir que Jules II, François Ier et Charles V introduisirent la mode de porter les cheveux courts, si les grands peintres d'alors ne l'avaient consacrée dans leurs œuvres immortelles. Tout ce qui frappe vivement l'esprit des peuples, tout ce qui prouve leur ignorance, leur science ou leurs mœurs, fait partie de leur histoire. La Chine pratique de temps immémorial l'observation des phénomènes célestes. Les comètes et les éclipses ont eu leur rôle dans les combats et les révolutions intestines. Thalès et Paul Émile expliquent une éclipse au moment d'une bataille, Pélopidas périt pour n'avoir pas été assez superstitieux, pour avoir fait l'esprit fort à la tête de soldats qui ont peur de l'obscurcissement du soleil. A Munich, en 1851, cinq ans après une des belles découvertes du génie mathématique appliqué à l'astronomie, on fait confesser et communier les enfants des gymnases, à la veille de l'éclipse totale de soleil, qui semble encore un phénomène terrible, quoique prédit rigoureusement à l'heure et à la minute.

L'étendue du volume, et la variété des noms de peuples qui paraissent dans chaque année, prouvent assez que nous n'avons pas été exclusif : chaque pays obtient l'attention que son importance lui mérite, et cette impartialité, qui n'est pas de l'indifférence, a été conservée même à l'égard de la France, qui, faisant dans le monde pendant ses premiers âges, excepté au temps de Charlemagne, une bien modeste figure, laisse de la place à d'autres peuples, par exemple aux Arabes d'Espagne, chez qui

---

[1]. Le fait est contesté. Voy. l'*Histoire de la presse en Angleterre*, par M. Cucheval-Clavigny, 1857.

le x⁰ siècle n'est pas, comme pour le reste de l'Europe, une époque de barbarie. Le travail progressif de la formation territoriale et les vicissitudes dynastiques des États qui se présentent successivement au premier rang, ont demandé souvent plus de dates et de faits précis que l'organisation intérieure et les révolutions sociales auxquelles ils doivent leur grandeur ou leur ruine. Des maisons, longtemps obscures, comme celle d'Héristal, comme celles d'Habsbourg et de Hohenzollern, s'élèvent peu à peu jusqu'à des trônes qu'elles garderont pendant des siècles. De grandes puissances européennes, la Prusse, l'Autriche, la Russie, l'Espagne, se sont formées par de lentes agglomérations de territoires : elles exigent une attention plus minutieuse que des nations plus heureusement douées, comme la France et l'Angleterre. Il est tout un côté, en quelque sorte domestique, de l'histoire des princes, qui influe puissamment sur les destinées des peuples, surtout dans les âges de transition : nous avons tenu compte des mariages qui sont devenus des causes de discordes civiles, de guerres nationales ou de réunions d'États : le nombre, à coup sûr, en est grand, et le luxe d'érudition sur ce point nous aurait été facile si nous avions voulu abuser des nomenclatures de l'*Art de vérifier les dates*. La part de responsabilité qui appartient aux princes dans les événements de leur règne est proportionnée au degré de lumières qu'ils ont reçues de Dieu, à l'éducation que les circonstances leur ont donnée, à l'âge où les affaires sont tombées dans leurs mains ou en sont sorties : toutes ces causes préoccupent le moraliste et l'historien, qui apprécient les titres de chacun à la gloire et jugent les progrès de l'humanité ; la chronologie peut surtout indiquer l'âge des princes, à leur avènement ou à leur mort, et fournir ainsi l'excuse de bien des fautes, la raison de bien des malheurs.

Les synchronismes présenteront, à quelque partie de l'histoire qu'on s'attache, des variétés intéressantes et des leçons de l'ordre le plus élevé. Notre objet n'était pas de les faire ressortir, du moins dans le texte des annales ; les faits parleront d'eux-mêmes à qui les interrogera avec soin. Des ressemblances, des analogies, des contrastes étranges dans la conduite des princes, dans les mœurs des peuples, dans leurs travaux littéraires, dans les révolutions qui fondent ou renversent les États, qui en modifient la forme de gouvernement, sont au moins une curiosité pour ceux qui n'y veulent pas voir un enseignement : Athènes et Rome s'affranchissent la même année des Pisistratides et des Tarquins ; Polybe assiste, à quelques mois de distance, à la destruction de Carthage et à celle de Corinthe; dans le moyen âge, les occasions de comparaison facilitent le travail de la mémoire, un peu pénible au milieu de tant de diversité; les temps modernes doivent leur unité aux progrès simultanés des peuples : plus nous approchons des dates les plus récentes, plus la rigueur chronologique, avec l'indication des mois et des jours, devient nécessaire, si l'on ne veut pas altérer la valeur politique et morale des événements, confondre les effets et les causes, et rendre des peuples et des hommes responsables de malheurs ou de crimes dont eux-mêmes ils ont été victimes.

Nous avons quelques mots à dire sur les éléments qui ont servi à composer ce travail. Il n'est, il ne pouvait être qu'un ouvrage de seconde main. Des études patientes de plusieurs années nous ont sans doute permis de contrôler, de vérifier un très-grand nombre de faits et de dates aux sources mêmes, dans les documents originaux, de façon qu'avec un peu moins de sincérité, à l'aide de citations mises dans le texte ou en notes, nous aurions donné un vernis de science à un résumé tout pratique et élémentaire : nous ne citons jamais, nous formulons les faits connus ou qui méritent de l'être, nous n'enregistrons que ce qui est de notoriété publique dans l'histoire de chaque peuple. La tentation était grande de s'amuser aux curiosités, de recueillir des anecdotes, d'esquisser des vues générales, de s'essayer au rôle d'historien : nos collaborateurs de la *Collection d'histoire universelle* auront ce plaisir et cet honneur.

Le chronologiste anglais Clinton[1] nous a été d'un grand secours pour les temps grecs et romains jusqu'à Jésus-Christ: son livre est un type de chronologie savante; il n'omet aucune autorité pour les faits littéraires comme pour la politique et la guerre; nous nous sommes rarement séparé de lui, même quand il était en dissentiment avec son contemporain l'historien anglais de la Grèce, Thirlwall[2]. Bossuet, dans la première partie de son *Discours sur l'histoire universelle*, admirable récit, d'une éloquence entraînante, même sous la forme chronologique, avait pris pour base les années avant et après Jésus-Christ, et les années du monde. « Quant aux olympiades, il n'a pas voulu, dit-

---

1. *Fasti Hellenici*, 3 vol. in-4, 1829.
2. *History of Greece*, 1840.

il à la fin de l'époque XII, en charger la mémoire du dauphin, quoique les Grecs qui s'en servent les rendent nécessaires a fixer les temps. » Nous, qui ne demandons à personne d'apprendre par cœur la série des olympiades, nous les avons gardées d'après Clinton, parce que la comparaison, soit avec l'ère romaine, soit avec l'ère vulgaire, ne peut que faciliter les études et abréger les recherches. La date de la création du monde, que Bossuet empruntait à l'archevêque d'Armagh, le savant Ussérius (Usher), le père de la chronologie biblique, est trop controversée pour qu'on puisse en faire le point d'appui continu d'un travail qui embrasse tous les peuples.

L'*Art de vérifier les dates*, qui a vieilli beaucoup pour la partie ancienne avant Jésus-Christ, la dernière faite par D. Clément, publiée seulement vingt-cinq ans après sa mort, en 1818, est un guide excellent pour toute l'époque du moyen âge, et pour une grande partie des temps modernes. « Pour peu qu'on jette les yeux sur l'ouvrage des bénédictins, l'imagination s'effraye de l'idée du temps, des travaux nécessaires pour rassembler, rédiger, coordonner tant de matériaux souvent incohérents et dont on n'a pu former un tout qu'à l'aide d'une rare sagacité et de la plus saine critique[1]. Il n'y a presque pas un détail dans leurs trois volumes in-folio (édition 1783-1787), dit M. Daunou, le meilleur juge en matière d'érudition[2], qui n'ait été attentivement et presque minutieusement vérifié. » Il ne faut cependant pas leur demander plus que ne comportait l'esprit de leur temps: en général, toutes les questions qui intéressent la liberté des peuples sont ignorées ou omises à dessein; ils oublient pour l'Angleterre la pétition des droits de 1629, comme le grand mouvement insurrectionnel des cités de Castille et de Valence au commencement de Charles V, comme l'histoire si agitée de la démocratie florentine. Pas un mot de William Pitt, ni des grands partis de l'Angleterre: le ministre est cité pour la première fois quand il tombe à la fin de la guerre de Sept ans. De l'administration française sous Louis XV depuis la fin de la régence, on ne voit que la rivalité du clergé et du parlement, sans le duc de Bourbon, sans les favorites, sans le duc de Choiseul. En matière ecclésiastique, nous n'avons à désavouer ni à

---

1. Discours préliminaire de l'*Art de vérifier les dates avant Jésus-Christ*, édition 1819, in-8, p. vij.
2. *Cours d'études historiques*, t. III, 13ᵉ leçon, p. 441-443.

aggraver aucun de leurs jugements: leurs doctrines sont celles de Bossuet et de l'abbé Fleury qu'ils citent souvent.

Depuis les dernières années du règne de Louis XV, les bénédictins nous abandonnent; le point où ils s'arrêtent n'a guère été dépassé par l'historien Daunou dans les aperçus généraux qu'il consacre à chaque siècle. C'est à lui que nous avons emprunté la pensée de résumer chaque siècle en aperçus rapides, travail artificiel et à bien des égards insuffisant, parce que tous les peuples ne s'arrangent pas pour terminer leurs affaires juste à la dernière année d'un siècle et pour commencer une vie nouvelle avec une nouvelle période centenaire. Comme notre méthode chronologique ne nous donnait pas d'autre moyen de synthèse, nous nous sommes contenté de composer ainsi, tous les cent ans, un tissu des faits pour l'ensemble du monde : l'occasion nous a paru bonne en outre pour ressaisir certains traits de mœurs, des coutumes, des découvertes, des événements de l'histoire littéraire, utiles au développement de la civilisation, qui n'ont pas de dates rigoureuses. Nous avons puisé largement dans le texte même de M. Daunou[1] pour l'analyse des premiers siècles: plus nous nous éloignons des temps anciens, moins nous gardons son texte et ses idées. La haine toute républicaine qu'il a vouée aux rois et aux conquérants, et les attaques qu'il dirige contre l'Église l'entraînent, malgré son impartialité ordinaire, dans de singulières fautes de jugement. Il parle d'Alexandre[2] comme ferait un philophe morose qui n'aurait pas étudié l'histoire, comme a fait le poète qui l'envoie aux Petites-Maisons; on dirait qu'il ne frappe si fort sur le héros macédonien que pour atteindre Napoléon, son émule dans les temps modernes. Nous retournerons contre lui une de ses paroles: il a dit que la liberté serait encore nécessaire à l'histoire si elle n'était pas un besoin de la société[3]. L'usage de la liberté impose l'obligation d'être juste : M. Daunou l'a rarement été à l'égard de l'Église.

L'année 1789 a été longtemps la date fatale que n'osaient pas franchir tous ceux qui auraient craint de passer pour

---

1. *Cours d'études*, t. VI, treize leçons.
2. *Ibid.*, p. 56-67.
3. *Cours d'études*, p. 81.

hommes de parti. Nous sommes à l'abri d'un pareil reproche : les faits énumérés par ordre chronologique ne plaident pour personne ; l'historien choisit, expose et juge, mais l'annaliste abstrait les faits des passions qui les ont produits, il les donne dépouillés de la forme vivante et des circonstances particulières qui portent témoignage pour ou contre leurs auteurs. Ce genre d'impartialité, qui consiste à tout dire, à ne rien dissimuler sciemment, à ne pas attaquer les morts, et, ce qui est plus difficile, à parler avec modération des vivants, vainqueurs ou vaincus, a fait défaut souvent même à de simples compilateurs qui n'avaient, comme nous, qu'à enregistrer des faits et des dates.

Depuis la révolution française une immense carrière s'est ouverte devant nous : nous l'avons parcourue dans toutes ses parties, nous avons cherché les révolutions, les guerres, les transformations sociales partout où elles se sont accomplies, dans le nouveau monde comme sur le vieux continent, tant bouleversé depuis soixante-trois ans. En nous arrêtant au milieu de l'année 1852, nous touchons bien des questions graves récemment résolues ou qui attendent une solution prochaine. En France, une volonté énergique, appuyée du plus grand nom des temps modernes, a restauré le principe d'autorité. L'Autriche et la Prusse se réconcilient en adhérant ensemble, dans la diète de Francfort, à la convention diplomatique de Londres qui règle la question du duché de Holstein et reconnaît l'intégrité de la monarchie danoise. Les élections nouvelles du parlement britannique semblent avoir tué décidément le parti de la protection commerciale. La crise ministérielle de la Belgique est-elle l'abandon de la politique libérale suivie depuis 1847, politique qui a épargné une révolution à ce petit peuple de date si nouvelle, et dont l'existence importe à la paix du monde ? Pendant que le jeune empereur d'Autriche visite triomphalement la Hongrie, reconquise par ses armes et par celles de la Russie, l'ex-dictateur des Madgyares revient sans bruit des États-Unis en Angleterre, et pourra s'y rencontrer avec Rosas, cette autre puissance déchue, si longtemps redoutable sur les bords de la Plata, même à la France et à l'Angleterre. Si les républiques de Buenos-Ayres et de Montevideo retombent dans l'anarchie ou sous le despotisme d'un maître, elles ne pourront plus s'en prendre à Rosas, à moins qu'un caprice de la fortune ou que le vœu des peuples ne le ramène, comme Santa-Anna, qui a ressaisi tant de fois le pouvoir au Mexique. Les États-Unis ont leur crise périodique d'élection présidentielle, qui est passée dans les habitudes pacifiques du pays : la candidature improvisée du général Pierce, l'élu de la convention démocratique de Baltimore, peut triompher par le désaccord des whigs, divisés entre le général Scott et M. Daniel Webster, ministre actuel dans le cabinet du président Fillmore. Cette puissante République, assise maintenant sur l'océan Pacifique, aussi bien que sur l'Atlantique, et que les mines de la Californie ont rendue un objet d'envie pour toutes les nations, ne va-t-elle pas, d'ici à peu de mois peut-être, promener ses flottes victorieuses jusque sur les côtes du Japon, et ouvrir au commerce des peuples civilisés des deux mondes cet empire mystérieux, où la religion même des chrétiens, malgré le zèle des missionnaires, pénètre moins que dans la Chine? Tout près des Indes orientales, les Américains rencontreraient leurs anciens maîtres, qui sont sans rivaux dans le monde océanique, et qui, eux aussi, viennent de trouver un véritable Eldorado sur la terre tout anglaise de l'Australie. L'empire britannique des Indes, en s'avançant toujours au nord-ouest, au delà du bassin de l'Indus, sur la route du Turkestan, n'est pas loin des Russes, qui lancent déjà des bateaux à vapeur sur le lac Aral, et se sont montrés vers Khiva. La question de suprématie, engagée plus d'une fois entre ces deux puissances européennes au sujet de Constantinople, se débattra un jour, et sans médiateurs possibles, sur la terre asiatique.

Mais ne nous faisons pas prophète : l'avenir n'est pas du domaine de la chronologie. Plus tard, si ce travail devait être continué, ceux de nos collaborateurs dont les volumes ne sont pas achevés aujourd'hui et qui suivent chacun, jusqu'aux temps les plus proches, l'histoire particulière qu'ils ont entreprise, comme nous faisons nous-même pour l'histoire générale, nous fourniraient une moisson nouvelle. Nous devons déjà beaucoup aux volumes que le public a reçus. Ç'a été pour nous une bonne fortune d'être devancé par M. Demogeot, le très érudit et spirituel auteur de l'*Histoire de la littérature française*; nous avons été seulement embarrassé pour choisir dans un champ si riche. Les beaux travaux de M. Duruy nous ont rendu facile la concordance entre l'histoire sainte, l'histoire grecque et l'histoire romaine : ses soins éclairés nous ont été en outre d'un utile concours pour la révision générale et la disposition typographique d'un pareil volume. L'exactitude et la clarté, c'est tout le prix qu'il peut avoir ; quelques faits nouveaux, que le hasard ou l'étude a pu nous faire rencontrer, ne constituent pas une véritable originalité : « Les connaissances, les faits, les découvertes, a dit Buffon, s'enlèvent aisément, se transportent, et gagnent même à être mis en œuvre par des mains plus habiles. »

Août 1852.

CHRONOLOGIE

UNIVERSELLE.

DIVISION DE L'OUVRAGE.

Pour donner plus de clarté à ce livre, nous avons négligé les ères particulières et rapporté toutes les dates à une seule, celle de la naissance de Jésus-Christ.

Deux grandes divisions chronologiques se présentaient d'elles-mêmes : les temps qui précèdent l'*ère vulgaire* et les temps qui la suivent.

Outre ces deux divisions fondamentales, l'histoire universelle offre quelques périodes bien nettement marquées par les faits ou par l'usage.

Pour l'antiquité, le plus savant des Romains, Varron, avait divisé les temps écoulés avant lui en trois périodes : la première s'étendant de la création du monde au déluge, c'est la période incertaine; la seconde, ou les temps mythologiques et fabuleux, du déluge à la première olympiade, 776 ans avant notre ère; la troisième, ou l'âge historique, depuis la première olympiade jusqu'au temps où vivait Varron. Il donnait à la première de ces périodes une étendue indéterminée; à la seconde, environ 1600 ans; pour la troisième elle durait encore.

Ces divisions de l'histoire ancienne sont justes; seulement la science a reculé pour plusieurs nations la certitude historique au delà des limites que Varron lui assignait, bien que le vııı^e siècle soit, à vrai dire, celui à partir duquel la chronologie marche avec

1

une certitude suffisante, et sans laisser de trop grandes lacunes derrière elle.

Nous aurons donc pour la première partie, ou les temps avant Jésus-Christ, trois périodes :

1° De la création du monde au déluge ;
2° Du déluge à l'ère des olympiades ;
3° De l'ère des olympiades à l'ère vulgaire.

Nous avons cru devoir, dans la seconde période, séparer l'histoire des Hébreux qui a des dates positives, de l'histoire profane qui n'en a pas.

Pour la seconde partie, nous la partageons en quatre périodes :

1° Les années comprises entre le commencement de l'ère vulgaire et le partage définitif de l'empire : 1-395 ;
2° Le moyen âge, ou les temps écoulés entre la première invasion, celle des Germains, et la dernière, celle des Turcs : 395-1453 ;
3° Les temps modernes, de la prise de Constantinople à la Révolution française : 1453-1789 ;
4° L'époque contemporaine, depuis 1789 jusqu'à nos jours.

Chaque période est aussi partagée en siècles, à l'exception des deux premières qui ne pouvaient se prêter à cette division.

Depuis l'ère chrétienne, nous avons suivi l'usage, pratiqué souvent, de ne donner au premier siècle que quatre-vingt-dix-neuf ans, 1-99 ; le second siècle commencera l'an 100, le dixième l'an 900, etc. ; le dix-neuvième, l'an 1800. C'est un système qui manque d'exactitude.

Chaque siècle est précédé d'un aperçu qui en résume l'esprit et en marque les grands faits.

PREMIÈRE PARTIE.

DE LA CRÉATION DU MONDE A L'ÈRE VULGAIRE.

(4138 av. j. c.–1 depuis j. c.)

PREMIÈRE PÉRIODE.

DE LA CRÉATION DU MONLE AU DÉLUGE (4138-2482)

LA CRÉATION DU MONDE (4138).

La science n'a pu donner encore à la chronologie un point de départ fixe. Nous ne savons quand le monde a été créé, ni quand l'homme a été placé par Dieu sur la terre. L'origine des choses nous échappe. Pourtant, il n'y a pas moins de deux cents systèmes différents proposés sur cette question. Voici les chiffres auxquels les plus accrédités d'entre eux sont arrivés :

3761. Date suivie par les Juifs modernes.

3950. Date donnée par Scaliger, en 1583.

3983. Date donnée par Pétau, contemporain de Scaliger.

4004. Date donnée par l'Irlandais Usher (*Usserius*) en 1650, et suivie par Bossuet, Rollin et M. Daunou. C'est la date la plus généralement adoptée.

4138. Date donnée par l'Anglais Clinton, en 1829.

4963. Date donnée dans la nouvelle édition de l'*Art de vérifier les dates,* en 1849.

Suidas donnait 6000 ; Onuphrius Panvinus 6310 ; enfin les tables alphonsines 6984.

On remarquera que ces systèmes ayant tous été calculés à l'aide des indications de la Genèse, ce n'est que chez les nations pour qui la Bible est un livre sacré qu'ils ont cours; en outre, qu'aucun d'eux n'admet, de la création à la naissance de Jésus-Christ, plus de 7000 ans, ni moins de 3700. Mais si l'on sort des données bibliques on rencontre aussitôt les plus monstrueux calculs. Chacun des anciens peuples a tenu à se vieillir. Ils accumulent les années par myriades, à l'entrée de leurs annales, afin de reculer leur origine dans la nuit des siècles. Ils font précéder les dynasties des hommes de successions de dieux et de demi-dieux qui remplissent des périodes de six mille, vingt-quatre mille, soixante et douze mille, quatre cent trente-deux mille ans [1]. L'imagination orientale n'a pas

---

[1]. Un des plus récents travaux sur les dynasties égyptiennes, le mémoire de M. Lesueur, couronné par l'Institut en 1846, admet en les rectifiant les listes du prêtre égyptien Manéthon qui donnent des dynasties de dieux, de mânes et de

même été assez féconde pour peupler et animer tant de siècles. La saine critique n'a rien à faire des seize premiers âges ou *iougans* indiens, ni des dynasties divines de la Chine, du Japon et de l'Égypte, ni des énormes supputations des Chaldéens, ni même des calculs plus modérés des anciens Perses.

L'étude attentive des monuments astronomiques, tels que les zodiaques, mieux encore celle de notre globe, de sa formation, et des changements qu'il a subis, conduiront à des résultats plus scientifiques. Les géologues admettent volontiers que l'état actuel de la terre ne date pas de plus de six à huit mille ans[1]; ils font par conséquent rentrer ce qu'on appelle la création du monde dans un temps rapproché de celui où la placent les chronologistes chrétiens. On est reporté bien plus haut suivant certaines études de paléontologie et d'anthropologie. Au milieu de l'incertitude où l'on reste sur cette question, nous faisons choix de la date proposée par Clinton (4138).

LES TEMPS ANTÉDILUVIENS (4138-2482).

Cette période, que nous ne pouvons remplir qu'avec les livres hébreux, renferme, suivant le texte samaritain de la Bible, 1307 ans; suivant le texte hébreu, 1656; suivant la version grecque des Septante, 2262. Bossuet, Daunou et Clinton préfèrent le chiffre de 1656. Elle s'étendra donc pour nous de 4138 à 2482.

Notre point de départ une fois admis, nous trouvons aisément la date de la mort d'Adam que la Genèse fait vivre 930 ans, et celle de la naissance de Noé, à qui elle donne 600 ans avant le déluge.

TRADITIONS BIBLIQUES.

3208. Mort d'Adam, père d'Abel, de Caïn et de Seth. Abel a été tué par Caïn, chef d'une race maudite. Les descendants de Seth furent Enos, Caïnan, Malaliel, Zared, Hénoch qui à 365 ans fut ravi au ciel, Mathusa-

demi-dieux, remplissant un espace de 5730 ans antérieurement à Ménès, lequel ouvre la première dynastie humaine, d'après M. Lesueur en l'an 5773, avant Jésus-Christ, d'après M. Fr. Lenormant (*Manuel d'histoire ancienne*, 1868) en l'an 5004, vers 5000 d'après un ouvrage récent (1882), sur les *Egyptes*, de Marius Fontane. Les bases chronologiques de M. Lesueur ont été attaquées par M. Maury. Cette chronologie a beaucoup occupé le Dr Lepsius.

1. Voyez Cuvier, *Discours sur les révolutions du globe*.

lem qui vécut la plus longue vie, 969 ans, enfin Lamech, père de Noé.

5082. Naissance de Noé qui fut père de Sem, Cham et Japhet.

2482. *Le déluge.* La pluie tombe pendant quarante jours et quarante nuits, et les eaux s'élèvent de quinze coudées au-dessus des plus hautes montagnes. L'arche renfermait Noé avec sa famille, sept couples de tous les animaux purs et deux couples des animaux impurs. Le vingt-septième jour du septième mois l'arche s'arrête sur le mont Ararat, et au premier jour du dixième mois le sommet des montagnes commence à paraître.

TRADITIONS PROFANES.

Chaldée et Phénicie. — Plusieurs peuples de l'Asie occidentale avaient conservé la tradition de ce déluge. Le Phénicien Sanchoniaton, historien, perdu, et le Chaldéen Bérose, dont il nous reste quelques fragments, comptaient de la création du monde au déluge dix générations, l'un de Protogénès à Magas, l'autre d'Aloros à Xisuthros, qui aurait régné 64 800 ans, et qui se serait échappé seul, dans un vaisseau, au milieu du naufrage du genre humain.

Chine. — Du N. O. viennent s'établir des étrangers, à une époque qui répond à celle de Noé. Ils ont des souverains élus jusqu'au XXII° siècle. Institution du mariage, et invention de la musique et de l'écriture. Le successeur de Fo-hi, Chin-Nong (le divin laboureur), aurait inventé les arts et les sciences, organisé l'État, distingué les diverses classes d'habitants par la couleur des habits, réservant le jaune pour la famille royale. La première dynastie héréditaire, celle des Hia, commence à l'année 2205 avec Yu.

Égypte. — D'après M. Lesueur, au temps du déluge, qu'il met trois cents ans plus tôt, 2783 en suivant les Hébreux, 2770 en suivant les Chaldéens, l'Égypte avait déjà eu treize dynasties humaines successives. Ainsi il faudrait faire remonter à la plus haute antiquité les pyramides dont la construction, ordinairement placée vers le XI° siècle, sous Chéops et Chéphren, doit être reportée, suivant M. Ampère, plus de quatre mille ans avant J. C., au temps de la quatrième dynastie; et le labyrinthe, les obélisques en granit, les statues colossales attribuées aux treize premières dynasties. Teta est un roi de la sixième dynastie. Une belle statuette en cornaline représentait Sésourtasen Ier ou Sésostris, de la douzième dynastie. Il y a au Louvre une statue colossale du roi Sévéknotep III, qui appartient à la treizième dynastie. Le musée de Berlin a une statue de la douzième dynastie.

Grèce. — Les Grecs parlaient aussi du déluge d'Ogygès et de Deucalion, mais le plaçaient plus tard, au XVIII° et au XVI° siècle.

Inde. — Quant aux Indiens, ils font remonter leur ère ordinaire, dite Kaliougam, à l'an 3102 avant J. C. On ne peut fixer l'époque où le grand peuple des Aryas, souche commune des nations de la race indo-européenne, Perses, Grecs, Romains, Celtes, Germains et Slaves, a pénétré dans l'Inde.

SECONDE PÉRIODE.

DU DÉLUGE A L'ÈRE DES OLYMPIADES (2482-776).

DU XXVe AU VIIIe SIÈCLE AVANT J. C.

APERÇU GÉNÉRAL.

Cette période, qui comprend dix-sept siècles, peut être coupée en deux parties, huit siècles d'un côté, neuf de l'autre. La séparation sera marquée par le moment où les Hébreux apparaissent pour la première fois en corps de nation, à la sortie d'Égypte.

Dans les huit premiers siècles se forment ou grandissent les empires de l'Égypte, de l'Assyrie, de la Bactriane, de l'Inde et de la Chine. Dans la Phénicie, Tyr et Sidon sont peut-être fondées. Les populations commencent à paraître en Grèce. D'épaisses ténèbres couvrent le monde occidental.

On doit rattacher à cette même époque les récits de la Genèse sur Noé sauvé des eaux; sur ses fils Sem, Japhet, Cham, pères de nouveaux peuples en Asie, en Europe, en Afrique; sur l'élection d'Abraham et de sa postérité pour conserver, au milieu de l'idolâtrie universelle, les vérités révélées.

Dans la seconde partie de cette période, de 1625 à 776, pendant que le peuple hébreu reçoit au désert sa foi religieuse et ses lois civiles, fait avec Josué la conquête de la terre promise, passe par le gouvernement souvent malheureux des juges, glorieux de ses premiers rois, et accomplit le schisme désastreux des dix tribus, l'histoire des autres nations se dégage peu à peu des fables, à mesure que nous approchons de l'âge vraiment historique qui commence pour les Grecs à l'olympiade de Corœbos, 776 avant Jésus-Christ.

CHRONOLOGIE.

HISTOIRE DES HÉBREUX DU XXVe AU VIIIe SIÈCLE.

La Bible nous permet de donner une date aux faits suivants :

2055. Vocation d'Abraham et son entrée dans la terre de Chanaan.

2044. Naissance d'Ismaël, fils d'Abraham et d'Agar, sa servante égyptienne, père des Arabes ou Ismaélites.

2030. Naissance d'Isaac, fils d'Abraham et de Sara, père des Hébreux.

1995. Mort de Sara.

1990. Mariage d'Isaac avec Rébecca.

1970. Naissance d'Ésaü et de Jacob, fils d'Isaac. Ésaü sera le père des Iduméens, peuple ennemi des Hébreux; Jacob est l'élu de Dieu.

1955. Mort d'Abraham.

1895. Arrivée de Jacob chez Laban.

1879. Rachel, épouse de Jacob, donne le jour à Joseph.

1862. Joseph vendu par ses frères.

1850. Mort d'Isaac.

1849. Joseph, ministre du pharaon d'Égypte.

1840. Joseph établit Jacob dans la terre de Gessen, entre la mer Rouge et le Nil, où ils restèrent 215 ans.

1823. Mort de Jacob.

1770. Mort de Joseph.

1705. Naissance de Moïse.

1665. Fuite de Moïse au pays de Madian.

1625. Les dix plaies d'Égypte et le passage de la mer Rouge.

1625. Suivant la Bible, au troisième mois depuis la sortie d'Égypte, Moïse reçoit sur le mont Sinaï le *Décalogue*, et successivement les autres lois qu'il donne au peuple hébreu en prévision de l'occupation de la terre promise.

1585. Mort de Moïse à 120 ans au pays de Moab, sur le mont Nébo, en vue de la terre promise qu'il ne touche pas. Il a laissé cinq livres, qui forment le *Pentateuque* ; ce sont : la *Genèse*, l'*Exode*, le *Lévitique*, les *Nombres*, le *Deutéronome*. — Josué, chef des Hébreux. Passage du Jourdain, entrée dans la terre promise.

1579. Josué fait, après la conquête, le partage de la Palestine entre les douze tribus, lesquelles portent les noms des douze fils de Jacob, moins Lévi, dont les descendants sont consacrés au culte, moins Joseph, qui est représenté par ses fils Éphraïm et Manassé. — L'arche d'alliance est à Silo, dans Éphraïm.

1560. Mort de Josué. Les tribus n'ont plus un chef unique : elles forment alors un État fédératif.

1558. Le peuple, souvent infidèle à sa loi, commence à être puni par la servitude. Les races barbares du sud et de l'est tentent tour à tour, pendant 450 ans, de l'asservir; mais l'oppression fait naître des vengeurs, les juges, chefs civils et militaires, qui sauvent les Hébreux de la servitude, surtout Othoniel, Aod, Barac, appelé par la prophétesse Débora, Gédéon, Jephté, Samson, Héli, Samuel.

1096. Les Hébreux forcent Samuel à leur donner un roi qui juge et qui commande comme chez les autres nations; il désigne Saül, de la tribu de Benjamin, qui est sacré.

1074. Samuel choisit David, de la tribu de Juda, âgé de quinze ans, pour succéder à Saül, qui a désobéi à la loi de Dieu.

1056. Mort de Saül dans un combat contre les Philistins, sur le mont Gelboé, dans la tribu d'Issachar. Son fils Isboseth dispute la royauté à David.

1049. Mort d'Isboseth. David est reconnu seul roi d'Israël; il prendra la forteresse de Sion, et transportera l'arche sainte à Jérusalem.

1016. Mort de David ; il a, par ses conquêtes, agrandi le royaume qui s'étend de l'Euphrate au torrent d'Égypte, constitué l'État, fondé une capitale, Jérusalem, créé une armée permanente, organisé le culte avec pompe. — *Cantiques* et *Psaumes* de David. — Avénement de Salomon, fils de David, et de la femme d'Urie, Bethsabée; sa sagesse et sa puissance.

1012. Salomon jette les fondements du temple de Jérusalem, auquel il fait travailler pendant sept ans.

1005. Dédicace du temple par Salomon. — Magnificence et immense réputation de ce prince pacifique.— Honte de ses dernières années.

976. Mort de Salomon. Ses ouvrages : les *Proverbes*, l'*Ecclésiaste*, le *Cantique des Cantiques*, etc. Schisme des dix tribus sous son fils Roboam : deux royaumes, Juda et Israël. La race de David ne garde que les tribus de Benjamin et de Juda. Le royaume d'Israël, qui commence avec Jéroboam, n'a pas une dynastie qui se perpétue comme celle de David. Rivalité des deux royaumes : l'idolâtrie règne en Israël. Fréquentes attaques des peuples voisins.

959. Abiam, roi de Juda.

956. Asa, roi de Juda.

955. Nadab, roi d'Israël.

953. Baaza, roi d'Israël.

931. Éla, roi d'Israël.

930. En Israël, extinction de la race de Jéroboam. Zamri est roi sept jours. Avénement du général Amri ; il fondera Samarie, capitale d'Israël, rivale politique et religieuse de Jérusalem.

919. Mort d'Amri. Avénement de son fils, l'impie Achab ; il épousera la fille du roi de Sidon, Jézabel, qui adore Baal, et sera sourd aux reproches comme aux menaces du prophète Élie.

915. En Juda, avénement de Josaphat, roi saint et puissant.

896. En Israël, Ochosias succède à son père Achab. Il consulte Béelzébut, le dieu des Philistins.

895. Son frère Joram lui succède.

894. En Juda, mort de Josaphat. Dieu avait détruit ses ennemis, les Ammonites, les Moabites et les Iduméens, près d'Engaddi, dans la vallée de la Bénédiction. Avénement de son fils Joram, marié à la sœur du roi d'Israël, l'impie Athalie. Le prophète Élisée a succédé à la mission du prophète Élie dans Israël.

884. En Juda, mort de Joram. Il a été puni de son impiété et de ses violences par la révolte de l'Idumée, par les invasions des Philistins et des Arabes. — Ochosias, son fils, imite ses crimes, mais ne règne qu'un an.

883. En Israël, le général Jéhu, désigné par le prophète Élisée, renverse et tue Joram. Mort de Jézabel et de soixante et dix princes de Samarie. La maison de Jéhu régnera jusqu'à la quatrième génération. — Ochosias de Juda a été blessé mortellement en combattant pour son oncle Joram. Athalie, sa mère, lui succède ; elle fait périr les princes de la race royale.

877. En Juda, mort tragique d'Athalie. Joas, fils d'Ochosias, à sept ans est fait roi par le grand prêtre Joïada.

855. Joachaz, roi d'Israël.

839. En Israël, avénement de Joas, petit-fils de Jéhu : règne glorieux ; il prendra Jérusalem ; dernières prophéties d'Élisée.

837. Amasias, roi de Juda.

823. Jéroboam II, roi d'Israël.

808. En Juda, avénement d'Osias : cinquante-deux ans de règne ; sa piété est récompensée par des victoires. En Israël, trois prophètes célèbres, Jonas, Osée et Amos, sous Jéroboam II, troisième descendant de Jéhu.

TRADITIONS PROFANES DU XXVᵉ AU VIIIᵉ SIÈCLE.

Assyrie.

Dans les traditions du pays on trouve le souvenir mythologique de Bélus, divinisé sous le nom de Bel ou Baal. La Bible cite Nemrod, arrière-petit-fils de Noé. Deux royaumes se forment et existent séparément, l'un à Babylone, sur l'Euphrate, l'autre à Ninive, près du Tigre. M. Lesueur rejette dans ces temps si obscurs le roi Ninus et ses conquêtes, 2149 avant J. C., la fameuse Sémiramis, célèbre par ses exploits et sa magnificence, 2130, et leur fils Ninyas, 2088, que MM. Daunou, Volney, Heeren, etc., placent dans le xiii⁰ et dans le xii⁰ siècle.

L'histoire d'Assyrie est complétement inconnue depuis Ninyas, ce fils peut-être parricide de Sémiramis, jusqu'à Sardanapale dont la chute est postérieure à l'an 776 avant J. C. Des dynasties arabes ont peut-être occupé, pendant un temps plus ou moins long, le royaume de Babylone et de Ninive. Une chose est certaine, c'est qu'un grand empire d'Assyrie précéda les Mèdes et les Perses dans la domination de l'Asie.

Chine.

Le *Chouking*, livre canonique de morale et d'histoire, de Confucius, contient des documents authentiques qui remontent jusqu'au xxiii⁰ siècle. La première grande éclipse de soleil dont les livres sacrés de la Chine fassent mention, est celle du 12 octobre 2155.

La seconde dynastie chinoise, celle des Chang, commence en 1783; la troisième, celle des Tchéou, en 1122. Wou-vang en est le fondateur; il soumet les chefs de tribus à la condition de vassaux. On croit que les Chinois connaissaient l'aiguille aimantée et s'en servaient pour la navigation onze siècles avant notre ère.

Égypte.

Pendant les huit siècles et demi qui forment la première partie de cette période, règnent plusieurs dynasties. D'après Manéthon, que prend pour guide M. Lesueur, il n'y en aurait eu que cinq, les quatorzième, quinzième, seizième, dix-septième et dix-huitième; encore la quatorzième venait-elle de finir, et en 1625 la dix-huitième est laissée à moitié. Cette dix-huitième dynastie commence par le roi Amosis qui chassa les rois pasteurs ou hycsos, lesquels avaient occupé la basse Égypte pendant 259 ans, de 2080 à 1822, suivant M. Champollion-Figeac. Le plus grand de ces rois pasteurs est Apophis, à Tanis. Amosis commence la restauration des monuments détruits par quelques Hycsos. L'art égyptien arrive à son apogée sous les Aménophis et les Thoutmosis qui le suivent; les statues offrent une belle imitation de la forme humaine, et le dessin des inscriptions funéraires ou stèles et des hiéroglyphes est très-net. On varie de 300 ans sur la date du premier roi de la dix-huitième dynastie. Thoutmès III (vers l'an 1442 d'après MM. Biot et Rougé) conquiert l'Asie occidentale et les îles de la Méditerranée. Il y a apparence que le pharaon, persécuteur de Moïse, appelé par les historiens Ménophis ou Aménephthès, est le roi Ménephtah II, de la dix-huitième dynastie, treizième fils du célèbre Rhamsès le Grand, qu'on appelle Sésostris, et sous le règne duquel d'autres placent l'*Exode*. Ce Sésostris est le grand conquérant qui, au dire des prêtres égyptiens, pénétra jusqu'au delà du Gange, dans la Scythie et dans la Thrace. Son règne flotte entre le xvii⁰ et le xvi⁰ siècle.

Malgré la rigueur apparente des listes dynastiques de Manéthon, l'absence de faits précis et la rareté ou l'obscurité des monuments hiéroglyphiques ne permettent pas encore de décider si les Hébreux sont sortis de l'Égypte sous la dix-huitième ou sous la dix-neuvième dynastie. La dix-neuvième commence avec Séti, le Séthos de Manéthon, appelé aussi Rhamsès Mélamoun, et le cinquième successeur de Sésostris dont les actes ont souvent été confondus avec les siens. Ses guerres en Asie sont rappelées par les tableaux sculptés à Karnak sur la muraille extérieure de la salle hypostyle. Son tombeau, dans la vallée des rois, découvert par Belzoni, donne une haute idée de l'art égyptien. Mais la date de ce règne est très-incertaine : vers la fin du XVIe siècle, vers 1500, vers 1300; suivant M. Lesueur, en 1547. Cette dynastie, comme toutes celles qui précèdent, depuis la onzième, résidait à Thèbes ; une seule, la quatorzième, se fixa à Xoïs. Après Rhamsès Méiamoun, décadence de l'Égypte. La vingtième dynastie, qui donne douze rois, dont Rhamsès III et Thouoris, contemporain de la guerre de Troie (?), est aussi une dynastie thébaine. La vingt et unième qui monte sur le trône vers 1100 et la vingt-deuxième vers 970, sont de Bubaste, au nord de l'Égypte. Dans la vingt et unième, une fille du septième roi Psousennès fut épousée par Salomon. Le premier de la vingt-deuxième, Séhnchis Ier ou Scheschonk, prit Jérusalem sur le fils de Salomon, Roboam, roi de Juda. Le fait, cité par la Bible, est confirmé par une inscription hiéroglyphique qui le place la vingt-deuxième année du règne de Scheschonk, en 974 avant J. C. Cette dynastie donna neuf rois en cent vingt ans : on a des inscriptions hiéroglyphiques pour la vingt-cinquième année du sixième roi ; pour la onzième année du septième; pour la vingt-neuvième année du huitième. La vingt-troisième, vers 850, et la vingt-quatrième, vers 762, appartiennent aussi au nord de l'Égypte : la première, à Tanis, donne quatre rois en quatre-vingt-neuf ans (875 à 786, suivant M. Lesueur) : la seconde réside à Saïs ; ses trois rois sont cités par Hérodote ; le premier Bocchoris fut un législateur.

Grèce.

En Grèce comme en Orient, il n'y a encore qu'incertitudes et ténèbres, et pour toute histoire, les légendes des dieux, l'indication de quelques mouvements de tribus, de quelques fondations de villes, etc. Le nom même de Pélasgos n'est pas placé par Ératosthène et Callimaque, que suit Clinton, avant le XVe siècle, ce qui paraît une époque beaucoup trop récente. La fable de Prométhée, le déluge d'Ogygès qui couvre la Béotie et une partie de l'Attique, semblent antérieurs à Inachos, qui régna en Argolide, et se trouve en tête de toutes les généalogies de princes grecs. Son fils Phoronée est placé 570 ans avant la guerre de Troie ; 1753 avant J. C., d'après Ératosthène, 1697 d'après Callimaque.

C'est dans la première partie de l'âge qu'on a appelé héroïque qu'il faut placer les traditions sur les populations primitives et sur les prétendues colonies étrangères venues de l'Égypte, de la Phénicie ou de l'Asie Mineure. Les Grecs ont imaginé des généalogies de peuples comme des généalogies de dieux. Pélasgos, le père de la race des Pélasges, a d'abord régné en Arcadie, a conquis l'Hœmonie ou Thessalie ; et ses descendants parcourent toute la terre grecque. Mais les chronologistes varient singulièrement à son égard ; les uns le placent vers 1900, d'autres au XVe siècle. L'époque probable de la prise de Troie, date fort incertaine elle-même, puisqu'il n'y a pas moins de cinquante ans de divergence entre Ératosthène et Callimaque, est comme le pivot de toute cette chronologie. Les anciens croyaient préciser les faits en disant qu'ils s'étaient accomplis tant d'années avant ou après ce grand événement; encore n'ont-ils guère appliqué cette méthode aux temps antérieurs que pour Hercule ; l'échelle descendante est mieux remplie, depuis la prise de Troie jusqu'à l'olympiade de Corœbos. Clinton adopte, pour la prise de Troie, la date conforme aux données d'Ératosthène, 1183 avant J. C.

1466. Pélasgos : d'après quelques traditions, fils de Phoronée, par conséquent petit-fils d'Inachos ; il habite d'abord l'Arcadie, puis la Thessalie ; mais ce nom, qu'on trouve attribué à beaucoup de chefs des temps primitifs de la Grèce, est moins celui d'un homme que celui d'un peuple. Il n'y a donc pas à lui donner de date positive. — Danaüs serait aussi venu, dit-on, vers ce temps d'Égypte en Argolide.

1434. Deucalion, fils de Prométhée, règne en Thessalie : il est le père d'Hellen, de qui sont issus les Ioniens, les Éoliens, les Doriens et les Achéens.

1384. Érechthée : il règne longtemps peut-être après la prétendue colonisation égyptienne de l'Attique par Cécrops. Cérès et Triptolème, suivant la légende, enseignent aux peuples de l'Attique l'agriculture. — Dardanos règne en Asie sur les Phrygiens, appelés alors Dardaniens, nommés depuis Troyens.

1314. Cadmos, venu peut-être d'Égypte ou de Phénicie en Béotie : la Cadmée sera la citadelle de Thèbes.

1284. Pélops, venu peut-être de Phrygie dans la péninsule qui porte son nom.

1262. Naissance d'Hercule à Thèbes. La légende d'Hercule comprend sans doute plusieurs légendes composées sur des personnages réels ou imaginaires. Les allégories et les données astronomiques, mêlées au récit de ses exploits, les rendent encore plus invraisemblables. La Grèce est le théâtre de la plupart de ses douze grands travaux, mais il n'y a pas une contrée connue des anciens où, suivant les mythologues, n'ait paru Hercule ; l'Italie, la Gaule, l'Espagne, l'Afrique, l'Égypte, l'Asie Mineure, et même l'Inde, où l'on voulait montrer à Alexandre des traces de son passage.

1226. Expédition des Argonautes, décidée peut-être par le conseil amphictyonique, et partie avec Jason de la côte de Thessalie pour purger la mer des pirates, ou aller ravir la toison d'or, c'est-à-dire les trésors de la Colchide au fond du Pont-Euxin. Traditions sur Médée la magicienne, sur Orphée, sur Esculape, sur beaucoup de héros associés à cette entreprise, dont les fils ont ensuite brillé devant Troie.

1214. Les sept chefs devant Thèbes. OEdipe, le meurtrier de son père Laïos, l'époux de sa mère Jocaste, après s'être crevé les yeux, a abdiqué le titre de roi de Thèbes. Il est mort peut-être à Colone, bourg de l'Attique. Lutte fratricide de ses fils Étéocle et Polynice. Inutile intervention de Thésée, roi de l'Attique, le compagnon d'Hercule.

1210. Mort d'Hercule au mont OEta, à l'entrée de la Doride. Les Héraclides sont chassés de Tirynthe, ville d'Argolide, par son frère Eurysthée ; ils trouvent asile en Attique.

1208. Mort d'Eurysthée, tué par Hyllos, fils d'Hercule. Le fils de Pélops, Atrée, succède à Eurysthée dans Mycène et dans Tirynthe.

1204. Hyllos est tué en voulant ramener les Héraclides dans le Péloponnèse. Les Héraclides promettent de ne pas faire d'invasion dans la péninsule pendant cent ans.

1201. Avénement d'Agamemnon, fils d'Atrée, à Mycènes ; son frère Ménélas régnera à Sparte.

1197. Seconde guerre de Thèbes. Les Épigones, fils des sept chefs, l'emporteront sur la race d'Étéocle.

1195. Commencement de la guerre de Troie : entreprise par les Grecs en commun au nom de Ménélas, l'époux d'Hélène, qui a été ravie par Pâris, le fils du vieux roi de Troie, Priam. Les principaux chefs chantés dans l'*Iliade* et dans l'*Odyssée* d'Homère, qui désigne particulièrement les Grecs sous le nom d'Achéens, sont : Agamemnon, Ménélas, Achille, Patrocle, Diomède, les deux Ajax, Nestor, Ulysse, Philoctète. L'incident qui fait le sujet de l'*Iliade*, la colère d'Achille contre Agamemnon, le chef suprême, a lieu dans la neuvième année du siége.

1184. Après dix ans, prise et destruction de Troie ; malheurs des héros grecs retournant vers leur patrie.

1176. Oreste, fils d'Agamemnon, qui a été tué par sa femme Clytemnestre et par Égisthe, règne à Argos.

1160. Naissance d'Homère, suivant une des dix-huit traditions que Clinton rapporte, et qui varient de vingt-quatre à cinq cents ans après la prise de Troie.

1124. Les Thessaliens ayant envahi l'Hœmonie, qu'ils appellent Thessalie, les Béotiens rentrent de l'Hœmonie en Béotie. Émigration des Éoliens de la Grèce centrale en Asie Mineure, sous Penthilos, fils de l'atride Oreste. Ils y commencent la fondation de ces nombreuses cités au sein desquelles la civilisation grecque jettera son premier éclat.

1104. Retour des Héraclides et établissement des Doriens dans le Péloponnèse. La race conquérante occupe surtout la Laconie sous les deux fils d'Aristodémos, Proclès et Eurysthénès qui commencent une double lignée royale à Sparte ; l'Argolide, sous Téménos ; la Messénie, sous Cresphontès. L'Élide reste en partie aux Étoliens, qui ont suivi les Doriens. Les Achéens émigrent dans l'Égialée, au nord du Péloponnèse, qu'on appellera de leur nom Achaïe ; les Éoliens de la Messénie et les Ioniens de l'Égialée fuient dans l'Attique.

1075. Alétès fonde à Corinthe une dynastie de rois héraclides.

1045. Les Doriens du Péloponnèse viennent par la Mégaride envahir l'Attique. Dévouement et mort de Codrus, dernier roi d'Athènes. Les Athéniens remplacent la royauté par l'archontat à vie.

1044. Émigration des Ioniens réfugiés en Attique sur la côte occidentale de l'Asie Mineure ; ils sont conduits par un fils de Codrus ; ils formeront, au sud du pays occupé par les Éoliens, sur le continent et dans les îles, une confédération de douze cités : Samos et Chios dans les îles de ce nom, Milet, Myonte, Priène, Éphèse, Colophon, Lébédos, Téos, Érythrées, Clazomène et Phocée.

1033. Fondation de Cyme sur la côte éolienne d'Asie Mineure.

1015. Fondation de Smyrne sur la côte ionienne.

884. Les jeux olympiques, dont l'institution, en l'honneur de Jupiter, était attribuée à Hercule, à Pisos, ou à Pélops, sont renouvelés dans l'Élide, à Olympie, par Iphitos, d'Élée ; Cléosthénès, de Pise, et Lycurgue, de Lacédémone. Iphitos est placé en effet par Ératosthène, cent huit ans avant l'olympiade de Corœbos qui est fixée à l'an 776 avant J. C. ; son nom est resté à la série des vingt-sept olympiades qui précèdent 776. Lycurgue, qu'Aristote et Ératosthène font contemporain d'Iphitos, est bien postérieur, d'après Thucydide, 822 avant J. C. — Les lois que Lycurgue a données à Sparte sont conformes à l'esprit dorien qu'il trouvait tout-puissant en Laconie et dans l'île de Crète qu'il visita : il maintient la royauté partagée, crée un sénat de vingt-huit vieillards, dont les résolutions sont approuvées ou rejetées par l'assemblée des citoyens ; les descendants des conquérants, les Spartiates, sont seuls citoyens ; les Laconiens partagent avec eux la possession de la terre que cultivent les Hilotes ou esclaves. Lois étranges sur l'éducation et sur les mœurs ; exercices et repas en commun ; vie toute militaire ; tout doit concourir à la grandeur et à la force de la cité. Les affections de famille et la morale privée même sont sacrifiées à ce but.

776. L'Éléen Corœbos est couronné aux jeux olympiques. Cette année est le point de départ de l'ère grecque des olympiades.

La poésie grecque avait déjà jeté à cette époque le plus vif éclat, car elle avait produit Homère et Hésiode, l'un auteur de l'*Iliade* et peut-être aussi de l'*Odyssée*, l'autre de plusieurs ouvrages dont les principaux qui nous restent sont une *Théogonie* et le poëme des *Œuvres et Jours*. Ils vivaient tous deux au IX⁰ siècle, si l'on accepte le témoignage d'Hérodote : « J'estime qu'Homère et Hésiode, dit-il, ne vivaient que quatre cents ans avant moi. » Il appartient lui-même au v⁰ siècle avant notre ère.

Inde.

Quelques écrivains placent l'établissement des Aryas dans la province de Dehli où ils constituent les castes des Brahmanes ou prêtres, des Xattryas ou guerriers, et des Vaîçyas ou laboureurs et marchands, vers l'an 1400, ce qui est probablement une date trop moderne. Une quatrième caste, celle des Çudras, renfermait les vaincus, les étrangers, et était tenue par les trois autres en grand mépris. Déjà les Védas ou livres sacrés étaient écrits, ainsi que le Code de lois attribué à Manou dont la tradition fait le fils de Brahma ou le premier homme. La rédaction de ce code, véritable traité de morale et de législation, est placée au XVI⁰, au XI⁰ ou au X⁰ siècle. Le Bouddha Çakyamouni réforme la religion au X⁰ ou au VI⁰ siècle.

Iran.

D'après le livre Iranien, l'*avesta* Irainastro a fait en Bactriane des réformes accomplies, au plus tôt vers l'an 2000 ou 2200 avant J. C., au plus tard vers l'an 800.

Lydie.

La 1ʳᵉ dynastie de rois, celle des Atyades, commence à une époque inconnue ; la seconde, celle des Héraclides, dont l'avènement est placé vers le temps de la guerre de Troie, durait encore au moment où finit notre seconde période.

Phénicie.

Les rois de Tyr, Abibal et Hiram, sont contemporains de Salomon. Le douzième roi de la même famille est Pygmalion, frère de Didon, qui, s'il en faut croire la tradition embellie par Virgile, aurait emmené une colonie phénicienne sur la côte d'Afrique, à Carthage, qu'elle fonda ou agrandit vers 880.

Les Phéniciens faisaient dès le X⁰ siècle et probablement bien longtemps auparavant un grand commerce, par la mer Rouge, avec les pays de l'Orient désignés sous le nom d'Ophir. Les Juifs sous Salomon furent associés à ce commerce.

Syrie.

Hadadézer, contemporain de David, fonde le royaume de Syrie. Mais il y avait eu avant lui plusieurs petits États en Syrie dont nous ne pouvons toujours retrouver la position géographique. Tels furent ceux de Sobah, d'Hamath, d'Arpad, de Maacha, de Gessur et de Rohob. Hadadézer fit en Syrie ce que les rois juifs avaient fait en Palestine : il réunit toutes les tribus éparses en un seul État qui devint redoutable aux Juifs, quand ceux-ci, après la mort de Salomon, se divisèrent et s'affaiblirent par de continuelles discordes.

TROISIÈME PÉRIODE.

DE L'ÈRE DES OLYMPIADES A L'ÈRE VULGAIRE (776-1).

VIIIᵉ ET VIIᵉ SIÈCLES AVANT J. C.

APERÇU GÉNÉRAL.

La troisième période s'ouvre avec l'année du couronnement de Corœbos aux jeux olympiques, en 776 avant Jésus-Christ. Elle embrasse la suite de l'histoire juive, le second empire d'Assyrie, les temps mieux connus de l'histoire des Lydiens, des Mèdes, des Perses, des Égyptiens, la Grèce et la Macédoine ; les États formés du démembrement de l'empire d'Alexandre et tout le corps des annales de Rome pendant la période royale et pendant la période républicaine.

L'histoire générale présente, à partir de cette époque, une certitude chronologique assez grande pour que nous puissions commencer à procéder par siècle. Toutefois, nous réunirons encore le vıııᵉ siècle et le vıᵉ dans notre première époque historique.

L'ère des olympiades, imaginée par les Grecs, sépare pour eux comme pour nous, les temps incertains des époques vraiment historiques. Avant 776 aucun grand nom, aucun grand fait, même la révolution accomplie à Sparte par Lycurgue, n'a sa date précise. Les États de l'Orient n'ont pas non plus d'annales positives, malgré l'antique origine des royaumes de Lydie, d'Assyrie, d'Égypte, de Phénicie. Le peuple juif seul, échappe, par ses traditions sacrées, à ce vice chronologique qui entache de mensonge les plus beaux récits, ou leur ôte une certitude évidente.

Après 776, dans tout le cours du vıııᵉ siècle, les naissances de villes, d'empires, de gouvernements, se multiplient. Les principales peuplades asiatiques sont séparées les unes des autres, et forment des royaumes indépendants. La chute de Sardanapale crée les puissances rivales de Babylone, de Ninive et d'Ecbatane, la nouvelle capitale des Mèdes. Les colonies grecques couvriront le bassin de la Méditerranée, depuis l'Espagne jusqu'au fond de l'Euxin, et répandront une civilisation nouvelle avec la religion, les mœurs, les habitudes maritimes, les principes de gouvernement, la langue des Hellènes. L'Eubée, Mégare, Corinthe, Milet, Phocée, sont les principaux foyers d'où s'échappent des essaims de pirates et de marchands, qui seront bientôt disséminés sur tous les points du monde ancien. Les différences d'origine, ionienne ou dorienne, s'effaceront le plus souvent devant les ennemis communs qui sont maintenant les Phéniciens et les Carthaginois, qui plus tard seront les Perses.

La liberté politique n'est pas alors le vœu le plus ardent des Grecs. L'aristocratie, qui avait presque partout supplanté les rois, donne à son tour naissance aux tyrans. On en trouve même au cœur de la Grèce, à Corinthe, à Mégare. Athènes a remplacé la royauté par une république qui est encore aristocratique; Sparte ne connaîtra jamais la démocratie.

Au VIIe siècle, la Grèce, dont le nom et la civilisation se propagent de la Sicile à l'Asie Mineure, assemblage de gouvernements disparates qui vivent souvent hostiles, à côté les uns des autres, sans essayer de se fondre en une seule nation, n'accepte pas les lois trop dures de l'Athénien Dracon. « Elle s'émeut aux chants guerriers de Tyrtée, applaudit aux talents lyriques de Sappho, et reçoit les leçons de Thalès qui avait approfondi toutes les connaissances de son temps. » (DAUNOU.)

L'alliance des qualités politiques, et de la sagesse, ou du moins de la science, n'est pas rare chez les Grecs. Solon, le législateur d'Athènes; Périandre, tyran de Corinthe; Pittacos qui gouverna à Mitylène, sont comptés parmi les *sages;* mais le poëte lesbien Alcée ne prit pas rang parmi les guerriers, il s'enfuit du champ de bataille et chanta son bouclier abandonné à l'ennemi.

C'est par leur contact avec les peuples grecs, que plusieurs États de l'Orient acquièrent pour nous dans ces deux siècles une célébrité, fondée non plus sur des traditions suspectes, mais sur des faits authentiques : Gygès et ses successeurs jusqu'à Crésus, pour la Lydie; Psammithicus, Néchao, en Égypte, nous intéressent plus, parce que nous les connaissons mieux que les héros placés par les généalogies demi-fabuleuses parmi leurs prédécesseurs.

Rome, à son origine, et pendant longtemps, n'a aucun rapport avec la race des Hellènes. On trouve ses débuts pénibles et lents pour un peuple qui mettait son berceau sous la protection de deux divinités, Vénus, dont le petit-fils a fondé Albe, métropole de la ville romaine, et Mars, père de Romulus : Syracuse, Corcyre, etc., fondées un peu plus tard que Rome sont arrivées à la puissance plus vite qu'elle. C'est à des rois qu'elle rapporte ses premières institutions qui l'ont rendue digne de l'empire du monde : des Sabins, des Latins, des Étrusques, viennent s'asseoir tour à tour sur la chaise royale de Romulus. Des récits qui honorent l'histoire se mêlent aux fictions : on se plaît à conserver, au nombre des faits historiques, le combat des Horaces et des Curiaces ; la ruine d'Albe ne pouvait pas être préparée d'une façon plus héroïque.

A une autre extrémité du monde ancien, les Juifs oubliaient les prescriptions mosaïques qui avaient fait leur force. Ils s'abandonnaient à l'idolâtrie, aux coutumes étrangères et aux dissensions intestines, malgré les avertissements des prophètes. Aussi leurs ennemis triompheront d'eux aisément. Le sort des dix tribus d'Israël est réservé aux deux tribus de Juda et de Benjamin. Nabuchodonosor II, le souverain de Babylone, sera un instant l'effroi de l'Orient. La royauté est réellement effacée en Judée, bien avant que le dernier roi périsse, et que toute la population de Juda soit entraînée en captivité vers l'Euphrate.

Nous devons cependant reconnaître, avant de donner la liste des faits de cette époque historique, qu'il y en a encore un certain nombre dont la date est contestable, même le plus grand de tous, celui de la fondation de Rome.

CHRONOLOGIE

VIII° SIÈCLE AVANT J. C.

776 av. J. C.
(Ol. i, 1.)

Grèce. — L'année où Corœbos l'Éléen remporte le prix du stade aux jeux olympiques est la première année olympiade. Les olympiades se comptent par périodes de quatre ans révolus, selon le renouvellement quinquennal de la célébration des fêtes olympiques ; chacune de ces quatre années commence à la nouvelle lune qui suit le solstice d'été.

— Chaque olympiade était désignée par le nom du vainqueur dans les luttes du stade. Les fêtes olympiques devinrent comme un lien national entre les peuples grecs, unis par la communauté d'origine, d'intérêts politiques, de civilisation. Les arts y trouvèrent une merveilleuse émulation.

770.
(Ol. ii, 3.)

Judée. — En Israël, le fils de Jéroboam II, dernier roi de la dynastie de Jéhu, ne règne qu'un an, de 771 à 770. Les généraux se disputent la royauté ; longue période d'agitation. Sellum est renversé par Manahem dès 770.

760.
(Ol. v, 1.)

Grèce. — A Sparte, le roi Théopompos, petit-fils de Charilaos le neveu de Lycurgue, institue les éphores, magistrats élus par le peuple qui limiteront le pouvoir des rois.

759.

Assyrie. — Le premier empire d'Assyrie s'écroule sous le roi Sardanapale. Babylone et Ninive, les deux principales villes de l'Assyrie, et la Médie, forment trois États indépendants. Bélésis règne à Babylone, Phul à Ninive commence le second empire d'Assyrie : Arbacès est le chef des Mèdes. — Phul est le premier Assyrien qui rende tributaire un roi d'Israël, Manahem.

Judée. — Phacéia succède en Israël à Manahem.

757.

Judée. — Phacée succède en Israël à Phacéia.

756.

Judée. — En Juda, mort du saint roi Osias et avénement de Joathan. Apparition d'un nouveau prophète, Isaïe, fils d'Amotz, de la race royale.

754.
(An de Rome 1.)

Italie. — Dans le Latium, non loin de l'embouchure du Tibre, Rome est fondée, suivant la tradition, par Romulus, fils du dieu Mars, venu d'Albe la Longue, ville qui prétendait devoir son origine à la colonie du Troyen Énée. Romulus tue son frère Rémus.

752.
(Ol. vii, 1.)

Grèce. — A Athènes, amoindrissement du pouvoir exécutif; l'archontat est rendu décennal, pendant le gouvernement de Charops.

750.
(Ol. vii, 3.)

Grèce asiatique. — Commencement de la grandeur maritime de Milet, ville grecque de la côte ionienne, qui fondera un grand nombre de colonies sur la Propontide, et le Pont-Euxin : Arisba en Mysie, Tios en Paphlagonie, le Phase en Colchide, Dioscurias sur la même côte, etc.

748.
(Ol. viii, 1.)

Grèce. — Prépondérance exercée dans le nord du Péloponnèse par le tyran d'Argos, Phidon, dixième descendant de l'héraclide Téménos. Il fait célébrer dans Élis la huitième fête olympique. Pise à cette époque disputait à Élis l'honneur de donner sur son territoire les grands jeux de la Grèce. Épidaure et l'île d'Égine obéissaient à Phidon.

747.
(De R. 8.)

Assyrie. — Commencement de l'ère assyrienne qui date du règne de Nabonassar, roi de Babylone.

Rome. — Le fondateur de Rome, le créateur, suivant la tradition, de l'ordre des patriciens, des patrons, des *celeres*, qui ont été les premiers chevaliers, et du corps militaire de la légion, fait enlever des femmes sabines, ce qui va provoquer une guerre après laquelle les Romains et les Sabins s'uniront.

745.
(Ol. viii, 4.)

Grèce. — A Corinthe la royauté héréditaire est abolie : république oligarchique; le pouvoir appartient à deux cents citoyens, tous Héraclides, les Bacchiades, qui ne doivent s'allier qu'entre eux ; un prytane annuel est le chef de l'État.

743.
(Ol. ix, 2.)

Grèce. — Première guerre des Messéniens contre les Spartiates : en Messénie, les Doriens conquérants s'étaient fondus avec l'ancienne population. Le récit de ces guerres est mêlé de fables.

741.

Égypte. — Invasion de l'Égypte par les Éthiopiens ; le roi Bocchoris est mis à mort. Commencement de la vingt-cinquième dynastie : trois rois

VIIIᵉ SIÈCLE (738-715).

éthiopiens règnent successivement. Sabacon, Sevecha ou Sua, fut l'allié d'Osée contre Salmanazar.

Assyrie, Judée, Syrie. — Le petit-fils d'Ozias, Achaz, roi de Juda, prince impie et méchant, menacé par le roi d'Israël Phacée et par le prince syrien de Damas, Razin, a recours au roi d'Assyrie, Teglath-Phalasar, qui en effet renverse le royaume de Syrie, et réduit en servitude une partie des Israélites; mais il ravage aussi les terres de Juda.

738.

Lydie. — Vers ce temps, ou dix-huit ans plus tard, en 720, meurtre de Candaule par Gygès, qui fonde la dynastie des Mermnades.

735.
(Ol. xi, 2.)

Médie. — Déjocès prend vers ce temps, ou vingt-quatre ans plus tard, en 709, le titre de roi. Il fonde la ville d'Ecbatane et donne de sages lois.

Sicile. — Des Ioniens de Chalcis en Eubée vont fonder Naxos sur la côte orientale de Sicile.

734.
(Ol. xi, 3.)

Sicile. — Des Doriens de Corinthe conduits par l'héraclide Archias fondent Syracuse, au sud-est de l'île.

730.
(Ol. xii, 3.)

Grèce. — Continuation de la première guerre de Messénie : bataille du mont Ithome; combat singulier des rois Euphaës et Théopompos.

Sicile. — Les Chalcidiens d'Eubée fondent Catane au sud de Naxos, et plus au sud, la ville de Léontion.

728.
(Ol. xiii, 1.)

Grèce. — Le Corinthien Philolaüs de la maison des Bacchiades se retire chez les Thébains dont il sera le législateur.

Sicile. — Des Grecs fondent Mégare d'Hybla entre Léontion et Syracuse.

725.
(Ol. xiv, 2.)

Grèce. — Après vingt ans de guerre, malgré le dévouement de son roi Aristodémos, la Messénie est asservie par les Spartiates, sous le règne de Théopompos. La forteresse du mont Ithome a résisté la dernière.

730.

Judée. — Avénement d'Osée en Israël; il doit le trône à un meurtre.

726.

Judée. — Avénement d'Ézéchias en Juda.

721.
(Ol. xiv, 4.)

Assyrie et Judée. — Prise de Samarie après trois ans de siége et fin du royaume d'Israël sous le roi Osée. Le roi d'Assyrie Salmanasar emmène en captivité à Ninive le peuple des dix tribus; il le remplace en Judée par des colons asiatiques qui apportent les faux dieux. — Le roi de Juda Ezéchias est fidèle à la loi de Moïse.

Grande-Grèce. — Des Grecs achéens fondent Sybaris sur la côte sud-ouest du golfe qui sépare les deux petites péninsules méridionales de l'Italie.

718.
(Ol. xv, 3.)

Grèce. — Guerre entre les Argiens et les Spartiates au sujet du territoire de Thyrée.

715.
(Ol. xvi, 2.)

Grèce asiatique. — Les Milésiens avec la permission du roi de Lydie Gygès, qui possède le nord-ouest de l'Asie Mineure, fondent une colonie à Abydos sur l'Hellespont.

714.
(De R. 41.)

Rome. — Au belliqueux Romulus succède, après un interrègne d'un an, le pacifique Numa, Sabin d'origine, qui organise les institutions religieuses des Romains.

713.

Assyrie et Judée. — Invasion du roi de Ninive Sennachérib, dans le royaume de Juda; Ézéchias est sauvé par une peste qui fait périr presque toute l'armée ennemie.

711.

Assyrie. — Sennachérib est assassiné à Ninive. Asarhaddon, un de ses fils, et déjà vice-roi de Babylone, que Sennachérib avait replacée sous le joug, lui succède.

710.
(Ol. xvii, 3.)

Grande-Grèce. — Des Grecs achéens fondent Crotone, voisine et future rivale de Sybaris.

708.
(Ol. xviii, 1.)

Grande-Grèce, Thrace. — Fondation de Tarente par les Parthéniens de Lacédémone, sur la côte opposée à celle où s'élève Sybaris. — L'île de Corcyre, près de la côte d'Épire, reçoit une colonie dorienne conduite par Chersicrate, de Corinthe. Les anciens habitants d'origine eubéenne vont coloniser Méthone sur la côte méridionale de la Macédoine. — L'île de Thasos, près de la côte de Thrace, reçoit une colonie venue de Paros, une des Cyclades; au nombre des colons est le poëte Archiloque.

704.
(Ol. xix, 1.)

Grèce asiatique. — Le Corinthien Aménoclès apprend aux Grecs de Samos, voisins de la côte ionienne d'Asie, à construire des vaisseaux à trois rangs de rames.

VIIᵉ SIÈCLE AVANT J. C.

697.

Judée. — Avénement de Manassé en Juda.

691.
(Ol. xxii, 2.)

Grèce asiatique. — Le Grec Glaucos, de Chios, a le premier trouvé le moyen de souder le fer. Il avait travaillé aux riches présents envoyés au dieu de Delphes par les rois de Lydie.

690.
(Ol. xxii, 3.)

Sicile. — Des Rhodiens et des Crétois viennent coloniser près du fleuve Gela, au sud-est de l'île, une ville qui garde le nom du fleuve, et lui donnent les institutions doriennes.

685.
(Ol. xxiii, 4.)

Grèce. — Deuxième guerre de Messénie contre les Spartiates. Aristomène est le second héros des Messéniens. Les Spartiates sont conduits à la victoire par les chants de l'Athénien Tyrtée.

683.
(Ol. xxiv, 1.)

Grèce. — A Athènes l'archontat devient annuel; les archontes ne sont pas choisis seulement parmi les descendants de Codrus, cette dignité est accessible à toutes les grandes familles. Les neuf archontes ont des attributions et des dénominations particulières: six s'appelaient thesmothètes et rendaient la justice; un autre, sous le nom de roi, dirigeait les cérémonies publiques; le polémarque administrait les affaires militaires; leur président commun s'appelait l'archonte éponyme, et son nom personnel servait à désigner l'année archontique.

680.
(Ol. xxv, 1.)

Grèce.—Institution des courses de chars à quatre chevaux, dans les jeux olympiques.

676.
(Ol. xxvi, 1.)

Grèce. — A Lacédémone, concours de musique pendant les fêtes carnéennes. — Le premier qui remporta le prix de la lyre fut Terpandre, musicien et poëte de l'île de Lesbos

675.
(Ol. xxvi, 2.)

Assyrie et Judée. — Le roi de Juda Manassé, qui a fait périr le prophète Isaïe, est emmené captif à Babylone par le roi d'Assyrie Asarhaddon. — Rendu à son royaume, il gouvernera avec piété et sagesse pendant trente-trois ans.

Grèce asiatique. — Cyzique, sur la côte asiatique de la Propontide, est colonisée par les Mégariens.

674.
(Ol. xxvi, 3.)

Grèce asiatique. — Chalcédoine, sur la côte asiatique du Bosphore de Thrace, est colonisée par les Mégariens, tandis que la position bien plus heureuse où s'élèvera Byzance, sur la côte européenne, n'est pas encore occupée.

673.
(Ol. xxvi, 4.)

Grande-Grèce.—A l'extrémité sud-est de l'Italie, Locres est fondée par des Locriens de la Grèce centrale.

672.
(Ol. xxvii, 1 ; R. 83.)

Grèce. — Les Messéniens sont soutenus contre Sparte par le roi de Pise en Élide, Pantaléon, et par le roi d'Orchomène en Arcadie, Aristocratès.

Rome. — Troisième roi, Tullus Hostilius, d'origine latine. Le combat des trois Romains, les Horaces, contre les trois Albains, les Curiaces, ne décide pas immédiatement la ruine d'Albe, la mère patrie de Rome.

671.
(Ol. xxvii, 2.)

Grèce.—Vers ce temps, Alcman, originaire de Sardes en Lydie, compose à Sparte des poésies lyriques dans le dialecte dorien, particulier aux Spartiates.

670.

Égypte. — Psammithicus de Saïs, ville du Delta, un des douze princes qui, suivant Hérodote et Diodore, se partageaient l'Égypte, règne sur une partie de la basse Égypte. Ce prince appartient à la vingt-sixième dynastie.

668.
(Ol. xxviii, 1.)

Grèce.—Fin de la seconde guerre de Messénie après la prise d'Ira par les Spartiates. Les habitants qui restent dans le pays sont réduits à la condition d'hilotes. — Les jeux olympiques se célèbrent pour cette fois sur le territoire de Pise parce que les habitants d'Élis sont en guerre avec la ville achéenne de Dyme.

667.
(Ol. xxviii, 2.)

Sicile. — Une colonie de Messéniens, de Pyliens et de Mothonéens, dépouillés par les Spartiates, s'établit à Zancle, appelée depuis Messane ou Messine.

665.
(Ol. xxviii, 4.)

Grèce. — Le Crétois Thalétas purifie Sparte atteinte de la peste. Les poëtes Archiloque, de Paros, et Simonide, d'Amorgos, se servent du vers iambique pour écrire des satires.

664.
(Ol. xxix, 1.)

Grèce. — Lutte maritime entre Corinthe et Corcyre, sa colonie.

Sicile. — Fondation d'Enna, au centre de l'île, par des Syracusains.

660.
(Ol. xxx, 1.)

Grande-Grèce. — Locres reçoit des lois de Zaleucos.

657.
(Ol. xxx, 4.)

Thrace. — Des Mégariens fondent Byzance dans la plus heureuse position, sur la côte européenne du Bosphore de Thrace.

655.
(Ol. xxxi, 2.)

Grèce. — A Corinthe, chute du gouvernement aristocratique des Bacchiades, qui durait depuis cent dix ans : leurs chefs se retirent à Lacédémone; le tyran Cypsélos régnera trente ans.

654.
(Ol. xxxi, 3.)

Thrace. — Des Grecs d'Andros, une des Cyclades, fondent sur la côte orientale de la Chalcidique Acanthe et Stagire.

650.

Égypte. — Avec l'aide de Grecs, Ioniens et Cariens, portés dans leurs courses de piraterie sur les côtes d'Égypte, Psammithicus triomphe des autres rois ses collègues qui l'avaient attaqué, et rétablit le gouvernement d'un seul. Son règne est une époque de renouvellement pour l'Égypte, qui, mise en contact avec les étrangers, modifie ses habitudes politiques et sociales, et recherche deux choses que jusque-là elle avait dédaignées, la puissance maritime et les trésors du commerce. La dynastie à laquelle appartient Psammithicus, la vingt-sixième, durera jusqu'en 569.

648.
(Ol. xxxiii, 1.)

Grèce. — Le combat du pancrace est admis aux jeux olympiques.

642.

Judée. — Avénement d'Ammon en Juda. Il est remplacé deux ans après, 640, par Josias.

640.
(Ol. xxxv, 1 ; R. 115.)

Grèce asiatique. — Naissance de Thalès, originaire de Phénicie, suivant Hérodote ; il ne s'établira à Milet que dans un âge avancé.

Rome. — Avénement du quatrième roi, Ancus Martius, petit-fils de Numa; il encourage l'agriculture et le commerce, joint par le pont Sublicius la rive droite du fleuve et le mont Janicule aux collines de la rive gauche; il construit une prison et fonde le port d'Ostie.

638.
(Ol. xxxv, 3.)

Grèce. — Naissance de Solon à Athènes.

635.
(Ol. xxxvi, 2.)

Asie. — Les Cimmériens chassés par les Scythes de leur pays, qui est au nord de la mer Noire, se répandent dans l'Asie Mineure, occupent la Lydie et même Sardes, pendant le règne d'Ardys.

634.
(Ol. xxxvi, 3.)

Assyrie et **Médie.** — Le roi des Mèdes, Phraorte, attaque les Assyriens; il est vaincu et tué après vingt-deux ans de règne. Son fils Cyaxare ne peut le venger. Il défend la Médie contre les Scythes, qui ravagent l'Asie pendant vingt-huit ans.

633.
(Ol. xxxvi, 4.)

Thrace. — Colonies de Milet : Tomes, sur la côte nord-est de Thrace ; Ister à l'embouchure du fleuve du même nom.

632.
(Ol. xxxvii, 1.)

Asie, Égypte. — Courses des Scythes jusqu'en Syrie et en Palestine. — À l'entrée de l'Égypte Psammithicus les arrête par des présents. Ils pillent les temples d'Ascalon sur la côte du pays des Philistins.

Grèce. — Combats de la course et de la lutte pour les enfants, introduits aux jeux olympiques.

631.
(Ol. xxxvii, 2.)

Afrique. — Des Grecs partis de l'île de Théra, au sud des Cyclades, ancienne colonie spartiate, s'établissent à Cyrène, sur la côte de Libye, à l'ouest de l'Égypte. Battos, leur chef, régnera quarante ans et laissera le pouvoir à sa famille.

630.
(Ol. xxxvii, 3.)

Égypte. — Psammithicus permet à des Grecs de Milet de remonter la branche Bolbitine du Nil et de s'établir dans la ville de Naucratis. Il ouvre ainsi l'Égypte au commerce grec.

629.
(Ol. xxxvii, 4.)

Grèce asiatique. — Colonie de Milet, sur la côte de Paphlagonie, à Sinope.

628.
(Ol. xxxviii, 1.)

Sicile. — Sélinonte est fondée au sud-ouest, par des colons venus de Mégare Hybléenne sur la côte orientale.

625.
(Ol. xxxviii, 4.)

Grèce. — A Corinthe, Cypsélos a pour successeur, dans la tyrannie, son fils Périandre, un des sept sages de la Grèce. Celui-ci protége le poète lesbien Arion, de Méthymne, célèbre joueur de lyre, et auteur de dithyrambes. — Il épouse la fille du tyran d'Épidaure, Proclès, qui lui-même était gendre du tyran d'Arcadie Aristocratès. Il s'emparera d'Épidaure.

624.
(Ol. xxxix, 1.)

Grèce. — A Athènes, Dracon est chargé de rédiger un code pour mettre un terme aux discordes entre les pauvres et les riches ; ses lois qui punissent également de mort les délits et les crimes, même la paresse, sont inapplicables.

623.
(Ol. xxxix, 2.)

Grèce asiatique. — Milet, qui a alors un tyran, Thrasybule, est en guerre pour onze ans avec la Lydie.

617.
(Ol. xl, 4.)

Asie. — En Lydie, avénement d'Alyatte ; il chassera enfin les Scythes de l'Asie Mineure.

616.
(Ol. xli, 4 ; R. 139.)

Égypte. — Néchao ou Néchos succède à son père Psammithicus. — Il se servira de la marine des Phéniciens qui feront pour lui un voyage de circumnavigation autour de l'Afrique.

Rome. — Cinquième roi, Tarquin l'Ancien, d'une riche famille de Corinthe établie en Étrurie. L'influence étrusque pénètre dans le gouvernement, la religion et les mœurs des Romains ; science des augures et des aruspices ; pompe du triomphe, etc.

612.
(Ol. xlii, 1.)

Grèce. — A Athènes, Cylon prétend à la tyrannie avec le concours de Théagénès, tyran de Mégare.

Meurtre de ses compagnons qui s'étaient retirés en suppliants au pied des autels de Minerve. — Ce sacrilége cause une nouvelle anarchie.

611.
(Ol. XLII, 2.)

Grèce asiatique. — Lesbos est enlevée à un tyran par Pittacos de Mitylène, un des sept sages, et par les frères du poète Alcée.

609.
(Ol. XLII, 4.)

Thrace. — Colonie de Milet, Apollonie, sur la côte thrace du Pont-Euxin.

Égypte et Judée. — Le roi de Juda, Josias, est blessé mortellement à Mageddo en combattant le roi d'Égypte Néchao, qui traversait la Judée pour porter la guerre en Assyrie. Son règne, de trente et un ans, a été illustré par sa piété et par des réformes intérieures. — Joachas, après trois mois de règne, est emmené captif en Égypte. — Joachim n'est roi qu'en payant tribu à Néchao.

608.
(Ol. XLIII, 1.)

Grèce asiatique. — Naissance de Pythagore de Samos, qui vécut quatre-vingt-dix-huit ans.

Sicile. — Les Léontins sont le premier peuple grec de Sicile qui obéisse à un tyran, Panétios.

607.
(Ol. XLIII, 2.)

Asie. — Le roi des Mèdes Cyaxare extermine ce qui reste de Scythes en Asie.

606.
(Ol. XLIII, 3.)

Grèce. — Guerre entre les Mytiléniens de Lesbos et Athènes au sujet de plusieurs places de la Troade et du promontoire de Sigée. Lâcheté du poète lesbien Alcée, dans la bataille. Combat singulier de Pittacos contre le général d'Athènes Phrynon ; médiation de Périandre, tyran de Corinthe.

Assyrie. — Fin du second empire assyrien ; Sarac est le dernier roi de Ninive qui est prise et détruite par Nabopolassar, gouverneur rebelle de Babylone, ou peut-être déjà roi indépendant depuis 625, et par le roi des Mèdes Cyaxare. Nabopolassar commence le troisième empire d'Assyrie, ou empire chaldéo-babylonien. Il réside à Babylone. — Les fragments de monuments trouvés dans les ruines de Khorsabad, à six lieues du Tigre, en 1847, sont peut-être des débris de Ninive.

Assyrie, Égypte et Judée. — Le roi d'Égypte, Néchao, est vaincu à Carchémis, sur l'Euphrate, par le fils de Nabopolassar, Nébuchadnezzar ou Nabuchodonosor, que son père avait associé à l'empire, et qui attaque ensuite le roi de Juda, Joachim, parce qu'il a pris parti pour l'Égypte contre les Assyriens. Jérusalem se rachète, mais une partie du peuple est emmenée à Babylone. Commencement des soixante et dix ans de captivité. Vains avertissements du prophète Jérémie. La royauté de Juda ne durera plus que dix-huit ans.

604.
(Ol. XLIV, 1.)

Grèce. — Guerre sacrée décidée par le conseil amphictyonique contre les Cirrhéens de la Phocide, qui ont labouré des champs consacrés à Apollon. Elle dure dix ans. Solon y prend part.

600.
(Ol. XLV, 1.)

Gaule. — Des Grecs de Phocée, ville d'Ionie, fondent Massilia (Marseille) sur la côte gauloise de la Méditerranée.

Grèce asiatique. — Vers ce temps on commence, aux frais de toute l'Asie, le temple d'Éphèse, sur la côte d'Ionie, consacré à Diane. Entrepris d'abord par l'architecte grec Chersiphron, il ne sera achevé qu'au bout de deux cent vingt ans. Il était considéré comme une des sept merveilles du monde. Cent vingt-sept colonnes en supportaient le toit. La longueur de l'édifice était de cent vingt-sept mètres et sa largeur de soixante-six.

Chine. — Vers ce temps, naissance de Lao-Tseu, fondateur de la secte du Tao.

VIe SIÈCLE AVANT J. C.

APERÇU GÉNÉRAL.

En Grèce, Sparte, victorieuse, au siècle précédent, des valeureux Messéniens, humilie Tégée et Argos, devient puissance prépondérante dans le Péloponnèse et aspire à la suprématie sur la Grèce centrale, où elle intervient à plusieurs reprises dans les affaires d'Athènes. A Athènes, les lois de Solon existent à peine depuis quelques années, quand l'ambitieux Pisistrate envahit, perd et ressaisit jusqu'à trois fois le pouvoir suprême qui resta à ses fils. Cependant la liberté que le génie de Solon ne peut fixer dans Athènes, naît à Rome de l'excès du despotisme des Tarquins, et se fortifie des âpres vertus d'un Brutus, d'un Valérius Publicola. La révolution faite par l'aristocratie laissera attendre longtemps au peuple les bienfaits politiques et civils du gouvernement républicain. A Athènes l'expulsion des Pisistratides ouvre promptement une large carrière à la démocratie.

L'Asie, dans le vi siècle, ne nous offre guère que des maîtres et des esclaves, si ce n'est pourtant en Chine les philosophes Lao-Tseu et Kong-Fou-Tseu (Confucius) et, dans l'Inde, le Bouddha, réformateur mort en 543. Parmi les rois on remarque chez les Lydiens l'opulent et malheureux Crésus; chez les Perses le conquérant Cyrus, destructeur des royaumes mède, lydien et assyrien, bienfaiteur des Juifs après la prise de Babylone, et son fils Cambyse, le fléau de l'antique Égypte. Ce fut dans cette Égypte que Pythagore et plusieurs Grecs allèrent puiser les traditions orientales qui furent le premier fond de leur philosophie et qui passant par les Romains, se sont propagées dans l'Europe entière. Ésope, en ses modestes apologues, donnait des leçons plus familières de morale; Thespis, à Athènes, Épicharme, en Sicile, jetaient les fondements de l'art tragique et de la comédie; le fortuné Anacréon, dans ses vers élégants, négligés, faciles, chantait l'amour et les plaisirs.

L'Asie Mineure, où florissaient les lettres et la philosophie, est, à la fin du siècle, le théâtre d'événements politiques qui vont engendrer la guerre médique. Darius, fondateur d'une nouvelle dynastie persique, parviendra à remettre sous sa domination les Grecs ioniens révoltés : mais une expédition contre les Grecs d'Europe sera bien autrement désastreuse pour la Perse que la fameuse guerre contre les Scythes.

En Italie, les Tarquins tentent vainement de ressaisir la royauté : la conquête romaine commence par la lutte de la république contre les alliés des rois qu'elle a bannis.

CHRONOLOGIE.

599.
(Ol. xlv, 2.)

Sicile. — Des Syracusains fondent Camarine au sud-ouest de leur ville.

598.

Assyrie et Judée. — Après quatre ans de dévastation du territoire juif par les Assyriens, le roi Nabuchodonosor entre dans Jérusalem, fait mourir Joachim, le remplace par Joachin ou Jéchonias et, au bout de trois mois, par Sédécias.

596.
(Ol. xlvi, 1.)

Grèce. — A Athènes, mission du Crétois Épiménide, qui purifie la ville désolée par la peste et fait les expiations nécessaires pour effacer le sacrilége commis à l'égard des compagnons de Cylon.

595.
(Ol. xlvi, 2.)

Grèce asiatique. — Alcée et deux poétesses célèbres, la belle Sappho et son amie Erinna, fleurissent vers ce temps dans l'île de Lesbos.

Grèce. — Archontat de Solon ; il donne des lois à Athènes. —Moins exclusif que Lycurgue, il embrasse tous les intérêts, tous les besoins de la société, toutes les conditions de personnes et de choses, encourage les arts de la paix et ne comprime pas trop l'esprit mobile des Athéniens. La base de l'organisation politique et financière, est le partage de tous les citoyens en quatre classes d'après leur fortune. Sénat de quatre cents membres ; magistratures accessibles aux citoyens des trois premières classes ; assemblée générale du peuple pour voter les lois et élire les magistrats ; fonctions judiciaires exercées tour à tour par les citoyens. Il conserve les archontes, l'aréopage, tribunal suprême, etc.... Il est un des sept sages et un des poëtes de la Grèce.

592.
(Ol. xlvii, 1.)

Grèce.— Voyage du Scythe Anacharsis, de race royale, chez les Grecs ; il séjourne pendant plusieurs années à Athènes.

589.
(Ol. xlvii, 4.)

Grèce asiatique.—A Mitylène, dans Lesbos, Pittacos reçoit le gouvernement pour dix ans ; malgré le poëte Alcée.

Assyrie, Égypte et Judée.— Nabuchodonosor frappe tour à tour les Ammonites, les Moabites, les Tyriens, les Sidoniens, les Juifs, les Égyptiens. Apriès est vaincu dans son royaume d'Égypte. Nabuchodonosor va mettre le siége devant Jérusalem.

587.

Assyrie et Judée. — Fin du royaume de Juda. Après dix-huit mois de siége, les Assyriens entrent dans

Jérusalem, par la brèche, pendant la nuit du 9 au 10 juillet. Massacre des princes ; le roi Sédécias sera emmené en captivité à Babylone avec tout le peuple ; incendie du temple de Salomon et du palais. Derniers chants de Jérémie. L'Égypte devient une terre de refuge pour les Juifs.— La captivité qui a commencé en 606 durera jusqu'en 536. Deux prophètes se rendent célèbres pendant la captivité, Ézéchiel et Daniel.

586.
(Ol. xlviii, 3.)

Grèce. — Institution des jeux pythiques en l'honneur d'Apollon à Delphes tous les quatre ans ; ils ont, comme les fêtes de Délos, des concours de musique.

585.
(Ol. xlviii, 4).

Grèce asiatique.— Éclipse qui a été prédite par Thalès ; il devait peut-être aux prêtres de l'Égypte qu'il visita ses connaissances astronomiques, ou mieux encore aux Chaldéens, plus savants en astronomie que les prêtres égyptiens.

582.
(Ol. xlix, 3.)

Sicile. — Fondation d'Agrigente, au sud-ouest, par des colons doriens de Géla. Elle reçoit le nom du fleuve Acragas.

581.
(Ol. xlix, 4.)

Grèce. — A Corinthe, quatre ans après la mort de Périandre, la puissance des Cypsélides finit avec son petit-fils Psammétichos. Établissement de l'oligarchie.

579.
(Ol. l, 2.)

Sicile. — Des colons de Rhodes et de Cnide au sud-ouest de l'Asie Mineure, après avoir combattu en Sicile pour Sélinonte contre Égeste, s'établissent dans les Îles Lipariennes au nord-est.

578.
(Ol. l, 3 ; R. 177.)

Rome. — Sixième roi, après Tarquin l'Ancien, Servius Tullius, de race latine ou étrusque. Il complète l'organisation de l'État : cens ou dénombrement des habitants de la cité ; répartition des citoyens suivant leur fortune dans les six classes et les cent quatre-vingt-treize centuries ; impôts proportionnels à la fortune et à l'exercice des droits politiques. L'ancienne division patricienne en trente curies subsistera, mais en s'affaiblissant de plus en plus.

572.
(Ol. lii, 1.)

Asie. — Fables écrites en grec par Ésope, esclave originaire de Mésymbrie, en Thrace, mais qui vécut longtemps à Samos.

570.
(Ol. lii, 3.)

Asie. — Solon visitant l'Asie Mineure, est reçu en Lydie par le jeune Crésus, qui ne pouvait être roi, son père Alyatte vivant encore. Solon ira en Égypte, en Cypre, etc.

Sicile. — A Agrigente, Phalaris est tyran pendant seize ou trente ans.

569.
(Ol. lii, 4.)

Égypte. — Chute d'Apriès, dernier prince de la vingt-sixième dynastie. Avènement d'Amasis ; de brigand devenu roi, il fera de sages lois, rendra l'Égypte très-florissante et méritera le surnom d'Ami des Grecs. Il régnera cinquante-cinq ans.

Grèce asiatique.—A Mitylène, mort de Pittacos, un des sept sages, dix ans après avoir abdiqué le pouvoir.

566.
(Ol. liii, 3.)

Grèce. — A Athènes, institution,

VIᵉ SIÈCLE (565-547).

en l'honneur de Minerve, des Panathénées; elles seront célébrées la
troisième année de chaque olympiade.

565.
(Ol. LIII, 4.)

Grèce. — A Athènes, factions de Lycurgue, de Mégaclès, de Pisistrate. Solon revient de l'Orient après dix ans d'absence.

564.
(Ol. LIV, 1.)

Asie et Grèce. — Ésope est assassiné à Delphes où le Lydien Crésus l'avait envoyé pour porter des offrandes à Apollon.

Corse. — Des Grecs de Phocée étendent leur course jusqu'à la Corse, où étaient déjà les Tyrrhéniens et les Carthaginois. Fondation d'Alalia sur la côte orientale.

563.
(Ol. LIV, 2.)

Grèce asiatique. — Colonie de Phocée sur la côte du Pont-Euxin, à l'est de l'embouchure de l'Halys, Amisos.

561.

Asie. — En Assyrie, mort de Nabuchodonosor II; après lui, décadence de son empire. En Médie, règne depuis vingt-quatre ans le fils de Cyaxare, Astyage.

560.
(Ol. LV, 1.)

Grèce. — A Athènes, Pisistrate commence à exercer la tyrannie. Il conserve les lois de Solon.

Lydie. — Avénement au trône du fils d'Alyatte, Crésus. Beaucoup de détails merveilleux dans sa vie, telle qu'Hérodote la raconte.

559.
(Ol. LV, 2.)

Athènes. — Mort de Solon à Athènes après une vaine opposition aux projets de Pisistrate.

Grèce asiatique. — Fondation d'Héraclée sur le Pont-Euxin, à l'est de l'embouchure du Sangarios, par des Grecs venus ou de Mégare ou de Tanagre en Béotie, ou de Milet.

Perse. — Cyrus, fils du Perse Cambyse, petit-fils, par sa mère Mandane, du roi des Mèdes Astyage, fonde l'empire des Perses sur les ruines de celui des Mèdes.

556.
(Ol. LVI, 1.)

Grèce. — Chilon, éphore à Sparte, est un des sept sages de la Grèce.

554.
(Ol. LVI, 3.)

Grèce. — A Athènes, exil de Pisistrate; la cité est déchirée par les factions.

549.
(Ol. LVII, 4.)

Sicile. — A Agrigente, mort du tyran Phalaris.

548.
(Ol. LVIII, 1.)

Grèce. — A Athènes, retour de Pisistrate. Le temple de Delphes est incendié. Il sera reconstruit sous la direction du conseil amphyctionique par les Alcméonides avec les dons de toute la Grèce et ceux même du roi d'Égypte Amasis.

547.
(Ol. LVIII, 2.)

Grèce asiatique. — Mort vers ce temps d'Anaximandre de Milet, disciple de Thalès; il a construit une sphère et tracé la première mappemonde connue. C'est Anaximandre, ou son disciple Anaximène qui a inventé ou plutôt emprunté aux Assyriens les gnomons, appelés aussi sciatères, cadrans solaires sur lesquels l'ombre (σκία) donne la connaissance (γνώμη) des heures au moyen d'un style ou aiguille.

VIᵉ SIÈCLE (546-521).

Grèce. — A Athènes, second exil de Pisistrate.

546.
(Ol. LVIII, 3.)

Lydie et Perse. — Guerre de Cyrus contre Crésus qui l'a attaqué. Il le bat à Thymbrée en Phrygie, assiége et prend Sardes, capitale de Lydie. Crésus, prisonnier, devient le conseiller du conquérant. Les Perses soumettent les colonies grecques de Asie Mineure.

538.

Assyrie et Perse. — Cyrus met fin au troisième empire d'Assyrie. Le dernier roi de Babylone est Nabonid ou Balthazar. La ville est prise un jour de fête; les Perses ont pénétré par le lit de l'Euphrate, mis à sec.

537.
(Ol. LX, 4.)

Grèce. — A Athènes, Pisistrate ressaisit le pouvoir qu'il gardera jusqu'à sa mort. Gouvernement libéral, guerres heureuses, arts de la paix encouragés, temple consacré à Jupiter Olympien; les œuvres d'Homère sont recueillies.

536.

Judée et Perse. — Édit de Cyrus, inspiré peut-être par Daniel; il met fin à la captivité de soixante et dix ans. Les Juifs peuvent retourner dans leur patrie, y pratiquer leurs lois civiles et religieuses, en restant sous la loi politique de la Perse. Zorobabel cependant n'en ramena que quarante-deux mille trois cent soixante.

535.
(Ol. LXI, 2.)

Grèce. — A Athènes, premières tragédies de Thespis.
Judée. — Commencement de la reconstruction du temple; il ne sera achevé de longtemps; discordes entre les Juifs; rivalités des Samaritains.

534.
(Ol. LXI, 3; R. 221.)

Rome. — Septième et dernier roi, Tarquin le Superbe; il succède à Servius Tullius par un double crime; despotisme cruel et avilissant; ruine des institutions de Servius.

532.
(Ol. LXII, 1.)

Grèce asiatique. — A Samos, tyrannie brillante de Polycrate; il est contemporain du philosophe Pythagore de Samos et du poëte Anacréon de Téos.

529.
(Ol. LXII, 4.)

Perse. — Mort de Cyrus, tué en combattant les Massagètes, à l'est de la mer Caspienne, suivant le récit d'Hérodote. — Avénement de son fils aîné Cambyse.

527.
(Ol. LXIII, 2.)

Grèce. — A Athènes, mort de Pisistrate. — Ses fils Hipparque et Hippias exerceront bientôt la tyrannie avec despotisme.

525.
(Ol. LXIII, 4.)

Égypte et Perse. — Cinq mois après la mort d'Amasis, le roi Psamménit est attaqué par le Perse Cambyse. Conquête facile; l'Égypte devient une province de la Perse. Folies et cruautés du vainqueur après son inutile tentative contre l'Éthiopie et l'oasis d'Ammon.
Grèce. — Guerre entre Sparte et Polycrate de Samos. — Les poëtes Anacréon et Simonide, de Céos, viennent à Athènes.

522.
(Ol. LXIV, 3.)

Grèce asiatique. — Mort violente du tyran de Samos, Polycrate.

521.
(Ol. LXIV, 4.)

Italie. — Les Gaulois qui, depuis des siècles, se sont répandus au delà des Alpes jusqu'aux Apennins, atteignent la limite que leurs établissements ne dépasseront pas,

VI° SIÈCLE (520-508).

ênme population sédentaire, les bords du fleuve OEsis, affluent de l'Adriatique.

Perse. — Révolte en Asie pendant que Cambyse est en Égypte; sa mort. Les Mages s'emparent du pouvoir; court règne de l'un d'eux, le faux Smerdis. Complot de sept seigneurs perses contre la faction mède des Mages. Massacre des Mages et de Smerdis. Élévation au trône de Darius Ier, fils d'Hystaspe; nouvelle dynastie. C'est peut-être l'Assuérus de la Bible. — Expédition contre les Samiens, qui ne veulent pas Syloson pour tyran. Révoltes dans tout l'empire pendant plusieurs années. Babylone résiste une première fois pendant vingt mois.

520.
(Ol. LXV, 1.)

Grèce asiatique. — Hécatée de Milet est le plus ancien historien grec; il a corrigé la carte de son compatriote Anaximandre.

Grande-Grèce. — Le philosophe Pythagore de Samos vient s'y établir. Plusieurs villes lui devront leurs institutions politiques et sociales. Institut pythagoricien, à Crotone, Caulonia, Locres, Tarente.

517.

Chine. — Entrevue vers ce temps des deux grands philosophes chinois Lao-Tseu et Kong-Fou-Tseu, ou Confucius.

516.

Judée. — Consécration solennelle du second temple de Jérusalem.

515.
(Ol. LXVI, 2.)

Thrace. — Miltiade, fils de Cimon, succède à son oncle dans le gouvernement de la Chersonèse de Thrace, il y exerce un pouvoir absolu pendant vingt-deux ans.

514.
(Ol. LXVI, 3.)

Grèce. — A Athènes, pendant la fête des grandes Panathénées, assassinat d'Hipparque par Harmodios et Aristogiton.

512.

Perse. — Darius charge le Grec Scylax de parcourir le bassin de l'Indus. Les Indiens payeront tribut à la Perse et formeront la vingtième et dernière satrapie de l'empire.

510.
(Ol. LXVII, 3; R. 245.)

Grande-Grèce. — Sybaris, amollie par l'excès des richesses, est détruite par les Crotoniates.

Grèce. — A Athènes, expulsion d'Hippias; les institutions républicaines de Solon sont remises en vigueur. Hippias, protégé d'abord par le roi de Sparte Cléomène, trouvera asile chez les Perses.

Rome. — Outrage fait à Lucrèce par le fils de Tarquin le Superbe, Sextus. Abolition de la royauté au profit de l'aristocratie. Gouvernement républicain avec deux consuls, élus annuellement et investis de la plupart des attributions et des honneurs de la royauté; ils seront choisis seulement parmi les patriciens pendant cent soixante-seize ans. — L'organisation des classes et des centuries créée par Servius, est la base de la grande assemblée politique qui prépare les lois et élit les magistrats; les voix se comptent par centuries et non par têtes de citoyens. — Quinze ans de guerre avec les peuples de l'Italie, alliés des Tarquin, en Étrurie et dans le Latium. — Conspiration pour le rétablissement de la royauté; le premier consul Brutus fait mourir ses fils coupables. Valérius Publicola, consul après le désistement de Tarquin Collatin, l'époux de Lucrèce, établit le droit d'appel au peuple. — Premier traité avec Carthage.

508.
(Ol. LXVIII, 1.)

Grèce. — Dans les compositions dramatiques, usage des chœurs d'hommes.

A Athènes, factions de l'aristocratie, dont le chef est Isagoras, et de la démocratie dirigée par Clisthène. Réformes opérées par le dernier. Composition plus démocratique du sénat et des tribunaux; le nombre des tribus porté à dix; ostracisme ou peine de bannissement contre tout citoyen dont la popularité, même acquise par des vertus et des services, peut porter ombrage à la liberté. Le roi de Sparte, Cléomène, aide les nobles à chasser Clisthène et les chefs de sept cents familles. Retour de Clisthène par un mouvement populaire. Guerre entre Athènes et Sparte; rivalité des races ionienne et dorienne, de la démocratie et de l'aristocratie.

Perse et Scythie?—Expédition de Darius contre les Scythes, au delà du Danube, qu'il passe près de l'embouchure. Son armée s'épuise sans combattre dans les solitudes des Scythes qu'elle ne peut atteindre. Retour par le pont du Danube, dont il avait confié la garde aux Grecs d'Asie qui l'avaient construit.

506.
(Ol. LXVIII, 3.)

Macédoine, Perse et Thrace. —Un général perse, Mégabyse, soumet une partie de la Thrace. Darius fait demander au roi de Macédoine, Amyntas, la terre et l'eau en signe de soumission.

505.
(Ol. LXVIII, 4.)

Perse et Thrace?—Occupation par les Perses de Byzance, la clef du Bosphore de Thrace, des îles d'Imbros et de Lemnos, dans la mer Égée.

504.
(Ol. LXIX, 1.)

Grande-Grèce. — Commotions sanglantes dans plusieurs villes; dissolution de l'institut pythagoricien.

503.
(Ol. LXIX, 2.)

Grèce asiatique. — Vers ce temps, philosophes célèbres: Héraclite d'Éphèse, de l'école d'Ionie; Parménide d'Élée, disciple de Xénophane de Colophon et maître d'Empédocle et de Zénon d'Élée.

501.
(Ol. LXIX, 4.)

Grèce asiatique et Perse. — A la suite des troubles de Naxos, révolte des Grecs d'Ionie contre la Perse, à l'instigation d'Aristagoras, gouverneur de Milet pour Histiée; rôle politique de l'historien Hécatée de Milet.

500.
(Ol. LXX, 1.)

Grèce et Perse. — Aristagoras vient, au nom des Ioniens, solliciter les secours des Grecs d'Europe. Refus de Sparte; Athènes décrète l'envoi de vingt vaisseaux; secours envoyés aussi par Érétrie de l'Eubée.

Sicile.—Premier poëte comique grec en Sicile, Épicharme, avant que Chionide fasse représenter des comédies à Athènes.

V.º SIÈCLE AVANT J. C.

APERÇU GÉNÉRAL.

Il n'y a d'éclat et d'histoire proprement dite qu'à Rome, en Perse et en Grèce.

A Rome, les dissensions entre le peuple et les patriciens, la tyrannie même et la chute des décemvirs, seront d'imposants spectacles, où les passions politiques ne dégraderont pas ceux qu'elles auront égarés.

Chez les Perses, l'ambition des Darius et des Xerxès, si elle n'a rien d'élevé, se montrera du moins gigantesque : en menaçant la Grèce, elle y va susciter Miltiade, Thémistocle, Aristide, Athéniens immortels, et le Spartiate Léonidas.

Heureux les Grecs, s'ils n'avaient combattu que pour se défendre contre les rois de l'Asie, et si leurs annales militaires n'offraient pendant ce siècle que les journées de Marathon, des Thermopyles, de Platées, de Mycale, et cette retraite des Dix Mille, dont la gloire parut égaler celle d'un triomphe! Mais de tristes rivalités allument entre Athènes et Lacédémone cette guerre du Péloponnèse, où, pendant vingt-huit ans, la bravoure et le talent rendent la victoire incertaine. Après la trahison d'Alcibiade, il faut encore les subsides du grand roi pour faire pencher la fortune du côté des Spartiates. Cependant, au bruit de tant de combats, les Athéniens cultivent, agrandissent les sciences et les arts : le nom de Périclès est resté à son siècle. La discussion des affaires publiques formait des orateurs habiles qui devenaient souvent de dangereux démagogues ; le sentiment de la gloire nationale éveillait dans Hérodote, dans Thucydide, la féconde muse de l'histoire ; les chants lyriques de Pindare animaient les athlètes et les guerriers. Phidias et Polyclète créaient ou perfectionnaient la sculpture ; Hippocrate la médecine ; Eschyle, Sophocle, Euripide, l'art sublime de la tragédie : Aristophane abusait déjà des libertés de la scène comique.

Mais dans ce siècle de lumières, chez un peuple poli et léger, au sein duquel l'esprit et les grâces de la courtisane Aspasie avaient de la célébrité et de l'influence, Socrate, un des précepteurs de l'humanité, allait être condamné comme impie : cette sentence inique dit assez toute la puissance que gardait encore le polythéisme.

CHRONOLOGIE.

499.
(Ol. LXX, 2.)

Grèce. — Eschyle, à vingt-cinq ans, commence à faire représenter des tragédies.

Perse. — Les Ioniens et leurs auxiliaires d'Athènes incendient Sardes : ils sont poursuivis par les Perses jusqu'à Éphèse. Départ des Athéniens ; la guerre continue.

498.
(Ol. LXX, 3; R. 256.)

Perse. — L'île de Cypre alliée des Grecs rebelles est remise sous le joug des Perses.

Rome. — Création de la dictature, magistrature curule extraordinaire, souveraine, sans partage, mais temporaire (au plus six mois); les patriciens s'en feront une arme contre les révoltes du peuple, qu'irrite la misère aggravée par l'usure.

496.
(Ol. LXXI, 1; R. 259.)

Perse. — Aristagoras, un des agitateurs de l'Ionie, a été réduit à fuir en Thrace, où il est tué. — Histiée, l'ancien tyran de Milet, revient au milieu des Grecs, non pour revendiquer la tyrannie, mais pour s'associer au mouvement d'indépendance.

Rome. — La bataille du lac Rhégille perdue par les Latins, défenseurs du vieux tyran Tarquin le Superbe, affermit le gouvernement républicain.

494.
(Ol. LXXI, 3.)

Perse. — Les Grecs d'Asie confédérés perdent avec la bataille navale de l'île de Lada, près de Milet, tout espoir d'indépendance. Milet, d'où était parti le signal de la guerre, il y a six ans, est prise par les Perses. — Un neveu de Polycrate redevient tyran à Samos. — Réduction de la Carie qui s'était jointe aux Ioniens.

493.
(Ol. LXXI, 4; R. 262.)

Grèce. — Miltiade, voyant la domination persique s'approcher de la Chersonèse de Thrace où il commande, la quitte pour aller vivre en citoyen libre à Athènes.

Perse. — La flotte phénicienne du grand roi ramène sous le joug les îles de Chios et de Lesbos.

Rome. — Traité de Spurius Cassius avec les Latins. — Les plébéiens, en haine des riches, se retirent sur le mont Aventin, la plus forte position de la ville aux sept collines. — Création du tribunat, charge plébéienne, élective, annuelle. Il y aura deux, puis cinq, puis dix tribuns. *Veto* tribunitien.

492.
(Ol. LXXII, 1.)

Grèce et Perse. — Darius commence la guerre médique en envoyant son général Mardonius contre les Grecs d'Europe. Avant de passer en Thrace, Mardonius abolit le gouvernement des tyrans dans les villes grecques d'Asie, et laisse s'établir le régime démocratique. Une tempête brise la flotte persique près du mont Athos, à l'extrémité de la petite péninsule d'Acté en Chalcidique. Irruption des Bryges qui détruisent une partie de l'armée de terre. Darius cependant envoie demander aux peuples de la Grèce la terre et l'eau.

491.
(Ol. LXXII, 2.)

Grèce. — Athènes, avec l'aide de Corinthe, combat ses voisins les insulaires d'Égine. Dans cette guerre elle augmente et exerce sa marine. A Sparte, le roi Cléomène fait déposer Démarate son collègue, qui trouvera asile à la cour de Perse.

Sicile. — Gélon s'empare de la tyrannie à Géla.

490.
(Ol. LXXII, 3; R. 265.)

Grèce et Perse. — La guerre médique atteint le territoire grec. Datis et Artapherne, généraux de Darius, traversent la mer Égée et sont battus à Marathon, au nord-est de l'Attique, par les Athéniens que commande Miltiade, et les Platéens de Béotie. — L'armée spartiate n'arrive que trois jours après le combat. — Le poète Eschyle a combattu à Marathon, où son frère Cynégire s'est signalé.

Rome. — Accusé par les tribuns, le patricien Marcius Coriolan se retire chez les Volsques qu'il conduit à la guerre contre les Romains. Les supplications de sa mère et de sa femme lui feront lever le siége de Rome.

488.
(Ol. LXXIII, 1.)

Sicile. — Théron prend possession de la tyrannie à Agrigente.

487.
(Ol. lxxiii, 2.)

Grèce. — Chionide, premier poëte comique d'Athènes.

486.
(Ol. lxxxiii, 3 ; R. 269.)

Perse. — Révolte de l'Égypte.

Rome. — La première loi agraire est présentée par un patricien consulaire, Spurius Cassius. Elle avait pour objet le partage, entre les pauvres, des terres conquises et appartenant par conséquent à l'État, mais usurpées par les grands. Les riches font précipiter Spurius Cassius du haut de la roche Tarpéienne.

485.
(Ol. lxxiii, 4.)

Grèce. — A Athènes, condamnation de Miltiade pour son expédition malheureuse contre Paros. Crédit de Thémistocle.

Perse. — Xerxès, qui succède à Darius son père, prépare une formidable expédition contre les Grecs d'Europe.

Sicile. — Gélon, qui gouverne Géla depuis six ans, devient tyran de Syracuse.

484.
(Ol. lxxiv, 1.)

Perse. — Xerxès soumet l'Égypte révoltée depuis deux ans.

483.
(Ol. lxxiv, 2.)

Perse. — L'Athénien Aristide le Juste est banni par l'ostracisme.

482.
(Ol. lxxiv, 3 ; R. 273.)

Rome. — Un tribun oppose son veto à la levée des troupes, parce que le sénat arrête l'exécution d'une loi agraire.

480.
(Ol. lxxv, 1.)

Grèce. — Vers ce temps florissait à Thèbes un grand poëte lyrique, Pindare, né en 522.

Grèce et Perse. — Xerxès traîne à la conquête de la Grèce des millions d'hommes arrachés de l'Asie, de l'Égypte, de la Libye et de la Thrace. — Marche parallèle de l'armée de terre et de l'armée de mer, le long de la Thrace, de la Macédoine et de la Thessalie. — Trahison des Thébains. — Dévouement héroïque des Spartiates avec le roi Léonidas aux Thermopyles. — Combats maritimes de l'Artémision. — Dévastation de l'Attique. — Incendie d'Athènes par les Perses. — La grande victoire navale de Salamine, en face d'Athènes, sauve la Grèce du joug des barbares. — Gloire de l'Athénien Thémistocle. Fuite honteuse de Xerxès : il laisse en Grèce une armée de terre de trois cent mille hommes à Mardonius.

Sicile. — Théron, tyran d'Agrigente et Gélon, tyran de Syracuse, sont vainqueurs, à Himera, au nord-ouest de l'île, des Carthaginois, alliés des Perses.

479.
(Ol. lxxv, 2.)

Chine. — Mort vers ce temps de Kong-Fou-Tseu dont les doctrines constituent encore les croyances religieuses de la classe des lettrés.

Grèce et Perse. — La victoire remportée à Platées en Béotie sur Mardonius par le roi de Sparte, Pausanias, affranchit le territoire grec de la guerre médique. — Dans le même temps, les Perses sont vaincus en Asie même, à Mycale, sur le territoire ionien, en face de l'île de Samos, par l'Athénien Xanthippe, père de Périclès, et par le roi de Sparte, Léothychidas.

478.
(Ol. lxxv, 3.)

Grèce. — Les Athéniens encouragés par Thémistocle relèvent leurs murs, et fortifient le port du Pirée.

Grèce et Perse. — Le siége de Sestos, sur la côte de la Chersonèse de Thrace, que les Grecs vont attaquer après la victoire de Mycale, termine le récit de l'historien grec Hérodote.

Sicile. — Hiéron succède à Gélon, son frère, dans la tyrannie de Syracuse.

477.
(Ol. LXXV, 4; R. 277.)

Grèce et Perse. — Pausanias, avec les forces des Grecs confédérés, après avoir enlevé aux Perses une grande partie de l'île de Cypre, va assiéger Byzance qui domine le passage de la mer Égée dans le Pont-Euxin. Les alliés, offensés de l'orgueil et des exactions de Pausanias, acceptent de préférence le commandement d'Aristide le Juste, qui a été rappelé d'exil par les Athéniens, avant Salamine ; il règle les contingents de vaisseaux, d'hommes, d'argent, et organise la confédération, dont Athènes est le chef.

Grèce. — La constitution de Solon est rendue plus démocratique. — Toutes les charges, même celle d'archonte, deviennent accessibles à tous les citoyens.

Rome. — Trois cent six patriciens de la gens Fabia, sortis avec quatre mille de leurs clients pour bâtir une forteresse sur les bords du fleuve Crémère, et contenir le peuple véien dans son territoire, sont défaits après une lutte heureuse et succombent tous, dit-on, hors un seul.

476.
(Ol. LXXVI, 1; R. 278.)

Grèce. — Les Athéniens jettent les fondements de leur puissance sur les côtes de Thrace : leur général Cimon, fils de Miltiade, s'empare d'Éion, près de l'embouchure du Strymon. — Suivant l'ordre de la Pythie, les restes du roi Thésée sont rapportés de l'île de Scyros à Athènes.

Rome. — Les tribuns traduisent les consuls devant le peuple pour leur demander compte de l'abandon où ils ont laissé les Fabius, précédent qui fait reconnaître aux tribuns le droit d'accuser les consuls.

474.
(Ol. LXXVI, 3; R. 280.)

Rome. — Trêve de quarante ans avec les Étrusques de Véies.

Sicile. — Hiéron de Syracuse protége Cumes, antique colonie grecque sur la côte de Campanie, contre les pirateries des Étrusques : il gagne sur ces derniers une victoire navale, qui sera chantée par Pindare.

473.

Rome. — Le tribun Genucius, qui avait accusé deux consuls par-devant le peuple, est assassiné par les grands.

472.
(Ol. LXXVII, 1.)

Grèce. — Eschyle, poëte athénien, donne sa tragédie des *Perses*.

Sicile. — A la mort du tyran d'Agrigente Théron, son fils Thrasydéos n'exerce pas un an le pouvoir, et les Agrigentins rétablissent le gouvernement républicain.

471.
(Ol. LXXVII, 2; R. 283.)

Grèce. — Thémistocle est banni d'Athènes par l'ostracisme : il se retire pour quelque temps à Argos. L'exil de Thémistocle et la mort d'Aristide, dont nous ne pouvons fixer la date, laissent la place libre à Cimon et à Périclès.

Rome. — Sur la proposition de Publilius Volero, le peuple obtient le droit de nommer ses tribuns dans l'assemblée populaire des tribus, où les voix se comptaient par têtes de citoyens, et celui de faire des plébiscites, qui soient obligatoires pour tous, comme les décrets du sénat.

469.
(Ol. LXXVIII, 2.)

Grèce. — Première victoire tragique du poëte athénien Sophocle.

468.
(De R. 286.)

Rome. — Dans une guerre périlleuse contre les Èques, voisins de Rome au sud-est, le sénat pour la première fois investit l'un des consuls, Posthumius, d'une puissance dictatoriale par la formule : « *Caveat consul, ne quid detrimenti respublica capiat* (que le consul veille aux dangers de l'État). »

467.
(Ol. LXXIX, 2 ; R. 288.)

Grèce. — Les longues intrigues du roi de Sparte, Pausanias, sont enfin découvertes et punies. Il meurt de faim dans le temple où il s'était réfugié. Les Spartiates accusent comme son complice, Thémistocle, alors réfugié à Argos. Il est forcé de fuir en Épire, d'Épire il passera en Perse.

Rome. — Le port d'Antium conquis sur la côte volsque donne aux Romains une marine marchande.

466.
(Ol. LXXVIII, 3.)

Grèce. — Les villes de Carystos et de Naxos, membres de la confédération maritime, qui se sont refusées à remplir les obligations imposées à tous les alliés, sont attaquées, prises et réduites à la condition de villes sujettes des Athéniens.

Grèce et Perse. — La flotte des Grecs confédérés, sous les ordres de Cimon, gagne sur les Perses une victoire navale, à l'embouchure de l'Eurymédon, en vue de la côte de Pamphylie.

Sicile. — Après la mort d'Hiéron, son frère Thrasybule n'exerce pas un an la tyrannie. Syracuse se gouvernera pendant soixante ans en république.

465.
(Ol. LXXVIII, 4.)

Grèce. — Colonie de dix mille Athéniens, fondée près de l'embouchure du Strymon, à Amphipolis ; elle est dispersée par les Thraces. — Les Grecs de l'île de Thasos se révoltent contre Athènes.

Perse. — Mort de Xerxès (peut-être arrivée quelques années plus tôt).
— Thémistocle exilé d'Athènes en 471, devient l'hôte des Perses, pendant l'administration d'Artaban, qui le présente au nouveau roi Artaxerxès Longue-Main. Suivant une des versions qui coururent sur sa mort, il se tua pour ne pas servir les Perses contre les Grecs ; Thucydide le fait mourir de maladie.

464.
(Ol. LXXIX, 1.)

Grèce. — Tremblement de terre à Sparte. Prise d'armes des hilotes et bientôt des Messéniens.

463.
(Ol. LXXIX, 2.)

Grèce. — Athènes tire une cruelle vengeance de la révolte de Thasos.

462.

Perse et Judée. — La 3ᵉ année de son règne, l'Assuérus de l'Écriture, sans doute Artaxerxès Longue-Main, accorde à la piété d'Esther la grâce des Juifs qui devaient être massacrés dans tout l'empire.

461.
(Ol. LXXIX, 4 ; R. 294.)

Grèce. — Athènes envoie Cimon au secours des Spartiates contre les hilotes et les Messéniens révoltés. Sparte montre aux Athéniens une défiance outrageante. L'indignation que cause cette conduite retombe sur Cimon, depuis longtemps déjà suspect au parti démocratique. Il est banni pour dix ans, par sentence de l'ostracisme. — Influence croissante de Périclès : il se fait aimer du peuple, sans autoriser la licence. Peu avant l'exil de Cimon, un décret proposé par un ami de Périclès, Éphialte, avait diminué la puissance et l'autorité de l'aréopage.

Rome. — Le tribun Térentillus Arsa demande dans l'intérêt du peuple que les lois soient revisées, écrites, et livrées à la connaissance de tous. — Les patriciens pour ne pas se dessaisir des priviléges que leur laissaient une juridiction et une procédure arbitraires, et les limites incertaines de l'autorité des magistrats, engagent contre la proposition Térentilla une lutte de dix ans, qui livre la cité en proie aux plus terribles désordres.

460.
(Ol. LXXX, 1.)

Perse. — Les Égyptiens, révoltés sous la conduite d'Inaros, seront soutenus par les Athéniens.

459.
(R. 295.)

Rome. — Le Capitole, surpris par les Sabins, auxquels plusieurs bannis du parti aristocratique s'étaient peut-être joints, est promptement repris.

458.

Judée. — La 7ᵉ année de son règne, le roi de Perse, Artaxerxès Longue-Main, permet à Esdras, descendant d'Aaron, docteur de la loi mosaïque, d'emmener en Judée tous ceux de sa nation qui sont encore éloignés de leur patrie.

457.
(Ol. LXXX, 4; R. 298.)

Grèce. — Guerre entre Athènes et Corinthe. — Expédition des Lacédémoniens en Doride, pour établir leur influence dans la Grèce centrale. — Les Athéniens veulent leur interdire le retour, en occupant les défilés de l'isthme. Les troupes de Sparte gagnent la victoire de Tanagra, en Béotie, qui leur ouvre le passage vers le Péloponnèse.

Rome. — Dictature du patricien Cincinnatus, que des sénateurs sont allés chercher à sa charrue, sur le champ qu'il cultive de ses propres mains; après seize jours de guerre glorieuse contre les Èques, il abdique et retourne à ses travaux rustiques.

456.
(Ol. LXXXI, 1.)

Grèce. — Après la défaite de Tanagra, le peuple d'Athènes, à la demande même de Périclès, rappelle d'exil Cimon. — Les Athéniens, sous la conduite de Myronidès, sont vainqueurs des Béotiens à Œnophyta, et placent toute la Béotie et la Phocide sous leur influence. — A Thèbes, après la bataille d'Œnophyta, excès du parti démocratique qui préparent sa ruine. — Les Athéniens achèvent la construction de leurs longues murailles qui unissent la ville au Pirée. — Le poëte tragique Eschyle meurt à Géla où il s'était retiré depuis trois ans. — Suivant une tradition malheureusement contestable, les Grecs, réunis aux jeux olympiques, applaudissent Hérodote d'Halicarnasse, qui lit plusieurs livres de ses histoires; et Thucydide, l'Athénien, alors enfant, sent son génie s'éveiller au spectacle de ce triomphe.

455.
(Ol. LXXXI, 2.)

Grèce. — La Messénie est pour la troisième fois, après une lutte de dix ans, replacée sous le joug de Sparte. — Athènes procure aux Messéniens fugitifs un asile dans Naupacte, sur la côte étolienne du golfe de Corinthe.

Perse. — Les Égyptiens paraissent se résigner à la domination persique, excepté dans la région des marais, où règne un chef national Amyrtéos.

454.
(R. 301.)

Rome. — Le tribun Icilius fait distribuer au peuple les terres de l'Aventin, et saisit pour le tribunat le droit de convoquer le sénat.

452.
(Ol. LXXXII, 1.)

Athènes. — Première tragédie du poëte athénien Euripide, né en 480.

451.
(R. 304.)

Rome. — Le sénat et les patriciens acceptent enfin, après dix ans, la proposition Térentilla : des commissaires doivent recueillir les meilleures lois des Grecs pour faciliter la réforme de la législation romaine.

450.
(Ol. LXXXII. 3; R. 305.)

Grèce et Perse. — Cimon, rappelé de l'exil, décide les Athéniens et les Péloponnésiens à suspendre les guerres intérieures par une trêve de cinq ans, pour tourner toutes les forces des Grecs contre les Perses.

Grèce. — Le philosophe Anaxagoras quitte Athènes où il a vécu pendant trente ans, et où il a eu pour disciples Euripide, Périclès et Archélaos, le premier philosophe athénien qui enseigna à Athènes et un des maîtres de Socrate.

Rome. — Dix magistrats, tous patriciens, sont investis, par élection, d'un pouvoir illimité pour faire la réforme des lois. — Droit d'appel suspendu, vacance du tribunat. — Administration bienveillante et éclairée des premiers décemvirs qui rédigent et publient dix tables de lois. — Élection pour l'année suivante : les nouveaux décemvirs, dont quelques-uns sont plébéiens, songent à rester maîtres du pouvoir, surtout Appius Claudius.

449.
(Ol. LXXXII, 4; R. 306.)

Grèce et Perse. — La conquête de Cypre, pendant laquelle meurt Cimon, une double victoire remportée par les Grecs, sur terre et sur mer, près de Salamine, à l'est de l'île, mettent fin à la guerre médique. Le grand roi accepte un traité qui interdit à ses flottes l'entrée des mers de la Grèce et à ses armées l'approche des côtes de l'Asie Mineure.

Rome. — Les décemvirs publient deux nouvelles tables remplies de lois iniques. — Le sang de Virginie, la Lucrèce des plébéiens, qui échappe au déshonneur par la mort, soulève le peuple contre les dix Tarquins. Le décemvirat est aboli ; rétablissement du tribunat, lois populaires des nouveaux consuls, Valérius et Horatius. Appius Claudius se soustrait au supplice mérité en se tuant en prison. Rome garde les douze tables.

447.
(Ol. LXXXIII, 2.)

Grèce. — Pendant la trêve de cinq ans entre les Athéniens et les Péloponnésiens, Athènes pour établir son influence dans la Béotie impose une garnison à la ville de Chéronée. Mais ses troupes sont vaincues dans un combat près de Coronée, au sud-ouest du lac Copaïs, où périt Clinias, le père d'Alcibiade.

445.
(Ol. LXXXIII, 4.)

Grèce. — L'Eubée et Mégare secouent la tutelle d'Athènes. Les Péloponnésiens à la fin de la trêve de cinq ans envahissent l'Attique du côté d'Éleusis, sous le roi de Sparte Pléistoanax. Périclès, envoyé d'abord contre les Eubéens, revient pour protéger l'Attique, puis retourne en Eubée ; il soumet l'île. — Fin de la guerre entre les Grecs : trêve de trente ans, Athènes retire ses garnisons de Trézène, de l'Achaïe et des deux ports de Mégare. Influence toute-puissante de Périclès à Athènes.

Judée. — La vingtième année du règne d'Artaxerxès Longue-Main, les Juifs, guidés par leur compatriote Néhémie, échanson du roi, relèvent les murailles et les portes de Jérusalem. — Esdras renouvelle la lecture publique des livres saints. Cependant la masse du peuple, même les plus puissants et les plus riches, pratiquent les mœurs et la religion des étrangers. — Le dernier prophète Malachie meurt au milieu du v° siècle.

444.
(Ol. LXXXIV, 1 ; R. 311.)

Grèce. — Le roi Pléistoanax, après quatorze ans de règne, soupçonné par les Spartiates d'avoir reçu, dans la dernière guerre, de l'argent des Athéniens pour suspendre l'invasion de l'Attique, est exilé : il ne sera rappelé qu'au bout de dix-huit ans.

Rome. — Le tribun Canuléius et ses collègues obtiennent pour les plébéiens le droit de mariage avec les familles patriciennes, et une partie des fonctions des consuls déguisées sous le nom de tribunat consulaire. La nouvelle charge, proclamée accessible à tous, reste de fait patricienne pendant quarante ans, l'élection n'y porte aucun plébéien. Les tribuns consulaires, plus nombreux que les consuls, perdent une des attributions du consulat, par la *création d'une magistrature curule et patricienne, la censure*. Les deux censeurs sont chargés de faire le cens, ou dénombrement qui avait lieu tous les cinq ans (chaque lustre), d'administrer les domaines et les finances de l'État, de former la liste du sénat et des chevaliers, de régler les classes et les centuries. Les mœurs publiques et privées seront aussi sous leur surveillance. — Malgré l'institution du tribunat consulaire, fréquents retours au consulat, qui est encore exclusivement patricien, et même à la dictature.

443.
(Ol. LXXXIV, 2.)

Grande-Grèce. — Les Athéniens envoient dans la Grande-Grèce une colonie à Thurion, pour remplacer Sybaris, détruite depuis l'an 510 par les Crotoniates. Parmi les colons de Thurion se trouvent l'orateur grec Lysias, et l'historien Hérodote, qui, après avoir affranchi sa patrie, Halicarnasse, du joug d'un tyran, a craint la jalousie de ses concitoyens, et va vivre dans la nouvelle cité.

441.
(Ol. LXXXIV, 4.)

Athènes. — Euripide, poëte athénien, remporte le prix de la tragédie.

440.
(Ol. LXXXV, 1.)

Grèce. — Insurrection de Samos contre Athènes. — Le philosophe Mélissos dirige la défense contre les troupes athéniennes que commandent Périclès et le poëte Sophocle. — Un décret, qui ne sera en vigueur que trois ans, interdit à Athènes la représentation de comédies.

437.
(Ol. LXXXV, 4.)

Grèce. — Nouvelle colonie athénienne, sur les côtes de Thrace, à Amphipolis.

436.
(Ol. LXXXVI, 1 ; R. 319.)

Athènes. — Le poëte Cratinos remporte à Athènes le prix de la comédie. — Les arts et les lettres font du siècle de Périclès l'âge le plus brillant de la Grèce. — Les trésors des alliés servent à la construction de magnifiques monuments à Athènes : le Parthénon, temple en l'honneur de Minerve, sur les dessins d'Ictinos et de Callicratès ; l'Odéon, consacré aux concours de musique, gymnase des arts ; les Propylés de la citadelle ou de l'acropole, ouvrage de cinq années, commencé par l'architecte Mnésiclès ; le temple d'Éleusis, commencé par Corœbos, continué par Métagénès. — L'architecte Callimaque est regardé comme l'inventeur de l'ordre corinthien. — L'or, l'airain, le marbre, l'ivoire, l'ébène, le bois de cèdre sont employés par les sculpteurs et les architectes. — Grands travaux de Phidias, sa statue colossale de Minerve dans le Parthénon, et son Jupiter à Olympie en Élide. — Le frère de Phidias Panénos, et Polygnote contribuent à orner le Pœcile, à Athènes ; Polygnote traitait les sujets homériques pour décorer les murs des temples et des édifices publics. On doit à Polyclète de Sicyone, contemporain et émule de Phidias, la Junon d'Argos et le Canon (Κανών), statue modèle des belles formes humaines, qui est peut-être le même que le Doriphore ou porte-lance.

Rome. — Le général de la cavalerie, Cornélius Cossus, qui accompagne le dictateur nommé pour combattre les Véiens, tue leur chef Volumnius et, à l'exemple de Romulus, offre sur l'autel de Jupiter les dépouilles opimes.

435.
(Ol. LXXXVI, 2.)

Grèce. — La guerre maritime engagée l'année précédente entre Corinthe et sa colonie Corcyre à l'occasion d'Épidamne, fondée par Corcyre sur la côte de l'Illyrie grecque, amènera la guerre du Péloponnèse.

433.
(Ol. LXXXVI, 4.)

Grèce. — Athènes envoie des vaisseaux pour protéger Corcyre contre les Corinthiens.

432.
(Ol LXXXVII, 1.)

Athènes. — Attaques contre Périclès : le philosophe Anaxagore, revenu à Athènes, est accusé d'impiété; le sculpteur Phidias, la courtisane Aspasie, tous deux également chers à Périclès, sont mis en jugement. — Réforme astronomique de l'Athénien Méton : il est l'auteur de l'ἐννεακαιδεκαετηρίς, cycle de dix-neuf ans, qui doit faire concorder l'année lunaire avec l'année civile. Le cycle de Méton est nommé aujourd'hui nombre d'or.

Grèce. — La participation des vaisseaux athéniens au combat livré au printemps, près de l'île Sybota, entre la flotte corinthienne et les Corcyréens, est dénoncée comme une violation de la paix de trente ans par les députés de Corinthe, dans l'assemblée générale des Péloponnésiens convoquée à Sparte, l'automne suivant. — Plaintes des Mégariens qui ont été exclus de tous les ports de la ligue athénienne. — Dans la Chalcidique, Potidée, colonie corinthienne, mais ville sujette des Athéniens, s'est révoltée contre ces derniers.

431.
(Ol. LXXXVI, 2; R. 324.)

Grèce. — Après l'assemblée des Grecs à Lacédémone, l'attaque dirigée par les Thébains, alliés de Sparte, contre Platées, alliée d'Athènes, commence la guerre du Péloponnèse, qui s'étendra successivement dans toutes les régions colonisées par les Grecs, Grèce proprement dite, Chalcidique, Sicile, Asie Mineure. Les peuples se partagent entre les deux grandes républiques rivales. — Première invasion de l'Attique par soixante mille Péloponnésiens. Ravages des Athéniens sur les côtes du Péloponnèse. — A Athènes, éloge funèbre des morts, par Périclès.

Rome. — Les fonctions de censeurs, créées d'abord pour cinq ans, sont réduites à dix-huit mois. Ces magistrats ne seront toujours élus que tous les cinq ans.

430.
(Ol. LXXXVII, 3.)

Grèce. — Seconde invasion de l'Attique. — Prise de Potidée par les Athéniens, après un siège qui a coûté à la république deux mille talents. — Expédition de Périclès dans l'Argolide et la Laconie. — Périclès est condamné à une amende. — Peste d'Athènes. — Traditions contestables sur le séjour d'Hippocrate de Cos, le plus grand médecin de l'antiquité, dans cette ville, et sur les offres que lui aurait faites Artaxerxès. Hippocrate, âgé alors de trente ans, n'avait sans doute pas encore de réputation. Thucydide ne le nomme pas dans sa description de la peste d'Athènes.

429.
(Ol. LXXXVII, 4; R. 325.)

Athènes. — La mort de Périclès enlevé par la peste, après vingt-cinq ans d'une administration brillante, qui donnait à Athènes la gloire et la prospérité par les armes, par les beaux-arts et le commerce, laisse l'influence aux flatteurs du peuple qui lui apprendront à s'enivrer de liberté et à courir au dehors les hasards de folles aventures.

Grèce. — Les Thébains et leurs alliés du Péloponnèse bloquent Platées. — Succès maritimes de l'Athénien Phormion dans le golfe de Corinthe.—Le roi des Odryses, Sitalcès, allié des Athéniens, envahit la Macédoine à la tête de cent cinquante mille hommes, sans grands résultats.

Rome. — Le dictateur romain, A. Tubertus, fait mettre à mort impitoyablement son propre fils, qui a combattu et vaincu les Volsques, sans son ordre. Rome seule a donné au monde de pareils exemples de discipline.

428.
(Ol. LXXXVIII, 1.)

Grèce. — Troisième invasion des Péloponnésiens en Attique. — La révolte de Mitylène, dans l'île de Lesbos, menace d'entraîner la défection de tous les alliés maritimes d'Athènes. Ténédos dénonce à Athènes les projets de Mitylène qui est aussitôt assiégée par les Athéniens.

427.
(Ol. LXXXVIII, 2.)

Grèce. — Les Léontins de Sicile envoient en ambassade à Athènes le sophiste Gorgias, pour solliciter des secours contre Syracuse. Une expédition athénienne de vingt galères est dirigée vers la Sicile.

Quatrième invasion de l'Attique par les Péloponnésiens. Athènes sur la proposition de Cléon châtie cruellement les révoltés de Mitylène. — Prise de Platées par les Péloponnésiens et les Thébains. Les deux cent vingt-cinq défenseurs de cette ville sont égorgés après un simulacre de jugement. Destruction de Platées, dont le territoire consacré par une victoire nationale, l'an 479, avait été mis sous la protection des dieux et de la Grèce entière. — Corcyre éprouve pendant deux ans toutes les horreurs de la guerre civile.

— Aristophane fait jouer sa première comédie, *les Babyloniens*, où il maltraitait fort le démagogue Cléon. Elle est perdue. — Cessation de la peste à Athènes. Elle lui avait enlevé quatre mille trois cents hoplites et trois cents cavaliers. La peste n'était jamais entrée dans le Péloponnèse.

426.
(Ol. LXXXVIII, 3.)

Grèce. — Purification de l'île de Délos par les Athéniens. — Brillants succès du général athénien Démosthène dans l'Acarnanie : sa victoire d'Olpées.

425.
(Ol. LXXXVIII, 4.)

Grèce. — Les Péloponnésiens pour la cinquième fois envahissaient l'Attique lorsque la nouvelle de l'occupation de Pylos, sur la côte de Messénie, par Démosthène et la flotte athénienne, les fait revenir dans leur pays. — Affaire de Sphactérie, île en face de Pylos : les Lacédémoniens enfermés dans l'île tombent au pouvoir de l'Athénien Cléon, après soixante-douze jours d'attaque.

Perse. — Xerxès II succède à Artaxerxès et périt au bout de deux mois, sous le fer de Sogdien, son frère. Sogdien à son tour est immolé, sept mois après, par Darius Nothos, autre fils d'Artaxerxès Longue-Main, qui commence un règne de vingt ans.

Sicile. — Éruption du mont Etna.

424.
(Ol. LXXXIX, 1.)

Grèce. — Les Athéniens qui ont déjà Pylos, sur la côte de Messénie, prennent l'île de Cythère, en face de la côte méridionale de la Laconie. —Mais le Spartiate Brasidas porte les hostilités en Thrace, où les Athéniens ont leurs plus importantes possessions. Se présentant aux Grecs comme le réparateur de toutes les iniquités commises par les Athéniens, Brasidas entraîne plusieurs villes : il prend Amphipolis que

Thucydide, général athénien, n'est pas venu protéger à temps. — Exil de Thucydide qui se voue à écrire l'histoire de cette guerre. — Les Athéniens s'emparent de Nisée, port de Mégare, mais ne réussissent pas dans leurs efforts pour s'assurer de la Béotie : bataille perdue par eux à Délion. Socrate servait dans l'armée athénienne et sauva le jeune Xénophon, son élève, comme il avait déjà sauvé Alcibiade à Potidée.

Aristophane fait représenter *les Chevaliers*, comédie dirigée contre Cléon et où le poëte joue lui-même le rôle du démagogue.

Sicile. — Pacification générale opérée par le Syracusain Hermocratès pour prévenir l'intervention des Athéniens dans les affaires de l'île.

423.
(Ol. LXXXIX, 2.)

Athènes. — Influence croissante d'Alcibiade, fils de Clinias, neveu de Périclès et disciple de Socrate. — Aristophane, dans *les Nuées*, son chef-d'œuvre, met en scène et attaque Socrate, qu'il confond avec les sophistes. Il n'eut pas le prix, qui fut donné à deux de ses rivaux, dont l'un, le vieux Cratinos, mourut presque aussitôt.

Grèce. — Une trêve d'une année suspend à peine les hostilités entre les Athéniens et les Péloponnésiens. — Révolte de Scionée et de Mendée au sud de la Chalcidique contre Athènes. — Les Thébains détruisent les murs de Thespies, comme ils ont déjà détruit Platées.

422.
(Ol. LXXXIX, 3.)

Athènes. — Le sophiste Protagoras vient à Athènes. — Aristophane donne à la scène *les Guêpes*, satire contre les juges et le système judiciaire des Athéniens. Racine l'a imitée dans ses *Plaideurs*.

Grèce. — Campagne de Cléon en Thrace contre Brasidas : un combat près d'Amphipolis coûte la vie aux deux généraux, les troupes spartiates sont victorieuses.

421.
(Ol. LXXXIX, 4.)

Grèce. — Trêve conclue pour cinquante ans entre Athènes et les Péloponnésiens, ou paix de Nicias, bientôt suivie d'une alliance entre Sparte et Athènes, qui met en liberté les prisonniers de Sphactérie avant d'avoir reçu des Lacédémoniens Amphipolis.

420.
(Ol. XC, 1; R. 335.)

Grèce. — Alcibiade, impatient de la paix, pousse Athènes à s'allier aux Argiens pour punir la mauvaise foi des Spartiates qui n'avaient pas restitué Amphipolis.

Rome. — La charge de questeurs du trésor, magistrats qui accompagnaient les consuls à l'armée, est rendue accessible aux plébéiens.

419.
(Ol. XC, 2.)

Athènes. — La comédie d'Aristophane, *la Paix*, est une réclame politique du parti modéré à Athènes qui ne veut plus entendre parler de guerre.

Grèce. — Attaque des Argiens, à la sollicitation d'Alcibiade, contre Épidaure que Sparte secourt. Les Athéniens regardent ce secours donné par les Lacédémoniens à leurs alliés comme une rupture de la paix de Nicias.

418.
(Ol. XC, 3.)

Grèce. — Bataille de Mantinée gagnée par les Lacédémoniens sur les Argiens, les Athéniens et leurs alliés du Péloponnèse. Cette victoire rétablit la réputation des armes de Sparte et sa prépondérance dans le Péloponnèse. — Paix et alliance entre Sparte et Argos.

417.
(Ol. XC, 4.)

Grèce. — Les discordes d'Argos ne lui permettent pas de diriger la ligue des États secondaires, qui eût peut-être imposé la paix aux deux grandes cités, Sparte et Athènes.

416.
(Ol. xci, 1).

Grèce. — Siége de Mélos, ancienne colonie dorienne, au sud-ouest des Cyclades, par les Athéniens. *Le Dialogue des Athéniens et des Méliens*, singulier formulaire du droit des gens, peint avec fidélité l'esprit d'iniquité et de rigueur inexplicable qui domine les événements de la guerre du Péloponnèse. L'humanité et la justice, dit l'orateur athénien que Thucydide fait parler, peuvent n'être comptées pour rien par ceux qui ont la force.

415.
(Ol. xci, 2.)

Grèce et Sicile. — Alcibiade lance les Athéniens dans une entreprise lointaine que leur avait interdite Périclès, la guerre de Sicile. — Les secours promis à Égeste contre Sélinonte, à Léontion contre Syracuse, sont un prétexte pour tenter la conquête de l'île.

Au moment du départ de la flotte dont Alcibiade partage le commandement avec Lamachos et avec Nicias, qui était opposé au projet, la mutilation des Hermès ou statues de Mercure cause une profonde terreur dans la ville. Alcibiade accusé d'être l'auteur de cette impiété et de la violation des mystères d'Éleusis, ne peut obtenir d'être jugé avant le départ. Mais il est bientôt rappelé pour être mis en jugement. Il se sauve des mains de ceux qui doivent le ramener à Athènes, et va chercher un asile à Sparte. L'orateur Andocide est inculpé dans la même affaire.

414.
(Ol. xci, 3; R 341.)

Grèce et Sicile. — Sparte accuse les Athéniens de la violation de la trêve de cinquante ans, quand une flotte athénienne, chargée de protéger le parti démocratique à Argos, ravage les côtes de Laconie. — Les Syracusains, auxquels la lenteur des généraux d'Athènes Nicias et Lamachos a permis de se mettre en état de défense, reçoivent à temps des secours de Lacédémone amenés par Gylippos.

Perse. — L'Égypte redevient indépendante pour soixante et dix ans.

Rome. — Violation de la discipline, et du respect sacré pour le serment militaire : le tribun consulaire Posthumius, ayant refusé à ses soldats le partage des terres conquises sur les Éques, est lapidé par eux. C'est un des rares exemples d'indiscipline donnés par les légions romaines.

413.
(Ol. xci, 4).

Grèce et Sicile. — Les Lacédémoniens, habilement conseillés par le traître Alcibiade, font une invasion en Attique, sous la conduite d'Agis, fils d'Archidamos, et fortifient la position de Décélie qui garde les passages montueux entre l'Attique et la Béotie. — Le général athénien Démosthène est envoyé au secours de Nicias. Après une double défaite sur terre et sur mer, les Athéniens font une désastreuse retraite, qui se termine par la destruction de l'armée, la mort des généraux et la captivité du petit nombre d'Athéniens qui survivent.

Macédoine. — Archélaos, descendant de l'antique Caranos, Héraclide d'Argos et fondateur de la dynastie macédonienne, commence un règne utile de quatorze ans : il élève des villes, ouvre des routes pour le commerce, se forme une cavalerie, amasse des armes, met le royaume sur un solide pied de guerre, en même temps qu'il encourage les arts de la paix.

412.
(Ol. xcii, 1.)

Grèce et Perse. — Athènes perd ses alliés d'Asie. Défection de Lesbos, de Chios, d'Érythrée, de Milet, de Rhodes. Alliance des Lacédémoniens et des Perses contre Athènes, par l'intermédiaire d'Alcibiade. — L'urgence du péril oblige les Athéniens de toucher à une réserve de mille talents qui étaient comme la dernière ressource de l'État.

411.
(Ol. xcii, 2.)

Athènes. — Au milieu des malheurs publics, la faction oligarchique change le gouvernement et fait passer toute l'autorité aux mains de quatre cents citoyens. Les quatre cents se rendent indignes du pouvoir par leurs honteuses négociations avec Sparte; ils ne le gardent que quatre mois. — Révolte de l'Eubée contre Athènes. — L'armée athénienne qui stationne à Samos rend le commandement à Alcibiade dont le rappel est prononcé peu de temps après à Athènes même. — Victoire des Athéniens à Sestos.

Le récit de l'histoire de la guerre du Péloponnèse ne dépasse pas, dans Thucydide, l'année 411, au delà de laquelle continuent Xénophon et Théopompe.

410.
(Ol. xcii, 3.)

Grèce. — Alcibiade va combattre près de Cyzique, en vue de la côte asiatique de la Propontide, le chef de la flotte lacédémonienne Mindaros, qui est vaincu et tué. — Sparte fait des ouvertures de paix.

409.
(Ol. xcii, 4.)

Grèce. — Les Mégariens rentrent dans Nisée, Sparte dans Pylos, l'Athénien Thrasylle échoue contre Éphèse.

Sicile. — Le Carthaginois Annibal débarque en Sicile avec cent mille hommes; il prendra Sélinonte et Himera; son successeur Himilcon s'emparera d'Agrigente.

408.
(Ol. xciii, 1.)

Grèce. — Alcibiade conduit la flotte athénienne à l'attaque de Sélymbrie et de Byzance, qui sont replacées sous le joug. — Ambassade d'Athènes au grand roi.

407.
(Ol. xciii, 2).

Grèce et Perse. — Cyrus est envoyé par son père Darius II Nothos pour prendre le commandement des contrées maritimes de l'Asie Mineure; il fournit des secours aux Spartiates contre les Athéniens pour mettre au plus vite un terme à cette guerre, que ses prédécesseurs s'efforçaient au contraire de prolonger.

Après ses succès dans la Propontide, Alcibiade rentre à Athènes. Il protége avec son armée la procession qui va d'Athènes à Éleusis. — Son lieutenant Antiochos ayant été vaincu, dans les parages d'Éphèse, par le nouveau chef de la flotte lacédémonienne Lysandre, Alcibiade est encore une fois privé du commandement. Dix généraux sont mis à la tête des forces athéniennes. Le Spartiate Callicratidas, très-honnête mais bien moins habile que Lysandre, succède à ce dernier.

Rhodes. — L'importance politique et commerciale répartie comme la population entre les villes de Ialyssos, de Lindos et de Camiros, se concentre dans une ville nouvelle qui reçoit le nom de Rhodes. La nouvelle ville effacera les trois anciennes cités.

406.
(Ol. xciii, 3; R. 349.)

Athènes. — Callicratidas perd la bataille navale des îles Arginuses, au sud de l'île de Lesbos. Les généraux athéniens vainqueurs sont mis en jugement pour n'avoir pas recueilli les morts et sauvé les équipages des galères désemparées. Ils sont condamnés malgré Socrate. Des dix généraux, six, présents à Athènes, subissent la sentence capitale.

Rome. — Occupation par les Romains d'Anxur, riche cité à l'extrémité des marais Pontins, au sud du pays des Volsques.

Sicile. — Profitant de l'agitation causée par les invasions des Carthaginois, qui enlèvent de vive force la ville d'Agrigente, Denys l'Ancien,

405.
(Ol. xciii, 4 ; R. 350.)

Grèce. — Les Péloponnésiens, commandés par Lysandre, surprennent la flotte athénienne à Ægos-Potamos, en vue de la Chersonèse de Thrace, dans l'Hellespont. Conon s'échappe seul avec huit galères et s'enfuit en Cypre auprès d'Évagoras. Trois mille prisonniers athéniens sont froidement égorgés.

Perse. — Mort de Darius II. Avénement d'Artaxerxès Mnémon, frère aîné de Cyrus qui commande en Asie Mineure.

Rome. — Établissement de la solde, d'abord pour l'infanterie, bientôt aussi pour les cavaliers. — Jusque-là l'obligation du service militaire gratuit était pour la masse du peuple une aggravation de misère, et rendait impossibles les campagnes lointaines et de longue durée.

Commencement du siége de Véies, grande cité étrusque, à quinze milles au nord-est de Rome. — C'est la plus grande entreprise que les Romains aient encore formée. Pour la première fois les hostilités seront continuées pendant l'hiver ; le siége durera dix ans.

Sicile. — L'armée carthaginoise qui marchait sur Syracuse est décimée par la peste.

404.
(Ol. xciv, 1.)

Grèce. — Athènes, enveloppée du côté de la terre par l'armée péloponnésienne et bloquée par la flotte victorieuse, tombe, après une héroïque résistance, au pouvoir de Lysandre. Ses murs sont renversés, les fortifications du Pirée démolies. Plusieurs peuples grecs saluent le jour de sa ruine comme l'aurore de la liberté, selon l'expression de l'Athénien Xénophon, admirateur passionné du gouvernement aristocratique de Sparte. — L'administration des Trente, imposée par les vainqueurs, tient Athènes huit mois dans l'effroi et le sang. Les Lacédémoniens, ou plutôt le jeune Cyrus, font tuer Alcibiade, âgé seulement de quarante-six ans. Les principaux orateurs d'Athènes, Lysias, Andocide, sont exilés. Thrasybule, avec quelques Athéniens fugitifs, prend possession de Phylé et bientôt du Pirée. Bataille de Munychie, où les soldats des Trente sont vaincus. — Aucun État grec ne peut contester à Lacédémone la suprématie. Elle établit partout à son image des gouvernements aristocratiques, sur lesquels Lysandre espère étendre son influence personnelle. Tyrannie des harmostes lacédémoniens dans toutes les villes.

Sicile. — Fin de la première guerre de Denys l'Ancien contre les Carthaginois. — Traité de paix : Carthage garde Sélinonte, Agrigente et Himéra ; Géla et Camarine lui payent tribut. — Denys est reconnu comme tyran de Syracuse.

403.
(Ol. xciv, 3.)

Athènes. — Les Trente sont remplacés par les Dix que Thrasybule oblige bientôt à se retirer. — Il rétablit un gouvernement national : décret d'amnistie ; rappel des bannis ; retour de l'historien Thucydide, des orateurs Andocide et Lysias ; rétablissement de la constitution de Solon. Mais Athènes est sans armée, sans flotte, sans trésor.

Sicile. — Denys, qui veut soumettre toute la partie orientale de l'île à Syracuse, transporte dans cette ville les Léontins.

401.
(Ol. xciv, 4.)

Athènes. — La tragédie de Sophocle : *OEdipe à Colone*, est mise à la scène par son neveu.

Grèce et Perse. — Expédition du jeune Cyrus avec des auxiliaires grecs, contre le roi Artaxerxès, son frère, qu'il veut détrôner. Elle sera racontée par l'Athénien Xénophon, qui y prend part. Depuis Sardes, qui est le rendez-vous de l'armée grecque, marche rapide à travers l'Asie Mineure et au delà de l'Euphrate, pour livrer en automne le combat de Cunaxa, près de Babylone. Cyrus est tué. Pénible et héroïque retraite des dix mille Grecs, constamment harcelés par les Perses au milieu de pays inconnus. Ils remontent le bassin du Tigre, font de longs circuits dans les montagnes de l'Arménie et arrivent enfin au Pont-Euxin, au nord-est de l'Asie Mineure.

Lacédémone. — Le roi Agis combat les Éléens qui n'acceptaient pas la suprématie lacédémonienne.

400.
(Ol. xcv, 1.)

Grèce et **Perse.** — Les Grecs de l'expédition de Cyrus, après avoir côtoyé le Pont-Euxin, quittent la terre d'Asie à Chrysopolis, en face de Byzance; ils passent le Bosphore et, pendant deux mois, servent comme mercenaires le prince thrace Seuthès.

IVᵉ SIÈCLE AVANT J. C.

APERÇU GÉNÉRAL.

Cette époque est dans l'antiquité l'une de celles où les philosophes se sont le plus occupés des principes de l'organisation sociale.

Beaucoup de talents, nés dans le siècle de Périclès, se développèrent dans celui d'Alexandre. Il suffit de nommer parmi les orateurs, Eschine et Démosthène; parmi les historiens, Xénophon, habile guerrier dans l'autre siècle, écrivain distingué dans celui-ci; parmi les philosophes, Cebès, Platon, Théophraste, surtout Aristote, vaste génie dont les analyses profondes méritaient d'être mieux écrites; Épicure, dont la morale, plus rigoureuse qu'on ne l'a cru, ne dispensait en effet d'aucun des devoirs que la nature et la société prescrivent; le sceptique Pyrrhon; Zénon, le chef des stoïciens. L'aveugle sort, qui distribue les réputations, en a fait une aussi à Diogène le cynique, qui n'est pourtant connu que par quelques saillies, presque toutes grossières. La gloire des arts, que des architectes et des sculpteurs avaient donnée au siècle de Périclès, ne manque pas, grâce aux peintres, au siècle d'Alexandre.

Dans la carrière politique, au milieu des nouvelles guerres entre les cités grecques, Agésilas soutient l'honneur de Sparte. Un Thébain, le héros de Leuctres et de Mantinée, le vertueux Épaminondas, est le plus grand des hommes publics de cette époque. Sa haute et solide gloire domine toutes les gloires contemporaines, sans en excepter assurément celle du Macédonien Philippe, ni peut-être

IV⁰ SIÈCLE (399-398).

même celle de son fils Alexandre, qui fondent leur domination sur les ruines de l'indépendance hellénique et de la puissance des Perses. Alexandre lègue au monde ravagé les sanglantes discordes de ses successeurs.

Les deux Denys, à Syracuse, laissent comme tyrans une mémoire odieuse.

Rome offrait aux peuples libres d'honorables exemples : la prise de la ville par le brenn, ou chef des Gaulois, et une longue guerre contre les Samnites, interrompaient les dissensions intestines et préparaient les Romains par l'exercice des vertus héroïques à l'empire de la terre. Des Camille et des Fabius, en de courtes dictatures, rendaient des services immortels et n'en cherchaient d'autres récompenses qu'une prompte et tranquille retraite, au sein de leurs agrestes foyers. Le partage, librement consenti, de toutes les magistratures, réconciliait les deux ordres du peuple et des patriciens, qui reconnaissaient une même patrie dans la communauté de dangers et de gloire.

La plèbe prétend déjà aux honneurs de la cité. Mais les temps ne sont pas venus encore pour elle de se livrer sans frein aux excès que se permet alors la démagogie athénienne.

CHRONOLOGIE.

399.
(Ol. xcv, 2.)

Athènes. — Socrate, après un jugement public, est condamné à boire la ciguë. Grandeur de ses derniers moments. Son disciple Platon quitte Athènes pour quatre ans, il n'y reviendra qu'après avoir visité l'Italie, Cyrène et l'Egypte.

Grèce. — L'Élide est forcée de laisser libres la Triphylie et la Pisatide et de subir l'alliance de Lacédémone.

Grèce et Perse. — Prévenant la vengeance du roi de Perse, qu'ils ont irrité par leur alliance avec Cyrus, les Spartiates prennent l'offensive en Asie Mineure contre les satrapes Tissapherne et Pharnabaze. Expédition sous la conduite de Thymbron, qui reçoit à sa solde les restes des dix mille Grecs; puis sous celle de Dercyllidas, digne élève de Lysandre par son génie artificieux.

Lacédémone. — Mort du roi Agis; avénement de son frère Agésilas, à l'exclusion de son fils, par l'influence de Lysandre. Conjuration de Cinadon contre la constitution, punie cruellement par les éphores, qui ont peu à peu usurpé un pouvoir presque absolu.

398.
(Ol. xcv, 3.)

Grèce et Perse. — Trêve de Dercyllidas avec le satrape d'Éolie Pharnabaze. Il protége les Grecs de la Chersonèse de Thrace par la construction de murailles qui s'étendent d'une mer à l'autre.

L'*Histoire des Perses*, de Ctésias, médecin d'Artaxerxès Mnémon, Grec de Cnide, s'arrête à l'année 398.

397.
(Ol. xcv, 4.)

Grèce et Perse. — Dercyllidas envahit la Carie, au sud de la satrapie de Tissapherne. Il rencontre dans les plaines du Méandre l'armée de Tissapherne et de Pharnabaze, et signe une trêve avec eux.

Judée. — A Jérusalem, deux frères se disputent à main armée la souveraine sacrificature, la plus haute fonction nationale chez un peuple qui n'a pas d'existence politique indépendante.

Sicile. — Première tentative de Denys sur la Grande-Grèce.

396.
(Ol. xcvi, 1 ; R. 359.)

Grèce et Perse. — Le roi lacédémonien Agésilas part de l'Aulide, sur la côte de Béotie (comme autrefois les princes grecs confédérés contre Troie), pour faire activement la guerre en Asie. Il est accompagné d'abord de Lysandre qu'il éconduit bientôt et renvoie en Grèce. Il ravage ensuite la Phrygie et emploie l'hiver en préparatifs militaires. Éphèse est comme un vaste atelier de guerre; organisation d'une cavalerie grecque, etc.

Rome. — Véies est prise par Camille, dictateur; il entre en triomphe à Rome sur un char traîné par quatre chevaux blancs. La soumission d'une partie de l'Étrurie porte la frontière romaine, au nord-ouest, jusqu'à la forêt Ciminienne.

Sicile. — Seconde guerre de Denys, tyran de Syracuse, contre les Carthaginois.

395.
(Ol. xcvi, 2.)

Grèce et Perse. — Agésilas déconcerte par ses marches rapides Tissapherne et bat son armée dans la plaine de Sardes. Tissapherne, soupçonné de trahison par le roi, est mis à mort. Tithrauste, son meurtrier et son successeur, envoie en Europe Timocrate, le Rhodien, pour soudoyer avec l'or de la Perse une ligue contre Sparte. Cependant Agésilas pénètre dans la Phrygie et la Paphlagonie.

Grèce. — Athènes et Argos, ennemies de Sparte, mettent la Grèce en mouvement pour détruire la suprématie lacédémonienne. Traité entre Thèbes et Athènes. — Lysandre, qui méditait de grands desseins, se fait envoyer pour soutenir les Locriens en guerre contre les Phocidiens ; il est vaincu et tué à Haliarte. Le roi Pausanias, rendu responsable de ce malheur, est banni de Sparte.

394.
(Ol. xcvi, 3.)

Argos, Athènes, Lacédémone et Perse. — Sparte est forcée, pour se défendre, de rappeler le roi Agésilas. La conquête de l'Asie est ajournée. Agésilas revient par la Thrace ; à Amphipolis, il apprend le combat gagné par les Spartiates sur les confédérés, à Némée, un peu au sud de Corinthe. Mais en Béotie la nouvelle lui arrive d'une grande défaite maritime essuyée par les Spartiates près de Cnide, à la côte sud-ouest d'Asie Mineure, où Conon l'Athénien et Pharnabaze, satrape perse, commandaient la flotte du grand roi. — Bataille, sans résultat, entre Agésilas et les confédérés, en Béotie à Coronée.

L'histoire de Théopompe, continuateur de Thucydide, s'arrête à la bataille de Cnide, et n'embrasse ainsi que dix-sept ans de l'histoire grecque.

Sicile. — Denys de Syracuse attaque les villes grecques de l'Italie.

393.
(Ol. xcvi, 4.)

Athènes. — L'argent des Perses et les bras des Grecs, autrefois conjurés contre Athènes, aident Conon à reconstruire les longues murailles d'Athènes à la mer, et à fortifier le Pirée. — Aristophane fait jouer sa comédie intitulée l'*Assemblée des*

Femmes, où les femmes athéniennes somment leurs maris de rendre enfin la paix à la Grèce. Un décret de 404 ayant défendu aux poëtes comiques de traduire des personnages réels sur la scène, la vieille comédie renonce à la parabase, partie de la pièce qui avait plus que toutes les autres le caractère d'une satire politique personnelle.

Corinthe, Lacédémone, etc. — Affreux excès de la démagogie à Corinthe, pendant la guerre contre les Spartiates.
Tous les efforts des deux partis belligérants semblent concentrés autour de l'isthme. Corinthe et son port de Cenchrées sont la place d'armes et l'arsenal des ennemis de Sparte. Les Spartiates sont postés au port corinthien de Léchéon et à Sicyone.

392.
(Ol. xcvii, 1.)

Athènes, Lacédémone, etc. — L'habileté stratégique d'Iphicrate, général athénien, fait avorter tous les projets d'Agésilas contre Athènes et les villes alliées.

Grèce et Perse. — Conon, depuis la résurrection maritime d'Athènes, à laquelle ont cependant contribué les Perses, fait ombrage au roi; il est chargé de fers par Tiribaze, lieutenant d'Artaxerxès. Il meurt peu après de maladie dans l'île de Cypre.

Macédoine. — Impuissance du roi Amyntas II contre les Illyriens et contre les Grecs d'Olynthe, ville commerçante de la Chalcidique.

Sicile. — La seconde guerre de Denys contre Carthage se termine par l'acquisition de Tauroménion pour le tyran de Syracuse.

391.
(Ol. xcvii, 2.)

Athènes. — L'orateur athénien Andocide ayant engagé ses concitoyens à se réconcilier avec Lacédémone, est condamné à l'exil.

390.
(Ol. xcvii, 3 ; R. 365.)

Argos, Athènes, Lacédémone. — Le roi Agésipolis attaque sans succès les Argiens, alliés d'Athènes. Thrasybule, commandant de la flotte athénienne, meurt en aventurier sur les côtes de l'Asie Mineure.

Athènes. — Aristophane fait jouer sa dernière comédie, *Plutus*, qu'il avait déjà donnée, mais sans succès, en 409.

Rome et Gaulois. — Pendant que Camille, frappé d'une sentence d'exil, est retiré à Ardée chez les Volsques, trente mille Gaulois Sénons quittent le sud-est de la Gaule cisalpine, entrent en Étrurie du côté de Clusium, et bientôt, en suivant le Tibre jusqu'à la rivière Allia, rencontrent et dispersent une armée romaine. — Prise de Rome ; elle est saccagée par le fer et par le feu. Meurtre des vieux sénateurs. La forteresse du Capitole se défend sept mois. Courage de Cominius et de Manlius.

389.
(Ol. xcvii, 4 ; R. 366.)

Athènes. — Utile campagne maritime et continentale d'Iphicrate, dans l'Hellespont.

Rome. — Les Gaulois ne s'éloignent qu'en emportant la rançon du Capitole. Camille, rappelé et nommé dictateur, se met à la poursuite des barbares. Ils connaissent maintenant la route du Latium ; en quarante-cinq ans ils renouvelleront cinq fois leurs invasions. — Sous les ruines faites par l'incendie on retrouve le bâton augural de Romulus, les Douze Tables, des fragments des lois royales et quelques traités. Reconstruction de la ville au hasard et sans plan. — Tous les peuples soumis se révoltent : l'œuvre de la conquête romaine, encore peu considérable, il est vrai, est à recommencer comme après l'expulsion des rois. — Rien n'est changé à la constitution.

Sicile. — Le séjour du philosophe

Platon à Syracuse semble un hommage rendu à la puissance et à l'administration brillante de Denys.

388.
(Ol. xcviii, 1.)

Athènes, Lacédémone, Perse. — Antalcidas commande les flottes de Sparte dans les mers de l'Asie Mineure. Une armée athénienne avec Chabrias va soutenir Évagoras, roi de Salamine en Cypre, contre le roi de Perse.

387.
(Ol. xcviii, 2.)

Athènes, Lacédémone et Perse. — Le traité de paix qu'Antalcidas, général lacédémonien, obtient du lieutenant d'Artaxerxès et que Sparte imposera aux Grecs, livre les villes grecques de l'Asie à la domination des Perses, et en proclamant l'indépendance de chaque cité de la Grèce, grande ou petite, laisse la Grèce à la merci de Sparte. Le roi de Salamine, Évagoras, n'est pas compris dans le traité.

Grèce. — Guerre de Sparte avec Mantinée qui n'a pas renoncé à la suprématie sur les villes d'Arcadie.

Sicile. — Denys s'empare de Rhégion après onze mois de siége.

386.
(Ol. xcviii, 3.)

Lacédémone et Thèbes. — En vertu du traité d'Antalcidas, les Thébains sont sommés de rendre l'indépendance à Platées. Les menaces d'Agésilas qui approche avec une armée font exécuter le traité.

Perse. — Artaxerxès veut recouvrer l'Égypte sur le roi Acoris.

385.
(Ol. xcviii, 4.)

Lacédémone. — Excès des Spartiates; ils oppriment Mantinée : les habitants de cette ville sont dispersés dans quatre bourgades.

384.
(Ol. xlix, 1).

Grèce. — Naissance d'Aristote à Stagire, colonie grecque dans la Chalcidique.

383.
(Ol. xcix, 2; R. 372.)

Lacédémone. — Intervention des Spartiates à Phlionte.

Rome. — Manlius Capitolinus, un des défenseurs du Capitole contre les Gaulois, soupçonné d'aspirer à la tyrannie en cherchant la popularité, est jugé et condamné à mort.

Sicile. — Denys, d'abord vainqueur, est vaincu par les Carthaginois. Le fleuve Halycos devient la limite des deux États.

382.
(Ol. xcix, 3.)

Athènes. — Naissance de Démosthène.

Lacédémone, Olynthe et Thèbes. — Première entreprise des Spartiates contre Olynthe qui domine sur les villes grecques de la Chalcidique et menace la Macédoine. Les Spartiates sont aidés par le roi de Macédoine Amyntas II. — Phébidas qui conduisait des troupes vers la Thrace, enlève par surprise la Cadmée de Thèbes : les Spartiates la gardent deux ans.

381.
(Ol. xcix, 4.)

Lacédémone et Olynthe. — Seconde campagne de Téleutias, frère du roi de Sparte Agésilas, contre Olynthe; il est tué.

380.
(Ol. c, 1.)

Lacédémone, Olynthe. — Troisième campagne des Spartiates contre Olynthe; mort du roi Agésipolis. — Siége de Phlionte par les Spartiates.

Perse. — Évagoras, dans l'île de Cypre, résiste encore quatre ans aux Perses.

379.
(Ol. c, 2.)

Lacédémone, Olynthe et Thèbes. — Le général spartiate Polybiade force enfin Olynthe à demander la paix. — Phlionte, à l'entrée de l'Achaïe, assiégée vingt mois par les Spartiates, se livre à leur merci. — Mais la Cadmée est reprise par les exilés thébains. — L'orateur Céphalos fait décréter par les Athéniens un envoi de secours à Thèbes redevenue libre. — La guerre commence aussitôt entre Thèbes et Lacédémone. — La fortune de Thèbes sera entre les mains de Pélopidas et d'Épaminondas.

378.
(Ol. c, 3).

Athènes, Lacédémone, Thèbes. — Expéditions de Cléombrote puis d'Agésilas, en Béotie. Les Spartiates feront ainsi pendant plusieurs années des incursions dans cette contrée; les armées thébaines, en défendant leur territoire, apprendront à combattre et à vaincre. — Tentative du Spartiate Sphodrias sur le Pirée. Athènes, indignée de cette perfidie, déclare la guerre à Sparte et donne une nouvelle impulsion à sa marine.

377.
(Ol. c, 4.)

Lacédémone et Thèbes. — Seconde expédition d'Agésilas en Béotie. — Formation à Thèbes du bataillon sacré.

Perse. — L'Athénien Iphicrate est chargé de diriger les opérations de l'armée persique contre l'Égypte.

376.
(Ol. ci, 1 ; R. 378.)

Athènes et Lacédémone. — Victoire de l'Athénien Chabrias à Naxos sur la flotte lacédémonienne. Expédition de Timothée à l'ouest du Péloponnèse.

Perse. — Évagoras de Cypre fait enfin la paix avec le grand roi.

Rome. — Les tribuns C. Licinius Stolon et L. Sextius présentent trois propositions inséparables : 1° loi consulaire : un des consuls sera toujours plébéien ; 2° loi agraire : aucun citoyen ne pourra posséder plus de cinq cents *jugera* (126 hectares 42 ares) du domaine public, ni envoyer dans les pâturages de l'État plus de cent têtes de gros bétail et plus de cinq cents de petit. L'excédant des cinq cents *jugera* servira à donner des possessions aux pauvres. Un droit sera acquitté pour la jouissance du domaine public et des pâturages ; 3° loi sur les dettes : les intérêts payés seront déduits du capital de la dette, trois années seront laissées pour le remboursement du reste. — Dix années de débats pleins de passion et de violence avant l'acceptation de ces lois.

375.
(Ol. ci, 2.)

Athènes. — Eubulos, poëte comique dans le genre de la comédie moyenne.

Lacédémone et Thèbes. — A la rencontre de Tégyre en Béotie, le bataillon sacré des Thébains décide la victoire sur les Spartiates.

374.
(Ol. ci, 3.)

Athènes, Lacédémone et Thèbes. — Expédition du roi Cléombrote en Béotie. — Les Thébains détruisent Platées de fond en comble. — Les Athéniens, jaloux du développement de la puissance thébaine, envoient des députés à Sparte et font cesser la guerre maritime que leur général Timothée dirigeait du côté de Leucade et de Corcyre. Au retour, Timothée s'arrête dans l'île de Zacynthe qui est en face du Péloponnèse, pour y établir les bannis : c'est une nouvelle cause de guerre entre les Athéniens et les Spartiates.

Thessalie. — Le tyran Jason, tout-puissant en Thessalie, avec une armée de mercenaires disciplinés, surveille, sans y prendre part, les événements de la Grèce. Il contraint

Polydamas à lui livrer la ville importante de Pharsale.

373.
(Ol. ci, 4.)

Achaïe. — Un tremblement de terre engloutit les villes d'Hélice et de Boura.

Athènes et Lacédémone. — Les flottes lacédémoniennes ont à combattre dans les parages de Corcyre Iphicrate, auquel sont associés bientôt Callistrate et Chabrias. — Timothée, malheureux dans la dernière campagne, est traduit en jugement devant le peuple d'Athènes par Callistrate et Iphicrate.

371.
(Ol. cii, 2.)

Athènes, Lacédémone et Thèbes. — Une assemblée de tous les peuples grecs est convoquée à Sparte pour décider de la paix. Les Spartiates, qui dominent dans le Péloponnèse, ne veulent pas reconnaître à Thèbes la suprématie dans la Béotie : la guerre est solennellement engagée entre les deux États. — Épaminondas et Pélopidas battent et tuent le roi Cléombrote sur le territoire de Leuctres, en Béotie. Ferme attitude de Sparte, malgré cette défaite désastreuse. Elle est mise en état de défense par Agésilas. — Médiation de Jason. — Dépit d'Athènes qui se déclarera pour les Spartiates. — Reconstruction de Mantinée. Organisation nouvelle de l'Arcadie ; Mégalopolis, fondée sous l'influence des Thébains, devient un centre pour les populations dispersées de cette région.

370.
(Ol. cii, 3.)

Lacédémone. — Expédition d'Agésilas en Arcadie, pour relever le courage abattu des Spartiates.

Thessalie. — Jason qui avait étendu son influence sur une partie de la Macédoine, de l'Illyrie, de l'Épire, et dont la puissance était une menace pour la Grèce même, meurt assassiné.

369.
(Ol. cii, 4.)

Lacédémone et Thèbes. — Les Thébains pour la première fois envahissent la Laconie et la ravagent. Le roi Agésilas sauve Sparte de l'attaque des ennemis et d'une conspiration. Épaminondas rappelle les Messéniens et fonde la ville de Messène sur le mont Ithome. — Accusation à Thèbes contre Épaminondas et Pélopidas qui ont conservé le commandement au delà du terme fixé ; ils sont acquittés.

Sicile. — Denys réconcilie Sparte et Athènes.

Thessalie. — Alexandre de Phères s'empare de la tyrannie. Les Aleuades, chefs de l'aristocratie, vont demander protection au roi de Macédoine Alexandre II, fils aîné et successeur d'Amyntas II.

368.
(Ol. ciii, 1.)

Lacédémone, Thèbes et Thessalie. — Courte apparition des Thébains dans le Péloponnèse. — Denys, tyran de Syracuse, envoie des secours aux Spartiates. — Pélopidas va défendre l'indépendance des Thessaliens contre le tyran Alexandre de Phères, qui le bat et le retient quelque temps prisonnier : il sera délivré par l'habileté d'Épaminondas, qui, servant comme simple soldat dans l'armée thébaine, sera mis par les troupes à leur tête. — Destruction d'Orchomène par les Thébains.

Perse. — Le grand roi, qui a besoin de mercenaires grecs, fait inviter par le satrape Ariobarzane les Grecs à la paix.

Sicile. — Denys de Syracuse enlève aux Carthaginois Sélinonte, Entelle et Éryx. Il meurt. Son fils Denys le Jeune lui succède.

367.
(Ol. ciii, 2 ; R. 388.)

Lacédémone. — Les Péloponnésiens essayent de lutter seuls, sans le concours des Thébains, contre les Spartiates. Le roi Archidamos gagne sur eux, en Arcadie, à Midée, la victoire *sans larmes*.

Macédoine. — Après la mort violente du jeune roi Alexandre II, ses deux frères, Perdiccas III et Philippe II, sont placés, par leur mère Eurydice, sous la protection de l'Athénien Iphicrate, et peut-être du Thébain Pélopidas, qui emmène à Thèbes le plus jeune, Philippe. — Philippe passera trois ans chez les Grecs.

Perse. — Ambassadeurs grecs à Suses.

Rome. — Vingt-trois ans après la prise de Rome, une invasion de Gaulois ramène ces barbares jusqu'au sud de la ville, près d'Albe. Camille, dictateur, doit la victoire à d'heureuses innovations dans l'armure romaine.

366.
(Ol. ciii, 3; R. 389.)

Lacédémone et Thèbes. — Expédition d'Épaminondas en Achaïe, pour unir le peuple achéen aux Arcadiens et aux autres alliés du Péloponnèse, contre Sparte.

Rome. — Camille, dictateur s'interpose pour la réconciliation des patriciens et des plébéiens. Les lois liciniennes sont acceptées par le sénat. Un des tribuns, Sextius, est le premier consul plébéien. La loi agraire, la plus utile au peuple, est dès le principe mal observée.

365.
(Ol. ciii, 4; R. 390.)

Grèce. — Guerre entre l'Arcadie et l'Élide.

Rome. — La puissance et la dignité du consulat cédé aux plébéiens, sont diminuées par la création de deux nouvelles charges curules patriciennes. 1° La préture, pour l'administration de la justice, qui exige la connaissance des formules mystérieuses de la procédure. 2° L'édilité (curule) pour une partie de la police urbaine, laissée tout entière jusque-là aux édiles plébéiens, et pour la célébration de fêtes qui entraînaient à de grandes dépenses.

364.
(Ol. civ, 1 R. 391.)

Grèce. — Bataille d'Olympie entre les Éléens et les Arcadiens; troubles en Arcadie.

Rome. — A l'occasion de la peste qui vient d'enlever Camille, un dictateur, Manlius, est nommé à Rome pour enfoncer le clou sacré dans le temple de Jupiter. Acteurs étrusques admis à Rome; ils dansaient au son de la flûte. Manlius, après la cérémonie, refusant d'abdiquer, est appelé en jugement par un tribun. — Le peuple s'attribue le droit de choisir une partie des tribuns légionnaires, qui étaient jusque-là à la nomination des consuls.

Thèbes. — Une éclipse de soleil trouble les soldats de Pélopidas dans le combat livré près de Cynoscéphales au tyran Alexandre de Phères. — Mort de Pélopidas.

363.
(Ol. civ, 2.)

Sicile. — L'histoire sicilienne de Philistos s'arrête à la cinquième année du règne de Denys le Jeune.

362.
(Ol. civ, 3.)

Grèce. — Quatrième expédition d'Épaminondas dans le Péloponnèse, où l'appelle une faction sacrilége de l'Arcadie. Il tente un coup de main sur Sparte, que sauve encore Agésilas. La victoire de Mantinée, en Arcadie, lui coûte la vie; avec lui finit la puissance thébaine. — L'histoire de Xénophon, *les Helléniques*, s'arrête à la mort d'Épaminondas. — L'orateur athénien Eschine, âgé de vingt-sept ans, assistait à la bataille de Mantinée.

Perse. — Dans la révolte des satrapes de l'Asie Mineure contre Artaxerxès, Ariobarzane, gouverneur de Lydie, d'Ionie et de Phrygie, descendant d'un des sept seigneurs perses qui renversèrent les mages en 521, et de qui sont issus les rois de Pont, soutient Thyus de Paphlagonie contre Datame, qui est fidèle au grand roi. Quand Datame se révolte à son tour, Ariobarzane devient son allié.

361.
(Ol. civ, 4.)

Grèce. — Un traité de paix, commun à tous les Grecs, est consenti par les Spartiates, qui ne voulaient pas d'abord y laisser comprendre les Messéniens. — Naissance du grand sculpteur Praxitèle?

Lacédémone, Perse. — Nectanébos, chef national des Égyptiens, a recours, contre les Perses, au vieux roi de Sparte Agésilas, qui, malgré ses quatre-vingts ans, est encore plein d'ardeur pour la guerre. Quand Agésilas, après la campagne, veut quitter l'Égypte, il meurt en aventurier sur les côtes de Libye. Son fils Archidamos lui succède dans la royauté à Sparte.

Sicile. — Le philosophe Platon vient pour la troisième fois en Sicile, avec le désir de réconcilier Denys le Jeune et Dion, philosophe, dont le tyran n'écoutait plus les conseils. Après un séjour inutile de douze à quinze mois, il retournera en Grèce.

360.
(Ol. cv, 1; R. 395.)

Athènes et Thrace. — Olynthe empêche les Athéniens de rentrer à Amphipolis. Défaite du général athénien Charidème. Timothée est envoyé vers Amphipolis, où il échoue. — La mort du roi de Thrace, Cotys, livre ce pays à l'influence athénienne.

Grèce. — Pamphyle de Macédoine, grand peintre lui-même, forme le plus célèbre des peintres grecs, Apelle, né dans l'île de Cos.

Un Grec d'Asie, Eudoxe de Cnide, ami et compagnon de voyage de Platon, auteur d'un voyage autour du monde, ou *Itinéraire universel*, dont il ne reste que quelques citations, a entrepris d'assujettir la géographie à des observations astronomiques. Il a donné à l'année trois cent soixante-cinq jours un quart.

Rome. — Les Gaulois qui sont venus camper près de l'Anio, un peu à l'est de Rome, ne sont pas arrêtés par l'exploit du tribun légionnaire, Manlius Torquatus. Ils reviennent souvent à leurs stations de l'Algide et du mont Albain.

359.
(Ol. cv. 2.)

Macédoine. — Philippe, âgé de vingt-trois ans, devient roi des Macédoniens. Il bat le prétendant Argée à Méthone en Piérie, fait décréter l'indépendance d'Amphipolis pour la soustraire à l'influence athénienne, conclut là paix avec Athènes, attaque les Péoniens au nord de la Macédoine, et repousse les Illyriens. — Le Grec Théopompe commence son *Histoire* avec le règne de Philippe. Il consacrait trois livres à la Sicile, depuis le commencement de Denys l'Ancien.

Thessalie. — Mort d'Alexandre de Phères : d'autres tyrans s'élèvent en Thessalie.

358.
(Ol. cv, 3.)

Athènes et Macédoine. — Philippe emporte la ville d'Amphipolis pendant que les Athéniens sont occupés dans l'Eubée. — Il fait aussi la conquête de Pydna.

357.
(Ol. cv, 4; R. 398.)

Grèce. — Athènes recouvre la Chersonèse de Thrace et l'Eubée; mais la guerre sociale commence entre Athènes et ses alliés maritimes, surtout Chios, Rhodes, Byzance. Charès et Chabrias attaquent l'île de Chios; mort de Chabrias. — La guerre durera trois ans.

— Après un décret du conseil

amphictyonique provoqué par les Thébains et qui condamne les Phocidiens et les Spartiates, les Phocidiens, avec leur chef Philomélos, s'emparent de la ville et bientôt du trésor sacré de Delphes. C'est la cause de la guerre sacrée, fatale à la liberté des Grecs. Sparte prendra parti pour les Phocidiens.

— Mort du philosophe Démocrite d'Abdère; du médecin Hippocrate de Cos, âgés tous deux, peut-être, de cent quatre ans. — Hippocrate, le père de la médecine, divulgue généreusement les méthodes curatives qui jusque-là étaient restées secrètes. Il créa l'observation pathologique et voulut que le médecin, dans le traitement des maladies, se conformât à la constitution particulière de chaque sujet. Ses aphorismes jouissent encore aujourd'hui d'une légitime autorité. Dans son traité *des Airs, des Eaux, des Lieux*, il apprend à tenir très-grand compte pour l'étude des maladies de la constitution physique des pays où elles règnent.

Macédoine. — Philippe livre Potidée à Olynthe, pour capter son alliance.

Rome. — Le dictateur Sulpicius gagne, près de Rome, sur les Gaulois, une victoire que les Romains égalent aux plus beaux succès de Camille. — Les Herniques, depuis longtemps soulevés, sont battus et soumis.

— Licinius Stolon est condamné pour avoir violé lui-même sa loi agraire, qui défend de retenir plus de cinq cents *jugera* de terres du domaine public.

Sicile. — Dion le philosophe, que Denys le Jeune avait banni, part avec une flotte grecque, de l'île de Zacynthe, pour aller délivrer la Sicile de la tyrannie de Denys.

356.
(Ol. cvi, 1.)

Grèce asiatique. — L'Athénien Charès soutient Artabaze, satrape révolté contre le grand roi. — Érostrate incendie le temple de Diane à Éphèse.

Macédoine. — Naissance d'Alexandre le Grand, fils de Philippe et d'Olympias d'Épire. — Riche exploitation des mines d'or de Crénides, dans le mont Pangée, près de la ville nouvelle de Philippes, à l'entrée de la Thrace.

Sicile. — Denys est forcé de quitter Syracuse, il passe dans la grande Grèce. — Mort de Philistos, l'historien de la Sicile.

355.
(Ol. cvi, 2; R. 400.)

Bosphore cimmérien. — La *Leptinienne*, discours de Démosthène, nous apprend la fertilité du Bosphore cimmérien qui était le grenier des États grecs : Athènes en faisait venir tous les ans quatre cent mille médimnes de blé (208 000 hectolitres). Le roi Leucon, qui régna quarante ans, depuis 393, avait reçu, en retour de priviléges de commerce accordés à Athènes, l'immunité pour lui et pour son fils.

Grèce. — Les Athéniens ont chargé successivement de la direction de la guerre sociale, Charès, Timothée et Iphicrate. Ils n'en doivent pas moins consentir à la paix, et reconnaître l'indépendance des alliés. Corcyre se sépare aussi de leur alliance.

Rome. — Un des plus illustres plébéiens, ancien consul, C. Marcius Rutilus, est élevé, le premier de son ordre, à la dictature, pour combattre les Étrusques de Tarquinies.

354.
(Ol. cvi, 3.)

Athènes. — Charès fait accuser de trahison les généraux Timothée et Iphicrate, ses collègues dans la guerre sociale. Timothée est condamné à une amende de cent talents; il quitte une patrie ingrate. —

Discours de Démosthène sur les classes des armateurs.

353.
(Ol. cvi, 4.)

Macédoine. — Philippe, qui a conquis récemment Pydna, en Piérie, Potidée, au sud-ouest de la Chalcidique, pénètre en Thessalie et s'empare de Pagases qui sert de port à la ville de Phères, sur le golfe Pélasgique; il attaque Méthone, en Piérie.

Sicile. — La mort violente de Dion livre Syracuse à des ambitieux qui ne lui rendront pas plus que lui la liberté. — Denys conserve toujours un parti puissant dans cette ville.

352.
(Ol. cvii, 1 ; R. 403.)

Grèce asiatique. — Douleur fastueuse d'Artémise, veuve du roi de Carie Mausole : trois orateurs se disputent le prix d'éloquence qu'elle propose au meilleur éloge funèbre. Elle fait construire un tombeau, dit mausolée, par les architectes Satyros et Pythéas. Ce monument, en forme de carré long, fut entouré de trente-six colonnes, enrichi de belles sculptures par Praxitèle et Scopas ; un quadrige de marbre surmontait l'édifice.

Grèce, Macédoine. — Philippe entre en Thessalie comme pour délivrer le pays d'un nouveau tyran, Lycophron. Il bat et tue l'allié du tyran, le chef des Phocidiens sacriléges, Onomarchos. En poursuivant les Phocidiens, il arrive jusqu'aux Thermopyles. Mais les passages de la Grèce sont gardés par une armée athénienne. — *Première Philippique* de l'Athénien Démosthène, âgé de trente ans.

Rome. — Sous le consulat d'un patricien, Valérius, et du plébéien Marcius Rutilus, institution d'une banque qui doit prêter à un très-faible intérêt; fixation du prix auquel les terres et les troupeaux peuvent être donnés en remboursement des emprunts.

351.
(Ol. cvii, 2 ; R. 404.)

Athènes. — Discours de Démosthène pour les Rhodiens.

Macédoine. — Guerre entre Philippe et Olynthe.

Rome. — Soumission des principales villes latines qui peuvent menacer Rome à l'est, Tibur sur l'Anio et Préneste.

350.
(Ol. cvii, 3 ; R. 405.)

Athènes et Macédoine. — En Eubée encore se rencontrent et se heurtent les intérêts de Philippe et ceux d'Athènes. Plutarque, tyran d'Érétrie à l'ouest de l'île d'Eubée, avait appelé les Athéniens pour résister à Philippe; il trompe ses alliés ou les trahit; mais il est vaincu par Phocion, général d'Athènes.

Rome. — Trêve de quarante ans avec les Étrusques de Tarquinies.
Le premier dictateur plébéien, C. Marcius Rutilus, est le premier de son ordre élevé à la censure.

349.
(Ol. cvii, 4 ; R. 406.)

Athènes et Macédoine. — Philippe assiége Olynthe, la plus importante ville de la péninsule chalcidique. Elle demande secours à Athènes. — La *Première Olynthienne* de Démosthène décide les Athéniens à lui envoyer une armée de mercenaires avec Charès. Après la *Deuxième*, nouveaux renforts conduits par Charidème et qui sont encore insuffisants.

Rome. — Furius Camillus, le fils du grand Camille, gagne une victoire signalée sur les Gaulois ; pendant cinquante-cinq ans ils n'envahiront pas le territoire romain. — Exploit du jeune Valérius Corvus.

348.
(Ol. cviii, 1.)

Athènes et Macédoine. — Lorsque la *Troisième Olynthienne* de Démosthène arrache enfin aux Athéniens un décret d'expédition nationale en faveur d'Olynthe, cette ville, serrée de tous côtés par les Macédoniens, est au pouvoir de traîtres qui vont la livrer à Philippe.

347.
(Ol. cviii, 2 ; R. 408.)

Athènes. — Mort du philosophe Platon ; Speusippe dirige, après lui, l'Académie.

Macédoine. — Philippe, destructeur d'Olynthe, célèbre à Dion, en Piérie, des jeux olympiques à la façon des Grecs. — Anaxandride fournit une comédie pour les spectacles donnés à ces fêtes.

Rome. — Le taux de l'intérêt pour l'argent prêté, est réduit à 1/24 du capital, un peu plus de 4 pour 100.

346.
(Ol. cviii, 3 ; R. 409.)

Grèce, Macédoine et Thrace. — Les Athéniens désirent la paix avec Philippe. Histoire des trois ambassades. Parmi les dix députés envoyés d'abord au roi de Macédoine, sont Eschine et Démosthène. La seconde députation doit lui faire ratifier le traité conclu, mais elle ne le rencontre que lorsqu'il a dépouillé le roi de Thrace Kersobleptès. Pendant que la troisième est en route pour faire modifier le traité, Philippe se fait désigner par le conseil amphictyonique pour punir les sacrilèges Phocidiens. Quand il a terminé la guerre sacrée en exécutant l'arrêt cruel rendu contre les villes de Phocide, il est reçu membre du conseil amphictyonique, et obtient l'intendance du temple de Delphes. — Athènes elle-même est forcée de lui reconnaître ces nouveaux titres, pour ne pas lutter contre la volonté de tous les peuples grecs. Démosthène prononce son discours sur *la Paix*.

Rome. — Valérius Corvus, le héros de la dernière guerre gauloise, consul à vingt-trois ans, combat avec succès les Volsques.

Sicile. — Les troubles de Syracuse rouvrent les portes de cette ville à Denys.

345.
(Ol. cviii, 4 ; R. 410.)

Rome. — La prise de Sora, à l'extrémité orientale du pays des Volsques sur le haut Liris, l'attaque du territoire des Aurunces au sud des Volsques, mettent les Romains sur la route de la Campanie. — Plus de quatre siècles de guerres n'ont assuré à ce peuple que le territoire du Latium, et une portion de l'Étrurie. — Mais il s'est constitué à l'intérieur, et les luttes agitées du forum, au lieu de tuer *la vraie liberté*, comme dans les États de la Grèce, lui ont donné toute sa plénitude ; et la concorde enfin établie par l'égalité politique, entre les différentes classes de la société romaine, entretient chez ce peuple une force irrésistible.

344.
(Ol. cix, 1.)

Athènes. — La *Deuxième Philippique* de Démosthène appelle l'attention d'Athènes sur les intrigues de Philippe dans le Péloponnèse.

Égypte et Perse. — Ochus soumet l'Égypte révoltée.

Sicile. — Le Corinthien Timoléon va combattre pour la liberté des Grecs de Sicile, contre les tyrans, surtout contre Denys le Jeune de Syracuse, et contre les Carthaginois ennemis de la race grecque.

343.
(Ol. cix, 2.)

Athènes et Macédoine. — Tentative de Philippe sur Mégare. Ses progrès, à l'ouest de la Thessalie et de la Grèce centrale, dans l'Épire et l'Acarnanie ; mais une armée athénienne le surveille de ce côté et le prévient. Démosthène et d'autres députés sont envoyés à Ambracie et dans le Péloponnèse. Le roi de Macédoine enlève à l'est de l'Eubée un repaire de pirates, l'île d'Halonèse, dont les Athéniens réclament la possession par la voix de Démosthène.

Sicile. — Timoléon, maître de Syracuse, et pouvant disposer de la vie de Denys, l'envoie à Corinthe achever sa carrière dans une condition privée.

L'histoire de Théopompe s'arrête, pour la Sicile, à la chute définitive de Denys.

342.
(Ol. cix, 3 ; R. 413.)

Athènes. — Naissance du grand poëte comique Ménandre, fils du général Diopithe. — Isocrate, rhéteur athénien, à quatre-vingt-quatorze ans, se met à composer son discours *le Panathénaïque.*

Athènes et Macédoine. — L'habileté de Diopithe qui commande la flotte athénienne dans l'Hellespont retarde l'occupation de la Thrace par Philippe.

Macédoine. — Le philosophe de Stagire, Aristote, instruit dans toutes les sciences du monde physique et du monde moral, dirige l'éducation d'Alexandre.

Rome et Samnites. — Les Romains vont rencontrer, en Campanie, les Samnites, pleins d'énergie guerrière, mais que leurs divisions intérieures ont empêchés de former un grand État. — L'attaque des Samnites sur Téanum des Sidicins, à l'ouest de leurs montagnes et l'intervention malheureuse de Capoue, importante cité campanienne, en faveur de la ville menacée, décident les Romains à prendre parti pour les Campaniens contre les Samnites. La victoire du consul Valérius Corvus, près du mont Gaurus, en Campanie, met pour quelque temps les Samnites hors de combat.

341.
(Ol. cix, 4 ; R. 414.)

Athènes, Macédoine et Perse. — Pendant les progrès de Philippe en Thrace, discours de Démosthène sur la Chersonèse, possession athénienne où Diopithe avait de la peine à défendre Cardie ; *Troisième* et *quatrième Philippique,* pour avertir les Athéniens du danger que court Byzance et de la nécessité où ils seront bientôt de combattre pour leur propre salut. — Les Grecs sollicitent les secours du roi de Perse pour défendre contre Philippe les places de la Thrace. — Le roi de Macédoine assiége Périnthe.

Rome. — La prise d'armes des légionnaires romains en garnison à Capoue, qui marchent même contre Rome, et poussent à la révolte les plébéiens, vaut aux soldats un accroissement de priviléges, au peuple la consécration de ses droits politiques, l'abolition du prêt à intérêt et des dettes. Le sénat avait fait nommer un dictateur, Valérius Corvus.

340.
(Ol. cx, 1 ; R. 415.)

Grèce asiatique. — Éphore, de Cumes dans l'Éolide, dont l'histoire s'arrêtait à la vingtième année du règne de Philippe, paraît avoir été le premier qui ait distingué dans le genre humain, les Grecs exceptés, quatre grandes races : les Indiens au levant d'hiver ; les Éthiopiens au couchant d'hiver ; les Celtes au couchant d'été ; les Scythes au levant d'été.

Macédoine. — Philippe, tout en continuant le siége de Périnthe, attaque aussi Byzance que les Perses défendent en commun avec les Grecs.

Rome. — Les Latins, auxiliaires de Rome dans toutes ses guerres, demandent pour prix de leurs services l'égalité des droits politiques, le partage des places du sénat et du commandement militaire. Refus des Romains. Guerre latine, d'autant plus difficile pour les Romains que les Latins avaient mêmes armes, même discipline, même tactique. — Rigueur exercée sans pitié par le consul Manlius contre son fils qui a combattu malgré sa défense. La victoire de Véséris, ruisseau près du mont Vésuve, en Campanie, est due surtout à l'action héroïque du consul plébéien Décius Mus, qui se dévoue. Vengeance exercée par le sénat contre Capoue qui s'était déclarée pour les Latins. La guerre continue.

Rome et Carthage. — Traité d'alliance renouvelé après cent soixante et dix ans.

Sicile. — Timoléon arrête les Carthaginois dans leur projet de conquête, par sa victoire près du fleuve Crimisos, au sud de l'île.

339.
(Ol. cx, 2 ; R. 416.)

Macédoine. — Philippe renonce au siége de Périnthe et de Byzance, qu'Athènes a puissamment secourues. — Il fait une expédition contre les Scythes du Danube.

Rome. — Le dictateur plébéien Publilius Philo fait décréter que les plébiscites seront obligatoires pour tous, qu'un des censeurs sera toujours plébéien, que toute loi présentée à l'assemblée des centuries n'aura pas besoin, après avoir été votée, de la confirmation de l'assemblée aristocratique des curies ni de celle du sénat.

338.
(Ol. cx, 3 ; R. 417.)

Grèce et Macédoine. — Seconde guerre sacrée. Le conseil amphictyonique appelle encore Philippe avec ses armées, pour punir un peuple sacrilége, les Locriens de Cirrha qui, depuis deux siècles, cultivaient une terre consacrée à Apollon. Il s'avance jusqu'à Élatée, aux confins de la Béotie. Les exhortations patriotiques de Démosthène unissent enfin, pour leur commune défense, les Athéniens et les Thébains ; ils perdent ensemble contre la phalange macédonienne à Chéronée, en Béotie, l'unique bataille livrée par les Grecs à Philippe. Le vainqueur se montre généreux envers les Athéniens. Ceux-ci deviennent dociles à l'orateur Démade, qui fait bon marché de l'indépendance hellénique. — Isocrate, âgé de quatre-vingt-dix-huit ans, se laisse mourir de faim à la nouvelle de la défaite de Chéronée. — Congrès de toute la Grèce à Corinthe. L'assemblée proclame Philippe généralissime des Grecs contre les Perses. — Expédition du roi de Macédoine dans le Péloponnèse ; il ravage la Laconie.

Lacédémone et Tarente. — Le roi de Sparte Archidamos, fils d'Agésilas, finit sa vie comme son père, en aventurier : venu en Italie pour soutenir les Tarentins d'origine lacédémonienne, contre de dangereux voisins, les Lucaniens, il meurt pendant l'expédition.

Perse. — L'eunuque Bagoas est le meurtrier du roi Ochus et de tous ses fils, excepté du plus jeune, Arsès, qu'il fait roi.

Rome et Latins. — Entière soumission du Latium. Le sénat partage le pays conquis en colonies militaires, en municipes privilégiés ; il se forme ainsi une barrière contre toute attaque extérieure, et des ressources pour de nouvelles conquêtes. Les vaincus sont, par la condition même qui leur est faite, intéressés à la grandeur de Rome.

337.
(Ol. cx, 4 ; R. 418.)

Athènes. — Le peuple, sur la proposition de l'orateur Lycurgue, condamne à mort le général Lysiclès un de ceux qui commandaient à Chéronée, et vote des statues à Eschyle, à Sophocle et à Euripide, dont les tragédies sont conservées dans les archives publiques, après avoir été revues avec soin pour faire disparaître les altérations que les acteurs y avaient déjà introduites.

Macédoine. — Second mariage de Philippe du vivant d'Olympias ; troubles à la cour. Préparatifs pour la guerre contre la Perse.

Rome. — Le plébéien Publilius Philo, qui a passé déjà par toutes les grandes charges curules, est le premier de son ordre qui arrive à la préture, magistrature suprême de justice.

IVᵉ SIÈCLE (336-331).

Sicile. — Timoléon meurt regretté des Siciliens qu'il a sauvés de la servitude.

336.
(Ol. cxi, 1.)

Macédoine. — Philippe meurt assassiné à Égées; son fils Alexandre lui succède à vingt ans.

Perse. — Mort du dernier prince de la maison d'Hystaspe, Arsès. — Le meurtrier Bagoas est tué par le nouveau roi Darius III Codoman.

335.
(Ol. cxi, 2.)

Grèce, Macédoine. — Après s'être fait reconnaître pour généralissime par les Grecs, dans l'assemblée de Corinthe, Alexandre porte ses armes contre les peuples barbares qui auraient pu assaillir la Macédoine en son absence: au nord-est contre les Triballes, à l'ouest contre les Illyriens. La tentative de rébellion des Grecs est expiée par Thèbes, qu'il vient détruire avec le concours de plusieurs peuples de la Grèce. Athènes, complice généreuse de Thèbes, doit livrer ses orateurs: Alexandre les épargne.

334.
(Ol. cxi, 3.)

Athènes. — Aristote vient commencer l'enseignement philosophique du Lycée.

Macédoine et Perse. — Alexandre marchant avec trente-cinq mille hommes à la conquête de l'empire des Perses, laisse en Macédoine Antipater avec vingt mille hommes pour surveiller la Grèce. La victoire du Granique, fleuve de la Phrygie Hellespontienne, lui ouvre l'Asie Mineure; il s'assurera d'abord du littoral de la mer Égée et de la Méditerranée pour couper au roi Darius les communications avec l'Europe et lui ôter l'espoir de soulever la Grèce contre la Macédoine ou d'y recruter des mercenaires. Peu de résistance sur la côte occidentale: Milet et Halicarnasse sont vainement défendues par Memnon le Rhodien, seul général habile de Darius.

333.
(Ol. cxi, 4.)

Macédoine et Perse. — Alexandre emploie la campagne d'hiver à soumettre les régions du sud-ouest de l'Asie Mineure. Il monte en Phrygie jusqu'à Gordion (nœud gordien) pour soumettre le centre de la Péninsule, et après avoir reçu les soldats de Grèce et de Macédoine, qu'il avait envoyés prendre du repos dans leur patrie, il redescend, avec les renforts qu'ils amènent, à travers la Cappadoce jusqu'en Cilicie. — Maladie d'Alexandre à Tarse; son héroïque confiance dans le médecin Philippe. — La victoire gagnée à Issus, dans les passages du mont Amanus, sur Darius en personne, ne lui fait pas changer son plan de guerre. Il suit le littoral de Syrie et de Phénicie. — Parménion s'empare de Damas et des trésors que Darius y a laissés. — Correspondance échangée entre Darius et Alexandre. — Commencement du siége de Tyr.

332.
(Ol. cxii, 1; R. 423.)

Épire et Rome. — Alexandre le Molosse, roi d'Épire, oncle d'Alexandre le Grand, qui était venu comme allié des Grecs de Tarente combattre les Lucaniens et les Samnites, conclut un traité d'amitié avec les Romains.

Macédoine et Perse. — Alexandre ne prend Tyr qu'après sept mois de siége; Gaza résiste deux mois. Il vient à Jérusalem, suivant l'historien juif Flavius Josèphe. Pour achever de fermer aux Perses l'accès de la Méditerranée, il marche sur l'Égypte qui ne fait aucune résistance.

331.
(Ol. cxii, 2.)

Macédoine et Perse. — L'Égypte s'étant donnée à Alexandre sans combat, il fonde Alexandrie, au nord-ouest des bouches du Nil. Cette ville deviendra, grâce à son heureuse position, une des capitales de l'Orient et le lien entre l'Europe et l'Asie. — Alexandre va au travers du désert de Libye consulter l'oracle d'Ammon. — Il ne s'avance dans la haute Asie qu'après avoir ainsi pris possession de toutes les provinces maritimes et organisé les pays qu'il laisse derrière lui. — L'Euphrate est passé à Thapsaque ; au delà du Tigre, Darius livre son dernier combat à Gaugamèle, près d'Arbèles en Assyrie. — Alexandre, avant de se mettre à la poursuite du roi vaincu, prend possession des grandes capitales, Babylone, Suses, Persépolis ; une partie de cette dernière ville est incendiée.

330.
(Ol. cxii, 3.)

Athènes. — Grande lutte politique et oratoire entre Démosthène et Eschine au sujet de *la couronne* que Ctésiphon avait fait décerner à Démosthène, comme récompense nationale de son zèle pour la cause de l'indépendance, dans les derniers temps du règne de Philippe. Eschine vaincu s'enfuit en Asie ; il se retirera à Rhodes et mourra à Samos. — Philémon est un des principaux représentants de la comédie nouvelle à Athènes.

Écosse. — Suivant une chronique fabuleuse, accréditée par Boèce et par Buchanan, contemporain de Jacques VI, l'Écosse a déjà un roi, Fergus Ier. Une prétendue série de quatre-vingt-six rois est donnée jusqu'au milieu du XIe siècle après Jésus-Christ, où commence seulement une généalogie certaine.

Lacédémone et **Macédoine.** — Les Spartiates veulent profiter de l'éloignement d'Alexandre et de la défaite d'un de ses généraux par les Scythes du Danube pour relever leur pouvoir dans le Péloponnèse. Défaite et mort de leur roi Agis devant Mégalopolis, par Antipater.

Macédoine et **Perse.** — Alexandre, maître d'Ecbatane, se remet à la poursuite de Darius. Quand ce roi a été assassiné par Bessus, il soumet les peuples qui habitent les régions montagneuses au sud de la mer Caspienne, traverse en conquérant la Parthie, l'Arie, la Drangiane, l'Arachosie, où il laisse des traces de son passage par des fondations de villes ; remonte ensuite vers la Bactriane où les obstacles physiques, autant que le courage des populations, mettent à l'épreuve son génie et le dévouement de son armée. — Mort de Philotas ; assassinat de Parménion.

329.
(Ol. cxii, 4.)

Asie et **Macédoine.** — Alexandre passe l'Oxus, se fait livrer Bessus, l'assassin de Darius, prend Maracanda, ville royale des Sogdiens, et s'avance jusqu'à l'Iaxarte. Assailli par les Scythes, il passe le fleuve et les bat ; il fonde une Alexandrie sur les bords du fleuve et revient pour l'hiver en Bactriane, à Zariaspa, d'où il entretient encore ses communications avec l'Asie occidentale et avec l'Europe.

328.
(Ol. cxiii, 1.)

Asie et **Macédoine.** — Alexandre franchit de nouveau l'Oxus, soumet les populations révoltées de la Sogdiane ; passe l'hiver à Nautaca et épouse Roxane, fille du Sogdien Oxyartès. — Meurtre de Clitus. — Défaite et mort de Spitamène, le complice de Bessus et le dernier chef perse qui tint encore la campagne.

327.
(Ol. cxiii, 2 ; R. 428.)

Inde et **Macédoine.** — Le changement de mœurs d'Alexandre, qui se fait adorer, à la façon des rois de l'Orient, par les Perses et les barbares, lui aliène les Macédoniens ; conspiration et supplice d'Hermolaos. Le philosophe Callisthène expie la liberté de son langage. — Expéditions dans les régions montagneuses à l'ouest de l'Indus, et passage de ce fleuve.

Rome et **Samnites.** — Nouvelle

guerre entre les Romains et les Samnites, en Campanie. Difficulté du siége de Palépolis.

326.
(Ol. cxiii, 3 ; R. 429.)

Inde et Macédoine. — Arrivée d'Alexandre à Taxila ; passage de l'Hydaspe, défaite de Porus; prise de Sangala ; arrivée de l'armée sur l'Hyphase, l'affluent le plus oriental de l'Indus. — Elle refuse d'aller plus loin. — Retraite sur l'Hydaspe. — Construction d'une flotte pour descendre ce fleuve, l'Acésine où il se jette, et l'Indus jusqu'à son embouchure. — Péril que court Alexandre chez les Malliens.

Rome. — Le consul plébéien Publilius Philo, n'ayant pu dans l'année de sa charge, 327, s'emparer de Palépolis, en continue le siége, avec le titre nouveau de proconsul. — Le proconsulat permettra de laisser à la tête des armées, pendant plus d'une année, des généraux qui ont la confiance du sénat et du peuple.

Rome et Samnites. — La guerre contre les Samnites va s'étendre jusqu'à l'Apulie, en partie gagnée à leur cause. — Elle sera prolongée par la position de ce peuple au centre des monts Apennins, par son courage indomptable, et par l'alliance des diverses nations italiennes qui, l'une après l'autre, prendront parti pour les Samnites.

325.
(Ol. cxiii, 4 ; R. 430.)

Asie, Inde et Macédoine. — L'armée macédonienne descend l'Indus; au Delta de ce fleuve grands travaux : fondation de ports, d'arsenaux, etc. — Néarque s'embarque sur la mer Érythrée et revient par le golfe Persique, reconnaissant sur sa route toutes les côtes, dans l'intérêt du commerce. — L'armée de terre a beaucoup à souffrir dans la Gédrosie; elle revient par la Carmanie et la Susiane où les chefs des deux expéditions se rejoindront, après cent vingt-neuf jours de séparation. — Harpalos, satrape de Babylone, qui redoute, à cause de ses exactions, l'approche d'Alexandre, s'enfuit en Grèce avec cinq mille talents et six mille mercenaires qu'il recrute.

Rome. — Abolition de la contrainte par corps, en matière de créance ; les biens, non le corps du débiteur, répondront de la dette.

324.
(Ol. cxiv, 1 ; R. 431.)

Athènes. — Plusieurs orateurs d'Athènes sont punis pour avoir reçu de l'argent d'Harpalos. L'orateur Dinarque les cite en jugement, le poëte comique Timoclès les traduit sur le théâtre. Démosthène accusé avec eux ne pouvant payer l'amende à laquelle on le condamne se retire à Trézène, puis à Égine.

Grèce. — Décret d'Alexandre, lu aux jeux olympiques, et qui rappelle tous les bannis, dans toutes les villes de la Grèce.

Macédoine et Perse. — Retour d'Alexandre à Suses. — Fusion opérée entre les conquérants et les vaincus par les mariages de dix mille Macédoniens ou Grecs avec des femmes indigènes. — Alexandre paye les dettes de ses soldats. — Mort volontaire du brahmane Calanos. — Admission de trente mille *épigones*, l'élite de la jeunesse asiatique, dans les rangs de l'armée grecque. Murmures des soldats ; réconciliation, et départ de Cratère avec dix mille vétérans, à chacun desquels Alexandre donne un talent. — Expédition en Médie ; mort d'Éphestion. — Guerre contre les Cosséens dans les montagnes méridionales de la Médie.

Rome. — Le dictateur Papirius Cursor, pendant la guerre contre les Samnites, consent à grand'peine à ne pas punir de mort l'infraction faite à la discipline, par son maître de la cavalerie, Fabius Rullianus, qui a attaqué et vaincu l'ennemi malgré ses ordres.

323.
(Ol. cxiv, 2.)

Grèce. — Mort du philosophe cynique Diogène, à Corinthe. — Épicure qui avait passé sa jeunesse à Samos, où son père était colon athénien, vient à Athènes à l'âge de dix-huit ans.

Macédoine et Orient. — Retour d'Alexandre à Babylone; nombreuses ambassades qui lui sont envoyées de tous les pays. — Travaux entrepris; vastes projets conçus par Alexandre. — Il meurt le 21 avril, après onze jours de maladie, à l'âge de trente-deux ans huit mois, avec la crainte qu'on ne lui fasse de sanglantes funérailles. — Il laisse un frère imbécile Philippe Arrhidée, un fils posthume Alexandre Ægos, qui sont déclarés rois par les généraux. Meurtre de Méléagre. Régence de Perdiccas. Partage des gouvernements entre trente-quatre généraux : la Macédoine et la Grèce échurent à Antipater qui n'avait pas quitté l'Europe et à Cratère; la Thrace et les régions voisines, à Lysimaque; la petite Phrygie Hellespontienne, à Léonat; la Lycie, la Pamphylie, la grande Phrygie, à Antigone; la Carie, à Cassandre; la Cappadoce et la Paphlagonie, à Eumène; l'Arménie, à Néoptolème; la Syrie et la Phénicie, à Laomédon; l'Égypte, à Ptolémée; la Médie, à Pithon; la Perse, à Peucestas, etc.; Séleucus n'a encore que le commandement de la cavalerie. — Les Grecs prennent déjà les armes contre Antipater; il est vaincu et assiégé dans Lamia. — Soulèvement des colons grecs de la haute Asie; ils sont égorgés par Pithon.

322.
(Ol. cxiv, 3.)

Cappadoce. — Ariarathe, roi de Cappadoce, descendant d'un des sept seigneurs persans qui avaient renversé les mages l'an 521, meurt en défendant l'indépendance de l'Asie Mineure contre Perdiccas, le régent de l'empire macédonien, et contre Eumène.

Égypte. — Le corps d'Alexandre est porté à Alexandrie.

Grèce. — Cratère arrive au secours d'Antipater. Défaite des Grecs à Cranon; fin de la guerre Lamiaque. Le vainqueur détruit la démocratie à Athènes : les droits politiques sont laissés seulement à neuf mille citoyens. Démosthène, l'orateur de la guerre d'indépendance, n'échappe aux poursuites d'Antipater qu'en s'empoisonnant. Mort violente de l'orateur Hypérides. Une garnison macédonienne est mise dans Munychie pour contenir les Athéniens. — La Grèce perd Aristote, le plus merveilleux génie de l'antiquité, mort à Chalcis, après avoir enseigné près de treize ans à Athènes, de 335 à 323. Théophraste lui succède dans son école des Péripatéticiens.

321.
(Ol. cxiv, 4; R. 434.)

Grèce. — Première comédie du poëte Ménandre, *la Colère*.

Macédoine et Orient. — Mort de deux des principaux généraux d'Alexandre : Cratère, tué en Asie Mineure, en combattant Eumène, général tout dévoué à la famille du conquérant, et Perdiccas, assassiné en Égypte par ses soldats, dans la guerre contre Ptolémée, qui gardera l'Égypte. — Antipater devient régent. — Un nouveau partage des gouvernements de l'empire macédonien est fait à Trisparadisos, ville de Coelésyrie, au détriment d'Eumène et des amis de Perdiccas. Séleucus devient gouverneur de la Babylonie.

Rome et Samnites. — Une armée consulaire passe sous le joug aux Fourches caudines, à l'ouest du Samnium. Le traité conclu par les chefs de l'armée romaine avec les Samnites est cassé par le sénat : l'éclat de nouveaux succès ne fait pas oublier la mauvaise foi des Romains.

IVᵉ SIÈCLE (320-314).

320.
(Ol. cxv, 1.)

Égypte et Judée. — Ptolémée, gouverneur d'Égypte, soumet la Palestine qui aurait dû obéir au gouverneur de Syrie. — Beaucoup de Juifs sont établis par lui à Cyrène, et surtout à Alexandrie.

318.
(Ol. cxv, 3.)

Grèce et Macédoine. — Mort d'Antipater, à plus de quatre-vingts ans ; le vieux Polysperchon devient régent.—Cassandre, fils d'Antipater, est redouté en Grèce. — L'orateur athénien Démade meurt par l'ordre de Cassandre, pour avoir conspiré autrefois contre son père en faveur de Perdiccas.

Orient. — Le général macédonien Antigone commence à être tout-puissant en Asie, malgré Eumène qui se défend longtemps, dans Nora, place de Phrygie, et qui bientôt portera la guerre dans la haute Asie.— Le satrape indépendant de Phrygie et de Pont, Mithridate, soutient Eumène.

317.
(Ol. cxv, 4.)

Athènes. — Les démagogues d'Athènes, avec l'assentiment du régent Polysperchon, condamnent à boire la ciguë le vieux général Phocion, qui n'avait été partisan de la guerre ni contre Philippe, ni contre Alexandre, ni contre Antipater. Bientôt Cassandre établit à Athènes un gouvernement aristocratique, que dirige pendant dix ans Démétrius de Phalère.

Macédoine. — Philippe Arrhidée, un des rois macédoniens, frère consanguin d'Alexandre, est tué par Olympias.

Orient. — Antigone poursuit Eumène dans les satrapies de la haute Asie et est battu par lui.

Sicile.—Agathocle, fils d'un potier, devient tyran de Syracuse.

316.
(Ol. cxvi, 1.)

Athènes. — Un décret du peuple, présenté par Sophocle, appuyé par l'éloquence acerbe et calomnieuse de Démocharès neveu de Démosthène, ferme les écoles des philosophes : Théophraste le chef du Lycée, Xénocrate le chef de l'Académie quittent la ville. Le poëte comique Alexis demande compte à Démétrius de Phalère et aux nomothètes de cette singulière inspiration. Les philosophes furent réintégrés l'année suivante.

Macédoine. — Cassandre, fils d'Antipater, tient tout l'hiver Olympias la mère d'Alexandre, enfermée dans Pydna ; elle a compté vainement sur le secours de l'Épire sa patrie.

Orient.—Dernière bataille d'Eumène, à l'entrée de la Perse : ses soldats les argyraspides, vétérans d'Alexandre, ayant perdu leurs bagages à la suite du combat, le livrent à Antigone qui le fait mourir.

315.
(Ol. cxvi, 2.)

Cappadoce. — Ariarathe II, neveu du roi de Cappadoce qui était mort dans la guerre contre Perdiccas, profite des prétentions rivales d'Antigone et de Séleucus pour sortir de l'Arménie ; il rentre en armes dans la principauté de ses ancêtres, et tue le Macédonien Amyntas. La Cappadoce restera indépendante.

Grèce et Macédoine. — Cassandre, le fils d'Antipater, prend et tue Olympias à Pydna. Il relève Thèbes qu'avait détruite Alexandre.

Orient. — Antigone dispose de la haute Asie, se débarrasse de Python, gouverneur de Médie, et chasse le gouverneur de la Babylonie, Séleucus, qui va chercher asile auprès de Ptolémée, en Égypte.

314.
(Ol. cxvi, 3.)

Grèce et Orient. — Antigone

dans une assemblée tenue à Tyr en présence de tous les soldats macédoniens et étrangers, et même d'Alexandre, fils de Polysperchon, un instant son allié, fait décréter la guerre contre Cassandre, qui prétend à la suprématie en Europe; mais en même temps qu'il proclame les Grecs libres, pour affaiblir Cassandre, il s'attribue la régence, comme si Polysperchon avait renoncé à son droit. Antigone ne quitte pas l'Asie, il n'envoie en Grèce que des lieutenants que le régent Polysperchon et son fils vont combattre, d'accord maintenant avec Cassandre.

312.
(Ol. cxvii, 1; R. 443.)

Babylonie. — Séleucus, après la victoire qu'il a gagnée à Gaza, avec Ptolémée, sur Démétrius, fils d'Antigone, rentre à Babylone. Ce *Nicator* commence l'ère des Séleucides.

Inde. — Chandragoupta (le Sandracattos des auteurs grecs), descendant de quelqu'un des petits chefs du Penjâb dispersés par Alexandre, profite des querelles de ses successeurs pour s'emparer du Penjâb d'abord et ensuite de la vallée du Gange; il régnera, après son traité avec Séleucus, sur tout le bassin de l'Indus jusqu'aux Paropamisades.

Rome. — L'héritier d'une famille toujours orgueilleuse et dure pour le peuple, Appius Claudius, qui se perpétue pendant cinq ans malgré les lois, malgré l'opposition du sénat et des tribuns, dans la charge de censeur, élargit les cadres de la cité et répand dans toutes les tribus, avec le droit de suffrage, la masse des *ærarii* (prolétaires), des *libertini* (fils d'affranchis), des *humiles* (ceux qui ne sont rien); il fait entrer des fils d'affranchis dans le sénat. Cette révolution politique atteint la bourgeoisie plébéienne autant que les patriciens. — Appius a construit dans la ville l'aqueduc de son nom et, le premier, a tracé une voie militaire vers la Campanie, la voie Appienne.

311.
(Ol. cxvii, 2; R. 444.)

Grèce, Macédoine et Orient. — Paix conclue entre les généraux d'Alexandre: 1° Cassandre doit garder l'autorité en Europe avec le titre de généralissime jusqu'à la majorité du roi Alexandre Aigos; 2° Lysimaque est confirmé dans la possession de la Thrace, son gouvernement depuis douze ans, d'où il inquiétait Antigone dans l'Asie Mineure; 3° Ptolémée dans celle de l'Égypte et des pays adjacents; 4° le gouvernement de toute l'Asie est assigné à Antigone; 5° la Grèce est déclarée indépendante. Il n'est pas parlé de Séleucus qu'Antigone sans doute comptait dompter, ni de Polysperchon, effacé depuis la mort d'Olympias. — Cassandre tue Roxane et son fils le roi Alexandre Aigos, et prétend à la suprématie réelle en Europe.

Rome et Étrusques, Samnites. — Les Samnites entraînent dans la guerre contre les Romains les Étrusques, les Ombriens situés au nord-est, les Herniques aux portes de Rome. Fabius Rullianus va chercher les Étrusques sur leur territoire, au delà de la forêt Ciminienne. Combat de Pérouse.

310.
(Ol. cxvii, 3.)

Grèce asiatique. — Épicure, à trente-deux ans, enseigne ses idées philosophiques à Mitylène et à Lampsaque.

Sicile. — Agathocle de Syracuse va porter la guerre contre les Carthaginois en Afrique.

309.
(Ol. cxvii, 4.)

Macédoine. — Le jeune Hercule, fils naturel d'Alexandre, déclaré roi par Polysperchon, meurt bientôt assassiné par Polysperchon même, qui a pour complice son ancien ennemi Cassandre.

IVᵉ SIÈCLE (308-302).

308.
(Ol. cxviii 1.)

Égypte et Grèce. — Ptolémée d'Égypte, pour fortifier sa puissance maritime, se montre sur les côtes d'Asie Mineure, en Carie, dans les Cyclades, à Andros, arrive jusqu'à l'isthme de Corinthe, se fait livrer par la veuve d'Alexandre, fils de Polysperchon, Corinthe et Sicyone.

307.
(Ol. cxviii, 2.)

Grèce. — Démétrius Poliorcète, fils d'Antigone, prétend contre Cassandre à la domination de la Grèce. Il s'empare de Mégare, assiége le port athénien de Munychie, entre dans Athènes, où il renverse le gouvernement aristocratique établi par Cassandre depuis dix ans et donne le pouvoir au peuple. Ignobles flatteries des Athéniens : ils honorent comme des dieux Démétrius et Antigone.

Sicile. — Agathocle, après quatre ans de guerre en Afrique, revient à Syracuse.

306.
(Ol. cxviii, 3 ; R. 449.)

Athènes. — Le philosophe Épicure vient, à trente-six ans, se fixer à Athènes où il reste jusqu'à sa mort.

Macédoine et Orient. — Démétrius Poliorcète gagne, au nom de son père, Antigone, une grande victoire navale sur les forces de Ptolémée devant Cypre. — Antigone prend le titre de roi. Les autres généraux d'Alexandre, Lysimaque, Séleucus, Ptolémée, l'imitent. Cassandre reçoit des siens le même titre. — Tentative impuissante d'Antigone pour enlever l'Égypte à Ptolémée.

Rome. — Le fils d'un affranchi, Flavius, ancien greffier du censeur Appius Claudius, publie le calendrier qui donnait les jours et les heures où on pouvait légalement plaider, et les formules de procédure restées jusque-là dans le domaine de l'aristocratie qui se réservait la connaissance du droit civil et sacré.

305.
(Ol. cxviii, 4 ; R. 450.)

Rome. — Flavius est élu par le peuple à l'édilité curule ; il voue un temple à la réconciliation de toutes les classes de la société romaine.

Rome et Samnites. — Après la bataille de Bovianum, perdue par les Samnites sur leur propre territoire, les Samnites et les Marses confédérés posent pour quelque temps les armes.

304.
(Ol. cxix, 1 ; R. 451.)

Rhodes. — La grande ville des Rhodiens, alliés du roi d'Égypte, est assiégée par Démétrius. Il mérite le surnom de *Poliorcète* (qui assiége les villes).

Rome. — Les censeurs, Fabius Rullianus patricien, Décius Mus plébéien, renferment dans les quatre tribus urbaines composées de ceux qui ne possèdent pas de terres, la masse des affranchis et des prolétaires qu'Appius avait, en 312, répandus même dans les tribus rurales où leur nombre leur aurait donné la supériorité sur les riches plébéiens et patriciens. Institution de la revue annuelle des chevaliers : elle sera passée par les censeurs le 15 juillet.

303.
(Ol. cxix, 2.)

Grèce et Rhodes. — Démétrius est forcé de faire la paix avec les Rhodiens. Ils garderont la neutralité entre Antigone son père et Ptolémée. — Il va en Grèce combattre Cassandre.

302.
(Ol. cxix, 3 ; R. 453.)

Grèce et Orient. — Démétrius fait la guerre en Grèce contre Cassandre; Antigone contre Lysimaque, en Cappadoce. Pendant ces débats, les conquêtes récentes de Ptolémée, la Syrie, la Phénicie, la Palestine, sont hors de péril. Séleucus arrive de la haute Asie, pour tomber sur Antigone.

Rome. — Les charges du sacerdoce sont les dernières de toutes les magistratures partagées entre les patriciens et les plébéiens ; les plébéiens auront quatre places de pontifes, cinq d'augures. Égalité complète des deux ordres. Les plébéiens même sont seuls éligibles au tribunat qui a servi à conquérir tous les droits.

301.
(Ol. cxix, 4 ; R. 454.)

Athènes. — Démétrius, comblé d'honneurs divins par le peuple d'Athènes, avait, sur la proposition du démagogue Stratoclès, reçu pour demeure le Parthénon ; plaintes comiques du poète Philippidès. Après s'être fait initier aux mystères d'Éleusis, il va en Asie rejoindre son père Antigone.

Orient. — Bataille d'Ipsus en Phrygie, gagnée par Séleucus et Lysimaque, sur Antigone et son fils Démétrius Poliorcète. Antigone y est tué à quatre-vingt-un ans. Ptolémée, l'allié des vainqueurs, partage la domination de l'Orient avec Séleucus. Celui-ci a la haute Asie et l'Asie Mineure, moins les régions maritimes du nord-ouest qui sont rattachées à la Thrace, royaume de Lysimaque. La Judée appartient au roi d'Égypte. — Cassandre n'a pas quitté l'Europe, où il paraît être sans rival.

IIIe SIÈCLE AVANT J. C.

APERÇU GÉNÉRAL.

Après la longue guerre contre les Samnites, les Romains se défendent contre Pyrrhus, roi d'Épire, et luttent avec Carthage, qui perd la Sicile, mais qui, grâce à un grand capitaine, Annibal, est souvent victorieuse de cette Rome encore désintéressée, pauvre et austère. La première des guerres puniques est un long et sanglant prélude. Dans la seconde, Annibal, traversant l'Espagne et les Pyrénées, la Gaule et les Alpes, accomplit des prodiges qu'on a surchargés d'ornements superflus. Vainqueur au Tésin, à la Trébie, à Trasimène, à Cannes, il s'avance et s'arrête devant Rome consternée. Il est réduit, malgré son génie, à laisser au temporiseur Fabius et à l'ardent Scipion les moyens de rétablir les forces romaines par la patience, la persévérance, le courage, et enfin par la victoire de Zama.

Voilà les grandes scènes de ce siècle : car il n'y a plus de Sparte ni d'Athènes. Les principes de liberté se sont réfugiés chez les Achéens : ce peuple, jusqu'alors assez obscur, inspiré par Aratus, vole au secours des villes asservies, prodigue ses biens et son sang pour les affranchir, n'exige rien d'elles, et se croit assez récompensé s'il les voit heureuses. L'ambition de Cléomène, qui ne se contente pas de faire revivre à Sparte les institutions de Lycurgue, détruit l'harmonie entre les Grecs. Aratus, pour échapper à la suprématie lacédémonienne, jette la ligue dans les bras de la Macédoine ; et Philippe III croit pouvoir, avec cette alliance d'une partie de la Grèce, embrasser la cause d'Annibal.

La multitude des petits rois, successeurs d'Alexandre, fatigue l'attention : un peuple de monarques encombre l'histoire ; les scènes se multiplient, les catastrophes se pressent sans profit pour les nations. En Égypte seulement les Ptolémées, en Asie les princes de Pergame, s'efforcent de recueillir les débris de la littérature et des arts d'Athènes. Euclide, Ératosthène, Apollonius de Perga, illustrent l'école d'Alexandrie. Syracuse revendique Archimède qui les a tous surpassés. La gloire des poëtes est moins éclatante : l'obscur roman du Chaldéen Lycophron, les longs récits du Rhodien Apollonius signalent la décadence d'une littérature que les hymnes de Callimaque et les idylles de Théocrite ne parviennent pas à ranimer. Cependant Ennius et Plaute commencent à Rome une littérature nouvelle : Ennius, dont nous ne pouvons apprécier la rudesse et l'énergie que par un petit nombre de fragments ; Plaute, auquel il ne manqua peut-être pour devenir le premier comique de l'antiquité qu'un goût délicat et pur, trop incompatible avec les mœurs et le langage des Romains de son temps. L'Inde bouddhique a désormais sa place dans le domaine de l'histoire : les inscriptions gravées sur des rochers et sur des colones, et déposées dans les tombeaux et dans les temples, notamment les édits du roi Açoka, révèlent des faits précis comme n'en donnaient pas les *Pourânas*, souvenirs légendaires des vieux siècles.

CHRONOLOGIE.

300-288.

Rhodes. — Construction du colosse d'airain massif.

299.

(Ol. cxx, 2.)

Athènes. — Zénon, de Cition, ville de Cypre, fonde à Athènes l'école nouvelle du Portique. Son rival Arcésilaos, de Pitane, ville d'Éolie, fondateur de la seconde Académie, le suit de quelques années.

Egypte. — Sostrate, de Cnide, commence le phare d'Alexandrie, qui sera réputé une des merveilles du monde.

Orient. — Le vaincu d'Ipsus, Démétrius, marie sa fille Stratonice à Séleucus et occupe la Cilicie.

297.

(Ol. cxx, 4 ; R. 458.)

Grèce. — Retour de Démétrius.

Macédoine. — Mort du roi Cassandre ; rivalité entre ses fils.

Rome et Samnites. — Les consuls Fabius Rullianus et Décius Mus ravagent méthodiquement le pays du Samnium et y détruisent tout ce qui sert à la subsistance des hommes. La race indomptable des montagnards quittera quelque temps une terre désolée, mais pour appeler aux armes les Étrusques et les Gaulois.

296.
(Ol. cxxi, 1.)

Égypte. — Le savant Démétrius de Phalère va diriger l'école grecque d'Alexandrie.

Grèce. — Athènes qui obéit au tyran Lacharès est entourée par les armées de Démétrius.

295.
(Ol. cxxi, 2 ; R. 460.)

Grèce. — La famine force Athènes de se rendre à Démétrius. — Expédition de ce prince en Laconie ; il bat le roi Archidamos à Mantinée et s'approche de Sparte.

Rome, Gaulois et Samnites. — Les Samnites et les Gaulois, avant d'avoir pu se joindre aux troupes de leurs alliés, les Ombriens et les Étrusques, sont forcés de combattre à Sentinum, près du fleuve Æsis, à l'entrée du pays des Gaulois Sénons : Fabius Rullianus, consul, doit la victoire à son habileté et à son courage, mais aussi au sacrifice héroïque de son collègue Décius Mus, qui se dévoue pour les légions.

294.
(Ol. cxxi, 3 ; R. 461.)

Macédoine. — Démétrius Poliorcète éloigne les enfants de Cassandre du trône de Macédoine, qu'il prend pour sept ans.

Orient. — Séleucus donne la haute Asie à gouverner à son fils Antiochus.

Rome et Étrusques. — Les Étrusques, après le sanglant désastre de Sentinum qui a frappé leurs alliés Gaulois et Samnites, consentent à une trêve de quarante ans.

293.
(Ol. cxxi, 4 ; R. 462.)

Rome et Samnites. — Le fils du vieux Papirius Cursor tue trente mille hommes aux Samnites dans la journée d'Aquilonie, au sud de leur pays; tous les Samnites réunis, avant de combattre, sous la *tente de lin*, s'étaient par les plus formidables serments dévoués à la mort ou à la victoire.

291.
(Ol. cxxii, 2 ; R. 464.)

Grèce. — Mort du plus grand poète de la comédie nouvelle, Ménandre.—La littérature grecque va se réfugier à Alexandrie.

Rome et Samnites. — Le chef des Samnites qui avait épargné mais humilié les Romains aux Fourches caudines, Pontius Hérennius, pris par le vieux Fabius Rullianus, lieutenant de son fils le consul Fabius Gurgès, est égorgé à Rome, après le triomphe, selon la coutume barbare des vainqueurs.

290.
(Ol. cxxii, 3 ; R. 465.)

Étolie. — Les brigandages des Étoliens s'étendant jusqu'à Delphes, Démétrius Poliorcète fait célébrer à Athènes les fêtes Pythiques en l'honneur d'Apollon.

Rome, Sabins et Samnites. — Le consul Curius Dentatus arrache enfin aux Samnites l'obligation de rester en paix. Un traité les fait alliés de Rome. — Soumission définitive des Sabins qui s'étaient souvent associés à leurs guerres.—Toute l'Italie centrale a été cruellement ravagée pendant près de cinquante ans. La domination romaine commence à s'asseoir sur ces contrées.

289.
(Ol. cxxii, 4.)

Sicile. — Mort du tyran de Syracuse, Agathocle.

287.
(Ol. cxxiii, 2.)

Épire et Macédoine. — Le roi d'Épire, Pyrrhus, neveu d'Olympias la mère d'Alexandre, enlève la Macédoine à Démétrius Poliorcète, qui reste toujours maître de la plus grande partie de la Grèce.

286.
(Ol. cxxiii, 3 ; R. 468.)

Macédoine et Thrace.—Après

sept mois de possession, Pyrrhus perd la Macédoine, dont le dépouille Lysimaque de Thrace.

Orient. — Démétrius quitte la Grèce pour aller combattre, en Asie, Séleucus; vaincu et pris en Cilicie, il sera captif jusqu'à la fin de sa vie.

Rome. — Les souffrances de la masse du peuple, toujours écrasée sous les dettes, menacent la cité d'une nouvelle explosion que préviennent les lois démocratiques proposées par le dictateur plébéien Hortensius, soumises aux suffrages après sa mort par Fabius Rullianus : abolition des dettes et de l'esclavage pour dettes; distribution de sept *jugera* (1 hectare 77 ares) de terre à chaque citoyen.

285.
(Ol. cxxiii, 4.)

Égypte. — Ptolémée Lagos associe au trône d'Égypte son fils Ptolémée Philadelphe.

283.
(Ol. cxxiv, 2; R. 472.)

Égypte et Judée. — Mort de Ptolémée Lagos, surnommé Soter; son fils, Ptolémée Philadelphe, gouverne seul. Dès le commencement de son règne, Philadelphe fonde à Alexandrie le Musée et la fameuse bibliothèque qui attirent en Égypte les savants et les poëtes. Il donne la liberté aux Juifs captifs en Égypte, envoie des présents au grand pontife Éléazar pour le temple de Jérusalem, fait traduire en grec les livres saints des Hébreux : version des *Septante*.

Grèce et Macédoine. — Après que Démétrius Poliocrète est mort captif de Séleucus en Asie, son fils Antigone Gonatas renouvelle ses prétentions sur la Grèce et sur la Macédoine.

Pergame. — Philétère, qui commande au nom du roi de Thrace, Lysimaque, dans le territoire de Pergame, en Mysie, s'y forme une principauté indépendante.

Rome et Gaulois. — Une armée consulaire entrant pour la première fois sur le territoire des Gaulois Sénons, y a tout dévasté : les Boïes, voisins des Sénons au nord-ouest, espèrent venger leurs frères en accourant en Étrurie; Étrusques et Gaulois sont vaincus près du lac Vadimon (lago di Bassano) et bientôt réduits à faire la paix.

282.
(Ol. cxxiv, 3; R. 473.)

Rome et Grande-Grèce. — Les brigandages des Lucaniens, comme autrefois ceux des Samnites en 342, servent de prétexte aux Romains pour envoyer une armée au sud de l'Italie. La ville grecque de Thurion (Thurium) reçoit de Fabricius une garnison romaine.

281.
(Ol. cxxiv, 4.)

Orient et Thrace. — Lysimaque, roi de Thrace et de Macédoine, est vaincu et tué à Cyropédion, en Phrygie, par Séleucus, roi de Syrie, qui domine quelque temps sur ces deux États.

280.
(Ol. cxxv, 1; R. 475.)

Grèce. — Renouvellement de l'ancienne alliance entre les cités de l'Achaïe. Principes de la constitution achéenne : concorde et union fédérale; respect du gouvernement particulier des cités qui seront agrégées à la ligue; haine vouée aux tyrans qui ont profité de l'anarchie pour étouffer les libertés locales; affranchissement des peuples par les lois et les mœurs d'une démocratie modérée. Le pouvoir fédéral est partagé entre une assemblée où chacun des États peut envoyer ceux de ses citoyens qui sont âgés d'au moins trente ans, et des magistrats suprêmes, stratèges et demiourges, élus par les confédérés. — La Grèce perd alors Praxitèle d'Athènes, le plus gracieux des statuaires antiques, auteur d'un Cupidon, d'une Vénus, et peut-être du beau groupe de Niobé,

IIIe SIÈCLE (279-273).

attribué, sans preuve, au statuaire Scopas, artiste du ve siècle.

Macédoine, Orient et **Thrace.** — Séleucus Nicator, le dernier survivant des généraux d'Alexandre qui se sont faits rois, est assassiné par le fils aîné de Ptolémée Soter, Ptolémée Céraunos, qui était son hôte. Le meurtrier règne à peine un an sur la Macédoine; les Thraces redeviennent indépendants; Antiochus Soter ne garde que les États de son père en Asie.

Rome et **Épire.**—Pyrrhus vient combattre les Romains en Italie, comme allié des Grecs de Tarente. Il doit à ses éléphants la victoire gagnée à Héraclée, près du golfe Tarentin, sur le consul Valérius Lévinus.

Rome. — Pour la première fois un censeur plébéien, Cn. Domitius, clôt le lustre : le recensement donne deux cent soixante dix-huit mille deux cent vingt têtes de citoyens.

279.
(Ol. cxxv, 2; R. 476.)

Chaldée. — Le Babylonien Bérose, prêtre de Bélus, écrit une histoire de Chaldée, dans laquelle il remonte jusqu'à la naissance du monde. On n'en a que des fragments, dont quelques-uns sont cités par Josèphe, l'historien des Juifs.

Gaulois et **Grèce.**—Le nord de la Grèce est dévasté par une expédition gauloise, sous la conduite d'un brenn. Confédération des Grecs, comme au temps de la guerre médique. Les Gaulois s'approchent de la ville sacrée de Delphes; ils y trouvent leur ruine.

Rome, Épire et **Carthage.**— Les consuls, P. Sulpicius et Décius Mus, n'obtiennent pas de succès décisifs contre Pyrrhus; mais le roi paye chèrement sa victoire d'Asculum en Apulie. — Les traités de 510 et de 340, entre Rome et Carthage, sont renouvelés : elles étaient toutes deux menacées par le même ennemi,

Pyrrhus, l'une en Italie, l'autre en Sicile.

278.
(Ol. cxxv, 3; R. 477.)

Macédoine. — Antigone Gonatas, le fils de Démétrius Poliorcète, commence à se faire reconnaître par les Macédoniens. — Il combat les Gaulois. — Le trône restera cent dix ans à cette famille.

Orient et **Gaulois.** — Les Gaulois passent de la Thrace en Asie Mineure, appelés par le roi de Bithynie, Nicomède. Ils garderont une partie de la Phrygie, la Galatie.

Rome et **Épire.** — Fabricius, consul, est opposé à Pyrrhus qui ne trouvant pas de faciles conquêtes en Italie passe en Sicile. — Fabricius dévaste le pays des Samnites, des Lucaniens, des Brutiens, qui pendant trois ans encore résisteront aux armées romaines.

275.
(Ol. cxxvi, 2; R. 480.)

Rome.— Au moment où Pyrrhus revient de Sicile en Italie, le peuple résiste à l'enrôlement; il faut que le consul Curius Dentatus use de rigueur : le premier citoyen désigné par le sort qui ne répond pas à l'appel est puni par la vente de ses biens.

Rome et **Épire.**—Curius Dentatus bat le roi d'Épire à Bénévent, ville du Samnium, appelée autrefois Malévent. — Le premier, il montre aux Romains, le jour de son triomphe, des éléphants pris sur l'ennemi. — Pyrrhus va quitter l'Italie pour toujours.

273.
(Ol. cxxvi, 4; R. 482.)

Égypte et **Rome.** — Ptolémée Philadelphe envoie une ambassade au peuple romain pour le féliciter de sa victoire sur Pyrrhus.

Épire et **Macédoine.**—Pyrrhus envahit de nouveau la Macédoine.

272.
(Ol. cxxvii, 1 ; R 483.)

Épire et Grèce. — Pyrrhus est appelé contre les Spartiates par l'ambitieux Cléonyme; celui-ci veut dépouiller du trône son neveu Aréos, qui cependant reste roi. Mort de Pyrrhus dans une tentative d'usurpation faite sur Argos. — L'Épire continue à avoir des rois.

Rome et Grande-Grèce. — Les armées romaines ont encore à combattre les Lucaniens, les Samnites et les Bruttiens. Tarente en apprenant la mort de Pyrrhus, demande et obtient des secours des Carthaginois, maîtres d'une partie de la Sicile. Elle n'en est pas moins forcée d'ouvrir ses portes et d'abattre ses murailles.

Sicile. — Théocrite de Syracuse écrit vers ce temps ses *Bucoliques* dans le dialecte dorien. Il a quitté depuis 275 Alexandrie, où il avait séjourné à la cour de Ptolémée Philadelphe.

271.
(Ol. cxxvii, 2 ; R. 484.)

Rome. — Les légionnaires romains de Capoue qui s'étaient emparés de Rhégium sans l'ordre du sénat et prétendaient en rester maîtres, forcés de se rendre à l'arrivée d'une armée consulaire, sont conduits à Rome ; trois cents d'entre eux sont passés par les verges et décapités.

270.
(Ol. cxxvii, 3 ; R. 485.)

Grèce. — Le philosophe Épicure meurt dans l'Attique, à soixante et douze ans. Ses principes philosophiques n'aboutissent que par une déviation forcée à la doctrine du plaisir.

Sicile. — Hiéron commence à régner à Syracuse, mais il était déjà, depuis plusieurs années, le premier magistrat de cette ville, qu'il gouvernera sagement pendant cinquante-cinq ans.

269.
(Ol. cxxvii, 4 ; R. 486.)

Rome. — Une monnaie d'argent est pour la première fois frappée à Rome, cinq ans avant la première guerre punique.

268.
(Ol. cxxviii, 1 ; R. 487.)

Égypte. — L'Égyptien Manéthon, originaire de Sébennyte, garde des archives sacrées dans le temple d'Héliopolis, écrit sous Ptolomée Philadelphe une histoire de l'Égypte, dont on n'a que quelques fragments dans les historiens Josèphe, Eusèbe et Georges le Syncelle.

Grèce et Macédoine. — Le roi de Macédoine, Antigone Gonatas, assiége Athènes.

Rome. — Progrès militaires dans le Picénum, où est fondée la colonie d'Ariminum ; le Samnium reçoit des colons romains à Bénévent.

267.
(Ol. cxxviii, 2 ; R. 488.)

Rome. — Trois années de guerre, en réduisant sous la domination romaine le pays des Messapiens, Salente et Brindes sur la côte de l'Adriatique, compléteront la conquête du sud de l'Italie.

264.
(Ol. cxxix, 1 ; R. 491.)

Bithynie. — Nicomédie fondée par le roi Nicomède devient la capitale de la Bithynie.

Rome. — Le forum Boarium voit pour la première fois des combats de gladiateurs. Ce spectacle nouveau est donné aux Romains par M. et D. Brutus qui croient honorer ainsi les mânes de leur père. Une pensée religieuse semble inspirer ces fêtes sanglantes, originaires de la Campanie, comme autrefois chez les Grecs les représentations scéniques avaient lieu en l'honneur des dieux

Rome, Carthage et Syracuse. — La protection accordée par Rome aux Mamertins, brigands d'origine campanienne, établis près de Messine, la met aux prises avec Hiéron roi de Syracuse et avec les Carthaginois. Heureux commandement d'Appius Claudius, en Sicile. Il est le premier consul qui ait combattu hors de l'Italie. — Le moment où Rome commence la première guerre punique a servi de point d'arrêt à plusieurs historiens : à Denys d'Halicarnasse, contemporain de l'empereur Auguste, pour ses *Antiquités romaines*; à Timée de Tauromenium, pour son *Histoire de Sicile*. Il sert au contraire de point de départ à Polybe.

263.
(Ol. cxxix, 2 ; R. 492).

Égypte, Pergame. — Eumène succède sur le trône de Pergame à son oncle Philétère. — L'ardente rivalité que la passion pour les beaux-arts crée entre Eumène et Ptolémée Philadelphe, dégénère en guerre ouverte. Le roi d'Égypte interdit l'exportation du papyrus qui servait à écrire. Un Grec apprit aux Pergaméens à écrire sur des peaux préparées. Le parchemin remplace depuis lors le papyrus, mais il restera toujours fort cher.

Grèce. — Mort de Zénon, le père de la philosophie stoïcienne : il enseignait à Athènes sous le célèbre portique (στοά), nommé le Pœcile. — Les tables chronologiques dressées par ordre du gouvernement d'Athènes et gravées sur *des marbres*, résumaient l'histoire des Athéniens depuis l'avènement de Cécrops, jusqu'à l'archontat de Diognète, 264-263 avant Jésus-Christ. Elles nous manquent à partir de l'an 354. Ce précieux monument, trouvé dans l'île *de Paros* au commencement du xvii° siècle, acheté par le comte d'Arundel, a été déposé dans la bibliothèque d'Oxford.

Rome et Sicile. — Hiéron pressé par les armées romaines conclut la paix avec le sénat; il leur donnera de l'argent et des vivres pour continuer la guerre contre les Carthaginois. Jusqu'à la fin de sa vie, pendant près de cinquante ans, il sera fidèle à l'alliance de Rome. — Premier cadran solaire apporté de Catane, ville de Sicile, par Valérius Messala.

262.
(Ol. cxxix, 3 ; R. 493.)

Rome et Carthage. — Les deux consuls assiègent pendant cinq mois Agrigente, place carthaginoise en Sicile.

261.
(Ol. cxxix, 4.)

Orient. — Le roi de Syrie, Antiochus Soter, meurt dans un combat contre les Gaulois, établis au milieu de l'Asie Mineure. Son fils Antiochus, Théos, lui succède.

260.
(Ol. cxxx, 1 ; R. 495.)

Inde. — Depuis 263, règne Açôka, d'abord cruel, qui se convertira au bouddhisme et favorisera l'extension de cette religion dans son empire.

Rome et Carthage. — Les Romains arment en mer pour la première fois; ils construisent des bâtiments à proue, appelés *liburnes*, avec lesquels le consul Cornélius Scipion Asina se laisse d'abord surprendre par les Carthaginois. Son collègue Duilius remporte la première victoire navale près de Myles, au nord-est de la Sicile, prend trente et un vaisseaux, en coule quatorze, fait sept mille prisonniers, tue trois mille hommes. A l'aide des crampons de fer, appelés corbeaux, les vaisseaux carthaginois étaient saisis, tenus immobiles; et les équipages placés bord contre bord combattaient comme sur terre. On éleva à Rome à Duilius une colonne rostrale.

259.
(Ol. cxxx, 2 ; R. 496.)

Rome et Carthage. — Le consul L. Cornélius Scipion conduit la flotte romaine sur les côtes de Sardaigne et de Corse qu'il n'enlève pas aux Carthaginois, mais d'où il emmène des milliers de captifs.

258.
(Ol. cxxx, 3.)

Grèce. — Mort d'Érasistrate, célèbre médecin grec, le premier, dit-on, qui ait disséqué des corps humains. Il est le chef de l'école des Méthodistes, opposée à celle des Empiriques.

256.
(Ol. cxxxi, 1 ; R. 499.)

Égypte. — Le poëte Callimaque de Cyrène qui a écrit dans presque tous les genres de littérature, qui même avait composé des ouvrages d'histoire et de grammaire, était, vers ce temps, en grande faveur à la cour d'Alexandrie, à cause de ses hymnes et de ses élégies.

Rome et Carthage. — Le consul M. Atilius Régulus ayant gagné une grande victoire navale sur les Carthaginois, en vue du mont Ecnome, près de la côte sud de la Sicile, porte la guerre en Afrique avec son collègue L. Manlius Vulso. Ils s'avancent jusqu'aux environs de Carthage, trouvent la plupart des villes sans murailles, et peu disposées à soutenir les Carthaginois. Manlius retourne seul à Rome.

255.
(Ol. cxxxi, 2 ; R. 500).

Achéens. — Vingt-cinq ans après la reconstitution de la ligue des Achéens, un magistrat unique, nommé stratége, est placé à la tête du gouvernement fédéral.

Chine. — Fin à cette époque, ou cinq ou six ans plus tard, de la dynastie des Tchéou; avénement de la quatrième dynastie, celle des Thsin, maîtresse, depuis le IXᵉ siècle, de la province de Chen-si. Chi-Hoang-Ti réunira sous sa domination tout l'empire, auparavant divisé en un grand nombre de principautés, et bâtira la fameuse muraille qui devait en couvrir les frontières contre les barbares de l'ouest et du nord. Elle a deux cent quarante myriamètres de long, de sept à huit mètres de haut, sur cinq de large; en plusieurs endroits elle est double et triple.

Rome et Carthage. — Le Spartiate Xanthippe reçoit le commandement de l'armée carthaginoise. Défaite et captivité de Régulus en Afrique.

254.
(Ol. cxxxi, 3 ; R. 501.)

Rome et Carthage. — Un naufrage ayant presque anéanti leurs forces maritimes, les Romains, en trois mois, forment une nouvelle flotte de deux cent vingt vaisseaux. Les deux consuls forcent, au nord-ouest de la Sicile, Panorme à se rendre.

253.
(Ol. cxxxi, 4 ; R. 502.)

Rome et Carthage. — Les consuls avec deux cent cinquante vaisseaux portent encore les hostilités sur les côtes d'Afrique. Prise de quelques villes; naufrages désastreux. — Le sénat renonce pour quelque temps à la guerre maritime.

251.
(Ol. cxxxii, 2 ; R. 504.)

Achéens. — Aratus soustrait au gouvernement d'un tyran Sicyone, sa patrie, et l'agrége à la ligue achéenne.

250.
(Ol. cxxxii, 3 ; R. 505.)

Bactriane et Parthie. — Le Grec Théodote, gouverneur en Bactriane pour le roi de Syrie, y prend lui-même le titre de roi. L'empire Bactrien qui n'aura que des rois grecs, dans sa courte durée (environ cent trente ans), s'étendra jusque dans l'Inde. Les semences de civilisation hellénique, jetées par Alexandre, ont fécondé et enrichi les régions asiatiques placées entre la vallée de l'Yaxarte et celle de l'Indus. — Arsace, d'origine scythique, détache aussi les Parthes de la domination des Séleucides, et forme une monarchie indépendante. Ces deux révolutions ont eu peut-être lieu quelques années plus tôt : la première en 254, la seconde en 255.

Rome et Carthage. — Le proconsul L. Cécilius Métellus bat les Carthaginois sur terre près de Panorme ; il montrera, le jour de son triomphe à Rome, cent quatre éléphants pris à l'ennemi.

249.
(Ol. cxxxii, 4 ; R. 506.)

Rome et Carthage. — Le consul P. Claudius Pulcher qui s'est malgré les auspices engagé dans un combat naval avec les Carthaginois, près de Drépane, éprouve par son incapacité et sa présomption un immense désastre. L'autre consul sauve difficilement sa flotte d'un naufrage. Les Romains encore une fois renoncent à la mer.

Rome. — Claudius Pulcher, qui seul comme consul peut nommer un dictateur pour remédier aux maux publics, ose choisir un des derniers du peuple, un scribe, Claudius Glicia.

247.
(Ol. cxxxiii, 1 ; R. 508.)

Carthage et Rome. — Hamilcar Barca est mis à la tête des troupes carthaginoises, en Sicile. Il fait des courses sur la côte de Cumes en Campanie et serre les Romains de près devant Panorme, en occupant la position voisine du mont Éryx. L'épuisement des deux peuples, et aussi l'habileté des généraux qui commandent de part et d'autre prolongeront la guerre pendant six années encore.

Carthage. — Naissance d'Annibal, fils d'Amilcar.

246.
(Ol. cxxxiii, 2 ; R. 509.)

Égypte et Syrie. — Antiochus Théos, roi de Syrie, qui avait abandonné sa femme Laodice, pour épouser Bérénice, sœur du nouveau roi d'Égypte, Ptolémée Évergète, est assassiné par Laodice, qui tue et Bérénice et l'enfant de Bérénice. Séleucus II Callinicos lui succède. La vengeance du roi d'Égypte frappe Laodice et les sujets du Séleucide, jusque dans Babylone.

245.
(Ol. cxxxiii, 3 ; R. 510.)

Achéens. — Aratus est nommé pour la première fois stratége des Achéens. L'influence macédonienne domine à Corinthe.

243.
(Ol. cxxxiv, 2 ; R. 512.)

Achéens et Lacédémoniens. — Huit ans après la délivrance de Sicyone, Aratus, stratége des Achéens pour la deuxième fois, rend l'indépendance aux Corinthiens et les fait entrer dans la ligue achéenne. — Les Lacédémoniens, comme si l'indépendance du Péloponnèse était menacée par ces progrès des Achéens, s'emparent de Pellène, à l'ouest de Sicyone, et marchent contre Aratus ; leur roi Agis est battu.

Lacédémone. — Agis médite la réforme des institutions de Sparte : il veut les ramener aux principes de Lycurgue. Le nombre des citoyens actifs, d'origine spartiate, était réduit alors à sept cents ; cent familles seulement avaient conservé la possession des lots primitifs de terre. Les propriétés territoriales, depuis la loi de l'éphore Épitadès, pouvant passer aux femmes, une partie considérable des richesses étaient réunies entre leurs mains. La mère même et l'aïeule d'Agis avaient d'immenses domaines. Il veut faire revivre les anciennes mœurs, ressusciter la petite propriété par une répartition nouvelle des terres, et admettre de nouveaux citoyens. Agis IV fait déposer son collègue Léonidas II, hostile à tout projet de réforme ; le gendre de Léonidas, Cléombrote est élu roi. Violente agitation causée par les propositions révolutionnaires de Lysandre, dévoué à Agis.

Rome. — Outre le préteur de la ville, *un second préteur est créé, prætor peregrinus*, pour régler toutes les affaires judiciaires qui concernaient les étrangers et les procès de ceux-ci avec les citoyens romains. Le sénat ne voulait pas laisser cet arbitrage aux riches de la cité que les étrangers choisissaient pour patrons.

242.
(Ol. cxxxiv, 3 ; R. 513).

Rome et Carthage. — Les Romains, pour la troisième fois, veulent courir les chances de la guerre sur mer; ils arment deux cents vaisseaux.

241.
(Ol. cxxxiv, 4 ; R. 514).

Carthage et Rome. — Le consul Lutatius Catulus bat la flotte carthaginoise, près des îles Égates, au nord de Lilybée. Carthage obtient la paix en renonçant à ses possessions de Sicile, et en payant un tribut. La première guerre punique donne les deux tiers de la Sicile aux Romains, qui en font une province; l'autre partie reste à Hiéron de Syracuse.

Carthaginois. — Les désastres de la première guerre punique jettent Carthage dans une nouvelle lutte où son existence même est compromise. Ses mercenaires révoltés en Afrique, en Corse, en Sardaigne, engagent contre elle pendant trois ans et demi une guerre *inexpiable*.

Étoliens et Achéens. — Pendant qu'Aratus est stratége des Achéens pour la troisième fois, les brigands de l'Étolie menacent le Péloponnèse d'une invasion. Les Spartiates, alliés de la ligue, viennent à l'isthme sous la conduite d'Agis. Aratus, malgré les conseils d'Agis, ne veut pas remettre la fortune de la Grèce, sans nécessité, aux chances d'une bataille.

Lacédémone. — L'absence d'Agis a laissé dans Sparte une libre carrière aux partisans de la réaction. Le riche Agésilas, quoique parent du roi réformateur, encourage les mécontents. Retour d'Agis; il est jeté en prison; sa mort violente, suivie du meurtre de sa mère et de son aïeule, qui s'étaient faites courageusement les complices de ses réformes.

Pergame. — Attale, neveu et successeur d'Eumène, commence à Pergame un règne de quarante-quatre ans. Il fit d'un domaine précaire un véritable royaume, amassa des trésors, enrichit la bibliothèque de Pergame, composa lui-même, dit-on, des livres d'histoire.

Rome. — Formation de deux nouvelles tribus, ce qui porte définitivement leur nombre à trente-cinq (trente et une de la campagne, quatre de la ville), qui embrassent tous les habitants du territoire romain (*ager Romanus*), jouissant du droit de cité. Le territoire primitif avait été agrandi successivement jusqu'à cent milles au delà des murs de la ville, aux dépens des cités de l'Étrurie méridionale, d'une partie du pays des Latins, des Volsques, des Ausones, des Éques et des Sabins. L'enceinte sacrée de la ville ou *pomœrium* n'a pas changé. — Une révolte de Faléries, en Étrurie, occupe six jours les deux consuls.

240.
(Ol. cxxxv, 1 ; R. 515.)

Rome. — Livius Andronicus commence, un an avant la naissance du poëte Ennius, à faire représenter des pièces de théâtre à Rome.

239.
(Ol. cxxxv, 2.)

Macédoine. — A Antigone Gonatas succède son fils Démétrius II sur le trône de Macédoine et dans ses prétentions à la suprématie en Grèce. Cependant il n'arrêtera pas les progrès de la ligue achéenne.

238.
(Ol. cxxxv, 3 ; R. 517.)

Carthage et Espagne. — Hamilcar Barca, un des généraux qui ont terrassé les mercenaires armés contre Carthage, envoyé en Espagne, y fondera un empire punique. Il y a emmené son fils Annibal âgé de neuf ans.

Rome et Gaulois. — Rome engage la guerre contre les Boïes et les

Ligures de la Gaule cisalpine, en deçà du Pô. C'est le commencement d'une lutte longue et meurtrière.

237.
(Ol. cxxxv, 4 ; R. 518.)

Rome et Syracuse. — Le Grec Hiéron, roi de Syracuse, vient à Rome et y assiste aux jeux publics.

236.
(Ol. cxxxvi, 1 ; R. 519.)

Lacédémone. — Cléomène III succède à son père Léonidas ; il est marié à la veuve d'Agis, dont il reprendra les généreuses pensées de réforme, malgré l'inimitié qui avait séparé jusqu'à la mort Léonidas et Agis.

Rome, Corse et Sardaigne. — La Sardaigne et la Corse, anciennes possessions de Carthage qu'une perfidie des Romains lui avait enlevées à la fin de la guerre des mercenaires, sont domptées par deux armées consulaires.

Rome et Gaulois. — Mouvement des Gaulois cisalpins pour envahir l'Italie centrale : il est sans effet.

235.
(Ol. cxxxvi, 2 ; R. 520.)

Rome. — Les Romains n'étant en guerre avec aucun peuple, le temple de Janus, toujours ouvert pendant la guerre, est fermé pour la seconde fois depuis que Rome existe (la première fois sous Numa). — Soldat dans la première guerre punique, le poëte latin Cn. Nœvius prend cette guerre pour sujet d'épopée.

234.
(Ol. cxxxvi, 3 ; R. 521.)

Rome, Gaule cisalpine, Corse et Sardaigne. — Prise d'armes de la Sardaigne révoltée à l'instigation des Carthaginois, de la Corse et des Ligures qui habitent dans la chaîne septentrionale des Apennins.

232.
(Ol. cxxxvii, 1 ; R. 523.)

Rome et Gaulois. — Le tribun C. Flaminius propose par une loi agraire l'établissement de colonies dans le territoire du Picénum qui touche au pays des Gaulois Sénons. Ce sera pour les Gaulois d'Italie un prétexte d'agression.

231.
(Ol. cxxxvii, 2 ; R. 524.)

Rome. — Le divorce de Sp. Carvilius est cité comme le premier exemple de répudiation légale.

230.
(Ol. cxxxvii, 3 ; R. 525.)

Rome. — Les jeux floraux, représentations scéniques, informes et grossières, tiennent lieu aux Romains de comédies.

229.
(Ol. cxxxvii, 4 ; R. 526.)

Achéens. — Pendant quelques années, rapides progrès de la ligue achéenne ; elle embrasse ou rattache à elle par des alliances presque tous les peuples de la Grèce centrale, même du Péloponnèse ; mais Sparte, la Messénie, l'Élide et quelques parties de l'Arcadie, échappent à son influence.

Carthage et Espagne. — A la mort d'Asdrubal Barca, son gendre, Amilcar, lui succède dans le commandement des forces carthaginoises en Espagne.

Épire. — La mort naturelle ou violente de Laodamie, dernier rejeton de la race royale d'Épire, fait substituer à la royauté un gouvernement électif. — L'Épire tombe sous l'influence des Illyriens et des Macédoniens.

Macédoine. — A la mort de Démétrius, son fils Philippe est trop jeune pour régner ; son frère, Antigone Dóson, est fait roi.

Rome et Illyrie. — Le sénat romain, à la demande des États grecs de l'Adriatique, combat les pirates illyriens ; deux consuls leur font la guerre.

228.
(Ol. cxxxviii, 1 ; R. 527.)

Rome, Grèce et Illyrie. —

Après les succès du consul Posthumius en Illyrie, la reine Teuta demande la paix. — Rome envoie pour la première fois des députés à la Grèce. Ils sont accueillis avec honneur à Corinthe et assistent aux jeux isthmiques; à Athènes, on les initie aux mystères.

227.
(Ol. cxxxviii, 2 ; R. 528.)

Achéens et Lacédémone. — Aratus provoque imprudemment les Spartiates auxquels il prétend arracher de vive force la partie de l'Arcadie où ils commandent. — Son incapacité militaire met en relief les qualités brillantes de Cléomène, roi de Sparte.

Carthage, Espagne et Rome. — Asdrubal Barca est empêché, par un traité avec Rome, de s'étendre au delà de l'Èbre. Le traité protége tous les alliés des Romains sans nommer particulièrement la ville de Sagonte. — Carthagène (Carthage la neuve), fondée par Asdrubal dans une admirable situation maritime et continentale, au sud-est, deviendra la capitale de l'empire des Barca en Espagne. Cadix, ville phénicienne sur l'océan Atlantique, était trop loin à l'ouest.

Rome. — Outre le préteur *urbanus* et le préteur *peregrinus*, chargés à Rome de l'administration de la justice pour les habitants de la ville et pour les étrangers, le sénat crée deux nouveaux préteurs pour gouverner : 1° la Sicile, première province romaine; 2° la Corse et la Sardaigne. Ils auront droit de vie et de mort, et lèveront les tributs.

225.
(Ol. cxxxviii, 4 ; R. 530.)

Lacédémone. — Cléomène, vainqueur des Achéens en Arcadie, revient sur Sparte avec des soldats dévoués, tue ou exile les éphores qui gêneraient ses projets de réforme, et quand il a fait trembler les lâches Spartiates qui ont tué Agis, il dicte des lois pour remettre en vigueur tous les principes de Lycurgue : nouveau partage des terres, renouvellement de la population spartiate, restauration de la discipline, de l'éducation, du pouvoir royal. — L'espérance de l'affranchissement social gagne tous les pauvres du Péloponnèse; ils attendent Cléomène comme un libérateur. — Jalousie d'Aratus et dangers pour la ligue achéenne.

Rome et Gaulois. — Les Gaulois Insubriens, au nord du Pô, et les Boïes appellent de la Gaule Transalpine les Gésates, voisins du Rhône, pour les entraîner contre Rome. Les Gésates entrent dans la vallée du Pô. Mais l'Italie entière prend les armes et s'associe à la cause romaine; près de huit cent mille hommes, selon un historien contemporain, le sénateur Q. Fabius Pictor, qui servait dans cette guerre, sont prêts à repousser les barbares. — L'un des consuls, Atilius Régulus, est tué : l'autre, L. Æmilius Papus, qui avait été posté à Ariminum pour garder les passages du Picénum, bat les Gaulois. La guerre continue.

Rome. — Q. Fabius Pictor, le plus ancien historien romain, a écrit en grec. — Les peintures de Fabius Pictor dans le temple du Salut montrent que l'art était encore exclusivement inspiré par la religion.

Syrie. — Mort du roi Séleucus II, Callinicos ; avénement de Séleucus III, Céraunos.

224.
(Ol. cxxxix, 1.)

Achéens et Lacédémone. — Cléomène poursuit ses succès contre les Achéens, dans l'Arcadie, dans l'Élide, jusque dans l'Achaïe. Il leur offre ensuite la paix et son alliance s'ils veulent l'accepter pour généralissime et lui laisser le commandement du Péloponnèse. Aratus refuse de se dessaisir du pouvoir, ou plutôt de laisser tomber l'ouvrage de sa vie entière, l'indépendance de la ligue achéenne; il fait appeler, contre le réformateur de Sparte, l'étranger Antigone Dôson, roi de Macédoine, qu'il estime moins dangereux.

Rhodes. — Un tremblement de terre cause de grands désastres dans l'île de Rhodes : le fameux colosse est renversé. Les dons des peuples grecs, animés d'une généreuse sympathie, couvrent toutes les pertes qui étaient réparables. Le commerce maritime rendra bientôt à cette république son ancienne splendeur.

223.
(Ol. cxxxix, 2; R. 532.)

Grèce et Macédoine. — Les nouveaux progrès de Cléomène, qui enlève Argos aux confédérés achéens, hâtent l'arrivée d'Antigone Dôson comme allié de la ligue. Malgré Cléomène, les Macédoniens prennent possession de l'isthme de Corinthe. Retraite de Cléomène vers le centre du Péloponnèse.

Rome et Gaulois. — Le consul plébéien C. Flaminius, l'ancien tribun dont la proposition agraire avait provoqué la prise d'armes des Gaulois, au mépris des auspices, porte la guerre chez les Insubriens, au nord du Pô. Il est vainqueur sur l'Adda.

222.
(Ol. cxxxix, 3; R. 533.)

Égypte. — L'empire des Lagides est dans toute sa splendeur, à l'époque de la mort du troisième roi Ptolémée Évergète. A l'intérieur, un riche commerce relie l'Égypte à l'Éthiopie, à la Libye, à l'Arabie, aux Indes. Par la Cœlésyrie, la Phénicie et l'île de Cypre, les Lagides tiennent en échec le royaume syrien. Les villes, les ports, les places fortes qu'ils ont sur les côtes d'Asie Mineure, depuis la Pamphylie jusqu'à l'Hellespont; l'occupation de Lysimachie, clef de la Chersonèse de Thrace, d'OEnos et de Maronée sur le littoral thrace de la mer Égée, et de quelques Cyclades, les rendent redoutables même au roi de Macédoine. Ils se déclarent, contre ce dernier, les protecteurs de l'indépendance hellénique. — L'inscription d'*Adulis*, en Éthiopie, ferait croire que Ptolémée Évergète a soumis la Cilicie, la Pamphylie, l'Ionie, l'Hellespont, la côte de Thrace, qu'il a parcouru la Mésopotamie, la Babylonie, la Susiane, la Perse, la Médie, et toute la haute Asie jusqu'à la Bactriane. — Ératosthène de Cyrène, géomètre, astronome, géographe, philosophe, grammairien et poëte, âgé alors de cinquante-deux ans, était une des gloires littéraires du règne de Ptolémée Évergète. Il a créé un système complet de géographie, fondé sur des bases mathématiques, qui resta pendant quatre siècles un ouvrage classique. — La décadence de l'Égypte va commencer avec le règne de Ptolémée Philopator, fils d'Évergète, jeune débauché, entouré d'indignes ministres.

Grèce et Macédoine. — Les Macédoniens se rendent maîtres de l'Arcadie sur les Spartiates, ils occupent Mantinée. Cléomène est réduit, pour recruter son armée, à affranchir des hilotes. La destruction de Mégalopolis, ordonnée par lui, est un crime sans profit : course stérile jusqu'à Argos.

Rome et Gaulois. — Le consul M. Claudius Marcellus ayant tué de sa main, près de Clastidium, au nord-est du pays des Ligures, le chef des Gaulois, Viridomar, rapporte à Rome les troisièmes dépouilles opimes.

Syrie. — Le roi de Syrie, Séleucus Céraunos, meurt assassiné en Phrygie, au début d'une guerre contre Attale, roi de Pergame, qui attaquait ses possessions d'Asie Mineure, à l'ouest du Taurus. Son frère, Antiochus III, est proclamé par l'armée de Syrie. Antiochus donne les principaux gouvernements, l'Asie Mineure à Achéos, la Médie à Molon, la Perse au frère de Molon, Alexandre : tous trois se révolteront. Il épouse la fille du roi de Pont.

221.
(Ol cxxxix, 4; R. 534.)

Achéens, Lacédémone et **Macédoine.** — Les Macédoniens, alliés de la ligue achéenne, entrent enfin en Laconie; leur victoire décisive au nord du pays, à Sellasie, sur Cléomène, met la Grèce à leur merci. Cléomène fuit en Égypte où il mourra. Antigone Doson vient à Sparte, déclare abolies les lois, c'est-à-dire les réformes de Cléomène; la royauté est suspendue. La ligue achéenne nomme Antigone généralissime de ses forces de terre et de mer. — Il est bientôt rappelé dans son royaume pour combattre les Illyriens.

Carthage et **Espagne.** — Le fils d'Amilcar Barca, Annibal, succède à Asdrubal, son beau-frère, dans le commandement des forces carthaginoises en Espagne. Pendant deux ans il combat les peuples non soumis, et concentre à l'est de la Péninsule, dans Carthagène, de grandes ressources pour une guerre nouvelle.

Rome et **Istrie.** — L'Istrie, près des Alpes Juliennes, au nord-est de la Gaule Cisalpine, est conquise par les Romains.

220.
(Ol. cxl, 1.)

Macédoine. — Après la mort de son oncle, Antigone Doson, avénement du jeune Philippe III., âgé de quinze ans, au trône de Macédoine.

Macédoine, Achéens et **Étoliens.** — Les Étoliens qui prétendent à la possession de l'Élide et de la Messénie, rompent ouvertement avec la ligue achéenne. Aratus, stratége des Achéens, est défait à Caphyes, en Arcadie, par les Étoliens, et fait alors appeler le roi de Macédoine: imprudence ou lâcheté que lui reproche bien justement l'historien de cette époque, le Grec Phylarque. Commencement de la guerre sociale, ou guerre *des alliés*, contre les Étoliens, qui durera trois ans: Philippe est entouré de ministres qui le trahissent.

Thrace et **Asie Mineure.** — De grands intérêts maritimes mettent aux prises deux puissantes républiques: Byzance, qui veut avoir le monopole du commerce de la mer Noire; Rhodes, dominatrice du bassin oriental de la Méditerranée. Prusias, roi de Bithynie, se déclare contre les Byzantins. — Mithridate IV, roi de Pont, est en guerre avec la république maritime de Sinope, sur la côte de Paphlagonie.

219.
(Ol. cxl, 2; R. 586.)

Égypte et **Lacédémone.** — Cléomène meurt, à Alexandrie, dans un commencement d'émeute qu'il avait fomentée contre son hôte, le roi Ptolémée Philopator.

Espagne et **Carthage.** — Annibal assiége Sagonte, à l'est du pays des Olcades, près de la mer Méditerranée, ville alliée des Romains. Après huit mois, Sagonte est prise et saccagée. C'est une déclaration de guerre contre Rome.

Illyrie et **Rome.** — Le sénat charge les deux consuls de la guerre contre les Illyriens, infidèles aux traités. Démétrius de Pharos, vaincu, se retirera auprès du roi de Macédoine, Philippe.

Lacédémone. — Après la mort d'Archidamos V, frère d'Agis IV, dernier descendant des Proclides, Lycurgue, qui n'est pas de la race royale, corrompt les éphores et se fait élire roi. — Cléomène est le dernier descendant des Agides qui ait régné à Sparte. Son pupille, Agésipolis, élu roi à la nouvelle de sa mort, est bientôt privé du trône par l'autre roi Lycurgue, qui reste seul maître du pouvoir. Avec Agésipolis, finit la race des Héraclides. — Lycurgue se déclare pour les Étoliens contre les Achéens et Philippe de Macédoine.

218.
(Ol. cxl, 3 ; R. 537.)

Carthage et Italie. — Annibal, après s'être assuré de l'obéissance des Maures d'Afrique et des Espagnols, va porter la guerre en Italie avec une armée de mercenaires toute dévouée à sa fortune. Il ne prend pas la route de mer pour n'avoir pas besoin des vaisseaux de Carthage : il espère, sur son chemin, entraîner les peuples gaulois contre Rome. — Passage des Pyrénées, du Rhône, qu'il remonte jusqu'à l'Isère; des Alpes, au milieu desquelles une marche pénible de quinze jours lui fait perdre une partie de ses troupes. Cinq mois après son départ de Carthagène, il est arrivé dans la vallée du Pô. — Journée près du Tésin, affluent septentrional du Pô, où est battu P. Cornélius Scipion.—Annibal franchit le Pô. Bataille de la Trébie, fleuve qui sort des Apennins, gagnée sur l'autre consul Tib. Sempronius.

Égypte et Syrie. — Prétentions rivales des deux rois sur la Cœlésyrie ou Syrie creuse. La guerre est heureuse d'abord pour Antiochus III.

Étolie et Macédoine. — Le roi de Macédoine entre dans le pays des Étoliens, ennemis des Achéens.

Pergame. — Le roi Attale se sert des Galates mercenaires pour mettre sous son autorité les villes d'Éolide.

Rome. — L'époque d'Annibal a été racontée aux Romains par un contemporain, L. Cincius Alimentus, qui fut prisonnier du général carthaginois : écrivain perdu, cité par Tite Live.

217.
(Ol. cxl, 4 ; R. 538.)

Carthage et Italie. — Après un séjour périlleux chez les Gaulois Cisalpins, Annibal traverse les marais d'Étrurie, le long des Apennins. Il écrase l'armée du consul plébéien C. Flaminius près du lac Trasimène, livre à ses troupes victorieuses les riches contrées qui sont à l'est des Apennins et passe l'hiver à l'entrée de l'Apulie.—Le prodictateur Fabius Maximus pourvoit à la défense de Rome; politique de temporisation qui lui mérite le surnom de *Cunctator*.

Chine.—La religion de Bouddha pénètre en Chine.

Égypte et Syrie. — Antiochus, vaincu entre Gaza et le torrent d'Égypte, à Raphia, perd la Palestine, la Phénicie et la Cœlésyrie qu'il avait un instant reprises aux Égyptiens.

Après sa victoire, Ptolémée Philopator s'abandonne de nouveau à ses vices et à sa cruauté, et laisse régner ses courtisans. Il persécute les Juifs dans toutes les provinces.

Étolie, Grèce et Macédoine. —La nouvelle des grands événements de l'Italie, qui doivent décider du sort de l'Occident pour Rome ou pour Carthage, et donner au parti victorieux, quel qu'il soit, des prétentions sur le reste du monde, hâte la conclusion de la paix entre le roi de Macédoine, ses protégés les Achéens et les Étoliens.

216.
(Ol. cxli, 1 ; R. 539.)

Carthage et Italie.— Pendant un an les Romains ont sagement refusé de remettre leur existence aux chances d'un nouveau combat contre Annibal, qui occupe l'Apulie, le Samnium, l'entrée de la Campanie.— Le consul plébéien Térentius Varron est cause de l'immense désastre de Cannes, en Apulie, où se fait tuer son collègue Paul Émile. — Rome ne pouvait, même après Cannes, être surprise par une attaque subite du vainqueur. Annibal passe l'hiver à Capoue. Il restera encore douze ans en Italie.

Rome. — Comme après Trasimène un dictateur est nommé, Junius Péra. Le sénateur Fabius Pictor, historien dont les écrits sont perdus, est envoyé, après Cannes, pour consulter l'oracle de Delphes sur l'avenir de Rome.

Sicile. — Mort d'Hiéron, roi de la Sicile syracusaine : son petit-fils lui succède.

Syrie. — Antiochus, avec de grandes forces, va attaquer en Asie Mineure le rebelle Achéos contre lequel il est soutenu par Attale, le roi de Pergame. Achéos résistera deux ans dans la ville de Sardes.

215.
(Ol. cxli, 2 ; R. 540.)

Bithynie. — Le roi Prusias fait expier une fois aux Galates leurs fréquentes invasions sur ses terres.

Carthage et Macédoine. — Traité d'alliance entre Annibal et le roi de Macédoine, qui engage avec lui ses alliés, les Grecs.

214.
(Ol. cxli, 3 ; R. 541.)

Carthage, Rome et Sicile.— Le consul M. Claudius Marcellus est envoyé en Sicile, contre le parti syracusain, qui s'est prononcé pour Annibal. Siége de Syracuse, bientôt converti en blocus ; il durera deux ans.

Syrie, Bactriens et Parthes. — Antiochus, n'ayant plus à combattre de gouverneurs rebelles, engage la guerre avec le roi des Parthes, Arsace, et le roi des Bactriens, Euthydème ; mais il finira par reconnaître l'indépendance de ces deux États.

213.
(Ol. cxli, 4 ; R. 542.)

Carthage et Italie. — Annibal passe l'été dans le territoire de Tarente, espérant qu'une trahison lui livrera cette place qui le mettrait en communication avec la Sicile et les peuples grecs. — Dans le même été, la guerre commence entre Philippe et les Romains.

Grèce et Macédoine. — Philippe s'aliène une partie des Grecs en faisant mourir le vieil Aratus par le poison.

Chine.—L'empereur Chi-Hoang-Ti fait brûler tous les livres que les lettrés ne parvinrent pas à cacher, à l'exception de ceux de sortilége, de médecine et d'agriculture. Les livres de morale et d'histoire furent particulièrement proscrits : l'empereur disait que ces livres donnaient aux peuples quelques leçons utiles, mais aussi leur apprenaient l'esprit de désobéissance et de révolte. Beaucoup même de lettrés périrent : dans la capitale seulement, quatre cent soixante furent envoyés au supplice. Un des ministres de cet empereur invente cependant l'art de fabriquer le papier et de l'employer pour écrire avec des pinceaux et de l'encre, au lieu des tablettes de bambous sur lesquelles on gravait les caractères.

212.
(Ol. cxlii, 1 ; R. 543.)

Rome et Espagne, Sicile.— Mort des deux frères, Publius et Cornélius Scipion, qui depuis quatre ans combattaient ensemble contre les Espagnols et les Carthaginois. L'Espagne semble perdue pour les Romains.—Malgré les nouveaux moyens de défense que le génie d'Archimède, grand géomètre, a donnés à sa patrie, Syracuse est prise par le proconsul Marcellus. Mort d'Archimède, dans le sac de la ville.

211.
(Ol. cxlii, 2 ; R. 544.)

Carthage et Italie.—Les proconsuls Q. Fulvius Flaccus, Appius Claudius Pulcher, arrachent enfin Capoue à Annibal.

Rome. — Le jeune Cornélius Scipion, fils de Publius, s'offre à vingt-quatre ans pour le commandement de la guerre d'Espagne, où avaient été tués son père et son oncle.

Rome et Étolie.—Au milieu des hostilités contre le roi de Macédoine, traité de Rome avec les Étoliens, qui

III° SIÈCLE (210-205).

n'ont jamais été que des ennemis pour les peuples grecs.

Syrie.— Expédition d'Antiochus le Grand contre les Parthes, les Bactriens et l'Inde. Cette guerre durera jusqu'en 205.

210.
(Ol. cxlii, 3 ; R. 545.)

Achéens. — Philopœmen, Arcadien de Mégalopolis, reconstitue la cavalerie des Achéens, deux ans avant d'être élu stratège.

Rome et Espagne, Sicile. — Carthagène, la place d'armes des Carthaginois, est surprise par le jeune Scipion. — Reddition d'Agrigente au consul M. Valérius Lævinus. Soumission complète de la Sicile.

209.
(Ol. cxlii, 4 ; R. 546.)

Carthage et Italie.—Les deux consuls restent en Italie pour surveiller Annibal ; l'un d'eux, Q. Fabius Maximus, recouvre Tarente : c'est son dernier fait d'armes.

208.
(Ol. cxliii, 1 ; R. 547.)

Carthage et Italie.— M. Claudius Marcellus périt dans une embuscade dressée par Annibal.

Grèce, Macédoine, Orient et Rome.—Les Achéens entre deux ennemis, les Étoliens qui ravagent leur pays par le nord, et Machanidas, successeur de Lycurgue dans la tyrannie que celui-ci a exercée à Lacédémone, ont encore recours à Philippe. Philippe descend en Grèce, mais les Étoliens sont soutenus par le roi de Pergame, Attale, qui redoute l'agrandissement de la Macédoine dans la mer Égée et en Thrace, et par la flotte romaine de Sulpicius. Attale et Sulpicius passent l'hiver à Égine. —Pendant l'absence d'Attale, Prusias de Bithynie envahit son royaume.

207.
(Ol. cxliii, 2 ; R. 548.)

Carthage et Italie. — Le frère d'Annibal, Asdrubal, qui était parvenu, comme lui par terre, d'Espagne dans la Gaule cisalpine, trouve la mort dans l'Ombrie, sur les bords du fleuve Métaure, petit affluent de l'Adriatique, où deux armées consulaires se sont réunies pour le combattre.

Égypte et Syrie.—Antiochus III le Grand enlève la Judée à Ptolémée Philopator.

Grèce. — Mort du philosophe stoïcien Chrysippe, de Cilicie, qui avait succédé à Cléanthe, disciple direct de Zénon, dans l'enseignement du Portique.

Rome. — Les Romains frappent de la monnaie d'or.

206.
(Ol. cxliii, 3 ; R. 549.)

Rome et Numidie.—Cornélius Scipion quitte un instant l'Espagne et s'aventure audacieusement sur la côte d'Afrique pour aller gagner à l'alliance romaine un roi des Numides, Syphax.

205.
(Ol. cxliii, 4 ; R. 550.)

Égypte. — A la mort de Ptolémée Philopator, qui laisse un enfant de cinq ans, Antiochus le Grand, roi de Syrie, et Philippe, roi de Macédoine, conspirent la ruine des Lagides et le démembrement du royaume. Antiochus convoitait surtout la Cœlésyrie, et la partie du littoral de Cilicie et de Carie, où les rois d'Égypte, depuis Ptolémée Lagos, avaient des possessions.

Rome et Afrique. — Alors qu'Annibal a encore le pied sur le sol de l'Italie, Scipion consul est autorisé, malgré l'opposition des temporiseurs du sénat, à aller préparer en Sicile une grande expédition contre l'Afrique carthaginoise. Il a pour préfet de la flotte son ami Lælius, pour questeur l'austère Caton.

Rome et Grèce, Macédoine. — Le traité de paix, conclu par les Romains avec Philippe, comprend

IIIe SIÈCLE (204-200).

les Grecs alliés de Rome, Attale, roi de Pergame, et le roi de Bithynie, Prusias.

204.
(Ol. cxliv, 1; R. 551.)

Rome et Afrique. — Expédition de Scipion, proconsul, en Afrique, environ cinquante ans après celle de Régulus.

Rome. — Le poëte Ennius, né à Rudia, ville du pays des Salentins, dans la Grande-Grèce, qui devait chanter la gloire des Scipion, est amené de la Sardaigne à Rome par le questeur Caton.

203.
(Ol. cxliv, 2; R. 552.)

Rome et Afrique. — Lælius, lieutenant du proconsul Scipion, et le roi numide Masinissa, ennemi personnel de Syphax qui s'est dévoué à la cause carthaginoise, défont et livrent à Scipion le roi Syphax. — Annibal est arraché enfin à l'Italie, seize ans après avoir commencé la guerre. Les succès de Scipion le rappellent à la défense de Carthage.

Rome. — Q. Fabius Maximus Cunctator meurt à soixante-deux ans.

202.
(Ol. cxliv, 3; R. 553.)

Chine. — Avénement de la cinquième dynastie, celle des Han avec Lieou-Pang, qui encourage les lettres. Elle régnera quatre cent vingt-deux années, jusqu'à l'an 220 après Jésus-Christ. Les rois particuliers sont moins nombreux et moins puissants. — On fabrique de la porcelaine.

Égypte et Syrie. — L'Étolien Scopas, avec des mercenaires grecs, aide Ptolémée V Épiphane à reprendre la Judée sur les Syriens.

Grèce. — Nabis, tyran de Lacédémone depuis la mort de Machanidas, tente de surprendre Messène. L'Arcadien Philopœmen, qui n'était pas alors en charge, sauve la ville, sans le concours du stratége des Achéens, Lysippe.

Rome et Afrique. — Le sort de Carthage se décide à Zama, à cent vingt kilomètres à l'ouest de cette ville; les habiles dispositions d'Annibal ne l'empêchent pas d'être battu par Scipion. — Annibal rentre à Carthage, trente-six ans après avoir quitté l'Afrique pour suivre son père en Espagne.

201.
(Ol. cxliv, 4; R. 554.)

Rome et Carthage. — Scipion dicte la paix à Carthage. Les Carthaginois ne gardent rien hors de l'Afrique, livrent leurs vaisseaux, payent un tribut, souffrent le rétablissement de leur ennemi Masinissa dans le royaume de Numidie et ne feront plus la guerre sans le consentement de Rome.

Rome. — Le poëte Nævius qui a expié par l'exil les critiques mordantes que, dans ses comédies, il prodiguait aux grands de Rome, surtout aux Métellus, meurt malheureux à Utique, sur la côte carthaginoise.

200.
(Ol. cxlv, 1; R. 555.)

Égypte. — Des députés viennent dire au sénat romain, de la part du roi Ptolémée Épiphane, que les Athéniens ont demandé son appui contre la Macédoine, mais que le roi Ptolémée ne veut envoyer en Grèce ni flotte, ni armée, sans l'assentiment de Rome.

Rome et Gaulois. — Le soulèvement des Gaulois cisalpins contre les Romains commence une rude guerre de plus de quarante ans. Rome ne triomphera que par les divisions intestines des barbares.

Rome et Macédoine. — Peu de mois après la conclusion de la paix avec Carthage, la guerre est déclarée au roi Philippe, qui a secouru Annibal en Afrique. Le consul P. Sulpicius Galba se fait donner le commandement. Il passe l'hiver à Apollonie, sur la côte de l'Illyrie grecque. Le roi de Macédoine renonce à ses projets sur l'Orient, pour défendre son royaume.

Pergame. — Le roi Attale, qui venait de gagner avec les Rhodiens, sur les flottes de Philippe, les batailles navales de Lada près de Milet, et de Chios, est accueilli par le peuple d'Athènes, qui l'a appelé dans ses murs, comme le bienfaiteur des Grecs.

SECOND SIÈCLE AVANT J. C.

APERÇU GÉNÉRAL.

Rome asservit les nations, s'enrichit de leurs dépouilles, apprend leurs arts et leurs vices.

D'innombrables guerres se succèdent sans interruption : guerre de Macédoine d'abord contre Philippe, qui s'était allié aux Carthaginois durant les succès d'Annibal; puis contre son fils Persée que défait Paul Émile; guerre de Syrie contre Antiochus dit le Grand, qui envahissant la Grèce avait voulu recommencer contre Rome la seconde guerre punique, sans Annibal, et qui en fut puni par Scipion l'Africain et par Scipion l'Asiatique. Les Romains font aussi la guerre aux Achéens, aux Espagnols, à la Corse, à la Sardaigne, à Carthage. Carthage est détruite, Corinthe tombe; Numance a le même sort. Guerre contre les Thraces, contre les Cimbres, contre Jugurtha; guerre à toutes les contrées alors connues et accessibles. On en excepte ces régions de la haute Asie, de l'Inde et de la Chine, qui avaient aussi alors leurs révolutions politiques et militaires, préludes de bouleversements dont le contre-coup sera ressenti plus tard par le colosse romain, et ces Germains sous la main desquels il devait tomber. Des peuples asiatiques et africains deviennent tributaires de Rome; d'antiques empires ne sont plus que des provinces gouvernées par des proconsuls.

Les hommes qui ont donné à Rome l'empire du monde menacent déjà sa liberté. Puissants par l'éclat des services et des triomphes par des noms anciens et par une opulence nouvelle dont leur apprend à jouir une éducation plus cultivée, par la gloire de leurs aïeux et même encore par l'imitation de quelques-unes de leurs vertus, ils s'élèvent avec splendeur, au milieu de la multitude des prolétaires et des esclaves; et s'ils ne se hâtent pas d'envahir l'autorité suprême, ils pourraient déjà se la disputer entre eux. La lutte ardente qu'engage Caton le Censeur contre les deux Scipion, au sénat et au forum, par ses paroles et par ses actes, a un caractère pacifique et une grandeur toute morale. Mais quand les Gracques osent réclamer des garanties contre l'oppression; quand ils s'effrayent des progrès de la corruption, ils paraissent des ennemis de la tranquillité publique : on les massacre impunément sous les yeux du peuple qu'ils avaient voulu régénérer par le travail, et qui préfère à la vie laborieuse des champs la vie paresseuse et dégradée d'une grande ville où tombent en discrédit les vertus civiques. Marius, le vainqueur de Jugurtha et des Cimbres, par le mépris qu'inspirait son caractère ambitieux, ne réussit qu'à flétrir la cause populaire en paraissant l'embrasser avec de misérables démagogues.

Les mœurs publiques et privées, en tombant si bas, se polissaient du moins : les arts étaient cultivés; pour mesurer le progrès du goût et de la langue, mais non de la verve comique, il suffirait de comparer aux pièces de Plaute celles qu'écrivait Térence au temps du second Scipion. Moins élégant, mais plus austère, plus savant et plus laborieux, Caton l'Ancien, guerrier victorieux en Espagne et censeur incommode à Rome, honore ce siècle par un grand nombre d'écrits utiles, dont la plupart sont perdus.

La littérature grecque a toujours un vaste domaine, tout l'Orient. Les discordes sanglantes d'Alexandrie effrayaient les savants, qui presque tous désertèrent l'Égypte et transportèrent le goût des arts dans l'Asie Mineure et dans les îles voisines. Nicandre, Bion et Moschus sont les poëtes grecs de cet âge; on peut citer, entre les prosateurs, le mythologue Apollodore, le grammairien Aristarque, l'astronome Hipparque, et au-dessus de tous, non pour l'élégance de son style, mais pour la force de sa pensée et pour la sagesse de ses jugements politiques, Polybe, chez lequel on ne trouve plus cet accent de liberté qu'avait autrefois en Grèce la muse de l'histoire.

CHRONOLOGIE.

199.
(Ol. cxlv, 2; R. 556.)

Étolie. — Le stratége des Étoliens, Damocrite, les engage à s'unir aux Romains contre Philippe de Macédoine.

Rome et Macédoine. — Le proconsul Sulpicius, chargé de combattre Philippe de Macédoine, traverse l'Illyrie et pénètre par les monts Candaviens dans la Dassarétie, qui touche à la Macédoine; mais l'hiver et la disette le forcent de rétrograder sur Apollonie. — Campagne perdue du consul Villius.

198.
(Ol. cxlv, 3; R. 557.)

Égypte et Syrie. — Le roi de

Syrie, Antiochus, enlève au roi d'Égypte la Cœlésyrie. Les Juifs qui l'ont aidé dans cette conquête retournent volontiers sous sa domination. Il leur laisse leurs lois et les exempte de tribut pour trois ans.

Lacédémone. — Philippe fait alliance avec Nabis, tyran de Lacédémone.

Pergame. — Le roi Attale, allié des Romains, vient prendre position dans l'île d'Égine.

Rome et Macédoine. — Le consul T. Quinctius Flamininus force le passage des défilés d'Antigonie, et pénètre à la suite de l'armée macédonienne dans la Thessalie, où Atrax qui lui résiste est assiégée. Au lieu de retourner à Apollonie, il vient hiverner dans la Grèce centrale, où il s'empare d'Élatée, surprend Thèbes et cherche à détacher les Grecs de l'alliance du roi de Macédoine.

Rome. — Le tribun Porcius Léca fait décréter qu'un citoyen romain ne pourra être battu de verges.

197.
(Ol. cxlv, 4; R. 553.)

Pergame. — Attale, revenu malade de Thèbes, meurt à Pergame, regretté pour sa justice, sa douceur et sa munificence; Eumène II, l'aîné de ses fils, lui succède.

Rome et Espagne. — Le sénat, croyant l'Espagne soumise, y a envoyé deux préteurs pour organiser le pays en province. Soulèvement des Celtibériens à l'est et des Lusitaniens à l'ouest. La conquête est remise en question : la guerre durera soixante et dix ans, dans un pays de montagnes, sans grandes villes, habité par des races belliqueuses, qui n'avaient jamais réellement subi le joug des Carthaginois.

Rome et Gaulois. — Les deux consuls de l'année sont chargés de la guerre contre les Insubres, les Cénomans, les Ligures et les Boïes.

Rome et Macédoine. — Philippe, sortant de la Macédoine, et le proconsul Flamininus, de la Grèce, livrent en Thessalie la bataille de Cynocéphales, où la phalange fut rompue par les légions. Trêve pour préparer la paix définitive. Le vainqueur passe l'hiver à Athènes.

196.
(Ol. lxlvi, 1; R. 559.)

Bactriane et Inde. — L'Inde est attaquée, mais sans succès, par le roi de Bactriane qui est un prince d'origine grecque.

Carthage. — Annibal, qui par de vigoureuses et sages mesures a rétabli la concorde et ranimé la prospérité nationale, devenu l'objet des poursuites jalouses du sénat romain, va se réfugier en Syrie.

Rome et Grèce. — Aux jeux isthmiques, le vainqueur de Cynocéphales proclame l'indépendance des cités grecques, en Thessalie, dans la Grèce proprement dite, et en Asie. Rome, par ce décret, songeait moins à atteindre Philippe qu'Antiochus III, qui franchissait l'Hellespont et enveloppait avec toutes ses forces Lysimachie, grande ville grecque de la Chersonèse de Thrace.

Thessalie. — Assujettie depuis Alexandre le Grand aux rois de Macédoine, la Thessalie recouvre sa liberté par un décret du sénat de Rome et se donne un stratége.

195.
(Ol. cxlvi, 2; R. 560.)

Rome et Grèce. — Agésipolis, roi déchu depuis l'an 219, s'adresse à Flamininus pour être rétabli sur son trône. Un sénatus-consulte déclare la guerre au tyran de Sparte, Nabis. Dans l'assemblée des Achéens, à Corinthe, les Grecs offrent leur concours au proconsul, qui cependant entre bientôt en conférence avec le tyran : Argos seule recouvre son indépendance.

Rome. — Consulat de deux austères romains, M. Porcius Caton et Valérius Flaccus : émeute de femmes pour l'abrogation de la loi *Oppia*, qui a été votée pendant la seconde guerre punique afin de limiter la valeur des ornements d'or ou d'argent qu'elles pouvaient porter.

194.
(Ol. cxlvi, 3; R. 561.)

Chine. — Avénement de l'empereur Hoeï-Ti, qui mettra fin à la proscription des lettrés, les rétablira dans tous leurs honneurs et fera rechercher les livres perdus. Le livre des *Annales* sera ainsi retrouvé et à peu près rétabli dans son intégrité.

Égypte. — A la mort d'Ératosthène, la fameuse bibliothèque d'Alexandrie est dirigée par Apollonius, de Rhodes, Alexandrin de naissance, disciple du poëte Callimaque, auteur lui-même de plusieurs ouvrages de poésie, qu'il composa surtout à Rhodes ; de là, son surnom. On a de lui un poëme *des Argonautes*.

Rome et **Gaulois.** — Guerre active dans la Gaule cisalpine. Le proconsul Valérius Flaccus tue aux Insubres et aux Boïes, près de Milan, dix mille hommes. Une armée consulaire dévaste le territoire des Boïes.

Rome. — Après avoir assisté à l'assemblée des Grecs à Corinthe, T. Quinctius Flamininus quitte la Grèce. Son triomphe à Rome dure trois jours. — Pendant le second consulat de Scipion l'Africain, les édiles curules réservent au sénat des places distinctes de celles du peuple dans les représentations scéniques des grandes fêtes, dites Mégalésia, en l'honneur de la mère des dieux.

193.
(Ol. cxlvi, 4.)

Égypte. — Le jeune Ptolémée Épiphane épouse la fille d'Antiochus le Grand. La Cœlésyrie et la Judée sont rendues alors à l'Égypte. L'inscription, trouvée à Rosette en 1799, est rapportée à l'an 193.

192.
(Ol. cxlvii, 1 ; R. 563.)

Grèce. — Philopœmen défait Nabis, qui est tué bientôt après par les Étoliens. Lacédémone est alors agrégée à la ligue achéenne. — Le sénat pour retenir la Grèce dans son alliance, la fait parcourir par plusieurs ambassades. Elle choisit pour cette tâche délicate les plus habiles et les plus insinuants, surtout Titus Quinctius Flamininus.

Rome et **Syrie.** — Antiochus, qui n'est même pas assuré de l'obéissance des peuples de l'Asie, prétend au rôle de protecteur ou de conquérant de la Grèce. Appelé par les Étoliens, qui n'ont pas trouvé leur compte à l'alliance de Rome, il vient d'abord occuper l'île d'Eubée. Nouveau marié à cinquante ans, il perd des mois au milieu de fêtes à Chalcis. Il vient de donner une de ses filles au roi de Cappadoce, Ariarathe IV, qui sera son allié contre les Romains.

191.
(Ol. cxlvii, 2 ; R. 564.)

Grèce. — Le stratége des Achéens, Diophane, entraîné par les perfides conseils de Flamininus, aurait livré à une armée romaine la ville de Sparte, si Philopœmen, quoique simple particulier, n'était accouru avec quelques Grecs dévoués pour protéger son indépendance.

Rome et **Gaulois.** — Succès du consul P. Cornélius Scipion Nasica contre les Boïes : une partie de la peuplade s'expatrie, et va chercher une terre libre sur les bords du Danube.

Rome et **Syrie.** — Antiochus combat en Acarnanie en faveur des Étoliens. Les armées romaines occupent la Thessalie. Aux Thermopyles, le consul M. Acilius Glabrion, bien servi par le tribun légionnaire Porcius Caton, ancien consul, gagne une facile victoire sur ce ramas de soldats asiatiques. Une bataille perdue par la flotte syrienne, dans une rencontre avec les vaisseaux d'Eumène de Pergame et des Romains, fait fuir Antiochus en Asie. Acilius Glabrion entre en Étolie, où Héraclée est assiégée et prise.

IIe SIÈCLE (190-186).

190.
(Ol. cxlvii, 3; R. 565.)

Grèce. — Flamininus, commissaire romain, et le consul Acilius Glabrion veulent d'autorité faire rentrer à Sparte les bannis pour qu'ils en aient de la reconnaissance à Rome; Philopœmen s'y oppose.

Rome et Syrie. — Le nouveau consul, L. Cornélius Scipion, frère de l'Africain, qui le suit comme lieutenant, conclut une trêve de six mois avec les Étoliens, pour pouvoir aller chercher Antiochus en Asie. Avant l'hiver, il gagne sur les Syriens, et sans son frère, la bataille de Magnésie, près du mont Sipyle, en Lydie.

189.
(Ol. cxlvii, 4; R. 566.)

Grèce. — Philopœmen, stratége des Achéens, ramène lui-même à Sparte les bannis.

Rome, Étoliens et Galates. — Les deux consuls de l'année sont opposés aux alliés d'Antiochus. M. Fulvius Nobilior combat les Étoliens, assiége leur plus importante position, Ambracie; ils sont domptés. Cn. Manlius Vulso remplace L. Cornélius Scipion en Asie Mineure, s'y gorge de dépouilles, attaque les Galates, les seuls auxiliaires belliqueux qu'Antiochus ait trouvés en Asie.

Rome. — Fulvius Nobilior est accompagné en Étolie par le poëte Ennius; il consacre aux muses une partie des dépouilles de Mars. Lui-même a écrit des *Fastes*.

188.
(Ol. cxlviii, 1; R. 567.)

Grèce. — Pour régler un différend entre la ligue et Sparte, les Achéens députent à Rome Diophane, et Lycortas, père de l'historien Polybe. Philopœmen, réélu stratége, marche contre Sparte, qui ne veut pas se soumettre à la constitution commune de la ligue, dont elle fait partie; il abolit les lois de Lycurgue.

Rome et Syrie. — Antiochus se résigne à un traité de paix avec les Romains; ils lui enlèvent l'Asie Mineure jusqu'au Taurus, lui imposent un lourd tribut. — L'allié persévérant des Romains, Eumène de Pergame, reçoit une grande étendue de pays, dans la Chersonèse de Thrace et en Asie Mineure; mais non les villes grecques, qui sont comme en Europe rendues à la liberté. — Ariarathe de Cappadoce, l'allié, le gendre d'Antiochus, par l'entremise d'Eumène, qui va épouser sa fille, obtient un traité de paix moyennant soixante talents.

187.
(Ol. cxlviii, 2; R. 568.)

Grèce. — Nouvelle députation des Achéens au sénat romain; Philopœmen s'adresse en même temps à la cour d'Égypte, ancienne alliée de la confédération.

Rome et Ligures. — Les consuls M. Æmilius Lepidus, C. Flamininus, sont envoyés contre les Ligures, les plus pauvres, les plus énergiques des habitants de la Cisalpine.

Rome. — Ces consuls ont tracé les grandes voies romaines, qui conduisent dans la Gaule cisalpine : 1° la voie Flaminienne, de Rome par l'Étrurie, et l'Ombrie, jusqu'au territoire d'Ariminum, près du fleuve Rubicon, limite de l'Italie au nord-est; 2° la voie Émilienne, d'Ariminum à Bologne, qui sera successivement continuée à travers la Cisalpine jusqu'à Aquilée. — Les deux Scipion, l'Africain et l'Asiatique, constamment en butte aux attaques des tribuns Pétilius, et du haineux Caton, qui leur reproche leur luxe et leur goût pour les arts de la Grèce, sont réduits, l'un à s'exiler, l'autre à payer une amende qui le ruine.

Syrie. — Antiochus III le Grand meurt, tué par ses sujets, dans l'Élymée, contrée limitrophe de la Susiane. Ses deux fils Séleucus et Antiochus régneront successivement.

186.
(Ol. cxlviii, 3; R. 569.)

Rome. — Après la découverte

IIᵉ SIÈCLE (184-180).

des scandales impies et sanglants auxquels servait de prétexte la célébration des bacchanales, un sénatus-consulte les interdit à Rome et dans toute l'Italie.—Pour la première fois, des combats d'athlètes sont offerts en spectacle aux Romains par Fulvius, le vainqueur des Étoliens.

184.
(Ol. cxlix, 1 ; R. 571.)

Bithynie et **Pergame.** — La guerre entre Prusias et Eumène fournira encore un motif d'intervention aux Romains.

Rome et **Ligures.** — Les deux consuls, pendant plusieurs années de suite, sont envoyés contre les Ligures.

Rome. — La censure de Porcius Caton et de son ami, l'austère Valérius Flaccus, utile et glorieuse par de courageuses réformes, suspend à peine les progrès de la corruption qui, née de la conquête, grandira avec elle. La basilique Porcia prouve que le réformateur ne manquait pas d'un goût délicat pour les arts. — Mort de Plaute, le premier grand poëte comique qui ait écrit en langue latine. Il était originaire de l'Ombrie et fut longtemps esclave.

183.
(Ol. cxlix, 2 ; R. 572.)

Achéens. — Philopœmen, étant stratége, à soixante-dix ans, devenu prisonnier de guerre d'une faction messénienne, qui voulait livrer la Grèce à l'étranger, boit la ciguë. La mort du dernier des Grecs, hâtée peut-être par la présence de Flamininus en Grèce, est inutilement vengée sur les Messéniens par le nouveau stratége, son ami Lycortas; le fils de Lycortas, Polybe, au milieu du concours des Grecs, porta l'urne funéraire à Mégalopolis, patrie de Philopœmen.

Orient. — Le roi de Pont, Pharnace Iᵉʳ, enlève de force l'importante place maritime de Sinope; aussitôt Eumène et les Rhodiens envoient porter leurs plaintes au sénat de Rome.

Rome.— La peste, pendant trois ans, décime Rome et l'Italie. — Mort de Scipion l'Africain, retiré obscurément en Campanie, à Liternum.

182.
(Ol. cxlix, 3 ; R. 573.)

Carthage. — Retiré auprès du roi de Bithynie Prusias, mais menacé d'être livré à l'envoyé romain Flamininus, Annibal meurt libre par le poison.

181.
(Ol. cxlix, 4 ; R. 574.)

Égypte. — Avénement d'un roi enfant, Ptolémée Philométor.

Rome et **Grèce, Orient.**—Les ambassades affluent au sénat de la part d'Eumène, d'Ariarathe, roi de Cappadoce; de Pharnacé, roi de Pont, qui se défendait contre ces deux rois ; des bannis de Lacédémone ; des Achéens, à l'occasion de l'affaire de Messène.

Rome. — Une loi consulaire refrène la brigue à laquelle se livraient les candidats aux charges publiques. Une loi tribunitienne, loi *Orchia*, limite le nombre des convives et la dépense des festins.

180.
(Ol. cl, 1 ; R. 575.)

Achéens. — Callicrate, député de la ligue achéenne auprès du sénat, vient apprendre aux Romains à asservir promptement la Grèce.

Rome et **Cisalpine.**—Par ordre du sénat, quarante mille Ligures avec leurs femmes et leurs enfants sont transportés dans le Samnium; sept mille encore, quelques mois après. Leur territoire est partagé entre des colons. La résistance des Gaulois cisalpins continue.

Rome. — Des ouvrages de Numa, découverts au pied du mont Janicule, sur la déclaration du préfet de la ville qu'ils renfermaient des choses contraires au culte établi, sont brûlés par l'ordre du sénat.

179.
(Ol cl, 2 ; R. 576.)

Macédoine. — La douleur d'avoir fait mourir son fils innocent, Démétrius, et de n'avoir d'autre héritier qu'un fils fratricide, hâte la mort de Philippe, roi de Macédoine. Persée lui succédera.

Rome. — Pour mettre une borne à l'arbitraire et modérer l'impatience des ambitieux, la loi *Villia*, ou *Annalis*, règle l'âge où on pouvait arriver aux charges publiques : vingt-sept ans, pour la questure; trente-sept, pour l'édilité curule; quarante, pour la préture; quarante-trois, pour le consulat. — Représentation à Rome, vers ce temps, de comédies du poète Cæcilius, né en Gaule chez les Insubres, esclave comme Plaute, et ami d'Ennius.

178.
(Ol. cl, 3 ; R. 577.)

Macédoine et **Thessalie.** — La Thessalie cesse d'avoir un stratége indépendant, elle retombe sous l'influence de la Macédoine.

Rome, Espagne et **Istrie.** — Deux généraux reviennent vainqueurs, l'un du pays des Celtibères, l'autre de celui des Lusitaniens. Tib. Sempronius Gracchus, préteur, sait par de bonnes lois gagner les Celtibères à la paix. — L'Istrie occupe pendant deux ans des armées consulaires.

177.
(Ol. cl, 4 ; R. 578.)

Rome, Ligures et **Sardaigne.** — Une colonie est établie à Lucques, au nord de l'Étrurie, à l'entrée du pays des Ligures. — Tib. Sempronius Gracchus, qui a reçu comme préteur les honneurs du triomphe pour ses succès en Espagne, emploie son armée consulaire contre les Sardes révoltés.

176.
(Ol. cli, 1 R. 579.)

Rome et Ligures. — Les Ligures tuent encore un consul romain.

175.
(Ol. cli, 2 ; R. 580.)

Rome et Ligures. — Les ravages commis par les Ligures sur le territoire de Luna, à l'embouchure de la Macra, et plus au sud jusqu'à Pise, au-dessus de l'embouchure de l'Arno, nécessitent une expédition consulaire. Une partie des Ligures sont désarmés.

Syrie. — Séleucus Philopator est assassiné par son ministre Héliodore, celui qui avait voulu briser les portes du trésor sacré de Jérusalem. Dans ce moment, son fils Démétrius était parti pour l'Italie, où il devait prendre comme otage la place du frère de Séleucus, Antiochus, que leur père y avait envoyé en 186; Antiochus, qui est en route pour regagner la Syrie, est mis sur le trône par l'influence des princes de Pergame; il a été surnommé Épiphane.

174.
(Ol. cli, 3 ; R. 581.)

Carthage. — Des députés romains, envoyés d'abord auprès de Masinissa, vont se rendre compte de l'état de Carthage, qui peut-être conspire secrètement avec le roi de Macédoine.

173.
(Ol. cli, 4 ; R. 582.)

Rome et Syrie. — Antiochus Épiphane renouvelle les traités d'amitié avec les Romains.

172.
(Ol. clii, 1 ; R. 583.)

Rome et Macédoine. — Eumène, traversant la Grèce pour aller révéler au sénat les projets de guerre de Persée contre Rome, est, près de Delphes, enveloppé par des assassins, qui le blessent sans le tuer. Il mettra toutes ses ressources à la disposition des Romains contre la Macédoine. — Commissaires romains envoyés en Grèce pour empêcher la formation d'une ligue nationale, qui pourrait soutenir Persée : ils parcourent l'île de Céphalénie, l'Épire, l'Étolie, la Thessalie ; une confédération, qui a essayé de se constituer en Béotie, est dissoute.

171.
(Ol. CLII, 2 ; R. 584.)

Égypte, Syrie. — Antiochus Épiphane profite de la jeunesse de Ptolémée Philométor pour attaquer la Cœlésyrie égyptienne : cette invasion sera renouvelée pendant trois ans. — La cour d'Alexandrie se déclare pour les Romains, contre le roi de Macédoine.

Judée. — Sanglante anarchie de la Judée, depuis que le vénérable Onias, d'abord dépouillé des fonctions de grand prêtre par un de ses frères, Jason, qui établit dans Jérusalem les exercices et les spectacles profanes de la Grèce, a été assassiné par l'ordre de son jeune frère Ménélas, aussi cupide que cruel.

Rome et Macédoine. — Vingt-six ans après la conclusion de la paix entre Rome et Philippe de Macédoine, les hostilités s'ouvrent avec Persée. Campagne sans résultat, du consul P. Licinius. Il partage ses troupes, pour l'hiver, entre la Béotie et la Thessalie, qui souffrent cruellement de sa violence et de sa cupidité. Impuissance des consuls qui se succéderont pendant deux ans.

170
(Ol. CLII, 3 ; R. 585.)

Rome et Ligures. — Un des consuls prend position en face des Ligures et passe l'hiver en armes près de Luna et de Pise, au nord de l'Étrurie.

169.
(Ol. CLII, 4 ; R. 586.)

Égypte et Syrie. — Pendant que l'Égypte est envahie par le roi de Syrie, les factions obligent le jeune Ptolémée Philométor, qui était d'un caractère doux mais inerte, à partager le trône avec son frère Ptolémée Évergète ou Physcon. Quand Antiochus s'est retiré, les deux jeunes rois s'adressent aux Achéens, anciens alliés de l'Égypte, et à Rome, dans la crainte d'une nouvelle invasion syrienne.

Judée et Syrie. — Au retour, Antiochus entre dans la ville de Jérusalem en maître irrité, la traite comme une ville conquise : quatre - vingt mille hommes sont égorgés ou vendus, le temple est pillé. Il croit anéantir les lois, les mœurs, la religion du peuple juif, en ordonnant d'atroces persécutions. Des troupes syriennes occupent une citadelle bâtie pour dominer la ville sainte.

Pergame. — Eumène doute un instant de la fortune de Rome, parce que la Macédoine résiste aux armées consulaires. Il négocie avec Persée.

Rome. — La loi *Voconia* qui empêche que les femmes n'accumulent trop de biens entre leurs mains par héritages ou par legs est inspirée et soutenue par Caton, âgé de soixante-cinq ans. — Mort du poëte Ennius : il fut enseveli à un mille de la ville sur la voie Appienne, dans le tombeau de Scipion l'Africain, son ami, son protecteur et le héros de son poëme.

168.
(Ol. CLIII, 1 ; R. 587.)

Rome, Illyrie et Macédoine. — Campagne décisive contre Persée et ses alliés : activité du consul Paul Émile, malgré ses soixante ans. Les Romains avaient pénétré dès l'année précédente en Macédoine, malgré l'obstacle des montagnes et les forces de Persée. Le préteur Octavius va prendre le commandement de la flotte à Orée, en Eubée. Le préteur Anicius tombe sur le roi d'Illyrie, Gentius, qui s'est déclaré tardivement pour Persée, et ne résiste pas plus de trente jours. La phalange a le même sort qu'à Cynocéphales : victoire de Paul Émile sur Persée à Pydna, dans la Piérie. Fuite de Persée à Amphipolis, puis dans l'île de Samothrace, où il se livre au préteur Octavius.

Rome et Syrie. — L'Égypte,

que la médiation des Rhodiens n'avait pas sauvée des coups d'Antiochus Épiphane, doit son salut aux audacieuses menaces du député de Rome, Popilius Lénas, qu'enhardit la nouvelle de la chute de Persée. Antiochus, enfermé dans le cercle que trace la baguette du député romain, promet de ne plus inquiéter les Lagides.

Rome. — Sous la censure de Sempronius Gracchus, les affranchis, qui en se répandant dans toutes les tribus rustiques y avaient acquis de l'importance par leur nombre, sont renfermés dans une des quatre tribus urbaines qui ne votent qu'après les autres. — Mort du poëte comique Cæcilius.

Syrie. — Antiochus Épiphane, arraché en frémissant à la conquête de l'Égypte, fait tomber sa colère sur la Judée; il profane le temple de Jérusalem et entre dans le sanctuaire.

167.
(Ol. cliii, 2 ; R. 588.)

Rome et Bithynie. — Prusias II vient avec son fils Nicomède adorer la majesté romaine et s'avilir aux pieds du sénat.

Rome et Carthage. — Caton est envoyé avec d'autres commissaires pour apprécier les griefs des Carthaginois contre Masinissa. Il trouve cette ville encore trop riche et trop prospère ; et depuis il ne cessa de répéter : « Il faut détruire Carthage. » (*Delenda est Carthago*).

Rome, Épire, Grèce, Illyrie et Macédoine. — Paul Émile, proconsul, après être venu jusqu'à Pella et Amphipolis, en attendant les commissaires romains qui doivent régler le sort de la Macédoine, parcourt la Grèce, s'arrête avec respect à toutes les villes qu'ont illustrées le génie militaire, l'amour de la patrie, les beaux-arts, le culte des dieux. — La Macédoine et l'Illyrie perdent leur titre de royaume et sont partagées en districts. — Soixante et dix villes de l'Épire, dont une partie s'était déclarée pour Persée, sont détruites. — Toutes les dépouilles ont été étalées aux yeux des Grecs. — Le sénat enlève à l'Achaïe mille de ses principaux citoyens, comme suspects d'attachement pour Persée. Le traître Callicrate aide les députés romains à choisir les amis de la liberté, destinés à un exil qui durera dix-sept ans. — Polybe, fils de Lycortas, un des exilés, trouvera à Rome une utile protection et une honorable amitié dans la maison même de Paul Émile, qui le donne pour conseiller politique et pour guide moral à ses fils.

Rome et Pergame. — Le sénat punit Eumène d'avoir, quand les chances de la guerre étaient douteuses, négocié avec Persée. Un décret interdit aux rois de venir à Rome. Son frère Attale, secrètement encouragé par les sénateurs à se saisir de la couronne, a la prudence ou la vertu de résister à la tentation.

Rome et Rhodes. — Les Rhodiens, qui avaient offert au sénat leur médiation lorsque Persée n'était pas abattu, sont traités en ennemis : l'alliance qui durait depuis quatorze ans est brisée.

166.
(Ol. cliii, 3 ; R. 589.)

Judée. — Un prêtre de Jérusalem, Mathathias, prend les armes pour la défense de sa foi contre le cruel Antiochus. Cet Asmonéen laisse cinq fils : Jean, Simon, Judas (Maccabée), Éléazar, Jonathas.

Rome. — Térence, né à Carthage, quelque temps esclave d'un sénateur de Rome, fait représenter à Rome, aux jeux de la fête des Mégalésia, sa comédie de l'*Andrienne*, imitée des Grecs, qui avait eu déjà l'approbation du poëte comique Cæcilius.

165.
(Ol. cliii, 4 ; R. 590.)

Judée. — Une victoire de Judas Maccabée sur le général d'Antiochus.

Lysias, qui avait le gouvernement des provinces en deçà de l'Euphrate, remet les Juifs fidèles en possession de la ville et du temple de Jérusalem que souillaient depuis quatre ans les troupes de Syrie. — Déjà les éternels ennemis des Juifs, Iduméens, Ammonites, Philistins, renouvellent leurs courses en Palestine.

Rome. — Représentation de l'*Hécyre* de Térence. Les Romains, pressés de courir à un combat de gladiateurs, ne la laissent pas achever. Elle ne fut goûtée qu'à la troisième reprise.

164.
(Ol. CLIV, 1 ; R. 591.)

Orient. — Eumène oppose aux prétentions de Prusias, aux invasions des Galates, aux révoltes de peuples asiatiques, l'*intervention du sénat romain*, auprès duquel il envoie ses deux frères.

Rome. — Marcius Philippus, censeur avec Paul Émile, établit à Rome un cadran solaire, plus exact que celui qui y avait été apporté cent ans auparavant.

Syrie. — Après une expédition contre le roi d'Arménie Artaxias, Antiochus Épiphane vient enlever les richesses sacrées dans le temple de Vénus Élymaïde, près de la Susiane. En mourant, il ne laisse pour héritier qu'un enfant de neuf ans, Antiochus Eupator.

163.
(Ol. CLIV, 2 ; R. 592.)

Cappadoce. — Le nouveau roi de Cappadoce, Ariarathe V, reçoit les députés romains et renouvelle l'alliance avec le sénat.

Rome, Corse et Ligures. — Les Ligures et les Corses occupent encore une dernière fois les armes romaines sous les consuls Tib. Sempronius Gracchus et M. Juventius Thalna. — Des colonies militaires, établies à Pise et à Modène, tiennent en respect les Cisalpins.

Rome. — Térence donne à la scène sa comédie de l'*Heautontimoroumenos*, empruntée au poëte grec Ménandre.

162.
(Ol. CLIV, 3 ; R. 593.)

Égypte. — Après sept années de gouvernement en commun, rupture entre les deux frères qui règnent sur l'Égypte. L'aîné dépouillé vient en suppliant à Rome. Le sénat les décide à un partage; le plus jeune, l'ambitieux Évergète ou Physcon, régnera à Cyrène ; l'aîné recouvre l'Égypte proprement dite. Physcon, mécontent de sa part, vient à Rome demander l'île de Cypre, dont il prendra possession malgré son frère, mais avec l'autorisation des Romains.

Rome. — L'élection des consuls ayant paru défectueuse au collége des augures, quoiqu'ils fussent partis déjà pour leurs provinces, ils reviennent et abdiquent. — Les clepsydres ou horloges d'eau, qui indiquaient l'heure par les élévations successives de l'eau qui entrait dans un vase en quantités réglées, ou par le mouvement d'une aiguille que cette eau faisait tourner sur un cadran gradué, sont introduites à Rome par Scipion Nasica. Au moyen de la clepsydre on distinguait les heures de la nuit comme celles du jour. Un esclave était chargé d'observer ces instruments et d'annoncer les heures du jour.

Syrie. — A la mort de son neveu Antiochus Eupator, Démétrius Soter, fils de Séleucus Philopator auquel il aurait dû succéder, s'échappe de Rome où il était comme otage depuis treize ans, se débarrasse du jeune fils d'Antiochus et se fait roi.

161.
(Ol. CLIV, 4 ; R. 594.)

Rome. — Après une délibération du sénat, le préteur M. Pomponius, dans l'intérêt de la moralité de l'État, bannit de Rome les philosophes et les rhéteurs qui faussent et amollissent l'esprit de la jeunesse.—Nouvelle loi somptuaire, ou loi *Fannia*, contre le luxe de la table. — Comédies de Térence données à la scène : l'*Eunuque*, imitée de Ménandre, elle eut un grand succès, dans le même jour elle fut représentée et payée deux fois au prix de huit mille sesterces ; le *Phormion*, empruntée aussi à une comédie grecque.

160.
(Ol. clv, 1 ; R. 595.)

Cappadoce. — Ariarathe V envoie à Rome une couronne d'or.

Judée. — Judas Maccabée adresse une ambassade à Rome, pour mettre sous la protection du sénat la nation juive. — Une bataille livrée contre le général syrien Bacchide coûte la vie au héros d'Israël. — Quelque temps dispersés, les Juifs mettent à leur tête Jonathas, un des frères de Judas, qui, pendant vingt-quatre ans, remplira les fonctions de général et de juge.

Rome. — Mort de Paul Émile. — Térence donne à la représentation sa sixième comédie, les *Adelphes*, imitée de Ménandre, pour les jeux funèbres que les deux fils de Paul Émile, adoptés, l'un par les Fabius, l'autre par les Scipion, célèbrent en l'honneur de leur père. — Il ne paraît pas que les personnages puissants que Térence, dans son prologue, se fait gloire d'avoir pour conseillers ou collaborateurs littéraires, soient Scipion Émilien, âgé seulement alors de vingt-cinq ans, ou Lælius.

159.
(Ol. clv, 2 ; R. 596.)

Pergame. — En revenant de Rome, où son frère le roi Eumène l'avait envoyé quérir encore les bonnes grâces du sénat, Attale hérite du royaume de Pergame.

157.
(Ol. clv, 4 ; R. 598.)

Cappadoce. — Le roi Ariarathe dépouillé par une faction que soutenait Démétrius, roi de Syrie, vient à Rome implorer l'assistance du sénat qui lui fait rendre son trône. Attale II de Pergame aide à son rétablissement.

Judée. — Un traité avec le général syrien Bacchide donne quelques années de repos aux Juifs qui combattent pour l'indépendance sous Jonathas. Ils renouvellent l'alliance avec le peuple romain.

156.
(Ol. clvi, 1 ; R. 599.)

Égypte. — Ptolémée Philométor a confié l'éducation de son fils au grammairien Aristarque, né dans l'île de Samothrace, qui vint de bonne heure à Alexandrie, et se distingua dans l'étude critique des poëtes, surtout d'Homère.

Orient. — Attale II Philadelphe, en guerre avec Prusias, ne conservera son royaume, ne sauvera sa capitale que par l'intervention de députés romains et du sénat, qui laisse ces rois impuissants de l'Asie escarmoucher pendant deux ans. — Mithridate V, Évergète, roi de Pont, soutient Prusias.

Rome et **Dalmates.** — Campagne pénible du consul C. Marcius Figulus contre les Dalmates, qui seront combattus ensuite par P. Cornélius Scipion Nasica.

155.
(Ol. clvi, 2 ; R. 600.)

Grèce et **Rome.** — Des députés achéens viennent inutilement demander au sénat la liberté pour leurs compatriotes retenus en Italie depuis douze ans. — Les Athéniens ayant une députation à adresser au sénat romain pour régler des intérêts particuliers, envoient trois philosophes : Carnéade, de l'Académie ; Diogène, stoïcien ; Critolaos, péripatéticien, qui scandalisent les vieux Romains par leurs sophismes. Les sectes philosophiques de la Grèce, entrées avec eux dans Rome, n'en sortiront plus.

154.
(Ol. CLVI, 3; R. 601).

Égypte. — Le roi de Cyrène et de Cypre, Ptolémée Physcon, vient encore à Rome adresser ses plaintes aux sénateurs, comme s'il était persécuté par son frère aîné, l'inoffensif Ptolémée Philométor, roi d'Égypte.

Rome et Dalmates. — Les Dalmates sont à peu près soumis.

Rome et Gaule. — Le sénat intervient pour la première fois dans la Gaule transalpine à titre d'allié de Marseille; le consul Q. Opimius va protéger cette république contre les attaques des Oxybiens et des Décéates.

Rome. — Célébrité de Pacuvius, né à Brindes, neveu d'Ennius. Il exerça à Rome la peinture, et y fit représenter des tragédies. Il se retira ensuite à Tarente.

153.
(Ol. CLVI, 4; R. 602.)

Rome et Espagne. — Nouvelle prise d'armes des Espagnols contre lesquels il faut envoyer des consuls.

152.
(Ol. CLVII, 1; R. 603.)

Judée et Syrie. — Le gouvernement romain reconnaît pour roi de Syrie l'usurpateur Alexandre Bala, qui se prétend fils d'Antiochus Épiphane. — Alexandre attache à son parti le chef des Juifs Jonathas, qui se fait donner par lui l'autorité dans Jérusalem. Les fortifications de la ville sainte sont relevées.

151.
(Ol. CLVII, 2; R. 604.)

Grèce. — A la requête de Scipion Émilien, fils de Paul Émile, ami de l'Achéen Polybe, que soutient même Caton, les exilés grecs retenus en Italie depuis dix-sept ans, obtiennent de rentrer dans leur patrie. Il n'en restait plus qu'environ trois cents. — Polybe retourne en Grèce.

Rome et Espagne. — La guerre contre les Celtibères, malheureuse pendant deux ans, devient une cause d'effroi pour les Romains. Les consuls procédant avec sévérité à l'enrôlement sont jetés en prison par les tribuns du peuple. P. Cornélius Scipion Émilien, âgé de trente-quatre ans, s'offre à partir comme lieutenant des consuls. — L'un des consuls, L. Licinius Lucullus, opposé aux Vaccéens, aux Cantabres, aux Celtibères, se signale par sa cruauté, son avarice, sa perfidie. Le préteur Serv. Sulpicius Galba est battu par les Lusitaniens.

Rome. — Un des consuls de l'année, A. Posthumius Albinus, a écrit une histoire romaine en grec.

150.
(Ol. CLVII, 3; R. 605.)

Carthage, Numidie. — Les Carthaginois, que Rome ne protège pas contre les empiétements de Masinissa, se défendent eux-mêmes quoique le traité de Zama leur interdise de faire la guerre; ils envoient cinquante mille hommes qui battent les Numides. Ce sera un prétexte de guerre pour le sénat de Rome.

Judée. — Ptolémée Philométor juge le fameux procès que les Samaritains avaient entrepris contre les Juifs, en soutenant que leur temple de Garizim, consacré à Jupiter Hospitalier, devait l'emporter sur celui de Jérusalem. Les représentants des deux parties s'étant engagés, sous peine de la vie, à justifier leurs prétentions par les termes de la loi de Moïse, comme les Juifs gagnèrent leur cause, les Samaritains furent punis de mort selon la convention.

Rome et Espagne. — Lâcheté sanguinaire du préteur Serv. Galba : il fait massacrer des milliers de Lusitaniens qui se sont rendus à lui volontairement et sans armes. Un de ceux qui échappent, Viriathe, commence déjà à punir les Romains de leurs cruautés.

Syrie. — Le Séleucide Démétrius Soter périt dans une révolte de ses soldats mercenaires. Ils acceptent pour roi Alexandre Bala, qui est soutenu par l'Égypte, par Pergame, par le Juif Jonathas : Jonathas lui-même assiste à Ptolémaïs au mariage d'Alexandre avec la fille du roi d'Égypte.

149.
(Ol. clvii, 4 ; R. 605.)

Achéens. — Diéos, un des bannis rentrés en Grèce, est nommé stratége.

Bithynie. — Attale satisfait son ressentiment contre la Bithynie en favorisant l'usurpation du fils de Prusias, Nicomède, qui devient roi par un meurtre.

Rome. — Serv. Galba, qui pendant sa préture a fait massacrer les Lusitaniens, est poursuivi en justice par le tribun L. Scribonius Libo, comme violateur des traités : Caton, malgré ses quatre-vingt-cinq ans, soutient de sa parole l'accusateur. Le coupable échappe, par ses largesses aux juges, ou par son éloquence. — Mort de Caton. Il avait subi la contagion des vices qui l'entouraient : la pratique de l'usure la plus inique, sa parcimonie et sa cruauté à l'égard des esclaves, même quelques scandales dans sa vie privée ternissent ses dernières années. Les Romains avaient de lui, outre un traité sur l'agriculture, une histoire en sept livres qui résumaient : 1° l'époque des rois de Rome; 2° et 3° les origines des villes de l'Italie; 4° la première guerre punique; 5° la deuxième guerre punique; 6° et 7° les autres guerres jusqu'à la préture de Serv. Galba. — Le tribun Calpurnius Pison Frugi fait établir, pour le jugement des crimes de concussion qui étaient toujours portés devant l'assemblée du peuple, un tribunal permanent, *quæstionem perpetuam.* Calpurnius avait composé des *Annales.*

Rome et Carthage. — Commencement de la troisième guerre punique. Les deux consuls L. Marcius Censorinus et M. Manilius sont envoyés en Afrique. Carthage, dans l'espoir d'échapper à une lutte fatale, consent à livrer trois cents otages, toutes les armes et les machines de guerre; mais quand les consuls demandent aux Carthaginois d'abandonner leur ville et de vivre loin de la mer, le patriotisme fournit encore des ressources à ce malheureux peuple pour résister pendant trois ans. Les consuls assiégent Carthage sans succès. — Mort de Masinissa, âgé de plus de quatre-vingt-dix ans. Son fils Micipsa lui succède.

Rome et Macédoine. — Un Pseudo-Philippe, Andriscos, s'allie aux Thraces contre les Romains.

148.
(Ol. clviii, 1 ; R. 607.)

Achéens. — Damocrite, un des bannis rentrés en Grèce, est nommé stratége.

Rome et Carthage. — Le consul Calpurnius Pison dirige sans vigueur le siége de Carthage. Indiscipline de l'armée romaine.

Rome et Macédoine. — Andriscos, après avoir battu un préteur romain, est pris par Q. Cœcilius Métellus. Les Macédoniens deviennent tributaires.

147.
(Ol. clviii, 2 ; R. 608.)

Achéens. — Diéos est de nouveau nommé stratége.

Rome et Carthage. — P. Cornélius Scipion Émilien, consul, presse le siége de Carthage, enveloppe la ville, malgré son immense enceinte et son double port, par terre et par mer.

146.
(Ol. clviii, 3 ; R. 609.)

Égypte et Syrie. — Alexandre Bala, usurpateur du trône de Syrie, et Ptolémée Philométor, défenseur du prince légitime, Démétrius II, fils de Démétrius Soter, meurent en combattant. — Le Séleucide Démétrius II Nicator soutient une guerre de six ans contre les partisans de la maison Bala, et contre l'ambitieux Diodote Tryphon, Syrien d'Apamée.—Ptolémée Philométor avait épousé sa propre sœur Cléopâtre et en avait eu un fils. Ptolémée Physcon, enfin seul roi par la mort d'un frère, dont il est l'ennemi depuis vingt-deux ans, contraint Cléopâtre à devenir sa femme; il tue dans ses bras le fils de Philométor. Il se fait détester de tous par la licence qu'il permet à ses soldats mercenaires.

Rome, Carthage et Grèce.— Scipion Émilien, proconsul, presque au début de la nouvelle campagne, emporte d'assaut Carthage: Hasdrubal qui avait dirigé la défense nationale avec énergie se livre de lui-même aux Romains. Sac épouvantable, destruction complète de l'ancienne rivale de Rome. Formation d'une province romaine d'Afrique. — Les éternels différends entre les Achéens et les Spartiates sont l'occasion d'une nouvelle intervention romaine. Le proconsul Métellus descend de Macédoine avec son armée; il est vainqueur des Achéens qui ont pour stratège Critolaos, près des Thermopyles, à Scarphée. Critolaus s'empoisonne. Diéos, qui commande après lui, arme jusqu'aux esclaves, perd, contre le consul L. Mummius, la dernière bataille livrée par les Grecs, à Leucopétra près de Corinthe. Destruction de Corinthe. Organisation de la nouvelle province, qui reçoit le nom d'Achaïe. Les riches dépouilles de la Grèce, vases, tableaux, statues d'airain et de marbre, sont envoyées à Rome. — Polybe, qui a assisté avec Scipion à la destruction de Carthage, revenu en Grèce a assisté à la ruine de Corinthe : il a contribué par son influence auprès des commissaires romains à adoucir le sort de la Grèce asservie. — Clitomaque, philosophe carthaginois qui était alors à Athènes avec Carnéade, après la ruine de Carthage, envoie comme consolation à ses compatriotes captifs, ses traités de philosophie.

145.
(Ol. CLVIII, 4 ; R. 610.)

Rome et Espagne.—Le consul Q. Fabius Maximus Emilianus, frère de Scipion Émilien second Africain, est envoyé contre le Lusitanien Viriathe, qui a déjà battu deux préteurs et est maître des régions occidentales de la Péninsule.

144.
(Ol. CLIX, 1.)

Judée et Syrie.—Diodote Tryphon, prétendant au trône de Syrie, prend par trahison le chef des Juifs, Jonathas, et le fait égorger avec ses enfants.—Tryphon est roi.—Simon, le seul qui reste des cinq fils de Mathathias, est nommé souverain pontife et général par le peuple juif. Il chasse enfin les Syriens de la citadelle de Jérusalem. Les Juifs commencent à goûter les douceurs de la paix.

143.
(Ol CLIX, 2 ; R. 612.)

Rome. — Trois tribunaux permanents (*quæstiones perpetuæ*), sont créés pour poursuivre les crimes : 1° de majesté, ou attentat contre le gouvernement; 2° de brigue, ou attentat contre la probité des élections ; 3° de péculat, ou détournement de deniers publics; ils étaient jusque-là réservés au jugement de l'assemblée du peuple.

Rome et Égypte.—Députation romaine reçue avec la plus grande humilité par Ptolémée Physcon : elle a pour chef le second Africain qui a emmené avec lui le philosophe stoïcien Panétios, digne par son caractère, son esprit, sa science, de l'amitié de Scipion et de Lælius; il est auteur d'un traité *de Officiis*.

Rome et Espagne. — Campagne du consul Q. Cœcilius Métellus le Macédonique.

Rome et Gaule. — Le consul Appius Claudius Pulcher combat les Salasses, nation indocile des Alpes occidentales.

Rome et Macédoine. — L'armée du nouveau Pseudo-Philippe, est taillée en pièces par les troupes d'un questeur. La Macédoine, enfin pacifiée, devient province romaine.

142.
(Ol. clix, 3 ; R. 613.)

Rome et **Espagne.** — Le proconsul Q. Cœcilius Métellus combat avec succès les Celtibères, pendant que Fabius Maximus Servilianus, consul, est opposé aux Lusitaniens et à Viriathe. — Des congés multipliés désorganisent l'armée du proconsul.

141.
(Ol. clix, 4 ; R. 614.)

Rome. — Lorsque des députés de Macédoine viennent se plaindre des exactions de leur préteur D. Junius Silanus, T. Manlius Torquatus, le père du magistrat coupable, demande à le juger lui-même et le condamne ; quand Silanus s'est donné la mort il n'assiste même pas à ses funérailles.

Rome et Espagne. — Honte égale de deux généraux romains : le consul Q. Pompéius Rufus, après une grande défaite sur le territoire des Numantins, aux sources du Douro, se fait payer un traité de paix par les barbares ; le proconsul Q. Fabius Maximus Servilianus subit les conditions du traité que Viriathe veut bien conclure avec le peuple romain.

140.
(Ol. clx, 1 ; R. 615.)

Chine. — Avénement de l'empereur Hiao-Wou-Ti, qui régnera jusqu'à l'an 87.

Rome et **Espagne.** — Q. Servilius Cœpion succède à son frère Fabius Servilianus en Lusitanie. Un assassinat le délivre de Viriathe.

139.
(Ol. clx, 2 ; R. 616.)

Rome. — La loi *Gabinia* établit l'usage du scrutin secret pour l'élection des magistrats, afin de rendre plus libre le vote des pauvres, qui n'osaient pas refuser leurs suffrages à de riches citoyens dont l'appui leur était nécessaire. — Un édit du préteur des étrangers bannit de Rome et de l'Italie les astrologues dits Chaldéens. — Le poëte tragique Attius, né d'un fils d'affranchi, et Pacuvius, âgés, l'un de trente ans, l'autre de quatre-vingts ans, font représenter chacun, la même année, une de leurs tragédies sur la scène romaine. Attius, traversant l'Italie pour se rendre en Asie, visite à Tarente le vieux Pacuvius.

Rome et **Espagne.**— La transaction vénale de Q. Pompéius avec les Numantins est rompue par le consul M. Popilius Lœnas ; la guerre qui recommence, est conduite sans succès pendant deux ans par M. Popilius.

138.
(Ol. clx, 3 ; R. 617.)

Parthes, Syrie. — Le roi de Syrie, Démétrius II Nicator, ayant été fait prisonnier par les Parthes, qu'il était allé attaquer sur leur territoire, son frère Antiochus quitte la ville de Sida, en Pamphylie, où il vivait (d'où son surnom de Sidétès), pour prendre le gouvernement royal. — Démétrius sera dix ans captif.

Pergame. — Mort d'Attale II, avénement d'Attale III.

Rome et **Espagne.**—Le consul D. Junius Brutus envoyé en Lusitanie, donne des terres, mais loin de leur pays, sur la côte de la Méditerranée, aux anciens compagnons de Viriathe qui acceptent la domination romaine ; il les établit à Valence. Il restera deux ans utilement en Espagne.

137.
(Ol. clx 4 ; R. 618.)

Rome. — D'après la loi *Cassia*, les suffrages pour les jugements publics ; dans les affaires de majesté, brigue, péculat, concussion, seront donnés au scrutin secret.

Rome et Espagne.—Le consul C. Hostilius Mancinus est vaincu et chassé de son camp par les Numantins. Traité de paix ignominieux que ne ratifie pas le sénat. Tibérius Gracchus, questeur du consul, a dû se faire garant du traité auprès des Espagnols, qui avaient gardé un pieux souvenir de son père.

136.
(Ol. clxi, 1 ; R. 619.)

Rome et Espagne.—Campagne heureuse du proconsul D. Junius Brutus contre les Galléciens au nord-ouest de l'Espagne. — Le proconsul M. Æmilius Lépidus éprouve contre les Vaccéens une défaite semblable à celle de Mancinus contre les Numantins. Mancinus, livré aux Numantins, au nom du peuple romain, pour le traité que le sénat désavoue, est renvoyé avec mépris par les vainqueurs, comme les consuls des Fourches caudines furent renvoyés par les Samnites.

135.
(Ol. clxi, 2 ; R. 620.)

Chine. — Sous l'empereur Hiao-Wou-Ti, pour la première fois, une guerre de frontières est engagée avec des Tartares de race turque, les Hioung-nou qui dominent au nord-est de la Sogdiane, et reçoivent le tribut de trente-six peuplades. Ils diffèrent des autres nations tartares, en ce qu'ils vivent dans des villes et s'adonnent à l'agriculture : on a cru cependant que ce peuple était la souche de la nation des Huns. — Les Hioung-nou, refoulés à l'occident, rejetteront les Yuë-ti ou Scythes sur les Parthes et les Bactriens. — L'empereur Wouti fait rassembler tous les débris des anciens livres qui avaient échappé à la destruction ordonnée par Thsin-chi-hoang-Ti ; ils sont la source des recueils plus ou moins authentiques des antiquités chinoises. Il abolira le droit d'aînesse.

Judée. — Simon, comme son frère Jonathas, meurt en trahison. Il est égorgé avec deux de ses fils par son gendre, le gouverneur de Jéricho. Jean Hyrcan succède au pouvoir de son père. Nouvelle guerre avec le roi de Syrie Antiochus Sidétès.

Rome et Illyrie. — Le consul Fulvius Flaccus, envoyé dans l'Illyric barbare, soumet les Vardéens.

134.
(Ol. clxi, 3 ; R. 621.)

Rome. — Commencement de la guerre des esclaves en Sicile, contre leurs maîtres les propriétaires romains. Ils auront pour chef un Syrien Eunus, qui s'appellera le roi Antiochus. Enna, au centre de l'île, Agrigente, Tauroménion, à la côte orientale, bientôt Messine, sont saisies par les esclaves.

Rome et Espagne. — Scipion Émilien, élevé pour la seconde fois au consulat sans l'avoir brigué et en dépit de la loi, qui ne permettait plus d'être deux fois consul, est envoyé contre Numance. Au siège de Numance, sous les ordres de Scipion, combattent : le jeune Jugurtha, neveu du roi de Numidie, Micipsa; l'Italien Marius d'Arpinum, âgé de vingt-trois ans ; Sempronius Asellio, tribun militaire, qui a fait l'histoire des événements auxquels il a pris part ; le poëte Lucilius, chevalier, âgé de seize ans.

133.
(Ol. clxi, 4 ; R. 622.)

Rome. — Le consul Pison, envoyé contre les esclaves, reprend Messine. — Tribunat de Tibérius Sempronius Gracchus, descendant des Scipions par sa mère Cornélie. Loi agraire, portant qu'aucun citoyen ne retiendra plus de cinq cents *jugera* de terre du domaine public ; l'excédant faisant retour à l'État, devra être partagé entre les citoyens pauvres. Il a contre lui non-seulement le sénat, les chevaliers, les riches propriétaires, mais un de ses collègues, le tribun Octavius; il le fait déposer et brise ainsi lui-même l'inviolabilité tribunitienne. La loi votée, les difficultés de l'exécution confiée à des triumvirs apparaissent. Le tribun demande que les richesses du roi de Pergame, léguées au peuple romain, soient employées à fournir des moyens de culture aux citoyens pauvres que la loi agraire mettra en possession de terres. Issue sanglante de ce tribunat. Le grand pontife Scipion Nasica et les sénateurs provoquent la mort de Tibérius Gracchus. Il n'avait que trente ans.

Rome et Espagne. — Le proconsul Scipion, après un siége de quinze mois, réduit Numance, investie de tous côtés, et appauvrie de défenseurs par la famine plus que par les combats, à se rendre à discrétion. La seconde terreur de Rome est détruite.

Rome et Pergame. — Attale III laisse par testament ses biens aux Romains.

Rome et Syrie. — Antiochus Sidétès, qui voulait se faire confirmer par les Romains dans l'exercice du pouvoir royal, pendant que son frère Démétrius Nicator était captif des Parthes, flatte le peuple et le sénat dans la personne de Scipion Émilien à qui il envoie de riches présents.

132.
(Ol. clxii, 1; R. 623.)

Rome. — Le consul Rupilius enlève les deux forteresses des esclaves Tauroménion et Enna, et met fin à la guerre servile.

131.
(Ol. clxii, 2; R. 624.)

Rome et Pergame. — Aristonic, qui se dit issu du sang royal de Pergame, réclame le royaume, que s'attribuent les Romains en vertu du testament d'Attale. — Les Romains pour le combattre sont aidés avec empressement par les villes de l'Asie, et par les rois de Bithynie, de Cappadoce, de Pont, et de Paphlagonie.

130.
(Ol. clxii, 3; R. 625.)

Égypte. — Le peuple d'Alexandrie, après avoir enduré quinze ans la tyrannie de Ptolémée Physcon, met le feu au palais et le force à fuir en Cypre. Du lieu de son exil, il révèle encore ses instincts de bête féroce, en tuant le fils qu'il avait eu de sa sœur Cléopâtre, et en envoyant les hideux débris à la malheureuse mère. — Depuis, pendant plus de quarante ans, l'Égypte est déchirée par les dissensions domestiques : Cléopâtre, nièce et seconde femme de Physcon; et les fils de Cléopâtre, Ptolémée Soter ou Lathyros, et Alexandre, seront les héros de ces guerres civiles. L'histoire des derniers Lagides, comme celle des derniers Séleucides, est un tissu de crimes et de débauches qui révoltent la nature.

Judée. — Jean Hyrcan prend Sichem aux Samaritains, et renverse de fond en comble le temple de Garizim. Les Samaritains continuent cependant leur culte sur cette montagne; les deux peuples demeurent irréconciliables.

Rome et Pergame. — Le consulaire P. Licinius Crassus, savant jurisconsulte, grand pontife, envoyé contre Aristonic, est pris dans une embuscade et se fait tuer.

129.
(Ol. clxii, 4; R. 626.)

Cappadoce. — Mort d'Ariarathe V qui a combattu comme allié des Romains, dans la guerre contre Aristonic de Pergame. Sa veuve, pour régner seule, tue cinq de ses fils; le sixième qui échappe devient seul roi, sous le nom d'Ariarathe VI.

Parthes et Scythes. — Les Scythes ou Yuë-Ti attaquent les Parthes.

Rome. — Rome et l'Italie sont agitées par l'exécution de la *loi* agraire de Tibérius Gracchus, confiée aux triumvirs : Fulvius Flaccus, Caïus Gracchus et C. Paprius Carbon. Il était difficile de retrouver les titres primitifs de propriété, pour distinguer le domaine de l'État, objet du nouveau partage, des domaines privés qui ne devaient pas être enlevés. Le deuxième Africain prend la défense des propriétaires qu'inquiète la loi ; il est trouvé mort dans son lit. On a soupçonné sa femme, sœur des Gracques.

Rome et **Dalmates.** — Le consul Sempronius Tuditanus, envoyé contre les Japodes, n'est vainqueur qu'avec l'aide de D. Junius Brutus, celui qui a pacifié la Lusitanie.

Rome et **Pergame.** — Aristonic est vaincu et pris par le consulaire M. Perpenna. La mort de Perpenna laisse au consul M. Aquilius le soin d'amener à Rome Aristonic : Aristonic est égorgé dans la prison. — Formation de la province romaine d'Asie. — Mitridate V, roi de Pont, est récompensé du concours qu'il a prêté aux Romains par le don de la Phrygie ; la Lycaonie et la Cilicie sont données à la maison royale de Cappadoce.

Syrie. — Antiochus Sidétès attaque les Parthes pour délivrer son frère Démétrius II Nicator. Trois combats ; prise de Babylone. Au moment où son frère devient libre, lui-même est sur le point de tomber aux mains des barbares ; il se tue. Démétrius II va recommencer un nouveau règne.

128.
(Ol. CLXIII, 1.)

Judée. — Depuis la mort d'Antiochus Sidétès, la Judée n'a plus à craindre la domination syrienne. Le grand pontife Jean Hyrcan soumet les Iduméens à un tribut annuel.

126.
(Ol. CLXIII, 3 ; R. 629.)

Bactriane et **Scythes.** — Les Yuë-Ti ou Scythes qui se sont répandus entre l'Yaxarte et l'Oxus, détruisent le royaume de Bactriane, occupent la Drangiane et pénétreront dans l'Inde. Les écrivains grecs et romains les appelèrent Indo-Scythes.

Chine. — Tchhang-Kian, général de l'empereur Wou-Ti, envoyé en ambassade avec quelques officiers, vers les Yuë-Ti, ennemis du peuple puissant des Tartares Hioung-Nou, est pris par les Hioung-Nou, reste dix ans captif. Parvenu à s'échapper, il se rend chez les Yuë-Ti, et après une mission sans succès, revient par le Tibet. Il rapportera de son voyage, après une absence de treize années, des connaissances géographiques nouvelles pour les Chinois.

Rome. — Le consul L. Aurélius Orestès, envoyé pour réprimer une révolte en Sardaigne, a pour questeur Caïus, frère de Tibérius Gracchus.

125.
(Ol. CLXIII, 4 ; R. 630.)

Rome et **Gaule.** — Le consul M. Fulvius Flaccus, chargé de protéger Marseille contre les Salyens, bat le premier les Ligures transalpins.

Syrie. — Le roi Démétrius Nicator, détesté de ses peuples et de ses soldats, vaincu par un prétendant séleucide que lui oppose la cour d'Égypte, est tué par sa femme Cléopâtre, jalouse de Rodogune, qu'il avait épousée chez les Parthes. Cléopâtre, qui d'abord a été mariée au frère de Démétrius Antiochus Sidétès, en a eu un fils, qui sera roi plus tard. Elle tue Séleucus, l'un des enfants qu'elle a donnés à Démétrius ; le second, Antiochus Grypos, ne restera roi qu'après trois ans de lutte contre le prétendant qu'ont suscité les Lagides.

123.
(Ol. CLXIV, 2 ; R. 632.)

Rome. — Premier tribunat de

Caïus Gracchus, plus éloquent, plus ambitieux, plus hostile aux riches que son frère Tibérius.

Rome et Baléares.—Le consul Q. Cœcilius Métellus va combattre les Baléares.

122.
(Ol. clxiv, 3; R. 633.)

Chine. — Sse-ma-Thsian, l'Hérodote de la Chine, compose un grand ouvrage intitulé *Sse-Ki*, c'est-à-dire *Mémoires historiques*, et divisé en cinq parties dont la première comprend le récit des événements arrivés depuis l'an 2697.

Rome. — Deuxième tribunat de Caïus Gracchus. Il exerce une sorte de souveraineté à Rome, s'attache les soldats, le petit peuple, les chevaliers auxquels il transporte l'administration de la justice, rendue jusque-là par les sénateurs. L'aristocratie lui oppose un autre tribun M. Drusus qui présente, au nom des nobles, des lois plus démocratiques encore que les siennes, pour que le peuple soit reconnaissant non à un homme mais au sénat. C. Gracchus se laisse envoyer, par le sénat, en Afrique, pour la fondation d'une colonie à Carthage. Son absence lui fait perdre la popularité.

Rome et Gaule.—Le proconsul C. Sextius Calvinus, vainqueur des Salyens, même des Allobroges, au nord-est, fonde la première colonie romaine de la Gaule transalpine, *Aquæ Sextiæ* (Aix).

121.
(Ol. clxiv, 4; R. 634.)

Chine. — Un général de l'empereur Wou-Ti fait une grande expédition contre les Hioung-Nou, et les soumet. Dès lors la domination chinoise cherche à s'étendre vers l'ouest.

Rome. — Caïus Gracchus, après son second tribunat, n'espérant pas une troisième élection, laisse ses partisans occuper en armes le mont Aventin. Le consul L. Opimius, son ennemi personnel, lui oppose la force; Rome est ensanglantée par la mort de trois mille citoyens. Caïus Gracchus se fait tuer. Mort de Fulvius Flaccus, personnage consulaire, un des chefs du peuple. Les lois de Caïus Gracchus seront successivement abolies ou modifiées.

Rome et Gaule.—Le proconsul C. Domitius Ahénobarbus combat avec succès les Allobroges. Le consul Q. Fabius Maximus, près de l'Isère affluent du Rhône, écrase, avec les Allobroges, l'armée de leur allié Bituit, roi des Arvernes qui habitent dans les montagnes à l'ouest du Rhône.

120.
(Ol. clxv, 1; R. 635.)

Pont. — L'an 120, ou trois ans plus tôt, avènement de Mithridate VI Eupator, surnommé le Grand,

119.
(Ol. clxv, 2; R. 636.)

Rome. — Marius, Italien d'Arpinum, tribun du peuple, ne se déclare pas sans réserve l'ennemi de l'aristocratie. — L. Crassus, à vingt ans, commence sa réputation d'orateur, en se portant pour accusateur de l'habile et éloquent C. Carbon, un des chefs du parti populaire.

118.
(Ol. clxv, 3; R. 637.)

Numidie. — Mort de Micipsa: dans le partage de son royaume, il associe à ses deux fils, Adherbal et Hiempsal, son neveu Jugurtha qu'il a adopté. Jugurtha tue Hiempsal, dépouille Adherbal, qui va se plaindre au sénat de Rome.

Rome et Gaule. — Le consul Q. Marcius Rex, vainqueur des peuplades gauloises qui touchent aux Alpes maritimes, colonise à l'ouest du Rhône la ville de *Narbo-Marcius* (Narbonne), près de l'embouchure de l'Aude.

117.
(Ol. CLXV, 4; R. 638.)

Rome et Numidie. — Des ambassadeurs romains sont envoyés en Numidie pour faire rétablir Adherbal.

115.
(Ol. CLXVI, 2; R. 640.)

Rome. — Les censeurs L. Cœcilius Métellus et C. Domitius Ahénobarbus effacent de la liste du sénat trente-deux membres indignes, interdisent à Rome toutes les variétés de jeux, que le mélange des peuples apportait dans la grande cité; ils ne tolèrent que le joueur de flûte latin avec un seul chanteur, et le jeu de dés.

114.
(Ol. CLXVI, 3; R. 641.)

Rome et Scordisques. — Le consul C. Porcius Caton est vaincu en Thrace, par les Scordisques, qui sont maîtres du pays jusqu'au Danube.

113.
(Ol. CLXVI, 4; R. 642.)

Rome, Cimbres et Teutons. — Les Cimbres, venus avec les Teutons des régions septentrionales voisines de la Baltique, rencontrent pour la première fois une armée consulaire en Illyrie; désastre du consul Papirius Carbon. Ils tournent les Alpes pour passer dans la Gaule transalpine.

112.
(Ol. CLXVII, 1; R. 643.)

Rome et Numidie. — Jugurtha attaque Adherbal, l'assiége dans Cirta, malgré les injonctions du sénat romain. Adherbal pris est mis à mort. La honte commence à être ressentie à Rome : la Numidie est assignée à un des consuls pour l'année suivante.

Rome et Scordisques. — Les Scordiques sont battus en Thrace par le consul Livius Drusus.

111.
(Ol. CLXVII, 2; R. 644.)

Rome et Numidie. — Le premier consul envoyé pour combattre Jugurtha, L. Calpurnius Bestia, conclut la paix avec lui, sans être autorisé par le sénat et le peuple romain.

Syrie. — Antiochus Grypos, après une lutte de trois ans, est obligé de partager le trône de Syrie avec son frère utérin, fils d'Antiochus Sidétès, Antiochus le Cyzicénien. — Ils régneront ensemble dix-sept ans.

110.
(Ol. CLXVII, 3; R. 645.)

Égypte. — Destruction des monuments de Thèbes révoltée.

Rome et Numidie. — Jugurtha, mandé à Rome pour éclairer le peuple sur la conduite des députés et des généraux envoyés en Numidie, ne craint pas d'y venir malgré l'évidence de ses crimes. Son or achète un tribun. A Rome même, il ordonne un meurtre qui reste impuni. — Quand il retourne en Afrique, le nouveau consul S. Posthumius Albinus, chargé de le combattre, abandonne bientôt l'expédition, et en laisse le soin à un frère incapable, le préteur Aulus.

109.
(Ol. CLXVII, 4; R. 646.)

Judée. — Jean Hyrcan, grand pontife des Juifs, prend et détruit la ville rivale de Jérusalem, Samarie. — La Judée est troublée par les rivalités de deux sectes religieuses qui deviendront bientôt des factions politiques, les Pharisiens ainsi appelés d'un mot hébreu qui veut dire séparés, parce qu'ils affectaient de se distinguer du peuple, et les Saducéens, de Sadoc, leur chef. Les Esséniens vivaient en commun, s'appliquaient en dehors du monde aux vertus pratiques, à la tempérance et au travail.

Rome et Cimbres. — Le consul Silanus est battu en Gaule par les barbares.

Rome et Numidie.—Le préteur Aulus, frère du consulaire Albinus, défait par Jugurtha, conclut une paix honteuse que ne ratifie pas le sénat. Le nouveau consul Q. Cœcilius Métellus donne à la guerre une direction plus honorable et plus efficace.

Rome et Scordisques. — Une armée romaine tient tête en Macédoine aux Scordisques et aux Triballes.

107.
(Ol. CLXVIII, 2; R. 648.)

Judée. — A la mort de Jean Hyrcan, son fils aîné Aristobule ne se contente pas du titre de grand prêtre qu'avaient porté depuis soixante ans les libérateurs de la Judée : il prend celui de roi, tombé en désuétude chez les Juifs depuis la captivité de Babylone. La royauté nouvelle qui devient héréditaire, est inaugurée par des cruautés domestiques. Les Maccabées favorisent les saducéens contre les pharisiens.

Rome et Gaule. — Le consul L. Cassius Longinus se perd avec son armée en combattant, à la frontière des Allobroges, les Gaulois Tigurins de l'Helvétie.

Rome et Numidie.—Un lieutenant de Métellus en Numidie, l'Italien Marius, s'est fait donner par le parti démocratique le consulat et le commandement de la guerre contre Jugurtha. Métellus reçoit néanmoins les honneurs bien mérités du triomphe et le titre de *Numidique*. Un jeune noble, Cornélius Sylla, sert comme questeur auprès de Marius.

106.
(Ol. CLXVIII, 3; R. 649.)

Rome. — Le consul Q. Servilius Cœpion, assisté du grand orateur L. Crassus, âgé alors de trente-quatre ans, fait partager entre les sénateurs et les chevaliers les fonctions judiciaires qui avaient été transportées tout entières par une proposition de Caïus Gracchus à l'ordre équestre.— Naissance de Cicéron (à Arpinum comme Marius) et de Pompée ; l'un de famille nouvelle, l'autre d'une maison déjà illustre, tous deux chevaliers.

Rome et Numidie.—Les succès militaires de Marius décident le roi de Mauritanie, Bocchus, auquel s'est confié Jugurtha, à livrer le roi de Numidie à Sylla, questeur du proconsul. Cette trahison met fin à la guerre. Jugurtha mourra dans la prison de Rome.

105.
(Ol. CLXVIII, 4 ; R. 650.)

Rome, Cimbres et Teutons. —Grands désastres des Romains en Gaule : l'armée proconsulaire de Q. Servilius Cœpion, et celle du consul M. Manlius, perdent à Orange près du Rhône quatre-vingt mille hommes contre les Cimbres. Effroi de l'Italie : Marius qui n'a pas encore quitté la Numidie est élu consul, et chargé de commander en Gaule. — Depuis que le siège de Numance avait fait appeler pour la deuxième fois, à la charge consulaire, le destructeur de Carthage Scipion Émilien, aucun consul n'avait exercé deux fois cette dignité, qui sera conférée six ans de suite à Marius.

103.
(Ol. CLXIX, 2; R. 652.)

Rome. — Lorsque Marius, qui attend à l'entrée de la Gaule transalpine les Cimbres et les Teutons, demande des secours à tous les peuples alliés de Rome, le roi de Bithynie lui fait répondre que depuis que les publicains, agents du fisc romain, pratiquent dans ses États la traite des hommes libres, les enlèvent, et les vendent comme esclaves, son royaume ne peut plus fournir de soldats. Le sénat ordonna alors de rechercher parmi les esclaves tous ceux qui pourraient prouver leur origine libre, pour leur rendre la liberté. — Mort du poëte satirique Lucilius à Naples. — Une loi du tribun C. Domitius soumet à l'élection par le peuple les fonctions religieuses données jusque-là par cooptation.

102.
(Ol. CLXIX, 3 ; R. 653.)

Rome. — Seconde guerre des esclaves en Sicile, parce que le préteur romain n'accueille pas à son tribunal tous ceux qui viennent prouver leur origine libre. — Leurs chefs sont Salvius, et Athénion le Cilicien.

Rome et Teutons. — Marius, consul pour la quatrième fois, tient tête en Gaule aux Teutons et aux Ambrons, qui se sont séparés des Cimbres après une course commune en Espagne. Un double combat, près d'Aix, leur coûte deux cent quatre-vingt-dix mille hommes, tués ou pris. — Marius absent est encore élu consul.

101.
(Ol. CLXIX, 4 ; R. 654.)

Rome et Cimbres.—Les Cimbres qui, en se séparant des Teutons, ont tourné les Alpes par le nord, forcent les passages mal gardés par le proconsul Q. Lutatius Catulus, et entrent dans la vallée du Pô. Marius, dans son cinquième consulat, vient se joindre à Catulus. Destruction des Teutons dans la bataille de Verceil, au nord-ouest de la Gaule transpadane. Sylla y a pris part comme lieutenant de Catulus.

100.
(Ol. CLXX, 1 ; R. 655.)

Rome. — La guerre des esclaves touche à son terme.—L. Apuléius Saturninus, que la violence a porté au tribunat, agite Rome par une proposition de loi agraire. Opposition de Métellus le Numidique ; il s'exile à Rhodes. Rôle honteux de Marius, consul pour la sixième fois, qui n'ose pas s'avouer le complice du tribun, sa créature. Mort sanglante de Saturninus et d'un autre héros de démagogie, le préteur Glaucia. — Naissance de C. J. César. — Métellus est accompagné dans son exil par Ælius, grammairien, philosophe stoïcien, orateur distingué ; il composait des discours pour les nobles de Rome.

Ier SIÈCLE AVANT J. C.

APERÇU GÉNÉRAL.

Que d'hommes et d'événements se pressent dans le court intervalle de cent ans avant l'ère vulgaire et souvent dans l'enceinte d'une seule ville! Car il n'est plus question que des Romains, chez qui les défaites du roi de Pont, Mithridate, achèvent de fixer la puissance, l'opulence, la corruption, la discorde ; la liberté est devenue inconciliable avec les vices des grands et la dégradation du peuple.

Proscrit après six consulats, Marius, septuagénaire, ne rapporte dans Rome, lorsqu'il y est rappelé, que la soif de la vengeance ; il déshonore par son ambition et par ses violences le parti populaire auquel il feint de s'attacher.

La populace de Rome accueille comme auxiliaires les divers peuples de l'Italie qui forcent les portes de la cité et conquièrent des droits illusoires.

Sylla, tout couvert du sang des proscriptions, abdique impunément une horrible dictature. Il n'est pas mort que sa constitution tout aristocratique est déjà menacée et bientôt détruite par la grandeur précoce de Pompée qui a vaincu en Espagne Perpenna, lieutenant et meurtrier de Sertorius, en Italie les dernières bandes de Spartacus que Crassus avait terrassé, sur les mers les pirates, en Orient Mithridate et l'Arménien Tigrane.

La liberté romaine qui ne couvre plus de son beau nom que la licence des grands et la servilité du peuple, trouve encore, dans Caton d'Utique et dans Cicéron, des défenseurs dignes d'un meilleur siècle et d'une meilleure cause. Elle triomphe au moins de l'audacieux Catilina. La richesse, l'ambition, la gloire, se liguent contre elle dans le triumvirat de Crassus, de Jules César et de Pompée : alliance éphémère, mal assortie, funeste dès sa naissance, funeste même par sa rupture. La guerre civile éclate : César, vainqueur des Gaules, va l'être de Rome. C'est la loi qu'il viole en passant le Rubicon; c'est la république autant que Pompée qu'il défait à Pharsale. Trop sûr de l'asservissement public, Caton se soustrait à la servitude en mourant : Brutus et Cassius ont conservé plus d'espoir. En vain le dictateur gouverne avec sagesse et les comble eux-mêmes de bienfaits : César règne, ils l'immolent. Inutile attentat : ils n'ont frappé qu'une victime digne encore de leurs regrets ; un ambitieux est tombé aux ides de mars, la tyrannie demeure. Antoine, qu'ils ont épargné, forme avec Lépide et le jeune Octave un sanguinaire triumvirat. De nouvelles proscriptions dévorent ce qui reste de Romains dans Rome. Hors de ses murs, le fer des assassins poursuit de toutes parts les talents et les vertus : la tête de Cicéron tombe, les triumvirs l'ont trouvé digne de ne pas survivre à la liberté, et les derniers débris de la république, rassemblés en Macédoine par Brutus et Cassius, sont ensevelis dans les champs de Philippes. Tandis qu'Antoine, épris des charmes de Cléôpatre, s'endort en Égypte au sein des voluptés, Octave reçoit à Rome les hommages du peuple et du sénat même. Les triumvirs ne sont plus d'accord qu'une fois pour écraser Sextus, fils de Pompée. Lépide est exilé et couvert d'opprobre par Octave qui conquiert sur Antoine, dans la journée d'Actium, le pouvoir suprême. Octave seul maître du monde prend ce magique nom d'Auguste qui, aujourd'hui encore, affaiblit ou même efface le souvenir de ses crimes et ne rappelle que l'éclat pacifique et la gloire littéraire de son principat.

Une vaste part de cette gloire littéraire appartient à l'un des derniers amis de la république, bienfaiteur et victime d'Octave même, à Cicéron, le précepteur et le modèle des grands écrivains, philosophe illustre, le premier des orateurs, et qui, dans ses lettres à Quintus, son frère, à Brutus et surtout à Atticus, nous a laissé les plus instructifs mémoires sur les événements de ce siècle. L'éloquence, éteinte dans la Grèce asservie, avait dû renaître au sein de la république romaine: cependant les deux Gracques, les Scipions, Caton le censeur, sont à peu près les seuls noms à citer avant ce siècle qui donna Antoine et Crassus, Sulpicius et Cotta, Brutus et César, Messala, Hortensius et Cicéron; Cicéron est le seul dont nous ayons les discours; ils suffisent à la gloire de l'éloquence romaine. La science du Droit est illustrée par deux écoles rivales sous Auguste

Des historiens célèbres qu'a produits le même siècle, César, Salluste, Varron, Trogue Pompée, Tite Live, il n'y a que les deux derniers qui aient écrit du temps d'Auguste.

Avant ce règne aussi, la poésie latine s'était montrée pittoresque, forte et précise dans les chants philosophiques de Lucrèce; souvent élégante et à la fois énergique dans les productions de Catulle, de Tibulle et de Properce; mais, sous Auguste enfin, il le faut avouer, Ovide la sut rendre plus féconde et plus flexible; Horace et Virgile plus pure et plus puissante, plus riche d'harmonie, de pensées et d'images.

La littérature grecque ne donne pas un nom illustre pour la poésie: dans la prose, des chroniqueurs, des romanciers, des grammairiens obscurs font ressortir les historiens Denys D'Halicarnasse et Diodore de Sicile qui restent pourtant à un rang secondaire.

A défaut d'autre gloire, la Grèce avait gardé les traditions de l'enseignement littéraire et oratoire; elle était l'école des conquérants: les Romains les plus distingués allaient encore étudier chez les Athéniens ou à Rhodes la philosophie et la littérature, qui étaient cultivées aussi avec amour par les Grecs d'Alexandrie.

CHRONOLOGIE.

99.

(Ol. clxx, 2 ; R. 655.)

Rome. — La guerre des esclaves est terminée par le proconsul M. Aquilius. — Le retour de Métellus le Numidique est un triomphe pour les bons citoyens, en dépit de Marius.

98.

(Ol. clxx, 3 ; R. 657.)

Rome. — Le vainqueur des esclaves, Aquillus, échappe, par l'habileté du grand orateur Antoine, à une accusation de concussion.

97.

(Ol. clxx, 4 ; R. 658.)

Judée. — Le roi Alexandre Jannée, détesté déjà pour ses cruautés, étouffe dans le sang de six mille pharisiens une insurrection armée de cette secte.

Rome. — Un sénatus-consulte interdit l'immolation de victimes humaines.

96.
(Ol CLXXI, 1 ; R. 659.)

Rome et Cyrène. — Le Lagide Ptolémée Apion, fils illégitime de Ptolémée Physcon, roi de Cyrène, laisse son héritage aux Romains.

95.
(Ol. CLXXI, 2 ; R. 660.

Syrie. — Dans une guerre contre les fils de son frère utérin Antiochus Grypos, mort l'année précédente, Antiochus le Cyzicénien se tue pour n'être pas captif. La lutte entre les fils des deux Antiochus entretient pendant treize ans les causes d'anarchie ; l'empire est mutilé d'autre part par les Romains, par les rois indépendants de l'Asie Mineure, et par les Parthes. — Les monnaies frappées au nom d'Antiochus le Cyzicénien sont les dernières qui portent les années de l'ère des Séleucides, encore suivie aujourd'hui par les chrétiens d'Orient.

93.
(Ol. CLXXI, 4 ; R. 662.)

Rome, Cappadoce et Pont. — Après que le roi de Pont a cherché par toutes sortes de perfidies et de crimes à assujettir la Cappadoce, ce peuple, privé des derniers rejetons de la branche royale détruits par Mithridate, s'adresse au sénat romain pour avoir un roi. Le sénat choisit Ariobarzane.

92.
Ol. CLXXII, 1 ; R. 663.)

Rome. — Les censeurs L. Licinius Crassus et C. Domitius Ahénobarbus font fermer à Rome les écoles de rhéteurs, qui pervertissent les mœurs et l'instruction de la jeunesse. — Les publicains dont les exactions avaient été arrêtées en Asie par le vertueux P. Rutilius, lieutenant du proconsul Q. Mucius, le font accuser de concussion devant les tribunaux, composés de chevaliers, leurs partisans. Ce disciple de Panétius, qui atteignit à la perfection de la morale stoïcienne, ne voulut pas, pour se défendre, avoir recours aux grands orateurs du temps, L. Crassus, Marc Antoine, alors personnages consulaires. Condamné, il se retira en Asie où il vécut dans la compagnie de philosophes. Il écrivit l'histoire de sa vie en langue grecque.

Rome, Arménie, Parthes et Pont. — Sylla, après sa préture, envoyé en Cappadoce pour rétablir l'allié des Romains, Ariobarzane, qu'avait dépouillé Tigrane, roi d'Arménie, allié du roi de Pont, reçoit une ambassade du roi des Parthes Arsace : ce sont les premières relations des Parthes avec Rome.

91.
(Ol. CLXXII, 2 ; R. 664.)

Rome. — Tribunat de M. Livius Drusus, imitateur de Caïus Gracchus que son père avait combattu : il demande le droit de cité romaine pour les peuples de l'Italie, le partage des terres publiques, des distributions de blé pour le peuple et l'égale répartition des fonctions judiciaires entre le sénat et l'ordre équestre. — L dernier discours du grand orateur Crassus est une défense patriotique du sénat contre les invectives du consul L. Marius Philippus, qui est né chevalier.

90.
(Ol. CLXXII, 3 ; R. 665.)

Italie. — Le refus du droit de cité arme les alliés italiens contre Rome. La guerre sociale a son foyer chez les Marses ; elle embrasse toutes les régions sabelliennes. — Désastre et mort du consul Rutilius ; son lieutenant Marius, d'origine italienne, attaque sans vigueur le chef des alliés, Pompédius Silo. Quelques succès permettent au collègue de Rutilius, L. Julius César, de faire donner par la loi Julia le droit de cité aux Latins, et aux alliés restés fidèles.

Rome, Bithynie et Pont. — Après que Tigrane d'Arménie, allié de Mithridate, a chassé Ariobarzane Ier de la Cappadoce, Mithridate dépouille Nicomède III, le nouveau roi de Bithynie : celui-ci vient en suppliant à Rome. Le sénat décrète que les deux rois seront rétablis.

89.
(Ol. CLXXII, 4 ; R. 666.)

Italie. — Les deux consuls romains commandent dans la guerre sociale. L'un L. Porcius Caton, est tué chez les Marses : persévérance heureuse de son collègue C. Pompéius Strabo. Depuis que Marius a renoncé au commandement, brillants succès du patricien Sylla en Campanie et chez les Samnites.

88.
(Ol. CLXXIII, 1 ; R. 667.)

Égypte. — Un prétendu testament du Lagide Alexandre, frère de Ptolémée Soter ou Lathyros, fils de Ptolémée Physcon, n'est invoqué par les Romains que pour obtenir quelques sommes d'argent.

Italie. — Le proconsul C. Pompéius et Sylla, élevé au consulat, éteignent les derniers feux apparents de la guerre sociale, excepté en Campanie. Presque tous les alliés obtiennent le droit de cité. — Ils voteront à Rome dans des tribus séparées, après les autres.

Rome et Pont. — Mithridate chasse encore de la Bithynie et de la Cappadoce les rois amis de Rome. Il défait Aquilius commissaire du sénat en Asie, pénètre jusque dans la Phrygie, la Carie, la Lydie, dépendances des provinces romaines. — Il trouve des cœurs et des bras avides de vengeance et de liberté, quand il envoie aux villes grecques d'Asie l'ordre d'immoler les Romains ou Italiens qui les oppriment : quatre-vingt mille sont massacrés.

Rome. — Marius et Sylla se disputent le commandement de la guerre contre Mithridate. Chute sanglante du tribun Sulpicius, partisan de Marius, lorsque Sylla entre dans Rome à la tête de son armée, récemment victorieuse des Italiens. Fuite de Marius, d'abord sur les côtes de l'Italie à Minturnes, ensuite sur celles d'Afrique à Carthage. Sylla laisse cependant arriver au consulat L. Cornélius Cinna, dévoué à Marius.

87.
(Ol. CLXXIII, 2 ; R. 668.)

Rome. — La guerre fait fuir d'Athènes le chef de l'Académie, Philon, qui vint s'établir à Rome. Il fut un des maîtres de Cicéron, avec le Rhodien Molon, célèbre rhéteur. — Photins Gallus est le premier à Rome qui enseigne la rhétorique latine. — Lucullus se fera suivre en Orient par un disciple de Philon, Antiochus et par le poëte grec Archias.

Rome, Grèce et Pont. — Sylla va combattre en Grèce le général de Mithridate, Archélaos. Il assiége Athènes révoltée. Il envoie son questeur Lucullus réunir une flotte sur les côtes de l'Égypte et de la Phénicie, pour préparer le passage en Asie.

Rome et Italie. — Le consul marianiste L. Cornélius Cinna promet aux Italiens l'exercice réel du droit de cité romaine et demande qu'ils soient répartis indistinctement dans toutes les tribus, où ils constitueront la majorité par leur nombre. Son collègue Octavius, soutenu par le parti des anciens romains, le chasse de Rome. Le titre de consul lui est enlevé par le sénat. Cinna, avec une armée d'Italiens, rentre en vainqueur à Rome, accompagné de Marius, qu'il a rappelé d'Afrique. Cruautés qui signalent le triomphe de Marius et de ses partisans. Les proscriptions atteignent surtout les nobles, dans leur vie et dans leurs biens. — Le grand orateur Marc Antoine est une des victimes.

86.
(Ol. CLXXIII, 3 ; R. 669.)

Rome. — Le vieux Marius, après

avoir pris possession pour la septième fois du consulat avec Cinna, meurt de débauches à Rome; son parti garde le pouvoir. Valérius Flaccus qui lui succède comme consul se fait donner la mission d'aller combattre Mithridate en Asie; il est tué par un de ses officiers, Fimbria, qui saisit le commandement.—Cinna restera au consulat les deux années suivantes.

Rome, Grèce et **Pont.**—Malgré la présence au Pirée d'Archélaos qui était plus utile aux Athéniens que le philosophe Aristion leur chef, Athènes est prise d'assaut, et inondée de sang par Sylla. Archélaos perd deux batailles en Béotie, à Chéronée et à Orchomène.

85.
(Ol. CLXXIII, 4; R. 670.)

Pont, Rome. — Les succès de Fimbria, général du parti marianiste, en Asie, retardent la marche de Sylla contre Mithridate.

Syrie. — Le roi Antiochus XII est tué dans une bataille contre les Arabes.

84.
(Ol. CLXXIV, 1; R. 671.)

Rome. — Cinna, consul pour la quatrième fois, est tué au milieu de son armée italienne, soulevée. Un général marianiste, C. Papirius Carbon, reste seul consul.

Rome, Grèce et **Pont.**—Sylla, ayant passé en Asie, se débarrasse de Fimbria, hâte la paix avec Mithridate, le fait renoncer à la province romaine d'Asie, à la Bithynie et à la Cappadoce, dont les rois sont rétablis. L'Asie est rançonnée par le vainqueur.—Sylla, au retour, enlève d'Athènes la bibliothèque d'Apellicon de Téos, qui contenait plusieurs ouvrages d'Aristote et de Théophraste, encore inconnus, et les envoie à Rome.

83.
(Ol. CLXXIV, 2; R. 672.)

Arménie, Syrie. — La Syrie, dernier débris de l'empire séleucide, épuisée par les guerres civiles, toujours renouvelées entre les faibles descendants de ses anciens maîtres, se donne au puissant roi d'Arménie, Tigrane, qui la fait jouir de quelques années de repos.

Italie, Rome. — Le proconsul Carbon et le parti marianiste se préparent à la guerre contre Sylla, qui approche de l'Italie avec ses troupes victorieuses, gorgées du butin de l'Asie et de la Grèce. Pompée, à vingt-trois ans, forme dans les régions italiennes, où avait combattu avec succès son père C. Pompéius Strabon, une armée qu'il met au service de Sylla. Sylla, rentré en Italie, ne trouve pas d'abord de résistance sérieuse; il bat l'un des consuls, L. Norbanus; l'autre, L. Scipion, est abandonné par ses troupes. — Le marianiste Sertorius passe en Espagne. — Incendie du temple du Capitole par la négligence des gardiens.

82.
(Ol. CLXXIV, 3; R. 673.)

Italie, Rome. — Sylla assiége dans Préneste, au sud-est de Rome, le jeune C. Marius qui s'est fait nommer consul avec Carbon, élu pour la troisième fois. Il sauve Rome d'une invasion de Samnites par la victoire de la Porte Colline; réduit le jeune Marius à se tuer quand, vainqueur des Italiens, il revient devant Préneste. Carbon, forcé de fuir de l'Italie, meurt en Sicile, par l'ordre de Pompée, lieutenant de Sylla. — Sylla prend le titre de dictateur qui n'avait été donné à aucun citoyen depuis les grands périls de la guerre punique. Par les tables régulières de proscription, il semble faire du meurtre et de la spoliation un système de gouvernement; tant de sang versé épuise les forces du corps social, sans rendre la liberté à ceux qui survivent. Ses lois ne donneront pas une supériorité durable à l'aristocratie. Le scandale de ses mœurs privées et ses crimes publics leur ôtent toute autorité.

81.
(Ol. CLXXIV, 4; R. 674.)

Égypte. — A la mort de Ptolémée Soter et de son compétiteur Alexandre II qui était son neveu, le fils illégitime de Soter, le jeune Ptolémée Dionysios ou Aulète, n'est pas reconnu dans toute l'Égypte; il passera une partie de son règne en sollicitations auprès du sénat romain pour être affermi sur son trône.

Rome. — Le vaniteux Pompée, qui commandait sans titre légal en Afrique, obtient à vingt-quatre ans, du dictateur Sylla, pour de minces succès, les honneurs du triomphe. — Le rhéteur latin Otacilius Plotus, maître de Pompée, est le premier fils d'affranchi qui ait écrit une histoire. L'histoire, la science du droit, l'éloquence, étaient les seuls arts libéraux (*artes ingenuæ, liberales*) pour les Romains.

80.
(Ol. CLXXV, 1; R. 675.)

Asie romaine. — Mytilène, la seule ville d'Asie qui restait en hostilité contre Rome après la guerre de Mithridate, est assiégée et éprouve la rigueur des vainqueurs.

Rome. — César fait ses premières armes au siége de Mytilène; il y mérite une couronne civique. — Cicéron, à vingt-sept ans, plaide pour Sex. Roscius, accusé de parricide, contre Chrysogonus, affranchi de Sylla. Il va ensuite visiter Athènes; ne reviendra que dans trois ans à Rome. — Sylla, dictateur et consul en même temps, restitue l'administration entière de la justice au corps du sénat, qui la gardera dix ans, au préjudice de l'ordre équestre; il avilit le tribunat plébéien.

Scythes. — Ils envahissent l'Italie.

79.
(Ol. CLXXV, 2; R. 676.)

Judée. — La veuve d'Alexandre Jannée, Alexandra, qui aura jusqu'à sa mort, pendant neuf ans, l'autorité au nom de ses jeunes fils, abandonne le gouvernement aux pharisiens, laisse impunies les violences qu'ils commettent contre leurs ennemis, les saducéens.

Rome. — Sylla, en abdiquant la dictature, fait sans danger l'épreuve de sa force : trop de gens à Rome et en Italie étaient intéressés à ce qu'il vécût, pour qu'on osât attenter à sa vie. Il sera redouté jusqu'au dernier jour. — Cicéron, à Athènes, fortifie son esprit dans le commerce d'Antiochus, philosophe distingué de l'ancienne Académie, et de Zénon l'épicurien.

78.
(Ol. CLXXV, 3; R. 677.)

Rome. — Mort de Sylla « comme un bon citoyen, dans le sein de sa ville. » (Corneille.) Il avait laissé des mémoires souvent cités par Plutarque. — M. Æmilius Lépidus, consul avec Q. Lutatius Catulus, prétend annuler les actes du dictateur; il attend à peine la fin de son année consulaire pour engager la guerre civile. Catulus, assisté de Pompée, qui a une armée à lui depuis les guerres civiles, le chassera de l'Italie. — Le sénat envoie contre Sertorius, en Espagne, Q. Cœcilius Métellus, le fils de Métellus le Numidique. — Cicéron parcourt toute l'Asie dans la compagnie de plusieurs orateurs et philosophes; à Rhodes, il jouit de l'intimité d'Apollonius Molon, qu'il avait entendu à Rome; et de Posidonius, Syrien d'Apamée, disciple du stoïcien Panétius, versé à la fois dans la philosophie, les mathématiques et l'astronomie. — L'histoire romaine de Salluste dont nous n'avons que des fragments, commençait à la mort de Sylla.

77.
(Ol. clxxv, 4 ; R. 678.)

Rome. — Cicéron quitte l'Asie et revient à Rome.

Rome et Asie. — Le proconsul P. Servilius, envoyé contre les pirates, les combat trois ans sur les côtes de Cilicie et de Pamphylie, dans les montagnes de l'Isaurie, d'où lui vient son surnom d'*Isauricus*; il n'en purge pas l'Orient.

76.
(Ol. clxxvi, 1 ; R. 679.)

Rome et Espagne. — Le sénat adjoint à Métellus pour combattre Sertorius, auquel est venu se réunir un lieutenant de Lépidus Perpenna, Pompée, simple chevalier, qui reçoit des pouvoirs consulaires, quoiqu'il n'ait pas encore exercé de magistrature élective.

75.
(Ol. clxxvi, 2 ; R. 680.)

Rome. — Les trois principaux orateurs de Rome occupent en même temps de grandes fonctions publiques : C. Aurélius Cotta est consul ; Hortensius, qui tenait le premier rang, est édile ; Cicéron exerce la questure en Sicile, à Lilybée, où il ne restera qu'un an. — Le consul C. Aurélius Cotta rend aux tribuns, avilis par Sylla, le droit de haranguer le peuple et d'aspirer aux charges. Nouvelles distributions gratuites de blé au peuple.

Rome, Thrace. — Les invasions des peuples barbares du mont Rhodope, en Macédoine, occupent les armées romaines. Le consulaire Ap. Claudius livre plusieurs combats aux Thraces.

Syrie. — Antiochus l'Asiatique, petit-fils du roi séleucide Antiochus le Cyzicénien, vient à Rome où il reste deux ans pour réclamer la Syrie que gouverne le roi d'Arménie Tigrane.

74.
(Ol. clxxvi, 3 ; R. 681.)

Rome, Bithynie et Pont. — Nicomède, de Bithynie, institue par testament le peuple romain son héritier. Mithridate alors rompt la paix, envahit la Bithynie et l'Asie romaine. — Les deux consuls L. Licinius Lucullus et M. Aurélius Cotta sont chargés de la guerre, l'un avec la province de Cilicie, l'autre avec celle de Bithynie. Mithridate, vainqueur de Cotta, près de Chalcédoine, est enveloppé par Lucullus, à Cyzique, sur la Propontide.

Rome, Espagne et Pont. — Les pirates, maîtres de la Méditerranée, négocient sans effet une alliance de Mithridate avec Sertorius.

73.
(Ol. clxxvi, 4 ; R. 682.)

Rome. — Troisième guerre servile : elle commence en Campanie avec Spartacus, esclave d'origine thrace, qui ne demande d'autre prix de la guerre contre les Romains que le retour dans la patrie : pendant deux ans il tiendra en échec les généraux de Rome.

Rome et Pont. — Le proconsul Lucullus épuise par la famine, en leur refusant le combat, les masses innombrables de mercenaires réunies par Mithridate sous la ville de Cyzique.

72.
(Ol. clxxvii, 1 ; R. 683.)

Chine. — Des Chinois détruisent l'empire formé au nord-est de la Sogdiane par les Hioung-Nou.

Rome. — Spartacus bat deux consuls et un préteur.

Rome et Espagne. — Après huit ans de résistance aux généraux envoyés de Rome, Sertorius périt de la main de traîtres : Perpenna ne profite pas du crime, il est vaincu, pris, mis à mort par Pompée.

Rome et Pont. — Lucullus, qui

a commencé pendant l'hiver le siége d'Amisus, sur la côte du royaume de Pont, est vainqueur de Mithridate à Cabira, sur le haut Halys, à l'entrée de la Cappadoce. Mithridate fuit vers l'Arménie.

71.
(Ol. CLXXVII, 2 ; R. 684.)

Rome. — Le préteur Crassus est vainqueur de Spartacus dont la mort ne laisse à Pompée, qui revient alors d'Espagne, que la peine d'arrêter quelques bandes d'esclaves indisciplinées et sans chef.—Métellus Pius, qui a si longtemps dirigé la guerre d'Espagne contre Sertorius, est réduit à partager le triomphe avec Pompée. Crassus, dont Pompée a ravi aussi la gloire dans la guerre des esclaves, n'obtient le consulat pour l'année suivante qu'en le partageant avec Pompée, qui n'a passé par aucune des charges inférieures. — Verrès finit sa troisième année de préture en Sicile ; il a mis le comble à la mesure de tous les abus, de tous les scandales et de tous les crimes que les provinces romaines étaient habituées à subir de leurs cupides et cruels gouverneurs.

Rome, Arménie et Pont. — Lucullus, après avoir montré les armes romaines jusque dans la petite Arménie, envoie son beau-frère Appius Clodius sonder les dispositions du roi Tigrane : le prince, au lieu d'accepter les offres de Rome, se déclare ouvertement pour Mithridate. Lucullus va enlever en personne la place d'Amisus. Il emploie l'hiver à guérir, dans la province d'Asie, les maux faits par la rapacité des publicains.

70.
(Ol. CLXXVII, 3 ; R. 685.)

Judée. — La mort d'Alexandra laisse une libre carrière aux rivalités politiques et religieuses des pharisiens et des saducéens, les premiers sous le nom de l'aîné de ses fils, Hyrcan II; les seconds sous celui de son second fils, Aristobule II. Lutte sanglante entre les frères, dans laquelle interviendront les Romains.

Rome. — Les consuls M. Crassus et Pompée rendent au tribunat presque anéanti par Sylla son ancienne dignité. — Affaire de Verrès : Cicéron, édile désigné, l'accuse, au nom des provinciaux de la Sicile. Verrès a compté inutilement sur la vénalité des juges, qui appartiennent, comme lui, à l'ordre du sénat ; effet produit par le premier discours de Cicéron : Verrès s'exile avant l'instruction complète du procès, dans lequel il devait être défendu par Hortensius. Cicéron a écrit depuis ses autres *Verrines*.—Bientôt une loi du préteur L. Aurélius Cotta, oncle de César, fait enlever aux sénateurs l'exercice exclusif des fonctions judiciaires, au partage desquelles sont admis les chevaliers et les tribuns du trésor.

69.
(Ol. CLXXVII, 4 ; R. 686.)

Rome. — Dédicace du temple du Capitole, reconstruit après l'incendie de 83.

Rome et Arménie. — Lucullus prend l'offensive contre le roi des rois, Tigrane, qui se regardait comme le souverain de la haute Asie ; il passe l'Euphrate, assiége Tigranocerte, entre les sources du Tigre et le lac Arsissa, et gagne, sous ses murs, une bataille sur Tigrane : les divisions entre les Grecs, colons de Tigranocerte, livrent cette ville à Lucullus.

Rome et Crète. — Le consul Q. Cœcilius Métellus combat les pirates dans la mer de Crète, où a été envoyé déjà M. Antonius le père du triumvir.

Syrie. — Les échecs de Tigrane permettent au dernier Séleucide, Antiochus XIII l'Asiatique, de rentrer en Syrie.

68.
(Ol. CLXXVIII, 1 ; R. 687.)

Rome et Arménie. — Lucullus

reste sur le territoire de Tigrane, assiége et prend pendant l'hiver la place de Nisibe, près du Mygdonlus.

67.
(Ol. CLXXVIII, 2, R. 688.)

Rome. — Les convois de blé qu'on envoyait de la Sicile et de l'Afrique à Rome étant interceptés par les pirates, le peuple de Rome, affamé, charge Pompée par la loi *Gabinia* de purger la Méditerranée : Il use glorieusement des pouvoirs extraordinaires qui lui sont confiés ; en moins de trois mois il en a fini avec les pirates sur une vaste étendue de mer. La Cilicie, leur principal repaire, explorée en tous sens, est ajoutée aux provinces de l'empire. — César passe obscurément sa questure en Espagne, à l'âge où Alexandre avait conquis le monde.

Rome et Asie. — Le fruit des campagnes de Lucullus est perdu par l'esprit de révolte qui s'empare de son armée : le général est dénigré par les publicains et par les partisans de Pompée qui veulent pour lui le commandement de la guerre. — Lucullus a pour successeur, d'abord, l'inhabile consul M. Acilius Glabrion.

66.
(Ol. CLXXVIII, 3 ; R 689.)

Rome. — La loi *Manilia*, soutenue par le préteur Cicéron, bien accueillie du peuple qui ne voit dans l'opposition des nobles que de la jalousie personnelle, envoie Pompée achever l'œuvre de Lucullus en Asie.

Rome, Arménie et Pont. — Mithridate, que l'incapacité d'Acilius Glabrion a laissé rentrer dans son royaume et reprendre la Cappadoce, est battu par Pompée, et forcé de fuir dans le Bosphore cimmérien où règne son fils Pharnace. Pompée s'avance vers l'Arménie, reçoit l'humble soumission de Tigrane qui re-

doute les effets de l'alliance des Romains avec les Parthes.

Rome et Crète. — Conquête de la Crète par Métellus.

65.
(Ol. CLXXVIII, 4 ; R. 690.)

Rome. — La vie des consuls et de plusieurs sénateurs est menacée par une conspiration de jeunes nobles débauchés, criblés de dettes, écartés des charges pour crime de brigue et de concussion, P. Autronius, P. Sylla, Pison, Sergius Catilina, connu déjà par plus d'un crime. Ils ont peut-être pour complices César qui prend possession alors de l'édilité, et le consulaire Crassus. — César sait se rendre populaire, il relève les trophées de Marius aux portes du Capitole ; il tente vainement de se faire envoyer en Égypte, où les rivalités domestiques et l'impuissance des Lagides semblaient donner matière à une facile conquête.

Rome et Asie. — Pompée ne poursuit pas Mithridate au delà des premières chaînes du Caucase, dans le pays des Albaniens et des Ibères.

64.
(Ol. CLXXIX, 1 ; R. 691.)

Rome. — Cicéron, candidat au consulat, l'emporte sur six compétiteurs, parmi lesquels était Catilina; il est élu à une grande majorité. Antonius, fils de l'orateur Marc Antoine, qui s'était uni contre Cicéron avec Catilina, obtient à grand'peine la seconde place.

Rome et Syrie. — Pompée, négligeant de poursuivre Mithridate, va prendre pompeusement possession de la Syrie, dernier débris de l'empire des Séleucides qu'Antiochus l'Asiatique ne dispute pas aux Romains. La Syrie et la Phénicie formeront une province.

63.
(Ol. CLXXIX, 2 ; R. 692.)

Cappadoce. — Ariobarzane résigne le trône en faveur de son fils Ariobarzane II.

Rome. — A la mort de Q. Cœcilius Métellus Pius, la charge de grand pontife est donnée par élection à César, bien connu cependant pour ses débauches, pour la folle dissipation de sa fortune, pour son incrédulité religieuse. — Cicéron, consul, s'oppose à la loi agraire du tribun Rullus, et empêche, dans l'intérêt du repos public, la restitution des biens demandée par les fils de proscrits. — La conjuration de Catilina, qui avait à Rome de nombreux partisans parmi les sénateurs, les chevaliers, les magistrats en charge, et comptait sur une armée italienne, particulièrement en Étrurie, est dévoilée en plein sénat par le consul. *Catilinaires* de Cicéron ; il sauve sa patrie du massacre, du pillage, de l'incendie. Catilina se rend au camp de Mallius. Ses complices à Rome, convaincus par les témoignages des députés allobroges sont, après une délibération du sénat et malgré l'opposition de César, préteur désigné, mis à mort dans la prison. La guerre n'est pas dangereuse hors de Rome. — Cicéron, dans un intérêt de parti, défend contre une accusation de brigue L. Licinius Muréna, consul désigné pour l'année suivante, qui n'était pas innocent.— Naissance d'Auguste.

Rome, Asie, Judée et **Pont.** — Pendant que Pompée intervient dans les affaires de la Judée, au nom du roi Hyrcan, contre son frère Aristobule et prend Jérusalem après un siége de trois mois, Mithridate, dans le Bosphore Cimmérien, médite d'entraîner vers l'Italie tous les peuples barbares de la vallée du Danube : la trahison de son fils l'oblige à se tuer pour n'être pas livré aux Romains. — Son fils, du consentement du sénat, reste sur le trône du Bosphore Cimmérien. — Pompée règle à son aise le sort de l'Asie : les rois, et les peuples alliés sont à ses pieds comme les sujets de Rome.

62.
(Ol. CLXXIX, 3 ; R. 693.)

Rome. — Une seule bataille, gagnée par les troupes du proconsul Antonius, ruine le parti de Catilina ; il meurt, les armes à la main, à Pistoia en Étrurie. — Conflit entre César, préteur, et Caton, tribun du peuple, au sujet des propositions tribunitiennes de Métellus Nepos, ennemi de Cicéron, créature de Pompée. — Tentative de sacrilége et d'adultère du jeune patricien Clodius, dans la maison de César. César répudie sa femme. — Pompée revient triomphalement à travers l'Asie, et la Grèce, en Italie.

61.
(Ol. CLXXIX, 4 ; R. 694.)

Rome. — Pompée qui a déjà eu deux fois les honneurs du triomphe, pour ses succès en Afrique du vivant de Sylla, pour la guerre d'Espagne contre Sertorius et Perpenna, entre à Rome en triomphateur, pour la réduction des pirates, la pacification de l'Asie, et la conquête du Pont ; il se vantait d'avoir fait la guerre à vingt-deux rois de l'Orient. — Discours de Cicéron pour le poëte *Archias*.

60.
(Ol. CLXXX, 1 ; R. 695.)

Rome. — César revient d'Espagne ; formation du premier triumvirat, accord secret entre César, Crassus, Pompée, pour se réserver le pouvoir. César obtient le consulat pour l'année suivante.

Rome et Espagne.—Campagne de César, propréteur, contre les Lusitaniens révoltés.

59.
(Ol. CLXXX, 2 ; R. 696.)

Rome. — César consul, malgré son collègue Bibulus et une partie de l'aristocratie, s'attache le peuple par une loi agraire ; il gagne les chevaliers par la réduction des fermages de l'Asie. Il se fait donner les provinces des Gaules avec l'Illyrie, c'est-à-dire les moyens de devenir conquérant. — Le début de la guerre des Gaules, par César, était le terme du grand ouvrage de Diodore de Sicile, *Bibliothèque historique*, qui contenait l'histoire universelle depuis le commencement du monde. Nous ne l'avons pas en entier. — Naissance de l'historien T. Live à Padoue, dans la Gaule transpadane.

58.
(Ol. CLXXX, 3; R. 697.)

Rome. — Sous des consuls complaisants, L. Calpurnius Pison et A. Gabinius, les triumvirs se servent du patricien Clodius, à qui une adoption dans une famille plébéienne a permis d'arriver au tribunat, pour éloigner de Rome les sentinelles vigilantes de la liberté et des anciennes institutions républicaines, Cicéron et Caton. Une loi du tribun Clodius atteint Cicéron qui, pendant son consulat, a fait mourir des citoyens romains, les complices de Catilina, sans un jugement du peuple. Cicéron s'exile; il est forcé de sortir de l'Italie. Caton reçoit une mission pour l'île de Cypre. Les consuls se font donner deux provinces lucratives, la Syrie et la Macédoine.

Rome et **Gaule.** — César n'est parti pour la Gaule que quand Cicéron a quitté Rome. Il se présente d'abord comme défenseur des Gaulois transalpins, contre les Helvètes et contre les Suèves germains; il refoule dans leurs montagnes les Helvètes qui se préparaient à traverser toute la Gaule pour aller s'établir sur la côte de l'Atlantique. A la demande des Édues et des Séquanes, qui habitent dans la vallée de la Saône, il fait la guerre au Suève Arioviste. — Ses troupes sont cantonnées l'hiver au milieu du pays belge; lui-même il réside dans la Gaule cisalpine.

57.
(Ol. CLXXX, 4; R. 698.)

Rome. — Le parti des bons citoyens, d'accord avec Pompée, qui redoute pour lui-même l'influence de Clodius, et avec le tribun Milon, obtient le retour de Cicéron, après seize mois d'exil. — Cicéron fait sa cour à César en demandant au sénat que quinze jours de supplications, ou actions de grâces aux Dieux, soient décrétés pour ses conquêtes des Gaules.

Rome et **Gaule.** — Rude campagne de César contre les Belges, qui prennent les premiers les armes pour l'indépendance gauloise. Il fait camper ses légions entre la Seine et la Loire dans le pays des Carnutes (Chartres) et des Turons (Tours).

56.
(Ol. CLXXXI, 1; R. 699.)

Égypte. — Le roi Ptolémée Aulètes est à Éphèse fugitif, pendant que ses filles, Arsinoé et Cléopâtre, gouvernent à Alexandrie.

Inde et **Scythes.** — Les Scythes qui avaient soumis l'Inde après la Bactriane, en sont chassés pour Vicramaditya, roi des rives de l'Indus; bientôt ils se soumettront à l'empereur de Chine.

Rome. — Caton revient de l'île de Cypre. — Le discours de Cicéron, *de provinciis consularibus*, est une plainte nationale autant qu'une vengeance personnelle contre Pison et Gabinius, les consuls de l'an 58, complices de son ennemi Clodius, qui renouvellent les excès de Verrès dans les provinces de Macédoine et de Syrie.

Rome et **Gaule.** — Après une courte campagne contre les Illyriens, César vient combattre les peuples maritimes de l'Armorique, au nord-ouest de la Gaule; réduction des Vénètes.

55.
(Ol. CLXXXI, 2; R. 700.)

Rome. — Crassus et Pompée, dans une conférence avec César, à Lucques, au nord de l'Étrurie, renouvellent l'alliance du triumvirat;

tous deux se font nommer consuls. — La loi du tribun Trébonius leur donne pour cinq ans, à Pompée la province d'Espagne, qu'il fera gouverner par ses lieutenants, pour rester à Rome; à Crassus la Syrie avec la guerre contre les Parthes; la Gaule et la Germanie sont conservées pour cinq ans à César. — Caton qui s'oppose à la loi est jeté en prison par le tribun. — La composition des tribunaux est rendue plus aristocratique par Pompée : les juges sont toujours pris dans les trois classes du sénat, de l'ordre équestre, des tribuns du trésor, mais seulement parmi les plus riches. — Inauguration du nouveau théâtre construit par Pompée. — Invective de Cicéron contre L. Calpurnius Pison, récemment rappelé de sa province de Macédoine. — Il compose, sous la forme de dialogues, ses trois livres *de Oratore*. — Virgile, né à Mantoue, dans la Gaule transpadane, prend la robe virile.

Rome, Bretagne et Gaule, Germanie.—César va chercher au delà du Rhin les Germains Usipètes et Tenchthères, qui ont envahi la Gaule. — Courte expédition dans l'île de Bretagne, sanctuaire du druidisme qui est la religion nationale des Gaulois. — Ses légions passent l'hiver sur le territoire des Belges.

Rome et Égypte. — Gabinius, avec l'assentiment de Pompée, conduit une armée en Égypte pour rétablir sur son trône Ptolémée Aulète.

54.
(Ol. CLXXXI, 3 ; R. 701.)

Rome. — Caton parvient enfin à la préture. — Cicéron ne s'honore pas par la défense de Vatinius, de Scaurus, et de Plancius. — Il compose, en forme de dialogue, son ouvrage *de Republica*, qui ne nous est pas parvenu intact.

Rome, Bretagne et Gaule. —Seconde expédition de César contre les Bretons insulaires, sans effet. — La révolte des Belges entraîne la dévastation de leur pays par les armées romaines.

Rome et Parthes. — Crassus part pour l'Orient; après une première course contre les Parthes au delà de l'Euphrate, il vient passer l'hiver en Syrie.

53.
(Ol. CLXXXI, 4 ; R. 702.)

Rome, Gaule et Germanie. —César avec de nouvelles forces que lui envoie Pompée, combat les Suèves, maintient les Gaulois.

Rome et Parthes. — La présomption, plus que l'incapacité de Crassus, cause sa perte en Mésopotamie, à la bataille de Carrhes; sa mort. Les Parthes, vainqueurs des Romains, envahissent les provinces de Syrie et de Cilicie.

52.
(Ol. CLXXXII, 1 ; R. 703.)

Rome. — Clodius est tué par les gens de Milon. Anarchie à Rome; Pompée, est fait seul consul. — Cicéron ne sauve pas Milon de l'accusation de meurtre : sa *Milonienne* fut écrite après le procès. — Mort de son ami Lucrèce, qui a chanté la philosophie d'Épicure, dans le poëme *de Rerum natura*.

Rome et Gaule. — César, qui était venu à l'entrée de l'Italie, est rappelé au delà des Alpes par le soulèvement général des populations du midi et du centre, qu'a provoqué l'arverne Vercingétorix : il passera l'hiver en Gaule dans le pays des Édues, à Bibracte.

51.
(Ol. CLXXXII, 2 ; R. 704.)

Égypte. — Mort de Ptolémée Aulète. Nouvelles discordes dans la maison des Lagides. Cléopâtre, âgée de dix-huit ans, l'aînée de ses enfants, est forcée d'épouser un de ses frères pour être reine : bientôt privée du pouvoir, elle se retirera en Syrie.

Rome. — Cicéron, proconsul en Cilicie, a de légers avantages sur les Parthes; il demandera en vain le triomphe. — Au retour, il écrit sur les *Lois*.

Rome et Gaule. — César rompt la formidable ligue des peuples gaulois, sévit contre les alliés infidèles, montre partout les aigles victorieuses, enferme le vercingétorix dans Alésia, ville du pays des Mandubiens, près des Édues, et l'oblige à se rendre. — Cette fois encore il passe l'hiver en Gaule, chez les Belges.

50.
(Ol. CLXXXII, 3 ; R. 705.)

Rome. — On redoute le retour de César avec son armée. Déjà depuis un an, le sénat et le consul M. Claudius Marcellus avaient demandé qu'il quittât la province de Gaule. Proposition renouvelée par le consul C. Claudius Marcellus, combattue par le tribun Curion, jeune et brillant orateur, vendu à César. César, qui sollicite le consulat, veut bien renoncer à son commandement si Pompée abandonne le sien. — Les censeurs, Appius Claudius et Pison, font de nombreuses radiations sur les listes du sénat et de l'ordre équestre. — Salluste l'historien est chassé du sénat. — Mort de l'orateur Hortensius.

Rome et Gaule. — César pacifie et organise la Gaule transalpine, définitivement conquise après huit campagnes. La conquête lui donne à la fois le dévouement d'une armée victorieuse, enrichie de gloire et de butin, et l'attachement d'un peuple qui a éprouvé son génie militaire et sa générosité.

49.
(Ol. CLXXXIII, 4 ; R. 706.)

Rome. — Sénatus-consulte contre César qui garde sa province et son armée. Le soin de défendre l'État est confié aux consuls et à Pompée. — Marche de César à Ravenne, dernière ville de la Gaule cisalpine; il reçoit les tribuns fugitifs Antoine et Q. Cassius Longinus, ainsi que Curion. Il passe le Rubicon, limite de sa province, à la tête d'une armée romaine; prise d'Ariminum ; course rapide jusqu'à Corfinium, au nord du pays des Samnites, où l'arrête quelques jours le consul L. Cornélius Lentulus. Pompée a fui avec une partie du sénat et le consulaire Cicéron, en Campanie, puis à Brindes (février), d'où il passe en Épire (mars). César vient un instant à Rome, où il prend l'argent du trésor public. Une marche de soixante jours sans combat lui a livré l'Italie. — Il court en Espagne, combattre la véritable armée pompéienne sous les ordres d'Afranius, de Pétréius, de Térentius Varron, savant grammairien, agronome et bibliographe. — Au retour, il exerce à Rome onze jours de dictature, au profit de l'ordre. Désigné pour le consulat de l'année suivante avec Servilius Isauricus, il va à Brindes (décembre), précipite le débarquement de ses troupes sur la côte d'Épire, où Pompée, depuis dix mois, dans un pays ami, a pu se préparer à la défense ou à l'attaque.

48.
(Ol. CLXXXIII, 1 ; R. 707.)

Rome — Lenteurs et fautes de César, devant Dyrrachium : Pompée n'en profite pas. Il cède aux conseils présomptueux des personnages consulaires, des sénateurs, des chevaliers, de la brillante jeunesse qui n'a jamais vu de combat, et se laisse entraîner en Thessalie, pour livrer une bataille décisive. Victoire de César à Pharsale (août). Cicéron, après la défaite de Pompée, est revenu à Brindes.

Rome et Égypte. — Pompée, fugitif, va chercher un asile sur la côte d'Égypte, y trouve la mort, à cinquante-huit ans, par l'ordre des ministres du jeune roi. — César arrive en Egypte. Guerre d'Alexandrie ; le roi lagide meurt noyé dans le Nil. — César est retenu à Alexandrie jusqu'au printemps de l'année suivante, moins par les intérêts de Rome, que par les séductions de Cléopâtre qui partage le trône avec son plus jeune frère.

47.
(Ol. CLXXXIII, 2 ; R. 708.)

Judée. — L'Iduméen Antipater, ministre du roi Hyrcan II, est récompensé des secours qu'il a fournis à César dans la guerre d'Alexandrie par le titre de procurateur de la Judée.

Rome. — Nommé de nouveau dictateur par ses partisans à Rome, César revient en Italie (septembre).—Cicéron retourne à Rome, réconcilié avec le vainqueur.—La révolte de la dixième légion est étouffée par un mot : *Ite, quirites.*

Rome et Asie. — César quitte Alexandrie (avril), traverse la Syrie, franchit le Pont-Euxin, tombe sur Pharnace, roi du Bosphore Cimmérien et l'indigne fils de Mithridate. Il écrit à Rome (août) : *Veni, vidi, vici.*

46.
(Ol. CLXXXIII, 3 ; R. 709.)

Rome. — César célèbre quatre triomphes, sur les Gaulois, sur l'Égypte, sur le Pont, sur l'Afrique : le vercingétorix est égorgé; Arsinoé, sœur de Cléopâtre et Juba roi de Mauritanie ont la vie sauve. — Le fils de Juba devait vivre heureux sous la loi romaine et écrire en latin une histoire d'Assyrie.—César est nommé par le sénat dictateur pour dix ans, il a en même temps le titre de consul. — Sa clémence reçoit un hommage public de la bouche de Cicéron. Discours de Cicéron pour *Marcellus* et pour *Ligarius*, qui sont rentrés en grâce comme tant d'autres Pompéiens. — Il ordonne la réforme du calendrier : pour mettre l'année de trois cent soixante-cinq jours d'accord avec le cours du soleil, un jour sera intercalé tous les quatre ans. — Cicéron compose une histoire de l'éloquence romaine, en forme de dialogue : *Brutus, vel de claris oratoribus.*

Rome, Afrique et Numidie. — Expédition de César en Afrique, où Métellus Scipion, beau-père de Pompée, Caton, qui croit combattre encore pour la cause de la liberté, Afranius, Pétréius, et le roi de Mauritanie, Juba, qui espère ajouter à ses États la Numidie, disposent des ressources des deux provinces. — La bataille de Thapsus (au sud d'Adrumète), gagnée par le dictateur (avril), rompt la ligue.—Sort malheureux des Pompéiens. Caton se tue dans Utique et rend au ciel une âme libre, sur la foi de Platon. — En quittant l'Afrique, César y laisse comme gouverneur Salluste, l'historien, qui se signalera par ses concussions. — César organise la Numidie en province romaine.

45.
(Ol. CLXXXIII, 4 ; R. 710.)

Rome. — César, rentré en Italie, triomphe cette fois pour la guerre civile (octobre).—Dans les fêtes données à Rome, le poëte mimique Labérius, chevalier romain, est forcé de jouer lui-même sur la scène le mime qu'il avait composé. — Cicéron, dans son *Caton*, défend contre les sarcasmes de César la mémoire de ce sincère ami de la liberté. Il résume dans l'*Orator* les principes de l'art. Autres ouvrages : *De finibus bonorum et malorum; Academicæ quæstiones.*

Rome et Espagne.—Prise d'armes des Pompéiens en Espagne, sous les fils mêmes de Pompée, Cnéus et Sextus. — En vingt-sept jours, César transporte son armée de Rome aux environs de Cordoue. Victoire à Munda, au sud de la Bétique (avril); mort de Cnéus Pompée. —Asinius Pollion est laissé en Espagne par le vainqueur.

44.
(Ol. clxxxiv, 1; R. 711.)

Égypte. — Cléopâtre qui a fait mourir son frère, le dernier Ptolémée, pour régner seule, vient à Rome.

Rome. — César, après la pacification de l'Espagne, est créé dictateur pour la vie, consul pour dix ans; il reçoit le titre héréditaire d'*imperator*. Antoine donne au cinquième mois, Quintilis, où il est né, le nom de Julius (juillet). — Le dictateur projette de relever deux mémorables victimes de la jalousie romaine, Carthage et Corinthe. — Pendant ses préparatifs pour une expédition contre les Daces, au nord du Danube, et contre les Parthes, au delà de l'Euphrate, César, qui pouvait se croire en sûreté au milieu des républicains, comblés de ses faveurs, qu'ils ont sollicitées, et prêts à lui consacrer un culte comme à un demi-dieu, périt dans le sénat, à cinquante-cinq ans, frappé de vingt-un coups de poignard (ides de mars, ou 15 mars): l'ambition plus que l'amour de la liberté a armé la plupart des conjurés. J. Brutus du moins croyait tuer la tyrannie. Cicéron, qui n'a pas connu le complot, se réjouit de la mort du tyran dont il avait cependant ressenti et proclamé les bienfaits. — Indécision des meurtriers : les amis du dictateur, Lépide, son maître de la cavalerie, et Antoine, consul, empêchent l'abrogation de ses actes; célébration publique de ses funérailles. Les conjurés sont réduits à sortir de Rome. Toute-puissance d'Antoine; il abuse du testament de César. — Arrivée du véritable héritier de César, son neveu qu'il a adopté, Octave, âgé de dix-huit ans; il flatte la vanité de Cicéron, s'attache les vétérans césariens. — (Septembre.) Première *Philippique* de Cicéron contre Antoine qui, ne songeant qu'à assurer son autorité personnelle, voulait dépouiller deux des meurtriers de César, des provinces que le dictateur lui-même leur avait données, Junius Brutus, de la Macédoine, Décimus Brutus, de la Gaule cisalpine. La seconde des quatorze Philippiques, la plus virulente de toutes, n'a pas été prononcée en public. — Ouvrages de Cicéron: *Tusculanes*, *de Natura Deorum*, *de Senectute*, *de Officiis*.

43.
(Ol. clxxxiv, 2; R. 712.)

Gaule. — Colonie romaine décrétée par le sénat à Lugdunum, sur la droite de la Saône près du confluent du Rhône. Elle sera établie par Munatius Plancus.

Rome. — Antoine assiége Décimus Brutus dans Modène; le sénat, entraîné par les *Philippiques* de Cicéron, le déclare ennemi public, lui oppose les deux consuls C. Vibius Pansa et A. Hirtius; le jeune Octave, comme propréteur, leur est adjoint pour aller défendre un meurtrier de César. — Antoine, battu, lève le siége; mais la mort des deux consuls, le concours de Lépide, d'Asinius Pollion, de Plancus, qui disposent de l'Espagne et des Gaules, le rendent redoutable encore après ses défaites. — Octave est négligé par le sénat, qui déjà le redoute : une députation de ses soldats exige pour lui le consulat, à dix-neuf ans. Il peut traiter d'égal à égal avec Antoine qu'il a vaincu; leurs intérêts sont les mêmes contre les meurtriers de César, contre les défenseurs de la liberté républicaine. Accord entre eux et Lépide, près de Bologne; ils se donnent publiquement et avec l'assentiment de leurs armées la charge de triumvirs, pour cinq ans, afin de reconstituer l'État (novembre). Ils frappent d'abord leurs ennemis par des proscriptions qui dépassent en cruauté froidement systématique tout ce qu'avait imaginé Sylla. — La mort de Cicéron, sacrifié par Octave à la haine d'Antoine et de Fulvie, fait du grand orateur à son dernier jour un héros de la liberté (décembre).

42.
(Ol. clxxxiv, 3; R. 713.)

Rome. — Octave et Antoine

Iᵉʳ SIÈCLE (41-38).

marchent en Orient contre les meurtriers de César. Cassius, gouverneur de Syrie, après avoir fait détester par ses exactions la cause républicaine, se réunit à Brutus; tous deux s'avancent jusqu'à Philippes, au sud-est de la Macédoine. Cassius, puis Brutus, dans les deux jours de combat, désespèrent de la fortune et se tuent. — Tous ceux qui ne veulent pas du joug des triumvirs vont se joindre en Sicile à Sextus Pompée, le dominateur de la Méditerranée. — Horace, qu'un enthousiasme de jeunesse avait arraché aux paisibles études d'Athènes pour en faire un tribun légionnaire dans l'armée de Brutus, fut, de son propre aveu qui peut-être cache une flatterie, un soldat sans courage au combat de Philippes.

41.
(Ol. clxxxiv, 4 ; R. 714.)

Rome et **Italie.** — Les soldats vainqueurs de Philippes reçoivent de César Octave, au nom des triumvirs, des terres en Italie. — L. Antonius, consul, frère du triumvir, sert les passions honteuses de Fulvie contre César Octave, en prenant partie pour les Italiens. Un coup de main lui livre pour un instant la ville de Rome, mal défendue par Lépide. Il est moins à craindre à la tête de son armée en Étrurie. Les troupes d'Octave l'assiégent dans Pérouse.

Rome et **Orient.** — Antoine appelle à son tribunal, en Cilicie, la reine d'Égypte suspecte de complicité avec le parti républicain vaincu à Philippes; il se laisse prendre aux charmes de Cléopâtre, âgée alors de vingt-huit ans.

40.
(Ol. clxxxv, 1 ; R. 715.)

Rome. — Après la mort de Fulvie, qui voulait armer Antoine contre César Octave, les deux triumvirs se réconcilient par le mariage d'Antoine avec Octavie, sœur du jeune César. — Cornélius Népos écrit en langue latine l'histoire des principaux personnages de la Grèce et de Rome, même de ses contemporains. — L'amitié du chevalier Mécène, conseiller d'Octave, est acquise au poëte Horace.

Rome et **Italie.** — Issue terrible de la guerre de Pérouse, non pour L. Antonius qui, forcé de se rendre, obtient son pardon, mais pour Pérouse elle-même : la population, pendant le siège, a été décimée par la famine; la ville est détruite.

Rome et **Parthes.** — Labiénus, ancien lieutenant de César dans les Gaules, sert de guide aux Parthes pour envahir la Syrie.

39.
(Ol. clxxxv, 2 ; R. 716.)

Rome. — Octave et Antoine concluent la paix avec Sextus Pompée, qui affamait Rome en retenant les blés de la Sicile et de l'Afrique.

Rome et **Parthes.** — P. Ventidius, lieutenant d'Antoine, bat les Parthes, les chasse de la Syrie, tue leur guide Labiénus, pendant qu'Antoine passe l'hiver avec Octavie à Athènes.

Rome et **Pont.** — Antoine donne tour à tour le vain titre de roi de Pont à un fils de Pharnace et au Syrien Polémon.

38.
(Ol. clxxxv, 3 ; R. 717.)

Judée. — Un lieutenant d'Antoine, Sosius, détruit en Judée le parti d'Antigone, qui est vaincu, assiégé dans Jérusalem, et mis à mort. — Le fils d'Antipater, Hérode l'Iduméen, procurateur de la Judée, après avoir défendu la couronne de son maître, le roi Hyrcan II, contre Antigone, neveu d'Hyrcan, et contre les Parthes, obtient pour lui-même du triumvir Antoine et du sénat le titre de roi. Il épouse Mariamne, fille d'Hyrcan, commet d'atroces cruautés quand la victoire lui a ouvert les portes de Jérusalem, qui ne voulait pas d'un roi de race étrangère. Il ne se maintiendra sur le trône qu'à force de crimes. Son règne est un fléau qui dure environ quarante ans.

Rome. — César Octave divorce avec Scribonia qui lui a donné Julie, pour enlever à Tibérius Claudius Néron et épouser lui-même Livie, mère de Tibère depuis quatre ans et enceinte de Drusus. — Nouvelle guerre maritime contre Sextus Pompée.

Rome et Parthes. — Campagne victorieuse de Ventidius contre les Parthes qui perdent le fils de leur roi, Pacorus : il s'arrête au milieu de ses succès pour ne pas donner de l'ombrage à Antoine. — Antoine, qui veut en personne enlever la ville de Samosate à Antiochus, le roi rebelle de la Comagène, région euphratésienne, est réduit à se contenter d'un tribut. Il permet à son lieutenant de venir triompher à Rome.

37.
(Ol. clxxxv, 4 ; R. 718.)

Rome. — Antoine vient à Tarente, accompagné d'Octavie, qu'il ne ramènera pas en Orient, pour concerter avec Octave les moyens de combattre Sextus Pompée et pour renouveler le triumvirat dont la cinquième année expirait : ils se continuent pour cinq ans dans cette magistrature, le nom de Lépide est conservé dans l'alliance. — Octave fait de grands préparatifs maritimes contre Sextus Pompée. — Térentius Varron, qui avait achevé depuis peu de temps son traité *de Lingua latina*, à quatre-vingts ans travaille encore à son traité *de Re rustica*.

Parthes. — Abdication d'Orodès, qui est inconsolable de la mort de son fils Pacorus; son autre fils Phraate, qui lui succède, le fait étrangler.

Rome et Germains. — Agrippa, lieutenant d'Octave, consul, va combattre les Germains au delà du Rhin pour la sûreté de la Gaule.

36.
(Ol. clxxxvi, 1 ; R. 719.)

Rome et Cappadoce. — Antoine dépose et fait mourir le roi Ariarathe VII qu'il avait choisi six ans auparavant, pour lui substituer Archélaos, petit-fils du général Archélaos que Mithridate envoya à la tête de ses armées en Grèce contre les Romains.

Rome, Égypte et Parthes. — Antoine commence avec Cléopâtre la vie inimitable en Égypte. — Avide cependant de conquêtes, il attaque les Parthes, mais entre trop tard en Médie, et échoue au siége de Phraata. Forcé de battre en retraite, il déploie les qualités d'un grand général et les vertus d'un héros dans une marche pénible de trois cents milles pendant vingt et un jours, au milieu des attaques continuelles des ennemis. — Mais au lieu de donner à son armée un repos nécessaire en Arménie, il cause la mort de plusieurs milliers d'hommes pour aller passer l'hiver auprès de Cléopâtre.

Rome et Sicile. — Octave doit à Agrippa, après de très-pénibles efforts, la victoire de Nauloques contre Sextus Pompée, qui fuit vers l'Orient où il mourra en aventurier. — Lépide, qui a eu sa part de danger dans la réduction de la Sicile, voit Octave lui débaucher son armée. Son ancien collègue le dépouille de la dignité triumvirale, mais lui laisse jusqu'à sa mort la charge de grand pontife.

35.
(Ol. clxxxvi, 2 ; R. 720.)

Rome et Italie. — Pour assurer la tranquillité de l'Italie, les lieutenants d'Octave combattent les Salasses, dans les Alpes occidentales; lui-même il attaque, à l'est de l'Adriatique, les Japodes et les Dalmates, au nord les Pannoniens. Ces expéditions seront renouvelées l'anneé suivante.

34.
(Ol. CLXXXVI, 3 ; R. 721.)

Rome. — Mort de l'historien Salluste.

Rome et Arménie.—Honteuse expédition d'Antoine, alors consul, en Arménie : il prend en trahison le roi Artavasde et le fait charger de chaînes.

33.
(Ol. CLXXXVI, 4 ; R. 722.)

Rome. — Grands travaux sous le second consulat d'Octave, pendant l'édilité d'Agrippa : restauration des aqueducs et de la cloaca maxima ; construction de trois portiques et de la bibliothèque d'Octavie. Le soin de composer la bibliothèque sera donné à C. Melissus de Spolète, affranchi de Mécène, grammairien et auteur de petits poëmes bouffons.

Rome et Parthes. — Antoine s'avance jusqu'au fleuve Araxe, affluent de la mer Caspienne, comme s'il allait pénétrer au cœur du pays des Parthes. Il ne dépasse pas la Médie.

32.
(Ol. CLXXXVII, 1 ; R. 723.)

Égypte. — Antoine envoie en Égypte la bibliothèque de Pergame qui contenait deux cent mille volumes.

Rome. — Les amis d'Antoine, particulièrement les consuls de l'année, Cn. Domitius Ahénobarbus et C. Sosius, ne peuvent empêcher qu'il soit déclaré ennemi public. — Octave, au moment où expire le terme des cinq années triumvirales, se fait désigner pour le consulat de l'année suivante avec M. Valérius Messala Corvinus, un de ces vaincus de Philippes qui, désespérant de la liberté, s'attachaient au parti de l'ordre. — Antoine fait craindre d'abord à l'Italie une soudaine invasion. Il vient jusqu'à Corcyre, à l'entrée de la mer Adriatique, mais l'approche de l'automne et le désir d'attendre Cléopâtre, qui veut avoir part à la lutte, le ramènent sur les côtes du Péloponnèse ; il passe l'hiver à Patras, en Achaïe.

Rome et Égypte. — Antoine a rompu complètement avec le gouvernement de Rome et avec Octave en célébrant à Alexandrie ses triomphes pour les prétendues victoires sur les Parthes, en partageant aux enfants qu'il a eus de Cléopâtre les provinces romaines de l'Orient, en signifiant à Octavie l'acte officiel de divorce.

31.
(Ol. CLXXXVII, 2 ; R. 724.)

Rome et Égypte.—La flotte de César Octave, consul, commandée par Agrippa, gagne sur Antoine et sur Cléopâtre, qui ont réuni toutes les forces maritimes de l'Orient, une victoire à Actium, dans le golfe d'Ambracie (septembre). Cette journée pouvait n'être pas décisive si Antoine, même vaincu, s'était mis à la tête de son armée de terre, rangée en bataille sur la rive. Il fuit à la suite de Cléopâtre vers l'Égypte. — Activité du vainqueur, moins cruel cette fois qu'après Philippes. En allant passer l'hiver à Samos, il domine la mer Égée où Antoine aurait encore pu songer à redevenir le maître. — Un commencement de révolte dans ses armées le rappelle en Italie. Il ne reste que vingt-sept jours à Brindes pour pacifier la péninsule. — Il se montre encore à la province d'Asie et à la Syrie, et passe en Égypte.

30.
(Ol. CLXXXVII, 3 ; R. 725.)

Rome et Égypte.—Antoine ne peut fermer l'entrée de l'Égypte à Octave. Trompé par Cléopâtre il se tue, à cinquante-trois ans. Cléopâtre n'espérant pas séduire son vainqueur se donne la mort ; elle n'avait que trente-neuf ans. — La mort de Cléopâtre entraîne la réduction de l'Égypte en province. — Le chevalier Cornélius Gallus, poëte, né à Fréjus en Gaule, ami de Virgile, en est le premier gouverneur. — Octave passe l'hiver en Asie. — La fondation de Nicopolis, sur le golfe d'Ambracie, et les jeux actiaques rappelleront aux Romains la date de la fondation de la monarchie.

29.
(Ol. CLXXXVII, 4 ; R. 726.)

Rome. — Octave, revenu en Italie, célèbre trois triomphes : pour la guerre contre les Dalmates; pour Actium; pour l'Égypte (août). La guerre est suspendue en même temps dans toutes les parties du monde; le temple de Janus est fermé. L'empereur (*imperator*) César Octave se continue neuf ans de suite dans le consulat (de l'année 31 à l'année 23).—Denys d'Halicarnasse, futur historien des *Antiquités romaines*, prépare les éléments de son ouvrage qu'il écrira en grec.

28.
(Ol. CLXXXVIII, 1 ; R. 727.)

Judée. — Le tyran des Juifs, Hérode, dans ses fureurs sanguinaires, ordonne la mort de sa femme Mariamne qui est de la maison des Maccabées, et bientôt celle de sa belle-mère et des deux fils qu'il a eus de Mariamne.

Rome. — César Octave, consul avec Agrippa, fait faire le dénombrement de tous les citoyens de Rome, de tous les sujets de l'empire. Exerçant les pouvoirs de censeurs, ils réforment le sénat, l'ordre équestre, les lois, et, autant que possible, les mœurs. Agrippa donne à son collègue avec l'assentiment des sénateurs le titre de prince du sénat (*princeps senatus*), qui lui conférait le droit d'opiner le premier, c'est-à-dire d'entraîner à son avis l'assemblée.

27.
(Ol. CLXXXVIII, 2 ; R. 728.)

Rome. — Comme récompense de la pacification du monde, de l'ordre rétabli dans le gouvernement des provinces et dans l'administration de la justice, de la souveraineté rendue à Rome, qui avait craint un instant la domination de Cléopâtre, l'empereur César Octave reçoit du sénat le titre d'Auguste, différent de celui de roi, et qui, n'étant la désignation d'aucun pouvoir connu, créait un idéal nouveau et laissait le champ ouvert aux prétentions du despotisme, aux exagérations de la flatterie. — Les poëtes apprirent à faire d'Auguste un Dieu. — Après une feinte abdication, Auguste, déjà nommé prince du sénat, reçoit le gouvernement de l'empire pour dix ans. Il prend le pouvoir proconsulaire dans les provinces. Il a l'air de partager le gouvernement avec le sénat auquel il laisse le soin des provinces du centre, mais il se réserve celles où il y a des légions, qui donnent la force. — Il visite la Gaule, où quelques mouvements des Aquitains avaient fourni la matière d'un triomphe au consulaire Valérius Messala Corvinus, protecteur du poëte élégiaque Tibulle.

26.
(Ol. CLXXXVIII, 3 ; R. 729.)

Égypte. — Le premier gouverneur de l'Égypte, Cornélius Gallus, par les scandales de son administration, dignes de Térentius Varron en Espagne, de Salluste en Afrique, provoque son rappel; accusé dans le sénat, condamné, dépouillé de ses biens, il échappe au déshonneur par une mort volontaire.

Rome. — Les muses qui perdent dans Gallus un poëte élégiaque, ont alors Properce, qui suit Tibulle et précède Ovide.

25.
(Ol. CLXXXVIII, 4 ; R. 730.)

Espagne. — Auguste, pendant que ses lieutenants combattent les Salasses dans les Alpes, va en personne frapper les Astures et les Cantabres attaqués dès l'année précédente.

Rome. — Après ces campagnes, le temple de Janus est fermé, pour la seconde fois depuis qu'Auguste gouverne.

24.
(Ol. clxxxix, 1 ; R. 731.)

Arabie et **Rome.**—Le chevalier Ælius Gallus, gouverneur d'Égypte, par l'ordre de l'empereur, porte le premier la guerre chez les peuples pacifiques de l'Arabie sabéenne, dite *heureuse*, qui voulaient recevoir en échange des produits de leur pays ou de ceux de l'Inde, non les produits de l'Europe civilisée, que leur offraient les Romains, mais seulement les métaux, l'or et l'argent. — Strabon, le géographe, était alors en Égypte.

Espagne. — Quand Auguste a quitté l'Espagne, nouveaux mouvements des Cantabres et des Astures.

Rome. — Virgile, déjà en faveur par ses *Églogues* et par ses *Géorgiques*, commence à écrire l'*Énéide*.

23.
(Ol. clxxxix, 2 ; R. 732.)

Rome. — Le sénat donne à Auguste, pour la vie, la puissance tribunitienne, qui rend sa personne sacrée et lui livre les comices populaires. — Il ne se fait pas élire consul pendant dix-sept ans. — Il perd Marcellus, son neveu et son gendre, jeune homme de vingt ans qu'Octavie avait eu d'un premier mariage avant d'épouser Antoine.

22.
(Ol. clxxxix, 3 ; R. 733.)

Rome. — Conspirations de Fannius Cœpion et de Muréna contre la vie d'Auguste. — Plancus et Paulus Lépidus, deux anciens proscrits, sont les derniers censeurs.

Rome et **Éthiopie.**—Les Éthiopiens envahissent le sud de l'Égypte romaine, sous la conduite de leur reine Candace; ils sont repoussés par le gouverneur Caïus Pétronius.

21.
(Ol. clxxxix, 4 ; R. 734.)

Orient et **Rome.**—Auguste parcourt la Grèce, passe l'hiver à Samos pour régler les affaires de l'Asie. — Tous les peuples de l'Orient sont à ses pieds.

20.
(Ol. cxc, 1 ; R. 735.)

Rome. — La fille d'Auguste, Julie, mariée à Agrippa après la mort de Marcellus, lui donne un petit-fils Caïus.

Rome et **Orient.** — Auguste ne quitte pas l'Asie; Samos est encore son séjour pendant l'hiver. Il envoie le fils de sa femme Livie, Tibère, âgé de vingt-deux ans, en Arménie, pour établir dans ce pays un roi dévoué à la cause romaine, Tigrane, frère et ennemi d'Artabaze. Il agrandit le territoire du roi de Cappadoce, Archélaos, qui régnera encore trente-cinq ans.

Rome et **Parthes.** — Auguste reçoit des Parthes les aigles et les étendards conquis par eux sur Crassus et sur Antoine.

19.
(Ol. cxc, 2 ; R. 736.)

Rome. — Auguste, après deux années données à l'Asie, s'achemine vers l'Italie. Il rencontre en Grèce le poëte Virgile, le décide à revenir avec lui; Virgile meurt à Brindes; il sera enseveli près de Naples. — Auguste prend le titre de préfet des mœurs et de consul à vie.

Rome et **Espagne.** — Agrippa, par la réduction définitive des Cantabres, pacifie la péninsule.

18.
(Ol. cxc, 3 ; R. 737.)

Rome. — Auguste se fait renouveler l'exercice du pouvoir pour cinq ans, après lesquels il le prendra encore pour cinq, puis pour dix encore, de manière à prolonger indéfiniment l'usage de la monarchie. — Il associe Agrippa à la dignité tribunitienne. — Ses lois fiscales contre les célibataires et les veuves ont pour objet de multiplier les mariages. — — Mort du poëte Tibulle.

17.
(Ol. cxc, 4 ; R. 738.)

Rome. — Auguste et Agrippa font célébrer avec magnificence les jeux séculaires pour lesquels Horace a composé un chant national, *Carmen seculare.* — Le second fils d'Agrippa et de Julie, Lucius, est, dès sa naissance, adopté avec son frère par Auguste.

Rome et Orient. — Auguste visite la Gaule, Agrippa la Syrie et la Judée, où il est reçu par le roi Hérode, dont le principal conseiller Nicolas de Damas, poëte tragique, historien, rhéteur, mathématicien, philosophe, lui servira comme de guide dans l'Asie Mineure.

15.
(Ol. cxci, 2 ; R. 740.)

Rome et Germanie. — Pendant qu'Auguste réside en Gaule, les fils de Livie, Tibère et Drusus, combattent les peuples de la Rhétie, au nord des Alpes. — Les Sicambres s'agitent à la frontière rhénane.

14.
(Ol. cxci, 3 ; R. 741.)

Rome et Espagne. — Les grands travaux des voies militaires qui reliaient à l'Italie et à Rome, point central de l'empire, toutes les provinces, sont continués par l'ordre d'Auguste, pendant son voyage d'Occident, jusqu'à l'extrémité sud-ouest de l'Espagne, jusqu'à Cadix.

13.
(Ol. cxci, 4 ; R. 742.)

Rome. — Agrippa et Auguste reviennent en Italie, laissant paisibles et prospères les provinces qu'ils ont séparément visitées, l'un en Orient, l'autre en Occident. — Tibère est pour la première fois consul. — Comète qui revient tous les 76 ans.

Rome et Germanie. — Drusus reste à la frontière du Rhin pour combattre les Germains.

12.
(Ol. cxcii, 1 ; R. 743.)

Rome. — Agrippa qui venait d'être continué pour cinq ans dans la dignité tribunitienne, au retour d'une pénible campagne d'hiver contre les Pannoniens, meurt en Campanie entre les bras d'Auguste, son beau-père, à cinquante et un ans, laissant deux fils, Caïus et Lucius César. — La mort du vieux Lépide permet à Auguste de prendre le titre de grand pontife.

Rome, Gaule et Germanie. — Drusus, assuré de l'obéissance des trois provinces gauloises qui se relient à Lyon, va chercher les Germains Usipètes jusque dans l'île des Bataves, ravage le territoire des Sicambres et revient à Rome.

11.
(Ol. cxcii, 2 ; R. 744.)

Rome. — Auguste fait à Rome la dédicace du temple de Marcellus. — Mort de sa sœur Octavie.

Rome, Dalmatie, Germanie et Pannonie. — Drusus retourne contre les Germains et pousse presque jusqu'au fleuve Wéser ; son frère Tibère, qui vient d'épouser la veuve de Marcellus et d'Agrippa, combat les Dalmates et les Pannoniens.

10.
(Ol. cxcii, 3 ; R. 745.)

Rome. — Célébrité du grammairien Hygin, d'Alexandrie ou d'Espagne, en faveur auprès d'Auguste qui lui confia le soin de la bibliothèque

Palatine; il a écrit d'utiles ouvrages sur la mythologie.

Rome, Dalmatie, Gaule et Germanie. — Auguste, Tibère, Drusus, sont en Gaule. — Tibère est envoyé contre les Dalmates. — Drusus, alors préteur, tombe sur les Cattes et sur les autres peuplades germaniques, voisines du Rhin ; Auguste rapporte les dépouilles à Rome. — Drusus reste à Lyon : on consacre en sa présence l'autel élevé par les 60 peuples gaulois au confluent de la Saône et du Rhône, en l'honneur de Rome et d'Auguste. — Un fils de Drusus, Claude, naît le jour de la dédicace à Lyon.

9.
(Ol. cxcii, 4 ; R. 746.)

Rome. — L'*Histoire romaine* de Tite Live, à en juger par la fin des *Epitome*, s'arrêtait à la mort de Drusus. — Dédicace du temple de la Paix, dans le Champ de Mars.

Rome et Germanie. — L'ardeur infatigable de Drusus, alors consul, l'entraîne contre les Germains au delà du Wéser, jusqu'à l'Elbe. — C'est entre la Saale et le Wéser, au milieu de ses soldats, que la mort l'enlève à trente ans ; il laisse une nombreuse postérité.

8.
(Ol. cxciii, 1 ; R. 747.)

Rome. — Auguste feint encore une fois de vouloir renoncer au pouvoir suprême qui lui est remis pour dix ans. — Un sénatus-consulte donne le nom d'Auguste au sixième mois de l'année, Sextilis, dans lequel il est né, et qu'ont rendu mémorable plusieurs actions glorieuses de sa vie. — Dénombrement nouveau dans tout l'empire, fait par Auguste sans qu'il prît le titre de censeur. — Réforme dans les lois ; règlements concernant les mœurs. — La mort de Mécène, qui ne voulut jamais un autre titre que celui de chevalier, prive les lettres d'un protecteur éclairé qui lui-même essayait d'écrire. — Mort d'Horace, un de ses plus heureux et désintéressés favoris.

Rome, Germanie et Pannonie. — Tibère est envoyé, après la mort de son frère Drusus, à la frontière du Rhin, pour tenir en respect les Germains. — Réduction de la Pannonie.

7.
(Ol. cxciii, 2 ; R. 748.)

Rome. — Tibère triomphe pour ses succès en Germanie, et exerce son second consulat. — Après vingt-deux ans de travail à Rome, Denys d'Halicarnasse met au jour son histoire des *Antiquités romaines*.

6.
(Ol. cxciii, 3 ; R. 749.)

Rome. — Tibère qui a déjà été deux fois consul, deux fois honoré du triomphe, qui vient de recevoir la puissance tribunitienne pour cinq ans, voit avec jalousie les deux fils d'Agrippa, désignés d'avance par Auguste à la faveur du sénat, et nommés princes de la jeunesse. — Il cherche un prétexte pour quitter l'Italie ; il restera sept ans dans l'île de Rhodes. — Au moment où Auguste appelle l'attention du monde sur ses petits-fils, il se réserve le consulat pour l'année suivante afin de les couvrir de son propre nom.

5.
(Ol. cxciii, 4 ; R. 750.)

Rome. — Douzième consulat d'Auguste, après dix-sept ans d'intervalle ; il donne la toge virile à l'aîné de ses petits-fils, Caïus César.

2.
(Ol. cxciv, 3 ; R. 753.)

Rome. — Auguste a pour la treizième fois la dignité consulaire, quand son petit-fils Lucius César reçoit la robe virile. — Le sénat et le peuple romain lui décernent le titre de *Père de la Patrie* : il a alors soixante-deux ans. — La dédicace du temple de Mars est célébrée par des fêtes magnifiques. Combat de gladiateurs, et naumachie au milieu du cirque transformé en lac.— Chagrins domestiques d'Auguste; il bannit sa fille Julie, à cause de ses débauches.

1.
(Ol. cxciv, 4 ; R. 754.)

Rome et **Orient**.—Auguste envoie en Orient son petit-fils Caïus César, pour étouffer les factions de l'Arménie; il lui a fait donner la connaissance géographique de ces contrées lointaines, par Denys le Périégète, auteur d'un *Voyage autour du monde* (Périégésis), en vers grecs, et par Juba, le fils du roi de Mauritanie vaincu à Thapsus par César, qui a écrit l'histoire des peuples orientaux.

C'est, suivant les calculs de Denys le Petit, dans la quatrième année de la cent quatre-vingt-quatorzième olympiade, répondant à la seconde moitié de l'an de Rome 753 et à la première de l'an 754, que Jésus-Christ naquit, le 25 décembre, à Bethléem. L'ère chrétienne qui depuis Charlemagne est devenue d'un usage général chez les chrétiens, excepté dans l'Église grecque, commence six jours après, le 1ᵉʳ janvier 754. Nous adoptons, comme une convention établie, cette date de Denys le Petit : bien d'autres sont proposées ; huit systèmes principaux s'appuient sur les noms les plus honorables de la science chronologique et de la théologie. Les Bénédictins, auteurs de l'*Art de vérifier les dates*, plaçaient la naissance de Jésus-Christ le 25 décembre 747, l'an 7 avant l'ère vulgaire.

SECONDE PARTIE.

DEPUIS L'ÈRE VULGAIRE JUSQU'A NOS JOURS.

PREMIÈRE PÉRIODE.

DU COMMENCEMENT DE L'ÈRE VULGAIRE AU PARTAGE DÉFINITIF DE L'EMPIRE (1-395 AP. J. C.).

Ier SIÈCLE APRÈS J. C.

APERÇU GÉNÉRAL.

Cette période, qui commence à Auguste et finit à Théodose, est exclusivement romaine ; tout se rattache aux empereurs : la plupart des peuples n'ont plus d'histoire qui leur soit propre.

On peut distinguer, dans le premier siècle de notre ère, d'une part, trente années paisibles, dont quatorze appartiennent au règne d'Auguste, dix à Vespasien, deux à Titus, deux à Nerva, deux à Trajan qui régnera encore dix-sept ans dans le siècle suivant; de l'autre, si l'on ne regarde qu'à Rome, au sénat, à l'empereur et à la noblesse, soixante et dix années de forfaits et de honte, où les caractères se flétrissent, où les affections naturelles et les habitudes sociales se corrompent, où surtout le sénat romain, se distinguant au milieu de l'abjection universelle par une ignominie plus profonde, sanctionne toutes les iniquités, rend grâces de tous les attentats, de tous les fléaux et aussi des outrages qu'il reçoit lui-même, vil sous les tyrans affermis, plus vil encore lorsque, bien assuré de leur chute, ou prochaine, ou consommée, il proscrit avec une fureur solennelle les objets de ses longues adorations.

Pourtant ces règnes despotiques de Tibère, de Caligula, de Claude, de Néron et de l'ignoble Vitellius, si justement flétris par Tacite et par la postérité, ne sont pas, pour les nations soumises, une époque partout et toujours désastreuse. L'empire est trop vaste pour que la cruauté, les vices ou les folies d'un homme puissent se faire sentir sur tous les points. Hors de Rome et du cercle où luttèrent l'une contre l'autre la noblesse et la tyrannie, celle-là par des conspirations et le poignard, celle-ci par les délateurs et le bourreau, un ordre jusqu'alors inconnu règne dans les provinces, à l'abri de la *Paix romaine,* et n'est guère sérieusement troublé que par les convulsions qui suivent la mort de Néron.

La civilisation profite de ce calme pour gagner les provinces occidentales et s'y enraciner, et la littérature romaine se signale par de nouveaux chefs-d'œuvre. Moins pure et moins belle que dans l'âge précédent, elle est plus vaste, plus riche de connaissances positives et d'observations morales. S'il y a dans les vers de Perse moins de profondeur que d'obscurité, si Martial est trop loin de Catulle, si rien ne compense assez dans Pétrone l'extrême licence des idées et des images; si les productions de Silius Italicus, de Valérius Flaccus et de Stace, sont trop peu dignes de l'épopée, on doit au moins des éloges à l'énergique véhémence des satires de Juvénal, et il est difficile de ne pas reconnaître dans Lucain, non la perfection du style et du goût de Virgile, mais la pensée et l'âme d'un grand poëte. Toutefois c'est à la prose latine que ce siècle doit sa gloire littéraire; cette prose embrasse presque tous les genres : la géographie dans Pomponius Méla, l'art militaire dans Frontin, la médecine dans Celsus, l'agriculture dans Columelle, la grammaire et la critique dans Asconius Pédianus, la rhétorique dans Quintilien, la morale entière dans Sénèque; toute la nature alors connue et tous les arts alors cultivés dans Pline l'Ancien. Son neveu Pline le Jeune tient, au-dessous de Cicéron, l'un des premiers rangs parmi les auteurs épistolaires; mais en composant le panégyrique de Trajan, il s'est montré dans l'art de l'adulation directe et verbeuse, plus habile et plus élégant qu'il ne convient à la probité et à la dignité d'un homme de lettres. C'était cependant un citoyen encore estimable que ce Pline le Jeune, puisqu'il fut l'ami de Tacite, celui des historiens de l'antiquité qui a su le mieux juger et peindre les tyrans. Avant Tacite, Tite Live a laissé un magnifique corps d'annales romaines; Velléius Paterculus une simple esquisse qui mériterait aussi des éloges si la tyrannie dont il devait être la victime sous Tibère n'y était lâchement encensée. Après Tacite, et peut-être avant la fin du 1er siècle, Suétone a écrit les vies des douze Césars, depuis Jules jusqu'à Domitien; recueil assez peu estimable d'anecdotes scandaleuses, mais utile par une foule de renseignements qui ne se trouvent que là, et sans lequel nous ne saurions pas à quel degré d'opprobre le pouvoir absolu peut descendre.

La littérature grecque moins brillante donne cependant le moraliste Épictète, l'orateur Dion, les médecins Dioscoride et Arétée, le géographe Strabon, Josèphe l'historien des Juifs, Plutarque, le biographe des grands hommes de la Grèce et de Rome, dont les traités de morale ont bien moins servi que cette galerie de portraits à l'enseignement de l'humanité.

Qu'étaient les plus belles œuvres de l'esprit humain, en regard de la mission de Jésus-Christ! Les vérités religieuses, autrefois l'héritage d'un peuple élu, vont devenir le domaine de toutes les nations. Le christianisme prend naissance au milieu d'une société corrompue et avilie par la servitude, à laquelle il doit rapprendre la morale et la liberté. Les quatre Évangiles, dont l'autorité a été consacrée par l'Église, sont composés; mais les persécutions impériales commencent contre les sectateurs du vrai Dieu, que les Juifs maudissent, même sous les décombres du temple de Jérusalem.

CHRONOLOGIE.

1.

Judée. — Mort du roi Hérode : sa magnificence, les constructions utiles et somptueuses dont il a couvert la Judée, les encouragements qu'il a donnés aux artistes et aux poëtes de la Grèce et de Rome, ont fait appeler grand le plus sanguinaire des tyrans. Flatteur d'Auguste, il a changé le nom de Samarie, rebâtie, en celui de Sébaste ou Auguste; il a fondé Césarée sur la côte. — Ses fils se partagent la Palestine avec la permission de l'empereur.

2.

Orient et Rome. — Caïus César est envoyé en Orient pour maintenir la paix entre les Romains et les Parthes. — Sa conférence avec le roi Phraorte, dans une île de l'Euphrate, eut pour témoin le tribun Velléius Paterculus, futur historien de cette époque.

Rome. — Tibère est rappelé de Rhodes par Auguste, avec le consentement de Caïus et de Lucius César. —Lucius César, en route pour l'Espagne, meurt à Marseille.

3.

Rome. — Auguste se fait renouveler encore pour dix ans la concession du pouvoir suprême dont il jouit depuis trente années.

4.

Rome. — Caïus César, en revenant de l'Arménie, meurt, avant d'avoir quitté l'Asie, dans une ville de Lycie. Il ne reste plus à Auguste qu'un petit-fils, enfant posthume d'Agrippa, qu'il adopte. Il adopte en même temps Tibère, son beau-fils et son gendre, âgé alors de quarante-six ans, qui reconnaît à son tour pour fils adoptif son neveu Germanicus, fils de Drusus. — *Asinius Pollion* meurt à quatre-vingts ans, orateur et poëte, célébré par Virgile et par Horace : il fut, en politique, du nombre des habiles ou des sages qui, désespérant de la liberté, leur première idole, acceptèrent sans résistance, mais aussi sans servilité, le gouvernement auquel Rome devait l'ordre et la paix civile.

Rome et Germanie. — Tibère César est envoyé contre les Germains. Velléius Paterculus, qui sert sous ses drapeaux, fera huit campagnes de suite en Germanie.

5.

Rome. — Tremblement de terre, inondation du Tibre, éclipse de soleil, famine.

Rome, Dalmatie et Pannonie. — Insurrection contre la domination romaine.

6.

Rome, Dalmatie et Pannonie. —Tibère renonce à une expédition projetée contre les Marcomans, qui habitent entre l'Elbe et le Danube, pour réprimer une révolte générale de la Pannonie et de la Dalmatie. — La guerre contre ces populations indomptées dura trois ans, occupa quinze légions romaines, sans compter les troupes auxiliaires : c'est la plus rude qu'ont eue les Romains, depuis les guerres puniques. Exploits de Germanicus César.

Rome et Judée. — L'administration despotique d'Archélaos, un des trois fils d'Hérode, qui gouvernaient en Judée avec le titre non de rois, mais d'ethnarques, sert de prétexte à Auguste pour confisquer ses biens et réunir ses États, la Samarie, la Judée et l'Idumée, à la Syrie romaine.

8.

Rome et Pannonie. — Toute la Pannonie se résigne au joug romain, la guerre ne continue qu'en Dalmatie.

9.

Rome. — Exil du poëte Ovide ; il est relégué à Tomes, dans la petite Scythie sur le littoral du Pont-Euxin.

Rome et Dalmatie. — La guerre est presque achevée par Tibère et par Germanicus.

Rome et Germanie. — Désastre de Quintilius Varus ; trois légions, trois corps d'auxiliaires, six cohortes, périssent avec le général sous les coups d'Arminius dans la forêt de Teutberg, près de la Lippe, affluent oriental du Rhin.

10.

Rome et Germanie. — Tibère est envoyé en Germanie, où le suit Germanicus.

11.

Rome. — Mort de Messala Corvinus, orateur, personnage consulaire, vieillard de soixante-douze ans, débris de l'ancien parti républicain qui avait combattu à Philippes.

12.

Rome. — Pendant le consulat de Germanicus, Tibère vient recevoir à Rome les honneurs du triomphe pour ses succès en Germanie ; le futur historien Velléius Paterculus assiste à cette pompe militaire comme lieutenant de César. — Caïus Caligula naît de Germanicus et d'Agrippine.

13.

Rome. — Auguste, pour la cinquième fois, se fait conférer le pouvoir pour dix ans ; il associe de nouveau Tibère à la dignité tribunitienne et permet à son fils Drusus d'être désigné pour le consulat de la troisième année à venir, quoiqu'il n'ait pas encore été préteur.

14.

Rome. — Pour la troisième fois Auguste fait faire le dénombrement de l'empire ; il s'associe Tibère pour réformer, comme s'il était censeur, les mœurs et les lois. — Mort d'Auguste, âgé de près de soixante-seize ans, à Nole en Campanie : ses funérailles à Rome ; le sénat lui décerne les honneurs divins. — L'usage de l'apothéose s'établit pour les empereurs : en mourant ils deviennent dieux. — La protection qu'Auguste accorda aux lettres, le goût qu'il eut lui-même pour les travaux de l'esprit, lui ont valu la gloire de donner son nom au plus beau siècle de la littérature romaine. — Tibère, fils de Tibérius Claudius Néron et de Livie, adopté et désigné par Auguste, prend les pouvoirs d'empereur avec le consentement du sénat et du peuple ; révolte des légions en Germanie et en Pannonie.

15.

Cappadoce et Rome. — Le roi de Cappadoce Archélaos, après cinquante ans de règne dans l'amitié des Romains, éprouve le ressentiment de Tibère, auquel il avait déplu pendant le séjour de celui-ci à Rhodes. La honte d'une accusation portée devant le sénat, sur de frivoles prétextes, hâte la fin du vieillard.

Parthes. — Les Parthes ne veulent plus pour leur roi d'un fils de Phraate IV, qui avait vécu comme otage à Rome et qu'ils regardaient comme un esclave : le roi déchu ne put même pas s'asseoir sur le trône d'Arménie.

16.

Rome et **Germanie**. — Germanicus extermine une armée de Germains dans les plaines d'Idistavisus, près du Wéser, et tient en respect les barbares frémissants au delà du Rhin.

17.

Rome. — Mort d'Ovide, en exil. — Mort de l'historien Tite Live, de Padoue, qui avait élevé le plus magnifique monument à la mémoire du peuple romain : nous n'en avons qu'une partie, avec un court abrégé pour les livres qui manquent.—Mort du géographe Strabon : il a fait de la géographie une science politique et morale : les origines, les mœurs, les usages des peuples, même en dehors des limites de l'empire romain, trouvent place à côté des descriptions physiques.

18.

Cappadoce et **Rome**. — Réduction de ce royaume en province romaine.

19.

Rome. — Germanicus, le plus grand général de l'empire qui avait maintenu les légions dans le devoir et vengé Varus sur les Germains, organisait les provinces de l'Orient quand il meurt en Syrie, peut-être empoisonné : Tibère a été cru capable d'un tel crime.—Pison accusé directement se tue dans sa maison avant d'avoir été jugé.

23.

Rome. — Le chevalier Séjan, préfet des prétoriens, fait empoisonner Drusus, fils de Tibère, qui ne le soupçonne pas et laisse cette mort sans vengeance.

25.

Judée. — La onzième année du règne de Tibère, Ponce Pilate entre dans la charge de procurateur : il est le sixième procurateur romain. En Judée, ces magistrats, qui relevaient du gouverneur de Syrie, respectaient les lois et les coutumes de la nation, partageaient le pouvoir avec les grands sacrificateurs ; ils avaient seuls le droit de rendre une sentence capitale.

26.

Rome. — L'accusation odieuse ordonnée contre Crémutius Cordus, auteur d'une histoire des guerres civiles, qui, après s'être défendu avec courage, se laisse mourir de faim, est le premier crime public de Tibère. — L'empereur âgé de soixante et neuf ans quitte Rome. Il se retirera l'année suivante dans la délicieuse île de Caprée, qui sera l'antre du despote débauché et cruel.

30.

Judée. — Baptême de Jésus-Christ par le précurseur saint Jean-Baptiste. C'est dans la dernière des soixante et dix semaines d'années prédites par Daniel que commencent les prédications de l'homme-Dieu.

31.

Judée. — Jésus-Christ, en choisissant ses apôtres, donne le premier rang et la prééminence à Céphas (Pierre), de Bethsaïde, bourg de la Galilée.

Rome. — L'exil d'Agrippine femme de Germanicus qui se laissa mourir de faim, la mort d'un de ses fils, l'emprisonnement d'un autre, ne profitent pas à Séjan. L'ambition du ministre est dévoilée et punie par Tibère : sa mort sanglante. Tous ceux qui ont été ses amis sont frappés avec cruauté par l'empereur et par le sénat.

33.

Judée. — Mort de Jésus-Christ, la quatrième année de la dernière des soixante et dix semaines d'années annoncées par Daniel ; la quatrième année de la deux cent deuxième olympiade marquée dans les *Annales* de Phlégon, affranchi d'Adrien. Après trois ans passés au milieu des hommes, Jésus-Christ, qui a apporté pour tous l'Évangile, c'est-à-dire la bonne nouvelle, accepte sur le mont Calvaire près de Jérusalem la Passion en témoignage de la vérité de sa mission : les Juifs sont les meurtriers de l'homme-Dieu. — Les apôtres vont se disperser pour baptiser les nations. Le martyre les attend ; leur sang sera une semence de chrétiens plus féconde que leur parole même. — Ils sont persécutés d'abord par les Juifs qui, ayant espéré un Messie puissant et glorieux, ne veulent pas croire à un Dieu mort sur la croix comme un esclave.

34.

Rome et Judée. — Le second des fils d'Hérode, Philippe, qui gouvernait le nord-ouest de la Judée, mourant sans enfant, Tibère réunit ses États à la Syrie, comme Auguste avait fait de ceux de son frère Archélaos. Un seul des héritiers d'Hérode, Antipas, garde la Galilée et la Pérée, au delà du Jourdain : il a fondé, en l'honneur de son protecteur Tibère, sur les bords du lac de Génézareth, à l'ouest, la ville de Tibériade.

36.

Parthes et Rome. — Les Parthes reçoivent de la main de Tibère, et gardent quelque temps, le roi Tiridate, fils de Phraate IV.

Syrie. — Saint Pierre fonde l'église d'Antioche, y trouve un grand nombre de Juifs et de gentils convertis par les fidèles qui étaient venus de Judée. A Antioche les disciples de Jésus-Christ commencent à être appelés *chrétiens*.

37.

Parthes et Rome. — Artaban, le rival de Tiridate que Tibère avait fait accepter pour roi par les Parthes, écrit à l'empereur de satisfaire le peuple romain en se donnant la mort.

Rome. — Mort de Tibère qui a été le bourreau de sa famille. Caïus Caligula, dernier fils de Germanicus et d'Agrippine, âgé de vingt-cinq ans, lui succède. Débauches, cruautés, folies de ce prince, qui se fait appeler maître (*dominus*).

39.

Rome et Judée. — Agrippa, petit-fils d'Hérode le Grand, reçoit, avec la tétrarchie de l'hérodien Philippe, le titre de roi que n'avaient pas porté les fils d'Hérode. Le dernier fils d'Hérode, Antipas, tétrarque de Galilée, est exilé en Gaule.

41.

Rome. — Quand le tribun des prétoriens, Chéréas, a assassiné Caligula, Claude, frère de Germanicus, élu malgré lui, à cinquante ans, par les soldats prétoriens, leur paye le premier le droit d'avènement : avec lui règnent les affranchis.

42.

Judée et Rome. — Saint Pierre est emprisonné à Jérusalem par les ordres du roi Hérode Agrippa : délivrance miraculeuse de l'apôtre qui, suivant une tradition recueillie par Eusèbe et saint Jérôme, vient à Rome et y établit le siége de l'*Église catholique* ou universelle.

Rome et Mauritanie. — La Mauritanie est réduite en province.

43.

Rome. — Pomponius Méla écrit un ouvrage de géographie, *de situ orbis*, précieux pour nous à cause de détails historiques qu'il a tirés d'ouvrages que nous n'avons plus.

Rome et Grande-Bretagne. — Claude, qui ne fut cruel hors de Rome qu'à l'égard des druides, ministres de la religion nationale chez les Gaulois, fait commencer la conquête de la Grande-Bretagne, foyer du druidisme.

44.

Judée. — Au milieu de jeux solennels qu'il célèbre à Césarée en l'honneur de l'empereur Claude, bienfaiteur des Juifs dans tout l'empire, le roi Hérode Agrippa est atteint d'une maladie mortelle.

Judée et Rome. — Le jeune Agrippa II est le dernier de la race d'Hérode qui porte le titre de roi, sans avoir de pouvoir réel, car la Judée devient tout à fait une province romaine et est cruellement traitée par les procurateurs.—A l'intérieur, discordes religieuses, les zélateurs ou zélés pharisiens dominent les autres sectes.

45.

Rome et Thrace.—Les troubles intérieurs de la Thrace permettent à Claude d'en faire une province romaine.

48.

Rome. — La plupart des anciennes familles patriciennes étant détruites, la qualité de patricien est donnée aux plus anciens du sénat. Discours impérial et sénat.-consulte en faveur des Gaulois, qu'on retrouvera à Lyon.

49.

Rome. — Après avoir fait tuer sa femme Messaline, mère de Britannicus et d'Octavie, dont la vie a été un long outrage à l'honneur de son sexe, Claude épouse sa nièce Agrippine, qui avait déjà eu un fils de Cn. Domitius Ahénobarbus, Néron.

50.

Judée. — Vif dissentiment entre les principaux chefs de l'Église naissante : plusieurs voulaient que les gentils, ou infidèles, qui embrassaient la foi évangélique, fussent astreints aux usages prescrits par la loi de Moïse. — Premier concile chrétien tenu à Jérusalem où la prédication de l'Évangile avait commencé et où saint Pierre se trouvait alors. Cinq apôtres y assistent : saint Pierre, saint Jean, saint Jacques, saint Paul, saint Barnabé; saint Pierre préside. La décision *œcuménique*, c'est-à-dire rendue pour tous les fidèles de la terre habitée, affranchit les convertis des prescriptions mosaïques. (Ce concile n'est pas toujours compté comme concile général.)

52.

Égypte. — Saint Marc, disciple de saint Pierre, est envoyé par son maître pour fonder l'église d'Alexandrie; il apporte en Égypte l'évangile qu'il avait composé à Rome sous les yeux de saint Pierre.

55.

Rome. — Après qu'Agrippine a empoisonné Claude, Néron, élu par les prétoriens, empoisonne Britannicus.

58.

Chine. — Premier témoignage du Bouddhisme, dans les annales chinoises.

59.

Rome.—Néron fait tuer sa mère.

62.

Égypte. — Les prêtres de Sérapis donnent en Égypte le martyre au fondateur de l'Église d'Alexandrie, saint Marc.

Rome. — Néron ordonne la mort d'Octavie, sa sœur d'adoption et sa femme.

64.

Rome. — Néron se donne le spectacle de l'incendie de Rome; les chrétiens, accusés d'avoir mis le feu à la ville, sont pour la première fois persécutés par un édit impérial.

65.

Inde et Chine. — Lutte sanglante entre les sectateurs de Bouddha et ceux de Brahma. — Introduction officielle de la religion bouddhique dans l'empire.

Rome.—La conjuration de Pison entraîne la mort du poëte épique Lucain, auteur de *la Pharsale*, et du philosophe Sénèque, précepteur de Néron, dont la vertu est justement suspectée, puisqu'il avait fait l'apologie du meurtre d'Agrippine.

66.

Arménie. — Un frère du roi des Parthes Vologèse, Tiridate, après dix années d'hostilités avec le général de l'empire Corbulon, vient recevoir à Rome la couronne d'Arménie des mains de Néron.

Judée. — Les rapines et les violences des gouverneurs romains poussent à la révolte la nation juive; quoique affaiblie par les rivalités religieuses et politiques de ses chefs, elle soutiendra pendant quatre ans les efforts de Rome.

Rome. — Les sénateurs Pœtus Thraséas et Baréa Soranus, censeurs du gouvernement et des crimes domestiques de Néron, sont condamnés par le sénat à mourir.

67.

Rome. — L'ordre de mourir est envoyé par Néron à Corbulon, le plus grand général de l'empire, qui revenait d'Asie après de glorieuses guerres contre les Parthes. — Il ordonne, à Rome, le supplice de l'apôtre saint Pierre et de saint Paul : saint Paul, citoyen romain, est décapité; saint Pierre, Juif, meurt comme Jésus-Christ, sur la croix (29 juin). Succession non interrompue d'évêques sur le siége de saint Pierre à Rome.

68.

Rome. — Après la révolte des légions de Gaule et d'Espagne, le sénat ose déclarer l'empereur ennemi public. Néron se fait tuer en disant : « Quel grand artiste le monde va perdre ! » Il est le dernier des empereurs appartenant par adoption à la famille de César. — Galba est le premier prince élu par les légions hors de l'Italie. Il a soixante-douze ans.

69.

Gaule, Germanie, Orient, Rome. — Au milieu de l'anarchie dont ne profitent pas longtemps l'empereur Othon, élu à Rome par les prétoriens contre Galba qui est tué, ni l'empereur Vitellius, proclamé par les légions du Rhin, Vespasien, fils d'un citoyen obscur de Réate, est le premier empereur élu par les légions d'Orient, en Égypte, en Judée et en Syrie. — Révolte des Bataves, qui habitent les îles du Rhin près de son embouchure, sous la conduite de Civilis, de quelques peuples gaulois, trévires et lingones, avec Sabinus, le mari d'Éponine. Les rivalités des peuplades entre elles feront avorter la guerre d'indépendance.

70.

Judée, Rome. — Titus, lieutenant de son père l'empereur Vespasien, termine la guerre de Judée. — Destruction de Jérusalem par les Romains, après un siége de sept mois qui coûte la vie à six cent mille Juifs; le temple est incendié malgré les ordres de Titus (septembre). Les Juifs ne se relèveront plus comme nation; toutes les prophéties sont accomplies. — Un des généraux juifs qui avait commandé dans cette guerre, Flavius Josèphe, en sera l'historien.

72.

Parthes. — Le peuple asiatique des Alains se jette sur l'empire des Parthes dont il dévaste deux grandes provinces, la Médie et l'Arménie : le roi Vologèse sera même réduit à demander à Vespasien un de ses fils pour le mettre à la tête de ses armées contre les barbares.

78.

Rome. — Supplice odieux de Julius Sabinus ordonné par l'empereur neuf ans après la pacification de la Gaule : Éponine veut partager le sort de son mari. — Vespasien ramène la moralité dans l'administration intérieure, remet l'ordre dans les finances; mais réprime par l'exil et la mort l'audace de langage que de vertueux amis de la liberté hasardent dans le sénat.

79.

Italie. — Pendant le court règne

Ier SIÈCLE (80-98).

de Titus, fils aîné et successeur de Vespasien, commence la première éruption connue du mont Vésuve, volcan de Campanie, qui engloutit Herculanum et Pompéii ; le naturaliste Pline l'Ancien est une des victimes de cette catastrophe.

Rome. — L'ouvrage de Pline, une véritable encyclopédie sous le titre d'*Histoire naturelle*, contient de l'histoire, de la géographie et un abrégé des sciences naturelles en un langage souvent élégant mais d'un éclat prétentieux.

80.

Chine. — Pan-Tchao, général de l'empereur Ho-Ti, fait une grande expédition à l'ouest de l'empire.

Rome. — Deux fléaux, l'incendie et la peste. L'incendie engloutit le Capitole, endommage le Panthéon, la bibliothèque d'Auguste, le théâtre de Pompée, etc. — Le *Colisée* (on l'a appelé longtemps Colossée), médité par Auguste, commencé par Vespasien, achevé sous Titus, est le plus grand amphithéâtre de Rome et de l'univers ; ses ruines excitent encore l'admiration. Plus de cent mille spectateurs pouvaient y voir à l'aise tour à tour des combats de l'arène et des naumachies. — Le groupe de *Laocoon*, ouvrage des statuaires Agésandre, de Rhodes, Athénodore, son fils, et Polydore, peut-être contemporains de Vespasien, ornait les bains de Titus, où il a été retrouvé en 1501.

81.

Rome. — Domitien, qui régnera quinze ans, fait regretter son frère et son père : toutefois, si les crimes des mauvais princes atteignent surtout les chefs de l'aristocratie, le despotisme ne s'étend pas autant sur la masse des sujets.

Rome et Parthes. — Un faux Néron trouve crédit auprès du roi des Parthes, qui se sert de ce nom pour effrayer l'empire romain.

85.

Rome et Grande-Bretagne. — Agricola, beau-père de l'historien Tacite, qui est depuis 78 en Bretagne, complète la soumission des Bretons jusqu'aux monts Grampians.

86.

Rome et Daces. — Les Daces quittent leur pays au nord du bas Danube, pour se jeter sur la province romaine de Mœsie. Domitien achètera d'eux une paix honteuse.

92.

Huns. — Division des Hiong-Nou ou Huns en deux branches : une partie reste, au nord-est de la Sogdiane, tributaire de la Chine ; les autres marchent vers l'Occident.

93.

Rome. — Sous Domitien, seconde persécution impériale contre les chrétiens, à l'occasion de la capitation établie pour la reconstruction du temple de Jupiter Capitolin, qu'ils ne voulaient pas payer. Domitien n'épargne pas sa femme ni un neveu de Vespasien ; la persécution dure pendant trois ans. — Les philosophes n'étaient pas tolérés plus que les chrétiens ; Dion Chrysostome a fui chez les barbares et le stoïcien Épictète en Épire.

95.

Rome. — Supplice de l'apôtre saint Jean ; il ne périt pas dans les tortures. Exilé à l'île de Pathmos, au sud-ouest de Samos, il y écrit son ouvrage mystique intitulé l'*Apocalypse*.

96.

Rome. — Le règne de Nerva commence une période heureuse pour l'humanité, l'âge d'or des Romains, qui durera presqu'un siècle, jusqu'à la mort de Marc Aurèle (180) : on l'appelle le *siècle des Antonins*.

98.

Rome. — L'Espagnol Trajan, adopté par Nerva, sera, pendant son règne de dix-neuf ans, un des meilleurs princes de l'empire. Il laisse le sénat gouverner, et semble n'être lui-même, dans la paix comme dans la guerre, que le premier citoyen d'une république. Il avait entendu à Rome, sous Domitien, les leçons de philosophie du Grec Plutarque, historien et moraliste.

100.

Orient. — Mort de l'apôtre saint Jean à Éphèse, où il est revenu après la mort de Domitien. C'est là qu'il a composé son *Évangile*, qui contient une exposition complète des dogmes du christianisme. — Les quatre *Évangiles* de saint Matthieu, saint Marc, saint Luc, saint Jean, et les *Épîtres* des apôtres, maintiennent l'unité de la foi, au milieu des dissidences et des hérésies qui naissent du désir d'interprétations philosophiques, et que renouvellent pendant des siècles l'ignorance ou l'orgueil des chefs de sectes.

II· SIÈCLE APRÈS J. C.

APERÇU GÉNÉRAL.

Les quatre-vingts premières années sont remplies par le règne de quatre bons princes, que l'adoption porte successivement sur le trône : Trajan, Adrien, Antonin et Marc Aurèle. La puissance extérieure de ces princes est affermie par des conquêtes ou par la répression énergique des excursions de barbares qui passent le Danube. Rien encore avant le règne de Commode n'annonce la décomposition prochaine de l'empire romain. Trois mois après Commode, qui rappelle Domitien, les prétoriens mettent à l'encan la pourpre des Césars. La famille syrienne commence avec Septime Sévère, guerrier célèbre, despote odieux.

Le platonisme envahit le siècle des Antonins : on appelait ainsi alors un mélange de la métaphysique et de la morale de Pythagore, de Zénon et de Platon. Cette philosophie devenait une sorte de religion, de superstition même ; car la divination, la magie, l'astrologie, toutes les sciences occultes commençaient à s'y rattacher, entraînaient les imaginations vives et séduisaient quelques-uns des meilleurs esprits. Embrassée, secondée par les Antonins, elle modifiait à certains égards la religion populaire, l'ancien paganisme ; elle abolissait les sacrifices humains et ce qui semblait trop licencieux ou trop immoral dans le culte de quelques divinités.

Le goût pour la littérature grecque fit tort peut-être aux lettres latines. La décadence de l'art d'écrire est sensible. A l'exception du roman d'Apulée, du recueil très-utile d'Aulu-Gelle, des abrégés de Florus et de Justin, et de la vie d'Alexandre par Quinte Curce, attribuée à cette époque, le IIᵉ siècle ne nous a laissé que des livres grecs, la rhétorique d'Hermogène, les harangues d'Hérode Atticus et d'Ælius Aristide, les écrits philosophiques de Marc Aurèle, de Maxime de Tyr, de Sextus Empiricus, le traité des songes d'Artémidore, les traités de tactique de Polyen et d'Arrien, les ouvrages historiques du même Arrien, ceux d'Appien, le voyage de Pausanias en Grèce, la géographie et l'astronomie de Claude Ptolémée, la médecine de Galien, le recueil mal composé, mais plein de curieux détails, d'Athénée; les divers ouvrages de Lucien de Samosate qui, après avoir été sculpteur, avocat, rhéteur, greffier ou préfet en Égypte, a fini par être le meilleur écrivain et l'un des hommes les plus éclairés de son siècle; savant et sceptique, épicurien et malicieux, il eut ce qu'il faut de raison et d'esprit pour avoir le droit d'être satirique : il n'a ménagé ni les nouveaux philosophes ni les anciens dieux. Plutarque vécut encore de longues années dans ce siècle.

Les égarements du platonisme tentèrent même des chrétiens qui allièrent des rêveries d'imagination aux dogmes de la religion et à l'interprétation des livres sacrés ; c'est ce qui donna naissance aux hérésies, surtout à celle des gnostiques. Combattu par les philosophes, par les prêtres païens et par les Juifs, persécuté par les empereurs, le christianisme se répandait cependant dans l'Asie Mineure, en Grèce, à Alexandrie, à Rome, dans les Gaules, s'introduisait dans toutes les classes de la société et jusqu'au sein des écoles et des sectes philosophiques. Les chrétiens n'ont pas encore d'historiens, mais ils ont déjà des écrivains et des apologistes : Athénagore, Justin, Tatien, saint Irénée et même saint Clément d'Alexandrie qui, avant l'an 200, avait commencé sa laborieuse et honorable carrière.

CHRONOLOGIE.

101.

Rome et Dacie.—Trajan, pour pénétrer dans la Dacie, au nord de la Mœsie, franchit le Danube et va attaquer leur roi Dercébal sous les murs de sa capitale, Sarmizégéthusa.

102 ?

Chine. — Le général Pan-Tchao, qui a soumis toutes les provinces à l'occident de la Chine, veut attaquer l'empire romain ; les Parthes l'en détournent.

Rome. — Lettres célèbres de Pline le Jeune, proconsul en Bythinie, et de Trajan, au sujet des chrétiens. Pline ne les croit pas coupables ; en même temps il avertit son maître qu'ils deviennent de jour en jour plus nombreux. L'empereur ne veut pas qu'on les recherche pour leur religion, mais qu'on punisse ceux qui se présenteraient ; il défend de recevoir des dénonciations anonymes.

104.

Rome et Dacie.—Forcé de revenir contre les Daces, Trajan construit un pont de pierre sur le Danube et assure ainsi les communications entre les terres romaines et la Dacie, dont il fait une province après la mort de Dercébal, 106. — Quoique conservée peu de temps par les Romains, la Dacie gardera des traces impérissables de leur puissance et de leur civilisation; la langue latine est encore le fond de l'idiome moldo-valaque.

105.

Rome et Arabie. — Un lieutenant de Trajan, Cornélius Palma, soumet une partie des Arabes voisins de la Palestine, qu'aucun conquérant n'a domptés.

107?

Rome. — On place vers cette époque la troisième persécution impériale contre les chrétiens. Si Trajan n'a rendu contre eux aucun édit nouveau, en qualité de souverain pontife et de chef de l'État, il a ordonné ou permis l'exécution des lois contre ceux qui introduisaient de nouvelles religions et tenaient des assemblées secrètes. Il faisait punir ceux qui, accusés, s'avouaient chrétiens devant les tribunaux. Cruauté exercée envers l'évêque d'Antioche, saint Ignace.

114.

Rome. — Érection de la *Colonne trajane*, sur l'emplacement d'une montagne haute de cent quarante-quatre pieds, qui est aplanie au niveau du sol. Elle est creuse, construite en marbre blanc, surmontée d'une statue dorée de l'empereur : le fût de la colonne porte un bas-relief continué en spirale qui représente tous les faits de la guerre, avec deux mille cinq cents figures hautes chacune de deux pieds, et fait ainsi connaître les armures, les usages militaires des Romains et des barbares.

Rome et Arménie. — Trajan, irrité contre les Parthes qui ont disposé sans son consentement du royaume d'Arménie, fait en personne la conquête de ce pays, qui devient province romaine.

116.

Rome et Parthes. — Trajan pénètre dans le royaume des Parthes, prend Nisibe et la capitale nouvelle, Ctésiphon, sur le Tigre, fondée par le prédécesseur du roi Khosroès.

Scythes. — Les Scythes, ou Yue-Ti, établis au nord de l'Oxus, secouent le joug des Chinois. Bientôt ils s'étendront jusqu'à l'Indus.

117.

Rome et Parthes. — Vainqueur des Parthes, Trajan navigue sur l'Euphrate et le Tigre, jusqu'au golfe Persique, qu'il parcourt tout entier. Il dépose le roi Khosroès avant de revenir vers l'Asie occidentale.

Rome. — Mort de Trajan en Cilicie, à Sélinonte. — Adrien, parent de Trajan qui l'a adopté, vient d'Antioche se faire proclamer par les soldats; le sénat confirme cette nouvelle élection impériale.

118.

Rome. — Adrien ne sacrifie pas l'honneur et les vrais intérêts de l'empire; s'il a choisi la paix, il s'est tenu toujours prêt à faire la guerre. Ses voyages, pendant treize ans de son règne, témoignent d'une surveillance active et éclairée portée sur toutes les provinces. Il préside à tous les grands travaux d'utilité ou d'embellissement; mais, dans ses goûts d'artiste, il fut jaloux jusqu'à la cruauté : il bannit, puis fit mourir l'architecte Apollodore, qui avait blâmé un de ses dessins de temple.

Rome et Parthes. — Le roi des Parthes, Khosroès, est rétabli par Adrien; l'Euphrate servira de limite aux deux empires. La politique du nouveau prince est de resserrer les frontières trop étendues par Trajan au delà de l'Euphrate comme du côté du Danube.

126.

Rome.—Un rescrit d'Adrien défend de faire mourir les chrétiens sans accusation juridique; les persécutions cependant continuèrent.

131.

Rome. — Le jurisconsulte Salvius Julianus dresse l'*édit perpétuel* qui doit servir de règle fixe dans l'administration des provinces, au lieu de l'édit du préteur qui variait pour chaque province avec chaque magistrat. — Les esclaves, pour la première fois, sont protégés par les lois : rendus justiciables des tribunaux, ils échappent aux arrêts arbitraires et cruels de leurs maîtres. Les *ergastula* sont fermés.

132?

Rome. — La mort du favori de l'empereur, le bel Antinoüs de Bithynie, tourne indirectement au profit des arts : un temple est élevé en son honneur, des médailles et des statues multiplient son image.—C'était le temps où se montrait avec le plus de fini et de pureté le style gréco-romain qui est cependant une première décadence : les sculpteurs de cette époque donnent à la tête humaine des cheveux très-travaillés, des cils relevés, des pupilles indiquées par un pli profond.

135.

Rome.—Travaux astronomiques et géographiques de Ptolémée. — Sa géographie est un tableau élémentaire, mathématique, où la figure et la grandeur de la terre et la position des lieux sont déterminées, la division des pays n'est qu'indiquée. — En astronomie, dans l'ouvrage intitulé *Almageste*, il a donné son nom au système qui suppose la terre immobile, tandis que le soleil, les planètes, les astres tournent autour d'elle. Il a fallu des siècles pour que la science détruisît une opinion qui était si conforme à l'apparence.

Rome et Judée.—La construction d'Ælia Capitolina, ville impériale et païenne, bâtie sur les ruines de l'ancienne Jérusalem, cause un immense soulèvement et une lutte désespérée qui coûte la vie à cinq cent quatre-vingt-deux mille Juifs. La dispersion commence; elle dure encore.

138.

Judée.—L'Église de Jérusalem, gouvernée jusqu'ici par des Juifs convertis qui joignaient à la profession de foi du christianisme plusieurs pratiques de la loi de Moïse, commence à avoir pour évêques des gentils. — Comme après la répression de la dernière insurrection juive, toute la nation des Juifs, sans excepter ceux qui avaient embrassé le christianisme, a été bannie de la Judée, et que la nouvelle Jérusalem, Ælia Capitolina, est interdite aux Juifs, le mosaïsme s'efface, pour laisser en présence l'idolâtrie et la foi chrétienne.

Rome. — Mort d'Adrien. Ses cendres sont placées dans un vaste mausolée de marbre de Paros qu'il avait fait construire de son vivant : on l'appela alors le môle d'Adrien ; il est devenu le château Saint-Ange, situé à l'est de Rome. — Adopté par Adrien et reconnu pour son successeur, Antonin le Pieux fut le plus sage, le meilleur, le plus aimé des princes. Ses contemporains l'appellent *le Père du genre humain*. On lui reproche d'avoir fait décerner les honneurs divins à son prédécesseur Adrien, à sa femme Faustine, seconde Messaline, et d'avoir persécuté les chrétiens.

Syrie. — C'est sous Antonin le Pieux que fut construit le temple immense du soleil à Héliopolis (Baalbek), en Syrie, dans la vallée qui sépare le Liban de l'Antiliban. Les ruines de Baalbek sont les plus belles ruines connues. La plate-forme sur laquelle a été construit le temple de Baal ou du soleil ($\mathring{\eta}\lambda\iota o\varsigma$, d'où Héliopolis) est faite de pierres de vingt mètres de long, élevées, même aujourd'hui, au-dessus du sol d'environ dix mètres. Il reste encore debout un grand nombre de colonnes : six ont plus de vingt mètres de haut, et sont couronnées de chapiteaux élégants supportant des frises.

160 ?

Grèce asiatique. — Lucien, né à Samosate en Cappadoce, renonce, vers l'âge de quarante ans, à de frivoles succès de rhétorique déclamatoire pour appliquer à la philosophie son bon sens et la verve de son esprit : ses satires, qui ne ménagent pas les chrétiens, sont plus mordantes contre les systèmes dérisoires des philosophes et les dieux impuissants du paganisme.

161.

Rome. — A la mort d'Antonin, Marc Aurèle et Vérus, frères d'adoption, règnent ensemble, mais sans faire un partage territorial de l'empire, sans avoir deux capitales, ni deux administrations séparées.

162.

Rome et Parthes. — Pour venger les dévastations de l'Arménie, l'empereur Vérus fait attaquer les Parthes par ses généraux, surtout par l'habile Avidius Cassius, pendant cinq ans. — La Mésopotamie restera aux Romains.

163.

Rome. — Malgré les *Apologies* de la foi nouvelle qu'Aristide et Justin ont présentées à Adrien et à Antonin, Marc Aurèle, empereur et philosophe, cédant aux sophistes, rend un édit de persécution. — St Justin sera martyr en 167.

166 ?

Chine et Rome. — Après quatre années de voyage, arrive en Chine par Jé-nan, c'est-à-dire par le Tonking, au nord-est de la péninsule Indo-chinoise, la première ambassade qui ait été envoyée chez les Chinois par An-thun, roi du Grand-Thsin ou empire romain. Ce roi An-thun ne peut être, d'après M. Abel Rémusat, que l'empereur Antonin. — Jusqu'à cette époque les Asi, peuples de la Boukharie, à l'est de la mer Caspienne, qui vendaient leurs propres étoffes aux marchands du Grand-Thsin, interdisaient aux Chinois, par jalousie, les chemins vers l'occident, et leur cachaient les moyens qui pouvaient favoriser les rapports directs entre les deux empires.

168.

Rome et Germanie. — Toute la frontière du nord est ébranlée par le premier déplacement des peuples barbares entre le Danube et la Baltique, les Marcomans, les Sarmates-Roxolans, les Quades, les Jazyges, les Vandales, etc. Le Danube franchi, ils s'avancent par la Pannonie et l'Illyrie jusqu'à Aquilée, et sont difficilement repoussés par les deux empereurs. — Bientôt meurt Vérus ; Marc Aurèle règne seul. — Galien se sauve de Rome pend. une épidémie.

172.

Rome et Marcomans. — Les Marcomans reparaissent sous les murs d'Aquilée. L'empereur est réduit à armer, pour les combattre, des esclaves et des gladiateurs. Il poursuit les barbares jusque dans leur pays.

174.

Rome et Marcomans. — Tradition chrétienne touchant la légion fulminante, composée de chrétiens, qui aurait sauvé par ses prières l'armée de Marc Aurèle engagée sur le territoire des Marcomans.

175.

Grèce. — Le *Voyage en Grèce* de Pausanias est précieux pour le géographe, pour l'artiste, pour l'historien des temps primitifs du monde grec.

Orient et Rome.—Porté à l'empire par les légions de Syrie qu'il commandait depuis longtemps, Avidius Cassius périt de la main d'un de ses soldats, pendant que Marc Aurèle venait pour le combattre.

177.

Gaule et Rome. — A Lyon, plusieurs chrétiens témoignent et meurent pour la foi, entre autres le vieil évêque saint Pothin : au milieu des persécutions, ils avaient écrit au pape, évêque de Rome, contre l'hérésie des montanistes, hommes austères et enthousiastes, mais déviant de la droite ligne de l'Église.

180.

Bretagne.—Un chef breton, Lucius, envoie, suivant Bède, demander au pape Eleuthère des missionnairse pour ses sujets.

Éthiopie. — Le prêtre Panténus, cathéchiste d'Alexandrie, porte le catholicisme dans l'Éthiopie, où il trouve, dit-on, déjà connu l'évangile de saint Matthieu.

Rome et Marcomans. — Marc Aurèle, rappelé vers le Danube par les incursions des Marcomans, fait de Carnuntum en Pannonie sa place d'armes. Il meurt au milieu de la guerre ou à Sirmium sur la Save, ou à Vindobona (Vienne) sur le Danube.

Rome. — La philosophie stoïcienne a inspiré à Marc Aurèle les belles maximes de son ouvrage *sur lui-même* (εἰς ἑαυτόν), qui égale le Manuel d'Épictète.—L'empire a pour maître, pendant treize ans, un monstre, Commode, fils de Marc Aurèle, qui tombe dans les derniers excès de la cruauté, de la dépravation et de la folie. Il sera gladiateur, comme Néron a été histrion ; il voudrait anéantir jusqu'au nom de Rome. Avec lui finit le siècle des Antonins. — Il commence son règne par une transaction honteuse avec les Marcomans et les Quades, pour n'avoir plus à faire la guerre.

189.

Rome. — Les conspirations irritent la cruauté de Commode. Il ne sait même pas protéger contre une émeute populaire l'affranchi phrygien Cléandre, avare et cruel, élevé par lui à la préfecture du prétoire après que le préfet Pérennis eut été, en 186, massacré par des soldats mécontents.

193.

Bretagne, Illyrie, Rome et Syrie. — A Commode assassiné (décembre 192) a succédé Pertinax. Les prétoriens tuent Pertinax au bout de trois mois et mettent l'empire à l'encan. L'enchère est emportée par Didius Julianus ; mais, de même qu'après Néron, les soldats proclamèrent Galba, Vitellius et Vespasien, les légions de Bretagne, de Syrie et d'Illyrie nomment empereur Albinus, Pescennius Niger et Septime Sévère. Julianus n'a pas, comme Othon, qui était aussi l'élu des prétoriens, l'honneur d'une mort volontaire. Les sénateurs le font égorger à l'approche de Septime Sévère, qui seul des trois prétendants se hâte de se faire reconnaître à Rome.

195.

Orient, Parthes et Rome.— Pescennius Niger, que les légions de Syrie avaient proclamé, vaincu trois fois en Asie par Septime Sévère, est tué dans sa fuite : sa tête est envoyée au sénat de Rome. Ses soldats, redoutant la vengeance de Sévère, se retirent chez les Parthes auxquels ils apprennent l'usage des armes romaines.

196.

Orient et Rome.—Byzance, une des plus grandes et des plus florissantes villes de l'Orient, que défendaient de fortes murailles et des tours, soutient trois ans de siège contre Septime Sévère, même après la mort de Niger, pour qui elle s'était déclarée : elle sera ruinée presque entièrement.

197.

Gaule et **Rome.**—Albinus, qu'avaient salué empereur la Grande-Bretagne et la Gaule, reconnu même comme César par Septime Sévère, perd ensuite contre ce prince, une grande bataille près de Lyon, après laquelle il se tue.—Sanglantes représailles de Sévère contre les partisans d'Albinus en Gaule, en Grande-Bretagne et à Rome où il fait trembler et décime le sénat.

198.

Parthes et **Rome.** — Septime Sévère marche contre les Parthes, qui avaient été les alliés de son compétiteur Pescennius Niger; il prend Séleucie, Babylone et Ctésiphon.

199?

Afrique. — Tertullien, docteur de l'Église, publie l'*Apologétique*, ou *défense du christianisme* : on l'a surnommé le Bossuet de l'Afrique.

IIIe SIÈCLE APRÈS J. C.

APERÇU GÉNÉRAL.

Le IIIe siècle se remplit de catastrophes. On y compte plus de soixante personnages qui ont diversement obtenu, conquis, usurpé, porté enfin, soit successivement, soit simultanément, le nom d'empereurs romains. Depuis Septime Sévère jusque sous Dioclétien, une suite déplorable d'intrigues obscures, d'ambitions viles, d'émeutes populaires, de tumultes militaires, désole Rome, affaiblit l'empire et n'est guère interrompue que par le règne du jeune et courageux Alexandre Sévère. Les formes honteuses du despotisme oriental s'introduisent dans l'Italie avec les dieux syriens : Rome même cesse d'être la résidence des maîtres du monde. La nécessité de la défense contre les barbares envahisseurs, contre les peuples rebelles donne naissance à la tétrarchie de Dioclétien qui prépare le partage territorial de l'empire.

L'une des plus grandes révolutions de cet âge est celle qui met fin à la dynastie des rois parthes ou arsacides et qui rétablit la puissance des Perses. La dynastie des Sassanides défend, agrandit, tyrannise l'empire asiatique, et survivra aux Césars de l'Occident.

Au sein des désordres qui affligent et épuisent l'empire romain, on cultivait une science qui devrait servir à les réprimer, qui souvent les dissimule et les éternise, la jurisprudence. Jules Paul, Modestin, Papinien, Ulpien, comme Gaïus, recherchaient les principes des lois anciennes et amassaient les matériaux des législations modernes.

Les autres études languissaient; la littérature grecque, quoique la plus active, ne se continue que par les médiocres ouvrages d'Élien et des deux Philostrates, par la métaphysique de Plotin si obscur et du pythagoricien Porphyre, par les notices de Diogène de Laërte sur les anciens philosophes, par les élégantes mais peu judicieuses histoires d'Hérodien, par les annales du crédule et partial Dion Cassius. Le traité de Longin, sur le sublime, peut sembler le plus précieux monument de cet âge. En latin, les églogues de Calpurnius et de Némésianus; les froids panégyriques, qu'à l'exemple de Pline le Jeune composèrent Mamertin et Eumène; quelques vies d'empereurs romains, par Lampride ou Spartien (*Histoire Auguste*); l'opuscule de Solin sur la géographie; celui de Censorinus, qui fournit des notions précieuses sur la chronologie technique, attestent la décadence de la langue et l'énervement des esprits. Mais cet âge produit un traité de l'art de la cuisine par Apicius !

Il se formait un nouveau genre de littérature qui devait bientôt absorber tous les autres. Saint Clément d'Alexandrie et Origène, en grec; Tertullien, saint Cyprien et Arnobe, dans la langue latine un peu dure et barbare, mais souvent pleine d'énergie et d'éclat qu'on parlait en Afrique, défendaient ou commentaient les dogmes de l'Évangile, les opposaient à la philosophie d'Athènes, ou s'appliquaient à les concilier avec elle. Saint Clément était un philosophe chrétien, orthodoxe, mais inclinant au platonisme : dans ses ouvrages, surtout dans le recueil qui porte le titre de *Stromates* ou tapisseries, l'histoire des sciences et des traditions de l'antiquité se mêle à celle des premières hérésies. Beaucoup de docteurs, en entreprenant de défendre les vérités évangéliques, par trop de zèle contre l'hérésie, devenaient hérétiques. Les sectes se multipliaient : la Trinité, l'Incarnation étaient faussement interprétées. Le vieux système des deux principes s'introduisait dans plusieurs églises, rajeuni et développé par Manès, de qui les manichéens tiennent leur nom. Au milieu des sectes, des partis, des factions même, le christianisme se propageait, tantôt favorisé ou toléré, tantôt persécuté par les empereurs qui se succédaient rapidement et qui, toujours mal affermis, ne pouvaient avoir, ni en matière religieuse, ni presque en aucune autre, une politique constante et une conduite uniforme. L'ancien paganisme était incapable de se relever du discrédit où il était tombé; les philosophes cherchaient d'autres dogmes, et déjà ils s'attachaient moins à contredire ceux du christianisme qu'à les modifier, à les expliquer, à les concilier avec les doctrines de Pythagore et de Platon : ils s'appelaient *éclectiques* (choisissants); mais ils faisaient effort pour maintenir la mythologie et la liturgie païennes. Le platonisme étant alors la base de toute philosophie, des chrétiens comme saint Clément et Origène pratiquaient l'éclectisme aussi bien que les païens Plotin et Porphyre.

CHRONOLOGIE.

202.

Rome. — Un édit de Septime Sévère commence la cinquième persécution. Dix-huit mille martyrs avec l'évêque de Lyon, saint Irénée.

204?

Rome. — La préfecture du prétoire est donnée par Septime Sévère au jurisconsulte Papinien qui, avec Paul et Ulpien, aident le prince à la réforme de l'administration.

210.

Bretagne et Rome. — Septime Sévère, après deux années de guerre contre les Bretons rebelles et les barbares qui habitent au nord des monts Grampians, construit une grande muraille pour séparer ses conquêtes du reste de l'île.

211.

Bretagne et Rome. — Septime Sévère, que ses deux fils accompagnaient dans la Grande-Bretagne, meurt au nord de la province, à York: Caracalla avait voulu hâter sa fin par une tentative de parricide. — Caracalla devient empereur avec son frère Géta.

Rome et Syrie. — L'origine syrienne de la femme de Septime Sévère, Julia Domna, a fait donner le nom de *Syriens* aux princes de sa race.

212.

Rome. — Quand Caracalla a tué son frère Géta dans les bras de leur mère, le jurisconsulte Papinien, préfet du prétoire, refuse de faire l'apologie du meurtre; il lui en coûte la vie. — Caracalla ordonne l'apothéose de son frère, suivant l'usage impérial. — L'édit de l'empereur Caracalla qui étend le titre et les priviléges de citoyens romains à tous les sujets de l'empire, n'est qu'une mesure fiscale: les charges qui pesaient sur les citoyens sont ajoutées aux charges des provinciaux.

216.

Égypte. — L'affreux massacre de toute la population d'Alexandrie suffirait pour mériter à Caracalla le surnom de Destructeur des hommes.

Parthes et Rome. — Rapide campagne de Caracalla contre les Parthes jusqu'à Arbelles. Une perfidie lui avait donné l'entrée dans leur pays.

217.

Rome. — Assassinat de Caracalla par Macrin, préfet du prétoire qui lui succède.

Rome et Parthes. — Macrin, après une sanglante bataille, engagée deux jours de suite, fait une paix honteuse avec les Parthes.

218.

Rome et Syrie. — Les légions de Syrie proclament empereur Bassien Élagabal ou Héliogabal, qui était d'origine syrienne, par sa mère Soémias et son aïeule Julia Domna. Prêtre du soleil, il en introduisit le culte à Rome avec toutes les cérémonies et les fêtes dépravées de l'Orient. — Il est le premier qui ait porté un habit tout de soie: profusion d'or et d'argent, de pierreries et de parfums. — Des danseurs et des barbiers ont les charges de l'État; l'empire est gouverné par un sénat de femmes.

220.

Chine. — Le vingt-cinquième roi de la famille Han, Hien-Ti, est renversé et remplacé par Thao-lie-Wang, qui fonde une dynastie nouvelle, la sixième; cette dynastie, Tchéou-Han, ne donne que deux empereurs. — Démembrement de la Chine en trois royaumes.

222.

Perses. — Le Perse Artaxerxès ou Ardschir, fils de Sassan, attaque le roi des Parthes, Artaban V. Après deux batailles gagnées sur lui, il s'emparera, l'an 223, du trône et fondera la dynastie des Perses Sassanides, sur les ruines de celle des Parthes Arsacides; il prendra le titre de grand roi, ou roi des rois, rétablira la religion des mages, et presque toutes les institutions des anciens Perses, dont il espère reconstituer le vaste empire.

Rome. — Alexandre Sévère n'a que quatorze ans, quand la mort d'Héliogabal, son cousin, tué dans une sédition de prétoriens, le porte à l'empire. — Sa mère Mammée, son aïeule Mœsa, lui apprennent à gouverner avec sagesse.

223.

Rome. — Pendant trois jours, ténèbres et tremblement de terre à Rome. — Alexandre forme un conseil de jurisconsultes, Ulpien, Paul, Ælius Marcianus, Hermogène, Callistrate, Modestin, et Vénuléius, réformateurs zélés des anciennes lois, mais ennemis du christianisme.

226.

Parthes et **Perses.** — Troisième et dernière victoire du Perse Artaxerxès sur le Parthe Artaban qui est tué. Fin des Arsacides qui ne régnaient réellement plus depuis trois ans.

Rome. — Le jurisconsulte Ulpien, préfet du prétoire, est tué sous les yeux mêmes de l'empereur par les soldats mutinés, qu'irrite son esprit de justice et d'utile rigueur.

231.

Égypte. — L'évêque d'Alexandrie, alarmé des opinions du célèbre prêtre et docteur Origène, le dépose du sacerdoce et l'excommunie. D'autres Églises prirent la défense du savant chrétien.

232.

Rome. — Alexandre Sévère continue honorablement son règne, occupé de sages réformes et d'études philosophiques; il a composé un ouvrage sur : *Les Règles pour bien vivre*. Tout païen qu'il était, il plaçait dans son lararium ou oratoire, les images de ceux qu'il appelait des bienfaiteurs de l'humanité, celles de Jésus-Christ, d'Abraham et d'Orphée.

Rome et **Perses.** — Trois armées romaines sont dirigées par Alexandre contre Artaxerxès, qui a réclamé tout l'héritage des anciens rois de Perse. — Après une campagne mal conduite et stérile, elles reviennent mutinées à Antioche.

235.

Rome. — Alexandre Sévère périt en Gaule victime de la violence et de la cupidité des soldats; ils font empereur un Goth, né en Thrace, Maximin, surnommé le Cyclope, le Phalaris du monde romain. — Depuis la chute des princes syriens, les armées disposent souverainement de l'empire. — Sixième persécution contre les chrétiens.

237.

Rome. — Le sénat a un instant d'énergie et ose prendre l'initiative de la rébellion contre le tyran Maximin; mais les deux empereurs de son choix, Maxime Puppien et Balbin, sont bientôt tués par les prétoriens qui n'ont pas concouru à l'élection.

241.

Rome. — Le jeune empereur Gordien III doit à son préfet du prétoire Misithée, habile et désintéressé, ses succès contre les Perses.

et la fermeté et l'éclat de son gouvernement.

Rome et Francs. — Première apparition des Francs, peuple germain, sur les terres de l'empire; ils sont vaincus près de Mayence par le tribun légionnaire Aurélien.

244.

Rome. — Un Arabe, préfet du prétoire, Philippe, prend la place de sa victime Gordien III. — S'il n'est pas prouvé qu'il était chrétien, on sait du moins qu'Origène lui a adressé plusieurs écrits.

248.

Rome. — Célébration de jeux magnifiques pour le millième anniversaire de la fondation de Rome.

249.

Rome. — Meurtre de l'empereur Philippe; il est remplacé par Décius. — Le nouveau prince rétablit la censure; il ordonne contre les chrétiens la septième persécution.

251.

Afrique et Rome. — Le pape Corneille, élu après seize mois de vacance au milieu de la persécution, est reconnu par le concile de Carthage, que soutient le zèle de l'évêque Cyprien. — Le concile statue sur les apostats et sur les tombés (*lapsi*) qui ont adoré l'idole pour éviter la mort.

Rome et Goths. — Décius est le premier empereur qui ait à combattre les Goths, venus dans la Mœsie par le Danube. Il meurt dans cette guerre. Gallus lui succède.

252 ?

Afrique et Rome. — Novat, prêtre d'Afrique, devient schismatique. — Novatien, prêtre de l'église de Rome, se met en opposition avec le pape Corneille et se fait consacrer évêque de Rome : c'est le premier antipape.

253 ?

Afrique. — Saint Cyprien, dans un nombreux concile tenu à Carthage, fait reconnaître la nécessité du baptême pour les enfants, à cause du péché originel.

Rome. — Émilien succède à Gallus et est tué par ses soldats (août). Valérien le remplace.

256.

Afrique. — Une assemblée de soixante-cinq évêques d'Afrique, de Numidie, de Mauritanie, d'un grand nombre de prêtres, et du peuple confirme la doctrine de saint Cyprien, touchant l'invalidité du baptême donné hors de l'Église catholique (1er septembre). — Ce débat passionne les Églises d'Afrique et d'Asie; le pape saint Étienne et l'évêque d'Alexandrie y ont pris part.

257.

Rome. — Huitième édit de persécution contre les chrétiens, rendu par Valérien.

258.

Perses et Rome. — La trahison d'un magistrat d'Antioche donne accès dans l'empire au fils d'Artaxerxès, Schahpour Ier; il s'empare sur sa route de Carrhes, de Nisibe, surprend Antioche et Césarée de Cappadoce, qu'il saccage et incendie; au retour, il fait subir le même sort à Émèse de Syrie.

260.

Asie et Goths. — Le temple magnifique d'Éphèse, qui depuis l'incendie causé par Érostrate, en 356, avait été rebâti, orné de colonnes de marbre de Paros, décoré de statues et de peintures de Scopas, d'Apelle, de Praxitèle, de Parrhasios, est détruit dans une invasion des Goths.

Perses et Rome. — L'empereur Valérien tombe vivant entre les mains des Perses; il mourra en captivité.

Rome. — Son fils Gallien, indolent, prodigue et cruel, ne peut empêcher les provinces d'élever à l'empire les chefs des armées. —

Époque anarchique des Trente tyrans, de 260 à 268; plusieurs de ceux qui prirent la pourpre y associèrent leurs fils, leur femme, ou leur mère. — Gallien interdit aux sénateurs l'usage de l'épée et les fonctions militaires.

261.

Gaule. — La Gaule profite du désordre général du monde romain, pour s'isoler de l'empire : obéissant tour à tour à Posthumus, 261 à 267; à Victorinus et à sa mère Victorina, 267 à 268; à l'armurier Marius, 268; au sénateur Tétricus, gouverneur d'Aquitaine, 268 à 273; elle ne rentrera qu'après douze ans sous la loi commune de l'empereur Aurélien. — Ses chefs l'ont, pendant ce temps, défendue contre les barbares qui voulaient passer le Rhin.

Orient. — Le général de l'empire, Odenath, qui s'est fait prince de Palmyre dans l'Arabie syrienne, n'ayant pas obtenu par ses présents l'amitié de Schahpour, le repousse au delà de l'Euphrate, reprend Carrhes, Nisibe, la Mésopotamie, et assiége Ctésiphon.

264.

Chine. — Chi-tsou-wou-ti commence la septième dynastie, celle des Tçin ; il comprime les rébellions, maîtrise la Chine entière; mais en s'abandonnant ensuite au repos et à la mollesse, il prépare les troubles des règnes suivants. Cette dynastie durera plus de cent cinquante ans.

Syrie. — Paul de Samosate, évêque d'Antioche, qui pour complaire à la reine de Palmyre, Zénobie, femme d'Odenath, que l'empereur Gallien vient d'associer au titre d'auguste, avait faussé le sens de la doctrine chrétienne et altéré plusieurs dogmes, surtout celui de la Trinité, est appelé devant un concile tenu à Antioche même. Son faste, ses mœurs déréglées, scandalisent les fidèles autant que sa fausse doctrine.

267.

Orient. — Après l'assassinat d'Odenath, sa femme Zénobie garde le pouvoir en Orient pendant six ans. La possession de l'Egypte mettait à sa merci les populations affamées de l'Occident.

268.

Rome.—Gallien est assassiné au siége de Milan.

269.

Goths et **Rome.** — Le nouvel empereur Claude II, d'origine illyrienne, refoule les Goths qui étaient venus piller la Thrace, l'Asie Mineure et la Grèce; il mérite le surnom de Gothique, mais meurt l'année suivante de la peste. Aurélien lui succède.

Syrie. — La décision d'un nouveau concile d'Antioche condamne Paul de Samosate, qui nie la divinité de Jésus-Christ, à perdre son siége épiscopal. Il se maintiendra néanmoins dans sa dignité tant que sera puissante la reine de Palmyre, sa protectrice.

271.

Perse.—Schahpour, second roi de la nouvelle dynastie persique, est assassiné par les satrapes. — Il avait adopté pour résidence Gandi-Schahpour, ou ville de Schahpour, sur les ruines de Persépolis, appelée encore Lapetha, ou Élymaïs. Ctésiphon et Séleucie perdent l'importance qu'elles avaient sous les rois parthes. Les nouveaux rois s'éloignent de la frontière romaine pour se rapprocher des provinces centrales de l'Asie.—Sous ce règne a paru l'hérésiarque Manès, versé dans les sciences naturelles et dans la philosophie; il fit un mélange de la doctrine des mages et de celle des chrétiens.

Rome, Dacie et **Goths.** — L'empereur Aurélien, Pannonien d'origine, consent à ce que les Goths s'établissent dans la Dacie, autrefois conquise par Trajan. — Le nom de Dacie d'Aurélien est donnée à une partie de la Mœsie au sud du Danube.

273.

Perse. — Le Perse Manès, qui s'était réfugié sur la terre romaine pour échapper à la persécution, ayant été convaincu publiquement de mensonge par un évêque de Mésopotamie, rentre en Perse et obtient la faveur du roi Hormisdas; mais il périt par l'ordre de son successeur, Varane ou Bahram Ier, qui le fait écorcher vif. — Ses sectaires effrayés se répandirent dans les régions de l'Inde, et dans l'empire romain.

Rome. — Neuvième persécution contre les chrétiens. — Aurélien déplace les limites de l'enceinte sacrée, du *Pomœrium* de Rome, et entoure de fortifications la ville agrandie. Le premier, il ceint en public le diadème, comme les rois de l'Orient.

Rome, Gaule et Orient. — L'unité de gouvernement est rendue à l'empire par la chute de Tétricus en Gaule, par les défaites multipliées et la captivité de Zénobie, reine de Palmyre. Tous deux sauvent honteusement leur vie en livrant à l'empereur Aurélien, l'un son armée qui fut détruite dans les plaines de Châlons, l'autre son conseiller, le philosophe Longin, qui périt au milieu des supplices. — Ruine de Palmyre: ses magnifiques débris.

Rome et Germanie. — Les Alamans, peuple germain, pénètrent en Italie jusqu'en Ombrie.

275.

Rome. — Après Aurélien qui était mort assassiné, mais victime d'une haine privée, interrègne de sept mois; le sénat et l'armée se renvoient l'élection. Le vieillard Tacite, personnage consulaire, choisi par le sénat, accepté par les soldats, n'en périra pas moins de leurs mains en 276. — Son court règne a rappelé celui des meilleurs princes.

276.

Rome. — Les soldats, après la mort violente de Tacite, choisissent Probus, né à Sirmium en Pannonie.

Rome et Germanie. — Le nom de Probus est resté à la longue muraille fortifiée, qui, du Rhin au Danube, de Mayence à Neubourg, fermait les terres Décumates à l'invasion germanique. Probus en effet fit achever ces travaux commencés depuis le règne d'Auguste.

277.

Francs. — Les Francs obtiennent de l'empereur Probus des établissements dans les Gaules.

Rome. — L'admission des barbares dans les légions affaiblit l'esprit militaire et ruine la discipline.

279.

Perses et Rome. — L'énergique réponse faite aux députés perses par Probus, qui se dirigeait vers l'Euphrate après la soumission des Blemmyes d'Égypte, décide la paix.

282.

Perses et Rome. — Probus venge la majesté romaine de nouveau outragée, en prenant Ctésiphon.

Rome. — Probus qui dans l'intervalle des guerres employait ses soldats à des ouvrages de culture, particulièrement en Égypte, en Gaule, en Pannonie, périt victime d'une rébellion de l'armée, qui desséchait par son ordre les marais de Sirmium, sa patrie. — Le préfet des gardes, Carus, reçoit l'empire auquel il associe ses deux fils Carin et Numérien, avec le titre de césars.

283.

Perses et Rome. — L'empereur Carus meurt pendant la guerre contre les Perses.

284.

Perses et Rome. — L'empereur Numérien conclut avec les Perses un honteux traité, au retour il est assassiné par son beau-père, Arrius Aper. — Le meurtrier périt de la main du Dalmate Dioclétien, qui se fait proclamer par l'armée, à Chalcédoine, en face de Byzance.

285.

Gaule. — Insurrection des habitants des campagnes, provoquée par les excès de la fiscalité impériale : ces paysans, les Bagaudes, tiendront tête souvent aux armées romaines.

Rome. — L'empereur Carin, fils aîné de Carus, n'est pas longtemps un obstacle pour Dioclétien : après une défaite, il est assassiné par quelques-uns des siens, en Mœsie. Dioclétien est seul empereur.

286.

Rome. — Dioclétien partage volontairement le titre d'auguste avec le Pannonien Maximien, qu'il charge d'abord de réduire les Bagaudes. — Dioclétien a pris le titre de Jupiter; Maximien reçoit celui d'Hercule.

287.

Bretagne et **Rome.** — Carausius, devenu de pilote chef de la flotte impériale, s'étant fait proclamer dans la Grande-Bretagne, force Dioclétien, qui n'a plus de vaisseaux pour le combattre, à légitimer son usurpation. — Il mourra par une trahison privée en 294.

291.

Gaule et **Germains.** — Terres Létiques données en Gaule à des Francs moyennant la charge du service militaire, à des Bataves, des Teutons et des Suèves; ils seront cultivateurs et soldats.

292.

Rome. — Dioclétien, impuissant contre les révoltes de la Gaule, de la Bretagne et de l'Égypte, contre les attaques des barbares sur toutes les frontières, n'a pas assez d'un collègue. Il crée deux césars, Constance Chlore, pour l'Occident, et Galérius, pour l'Orient; tous deux d'origine illyrienne. — Les césars seront de droit les successeurs des augustes. La tétrarchie qui fractionne l'administration impériale et établit un ordre régulier de succession, n'entraîne pas le morcellement du territoire romain.

297.

Bretagne, Égypte, Perses et **Rome.** — Dioclétien livre l'Égypte aux proscriptions pour extirper le germe de la révolte d'Achilléus, qui a été maître cinq ans d'Alexandrie. Maximien Hercule ramène sous le joug cinq villes de Libye. — Un lieutenant de Constance Chlore finit la guerre avec le meurtrier et le successeur de Carausius, usurpateur en Bretagne. — Dioclétien recueille par le traité de Nisibe le fruit des guerres heureuses de Galérius contre les Perses; les limites d'Orient ne seront jamais portées plus loin, les Perses cédaient outre la Mésopotamie cinq provinces transtigritanes.

IVᵉ SIÈCLE APRÈS J. C.

APERÇU GÉNÉRAL.

Les peuples barbares ne cessaient d'attaquer l'empire, qui se maintenait cependant, parce qu'on avait étouffé l'une des causes intérieures des révolutions, en détruisant la puissance des préfets du prétoire et des généraux chargés des grands commandements; parce que les troupes romaines conservaient par leur discipline et leur expérience une grande supériorité sur leurs grossiers adversaires ; enfin parce que ceux-ci, attirés seulement par l'espoir du butin, ne songeaient guère à faire des conquêtes et à former des établissements. Le partage de l'administration impériale, opéré depuis Dioclétien, était, sous les princes faibles, favorable à l'invasion : l'unité de puissance, rétablie par Constantin, qui cependant en construisant Constantinople a préparé le démembrement définitif de l'empire, cette unité maintenue encore par Constance, par Julien, par Théodose, fait place aux désordres d'une double cour corrompue. Les Goths pénètrent dans les provinces romaines. Un barbare, né chez les Vandales, des femmes, des eunuques, éclipsent la race dégénérée de Théodose le Grand, sur les trônes d'Orient et d'Occident.

Atteint d'une dernière persécution formidable par Dioclétien (ère des martyrs), adopté par Constantin, qui changea par là le système politique du monde, ébranlé par Julien l'Apostat, affermi par Théodose, le Christianisme occupe au IV° siècle une plus grande place dans l'histoire. Dejà d'innombrables sectes le divisent : Apollinaire veut que Jésus-Christ ne soit qu'un Dieu ; Arius, qu'il ne soit qu'un homme ; Macédonius conteste la divinité du Saint-Esprit; les pélagiens nient la nécessité de la Grâce ; les donatistes soutiennent que l'efficacité des sacrements dépend de la foi de ceux qui les administrent; les priscilliens mêlent au manichéisme quelques rêveries des astrologues et des gnostiques. Deux conciles, qu'on nomme œcuméniques ou généraux, se tiennent, l'un à Nicée contre les ariens (325), l'autre à Constantinople contre Macédonius et Apollinaire (381).

Pour préparer, soutenir ou contredire les décrets de ces assemblées, on écrit en grec, en latin, des gloses, des sermons, des vers, des invectives, des histoires. On distingue, entre les théologiens latins de ce siècle, Lactance, d'une diction pure et souvent élégante; saint Hilaire de Poitiers ; saint Ambroise, évêque de Milan, dont les trois livres sur les devoirs, imités du *de Officiis* de Cicéron, forment le premier traité de morale universelle qui ait paru dans l'Église ; Rufin ; saint Jérôme, qui a traduit et commenté la Bible, recueilli des histoires, écrit un grand nombre d'épîtres, réfuté les opinions théologiques de ceux qui torturaient les dogmes, sans leur épargner quelquefois les invectives. Le poëte Prudence a mis son imagination au service de la cause chrétienne. Mais saint Augustin l'emporte sur les Pères de l'Église latine par l'étendue de ses travaux par leur importance, par le talent qui embellit plusieurs de ses livres et la science qui les enrichit. Sa *Cité de Dieu* sera le plus grand monument littéraire du v° siècle dont il parcourt encore vingt-neuf ans.

Parmi les Grecs, Eusèbe, l'auteur d'une *Chronique*, a montré plus d'érudition que de talent et de véritable science, il est suspect d'arianisme. La vie de saint Athanase d'Alexandrie a été fort agitée : tour à tour condamné et absous par des conciles, exilé et rappelé par les empereurs, ses ennemis ne lui ont pas laissé le temps de composer un grand ouvrage. Saint Cyrille de Jérusalem est effacé par saint Basile et par saint Grégoire de Nazianze, que leurs écrits recommandent autant que leur amitié. Saint Jean Chrysostome (bouche d'or) est le plus éloquent des Pères. Son patriotisme apostolique lui mérita les persécutions d'une cour détestée, qui s'appuyait du nom du faible et vicieux Arcadius, indigne héritier de Théodose en Orient.

A côté des imposants monuments de la littérature sacrée, on aperçoit à peine les productions contemporaines de la littérature que les écrivains chrétiens appellent profane. Celle-ci nous présente encore dans la langue latine le poëte Ausone, le grammairien Donat, Servius commentateur de Virgile, les mélanges critiques de Macrobe, les lettres de Symmaque, la *Tactique* de Végèce ; Ammien Marcellin historien qui ne manque pas d'habileté ; Aurélius Victor, auquel on attribue un aride abrégé d'histoire ; Eutrope, abréviateur plus exact et plus méthodique. La littérature grecque redevient féconde et variée mais sans puissance ; on cite les romans de Longus, quelques travaux de grammaire, de rhétorique, de mathématiques et de médecine. Libanius et l'empereur Julien sont des littérateurs philosophes. Jamblique essaye d'éclaircir les doctrines mystérieuses du néoplatonisme. Cependant il n'existait plus de philosophie profane qui dominât généralement les esprits ; le platonisme du II° siècle, devenu éclectique au III°, se confondait le plus souvent au IV° avec le christianisme.

Plusieurs de ces écrivains ont habité Constantinople qui devenait, après Athènes et Alexandrie, la troisième métropole de la littérature grecque.

CHRONOLOGIE.

303.

Empire romain. — Dixième et dernier édit impérial de persécution générale contre les chrétiens. Longue et sanglante, car elle dure de 303 à 313, cette persécution a fait donner à l'époque de Dioclétien, le nom d'*ère des martyrs*. — Constance Chlore, marié à Hélène, femme chrétienne, et Constantin après lui l'adouciront pour la Gaule. — Les violences commencent à Nicomédie, résidence impériale (23 février).

Rome. — Après le triomphe des deux augustes Dioclétien et Maximien, Rome n'est plus le séjour des empereurs. Elle ne perd cependant pas son titre et ses priviléges de capitale. Maximien réside à Milan, Dioclétien à Nicomédie en Bithynie.

305.

Afrique. — Onze ou douze évêques de Numidie, qui tous étaient coupables d'avoir livré les saintes Écritures pendant la persécution, réunis à Cirta, se donnent réciproquement l'absolution du crime de *tradition*.

Empire romain. — Abdication, le même jour, de Dioclétien à Nicomédie, de Maximien à Milan; les deux nouveaux augustes, Galérius en Orient et Constance Chlore en Occident, acceptent chacun un césar. — Dioclétien acheva sa vie en philosophe dans sa magnifique villa de Salone, sa terre natale, en Dalmatie; Maximien, à deux reprises encore, revêtit la pourpre impériale.

306.

Empire romain. — A la mort de Constance Chlore, son fils Constantin reçoit des légions de Bretagne et de Gaule le titre d'auguste. — Les prétoriens à Rome portent à l'empire Maxence, fils de Maximien, qui prend Maximien, son père, pour collègue. — Mais Sévère, le césar d'Italie et d'Afrique est nommé auguste par Galérius; enfin, Maximin Daïa, parent de Galérius, est le césar d'Orient. — L'empire a six maîtres à la fois.

Francs. — Deux chefs francs, captifs de Constance Chlore, sont jetés aux bêtes dans l'amphithéâtre de Trèves.

307.

Italie, Orient. — Prompte chute de l'empereur Sévère; enfermé dans Ravenne, il est livré à Maximien qui le fait tuer. — Galérius qui vient de perdre un allié dans Sévère proclame auguste son ami Licinius.

310.

Gaule. — Maximien, vieillard chagrin et ambitieux, est suspect tour à tour à son fils Maxence et à son gendre Constantin. Celui-ci, menacé par lui, le force à se tuer dans Marseille.

311.

Empire romain. — Mort de Galérius, des suites de ses débauches. — Il n'y a plus que quatre empereurs, alliés deux contre deux, Constantin avec Licinius, Maxence avec Maximien Daïa.

312.

Afrique. — Donat, évêque des Cases-Noires, en Numidie, s'élève contre l'élection épiscopale de Cécilien, à Carthage, comme ayant été faite par des *traditeurs*; il entraîne soixante et dix évêques, et fait procéder à une nouvelle élection : c'est l'origine du schisme des Donatistes.

Italie. — Apparition, suivant Eusèbe, d'une croix lumineuse avec cette inscription : *Hoc signo vinces* (tu vaincras par ce signe), qui décide Constantin à faire placer la croix de Jésus-Christ sur l'étendard, le *labarum* qu'on portait devant lui dans les combats. — Vainqueur, en Italie, de Maxence, qui meurt après trois combats, il entre dans Rome, mais ne va pas célébrer son triomphe au temple païen du Capitole. — La garde prétorienne qui avait fait si souvent des empereurs est abolie. — L'époque de la victoire de Constantin sur Maxence, qui est aussi celle de l'Église sur le paganisme, commence une nouvelle ère : *ère de l'indiction*.

IVe SIÈCLE (313-324).

L'Indiction, période de quinze années, est une base très-imparfaite de chronologie; elle n'a été employée que plus tard, et surtout par les auteurs ecclésiastiques.

313.

Empire romain. — Dioclétien meurt obscurément dans sa retraite de Salone, l'année où Constantin et Licinius, son allié en Orient qui a vaincu Maximin, publient à Milan le premier édit en faveur des chrétiens. Mais Constantin conserve le titre et les pouvoirs de souverain pontife; il ne persécute pas les idolâtres. Il ne sera baptisé qu'au moment de mourir.

Rome. — Le pape Melchiade, dans un concile tenu à Rome, condamne l'évêque de Numidie, Donat, et déclare absous l'évêque élu par les traditeurs à Carthage, Cécilien.

314.

Empire romain. — Les deux empereurs, Constantin et Licinius qui avait épousé la sœur de Constantin, arment l'un contre l'autre. Guerre en Pannonie et en Thrace. Constantin affaiblit mais n'abat pas son rival qui continue à régner. Paix pour neuf ans.

Gaule. — Concile d'Arles, composé d'évêques gallo-romains par Constantin, pour mettre fin au schisme des donatistes et reconnaître la validité du baptême donné hors de l'Église catholique. Il proclame le droit d'intervention du saint-siége.

316.

Italie. — Les donatistes d'Afrique, frappés dans le concile d'Arles, en appellent à l'empereur qui les fait condamner de nouveau à Milan (octobre).

317.

Empire romain. — Constantin et Licinius, augustes d'Occident et d'Orient, donnent chacun à un de leurs fils le titre de césar ; ils continuent ainsi la tétrarchie essayée par Dioclétien, et y ajoutent le principe d'hérédité. — Les deux jeunes princes moururent avant leurs pères.

319.

Égypte. — Arius, prêtre d'Alexandrie, commence à troubler l'Église par son ambition et par ses doctrines hérétiques; il nie l'unité de substance divine entre les trois personnes de la Trinité, et prétend que la nature du Christ est, non de la même substance que Dieu, mais d'une substance analogue.

321.

Rome. — Constantin fonde la puissance civile de l'Église en lui accordant la faculté de recevoir des donations et des legs avec le droit de possession à perpétuité, en transportant aux prêtres chrétiens les priviléges dont jouissaient les pontifes du paganisme, en autorisant la création de tribunaux ecclésiastiques pour juger les différends des chrétiens ; les clercs ou ministres de la religion sont exempts de la torture judiciaire. Repos du dimanche prescrit. — Sous l'influence de la foi chrétienne, adoucissement du sort de l'esclave : affranchissements encouragés; maisons d'asile et d'hospitalité pour les pauvres, les enfants, les vieillards; lois sévères sur le mariage; repos du dimanche prescrit.

323.

Empire romain. — Après neuf ans de paix intérieure, employés par Constantin aux soins de l'administration et à la guerre contre les Goths, rupture entre Constantin et Licinius ; Licinius est battu en Thrace, près d'Andrinople et de Byzance, forcé de se remettre aux mains du vainqueur et d'abdiquer. — Constantin est seul maître de tout l'empire.

324.

Empire romain. — Licinius, accusé de rébellion, est étranglé.

Perse. — Constantin reçoit à sa cour un prince fugitif de Perse, Hormisdas, frère aîné de Schahpour II, qui se fait chrétien ; il rendra de grands services aux Romains dans leurs guerres contre la Perse.

325.

Empire romain et **Rome.** — Deux cent soixante-quinze ans après le concile de Jérusalem, qui est considéré comme le premier concile œcuménique, l'empereur Constantin fait assembler le second concile général à Nicée, à peu de distance de Nicomédie sa capitale. Le concile présidé, au nom du pape Silvestre, par l'évêque de Cordoue, Osius, assisté de deux prêtres, condamne l'hérésie d'Arius, fixe le dogme catholique par le *symbole* dit *de Nicée*, et arrête la discipline ecclésiastique dans vingt canons ou règles générales. — Il décide que la célébration de la Pâque aura toujours lieu le dimanche qui suit le quatorzième jour de la lune de l'équinoxe du printemps. — Le siège épiscopal de Jérusalem est déclaré siège apostolique et honoré de la primatie pour l'Orient. — L'empereur menace de la déposition et de l'exil ceux qui n'accepteraient pas le symbole.

326.

Empire romain. — Constantin ordonne la mort de son fils aîné, Crispus, sur les fausses accusations d'une marâtre, Fausta, puis celle de Fausta, reconnue enfin criminelle. Il fait mourir le jeune Licinius.

Perse. — Malgré les instantes prières de Constantin, Schahpour II persécute les chrétiens de la Perse.

329.

Constantinople. — Rome, délaissée déjà par les prédécesseurs de Constantin, ne pouvait convenir, à cause de ses souvenirs républicains et de ses dieux du paganisme, au prince qui fondait l'organisation monarchique et faisait du christianisme la religion privilégiée. Commencement de la construction de la seconde Rome, à Byzance, qui commande l'entrée du Bosphore de Thrace, à l'extrémité de l'Europe, en face de la côte d'Asie : elle retint le nom de son fondateur, Constantinople. Elle aura le titre et les privilèges d'une capitale. Les empereurs y résideront.

330.

Égypte. — A la mort de saint Alexandre, évêque d'Alexandrie, saint Athanase, un des plus influents docteurs du concile de Nicée, lui succède.

331.

Syrie. — Depuis 331, pendant trente ans, le siège de l'importante Église d'Antioche est occupé par des ariens.

334.

Orient. — Dans le concile de Césarée en Palestine, les ariens attaquent ouvertement saint Athanase, évêque d'Alexandrie.

335.

Empire romain. — Constantin, partageant d'avance l'empire entre ses trois fils, et leur associant, comme césar, un de ses neveux, dénature le principe de la tétrarchie de Dioclétien. — Les partisans d'Arius obtiennent pour lui la faveur de Constantin, en soumettant au prince une profession de foi équivoque, qu'accepte aussi le concile de Jérusalem. Saint Athanase est banni dans les Gaules.

336.

Orient. — Arius, l'hérésiarque, meurt subitement pendant les délibérations du concile de Constantinople où les eusébiens de Nicomédie et de Césarée, en Cappadoce, voulaient forcer l'évêque saint Alexandre de le recevoir à la communion.

337.

Empire romain. — Constantin meurt, près de Nicomédie, après avoir reçu le baptême des mains d'Eusèbe, évêque de cette ville, qui fut un des principaux défenseurs des ariens. — Il a créé ou complété après Dioclétien la division administrative de l'empire en quatre grandes charges civiles, sous le nom de préfectures du prétoire; nouvelle composition des corps de milice, les légions sont réduites; des titres de noblesse sont conférés en dehors de l'exercice des charges; organisation du système fiscal qui pèse surtout sur la bourgeoisie des villes et des campagnes, sur les curiales. — Constantin dispose de l'empire comme d'un patrimoine entre ses trois fils et deux neveux.

Perses et **Romains.** — Schahpour II réclame les provinces transtigritanes.

338.

Égypte. — Saint Athanase est rappelé à Alexandrie après la mort de Constantin. Il doit, dans sa longue carrière, être plusieurs fois déposé et rétabli sur son siège, selon les chances qui favorisent ou abaissent les ariens.

340.

Constantinople. — Eusèbe, évêque de Béryte en Phénicie, puis de Nicomédie, chef de la faction arienne, se fait donner par les hérétiques de son parti le siège de Constantinople qui sera souvent disputé entre un évêque catholique et un évêque arien.

Empire romain. — La mort de Constantin II laisse encore à l'empire deux fils de Constantin Iᵉʳ, Constant, et Constance : pendant dix ans, les provinces occidentales ont pour empereur Constant, dévoué à la cause catholique; l'Orient est à l'arien Constance.

Perse. — Commencement d'une persécution de quarante ans contre les chrétiens.

341.

Orient. — Au concile d'Antioche les évêques ariens fort nombreux font accepter une profession de foi équivoque. — Un canon du concile dit en parlant des clercs schismatiques : « S'ils continuent de troubler l'Église qu'ils soient réprimés par la puissance extérieure comme séditieux. » Il fait appel au bras séculier. — Les ariens disposent du trône épiscopal d'Alexandrie, qui appartient à saint Athanase.

342.

Rome. — Le pape Jules, qui a accueilli avec générosité saint Athanase, réunit un concile à Rome où l'évêque d'Alexandrie est complètement justifié des calomnies des ariens, de même que l'évêque d'Ancyre et celui de Gaza. Il adresse, au nom des cinquante évêques présents, une lettre pleine de grands sentiments, et d'éloquente vérité aux Orientaux, qui avaient d'abord demandé le concile, et qui ont ensuite refusé d'y venir.

347.

Orient et Rome. — Le concile de Sardique en Dardanie, au nord de la Macédoine, composé presque en nombre égal d'évêques d'Occident et d'évêques d'Orient, rend encore témoignage des vertus épiscopales de saint Athanase d'Alexandrie. Huit évêques ariens sont déposés et excommuniés. On ne fait pas de nouvelle profession de foi : celle de Nicée suffit. — La minorité du concile, hostile au pape Jules et à Athanase, qui comprend quatre-vingts évêques d'Orient, réunie à Philippopolis, en Thrace, au sud-est de Sardique, les excommunie l'un et l'autre.

348.

Perses et **Romains.** — Constance, en guerre depuis dix ans avec Schahpour II, perd la bataille de

Singara, dans la Mésopotamie; cependant Nisibe résiste aux Perses.

350.

Gaule. — Quand meurt l'empereur d'Occident Constant, la Gaule se donne pour maître, aux dépens de la famille de Constantin, Magnence qui compromet la sécurité de cette province par ses prétentions sur toutes les provinces occidentales. — Lutte de trois ans contre les partisans du dernier survivant des fils de Constantin, Constance.

354.

Empire romain. — Constance, après la chute de Magnence en Gaule, après la mort violente de Gallus, son neveu qu'il avait créé seul césar, est maître de l'empire.

355.

Empire romain, Gaule et **Germains.** — Un Franc, Sylvanus, maître de la milice, tout-puissant auprès de Constance, ne résiste pas longtemps à la tentation de la pourpre; il est empereur quelques mois en Gaule. — Julien, neveu de Constance, est arraché aux études de l'école d'Athènes, pour exercer les fonctions de césar en Gaule; il était alors encore chrétien de nom. Il défendit la province contre les invasions des Germains, surtout contre les Francs.

Italie et Rome. — Trois cents évêques d'Occident et d'Orient, dont beaucoup ariens, sont réunis à Milan par l'empereur Constance, qui y présente vainement une profession de foi arienne. Si le plus grand nombre consent à la condamnation nouvelle de saint Athanase, la résistance de saint Eusèbe de Verceil, de Lucifer de Cagliari en Sardaigne, de Denis de Milan, du diacre envoyé par le pape Libère, de Libère lui-même que Constance a fait venir à Milan, préserve l'Église du dernier scandale, de la soumission volontaire en matière de foi et de discipline ecclésiastique à l'autorité temporelle. Ils sont exilés et menacés de mort. Pendant l'exil du pape Libère, qui dura au moins deux ans, le peuple de Rome fait un antipape, le diacre Félix.

357.

Orient. — La rivalité de puissance soulève un vif débat entre l'évêque de Jérusalem Cyrille et Acacius de Césarée, en Palestine, justement suspect d'arianisme.

358.

Francs. — Le césar Julien autorise les Francs Saliens, qui ont été chassés de la Batavie par les Quades, à rester dans la Toxandrie, partie du Brabant.

Rome. — Les ariens tout-puissants dressent un nouveau symbole dans le concile de Sirmium, et donnent à Constance le titre de roi éternel qu'ils refusent au fils de Dieu. Le pape Libère a la faiblesse de signer cette formule pour obtenir de rentrer dans Rome, et condamne saint Athanase dont la cause était inséparable de celle de la foi.

359.

Italie et **Orient.** — Les conciles de Rimini en Italie, près de Ravenne, et de Séleucie en Syrie, réunis en même temps, l'un pour l'Occident, l'autre pour l'Orient, donnent le spectacle des rivalités intestines des ennemis de l'Église catholique. — L'empereur Constance envoie à Rimini une formule arienne que le pape et quelques évêques refusent d'accepter. — A Séleucie débats des ariens purs et des semi-ariens. — Saint Hilaire, évêque de Poitiers, alors exilé en Orient, défend à Séleucie le dogme catholique; saint Cyrille de Jérusalem est justifié des imputations de l'évêque de Césarée, Acacius.

Perses. — Schahpour II se venge de la résistance de Nisibe, par la destruction d'Amida, de Singara, de Bésabde en Mésopotamie.

360.

Constantinople. — Dédicace de l'église de Sainte-Sophie par l'empereur.

Empire romain. — Le césar Julien est proclamé auguste par l'armée des Gaules; il commence la guerre civile contre Constance.

361.

Empire romain. — Après la mort de son oncle Constance, Julien va solennellement prendre possession de l'empire à Constantinople, il a déjà apostasié : avec lui régnera le paganisme. Édit de tolérance universelle, plus favorable au paganisme qu'à la foi catholique. Comme il rappelle tous les évêques bannis pour leur orthodoxie sous Constance, saint Cyrille rentre à Jérusalem, dont l'évêché lui avait été de nouveau enlevé. Il interdit les écoles profanes aux chrétiens, s'entoure de philosophes, ressuscite les pompes de l'idolâtrie. Dans ses ouvrages il fait la satire de la religion qu'il persécute.

362.

Gaule. — Saint Hilaire, évêque de Poitiers, rendu à son diocèse, dirige plusieurs conciles de Gaule pour préserver l'Occident de l'hérésie arienne. — Concile à Paris.

Orient. — Mélèce, l'évêque catholique d'Antioche, qui avait été exilé par l'empereur arien Constance, étant rendu à son église par l'édit de Julien, trouve en possession de son siége un autre évêque, Paulin, qu'avait ordonné Lucifer de Cagliari. Toute l'église catholique se partage entre les deux compétiteurs, tous deux orthodoxes. Le schisme dura longtemps au delà de la vie de Paulin et de Mélèce, auxquels les partis respectifs donnèrent des successeurs.

363.

Judée. — L'empereur païen entreprend vainement de relever le temple de Jérusalem, qui ne devait jamais être rebâti.

Orient et Perses. — Julien meurt dans une guerre désastreuse contre les Perses : avec lui finit la maison impériale de Constantin. — Son successeur, Jovien, rend aux Perses, par un traité, les provinces transtigritanes réclamées depuis vingt-cinq ans.

Orient. — A Alexandrie, saint Athanase préside un concile de toute l'Église, qui adresse à l'empereur catholique Jovien l'exposition de la vraie foi.

364.

Empires d'Occident et d'Orient. — Le territoire de l'empire romain est pour la première fois partagé en deux empires : Valentinien Ier, successeur de Jovien, garde l'Occident, et donne l'Orient à son frère Valens qui protégera les ariens.

365.

Empires d'Occident et d'Orient. — Les deux empereurs instituent les fonctions de *defensor* dans les municipes, pour la protection de tous les intérêts publics et privés.

367.

Orient. — L'évêque arien de Constantinople baptise l'empereur Valens, qui promet solennellement de maintenir la doctrine de l'arianisme. Un édit de Valens renvoie en exil tous les prêtres que Julien avait rendus à leurs églises par son édit de tolérance universelle. — Saint Cyrille de Jérusalem est du nombre des bannis.

375.

Empire d'Occident. — L'empereur d'Occident, Valentinien, fait tuer à Carthage le général Théodose, dont les talents contrastent avec les vices et l'impuissance de la cour de Milan. — Valentinien meurt pendant une expédition contre les Quades venus par le Danube jusqu'en Illyrie. — Son fils aîné Gratien, empereur à dix-sept ans, associe au pouvoir suprême un frère de quatre ans, Valentinien II.

376.

Orient et Visigoths. — Les Goths, chassés de leur pays par les Huns qui venaient des régions les plus orientales de l'Asie, font demander à l'empereur Valens des terres au sud du Danube, par leur évêque arien, Ulphilas. — Ulphilas a traduit la Bible en langue gothique.

378.

Orient. — Saint Grégoire de Nazianze, élève brillant des écoles d'Alexandrie, de Césarée et d'Athènes, qui avait déjà montré les talents et les vertus d'un grand évêque dans l'administration de deux diocèses, est élu, par l'influence de l'évêque d'Alexandrie, évêque de Constantinople.

Orient et Visigoths. — Valens est rappelé des frontières de la Perse pour venir défendre la province de Thrace contre les Goths, que la rapacité impériale a poussés à la révolte. — La victoire sanglante des Goths, à Andrinople, sur l'empereur d'Orient Valens, inaugure la grande invasion des barbares (août). Valens meurt dans ce combat.

379.

Empire d'Orient. — Après la mort de son oncle Valens, Gratien donne l'empire d'Orient à Théodose, d'origine espagnole, ennemi des païens et des hérétiques chrétiens. Théodose bat, intimide ou gagne les barbares. — Il rappelle par un édit tous les évêques exilés.

380.

Rome. — Le pape saint Damase a le premier institué des vicaires du Saint-Siége dans les provinces éloignées de Rome; le vicaire était comme le chef de tous les évêques de son vicariat.

381.

Orient. — Le troisième concile général convoqué à Constantinople sur la demande de Théodose, présidé au commencement par saint Grégoire, condamne tous les hérétiques, surtout Apollinaire qui ne reconnaît pas la nature humaine en Jésus-Christ, et Macédonius qui conteste la divinité du Saint-Esprit. — Saint Grégoire, déchu du trône épiscopal de Constantinople, retourne à Nazianze, sa patrie, dont il gouverne quelque temps l'église; il achève sa vie dans la retraite où il cultive encore pendant dix ans les lettres et même la poésie. A Antioche, les catholiques du parti de Mélèce lui donnent pour successeur, après sa mort, le prêtre Flavien.

382.

Rome et Saint-Siége. — Saint Jérôme vient à Rome, s'attache au pape saint Damase et lui sert de secrétaire: Damase est un des esprits les plus polis et les plus cultivés du temps, il a écrit en vers et en prose. — L'empereur Gratien, zélé catholique, fait abattre définitivement l'autel de la Victoire qui touchait à la salle du sénat à Rome: la foi païenne des Romains avait attaché le sort de l'empire à la conservation de ce monument. Depuis Gratien les empereurs ne portent plus la robe pontificale.

383.

Empire d'Occident. — Les Gaules sont le théâtre de la guerre entre Gratien et le général Maxime qui, proclamé auguste d'abord dans la Grande-Bretagne, reste maître, après la mort de Gratien, de ces deux provinces et de l'Espagne, sa patrie.

384.

Gaule et Occident. L'empereur Maxime, sans tenir compte de la sentence rendue dans un concile de Bordeaux contre les hérétiques priscillianistes, et malgré la promesse qu'il a faite à saint Martin de Tours, condamne à mort Priscillien avec quelques-uns de ses sectateurs. C'est le premier sang versé par l'autorité impériale au nom de l'orthodoxie. —

IVe SIÈCLE (388-400).

Impuissant à venger Gratien, Théodose fait la paix avec l'empereur Maxime.

Orient. — L'empereur Théodose chasse les hérétiques de Constantinople; il charge le préfet du prétoire d'aller en Égypte et en Syrie fermer les temples des idoles, et d'en remettre les revenus aux églises catholiques.

Perses et Romains. — Renouvellement des traités de paix.

388.

Égypte. — L'évêque d'Alexandrie, Théophile, excite le peuple à détruire le fameux temple de Sérapis, qui contenait une précieuse bibliothèque. Lutte sanglante contre les idolâtres; ils ne peuvent sauver de la profanation l'objet de leur culte.

Occident et Orient. — L'empereur d'Orient, Théodose, vainqueur de Maxime à Aquilée au nom de Valentinien II d'Occident, va triompher à Rome. — Valentinien partage sa confiance entre saint Ambroise, évêque de Milan, et un général barbare, le Franc Arbogast, qu'il a reçu pour ministre des mains de Théodose.

390.

Italie et Orient. — Le massacre des habitants de Thessalonique, en Macédoine, est expié par la pénitence publique, que saint Ambroise, évêque de Milan, impose à Théodose, au nom de Dieu et de l'humanité. Le saint évêque inspire à l'empereur la pensée d'une loi qui met trente jours d'intervalle entre un arrêt de mort et l'exécution.

392.

Occident. — Le Franc Arbogast tue son maître Valentinien II, avant qu'il ait reçu le baptême des mains de saint Ambroise, et fait empereur le rhéteur Eugène, qui sera reconnu en Gaule et en Italie.

393.

Afrique. — A Hippone (Hippo-Regius), au nord-est de la Numidie, tous les évêques d'Afrique réunis décident qu'un concile de la province entière sera tenu tous les ans : ce qui eut lieu quinze ans de suite. Saint Augustin, qui n'est pas encore évêque, combat, par ses prédications, la doctrine des manichéens, dont il avait autrefois partagé les erreurs.

394.

Empires d'Occident et d'Orient. — Vainqueur d'Eugène et d'Arbogast, Théodose est seul maître de tout l'empire. Arbogast s'est tué pour n'être pas pris vivant. — Les jeux olympiques cessent d'être célébrés : on ne compte peut-être plus alors par olympiade. L'ère de l'indiction prévaut au moins dans l'Église.

395.

Empires d'Occident et d'Orient. — Théodose le Grand meurt, à Milan (17 janvier), après avoir partagé le monde romain entre ses deux fils enfants, Honorius à l'Occident, Arcadius l'Orient. Le Vandale Stilicon est le ministre et le général d'Honorius; le Gaulois Rufin, celui d'Arcadius.

395-400.
(Voir page 168.)

— La *carte* Théodosienne, dite de *Peutinger*, est exécutée à Constantinople, ou sous Théodose I vers 393, ou sous Théodose II vers 435.

DEUXIÈME PÉRIODE.

LE MOYEN AGE (395-1453).

V° SIÈCLE APRÈS J. C.

APERÇU GÉNÉRAL.

Des temps nouveaux commencent; l'antique société s'écroule ; et, sur ses débris qui vont cacher pendant des siècles ses lois et sa littérature, la croix seule reste debout. L'Évangile opérera la réconciliation et l'alliance entre les vieilles populations latines et des nations jusqu'alors inconnues qui constituent les États modernes. Cette transformation territoriale, politique et religieuse remplit tout le *moyen âge* qui commence à la première grande invasion par le Visigoth Alaric et finit à la prise de Constantinople par le sultan des Turcs, Mahomet II (395-1453).

Dans le premier siècle du moyen âge, le v° depuis notre ère, le monde est à la merci des barbares : tout s'ébranle, tout s'émeut en Italie, en Espagne, dans les Gaules, dans les contrées germaniques, dans le nord de l'Europe et de l'Asie.

Les deux empires romains, irrévocablement séparés, ne sont pas gouvernés plus de soixante ans par la famille de Théodose. De ses deux petits-fils, l'un, Théodose II, lâche, dissolu, vacillant au milieu des sectes religieuses, tributaire du Hun Attila, laisse du moins la compilation de lois qui porte le nom de *Code Théodosien*; l'autre, en Occident, poignarde de sa main le général Aëtius, le seul défenseur qui restât à l'empire depuis la mort de Stilicon. Rome, déjà prise deux fois par Alaric et par Genséric, qui ont dédaigné de la garder, voit à peine les empereurs que lui imposent successivement des chefs de hordes barbares, jusqu'à ce qu'elle devienne le camp des Hérules qui effacent le titre d'empire d'Occident. L'élève des Grecs de Constantinople, Théodoric le Grand, qui commence, en Italie, une courte série de rois ostrogoths, préfère à Rome une ville obscure du nord.

Constantinople n'a pas eu souvent des évêques courageux comme saint Jean Chrysostome, sa mort dans l'exil en fait presque un martyr.

Les vertus apostoliques donnent aux papes le droit de châtier les mauvais princes, leurs paroles valent plus que des armées pour le salut de l'Italie. Saint Léon Ier, en parlant au nom de Dieu, a épargné du moins à Rome les fureurs d'Attila, qui venait d'ensanglanter les Gaules et la Vénétie.

L'histoire appelée byzantine s'ouvre véritablement à la mort de Théodose II en Orient. Après son successeur immédiat Marcien, brave et prudent empereur, le trône de Constantinople s'affaisse de nouveau sous des princes faibles ou pervers, et fougueux arbitres des questions dogmatiques.

C'est du ve siècle que datent plusieurs établissements des nations barbares en Europe. Les Burgondes ou Bourguignons viennent de la Germanie s'établir sur la Saône et le Rhône, tandis que les Visigoths s'emparent des provinces situées entre les Pyrénées et la Loire, et bientôt d'une partie de l'Espagne, où les ont suivis les Vandales, qui se transportent ensuite avec Genséric en Afrique. En Gaule, les peuples de l'Armorique, voisins de l'Océan, ont secoué le joug des Romains et ont formé une confédération. Le pays au nord de la Loire a subi les courses des Francs qui se fixent autour de Paris avec leur premier roi chrétien Clovis. La Grande-Bretagne a aussi son invasion germanique : les Saxons y viennent de la Chersonèse des Cimbres.

Les grandes catastrophes de l'empire n'interrompent pas le cours des disputes religieuses. Nestorius, qui refuse à la vierge Marie le titre de mère de Dieu, est condamné dans le concile général d'Éphèse, en 431. Celui de Chalcédoine (451) censure Eutychès qui ne reconnaît en Jésus-Christ qu'une seule nature. Les prédestinatiens méconnaissent dans l'homme le libre arbitre auquel, au contraire, les disciples de Pélage, combattus par saint Augustin, et les semi-pélagiens accordent trop de puissance.

La littérature ne pouvait prospérer en de pareils temps. Le goût des études se conservait dans les monastères surtout en Gaule dans l'abbaye de l'île de Lérins dont les pieux travaux ont été dépeints par saint Eucher, évêque de Lyon. On n'a à citer pour la langue latine que les vers de saint Paulin de Nole, de Sidoine Apollinaire, noble arverne dont les panégyriques et les lettres révèlent les actions des empereurs et les mœurs des chefs barbares, de Prosper d'Aquitaine, plus connu par sa *Chronique* que par sa lutte poétique contre les semi-pélagiens ingrats envers la grâce divine; ou les ouvrages en prose de Vincent de Lérins, de Salvien, prêtre de Marseille, qui a rudement flagellé les vices des Romains et ne les trouve pas trop expiés par le fléau de l'invasion barbare; d'Hilaire d'Arles et du pape saint Léon Ier. L'histoire dogmatique de l'Espagnol Paul Orose est empreinte de crédulité et de ferveur catholique. Les annales de la latinité classique se fermeront par le nom du poëte Claudien, qui est aussi loin de Virgile qu'il imite que Théodose était loin d'Auguste. Dans la langue grecque saint Cyrille d'Alexandrie et Théodoret sont les théologiens les plus fameux. L'histoire ecclésiastique donne Philostorge, Socrate et Sozomène. Dans la même langue et dans les genres tout à fait profanes, on aperçoit l'histoire de l'Arménie de Moïse de Khorène, le lexique d'Hésychius qui explique les mots les moins usités que l'on trouve dans les auteurs grecs, celui d'Étienne de Byzance, véritable dictionnaire de géographie et d'histoire, les extraits de Stobée qui donnent des passages d'écrivains anciens sur la physique et la morale, les commentaires d'Hiéroclès sur les vers dorés de Pythagore; et les nombreux écrits du platonicien Proclus qui fut, comme l'historien Zosime, ennemi de la religion chrétienne. La guerre engagée entre la philosophie et la théologie avait, dès le commencement du siècle, coûté la vie à la fille du mathématicien idolâtre Théon, la savante et belle Hypatia. Bientôt les ténèbres s'épaississent et l'on peut dater de cette époque le moyen âge de la philosophie.

Ne pouvant faire une division particulière pour les cinq dernières années du ive siècle, qui commencent le moyen âge, nous les plaçons en tête du ve.

CHRONOLOGIE.

395.

Orient et Visigoths.—Invasion des barbares. Le Visigoth Alaric se jette sur les provinces européennes de l'Orient, attiré par le traître Rufin. Rufin meurt massacré à la vue de l'empereur. Stilicon sera, seul, le bouclier des deux empires.

397.

Constantinople. — Saint Jean Chrysostome, déjà célèbre comme orateur, après avoir passé quelques années dans la solitude et reçu les ordres des mains de l'évêque d'Antioche Flavien, est élevé par l'empereur Arcadius au siége de Constantinople. Son épiscopat sera rempli par une lutte ardente contre la cour, et surtout contre l'impératrice Eudoxie, fille d'un seigneur franc.

398.

Orient. — Rivalité de puissance de l'eunuque Eutrope, du Goth Gaïnas, à la cour de Constantinople. L'impératrice Eudoxie et Jean Chrysostome sont mêlés à ces débats. — Eutrope échappe une fois au supplice par l'intervention évangélique de saint Jean Chrysostome.

399.

Orient. — La mort violente d'Eutrope satisfait la haine du peuple de Constantinople, et la jalousie de l'impératrice Eudoxie.

400.

Orient. — Gaïnas trahit son maître l'empereur Arcadius, et meurt de la main des barbares, les Goths, ses complices.

402.

Chine. — Pendant quinze ans, excursion lointaine de plusieurs samanéens, prêtres bouddhistes de Chine, pour étudier dans les différentes régions de l'Asie les ouvrages originaux qui contiennent les préceptes du bouddhisme. Ils admirent dans l'Inde les établissements scientifiques et religieux, les hôpitaux, les académies, l'activité industrielle de Patna sur le Gange et de Bénarès; les temples taillés dans le roc par Gaya, premier successeur du patriarche Çakyamouni ou Bouddha-Gaoutama, mort peut-être depuis dix siècles, Dieu actuel du Bouddhisme. Ils visitent l'île de Ceylan et Java. Quatre-vingt-deux jours de navigation ramènent Fa-Hian à Canton.

403.

Italie et Visigoths. — Par la victoire de Pollentia, en Ligurie, Stilicon délivre l'Italie de l'invasion d'Alaric. — Honorius quitte Milan pour résider à Ravenne.

Orient. — La jalousie de l'évêque d'Alexandrie sert la haine de l'impératrice Eudoxie, contre saint Jean Chrysostome, qui n'a pas ménagé dans ses prédications le luxe et les vices de la cour. Le conciliabule du chêne, tenu dans un faubourg de Chalcédoine, dépose saint Chrysostome, absent. L'empereur l'envoie en exil; il en est tiré bientôt par l'affection du peuple qui réclame impérieusement son pasteur.

Rome. — Un édit d'Honorius abolit les combats de gladiateurs.

404.

Orient. — Saint Jean Chrysostome élève encore en chaire la voix contre Eudoxie. Un nouveau concile lui donne l'ordre de quitter la ville; il est exilé dans la petite Arménie (juin). Le pape Innocent Ier fut pour lui un généreux, mais inutile défenseur. — Mort d'Eudoxie (6 octobre).

406.

Italie et Suèves. — Le Suève Radagaise envahit l'Italie; il est enfermé par Stilicon sur les rochers de Fésules en Toscane. — Des Germains, les Bourguignons, les Vandales et les Suèves, des Scythes, les Alains, forcent le passage du Rhin, malgré les Francs Ripuaires, et se répandent dans la Gaule.

407.

Occident. — Constantin, un simple soldat, nommé empereur dans la Grande-Bretagne, commence la série des usurpateurs qui s'élevèrent contre Honorius, au milieu des invasions des barbares.

Orient. — Saint Jean Chrysostome, après avoir souffert trois ans à Cucuse, dans un lieu désert de la petite Arménie, est transféré vers le Pont-Euxin; il meurt en route à Comana, en Cappadoce, par suite des mauvais traitements des soldats qui le conduisaient.

408.

Occident. — Honorius fait tuer Stilicon, qui fut deux fois le sauveur de son empire, et dont il avait épousé successivement les deux filles.

Occident et Visigoths. — Des Goths auxiliaires ayant été massacrés, Alaric marche sur l'Italie.

Orient. — L'empire d'Orient vient de tomber aux mains d'un enfant, Théodose II, fils d'Arcadius, au nom duquel gouvernera sa sœur, Pulchérie, plus âgée que lui de deux ans.

409.

Rome et Visigoths. — Rome, assiégée une première fois par Alaric, paye tribut; après un second siège, elle subit pour empereur, à la place d'Honorius, le préfet Attale, qui est bientôt méprisé des Barbares autant que des Romains.

410.

Gaule. — Fondation du monastère de l'île de Lérins par saint Honorat; il a formé plusieurs hommes célèbres. Saint Eucher, évêque de Lyon, a dépeint les charmes de cette pieuse solitude.

Rome et Visigoths. — Alaric, pour la troisième fois, assiége Rome, la prend par la trahison des esclaves, la pille, mais ne massacre pas les habitants (24 août).

411.

Espagne. — Les Vandales et les Suèves, peuples germains et ariens, font entre eux un partage de l'Espagne où ils ont pénétré après la dévastation de la Gaule. Les Suèves prennent le nord-ouest. Une partie des Vandales occupe la Bétique. Les Alains qui avaient suivi les deux peuples habiteront quelque temps la Lusitanie.

412.

Gaule. — Ataülf quitte l'Italie avec les Visigoths, après la mort d'Alaric, son beau-frère; il occupe, au delà des Alpes, la première Narbonnaise où l'oppression des magistrats romains favorise son établissement.

413.

Gaule, Bourguignons et Visigoths.—Établissement des Bourguignons avec leur roi Gondicaire dans la grande Séquanaise que leur abandonne l'empereur. — Ataülf, après avoir combattu, au nom d'Honorius dont il se fait l'allié, l'usurpateur Jovin, étend sa puissance jusqu'à Narbonne, même jusqu'à Toulouse; il est reçu à Bordeaux.

414.

Visigoths. — Ataülf célèbre son mariage avec Placidie, sœur de l'empereur, sa captive. Sur les conseils du général romain Constance, il abandonne la Narbonnaise et va chercher fortune en Espagne où les divisions qui règnent entre les barbares, déjà établis, font espérer de faciles conquêtes.

415.

Bretagne et Judée. — L'hérésiarque breton Pélage est déféré pour sa doctrine sur la grâce et la prédestination au concile de Diospolis, ville de Judée. La faiblesse de l'évêque de Jérusalem, qui ne le condamne pas, est sévèrement réprimandée par saint Augustin, évêque à Hippone depuis vingt ans, et par le pape Innocent.

Égypte. — Saint Cyrille, successeur de son oncle Théophile sur le siége d'Alexandrie, avec une ferveur d'orthodoxie qui sacrifie tous les droits de l'humanité, laisse le peuple mettre en pièces la belle et sage Hypatia, honneur de la philosophie alexandrine.

Visigoths. — Ataülf, ayant commencé la conquête de l'Espagne, meurt assassiné à Barcelone. — Les Visigoths, établis par lui en Gaule et en Espagne, prirent les deux tiers des terres. L'héritage de la terre ne fut pas interdit aux femmes.

416.

Afrique et Rome.—Un concile de Carthage frappe Pélage, et ses principaux sectaires, avec la sanction du pape Innocent Ier (juin). Ils sont condamnés encore par soixante et un évêques réunis en concile, en Numidie, à Milève (septembre).

418.

Afrique et Rome.—Les délibérations de deux cents évêques réunis en concile à Carthage, pour examiner les doctrines hérétiques de Pélage, éclairent toute la chrétienté et même le pape Zosime, qui a d'abord été surpris par les artifices des pélagiens.— Le pape chasse les pélagiens de Rome.

419.

Chine. — Liéou-Yu qui, de cordonnier devenu soldat, est arrivé au commandement des armées, monte sur le trône et commence la huitième dynastie, celle des Song, qui donne huit empereurs.

Visigoths. — Honorius reconnaît au Visigoth Vallia, qui lui a renvoyé sa sœur Placidie, veuve d'Ataülf, la possession de l'Aquitaine, depuis Toulouse jusqu'à l'Océan. Toulouse devient la résidence des rois visigoths. Leurs conquêtes en Espagne seront faites non sur les Romains, déjà dépouillés, mais sur les Vandales, les Suèves et les Alains.

420.

Visigoths. — Les Goths, après la mort de Vallia, se donnent pour roi Théodoric Ier, prince guerrier.

421.

Occident. — Honorius attribue la dignité d'auguste et d'empereur d'Occident, avec la main de sa sœur Placidie, au général Constantius qui l'avait délivré de plusieurs usurpateurs; mais Constantius meurt sept mois après.

Orient. — Théodose II épouse la fille du philosophe Léonce, Athénaïs, qui prit le nom d'Eudoxie.

Perses. — Pendant un an, guerre entre l'empereur d'Orient et le roi de Perse au sujet des persécutions dont les chrétiens de la Perse étaient victimes.

425.

Occident. — La mort d'Honorius en 423 a provoqué la courte usurpation de Jean le Secrétaire. — Le fils de Constantius et de Placidie, Valentinien III, est reconnu empereur d'Occident. Aëtius, général romain, d'origine scythique, avait reçu des Huns la promesse d'un secours de soixante mille hommes pour Jean le Secrétaire.

Visigoths. — Les Visigoths rompent la paix avec les Romains, et assiégent Arles, qui sera sauvée par la présence d'Aëtius, admis maintenant au service de Valentinien III.

428.

Orient. — Nestorius, prêtre de l'Église d'Antioche, après avoir été moine, est nommé par Théodose II évêque de Constantinople; presque aussitôt après il prêche une nouvelle hérésie : « Ce n'est pas le Verbe, mais le Christ adopté par le Verbe, qui est né de Marie. » — Théodoret, de Syrie, écrivain et évêque, s'arrête à l'an 428 dans le développement de l'histoire ecclésiastique qu'il a commencée avec le concile général de Nicée, en 325.

429.

Afrique et Vandales. — La rivalité des généraux Aëtius et Boniface, à la cour de Placidie, mère de Valentinien III, est la cause de l'invasion des Vandales en Afrique. Genséric, appelé par le gouverneur Boniface, entraîne avec lui non-seulement des Vandales, mais des Alains, des Suèves, des Goths, des barbares de toute race.

Bretagne. — Saint Germain d'Auxerre, et saint Loup de Troyes, envoyés en Bretagne pour combattre l'hérésie de Pélage, aident les Bretons à repousser l'invasion des Pictes et des Scots.

430.

Afrique. — Le comte Boniface, impuissant à repousser les barbares auxquels il a donné entrée dans sa province, assiste à la mort de saint Augustin, pendant le siége d'Hippone.

Huns et Slaves. — On rapporte à Kii, qui est peut-être d'origine hunnique, la première fondation de Kief, sur le Dnieper, un peu au-dessous du confluent de la Desna. Il est moins certain qu'il ait fondé Novogard ou Novogorod, au nord du lac Ilmen, à deux cents kilomètres de la Baltique, ville peuplée originairement par des Slaves.

431.

Orient. — Le quatrième concile général, tenu à Éphèse sous la présidence du patriarche d'Alexandrie saint Cyrille, frappe surtout le patriarche de Constantinople Nestorius qui nie l'union divine du Verbe avec la nature humaine, et distingue dans Jésus-Christ deux personnes comme deux natures. Nestorius est déposé et banni. Théodose II, qui l'a d'abord favorisé, approuve la condamnation. — Les sentences déjà rendues contre les pélagiens sont renouvelées. — Le concile ne peut faire cesser le schisme auquel a donné naissance la rivalité de saint Cyrille et de Jean patriarche d'Antioche : celui-ci ne veut pas se prononcer contre Nestorius, son ancien compagnon de cloître. — Nestorius se retire dans un monastère d'Antioche. Sa doctrine prend racine en Orient, et ira se répandre aux extrémités de l'Asie.

432.

Huns. — Aëtius, mécontent de Valentinien III, a trouvé un asile chez les Huns en Pannonie : fort de cette amitié, il peut recouvrer la faveur impériale.

433.

Orient.—Réconciliation de saint Cyrille, évêque d'Alexandrie, avec Jean, évêque d'Antioche.

435.

Vandales. — Valentinien III renonce à une partie de l'Afrique par un traité de partage avec les Vandales ; ils n'ont pas encore le territoire de Carthage.

437.

Orient. — Exil, et bientôt mort de l'hérésiarque Nestorius en Égypte.

Visigoths. — Théodoric Ier, roi des Visigoths, pendant l'absence d'Aëtius, s'empare des places romaines entre Toulouse et Narbonne. Il assiége cette dernière ville qu'un lieutenant d'Aëtius l'empêchera de prendre.

438.

Orient. — Les constitutions impériales depuis 312 sont publiées. Le *Code théodosien* est le premier corps de lois qu'ait eu l'empire romain, avec la confirmation de l'autorité souveraine. Il sera en vigueur dans les deux empires.

439.

Afrique et Vandales. — Carthage tombe aux mains de Genséric. Il assure le triomphe de la religion arienne, et dépouille les Romains.— L'Afrique devient un foyer de piraterie.

Gaule et Visigoths.—Les Romains ont pris l'offensive contre les Visigoths ; Toulouse est assiégée par les Huns auxiliaires de l'empire. Mais Théodoric est vainqueur, et un traité avec Valentinien III laisse aux Visigoths la Novempopulanie, ou troisième Aquitaine.

440.

Rome. — Exaltation pontificale de saint Léon le Grand, dont les lumières, la charité héroïque, et les vertus trouvaient un puissant auxiliaire dans le talent de la parole.

444.

Orient. — L'impératrice d'Orient, Eudoxie, sévèrement jugée pour ses mœurs même par son mari Théodose, va s'ensevelir dans une pieuse retraite à Jérusalem.

446.

Bretagne. — Inutile appel fait par les Bretons au patrice romain, Aëtius, contre les barbares qui viennent du nord de l'île.

448.

Espagne et Suèves.—Mort du premier prince chrétien des Suèves ; il a occupé Séville, la Bétique et la province de Carthagène, qui jusque-là était restée sous la domination impériale.

Gaule et Francs. — Lorsque meurt Clodion, chef des Francs saliens idolâtres, roi chevelu, les Francs n'ont pas dépassé le bassin de la

Somme. Mérovée, son parent, est élevé après lui sur le pavois : son nom désigne la première race des rois francs.

449.

Bretagne et **Saxons.**—Pour la première fois, des Saxons idolâtres viennent de la Chersonèse cimbrique, en Bretagne, à la demande des Bretons du sud-est, pour repousser les Pictes et les Scots; ils sont conduits par Hengist et Horsa.

Huns et **Empire d'Orient.** — Attila, chef des Huns, maître d'un vaste empire au nord de la mer Noire, fait expier à Théodose II son projet d'assassinat par un honteux traité de paix.

Orient. — Concile flétri sous le nom de *Brigandage d'Éphèse* : il donne gain de cause à l'hérésiarque Eutychès, moine grec, qui enseigne qu'il n'y a qu'une nature en Jésus-Christ, la nature divine par laquelle a été absorbée la nature humaine (août). Cruels traitements subis par le patriarche de Constantinople Flavien; il meurt trois jours après. Le pape se hâte de condamner tous les actes de cette misérable assemblée (octobre).

451.

Empire d'Orient. — Après la mort de Théodose II, le Thrace Marcien auquel Pulchérie, sœur de Théodose II, a donné sa main avec l'empire, assiste au cinquième concile général, celui de Chalcédoine, où sont réunis cinq cents évêques. Conformément à la lettre du pape Léon le Grand, l'hérésie d'Eutychès est condamnée; excommunication du patriarche d'Alexandrie, son complice à Éphèse. L'hérésie d'Eutychès fera cependant de grands progrès en Égypte. — Les fermes paroles de Marcien, refusant le tribut à Attila, préservent l'Orient de l'invasion.

Huns et **Gaule.** — Invasion d'Attila en Gaule, jusqu'à la Loire; il est arrêté par le général romain Aëtius, avec le concours des peuples germains déjà établis dans ce pays. Aëtius délivre Orléans et bat Attila dans sa retraite, aux champs catalauniques, près de Méry-sur-Seine. Célébrité de sainte Geneviève de Nanterre à Paris; de l'évêque Saint-Aignan à Orléans. — Attila rentre en Pannonie.

Visigoths. — Le roi Théodoric, qui combattait avec Aëtius aux champs catalauniques assisté de deux de ses fils, y a été tué. Avénement de son fils aîné Thorismond; il obtient d'Aëtius une part des dépouilles. — Les fils de Théodoric avaient eu pour maître de grammaire et d'éloquence le rhéteur gaulois Avitus.

452.

Huns et **Italie.** — L'Italie du nord, jusqu'au Pô, est ravagée par les barbares d'Attila : le Fléau de Dieu se retire à la voix du pape saint Léon ; mais Valentinien lui paye tribut.

Venise. — Les peuples de la Vénétie, fuyant devant l'invasion des Huns, se réfugient dans les petites îles formées le long de la côte adriatique dont la principale était Rialto. C'est la première origine de Venise, qui s'éleva depuis sur soixante-douze îlots.

453.

Empire d'Orient. — Avec Pulchérie finit la race de Théodose le Grand en Orient; Marcien continue à régner.

Huns. — La mort d'Attila met fin à l'empire des Huns.

Visigoths. — Avénement, à Toulouse, de Théodoric II, frère et meurtrier du roi Thorismond.

454.

Occident. — Le général Aëtius est tué de la main de Valentinien III.

455.

Bretagne et **Saxons.** — Les Saxons se tournent contre les Bretons qui les ont appelés dans leur île.

Ils commencent à s'établir au sud de la Tamise. Le royaume de Kent est fondé par Hengist.

Occident, Vandales et Visigoths. — Valentinien III est tué par le sénateur Maxime dont il a outragé la femme : extinction de la maison de Théodose en Occident. Maxime est empereur. — Le Vandale Genséric est appelé en Italie par la veuve de Valentinien III qui avait été forcée d'épouser son meurtrier. Rome est saccagée pendant quatorze jours ; l'impératrice est emmenée en captivité avec ses deux filles. — Le roi des Visigoths, Théodoric II, fait empereur le rhéteur gaulois Avitus, son ancien maître, que Maxime lui avait envoyé pour solliciter ses secours. Le commandement des armées impériales est au Suève Ricimer.

456.

Espagne. — Au nom de l'empereur Avitus, les Bourguignons et les Visigoths remportent, en Espagne, une grande victoire sur les Suèves.

457.

Occident. — Déposition de l'empereur Avitus ; il a eu pour gendre et pour panégyriste le poëte gaulois Sidoine Apollinaire. Majorien, élevé à l'empire par le Suève Ricimer, est digne du rang suprême par ses qualités et ses vertus. Il s'annonce comme un prince guerrier et réformateur. Il réforme la justice dans les provinces.

Orient. — Après la mort de Marcien, le Thrace Léon est le premier empereur qui ait reçu la couronne à Constantinople des mains d'un évêque.

Perse. — Pérozès n'arrive au trône de Perse qu'avec le secours des Euthalites ou Nephthalites (Huns blancs), qui ensuite lui firent la guerre. Ces barbares s'immisceront souvent dans les querelles de dynastie.

459.

Visigoths. — Le roi Théodoric II, sous prétexte de venger l'empereur Avitus sa créature, a envahi les régions romaines de la Gaule ; il est arrêté devant Arles.

460.

Occident. — Entreprise de l'empereur Majorien contre les Vandales, sur les côtes mêmes d'Afrique ; elle est rendue impossible par la trahison de ses officiers.

461.

Occident. — Le Suève Ricimer fait assassiner Majorien et dispose de la pourpre en faveur de Libius Sévérus.

Ostrogoths. — Le fils d'un des trois chefs des Ostrogoths établis en Pannonie, Théodoric, est envoyé en otage à Constantinople à huit ans. Un séjour de dix ans donnera à son éducation, à son caractère, et à ses idées une empreinte toute romaine.

462.

Gaule et Visigoths. — La trahison d'un comte romain livre à Théodoric II la forte place de Narbonne si souvent menacée inutilement par les Visigoths ; une grande partie de la première Narbonnaise suit le sort de la ville : cette province fut bientôt appelée Septimanie, des sept cités ou diocèses qui la composent. — Progrès des vainqueurs, au nord, jusqu'au bassin de la Loire.

463.

Gaule et Visigoths. — Le comte romain Égidius, maître de la milice dans les Gaules, arrête les succès des Visigoths par une grande victoire gagnée près d'Orléans.

464.

Francs. — Les Francs saliens qui avaient, pour quelque temps, accepté le gouvernement d'Égidius, le roi des Romains, dit Grégoire de Tours, rappellent d'exil leur chef national, Childéric, fils de Mérovée. Une partie

V° SIÈCLE (466-475).

des Francs reste sous la loi de Syagrius, fils d'Égidius, qui vient de mourir empoisonné par des Visigoths.

466.

Visigoths. — Le roi Théodoric II meurt assassiné par son frère Euric qui lui succède. — Éclat et habitudes romaines de la cour de Théodoric II, dont portent témoignage les lettres de Sidoine Apollinaire.

467.

Occident. — Pour mettre fin à l'interrègne qui a suivi la mort de l'empereur Sévère III, Léon de Thrace, empereur de Constantinople, envoie Anthémius, gendre de Marcien, pour régner en Occident. Ricimer ne subira pas plus de cinq ans ce nouveau maître.

468.

Occident et Orient. — La trahison de Basiliscus, beau-frère de Léon de Thrace, fait encore avorter un projet de guerre concerté par les deux empereurs contre les Vandales de l'Afrique.

Orient. — Une loi impériale exclut des charges quiconque n'est pas catholique.

Suèves. — Mort du premier roi arien des Suèves, qui avait épousé une princesse des Visigoths.

470.

Gaule et Saxons. — Les Saxons de l'embouchure de l'Elbe viennent ravager les côtes de l'Océan, et remontent la Loire jusqu'à Angers; ils ne sont pas arrêtés par deux chefs romains.

471.

Orient. — En faisant mourir le général Aspar et son fils, Léon de Thrace débarrasse son propre gendre Zénon des rivaux qui auraient pu, après sa mort, aspirer à l'empire avec la faveur du peuple. — La paix de l'Église d'Antioche est troublée par les fausses doctrines de Pierre le Foulon qui interprète le *Trisagion* (trois fois saint) suivant l'hérésie d'Eutychès.

472.

Gaule et Visigoths. — Le roi Euric soumet la première Aquitaine romaine.

Rome. — Rome, pour la troisième fois, est à la merci d'une armée de barbares; le Suève Ricimer y entre en vainqueur après avoir battu son maître, l'empereur Anthémius.

473.

Gaule et Visigoths. — Le roi visigoth pousse ses conquêtes jusqu'au Rhône d'un côté, jusqu'à la Loire de l'autre. Ecditius, fils de l'empereur Avitus, les arrête dans son pays natal, la terre des Arvernes.

474.

Occident. — Après le court passage de deux usurpateurs sur le trône de Ravenne, l'empereur de Constantinople, Léon, dispose encore de l'empire d'Occident, en faveur de Julius Népos, marié à la nièce de sa femme. Le patrice Oreste fera bientôt empereur son propre fils, Romulus Augustule.

Orient. — A la mort de Léon, sa famille ne gardera pas le trône : son fils Léon II ne vit pas un an. Son gendre Zénon l'Isaurien, mari d'Ariadne, arrive à l'empire.

475.

Gaule et Visigoths. — Épiphane, évêque de Pavie, est le négociateur de la paix entre Julius Népos, et le roi Euric, auquel l'empereur abandonne le pays des Arvernes. Euric y envoie le duc Victorinus qui gouvernera pendant neuf ans l'Aquitaine des Visigoths.

Orient. — Un incendie détruit à Constantinople le Jupiter Olympien de Phidias, et une célèbre Vénus du statuaire Praxitèle. — L'empereur Zénon est, dans quelques provinces, supplanté par Basiliscus.

frère de Vérina, la veuve de Léon de Thrace. L'usurpateur signale sa courte domination par la persécution des catholiques, en faveur de l'hérésie condamnée au concile de Chalcédoine. Cinq cents évêques souscrivent à ses déclarations erronées.

476.

Empire d'Occident, Hérules et **Rome.** — Vainqueur d'Oreste le père de Romulus Augustule, Odoacre, chef des Hérules et des Rugiens ou Scythes, met fin à l'empire romain d'Occident. Pour la quatrième fois Rome est aux mains d'un peuple barbare. Les Visigoths, les Vandales, les Suèves l'avaient seulement pillée, les Hérules l'habitent. Les ornements impériaux sont renvoyés à l'empereur d'Orient Zénon, qui lui-même alors était à peine raffermi sur son trône, un instant occupé par Basiliscus. L'empire d'Occident ne sera rétabli qu'après plus de trois siècles par Charlemagne.

477.

Espagne. — Euric soumet à l'autorité des Visigoths toute l'Espagne, excepté la Galice qui reste aux Suèves.

Vandales. — Mort de Genséric : l'empire d'Afrique reste à la famille du conquérant vandale.

479.

Chine. — Kao-Ti ou Siao-taoching qui a assassiné les deux derniers princes de la dynastie Song, fonde la neuvième dynastie, celle des Tsi qui sera aussi de courte durée.

480.

Gaule et **Visigoths.** — Euric réunit à son royaume Arles, Marseille, et l'ancienne Provence.

481.

Francs. — Mort de Childéric : il est enterré à Tournai sur l'Escaut, où son tombeau a été retrouvé en 1655. Clovis son fils, né de la reine de Thuringe Basine, à seize ans, hérite du commandement chez les Francs saliens.

482.

Orient. — Le patriarche de Constantinople, Acacius, engage l'empereur Zénon à publier son *hénoticon*, édit d'union, qui, sous les apparences d'une réconciliation entre les catholiques et les eutychiens, ruine l'autorité du concile général de Chalcédoine. L'hénoticon est une nouvelle cause de confusion dans l'Église d'Orient pour trente-cinq ans.

483.

Afrique. — Violente persécution de deux ans que fait souffrir aux catholiques de l'Afrique le roi vandale Hunéric, fils de Genséric.

Ostrogoths. — L'empereur Zénon attire à Constantinople et comble de caresses le chef des Ostrogoths Théodoric, qui avait passé sa jeunesse au milieu des Grecs ; il le désigne pour le consulat de l'année suivante.

484.

Afrique. — Hunéric appelle tous les évêques d'Afrique à une conférence pour réconcilier les ariens et les catholiques. Ceux qui donnent dans le piége et se rendent à Carthage sont retenus captifs ; quelques-uns même mis à mort.

Orient. — Vérina, sœur de Basiliscus, mort depuis longtemps, soulève contre son gendre, l'empereur Zénon l'Isaurien, la province de Cilicie. Sa mort ne délivre pas des insurrections le faible et odieux Zénon.

485.

Visigoths. — La mort d'Euric est une délivrance pour les catholiques qu'il persécutait ; il a laissé des siéges épiscopaux vacants, et fermé des églises. La nation des Visigoths lui doit ses premières lois écrites.

Vᵉ SIÈCLE (486-497).

Son fils Alaric II, qui lui succède, est fort jeune.

486.

Francs. — Les Francs s'étendent dans la Gaule centrale par la victoire de Clovis sur le Romain Syagrius, à Soissons; les institutions romaines sont conservées.

487.

Arménie. — L'histoire de l'Arménie et d'une partie de l'Asie est traitée par l'Arménien Moïse de Khorène, fort instruit dans les lettres grecques, qui a visité Antioche, Alexandrie, Rome et Constantinople; il a écrit en grec.

489.

Italie et **Ostrogoths.** — Théodoric, avec les Ostrogoths ariens, qui étaient cantonnés en Pannonie, fond sur l'Italie; la cour byzantine lui a abandonné ce pays pour détourner le fléau qui menaçait ses provinces d'Orient. Il rencontre les troupes d'Odoacre à Aquilée et à Vérone sur l'Adige; malgré ces deux victoires, il est enfermé par Odoacre dans Pavie.

490.

Ostrogoths et **Visigoths.** — Le concours des Visigoths, maîtres d'une partie de la Gaule méridionale au delà du Rhône, sauve Théodoric, qui était enveloppé en Ligurie par les Hérules. Odoacre se retire dans Ravenne qu'il défendra pendant trois ans.

491.

Bretagne et **Saxons.** — Le Saxon Ella, après avoir vaincu le chef des Bretons, Ambrosius, fonde le royaume de Sussex, au sud de celui de Kent.

Francs. — Clovis fait la conquête passagère de la Thuringe sur le mari de Basine.

Orient. — L'hérétique Anastase, qui avait été élu patriarche d'Antioche, devient empereur par la faveur d'Ariadne, veuve de Zénon, qui l'épouse. Le parti catholique arme pour sa défense, et prend pour chef l'ambitieux Vitalien.

493.

Francs. — Clovis idolâtre, comme ses compagnons d'armes, épouse Clotilde, catholique, nièce de Gondebaud, le roi des Bourguignons ariens.

Ostrogoths. — Accord entre Odoacre et Théodoric qui est reçu dans Ravenne (février), et y tue bientôt de sa main le chef hérule (mars). — Il établit sa résidence à Ravenne. — Gouvernement tout romain de Théodoric; il conserve les charges républicaines de Rome et l'administration impériale, sans vouloir pour lui-même du titre d'empereur; mais les Romains sont généralement exclus des emplois militaires.—Rapides progrès de la domination ostrogothique, qui embrassera la Sicile, la Dalmatie, le Norique, la Pannonie et les deux Rhéties.—Ami de la littérature et de la philosophie, protecteur des arts, il ne sut jamais écrire.—Les Ostrogoths, ariens comme les Hérules, sont pour soixante ans en Italie.

Visigoths. — Le roi Alaric II épouse une fille naturelle du roi des Ostrogoths Théodoric.

496.

Francs. — Après sa victoire à Tolbiac, entre Bonn et Juliers, ou près de Strasbourg, sur les Alamans, Clovis, du consentement de ses guerriers, reçoit, le jour de Noël, le baptême des mains de saint Remi, évêque de Reims : trois mille de ses compagnons se font catholiques avec lui. Influence de cette conversion sur les peuples catholiques de la Gaule, qu'oppriment des princes ariens.

497.

Francs. — Les cités armoricaines indépendantes acceptent l'amitié de Clovis.—Une sœur de Clovis épouse le roi des Ostrogoths. Rédaction ou révision de la *loi salique*, présentée à l'assemblée générale des Francs, appelée *mall*.

498.

Visigoths. — Persécution rigoureuse exercée par le roi Alaric II, envers l'évêque de Tours qui a appelé de ses vœux la domination du roi catholique des Francs.

VI⁰ SIÈCLE APRÈS J. C.

APERÇU GÉNÉRAL.

Depuis la chute, en Italie, de Romulus Augustule, auquel succèdent en quelques années deux barbares, l'Hérule Odoacre et l'Ostrogoth Théodoric, l'empire byzantin, seul reste de la puissance romaine, s'affaiblit de plus en plus par les intrigues de cour, par les crimes des factions, par les vices des princes et par les controverses religieuses.

Justinien doit sa double gloire de conquérant et de jurisconsulte d'une part, à Bélisaire, l'époux d'une courtisane dont les vices égalent ceux de l'impératrice Théodora, et à l'eunuque perse Narsès ; de l'autre, à Tribonien, qui, pour avoir été un habile légiste, n'en fut pas moins un magistrat sans conscience. Mais la Perse oppose à l'empereur grec un grand prince, Khosroës, et les Bulgares viennent par le Danube jusqu'à Constantinople. A l'intérieur l'empereur accable son peuple d'impôts pour construire des forteresses que les barbares tournent ou renversent ; il bâtit des églises, raisonne théologie, et devient hérétique. Si l'Afrique, enlevée aux Vandales ariens, rentre sous la loi de Constantinople, l'Italie n'est arrachée que pour quinze ans par les généraux byzantins aux successeurs de Théodoric le Grand.

Les Lombards commencent avec Alboin un nouveau royaume d'Italie, qui se perpétuera iusqu'au temps de Charlemagne. Rome n'appartient que de nom aux empereurs d'Orient. Par les progrès du christianisme, **par** la docilité des barbares qui se font catholiques en Gaule, en Espagne, déjà aussi en Grande-Bretagne, même par les dissensions qui s'élèvent dans le sein de l'Église, les évêques de Rome agrandissent leur autorité pastorale, et étendent les prérogatives de leur primauté ecclésiastique. Le pape Grégoire le Grand, *serviteur des serviteurs de Dieu,* qu'un excès de piété a peut-être poussé à détruire plusieurs monuments de l'ancienne littérature, réforme l'office divin, fonde une école de chant, compose des ouvrages de théologie et reprend énergiquement la tâche de convertir les barbares. Trois papes seulement dans ce siècle ont le surnom de saints.

La race des Goths, qui est comme anéantie en Italie, est seule maîtresse de l'Espagne, depuis l'incorporation des Suèves; ils la garderont, au milieu de discordes que perpétue le mode de succession élective, jusqu'à l'invasion des Arabes au VIIIe siècle.

La Gaule présentait un singulier mélange d'anciens débris de la population gauloise que vinrent renforcer des Celtes chassés de la Bretagne insulaire par les barbares germains, de familles romaines, de Visigoths qui vont être refoulés dans la Septimanie, d'Ostrogoths et de Bourguignons qui ne gardent pas longtemps leur indépendance, de Francs enfin à qui restera la possession du pays. Clovis a fait beaucoup de ruines et n'a point fondé un empire régulier comme Théodoric l'avait tenté en Italie. Sa conversion, acte de conviction ou de politique, sert puissamment à ses conquêtes; mais ses mœurs sont toujours celles d'un barbare perfide et cruel. Cinquante ans après lui, sur cette malheureuse terre, morcelée en plusieurs royaumes suivant l'usage germanique, on ne voit qu'un affreux chaos de batailles et d'assassinats que dominent les noms de Frédégonde et de Brunehaut.

La Bretagne, contrairement aux autres pays de l'Occident, a accepté et gardé en même temps dans son sein deux peuples venus des terres germaniques, les Saxons, dont les établissements au commencement du siècle étaient presque complets dans le sud de l'île, les Angles, qui fondent trois royaumes au nord-est et au centre. Le principal fait de l'histoire de l'heptarchie au VIe siècle, est l'introduction du christianisme catholique dans le royaume saxon de Kent par le moine Augustin, envoyé du pape Grégoire le Grand.

Dans le centre de l'Europe, au nord de la frontière du Danube, que n'avait pas franchi encore la civilisation, un peuple slave commence à se fixer: les Polonais reçoivent quelques institutions de Leck, leur premier duc.

Comme les peuples se transforment et se mêlent, les langues s'altèrent, se corrompent: la beauté littéraire sera le fait de la naïveté ou de la rudesse germanique plus que de l'art. La poésie latine s'honore cependant encore des faibles productions d'Avitus et de Fortunat. Les règles de la grammaire, qui seront bientôt oubliées, sont rappelées par Priscien. Les écrits de Boèce resteront comme de précieux éléments de philosophie chrétienne pour le moyen âge. Le latin est toujours la langue du droit, de l'histoire, de la théologie : les collections qu'on doit aux jurisconsultes employés par Justinien; les récits du Goth Jornandès sur les peuples de sa race; la *Chronique ecclésiastique et civile des Francs*, écrite avec une grande richesse de détails jusqu'en 591 par Grégoire de Tours, que continue sèchement Frédégaire; les travaux théologiques de Grégoire le Grand et de saint Césaire d'Arles; les compilations canoniques de Denys le Petit; les lettres de Cassiodore, secrétaire de Théodoric en Italie, et ses ouvrages divers, sont les seuls monuments importants de l'activité des esprits dans ce siècle.

Dans la langue grecque, des poëmes, des commentaires de philosophie, des traités de médecine, sont moins célèbres que les livres d'histoire de Procope, secrétaire de Bélisaire, que continuera Agathias. Du moins, dans les deux mondes de l'Orient et de l'Occident, quelques-uns des anciens écrits seront conservés par les moines auxquels saint Benoît de Nursia impose le travail de l'esprit comme celui des mains.

CHRONOLOGIE.

500.

Bourguignons et Francs. — La religion sert de prétexte à Clovis pour attaquer le roi des Bourguignons ariens, Gondebaud, qui cependant se prêtait complaisamment aux conférences des ariens et des catholiques; lui-même, à Lyon, écoutait saint Avitus, évêque de Vienne.

504.

Francs et Visigoths. — Une rupture imminente entre les Francs et les Visigoths est prévenue par la médiation de Théodoric d'Italie, qui a ménagé aux rois une entrevue près d'Amboise, dans une île de la Loire. — Saint Césaire, évêque d'Arles, est exilé à Bordeaux par le roi visigoth qui croit les prélats catholiques disposés à aller au-devant de la domination franque.

506.

Visigoths. — Alaric II fait rédiger par Anianus, pour ses sujets romains, des constitutions impériales, des ouvrages de jurisconsultes romains.

507.

Francs et Visigoths. — Clovis convoite les belles terres méridionales de la Gaule qui appartiennent aux Visigoths ariens : guerre avec Alaric II, qui, avant l'arrivée des secours promis par les Ostrogoths, est vaincu et tué à Vouglé, près de Poitiers. — Clovis pénètre jusqu'à Bordeaux.

Visigoths. — Amalaric, fils d'Alaric II, n'étant âgé que de quatre ans, les Visigoths se donnent d'abord pour roi un fils naturel de ce prince qui a l'âge de régner, Gésalic.

508.

Francs, Visigoths et Ostrogoths. — Clovis entre victorieux dans Toulouse qui est pour toujours enlevée aux Visigoths; il assiége Gésalic, leur roi, dans Carcassonne. — Malgré leur alliance avec les Bourguignons, les Francs sont arrêtés dans la conquête du bassin méridional du Rhône par les Ostrogoths d'Italie : Ibbas, général de Théodoric, les bat devant Arles. Les Visigoths garderont la Septimanie.

VIᵉ SIÈCLE (509-522).

Francs. — En revenant de la guerre d'Aquitaine, à Tours, Clovis reçoit les insignes consulaires et le titre de Patrice que lui envoie l'empereur Anastase, ennemi des Goths. — Paris devient la résidence de Clovis.

509.

Francs. — Perfidies et cruautés de Clovis à l'égard des chefs francs, établis à Térouanne chez les Morins, à Cologne, à Cambrai, au Mans ; il réunit ces petits États au sien.

Visigoths. — Narbonne, depuis la perte de Toulouse, devient le siége de l'empire des Visigoths en Gaule. Au nom du jeune Amalaric, le pouvoir réel est exercé par les créatures de son aïeul Théodoric, qui prend la qualité de roi des Visigoths et des Ostrogoths. Le rival d'Amalaric, Gésalic, s'est retiré en Espagne, à Barcelone ; battu par Ibbas, il passe en Afrique.

510.

Francs et Ostrogoths. — Les Francs et les Bourguignons trouvent encore devant Arles une armée d'Ostrogoths : ils sont refoulés à l'ouest et au nord.

511.

Francs. — Concile d'Orléans favorable à l'extension de la puissance du clergé (juillet) : les canons sont envoyés par les évêques à Clovis. — Après la mort de Clovis à Paris, ses quatre fils se partagent le territoire franc, de manière à avoir chacun des revenus à peu près égaux. Leurs résidences ordinaires seront Metz, Soissons, Paris, Orléans : Paris est indivis entre les quatre frères ; ils ont chacun une portion de l'Aquitaine, à peine conquise.

Ostrogoths et Visigoths. — Théodoric rétablit à Arles le siége de la préfecture des Gaules, et s'attache ainsi les Romains de la province : Libérius, qu'il nomme à cet emploi, l'exercera dix-huit ans. Théodoric continue à gouverner les Visigoths en souverain jusqu'à sa mort.

Gésalic revenu en Espagne a été défait encore par Ibbas ; il s'est retiré chez les Bourguignons, et livré enfin il meurt de la main des soldats de Théodoric.

512.

Orient. — L'empereur hérétique Anastase élève au siége patriarcal d'Antioche le plus zélé des ennemis de la foi catholique, Sévère, qui pendant six ans sera le fléau de l'Église d'Orient.

515

Danois et Francs. — Thierry, fils aîné de Clovis, résidant à Metz, affranchit la Gaule des dévastations des Danois, qui remontaient la Meuse.

516.

Bretagne. — Arthur devient roi du sud du pays de Galles.

Bretagne et Saxons. — Le Saxon Cerdic, qui se dit descendant d'Odin, fonde le royaume de Wessex.

518.

Orient. — Mort de l'hérétique Anastase auquel l'empire doit la suppression des spectacles sanglants de l'arène, où des hommes luttaient contre des bêtes ; de la vénalité des charges, et d'impôts onéreux pour l'industrie. Il a construit les murailles fortifiées de Constantinople, qui étaient nécessaires contre les incursions des barbares. — Justin, fils d'un laboureur de Thrace, qui lui succède, est un zélé catholique.

520.

Bretagne et Saxons. — Arthur par la victoire de Badon-Hill arrête pour quarante ans les progrès des Saxons du côté de l'ouest.

522.

Francs. — Fondation pieuse de la reine Clotilde à Paris, en faveur de Saint-Germain l'Auxerrois.

Grecs et Perses. — Kobad, roi des Perses, éprouve une double injure de Justin Ier, qui refuse d'adopter son fils Khosroës, destiné par lui au trône, et qui accepte le patronage des Lazes chrétiens de la Colchide.

524.

Italie. — Théodoric, irrité des velléités d'indépendance du sénat romain qu'il a conservé, traite le philosophe Boèce et Symmaque, beau-père de Boèce, ses ministres, comme les complices des amis de la liberté. Leur captivité à Pavie ; leur mort violente est précédée d'affreux supplices. — L'intolérance de l'empereur Justin, à l'égard des ariens de l'Orient, inspire à Théodoric des lois de rigueur contre les catholiques d'Italie.

526.

Bretagne et Saxons. — Erkenwin fonde en Bretagne le dernier royaume saxon, le royaume d'Essex, au nord du royaume de Kent.

Francs. — Deux ans après la mort sanglante du Franc Clodomir roi d'Orléans, tué dans la guerre contre les Bourguignons, deux de ses frères, Childebert roi de Paris et Clotaire roi de Soissons, égorgent ses fils et se partagent son héritage, dont ne reçoit rien Thierry, leur frère aîné qui n'est pas né, comme eux, de Clotilde.

Ostrogoths et Visigoths. — Mort de Théodoric le Grand. Amalaric, son petit-fils, né d'Alaric II, est reconnu pour roi par les Visigoths. — Un autre petit-fils, Atbalaric, a le royaume ostrogoth sous la tutelle de sa mère Amalasonthe et du savant Cassiodore. — Un traité donne le Rhône pour limite aux possessions des deux princes en Gaule. — Mariage d'Amalaric avec une sœur des rois francs, qu'il persécuta bientôt pour sa foi catholique.

Syrie. — Tremblement de terre Antioche (mai) : les secousses se renouvellent pendant un an entier.

527.

Lombards. — La peuplade germanique des Lombards vient s'établir en Pannonie, où elle restera près de quarante-deux ans.

Orient. — Le neveu de Justin, Justinien, âgé de quarante-quatre ans, déjà marié à la courtisane Théodora, est déclaré auguste par son oncle et lui succède trois mois après.

528.

Italie. — Saint Benoît, né à Nursia, dans la Sabine, près de Spolète, institue une nouvelle règle monastique, qui se répand bientôt dans tout l'Occident. Elle impose aux moines trois vœux : pauvreté, chasteté, obéissance ; le travail des mains et le travail de l'esprit. Les moines bénédictins ont rendu à la culture bien des terres en friche ; par la copie patiente des manuscrits, ils ont conservé et propagé le goût des études.

Orient grec et Perses. — Le règne de Justinien commence par une guerre défensive contre les Perses : l'empereur ne paraît pas à la tête des armées, Bélisaire les commande.

Syrie. — Un nouveau tremblement de terre, qui dure une heure, fait écrouler à Antioche le reste des édifices qui avaient résisté à celui de 526 (novembre).

529.

Orient. — Publication du *Code* de Justinien, préparé par les dix légistes, qu'inspire Tribonien. — Tribonien, habile jurisconsulte, manque de probité dans l'administration des affaires publiques ; Justinien lui-même vendait la justice.

530.

Francs et Thuringe. — Le roi des Francs austrasiens, Thierry, réduit sous son autorité la Thuringe : il est aussi cruel contre Hermenfried que Clovis, son père, l'a été à l'égard des chefs francs.

Judée. — Le patriarche de Jérusalem demande à Justinien des se cours contre les Samaritains révoltés, qui mettaient à feu et à sang la Palestine.

Vandales. — Les désastres de l'armée d'Hildéric, roi catholique, dans la guerre contre les Maures, provoquent le mécontentement et la révolte des Vandales. Ils acceptent pour roi Gélimer, qui descend aussi de Genséric.

531.

Francs et Visigoths. — Le roi franc Childebert se fait rendre par les Visigoths sa sœur, femme de leur roi Amalaric, indignement traitée par lui à cause de sa religion. — Narbonne et la Septimanie sont ravagées par les Francs; ils ne font pas de conquête durable.

Orient grec et Perses. — Mort du roi de Perse Kobad. Son successeur Khosroës a besoin de la paix pour s'affermir sur le trône dont sont frustrés ses deux frères aînés.

Visigoths. — Après la mort d'Amalaric, les Visigoths, qui n'ont pas de loi régulière de succession, sont exposés à la guerre civile toutes les fois qu'il faut élire un roi.

532.

Francs. — Dévastation du pays des Bourguignons par Childebert et Clotaire; de l'Aquitaine romaine par Thierry, qui en fait comme une nouvelle conquête.

Orient. — Les rivalités des verts et des bleus, dans les courses du cirque, auxquelles s'associent honteusement Justinien et Théodora, mais surtout l'aggravation des charges publiques et l'excès de la misère, fournissent des aliments à la sédition *Nika*, ou victoire, qui coûta la vie à trente mille personnes à Constantinople : incendie de l'église de Sainte-Sophie (janvier). — Les doctrines passionnées des origénites troublent l'Église de Palestine et excitent des insurrections.

533.

Empire d'Orient. — Justinien fait publier le *Digeste*, recueil de décisions de jurisconsultes; et les *Institutes*, qui contiennent les principes de la science du droit.

Orient grec et Perses. — Par le traité de paix avec Khosroës le Grand, Justinien consent au tribut.

Visigoths. — Le roi élu par les Visigoths, Theudis, ayant transféré sa résidence au sud des Pyrénées, son éloignement encouragea les incursions des Francs.

534.

Bourguignons et Francs. — Les rois francs, Childebert, Clotaire et Théodebert, qui vient de succéder en Austrasie à son père Thierry, réduisent sous leur autorité et se partagent le royaume des Bourguignons dont le dernier roi est Gondemar.

Francs. — Le père de Théodebert, Thierry, a rédigé la loi des Francs ripuaires.

Orient et Vandales. — Bélisaire, général de Justinien, envoyé contre les Vandales, fait facilement la conquête du littoral de l'Afrique : défaites, résistance énergique et captivité du roi Gélimer. L'Afrique est déclarée province de l'empire grec. Les Maures défendent leur indépendance dans les postes fortifiés du mont Atlas.

Ostrogoths. — A la mort du jeune Athalaric, que les Ostrogoths avaient su rendre hostile à sa mère, la sage Amalasonthe est forcée de partager le pouvoir royal avec son cousin Théodat.

535.

Afrique. — Plus de deux cents évêques d'Afrique, réunis à Carthage, demandent à Justinien la restitution des biens et des droits usurpés sur les églises par les Vandales ariens.

Francs. — Justinien, qui aspire à la conquête de l'Italie, et les Ostrogoths, sollicitent, chacun de son côté, l'alliance des rois francs.

Orient et Ostrogoths. — La

mort violente d'Amalasonthe, ordonnée par Théodat, sert de prétexte à son allié Justinien pour envoyer contre les Ostrogoths, d'abord en Sicile, une armée que commande Bélisaire.

536.

Orient. — Le pape Agapit vient à Constantinople; en sa présence le patriarche de cette ville, Anthime, est convaincu de participation aux erreurs des monophysites qui ne veulent voir dans Jésus-Christ qu'une seule nature; Anthime est déposé.

Orient et Ostrogoths. — Les Grecs entrent en Italie, après l'occupation de la Sicile; Naples et Rome se rendent à Bélisaire, malgré l'élection d'un nouveau roi par les Ostrogoths, Vitigès.

537

Orient. — Solennelle dédicace de la nouvelle église de Sainte-Sophie, à Constantinople (décembre). — C'est une des gloires de l'art byzantin: Justinien l'assimilait au temple de Salomon. Construite pour le culte chrétien, elle a reçu la forme d'une basilique païenne.

538.

Égypte. — Les monophysites commencent à être appelés en Égypte jacobites, du nom de Jacques Zanzale, dit Baradée, qui se qualifiait parmi eux d'évêque universel.

Orient et Ostrogoths. — Vitigès, après plus d'une année d'efforts pour arracher Rome à Bélisaire, va s'enfermer dans Ravenne.

539.

Francs et Italie. — Théodebert, roi d'Austrasie, conduit une armée en Italie; il frappe aussi bien les Ostrogoths que les Grecs, dévaste la Ligurie et la vallée du Pô, et rapporte au delà des Alpes de riches dépouilles. — Établissement en Narbonaise.

540.

Orient et Ostrogoths. — Vitigès, assiégé dans Ravenne, se livre à Bélisaire, qui l'enverra à Constantinople comme autrefois Gélimer. Les Goths d'au delà du Pô nomment aussitôt un nouveau roi pour diriger la défense nationale.

Orient grec et Perses. — La dévastation de la Syrie par Khosroës Ier, qui n'épargne pas Antioche, force Justinien à payer un nouveau tribut.

541.

Orient. — Justinien déclare le consulat aboli.

542.

Francs et Visigoths. — Les rois Childebert et Clotaire conduisent une expédition en Espagne contre les Visigoths, dans l'espoir d'un butin aussi riche que celui que Théodebert a rapporté d'Italie. — Ils ne vont pas au delà de Saragosse.

Judée et Perses. — Les Perses envahissent la Palestine, mais Bélisaire la recouvre.

Orient et Ostrogoths. — L'absence de ce général laisse au nouveau roi des Ostrogoths, Totila, l'occasion d'une victoire sur l'armée grecque près du Pô.

543

Orient et Ostrogoths. — Un siége difficile rend Totila maître de Naples sur les Grecs.

544.

Francs. — La captive Radegonde, du sang royal de Thuringe, qui avait été épousée malgré elle par le roi franc Clotaire, se consacre à Dieu dans un monastère de Poitiers sans le consentement de son mari: elle cultiva l'amitié du poëte latin Fortunat

Orient grec et Perses. — Les troupes des Perses sont réduites après de grands désastres à lever le siége de la ville greque d'Édesse en Mésopotamie. C'est ce qui décide Khosroës à une trêve.

545.

Francs. — Le corps de sainte Clotilde, morte peut-être deux ans plus tôt, est enseveli auprès de celui de Clovis, son mari, dans l'église de Saint-Pierre et Saint-Paul, basilique souterraine de Paris, au-dessus de laquelle s'est élevé le Panthéon.

546.

Francs. — Le roi d'Austrasie Théodebert, après avoir effrayé encore l'Italie, même la Sicile, des dévastations de ses auxiliaires barbares, consent à un traité d'amitié avec le roi des Ostrogoths Totila. — Ennemi des Grecs, il prend le titre d'auguste, se portant pour compétiteur de Justinien, comme faisaient les généraux de l'empire ou les chefs étrangers, avant la chute de l'empire romain d'Occident.

Orient et Ostrogoths. — Rome est reconquise par le Goth Totila; il renverse le tiers des murs et brûle le Capitole. Il eût voulu anéantir cette ville qui n'était capable de dévouement ni pour les Germains ni pour les Grecs.

547.

Angles et Bretagne. — Venu de la Chersonèse cimbrique avec les Angles idolâtres, Idda fonde, au sud du pays des Pictes, un État, le Northumberland, qui s'étendra du nord au sud depuis le Forth jusqu'à l'Humber.

Orient et Ostrogoths. — Bélisaire, renvoyé en Italie par Justinien, fait de nouveau la conquête de Rome, dont il relève les murailles. — Bientôt il demande et obtient son rappel.

548.

Orient. — Mort de Théodora, femme de Justinien.

Orient et Francs. — Justinien confirme aux Francs d'Austrasie la possession du bassin du Rhône, autrefois occupé par les Ostrogoths d'Italie.

Visigoths. — Le roi Theudis meurt assassiné dans son palais à Barcelone.

549.

Ostrogoths. — Depuis le départ de Bélisaire, les succès de Totila ramènent les Goths vers Rome, que cette fois il traite avec ménagement. Il veut en faire la capitale de son empire, comme si la domination des Goths avait encore chance de durée.

550.

Pologne. — Les Slaves polonais regardent comme le fondateur de leur monarchie Lech, dont les descendants gouvernèrent pendant trois cents ans avec le titre de ducs.

551.

Suèves. — Le roi des Suèves, Cariaric, renonce à l'hérésie arienne pour la foi catholique.

552.

Orient et Ostrogoths. — Une grande bataille gagnée par l'eunuque Narsès, habile général grec, sur Totila, est suivie de la mort de Totila et de l'occupation de Rome par l'armée impériale : c'était pour la sixième fois depuis seize ans que Rome était assiégée.

Visigoths. — Le roi Agila se défend péniblement contre un prétendant Athanagilde auquel Justinien vend des secours : les Grecs garderont une partie de la côte orientale.

553.

Orient. — Le sixième concile général tenu à Constantinople ne traite pas de questions de foi; il règle seulement des débats de personnes, qu'avaient soulevés les *trois chapitres*, trois ouvrages théologiques empreints des erreurs de Nestorius et d'Eutychès. Les trois chapitres, contre lesquels s'était prononcé Justinien, sont condamnés par le concile. — Le pape Vigile, venu depuis deux ans à Constantinople, où il est comme prisonnier, refuse de se trouver aux conférences ; il accepta ensuite ce qui s'y était fait.

Orient et **Ostrogoths**. — Le nouveau roi des Goths, Téias, meurt en combattant contre les Grecs en Campanie. — L'Italie est tout entière au pouvoir de Narsès, qui la gouvernera comme exarque, au nom de l'empereur, pendant quinze ans.

554.

Grecs et **Perses**.—La Colchide, dont une partie de la population est chrétienne, est le théâtre de la guerre entre les Grecs et les Perses, pendant huit ans.

Italie. — Appelées en même temps par les Ostrogoths et par les Grecs, deux armées germaniques sont lancées par Théodebald, fils de Théodebert, le roi d'Austrasie, au delà des Alpes, dans l'espérance d'une conquête durable ou du moins d'un riche butin ; elles tombent sous les coups de Narsès ou sont dévorées par les maladies. — Vérone et Brescia, qui ont tenu les dernières pour les Ostrogoths, font leur soumission à Narsès. — Les lois de Justinien sont mises en vigueur dans la péninsule.

Visigoths. — La défaite et la mort d'Agila permettent à Athanagilde de régner seul sur les Visigoths. Il fixe sa résidence à Tolède sur le Tage, qui devient la capitale du royaume.

555.

Francs. — Clotaire Ier, devenu roi de l'Austrasie par la mort du fils de Théodebert, combat malgré lui et sans succès les Saxons qui sont au delà du Rhin. — Il est en guerre avec son fils Chramne, que soutient l'autre roi franc Childebert.

558.

Francs.—La mort de Childebert, qui ne laissait que des filles, donne tous les États francs à son frère Clotaire Ier. Clotaire va résider à Paris. — La monnaie d'or, que les premiers des rois francs ont fait battre à leur effigie, était reçue même dans l'empire grec.

559.

Orient. — Les Bulgares entrent par le Danube glacé sur les terres de l'empire ; ils dévastent la Thrace et s'approchent des faubourgs de Constantinople.

560.

Francs. — Clotaire Ier est le meurtrier de son fils Chramne, qu'il fait brûler avec sa femme et ses filles dans une ville bretonne.

561.

Francs. — A la mort de Clotaire Ier, ses quatre fils ont chacun un royaume comme autrefois les fils de Clovis : mêmes résidences, Metz, Soissons, Paris, Orléans ; mais Gontran, qui a Orléans, règne sur l'ancien royaume des Bourguignons ; la Gaule méridionale est partagée entre les quatre frères. — Dans l'Austrasie, qui appartient toujours à l'aîné avec la résidence royale Metz, le comte ou maire du palais, intendant de la maison royale, est élu par les nobles, les leudes.

562.

Avares et **Francs**.—Les Avares, horde de Huns, se jettent sur la Gaule austrasienne ; pendant que le roi d'Austrasie, Sigebert, les combat, son frère Chilpéric, roi de Neustrie, qui réside à Soissons, envahit une autre partie de ses États.

Grecs et **Perses**. — Traité de paix : l'empereur paye tribut ; il obtient le droit de liberté religieuse pour les chrétiens de la Perse.

563.

Orient. — Justinien veut faire admettre, comme article de foi, son opinion sur l'incorruptibilité du corps de Jésus-Christ avant la résurrection, opinion que rejettent le patriarche de Constantinople et celui d'Antioche.

565.

Orient. — Mort de Bélisaire, en disgrâce depuis cinq ans. — Mort de Justinien, sans enfant (novembre). — Il laisse l'empire considérablement agrandi du côté de l'Occident, couvert de fortifications et d'édifices publics, utiles à la défense des frontières, à l'assainissement et à l'embellissement des villes. L'historien de ce règne est Procope, secrétaire de Bélisaire. — Son neveu, Justin II, lui succède.

Suèves. — Le fils de Cariaric, le roi Théodemir, qui a fait abjuration solennelle de l'arianisme dans le premier concile tenu à Braga, au nord de l'embouchure du Douro, ramène son peuple au culte romain.

566.

Francs. — Mariage du roi d'Austrasie, Sigebert, avec Brunehaut, fille d'Athanagilde, roi des Visigoths.

Lombards. — Les Lombards de Pannonie, sous leur chef Alboin, neveu du roi des Ostrogoths Théodoric, avec le concours des Avares, établis alors au nord de la vallée inférieure du Danube, écrasent la nation des Gépides; il prend pour femme Rosamunde, la fille du roi vaincu.

567.

Francs. — La mort de Caribert, roi de Paris, réduit à trois les royaumes francs. — Mariage de Chilpéric, roi de Neustrie, avec Galswinthe, sœur aînée de Brunehaut.

Italie. — L'eunuque Narsès, gouverneur de l'Italie grecque depuis quatorze ans, est disgracié par l'empereur Justin II; il meurt à Rome avant d'avoir pu s'embarquer pour Constantinople.

568.

Francs. — Les Avares et les Thuringiens sont vainqueurs de Sigebert, qui reste quelque temps leur prisonnier. — Après le meurtre de Galswinthe, Chilpéric épouse Frédégonde. — Guerre avec son frère.

Italie et Lombards. — La nation lombarde, entraînant les Gépides et les Bulgares, quitte la Pannonie sous son chef Alboin, et se met en mouvement vers les Alpes vénitiennes pour entreprendre la conquête de l'Italie grecque. Les compagnons d'Alboin sont encore païens.

Visigoths. — A la mort d'Athanagilde, les Visigoths de la Gaule et ceux d'Espagne sont en désaccord pour l'élection d'un roi. — Le gouverneur de Septimanie, élu par les premiers, fixe sa résidence à Narbonne; il s'associe son frère Léovigilde, qui régnera sur l'Espagne.

569.

Égypte. — L'Égypte se partage en deux camps religieux, les catholiques et les jacobites qui ont chacun leur patriarche. L'Église, pendant des siècles, aura dans ce pays deux chefs rivaux.

Italie et Lombards. — Le Lombard Alboin se rend maître de la Ligurie, et entre à Milan : longue résistance de Pavie.

570.

Arabie. — Invasion de l'Yémen, région du sud-ouest de l'Arabie, par le chef chrétien des Abyssins, Abrahah-el-Aschram. Son armée, déjà décimée par une épidémie, est combattue par le chérif Abdolmotalleb qui sauve la Mecque ville de l'Hedjaz, principal foyer de l'idolâtrie puisque le temple de la Caaba contenait trois cents idoles. Origine de *l'ère de l'éléphant*, en usage chez les Arabes. — Mahomet naît à la Mecque : son père et sa mère étaient de la tribu des Khoreïchites, et de la famille des Hashémites; il est petit-fils d'Abdolmotalleb.

571.

Angles et Bretagne. — Un des chefs des Angles, Offa, commence à régner dans l'Est-Anglie, au nord du royaume d'Essex.

Grecs et Perses.—Les chrétiens de la Persarménie, en se mettant sous la protection de l'indolent Justin II, entraînent ce prince dans une guerre contre Khosroës, qui sera malheureuse pour l'empire.

572.

Francs et Lombards. — Le patrice Mummole, au nom de Gontran, roi des Francs en Bourgogne, refoule les Lombards qui avaient envahi la Gaule par les Alpes occidentales.

Italie et Lombards. — Les Lombards achèvent la conquête des régions de l'Italie qu'ils doivent le plus longtemps garder, l'Émilie, au sud-est de la Ligurie, la Toscane, l'Ombrie, le territoire de Bénévent. — Pavie, grande cité ligurienne, se rend après un siége de trois ans : elle sera la résidence des rois lombards.—Les principaux compagnons d'Alboin reçoivent chacun une part de la terre conquise, s'en forment des duchés et constituent une aristocratie militaire.

Visigoths. — Léovigilde, par la mort de son frère, réunit toute la monarchie des Visigoths ; il associera ses deux fils à la royauté.

573.

Francs. — Inutile médiation des évêques et de Gontran, entre Sigebert et Chilpéric qu'animent leurs femmes Brunehaut et Frédégonde, auteur de la mort de Galswinthe. La guerre se fait surtout sur le territoire de l'Aquitaine, où les deux rois ont des possessions.

Lombards.—Alboin, au milieu de l'occupation facile de l'Italie grecque, meurt assassiné par sa femme Rosamunde, la fille du roi gépide. — Le droit d'élection exercé par les principaux chefs militaires, les ducs lombards, donne une royauté précaire de dix-huit mois à Cleph, un de leurs égaux.

574.

Orient. — Justin II crée césar Tibère, son gendre, général à la fois sage et énergique, qui lui succédera dans quatre ans.

575.

Francs. — Sigebert, reconnu roi par les Neustriens en haine de Chilpéric, était élevé sur le pavois à Vitri, entre Arras et Douai, lorsqu'il est assassiné par des émissaires de Frédégonde. — Brunehaut est retenue captive et envoyée à Rouen, où Mérovée l'épousera à l'insu de son père Chilpéric. Le jeune fils de Sigebert, Childebert, âgé de cinq ans, sauvé des mains de Chilpéric, est roi d'Austrasie avec un conseil de leudes.

Lombards. — Après la mort violente de Cleph, les chefs militaires ne nomment pas de roi : Cleph laissait un fils enfant.

576.

Francs.—Brunehaut est rendue à la liberté par le roi de Neustrie, sur les menaces des Austrasiens.

Francs et Lombards. — Les Lombards passent encore les Alpes, et sont repoussés par Mummole, patrice de Gontran.

Grecs et Perses. — Victoire du général grec Justinien dans les plaines de Mélitène, près de l'Euphrate, à l'entrée de la Cappadoce : les Grecs pénètrent jusqu'au cœur des provinces perses, sans faire de conquête durable.

577.

Francs. — Chilpéric, encouragé par Frédégonde, fait déposer dans un concile, à Paris, l'archevêque de Rouen Prétextat, qui avait béni le mariage de Mérovée avec Brunehaut. Grégoire, évêque de Tours, le premier chroniqueur des Francs chrétiens, s'oppose vainement aux désirs du roi. — Gontran, qui n'a pas de fils, adopte par les armes son neveu Childebert; Childebert cependant s'unira à Chilpéric pour dépouiller Gontran.

579.

Perse. Mort de Khosroës 1er le Grand, surnommé le Juste (Noushirwan) : l'éclat de ce règne sera relevé par les fautes et les malheurs du prince suivant.

580.

Francs. — Chilpéric et Frédégonde, pour conjurer la mort qui menace coup sur coup deux de leurs enfants, détruisent par le feu les rôles des impôts dont ils accablaient leurs sujets, serfs et hommes libres.

Visigoths. — Léovigilde fait épouser à son fils Hermenegilde Ingonde, fille de Sigebert d'Austrasie; elle parviendra, avec l'aide de l'évêque de Séville, à convertir son mari à la foi catholique. — Léovigilde persécute, en sectaire, les ennemis de l'arianisme.

582.

Empire d'Orient. — L'empereur Tibère, près de mourir, désigne pour lui succéder le général Maurice, qui s'est signalé dans les guerres contre les Perses. — Le nouvel empereur sera sans force contre les Avares, qui désolent les contrées au sud du Danube avec leur chef Baïan.

Francs. — La noblesse des trois royaumes francs conspire la ruine des princes régnants, en faveur de Gondovald, prétendu fils de Clotaire 1er, qui s'est réfugié auprès des empereurs grecs. Gondovald débarque par la Méditerranée dans les États du roi de Bourgogne, Gontran.

Lombards. — Les Lombards, contre lesquels le pape a vainement demandé des secours aux Grecs de Constantinople viennent piller, au sud-est du duché de Rome, le monastère bénédictin du Mont-Cassin.

Visigoths. — Une guerre de deux ans commence entre le roi Léovigilde, et son fils catholique Hermenegilde qui, pour se soustraire aux persécutions religieuses, s'associe à des rebelles.

584.

Angles et Bretagne. — Un chef angle, Crida, est le premier roi de Mercie; ce royaume touche à la frontière du pays des Cambriens, qui occupent les régions occidentales de la Bretagne.

Francs. — L'assassinat de Chilpéric (par Frédégonde?) laisse la Neustrie à Clotaire II, enfant au berceau; malgré Childebert, roi d'Austrasie, la régence est partagée entre Gontran et Frédégonde, mère de Clotaire II, qui bientôt gouverne seule.

Francs et Lombards. — Childebert, comme tant de rois d'Austrasie, conduit une expédition en Italie; cette fois il combat les Lombards à la sollicitation de l'empereur grec, et revient enrichi de l'or des Grecs et des Lombards.

Lombards. — La nation lombarde s'est de nouveau donné un roi : dix ans après la mort de son père Cleph, Autharis est élu. — Les diversions des Francs empêcheront les Lombards d'étendre leur conquête sur le territoire grec.

Visigoths. — Hermenegilde, le fils rebelle du roi, trahi et pris, subit le martyre à Tarragone; sa femme a le même sort. — Ces cruautés fournissent une occasion de guerre contre les Visigoths, à Gontran, oncle paternel de la princesse persécutée.

585.

Francs. — Le complot de Gondovald est étouffé dans le sang, par Gontran et par Childebert, de nouveau réconciliés. — Deux tentatives d'assassinat de Frédégonde sur Chilpéric. — Mort violente de plusieurs leudes austrasiens complices de Frédégonde, ordonnée par Childebert et Brunehaut. — Le concile de Mâcon, qui a été confirmé par un édit du roi Gontran, enjoint, sous peine d'excommunication, de payer la dîme aux prêtres et aux ministres de l'Église : c'est le premier concile qui l'impose comme une dette.

Suèves et Visigoths. — Léovigilde, profitant des dissensions de la nation suève, s'empare successivement des diverses parties du royaume, et fait tonsurer le dernier prince. — Tous les peuples germains de la péninsule sont sous le même commandement.

Turcs. — Les Turcs, qui habitent à l'est de la mer Caspienne, ravagent, peut-être comme alliés des Grecs, les terres de l'empire perse.

586.

Visigoths. — Mort de Léovigilde. Il est le premier roi des Visigoths qui ait pris le sceptre, la couronne, le manteau royal. — Son deuxième fils, Récarède, lui succède.

587.

Francs. — Tentative d'assassinat de Frédégonde sur Gontran. — Conférence et traité d'Andelot dans le diocèse de Langres, au nord du royaume de Bourgogne, entre Gontran, Brunehaut et Childebert, qui a déjà deux fils. Pacte d'amitié entre les rois; compensation territoriale donnée à Brunehaut pour le meurtre de sa sœur; confirmation des priviléges bénéficiaires des leudes.

Visigoths. — Récarède, dans un concile de tous les évêques catholiques et ariens, fait discuter la question de dogme, et embrasse ouvertement la foi romaine : les évêques et le peuple imitèrent le roi.

588.

Orient et Rome. — Le patriarche de Constantinople, Jean le Jeûneur, prend le titre de patriarche œcuménique, comme s'il était au moins l'égal de l'évêque de Rome. Plaintes du pape.

589.

Francs. — Recensement fiscal, suivant la loi romaine, ordonné par Childebert dans ses États d'Aquitaine. — Un duel judiciaire, suivant les usages germaniques, est poussé par l'ordre de Gontran jusqu'à ses dernières conséquences : le noble, antagoniste du vilain, vaincu dans la personne de son champion, est lapidé.

Perse. — Le général perse Bahram ou Varane, se venge avec cruauté du roi Hormisdas, trop oublieux des services qu'il lui a rendus contre les Turcs. La famille des Sassanides est horriblement mutilée par Bahram, qui place sur le trône ensanglanté le fils d'Hormisdas, Khosroës II.

Visigoths. — Le troisième concile de Tolède, inspiré par le roi Récarède, défend de faire aucun travail le dimanche, sous peine, pour le contrevenant, s'il est libre, de payer six sols d'amende au comté de la cité; s'il est serf, de recevoir cent coups de fouet (mai). — Le concile de Narbonne proscrit un reste de paganisme qui consistait à s'abstenir de travailler le jeudi parce que ce jour était consacré à Jupiter (novembre).

590.

Francs. — Désastre de deux bandes germaniques envoyées par Childebert en Italie. — Gontran fait sans succès une expédition contre les Bretons de la péninsule armoricaine, qui a pris le nom des fugitifs de la Grande-Bretagne.

Lombards. — Mort du roi Autharis, qui était marié à une femme chrétienne, Théodelinde de Bavière; elle épousera et fera nommer roi le duc lombard de Turin Agilulfe.

Perse. — L'usurpation du trône de la Perse par Bahram tourne à sa honte et à sa ruine. — Le jeune Khosroës sera rétabli dans les États paternels par l'empereur grec Maurice.

Rome. — Exaltation de saint Grégoire le Grand, demandé unanimement par le clergé et par le peuple de Rome. A l'occasion de son élection il compose le *Pastoral* qui traite des marques de la vocation à l'épiscopat, des obligations et des vertus de la vie épiscopale.

593.

Francs. — La mort de Gontran donne sa succession territoriale à son neveu, son fils d'adoption, Childebert d'Austrasie, qui tente alors, mais sans succès, de dépouiller Clotaire II.

Lombards et Rome. — Les Lombards viennent assiéger Rome : saint Grégoire conjure le péril.

595.

Constantinople et Rome. — L'humilité de saint Grégoire le Grand assure mieux la suprématie de l'Église de Rome, que l'orgueil du patriarche de Constantinople, Jean le Jeûneur, ne conquiert de suffrages à son Église ; le pape prend dans ses lettres le titre de serviteur des serviteurs de Dieu (*servus servorum Dei*) qui a passé depuis en formule dans les lettres pontificales.

596.

Francs. — Mort de Childebert II. L'aîné de ses fils, Théodebert II, a l'Austrasie ; Thierry II a le royaume d'Orléans et de Bourgogne.

597.

Grande-Bretagne. — La mission du moine romain Augustin, envoyé dans la Bretagne par le pape Grégoire le Grand, décide la conversion du roi de Kent, Éthelbert, qui avait épousé une femme chrétienne, Berthe, fille de Caribert, roi des Francs. Augustin fonde l'archevêché de Cantorbéry. — Sebert ou Sigebert, roi saxon d'Essex depuis 597, sera converti par le prêtre Mellitus, qui devient évêque de Londres : fondation de l'église de Saint-Paul et, peu après, de l'église de Saint-Pierre de Westminster. — La conversion des Saxons et des Angles ne sera achevée qu'en 680.

598.

Francs. — En 597 ou en 598, Frédégonde meurt à Paris, toute-puissante après une dernière guerre contre Brunehaut et les fils de Childebert.

599.

Rome. — Saint Grégoire le Grand réforme l'office de l'Église romaine. L'école de *chant*, dit *grégorien*, établie par lui, a subsisté pendant des siècles ; ce chant a été imité par presque toutes les nations.

VIIe SIÈCLE APRÈS J. C.

APERÇU GÉNÉRAL.

Pendant que l'empereur Héraclius, qui a vengé sur le cruel et déréglé Phocas la mort de Maurice, est aux prises avec les Perses et avec les Avares, et qu'à la façon de Trajan il pénètre jusque dans les provinces qui sont au delà du Tigre, un Arabe de la Mecque, homme de génie, Mahomet, passionné et enthousiaste, fanatique et imposteur, tel qu'il convient d'être pour égarer et subjuguer les peuples, fonde l'an 622 (date de l'hégire) une religion nouvelle, et un nouvel empire. La croyance en un Dieu unique, que proclame le prophète, n'empêche pas ses sectaires de frapper les chrétiens aussi bien que les Perses : l'empire des Sassanides tombe sous le joug des musulmans. L'invasion sortait des flancs de l'Arabie ignorée, comme, deux siècles auparavant, elle avait été vomie des profondeurs du nord également inconnu. La guerre porte le Koran des extrémités orientales de la Perse jusqu'au pays des Maures africains, et les Grecs, en Orient, sont réduits à l'Asie Mineure.

Mais le Bas-Empire, qui présentait un si hideux spectacle sous les Héraclides, est sauvé d'une ruine complète par les discordes que le fanatisme et l'ambition entretiennent chez les musulmans, même après l'avénement des Ommiades au califat héréditaire de Damas : il y a schisme entre les disciples de Mahomet comme il y a des hérésies au milieu des chrétiens.

Le peu que les Grecs ont en Italie appartient à des exarques indépendants. Les progrès des Lombards sont ralentis par les dissensions qu'engendre l'oligarchie militaire. Une heureuse position maritime, un gouvernement libre sous un chef électif et à vie, appelé duc ou doge, placent Venise en dehors des prétentions des Lombards et des Grecs qui ont également besoin de ses vaisseaux et de son industrie.

Les peuples germaniques rédigent ou modifient leurs lois qui dureront plus longtemps que leur puissance militaire. L'Europe a vu surgir presque autant de codes qu'il y a eu de déplacements de peuples barbares. Le droit romain cependant ne périt pas.

Les Francs sont ceux qui ont subi la révolution intérieure la plus décisive. Le pouvoir passe, après Dagobert, des mains des rois fainéants aux maires du palais: d'intendants de la maison du roi, ces maires deviennent ministres et généraux d'armées; ils sont plus que les rois à la fin du siècle. La race des conquérants, dont les chefs mérovingiens ont singulièrement dégénéré, conserve sa séve barbare dans les forêts de l'Austrasie. La grossièreté de ses mœurs, encore presque sauvages, la préserve des causes de ruine qui ont perdu les Ostrogoths, les Visigoths, les Bourguignons; mais les luttes civiles de la Neustrie et de la Bourgogne font tomber le pouvoir suprême aux mains d'un duc austrasien de la maison d'Héristal. Avant que la dynastie mérovingienne aille finir dans le cloître où Pépin l'enfermera, le moine Marculfe recueille les formules des actes ecclésiastiques et civils, et contribue ainsi à nous faire connaître l'histoire, les lois, les mœurs et la langue de nos aïeux. Le latin est la langue de tous les recueils de lois ou de jurisprudence.

VIIᵉ SIÈCLE (600-604).

Les progrès de la foi catholique sur l'idolâtrie ou sur l'arianisme, l'accroissement des priviléges de l'Église qui, en Espagne, s'élève même jusqu'à la puissance politique, dominent l'histoire des Anglo-Saxons, des Visigoths et des Lombards. Les moines de l'Irlande auront des émules dans ceux de la Grande-Bretagne; et il ne sera pas rare que des rois germains préfèrent le couvent au trône. Bède le Vénérable va bientôt écrire l'histoire ecclésiastique de l'Angleterre.

L'hérésie est le point de contact, non le lien, entre l'Occident et l'Orient. Le monothélisme fut la grande affaire ecclésiastique de ce siècle. Il s'agissait de savoir si Jésus-Christ n'étant qu'une personne, mais ayant deux natures, l'une divine, l'autre humaine, il fallait reconnaître en lui une unique ou une double volonté. Un tel sujet occupa, durant plus de cent ans, les moines, les docteurs, les conciles, les papes et les rois. L'*Ecthèse* d'Héraclius, et le *Type* de l'empereur Constant, furent condamnés par les papes. La dispute dura jusqu'après le sixième concile général, troisième de Constantinople, qui, en 681, anathématisa le monothélisme, suivant le vœu du saint-siége.

La médecine, l'histoire, fournissent chez les Grecs quelques noms qui méritent peu de sortir de l'obscurité.

CHRONOLOGIE.

600.

Avares et Grecs. — L'empereur Maurice laisse égorger par les Avares douze mille prisonniers romains qu'il aurait pu racheter.

Francs. — Les deux fils de Childebert enlèvent à Clotaire II, fils de Frédégonde, la plus grande partie de la Neustrie.

601.

Visigoths. — Mort de Récarède. Il avait rendu héréditaires, mais en les restreignant dans des limites précises, les pouvoirs de ducs, de comtes, de gouverneurs de places fortes. — Après lui, le mode vicieux de succession cause une longue anarchie et fait en peu de temps passer beaucoup d'ambitieux sur le trône.

602.

Empire d'Orient. — L'armée, lassée des fatigues de la guerre contre les Avares, se fait complice du centurion Phocas, que porte à l'empire une insurrection; il fait mourir les cinq fils, la femme de Maurice, et Maurice lui-même. Le nom de Phocas déshonore les annales de l'empire déjà tant souillées.

Lombards. — Le roi Agilulfe, par les conseils de sa femme catholique, Théodelinde, et du pape Grégoire le Grand, renonce à l'hérésie arienne. L'exemple du prince n'entraîne pas toute la nation.

603.

Grecs et Perses. — L'ancienne rivalité des Grecs et des Perses recommence après la mort de Maurice, bienfaiteur de Khosroës; la guerre sera heureuse pour Khosroës, pendant dix-huit ans.

604.

Francs et Lombards. — Les

Lombards. — Les Lombards permettent à Agilulfe d'associer à la royauté son fils âgé de deux ans.

Rome. — Mort de saint Grégoire le Grand, que ses nombreux écrits, le Pastoral, des homélies, plus de huit cents lettres sur des sujets de politique, de morale, et de dogme, recommandent autant que ses vertus pontificales.

605.

Francs. — Brunehaut, détestée de la noblesse austrasienne qu'elle a réduite à l'obéissance par les rigueurs les plus sanglantes, pousse en vain à la guerre les leudes de Bourgogne contre l'Austrasie. Son favori le maire du palais de Bourgogne, Protadius, est égorgé dans la tente même de Thierry.

608.

Francs, Lombards et Visigoths. — Une ligue formidable entre les rois des Visigoths, des Lombards, des Neustriens, auxquels se joint le roi d'Austrasie Théodebert, menace Thierry, roi de Bourgogne, au nom duquel gouverne son aïeule Brunehaut. — Thierry et Brunehaut font lapider saint Didier, évêque de Vienne, qui leur reproche leurs crimes.

Rome. — Le temple du Panthéon bâti à Rome, par Agrippa, vingt-cinq ans avant Jésus-Christ, est consacré au culte catholique, avec la permission de l'empereur Phocas.

609.

Francs. — Le moine irlandais saint Colomban, censeur des crimes de Brunehaut et de Thierry, roi de Bourgogne, est arraché par eux à son monastère de Luxeuil dans les Vosges. Le monastère de Bobbio, en Italie, au sud du Pô, sera sa dernière retraite.

610.

Arabie. — A quarante ans, un Arabe d'illustre origine, Mahomet, qui a longtemps conduit des caravanes, mais qu'un riche mariage a rendu indépendant, se déclare prophète. Il attaque l'idolâtrie, prêche l'idée d'un Dieu unique et se dit inspiré de l'ange Gabriel. Le livre des Juifs et des chrétiens lui fournit les grands principes de sa réforme religieuse ; il prétend continuer la révélation primitive transmise par Dieu, à Adam, à Noé, à Abraham, à Moïse, à Jésus-Christ, le plus grand des prophètes avant lui.

Empire d'Orient. — La haine publique fait justice des crimes du tyran Phocas, que remplace sur le trône le fils de l'exarque d'Afrique, Héraclius.

Orient grec, Avares et Perses. — Pendant douze années du nouveau règne, les provinces orientales seront à la merci des Perses ; celles du nord-ouest, à la merci des Avares. — Antioche est occupée par les Perses, que secondent les Juifs ; dévouement du patriarche d'Antioche, après la mort duquel le siége épiscopal reste vacant pendant dix-neuf ans.

611.

Vascons. — Le roi visigoth arrête un mouvement des Vascons de Gaule qui voulaient faire invasion en Espagne.

612.

Francs. — Les désastres de son petit-fils Théodebert, roi d'Austrasie, vaincu à Toul et à Tolbiac, déposé et tué par Thierry de Bourgogne, qu'elle-même a armé contre son frère, sont comme le dernier triomphe de Brunehaut.

Visigoths. — Sisebut commence un règne brillant de huit ans : l'amour de la justice, des lettres et de l'éloquence, s'unit en lui à la valeur et à la piété ; mais il a été cruel pour les Juifs.

613.

Francs. — La mort de Thierry

VIIe SIÈCLE (614-623).

laisse la Bourgogne et l'Austrasie sans maître. On ne veut pas reconnaître les quatre fils qu'il a eus de concubines ; son aïeule Brunehaut est détestée. — Les leudes des deux royaumes appellent Clotaire II de Neustrie. Brunehaut, trahie même par le maire Warnachaire, ne peut tenir contre les Neustriens, malgré l'assistance des Germains d'au delà du Rhin ; Clotaire II la fait périr dans les supplices, en lui reprochant ses adultères, et le meurtre de dix rois. Il réunit les trois couronnes, mais chaque royaume a un maire particulier.

Grande-Bretagne. — Les Angles de Northumberland, dans une guerre contre les réfugiés bretons, et contre les Gallois, détruisent le célèbre monastère de Bangor, au nord du pays de Galles, foyer de religion et d'études ; ils y tuent douze cents moines.

614.

Grecs et Perses. — Les Perses avec Sarbazas, général de Khosroës II, entrent en vainqueurs dans Jérusalem, en enlèvent la vraie croix et emmènent captif le patriarche Zacharie ; une partie de la population est transportée au delà du Tigre : les Juifs se sont joints aux Perses pour massacrer les chrétiens. — Les habitants fugitifs de la Palestine sont accueillis par le patriarche d'Alexandrie, Jean l'Aumônier.

615.

Francs. — L'édit de Clotaire II, après le concile de Paris, confirme les priviléges des seigneurs francs, des évêques et des clercs.

616.

Grecs et Perses. — Les armées de Khosroës II se portent jusque sur l'Égypte, tandis qu'un autre corps des troupes perses, lancé à travers l'Asie Mineure, prendra position à Chalcédoine, devant Constantinople.

Le patriarche d'Alexandrie, Jean l'Aumônier, se réfugie dans l'île de Chypre où il meurt.

622.

Arabie. — Après la mort de son oncle Abou-Taleb, chef politique et religieux de la Mecque, Mahomet fuit les persécutions des idolâtres en se retirant à Yatreb, ville rivale de la Mecque, au nord-est, qui s'appelera Medinat-Al-Nabi, ville du prophète. A Médine, il commence à exercer une autorité politique ; il attaque les caravanes de ses ennemis de la Mecque. — Sa fuite à Médine, l'*hégire*, ouvre l'ère musulmane.

Empire d'Orient et Perses. — Héraclius, dont la puissance semblait engloutie sous les flots de l'invasion perse et de l'invasion avare, se résout à porter la guerre au cœur des états de Khosroës : c'est une carrière de conquérant qu'il va parcourir pendant six ans ; il attaque en personne le plus redoutable ennemi de l'empire, ce que n'osa jamais Justinien. — Dans sa première campagne, il contourne l'Asie Mineure et vient livrer une bataille à Issus ; vainqueur, il revient par terre à Constantinople. Il traverse la mer Noire, et va prendre à Trébizonde le chemin de la Colchide et de l'Arménie.

Francs. — L'Austrasie demande un roi particulier : Dagobert y est envoyé par son père Clotaire II avec le maire Pépin de Landen et l'évêque de Metz, saint Arnoul, dont les familles, unies par des mariages, formeront la maison d'Héristal.

623.

Orient et Avares, Perses. — Les armées grecques campent dans l'Arménie perse, à Tauris ; Héraclius ira jusqu'à Ispahan, entre la Médie et la Perse proprement dite. Les Perses et les Avares n'en tiennent pas moins les abords de Constantinople, qui sera sous leurs étreintes jusqu'en 626.

Orient et **Visigoths**. — Le roi visigoth Suintila chasse définitivement les Grecs de l'Espagne; il est le premier qui règne sur toute la péninsule.

625.

Visigoths. — Suintila, en associant son fils au trône, irrite la nation jalouse de son privilége d'élection.

626.

Orient. — Développement de l'hérésie des monothélites qui ne veulent reconnaître qu'une seule volonté dans le fils de Dieu fait homme; elle est favorisée par le patriarche de Constantinople Sergius, par Cyrus, évêque de Phasis en Colchide, et par l'empereur.

627.

Grande-Bretagne. — Edwin, le roi de Northumberland, suivant les conseils de sa femme, fille du roi chrétien de Kent, se fait baptiser par le missionnaire Paulin, qui devient évêque d'York. Équité, sagesse de son gouvernement. Dix mille des Angles reçoivent avec lui le baptême.

Grecs et **Avares, Perses.** — Le chef des Avares, Baïan, a renoncé à assiéger Constantinople. Héraclius, qui depuis cinq ans n'a pas quitté les frontières ou les provinces de l'empire de Khosroës, livre sur les ruines de Ninive une bataille sanglante pour les Perses; les régions à l'est du Tigre lui sont de nouveau ouvertes.

628.

Francs. — A la mort de Clotaire II, Dagobert ne partage pas, suivant l'usage germanique, le royaume avec son frère Caribert, pourtant il lui cède une partie de l'Aquitaine avec le titre de roi. La résidence ordinaire de Dagobert est en Neustrie, mais il parcourt les trois royaumes.

Grecs et **Perses.** — Le fils parricide de Khosroës II, Siroës, conclut un traité avec Héraclius qui est alors aux confins de l'Arménie, à Tauris. Les anciennes frontières sont rétablies, mais avec gloire et avec sécurité pour les Grecs. La vraie croix sera reportée à Jérusalem par Héraclius, après son triomphe à Constantinople.

629.

Grande-Bretagne — Sigebert, second roi chrétien d'Est-Anglie, institue les premières écoles de la Bretagne anglo-saxonne, sur le modèle de celles qu'il avait vues chez les Francs.

Chine et **Inde.** — Hiouen-Thsang commence un voyage de seize ans à travers l'Inde, d'où il rapporte des reliques, des statues du Bouddha, et des ouvrages sanscrits sur cette doctrine, qu'il fait passer dans la langue chinoise.

630.

Arabie. — Après huit années de guerre, sans éclat, contre les idolâtres de la Mecque, le prophète Mahomet a combattu et traité avec la dernière rigueur les juifs de l'Arabie. — La Mecque lui ouvre ses portes, et les dissidents, même Abou-Sophian, par cupidité et par politique plus que par conviction, acceptent l'*Islam*, la religion qui sauve, et se font *musulmans*; les idoles de la Caaba sont détruites. — L'autorité militaire, civile et religieuse du prophète est reconnue dans une grande partie de l'Arabie; jusque-là l'isolement et l'esprit d'indépendance des tribus, la multiplicité des religions avaient été incompatibles avec l'établissement d'une domination unique.

Francs. — Révision, par le roi Dagobert, des lois des Francs saliens, des Francs ripuaires, des Alamans et des Bavarois. Première rédaction de Capitulaires. — Relations de politique et de commerce avec les Grecs de l'Orient.

Orient. — Héraclius donne le siège patriarcal d'Alexandrie à l'évêque de Phasis, Cyrus, que le patriarche de Constantinople, Sergius, avait entraîné dans le monothélisme. Le patriarche des jacobites ou monophysites d'Égypte est réduit à sortir d'Alexandrie, et à mener une vie errante dans la Thébaïde.

631.

Arabie. — Mahomet reçoit les députations de peuplades arabes qui demandent la foi nouvelle et apportent le tribut. Ses armes ont peut-être pénétré jusque dans la Syrie grecque.

Francs. — Mort de Caribert, qui avait épousé la fille du duc des Vascons. Ses fils Bertrand et Boggis restent ducs de Toulouse ou d'Aquitaine.

Francs et Slaves. — Les Slaves-wendes, qui s'étaient donné pour chef un marchand franc, Samon, inquiétant de leurs brigandages les marchands, sujets de Dagobert, sont attaqués dans leur pays, au nom du roi, par les Alamans et les Saxons, leurs voisins au sud, et au nord.

Visigoths. — La révolte chasse du trône Suintila; le chef des conjurés, Sisenand, le remplace, avec le concours de Dagobert.

632.

Arabie. — Pèlerinage de Mahomet à la Mecque, suivant l'ancien usage arabe qu'il a conservé. Sa mort à Médine. — Quoique Ali, un de ses premiers prosélytes, soit son cousin germain et ait épousé sa fille Fatime, les chefs arabes donnent à Abou-bekre, père d'une des femmes du prophète, les fonctions de *calife* ou vicaire du prophète, qui seront électives pendant vingt-huit ans. — Khaled, surnommé l'Épée de Dieu, soumet des rebelles en Arabie. La guerre sainte contre les ennemis de l'islam est prêchée par Abou-bekre, et faite par Khaled, dans l'Irak (l'ancienne Chaldée), contre les Perses, et par Abou-Obeïdah, en Syrie, contre les Grecs. — Le premier calife rassemble et réunit en un livre les feuilles éparses sur lesquelles Mahomet avait déposé confusément ses pensées. C'est le *Koran*, loi religieuse et loi civile des musulmans.

Francs. — L'Austrasie demande encore à se séparer du reste du royaume. Dagobert fait d'avance le partage de la monarchie entre ses deux fils.

Grande-Bretagne. — Sigebert, roi d'Est-Anglie, se retire dans un monastère; il en sera tiré trois ans après pour combattre le roi voisin de Mercie.

Perse. — Une nouvelle ère date de l'avénement d'Iesdégerde III, enfant de douze ans, qui sera le dernier roi de la maison des Sassanides.

633.

Rome. — Le pape Honorius Ier, par la réponse ambiguë qu'il adresse au patriarche de Constantinople, Sergius, donne la main à l'hérésie des monothélites.

Visigoths. — Le cinquième concile de Tolède favorise ouvertement l'usurpation du roi Sisenand, et dépouille la nation de son droit, en remettant l'élection des rois aux évêques et aux grands. Par l'ordre de ce concile, saint Isidore de Séville qui le préside compose l'office catholique de l'Espagne.

634.

Arabes. — A la mort d'Aboubekre, son testament et le choix des musulmans portent au califat Omar. La guerre continue en Syrie.

Arabes et Grecs. — Le héros arabe Khaled, après la prise de Bostra, en Syrie, enlève Damas, malgré la résistance énergique des Grecs.

635.

Grande-Bretagne. — Deux frères qui règnent ensemble dans le royaume de Wessex se sont faits chrétiens.

636.

Arabes. — Les musulmans fondent Bassorah, au-dessous du confluent du Tigre et de l'Euphrate, à quatorze kilomètres du golfe Persique, pour ôter aux Perses qu'ils n'ont pas encore soumis toute communication avec les Indes. Bassorah attirera à elle le commerce de l'Orient.

Arabes, Grecs et Perses. — L'Arabe Saïd commence pour l'islamisme la conquête de l'empire perse; à Kadésiah, un peu au sud de l'Euphrate, il est vainqueur de Rustan, général d'Iesdégerde. — La bataille d'Yermouk, fleuve de Syrie, affluent oriental du Jourdain, perdue par Manuel, général d'Héraclius, livre à Khaled le reste de la Syrie.

Francs. — Guerre de Dagobert contre les Vascons; ils se soumettent. — Le Breton Judicaël vient lui rendre hommage. — Éclat de la cour du roi des Francs, activité du commerce, développement des arts. Travaux de l'abbaye de Saint-Denis dans le style des églises lombardes.

Lombards. — Le second mari de la fille d'Agilulfe et de Théodelinde, Rotharis, duc de Brescia, est fait roi.

Visigoths. — Le nouveau roi, élu à la place de Sisenand, est confirmé par une décision du sixième concile de Tolède. Le concile prononce l'excommunication contre quiconque oserait prétendre au trône, s'il n'était pas issu de l'illustre sang des Goths : dorénavant le droit d'élection est exercé par les nobles et par les évêques.

638.

Arabes et Grecs. — Jérusalem, assiégée par le musulman Amrou, capitule. Le patriarche Sophronius remet la ville au calife Omar en personne : Omar laisse aux habitants leur liberté, leurs biens et leurs églises; mais il élève une mosquée pour le culte de l'islam. Jérusalem est la troisième ville sainte des Arabes, issus de la même race que les Juifs. — Abou-Obeïdah, malgré la présence d'Héraclius et de son fils, prend la capitale de la Syrie, Antioche.

Empire d'Orient. — Un concile de Constantinople confirme l'*Ecthèse*, de l'empereur Héraclius, composée par le patriarche Sergius; elle reconnaît deux natures en Jésus-Christ, mais défend de dire qu'il y ait aussi deux volontés ou deux opérations. Ces débats des monothélites sont l'occupation principale d'Héraclius qui favorise l'hérésie.

Francs. — Mort de Dagobert. Après lui, la succession des maires est plus importante que celle des rois dits fainéants. La Gaule franque du nord reste partagée en deux royaumes : 1° Neustrie et Bourgogne; 2° Austrasie.

639.

Arabes et Égypte. — Le général musulman Amrou, avec une poignée de soldats fanatisés, se lance à la conquête de l'Égypte. De faciles succès le portent de Péluse à Babylone, près de Memphis; il va assiéger Alexandrie. — Comme les indigènes de l'Égypte, ou coptes, pratiquaient presque tous l'hérésie des monophysites, dits jacobites, leur patriarche persécuté, Benjamin, et le gouverneur de la haute Égypte, dévoué à leur cause, Mokawkas, secondent par leurs intrigues l'établissement musulman. — Les Grecs n'étaient même pas unis entre eux; ceux qui suivaient la religion de l'empereur, appelés pour cela melquites, étaient comme lui de la secte des monothélites. Le patriarche Cyrus, leur adhérent, fut cité cependant à la cour impériale, comme coupable d'avoir livré l'Égypte aux Sarrasins.

640.

Arabes et Égypte. — Alexandrie, après un siége de quatorze mois, se rend par capitulation à Amrou (décembre). Destruction par le feu des débris de la riche bibliothèque des Ptolémées. Administration bienveillante et éclairée d'Amrou. L'Égypte a gagné à changer de maître.

Empire d'Orient. — La Syrie étant au pouvoir des musulmans, le nouvel évêque désigné pour le siége patriarcal d'Antioche réside à Constantinople.

641.

Empire d'Orient. — Six semaines après l'occupation d'Alexandrie par les Arabes, mort d'Héraclius. — La gloire conquise sur les Perses est effacée par l'abandon honteux des provinces de l'Orient au glaive musulman, et par les discordes religieuses. — Triste série d'empereurs héraclides pendant soixante et dix ans.

Lombards. — Le roi Rotharis enlève aux Grecs les places qui leur restaient au nord-ouest de l'Italie, depuis les Alpes cottiennes jusqu'à Luna, à l'entrée de la Toscane.

642.

Arabes et Perses. — Les musulmans font éprouver aux Perses un grand désastre à Nehavend, au sud d'Ecbatane.

Égypte. — Une grande disette à Médine est soulagée par les soins vigilants d'Amrou ; il nourrit les Arabes avec les blés de l'Égypte, que leur apporte le canal restauré du Nil à la mer Rouge.

643.

Lombards. — Rotharis fait rédiger en un corps les lois des Lombards ; elles témoignent de l'usage fréquent du duel judiciaire.

644.

Arabes. — Le calife Omar est assassiné dans la mosquée de Médine par un esclave perse. — Othman lui succède à soixante et dix ans ; la vie d'Othman est plus fastueuse que celle des premiers califes. — Il révoque Amrou du gouvernement de l'Égypte pour le remplacer par son propre frère Abdallah.

648.

Arabes. — Le gouverneur de la Syrie musulmane, Moaviah, fils d'Abou-Sophian, impose un tribut aux Chypriotes. — Course des Arabes d'Égypte sur les côtes de l'Afrique grecque ; mort de l'exarque Grégoire, quinze mois de dévastation.

Empire d'Orient. — Le patriarche de Constantinople obtient, de l'empereur héraclide Constant II, le *Type* qui prétend étouffer toute discussion religieuse et imposer silence aux catholiques comme aux monothélites ; c'est un prétexte pour persécuter les orthodoxes qui combattent l'hérésie. — Jérusalem, après la mort du patriarche Sopronius, restera soixante ans sans évêque.

649.

Rome. — Le pape saint Martin, dans un concile tenu à Latran, condamne toutes les hérésies, spécialement celle des monothélites, avec l'Ecthèse d'Héraclius, et le Type de l'empereur Constant.

Visigoths. — Le roi Chindasvinde, fils de Suintila, qui a réprimé avec vigueur la turbulence de la noblesse, associe son fils au trône, et lui laisse l'autorité pour passer le reste de sa vie dans la retraite et les œuvres de piété. Il a réformé le code visigothique, auquel sont soumis indistinctement tous les sujets germains et romains.

651.

Arabes. — Moaviah, le gouverneur de Syrie, enlève aux Grecs l'île de Rhodes, et fait mettre en pièces le colosse de bronze, qui date de l'an 280 avant Jésus-Christ.

652.

Arabes et Perses — La mort

d'Iesdégerde III, retiré à la frontière de la Chine, assure aux Arabes la possession entière de l'empire des Sassanides.

653.

Égypte. — Les jacobites ou monophysites, devenant maîtres de toutes les églises de l'Égypte sous la protection des Arabes, le patriarche melquite, qui était de la religion de l'empereur, abandonne son siége et se retire à Constantinople. Pendant soixante-quatorze ans, l'Égypte sera sous l'autorité religieuse des jacobites.

Empire d'Orient et Rome. — Le pape saint Martin commence à éprouver le ressentiment cruel de l'empereur Constant, dont il a anathématisé les erreurs; il est tiré par force de l'église, enlevé de Rome pour être conduit à Constantinople, où l'attendent les humiliations, les souffrances et la captivité, qui hâteront sa mort.

Francs. — L'abbaye de Saint-Denis est exemptée de la juridiction épiscopale.

Lombards. — Les Lombards, après la mort du fils de Rotharis, prennent pour roi un neveu de la reine Théodelinde, qui est, comme elle, de race bavaroise et catholique.

Visigoths. — Le neuvième concile de Tolède ordonne que l'élection du roi ait lieu dans l'endroit où le dernier prince sera mort; qu'elle soit faite par les évêques qui s'y trouveront présents et par les grands du palais. — Le roi régnant, fils de Chindaswinde, s'engage pour lui et pour ses successeurs à ne lever d'impôts que du consentement de la nation; le roi n'exerce plus que le pouvoir exécutif sous le contrôle des conciles nationaux.

655.

Arabes et Grecs. — Moaviah, qui pensait à attaquer Constantinople, est retenu sur les côtes de Lycie par la flotte de l'empereur Constant; une bataille navale est gagnée par les musulmans.

656.

Arabes. — Une révolte, à Médine même, cause la mort violente du calife Othman. — Ali, cousin et gendre du prophète, malgré Ayesha, fille d'Abou-bekr, le remplace dans le califat. Ayesha arme contre Ali Zobeïr et Telha, qui sont vaincus et tués, près de Bassorah, à la journée du Chameau; Moaviah et Amrou sont aussi les ennemis d'Ali.

Francs. — Grimoald, maire d'Austrasie, de la maison de Pépin de Landen, entreprend de faire roi son propre fils, après la mort du fils de Dagobert, Sigebert II; son usurpation est punie. La royauté mérovingienne subsiste de nom même en Austrasie. Clovis II, roi de Neustrie et de Bourgogne, meurt peu de temps après son frère; il laisse trois fils.

Visigoths. — Un canon du onzième concile de Tolède porte que les enfants offerts dans les monastères, par leurs parents, jusqu'à l'âge de dix ans, ne pourront plus rentrer dans la vie du siècle.

659.

Grande-Bretagne. — Le roi de Mercie, qui avait épousé une fille du roi de Kent, embrasse la religion chrétienne, dans laquelle il fait élever ses enfants.

Francs. — Le maire Erkinoald a pour successeur Ebroïn.

661.

Arabes. — Après une guerre civile qui partage tous les musulmans entre le calife Ali et les gouverneurs dépossédés Moaviah et Amrou, Ali est assassiné, près de Coufah, par un des trois fanatiques qui voulaient, par un triple meurtre, rendre la paix à l'Arabie. Vénération des musulmans pour le tombeau d'Ali, à Coufah, comme pour celui du prophète

VIIᵉ SIÈCLE (662-679).

à Médine. — Rivalité sanglante, pendant six mois, entre Hassan, fils aîné d'Ali, et l'ommiade Moaviah, qui décide son compétiteur à abdiquer et reste seul calife.—Moaviah résidera à Damas, dans la Syrie, son ancien gouvernement; sa famille occupera héréditairement le califat pendant quatre-vingt-dix ans.

Empire d'Orient. — L'empereur Constant II, odieux au peuple de Constantinople par ses débauches et par ses crimes, quitte l'Orient pour aller mener une vie d'aventure et de rapine sur les côtes d'Italie et de Sicile.

Grande-Bretagne.—Le roi de Sussex, vaincu par le roi de Mercie, reçoit de lui l'obligation de se faire baptiser.

662.

Lombards. — Le duc lombard de Bénévent, Grimoald, dépouille de la royauté les petits-neveux de Théodelinde : il a assassiné l'un d'eux ; l'autre, Pertharit, s'est réfugié en Pannonie, chez les Avares.

663.

Empire d'Orient et Rome.— L'empereur Constant II ne se montre à Rome que pour enlever ce qu'il y trouve de plus précieux ; il vole ses propres sujets.

665.

Arabes.— L'Arabe Ben-Hadidje essaye la conquête de l'Afrique.

666.

Lombards. — Le roi Grimoald porte la désolation dans la Pentapole grecque.

668.

Empire d'Orient. — Depuis l'héraclide Constantin Pogonat, qui commence à régner en 668, les empereurs de Constantinople négligent la formalité, observée encore malgré l'abolition du consulat par Justinien, de se faire proclamer consuls, aux calendes de janvier qui suivaient leur inauguration impériale.

670.

Arabes et Grecs. — Le musulman Oucba ou Akbé, qui croit l'Afrique conquise à l'islamisme, fonde dans une position magnifique pour le commerce, un peu au sud de Carthage, à quelque distance de la mer, la ville de Kaïroan. Les Grecs ont encore tout le littoral, de Carthage à Tanger.—Oucba sera chassé par les Grecs, unis aux Berbères qui vivent dans les montagnes.

Francs. — Les chefs de l'Austrasie et de la Bourgogne, le duc austrasien Vulfoald, et l'évêque d'Autun, saint Léger, conspirent contre le maire de Neustrie Ebroïn, qui gouverne au nom d'un des petits-fils de Dagobert Iᵉʳ, Thierry III.

671.

Lombards. — Après la mort de Grimoald, la famille bavaroise ressaisit, avec Pertharit, la couronne lombarde.

672.

Arabes et Grecs. — Yésid, fils du calife Moaviah, commence une série d'attaques maritimes, qu'il renouvellera pendant sept ans de suite, contre Constantinople ; le feu grégeois, récemment inventé par un Syrien, sauve les Grecs.

Visigoths.—Wamba est le premier roi sacré par l'archevêque de Tolède. Quatre années de guerre, pour réduire la Septimanie révoltée.

679.

Bulgares et Grecs. — Les Bulgares, peuple scythe ou sarmate, qui ont pris position dans l'ancienne Mœsie, au sud du Danube, reçoivent un tribut de Constantinople ; ils seront pendant plusieurs siècles l'effroi de l'empire.

Francs. — Après la mort violente de Dagobert II, fils de Sigebert II, l'Austrasie n'a plus de rois mérovingiens; elle est gouvernée par ses ducs, Martin, fils de Wulfoald, et Pépin d'Héristal, petit-fils de Pépin de Landen.

680.

Arabes. — Mort de Moaviah. Soulèvement contre les Ommiades : Hossein, fils d'Ali, qui a résisté dans Couffa, est mis à mort; révolte des villes saintes Médine et la Mecque ; la Mecque restera douze ans à Abdallah, fils de Zobeïr; révolte de l'Égypte et de la Perse. — Les descendants d'Ali vivent retirés à Médine; la secte religieuse des alides forme un schisme chez les musulmans.

Empire d'Orient et Rome. — Un concile tenu à Rome par le pape Agathon, à la demande de l'empereur Constantin Pogonat, prépare le septième concile général, convoqué à Constantinople pour la fin de l'année. — L'Église romaine est affranchie, par l'empereur, du tribut qu'elle payait à l'ordination de chaque pape ; mais la cour de Constantinople se réserve toujours le droit de confirmer les papes élus.

Francs. — Les ducs d'Austrasie Martin et Pépin d'Héristal sont vaincus par Ébroïn à Leucofao, près de Laon.

Grande-Bretagne. — Mort du plus ancien poëte anglo-saxon, Cedmon; on en a une hymne sur la création.

684

Empire d'Orient. — Le concile général de Constantinople, tenu en présence de l'empereur, de novembre 680 à septembre 681, anathématise les dogmes impies des monothélites, et les monothélites eux-mêmes, sans excepter la mémoire du pape Honorius, qui avait, en 633, protégé leurs doctrines. — Après les délibérations du concile général, les melquites d'Alexandrie et de l'Égypte renoncent au monothélisme qui était leur croyance depuis cinquante ans; l'Égypte n'a plus qu'une secte d'hérétiques, celle des jacobites.

Francs. — Le maire de Neustrie, Ébroïn, meurt assassiné.

686.

Arabes et Grecs. — Le dernier empereur héraclide Justinien II, par un traité honteux avec le calife Abdel-Malek, s'engage à interdire la guerre contre les musulmans aux Mardaïtes ou Maronites, les montagnards de la Syrie qui servaient de rempart à l'empire.

687.

Francs. — La bataille de Testry, dans le Vermandois, décide du sort de la mairie neustrienne et de la race de Mérovée. Le duc austrasien Pépin d'Héristal fonde la puissance de sa maison dans les trois royaumes, sans prendre le titre de roi qui est laissé encore à des Mérovingiens.

688.

Arabes et Grecs. — L'expédition du musulman Zobeïr contre les Grecs d'Afrique, d'abord heureuse, lui coûte la vie. Le calife Abdel-Malek, qui ne jouit pas encore de la paix à l'intérieur, suspend la guerre pour près de dix ans.

689.

Grande-Bretagne. — Un roi de Wessex va recevoir le baptême à Rome des mains du pape Sergius ; il meurt peu de jours après. Le trône de Wessex est occupé alors par Ina.

690.

Germanie. — Pépin favorise la mission du prêtre Willibrod chez les Frisons, ennemis de la race franque.

691.

Empire d'Orient et Rome. — Le concile tenu à Constantinople *in Trullo*, dans le dôme du palais, qu'on regarde comme un supplément des deux derniers conciles généraux, n'a pas autorité en Occident; le pape Sergius ne voulut ni en lire, ni en souscrire les canons. L'un d'eux permet aux sous-diacres, diacres et prêtres, qui étaient mariés avant leur ordination, de garder leurs femmes.

694.

Empire d'Orient et Rome. — L'empereur Justinien II ne réussit pas, comme Constant, à faire enlever de Rome le pape Sergius, qui n'a pas voulu accepter les canons du concile in Trullo.

695.

Arabes. — Soixante-seize ans après l'hégire, est frappée la première monnaie arabe. Les Arabes s'étaient servis jusque-là de la monnaie des Grecs et de celle des Perses.

Empire d'Orient. — Au moment de faire massacrer de nuit tout le peuple de Constantinople, Justinien II est une première fois déposé; il trouvera asile chez les Turcs khazares, au nord de la mer Noire, et chez les Bulgares.

697.

Arabes et Grecs. — Le calife Abdel-Malek met au service d'Hassan, gouverneur de l'Égypte, toutes les ressources de sa province pour tenter un vigoureux effort contre les Grecs et les Berbères d'Afrique. Kaïroan est promptement reprise; les habitants de Carthage fuient à son approche; Hippozarytos (Biserte), près d'Utique, est forcée de se rendre. Les Grecs n'avaient plus qu'Hippone, quand le patrice Jean, envoyé de Constantinople, vient ressaisir Carthage.

Venise. — Les habitants des îles confédérées de la Vénétie, pour mettre fin aux dissensions qui s'élevaient souvent entre leurs magistrats, suppriment la magistrature des douze tribuns et la remplacent par la charge de doge ou de duc, magistrat unique, suprême et perpétuel, électif. Le premier doge est Paul Anafesto.

698.

Arabes et Grecs. — Hassan attaque par mer les Grecs qui défendent Carthage; la ville est reconquise, les murailles sont rasées et les édifices détruits. Carthage est anéantie à jamais.

VIIIe SIÈCLE APRÈS J. C.

APERÇU GÉNÉRAL.

Depuis l'Indus jusqu'au sein de l'Espagne, qui est enlevée aux Visigoths dans les premières années de ce siècle, vingt peuples plient sous les armes des musulmans. Déjà leur empire a acquis une telle vigueur, qu'il est à peine affaibli par la révolution sanglante qui fait passer le califat de la famille des Ommiades à celle des Abbassides: l'Espagne reste seule aux Ommiades. Ces derniers ne peuvent étouffer la résistance des rois des Asturies; Oviédo sera le berceau de puissantes dynasties chrétiennes.

Les Anglo-Saxons sont en proie aux guerres civiles. La suprématie semble enlevée aux Saxons par les Angles pendant le règne d'Offa.

Les Lombards jettent un assez vif éclat sous leurs rois Luitprand, Astolphe et Didier. Lorsqu'ils ne se contentent pas d'attaquer les Grecs; lorsqu'ils font trembler les pontifes romains, que les hérésies et les violences des empereurs iconoclastes ont placés à la tête de l'Italie orthodoxe et de la république romaine, ces princes attirent contre eux les armes de Pépin le Bref et de Charlemagne qui réalisent la dernière pensée de Charles Martel.

Ce fils de Pépin d'Héristal s'était déjà fait un renom populaire de bravoure par la grande victoire qu'il avait gagnée entre Tours et Poitiers sur les Sarrasins d'Espagne. Pépin le Bref, maire du palais des trois royaumes, après la retraite de Carloman, détrône le dernier roi fainéant. Vainqueur des Saxons, des Bavarois, des Musulmans, des Lombards, du duc mérovingien d'Aquitaine, il trace la voie des conquêtes et des améliorations sociales à son fils Charlemagne. La puissance de Charlemagne s'étend sur presque tout l'Occident. La royauté lombarde est détruite. Quoique le maître de l'Italie se réserve la dignité de patrice et reçoive bientôt celle d'empereur, les évêques de Rome trouveront l'affermissement de leur pouvoir temporel dans cette révolution qui semblait devoir l'annuler complètement. Rome, siége de l'Église, ne sera pas la résidence du nouvel auguste; et les papes administreront le territoire romain comme délégués de l'empereur d'Occident, en attendant qu'ils s'affranchissent de toute tutelle étrangère.

Les conquêtes de Charlemagne sont moins admirables et d'un effet moins solide, que le zèle qu'il a mis à civiliser ses peuples par les lois, par la religion, par les lumières. Il fonde et retient dans sa main, avec un peu de despotisme, mais pour le bien de tous, un gouvernement intérieur qui domine tous les éléments confus de la société. Dans un monde où les droits, les priviléges, et la liberté étaient à la merci de la force et des circonstances, où l'on comptait autant de législations particulières qu'il y avait de races diverses, soumises ou tributaires, où l'aristocratie des bénéficiers et le clergé n'avaient pas de pouvoirs circonscrits, il fallait bien qu'il y eût un maître. Les assemblées nationales et les envoyés royaux chargés de veiller à l'exécution des capitulaires contribuent à la centralisation nouvelle.

Les efforts de Charlemagne pour ranimer la littérature sont plutôt marqués par la multiplication des écoles que par d'importantes publications d'ouvrages. L'Anglo-Saxon Alcuin, qui dirigeait l'école du palais, et qui a ranimé le goût des études dans la célèbre abbaye de Tours, laisse quelques œuvres médiocres en prose et en vers. La muse du Goth Théodulphe est un peu moins barbare. Éginhard est l'historien de ce règne; nous avons de lui des *Annales* et la *Vie de Charlemagne*. La fameuse chronique latine *De vita et gestis Carolimagni* n'a pas été composée par le véritable Turpin, archevêque de Reims, un des amis du roi franc. Un Irlandais, Jean le Scot, ou Érigène, cherche à mettre d'accord la théologie chrétienne et le néoplatonisme d'Alexandrie. Des livres d'Aristote, mal traduits, sont la base de l'enseignement scolastique : on y cherche des méthodes, on y recueille des subtilités.

Les Grecs n'offrent pour ce siècle que la chronographie de George le Syncelle, qui manque d'exactitude, et les travaux de Jean Damascène, défenseur ardent de la foi orthodoxe, qui a cultivé toutes les branches de la philosophie.

Les études profanes se sont réfugiées chez les Arabes, surtout depuis Haroun-al-Raschid, calife abbasside de Bagdad, contemporain de Charlemagne, presque son émule. Ils commencèrent par s'approprier, au moyen de traductions, les richesses de la littérature des Grecs, et s'ouvrirent bientôt à eux-mêmes, par le développement des sciences, surtout de l'algèbre et de l'arithmétique, des routes qui pouvaient sembler nouvelles. Aux études pratiques ils allient la poésie; ils ont des écoles de poëtes.

CHRONOLOGIE.

705.

Empire d'Orient. — C'est avec l'aide des Bulgares que Justinien II entre à Constantinople. Il y exerce d'atroces vengeances : Constantinople, Ravenne et Cherson, dans la Crimée, expient par le sang de leurs habitants le désir qu'elles ont montré de la chute d'un tel maître.

707.

Arabes et haute Asie. — Au nom du nouveau calife Walid, fils aîné d'Abdelmalek, Katibah, gouverneur du Khoraçan qui est au nord de l'empire perse, porte le Koran dans le Khowaresme et dans la Transoxiane; il prend Samarcande. — D'autres armées arabes pénètrent dans le bassin de l'Indus, et, sur les affluents de l'est, dans le Moultan et le Lahore

708.

Arabes et Visigoths. — La possession de l'Afrique est assurée aux musulmans par la réduction des Berbères; les Arabes d'Afrique enlèvent aux Visigoths les îles Baléares.

709.

Francs et Germanie. — Commencement d'une lutte opiniâtre qui dure pendant trois années entre les Francs et les Germains idolâtres au delà du Rhin.

710.

Visigoths. — Le roi Vitiza est déposé pour ses cruautés; Rodrigue, dont le père avait eu les yeux crevés par son ordre, lui fait subir le même supplice et prend sa place sur le trône. Les fils de Vitiza, l'archevêque de Tolède et le gouverneur de Ceuta, sur la côte d'Afrique, conspirent contre le nouveau roi.

711.

Arabes et Visigoths. — A la demande des ennemis de Rodrigue, Musa, émir d'Afrique pour le calife Walid, fait passer en Espagne Tarik-Abdallah. Sept mille musulmans franchissent le détroit et occupent Calpé, aujourd'hui Algéziras. Le mont Calpé prit le nom de mont de Tarik, Djebal-Tarik (Gibraltar). Le combat livré par Rodrigue, entre l'embouchure du Bétis et le fleuve Léthé (Guadalète), à Xerès de la Frontéra, décide de son sort et de celui de l'Espagne chrétienne. En quinze mois les musulmans la parcoururent jusqu'à l'extrémité du nord. — Les montagnes des Asturies servent de refuge aux plus braves et aux plus zélés disciples du Christ.

Empire d'Orient. — La chute sanglante de Justinien II met fin à la dynastie des Héraclides. — Constantinople aura en six ans quatre empereurs, tour à tour engendrés et dévorés par l'anarchie.

712.

Lombards. — Le Lombard Ansprand, peut-être originaire de Bavière, mais hostile à la maison de Théodelinde, dépouille du trône le dernier représentant de cette famille, et est reconnu roi. A sa mort, peu de mois après, son fils Luitprand lui succède.

713.

Arabes et Espagne. — Les villes qui capitulent, moyennant un tribut, sont maintenues dans leurs priviléges et leurs lois; mais le droit affreux de la guerre est exercé sur celles que les musulmans emportent d'assaut. Reddition de Tolède, après un long siége. — Quoique les Arabes soient les véritables et les premiers conquérants mahométans de l'Espagne, on donne le nom de Maures aux nouveaux maîtres de la péninsule, qui recrutèrent leurs armées en Mauritanie. — Les chrétiens, restés sous l'autorité musulmane, furent appelés Muzarabes ou Mosarabes. — Disgrâce de Tarik par Musa, de Musa par le calife. — Le gouverneur d'Espagne est nommé par l'émir d'Afrique qui tient ses pouvoirs du calife.

714.

Francs. — Les Francs ont un roi et un maire qui sont tous deux âgés de six ans, sous la tutelle de Pépin d'Héristal, aïeul du jeune maire; les deux grandes institutions mérovingiennes sont avilies en même temps. — Mort de Pépin.

715.

Arabes. — Le calife Walid, qui meurt en 715, a aboli l'usage de la langue des Grecs dans les actes publics de tout l'empire musulman ; l'idiome arabe dans lequel est écrit le Koran est la langue sacrée et nationale des fidèles. Plusieurs mosquées datent de son règne, à Damas, à Médine, etc. Il a imaginé le premier les tours appelées minarets, d'où, cinq fois par jour, le peuple musulman est appelé à la prière.

Arabes et Chine. — Des envoyés du calife Walid se sont rendus en Chine en traversant Kachghar, ville du Turkestan oriental, au delà du mont Bolor. Depuis lors, la route de terre, de Samarcande à Kanfou (peut-être Canton) en Chine, fut assez fréquentée par les arabes musulmans.

Arabes et Espagne. — Le fils de Musa, gouverneur de l'Espagne, ayant épousé Égilone, la veuve du roi visigoth Rodrigue, est assassiné par des Sarrasins. — Le siége du gouvernement musulman est établi à Cordoue.

Francs. — Presque aussitôt après la mort de Pépin, la Neustrie prend pour maire Ragenfroy, qui est capable de la défendre, et l'Austrasie se donne à un fils naturel de Pépin, Charles Martel, alors âgé de trente ans; la lutte des deux pays recommence comme au temps d'Ébroïn.

Rome. — Après une série de sept papes, originaires de la Syrie ou de la Grèce, qui occupe une période de vingt ans, élévation au siège de Saint-Pierre d'un Romain, Grégoire II.

Venise. — Un traité du premier doge de Venise avec le roi des Lombards, Luitprand, règle les limites des deux États.

717.

Arabes et Grecs. — Mousléma, frère du nouveau calife Soliman, traverse avec une armée de terre l'Asie Mineure, prend position dans la Thrace à la pointe du détroit devant Constantinople, qu'une flotte de dix-huit cents voiles vient menacer; le feu grégeois et la mauvaise saison causent d'immenses désastres qui font mourir de douleur le calife.

Empire d'Orient. — Énergie du nouvel empereur Léon III, l'Isaurien, dont la famille occupera pendant quatre-vingts ans le trône impérial.

718.

Germanie. — L'Anglo-Saxon Winfrid, célèbre sous le nom de saint Boniface, venu à Rome reçoit du pape sa mission, pour travailler à la conversion des peuples idolâtres de la Germanie.

Rome. — Le pape Grégoire II rétablit le monastère du mont Cassin qui avait été détruit par les Lombards cent quarante ans auparavant.

719.

Espagne. — Pélage, le chef des chrétiens visigoths réfugiés dans les montagnes des Asturies, combat les musulmans.

Francs. — Charles Martel qui a déjà été vainqueur en 717 du maire de Neustrie, Ragenfroy, à Vincy près de Cambrai, le bat encore à Soissons; il reconnaît pour roi Chilpéric II, qui a défendu ses droits les armes à la main. — Le Mérovingien Eudes, duc d'Aquitaine, leur allié, n'a pas osé livrer une bataille. — Charles récompense ses guerriers en leur donnant les terres et les dignités de l'Église.

720.

Arabes. — Le calife Omar II abolit les malédictions solennelles que ses prédécesseurs ommiades faisaient prononcer contre la mémoire d'Ali, afin de la rendre exécrable aux peuples. Sa famille le punit d'un acte de justice et d'équité, en le faisant empoisonner.

Arabes et Gaule. — Les Sarrasins s'emparent de la Septimanie et de Narbonne, possessions des Visigoths.

721.

Arabes, Espagne et Gaule. — Zama, gouverneur de l'Espagne, périt dans une grande bataille que lui livre, près de Toulouse, Eudes, duc d'Aquitaine. — Il s'était appliqué à organiser l'Espagne musulmane : il a réglé les impôts et déterminé la paye des soldats; il a envoyé au calife une statistique de la péninsule pour lui en faire connaître exactement les ressources et les produits; il a embelli Cordoue, où sont attirés les savants.

724.

Arabes. — Le calife Yésid II, qui meurt en 724, s'est aliéné les populations chrétiennes, en faisant détruire, d'après les conseils d'un juif, toutes les images qui leur étaient chères, dans les églises, sur les murailles et sur les vases sacrés.

VIII° SIÈCLE (725-732).

725.

Arabes et Francs. — Les Sarrasins d'Espagne portent leurs ravages à travers la Bourgogne jusqu'à Autun.

Francs et Germanie. — Course dévastatrice de Charles Martel au delà du Rhin; les Bavarois payent tribut.

726.

Grande-Bretagne. — Ina, roi de Wessex et de Sussex, vainqueur des Saxons de Kent, des Angles de Mercie, des Bretons de Cornouailles, législateur de la Bretagne anglo-saxonne, après trente-sept ans de règne, va visiter à Rome le pape Grégoire II : il fonde dans cette ville le collége des Anglais; bientôt il renonce à la couronne et se fait moine.

Italie, Grecs et Rome. — L'empereur Léon III l'Isaurien interdit le culte des images, et montre la résolution de les détruire : de là une révolte dans les îles Cyclades et dans la Grèce, où pullulent les moines; la mer Égée était appelée la mer Sainte. — L'insurrection étant comprimée, Léon III ordonne la destruction des images dans les places publiques et les églises, en Orient et en Italie. Protestation courageuse du patriarche de Constantinople, Germain, pour la défense des saintes images; après quatre ans de lutte, il renonce à sa dignité. — Les Romains chassent le duc grec; le pape commence à exercer dans le duché une sorte d'autorité temporelle.

728.

Grecs et Lombards. — Le roi Luitprand profite de l'agitation que cause en Italie l'édit impérial contre les images, pour se jeter sur l'exarchat de Ravenne, et sur la Pentapole; il entre dans la marche d'Ancône et dans le duché de Rome.

729.

Grecs, Lombards, Rome et Venise. — Les Vénitiens aident l'exarque grec Eutychius à enlever aux Lombards Ravenne et la Pentapole. L'exarque et le roi lombard, réconciliés, s'entr'aident pour frapper les ducs lombards de Spolète et de Bénévent, hostiles au roi, pour assiéger Rome, foyer de l'insurrection italienne contre l'empereur grec. Le pape vient au-devant de Luitprand et le désarme par ses paroles.

730.

Rome. — Lettres dogmatiques de Grégoire II, à l'empereur, sur le culte des images; elles sont très-énergiques et provoquantes. L'Italie est mise en feu par les rigueurs des briseurs d'images, ou iconoclastes.

731.

Arabes et Francs. — Un gouverneur rebelle de Celtibérie, Abou-Neza, ou Munuza, s'unit contre le gouverneur général de l'Espagne, Abdérame, au duc d'Aquitaine, Eudes, et épouse sa fille.

Grecs et Rome. — Le nouveau pape, Grégoire III, d'origine syrienne, est le dernier dont l'élection soit confirmée par l'exarque, au nom de l'empereur de Constantinople. Il adresse à Léon l'Isaurien des lettres menaçantes, pendant que les Italiens sont en armes.

732.

Arabes et Francs. — Les Sarrasins, venus jusqu'à Sens, sont repoussés par l'évêque de cette ville, du côté de la Loire. Bataille entre Tours et Poitiers, gagnée par Charles Martel, sur l'émir d'Espagne Abdérame; l'émir est tué (octobre). Cette journée glorieuse n'affranchit pas complétement la Gaule de l'invasion musulmane.

Rome. — Quatre-vingt-treize évêques réunis en concile à Rome rendent une sentence d'excommunication contre les iconoclastes.

733

Grecs et Italie. — Léon l'Isaurien arme une flotte pour réduire le pape, les Romains et les Grecs d'Italie ; la tempête la détruit dans l'Adriatique. Les débris de l'armement sont anéantis à Ravenne par le peuple révolté.

737.

Arabes et Francs. — Charles Martel, qui combat depuis quatre ans les musulmans dans la Bourgogne méridionale et dans la Provence, où l'esprit d'indépendance des leudes et des évêques était favorable à l'invasion, s'avance à l'ouest, saccage Avignon et incendie les arènes de Nîmes.

Espagne. — Les dissensions de l'Espagne et surtout les révoltes terribles des Berbères, dans l'Afrique musulmane, profitent aux Francs et aux chrétiens des Asturies. — Mort de Pélage ; il est enseveli à Cangas. Son fils lui succède.

Francs. — Charles Martel, à la mort de Thierry IV, laisse pendant cinq ans la nation sans roi.

738.

Francs et Germanie. — Après plusieurs expéditions contre les Saxons et contre les Frisons, Charles Martel en obtient un tribut.

Venise. — A la suite d'une élection tumultueuse, le doge à vie est remplacé par un maître de la milice, magistrat annuel.

740.

Arabes. — Révolte impuissante d'un petit-fils d'Hossein, contre le pouvoir des Ommiades, à Couffa.

Espagne. — L'esprit turbulent des soldats et des capitaines arabes, qui étaient venus d'Espagne en Afrique combattre les Berbères révoltés ; les rivalités de race entre les troupes originaires de Syrie et d'Arabie d'une part, celles d'Égypte et de Barca de l'autre, ensanglantent pendant plusieurs années l'Espagne musulmane. — Les deux chefs des factions saisissent tour à tour la dignité d'émir.

Lombards et Rome. — La protection, que le pape et le peuple de Rome donnent au duc lombard de Spolète révolté, attire les armées du roi Luitprand dans le duché de Rome.

Orient. — Un tremblement de terre couvre de ruines Constantinople, plusieurs villes de Thrace, Nicée, Nicomédie, etc.; ébranlements souterrains en Égypte et dans diverses parties de l'Orient.

741.

Empire d'Orient. — Mort de Léon l'Isaurien ; son fils Constantin Copronyme lui succède à vingt-deux ans.

Francs. — Charles Martel, appelé en Italie par Grégoire III contre le roi des Lombards Luitprand, offre sa médiation, mais ne passe pas les Alpes. Avant de mourir il partage le territoire franc et l'autorité, entre ses fils Carloman et Pépin le Bref.

Rome. — Mort de Grégoire III, il a pour successeur Zacharie.

742.

Espagne. — Alphonse Ier, dit le Catholique, deuxième successeur de Pélage, son beau-père, enlève aux Sarrasins une partie de la Galice, au moment où leurs dissensions les laissent sans gouvernement.

Francs. — Childéric III, fils de Chilpéric II, est placé sur le trône par les deux frères carlovingiens. — Leur mairie est remplie de guerres contre les Alamans, les Bavarois, les Saxons, les Aquitains et les Vascons. Retour aux institutions germaniques ; fréquente convocation des assemblées nationales, les champs de Mars ou de Mai.

Venise. — La dignité de doge

est rétablie et ne sera plus supprimée.

743.

Espagne. — Les chrétiens des Asturies occupent Astorga, Léon et une partie du pays adossé au versant méridional des montagnes.

Francs. — Le maire d'Austrasie, Carloman, laisse au missionnaire de la Germanie, saint Boniface, le soin de présider et de diriger le concile de Leptines, dans le Hainaut. Ce concile réforme la discipline ecclésiastique, reconnaît la règle de saint Benoît pour les moines, et autorise les princes à disposer, à titre de bénéfices précaires, d'une partie des biens de l'Église, pour récompenser les services des guerriers qui combattent les Sarrasins, les Saxons et les Bretons; mais le droit de propriété sur ces terres est réservé à l'Église.

Lombards et **Rome.** — Le pape Zacharie s'entremet, au nom de l'exarque grec Eutychius, pour sauver Ravenne et la Pentapole de la domination lombarde.

744.

Francs. — Le concile de Soissons, tenu en présence du maire Pépin, applique à la Neustrie les réformes ecclésiastiques de Leptines. — Fondation de l'abbaye de Fulde.

Lombards. — Presque aussitôt après la mort de Luitprand, les Lombards, ne voulant pas de son neveu, font roi le duc de Frioul Ratchis, qui devait son duché à Luitprand.

745.

Espagne. — Un nouvel émir, après la réduction des rebelles de l'Afrique, pour faire cesser les rivalités sanglantes des soldats de l'Espagne, et les intéresser au repos par le travail, leur partage par nation les territoires les plus riches de la péninsule; il donne à chaque cohorte, composée de soldats de même race, le pays qui ressemble le plus à la patrie originaire, par la situation, le climat et les productions. Il place les Égyptiens et les Arabes à Lisbonne et à Béja, au sud-est, entre les montagnes et la Guadiana; les Syriens de Damas à Elbira, près de Grenade; ceux d'Hémèse à Séville et à Niébla, un peu à l'ouest; ceux de la Palestine à Algéziras et à Sidonia; les musulmans de l'Irak-arabi et de l'Irak-adjémi, et ceux de l'Afrique dans des provinces plus éloignées. — Naissance de deux nouvelles factions, la faction des Égyptiens sous l'ardent Samaïl, et la faction des Arabes de l'Yémen. On accusait l'émir de protéger ces derniers.

746.

Arabes. — Le calife ommiade Merwân II, malgré ses grandes qualités, est impuissant contre les révoltes; un parti puissant se forme autour d'Ibrahim, descendant d'Abbas, l'oncle du prophète.

Empire d'Orient. — Les Slaves voisins du Danube envahissent la Macédoine et le Péloponnèse, où leur race se conserve pendant des siècles.

747.

Arabes. — Après la mort d'Ibrahim, son frère Aboul-Abbas, âgé de vingt-six ans, lui succède à la tête des rebelles.

Espagne. — Au milieu de l'anarchie, perpétuée par les divisions des tribus, l'émir Yousouf, de la tribu des Koreichites comme le prophète, est pour quelque temps obéi de tous, même de Samaïl auquel il a donné le gouvernement de Tolède. Il reprend les grands travaux de ponts, de mosquées et de routes militaires; ordonne un dénombrement de tous les pays de l'émirat, qui forme cinq provinces ayant pour capitales : Cordoue, Tolède, Mérida, Saragosse et Narbonne.

Francs — La retraite de Carloman qui se fait moine en Italie, au mont Cassin, laisse seul maire des Francs son frère Pépin le Bref.

VIIIᵉ SIÈCLE (749-755).

749.

Lombards. — Le roi Ratchis se fait moine au mont Cassin; son frère Astolphe est élu roi.

750.

Arabes. — Merwan II, battu sur un affluent du Tigre, le Zab, par un oncle d'Aboul-Abbas, ne trouve pas d'asile sûr, même en Égypte; il est tué dans une mosquée : avec lui finit en Orient la dynastie des Ommiades (10 février). Les princes de sa famille seront immolés par Aboul-Abbas qui est reconnu calife à Couffa (18 février), et à Damas cinq mois après. — Les Abbassides ont pour cinq siècles le califat.

751.

Empire d'Orient. — Constantin Copronyme, qui avait épousé la fille d'un prince des Khazares, peuple établi entre la mer Noire et le Palus-Méotide, associe à l'empire son fils Léon, âgé d'un an seulement.

752.

Francs. — Du consentement des leudes et des évêques, et avec l'assentiment du pape Zacharie, Pépin le Bref fait déposer Childéric III qui achèvera sa vie dans un monastère en 755; il est proclamé et sacré roi à Soissons : le sacre a lieu par les mains de saint Boniface, archevêque de Mayence, missionnaire de la Germanie. La mairie du palais n'existe plus sous la royauté carlovingienne. — Commencement de la conquête de la Septimanie, que favorise l'inimitié des Visigoths contre les musulmans.

Grecs et **Lombards.** — L'empereur Constantin Copronyme persécute, comme son père, les défenseurs des images, surtout les moines; beaucoup sont jetés en prison et mutilés. — Le roi lombard, Astolphe, fait la conquête définitive de l'exarchat de Ravenne, et de la Pentapole; l'exarque grec Eutychius se retire à Naples.

753.

Francs. — Les canons du concile de Verberie sur l'Oise concernent le mariage et les délits d'inceste.

754.

Francs. — Le pape Étienne II, qui vient demander assistance aux Francs contre le roi lombard Astolphe, sacre de nouveau Pépin avec ses deux fils, et formule l'anathème contre les ennemis de la nouvelle dynastie.

Lombards. — Le roi Astolphe confirme les lois de Rotharis et de Luitprand.

Orient musulman. — A la mort d'Aboul-Abbas, les dix premières années du califat de son frère Abou-Giafar Almanzor, ou le Victorieux, sont inquiétées par les prétentions au trône de leur oncle Abdallah, dont Almanzor se débarrassera enfin par une cruelle perfidie.

755.

Espagne. — L'Ommiade Abdérame, qui avait échappé au massacre de sa famille ordonné par les Abbassides, est appelé de l'Afrique pour gouverner l'Espagne; il fonde dans la péninsule un pouvoir souverain et héréditaire. — Yousouf et Samaïl, réunis contre le nouvel élu, ne résisteront ensemble qu'une année.

Francs. — Dans le concile de Vernes, on ordonne que deux conciles soient tenus tous les ans au mois de mars et au mois d'octobre.

Francs, Lombards et **Rome.** — Expédition des Francs carlovingiens en Italie. Aucun roi, depuis l'Austrasien Childebert II, n'avait porté la guerre au delà des Alpes. Astolphe, enfermé dans Pavie, renonce à l'exarchat de Ravenne et à la Pentapole, que Pépin donne à Étienne II. — Commencement de la puissance temporelle des papes, par la formation d'un domaine ecclésiastique. — Martyre de S. Boniface en Germanie.

756.

Francs et Lombards. — Pépin rentre en Italie, pour faire tenir ses promesses au roi lombard, qui est allé se venger de ses défaites sur le pape, et a assiégé Rome.

Lombards. — Après la mort d'Astolphe, le duc d'Istrie, Didier, est choisi pour roi, par l'influence d'Étienne II.

Venise. — La puissance du doge à vie est limitée par la création de deux tribuns annuels.

757.

Espagne. — Le nouveau roi des Asturies appelle auprès de lui les évêques dispersés par l'invasion musulmane, et fait rendre, dans un concile national, des décrets contre le mariage des prêtres.

Francs. — Les Bavarois reconnaissent la suprématie de Pépin. Guerre contre les Saxons.

Francs et Grecs. — L'empereur de Constantinople courtise l'amitié du roi des Francs, sans doute pour recouvrer les possessions italiennes.

Grande-Bretagne. — Avénement d'Offa, roi de Mercie, qui réunira toute l'heptarchie sous ses lois.

759.

Espagne. — Tolède, la dernière ville qui tenait pour Yousouf, envoie sa tête à Abdérame comme gage de soumission. Abdérame établit son siége à Cordoue; il prend le titre simple d'émir, et non celui d'émir Al-Moumenin ou Miramolin (suprême seigneur des croyants), non plus que celui de calife, qu'il laisse aux Abbassides. — Il accorde une trève de cinquante ans aux chrétiens du nord, moyennant un tribut d'or, d'argent, de chevaux, de mulets, de cuirasses, d'épées et de lances.

Francs. — L'occupation de Narbonne, par les Francs, prive les musulmans de ce qui leur restait en Gaule. — Pépin commence une guerre à outrance contre le Mérovingien Waïfre, duc d'Aquitaine.

760.

Espagne. — En commémoration d'une grande victoire gagnée, en 759, sur les musulmans, le roi chrétien Froïla bâtit Oviédo, qui devient bientôt une ville épiscopale et la résidence du roi.

761.

Espagne. — Abdérame fait commencer les beaux jardins de Séville.

762.

Orient musulman. — Le calife Almanzor détruit les villes de Ctésiphon et de Séleucie, sur le Tigre, et élève, sur la rive droite du fleuve, la ville de Bagdad, qui sera le siége de l'empire abbasside. — Le goût des lettres, des sciences et des arts est héréditaire chez les premiers Abbassides.

763.

Empire d'Orient. — Les patriarches de Jérusalem, d'Antioche et d'Alexandrie frappent en commun d'une sentence d'excommunication un évêque iconoclaste de Philadelphie, en Syrie.

Espagne. — Abdérame, auquel les révoltes de Tolède et de toute l'Andalousie ont à peine laissé un instant de repos depuis son avénement, est assailli sur les côtes d'Al-Garb, au sud-ouest de la péninsule, par le wali d'Afrique, que le calife abbasside a chargé de le dépouiller comme usurpateur. Le wali vaincu eut la tête coupée. — Les révoltes, à l'intérieur, et les incursions des Africains se renouvellent.

765.

Bulgares et Grecs. — L'empereur Constantin Copronyme s'engage audacieusement sur les terres des Bulgares qui ont tant de fois dé-

VIIIe SIÈCLE (766-774).

vasté les provinces; il réitérera souvent ces expéditions.

766.

Empire d'Orient.—Constantin Copronyme ordonne à tous ses sujets de promettre par serment, devant les magistrats, de ne jamais rendre aucun culte aux images. Le patriarche de Constantinople est un des plus empressés à obéir.

Espagne.—Réparation des murs de Cordoue; construction d'une citadelle.

767.

Empire d'Orient. — Disgrâce terrible du patriarche de Constantinople; il est déposé, livré aux outrages du peuple, frappé du bâton, jeté dans un cachot et décapité à l'amphithéâtre.

Espagne. — Le roi d'Oviédo poignarde lui-même son frère, dont les vertus rendent le meurtre plus horrible.

768.

Espagne. — Frolla est tué par les grands qui craignent d'être victimes de sa cruauté; anarchie du petit royaume d'Oviédo.

Francs.—L'assassinat de Waïfre, ordonné peut-être par Pépin, livre à celui-ci l'Aquitaine, qui a souffert pendant huit ans toutes les horreurs de la guerre. Pépin, mourant, partage son royaume entre ses fils Charles et Carloman.

771.

Francs. — Courte guerre des Francs contre le père de Waïfre, Hunald, qui est sorti d'un monastère pour se mettre à la tête des Aquitains. La mort de Carloman laisse tout le royaume à son frère, âgé alors de vingt-neuf ans.—Charlemagne, presque tous les ans, convoquera les assemblées générales dans lesquelles on prépare les capitulaires; point de résidence fixe, le gouvernement siége là où est l'armée. Il fera tous ses efforts pour régénérer l'Église; jusqu'à l'an 800, vingt conciles seront tenus en Gaule.

Lombards. — Grandeur de la royauté lombarde sous Didier : deux de ses filles avaient épousé Charlemagne et Carloman, une autre Tassillon, duc des Bavarois; son royaume sert d'asile au Mérovingien Hunald, qui s'est échappé des mains de Charlemagne, ainsi qu'à la veuve et aux fils de Carloman, dépouillés par Charlemagne de leur part d'héritage.

772.

Francs et Saxons. — Charlemagne commence une guerre, qui durera plus de trente ans, contre les Saxons, peuple germain idolâtre; leur principal chef est Witikind.

773.

Espagne. — Abdérame améliore les ports de Tarragone, de Tortose, de Carthagène, d'Almérie, d'Algéziras, de Cadix, de Séville, et les met en état de défense, pour n'être pas surpris par les walis d'Afrique qu'excitent à la guerre les califes de Bagdad.

774.

Francs, Lombards et **Rome.** — Après deux campagnes faites à la demande du pape Adrien Ier, Charlemagne détruit la domination royale des Lombards, au profit de la maison carlovingienne et de la papauté; les villes de Pavie et de Vérone sont restées les dernières fidèles à Didier et à son fils. — Les donations de Pépin, qui cédaient à l'Église de Rome l'exarchat de Ravenne, la Pentapole, le duché de Rome, une partie de la Toscane avec le duché de Pérouse, sont confirmées et étendues; mais le titre de patrice laisse à Charlemagne la suprématie, même sur les terres pontificales. — Amitié d'Adrien Ier et de Charles. — Didier est emmené prisonnier.

776.

Bulgares. — Un chef des Bulgares échappe à la haine de ses peuples, en venant se réfugier à Constantinople, où il reçoit la dignité de patrice, se fait chrétien et épouse une princesse byzantine.

Francs. — Charlemagne, dans la même année, frappe les ducs lombards, alliés aux Grecs, et les Saxons. — Achèvement de l'église abbatiale de Saint-Denis, que Pépin le Bref avait fait reconstruire : ce qui subsiste de cette reconstruction est un des rares monuments de l'art carlovingien au VIIIe siècle.

777.

Francs. — Benoît d'Aniane, fils du comte de Maguelonne, réforme les monastères de l'Aquitaine.

Venise. — Les Vénitiens, par attachement pour leur doge, lui associent son fils ; l'exemple de partager ainsi le pouvoir ne fit pas loi, mais se renouvela quelquefois.

778.

Francs et Espagne. — Appelé par les émirs de Saragosse et d'Aragon contre leur souverain Abdérame, Charlemagne conduit les Francs dans la Navarre et dans la vallée septentrionale de l'Èbre. — Célébrité épique de la journée de Roncevaux où périt l'arrière-garde des Francs avec le paladin Roland, neveu de Charlemagne.

779.

Francs. — Le concile tenu à Duren, sur le Roër, affluent de la Meuse, oblige les sujets de Charlemagne à payer la dîme à l'Église.

780.

Empire d'Orient. — L'empereur Léon IV, le Khazare, la dernière année de son règne, persécute, comme l'avaient fait son père et son aïeul, les défenseurs des images. Il laisse un enfant de neuf ans, Constantin, dont la tutelle sera exercée avec une énergie souvent cruelle par Irène sa mère.

Francs et Saxons. — Les terres des Saxons vaincus sont partagées entre les comtes militaires et les évêques. — Décrets de Charlemagne contre ceux qui, une fois baptisés, seront retournés aux idoles : une assemblée moitié ecclésiastique, moitié laïque, décide la fondation de cinq évêchés, à Minden, à Halberstadt, à Verden, à Paderborn, à Munster.

781.

Arabes et Grecs. — Les deux fils du calife envahissent les terres de l'empire grec ; l'un d'eux, Haroun, parcourt la province de Pont, et vient jusqu'au Bosphore. Irène, qui gouverne au nom de Constantin V, achètera honteusement la paix.

Francs. — Charlemagne, rappelé en Italie par les complots des Lombards et des Grecs, fait sacrer par Adrien Ier ses deux fils, Pépin et Louis, rois d'Italie et d'Aquitaine ; ils sont âgés l'un de quatre ans et l'autre de trois. Sa dynastie prend ainsi possession des plus récentes conquêtes. — Le chef des Bavarois, Tassillon, reconnaît la suprématie des Francs.

783.

Orient musulman. — Le calife étale tout le luxe des anciennes cours d'Asie dans son pèlerinage de Bagdad à la Mecque.

784.

Orient musulman. — Un arrière-petit-fils d'Ali prend à la Mecque le titre de calife ; une courte guerre lui coûte la vie.

785.

Francs et Saxons. — Après trois ans de guerre et de sanglantes représailles de part et d'autre, le Saxon Vitikind se rend et reçoit le baptême. Charlemagne, dans une assemblée tenue à Paderborn, met la dernière main à la constitution civile et ecclésiastique qui régira les Saxons.

786.

Empire d'Orient. — Un concile convoqué à Constantinople, pour rétablir la paix dans l'Église d'Orient, est dissous par la violence de la faction iconoclaste que soutient l'armée, malgré la protection que l'impératrice mère et le jeune Constantin, âgé de quinze ans, accordent aux catholiques.

Espagne. — Délivré d'une dernière insurrection qu'un fils d'Yousouf avait allumée dans tout le midi, Abdérame parcourt la Lusitanie et le nord de l'Espagne. Il revient par Astorga, qui est aux confins des possessions chrétiennes; par Zamora, sur le Douro; par Tolède; par Denia, qui est à la côte orientale; par Murcie et Cordoue. — Fondation de mosquées dans plusieurs villes; Abdérame trace lui-même le plan de celle de Cordoue, sur le modèle de la mosquée de Damas. L'hôtel des monnaies de Cordoue frappe des pièces semblables à celles que les califes ommiades faisaient faire autrefois à Damas.

Orient musulman. — Avénement d'Haroun-al-Raschid ou le Justicier, au califat. Les alides feront encore une impuissante tentative pour ressaisir le pouvoir.

787.

Empire d'Orient. — Trois cent soixante-dix-sept évêques prennent part aux délibérations du huitième concile général, convoqué à Nicée, sous la direction des légats du pape Adrien Ier; les iconoclastes, que ne défend pas l'empereur, sont anathématisés.

Francs. — Une traduction inexacte des canons du concile, touchant les images, sera cause d'une controverse entre Charlemagne et le pape, dont rend témoignage le recueil des *livres carolins*. — Charlemagne vient en Italie pour forcer à a soumission le duc lombard de Bénévent, qui avait conspiré avec son beau-frère le duc des Bavarois. — Il agrandit le territoire du saint-siége. — Après la célébration de la Pâque à Rome, il rentre en Gaule, emmenant des grammairiens, des calculateurs, des chantres, pour rétablir les études; lettre aux évêques et aux abbés pour la fondation d'écoles. — L'Anglo-Saxon Alcuin, qu'il avait déjà vu à Parme en 780, a consenti cette fois à le suivre, pour l'aider dans ses réformes ecclésiastiques et littéraires.

Grande-Bretagne. — Egbert, descendant du premier roi de Wessex Cerdic, est banni du royaume par un usurpateur, Brithrik. Mal reçu par le roi de Mercie, il va chercher asile auprès de Charlemagne.

788.

Espagne. — Quelques instants avant de mourir, en présence de tous les grands personnages de l'État, des gouverneurs militaires, des administrateurs des principales villes, des vizirs, des secrétaires et conseillers d'État, Abdérame fait reconnaître pour son successeur son troisième fils, Hescham, ou Issem, ou Heccham, âgé de trente-deux ans, auquel toute l'assemblée prête serment. C'est celui qui ressemble le plus à son père par son goût pour les sciences et les lettres.

Francs. — Nouvelle édition du code Théodosien ordonnée par Charlemagne.

Francs et Avares, Bavarois, Grecs. — Le duc des Bavarois, Tassillon, frappé d'une sentence capitale pour avoir violé les traités conclus avec Charlemagne, finit ses jours dans un monastère. La Bavière est réunie aux États francs, mais garde ses lois. — La cour de Constantinople, après avoir vainement négocié une alliance de famille avec la maison carlovingienne qui domine

VIIIᵉ SIÈCLE (789-796).

en Italie, s'unit de nouveau contre elle aux Lombards; le fils de Didier succombe à la tête d'une armée de Grecs. — Les Francs trouvent déjà, derrière les Bavarois domptés, le peuple scythe des Avares, qui est menaçant pour l'Italie.

789.

Francs. — Un capitulaire ordonne l'institution d'écoles sur le territoire de chaque évêché et de chaque abbaye; on y enseignera la grammaire, le calcul et la musique.

Francs et Espagne. — Charlemagne profite de la rivalité qui s'engage entre le souverain de Cordoue et ses deux frères aînés, pour faire envahir le pays qui est au delà de l'Èbre.

790.

Empire d'Orient. — Irène, pour jouir seule du pouvoir, fait enfermer comme un rebelle son propre fils Constantin. Constantin cependant ressaisira l'autorité.

791.

Espagne. — Le roi d'Oviédo, Bermude Iᵉʳ, ci-devant diacre, tue dans un combat contre le roi de Cordoue soixante mille musulmans.

Francs. — Guerre active contre les Avares établis en Pannonie. — Nouvelle prise d'armes et retour à l'idolâtrie d'une partie des Saxons.

792.

Francs. — Dans un concile tenu à Ratisbonne en Bavière, Charlemagne fait comparaître Félix d'Urgel, hérésiarque, qui n'admettait Jésus-Christ comme fils de Dieu que par adoption. Après sa condamnation, Félix fut envoyé à Rome auprès du pape. — Charlemagne commence à faire exécuter un projet de jonction de l'océan Germanique avec le Pont-Euxin, par un canal qui unirait un affluent du Mein, qui tombe dans le Rhin, à un affluent du Danube.

793.

Arabes, Francs et Lombards. — Un général du roi de Cordoue dévaste la Gaule narbonnaise, et, de ses courses poussées jusqu'à Carcassonne, rapporte à Cordoue un immense butin. — Expédition, sans résultat, des deux rois carlovingiens d'Aquitaine et d'Italie, contre le duc lombard de Bénévent.

Grande-Bretagne. — Suprématie exercée par le roi de Mercie, Offa, vainqueur des Gallois, meurtrier du roi d'Estanglie, dont il prend la place, allié du roi saxon de Wessex qui domine sur les Saxons de l'ouest et sur ceux du sud. Le Northumberland et Kent sont indépendants.

794.

Francs. — Charlemagne tient en échec les Saxons révoltés.

Grande-Bretagne. — Les terreurs religieuses d'Offa, roi de Mercie, le décident à aller demander à Rome les indulgences du pape. Augmentation du tribut établi par Ina pour l'entretien du collège anglais; on l'a appelé, depuis, denier de Saint-Pierre.

795.

Rome. — Mort d'Adrien Iᵉʳ, ami et confident de Charlemagne; Léon III lui succède.

796.

Espagne. — La mosquée de Cordoue, qu'avait commencée le roi Abdérame Iᵉʳ, a été achevée par son fils, Hescham, qui meurt en 796. Ce prince, ami des arts, de la poésie et de l'agriculture, humain et compatissant, a établi à Cordoue et dans plusieurs villes, des écoles où l'on enseignait l'arabe; les chrétiens sont obligés d'apprendre cette langue et de renoncer à l'usage du latin.

Francs. — Construction de la basilique d'Aix-la-Chapelle, que décorèrent surtout des marbres enlevés à des monuments de l'Italie ; près de la basilique, un palais est construit pour Charlemagne, qui aime ce séjour à cause du voisinage des eaux thermales et des forêts. — Pendant que Charlemagne et son fils Louis, le roi d'Aquitaine, sont aux prises avec les Saxons, ses deux autres fils, Charles l'aîné et Pépin le roi d'Italie, emmènent les troupes d'Italie et de Bavière contre les Avares. Ils rapporteront de la Pannonie un riche butin.

797.

Empire d'Orient. — De nouveaux crimes ont livré l'autorité souveraine à l'impératrice mère ; le fils d'Irène, Constantin, a les yeux crevés et meurt à la suite de ces violences.

Espagne et Francs. — Le fils d'Hescham Ier, Al-Hakkam Ier, est aux prises avec ses oncles ambitieux. La guerre civile facilite les progrès des Francs, qui prendront position jusqu'à Girone, Pampelune et Huesca, au nord de Saragosse.

798.

Francs. — Adalhard, abbé de Corbie, un des petits-fils de Charles Martel, est envoyé par Charlemagne pour administrer les affaires de l'Italie, au nom de Pépin, son fils.

Francs et Avares. — Les Avares viennent rendre hommage à Charlemagne, à l'assemblée d'Aix-la-Chapelle.

799.

Francs et Arabes. — Guerre au sujet des îles Baléares.

Francs et Rome. — Léon III, menacé de mort, et dépouillé du pontificat par une faction, vient jusqu'à Paderborn, en Saxe, où étaient assemblés les Francs ; il demande assistance à Charlemagne. Charlemagne le fait accompagner par une armée.

IXe SIÈCLE APRÈS J. C.

APERÇU GÉNÉRAL.

Quand s'ouvre le IXe siècle, deux grands règnes continuent, celui d'Haroun-al-Raschild et celui de Charlemagne.

Mamon, un des fils d'Haroun, est le seul digne d'un tel père. Les mouvements des sectes religieuses, les rébellions des soldats turcs qui mettent le pouvoir des Abbassides à la merci de cette milice formée d'esclaves achetés dans le Turkestan, les efforts souvent heureux de gouverneurs de provinces pour se créer des principautés indépendantes, sont des signes sensibles de décadence. La guerre est faite péniblement même contre les empereurs grecs.

Pour Charlemagne, il meurt tout entier en 814. Après lui, l'histoire de la seconde race des rois francs rappelle celle de la première après Clovis. L'empire d'Occident s'affaiblit par des partages dont Louis le Débonnaire est la première cause et la victime. On ne retrouve que de loin en loin des traces du gouvernement central et de la restauration des études, qui sont les principaux titres de gloire de Charlemagne. Dans chacun des royaumes, que forme le démembrement consacré à Verdun, les entreprises de la noblesse et du clergé sur l'autorité royale favorisent, en France au moins, la diffusion des principes féodaux. Les grands ayant enfin, sous Charles le Chauve, rendu héréditaire la possession des terres et des offices qu'ils avaient reçus du roi, sont autant de petits monarques exerçant tous les pouvoirs régaliens. La féodalité, par l'établissement des arrière-fiefs, couvre le territoire tout entier. Les vassaux ont pour sujets la masse de la population inférieure, propriétaires roturiers, vilains et serfs attachés à la maison ou à la glèbe. Les rois restent sans domaine et sans autorité.

Les pirates scandinaves s'élancent impunément sur les côtes de la Manche et de l'Atlantique, ravagent les provinces, assiégent Paris comme ils font de Nantes, d'Orléans, de Bordeaux. Une famille féodale, issue de Robert le Fort, illustrée par la résistance qu'elle oppose aux Northmans, donne un roi à la France.

En Italie et en Allemagne, les divisions de principautés ou de races que Charlemagne avait eu de la peine à faire rentrer sous le niveau de l'obéissance, imposée à tous, sont des cadres tout faits pour la féodalité : les ducs de Spolète, de Bénévent, de Frioul ; les ducs de Saxe, de Bavière, de Souabe, ne permettront pas au pouvoir royal de s'affermir. Entre le Rhin supérieur, le Jura et les Alpes (Bourgogne transjurane) ; entre les Alpes, le Rhône et la Méditerranée (Bourgogne cisjurane), seigneurs et évêques seront plus indépendants que les deux nouveaux rois leurs suzerains.

Les Sarrasins, qui font de la Sicile leur repaire, tiennent dans l'effroi les côtes de la Gaule et de l'Italie dévastées. Les Hongrois ou Madgyars recommenceront dans l'Allemagne chrétienne les courses des Huns.

Un pays, au nord-ouest, sort de l'anarchie, pendant que les autres s'y plongent. En Angleterre, l'heptarchie a fait place au gouvernement d'un seul roi; celui de Wessex, qui s'impose à toute la Bretagne. Les trente dernières années de ce siècle appartiennent au règne d'Alfred le Grand : les Anglais révèrent en lui le fondateur de leur puissance, de leur marine, de leur liberté, de leurs meilleures institutions; il a repoussé les Danois, établi l'université d'Oxford, encouragé et cultivé les sciences et les arts, affermi l'usage du jury.

L'empire byzantin, pendant une grande partie du siècle, ne présente rien de nouveau par les scandales, les crimes, les désastres auxquels ses annales ont habitué le lecteur : des empereurs jetés dans le cloître ou aveuglés; des ministres tirés du cachot pour être portés sur le trône; les courses impunies des Bulgares qui font un désert des régions du Danube, ou des musulmans qui enlèvent la Sicile et la Crète. Les luttes sanglantes des partis religieux, iconoclaste ou manichéen, tour à tour soutenus et frappés par les princes, intéressent moins que la dissension nouvelle dont est l'objet le patriarche de Constantinople, Photius. Son premier tort est d'avoir pris la place de l'évêque injustement déposé, Ignace. Des disputes théologiques enveniment une question toute personnelle; les papes font sentir leur suprématie en intervenant dans le débat qui, résolu, tour à tour, pour et contre Photius, laisse un germe de haine profonde et irréconciliable entre l'Église grecque et l'Église romaine. Basile le Macédonien, fondateur d'une dynastie qui donna plusieurs princes lettrés, après avoir disgracié Photius, le rappelle. Son fils Léon le jette en prison, plus occupé, comme Basile lui-même, de faire compiler des volumes de lois (*les Basiliques*) que de défendre l'empire contre les Bulgares ou les musulmans : il oppose à ces derniers l'alliance des Turcs.

Photius, auteur de tant de maux comme théologien et comme patriarche, est l'homme de lettres le plus distingué de son temps. La collection qu'il a intitulée *Bibliothèque* est un riche dépôt d'extraits et d'analyses des anciens livres perdus aujourd'hui pour nous : les Grecs n'ont pas alors de nom plus illustre.

Quand il restait si peu de puissance et de sagesse aux maîtres des deux grands empires de l'Occident et de l'Orient, quand les autres royaumes étaient si nouveaux, on n'est pas surpris de l'accroissement de l'autorité pontificale; la cour de Rome humilie Louis le Débonnaire, excommunie un de ses petits-fils et dispose de la couronne impériale d'Occident. Il faut qu'Hincmar, archevêque de Reims, prenne la défense des droits du pouvoir temporel et de l'Église gallicane, et empêche l'institution d'un légat du saint-siége pour la France.

Hincmar est associé, avec Raban Maur, aux discussions théologiques contre Gothescalc au sujet de la prédestination : il s'est rencontré à la cour de Charles le Chauve avec le philosophe Scot Érigène qui achevait alors sa carrière. Paschase Radbert présente au même prince son traité de l'*Eucharistie*, premier grand travail de philosophie chrétienne où le dogme de la présence réelle dans l'Eucharistie soit établi tel que l'Église catholique l'enseigne.

La littérature latine nous offre avec ces noms celui d'Anastase, bibliothécaire et historien des papes, celui d'Éginhard, écrivain dont nous avons parlé déjà avant le sacre de Charlemagne, plus véridique, mais moins brillant que le moine de Saint-Gall, romancier de cette épopée carlovingienne, qui cependant écrit sous l'impression d'effroi causée par l'ébranlement de l'empire.

Le caractère de ce siècle n'est donc pas l'inertie absolue, l'abandon général de tous les genres d'études. C'est au contraire une ignorance laborieuse, qui se nourrit assidûment de croyances obscures, d'épineuses controverses, et qui ne repousse que les lumières et le bon goût.

On voit naître ou grandir toutes les institutions qui plus ou moins développées, ou affaiblies, ou tempérées, devaient régir si longtemps la plus grande partie de l'Europe : les tournois, les épreuves judiciaires par l'eau, par le feu, par la croix et par le combat, les duels, la scolastique, les thèses, la rime, les jargons ou langues modernes, témoin les deux fameux serments de Strasbourg, en langue tudesque et en langue romane, l'an 842. La chanson de Roland, ou de Roncevaux, la plus ancienne des *chansons de Geste*, qui sont des épopées historiques en langue romane, était peut-être déjà composée au temps de Louis le Débonnaire.

De nouveaux peuples prenaient place en Europe : le christianisme, déjà porté en Danemark, s'introduisait en Suède par les soins de saint Anschaire. En Pologne, un simple paysan devient prince et fondateur d'une dynastie nouvelle : c'est Piast. Rurik, chef des Varègues, descend de la Suède par la Baltique, dans la Moscovie, habitée par les Slaves, aux dépens desquels il commence à fonder l'empire des Russes Northmans.

Les Arabes gardent le premier rang dans la littérature : ils conservent et enrichissent le dépôt des sciences profanes, guidés dans cette voie par leurs califes abbassides. Leur prédilection pour Aristote fait que dès lors la doctrine péripatéticienne est, en Orient comme en Europe, le fond de la philosophie. Ils ont des médecins célèbres, mais qui copient surtout les médecins grecs : l'invention manque. L'originalité des Arabes est dans les arts; leurs mosquées et leurs palais déploient partout une magnificence de sculpture vraiment féerique. L'Espagne, qui est pour eux comme une seconde patrie, s'embellit de monuments qui seront plus tard un juste sujet d'orgueil pour les princes chrétiens vainqueurs de l'islamisme. Mais alors les progrès des rois des Asturies sont bien lents, malgré les sanglantes discordes qui se renouvellent incessamment dans le royaume de Cordoue.

CHRONOLOGIE.

800.

Afrique. — Le calife Haroun Ibrahim-ben-Aglab qui, après la nomme au gouvernement de l'Afrique mort d'Haroun, se formera une souveraineté indépendante, depuis Tunis jusqu'à l'Égypte.

Arabes et Francs. — Pendant le séjour de Charlemagne en Italie, retour d'une ambassade franque qui avait été envoyée en Palestine à l'église du Saint-Sépulcre : elle rapporte de la part du calife Haroun l'étendard de Jérusalem, les clefs du Saint-Sépulcre et de l'église du Calvaire, une horloge sonnante, etc.

Francs et Rome. — En présence de Charlemagne, le pape Léon III repousse les accusations portées contre lui. — Le jour de Noël (25 décembre), Charlemagne reçoit de Léon III la couronne d'auguste : cette restauration de l'empire d'Occident au profit des souverains catholiques de la Germanie est un témoignage éclatant de la suprématie des Francs.

Grande-Bretagne. — Le roi de Wessex, Egbert, était à Rome avec Charlemagne; ses peuples le rappellent au trône.

801.

Arabes et Francs. — Le roi carlovingien, Louis d'Aquitaine, arrache aux musulmans Barcelone après sept mois de siége. Les Francs pénètrent jusqu'à Tarragone et Tortose que leur enlèvera Hakkam en personne.

802.

Empire d'Orient. — Un soulèvement général à Constantinople emporte le trône d'Irène. Avec elle finit la maison des princes isauriens iconoclastes. — Nicéphore, manichéen et iconoclaste, est fait empereur.

Francs. — L'assemblée d'Aix-la-Chapelle généralise l'usage des *missi dominici*, envoyés royaux qui doivent surveiller toutes les parties de l'empire carlovingien. — Le capitulaire *de villis* fait connaître une partie des revenus du prince, qui viennent surtout des produits de ses fermes et de ses métairies.

803.

Empire d'Orient et Arabes. — L'empereur Nicéphore a le courage de refuser le tribut au calife. Mais quand Haroun fond sur l'Asie Mineure et s'avance jusqu'à Héraclée, en Bithynie, il ne sait pas lui tenir tête : guerre de trois années.

Francs. — Un traité avec les Grecs règle les limites des deux empires du côté de la Dalmatie et du sud de l'Italie. — Le roi d'Italie Pépin est toujours aux prises avec le duc lombard de Bénévent. — Les Saxons, une dernière fois vaincus, acceptent les décrets de l'assemblée de Saltz, en Franconie, qui leur impose des prêtres et des juges. Dix mille familles sont arrachées à leur patrie. — Les anciennes lois des Francs saliens et des Francs ripuaires sont revisées par Charlemagne. — Les évêques et les abbés sont exemptés du service militaire.

Orient musulman. — Injustice et cruauté du calife à l'égard de la famille musulmane des Barmécides.

805.

Afrique. — Al-Hakkam, roi de Cordoue, fait alliance avec Edris II, fils de l'Alide Edris, qui a détaché de l'empire des califes abbassides une portion du Magreb, ou Afrique occidentale, pour fonder le royaume de Fez.

806.

Empire d'Orient et Arabes. — Nicéphore est réduit à se faire tributaire d'Haroun; il lui est interdit de relever les forteresses de ses provinces, détruites par les musulmans.

Francs. — Dans l'assemblée de Thionville, Charlemagne partage l'empire carlovingien entre ses trois fils, Charles, Pépin et Louis. — Il y reçoit des députés des peuples de la Dalmatie et de Venise, qui lui demandent son arbitrage dans leurs débats particuliers. — Décret de l'assemblée de Nimègue, pour empêcher la conversion des terres bénéficiaires en terres allodiales, qui était préjudiciable aux intérêts du prince.

Francs et Arabes. — Pépin, roi d'Italie, enlève la Corse aux Sarrasins. — Louis, roi d'Aquitaine, reprend Pampelune. — Pendant plusieurs années les portes des Pyrénées vomissent des armées sur les terres d'Al-Hakkam.

807.

Bulgares et Grecs. — Le roi bulgare Crumne fait irruption sur les terres de l'empire grec, et prend d'assaut Sardique, en Mésie.

808.

Francs et Danois. — Les descentes des Danois Northmans, sur la côte gauloise de l'empire franc, nécessitent la création d'une marine de défense : importante station de Boulogne.

809.

Francs. — Avec l'assentiment de Charlemagne, le concile d'Aix-la-Chapelle confirme l'addition faite par les églises de France et d'Espagne au symbole de Nicée du mot *filioque* : « Le Saint-Esprit procède du Père et du Fils. » Le pape Léon est obligé de tolérer, hors de l'Italie, ce qui n'est pas admis à Rome.

Orient musulman. — Mort d'Haroun-al-Raschid dans le Khoraçan, au sud-est de la mer Caspienne. — La protection qu'il a accordée aux lettres et aux arts, sa bravoure et sa magnificence rachètent les vices d'un esprit perfide et ingrat. — Son fils aîné, qui lui succède, est indolent et livré aux plaisirs.

810.

Francs et Arabes. — Abdérame, fils du roi de Cordoue, soumet Huesca et Saragosse, que leur gouverneur allait livrer à Charlemagne. Traité de paix.

Francs et Venise. — Le roi d'Italie, Pépin, se rend maître de toutes les îles vénitiennes, excepté de Rialto.

811.

Bulgares et Grecs. — Invasion des Bulgares en Thrace : l'empereur Nicéphore est tué. Les provinces européennes sont pendant deux ans à la merci de Crumne.

Francs et Danois. — Traité de paix : la rivière d'Eyder sert de limite aux possessions carlovingiennes.

Venise. — Le nouveau doge de Venise établit son siége à Rialto, où il bâtit le palais des doges qui dura au moins cinq siècles.

812.

Francs. — Après la mort du roi Pépin, Charlemagne laisse l'Italie à son jeune fils Bernard, au nom duquel gouverne Wala, frère d'Adhallard et petit-fils de Charles Martel.

Francs et Venise. — Charlemagne rend les îles vénitiennes, par un traité avec l'empereur grec, qui est toujours le souverain nominal de la Vénétie, et qui même confère le titre de consuls aux doges.

813.

Francs. — Plusieurs conciles à Mayence, à Châlons, à Reims, à Arles. Le concile de Tours prescrit au clergé de prêcher en langue tudesque, langue nationale des Carlovingiens, aussi bien qu'en latin et en langue romane vulgaire. — Après la mort de son frère aîné Charles, Louis, roi d'Aquitaine, est associé à la dignité impériale, dans l'assemblée d'Aix-la-Chapelle.

Orient musulman. — Le fils aîné d'Haroun est renversé du trône par les troupes de son frère Mamon, prince du Khoraçan, qui entre de vive force dans Bagdad.

814.

Bulgares. — Après une nouvelle

course à travers la Thrace, le chef des Bulgares, Crumne, meurt, comme Attila, par une hémorrhagie. Il avait transplanté au nord de ses États les habitants des villes conquises sur les Grecs, et les avait remplacés par des colonies barbares, pour confondre les races soumises au même joug, comme Charlemagne avait fait pour les Saxons.

Empire d'Orient. — Le troisième successeur de Nicéphore, Léon V, l'Arménien, se déclare, après un an de règne, contre les défenseurs des saintes images, surtout contre les moines.

Espagne. — Trêve du souverain de Cordoue avec le roi des Asturies et avec les Francs. La guerre de la part des infidèles n'avait plus pour but de reculer les frontières, mais de les défendre; ils ne pouvaient même pas espérer un riche butin, les habitants des montagnes étant pauvres et ne s'appliquant ni au commerce ni aux beaux-arts.

Francs. — Charlemagne meurt à Aix-la-Chapelle, ville du pays d'Héristal (28 janvier), et y est enseveli. — Il a eu pour historien Éginhard, qui fut peut-être son gendre. — C'est à Aix-la-Chapelle que Louis le Débonnaire (*Pius*) prend possession de l'empire. Il a tous les États paternels, excepté l'Italie, dont est roi Bernard, fils de son frère Pépin, lequel toutefois reconnaît sa suprématie. — Au début, il est aussi ferme et aussi puissant que Charlemagne : il adoucit la condition civile des Saxons et réforme le palais.

815.

Empire grec. — L'empereur Léon V l'Arménien fait condamner les images dans un concile de Constantinople : les peintures des églises sont effacées et les vases sacrés brisés ; persécutions contre les catholiques.

Espagne. — Hakkam fait reconnaître solennellement pour son successeur son fils Abdérame, sur lequel reposaient le gouvernement et la gloire de l'État.

Francs et Rome. — Louis le Débonnaire se plaint de ce que Léon III s'est fait justice lui-même contre les auteurs d'une nouvelle conjuration, sans en référer à l'empereur, patrice de Rome.

Venise. — Les Vénitiens enlèvent d'Alexandrie et transportent chez eux les reliques tant vénérées de l'évangéliste saint Marc, que la république adopte pour patron.

816.

Francs et Rome. — Un concile de Rome reconnaît que le pape, élu par les évêques et le clergé, doit être consacré devant les députés de l'empereur. — Louis est sacré à Reims par le pape Étienne IV, que Bernard roi d'Italie accompagne dans son voyage de Gaule.

Orient musulman. — Dans le désir de satisfaire le parti puissant des alides, et de faire cesser le schisme musulman, le calife abbasside Mamon désigne le chef des alides pour lui succéder, au préjudice de son propre frère Motassem.

817.

Francs. — L'assemblée d'Aix-la-Chapelle établit uniformément la règle de saint Benoît pour tous les monastères des États francs. Elle accepte le décret de partage par lequel Louis le Débonnaire associe son fils aîné, Lothaire, à l'empire et désigne les provinces qu'administrera chacun de ses fils. — Révolte du roi d'Italie Bernard, qui est lésé par ce partage.

Francs et Rome. — Le nouveau pape, Pascal 1er, se fait ordonner sans attendre le consentement de l'empereur. Celui-ci cependant lui laisse le gouvernement de la ville et du duché de Rome, en se réservant la souveraineté.

Orient musulman. — Soulèvement général contre le calife, qui s'est montré favorable aux alides : on le dépose pendant qu'il est éloigné de Bagdad.—Deux ans de guerre civile.

818.

Espagne. — Le roi Hakkam, retiré dans son palais avec ses femmes, ses esclaves et ses eunuques, n'exerce la souveraineté que pour assouvir son humeur sanguinaire : une sédition à Cordoue est réprimée par le supplice cruel de trois cents coupables, et par la dévastation de tout un quartier ; une partie de la population s'expatrie. — Noire mélancolie, fièvre dévorante, démence du prince. Il vit encore pendant quatre ans.

Francs. — Louis le Débonnaire supplicie et fait mourir son neveu Bernard d'Italie, âgé de dix-neuf ans.

819.

Grande-Bretagne. — Egbert, déjà roi de Wessex et de Sussex, fait la conquête des deux autres royaumes saxons, Essex et Kent.

Francs. — L'empereur, veuf d'Hermengarde, épouse Judith, fille d'un comte bavarois.

820.

Empire d'Orient.—Après l'assassinat de Léon l'Arménien, un Phrygien d'Amorium, d'obscure condition, Michel le Bègue, a l'audace de s'asseoir sur le trône, qui restera pendant près de cinquante ans à sa famille.

Francs. — Louis le Débonnaire donne le titre de roi d'Italie à son fils aîné Lothaire.

Orient musulman. — Le général Taher transforme en souveraineté indépendante et héréditaire le pouvoir qu'il exerçait comme gouverneur, dans le Khoraçan, au nom du calife Mamon : il commence la dynastie des Tahériens.

822.

Espagne. — Mort d'Al-Hakkam. Sous son règne on a commencé à enseigner à Cordoue la doctrine de l'iman Malek, chef de l'une des quatre sectes réputées orthodoxes par les musulmans sunnites ou traditionnaires. — Avénement d'Abdérame II, âgé de quarante-un ans, qui méritera le surnom de Victorieux, autant par la répression de nombreuses révoltes que par ses guerres contre les chrétiens.

Francs. — Croyant imiter Théodose le Grand, Louis le Débonnaire fait volontairement une pénitence publique à Attigny, dans les Ardennes, pour avoir jeté dans des monastères, malgré eux, ses trois jeunes frères ; pour avoir causé la mort de son neveu Bernard et maltraité l'abbé Adhalard et Wala, anciens conseillers de Charlemagne.

823.

Francs. — Pascal I couronne empereur Lothaire, associé à la dignité impériale depuis 817 (avril).— Naissance de Charles le Chauve, fils de Louis le Débonnaire et de Judith (mai).

824.

Espagne et Grecs. — L'empereur de Constantinople, Michel le Bègue, propose au roi de Cordoue une alliance contre l'ennemi commun, le calife de Bagdad : Abdérame II députe vers lui un poëte qui lui apporte des présents.—Des pirates d'Espagne enlèvent à l'empire grec l'île de Crète, où ils fondent la ville de Candie, qui donnera son nom à l'île.

825.

Francs. — Capitulaire préparé dans une assemblée d'Aix-la-Chapelle, sur les devoirs des *missi dominici*, les instruments les plus actifs du gouvernement central.

Rome.—Mort du pape Eugène II, à qui l'on attribue l'établissement de l'épreuve par l'eau froide.

826.

Francs et Danois. — Le moine

Anschaire quitte l'abbaye de Corbie, en Neustrie, pour porter la foi chez les Danois idolâtres, dont le principal dieu était Odin.

827.

Afrique. — Les Sarrasins d'Afrique s'emparent de la Sicile par la trahison du patrice grec Euphémius, qui est tué bientôt en prétendant à l'empire. — Palerme et Syracuse ne se rendent pas.

Espagne. — La perception de l'azak, dîme pour Dieu et pour le roi, cause à Mérida une sédition qu'Abdérame II ne veut pas réprimer avec cruauté, comme son père avait fait à Cordoue.

Grande-Bretagne. — Egbert, roi des quatre royaumes saxons, étend sa suprématie sur les trois royaumes des Angles : ils payent tribut mais gardent des rois particuliers.

829.

Espagne. — Abdérame II, pour ne pas exercer de sanglantes rigueurs contre ses sujets rebelles, subit pendant neuf ans les effets de l'insurrection qu'avait provoquée et qu'alimentait dans la grande ville de Tolède la haine des chrétiens et des juifs pour les musulmans.

Francs. — Sur l'ordre de Louis le Débonnaire plusieurs conciles sont convoqués en même temps pour propager les lumières et étendre les réformes, à Paris, à Mayence, à Worms, à Lyon, à Toulouse : à Paris, des limites sont posées entre les deux puissances, spirituelle et temporelle ; à Worms, l'épreuve judiciaire par l'eau froide est défendue ; à Lyon, on se plaint de la faveur dont jouissent les juifs. — L'empereur viole le premier le traité de partage fait en 817, lorsqu'il veut détacher de l'ensemble des possessions carlovingiennes, distribuées entre les fils de sa première femme, un apanage royal pour Charles le Chauve son dernier fils : ses fils, l'Église, les seigneurs francs se déclarent contre lui.

Venise. — Dotation considérable laissée par le doge pour bâtir une église en l'honneur de saint Marc, patron de Venise.

830.

Arabes et Grecs. — Le refus que fait l'empereur Théophile de laisser partir pour Bagdad le savant archevêque de Thessalonique, appelé par le calife Mamon, est un prétexte de guerre entre les Grecs et les musulmans.

Francs. — L'empereur Louis le Débonnaire, dépouillé une première fois par ses fils, est relégué à Compiègne ; mais, réhabilité dans l'assemblée germanique de Nimègue, il reprend l'exercice du pouvoir.

831.

Scandinaves. — L'archevêché de Hambourg, vers l'embouchure de l'Elbe, fondé pour le moine saint Anschaire, sert à la propagation de la foi dans les pays scandinaves.

832.

Empire d'Orient. — Dans sa folle inimitié contre les images, l'empereur Théophile va jusqu'à chasser de ses États tous les peintres.

833.

Francs. — La violation du traité de 817, renouvelée par l'empereur qui donne l'Aquitaine à Charles le Chauve, arme ses fils contre lui : le pape Grégoire IV assiste de sa présence les fils rebelles, qui invoquent pour eux-mêmes le partage primitif. — Abandonné de ses troupes au champ du Mensonge, près du Rhin, l'empereur est honteusement dégradé à Compiègne (octobre), à Soissons (novembre) et à Aix-la-Chapelle : Lothaire reprend le titre d'empereur que lui donnait l'acte de 817.

Orient musulman. — Mort du calife Mamon. Il a fondé des universités, des académies, des collèges, des hôpitaux. Les savants et les artistes de tous les pays éprouvèrent sa libéralité ; il fit venir de Constantinople et traduire en arabe les livres des philosophes et des poëtes grecs. On cite les *Tables astronomiques* de Mamon. — Le troisième fils d'Haroun, son frère, Motassem, lui succède : comme lui, il persécutera des hérétiques musulmans, les Motazales, qui croyaient l'Al-Koran incréé.

834.

Francs. — Réconcilié avec l'Église et les grands, dans l'assemblée de Saint-Denis, Louis le Débonnaire est remis en possession du pouvoir impérial.

835.

Espagne. — Le roi d'Oviédo, Alphonse II le Chaste, fait désigner pour son successeur le fils de Bermude Ier.

Orient musulman. — Le calife Motassem fonde sur le Tigre, à cinquante kilomètres de Bagdad, la ville de Samarah ou Sermenrai, dont il fera sa capitale.

Rome. — Institution de la fête de tous les Saints.

836.

Espagne. — Mort d'Aznar, premier roi de la Navarre : la marche carlovingienne, qui avait Pampelune pour capitale, ne reconnaissait plus la domination de Louis le Débonnaire. — Les descendants d'Aznar gardent le pouvoir.

837.

Francs. — Course dévastatrice des Danois sur les côtes de Frise. Ils s'établissent dans l'île de Walcheren, d'où ils remontent l'Escaut, la Meuse et le Wahal.

Grande-Bretagne. — Dès le commencement du règne d'Ethelwulf, fils d'Egbert, les invasions des Northmans font trembler les Anglo-Saxons.

838.

Francs. — Hastings conduit les Northmans dans le bassin de la Loire, qui est pillé jusqu'à Tours.

839.

Espagne. — Des flottes envoyées de Tarragone et des îles Baléares, qui sont aux musulmans, épouvantent et dévastent la côte de Marseille. — La cour de Constantinople renouvelle à Abdérame II ses offres d'alliance contre le calife de Bagdad.

Francs. — Après la mort de son fils Pépin, roi d'Aquitaine, qui cependant laisse deux fils, Louis le Débonnaire fait deux grandes parts de l'empire, pour Lothaire et pour Charles, au détriment de Louis le Germanique qui n'a plus que la Bavière : révolte de Louis.

Venise. — Après s'être engagés à ne plus exercer la piraterie contre les Slaves de Dalmatie et contre les îles de Narenta, les Vénitiens mettent leurs vaisseaux au service des Grecs pour combattre les Sarrasins sur les côtes de Tarente. Ils sont repoussés et la flotte musulmane court, à travers l'Adriatique, de la côte de Dalmatie à la terre italienne d'Ancône.

840.

Arabes et **Grecs.** — L'empereur Théophile se jette sur les terres musulmanes, à l'est de l'Asie Mineure, et y exerce d'horribles cruautés.

Espagne. — Dévotion des chrétiens d'Espagne pour le tombeau de saint Jacques le Majeur, à Compostelle, en Galice : l'église construite en son honneur, faite d'abord en briques, est devenue un temple magnifique.

Francs. — Mort de Louis le Débonnaire sur la route de la Germanie, où il allait combattre son fils rebelle. — Il a par faiblesse accordé à beaucoup de nobles le droit d'hérédité pour la possession des terres bénéficiaires. — Les trois fils qui lui survivent et ses petits-fils, nés de Pépin, gardent chacun les pays où ils avaient su se faire obéir. Lothaire

IXᵉ SIÈCLE (841-845).

prend le titre d'empereur, auquel l'avait associé son père dès 817.

841.

Arabes et Grecs. — Les armes des musulmans sont portées jusqu'en Phrygie : la ville d'Amorium, patrie de Théophile, est conquise et détruite.

Francs. — La bataille de Fontanet en Bourgogne, près d'Auxerre, entre Lothaire et son neveu Pépin d'un côté, Charles le Chauve et Louis le Germanique de l'autre, ne décide pas la querelle de succession, malgré la défaite de Lothaire. — Les Northmans, conduits par Oscheri ou Oger le Danois, remontent la Seine et brûlent Rouen.

842.

Empire d'Orient. — L'empereur Théophile se laisse mourir de faim. Sa veuve Théodora, au nom du jeune empereur Michel, leur fils, réunit, sous la présidence du patriarche Méthodius, à Constantinople, un nombreux concile qui frappe les iconoclastes d'une sentence dont ils ne se relèveront pas.

Francs. — Entrevue de Charles le Chauve et de Louis le Germanique à Strasbourg : ils échangent des serments d'amitié et d'alliance, en langue tudesque et en langue romane. Ils se font autoriser par une assemblée d'évêques, tenue à Aix-la-Chapelle, à régner à la place de leur frère Lothaire. — Les embarras que Pépin d'Aquitaine suscite à Charles entravent l'issue de la guerre.

Orient musulman. — Le calife Motassem meurt tout-puissant, à Samarah, sa nouvelle capitale (janv.). Il s'est le premier formé une garde avec des esclaves achetés dans le Turkestan : ces gardes bientôt feront la loi aux califes.

Pologne. — Les Polonais se donnent pour duc un habitant obscur de la Cujavie, région entre le Bog et la Vistule, Piast, qui commence une dynastie nouvelle.

Venise. — Le doge de Venise obtient, du Carlovingien Lothaire, la confirmation des privilèges et exemptions dont les Vénitiens ont joui pour leurs domaines sous les rois d'Italie et sous les empereurs d'Occident.

843.

Francs. — Le traité de Verdun, proposé par les évêques aux trois frères, partage définitivement l'empire carlovingien en trois grands États. Quoique vaincu, Lothaire l'aîné garde la dignité impériale et tout le pays d'Héristal, berceau des Carlovingiens. Il a dans son domaine Rome, où Charlemagne a reçu le titre d'auguste, et Aix-la-Chapelle, création du conquérant germain, résidence de l'empereur. Les fleuves sont les lignes de partage : tout le pays borné à l'est par le Rhin et les Alpes orientales ; à l'ouest par l'Escaut, la Meuse, la Saône et le Rhône, donné à Lothaire, s'appellera de son nom Lotharingie (Lorraine) ; il conserve l'Italie, son royaume depuis 820. Louis le Germanique a toutes les régions à l'est du Rhin, qui composent l'Allemagne. Charles a les pays à l'ouest de l'Escaut, de la Meuse, de la Saône et du Rhône, et est roi de la *France*, mais l'Aquitaine est toujours à Pépin II. — Dévastations incessantes des Northmans ; en remontant les fleuves, ils atteignent Nantes, Saintes, Bordeaux.

844.

Bulgares et Grecs. — Le roi des Bulgares, Bogoris, étonné de la fermeté de Théodora, mère du prince byzantin, conclut la paix avec les Grecs : bientôt il renoncera à l'idolâtrie pour l'Évangile, que lui fait connaître sa sœur, devenue récemment chrétienne.

Espagne. — Les Northmans dévastent toute la côte occidentale depuis la Galice jusqu'à Cadix.

845.

Empire d'Orient. — L'Impératrice Théodora entreprend la conversion des Pauliciens, hérétiques manichéens cantonnés dans l'Arménie ; comme ils ne cèdent pas aux moyens de persuasion, cent mille sont suppliciés : beaucoup se réfugient chez les musulmans.

Espagne. — Les Arabes prennent, pillent et brûlent la ville de Léon. — Séville, la grande cité sur le Guadalquivir, subit la dévastation des Northmans. — Abdérame II organise un service de poste pour les besoins de l'État.

France. — Les Northmans s'enrichissent des dépouilles de l'abbaye de Saint-Germain des Prés, près de Paris. — Le Poitou, la Saintonge et l'Angoumois sont détachés, par Charles le Chauve, du royaume de Pépin II, et donnés à Rainulf, qui devient le premier duc d'Aquitaine, et commence une puissante maison féodale.

846.

Espagne. — Le roi d'Oviédo, Ramire, taille en pièces l'armée d'Abdérame et occupe Calahorra, sur l'Èbre ; en mémoire de ce double succès, il fondera deux églises.

France. — Un capitulaire de Charles le Chauve, qui donne aux évêques les fonctions de *missi dominici* dans leur diocèse, est l'occasion d'une protestation des nobles ; ils veulent arrêter l'exercice de l'autorité royale, chaque seigneur prétend au droit de justice sur ses terres. — Les Northmans occupent l'île de Noirmoutier, en face de la côte de Vendée.

847.

Allemagne, France et Italie. — Assemblée des trois frères carlovingiens à Mersen, près de Maëstricht sur la Meuse, pour pourvoir à la tranquillité intérieure et à la sûreté extérieure des royaumes. Les rois renoncent à protéger directement les hommes libres, possesseurs de petite propriété, et les mettent dans la nécessité de se faire les vassaux des seigneurs en changeant leurs alleux en bénéfices ou fiefs. — Les seigneurs ne sont plus obligés au service de guerre envers les rois que pour les expéditions nationales.

Espagne. — Une grande sécheresse et l'invasion de sauterelles venues d'Afrique désolent les terres arabes : beaucoup de musulmans émigrent dans le royaume de Fez. — Ramire Ier associe à la royauté d'Oviédo son fils Ordogno Ier.

Rome. — L'élection de Léon IV se fait au milieu des préoccupations d'effroi que donne l'apparition de corsaires sarrasins aux environs de Rome.

848.

Allemagne et France. — Un concile de Mayence, présidé par Raban Maur, évêque et savant docteur, condamne la doctrine de Gothescalc sur la double prédestination des élus et des réprouvés : il est renvoyé à Hincmar, archevêque de Reims.

France. — Noménoë, le duc des Bretons, qui s'est rendu indépendant de la puissance carlovingienne, pour séparer mieux la Bretagne des autres terres de France, la soustrait à la suprématie métropolitaine de l'archevêque de Tours, donne le titre de métropole à Dol et fonde des évêchés à Saint-Brieuc et à Tréguier. Dol garda son titre métropolitain pendant trois cents ans. Presque aussitôt après, Noménoë se fit déclarer roi.

850.

Espagne. — Le roi de Cordoue punit par des supplices les déclamations de quelques chrétiens, ses sujets, contre Mahomet. — Il fait paver les rues de Cordoue.

France. — Pépin II, que les Aquitains préfèrent toujours à Charles le Chauve, s'allie avec les Normands et avec les Sarrasins.

IXe SIÈCLE (851-855).

851.

Arabes et Chine. — Les commerçants arabes étaient assez nombreux à Canton, au sud de la Chine, pour y avoir un consul, quand les navigateurs Wahad et Abusaïd font, pendant vingt-cinq ans, de 850 à 877, un voyage d'exploration dans ces contrées. — Les premiers ils ont écrit sur l'eau-de-vie, le thé, la porcelaine et la mauvaise monnaie de Chine appelée falus. Ils trouvent en Chine des communautés chrétiennes. Les provinces du nord de l'empire chinois sont appelées Cathaï et Tcha-Cathaï, c'est-à-dire Cathaï du thé; celles du midi Tchin ou Sin, dénomination qui s'étend aussi à la presqu'île au delà du Gange.

Espagne. — Le roi chrétien Ordogno Ier est vaincu par les Arabes : il fortifie alors Léon et Astorga.

852.

Espagne. — Abdérame II, un peu avant de mourir, fait reconnaître pour son successeur son fils aîné Mohammed Ier : il laisse, de ses différentes femmes, quarante-cinq fils et quarante et une filles. — Il a encouragé les travaux d'agriculture et d'industrie, les arts, la poésie et la musique. Magnifiques armes fabriquées à Cordoue et à Tolède. Progrès de l'art hydraulique pour alimenter les fontaines et les bains publics. Nouvelles mosquées avec des fontaines de marbre et de jaspe. Le célèbre musicien Ali Ben Zériab a été attiré de Bagdad à Cordoue. — Mohammed Ier interdit le palais aux chrétiens et les persécute. Il autorise, après examen, la prédication des doctrines de l'iman Hanbal, chef de l'une des quatre sectes réputées orthodoxes par les musulmans sunnites.

Espagne et France. — Un général d'Abdérame II enlève Barcelone aux Carlovingiens : les habitants ne se sont rendus qu'après que leurs murailles eurent été détruites par les Arabes.

France. — Pépin II, livré à Charles le Chauve, est tonsuré. — Le droit d'hérédité est accordé par le roi au comte de Toulouse, Raymond.

Rome. — Pour préserver Rome contre les courses des Sarrasins, Léon IV fait entourer de murailles le bourg de Saint-Pierre. Ce quartier a été appelé, de son nom, cité Léonine.

853.

Espagne. — La tentative d'usurpation de Mousa, Goth de naissance, chrétien renégat et gouverneur de Saragosse, menace à la fois le roi d'Oviédo et le roi de Cordoue, depuis Valence sur le Guadalaviar, jusqu'à Tudéla sur l'Ebre. — L'insurrection de Tolède complique les embarras de Mohammed Ier.

854.

France. — Evasion de Pépin ; la guerre recommence en Aquitaine.

855.

Grande-Bretagne. — Après d'éclatantes victoires sur les Danois, Ethelwulf voyage sur le continent, emmenant son plus jeune fils Alfred, âgé de sept ans; il visite les cours de France et de Rome. Libéralités du roi à l'Église. Il étend à tous les pays de sa domination l'obligation du denier de Saint-Pierre. Il fait à Rome un séjour d'un an.

Italie. — L'héritage de Lothaire Ier est partagé entre ses trois fils : 1° Louis a le titre d'empereur et l'Italie; 2° Lothaire la Lotharingie comprise entre les Alpes, le Jura, la Meuse, l'Escaut, au sud et à l'ouest, le Rhin à l'est ; 3° Charles le royaume de Provence, qui comprend les bassins de la Saône et du Rhône. — Louis II résidera non à Rome mais à Pavie.

Rome. — Mort de Léon IV, le premier pape qui ait ajouté un chiffre à son nom en raison du nombre des papes nommé de même, après lui une tradition absurde, mais qui avait cours dès le x° siècle, place la papesse Jeanne. — Élection de Benoît III qui prend le titre de *vicaire de saint Pierre*, que les papes ont remplacé au xiii° siècle par celui de *vicaires de Jésus-Christ*.

856.

France. — Les Northmans, qui ont incendié l'église de Saint-Martin de Tours et brûlé Angers, ravagent le territoire d'Orléans.

Grande-Bretagne. — Le roi Ethelwulf épouse une fille de Charles le Chauve ; il célèbre son mariage en France.

857.

Empire d'Orient. — Après avoir fait enfermer dans un monastère l'impératrice Théodora, mère de l'empereur Michel III l'Ivrogne, le césar Bardas, oncle de l'empereur, chasse de Constantinople le patriarche saint Ignace, qui lui a refusé, pour cause d'inceste, la communion, et le remplace dans la première dignité de l'Église par Photius, savant distingué, mais d'une ambition insatiable. — La rivalité de Photius et d'Ignace agitera longtemps les églises d'Orient.

France. — Les Northmans reviennent mettre le feu à l'église Sainte-Geneviève de Paris, et rançonnent d'autres églises.

858.

France. — Au milieu des courses des Northmans, une ligue de nobles et d'évêques dépose Charles le Chauve, et appelle au trône son frère Louis le Germanique.

Grande-Bretagne. — Deux fils d'Ethelwulf, qui règnent ensemble, ne protégent pas le pays anglo-saxon contre les invasions des Northmans.

Rome. — L'empereur carlovingien, Louis II, dans une cérémonie, conduit par la bride le cheval du pape Nicolas I et baise les pieds du pontife. — Entre 836 et 857 ont été publiées les fausses lettres décrétales qui attribuent tant d'autorité au saint-siège, sous le nom d'Isidore Mercator.

859.

France. — Louis le Germanique, dont le royaume est menacé à l'est par les Slaves, renonce au trône de France. Charles le Chauve redevient roi. Il porte plainte dans une assemblée d'évêques contre ceux qui avaient travaillé à sa déposition, surtout contre l'archevêque de Reims Vénillon, et leur reproche de l'avoir expulsé du royaume sans qu'il eût comparu devant les évêques qui l'avaient sacré roi : « Ces prélats, dit-il, sont les trônes de Dieu, par lesquels Dieu prononce ses arrêts. » — Nouvelles ordonnances pour la restauration des études.

860.

Empire d'Orient et Rome. — Nicolas IV interpose vainement son autorité suprême dans le débat des patriarches rivaux de Constantinople. Il condamne Photius.

Espagne. — Soixante vaisseaux northmans s'aventurent jusque dans la Méditerranée, sur les côtes de Malaga et d'Algéziras : ils ravagent même le littoral de l'Afrique.

Scandinaves. — Reconnaissance de la forme insulaire de l'Islande (terre de glace) ; elle n'est colonisée qu'en 874 par le Norvégien Ingolf.

861.

France. — Débat entre Hincmar archevêque de Reims et Rothade évêque de Soissons, son suffragant, au sujet d'un prêtre justement puni par l'évêque, et que le métropolitain voulait faire rétablir. Le pape donnera raison à l'évêque. — Robert le Fort, qui a déjà reçu en 850 la Marche angevine, obtient du roi le duché de France à titre héréditaire.

Orient musulman. — Le calife ayant fait raser les tombeaux d'Ali et d'Hossein, donne un prétexte à la révolte des Alides. Son fils se déclare contre lui, ordonne sa mort et saisit le pouvoir ; le parricide meurt au bout de six mois.

Scandinaves. — Navigation vers l'archipel des îles Féroé, au nord-ouest des îles Shetland et des îles Orcades.

862.

Espagne. — La conquête de Salamanque, un peu au sud du Douro, par Ordogno Ier, est l'effet de l'insurrection de Mérida contre le roi de Cordoue.

France. — La France et l'Artois deviennent le domaine héréditaire de Baudouin Bras de Fer, gendre du roi.

Orient musulman. — Les esclaves turcs, qui forment la garde des califes de Bagdad, disposent *pour la première fois du trône* ; un petit-fils de Motassem, qu'ils ont élevé, tombera aussi par eux. En moins de dix ans ils casseront trois califes. Faiblesse du gouvernement central.

Rome. — Après que le roi de Lotharingie Lothaire a été autorisé par une assemblée ecclésiastique d'Aix-la-Chapelle à divorcer avec Thietberge pour épouser une autre femme, Valdrade, le pape prend parti pour l'épouse légitime, abandonnée sans motif canonique.

Russes. — Les Varègues ou Varangiens russes, qui ne forment pas un peuple particulier, mais appartiennent à diverses peuplades gothiques, Danois, Anglo-Saxons, Suédois, occupaient la côte de l'Ingrie sur la Baltique, où ils se livraient à la piraterie, lorsque les Slaves de Novogorod, opprimés par leurs voisins de même race qu'eux, les appelèrent à leurs secours. — Trois frères conduisent l'expédition des Varègues, et s'établissent, avec la permission des Slaves de Novogorod 1° au nord, près de l'embouchure de Wolkhova, à l'endroit où cette rivière est reçue par le lac Ladoga ; 2° à l'ouest, près de Pleskof, à quelque distance du lac de même nom ; 3° à l'est, près du lac Blanc ou Bielo. Ils y fondent chacun une ville.

863.

Espagne. — Pour assurer le trône dans sa maison, Ordogno Ier fait prêter serment par les seigneurs à son fils, âgé de quinze ans, comme futur roi.

Provence. — Mort du roi Charles ; ses frères, Louis II et Lothaire, partagent son royaume.

864.

Espagne. — Un chef de bandits, Omar-Ben-Hafsoun, né dans l'Andalousie, devient l'effroi des grandes cités de l'Espagne musulmane, prétend au pouvoir suprême et exerce impunément, pendant dix-huit ans, le plus affreux brigandage : son exemple encourage beaucoup de séditions partielles ; il aura souvent pour alliés les princes chrétiens.

Espagne et France. — Traité de Charles le Chauve avec le roi de Cordoue, auquel est reconnue la possession de Barcelone, de Girone, et d'Urgel, sur la haute Sègre.

France. — Des capitulaires préparés dans l'assemblée de Pistes ou Pîtres, sur la Seine, un peu au-dessus de Rouen, ordonnent aux seigneurs de démolir leurs châteaux-forts, et promettent un meilleur poids ainsi qu'un meilleur titre de monnaie. Impuissance des décrets royaux.

Italie et Rome. — Les archevêques de Cologne et de Trèves, déposés par le pape Nicolas Ier pour avoir favorisé le divorce de Lothaire, sont soutenus par l'empereur Louis II, frère de Lothaire, qui exerce d'indignes violences à Rome.

865.

Bulgares. — Leur chef Bogoris demande, par une ambassade solennelle, des évêques et des prêtres au pape Nicolas Ier. Des clercs sont envoyés en même temps par le patriarche de Constantinople. Ceux-ci l'emporteront et feront chasser les prêtres romains ; les églises bulgares relèveront de Constantinople.

France.—Pépin II tombe encore aux mains de Charles le Chauve ; il ne reparaîtra plus en Aquitaine.

Rome. — Dans un concile à Attigny, au milieu des Ardennes, le légat du pape oblige le roi de Lotharingie à quitter Valdrade pour reprendre sa première femme Thietberge. — L'innocence de l'évêque de Soissons, Rothade, persécuté par Hincmar, est reconnue par le pape.

Russes. — Rurik, l'un des chefs varègues-russes, opprime le peuple slave de Novogorod qu'il était venu défendre ; il dispose en faveur de ses guerriers des terres, des villes, des places fortes, et les leur confère à peu près comme des fiefs amovibles. Novogorod fortifiée devient sa résidence. Ceux qu'il avait conquis perdirent le nom de Slaves et ne furent plus connus que sous celui de Russes. — Ses frères Oskhold et Dir, s'étant détachés de lui, allèrent s'établir à Kiev, emmenant beaucoup de Varègues et de Slaves. C'est de là qu'ils se jetteront sur les terres des Polonais et des Cosaques de l'Ukraine ; leurs barques les porteront plusieurs fois, de l'embouchure du Dniéper, jusque dans les parages de Constantinople.

866.

Bulgares.—Bogoris, récemment converti avec sa nation, fait adresser par son fils, à Nicolas Ier, des questions de religion auxquelles répond le pape.

Empire d'Orient. — L'empereur Michel III l'Ivrogne fait assassiner son oncle, le césar Bardas, par Basile le Macédonien, d'origine arménienne, qu'il associe à l'autorité suprême.

Espagne. — Alphonse III ne règne en paix, après la mort de son père, que lorsqu'il a détruit le parti d'un usurpateur, le comte de Galice.

France. — Le duc de France, Robert le Fort, est tué en combattant les Northmans à Brisserte (pont de la Sarthe) près du Mans. Son fils Eudes lui succède dans le duché de France et dans la marche d'Anjou.

Italie. — L'empereur Louis II défend mal l'Italie méridionale contre les Sarrasins.

867.

Empire d'Orient. — Bassesses, parjures, meurtres, tous les moyens les plus coupables sont employés par Basile le Macédonien pour parvenir au trône : il fait assassiner l'empereur Michel III l'Ivrogne et prend sa place. Devenu empereur il montrera quelques vertus. Sa famille gardera l'empire pendant plus d'un siècle et demi. — Il se déclare d'abord pour Ignace contre l'intrus Photius.

Empire d'Orient et Rome.— Photius, s'appuyant sur une assemblée qu'il a convoquée et dirigée à son gré, dépose et excommunie le pape Nicolas Ier.

Espagne. — Dix ans de sécheresse affreuse commencent pour l'Afrique et pour l'Espagne : des signes célestes extraordinaires, qui se répétèrent plusieurs fois dans cet intervalle, ajoutèrent à la consternation des musulmans.

France. — Après la mort de son fils aîné qui avait gouverné quelque temps en son nom, mais sans docilité, l'Aquitaine, Charles le Chauve y envoie son autre fils, Louis le Bègue.

868.

Empire d'Orient et Rome.— Le successeur de Nicolas Ier, Adrien II, renvoie l'anathème à Photius, patriarche de Constantinople.

Italie. — L'empereur Louis II commence devant Bari, que les Sarrasins occupent, un siège de trois ans.

869.

Allemagne et **France.** — A la mort du roi de Lotharingie Lothaire, ses oncles, les rois d'Allemagne et de France, se disputent son héritage auquel avait seul droit l'empereur Louis II son frère : Charles le Chauve se fait sacrer roi à Metz par l'archevêque de Reims Hincmar.

Empire d'Orient et **Rome.** — Le neuvième concile général, tenu à Constantinople, avec l'agrément de l'empereur Basile le Macédonien, en présence des légats d'Adrien II, renouvelle l'anathème contre tous les hérétiques, surtout contre les monothélites et les iconoclastes. Photius est anathématisé par les cent deux évêques d'Orient, qui avaient été sacrés avant son intrusion au patriarchat ; S. Ignace est rétabli. — Les légats du pape ne peuvent obtenir que la nouvelle église de Bulgarie relève de la juridiction romaine.

870.

Allemagne et **France.** — Un traité signé près d'Héristal et de Mersen, sur la Meuse, partage la Lotharingie entre Charles le Chauve et Louis le Germanique.

Bulgares. — Les Bulgares ont chassé les prêtres latins que le pape avait envoyés ; Ignace, patriarche de Constantinople, leur donne un archevêque.

France et **Provence.** — Les troupes de Charles le Chauve occupent la Provence, dont Lothaire avait eu sa part en 863.

871.

France et **Rome.** — L'évêque de Laon, Hincmar, qui depuis deux ans était sous le coup de peines ecclésiastiques pour sa conduite violente envers ses diocésains, et pour son infidélité envers le roi, malgré l'appel qu'il interjette au saint-siège contre la sentence qu'a fait rendre le métropolitain Hincmar, archevêque de Reims, est déposé dans le concile de Douzi-les-Prés, ville du bassin de la Meuse. Adrien II enjoint à Charles le Chauve d'envoyer les parties à Rome ; la réponse très-ferme du roi, inspirée par l'archevêque de Reims, rend le pape plus circonspect.

Grande-Bretagne. — Avénement d'Alfred, quatrième fils d'Ethelwulf ; il ne règne que sur la terre des Saxons proprement dits : tout le pays des Angles est occupé par les Danois.

872.

Italie. — Ayant obtenu de Louis le Germanique qu'il renonce à sa part de la Lotharingie, l'empereur Louis II se fait couronner à Rome roi de Lotharingie, quoique Charles le Chauve retienne toujours la portion de l'héritage de Lothaire, qu'il a usurpée.

873.

Orient musulman. — Les princes tahériens du Khoraçan, province indépendante du califat de Bagdad, font place aux Soffarides. Le fils de Soffar, Yacoub, fonde la dynastie.

874.

Espagne. — Les milices musulmanes de Tolède et de Cordoue, qui se jettent sur les terres chrétiennes, sont écrasées par Alphonse III.

875.

France et **Italie.** — La mort de l'empereur Louis II livre à Charles le Chauve, déjà maître d'une partie de la Lotharingie proprement dite et de la Provence, le royaume d'Italie : il reçoit à Rome, du pape Jean VIII, la couronne impériale. Il a ainsi presque tout l'héritage de son frère aîné Lothaire. — Mais Louis le Germanique reprend sa part de la Lotharingie, et la veuve de Louis II favorisera l'établissement royal de son gendre Boson dans la Provence.

876.

Allemagne. — A la mort de

Louis le Germanique, Charles le Chauve prétend réunir tout l'héritage carlovingien, en dépouillant ses neveux, quoiqu'il ne soit même pas en état de se défendre contre les Northmans, qui prennent Rouen, contre les Sarrasins, qui ravagent les côtes de l'Italie. — La Germanie reste indépendante et forme trois royaumes partagés entre les fils de Louis : 1° royaume de Bavière, à son fils aîné Carloman, qui l'avait souvent inquiété de ses révoltes ; 2° royaume de Saxe, à Louis ; 3° royaume de Souabe, à Charles le Gros. — Charles le Chauve est battu, près d'Andernach, sur le Rhin, par Louis de Saxe.

877.

Empire d'Orient. — L'empereur Basile le Macédonien, à l'exemple de Justinien, publie une compilation de lois en quarante livres. Les *Basiliques* seront continuées par son fils. — La mort du patriarche légitime, Ignace, ouvre une nouvelle carrière à l'ambition de Photius.

France. — Le capitulaire de Kiersy sur Oise, un des derniers actes de Charles le Chauve comme roi de France, consacre le droit d'hérédité des terres bénéficiaires ou fiefs, et des offices royaux sur ces terres pour tous les seigneurs qui le suivraient en Italie. Le roi reconnaît comme duc héréditaire de Bourgogne le comte d'Autun, Richard le Justicier. Mort de Charles le Chauve au pied des Alpes. — Son fils Louis le Bègue ne lui succède qu'en France. La dignité impériale reste vacante pendant trois ans ; la royauté d'Italie est prise par Carloman de Bavière.

France et Italie. — Lambert, qui devait cependant le duché de Spolète à Charles le Chauve, se déclare pour le roi Carloman de Bavière qui dispute l'Italie à Charles, et s'empare de Rome ; par les violences qu'il y commet, il réduira Jean VIII à se sauver en France. — Les Sarrasins se sont fait payer un tribut par le pape.

Grande-Bretagne. — Le roi Alfred, bien des fois vaincu par les Danois, mal secondé par les Anglo-Saxons qu'il gouverne en prince absolu, se dérobe à ses sujets comme aux ennemis ; il reste caché pendant toute une année.

Venise. — Les Sarrasins venus jusqu'à Grado, à l'embouchure de l'Isonzo, dans le fond de l'Adriatique, sont repoussés par une flotte vénitienne.

878.

France et Rome. — Le pape Jean VIII demande aux seigneurs et aux évêques le secours des armes de la France pour protéger l'Église romaine contre les Sarrasins. Le concile, qu'il préside à Troyes, interdit de donner la sépulture à ceux qui sont morts dans l'excommunication.

Grande-Bretagne. — Le roi Alfred reparaît au milieu de ses peuples. Les Danois, vaincus à Éthandun, sont resserrés dans un territoire limité, et se convertissent en partie à la foi chrétienne. — Pendant un nouveau règne de vingt-deux ans, Alfred le Grand donne ses soins à la religion, au gouvernement central, à la justice, aux sciences, aux arts, au commerce : les lettres, qu'il cultive lui-même, sont encouragées.

879.

Empire d'Orient. — Photius, redevenu patriarche de Constantinople avec la faveur de l'empereur, est reconnu même par le pape Jean VIII. Trois cent huit évêques, réunis en concile, sanctionnent ses volontés et laissent en oubli les canons du neuvième concile général.

France. — Mort du roi Louis le Bègue. Il a laissé prendre par les seigneurs beaucoup de terres royales. Ses fils, Louis III et Carloman défendent l'héritage paternel contre l'usurpation de leur cousin, Louis de Saxe. Ils combattent avec succès les Northmans.

Moraves. — Jean VIII permet à saint Méthodius, apôtre des Moraves et des Slaves, d'employer la langue esclavone pour la célébration de l'office divin.

Orient musulman. — Le gouverneur de l'Égypte, Ahmed, fils de Toulou, se rend indépendant du califat; il fonde la dynastie des Toulonides.

Provence. — Boson prend le titre de roi d'Arles ou de Provence; il est couronné dans une assemblée d'évêques.

880.

Allemagne, France et Italie. — Union parfaite des deux frères qui règnent en France. — Ils luttent vainement pour la conservation de la Provence avec le secours de Charles le Gros, roi de Souabe. — La mort de Carloman de Bavière assure à Charles le Gros, son frère, la couronne d'Italie; la Bavière s'est réunie à la Saxe : un fils bâtard de Carloman a seulement la Carinthie. L'Allemagne est, comme la France, assaillie par les Northmans.

881.

Espagne. — Un tremblement de terre cause de grands désastres et inspire un effroi superstitieux à la population musulmane dans les régions de l'ouest et du sud de l'Espagne.

France. — La victoire de Louis III sur les Northmans à Saucourt en Vimeu, dans le bassin de la Somme, a été célébrée par un chant national.

Italie. — La couronne impériale qui n'était pas portée depuis la mort de Charles le Chauve est prise par Charles le Gros.

Orient. — Le patriarche de Jérusalem écrit à Charles le Gros et aux principaux seigneurs de France, et demande de l'argent pour la réparation des églises ruinées par les Arabes. — Les généraux du calife de Bagdad, battus en Orient et sur les côtes d'Italie, dévastent le Péloponnèse.

Sicile. — Les musulmans, qui ont pénétré dans l'île depuis cinquante-quatre ans, enlèvent enfin Syracuse aux Grecs.

Venise. — Le doge et le sénat défendent, sous les peines les plus rigoureuses, aux marchands nationaux, de vendre les chrétiens pauvres aux corsaires sarrasins ou aux Esclavons.

882.

Allemagne et Northmans. — Charles le Gros succède à son frère Louis dans le royaume de Saxe. — Il met un terme aux invasions des Northmans sur les côtes de Lotharingie, par un tribut honteux et par la cession de la Frise occidentale à Godefroy qui se fait chrétien.

France. — Conversion du chef northman Hastings; il reçoit le comté de Chartres. — Mort de Louis III; Carloman est seul roi.

883.

Russes. — Les princes varègues de Kiev, Dir et Oskhold, qui avait reçu le baptême, tombent sous les coups perfides d'Oleg, tuteur du fils de Rurik, Igor. Kiev, occupée par Oleg, devient le siége de la domination russe.

884.

France. — Mort du roi Carloman. — Charles le Gros ajoute à toutes ses couronnes celle de France, au détriment du fils posthume de Louis le Bègue, âgé de cinq ans.

Rome. — Exaltation d'Adrien III : il est le premier pape qui ait changé de nom à son avénement.

885.

France et Northmans. — Terrible invasion des Northmans de la Frise, avec Godefroy et Sigefroy. Ils remontent la Seine jusqu'à Rouen Pontoise, Paris. Paris soutient un long siége ; héroïsme de l'évêque Gozlin et du comte Eudes, le duc de France.

Rome. — L'empereur Charles le Gros fait difficulté de reconnaître le nouveau pape Étienne V, parce qu'on n'a pas attendu son consentement pour la consécration de l'élu.

886.

Empire d'Orient. — Le nouvel empereur, fils de Basile le Macédonien, Léon le Philosophe, chasse Photius du siége patriarcal de Constantinople.—Pendant vingt-cinq ans de règne, il laissera impunies les courses des musulmans, des Lombards d'Italie, des Bulgares, des Russes, et n'empêchera pas les établissements nouveaux des Slaves Serviens et Croates, au nord-ouest des provinces européennes. — Corruption des mœurs de la cour. L'empereur compose un traité de tactique et des sermons.

Espagne.—La mort de Mohammed 1er a été le signal d'un vaste ébranlement dans la péninsule ; Tolède, rivale de Cordoue, est toujours un foyer d'insurrection. Les deux fils de Mohammed, qui régneront successivement, seront aux prises pendant quinze ans avec l'audacieux Kaleb-Ibn-Hafsoun. Il est plus redoutable que son père : il se fait roi à Tolède.

France. — Paris ne reçoit pas de secours du roi Charles le Gros ; il offre seulement de l'argent aux Normands.

887.

Allemagne, France, Italie, etc. — Déposition de Charles le Gros par les seigneurs de la Germanie, à Tribur en Souabe ; ils donnent le trône au Carlovingien Arnulf, fils de Carloman de Bavière.—Les États carlovingiens sont séparés pour n'être plus jamais réunis. — En France, le comte de Paris et duc de France, Eudes, qui se fait sacrer roi à Compiègne, n'est le maître ni de la Bretagne, qui a toujours des ducs indépendants, ni du duché d'Aquitaine, où domine Rainulf comte de Poitiers, ni de la Provence ou Bourgogne cisjurane, qui reste à la famille de Boson, beau-frère de Charles le Chauve. La Bourgogne transjurane aura pour roi Raoul ou Rodolphe Welf, reconnu à Saint-Maurice en Valais. L'Italie se partagera entre Bérenger, duc de Frioul, et Guy, duc de Spolète, qui descendent de Charlemagne par les femmes. — Commencement du régime féodal ; partout la possession de la terre féodale est la seule condition de la richesse et de la puissance. Les rois, suzerains suprêmes de tous les possesseurs de terres, qui forment entre eux une société hiérarchique fondée sur la réciprocité des devoirs et des droits, n'ont que les ressources de leurs propres domaines. — Les Slaves, les Northmans et les Sarrasins (ces derniers auront bientôt un poste sur la côte de Provence, à Fraxinet) profitent de la confusion générale.

888.

Allemagne. — Arnulf, roi d'Allemagne, exerce la suprématie sur les princes qui se partagent les États carlovingiens.

Italie. — Bérenger rend hommage à Arnulf pour l'Italie, où il reçoit le premier la couronne de fer de Lombardie.

889.

Bulgares et Grecs. — Le roi Siméon, en paix avec ses voisins les Serviens, prétexte les perfidies dont les Bulgares sont victimes dans les marchés grecs de Thessalonique pour se jeter sur les terres de l'empire.— Trois ans de guerre.

France. — Le roi Eudes défend de nouveau Paris contre une expédition normande que conduit Rollon ; mais il sera battu, l'année suivante, dans le bassin de la Meuse.

Italie. — La victoire gagnée, à la Trébie, sur Bérenger, livre à Guy de Spolète l'Italie septentrionale.

891.

Allemagne. — Le roi Arnulf bat les Northmans sur la Dyle, près de Louvain.

Italie. — Guy de Spolète se fait couronner empereur à Rome, et associe son fils, encore enfant, à la dignité impériale.

Rome.—L'élévation de Formose, évêque de Porto, au pontificat, est le premier exemple d'un évêque transféré d'un autre siége sur celui de Rome. Auparavant et souvent depuis, celui qui était élu pape n'était que diacre ou prêtre.

893.

France.—Un parti de seigneurs et d'évêques, à la tête duquel est l'archevêque de Reims, Foulques, proclame roi le fils posthume de Louis le Bègue, Charles le Simple; Eudes le force, presque aussitôt, à fuir auprès du Carlovingien qui règne en Germanie.

894.

Allemagne et **Italie.** — Le roi Arnulf vient en personne revendiquer la Lombardie.—Mort de Guy de Spolète; son jeune fils, Lambert, et sa veuve succèdent à ses prétentions.

Bohême. — Le duc des Siaves Tchecques, qui habitent la Bohême, à l'est de la Moravie, Borziwof, se fait chrétien; il est baptisé par l'évêque de Moravie, Méthodius.

Hongrois. — Vers 894, les Hongrois idolâtres, sous la conduite d'Arpad chef des Madgyars, qu'on disait descendant d'Attila, viennent des régions du Volga dans celles de la Theiss et du Danube où habitaient autrefois les Avares; ils combattent les Moraves leurs voisins à l'ouest.

895.

Allemagne et **Italie.** — Rome et l'Italie centrale restant à Lambert, le pape Formose appelle dans la péninsule l'Allemand Arnulf; il préfère pour maître un étranger qui ne résidera pas en Italie. — Entrevue d'Arnulf avec Bérenger, qui est bientôt à sa merci.

Bohême. — Le duc, récemment baptisé, a été chassé par ses sujets, qui sont attachés à l'idolâtrie; au bout de dix mois il fut rétabli. — Fondation à Prague d'églises et d'écoles.

896.

Allemagne et **Italie.**— Arnulf prend Rome d'assaut sur les partisans de Lambert; il est couronné empereur par le pape Formose, qui fait réserve de son droit sur la ville de Rome. Un échec devant Spolète et la maladie lui font quitter la Péninsule.—Partage du territoire lombard entre le roi Bérenger et l'empereur Lambert.

France. — Le roi Eudes laisse à son rival, Charles le Simple, les régions qui sont à l'est de la Seine et de la Marne.

Rome. — Le pape Étienne VI prononce, dans une grande assemblée tenue à Rome, contre le cadavre et la mémoire de Formose, accusé d'avoir usurpé le siége de Rome, un arrêt de peine capitale et une sentence de dégradation. Le cadavre du pontife est décapité. La réhabilitation de Formose eut lieu, deux ans après, sous un autre pape. — Pendant un siècle et demi, l'Église souffrira de l'ignorance, de la corruption des mœurs et du despotisme des princes; elle-même sera imprégnée des vices qu'elle ne suffit pas à combattre. — Dans un court espace de temps, un grand nombre d'évêques se succèdent sur le trône de Rome, la plupart sans talents et sans vertus, souvent victimes, quelquefois complices et auteurs de grands scandales.

898.

France.—Mort d'Eudes : Charles le Simple porte seul le titre de roi.

Italie. — Adalbert II, duc-marquis de Toscane, qui a épousé Berthe, la fille du roi de Lotharingie, Lothaire, et de la fameuse Valdrade, prétend à l'empire, mais il tombe entre les mains du roi Lambert.— Lambert meurt d'une chute de cheval et ne laisse pas d'héritier. Bérenger est seul roi en Italie; il rend la liberté au marquis de Toscane.

899.

Allemagne. — Louis IV, âgé de sept ans, succède à son père Arnulf.

Italie. — Louis, le fils de Boson, roi de Provence, vient disputer la couronne d'Italie à Bérenger; celui-ci le force à se retirer — Invasion des Hongrois dans la péninsule ; ils sont vainqueurs de Bérenger.

Orient musulman. — Les généraux du calife abbasside entreprennent sans succès de résister aux karmates, secte de fanatiques qui ravagent l'Arabie et l'Irak-Arabi.

Xe SIÈCLE APRÈS J. C.

APERÇU GÉNÉRAL.

Au commencement du xe siècle les musulmans craints à Rome et à Constantinople, maîtres de la Perse, de l'Arabie, de la Syrie, de toutes les côtes de l'Afrique jusqu'au mont Atlas, ont une puissance presque égale à celle des Romains sous Auguste. Mais les Romains ne formaient qu'une seule nation : les musulmans sont divisés en plusieurs peuples ; tant d'États, presque indépendants les uns des autres, n'ont de lien commun que dans leur croyance religieuse, et encore les sectes ne manquent pas en Orient, en Afrique et en Espagne.

En Orient, la puissance abbasside, ou partagée ou disputée, ne réprime plus les ambitions : les soldats déposent et assassinent les califes. L'Afrique, avec l'Égypte, où est fondé le Caire, même la Syrie et certaines contrées de l'Arabie, forment un empire à part pour les Fatimites, mahadis ou directeurs des fidèles : ils aspireront même au califat universel. La domination musulmane avait plus d'éclat et plus de solidité en Espagne : le génie du calife ommiade Abdérame III et celui du lieutenant des califes, Mohammed Almanzor, neutralisent les effets de la turbulence des émirs. Leur mollesse est réveillée par les guerres incessantes avec les États chrétiens d'Oviédo ou de Léon, de Navarre, de Castille, d'Aragon, de Barcelone. L'Espagne sera, pendant six siècles encore, partagée entre les chrétiens et les Maures.

Les Arabes continuent de traduire et d'expliquer Aristote : Alfarabi prétend concilier Aristote et Platon et les comprend assez peu pour les trouver d'accord. Tout en se persuadant qu'ils entendent parfaitement la philosophie grecque, tout en s'efforçant de la rallier à la doctrine du Koran, ils se divisent en soixante et dix sectes. Des études plus positives sont cultivées avec succès : Albirouni rédige un traité de géographie, fruit de quarante ans d'observations et de voyages; Ibn Batrick, que les occidentaux ont appelé Eutychius, compose un corps d'annales orientales; Rhazès embrasse tout le système de la science de la médecine.

A Constantinople, la faiblesse ou les vices des empereurs, les désordres et les factions de leur cour n'excluent pas toute gloire. La maison macédonienne donne, après Léon le Philosophe, le débonnaire Constantin Porphyrogénète : absorbé dans ses études, jaloux de devenir peintre, architecte, auteur, il laisse l'empire à sa mère, à sa femme, à ses fils. On a beaucoup d'ouvrages sous son nom; celui qui a pour objet la situation des provinces et des villes soumises aux empereurs grecs, est un monument instructif de la géographie du moyen âge. Son petit-fils, Basile II, marchera sur les traces des deux généraux habiles, que les guerres heureuses contre les Sarrasins et les Russes ont portés à l'empire; mais l'avarice, la férocité et la débauche forment le fond du gouvernement impérial.

La maison des Carlovingiens s'éteint d'abord en Germanie, où la royauté, d'héréditaire, devient élective; tandis qu'au contraire les dignités qui n'avaient été que de simples commissions confiées à des ducs, à des comtes, etc., restent là, comme partout, héréditaires. Le chaos de l'Allemagne commence à se débrouiller sous le premier prince saxon porté au trône par élection : on s'affranchit par une victoire du tribut payé aux Hongrois; Henri l'Oiseleur fortifie les villes, institue des milices et des jeux militaires, qui donnent la première image des tournois; son fils, Othon le Grand, vainqueur des Danois, des Bavarois rebelles, des Bohémiens insoumis, renouvelle l'œuvre de Charlemagne en Italie.

La race carlovingienne avait fini dans la péninsule avec le roi Bérenger Ier, qui ne pouvait défendre le territoire contre les Hongrois venus du Nord et contre les Sarrasins venus du Midi. L'anarchie féodale était au comble dans ce malheureux pays : deux courtisanes ambitieuses, Théodora et Marozie, ont été à la tête des factions et ont disposé même du siége de saint Pierre. Un fils de Marozie a exercé seul l'autorité civile à Rome. Un de ses petits fils s'est emparé du ministère pontifical et l'a uni ainsi au pouvoir civil.

Tour à tour bienfaiteur des papes et leur maître, Othon le Grand détrône le roi Bérenger II d'Ivrée, ceint la couronne des Lombards et se fait sacrer à Rome en qualité de chef de l'empire. La dignité impériale doit être inséparable des royaumes de Germanie et d'Italie. En échange des serments et de l'hommage du pape, Othon fait à l'Église romaine de magnifiques promesses. Les trois premiers Othon laissent poindre en Italie les institutions municipales et quelques germes de liberté publique qui se développeront contre les empereurs. Les priviléges accordés aux évêques allemands, qui sont faits ducs et comtes avec des droits régaliens, sont aussi des semences d'anarchie et de révolutions.

En France, la race carlovingienne se flétrit de plus en plus. La Neustrie est cédée aux Northmans, à titre de vassaux de la couronne; les Hongrois pendant près d'un demi-siècle dévastent notre territoire à l'est, et les Sarrasins au sud. Les chefs de la féodalité se font rois: Hugues Capet, duc de France, le possesseur d'une des sept grandes principautés, subdivisées elles-mêmes, et presque à l'infini, en petites seigneuries, prend la place du dernier carlovingien, et commence une troisième dynastie, en réunissant à son duché le titre de roi et la faible puissance que le système féodal avait laissée à cette dignité.

L'histoire littéraire, dans la langue latine, offre bien peu de noms: les plus remarquables sont ceux des chroniqueurs, Réginon, Flodoard, Luitprand, Aimoin. L'ouvrage de Luitprand, évêque de Crémone, qui a eu part aux affaires publiques qu'il raconte, qui a fait deux voyages à Constantinople, comme ambassadeur du roi d'Italie et empereur d'Occident, est presque le seul monument littéraire de l'Italie septentrionale: il est concis, et énergique, il amuse le lecteur; sa latinité paraît pure, en comparaison de celle des autres écrivains de son temps. C'est l'époque où la langue des anciens Romains s'est le plus altérée. Le tudesque est l'idiome vulgaire d'une grande partie de l'Europe occidentale et septentrionale; on l'écrit déjà en vers et en prose.

Le Danemark, la Norvége, la Suède, commencent à se donner des lois: dans ces deux derniers pays, on a le bonheur d'éviter les principaux abus du régime féodal; point de fiefs héréditaires, point de servitude de la glèbe. Des bandes redoutables de barbares continuent de s'élancer de la Scandinavie. Les Northmans s'établissent en France. L'Angleterre, en proie aux convulsions religieuses et politiques que domine le nom de saint Dunstan, moine, archevêque de Canterbury et légat du pape, est à la merci des Danois. Les Russes d'origine scandinave commencent à connaître la foi chrétienne, et cessent leurs courses contre les Grecs qui leur envoient l'Évangile. Les Slaves Polonais doivent le christianisme aux Germains catholiques.

Le pape donne à son autorité spirituelle une extension qui devient redoutable même pour les rois : la politique a autant de part que les raisons canoniques à l'excommunication et à l'interdit dont sont frappés Robert le Saint, fils de Hugues Capet, et le royaume de France. Il ne se tient au x° siècle aucun concile général. Il y a peu d'hérésies nouvelles.

Au milieu de ces peuples, de ces seigneurs, de ces rois qui ne savent ni écrire ni lire, l'instruction livre au clergé l'administration des affaires civiles : la science est appelée clergie, les clercs dictent les testaments, règlent les mariages, les contrats, les actes publics ; ils s'affranchissent de la juridiction séculière, et s'efforcent d'assujettir toutes les personnes et toutes les choses à leur propre juridiction. Les legs et les donations affluent aux églises, et aux monastères, surtout dans les dernières années de ce siècle.

Sous l'empire de tous les vices et des plus scandaleux désordres, on attend avec effroi la fin du monde qu'une ancienne tradition semble fixer à la millième année de l'ère chrétienne. Cette terrible barrière est franchie pendant le pontificat de Sylvestre II, Gerbert d'Aurillac qui a mérité, sous ce nom, une place dans l'histoire des lettres et des sciences, et qui a conçu le premier l'idée des croisades

CHRONOLOGIE.

900.

Allemagne. — La Lorraine, à laquelle Arnulf avait donné pour roi son fils naturel Zwentibold, appelle et reconnaît Louis IV le roi d'Allemagne.

France. — Charles le Simple est reconnu dans l'Aquitaine et dans la Septimanie. — Au concile de Reims, la cérémonie solennelle de l'excommunication, contre les meurtriers de l'archevêque Foulques, s'accomplit avec toutes les formalités effrayantes dont l'Église entoure cet acte de réprobation solennelle.

Italie. — Adalbert, marquis d'Ivrée, au nord de Turin, et le marquis de Toscane appellent une seconde fois en Italie, contre Bérenger, Louis de Provence ; le marquis d'Ivrée est cependant le gendre de Bérenger.

901.

Angleterre. — Mort du roi saxon Alfred. Sa race garde le trône au sud; les Danois conservent au nord le pays des Angles.

Italie. — Louis de Provence se fait couronner empereur à Rome. — Le roi Bérenger va chercher asile auprès du roi de Germanie.

902.

Empire d'Orient. — Le patriarche de Constantinople, Nicolas, engage courageusement la lutte avec l'empereur Léon VI le Philosophe, au sujet du quatrième mariage de ce prince, qu'il n'a pas consacré, et qu'il ne veut pas reconnaître pour légitime. L'exemple de soumission donné par les évêques d'Orient, la condescendance des légats de Rome, les prières, les menaces, l'exil et les souffrances de la solitude n'ébranleront pas sa constance pendant neuf ans.

Italie. — Le roi Louis retourne en Provence; Bérenger ressaisit l'autorité.

904.

Empire d'Orient, Arabes et Russes. — Quatre-vingt mille Russes, conduits sur deux mille barques par Oleg, qui laisse Igor à Kiev, descendent le Dniéper, en franchissant les cataractes du fleuve, pénètrent par la mer Noire dans le Bosphore, forcent le port de Constantinople et mettent à feu et à sang les environs de la ville. Léon VI le Philosophe achète la paix, et les laisse emporter de riches dépouilles. — Des pirates sarrasins, conduits par un renégat grec de Tripoli, assiègent Thessalonique, la place la plus importante de l'empire grec après Constantinople; elle subit toutes les horreurs d'une ville prise d'assaut.

905.

Espagne — Fortun Ier, après vingt-cinq ans de règne, abdique solennellement la royauté de Navarre pour se retirer dans un cloître; il laisse le trône à son frère.

Italie. — Pour la troisième fois, Louis de Provence engage la guerre contre Bérenger; celui-ci le surprend dans Vérone, lui fait crever les yeux et le laisse ensuite retourner dans son royaume.

Orient musulman. — L'Égypte est reconquise sur les Toulonides par les troupes du calife.

906.

Italie. — Invasion des Hongrois en Italie; Bérenger leur paye un tribut régulier. Ils menacent les îles vénitiennes de Malamocco et de Rialto, d'où ils sont repoussés.

907.

Chine. — La dynastie des Tang, qui a occupé la Chine pendant près de trois siècles, fait place à la quatorzième dynastie Héou-li-ang. Succession rapide de cinq dynasties, en cinquante-trois ans, de 907 à 960.

Espagne. — Pendant que le roi de Navarre se jette sur la Gascogne française, Pampelune est assiégée par les Musulmans. Le retour précipité du roi la délivre; guerre continuelle avec les infidèles. — L'augmentation des impôts, nécessaires pour la guerre contre les Maures, cause dans le royaume d'Oviédo des séditions que favorise le fils aîné d'Alphonse III; le rebelle, vaincu, est enfermé.

Hongrie. — Mort d'Arpad, chef de la dynastie qui régna longtemps sur la Hongrie. — Son fils Soltan envahit la Bavière, et gagne la bataille d'Augsbourg, où le duc Léopold est tué.

Orient. — Le patriarche jacobite d'Alexandrie, qui mourut en 907, ayant aliéné les biens de son église pour satisfaire aux taxes dont les gouverneurs musulmans l'avaient chargé, plusieurs de ses successeurs seront réduits par là pauvreté à ne pas résider dans cette ville.

909.

Afrique. — Les dissensions civiles, qui ont causé à Bagdad la mort du tout-puissant vizir Abbas et la déposition de son maître le calife Moktader, favorisent l'établissement en Afrique de la dynastie indépendante des Fatimites, par Obéïdollah. Obéïdollah prétend descendre d'Ali et de Fatime. Il se fait proclamer sous le titre de mahadi ou directeur des fidèles. C'est sur les ruines des Aglabites, maîtres de la Libye depuis cent douze ans, qu'il jette les fondements de son empire; il occupera toute la côte jusqu'à Tanger, et la Mauritanie.

910.

Afrique. — Abou-Obéïdollah va exiger des Musulmans de Sicile le serment de fidélité.

Espagne. — Alphonse III le Grand renonce au gouvernement, mais commet la faute de partager le petit royaume chrétien d'Oviédo entre ses deux fils; le second eut la Galice avec la portion de la Lusitanie enlevée aux Maures.

France. — La règle monastique de saint Benoît, sagement réformée, fera la célébrité de la nouvelle abbaye de Cluny, en Bourgogne, que fonde Guillaume d'Aquitaine.

911.

Allemagne. — Les seigneurs d'Allemagne défèrent par élection la royauté à Conrad Ier, comte de Franconie, petit-fils par sa mère du roi Arnulf. Conrad est roi, mais non empereur.

Allemagne et France. — La mort de Louis l'Enfant, dernier rejeton carlovingien en Germanie, ne donne au roi carlovingien de France, Charles le Simple, qu'une portion de la Lotharingie: acquisition qui devient une cause de guerre entre les deux États.

Empire d'Orient. — L'empereur Léon VI le Philosophe, près de mourir, rappelle le patriarche de Constantinople, Nicolas, et se recommande à ses prières. — Nicolas n'est pas assez vertueux pour épargner les outrages au prêtre qui lui avait été substitué lors de sa déposition en 902. Pendant neuf ans encore, il débattra avec les légats de la cour de Rome la question de la légitimité des quatrièmes noces.

France et Northmans. — Après vingt ans d'incursion sur les terres de la Neustrie, surtout en remontant la Seine, le chef des Northmans Rollon, qui vient tout récemment de pénétrer jusqu'à Chartres, conclut un traité avec Charles le Simple à Saint-Clair sur l'Epte, dans le Vexin. Le roi lui cède la partie de la Neustrie qu'ils occupent, entre la Bresle à l'est et la Couesnon à l'ouest, à la condition qu'il se fera chrétien.

912.

Empire d'Orient. — Un enfant de sept ans, Constantin Porphyrogénète, fils de Léon le Philosophe, commence son règne sous la tutelle de sa mère qui opposera d'habiles généraux aux invasions du Bulgare Siméon.

Espagne. — Les chrétiens s'étendent sur toute la ligne du Douro et la fortifient contre de nouvelles invasions. Le père des deux rois d'Oviédo, malgré son abdication, commande les armées et bat les Maures. — Une éclipse totale de soleil est remarquée chez les Musulmans d'Espagne (17 juin). — Une noire mélancolie conduit au tombeau le roi de Cordoue. Son petit-fils Abdérame III commence une ère meilleure pour les Musulmans.

France et Normands. — Rollon, duc de Neustrie ou Normandie, vassal du roi, reçoit le baptême; les Northmans (hommes du Nord), que nous appellerons désormais de leur nom français, Normands, se convertissent et adoptent la langue romane, qui est le dialecte du nord de la France. Rollon établit le régime féodal. Les Bretons qui n'ont jamais été domptés reconnaîtront la suzeraineté des nouveaux ducs.

Russes. — Le varègue Oleg impose de nouvelles conditions de tribut à la cour de Constantinople. Il a donné de sages lois à ses peuples.

913.

Allemagne, Bohême et Hongrois.—Chrétien, mais marié à une femme idolâtre de la Lusace, Vratislas de Bohême combat avec les Hongrois idolâtres contre la Bavière : les Bohémiens et les Hongrois sont vaincus ensemble.

Orient musulman. — Les armées du fatimite d'Afrique, Abou-Obéïdollah, occupent Barca en Cyrénaïque, marchent en Égypte contre Alexandrie que ne sauvent pas les généraux du calife Moktader qui a été rétabli : Alexandrie est un instant aux mains du fatimite ; il ne la garde pas.

Russes. — La mort d'Oleg laisse à Igor un empire vaste, mais sans consistance.

914.

Bulgares et Grecs. — Andrinople est prise par le roi bulgare Siméon.

Espagne.—Abdérame III change le coin des monnaies d'or et d'argent, frappées à Cordoue ; elles porteront désormais le nom du prince d'Espagne avec le titre d'iman ou chef de la religion, que prend Abdérame à l'exemple du premier fatimite d'Afrique, Obéïdollah. Cette ambitieuse innovation assimile le roi de Cordoue aux califes d'Orient, qui seuls autrefois avaient les droits spirituels d'imans ; il est désigné sous le nom de calife. — Ordogno II, à la mort de son frère aîné, qui était roi d'Oviédo et de la meilleure partie des anciennes possessions d'Alphouse III, réunit tous les États paternels ; il établit sa résidence à Léon. Il pousse ses armes jusqu'à Talavéra sur le Tage ; ne pouvant la garder, il la rase.

Orient musulman. — La mort violente d'Abou-Saïd, chef des fatimites karmates qui, depuis quinze ans, tenait en échec les forces des califes en Arabie et en Irak-Arabi ne met pas fin aux courses dévastatrices de cette puissante secte.

Rome. — Jean X est intronisé pape par le crédit de Théodora, sœur de Marozie, la femme du marquis de Camérino ; elles sont filles d'une courtisane.

915.

Allemagne, France et Hongrois. — Les Hongrois dévastent l'Alsace, la Lorraine, ou Lotharingie mosellane, et la Bourgogne.

Italie. — Bérenger, le roi d'Italie, est couronné empereur à Rome par le pape.

916.

Arabes et Italie. — Jean X conduit en personne les troupes italiennes à l'attaque des positions du Garigliano, d'où les Sarrasins sont chassés.

917.

Afrique et Espagne. — Croisières organisées par Abdérame III pour protéger les côtes et les îles d'Espagne contre les pirateries des Africains.

918.

Allemagne. — Le roi Conrad est blessé mortellement en combattant les Hongrois. — Il désigne au choix de la noblesse, pour lui succéder, le duc de Saxe, Henri, qui avait été son ennemi personnel. Henri Ier l'Oiseleur commence la maison royale de Saxe.

919.

Empire d'Orient. — Déjà marié à quatorze ans avec la fille de l'Arménien Romain-Lécapène, qui est grand amiral, Constantin Porphyrogénète partage le trône avec son beau-père ; il lui laisse le soin des affaires, et se livre sans réserve à son goût pour les lettres et l'histoire pendant quarante ans.

Espagne. — Le fameux Kaleb

ben-Hafsoun, qui pendant trente-six ans a bravé et affaibli la puissance de quatre souverains, meurt à Huesca; héritier de l'ambition, de la valeur, et de la turbulence obstinée de son père Omar, il les transmit à ses fils qui n'eurent pas les mêmes succès. — Sanche-Garcie, roi de Navarre, à l'exemple de son frère, se retire dans un monastère; mais, en laissant le pouvoir à son fils Garcie, il ne renonce pas au titre de roi.

Petchenègues et Russes. — Déjà menacé par les révoltes des peuples slaves tributaires, le varègue Igor, chef des Russes établis à Novogorod et à Kiev, ne peut résister aux Petchenègues, qui sortent des bois voisins du Jaïck et du Volga; il traite avec eux.

920.

Allemagne et France. — Démonstration militaire de Charles le Simple, pour la conservation de la Lotharingie qui s'est détachée de la France : la plus grande partie du pays reste au roi d'Allemagne.

921.

Espagne. — Garcie de Navarre, et le roi de Léon, Ordogno II, qui plusieurs fois ont été heureux ensemble contre les Musulmans, essuient un échec terrible à la bataille du Val de Jonquéra un peu au nord de Vittoria : deux évêques y sont pris les armes à la main. Le calife Abdérame III, vainqueur en personne, passe les Pyrénées et pénètre jusqu'aux portes de Toulouse; mais au retour, dans les gorges des montagnes, son armée chargée de butin est écrasée par les Navarrais que mène au combat le père de Garcie, Sanche, sorti de son monastère.

Italie. — Rodolphe, roi de la Bourgogne transjurane, est appelé au trône d'Italie par l'archevêque de Milan et par le marquis d'Ivrée, toujours hostile au roi Bérenger.

Orient. — Le calife de Bagdad envoie en ambassade auprès du roi des Bulgares, qui habitent sur le Volga, Ibn-Fozlan pour instruire ce prince et ses sujets dans la religion musulmane. — La relation arabe d'Ibn-Fozlan fait connaître les premiers temps historiques de la nation russe.

922.

Espagne. — Les comtes de la Castille, pays récemment conquis sur les Musulmans dans la vallée supérieure du Douro, et que défendent des châteaux forts (*castella*), devenus suspects au roi de Léon, Ordogno II, sont arrêtés et étranglés dans leur prison.

France. — Robert, frère d'Eudes et son héritier dans le comté de Paris et dans le duché de France, est élu roi par les nobles au détriment du Carlovingien Charles le Simple. Sa famille est alliée par des mariages aux seigneurs les plus puissants, le comte de Vermandois, et le duc de Bourgogne.

923.

Bulgares et Grecs. — Le Bulgare Siméon sillonne, avec toutes ses troupes, la Macédoine et la Thrace jusqu'à Constantinople; sous les murs de la capitale, il se laisse toucher par les reproches du patriarche et de l'empereur qui le comble de présents.

Espagne. — Ordogno II se marie pour la troisième fois, et épouse la fille de Garcie, roi de Navarre.

France. — Robert de France est tué à la bataille de Soissons : mais son fils, Hugues le Grand, ne laisse pas régner Charles le Simple; il l'oblige à se retirer au delà du Rhin, auprès du roi d'Allemagne, qui recouvre la portion française de la Lotharingie. Le beau-frère d'Hugues, Raoul, duc de Bourgogne, est fait roi. — Charles le Simple tombera aux mains du comte de Vermandois, qui l'enfermera à Château-Thierry, puis à Péronne. — Avec son règne cessent les capitulaires.

Italie. — Le roi Bérenger, vaincu par Rodolphe, n'est plus reconnu que dans le territoire de Vérone.

Orient musulman. — Mort du célèbre médecin musulman, Razi, né dans le Khoraçan, à Rei ou Razi (ancienne Ragès). Il est auteur de plusieurs ouvrages qui ont servi longtemps de base à l'enseignement même en Europe; il avait visité les grandes régions de l'Asie, la Syrie, et l'Égypte, même l'Espagne. Plusieurs autres savants ont illustré le califat de Moktader.

924.

Angleterre. — Avénement d'Athelstan, qui portera le premier le titre de roi d'Angleterre.

Hongrois et Italie. — Bérenger livre l'Italie, qui ne veut plus de lui pour roi, à l'invasion des Hongrois, ses indignes auxiliaires. Il meurt assassiné par ses sujets de Vérone. — Les Hongrois, qu'il a attirés dans la Péninsule, brûlent les églises et immolent la population de Pavie et de Verceil. Ils se répandent même dans la Provence et le Languedoc.

Petchenègues et Russes. — Les Russes, vainqueurs des Petchenègues, les retiennent à la frontière de leur pays.

925.

Italie. — Le duc-marquis de Toscane, Guido, fils d'Adalbert et de Berthe, épouse la fameuse Marozie, qui a eu de son premier mariage, avec le marquis de Camerino, un fils, Albéric. Il espérait par cette alliance se rendre maître de Rome.

926.

Allemagne. — Le roi de Germanie, Henri Ier, après avoir vaincu les Slaves et les Vandales, voisins de la Saxe à l'est, établit à la frontière un gouvernement militaire ou margraviat de Brandebourg.

Italie. — Le comte d'Arles, Hugues, né d'un premier mariage de Berthe qui, depuis, avait épousé le duc-marquis de Toscane, est appelé dans la Péninsule contre le roi Rodolphe de la Bourgogne transjurane. Rodolphe lui abandonne sans combat cette royauté d'Italie, si orageuse.

927.

Bulgares. — Le Bulgare Siméon, après une carrière remplie de succès, vaincu par les Croates, en meurt de douleur. Il ne laisse ses états qu'à l'un de ses quatre fils.

Bulgares et Grecs. — L'Auguste Romain-Lécapène impose la paix et donne sa petite-fille au nouveau roi des Bulgares, Pierre.

Espagne. — La ville de Tolède, qui depuis quarante-deux ans était comme inféodée au rebelle et à ses fils Ben-Hafsoun, pressée de près, semble se remettre de bonne grâce entre les mains du calife Abdérame.

928.

Italie et Rome. — Marozie et son époux Guido, marquis de Toscane, emploient la violence contre le pape Jean X, quand il veut se soustraire à la tyrannie qu'ils exercent à Rome; son frère est tué sous ses yeux, lui-même est jeté en prison, étouffé ou étranglé.

929.

France. — Mort du roi Charles le Simple, captif du comte de Vermandois, à Péronne.

Orient musulman. — Le général des Karmates, Abou-Taher, avec son armée de fanatiques, entre dans la Mecque, pille le temple de la Caaba, et y massacre les pèlerins.

930.

Allemagne. — Henri l'Oiseleur marie son fils Othon, âgé de dix-huit ans, à la fille du roi d'Angleterre, petit-fils d'Alfred le Grand. — La maison de Gontran le Riche, alors comte de Brisgau, au pied de la Forêt-Noire, sera la souche des puissantes maisons de Zœhringen et d'Habsbourg.

Bohême. — Le Bohémien Wenceslas, assiégé dans Prague par le roi d'Allemagne, en reconnaît la suzeraineté.

France. — Raoul de Bourgogne est reconnu pour roi par les Aquitains; il les délivre d'une invasion normande.

Orient musulman. — Le calife Moktader qui a été déjà deux fois déposé et deux fois rétabli sur son trône, ne peut tenir tête aux Karmates même dans le territoire de Bagdad.

931.

Afrique et Espagne. — La faiblesse du roi édrissite de Fez, attaqué par un sujet rebelle, et menacé par le calife fatimite, donne occasion à Abdérame III d'envoyer des troupes pour saisir Ceuta et Tanger, qui pourront lui servir de places d'armes contre les fatimites de l'Afrique, scissionnaires ou schyites.

932.

Afrique et Espagne. — La prière publique, ou khothbah, est faite même à Fez au nom d'Abdérame, calife de Cordoue, mais pour une année seulement; les fatimites reprendront la ville.

Espagne. — Mort du roi de Léon, Alphonse IV le Moine, qui avait quitté et repris tour à tour la couronne. — Les comtes de Castille se sont rendus indépendants. — Le nouveau roi Ramire II, fils, comme Alphonse IV le Moine, d'Ordogno II, enlève aux Musulmans Madrid, au nord-est de Tolède, sur le petit fleuve du Manzanarès.

France. — Le pays du Languedoc, entre l'Aquitaine et la Provence, accepte enfin la domination du roi Raoul de Bourgogne.

Italie et Rome. — Hugues d'Arles, déjà roi d'Italie, aspire à la couronne impériale; mais Rome est occupée par Marozie, veuve de Guido de Toscane, et par Albéric, né du premier mariage de Marozie avec le marquis de Camerino. Le mariage d'Hugues avec Marozie couvre de honte, sans profit, la maison d'Arles. — Albéric qui, de concert avec sa mère, avait élevé à la papauté son frère Jean XI, enferme sa mère et son frère dans la prison du château Saint-Ange.

Orient musulman. — Le général qui, au nom du calife Moktader, a sauvé l'Égypte de la domination des fatimites d'Afrique, marche en rebelle contre Bagdad, défait Moktader, et lui substitue un autre prince cupide et cruel, qui bientôt le fera assassiner lui-même.

933.

Bourgognes. — Menacé en Lombardie par la concurrence de l'ancien roi, Rodolphe de la Bourgogne transjurane, dont les domaines sont voisins des siens, au delà des Alpes, Hugues d'Arles rachète de lui ses prétentions sur le royaume d'Italie, par l'abandon de la Bourgogne cisjurane qui ne lui appartient pas en propre, puisqu'elle est la propriété des descendants de Boson et de Louis l'Aveugle. Les deux royaumes, en deçà et au delà du Jura, sont réunis.

Empire d'Orient. — L'Auguste Romain-Lécapène laisse le siége de Constantinople vacant pendant deux ans, pour pouvoir élever à la dignité patriarcale son fils Théophylacte, âgé de seize ans. C'est en présence du pape Jean XI, qu'a lieu la consécration de ce jeune homme, dont le règne épiscopal a été un long sacrilége de vingt-deux ans.

934.

Allemagne et Hongrois. — Grande victoire d'Henri l'Oiseleur sur les Hongrois, à Mersebourg ville de Saxe sur la Saala. — Institution des tournois, attribuée au roi de Germanie, pendant qu'il était à Gœttingue.

935.

Afrique. — Le premier fatimite d'Afrique, Abou-Obéïdollah, meurt à Mahadia, ville qu'il a bâtie près de Kaïroan au sud de l'ancienne Carthage. Sa dynastie durera pendant plusieurs siècles.

Venise. — Venise réunit définitivement à ses possessions le territoire de Comacchio, entre deux branches importantes du Pô près de son embouchure. Au nord-est, elle ne dépasse pas Grado.

936.

Allemagne. — Henri l'Oiseleur meurt au moment d'entreprendre une expédition en Italie.—Élection de son second fils Othon, âgé de vingt-quatre ans, qu'il avait fait agréer aux seigneurs allemands. L'aîné Tancmar se révolte.

Bohême. — Le duc Wenceslas est victime d'une trahison sanglante de sa mère et de son frère Boleslas, qui usurpe l'autorité ducale, et rétablit l'idolâtrie.

France. — Mort du roi Raoul de Bourgogne. Les seigneurs rappellent au trône un Carlovingien, qui avait vécu longtemps, comme son père Charles le Simple, réfugié chez les Anglo-Saxons. Louis IV d'Outremer ne possède guère que la ville de Laon. Toute-puissance du duc de France, Hugues le Grand.

Italie et Rome. — Même après le mariage d'une de ses filles avec Albéric, fils de Marozie, Hugues d'Arles ne peut entrer dans Rome.

Orient musulman. — Le calife de Bagdad, Rhadi-Billah, abandonne le peu qui lui reste d'autorité à un nouveau dignitaire, l'Émir-al-Omara, qui sera pour la cour d'Orient ce qu'étaient en Gaule les maires du palais, ce qu'est le duc de France auprès du Carlovingien Louis d'Outremer. Cet émir est un Bouïde de Perse. — L'empire arabe est partagé en principautés territoriales indépendantes, comme tous les pays du régime féodal en Occident. L'Irak-arabi, la Perse, le nord de la Perse et la Parthie, le Khoraçan et la Transoxane, le Tabristan, le Giorgian, le Mazandéran, qui entourent la mer Caspienne, la Syrie et l'Égypte ont des dynasties sur lesquelles le calife n'exerce qu'un droit nominal de suzeraineté : il est plus respecté comme chef de la religion. Il ne possède que Bagdad et quelques provinces voisines. L'Afrique et la Sicile sont aux fatimites ; l'Espagne est aux Ommiades.

937.

Espagne. — Abdérame III achève la construction d'un palais magnifique, qu'il s'était bâti dans la ville nouvelle de Zahra, à cinq milles au-dessous de Cordoue, séjour délicieux par l'ombrage et la fraîcheur, qu'il appela du nom de son esclave favorite. L'hôtel des monnaies, et une mosquée, moins vaste, mais plus riche et plus élégante que celle de Cordoue, étaient effacés par le palais lui-même ou Alcaçar qui réunissait toutes les richesses et toutes les jouissances de l'univers, des colonnes de marbre, des bois de cèdre, une fontaine de jaspe, des tentures d'or et de soie, et un kiosque au milieu des jardins. Il n'y a plus trace aujourd'hui ni du palais, ni même de la ville.

France. — Les Hongrois, qui onze ans auparavant avaient menacé Reims, pénétrent dans le Berry; et bientôt ils se montreront en Flandre et dans le Hainaut.

Orient. — Eutychius, patriarche melquite d'Alexandrie, qui est en faveur auprès du souverain musulman de l'Égypte, achève ses *Annales arabiques*; il était savant aussi en théologie et en médecine.

938.

Allemagne et Bohême. — Le roi Othon Ier commence la guerre avec le duc Boleslas, persécuteur des chrétiens.

Angleterre. — Athelstan, digne petit-fils d'Alfred, bat à Brunanburgh les chefs confédérés du Northumberland danois, du pays des Scots, de l'Irlande et du pays de Galles. Il a complété les sages lois de son aïeul.

Espagne. — Ramire II, assisté des Navarrais, gagne sur Abdérame III la bataille de Simancas, au confluent de la Pisuerga et du Douro (6 août); elle coûta quatre-vingt mille hommes aux Musulmans. D'après les écrivains arabes qui placent le combat au mois de juillet 939, les Musulmans auraient été vainqueurs en perdant cinquante mille hommes. — *Saint Jacques,* auquel fut attribuée la victoire, devint le cri de guerre des pieux Espagnols.

939.

Allemagne et France. — Louis d'Outremer épouse une sœur d'Othon le Grand; le duc de France, Hugues le Grand, était marié à une sœur du même prince. — La Lorraine est encore un sujet de guerre.

940.

France — Reims, la ville du sacre, qui appartenait encore au roi, est cédée par lui à l'archevêque avec les pouvoirs féodaux de comte. Les seigneurs arment contre le roi.

Orient musulman. — La dignité d'Émir-al-Omara, à Bagdad, est remplie par un Turc. Désormais les Turcs ne souffriront pas que l'Émiral-Omara soit pris hors de leur nation : les califes deviennent leurs esclaves.

941.

France. — Louis d'Outremer est vaincu et dépouillé par Hugues le Grand et par le comte de Vermandois.

Grecs et Russes. — Courses dévastatrices du Russe Igor à travers les provinces grecques de Paphlagonie, de Pont, de Bithynie; enveloppé à la fin, il perdit les deux tiers de son armée. L'Auguste Romain-Lécapène bat les Russes sur le PontEuxin.

942.

Arabes et Provence. — Le roi d'Italie, Hugues d'Arles, de concert avec une flotte grecque, combat et chasse pour un temps les Sarrasins, qui étaient établis depuis 888 sur la côte de Provence à Fraxinet, ou la Garde-Fraisnet.

944.

Hongrois et Italie. — Les Hongrois se montrent en Lombardie; le roi Hugues leur paye tribut.

Russes. — Igor, aidé des Petchenègues ses anciens ennemis, lance les hordes russes sur le territoire grec de la Chersonèse taurique; il accepte le tribut que lui offre Constantin Porphyrogénète, et envoie les Petchenègues ravager les terres des Bulgares.

945.

France. — Le roi des Danois vient en France au secours de Richard, duc de Normandie, que le roi Louis d'Outremer voulait dépouiller, le roi prisonnier s'engage à laisser le duché au jeune prince.

Italie. — Bérenger, marquis d'Ivrée, petit-fils par sa mère de l'empereur Bérenger, avec des auxiliaires allemands, enlève la couronne d'Italie à Hugues d'Arles. Le fils d'Hugues, Lothaire, garde le titre de roi sans aucun pouvoir. Hugues a eu recours aux Sarrasins, postés à Fraxinet; il les laisse occuper la ligne des Alpes depuis Fréjus jusqu'à SaintMaurice en Valais.

Russie. — Mort d'Igor. Son fils

mineur, Swiatoslaw, lui succède; régence de sa veuve Olga.

947.

Allemagne. — Le roi Othon fait désigner par les princes pour lui succéder son fils aîné, Ludolphe âgé de treize ans.

Italie. — Le roi titulaire d'Italie, Lothaire, fils d'Hugues, épouse Adélaïde, fille de Rodolphe II, roi des deux Bourgognes.

Orient musulman. — Massoudi surnommé Cothbeddin ou pôle de la religion, d'une famille de Médine, né à Bagdad, meurt au Caire. Il a écrit en arabe les *Prairies d'or et les Mines de pierres précieuses*, qui comprennent l'histoire générale des royaumes les plus connus dans les trois parties du monde; il donne des détails curieux sur les Indes et la Chine.

Russie. — La reine Olga visite les différentes contrées du territoire russe, règle les impôts et fait construire des bourgs et des villes : on lui attribue la fondation de Pskof ou Pleskof, au sud du lac du même nom qui continue le lac Peipus.

948.

Danemark. — Un prince de Jutland, qui relevait des rois danois, converti à la foi par l'archevêque de Magdebourg, répare les églises primitives de Slesvig, et de Rypen au nord-ouest de Slesvig ; en construit une nouvelle à Aarrhus, au nord-est, sur la côte de la Baltique : ces églises eurent des évêques suffragants d'Hambourg.

France. — En guerre depuis deux ans avec Hugues le Grand, que soutient Richard duc de Normandie, et vainement secouru par le roi de Germanie, Louis d'Outremer se présente avec Othon Ier au concile d'Ingelheim; une menace d'excommunication n'arrête pas les rebelles.—Le roi de France, comme le roi d'Allemagne, ne comprenait que la langue tudesque; il fallut traduire pour eux deux la lettre adressée en latin par le pape aux pères du concile.

949.

Espagne. — Achèvement de grands travaux utiles à l'agriculture, qu'avait ordonnés Abdérame III; canal d'arrosement, et magnifique abreuvoir à Écija, à l'est de Séville, sur le Xénil.

950.

Allemagne. — Othon donne à son fils Ludolphe, âgé de seize ans, le duché de Souabe.

Allemagne et Bohême. — Le duc de Bohême Boleslas Ier, vaincu par Othon, paye tribut et se fait chrétien.

Espagne. — Pour montrer l'exemple de la justice à ses sujets, le vieux calife Abdérame a le courage et la douleur d'ordonner la mort d'un de ses fils rebelles, que distinguaient toutes les qualités de l'esprit. — Les dix dernières années d'Abdérame sont occupées surtout par des guerres sur les côtes d'Afrique, où le ramène, malgré de fréquents désastres, la pensée d'un établissement durable.

Italie. — La mort du jeune Lothaire, fils d'Hugues, roi d'Italie, hâtée peut-être par Bérenger, le marquis d'Ivrée, laisse à celui-ci la couronne; il la partage avec son fils Adalbert.

951.

Allemagne et Italie. — Bérenger II d'Ivrée, roi d'Italie, emploie la violence pour forcer la veuve de Lothaire, Adelhaïde, à épouser son fils Adalbert (avril). Elle s'enfuit au château de Canossa, sur le territoire de Reggio, d'où elle demande protection à Othon de Germanie (août). Othon descend en Italie, est proclamé roi dans Pavie (octobre), et épouse Adelhaïde (décembre).

952.

Allemagne et Italie. — Othon rend à Bérenger la couronne de Lombardie, comme fief germanique.

953.

Afrique et Égypte. — Mort du mahadi fatimite d'Afrique, Almanzor, qui, dans ses courses en Égypte, a fondé la ville de Mansourah (Massoure), sur une des branches orientales du Nil Inférieur. Son successeur, Moez, dispute par les armes le commerce de la Méditerranée aux Arabes d'Espagne.

Allemagne. — Le frère du roi qui reçoit le fief de Lorraine le partage en deux duchés, 1° Lorraine mosellane ou supérieure, 2° Lothier ou Basse-Lorraine, qui comprend le bassin de l'Escaut, et les vallées inférieures de la Meuse et du Rhin.

Espagne. — L'armée chrétienne de Léon prend sur les infidèles Lisbonne, à l'embouchure du Tage; la ville est démantelée.

954.

Allemagne. — Guerre entre Henri le Querelleur, qui devait au roi son frère le duché de Bavière, et Ludolphe fils du roi, duc de Souabe, que soutient le gendre du roi, duc de France rhénane ou Franconie. Othon prend parti pour son frère; l'archevêque de Cologne Brunon, frère d'Othon et d'Henri, offrira sa médiation.

France. — Après une nouvelle guerre contre Hugues le Grand et Richard de Normandie, Louis d'Outremer meurt à trente-trois ans. La royauté n'est pas partagée entre ses deux fils : Lothaire, l'aîné, lui succède seul, du consentement d'Hugues le Grand, auquel il donne, bientôt après, le duché de Bourgogne.

Hongrois. — Les Hongrois qui depuis quatre ans ont ravagé la comté de Bourgogne ou Franche-Comté, l'Aquitaine, la Flandre, se montrent encore dans la Lorraine, la Champagne et le duché de Bourgogne. — A la suite d'une invasion jusqu'au cœur de l'Helvétie, où les attiraient les richesses du monastère de Saint-Gall, l'abbé dut fortifier la ville, bâtie auprès du monastère, par des murailles, des tours et des fossés.

955.

Allemagne et Hongrois. — Tous les peuples de l'Allemagne prennent part à la bataille qu'Othon Ier gagne sur les Hongrois en Bavière, à Augsbourg : ces barbares ne feront plus d'invasion.

Angleterre. — Le mariage du roi anglo-saxon Edwi, âgé de quinze ans, avec sa proche parente, est l'occasion des terribles persécutions qu'exercent contre tous deux Odon, archevêque de Canterbury et son neveu Dunstan, abbé de Glastonbury, dans le comté de Somerset, qui avait été chargé sous le dernier roi de l'administration des finances : le vrai zèle n'inspire pas de pareils excès d'inhumanité. La maison royale, le gouvernement et l'Église de l'Angleterre sont à la merci de Dunstan, jusqu'à sa mort en 988.

Espagne. — Sanche Ier, dit le Gros, second fils de Ramire III, qui a saisi la couronne de Léon après la mort de son frère aîné, est victime de la haine de la noblesse, qui est favorable à un prétendant; il passe cinq ans hors du royaume.

Russie. — La reine Olga, désirant s'instruire dans la religion chrétienne pour l'embrasser, fait à soixante et dix ans un voyage à Constantinople; l'empereur Constantin Porphyrogenète la présente aux fonts du baptême, elle prend le nom d'Hélène. — Au retour, elle ne put engager son fils, Swiatoslaw, à suivre son exemple.

956.

Allemagne et Italie. — L'administration détestée de Bérenger II d'Ivrée provoque une nouvelle intervention germanique ; Ludolphe, fils d'Othon, vient dépouiller Bérenger et Adalbert.

France. — Mort d'Hugues le Grand. Il laisse trois fils : l'aîné Hugues Capet a le duché de France, le comté de Paris et les abbayes de Saint-Germain des Prés, de Saint-Denis, de Saint-Martin de Tours.

Rome. — Octavien, fils du patrice Albéric, petit-fils de Marozie, qui avait succédé depuis deux ans à la dignité et à l'autorité de son père dans la ville de Rome, s'empare du saint-siége sous le nom de Jean XII.

957.

Allemagne et **Italie.** — La mort de Ludolphe rend l'Italie à Bérenger d'Ivrée.

959.

Empire d'Orient. — Mort de Constantin Porphyrogénète, empoisonné par Romain le Jeune, son quatrième fils qui lui succède. Constantin a laissé son nom à une collection de lois, ou *novelles*, à des recueils d'histoire, de morale, d'art vétérinaire, d'agriculture ; on lui attribue un traité théorique sur l'administration de l'empire, une tactique terrestre et navale, deux livres sur les usages et les cérémonies de la cour de Byzance, la division géographique des provinces et des villes de l'empire.— Indolence et ignobles habitudes du nouvel empereur

960.

Chine. — Commencement de la dix-neuvième dynastie, des Song, qui durera trois cents ans.

Espagne.— Sanche, dit le Gros, est rétabli sur le trône de Léon par Abdérame III de Cordoue, et par le roi de Navarre.

961.

Allemagne et **Italie.** — Appelé par les Italiens et par le pape Jean XII, Othon passe les Alpes, et dépose dans la diète de Pavie Bérenger et son fils ; il est de nouveau couronné roi à Milan.

Espagne. — Mort d'Abdérame III. Il a joui jusqu'à la fin, dans son palais de Zahra, du doux commerce des belles-lettres et des arts ; mais comme tant de princes arabes, il a été en proie à des atteintes de mélancolie qui corrompaient son bonheur. Deux de ses visirs et son fils Al-Hakkam avaient fondé des académies dans leurs palais. — Avénement d'Al-Hakkam, à quarante-huit ans. Le nouveau prince renonce avec peine à la direction de la bibliothèque et des académies qu'il avait établies à Cordoue.

Rome. — Les débauches de Jean XII sont un scandale pour la chrétienté.

962.

Empire d'Allemagne et Rome. — Othon Ier, et Adelhaïde reçoivent la couronne impériale, à Rome, des mains du pape Jean XII (2 février). Le titre d'empereur d'Occident ne sera plus porté désormais que par des princes allemands. Othon se fait prêter serment de fidélité par le pape. — Après le départ d'Othon Ier, Jean XII rappelle le roi Bérenger d'Ivrée.

Italie.—L'empereur Othon Ier fait comte sacré du palais, dignité équivalente à celle de vicaire du prince, Obert Ier, marquis d'Italie, seigneur de Canossa, au nord-ouest de Modène, qui l'avait appelé en faveur d'Adelhaïde contre Bérenger II. C'est la souche primitive, suivant Muratori, de la maison d'Este, qui s'est rendue illustre à Ferrare pendant plusieurs siècles et a produit plusieurs branches dont une, celle de Brunswick, règne aujourd'hui sur l'Angleterre.

963.

Empire d'Allemagne et Ro-

ne. — Othon revient à Rome, d'où le pape s'est enfui; les Romains par un nouveau serment s'engagent à ne plus élire de pape, et à n'en pas laisser consacrer, sans son consentement. Il fait déposer Jean XII dans un concile tenu à Rome, et délivre ainsi l'Église d'une cause de scandales (novembre).

Empire grec. — Un habile général qui s'est signalé dans les guerres contre les Sarrasins et contre les Russes, Nicéphore Phocas, est porté à l'empire par l'armée, de préférence aux enfants mineurs que laisse en mourant le fils de Constantin Porphyrogénète. — Un coup de main ne peut enlever la Sicile aux musulmans. Le général Jean Zimiscès combat victorieusement les musulmans en Cilicie.

964.

Danemark. — Pendant l'absence d'Othon, les Danois ravagent la marche allemande de Slesvig.

Empire d'Allemagne et Rome. — Othon assiége et prend Rome qui a rejeté le pape choisi par lui. — Bérenger d'Ivrée, pris encore une fois, est enfin emmené en Allemagne où il achèvera sa vie obscurément; Adalbert ne reparaît plus.

Pologne. — Micislas, de la dynastie de Piast, élu duc par les Polonais, reçoit des missionnaires chrétiens, et est baptisé. Il épouse une princesse de Bohême.

Scandinaves. — Les Scandinaves occupent les îles Shetland, au nord des Orcades qui sont elles-mêmes comme une continuation de la côte d'Écosse.

965.

Allemagne et Danemark. — Othon, poursuivant les Danois jusque dans le Jutland, ne leur accorde la paix que sur la promesse que le roi Harold et son fils se feront chrétiens.

Espagne. — Al-Hakkam II, pour refréner l'usage du vin que la fréquentation des étrangers avait introduit, malgré la loi, parmi les musulmans, fait arracher les deux tiers des vignes dans toutes les terres du califat.

Russes. — Les Khozares, maîtres de toute la côte nord-est du Pont Euxin, dominateurs des nations slaves qui habitent les bords du Volga et de l'Oka, sont battus, dispersés et refoulés à l'est par le Russe Swiatoslaw.

966.

Empire grec, Arabes et Russes. — L'empereur Nicéphore Phocas vient en personne chasser les musulmans de la Cilicie, leur enlever l'île de Chypre et la Syrie. Les Russes de Podolie, à la sollicitation de l'empereur grec, ravagent les terres des Bulgares pendant plus d'une année, et se rendent redoutables même à l'empereur.

967.

Bohême. — Boleslas II, nouveau duc, a fondé l'évêché de Prague, et doté vingt églises.

Bulgares et Russes. — Le Russe Swiatoslaw, allié mercenaire de Nicéphore Phocas, prend les villes des Bulgares, voisines du Danube, et forme le dessein d'établir sur les bords de ce fleuve le siége de son empire.

Empire d'Allemagne et Rome. — Othon Ier qui a ramené de nouveau les Romains au devoir, fait couronner empereur, par le pape Jean XIII, son fils qui doit lui succéder.

Slaves. — L'empereur propose au pape de fonder, avec l'agrément du métropolitain de Mayence, un archevêché à Magdebourg, sur l'Elbe, pour les nouvelles églises créées chez les Vénèdes et les Slaves.

968.

Arabes et Grecs. — L'empereur Nicéphore Phocas, avide de guerre et de butin, porte ses armes jusqu'à Nisibe; il ravage la Mésopotamie et fait trembler le calife dans Bagdad. Mais il repassera l'Euphrate sans avoir rien fait d'utile pour ses provinces.

Pologne. — Le pape Jean XIII envoie de nouveaux missionnaires qui fondent des églises en Pologne; ferveur singulière des Polonais convertis.

Russes. — Swiatoslaw est arraché à ses projets d'établissement sur le Danube, par une incursion des Petchenègues qui menacent de ruine la ville de Kiev, où étaient enfermées sa mère et ses enfants; il arrive à temps pour la sauver et conclure la paix avec eux.

969.

Afrique et Égypte. — Le général du mahadi fatimite d'Afrique, Giauhar, Grec de naissance, ancien esclave, soumet l'Égypte en moins de temps qu'il n'en faut pour la parcourir (du 26 août au 6 septembre). Il fait proclamer son maître, le mahadi Moez, qui prend alors le titre de calife : le nom de Moez est substitué à celui du calife de Bagdad dans les prières publiques, et on y joint celui d'Ali l'époux de Fatime.— Giauhar jette les fondements du Caire (Al-Kahera), dont Moez fera sa capitale. La Syrie sera bientôt, comme l'Egypte, enlevée aux califes abbassides.

Empire grec. — Nicéphore Phocas, détesté de ses sujets qu'il accable d'impôts pour enrichir les soldats, falsificateur des monnaies, spoliateur des églises, tombe sous les coups du général Jean Zimiscès, qui a pour complice la femme de Nicéphore. Zimiscès, proclamé empereur, associe à l'empire les petits-fils de Constantin Porphyrogénète. Guerres incessantes avec les Russes, les Bulgares et les Sarrasins.

Judée. — Les musulmans s'en prennent au patriarche chrétien de Jérusalem des désastres que leur a fait éprouver Nicéphore Phocas; il est pris et brûlé vif.

Russie. — Mort d'Olga, la mère du chef russe Swiatoslaw; l'Église grecque l'honore sous le nom de sainte Hélène.

970.

Grecs et Russes. — Le Russe Swiatoslaw engage la guerre avec l'empereur Zimiscès pour conserver les régions du Danube et le pays des Bulgares, qu'il avait occupés d'abord comme allié des Grecs. Dans ses courses, qui se renouvellent pendant deux ans, il viendra jusqu'à Andrinople; la lutte est acharnée surtout autour des places que baigne le Danube.

972.

Arabes et Provence. — Le comte Guillaume Ier mérite le surnom de *Père de la Patrie*, en chassant les Sarrasins du poste de Fraxinet et des côtes de la Provence.

973.

Empire d'Allemagne. — Mort d'Othon Ier le Grand. Othon II, âgé de dix-huit ans, marié à une princesse grecque Théophanie, réunit ses couronnes.

Hongrie. — Geisa, dont la femme s'est convertie, souffre l'apostolat de l'évêque de Passau Pilegrin.

Russie. — Au retour de son expédition dans les pays danubiens, Swiatoslaw, obligé de passer l'hiver sans ressources, près des cataractes du Borysthène, est assailli par les Petchenègues, qui le prennent et lui coupent la tête. — Il avait à l'avance partagé ses États entre ses trois fils : l'aîné eut Kiev; le plus jeune, Novogorod; le second, qui a le pays intermé-

X° SIÈCLE (974-978).

diaire, sera bientôt victime de l'ambition du prince de Kiev.

974.

Afrique et Espagne. — Succès des musulmans d'Espagne : le dernier prince de la dynastie des Edrissides est conduit prisonnier à Cordoue; mais la générosité du calife lui rendra la liberté.

Rome. — Crescentius, fils de la fameuse Théodora, commence son rôle d'agitateur à Rome, et jette en prison le pape Benoît VII, qui est attaché aux princes d'Allemagne.

975.

Afrique et Égypte. — Moez, le premier calife fatimite d'Égypte et d'Afrique, meurt au Caire, après vingt-deux ans de règne. Ses sujets regrettèrent sa modération, sa justice et son gouvernement libéral. Son fils, Aziz ou Alschscid, hérite à vingt et un ans de tous ses États, et garde pour ministre le conquérant de l'Égypte, Giauhar.

Orient musulman. — La science astronomique était assez avancée chez les Arabes pour qu'Aboul-Wéfa constatât à Bagdad l'inégalité lunaire, connue sous le nom de variation, dont la découverte est attribuée à Tycho-Brahé, astronome danois de la fin du XVIᵉ siècle.

976.

Empire grec. — A la mort de Jean Zimiscès l'empire de Constantinople appartient aux deux petits-fils de Constantin Porphyrogénète, Basile II et Constantin VIII, qui régneront ensemble environ cinquante ans. Constantin est tout occupé de ses plaisirs, Basile du gouvernement et surtout de la défense des provinces contre les Sarrasins et contre les Bulgares, qui, pendant dix années, dévasteront la Thrace, la Macédoine, la Thessalie et la Grèce.

Espagne. — Le calife Al-Hakkam II fait reconnaître solennellement pour son successeur, son fils unique, Issem ou Hescham, âgé de onze ans, pour plaire à la sultane Sobéiha, mère du jeune prince. — Son règne qui finit a été l'âge d'or de l'Espagne : l'agriculture, les arts, les lettres, les sciences, la justice ont été également en honneur. — Le nouveau calife a pour tuteur Mohammed Almanzor, nommé Hadjeb par la sultane Sobéiha, qui gouvernera l'Espagne pendant vingt-quatre ans avec un pouvoir absolu. Pour reprendre la guerre avec les chrétiens, Almanzor conclut la paix avec les princes musulmans d'Afrique. Les trente-trois ans de règne du calife Hescham seront une longue minorité : les talents d'un grand ministre lui ont donné un éclat extraordinaire. — Le roi de Léon, âgé de quatorze ans, est depuis neuf ans sous la tutelle de sa mère et d'une tante religieuse.

977.

Bohême. — L'évêque de Ratisbonne, de qui relevaient les églises de Bohême, autorise l'évêque de Prague à passer sous l'autorité métropolitaine de Mayence.

France. — Le frère du roi Lothaire, Charles, accepte le duché de Lorraine, comme fief de la couronne d'Allemagne.

978.

Angleterre. — Le règne d'Ethelred II, descendant d'Alfred, est, dès le début, une époque de désastres pour l'Angleterre qu'envahissent de tous côtés les Danois.

France. — Craignant l'ambition de son frère, Lothaire se hâte d'associer à la royauté, en le faisant sacrer, son fils âgé de dix ans. — La Lorraine est cause de nouvelles guerres avec l'Allemagne : le roi Lothaire combattit en personne pour la reconquérir; les Allemands s'avancent une fois jusqu'à Paris.

Orient musulman. — Les milices turques, qui sont à la solde du gouvernement de Bagdad, s'unissent aux fanatiques Karmates de l'Arabie pour disputer la Syrie aux fatimites d'Égypte.

980.

Allemagne et France. — Un traité avec la France assure la Lorraine au roi d'Allemagne.

Russes. — Le Russe Wladimir, troisième fils de Swiatoslaw, prince de Novogorod, après avoir tué le prince de Poltesk ou Polotsk, sur la Duna, qui lui avait refusé sa fille, attaque son frère aîné, le prince de Kiev. Une trahison sanglante des Varègues cause la mort de ce dernier: Wladimir recueille le fruit du crime, et se trouve seul maître des possessions russes.

981.

Allemagne et Italie. — Les chefs de la noblesse et de la bourgeoisie d'Italie, attirés par Othon II à un repas de réconciliation, pendant son séjour à Rome, sont assassinés par son ordre.

982.

Allemagne et Grecs. — Expédition malheureuse de l'empereur Othon II contre les Grecs de l'Italie méridionale.

Espagne. — Le général du calife, Almanzor, après huit jours de combat et deux assauts, pénètre dans la ville de Léon, massacre ou fait esclaves les habitants. — Les seigneurs de la Galice concourent par leur révolte à la chute du jeune roi de Léon, que remplace son parent Bermude II.

Italie. — L'hospice du mont St-Bernard est fondé par saint Bernard de Menthon, archidiacre d'Aoste.

Scandinaves. — L'Islandais Éric Rauda ou le Rouge est le premier qui se soit fixé dans le Groënland (terre verte), ayant des bosquets de bouleaux, exhalant le parfum des fleurs qu'amène le mois de juin à l'extrémité sud-est. Les Norvégiens d'Islande restèrent maîtres du pays où pénétrera le christianisme.

983.

Allemagne. — A la mort d'Othon II en Italie, son fils Othon III, âgé de trois ans, est reconnu roi.

Russie. — Le Russe Wladimir Ier, qui a déjà frappé les Polonais et les Jazyges riverains du Bog, se fait prêter serment de fidélité par les Bulgares du pays de Kasan.

984.

Allemagne et France. — Un savant français, d'Aurillac en Auvergne, Gerbert, qui avait étudié les sciences mécaniques et les sciences occultes chez les Arabes à Cordoue, et qui est l'inventeur d'une horloge à balancier, dirige l'éducation du jeune roi d'Allemagne Othon III.

Orient. — Le calife fatimite d'Égypte dispose des sièges épiscopaux d'Alexandrie et de Jérusalem, en faveur de deux prêtres chrétiens dont il avait épousé la sœur.

985.

Afrique et Espagne. — Le dernier prince de la dynastie des Edrissides, qui, depuis son retour en Afrique, avait tourné ses armes contre les musulmans de Cordoue, pris une seconde fois, est mis à mort par l'ordre d'Almanzor. Les troupes espagnoles rentrent dans Fez de vive force, chassent du Magreb le prince de Tunis, et rétablissent la khothbah ou prière publique au nom du calife de Cordoue.

Espagne. — Le général Almanzor enlève pour trois ans, après une victoire, Barcelone au comte chrétien Borel.

Scandinaves. — La côte d'un

nouveau continent, au nord-ouest de l'Europe, est découverte pour la première fois par le Scandinave Biarke Herjullson.

986.

France. — Mort de Lothaire ; il a recommandé son fils à Hugues Capet, l'aîné des fils de Hugues le Grand, duc de France. Louis V est reconnu roi.

987.

France. — La mort de Louis V, appelé le Fainéant à cause de la brièveté de son règne et parce qu'il fut le dernier roi de sa race, permet à Hugues Capet de se faire sacrer roi à Reims, au détriment du Carlovingien Charles, duc de Lorraine, qui en recevant un fief de l'Allemagne devenait étranger à la France. Hugues Capet doit le titre royal à ses vassaux venus dans l'assemblée de Noyon. — La royauté de France a au moins la force d'un grand fief, qui se compose du duché de France, des comtés de Paris et d'Orléans ; Paris sera la résidence ordinaire des Capétiens. Le frère d'Hugues Capet est duc de Bourgogne.

Rome. — Le patrice Crescentius s'empare pour un moment de l'autorité souveraine à Rome en chassant le pape.

988.

Bulgares, Grecs et Russes. — L'empereur Basile va combattre les Bulgares dans leur propre pays, et s'empare de leur capitale Pérévaslaw ; les Grecs feront contre ces peuples vingt-six campagnes consécutives. — Le Russe Wladimir Ier conduit une nombreuse armée contre Théodosie (Kaffa), dans la Chersonèse taurique, et réduit les Grecs à se rendre après six mois de siége ; il est bientôt maître de toute la Chersonèse.

France. — Hugues Capet associe à la royauté et fait sacrer son fils Robert. — Commencement d'une guerre de dynastie, qui durera trois ans, avec Charles de Lorraine.

989.

Empire d'Allemagne et Italie. — La mère d'Othon III, Théophanie, d'origine grecque, sœur des empereurs de Constantinople, maintient dans l'obéissance la ville de Rome, tandis que son aïeule Adelhaïde lui conserve la Lombardie.

Russie. — Pour se réconcilier avec les Grecs, Wladimir demande en mariage une sœur des empereurs, la princesse Anne : il l'obtient en se faisant chrétien ; il renvoie ses concubines, et renonce aux territoires conquis sur l'empire. Il emmène à Kiev un grand nombre de prêtres grecs : les vases sacrés, les livres d'église, les images, les reliques, furent les premiers objets de luxe des Russes. Les idoles sont renversées ; en peu de temps la Russie devint chrétienne. Elle adopte l'ère du monde, suivant le calcul de Constantinople.

990.

Espagne. — Le roi de Navarre repousse les infidèles qui ont pénétré jusqu'à Pampelune.

Russie. — Le prince russe établit sa résidence dans une ville nouvelle de son nom, Wladimir, sur le territoire de Suzdal à l'est de Moscou.

991.

France. — Arnoul, archevêque de Reims, qui a trahi Hugues Capet pour Charles de Lorraine, est déposé par un concile à la demande du roi. Gerbert qui, en enseignant dans l'école de Reims, avait eu pour disciple Robert, fils de Hugues Capet, est fait archevêque.

Orient musulman. — Le nouveau calife Kader-Billah, qui régnera quarante ans, fait effort pour ressaisir l'autorité temporelle dont ses prédécesseurs ne jouissaient plus depuis longtemps même dans la ville de Bagdad ; il est juste, doux et bienfaisant. — Mahmoud Gazni, gouverneur du Khoraçan, s'érige en souverain, et commence la dynastie des Gaznévides.

992.

Bohême et Pologne. — Au moment de la mort de Micislas I*er*, la principale ville de Pologne, Cracovie, aux sources de la Vistule, était au pouvoir des Bohémiens. Elle fut reprise par son fils Boleslas I*er*, dit Chrobri ou l'Intrépide, qui régnera trente-trois ans.

993.

Rome. — Le pape dispose seul du droit de canonisation, exercé jusque-là par les évêques et par le peuple ; les évêques seront consultés encore jusqu'à Alexandre III qui règne au XII*e* siècle.

Russie. — Dans une des fréquentes incursions des Petchenègues, Wladimir fonde, en souvenir d'une victoire, la ville de Péréiaslawl, à l'est de Kiev.

994.

Angleterre. — Le roi de Danemark Suénon, et le roi de Norvége Olaüs, dévastent ensemble les côtes anglo-saxonnes.

Espagne. — Dans une course victorieuse des musulmans, les cloches de l'église de Saint-Jacques, près de Compostelle, sont emportées en triomphe à Cordoue et placées dans la cour de la grande mosquée.

France. — Un concile propose la trêve de Dieu.

Pologne. — Le duc de Bohême repousse une invasion de Polonais, et va à son tour les menacer dans leur capitale, Cracovie.

995.

Bohême. — Guerre défensive du duc chrétien de Bohême, contre une partie de ses sujets, qui sont païens.

996.

Arabes et Grecs. — Les troupes du second calife fatimite d'Égypte et d'Afrique fuient devant l'empereur Basile II, en Syrie, entre Alep et Damas.

Empire d'Allemagne et Italie. — Othon III est couronné empereur à Rome par le pape Grégoire V, son parent, qui lui devait le trône pontifical. Il bannit de la ville l'agitateur Crescentius. — Au retour, il reçoit la couronne de fer à Milan.

Empire grec. — Un médecin habile et revêtu de plusieurs dignités séculières, Sisinnius, est porté au patriarcat de Constantinople, sans avoir passé par les degrés inférieurs de la hiérarchie ecclésiastique.

France. — Mort d'Hugues Capet. Son fils Robert lui succède.

Hongrie. — Le duc des Hongrois, Geisa, est baptisé le jour de la fête de saint Étienne, avec son fils Waïc, qui garda le nom de ce saint.

Orient musulman. — La mort du second calife fatimite laisse un lourd héritage à un enfant de onze ans, Hakem.

997.

Allemagne. — Les troupes impériales reprennent aux Slaves le margraviat de Brandebourg.

France. — En Bretagne, révolte de paysans, opprimés par le régime féodal.

Hongrie. — Étienne I*er*, prince chrétien, succède dans le duché de Hongrie à son père Geisa. La Hongrie était déjà habituée au gouvernement féodal. Les comtes et barons qui possédaient les grands domaines avaient deux sortes de vassaux nobles : 1° les chevaliers terriens, *milites prædiantes*, 2° les chevaliers servants, *milites servientes*.

Prussiens. — En portant la foi chez les Slaves idolâtres de la Prusse au nord-est de la Pologne, saint Adalbert, évêque de Prague, trouve le martyre.

Venise. — Après la mort du roi de Croatie, les Vénitiens s'emparent du littoral dalmate et des îles, depuis Pola en Istrie jusqu'à Raguse: ils avaient déjà Zara. Les pirateries des Narentins sont réprimées. Le doge, Pierre Orséolo, prit au retour de cette expédition le titre de duc de Dalmatie.

998.

Afrique et Espagne. — Le fils aîné d'Almanzor a reporté la guerre en Afrique, et enlevé Fez à un prince usurpateur. — Le roi de Léon, le roi de Navarre, qui est de sang castillan par sa mère, et le comte de Castille, gagnent ensemble un combat décisif sur Almanzor, à Calataguasor, au sud-ouest de Soria, vers les sources du Douro. Vaincu pour la première fois après plus de cinquante batailles livrées aux chrétiens, Almanzor se laisse mourir de faim. — Abd-el-Mélek, l'aîné de ses fils, hérite de son ascendant auprès du calife et combat avec la même gloire.

Empire d'Allemagne et Italie. — Othon III vient combattre Crescentius qui s'est fait consul de Rome et qui a chassé le pape Grégoire V : il l'assiége dans le môle d'Adrien, ou château Saint-Ange, le reçoit prisonnier volontaire, et ordonne injustement sa mort. — Othon va visiter incognito Venise. — Il donne l'archevêché de Ravenne à son ancien précepteur, Gerbert, qui n'a plus le siége de Reims depuis le rétablissement canonique de l'archevêque Arnoul.

France. — Robert le Pieux, ayant refusé de se conformer à la décision d'un concile qui rompait son mariage avec Berthe, sa parente éloignée, est excommunié par le pape; le royaume de France est pour la première fois mis en interdit : terrible effet de la sentence pontificale. Robert quitte Berthe et prend pour femme Constance d'Aquitaine. — Il est célèbre par sa charité, par sa piété et par son goût pour la poésie religieuse. Le premier des rois de France, il a touché les écrouelles et lavé les pieds aux pauvres le jeudi saint.

999.

Bohême. — Sous Boleslas II qui meurt en 999, les Bohémiens, dont la langue est un dialecte de l'esclavon, adoptent les lettres latines et la liturgie latine.

Empire d'Allemagne et Pologne. — L'empereur Othon III, qui le premier fit reconnaître la suzeraineté de l'empire aux Polonais, érige en métropole l'église de Gnesne, au nord-ouest de la grande Pologne.

Espagne. — Le royaume de Léon a encore un roi mineur, Alphonse V, fils de Bermude, âgé de cinq ans, sous la tutelle de sa mère.

Orient musulman. — Développement de la puissance du Gaznévide Mahmoud : ses États s'étendront du Gange à la mer Caspienne; il tiendra sa cour à Balkh, et à Gazna. Le premier il a remplacé le titre d'émir par celui de sultan.

Rome. — Othon III fait élever au pontificat l'archevêque de Ravenne, Gerbert, qui prend le nom de Sylvestre II ; c'est le premier pape français. — Son ardeur pour l'étude de sciences jusqu'alors inconnues qu'on appelait occultes, l'a fait accuser de commerce familier avec le diable.

Venise. — La cour de Constantinople habituée encore aux témoignages de déférence et de respect de la république vénitienne, qu'elle croyait en retour honorer beaucoup en conférant aux doges les titres des principales dignités impériales, donne au fils du doge Pierre Orséolo la nièce de l'empereur.

XIe SIÈCLE APRES J. C.

APERÇU GÉNÉRAL.

La barbarie qui ne consiste que dans l'imperfection des institutions sociales est moins ignoble que celle qui résulte de leur corruption extrême. C'est ce dernier spectacle que présentent les annales de Byzance et celles de l'empire des Abbassides. A Constantinople, la maison macédonienne se continue encore un demi-siècle sous le nom de deux femmes, qui portent au trône un faux monnayeur, et un calfateur de vaisseaux. Les exploits de Romain Diogène suspendent pour bien peu de temps les invasions des barbares de l'Orient. La maison des Comnène sera célèbre seulement par sa longue possession du pouvoir : on ne lui doit pas la restauration de l'honneur militaire et de l'administration intérieure de l'empire. Les califes abbassides ne sont plus chez les musulmans que de vains fantômes, insultés par tous les mécontents, menacés par tous les ambitieux. Les troubles intérieurs se perpétuent. La dynastie des Gaznévides, sortie des régions orientales de la Perse, avait porté la terreur jusqu'à Bagdad. Les Turcs seldjoucides, originaires de la grande Tartarie, se font place en Orient, aux dépens des Gaznévides refoulés jusqu'aux Indes, des califes de Bagdad tenus dans une tutelle qui ressemble à la servitude, des califes fatimites d'Égypte dépouillés des principautés syriennes, enfin des empereurs grecs qui ne peuvent empêcher en Asie Mineure l'établissement de la sultanie turque d'Iconium. Antioche, Laodicée, Nicée même en Bithynie, sont à ces barbares. C'est contre ces ennemis heureusement affaiblis par leurs propres divisions que fut prêchée la première croisade.

De nouvelles révolutions agitent tout le nord de l'Europe : la race scandinave s'abat encore du Danemark et de la Norvége, sur l'île Britannique qui n'échappe à la race du Danois Canut le Grand, récemment converti, que pour subir le joug despotique de la royauté et de la féodalité normandes qu'apporte en 1066 le Français Guillaume le Conquérant. Ce triomphe durable d'un vassal des

Capétiens est le signal des longues rivalités de la France et de l'Angleterre.

A l'est, les Scandinaves Varègues, qui s'étaient fixés au milieu des Slaves sous le nom de Russes, ont déjà reçu le christianisme avec leur chef, saint Wladimir, qui est de la race de Rurik. Mais l'Évangile est venu aux Russes par Constantinople. Le schisme de l'Église grecque consommé par l'obstination du patriarche Michel Cérulaire, qui réprouve le pain azyme, ou sans levain, employé dans l'Eucharistie, et les syllabes *filioque* introduites dans le symbole du concile de Nicée, entraîne la Russie hors des voies de l'Église catholique romaine : elle devient schismatique presque aussitôt que chrétienne, et s'est opiniâtrée à méconnaître l'autorité du pape. Le partage que saint Wladimir a fait de son héritage entre ses deux fils est pour ce pays une cause de morcellement, d'anarchie et de faiblesse qui plus encore que la différence de croyance, la tiendront pendant des siècles isolée de l'Europe. Le fils de Wladimir Iaroslaw est un législateur.

Les Grecs, ennemis du saint-siége, perdent l'Italie méridionale, dont les nouveaux conquérants, venus de la Normandie française, font hommage au pape qu'ils ont vaincu : les coutumes féodales et la langue de la France prennent possession de l'Italie comme de l'Angleterre. La Sicile, disputée aux Sarrasins par les Normands, est maintenant le poste avancé de la chrétienté contre l'islamisme. L'amour du butin et un chimérique espoir de conquête poussent les maîtres de la Pouille au delà de l'Adriatique contre les sujets schismatiques de l'empire byzantin. Pendant des siècles, les Normands, les Allemands, les Français, qui se succéderont dans la possession de l'Italie du sud, se laisseront aller, avec le même entraînement, à d'ambitieux projets d'agrandissement qui ne se réaliseront pas.

La France, illustrée par les conquérants de l'Angleterre, de la Pouille et de la Sicile, par les fondateurs du comté de Portugal, qui sera ravi aux Maures, ne marque point alors par la vie de ses rois. La maison capétienne est une des moins puissantes entre les grandes maisons féodales : la royauté reste comme un droit sans exercice.

La suprématie politique appartient à l'Allemagne, tant que le saint-siége est occupé par des princes faibles ou indignes. Les désordres et les troubles se renouvellent à Rome comme pendant le Xᵉ siècle, et cependant les empereurs, toujours menacés par une noblesse turbulente en Germanie, ont de la peine à contenir l'Italie du nord, où les seigneurs féodaux, les évêques, les cités qui ressuscitent les anciennes institutions municipales, arment séparément, et quelquefois s'unissent pour l'indépendance. L'excès de l'anarchie ramène la paix, qu'affermit pour un peu de temps une constitution publiée par Conrad, le premier empereur de la maison franconienne qui donnera quatre princes en cent ans. Le règne de son fils Henri III le Noir est l'une des époques où les Romains et les papes ont été le plus directement assujettis à la puissance impériale.

Mais pendant les dix-sept années qui suivent sa mort, les scandales de simonie, de cupidité, et de violence, qui signalent le gouvernement des ministres de son jeune fils Henri IV, font un étrange contraste avec la grande œuvre de réformation universelle qu'accomplit le moine toscan Hildebrand, pour rendre à l'Église sa moralité et son indépendance, lesquelles serviront à fonder l'autorité temporelle de Rome. Hildebrand, devenu Grégoire VII, suit sans fléchir sa pensée dominante, pour soutenir et étendre les droits du sacerdoce engagés surtout dans la triple question du célibat des prêtres, de la simonie, et de l'investiture laïque; il menace et la France et l'Angleterre, et les États du Nord, mais surtout l'Allemagne. Pour la première fois un empereur est excommunié et déposé, comme si le pape pouvait ôter des couronnes qu'il ne peut pas donner. Telle est la force de ces anathèmes que, même après la mort d'Hildebrand, que l'amitié et les secours de la comtesse Mathilde et du Normand Robert Guiscard n'ont pu maintenir à Rome, l'empereur est incapable de réprimer ni les révoltes de ses sujets, ni les attentats de ses propres fils.

Alors que l'Europe et l'Orient chrétien étaient en proie au schisme ou à l'anarchie féodale; au milieu des passions religieuses et politiques que réveillait la querelle du sacerdoce et du pouvoir temporel; quand des peuples, nouvellement établis sur des terres qu'ils veulent garder, bornent leur horizon au pays conquis, Pierre l'Ermite, un pèlerin qui a vu le triste état des chrétiens de la Palestine, et le pape Urbain II, Français comme lui, appliquent encore une des pensées de Gerbert et de Grégoire VII, en prêchant la croisade. Pierre entraîne vers les lieux saints, contre les Turcs seldjoucides et contre les fatimites, six cent mille hommes, multitude indisciplinée qui essuie de sanglants revers, surtout avant l'arrivée de l'armée des chevaliers venus de la France ou de l'Italie normande. Pour la masse de peuple, il s'agit d'acquérir le ciel en délivrant le tombeau du Christ profané par les infidèles. S'il en est qui pensent à l'avenir de l'Europe, pour ceux-là, il s'agit de repousser des peuples qui menacent d'envahir toute la chrétienté. Quelques-uns enfin songent seulement à chercher fortune en Orient. Jérusalem prise,

Godefroy de Bouillon, le plus pieux et le plus brave des chevaliers, reçoit malgré lui, par l'élection des seigneurs, une royauté féodale qui repose sur les institutions de la France, comme la royauté normande d'Angleterre, comme les principautés normandes de Pouille et de Sicile. Un ordre de moines guerriers, les Hospitaliers de Saint-Jean de Jérusalem, va être fondé, pour veiller assidûment à la défense des terres conquises, pendant que la plupart des chevaliers de la croisade reviennent émerveiller l'Europe de leurs récits de l'Orient. Les principautés nouvelles d'Édesse et d'Antioche sont les remparts de Jérusalem. Les Grecs n ont rien gagné à la croisade qu'ils ont désirée; les Latins s'habituent à visiter au passage et à convoiter Constantinople. Ces expéditions saintes révèlent l'unité chrétienne de l'Europe sous la suprématie du pape.

La nation la plus fervente de l'Occident ne va pas chercher de croisade en Asie; elle a les musulmans à combattre dans ses propres foyers. Dans les premières années du siècle, la dynastie des Ommiades s'éteint à Cordoue : des émirs arabes s'érigent en souverains, on compte presque autant de royaumes que de villes; mais en même temps les États de Castille, de Léon, de Navarre et d'Aragon forment tantôt deux, tantôt trois ou quatre royaumes distincts, presque toujours en guerre les uns contre les autres. Le roi de Léon et de Castille, Alphonse VI, aidé de la valeur du Cid qui sera immortalisé par notre grand poëte Corneille, et des chevaliers français des deux Bourgognes, reporte la puissance chrétienne jusqu'à Tolède et jusqu'à Valence; mais l'Afrique, foyer d'invasions musulmanes, comme le haut Orient pour l'Asie occidentale, verse sur l'Espagne les Almoravides : le XI⁰ siècle se ferme avec la mort du Cid. La lutte recommence pour longtemps, et plus vive, entre deux principes différents de religion, de civilisation et d'institutions sociales.

Les études profanes n'ont d'activité que chez les Arabes : ils cultivaient la géographie, l'histoire, la philosophie, les sciences physiques et la poésie. Avicenne, qui meurt en 1037, s'appliqua d'abord à la dialectique, puisa dans Aristote la théorie du syllogisme, et versifia même des préceptes de philosophie; la physique d'Aristote lui inspira le goût de la médecine. Dans cette science, à laquelle il n'a cependant pas fait faire de grands progrès, ses livres furent, jusqu'au XVᵉ siècle, l'oracle des écoles d'Italie et de France. Albucassis, qui meurt en 1106 ou 1107, enseigna la médecine théorique et pratique, la pharmacie, la chirurgie; il a décrit les instruments chirurgicaux. Le Persan Ferdoucy a composé pour Mahmoud, guerrier gaznévide, un grand poëme historique sur la Perse; mal récompensé par le sultan, il se vengea par des invectives, comme tous les poëtes qui trouvent des ingrats.

Quelques auteurs grecs s'occupent de médecine par imitation. Constantin l'Africain a le premier fait connaître en Europe la médecine des Arabes ; il l'enseigna peut-être à Salerne, chez les Normands. La littérature ne peut s'enorgueillir des histoires byzantines auxquelles chaque siècle ajoute quelques volumes. L'abrégé de Dion Cassius, composé par Xiphilin, est devenu précieux par la perte de ce grand ouvrage historique.

La langue latine sert aux chroniqueurs et aux théologiens. Les questions de dogmes laissent un peu la place aux questions de philosophie : à part l'hérésie du moine Bérenger de Tours, qui nie la présence réelle au temps de Grégoire VII. Le débat des réalistes et des nominaux commence à passionner l'école. Roscelin de Compiègne est le premier chef célèbre des nominaux ; d'après eux, les idées générales, c'est-à-dire les essences de Platon, les formes substantielles d'Aristote, et généralement les abstractions, n'existant que dans le langage, il faut n'attribuer d'existence réelle qu'aux individus, et reconnaître que les idées particulières, éléments de toutes les autres, naissent immédiatement des sensations. Lanfranc et Anselme, **tous deux Italiens**, qui furent tour à tour abbés du Bec et archevêques-primats de Canterbury, réalistes déterminés, soutiennent l'existence des idées générales ou universelles. Cette dispute s'est prolongée dans les siècles suivants, au sein des chapitres et des monastères, où les études de l'Europe étaient concentrées et dégradées souvent par une scolastique barbare.

Entre les langues vulgaires, la langue tudesque donne en prose des traductions du Psautier et du Cantique des cantiques ; en vers, une ode en l'honneur d'un archevêque de Cologne mort en 1075. En France la langue romane est assouplie par les troubadours et par les trouvères. Guillaume, comte de Poitiers, duc d'Aquitaine, rouvre la liste des troubadours ; la galanterie et la bravoure inspirent les poëtes grands seigneurs, l'art n'est pas alors une profession. Bien qu'on ne connaisse ni Homère ni Virgile, quelque souvenir des sujets antiques perce dans les épopées ; une légende languedocienne a pour héros un seigneur des environs de Toulouse auquel le poëte attribue les aventures d'Ulysse. La chanson de Roland ou de Roncevaux prend sous la plume du trouvère normand Turold la forme que nous lui connaissons. Dans ce siècle brillant de la chevalerie, un moine compose la fameuse chronique latine attribuée faussement à l'archevêque de Reims, Turpin, contemporain de Charlemagne : c'est un véritable poëme.

Les éléments matériels manquaient aux travaux de l'intelligence : le papier de chiffon n'était pas inventé, la fabrication du papyrus d'Égypte avait presque cessé par les ravages des Sarrasins, et le prix du parchemin était devenu excessif. On s'avisa d'un triste expédient : on gratta d'anciens manuscrits pour les rendre propres à recevoir une nouvelle écriture ; des livres classiques se transformèrent en psautiers, en missels, en traités de liturgie et de théologie. Que de richesses de l'antiquité ont dû être ainsi perdues pour alimenter le travail quotidien des monastères et des écoles ! L'art gothique commence à élever les nefs hardies des cathédrales que les siècles suivants décoreront de vitraux.

CHRONOLOGIE.

1000.

Dans l'Europe chrétienne, l'approche de l'an 1000, qu'on redoutait comme devant voir finir le monde, décida bien des repentirs, fit un peu trêve aux souffrances des peuples opprimés par le régime féodal, accrut l'influence morale, la puissance et les richesses de l'Église.

Empire d'Allemagne et Pologne. — Pèlerinage d'Othon III au tombeau de saint Adalbert, évêque de Prague. Il fonde pour la Pologne l'archevêché de Gnesne. Il vit entouré de moines et de prêtres. — Il fait ouvrir le tombeau de Charlemagne, à Aix-la-Chapelle.

Espagne. — Avénement de Sanche III le Grand, au trône de Navarre.

Hongrie. — Les Hongrois ayant donné le titre de roi à leur duc Étienne, le pape Sylvestre lui envoie une couronne bénite, lui confère le titre et les pouvoirs d'apôtre de la Hongrie avec le droit de régler les affaires ecclésiastiques du royaume.

Orient musulman. — Le poëte persan, Aboul-Cacem-Ferdoucy, a entrepris, à la demande de Mahmoud le Gaznévide, l'histoire des rois de Perse sous le titre de Shah-Nameh, *Livre des Rois*, depuis les premiers temps jusqu'à Jesdegerde III : cette immense composition contient plus de soixante mille vers ; il y consacra trente ans.

Scandinaves. — Le roi des Danois, Suénon, et Éric, le roi de la Suède, s'unissent contre Olaf, roi de Norvége, le réduisent à se tuer, partagent le pays conquis entre trois comtes qui le gardèrent pendant seize ans.

1001.

Angleterre. — Ethelred II, qui se soumet à payer aux Normands un tribut, établit l'impôt du *danegeld* sur ses sujets.

Espagne. — Le roi de Navarre épouse la petite-fille du comte de Castille.

Scandinaves. — L'Islandais Biorn, cherchant son père au Groenland, est poussé par une tempête fort loin au sud-ouest ; il aperçoit une terre plate couverte de bois. Un second voyage fait avec Leif, fils d'Eric Rauda qui avait fondé les établissements du Groenland, lui fait découvrir une partie de la côte qu'on a appelée depuis l'Amérique septentrionale, et qui alors reçoit d'eux le nom de *Vinland* (pays du vin), à cause des raisins sauvages qu'ils y trouvent.

Suède. — Baptême du roi Olaf ; établissement durable du christianisme.

1002.

Allemagne. — A la mort d'Othon III, l'élection donne le trône à Henri II, duc de Bavière, descendant du roi Henri l'Oiseleur, qui est âgé de trente ans. Il sera, par piété, encore plus zélé pour l'Église que les princes saxons, ses parents.

Angleterre. — Mariage du roi Ethelred II avec Emma, fille de Richard Ier, duc de Normandie. Par son ordre, tous les Danois de l'Angleerre sont égorgés le jour de la Saint-Brice (13 novembre). Les invasions danoises, plus dévastatrices que jamais, deviennent annuelles ; le roi de Danemark, Suénon, met le pays anglais à feu et à sang.

Bohême et Pologne. — Le duc de Bohême, fils aîné de Boleslas II, privé de la vue par le duc de Pologne dans une conférence perfide à Cracovie, résigne le duché à son frère, qui ne peut pas mieux le défendre.

France. — A la mort de son oncle Henri, frère de Hugues Capet, le roi Robert combat pour la possession de son héritage, le fief de Bourgogne, dont une partie, la Franche-Comté, restera sous la suzeraineté allemande.

Pologne. — Un édit de Boleslas Chrobri, par lequel il ordonne à ses troupes de chanter un hymne religieux avant de livrer bataille, est la plus ancienne loi écrite que l'on connaisse en Pologne.

1004.

Allemagne ? — L'évêque de Wurtzbourg en Franconie s'opposant à la fondation de l'évêché de Bamberg, qui devait restreindre l'étendue de son diocèse, le roi Henri II lui accorde en dédommagement cent cinquante manses ou familles de serfs : on spécifiait alors la valeur du domaine, non par l'espace qu'il occupait, mais par le nombre des paysans qui y étaient attachés. Pour confirmer la fondation, le pape exigea une redevance annuelle de cent marcs d'argent avec un beau cheval équipé en guerre.

Allemagne et Italie. — La présence d'Henri II en Lombardie, où il est couronné roi, n'anéantit pas le parti d'Ardouin, marquis d'Ivrée, qui a pris la couronne d'Italie.

Écosse. — La royauté est rendue héréditaire par Malcolm.

Espagne. — A la mort du fils aîné d'Almanzor, qui avait, comme lui, gouverné avec fermeté au nom du calife Hescham II, le califat est en proie à l'anarchie et aux guerres civiles qui doivent amener sa dissolution.

1005.

Allemagne et Bohême. — L'empereur arrache la Bohême des mains des Polonais ; la guerre durera treize ans, en Saxe, en Silésie, en Bohême.

1006.

Allemagne et France. — Le roi Robert défend son vassal, le comte de Flandre, contre Henri II d'Allemagne, qui viendra lui-même à Paris pour négocier la paix.

1008.

Allemagne et Hongrie. — Le roi germain donne sa sœur au roi de Hongrie, Étienne.

1009.

Espagne. — Le chef des gardes africaines, dont les derniers princes de Cordoue avaient imprudemment augmenté le nombre, est assez puissant pour se faire proclamer calife, sans toutefois fonder de dynastie.

1010.

Espagne. — Les comtes chrétiens de Barcelone et d'Urgel prennent parti dans les luttes civiles des musulmans.

1012.

Allemagne et Bohême. — Le

XIᵉ SIÈCLE (1013-1016).

duc de Bohême est renversé par son frère Udalric avec le consentement de l'empereur.

1013.

Allemagne et Italie. — Une nouvelle expédition du roi Henri II en Italie force à la fuite le prétendant Ardouin.

Angleterre et Danemark. — Le Danois Suénon est résolu à s'établir en Angleterre ; il prend Londres, où il se fait proclamer roi. Ethelred II se retire en Normandie.

1014.

Bulgares et Grecs. — Les cruautés commises par l'empereur Basile à l'égard de ses prisonniers bulgares souillent la gloire la plus légitimement acquise pendant vingt-six campagnes consécutives. — Le roi des Bulgares, Samuel, finit tristement un règne de quarante ans. La guerre continue avec ses successeurs.

Empire d'Allemagne et Rome. — Henri II ramène en Italie le pape Benoît VIII, qu'une faction avait dépouillé de son siége. Il est couronné empereur à Rome. — Revenant en Allemagne par la France, Henri II s'arrête à une abbaye de Verdun, avec l'intention de se faire moine ; l'abbé lui ordonne de continuer à gouverner l'empire. — Il se qualifie souvent de roi des Romains, titre nouveau qui passera aussi à ses successeurs.

1015.

Angleterre et Danemark. — Kanut succède à son père Suénon sur les trônes de Danemark et d'Angleterre. — Ethelred II est rentré dans Londres, mais il y meurt bientôt.

Bohême et Pologne. — La guerre, reprise entre les deux peuples, se fera tour à tour en Misnie, en Moravie et en Lusace.

Chine. — Le recensement des contribuables donne le chiffre de 21 976 965 hommes ; en ajoutant les enfants jusqu'à l'âge de vingt ans, les femmes, les magistrats, les lettrés, les bonzes, les eunuques, les soldats, les navigateurs, on aurait pour la population totale au moins un chiffre double.

Espagne. — Il est facile à deux frères, du sang des Edrissites, l'un gouverneur d'Algéziras, en Espagne, l'autre de Ceuta, en Afrique, d'occuper chacun à son tour, par la révolte, de 1015 à 1017, le trône des Ommia des de Cordoue.

Italie. — Ardouin, qui avait aspiré autrefois à la couronne d'Italie, meurt dans un monastère du Piémont.

Russie. — Wladimir, qui avait donné des apanages considérables à sept de ses dix fils, meurt en allant combattre un fils rebelle, fait par lui prince de Novogorod. L'église russe le compte au nombre de ses saints, et le fête le 15 juillet : il avait créé plusieurs évêchés suffragants de l'archevêché de Kiev. La fondation de villes, d'églises, d'édifices publics, avec l'aide d'artistes grecs ; le défrichement de terres désertes ; l'établissement de colonies ; sa charité pour les pauvres et pour les malades, rachètent les atrocités de ses premières années. — Son neveu, Swiatopolk, commet toutes sortes de crimes pour dépouiller ses fils.

1016.

Espagne. — La ville de Léon est relevée de ses ruines par le roi Alphonse V.

Italie et Normands. — Le pape Benoît VIII, avec les secours qu'il a demandés à tous les évêques et aux défenseurs des églises, fait face à l'invasion des Sarrasins en Toscane ; il anime contre eux les Pisans et les Génois. — Des chevaliers normands viennent alors combattre en Italie, attirés par les récits de quarante gentilshommes de leur pays qui avaient visité, comme pèlerins, Saint-Michel du Mont-Gargano, au nord-est de la Pouille, peut-être au retour d'un voyage en terre sainte. Un citoyen puissant de Bari, Mélo, qui avait soulevé la Pouille contre les Grecs, leur promettait de faciles conquêtes dans un pays beau et fertile, occupé par des peuples rivaux, les Grecs et les Lombards, que menaçaient les Sarrasins de Sicile.

1017.

Angleterre. — La mort d'Edmond Côte de Fer, fils d'Éthelred II, et le mariage de Kanut le Grand avec la veuve d'Éthelred, Emma, assurent aux Danois la possession de l'Angleterre.

Russie. — Le prince de Novogorod, fils de Wladimir, Iaroslaw, avec l'appui de Varègues, force son oncle, l'ambitieux Swiatopolk, qui a déjà saisi Kiev, à fuir auprès de son beau-père le roi de Pologne.

1018

Empire d'Allemagne et Pologne. — Le traité de Boleslas-Chrobri avec Henri II affranchit la Pologne de l'hommage féodal envers l'empire.

Pologne et Russie. — Intervention armée de Boleslas-Chrobri dans la rivalité sanglante d'Iaroslaw, qui vient de rebâtir Kiev, et de Swiatopolk. Boleslas garde la Russie Rouge, située entre le Bug et le San, pour prix du rétablissement de son gendre Swiatopolk.

1019

Bulgarie et empire grec. — Après la mort de leur roi, neveu de Samuel, les Bulgares sont soumis définitivement par l'empereur Basile II, qui forme de leur pays une province nouvelle. Les Bulgares sont transportés par lui au delà du Danube et remplacés par des Turcs Patzinaces ou Petchenègues. Ils resteront sous le joug des Grecs pendant plus d'un siècle et demi.

France. — Le roi Robert fait un voyage à Rome.

Russie. — Iaroslaw, avec une nouvelle armée de Varègues de Novogorod, met en fuite Swiatopolk qui, après un dernier combat, meurt dans le délire du crime. — Le trône de Kiev reste à Iaroslaw; mais il n'y aura de paix pour lui qu'après avoir combattu encore ses neveux et ses frères.

1020.

Italie et Normands? — Des Normands, conduits par Drengot et Osmont, vont rejoindre leurs compatriotes dans la Pouille, et, comme eux, vendent leurs services tour à tour aux Grecs, aux Lombards et aux républiques maritimes indépendantes.

1021.

Allemagne et Grecs. — L'empereur Henri II arrête les envahissements des Grecs dans l'Italie méridionale.

Égypte. — Mort du troisième calife fatimite, Hakem, dont le règne a été signalé par des folies, par des actes de sacrilége et de cruauté: il s'était fait passer pour Dieu.

1022.

France. — En présence du roi Robert et de la reine Constance, le concile d'Orléans condamne au supplice du feu treize manichéens.

Russie. — Un frère d'Iaroslaw, qui avait reçu pour apanage la principauté de Tmoutarakan, ancienne ville de l'île de Taman, entre la mer Noire et la mer d'Azof, après s'être rendu maître des régions septentrionales qui le séparaient de Kiev, vient même attaquer cette ville. Il ne peut la prendre, mais il s'établit, à l'est, à Tchernigof, sur la Desna: un traité avec Iaroslaw lui laissa ce qu'il avait pris.

1023.

Allemagne et France. — Entrevue amicale des deux rois Henri II et Robert près d'Ivoy, au confluent du Chiers et de la Meuse.

Italie. — Le pape Benoît VIII fait venir à Rome le fameux musicien Gui, moine d'Arezzo, qui a inventé les lignes de la gamme et les six notes : « ut, ré, mi, fa, sol, la, » pour remplacer les points et les lettres dont on se servait ordinairement en musique. La note *si* a été ajoutée à l'octave par un savant du XVI° siècle.

1024.

Allemagne. — Mort de Henri II de Bavière, dit le Saint, dernier roi de la maison de Saxe. Le duc de Franconie, Conrad II, dit le Salique, est élu roi.

Empire grec et Rome. — Le patriarche de Constantinople, de concert avec l'empereur Basile II, envoie des députés à Rome pour tâcher d'obtenir à prix d'argent le titre d'évêque œcuménique en Orient.

France. — En Normandie, révolte de paysans contre l'oppression féodale.

1025.

Allemagne. — Le roi Conrad II met le duc de Souabe, rebelle, au ban de la diète, qui est l'assemblée générale en Allemagne, et le dépouille de son domaine.

Danemark. — Les murmures des Danois, dont le roi, Kanut, habite en Angleterre, forcent celui-ci à revenir passer au moins un hiver en Danemark.

France. — Le concile d'Arras approuve l'usage des peintures dans les églises ; elles sont, dit-il, le livre des illettrés.

Pologne. — Mort du duc Boleslas-Chrobri, qui était sur le point de prendre le titre de roi ; il est enterré dans la cathédrale de Posnanie.

1026.

Empire d'Allemagne et Italie. — Après avoir fait reconnaître à l'avance, comme roi d'Allemagne, son fils qui est âgé de neuf ans, Conrad II passe en Italie, où les ennemis des Allemands ont offert la couronne au fils du roi de France et au duc d'Aquitaine.

1027.

Danemark, empire d'Allemagne et Rome. — La dévotion fait entreprendre à Kanut le Grand, roi d'Angleterre et de Danemark, le pèlerinage de Rome ; il assiste au couronnement de Conrad le Salique.

Espagne. — Alphonse V, roi de Léon, porte la guerre contre les Arabes, au sud-ouest du Douro, jusqu'à Viseu ; il est tué au siége de cette ville.

1028.

Danemark, Norvége et Suède. — Les Danois, révoltés contre le roi Kanut le Grand, à son approche rentrent dans le devoir. Il enlève la Norvége au roi Olaf qui va chercher un asile en Russie. Il punit le chef de la rébellion danoise, son beau-frère le comte Ulph, qu'il fait assassiner dans l'église de Roskild, ville de l'île Seeland. L'acquisition de la péninsule de Scanie par le roi du Danemark lui rend facilement accessibles la Norvége et la Suède.

Empire grec. — Romain-Argyre, d'une famille ancienne et illustre, qui vient d'épouser Zoé, fille du dernier empereur de la maison macédonienne, Constantin VIII, après la mort de celui-ci, est porté au trône. Son règne sera court. Zoé, jusqu'à soixante et douze ans, occupera le monde de ses adultères et de ses crimes ; un changeur de monnaie et un calfateur de vaisseaux seront par elle revêtus de la pourpre.

Espagne. — Bermude III, roi de Léon, épouse une princesse castillane. Sanche III, roi de Navarre, réunit la Castille à ses États, du droit de sa femme, sœur aînée du jeune comte qui vient de mourir; mais c'est au détriment du roi de Léon, qui est le suzerain nominal de la Castille.

1029.

Italie et Normands.—En 1029, si ce n'est en 1025, les Normands d'Italie, qui déjà s'étaient mêlés aux querelles des petits princes lombards de Capoue et de Salerne, et des ducs grecs de Naples, aident le duc de Naples, Sergius IV, à reconquérir la ville que lui avait enlevée le prince de Capoue, Pandulfe. — Leur comte, Rainulfe, obtient en récompense un grand et fertile territoire entre Naples et Capoue, où ils fondent la ville d'Aversa, sur les ruines de l'ancienne Atella.

1030.

Angleterre, Danemark et Norvége. — Le roi Kanut attaque de nouveau la Norvége, dont il reste maître quand le roi Olaf a été blessé mortellement sur un champ de bataille.—Son gouvernement, dans ses trois royaumes, est juste et charitable.

Orient musulman. — Mort de Mahmoud, le premier Gaznévide du Khoraçan; son fils Masoud lui succède.

Russes.—Vainqueur des Tchoudes, peuple idolâtre de Livonie, le Russe Iaroslaw fonde dans ce pays la ville de Derpt, au sud-ouest du lac Peipus.

1031

Espagne. — Abdication forcée du dernier calife ommiade de Cordoue, Hescham III; il vécut encore, pendant cinq ans, dans une agréable retraite, avec des savants et des poëtes, comme aux beaux jours de la royauté. Les rares qualités d'Hescham auraient mérité un meilleur sort et un siècle moins agité. —

Démembrement général du califat: chaque grande cité a son souverain particulier, qui exerce un pouvoir héréditaire. Tolède; Séville; Grenade et Jaën; Malaga et Algéziras; Alméria, sur la côte du sud-est; Murcie, sur la Ségura inférieure; Valence, Denia et les îles Baléares; Saragosse avec Huesca et Tudéla; Badajoz, à l'ouest, dans le pays de l'Al-Garb, avec Lisbonne, forment autant de royaumes. — Le peuple de Cordoue donna le titre de roi au vizir des derniers califes, Djahwar, simple et désintéressé, qui ne voulut pas gouverner sans un conseil des principaux de la ville; ne s'inquiétant que du maintien de la justice et de la prospérité de ceux qui s'étaient faits ses sujets, il évita d'avoir la guerre avec les princes indépendants des autres grandes cités.

France. — Mort de Robert le Pieux; avénement de son fils Henri Ier. Révolte des frères d'Henri et de sa mère.—Le concile de Bourges prescrit le célibat aux sous-diacres et l'usage de la tonsure à tous les clercs.

Orient musulman. — Mort du calife Kader-Billah; son fils Kaiem n'est pas plus puissant que lui à Bagdad.

Pologne et Russie.—Iaroslaw aidé de son frère qui réside à Tchernigof, reprend sur les Polonais la Russie Rouge, et avec les prisonniers repeuple les parties désertes de ses États.

Russie. — Kiev, menacée par une invasion des Petchenègues, est sauvée par Iaroslaw.

1032.

France. — Henri Ier, pour avoir la paix avec son frère Robert, lui donne le fief de Bourgogne, qui était depuis si peu de temps réuni à la couronne. Il récompense le zèle de son allié, le duc de Normandie, par la cession du Vexin français. Les comtes de Blois, de Champagne et de

Flandre sont les seigneurs les plus hostiles au roi.— Horrible famine en France.

Russie. — Hardie expédition des peuples de Novogorod jusqu'aux monts Ourals, entre l'Europe et l'Asie, qui protégeaient la Russie contre les attaques des nations de l'Orient. Elle coûta la vie à presque tous ceux qui y prirent part.

1033.

Allemagne et les Bourgognes. — L'empereur Conrad II le Salique recueille l'héritage du roi Rodolphe III : les deux Bourgognes, qui formaient le royaume d'Arles, sont réunies à l'empire.

Espagne. — Pour réconcilier les maisons de Navarre et de Léon, le second fils de Sanche III, Ferdinand, épouse la sœur de Bermude III ; la Castille est érigée en royaume pour Ferdinand.

Rome. — Benoît IX, qui est porté, encore enfant, sur le saint-siége, grâce au crédit et aux largesses de son père le comte de Tusculum, mettra le comble, par ses mœurs scandaleuses, par ses rapines et par ses violences, aux maux et à la honte de l'Église de Rome, qui est comme inféodée depuis un siècle à la puissante maison issue de Théodora et de Marozie. Il est le dernier de cette souche viciée des comtes de Tusculum.

1034.

Allemagne et France. — La fille de l'empereur Conrad, fiancée au roi de France, meurt avant le mariage.

Espagne. — Sanche III de Navarre, dit le Grand, un an avant de mourir, fait le partage de ses États entre ses quatre fils : 1° Garcie sera roi de la Navarre et de la Vieille Castille jusqu'à Burgos ; 2° Ferdinand, roi de Castille ; 3° Gonzalez, comte de Sobrarve et de Ribagorce, pays compris entre la Cinca et la Sègre, affluents de l'Èbre ; 4° Ramire, roi d'Aragon.

Savoie. — Le seigneur Humbert, Saxon de naissance, allié aux maisons de Bavière et des derniers rois de Bourgogne, fils du vice-roi du royaume d'Arles, reçoit de l'empereur Conrad le Salique, en récompense de services féodaux, le Chalais qui est au sud du lac de Genève, la terre de Saint-Maurice, sur le haut Rhône, et le Valais formé par le bassin supérieur du Rhône, qui semblent avoir été les domaines primitifs de la maison de Savoie.

1035.

France. — Robert le Magnifique ou le Diable, duc de Normandie depuis sept ans, entreprend un pèlerinage en terre sainte : il meurt à Nicée. Son fils, Guillaume le Bâtard, lui succède.

Orient musulman. — Togrul-Beg et Daoud, petits-fils du Turc Seldgiouk, commencent à s'établir dans le Khoraçan malgré le gaznévide Masoud.

1036.

Allemagne et Danemark. — L'empereur Conrad reçoit la main d'une fille de Kanut le Grand pour son fils. Le margraviat allemand de Sleswick est cédé aux Danois : le Brandebourg devient la marche septentrionale du duché de Saxe.

Angleterre, Danemark et Norvége. — Mort de Kanut le Grand. Le premier, il fit frapper de la monnaie dans les États du Nord : les Scandinaves, avant lui, faisaient le commerce d'échange, ou employaient l'or et l'argent au poids; ils ne connaissaient que les monnaies étrangères enlevées dans leurs courses. — Ses fils se partagent ses couronnes de Danemark, de Norvége, d'Angleterre. La Norvége secouera promptement le joug danois.

Italie. — Boniface II, dit le Pieux, comte de Modène, de Reggio, de

Mantoue, de Ferrare, de Crémone, terres allodiales qu'il a héritées de son père, duc et marquis de Toscane par le choix de l'empereur Conrad, fête pendant trois mois, avec une magnificence royale, sa nouvelle épouse, Béatrix, fille du duc de Haute-Lorraine.

1037.

Empire d'Allemagne et Italie. — Les grandes villes de Lombardie aspirent à l'indépendance, surtout Milan, soulevée par son archevêque Héribert. — Héribert commença à faire paraître dans les combats le char de l'insurrection, ou *carrocio*, qui portait l'étendard de liberté. — L'empereur Conrad vient en Italie.

Espagne. — Bermude III ayant déclaré la guerre à son beau-frère le roi de Castille, Ferdinand, est accablé à la fois par les Castillans et par les Navarrais; il périt dans un combat. Ferdinand se porte sur Léon où il est couronné roi; il réunit ainsi les royaumes de Léon et de Castille. Les Galiciens résistent longtemps à la domination d'un prince d'origine navarraise.

Orient musulman. — Le célèbre philosophe et médecin musulman Avicenne (Abou-Ibn-Sina), né dans la Perse, à Chiraz, élève des écoles de Boukhara, après une vie fort agitée, pleine de vicissitudes, d'ambition, de plaisir, de travail, meurt à Hamadan, ville de l'Irak-Persique.—Ses canons ou *Préceptes de médecine* ont été pendant plusieurs siècles la base de l'enseignement en Asie et en Europe; il est à la fois l'Hippocrate et l'Aristote des Arabes.

Pologne. — L'empereur donne asile en Saxe à la régente de Pologne, que les révoltes des nobles ont forcée à fuir avec son fils enfant, qui est petit-fils de Boleslas Chrobri.

1038.

Angleterre. — Un peu après la mort de Kanut le Grand, Emma tente la restauration de la dynastie anglo-saxonne, en présentant au peuple les enfants qu'elle avait eus d'Éthelred II; le sang de Kanut l'emporte par les trahisons du comte Godwin, comte de Wessex.

Empire d'Allemagne et Italie.—Conrad reçoit à Milan les plaintes des moines du mont Cassin qu'a violemment dépouillés Pandulfe de Naples. Il marche contre lui, le dépouille solennellement de sa principauté, la donne à Gaimar IV, prince de Salerne, et confirme à l'abbaye la possession de ses terres et de ses droits.—Il investit le chef normand, Rainulfe, du comté d'Aversa. — La peste chassant d'Italie l'armée allemande, Conrad fait continuer la guerre contre l'archevêque Héribert par les comtes et les marquis du nord de l'Italie. — Conrad visite son nouveau royaume d'Arles, dont il assure la possession héréditaire à son fils.

Espagne.—La mort violente de Gonzalès, comte de Sobrarve et de Ribagorce, fait tomber ses États dans la main de son frère Ramire Ier, roi d'Aragon.

Hongrie. — A la mort d'Étienne, qui avait ajouté la Transylvanie à la Hongrie, l'élection donne la couronne au fils d'une de ses sœurs, né d'un doge de Venise; le nouveau prince règne entouré d'Italiens et d'Allemands. L'anarchie commence pour la Hongrie.

Pologne. — Brzétislas, qui vient de succéder en Bohême à son père Udalric, tombe sur la Pologne, qui est sans roi depuis 1032, prend Breslaw, sur l'Oder, Posnan et Gnesne; il établit beaucoup de Polonais, comme colons, dans ses États.

1039.

Empire d'Allemagne et Italie.—Conrad donne aux villes et aux seigneurs de l'Italie du nord une constitution qui favorise le morcellement des fiefs et protége les arrière-vassaux contre les grands feudataires.— Conrad est regardé comme l'auteur du droit féodal écrit qui régit les terres d'empire. — Son fils Henri III le Noir lui succède à vingt-deux ans.

1040.

Empire d'Allemagne et Italie. — Le nouveau roi d'Allemagne, Henri III, reçoit à Ingelheim, près de Mayence, la soumission de l'archevêque de Milan.

Italie et Normands.—En 1040, si ce n'est en 1037, la colonie normande, grossie par l'arrivée de nouveaux chevaliers sous la conduite de Guillaume Drogon et d'Umfroy, fils de Tancrède, seigneur de Hauteville, près de Coutances en Normandie, se met au service du capitan grec Maniacès, pour combattre les Sarrasins de Sicile.

1041.

France.—Plusieurs conciles sont tenus en France pour établir la *trêve de Dieu*, qui défendait toute violence, du mercredi soir au lundi matin, et procurait un peu de repos aux gens taillables et aux débiteurs. Ils prononcent des peines sévères, temporelles et ecclésiastiques, contre les violateurs de la trêve.

Italie et Normands. — Les Normands, revenus de leur course en Sicile, font la guerre pour leur compte dans la Pouille, autour de la ville de Melfi, au détriment des Grecs.

Pologne. — Le roi d'Allemagne aide les Polonais contre les Bohémiens. — Casimir Ier, le prince fugitif de Pologne qui, envoyé par sa mère à Paris pour faire ses études, s'était ensuite retiré à l'abbaye de Cluny, et y avait prononcé ses vœux, est rappelé par les Polonais pour les affranchir des guerres intestines des vingt-quatre grands vassaux. Le pape le dispense de ses engagements monastiques, moyennant un tribut appelé le denier de Saint-Pierre.—Il recouvre plusieurs cantons de Pologne dont un gentilhomme, Mazos, s'était formé un État indépendant, la Mazovie.

1042.

Angleterre. — Après la mort de deux des fils de Kanut, les Anglais prennent pour roi Édouard le Confesseur, fils d'Éthelred II et d'Emma. Le comte Godwin a favorisé son élévation; il devient son beau-père, et se révoltera plus d'une fois contre lui. — Il n'est plus question de danegeld ni d'invasion danoise.

Danemark. — Le Danemark accepte pour roi un étranger, le Norvégien Magnus, fils d'Olafs, qui déjà avait reconquis les États paternels sur un fils de Kanut.

Empire grec. — A Constantinople, Zoé, du sang macédonien, malgré ses soixante-trois ans, se remarie avec un de ses anciens amants, Constantin Monomaque, qui reçoit la couronne impériale.

Espagne. — Le roi d'Aragon entreprend de dépouiller son frère, le roi de Navarre, avec l'aide des princes musulmans de Saragosse, d'Huesca et de Tudéla ; il est battu.

1043.

Allemagne. — Le roi Henri III monte lui-même en chaire dans l'assemblée de Constance pour défendre les délits particuliers et publics et pour établir une paix universelle dans toute l'Allemagne.

Danemark.—Tentative d'usurpation du neveu de Kanut le Grand, Suénon, fils du comte Ulph, qui s'aide des Suédois, pendant le séjour de Magnus en Norvége. — Le Sleswick danois est envahi par les Vandales idolâtres, qui habitent la côte germanique en face des îles danoises.

France. — Le *mal des ardents*, fléau épidémique, commence à sévir en France pour deux siècles : hôpitaux fondés pour les pauvres.

Grecs et Russes —Des intérêts de commerce provoquent une rupture : guerre maritime; les Russes s'approchent du détroit de Constantinople. La meilleure construction des vaisseaux grecs, qui étaient aussi mieux dirigés, l'usage du feu grégeois et la tempête, servent d'abord l'empereur; mais les Russes, qui ont perdu quinze mille des leurs, réparent ce désastre.

Italie. — Les capitaines normands assemblés à Melfi font le partage féodal des terres enlevées aux Grecs ; ils créent comte de Pouille leur chef Guillaume dit Bras de Fer, qui reçoit la seigneurie d'Ascoli, mais ils ne lui donnent aucun droit de suzeraineté : chacun fut souverain dans la terre qui lui échut.

1044.

Angleterre. — Édouard le Confesseur donne à ses peuples les *lois communes*.

Espagne. — Ferdinand Ier, roi de Léon et de Castille, emporte d'assaut Viseu et enlève aux Maures Lamégo, sur le bas Douro, qui passait pour imprenable.

Grecs et Russes. — Les Russes qui, après leur expédition maritime, cherchent à regagner leur pays par terre, sont tués par les Grecs dans la Mésie. — Trêve, que suivra un traité de paix en 1047.

Rome. — Benoît IX, que le mépris et l'indignation du clergé et du peuple allaient chasser pour la troisième fois du trône pontifical, vend la papauté à l'archiprêtre Jean Gratien qui prend le nom de Grégoire VI. Le nouveau titulaire du siége de Rome a besoin de recourir à la force pour réprimer le pillage et le meurtre, laissés impunis, autour de la ville et dans la ville même.

1045

Espagne. — Coïmbre, au sud-ouest de Viseu, sur le bas Mondégo, se rend au roi de Léon et de Castille.

1046.

Empire d'Allemagne, Italie et Rome.—Henri III le Noir entreprend le voyage d'Italie que les empereurs allemands devaient faire au moins une fois pendant leur règne. Il réunit dans la plaine de Roncaglia, près de Plaisance, tous les feudataires de la couronne avec leurs arrière-vassaux. — Après avoir fait déposer dans le concile de Sutri le pape simoniaque Grégoire VI, Henri III reçoit la couronne impériale des mains du nouvel élu Clément II, évêque allemand, qu'il a fait désigner. Déjà le sénat et le peuple romain lui avaient conféré la dignité de patrice. Le concile de Sutri a reconnu de nouveau qu'il ne pourra être élu de souverain pontife sans le consentement de l'empereur. En dix ans se succéderont quatre papes d'origine allemande, désignés par le chef de l'empire.

Espagne. — Ferdinand Ier porte surtout ses armes vers le centre et vers l'est de l'Espagne musulmane, pour dégager complétement la vieille Castille.

1047.

Danemark et Norvége.—Le roi Magnus, qui déjà avait cédé une partie de la Norvége à un prince national de ce pays, désigne à son lit de mort, pour lui succéder en Danemark, le fils du comte Ulph, neveu de Kanut le Grand, Suénon, qui avait voulu le détrôner.

Empire d'Allemagne et Italie. — L'empereur rend la principauté de Capoue à Pandulfe qui, neuf ans auparavant, en avait été privé par Conrad II ; Gaimar IV reste prince de Salerne et d'Amalfi. — Il confirme à Drogon, seigneur normand, comte de Venouse, frère et successeur de Guillaume, le titre de comte de Pouille, et à Rainulfe, le premier Normand établi en Italie, le titre de comte d'Aversa.

XI° SIÈCLE (1048-1053).

Hongrie. — Le roi de Hongrie, André, de la famille de saint Étienne, qui, pour devenir roi, avait promis aux seigneurs hongrois le rétablissement de l'idolâtrie, signale au contraire son avénement par la protection énergique des chrétiens. — La seconde place dans l'État est celle de duc, qu'André donne à son frère Bela.

1048.

Angleterre et Normandie? — Guillaume le Bâtard, affermi dans le duché de Normandie par la victoire du val des Dunes, entre Caen et Argentan, que le roi de France l'a aidé à gagner contre des seigneurs rebelles, va visiter à Londres le roi Édouard et le trouve entouré de Normands.

Espagne. — Ferdinand Ier, roi de Léon et de Castille, rend tributaire le roi musulman de Tolède.

1049.

Allemagne, France et Italie. — Le pape Léon IX préside tour à tour des conciles à Rome (avril), à Reims (octobre), à Mayence (novembre), pour réprimer la simonie et le mariage des prêtres.

Bohême et Pologne. — Nouvelle invasion de la Pologne par les Bohémiens; ils dépouillent surtout la ville de Gnesne.

Espagne. — Le roi musulman de Saragosse est rendu tributaire par le roi de Castille et de Léon.

1050.

France et Italie. — Plusieurs assemblées à Tours, à Rome, à Brionne en Normandie, à Verceil, à Paris, discutent et condamnent l'hérésie de Bérenger de Tours touchant l'eucharistie.

1051.

Allemagne et Rome. — Intimité de Léon IX et d'Henri III; ils passent ensemble à Augsbourg le temps de la fête de la Purification.

France et Russie. — Le roi Henri Ier épouse Anne, fille d'Iaroslaw, prince de Russie.

Italie et Normands. — Les Grecs, incapables d'arrêter les progrès des Normands, assassinent leur chef, Drogon. Son frère Umfroy lui succède dans la principauté de Pouille et dans le commandement militaire.

1052.

Allemagne et Bohême. — L'empereur, allié des Polonais, assiége Brzétislas dans sa capitale, Prague. Le roi de Bohême, obligé à l'hommage et au tribut, garde son royaume, qui était augmenté alors d'une partie de la Silésie et de la Moravie.

Espagne. — Le roi de Navarre fonde à Najéra, un peu à l'ouest de Logrono, un monastère auquel il s'engage, pour lui et pour ses successeurs, à donner la dîme de toutes les conquêtes faites sur les Sarrasins.

Rome. — L'empereur cède au saint-siége ses droits sur la ville de Bénévent, qui appartenait aux Lombards, en dédommagement d'un tribut annuel que lui devaient les rois de Germanie, au sujet de la fondation de l'évêché de Bamberg faite cinquante ans plus tôt.

1053.

Angleterre. — Le fils aîné de Godwin, Harold, hérite de sa puissance, et mérite la faveur du roi Édouard et du peuple anglo-saxon.

Empire d'Allemagne, Empire grec, Normands et Rome. — Le pape est l'âme de la ligue qui se forme entre les Grecs et les Allemands contre les Normands de la Pouille; il est allé solliciter le secours d'Henri III, et ramène un corps de troupes allemandes, commandé par Godefroi le Barbu, duc de Basse-Lorraine. Les Grecs marchent avec lui au combat de Civitella ou Civitata, au nord de Lucérie (18 juin). L'armée normande, commandée par Umfroy et par son frère consanguin Robert Guiscard, l'Adroit ou le Rusé, est victorieuse et fait le pape prisonnier.

Empire grec et Rome. — Le patriarche de Constantinople, Michel dit Cérulaire, se déclare contre l'Église romaine; il attaque et refuse de suivre certains usages du rite latin.

1054.

Empire grec. — Constantin Monomaque est renversé par la sœur de Zoé qui l'avait fait empereur, Théodora. Celle-ci s'entoure de sages ministres et de bons généraux.

Empire grec et Rome. — Trois légats de Léon IX, envoyés à Constantinople, sont bien reçus par l'empereur Constantin Monomaque. Mais le patriarche Michel persiste dans son opposition; solennellement excommunié, il entraîne le clergé et le peuple dans son parti (juillet). — C'est l'origine du schisme qui depuis, jusqu'à nos jours, a séparé les Grecs de l'Église latine.

Espagne. — Une perfidie de Ferdinand Ier, roi de Léon et de Castille, cause la guerre avec la Navarre; le roi Garcie est tué dans un combat près de Burgos. — Ferdinand Ier n'empêche pas les Navarrais de faire roi le fils aîné de Garcie.

France. — Les troupes d'Henri Ier sont battues par le duc de Normandie, dont il avait soutenu un vassal rebelle. — Un concile à Narbonne recommande de nouveau la trêve de Dieu, et l'étend aussi du mercredi soir au lundi matin.

Normands et Rome. — Léon IX, prisonnier des Normands, leur accorde, comme fief relevant du saint-siège, tous les pays qu'ils pourront conquérir en Calabre et en Sicile (mars); il devient ainsi, quelques mois après le commencement du grand schisme, le suzerain de pays qui appartenaient à l'empire d'Orient. Il meurt peu de temps après à Rome (avril).

1055.

Bohême. — Brzétislas en mourant, suivant l'usage tschèque, laisse le duché de Bohême entier à son fils aîné; la Moravie seulement servit à former des apanages pour trois autres de ses fils; et le cinquième n'eut que l'expectative de l'évêché de Prague. D'après le droit de majorat, le plus âgé des princes devait succéder, sans distinction de la branche dont il était issu. — Le nouveau duc chasse tous les Allemands, qui vivaient sur la terre de Bohême comme dans un pays de conquête; il n'excepte pas sa mère, qui est d'origine franconienne.

France. — L'hérésie de Bérenger de Tours occupe les conciles de Tours et d'Angers.

Italie. — Le grand domaine de Toscane, de Modène, de Reggio, etc., qui aurait dû, faute d'héritier mâle, faire retour au suzerain l'empereur, est réservé à la jeune comtesse Mathilde par sa mère Béatrix, qui a épousé, après la mort du marquis de Toscane, Boniface II le Vieux, le duc de Basse-Lorraine, Godefroi le Barbu.

Rome. — Léon IX étant mort dans les derniers jours de l'année 1054, les Romains demandent un pape à l'empereur. L'influence d'un moine toscan, Hildebrand, qui a pratiqué la règle bénédictine à Cluny et qui est alors sous-diacre, fait désigner un évêque de Bavière, Victor II.

Russie. — Mort d'Iaroslaw. Il a publié des lois sages et humaines sous le nom de *Vérités russes*; des écoles gratuites et la propagation des meilleurs ouvrages de la Grèce civilisent les peuples. — Celui des cinq fils d'Iaroslaw qui a reçu en apanage le territoire de Pérelaslawl, sur le Dnieper, combat les Turcs, maîtres des régions méridionales.

1056.

Allemagne. — Henri III meurt entre les bras du pape Victor II, à Goslar en Saxe. Il laisse pour lui succéder un enfant de six ans, Henri IV, sous la tutelle de sa veuve, Agnès d'Aquitaine. — Henri III le Noir a le premier abusé du privilége de conférer souverainement les bénéfices et les charges ecclésiastiques, en vertu du droit d'investiture, qui pourtant ne pouvait s'appliquer qu'au domaine temporel : le suzerain remettait au prélat nouvellement élu l'anneau et la crosse.

Allemagne et France. — Dans l'entrevue d'Ivoi, ville du Luxembourg, les rois de France et de Germanie échangent de vifs reproches au sujet de la Lorraine. — Un défi, offert par Henri III, est refusé par Henri Ier de France.

Empire grec. — Théodora, qui a survécu au moins deux ans à sa sœur Zoé, meurt à soixante-seize ans. Avec elle s'éteint définitivement la maison Macédonienne qui a commencé en 867 avec Basile.

1057.

Angleterre. — La mort d'un neveu laisse sans héritier Édouard le Confesseur qui n'a pas d'enfant ; Harold, fils de Godwin, est désigné par les vœux du peuple pour lui succéder.

Écosse. — Le roi Malcolm III, fils de Duncan, qu'on dit quatre-vingt-sixième descendant du premier roi Fergus, avec les secours du roi d'Angleterre, triomphe d'un prétendant, Macbeth, le héros du drame de Shakspere.

Empire grec. — Isaac Comnène, d'une ancienne famille originaire de Rome, est fait empereur par les troupes qu'il commande en Asie. Sagesse de son gouvernement.

Italie. — A la mort d'Umfroy, Robert Guiscard, son frère, prend possession du comté normand de Pouille.

Orient musulman. — Le calife fatimite d'Égypte, qui ambitionne le califat universel, Mostanser-Billah, se fait déférer le titre de calife à Koufah, sur l'Euphrate, et dans une partie de l'Arabie.

Rome. — Le pape Étienne IX arrache à la solitude le vertueux et savant Pierre Damien, qu'il fait, malgré lui, évêque d'Ostie.

1058.

Italie. — Les progrès de Robert Guiscard qui, avec l'aide de son frère Roger, a conquis toute la Calabre et même la capitale, Reggio, lui assurent la suprématie sur les autres seigneurs normands qui le reconnaissent duc de Pouille et de Calabre.

Rome. — L'évêque de Florence est élu pape à Sienne, par l'influence d'Hildebrand, qui est alors archidiacre ; il prend le nom de Nicolas II.

Turcs. — Le Turc seldjoucide Togrul-Beg, déjà maître du Khoraçan, de l'Irak-Persique, où il réside, et de la Perse, s'impose au calife de Bagdad, Kaïem, et le force à dépouiller de la dignité d'émir-Al-Omara Bassa-Siri.

1059.

Empire grec. — Isaac Comnène punit l'insolence du patriarche de Constantinople, Michel Cérulaire qui voulait prendre le rang de prince ; il le fait déposer et enlever de la ville. Lui-même bientôt il se retire dans un cloître. — Le prince de l'illustre famille des Ducas, qu'il désigne pour lui succéder, manque des qualités nécessaires au gouvernement, et n'a de goût que pour les lettres. Il n'arrête pas les progrès des Turcs seldjoucides.

France. — Nouvelle famine, pendant sept ans.—Pompeuse cérémonie du sacre du jeune fils de Henri I*er*, Philippe, qui lui succédera l'année suivante.

Italie. — Robert Guiscard demande au pape Nicolas II, à Florence, la confirmation du titre de duc de Pouille et de Calabre qu'il a reçu de ses compagnons d'armes, et se fait autoriser à conquérir la Sicile. — Le comte normand d'Aversa, Richard, se fait donner par le pape l'investiture de la principauté de Capoue, qu'il a la pensée de conquérir.

Orient musulman. — L'émir-Al-Omara, que le calife de Bagdad, Kaïem, a sacrifié pour complaire au chef des Turcs seldjoucides, le renverse et proclame à sa place Mostanser-Billah, le calife fatimite d'Égypte.

Rome.—Décret de Nicolas II, pour régler l'élection des papes : elle sera faite par les cardinaux-prêtres et par les cardinaux-évêques du territoire romain ; le reste du clergé et le peuple donneront ensuite leur consentement ; le droit de confirmation impériale est conservé ; on élira de préférence un membre du clergé romain. — Un autre décret défend aux clercs de recevoir d'un laïque l'investiture d'aucun bénéfice ecclésiastique.

1060.

Espagne. — Une infâme trahison livre au roi musulman de Séville la ville de Cordoue, qui était menacée en même temps par les troupes de Tolède et par celles de Valence. Le nouveau maître fait oublier le gouvernement sage et paternel du fils de Djahwar, en prodiguant aux grands l'or et les honneurs, au peuple des fêtes et des spectacles.

France. — Avénement de Philippe I*er*, roi mineur ; régence de son oncle, Baudouin, comte de Flandre.

Orient musulman.— Le Turc seldjoucide Togrul-Beg ramène à Bagdad le calife Kaïem ; il ne l'affranchit de l'oppression égyptienne que pour disposer souverainement de l'autorité en son nom.

Russie. — Les trois fils d'Iaroslaw, qui règnent sur les Russes, attaquent en commun les Turcs dans le bas Dnieper : la faim, le froid et la peste anéantissent presque cette peuplade, dont les débris passent au service des vainqueurs.

1061.

Bohême..— Wratislas, le second fils de Brzétislas, duc depuis 1061, a fait poursuivre par des inquisiteurs et a livré au glaive et au bûcher les devins et les magiciens ; il chasse les juifs.

Hongrie. — Le roi Béla, qui, avec le secours des Polonais, a renversé son frère André, appelle en assemblée générale, à Albe-Royale, siége ordinaire du gouvernement, deux députés par bourgade, pour aviser à la réformation de l'État. Mais les députés, venus bien plus nombreux qu'on ne les avait convoqués, demandant le rétablissement du paganisme, l'assemblée est dispersée par la force.

Italie et Sicile.— Les deux frères Roger et Robert Guiscard entreprennent la conquête de la Sicile sur les Sarrasins ; ils n'y emploient qu'un petit nombre de cavaliers, et ne sont pas longtemps d'accord, parce que Roger prétend à la moitié de la Calabre. L'occupation de Messine et les courses des Normands jusqu'à Girgenti sont sans effet.

Rome. — L'évêque de Lucques, qu'Hildebrand, cardinal, a fait élever sur le saint-siége, Alexandre II, a un *compétiteur dans l'évêque* de Parme que lui oppose la cour d'Allemagne : les évêques de la Lombardie étaient, en général, hostiles aux décrets qu'inspirait Hildebrand contre la simonie et contre le mariage des prêtres.

Russie. — Les Tartares sortis des régions du Don et du Jaïk, où ils vivent de brigandage, et prenant la place des Petchenègues qui ne paraissent plus dans l'histoire, se jettent sur la principauté russe de Péréïaslavl et détruisent tout ce qu'ils ne peuvent emporter : les Russes les désignent par le surnom de Polovtsi ou chasseurs.

1062.

Allemagne. — Annon, archevêque de Cologne, et Adalbert, archevêque de Brême, enlèvent à la reine mère, Agnès, et s'attribuent la régence de Henri IV; ils rendent odieuse la maison royale de Franconie par leur despotisme et par leurs actes de simonie.

Italie. — Le comte normand d'Aversa, Richard, attaque et force à capituler la ville lombarde de Capoue : il s'empare de toutes les villes et de tous les châteaux du prince lombard Pandulfe qui ne reçoit pas de secours de l'empereur allemand, son suzerain. — Le frère du duc de Pouille et de Calabre, Roger, renouvelle la guerre en Sicile contre les Sarrasins.

1063.

Allemagne et Hongrie. — Une armée impériale ayant rétabli en Hongrie le roi Salomon, fils d'André Ier, Henri IV, dont Salomon avait épousé la sœur, exige de lui l'hommage comme d'un vassal de l'empire.

Espagne. — Ferdinand Ier, roi de Léon et de Castille, se jette sur les états de Mohammed-Ben-Abad, roi de Séville. Son fils aîné, Sanche, combat avec le roi maure de Saragosse contre Ramire Ier, roi d'Aragon, qui périt dans un combat. Le fils de Ramire Ier lui succède.

Turcs. — Le tout-puissant seldjoucide Togrul-Beg meurt dans sa capitale de l'Irak-Persique, à Ray, l'ancienne Rages, au moment d'épouser la fille de son protégé, le calife de Bagdad. Son neveu, Alp-Arslan, lui succède; il exercera la même influence sur tout le califat.

1064.

Espagne. — Un an avant de mourir, Ferdinand Ier, comme avait fait son père Sanche le Grand, partage ses États entre ses trois fils : 1° Sanche, l'aîné, sera roi de Castille; 2° Alphonse, roi de Léon et d'Oviédo; 3° Garcie, roi de Galice et des récentes conquêtes en Portugal. Il forme des apanages (infantado) même pour ses filles avec le territoire des villes de Zamora et de Toro, sur le Douro.

France. — Sept mille pèlerins armés entreprennent le voyage de Palestine.

Italie et Sicile. — Les deux frères Robert Guiscard et Roger attaquent pour la première fois la forte place des Sarrasins en Sicile, Palerme, qui résistera huit ans.

1065.

Espagne. — Le roi musulman de Tolède dépouille son gendre, le roi de Valence, et garde l'État conquis, pendant douze ans, jusqu'à sa mort. — Grande expédition du second roi d'Aragon, Sanche-Ramirez, contre les musulmans, avec l'aide du duc d'Aquitaine, du duc de Bourgogne, du comte d'Urgel, qui mourra dans la guerre; il arrache aux infidèles la place de Balbastro, située sur la Cinca, à l'ouest de la Ribargorce, et en fait une ville épiscopale.

1066.

Allemagne. — Déjà perverti par les conseillers qui entouraient son enfance, Henri IV est jeté dans de nouveaux désordres quand, à l'âge de seize ans, on lui impose un mariage qui lui répugne.

Angleterre et France. — Édouard le Confesseur meurt sans avoir décidé la question de succession : Harold s'appuie sur le vœu national; Guillaume le Bâtard, duc de Normandie, sur de prétendues promesses d'Édouard. — Le comte de Flandre, Baudouin, régent de France, ne s'oppose pas à la conquête de l'Angleterre par Guillaume Ier. — Le duc de Normandie emporte un étendard bénit par le pape. Il a attiré des mercenaires de toutes les parties de la France, même de l'Allemagne.—Harold, déjà épuisé par une campagne dans les comtés du nord contre son frère rebelle et contre les Norvégiens qui le soutenaient, dispute pendant toute une journée la victoire aux Normands, à Hastings, sur la côte de Sussex (14 octobre). Mort d'Harold. — Guillaume entre à Londres, et est couronné à Westminster le jour de Noël, par l'archevêque d'York. — Il commence le partage de la terre anglo-saxonne entre les chevaliers normands, et implante en Angleterre la féodalité française, mais constitue du même coup une royauté puissante, bien autrement capable que celle de France de tenir tête aux barons. Le français devient la langue officielle à la cour anglo-normande.

Russie. — Une lutte domestique, qui durera douze ans, commence entre les princes de la maison de Rurik établis 1° à Kiev et à Novogorod ; 2° à Polotsk ; 3° à Tchernigof ; 4° à Péréaslawl. L'aîné, Isiaslaw, prince de Novogorod et de Kiev, chassé deux fois, sera deux fois ramené par le duc de Pologne. Ces discordes favorisent l'incursion des Tartares Polovtsi.

1067.

Angleterre.—Le prince Edgar, petit-fils du roi Edmond Côte de Fer, prête seulement son nom au parti national des Anglo-Saxons, dont la résistance retarde le triomphe complet des Normands. — Guillaume le Conquérant sera inquiété en même temps par des révoltes sur le continent de la part des Manceaux dont le seigneur est son vassal depuis quatre ans.

1068.

Angleterre et Écosse. — Le roi Malcolm soutient sans succès les princes Morkar et Edwin, chefs des anglo-saxons, contre Guillaume le Conquérant. — Il lui fait hommage pour la province de Cumberland, au sud-ouest du pays écossais.

Empire grec. — Un an après la mort de son époux Constantin Ducas, Eudoxie, sacrifiant les droits de ses enfants, donne sa main et le trône à Romain-Diogène, fils de Romain-Argyre. Le nouvel empereur l'exclut ensuite elle-même de toute participation aux affaires. — Il combat les Turcs seldjoucides.

Italie et Sicile. — Le Normand Roger tente d'impuissantes attaques contre Palerme, pendant que son frère Robert entreprend le siége de Bari, sur la côte sud-est de la Pouille, qui l'occupera près de quatre ans.

1069.

Allemagne. — Un concile, convoqué à Mayence par Henri IV pour faire casser son mariage, est arrêté dans ses résolutions par le légat du pape, Pierre Damien.

Angleterre et Danemark. — Le roi de Danemark, Suénon, envoie une expédition sur les côtes de l'Angleterre : tous les ennemis de Guillaume, les Anglo-Saxons, les Danois indigènes, les Écossais, aident les envahisseurs à prendre York. Guillaume lui-même les laisse piller une partie des côtes du nord pour n'être pas inquiété dans le cœur du royaume. La dévastation dure jusqu'au printemps suivant, où Guillaume, à son tour, fera expier aux habitants du Northumberland leur complicité avec l'étranger.

1070.

Allemagne. — Guelfe ou Welf, de la maison d'Este, ville d'Italie au nord du bas Adige, reçoit de l'empereur Henri IV le duché de Bavière.

Écosse.—Le roi Malcolm épouse Marguerite, arrière-petite-fille d'Edmond Côte de Fer, prince anglo-saxon.

Espagne. — Le roi de Tolède,

Al-Mamoun, en apprenant la mort du roi de Séville, tente de dépouiller son successeur, Al-Motamed, qu'on appelle aussi Mohammed-ben-Abad ; celui-ci se défendit mieux que le roi de Valence, et garda son trône.—Mohammed-ben-Abad fut un protecteur des lettres, comme son ami, le roi d'Almérie, avec lequel il rivalisait dans l'art des vers. — Le roi d'Almérie, qui avait déjà dix-huit ans de règne, et qui devait fournir encore une carrière de vingt et un ans, Moezz-Eddaulah, surpassa tous les princes de son temps par sa douceur, son humanité et sa justice. Plus ami des avantages de la paix que passionné pour la gloire militaire, si avidement recherchée par Mohammed-ben-Abad, il fut souvent l'arbitre et le médiateur des princes musulmans. —Sanche II, roi de Castille, dépouille son frère Alphonse du royaume de Léon, et le force de prendre l'habit monastique; celui-ci se retire auprès du roi de Tolède.

1071.

Espagne. — Sanche II de Castille s'empare du royaume de Galice sur son autre frère qui va chercher asile auprès du roi musulman de Séville.

France. — Philippe Ier est battu en personne, à Cassel au nord de l'Artois, par Robert le Frison, qu'il voulait empêcher de recueillir la succession de Flandre.

Grecs et Turcs. — Après deux campagnes heureuses contre les Turcs seldjoucides, l'empereur Romain-Diogène, qui s'est engagé imprudemment jusque dans la Perse, est fait prisonnier. — Lorsqu'il est rendu à la liberté, il est méconnu par ses sujets, et a les yeux crevés. A sa mort, le trône est occupé par deux frères Ducas, fils de son prédécesseur.

Italie. — Dédicace pompeuse de la nouvelle église du monastère bénédictin du mont Cassin, à laquelle l'abbé Didier convie le pape Alexandre II, dix archevêques, quarante-quatre évêques, le duc grec de Naples, le prince normand de Capoue, les princes lombards de Salerne et de Bénévent. Les matières les plus précieuses en or, en argent, en ivoire, en ébène, en marbre, y avaient été mises en œuvre par les artistes les plus célèbres de l'Italie et de l'Orient. C'était une grande solennité à la fois pour les arts et pour la religion.

Italie et Sicile. — Les flottes unies de Roger et de Robert Guiscard enlèvent Bari aux Grecs (15 avril). Les deux frères vont ensemble conquérir sur les Sarrasins de Sicile la forte place de Catane (juillet) : Palerme est assiégée par terre et par mer.

1072.

Danemark. — Le roi Suénon ayant fait massacrer dans l'église de Roskild quelques seigneurs ses ennemis, l'entrée de l'église lui est interdite par l'évêque ; il n'y est admis que lorsqu'il se présente dépouillé des ornements royaux et en suppliant.

Espagne. — Sanche II de Castille, qui a usurpé sur ses frères les royaumes de Léon et de Galice, entreprend aussi de dépouiller ses sœurs. Il prend Toro, mais il est tué en trahison au siége de Zamora. Ses deux frères alors rentrent dans leurs États. Alphonse VI, roi de Léon, est reconnu en Castille.

Sicile. — Les deux frères normands, après une victoire navale sur les infidèles, prennent enfin Palerme (janvier). Roger est réellement alors comte de Sicile, quoique Robert Guiscard se réserve Palerme, la moitié de Messine et la souveraineté sur l'île entière.

1073.

Allemagne. — La guerre civile commence par l'insurrection des Saxons et des Thuringiens, surtout à cause des dîmes qui étaient demandées pour les abbayes.

Allemagne et **Danemark.** — Les Danois, envoyés par le roi Suénon, à l'instigation d'Adalbert archevêque de Brême, contre les Saxons, refusent de combattre les anciens amis de leur nation.

Angleterre. — Révolte de Robert, fils aîné du roi Guillaume Ier.

Espagne. — Alphonse VI, roi de Léon et de Castille, dépouille son frère de la Galice, et l'enferme pour le reste de sa vie. Toute la monarchie castillane est de nouveau réunie.

France. — La ville du Mans, dont le seigneur est vassal du roi anglo-normand, s'érige en commune.

Rome. — Le moine Hildebrand, élu pape (avril), diffère son ordination jusqu'à la confirmation de Henri IV (juin). Grégoire VII est le dernier pape dont le décret d'élection ait été soumis à la sanction impériale. — Il écrit aux rois de France et de Germanie contre le trafic des dignités ecclésiastiques. — Il profite de quelques ouvertures de la cour de Constantinople pour travailler à la réunion des deux Églises.

1074.

Rome. — Dans le premier concile tenu sous Grégoire VII, à Rome, des décrets sont rendus contre les prêtres simoniaques ou mariés ; injonction est faite aux prélats de ne pas recevoir l'investiture de la main des laïques, parce que les laïques mettent le prélat, nouvellement élu, en possession du temporel de son église en lui donnant l'anneau et la crosse, signes de la puissance spirituelle ; l'excommunication est prononcée contre Robert Guiscard, qui refuse l'hommage à son suzerain. — Henri IV, alors occupé contre les Saxons, promet de faire exécuter les décrets.

Rome et Hongrie. — Grégoire VII écrit au roi Salomon : « Vous avez dû apprendre que la Hongrie est un domaine de l'Église de Rome. » (28 octobre.)

Rome, Grecs et Turcs. — Le Turc Soliman, arrière-petit-fils de Seldgiouk, envahit l'Asie Mineure, et pousse ses conquêtes jusque dans la Bithynie grecque, à Nicée, où il établit sa résidence. — Grégoire VII, qui espère ramener les Grecs à la suprématie de l'Église romaine, adresse à tous les fidèles une lettre pour les engager à réunir leurs forces contre les Turcs seldjoucides en faveur de l'empire d'Orient (1er mars).

1075.

Allemagne. — Henri IV gagne une grande bataille sur les Saxons, près de l'Unstrutt.

Allemagne et Bohême. — Wratislas reçoit de l'empereur, en récompense de secours contre les princes révoltés de l'empire, la haute Lusace.

Perse. — Malek-Schah-Dgélaleddin, fils et successeur du Turc seldjoucide Alp-Arslan, fait réformer par huit astronomes le calendrier persan. La manière dont les Persans intercalent leur 366e jour ramène les équinoxes, avec beaucoup d'exactitude, au même point de l'année civile. C'est l'ère persane, dite gélaléenne ou malakéenne : elle est suivie depuis des siècles.

Rome et Russie. — Le prince de Kiev et de Novogorod, dépouillé et chassé pour la seconde fois par ses frères, le prince de Tchernigof et le prince de Péréiaslavl, ne pouvant pas être secouru par le duc de Pologne qui est occupé du côté de la Bohême et de la Hongrie, ni par l'empereur Henri IV, met sa couronne sous la protection du saint-siége. Un bref de Grégoire VII reconnaît le droit héréditaire et transmissible du prince de Kiev à la souveraineté de la Russie, à la condition du serment de fidélité envers le chef de l'Église romaine.

1076.

Allemagne et Rome. — Grégoire VII presse Henri IV de faire exécuter les décrets des conciles, et le menace de peines terribles (janvier). Henri IV, dans une assemblée ecclésiastique à Worms, avec le concours des évêques, fait déposer le pape (23 janvier). La première semaine du carême, dans un concile tenu à Rome, Grégoire VII excommunie et dépose Henri IV, et délie ses sujets du serment de fidélité; c'est pour la première fois qu'une pareille sentence est portée contre un souverain. A Oppenheim (septembre), puis à Tribur (octobre), les légats, avec plusieurs seigneurs et évêques d'Allemagne, délibèrent sur l'élection d'un nouveau roi à la place de Henri IV : ils consentent à lui laisser encore la couronne, si, avant l'an expiré de son excommunication, il s'est fait absoudre par le pape.

Espagne. — Le roi de Navarre ayant été tué par son frère, le trône est pris, non par le meurtrier, mais par le roi d'Aragon, au préjudice des enfants de la victime.

Italie. — La comtesse Mathilde, après la mort de sa mère Béatrix, se met en possession des vastes domaines de son père, Boniface le Pieux: Modène, Reggio, Mantoue, Ferrare, Crémone et Canossa, terres allodiales; marquisat et duché de Toscane, fief d'empire. Elle est déjà veuve à trente ans.

Orient musulman. — Un lieutenant du Turc seldjoucide Malek-Shah, au nom du calife de Bagdad, enlève au fatimite d'Égypte Damas, et la basse Syrie ; au retour il pille Jérusalem.

1077.

Allemagne et Rome. — L'empereur vient s'humilier à Canossa devant le pape qui ne l'absout qu'aux plus dures conditions (janvier.) Quinze jours après, Henri rompt le traité. Les seigneurs d'Allemagne, réunis à Forchéim en Franconie, élisent à la place de Henri IV le duc de Souabe, Rodolphe (mars). Le pape s'abstient d'abord, puis envoie des légats en Allemagne pour décider lequel des deux, Henri ou Rodolphe, était le roi légitime. — La grande comtesse Mathilde fait déjà au saint-siége une donation secrète de tous ses biens, sans distinguer des alleux les fiefs qui devaient retourner au suzerain, l'empereur.

Danemark. — L'épreuve par le fer chaud ou par le duel, qu'on employait dans les affaires judiciaires à défaut de témoins, est interdite, et remplacée par le serment.

Espagne. — Le roi de Tolède, Al-Mamoun, qui vient de conquérir Séville, ne jouit pas pendant six mois de sa conquête : sa mort rend aux rois arabes de Séville et de Valence leurs États respectifs. — Sur les réclamations de Grégoire VII, Alphonse VI, roi de Castille et de Léon, consent à payer un tribut annuel au saint-siége. Ses successeurs s'en affranchiront.

France. — Le moine saint Bruno accuse de simonie l'archevêque de Reims, Manassès; le légat du pape, Hugues de Die, dans un concile tenu à Autun, ordonne la suspension du prélat. Ce légat sera pendant cinq ans la terreur des simoniaques.

Italie. — Robert Guiscard enlève Salerne à son beau-frère, le prince lombard Gisulfe. — Les Normands s'enrichissent et se civilisent au contact des Lombards, des Grecs et des Sarrasins d'Orient et d'Afrique, qui fréquentaient le port et les écoles de philosophie et de médecine de Salerne. — Des courses sur les terres de l'Église font excommunier Robert Guiscard et son allié, Richard, comte normand d'Aversa et de Capoue. Richard attaque les Grecs de Naples, Robert les Lombards de Bénévent.

Pologne. — Le duc Boleslas II le Hardi secoue le joug de l'empire et prend le titre de roi.

Pologne et Russie. — Boleslas II oblige les Russes de Kiev et de Novogorod à reprendre leur prince Isiaslaw. Goût de licence et de débauche contracté par les Polonais en Russie.

Russie.—Nestor, moine de Kiev, écrit sa chronique, premier monument de l'histoire russe.

1078.

Allemagne. — Guerre sans résultat entre Henri IV et Rodolphe de Souabe.

Angleterre. — Construction de la tour de Londres, pour tenir en respect les Anglo-Saxons qui sont dépouillés non-seulement de toute charge, mais de toute possession territoriale. — Révolte de Robert : il blesse le roi, son père, au siége de Gerberoi.

Angleterre et Écosse. — Le roi Guillaume envoie contre Malcolm qui refusait l'hommage, son fils aîné Robert ; Robert, pour contenir les Écossais, fonde sur la Tyne la ville de Newcastle.

Italie. — La mort de Richard, comte d'Aversa et de Capoue, sauve Naples de la domination normande. Le fils de Richard prend part à une ligue des comtes de la Pouille contre Robert Guiscard.

Russie. — A la mort d'Isiaslaw, prince de Kiev et de Novogorod, la Russie se donne pour souverain, de préférence à ses jeunes fils, son frère le prince de Péréiaslavl, Wsewolod Ier, crée pour eux des apanages.

1079.

Espagne.—Le roi de Séville doit à son vizir Ben-Omar la soumission des royaumes arabes de Murcie et de Malaga, et l'alliance du roi chrétien de Castille, du comte chrétien de Barcelone, du roi musulman de Saragosse.

Pologne. — Insensible aux remontrances de l'évêque de Cracovie, Boleslas le Hardi est excommunié pour ses mœurs honteuses et pour sa tyrannie. Il tue l'évêque d'un coup de cimeterre, à l'autel.

1080.

Allemagne et Rome. — Rodolphe de Souabe gagne en Saxe une bataille sur Henri IV (27 janvier). Un concile à Rome confirme l'élection de Rodolphe sur laquelle n'avait pas encore prononcé Grégoire VII (7 mars). Une assemblée ecclésiastique, à Brixen dans le Tyrol, dirigée par le cardinal Hugues le Blanc, ennemi de Grégoire VII, composée d'évêques et de seigneurs d'Italie et d'Allemagne, donne la papauté à Guibert, archevêque de Ravenne (25 juin). — Grégoire se rend auprès du Normand Robert Guiscard pour en recevoir l'hommage et lui donner l'investiture, dans l'espoir de l'opposer à Henri IV (29 juin). — Henri IV est vainqueur, à Wolksheim, près de Géra en Thuringe, de Rodolphe de Souabe, qui reçoit une blessure mortelle (octobre). Défaite des troupes de la comtesse Mathilde, alliée du pape, dans le Mantouan.

Angleterre. — Guillaume le Conquérant fait commencer un travail qui dure au moins six ans ; c'est le cadastre général de l'Angleterre proprement dite, sans y comprendre la principauté de Galles, ni les provinces de Northumberland, Cumberland, Westmoreland, et Durham. Ce relevé, qui fut appelé *domesday-book*, indique les districts cultivés, distingue ceux qui sont habités et ceux qui sont déserts, décrit les espèces de services auxquels sont assujettis les habitants non libres, fait connaître l'étendue et le caractère des fiefs, ce que possèdent encore les Anglo-Saxons, quelles propriétés ont les Normands. Dans quelques comtés on précise jusqu'au nombre de têtes de bétail et de ruches. L'original a péri ; le msc. imprimé en 1783 a été formé sur les anc. titres.

Danemark. — Le second fils

naturel de Suénon, Kanut IV le Saint, achève, au commencement de son règne, la conquête du pays idolâtre de Livonie, qu'il avait entreprise du vivant de son frère aîné ; il y porte la foi.

Espagne et France. — Le roi de Léon et de Castille épouse Constance, la fille de Robert Ier, duc de Bourgogne.

Pologne. — Anathème lancé par Grégoire VII contre Boleslas le Hardi ; le royaume est mis en interdit, ses sujets sont déliés du serment de fidélité : le titre de roi est supprimé en Pologne.

1081.

Allemagne et Rome. — Henri IV descend en Italie avec une armée ; il ne peut prendre Rome. — Grégoire VII renouvelle la sentence d'excommunication. Les rebelles d'Allemagne opposent à Henri IV un nouveau roi, Hermann de Luxembourg (août).

Empire grec. — Après la chute successive de trois prétendants, Alexis Comnène, neveu d'Isaac qui a régné en 1057, reste seul empereur.

Empire grec et Italie. — Robert Guiscard va combattre les Grecs au delà de l'Adriatique ; il enlève Corfou, Butrinto et Valona, sur la terre illyrienne ; Durazzo lui résiste quelques mois, défendue par Alexis Comnène en personne.

Espagne. — Les courses du roi de Castille sur les terres de Tolède sont arrêtées par le roi musulman de Badajoz.

Pologne. — Boleslas le Hardi, détesté de ses sujets, agité par ses remords, fuit de la Pologne. — Wladislas, son frère, lui succède, au détriment de son fils ; il ne prend que le titre de duc, et reste docile à la cour de Rome.

1082.

Allemagne et Italie. — Craignant une invasion de Henri IV et des Allemands dans la Pouille, Robert Guiscard, maintenant l'ami du pape, retourne en Italie, et laisse le soin de la guerre d'Orient à son fils Bohémond.

Grecs et Turcs. — Courte suspension des hostilités entre les Grecs et le Turc seldjoucide Soliman. Il ne tarde pas à mettre sous son joug presque toute l'Asie Mineure, excepté Trébizonde. Iconium ou Cogni, ville importante de la Lycaonie, deviendra la capitale de sa principauté, et lui donnera son nom.

1084.

Allemagne, Italie et Rome. — Henri IV est enfin maître de Rome, et s'y fait sacrer empereur par l'anti-pape Guibert. Il assiége Grégoire VII dans le château Saint-Ange ; mais le Normand Robert Guiscard vient dégager le pape, et le conduit au palais de Latran, après avoir saccagé Rome. — Grégoire VII, rendu, par les brigandages des Normands, odieux à ses sujets, se retire au mont Cassin, auprès de son fidèle allié, l'abbé Didier, et de là à Salerne, sur la terre normande.

Angleterre. — Nouvelle révolte du fils aîné de Guillaume Ier.

France. — Fondation de l'ordre monastique des Chartreux, par saint Bruno.

Grecs et Italie. — Les Vénitiens auxiliaires des Grecs contre les Normands, sont battus avec eux sur mer, et renoncent à leur tentative sur Corfou.

Grecs et Turcs. — Le sultan d'Iconium, Soliman, prend aux Grecs Antioche et Laodicée, en Syrie.

1085.

Afrique et Espagne. — Après quatre ans de guerre, Alphonse VI prend possession de Tolède (25 mai), la repeuple de chrétiens et y établit sa cour. La capitulation souscrite par le dernier roi laisse aux musulmans qui resteront dans la ville leurs mosquées et leurs cadis ou juges avec la jouissance paisible de leurs biens. Le nouvel archevêque de Tolède s'attribuera bientôt, par un privilége pontifical de l'an 1088, la primatie sur toutes les églises. — Mohammed Ben-Adad, le roi de Séville, invite les princes musulmans de la péninsule, établis à Almérie, à Grenade, à Badajoz, à Valence, où règne maintenant le prince qu'Alphonse VI a dépouillé de Tolède, à s'armer pour la foi, contre le roi de Castille, qui assiége Saragosse. Une junte composée des oulémas qui composent le corps des gens de loi, des fakirs ou docteurs, des cadis, attachés aux mosquées métropolitaines de l'Espagne, proclame l'aldjihed, ou guerre sainte, et appelle, pour la diriger, Yousouf, souverain des Almoravides d'Afrique, en Mauritanie, qui cependant reconnaissait la suprématie spirituelle du calife de Bagdad.

Italie. — Grégoire VII meurt à Salerne (mai). Il est le premier qui ait ordonné que le nom de pape ne serait porté que par l'évêque de Rome. L'abbé du mont Cassin, Didier, son ami, lui succède sous le nom de Victor III. — Mort de Robert Guiscard, dans l'île de Céphalénie, pendant la guerre contre les Grecs (17 juillet). — Rivalité entre ses fils qu'il a eus de différents mariages; Bohémond, l'aîné, est réduit à la principauté de Tarente, Otrante et Gallipoli; le second, Roger Bursa, est duc de Calabre et de Pouille. Roger de Sicile, frère de Robert, garde comme auparavant la moitié de la Calabre.

Turcs. — Un frère du grand prince d'Asie Malek-Schah, Toutousch, qu'un meurtre a déjà mis en possession de la sultanie de Damas, attaque, comme allié de l'émir d'Alep en Syrie, le sultan seldjoucide d'Iconium. Soliman pour la première fois est réduit à fuir; de désespoir, il se donne la mort. Son empire est morcelé par les gouverneurs de provinces; sept ans d'anarchie.

1086.

Afrique et Espagne. — L'almoravide d'Afrique, qui a conquis Ceuta et Tanger sur le roi arabe de Malaga, bien accueilli à Algéziras et à Séville, rencontre et bat Alphonse VI entre Badajoz et Mérida, dans la plaine de Zallaka (lieu glissant). Après sa victoire, Yousouf repasse le détroit et laisse aux musulmans d'Espagne le soin d'en recueillir le fruit; une partie des almoravides cependant reste en Espagne.

Allemagne et Bohême. — Dans une diète à Mayence, l'Empereur donne au duc Wratislas le titre de roi de Bohême, avec l'investiture de la Lusace, de la Moravie et de la Silésie; c'est une dignité toute personnelle, qui ne passera pas à ses successeurs.

Danemark. — Kanut IV s'étant obstiné à vouloir établir la dîme en faveur du clergé, périt au milieu d'une révolte, égorgé dans l'église d'Odensée (10 juillet); il est honoré comme martyr. Sa veuve, fille de Robert le Frison, comte de Flandre, retourna en Flandre avec son fils.

1087.

Angleterre et France. — Guillaume le Conquérant, outragé par Philippe Ier, vient dévaster le Vexin français qui était rentré aux mains du roi depuis 1074, et incendie Mantes. Il meurt peu après en Normandie même, où il sera enseveli. — La Normandie lui doit la fondation de beaucoup d'églises, de monastères et d'écoles. Il lègue l'Angleterre à son second fils, Guillaume II le Roux; l'aîné, Robert Courte-Heuse, n'obtient que le duché de Normandie. Guillaume le Roux trouvera un précieux conseiller dans son ancien précepteur, l'Italien Lanfranc, devenu primat et archevêque de Canterbury.

Hongrie. — Ladislas Ier ajoute à ses États le royaume de Croatie, comme héritier de sa sœur, veuve du dernier roi.

1088.

Afrique et Espagne. — Yousouf est rappelé d'Afrique avec ses almoravides contre Alphonse VI de Castille : campagne sans succès; Yousouf quittera l'Espagne.

Allemagne. — La mort de l'anti-roi Hermann de Luxembourg n'affermit pas l'autorité aux mains de Henri IV.

1089.

France. — Beauvais, ville épiscopale, s'érige en commune.

1090.

Afrique et Espagne. — L'almoravide Yousouf tente une troisième expédition en Espagne, mais cette fois sans être appelé. Il dévaste le territoire chrétien de Tolède, et va détrôner le roi musulman de Grenade, qui acheva sa vie en Afrique; il retourne dans sa capitale africaine sans avoir reçu les ambassadeurs des rois de Badajoz et de Séville, qui lui avaient ouvert l'Espagne en 1085.

Espagne. — Alphonse VI, à la persuasion d'un abbé français, légat du saint-siége, substitue, malgré les murmures du clergé et du peuple de Tolède, le rit gallican qui était celui de l'Église romaine, au rit tolétain ou mosarabique; vainement les épreuves judiciaires du duel et du feu, appliquées à ce grand débat, avaient donné gain de cause à l'usage national. — Urraque, fille d'Alphonse VI et de Constance qui elle-même est née dans la Bourgogne ducale, est mariée à Raymond, de la maison comtale de Bourgogne.

France. — Le roi soutient le duc de Normandie contre Guillaume II son frère.

Italie et Allemagne. — La comtesse Mathilde, alliée de l'Église, qui vient, à quarante-cinq ans, de se remarier avec Welf, le fils du duc de Bavière, petit-fils du marquis d'Este dans l'Italie du nord, est attaquée par Henri IV.

1091.

Afrique et Espagne. — Quatre corps d'armée d'Yousouf enlèvent plusieurs royaumes musulmans. Le roi de Séville dont les États sont conquis, emmené captif en Afrique, a pour se consoler l'affection pieuse de ses filles et la culture de la poésie; le roi d'Alméria son ami est mort avant l'occupation de son royaume par les Africains.

Espagne. — Par décision du concile de Léon, Alphonse VI fait renoncer ses sujets à l'usage des caractères gothiques pour les caractères latins, afin de faciliter les rapports de commerce avec les étrangers, les caractères latins étant employés en France et dans les principaux États d'Europe. L'écriture et la langue gothique sont gardées par les Mozarabes.

Orient musulman. — Dans les montagnes de l'Irak-Persique se forme l'abominable secte des Bathénéens; le nom d'assassins leur vint de leur fondateur Hassan-Sabah, ou mieux du *haschisch*, liqueur enivrante à l'aide de laquelle il fascinait leur imagination et s'assurait leur dévouement absolu : ils font métier d'exécuter à travers tous les périls et quelle que soit la distance, tout commandement de meurtre donné par leur chef, qu'on appellera le Vieux de la montagne. Ils auront une série de princes pendant cent dix-sept ans.

1092.

Afrique et Espagne. — Le royaume de Valence résiste un peu plus longtemps que les autres États musulmans à l'invasion almoravide, avec l'assistance des chrétiens de Castille. Rodrigue Diaz de Bivar, dit le Cid, à la tête des troupes d'Alphonse, défend Valence jusqu'à ce que la trahison en ouvre les portes aux Africains : le traître reçut le gouvernement de la ville.

Empire grec. — L'empereur

Alexis Comnène fait appel aux Occidentaux, et surtout au pape contre les musulmans.

France. — Le roi Philippe Ier, marié à Berthe de Hollande, enlève au comte d'Anjou sa femme Bertrade de Montfort, et l'épouse. — Concile de Soissons contre l'hérésie de Roscelin qui soutenait que les universaux, ou idées générales, n'avaient aucune réalité en dehors de notre esprit et n'étaient que des noms; il appliquait cette doctrine scolastique au mystère de la Trinité. Les *réalistes* tomberont dans l'excès contraire. Cette querelle des *nominaux* et des *réalistes* a passionné tout le moyen âge.

Orient musulman. — L'État seldjoucide d'Iconium, après sept ans d'anarchie, passe dans les mains énergiques de Kilidge-Arslan, fils aîné du sultan Soliman.

Pologne. — Guerre défensive, pendant cinq ans, en même temps contre les Russes, contre les Prussiens idolâtres, et contre les Poméraniens.

1093.

Afrique et Espagne. — Conquête par les almoravides du royaume musulman de Badajoz, qui comprend les places de Silves, de Lisbonne, de Santarem, d'Évora; Badajoz bien défendue par son roi capitule la dernière. Le roi Ahmeh de Saragosse échappe à la domination africaine.

Allemagne. — Henri IV tient en prison sa seconde femme, princesse de Russie, qu'il a abreuvée d'outrages.

Allemagne et Italie. — Conrad, fils aîné d'Henri IV, se révolte et prend la couronne d'Italie, d'après les conseils de sa tante la comtesse Mathilde. Il aura pour lui le pape, en promettant de renoncer aux investitures ecclésiastiques.

Angleterre. — Après avoir pendant cinq ans rançonné les églises de son royaume, Guillaume le Roux nomme aux bénéfices vacants; Anselme, Italien, abbé du Bec en Normandie, est élevé à l'archevêché de Cantorbéry.

Bohême. — Le fils aîné de Wratislas arrive par la mort de son oncle au trône ducal, dont son père l'avait écarté pour punir ses rébellions. — Un édit sévère contre l'idolâtrie est encore nécessaire.

Écosse. — Le roi Malcolm meurt dans une guerre contre les Anglais. La dignité héréditaire de Steward ou Stuart, qui est analogue à celle de grand sénéchal en France, occupée alors par le comte Walter ou Gautier, a commencé l'illustration des Stuarts, qui depuis ont régné en Écosse.

Orient musulman. — Mort du Turc seldjoucide Malek-Schah. Son origine tartare et la férocité de sa tribu contrastent avec son humanité, son gouvernement libéral et éclairé. Bagdad lui doit un magnifique collège où furent réunis tous les savants les plus distingués, surtout en astronomie. — Son fils qui lui succède dans ses immenses états, et dans sa dignité de sultan à Bagdad, n'imite pas ses vertus.

Russie. — La plaine de Kiev est dévastée par les Tartares Polovtsi dont le nouveau duc de Russie, Swiatopolk II, avait outragé les députés.

1094.

Angleterre. — Une assemblée ecclésiastique, tenue par l'ordre du roi, décide que l'archevêque de Canterbury, saint Anselme, ne peut sans le consentement du roi promettre obéissance ni demander le pallium au pape Urbain II, puisque le prince ne l'a pas encore reconnu.

Espagne. — Le roi d'Aragon et de Navarre, Sanche-Ramirez, est blessé mortellement au siége d'Huesca. Il a fait promettre à son fils Pierre Ier, qui lui succède dans les deux royaumes, de continuer le siége; la ville ne sera prise qu'en

1096. — Valence, prise par le Cid, aidé de toute la noblesse chrétienne, devient sa résidence; un évêché y est fondé.

France. — A Autun, sur les terres du puissant duc de Bourgogne, le légat du saint-siége, Hugues Lyon, tient un concile pour excommunier le roi adultère.

Orient musulman. — Le nouveau calife de Bagdad, Mostadher, pendant un règne d'environ vingt-cinq ans, restera tout à fait étranger aux grandes révolutions qui agitent l'empire des Arabes. — Un frère de Malek-Schah, Toutousch, sultan de Damas, fait la conquête du territoire d'Alep. — Pierre l'Ermite, natif d'Amiens, fait un pèlerinage en Palestine où il est vivement frappé des souffrances des chrétiens.

1095.

Allemagne et Italie. — Welf, le fils du duc de Bavière, divorce d'avec la comtesse Mathilde, et se sépare du parti pontifical.

Danemark. — Les Danois se jettent sur le pays des Vandales idolâtres qui était le repaire des pirates de la Baltique; la principale ville de ces barbares, Wollin, à l'embouchure de l'Oder, est prise et rasée jusqu'aux fondements.

Espagne. — Les Almoravides occupent les îles Baléares qui avaient appartenu aux rois arabes de Valence et de Denia. — Henri, de la maison ducale de Bourgogne, qui est venu avec beaucoup de chevaliers français combattre pour Alphonse VI de Castille, reçoit de lui la main de sa fille naturelle Thérèse, avec la possession des pays entre le bas Minho et le bas Douro, et de tout ce qu'il pourrait conquérir sur les Arabes au sud-ouest.

Hongrie. — Mort du roi Ladislas Ier le Saint (juillet): il était célèbre en Europe par ses guerres contre le Valaques, les Russes, les Polonais et les Bohémiens; il se préparait à aller combattre les infidèles en Asie.

Rome. — Le concile de Plaisance, où le pape Urbain II réunit deux cents évêques, quatre cents clercs et trente mille laïques, reçoit les plaintes de la reine d'Allemagne contre son mari; renouvelle les sentences rendues contre l'hérésie de Bérenger de Tours, qui est mort depuis 1088; interdit la simonie et le mariage des prêtres; et entend les ambassadeurs grecs qui viennent implorer les peuples de l'Occident contre les infidèles (mars).

Rome et France. — Urbain II, d'origine française, vient présider le concile de Clermont (novembre): Philippe Ier est de nouveau excommunié pour son mariage adultère; Pierre l'Ermite et le pape provoquent l'élan populaire des guerres saintes. — Ceux qui se dévouent à la délivrance du tombeau de Jésus-Christ prennent une croix rouge qu'ils porteront sur l'épaule gauche. La masse du peuple et les chevaliers accueillent la pensée de la première croisade aux cris de: *Dieu le veut*. L'Église place les croisés sous la protection de la trêve de Dieu.

Turcs. — Toutousch, sultan de Damas et d'Alep, périt dans une bataille contre son neveu Barkiarok, héritier de la vaste puissance de Malek-Schah; ses deux fils se partagèrent ses principautés.

1096.

Angleterre. — Le duc de Normandie, Robert, qui a pris la croix, engage pour cinq ans son fief, moyennant dix mille marcs, à son frère le roi d'Angleterre.

Allemagne, France, Hongrie et Italie. — Les premières bandes de croisés, composées de masses de peuple indisciplinées, sont conduites séparément par Gauthier sans Avoir, gentilhomme français, par Pierre l'Ermite l'apôtre de la croisade, et par Godescalc, prêtre du palatinat; elles dévastent sur leur passage la Hongrie, et sont en partie massacrées. L'armée des chevaliers part un peu plus tard, mieux ordonnée, mais sans un chef unique, et partagée au moins en trois corps : aucun des rois de l'Europe n'a pris la croix. Les Français du nord, les Anglais, les Flamands, les Lorrains, traversent l'Allemagne et la Hongrie. Les croisés qui viennent du sud de la France et de l'Italie, surtout les Normands, sous Bohémond, fils de Robert Guiscard, et sous Tancrède, franchissent l'Adriatique, et à travers l'Illyrie, la Thessalie, etc., s'acheminent par terre aussi vers Constantinople, qui est le rendez-vous général. On porte le nombre des croisés à cent mille chevaliers et à six cent mille fantassins. Les Vénitiens équipent pour la croisade deux cents vaisseaux.

France. — Dans le concile de Nîmes, est confirmé aux moines le droit d'exercer les fonctions de prêtres.

Orient musulman. — Le vizir du calife fatimite d'Égypte enlève aux Turcs ortokides la ville de Jérusalem, qu'ils avaient replacée sous la suzeraineté nominale des califes de Bagdad.

Russie. — Dans la principauté de Tchernigof, les évêques, les abbés, et les principaux bourgeois des villes de Russie, sont réunis en assemblée générale pour rétablir la concorde entre les princes, et, par de nouveaux partages, préciser les droits de chacun. Les guerres recommencent bientôt.

1097

Orient. — Frayeur d'Alexis Comnène à l'approche des croisés : il redoute pour sa capitale leur cupidité et leur ambition; il leur fait promettre, par un serment solennel, de rendre à l'empire d'Orient les terres qu'ils enlèveront aux musulmans. — Leur passage en Asie Mineure : ils attaquent Nicée; deux batailles contre le sultan seldjoucide d'Iconium, Kilidge-Arslan, et trente-cinq jours de siége. Les Grecs sont remis en possession de cette ville. Les croisés trouvent les armées musulmanes, sur leur route, en Phrygie à Dorylée où ils gagnent une victoire, en Pisidie, en Lycaonie.

1098.

Allemagne. — L'Empereur fait mettre au ban de l'Empire son fils rebelle Conrad, et désigner pour successeur son second fils, Henri, âgé de dix-sept ans.

France. — Le couvent bénédictin de Cîteaux, en Bourgogne, est fondé par saint Robert de Champagne qui avait déjà fondé l'abbaye de Molême.

Italie. — Les marches de Suze et de Turin dont l'Empereur investit Humbert II, seigneur de la Tarentaise, territoire baigné par l'Isère, forment le noyau de la principauté de Savoie-Piémont.

Italie et Sicile. — Roger Ier, comte de Sicile, et possesseur de la moitié de la Calabre, aide son cousin Richard, prince de Capoue, à réduire ses sujets lombards révoltés, et en obtient l'hommage. — Le clergé de Sicile détaché, depuis la conquête normande, de la juridiction du patriarche de Constantinople, est replacé par Roger Ier sous l'autorité spirituelle de l'Église de Rome. Le pape lui accorde, en retour, pour lui et pour ses successeurs à perpétuité, les pouvoirs de légats apostoliques (juillet).

Orient. — Les croisés emportent d'assaut après sept mois de siége, la grande ville de Syrie, Antioche, qui reste en toute propriété au Normand Bohémond (5 juin). Il ne les suivra pas au siége de Jérusalem. Les troupes envoyées de Bagdad, sous Kerbogath, général du Turc Barkiarok, arrivent trop tard unies à celles de Damas et d'Alep, elles perdent un grand combat près d'Antioche (28 juin). — Les croisés mettent un an à traverser l'espace qui les sépare de la ville sainte.

—Rivalité et combat, dans le port de Rhodes, des flottes de Venise et de Pise qui faisaient route vers la Palestine.

1099.

Espagne. — Mort du Cid à Valence. — Valence attaquée par les Almoravides a pour défenseurs la veuve du Cid, et Henri de Bourgogne, un des gendres du roi de Castille.

France. — Philippe Ier associe son fils Louis à la royauté.

Orient. — Réduits à vingt mille hommes et à quinze cents chevaux, les croisés arrivent devant Jérusalem (7 juin). Trente-neuf jours de siége. Les chrétiens, enfin maîtres de la ville sainte (15 juillet), font expier aux infidèles cette longue résistance. — Les chevaliers élisent un roi qui présidera à la défense et à l'extension de la conquête. Le duc de Basse-Lorraine, Godefroy de Bouillon, préféré à cause de ses vertus héroïques, organise la société féodale de l'Orient : les grands vassaux du baron du Saint-Sépulcre seront le prince d'Antioche, le comte de Tripoli en Phénicie, après la conquête de 1109, le comte d'Edesse, sur la limite de l'Arménie chrétienne, où est déjà établi Baudouin, frère de Godefroy; avec des arrière-vassaux possesseurs de seigneuries, baronies et marquisats : à mesure que les terres seront enlevées aux musulmans, elles seront couvertes en fiefs. Les *Assises de Jérusalem*, rédigées en français, sont le code féodal du royaume latin qui durera près de deux siècles. Le roi ne relève que du pape, dont le légat, Daymbert, archevêque de Pise, reçoit le siége patriarcal de Jérusalem. — Deux cent mille musulmans envoyés trop tard par le calife fatimite d'Égypte pour défendre Jérusalem, éprouvent un immense désastre près d'Ascalon au sud-ouest de la ville : exploits de Godefroy de Bouillon et de Robert, duc de Normandie (12 août). La Galilée formera une principauté pour le Normand Tancrède. — Les Vénitiens se montrent dans le port de Jaffa, conquis par les croisés. — La première croisade a été racontée par Anne Comnène, fille de l'empereur Alexis Ier. Ses récits ne sont pas plus favorables aux Occidentaux que ne l'a été en tout temps aux croisés la cour de Constantinople.

XIIe SIÈCLE APRÈS J. C.

APERÇU GÉNÉRAL.

L'histoire des croisades et des établissements chrétiens en Orient est liée à celle des chefs musulmans, califes, sultans et émirs, abassides ou turcs; il en est de même des annales byzantines. Quoique les empereurs grecs, séparés de l'Église romaine, et jaloux ou inquiets des conquêtes tentées par les Occidentaux, qu'en Orient on désigne par le nom de Latins, ne prennent pas part directement à ces expéditions, ils se signalent encore par leur perfidie. Les princes catholiques, souverains féodaux d'Antioche, de Jérusalem, de Tripoli, d'Édesse, sont aux prises avec le sultan d'Alep : Édesse tombe en son pouvoir; Damas résiste aux efforts combinés d'une armée allemande et d'une armée française, conduites chacune par son roi. Le sultan de Damas et d'Alep charge son lieutenant Saladin de la conquête de l'Égypte sur la dynastie des Fatimites, qui a donné en cent soixante-deux ans quatorze califes. Saladin garde l'Égypte pour lui-même, et dépouille aussi la famille de son maître des cantons qu'elle possédait en Syrie. La conquête de Jérusalem, la sagesse de son gouvernement et son humanité lui ont fait une réputation égale à celle des grands rois de l'Occident, Frédéric Barberousse et Philippe-Auguste, qui ont pris les armes pour le combattre. Richard Cœur de Lion, qui fut en Europe un tyran vulgaire, déploie dans sa lutte contre Saladin les qualités brillantes d'un chevalier. La mort de Saladin, signal du démembrement de son empire en trois monarchies, Alep, Damas, Égypte, n'est mise à profit ni par les califes abbassides, qui ont toujours tant de peine à se soutenir, ni par les princes latins, divisés entre eux, qui laissent tout le poids de la guerre aux chevaliers de Saint-Jean et aux nouveaux ordres religieux des Templiers et des Teutons, ni à l'empire grec, incessamment troublé par les factions.

La guerre contre les Turcs seldjoucides de l'Asie Mineure, contre les Turcs patzinaces ou petchenègues au nord-est du Danube, contre les Serviens au nord-ouest, contre les Normands de Sicile dans l'Adriatique et dans la mer Égée, n'empêche pas les luttes sanglantes au sein de la maison impériale des Comnène, qui se perpétue cependant sur le trône de Constantinople.

Les grands États de l'Europe sont moins étrangers les uns aux autres. Les croisades leur créent des intérêts communs. La querelle des investitures, qui se continue sous le nouveau roi d'Allemagne, le parricide Henri V, agite même l'Angleterre : le concile de Reims, tenu en France, prépare la solution que l'Allemagne reçoit de l'assemblée de Worms, que l'Église entière reçoit du premier concile général de Latran, convoqué aux portes de Rome. Le schisme qui naît de la double élection pontificale d'Innocent II et d'Anaclet II partage toute l'Europe : il porte atteinte à la fois à la puissance temporelle et à la puissance spirituelle du saint-siège. Le Normand de Sicile Roger II devient un roi puissant, redoutable même pour son suzerain, l'évêque de Rome, par la réunion de la Pouille et de la Calabre à la Sicile. Arnaud de Brescia, moine austère et éloquent, mais animé de l'esprit révolutionnaire, applique au gouvernement civil de Rome des maximes d'indépendance qu'il tenait peut-être d'Abailard, son maître en théologie et son ami. L'arbitre de la chrétienté, celui dont la sagesse et la fermeté sont invoquées dans toutes les questions religieuses et politiques, est un moine de France, saint Bernard, issu d'une noble famille de Bourgogne. Pacificateur de l'Italie et de l'Allemagne, défenseur des droits des papes légitimes, mais jamais au détriment des libertés particulières à chaque nation, docteur ardent contre les hérétiques, sermonaire savant et enthousiaste, habile à manier la langue vulgaire à l'aide de laquelle il fait descendre les vérités de la foi à l'oreille du peuple, prédicateur de la croisade, conseiller des papes et des rois, saint Bernard remplit de son nom trente années du XII° siècle. Vers le moment où il meurt, les deux grands principes qui sont en rivalité dans le monde, la puissance des rois et celle de l'Église, viennent de se forger de nouvelles armes; mais ces armes pacifiques ne suffiront pas aux passions avides de combat. La renaissance du droit romain, enseigné par les jurisconsultes de Bologne, avant qu'un manuscrit du *Digeste* de Justinien fût trouvé dans le pillage d'Amalfi, favorisait l'extension de l'autorité des rois, surtout de celle des empereurs. L'Église opposera au droit romain le droit canonique : le recueil du moine Gratien « *Concorde des canons discordants* » devient le texte d'une jurisprudence ecclésiastique fondée sur les maximes de suprématie, que cherchait à appliquer la cour de Rome.

L'honnête et modeste royauté des Capétiens, Louis le Gros et Louis le Jeune, semble bien pâle à côté de la vie turbulente et passionnée des rois d'Angleterre et de Germanie, Henri II Plantagenet et Frédéric de Souabe.

Le pouvoir royal, sous Louis VI, s'est fait aimer en protégeant les faibles : cependant l'établissement des communes, prouvé par les chroniques et les chartes, n'est pas l'œuvre directe du roi ; son intervention, souvent acquise à prix d'argent, se borne à confirmer les priviléges que les transactions avec les seigneurs ou que l'insurrection a valus aux bourgeois. La piété de Louis le Jeune donne une nouvelle force morale à la royauté sans ajouter beaucoup à sa force matérielle.

En Angleterre, la maison de Guillaume le Conquérant se renouvelle : Henri Plantagenet, le fils de Mathilde, qui elle-même n'avait pu garder le trône, possède, au moment où il devient roi, la Normandie, le Maine, l'Anjou, le Poitou et la Guyenne ; il réunit ainsi les droits de son père, de sa mère et de sa femme. La Bretagne, fief de France, et l'Irlande n'auraient sans doute pas été ses seules acquisitions, s'il n'avait entrepris de lutter contre l'Église, si sa force ne s'était brisée contre la résistance inébranlable de l'archevêque Thomas Becket. Thomas, assassiné, devient un martyr : Henri II est réduit à s'humilier devant le tombeau du saint. Ses enfants se révoltent, et il ne laisse en mourant, à l'Angleterre, qu'un fils féroce et un fils lâche : Richard Cœur de Lion et Jean sans Terre. Le jeune roi de France, Philippe Auguste, protége, par politique, les fils contre le père, comme Louis le Jeune a, par piété, protégé l'archevêque contre le roi.

En Allemagne, les commencements de Frédéric Barberousse promettent un heureux règne. Neveu et successeur de Conrad de Souabe, et par là chef des gibelins, il tient en même temps par les liens du sang à la famille guelfe qui a donné un empereur, Lothaire de Saxe; il semble destiné à éteindre ou à suspendre les fureurs des deux factions. Lorsqu'il tente de replacer l'Italie sous la domination impériale, il a contre lui le saint-siège, qui n'a plus à craindre Arnaud de Brescia, et les villes lombardes confédérées; le pape soutient une cause nationale, en se mettant à la tête du parti de l'indépendance italienne. Le règne d'Alexandre III est le plus long et le plus célèbre pontificat du XII° siècle. Cependant les antipapes, que l'empereur lui oppose pendant vingt-deux ans, affaiblissent l'autorité du chef de l'Église. Les Italiens auraient dû saisir cette occasion de se réunir en un seul corps de nation par les liens d'un gouvernement fédéral : avec une constitution réglée selon les vœux des peuples et l'importance politique de chacun, l'Italie serait demeurée libre. Lorsque Frédéric, après une défaite de ses armées, est forcé de consentir à la paix, la ligue lombarde se dissipe d'elle-même, et les discordes intestines recommencent.

Les papes, les Vénitiens, les Normands n'ont pas les mêmes vues que les autres Italiens. Venise, dont les armes sont victorieuses en Syrie, dans l'archipel, en Calabre, dans le territoire de Padoue, et sur divers points de l'Italie, prétend rester maîtresse de l'Adriatique, au détriment du roi d'Allemagne et des Normands; elle reçoit dans ses murs Alexandre III, et offre sa médiation pour la paix. Le mariage symbolique de Venise avec la mer est déjà un fait accompli : elle règne sur l'Adriatique et bientôt elle régnera dans l'Archipel; à l'intérieur, l'aristocratie se constitue, et presque tous les pouvoirs de l'assemblée générale sont donnés à un grand conseil. La race normande, qui règne sur les Deux-Siciles, au milieu des sanglantes intrigues de cour, ne laisse pas convertir en domination réelle la suprématie nominale du saint-siège; elle persévère dans les traditions chevaleresques qui entraînaient ses princes contre les Grecs d'Orient, aussi bien que contre les Sarrasins de l'Afrique.

Ce beau domaine féodal, peuplé de Normands, de Grecs et de Sarrasins, passe, par un mariage, à la maison de Souabe, qui prétend garder aussi la Toscane, portion de l'héritage de la comtesse

Mathilde au nord des États de l'Église. Le nouveau roi des Deux-Siciles, Henri VI, succède comme empereur à Frédéric Barberousse qui a dépouillé la maison Welf de ses fiefs de Bavière et de Saxe. Ses sept années de règne sont horribles : peu de princes ont été plus durs; il est surtout le fléau de la Sicile où il fait abhorrer la maison de Souabe. Richard Cœur de Lion, en regard d'un tel contemporain, paraît moins cupide et moins cruel : ses prouesses de Palestine et les lâchetés de son frère Jean sans Terre font ombre à ses vices. Philippe Auguste est le premier prince de l'Europe, à la fin du siècle, en attendant le pape Innocent III. Depuis Alexandre III, qui, pour soustraire l'Église au schisme, a réglé que l'élection d'un pape serait consommée par la réunion des deux tiers des suffrages des cardinaux, la succession de cinq papes en dix-huit ans affaiblit la puissance de la cour de Rome.

Le sud-ouest et le nord-est de l'Europe ne sont plus tout à fait en dehors des destinées communes de la chrétienté. La première partie du siècle est employée, par les chrétiens de l'Espagne, à se constituer à l'intérieur, tout en repoussant les Maures. Saragosse et Lisbonne, enlevées aux infidèles, cette dernière avec le concours d'une armée de croisés, deviennent les capitales des royaumes d'Aragon et de Portugal : ce sont des maisons d'origine bourguignonne qui occupent les trônes de Portugal et de Castille; les comtes de Barcelone deviennent rois d'Aragon. Le peuple des villes et des campagnes, appelé, comme le clergé et la noblesse, à la guerre sainte sous l'étendard de la foi et de l'indépendance, commence à participer, par ses députés, aux délibérations des cortès, qui forment l'assemblée nationale en Aragon et en Castille. Lorsque les Almohades, fondateurs d'un nouvel empire maure, se jettent sur la péninsule, la création des ordres religieux militaires entretient le zèle des chevaliers : les États chrétiens ne périront pas.

Les peuples du Nord ont de grands rois : la Norvége s'honore du roi Sverre, qui a résisté aux entreprises du clergé, et a peut-être composé quelques écrits; Valdemar Ier, de Danemark, laisse deux codes et acquiert la gloire des combats. La puissance, dans le grand-duché de Russie, se déplace : elle passe de la ville de Kiev à celle de Wladimir, qui est plus loin à l'est, quoique les Russes aient à se défendre contre les Bulgares.

Ce siècle est riche en fondations d'écoles sacrées et profanes; on compose beaucoup de livres. La théologie n'est plus, autant qu'autrefois, l'élément dominant dans la littérature. Les hérésies de Gilbert de la Porée, qui enseigne que la divinité n'est pas Dieu, mais la forme selon laquelle Dieu est Dieu; d'Abailard et d'Arnaud de

Brescia, qui attaquent la Trinité; des Vaudois, qui sont à la fois donatistes et iconoclastes; des Albigeois qui y ajoutent le manichéisme, entretiennent l'ardeur des discussions scolastiques. Abailard, si savant, est pourtant bien plus célèbre encore par son amour pour Héloïse et par ses infortunes, que par sa science et ses erreurs. Pierre Lombard, le maître des sentences, est l'auteur du premier traité scolastique de théologie : c'est lui qui a multiplié les divisions et les sous-divisions, étendu l'usage de la synthèse, et propagé l'art syllogistique. Les universaux font fureur dans l'école : la doctrine de Guillaume de Champeaux, réaliste si violemment combattu par Abailard, triomphe. Les entraves de la scolastique ont été secouées par saint Bernard : l'énergie de son âme, la fécondité de son imagination, et l'ardente vivacité de son esprit, eussent été à l'étroit dans les formes du syllogisme.

La littérature profane en langue latine donne les essais philosophiques de Jean de Salisbury, et les livres historiques d'Othon de Freisingen, parent des empereurs de la maison de Souabe. Sous le roi Sverre, le moine Théodrick compose, en latin, une histoire des premiers rois de Norvége, extraite de chroniques islandaises. Hermold et Arnold recueillent, en langue latine, les traditions relatives aux peuples slaves.

Les langues modernes commencent à être employées en vers et en prose : *le Miroir des Rois*, en langue scandinave, attribué au roi norvégien Sverre, est un recueil de maximes et de conseils à l'usage des hommes d'État, des ecclésiastiques et des laboureurs. En Russie, on continue la chronique que le moine Nestor avait écrite en esclavon, peut-être dans le siècle précédent.

Le XII° siècle fournit de très-riches collections d'épîtres : celles d'Abailard, de Suger, de saint Bernard, de Jean de Salisbury, de Pierre le Vénérable, abbé de Cluny, sont utiles par les documents qu'elles renferment, et la forme littéraire n'en est pas à dédaigner.

Dans les pays occidentaux, l'idiome roman, ou latin rustique, premier élément du français, de l'italien, de l'espagnol et du portugais se perpétue par les chants des troubadours.

Les trouvères essayent de former la poésie française proprement dite; la même langue sert aux poëtes de la Normandie et à ceux de la Bretagne insulaire. Le plus célèbre est maître Robert Wace, clerc de Caen, né dans l'île de Jersey : il emprunta à une chronique en prose latine le sujet de son *Roman du Brut* ou *Brutus*, chronique rimée en vers romans de huit syllabes, histoire chevaleresque des rois de la Grande-Bretagne, depuis la guerre de Troie jusqu'en 680 de Jésus-Christ; le principal héros est le Cambrien Arthur qui a institué la Table ronde où sont admis les chevaliers de tous les pays, Ivain, Merlin, Lancelot, etc. Son autre poëme, le *Roman de Rou* ou *Rollon*, donne l'histoire des ducs de Normandie depuis Rollon jusqu'à la seizième année de Henri II Plantagenet. Chrétien de Troyes, un des plus féconds trouvères, dans son poëme du *Chevalier au Lion*, consacré à la gloire d'Ivain ou Owen, imite un barde breton du Clamorgan qui vivait au commencement du siècle; mais l'énergie et la vérité native du conte gallois disparaissent sous les idées plus raffinées et le langage descriptif du conteur français. A ce siècle appartient la première version en prose française du roman de *Lancelot du Lac*, un des douze chevaliers de la Table ronde, qui avait été primitivement écrit en latin. Peu de gens entendaient le latin, excepté dans les monastères : « Y a plus laïz (laïques) que lettrés » dit un trouvère, aussi les poëtes pour avoir des auditeurs et des lecteurs écrivaient en roman. Les mœurs féodales sont peintes avec une grande énergie dans une *Chanson de Geste* en langue romane, le *Roman des Loherains*, épopée en trois branches, qui représente la lutte de la race lorraine, c'est-à-dire teutonique, contre la race artésienne, c'est-à-dire française : dans le poëme, la race française est vaincue. On aime à chanter, en les transformant, les temps de Charlemagne; le héros des Teutons partage la sympathie des poëtes avec le Breton Arthur, et avec Alexandre le Grand, dont les romanciers feront aussi un chevalier entouré de douze pairs. Les romans de Charlemagne reposent sur l'hypothèse d'une expédition de ce prince en Palestine : les plus vieux manuscrits de la chronique de Turpin, qui leur sert de base commune, sont du temps de Philippe Ier ou de Louis le Gros. Dans les romans de chevalerie, écrits en latin et en français, en vers et en prose, il est difficile de distinguer les textes et les versions, les originaux et les copies. (Voir Démogeot, *Histoire de la Littérature française*.)

Ces romans, si répandus et si multipliés dans le XIIe et dans le XIIIe siècle, ont aidé au mouvement des croisades, expéditions où la réalité est souvent si voisine du roman. Alors s'établissent des liens étroits entre la dévotion, la galanterie et la bravoure, et, de ces trois éléments, se composent les mœurs chevaleresques qui devinrent les mœurs de l'Europe. Plusieurs pays ont eu, comme la France, une littérature à l'usage de cette dévotion galante et guerrière.

La littérature grecque produit encore quelques ouvrages importants : Suidas compile un vocabulaire; l'archevêque Eustathe des scolies sur l'Iliade et l'Odyssée. Le plus célèbre des monuments d'histoire byzantine, qui finit le dernier siècle et ouvre celui-ci, est la vie d'Alexis Comnène, *l'Alexiade*, racontée par sa fille Anne Comnène. Ce livre, écrit avec soin, donne des croisés une opinion moins favorable que les récits des Occidentaux.

La littérature rabbinique se ranime par des travaux savants : l'Israélite Benjamin de Tudéla en Navarre donne une intéressante relation de voyages; dans ce genre, l'Arabe Edris, qui a vécu à la cour du Normand Roger II de Sicile, est bien supérieur.

Chez les Arabes, l'Espagnol Averrhoës, homme de bien, ami de la vérité, philosophe et médecin, étudie Galien et commente Aristote, qu'il connaissait par une version arabe, faite elle-même sur une traduction syriaque.

Les Scandinaves sont, avec les Arabes, le peuple qui a le plus aimé les récits historiques. Les rois et les héros du Nord se faisaient lire, par des savants islandais, les *Sagas*, biographies de guerriers, qui semblent postérieurs aux Eddas.

CHRONOLOGIE.

1100.

Angleterre. — La mort de Guillaume II le Roux, avant le retour de Robert de Normandie, permet au troisième fils de Guillaume le Conquérant, Henri Ier Beau-Clerc ou le Savant, de prendre la couronne. Le nouveau roi s'attache la population anglo-saxonne, rétablit les lois d'Édouard, et rend même aux églises leurs priviléges. Il épouse la fille du roi d'Écosse, Malcolm III, qui est mort depuis sept ans.

Bohême. — Après la mort du fils aîné de Wratislas, plusieurs règnes sont remplis de troubles et de divisions entre les frères et les cousins des ducs de Bohême. Intervention des empereurs et des ducs de Pologne.

Italie. — L'école de Salerne publie un fameux ouvrage de médecine, recueil d'aphorismes en vers latins, dédié à Robert, fils de Guillaume le Conquérant, que les médecins de l'école avaient soigné d'une blessure empoisonnée, au retour du siége de Jérusalem. La dédicace lui donne le titre de roi d'Angleterre, parce qu'en effet il devait l'être à la mort de son frère Guillaume le Roux. — C'est le travail de toute l'école, surtout de Jean de Milan; il en reste moins de quatre cents vers.

Orient chrétien. — Mort de Godefroy de Bouillon, à quarante ans; l'élection fait roi son frère Baudouin Ier, qui renonce au comté d'Édesse, pour le trône de Jérusalem. — Les Génois viennent commencer leur fortune commerciale dans le Levant : vingt-huit galères et six vaisseaux abordent au port de Laodicée en Syrie. — Un Français du Hainaut, Gérard d'Avesnes, est le premier prévôt des Hospitaliers de Saint-Jean de Jérusalem, qui se chargeaient d'abord de soigner les pèlerins malades, et qui bientôt s'attribuèrent l'office de les défendre contre les musulmans, sur les routes qui menaient à la ville sainte.

1101.

Allemagne. — Mort de Conrad, fils rebelle d'Henri IV.

Orient. — Le sultan seldjoucide d'Iconium, Kilidge-Arslan, arrête à l'entrée de l'Asie Mineure trois armées de croisés français qui venaient défendre le royaume latin de Palestine.

1102.

Angleterre. — Les investitures ecclésiastiques sont cause d'un débat

XIIᵉ SIÈCLE (1103-1105).

entre le roi et Anselme, archevêque de Canterbury.

Espagne. — Valence, si difficile à garder à cause de la distance qui la sépare des grandes villes chrétiennes de Castille, tombe au pouvoir des Almoravides.

France. — Saint-Quentin devient une ville de commune, après une transaction avec le comte de Vermandois.

Italie. — La comtesse Mathilde fait une donation formelle de tous ses biens au saint-siége (17 novembre).

Pologne. — Mort du duc Wladislas Iᵉʳ. Le partage de la Pologne en gouvernements, qui date de son règne, a été une cause d'anarchie féodale.

1103.

Afrique et Espagne. — L'almoravide Yousouf vient avec ses deux fils visiter ses États d'Espagne, et fait reconnaître pour son successeur son fils Ali.

Danemark. — Le roi Éric III meurt dans l'île de Cypre sur la route de la terre sainte. — Sous Éric III les Églises des trois royaumes du Nord sont soustraites à l'autorité métropolitaine de Brême; avec le consentement du pape Pascal II, qu'Éric était allé solliciter en personne, elles choisissent pour métropole Lunden, ville de Scanie, au sud de la péninsule scandinave.

Orient chrétien. — Le prince latin d'Antioche, Bohémond, est en guerre avec les Grecs de Constantinople, auxquels il ne veut pas rendre les villes de Syrie; il emploiera tour à tour la marine de Pise et celle de Gênes.

Orient musulman. — La mort du Turc seldjoucide Barkiarok, à trente-quatre ans, décide le démembrement de ses vastes états, mais ne profite pas au calife de Bagdad.

1104.

Espagne. — Le roi d'Aragon, Pierre Iᵉʳ, qui meurt en 1104, a aboli la cérémonie du serment que les rois prêtaient, tête nue, aux pieds du grand justicier : pendant qu'ils le prononçaient, une épée nue leur était appliquée contre la poitrine.

France. — Une assemblée ecclésiastique, composée des prélats des trois provinces de Tours, de Sens, et de Reims, avec le consentement du pape, donne l'absolution au roi Philippe Iᵉʳ et à Bertrade, à la condition qu'ils se séparent.

Orient. — Le second roi de Jérusalem, Baudouin Iᵉʳ, avec le concours de soixante et dix vaisseaux génois, enlève Ptolémaïs, ou Saint-Jean d'Acre, aux musulmans de la Palestine.

Orient musulman. — L'importante sultanie de Damas est prise par un général du fils de Toutousch, qui l'occupera pendant vingt-trois ans avec honneur.

1105.

Allemagne. — Le jeune Henri, âgé de vingt-trois ans, prend aussi les armes contre son père avec le concours de la noblesse de la Bavière, et avec l'assentiment du pape Pascal II. Rencontre des deux armées sur la rivière de Regen, près de Ratisbonne; elles ne veulent pas combattre (août). A Coblentz, entrevue du père et du fils (décembre). L'empereur, se rendant vers Mayence pour une conférence, est enfermé dans un château, forcé de rendre les ornements impériaux, et traîné, après Noël, à la diète d'Ingelheim, où il est à la merci à la fois de son fils et du légat.

Angleterre. — Le roi Henri Beau-Clerc, se prévalant des plaintes d'une partie des Normands et encouragé par le pape, entreprend la conquête de la Normandie, apanage de son frère aîné Robert.

Danemark et Slaves. — Le trône de Danemark, après deux ans d'interrègne, est donné au frère d'Éric Ier, cinquième fils naturel de Suénon II, Nicolas. — Un neveu d'Éric Ier règne sur les Vandales; son fils, Pierre Kanut, est duc de Sleswick et roi des Obotrites, ou Slaves occidentaux.

Orient chrétien. — Les Génois se font céder le tiers de quelques-unes des places qu'ils ont aidé les princes de Jérusalem et d'Antioche à conquérir.

1106.

Afrique et Espagne. — L'almoravide Yousouf meurt à l'âge de cent ans, à Maroc. Son successeur, Ali, se fait immédiatement prêter serment par les autorités musulmanes d'Espagne.

Allemagne. — Après avoir échappé aux embûches de son fils, Henri IV cherche asile à Cologne et à Liége; il tente encore la fortune des armes, mais il est battu et reste sans ressources. Une comète, vue en Allemagne, est regardée comme l'annonce de sa mort. Il meurt à Liége dans la misère (7 août). Son corps, inhumé avec pompe dans la cathédrale, en fut tiré par l'ordre de la cour de Rome, et resta sans sépulture à cause de son excommunication; il ne sera porté que plus tard à Spire, où il restera encore près de deux ans avant d'être déposé dans le caveau de ses ancêtres.

Angleterre. — Le roi Henri Ier, vainqueur à Tinchebray, à l'est d'Avranches, de son frère Robert, qui est fait prisonnier, réunit le titre de duc de Normandie à celui de roi d'Angleterre, et devient un vassal redoutable pour le roi de France (27 septembre).

France. — Robert d'Arbrisselles obtient la confirmation pontificale pour l'ordre bénédictin de Fontevrault, qu'il a fondé dans l'Anjou en 1099 pour des religieux et pour des religieuses.

Orient chrétien. — Le Normand Bohémond a quitté sa principauté d'Antioche pour venir solliciter en Occident des secours aussi bien contre les Grecs que contre les musulmans.

1107.

Slaves. — A la mort du roi des Slaves ou Vénèdes idolâtres, ses États de Poméranie sont partagés entre ses quatre fils. L'un d'eux commence les travaux de Dantzick, à l'embouchure de la Vistule. Son gendre, maître de l'île de Rugen, est arrêté dans la construction de Lubeck par les vandales du Mecklembourg.

Turcs. — La mort de Kilidge-Arslan livre les États seldjoucides d'Iconium à un prince incapable de les défendre contre l'anarchie et contre l'invasion étrangère.

1108.

Espagne. — Désastre de l'armée castillane contre les almoravides : l'infant, fils d'Alfonse VI, et son gendre, le mari d'Urraque, périssent dans le combat livré près d'Uclès, entre Tolède et Cuença.

France. — Aussitôt après la mort de son père, le roi Louis VI, surnommé tour à tour le Batailleur, l'Éveillé et le Gros, recommence la guerre contre les seigneurs du duché de France, bien des fois déjà attaqués par lui du vivant de Philippe Ier.

1109.

Allemagne. — Le mariage du duc Boleslas III avec une fille de l'empereur Henri IV réconcilie l'empire et la Pologne.

Angleterre. — Le roi d'Angleterre donne sa fille Mathilde en fiançailles à l'empereur Henri V; il lui fait une dot, suivant l'usage féodal, par un impôt levé sur tous les possesseurs de terre.

Angleterre et France. — Le château de Gisors, sur la limite du Vexin normand et du Vexin français, est l'occasion de la guerre entre le roi d'Angleterre et Louis le Gros

XIIᵉ SIÈCLE (1110-1113).

qui revendique la Normandie pour Guillaume Cliton, fils de Robert. Louis VI a en même temps la guerre avec son frère Philippe de Mantes, avec le seigneur de Montmorency, et celui du Puiset au sud de Paris.

Espagne. — Les Almoravides inquiètent le roi musulman de Saragosse, et occupent son territoire sous prétexte de le protéger contre les chrétiens. — Mort d'Alphonse VI, roi de Léon, de Castille et de Galice; sa fille Urraque lui succède. Elle est mariée à Alphonse le Batailleur, roi d'Aragon et de Navarre, son parent, mais elle prétend être souveraine dans ses États, et elle ne sera pas longtemps fidèle à son second époux.

Orient. — Tripoli, conquise par les chrétiens, forme une principauté pour le fils de Raymond, comte de Saint-Gilles et de Toulouse. Le roi Baudouin Iᵉʳ réunit au royaume de Jérusalem Béryte et bientôt Sidon.

1110.

Empire d'Allemagne, Italie et Rome. — Le pape, soutenu des Normands d'Italie, proteste contre les prétentions de Henri V à garder les investitures. La noblesse romaine promet de le défendre contre les Allemands.

Empire grec. — L'auteur d'une secte nouvelle en Orient, les Bogomites, espèce de manichéens, est brûlé à Constantinople.

Espagne. — Le roi d'Aragon bat les Arabes de Saragosse, près de Tudéla; le roi Ahmed est tué.

1111.

Empire d'Allemagne, Italie et Rome. — L'empereur, venu en Italie avec une armée, impose au pape Pascal II une convention qui résout le débat de l'investiture au détriment du clergé : les membres de l'Église abandonneront les biens et les avantages temporels qu'ils doivent à l'investiture donnée par les princes, pour que l'Église soit affranchie de toute dépendance à l'égard du pouvoir temporel (février). La présence de Henri V à Rome est la cause de tumultes sanglants; le pape, fait prisonnier, est forcé de lui accorder le droit d'investiture (avril). Quelques jours après, il le couronne empereur. — Les Normands de Capoue viennent trop tard pour protéger le pape.

Espagne. — Alphonse le Batailleur, roi d'Aragon et de Navarre, répudie Urraque, sans vouloir renoncer aux États de Léon, de Castille et de Galice.

France. — Établissement des communes de Laon et d'Amiens; l'évêque de Laon sera assassiné, l'année suivante, dans une sédition.

Italie. — Amédée II reçoit de Henri V, lors de son retour d'Italie, la dignité de comte de l'empire. Il est le premier comte de Savoie.

Orient. — Le Normand Tancrède, prince latin de Galilée, tuteur de son neveu le jeune Bohémond II, prince d'Antioche, ne sauve cette ville d'une attaque de cent mille Turcs qu'avec le secours de Baudouin Iᵉʳ, roi de Jérusalem, et du comte de Tripoli.

1112.

Empire d'Allemagne et Rome. — Les décisions du concile de Latran, qui révoque le privilége accordé à Henri V par Pascal II, renouvellent les querelles entre le sacerdoce et l'empire; des évêques et des seigneurs allemands y prennent part contre Henri.

Espagne. — Guerre entre les époux divorcés, la reine de Castille et le roi d'Aragon. — Le comte de Portugal meurt en conduisant des secours à Urraque, sa belle-sœur.

1113.

Orient chrétien. — Pascal II

confirme les statuts de l'ordre religieux et militaire fondé par Gérard l'an 1100, sous le nom d'Hôpital de Saint-Jean de Jérusalem (février). Les maîtres de l'ordre seront élus par les frères. Les priviléges pontificaux sont étendus à tous les établissements que les hospitaliers pourront créer sous la même règle, même en dehors de la Palestine et de l'Asie. Ils en ont déjà en Italie.

Russie.—Mort de Swiatopolk II à Kiev. Il a maintenu la paix au dedans et au dehors. Sous son règne, les juifs se sont emparés du commerce de la Russie, et par l'usure se sont acquis d'immenses richesses. — Le trône est donné au fils de Wséwolod Ier, Wladimir, de la branche ducale établie à Péréïaslawl depuis 1066. Réaction sanglante du peuple contre les juifs que le nouveau prince sauve à grand'peine de la mort, en les bannissant à perpétuité. Expéditions fréquentes sous Wladimir contre les Tchoudes de Livonie, et contre les Tartares Polovtsi.

1114.

Allemagne et Angleterre.— Mariage décidé entre l'empereur Henri V et Mathilde, fille très jeune du roi Henri Ier.

Espagne. — Un concile casse le mariage d'Urraque et d'Alphonse. Urraque gouverne la Castille au nom d'un fils mineur.

France. — Saint Bernard, d'une famille noble de Bourgogne, a quitté le monastère de Citeaux pour fonder l'abbaye de Clairvaux dans la vallée d'Absinthe en Champagne.

1115.

Italie. — Mort de la comtesse Mathilde; elle avait fait don de tous ses biens au saint-siége. Henri V prétend à la succession des fiefs comme chef de l'empire, à celle des alleux comme plus proche héritier. Lucques et Pise qui faisaient partie de ces biens vont devenir indépendantes.

1116.

Empire d'Allemagne et Italie. — La guerre au sujet de l'héritage de la comtesse Mathilde appelle encore Henri V en Italie.

Espagne. — Le roi musulman de Saragosse, menacé par Alphonse le Batailleur, aime mieux une transaction honteuse avec les chrétiens que l'intervention perfide des Almoravides; mais les habitants de Saragosse appellent malgré lui le gouverneur almoravide de Valence. La lutte s'engage alors entre les Africains et les Aragonais.

France. — Établissement de la commune de Soissons.

1117.

Empire d'Allemagne et Rome.—Pascal II sort de Rome à l'approche de Henri V, qui reçoit pour la seconde fois, mais d'un prélat schismatique, la couronne impériale.

Turcs.—L'usurpation du second fils de Kilidge-Arslan sur son frère aîné donne un chef intelligent à l'État seldjoucide d'Iconium, qui pourra tenir tête aux Grecs.

1118.

Empire d'Allemagne et Rome.—La mort de Pascal II n'interrompt pas la guerre du sacerdoce et de l'empire.

Espagne. — Alphonse le Batailleur assiège et prend Saragosse, qui n'a pas reçu à temps les secours des Almoravides, et dont il fait sa capitale.

Orient chrétien. — Le Champenois Hugues des Payens fonde, avec d'autres gentilshommes, un nouvel ordre de religieux militaires, consacrés à la défense de la terre sainte; on les appellera Chevaliers du Temple. — La mort de Baudouin Ier fait passer le trône de Jérusalem à Baudouin du Bourg, comte d'Edesse.

1119.

Angleterre et France. — Bataille de Brenneville, entre les chevaliers des deux rois; trois seulement sont tués (août). Les chevaliers, couverts de fer de la tête aux pieds, étaient à peu près impénétrables aux traits. Les troupes de quelques-unes des communes nouvelles, que protégeait le roi de France, s'étaient réunies pour ce combat.

France et Rome. — Le concile de Reims, présidé par le pape Calixte II, excommunie l'empereur Henri V; et fait des canons contre la simonie et le mariage des prêtres, et pour la trêve de Dieu. — A Gisors, le pape réconcilie Henri Ier Beau-Clerc et Louis VI le Gros; mais il ne peut faire accepter à Henri ses décrets contre les investitures.

Gênes et Pise. — Commencement d'une guerre de treize ans entre les Génois et les Pisans au sujet de la Corse que les Génois avaient depuis le XIe siècle enlevée aux Sarrasins. Un décret pontifical venait de soumettre les églises de la Corse à l'archevêché de Pise.

Orient. — Les sultans d'Alep et de Damas sont vainqueurs du régent latin d'Antioche, dont la mort sera vengée par le roi de Jérusalem et par le comte de Tripoli.

1120.

Empire grec. — L'empereur Jean Comnène, fils et successeur d'Alexis Ier, opposera une résistance glorieuse aux Turcs seldjoucides en Orient; aux Turcs patzinaces ou petchenègues qui sont entrés par le Danube dans la Thrace, et aux Triballes ou Serviens, dans le bassin du Danube.

France. — Premières lettres royales de *committimus* (12 avril): par ces lettres, le roi confère à l'abbé de Tiron le droit de se soustraire à ses juges ordinaires, et de faire évoquer sa cause par-devant le tribunal royal.

1121.

Afrique, Espagne. — L'indiscipline et les excès des troupes almoravides, en garnison à Cordoue, font éclater une sédition qui exige la présence du roi de Maroc avec une armée formidable. Soumission des rebelles. En Afrique même, dans la province de Soüs, éclate la première révolte d'Al-Mahdy qui doit fonder sur la ruine des Almoravides la dynastie des Almohades.

Orient musulman. — Le calife fatimite d'Égypte a recours à deux sectaires bathéniens, dits assassins, pour faire tuer son ministre qui exerce depuis vingt ans tous les droits de la souveraineté, le vizir Afdhal. Lui-même sera assassiné. — Mort à Bassorah du conteur Hariz.

Scandinaves. — Un évêque, Éric, se rend du Groënland au Vinland, terre découverte depuis vingt ans, dans l'Amérique septentrionale, pour prêcher la foi à ses compatriotes encore païens.

1122.

Empire d'Allemagne et Rome. — Le concordat de Worms suspend la guerre du sacerdoce et de l'empire: Callixte II laisse les investitures à Henri V; seulement le prince ne les conférera plus par la crosse et par l'anneau, qui sont les signes du pouvoir ecclésiastique, mais par le sceptre, symbole de l'autorité temporelle. L'empereur conserve le droit de donner les régales, droits de justice, de monnaie, de péage, etc.

France. — Le philosophe breton Abailard, amant malheureux d'Héloïse, est condamné par le concile de Soissons pour son *Traité hérétique sur la Trinité.*

1123.

Orient chrétien. — A la sollicitation de Baudouin II, roi de Jérusalem, le doge Dominique Micheli conduit une flotte considérable en

Palestine : première victoire près de Jaffa.

Rome. — Le dixième concile général, le premier tenu en Occident, à Latran, près de Rome, confirme les principales décisions des autres conciles généraux.

1124.

Allemagne et **France.** — A l'instigation du roi d'Angleterre, l'empereur Henri V, son gendre, prépare une invasion dans la Champagne. Élan patriotique de la chevalerie et des milices communales, réunies sous l'oriflamme de saint Denis, que les comtes de Vexin portaient comme avoués de l'abbaye, et que le roi porte à ce titre.

Orient et **Venise.** — Les Vénitiens avec leur doge contribuent à la conquête de Tyr, qui succombe malgré les efforts du sultan de Damas. Le tiers de la ville leur est cédé par le roi de Jérusalem; les priviléges que leur a accordés Baudouin Ier sont confirmés. Le commerce du Levant est en leurs mains.

Slaves. — Conversion d'un chef slave de la Poméranie; il fonde un évêché à Julin ou Wollin, qui devint une des grandes villes commerçantes du Nord.

1125.

Allemagne. — Après la mort de Henri V sans enfant, Lothaire II, duc de Saxe, qui lui a été longtemps hostile, est élu; les ducs de Franconie et de Souabe, neveux de Henri V, agitent le royaume par leurs révoltes.

Espagne. — Le roi de Maroc arrache à leur pays les chrétiens des villes qu'il a conquises au nord, et les transplante dans le sud de l'Andalousie, et même en Afrique.

France. — Le comte de Blois, qui possédait déjà le comté de Chartres et de Brie, devient comte de Champagne.

1126.

Bohême. — Sobieslas, cinquième fils de Wratislas, met fin aux guerres de succession qui durent depuis vingt-six ans; il est reconnu par tous les Bohémiens après la mort d'un dernier prétendant, le prince de Moravie. Le roi de Germanie, Lothaire II, lui donne l'investiture de la Bohême. — Il publie des lois.

Danemark et **Slaves.** — Le prince des Vandales arme contre son oncle, le roi de Danemark, que soutient le duc de Slesvig, roi des Obotrites. Le prince slave de Rugen détruit Lubeck et fonde une ville de son nom, Ratzebourg.

Espagne. — Le roi d'Aragon Alphonse attaque les Almoravides; appelé par les populations chrétiennes, il s'aventure jusqu'aux environs de Grenade, court le pays pendant quinze mois et gagne le surnom de Batailleur. — Alphonse-Raymond VII à vingt ans commence à régner en Castille, après la mort de sa mère Urraque.

France. — Louis le Gros, qu'on avait aussi appelé le Batailleur, va exercer son droit de suzeraineté contre le comte d'Auvergne qu'il avait déjà combattu en 1121.

1127.

Angleterre. — Le roi, qui a perdu depuis sept ans son fils unique, fait reconnaître pour son héritière Mathilde sa fille, veuve sans enfant de l'empereur Henri V.

France. — Louis le Gros punit les meurtriers du comte de Flandre, Charles le Bon, et dispose du comté en faveur de Guillaume Cliton, qu'il n'a pu faire rentrer dans son héritage de Normandie. Guillaume en jouira à peine pendant un an.

Italie et Sicile. — La mort du duc de Pouille et de Calabre, petit-fils de Robert Guiscard, livre l'État normand d'Italie au neveu de Robert, Roger II, grand comte de Calabre et de Sicile. Pour en prendre possession, Roger II est forcé de combattre pendant un an le pape, suzerain de

XII° SIÈCLE (1127-1131).

la Pouille, qui soulève contre lui le comte normand de Capoue et plusieurs seigneurs.

Orient musulman. — Les lieutenants des sultans turcs, désignés sous le nom d'atabeks, ou pères du peuple, forment des dynasties indépendantes, surtout dans l'Irak-Arabi, dans l'Aderbaïdjan ou Médie, dans le Farsistan ou Perse, et dans le Laristan sur les côtes du golfe Persique. Zenghi est mis en possession de la dignité d'atabek à Mossoul; il dépendra du Turc seldjoucide, qui est maître des régions centrales de l'Asie comprises sous le nom d'Iran.

1128.

Empire d'Allemagne et Italie. — Conrad de Franconie, neveu de Henri V, malgré Lothaire II et le pape, se fait couronner roi des Romains en Lombardie.

Espagne. — Le roi de Castille épouse la fille du comte de Barcelone.

Italie et Sicile. — Le pape se décide à donner l'investiture du duché de Pouille et de Calabre, même de celui de Naples qui appartient encore aux Grecs, à Roger II de Sicile.

Orient chrétien. — La règle monastique et militaire des chevaliers du Temple est approuvée par le pape dans un concile tenu à Troyes en présence du fondateur, Hugues des Payens. Les frères de l'ordre portent l'habit blanc et la croix rouge. Les maîtres sont élus par les frères. L'institut acquiert bientôt des établissements hors de la Palestine, surtout dans les Pays-Bas.

Orient musulman. — Zenghi, atabek de Mossoul, s'empare d'Alep.

1129.

Angleterre. — Mariage de Mathilde d'Angleterre l'empéresse, avec Geoffroy Plantagenet, comte d'Anjou.

Italie. — Le prince normand de Capoue, Robert II, se fait l'hommelige de Roger II, comte de Sicile, de Pouille et de Calabre.

1130.

Rome. — Le pape Innocent II, chassé de Rome par son rival Anaclet II, trouve asile en France. Assemblée d'Étampes en sa faveur. L'influence de saint Bernard, abbé de Clairvaux, lui conquiert une partie de la chrétienté.

Sicile. — Le Normand Roger se fait donner par son beau-frère, l'antipape Anaclet, le titre de roi de Sicile, avec la suzeraineté sur la principauté de Capoue et sur le duché grec de Naples. Il se fait couronner dans Palerme.

1131.

Danemark. — Le meurtre du duc de Slesvig, roi des Obotrites, commis par le fils du roi danois Nicolas, dont il était le bienfaiteur et le parent, allume une guerre sanglante qui se complique par la rivalité des deux frères du duc et par l'intervention du roi de Germanie.

Espagne. — Alphonse le Batailleur, étant sans enfant, fait un testament pour léguer ses royaumes d'Aragon et de Navarre aux ordres militaires de Saint-Jean de Jérusalem et du Temple; le testament ne s'exécutera pas. — A la suite d'une courte guerre, le jeune comte de Portugal, Alphonse, est déclaré indépendant de la couronne de Castille. Le légat du pape, médiateur, obtient du comte un tribut pour le saint-siège.

France. — Le pape, pendant le concile de Reims, couronne à l'avance le fils de Louis le Gros.

Italie et Sicile. — Le duc grec de Naples se soumet à la suzeraineté du roi normand de Sicile; mais beaucoup de villes et de seigneurs de l'Italie méridionale résistent pendant plusieurs années, avec la protection du prince normand de Capoue, d'Innocent II et de Lothaire II.

Orient chrétien. — Un prince de la maison d'Anjou, Foulques, succède à son beau-père, Baudouin II, dans la royauté périlleuse de Jérusalem. — Le Normand Bohémond II prince latin d'Antioche, périt à vingt-quatre ans, dans une action contre les troupes de l'atabek de Mossoul et d'Alep, Zenghi.

Orient musulman. — Le calife de Bagdad bat Zenghi sur les bords du Tigre.

1132.

Allemagne et Italie. — Lothaire II combat en Italie Conrad de Franconie, son compétiteur, et le force de repasser les Alpes.

Gênes et Pise. — Innocent II concilie le différend ecclésiastique qui s'est élevé en Corse et qui est le prétexte de la longue guerre entre Gênes et Pise. L'église de Gênes, érigée en métropole, aura pour suffragants deux évêques de l'île ; les trois autres restent à l'archevêque de Pise.

Orient musulman. — Le calife de Bagdad assiége inutilement Mossoul, place forte de Zenghi.

1133.

Allemagne. — Mort d'Adolphe, premier comte du Holstein, où il avait appelé des Flamands, des Frisons, des Westphaliens et des Vénèdes.

Empire d'Allemagne, Italie et Rome. — Lothaire II, en recevant la couronne impériale des mains d'Innocent II, qu'il a ramené à Rome, promet de défendre l'Église et de conserver les biens du saint-siége. La faction d'Anaclet occupe encore une partie de la ville. L'empereur donne au duc de Bavière, de la maison d'Este, Henri le Superbe, son gendre, le comté de Spolète et le duché de Toscane, dont le pape le laisse disposer moyennant un tribut.

1134.

Allemagne. — Albert Ier l'Ours obtient de l'empereur Lothaire le margraviat de Brandebourg, qui restera à sa famille jusqu'en 1320.

Danemark. — Le roi Nicolas étant venu chercher asile dans le pays de Slesvig, les habitants qui vénéraient comme un martyr Pierre Kanut, leur prince, tué de la main du fils du roi, le massacrent.

Espagne. — Alphonse le Batailleur perd un grand combat contre les Almoravides à Fraga ; il en meurt de douleur (septembre). — L'Aragon et la Navarre, réunis depuis 1076, se séparent : un frère d'Alphonse quitte le cloître pour régner en Aragon ; la Navarre prend un roi dans la dynastie nationale d'Aznar. Les deux princes sont protégés contre les Almoravides par le roi de Castille qui, en retour, leur demande l'hommage.

Orient musulman. — Le calife de Bagdad meurt dans une lutte contre Masoud, sultan seldjoucide de l'Irak. Masoud, pendant près de vingt ans, exercera une autorité souveraine sous deux califes.

1135.

Angleterre. — A la mort de Henri Ier Beau-Clerc, sa fille Mathilde est frustrée de la couronne par Étienne, comte de Blois et de Boulogne, petit-fils de Guillaume le Conquérant par sa mère. Cette usurpation profite à la noblesse et au clergé, dont les priviléges sont étendus. — David, roi d'Écosse, combattra pour sa nièce Mathilde.

Danemark. — Un frère du duc de Slesvig, Eric, s'empare du Danemark : il bat les Vandales, les force de se faire chrétiens et maintient la plus sévère justice.

Espagne. — Alphonse-Raymond VII, roi de Léon et de Castille, suzerain de la Navarre et de l'Aragon, se fait couronner par l'archevêque de Tolède, empereur d'Espagne.

France. — Saint Bernard rédige d'admirables règles de conduite pour l'ordre des chevaliers du Temple.

Pologne. — Le duc de Pologne vient à Mersebourg faire hommage à l'empereur pour la Poméranie orientale et lui payer tribut.

Scandinaves. — Les découvertes faites par les anciens Scandinaves jusqu'en Amérique sont prouvées par une pierre runique trouvée en 1824 sur la côte occidentale du Groënland, par 73° de latitude nord; elle porte cette inscription : « Erling « Sigvalson, Biorne Hordeson et « Endride Addon, le samedi avant « gagnday (25 avril), ont élevé cet « amas de pierre et nettoyé cette « place en l'année 1135. »

1136.

Empire d'Allemagne et Italie. — L'empereur vient combattre les partisans de l'antipape Anaclet II; ses troupes poursuivent dans la Pouille le roi normand Roger.

Orient chrétien. — Raymond, fils du comte de Poitiers, succède au Normand Bohémond II dans la principauté latine d'Antioche. Roger, roi de Sicile, la réclame par droit de parenté.

Pologne et Russie. — Le Grand prince russe, qui réside à Kiev, ayant menacé la Pologne, tombe entre les mains de Boleslas III et reste prisonnier pendant un an.

1137.

Allemagne. — Après avoir ramené Innocent II à Rome, Lothaire II s'achemine vers l'Allemagne et meurt dans le Tyrol.

Danemark. — L'assassinat du roi Éric livre de nouveau le royaume à l'anarchie. Pendant sept ans débat sanglant pour la succession entre deux prétendants, dont l'un, Éric, reste maître, mais ne fonde pas de dynastie.

Espagne. — Abdication de Ramire II, dit le Moine, roi d'Aragon. Il laisse une fille âgée de deux ans, sous le nom de laquelle règnera le comte de Barcelone.

France. — Mariage du fils de Louis le Gros avec Éléonore, héritière du duc d'Aquitaine. Mort du roi. Louis VII le Jeune lui succède.

Italie. — Mort du duc grec de Naples : la principauté est occupée par le roi normand. — La découverte d'un manuscrit du *Digeste*, de Justinien, pendant le sac d'Amalfi par les Normands, n'ajouta rien aux connaissances du droit romain, alors fort répandu par l'enseignement de l'école de Bologne déjà ancienne.

Orient. — L'empereur grec, Jean Comnène, attaque comme usurpateur le nouveau prince latin d'Antioche, Raymond de Poitiers. Maître un instant de la ville, il la perd par une sédition. — L'atabek Zenghi enlève les forteresses du comte de Tripoli, pour qui le roi de Jérusalem combat inutilement; les Syriens du mont Liban le trahissent et le livrent à la mort. Son fils tombera comme lui entre les mains de Zenghi.

1138.

Afrique et Espagne. — Le fils d'Ali, roi de Maroc, rappelé de l'Espagne, qu'il avait gouvernée pendant douze ans, pour aller combattre en Afrique les Almohades rebelles, commet la faute d'emmener l'élite de sa cavalerie qui aurait pu conserver l'Espagne aux Almoravides et servit à peine à retarder leur chute en Afrique.

Allemagne. — Élection de Conrad III, duc de Souabe, seigneur de Wiblingen et fils de Frédéric de Hohenstaufen, un des neveux de l'empereur Henri V. Dépit de son compétiteur le chef de la maison Welf, Henri le Superbe, duc de Bavière et héritier de la Saxe après la mort de son beau-père, Lothaire II. — Commencement de la rivalité des *Gibelins* et des *Guelfes*. Le nouveau roi dépouille Henri le Superbe du duché de Saxe, et le donne au margrave de Brandebourg, Albert Ier l'Ours.

Pologne et Russie. — La Russie rouge est le théâtre d'une lutte acharnée entre le grand-prince de Kiev et le duc de Pologne Boleslas III, près d'Halicz, sur le haut Dniester. Pour la première fois après quarante-six batailles, Boleslas est vaincu, par trahison ; il meurt de chagrin.

Angleterre et Écosse. — Guerre pendant neuf ans entre le parti d'Étienne et celui de Mathilde. — David d'Écosse y prend part, dans l'espoir de conquérir le Northumberland.

Pologne. — Sous Boleslas III, les palatins qui commandent les armées s'appellent waïvodes. Pour empêcher les divisions dans sa famille, Boleslas avait, avant de mourir, partagé ses États entre les quatre premiers de ses fils en donnant droit de suzeraineté à l'aîné sur les autres ; il en résulta au contraire de nouvelles discordes.

Rome. — Mort de l'antipape Anaclet II.

1139.

Bohême. — Vassal de l'empire, le duc Sobieslas ne peut disposer de la succession sans une déclaration formelle de Conrad III.

Espagne. — Alphonse Henriquez, comte de Portugal, remporte à Ourique, au sud-ouest de Béja, une grande victoire sur cinq princes maures, et prend le titre de roi.

Rome. — Le onzième concile général, qui réunit mille évêques à Latran, raffermit l'autorité pontificale ébranlée par la rivalité des deux papes depuis près de dix ans. Le dogme est défendu contre les erreurs d'Arnaud de Brescia, disciple d'Abailard ; le saint-siége s'attribue un droit de suzeraineté féodale sur tous ceux qui reçoivent des dignités ecclésiastiques avec la permission du pontife romain (avril).

Rome et Sicile. — La guerre recommence entre Roger et Innocent II qui tombe dans une embuscade près de San Germano. L'auguste prisonnier lève toutes les excommunications, investit le roi par le gonfalon, ou étendard, du royaume de Sicile, de la principauté de Capoue et du duché de Pouille. — Roger a encore à soumettre Troja, dans la Capitanate et Bari.

1140.

Bohême. — A la mort de Sobieslas, le droit de majorat renouvelle les guerres de succession. Un prince de Moravie qui prétend au duché est soutenu par les Hongrois.

France. — Le concile de Sens, inspiré par saint Bernard, condamne *pour la seconde fois Abailard qui meurt, deux ans après*, au monastère de Cluny.

Russie. — Le petit-fils de Swiatoslaw, prince de Tchernigof, fait descendre du trône de Kiev le petit-fils de Wséwolod, prince de Péréïaslawl. Il cause de grands troubles en voulant dépouiller de leurs apanages tous les princes de cette branche. — La ville de Novogorod, qui se gouvernait en république, ne veut pas se soumettre au nouvel usurpateur.

Slaves. — Dévastée une troisième fois par le prince slave de Rugen, Lubeck se relève ; elle fait alors partie de la Wagrie, récemment acquise par Adolphe II, comte de Holstein.

1142.

Allemagne. — L'empereur rend le duché de Saxe à Henri le Lion, fils de Henri le Superbe, chef des Welfs. — Le margrave de Brandebourg, Albert Ier l'Ours, qui renonce à ce duché, obtient en retour que son margraviat soit érigé en mouvance directe de l'empire, sans aucune dépendance du duché de Saxe dont il relevait depuis 926 et 1036. Un roi converti des Slaves et des Vandales idolâtres lui transmet par testament le pays entre le bas Elbe et le bas Oder.

France. — Démêlé du roi avec Innocent II au sujet de la nomination à l'archevêché de Bourges; saint Bernard défend les droits de l'Église gallicane. Guerre avec le comte de Champagne qui s'est déclaré pour le pape; incendie de Vitry : le roi fait périr treize cents personnes dans une église.

Pologne. — Guerre civile entre les quatre fils de Boleslas III.

1143.

Afrique et Espagne. — Révoltes multipliées en Espagne contre la domination des Almoravides, qu'ont rendue odieuse, par leur avidité et leur despotisme, les cadis et les juifs, fermiers des impôts. — L'Afrique s'agite en faveur des Almohades.

Empire grec. — L'empereur de Constantinople a renouvelé les hostilités contre le prince latin d'Antioche, Raymond de Poitiers, qui ne se soumet pas à sa suzeraineté. Il meurt des suites d'une blessure en ramenant son armée en Cilicie.

Espagne. — Les États de Portugal assemblés à Lamégo, sur le bas Douro, reconnaissent à Alphonse Henriquez le titre de roi.

Hongrie. — Le roi Geisa II établit à l'est de son royaume des colonies de Saxons.

Italie. — Guerre entre Padoue et Venise, au sujet des eaux de la Brenta détournées par les Padouans pour empêcher les vaisseaux vénitiens d'y entrer. Le territoire de Padoue est ravagé.

1144.

Angleterre. — Le droit romain commence à être enseigné dans l'université d'Oxford par Vaccarius.

Orient. — Après vingt-huit jours de siége, l'atabek de Mossoul et d'Alep arrache aux chrétiens la place de Roha ou d'Edesse : pillage et massacre; les fortifications de la place sont réparées pour servir de défense contre les Latins.

Rome. — Arnaud de Brescia tente à Rome la restauration de la liberté et du gouvernement républicain.

1145.

Afrique et Espagne. — Mort du fils d'Ali, dernier almoravide. Le chef des Almohades, Abd-el-Moumen, favorise les révoltes dans les régions occidentales de l'Espagne musulmane. Les princes almohades, sectaires de Fatime et d'Ali, le cousin du prophète, prennent les titres de califes et d'émirs-al-moumenin, par lesquels ils réunissent la puissance spirituelle et la puissance temporelle.

Orient musulman. — Après l'assassinat de Zenghi par une troupe d'esclaves mutinés, son fils Noureddin lui succède dans la sultanie d'Alep.

Rome. — Organisation républicaine : nouveau sénat, nouveau patrice. Le pape Lucius II, sommé de renoncer aux droits régaliens, quitte la ville.

1146.

Afrique et Espagne. — La trahison ayant mis au pouvoir des Almohades la ville de Fez, une des principales positions des Almoravides, qui toutefois retiennent encore Maroc, Abd-el-Moumen, le chef des Almohades, envoie en Espagne trente mille hommes, dont dix mille cavaliers. Algéziras, Tarifa et Xérès se soumettent sans résistance.

Empire grec et Sicile. — Le roi Roger II répond aux réclamations qu'élève la cour de Constantinople sur l'Italie méridionale et sur la Sicile, par la prise de Corfou, par l'attaque de Céphalonie, de Négrepont, de Corinthe et d'Athènes.

Pologne et Russie. — Le grand-prince de Kiev vient aider le fils aîné de Boleslas III à cerner ses frères dans la ville de Posen : une sortie des assiégés surprend les Russes dans l'ivresse et le sommeil. Le prince polonais vaincu fuit vers l'empereur.

Rome. — Le nouveau pape Eugène III, qui a été disciple de saint Bernard au monastère de Clairvaux, manque d'audace et de force contre le parti républicain qui troublera presque tout son règne. Il sera réduit à fuir en France.

Rome et Allemagne, France. —Saint Bernard, chargé par le pape de prêcher une nouvelle croisade, entraîne le roi de France dans l'assemblée de Vézelay en Bourgogne (31 mars), le roi d'Allemagne dans celle de Spire, (à Noël). Louis VII le Jeune n'est pas retenu par les sages avis de son ancien précepteur et son ministre, Suger, abbé de Saint-Denis. — Les Allemands riverains du Rhin immolent cruellement les juifs.

Sicile.—La Sicile normande doit à ses rapports avec la Grèce et avec l'Orient la culture des cannes à sucre et ses premières manufactures de soie.

1147

Allemagne. — Avant de partir pour la croisade, Conrad fait élire son fils aîné roi des Romains.—Sainte Hildegarde, abbesse d'un monastère près de Bingen, sur le Rhin, est autorisée par le pape, dans un concile tenu à Trèves, sur le rapport de saint Bernard, à écrire ses visions.

Allemagne, France, Italie et Orient. — Le roi de France, qui laisse l'administration du royaume à l'abbé Suger, part pour la croisade avec sa femme Éléonore. Il traverse l'Allemagne, la Hongrie et Constantinople. Le roi d'Allemagne est parti e premier.

Angleterre.—Mathilde, ne pouvant plus se soutenir contre le roi Étienne, se retire en Normandie.

Espagne.—Succès des Almohades; ils occupent Séville. Cordoue, qui s'était révoltée contre le chef almoravide, est ramenée dans le devoir, par le secours que celui-ci reçoit des Castillans; les chrétiens attachent leurs chevaux dans la grande mosquée.—Alphonse Henriquez, qui a déjà enlevé aux musulmans Santarem, sur le Tage inférieur, avec le secours d'une flotte de croisés anglais et flamands, prend Lisbonne, à l'embouchure du fleuve, après un siége de cinq mois (octobre). Lisbonne deviendra la capitale du Portugal.

Sicile. — Roger II fait attaquer la côte africaine de Tripoli, repaire de pirates, d'où sont ramenés beaucoup de prisonniers chrétiens. — La constitution ecclésiastique met les églises de Sicile sous la main du roi.

1148.

Angleterre. — L'interdit est jeté sur l'Angleterre, parce que le roi Étienne a refusé de laisser partir pour le concile de Reims cinq prélats anglais que le pape avait arbitrairement choisis.

Espagne. — La place d'Alméria est enlevée aux Almohades par les musulmans qui ne veulent pas de leur domination, et par les troupes chrétiennes de Castille, de Navarre, de Galice, d'Urgel, de Montpellier, de Barcelone; les Génois et les Pisans joignent leur flotte à celle des Catalans. Au retour de l'expédition d'Alméria, la flotte génoise aide le comte de Barcelone à s'emparer de Tortose, presqu'à l'embouchure de l'Èbre; il prit ensuite Lérida et Fraga. Mais les Almohades prennent Cordoue et parcourent l'Andalousie.

Orient. — Après un pénible itinéraire, Conrad et Louis le Jeune, qui ont éprouvé chacun la perfidie des Grecs, arrivent séparément au delà de l'Asie Mineure. Le roi de France est reçu à Antioche par l'oncle de sa femme, Raymond de Poitiers. Les deux rois, réunis à Jérusalem, s'adjoignent les chevaliers de Baudouin III d'Anjou, roi de la Palestine

XIIe SIÈCLE (1149-1152).

depuis 1142, et assiégent Damas sans succès.

Pologne. — Eugène III frappe d'excommunication Boleslas IV, et jette l'interdit sur le duché, parce que Boleslas garde le trône ravi à son frère aîné.

Suède. — L'église épiscopale d'Upsal est érigée en métropole.

1149.

Afrique. — Pendant que ses généraux soumettent l'Espagne musulmane, Abd-el-Moumen étend sa puissance en Afrique, occupe Alger, Tunis et Mahadiah; il ne s'arrête qu'au pays de Barca.

Espagne. — Le roi de Castille et de Léon fait reconnaître pour ses successeurs ses deux fils, entre lesquels sera partagée la monarchie.

France. — Au retour de sa désastreuse croisade, Louis le Jeune investit du duché de Normandie le fils de Mathilde et de Geoffroy d'Anjou Plantagenet, Henri, âgé de seize ans.

Grecs et Sicile. — L'empereur Manuel, aidé des Vénitiens, a entrepris de conquérir en personne Corfou sur les Normands. L'amiral du roi, Roger II, de son côté, incendie même les faubourgs de Constantinople. Corfou se rend aux Grecs.

Orient. — Après le départ des chefs de la seconde croisade, Noureddin se jette sur les terres d'Antioche et livre bataille au prince Raymond de Poitiers, qui périt.

1150.

Empire grec et Hongrie. — Les secours donnés par le roi Geisa II aux Serviens, qu'attaquait l'empereur Manuel, servent de prétexte à une invasion de la Hongrie par les Grecs et à leur intervention dans les démêlés de la famille royale. La guerre dure presque sans interruption pendant dix-huit ans.

Slaves. — Zèle pieux du prince de Poméranie occidentale, Ratibor; il comble de faveurs les moines bénédictins de Citeaux, qui travaillent à la conversion des Slaves.

Suède. — La Suède, depuis longtemps partagée entre deux peuples, les Suéars ou Suédois proprement dits et les Goths, se donnent un roi unique, Éric IX, l'élu des Suédois, auquel devra succéder son compétiteur, Charles, l'élu des Goths; leurs descendants occuperont le trône chacun à leur tour.

Venise. — La côte occidentale de l'Istrie est purgée de corsaires par les Vénitiens, qui y rétablissent leur domination depuis Pola jusqu'à l'entrée du golfe de Trieste.

1151.

Angleterre. — L'archevêque de Canterbury refuse de sacrer d'avance comme roi le fils du roi Étienne.

Espagne. — Raymond-Bérenger, comte de Barcelone, régent d'Aragon, célèbre son mariage avec la reine Pétronille, âgée de seize ans, qui lui est fiancée depuis quatorze ans. Il est alors réellement roi.

France. — Henri Plantagenet succède à son père, Geoffroy, dans le comté d'Anjou, de Maine et de Touraine. — Mort de l'abbé Suger.

Rome. — Le Toscan Gratien, moine de Bologne, publie en latin, sous le titre de : *Concordantia discordantium canonum*, une compilation des textes de l'Écriture sainte, des canons des apôtres, des canons des conciles, des lettres décrétales des papes, des extraits des Pères, favorables à la puissance spirituelle et temporelle de la cour de Rome.

1152.

Allemagne. — Mort de Conrad III. Son neveu, Frédéric de Souabe, ou Frédéric Ier Barberousse, lui succède.

Allemagne et Danemark. — Les deux compétiteurs au trône de

Danemark prennent pour arbitre l'empereur Frédéric, qui adjuge la couronne au second, Suénon, et l'île de Seeland au premier, Kanut ; celui-ci est bientôt dépouillé par Suénon.

France. — Au concile de Beaugenci, le roi fait prononcer son divorce avec Éléonore de Guyenne, sous prétexte de parenté (mars). Deux mois après, elle épouse Henri Plantagenet, et lui apporte en dot les mêmes provinces qu'avait reçues le roi de France (18 mai).

1153.

Allemagne et Italie. — Frédéric Ier Barberousse donne à son oncle, Welf d'Este, frère de Henri le Superbe duc de Bavière, l'investiture de la marche de Toscane, des biens allodiaux de la comtesse Mathilde, et du duché de Spolète.

Angleterre. — Descente en Angleterre de Henri Plantagenet, fils de Mathilde (janvier). Mort du fils aîné du roi Étienne (août). Traité d'Étienne avec Henri, qu'il désigne pour lui succéder au préjudice de son second fils (octobre).

France. — Mort de saint Bernard. Il n'a pu empêcher, par ses prédications, les progrès de la secte des Henriciens, précurseurs des Vaudois, dont le chef Henri est un disciple de Pierre de Bruys.

Orient. — Le roi de Jérusalem Baudouin III enlève Ascalon aux fatimites d'Égypte.

Sicile. — Un descendant de la famille des Édrissites, élève des écoles de Cordoue, né à Ceuta, le schérif Al. Edrisi, compose, à la cour du roi Roger, son hôte, ses *Récréations géographiques* pour donner l'explication d'un globe terrestre en argent, que ce prince avait fait faire et qui pesait huit cents marcs; il traitait dans son ouvrage des plantes de chaque pays. On n'en a qu'un abrégé qui a paru pour la première fois en arabe, à Rome, en 1592 ; il a été traduit en latin sous le nom de *Geographia nubiensis*.

1154.

Allemagne, Italie, Rome et Sicile. — Mort du roi Roger II (février). — Adrien IV, nouveau pape, d'origine anglaise, ne reconnaît pas son fils, Guillaume Ier, avec le titre de roi, et excite Frédéric Barberousse à porter la guerre dans la Pouille. Le prince déchu de Capoue, Robert II, reparaît. — Frédéric Barberousse, dans sa première expédition d'Italie, intimide les villes lombardes révoltées.

Angleterre. — A la mort d'Étienne, le nouveau roi Henri II Plantagenet, réunit à la couronne les domaines qu'Étienne en avait distraits pour ses partisans. Il réclame l'hommage de Malcolm IV, roi d'Écosse, pour les terres qu'il possède en Angleterre.

Danemark. — Administration cupide et cruelle du roi Suénon III : la rigueur des impôts cause des séditions qu'il étouffe dans le sang.

Norvége. — Les églises de Norvége, soustraites à la juridiction de l'archevêque danois de Lunden, ont une métropole religieuse, Drontheim.

Orient musulman. — Noureddin, atabek d'Alep et de Mossoul, dépouille son voisin, l'atabek de Damas; les deux États sont réunis.

Russie. — Jouri ou George, fils de Wladimir II, maintenant prince de Kiev, fonde sur le territoire de son ancienne principauté de Suzdal, la ville de Wladimir ; il commence la dynastie des grands princes de Wladimir. — Moskou, sur la Moskowa, date de son règne. — Guerre défensive contre les Tartares Polovtsi.

Suède. — Éric s'empare de la Finlande idolâtre, repaire de pirates appelés finnois et kyriales, et y envoie des missionnaires avec l'archevêque d'Upsal.

XIIᵉ SIÈCLE (1155-1157).

1155.

Allemagne et **Italie.** — Frédéric Iᵉʳ n'attaque pas les Génois qui se sont mis en état de défense. Il fait arrêter et remet aux mains des cardinaux l'ennemi du saint-siége, Arnaud de Brescia, que le préfet de la ville fait pendre et brûler ; ses cendres sont jetées dans le Tibre. — Il est couronné empereur, à Rome, par le pape. Il ne se montre pas dans le sud de l'Italie.

Espagne et **France.** — Louis le Jeune fait avec sa seconde femme, Constance de Castille, le pèlerinage de Saint-Jacques de Compostelle.

France. — Le roi s'étant fait défrayer dans un de ses voyages par les habitants de Creteil, serfs de l'église de Paris, les chanoines de l'église cessent le service divin, et interdisent au roi l'entrée de la cathédrale jusqu'à ce qu'il ait restitué le montant de la dépense.

Turcs. — L'héritage seldjoucide d'Iconium est partagé par Masoud mourant entre ses trois fils. L'aîné, Kilidge-Arslan II, reçoit la partie de Roum, avec la capitale Iconium ; estropié de tous ses membres, il aura cependant l'activité et la vigilance d'un héros.

1156.

Allemagne. — L'empereur épouse l'héritière de la Franche-Comté de Bourgogne.

Danemark et **Slaves.** — Waldemar Iᵉʳ, fils posthume de saint Kanut, qui avait hérité de son père, assassiné en 1131, le duché de Slesvig et le royaume des Obotrites, étant attaqué par le roi de Danemark, prend le titre de roi.

Espagne. — Le roi de Castille fonde l'ordre religieux militaire de Saint-Julien, appelé depuis ordre d'Alcantara, du nom de la ville où les chevaliers s'établirent à l'extrémité sud-ouest des possessions castillanes.

Irlande. — Une bulle du pape Adrien IV, qui est anglais, livre l'Irlande à l'ambition du roi d'Angleterre.

Italie. — Adrien IV qui veut résister au nouveau roi normand Guillaume le Mauvais, est assiégé dans Bénévent ; il obtient la paix.

1157.

Allemagne, Bourgogne et **Rome.** — L'empereur resserre les liens de dépendance qui unissent le royaume d'Arles à la couronne de Germanie. — Pendant qu'il tient sa cour à Besançon, le pape, dont il avait limité le droit d'appel, ose lui écrire qu'il a reçu l'empire du saint-siége à titre de *beneficium*, terme ambigu, qui pouvait s'interpréter dans le sens d'un bienfait ou d'une obligation féodale.

Allemagne et **Pologne.** — Invasion de la Pologne par Frédéric Iᵉʳ, sous prétexte de rétablir le frère aîné de Boleslas IV ; malgré la réunion des Prussiens, des Poméraniens et des Russes aux forces polonaises, la grande Pologne est saccagée.

Danemark. — La mort de Suénon livre à Valdemar tout le Danemark.

Espagne arabe. — Les Almohades enlèvent aux Almoravides Alméria, après un blocus meurtrier de six ans, et Grenade à la suite d'un assaut. — Les rois chrétiens mettent fin à leurs guerres intestines. — Mort d'Alphonse-Raymond VII ; les royaumes de Castille et de Léon sont de nouveau partagés, pour ses deux fils.

Russie. — Un des fils d'Iouri, André, lui succède comme souverain du Suzdal, de la ville de Wladimir et de Rostow. D'autres villes et des princes apanagés reconnurent aussi sa domination, qui s'étendit au sud-ouest jusqu'aux environs de Kiev, au sud-est jusqu'aux Bulgares du Volga qu'il affaiblit par d'heureuses expéditions. Kiev perd de son importance. En quatre ans elle changea neuf fois de souverain; elle est menacée par les Polovtsi.

1158.

Allemagne. — Lubeck, incendiée depuis deux ans, est cédée par le comte de Holstein au duc de Saxe son suzerain. Henri le Lion, qui l'a fait rebâtir, y appelle des peuples du nord en leur promettant la liberté du commerce; il y établit des statuts, empruntés à la ville de Soest en Wesphalie, qui ont été adoptés depuis par beaucoup de villes voisines de la Baltique.

Allemagne et Bohême. — Pour récompenser et stimuler le zèle de son allié Vladislas II de Bohême, l'empereur, dans la diète de Ratisbonne, lui donne pour lui personnellement le titre de roi (13 janvier).

Allemagne et Italie. — Deuxième expédition de l'empereur en Italie, contre les villes lombardes. Milan, assiégée pendant un mois, ouvre ses portes (8 septembre); il n'ose pas encore en changer le gouvernement. Diète tenue à Roncaglia, entre Plaisance et Crémone: entouré des professeurs de droit romain de Bologne, Frédéric Ier y formule les principes du pouvoir impérial.

Espagne. — Un abbé de Cîteaux fonde pour les Castillans l'ordre religieux et militaire de Calatrava sur le haut Guadiana. — Le roi de Castille laisse en mourant un enfant de trois ans, Alphonse VIII, qui occupera le trône plus d'un demi-siècle.

1159.

Angleterre et France. — La suzeraineté sur le comté de Toulouse réclamée par Henri II Plantagenet, qui est duc de Guyenne du chef de sa femme Éléonore, est une cause de guerre avec Louis le Jeune. — Le roi d'Écosse est forcé de suivre le roi d'Angleterre, son suzerain, dans la guerre de France.

Empire grec et Orient musulman. — L'approche de l'empereur Manuel avec une armée décide le puissant Noureddin à lui offrir la délivrance de tous les prisonniers chrétiens qu'il avait entre les mains. A son retour, Manuel est assailli par le seldjoucide d'Iconium, Kilidge Arslan II.

Rome. — Mort d'Adrien IV. Le premier, il a mis en usage les mandats, et les lettres apostoliques par lesquelles le pape enjoint à celui qui a des bénéfices à conférer de donner la préférence, pour la première vacance, au nom que contient le mandat. Le premier, il a dispensé les ecclésiastiques de l'obligation de résidence dans le bénéfice, et les a autorisés à avoir plusieurs bénéfices à la fois. — Après quelques mois, élection d'Alexandre III qui sera un protecteur ardent des libertés italiennes; les antipapes que lui opposera l'empereur seront impopulaires.

1160.

Allemagne et Italie. — Frédéric Ier assiége Crème, ville lombarde; scènes sanglantes.

Angleterre et Écosse. — La noblesse écossaise se soulève contre le roi Malcolm IV, parce qu'il a pris part à la guerre contre la France que les Écossais veulent avoir pour alliée; cependant il sauve sa couronne. — Le roi d'Angleterre, attribuant à son peu de zèle les échecs de la guerre de France, fait confisquer, dans une assemblée des pairs, les terres qu'il avait dans le royaume. Malcolm par un traité cède le Northumberland, mais recouvre le Cumberland avec le comté de Huntingdon qui est au cœur de l'Angleterre, entre Northampton et Cambridge. La cession du Northumberland est le prétexte de deux nouvelles révoltes, au sud dans le comté de Galloway, au nord dans le comté de Murray; elles sont difficilement réprimées.

Danemark. — Le roi Valdemar Ier réprime les pirateries des Vandales, dont Suénon s'était servi

XII° SIÈCLE (1161-1163).

pour inspirer de la terreur à ses peuples.

Espagne. — Construction par les Almohades d'une ville nouvelle, près de la montagne de Tarik, qu'ils appellent mont de la victoire (Djebal-a-Fethah); le nom de la montagne de Tarik, Djebal-Tarik, est resté Gibraltar)..

France. — Louis le Jeune se marie pour la troisième fois avec Alix de Champagne, qui sera la mère de Philippe Auguste.

Orient chrétien. — Le brave Renaud de Châtillon, qui administre la principauté d'Antioche au nom d'un jeune prince normand, dont il a épousé la mère, est fait prisonnier par un lieutenant de Noureddin; il restera seize ans en captivité.

1161.

Espagne. — Pour la première fois Abd-el-Moumen met le pied sur la terre d'Espagne, que ses généraux ont conquise. Des Almoravides tiennent encore dans les régions de Murcie et de Jaen. — Le roi de Léon confirme l'institution récente de l'ordre religieux et militaire de Saint-Jacques, établi sous la règle de saint Augustin.

1162.

Allemagne et Italie. — Un siége de sept mois met enfin Milan à la merci de Frédéric Ier; il en démolit les portes et les tours avec l'aide des villes rivales de Milan : soumission de presque toute la Lombardie. — Alexandre III, qui n'est plus en sûreté en Italie où triomphe la cause impériale, se réfugie en France; il passera deux ans et demi hors de Rome.

Bohême. — Vladislas II sert de médiateur entre les Hongrois et les Grecs.

Danemark. — Valdemar Ier, attiré, sous prétexte du schisme qui déchirait l'Église danoise, à la diète impériale de Metz, est forcé de se faire vassal de l'empire au moins pour la Vandalie qu'il n'a pas encore conquise.

Espagne. — A la mort de Raymond-Bérenger, son fils, Alphonse II, lui succède dans le comté de Barcelone et sur le trône d'Aragon. — Le roi de Portugal régularise l'institution d'un ordre religieux militaire, établi par des particuliers. Avis, devenu en 1181 siége de l'ordre, lui donnera son nom.

Suède. — Éric IX le Saint meurt assassiné. La Suède lui doit la révision du code d'*Upland*, recueil d'anciennes lois propres à la province dont Upsal était la capitale; il en retrancha tous les souvenirs du paganisme. On disait en Suède : la loi de Dieu et de saint Éric. — Suivant les conventions qui avaient donné le royaume entier à Éric IX, Charles VII, de la race des Goths, lui succède.

1163.

Afrique et Espagne. — Yousouf, second fils d'Abd-el-Moumen, qui pendant neuf ans avait eu en Espagne le gouvernement de Séville et de l'Al-Garb, est proclamé calife, suivant la volonté de son père; il va prendre à Maroc possession de cette dignité. Même activité guerrière contre les Almoravides qui sont encore maîtres des régions de l'est, et contre les chrétiens.

Espagne. — Les chevaliers du Temple reçoivent la ville d'Uclès entre Tolède et Cuença.

France. — Le pape préside un concile à Tours où sont condamnés les manichéens, nommés depuis albigeois. — Il pose la première pierre de l'église Notre-Dame de Paris.

Orient chrétien. — Bohémond III succède à sa mère Constance dans la principauté latine d'Antioche. Quelques mois après, il est fait prisonnier par les troupes de Noureddin, mais sera rendu à la liberté l'année suivante.

Pologne. — Boleslas IV, duc de Pologne, laisse la Silésie aux fils de son frère aîné. Ils la partagent en trois États, bientôt réduits à deux : la Silésie du nord comprenant les cantons de Breslau, Glogau, Sagan, Crossen ; celle du sud, les pays d'Oppelen, de Ratibor, de Teschen, d'Oppau.

1164.

Allemagne et Italie. — Nouvelle révolte des villes lombardes contre l'autorité impériale ; elles seront aidées par Venise. — Les prétentions rivales de Gênes et de Pise s'exercent sur la Sardaigne, livrée à l'anarchie par les jalousies des quatre juges ou chefs souverains qui ont chacun l'autorité absolue dans une partie de l'île. L'un d'eux, voulant porter le titre de roi, s'était adressé à l'empereur, suivant l'opinion de ces temps que le successeur des césars pouvait seul conférer le titre royal. — Pour punir le comte de Savoie, Humbert III le Saint, de s'être déclaré en faveur d'Alexandre III, Frédéric Ier accorde aux évêques de Turin, de Tarentaise et de Maurienne la plus grande partie de leurs diocèses en fief, et les déclare princes d'empire.

Angleterre. — Statuts royaux de Clarendon, destructifs des priviléges de l'Église : ils sont acceptés (janvier), puis reniés (octobre), par Thomas Becket, que ses complaisances pour le despotisme de Henri II avaient désigné et porté, malgré lui, à l'archevêché de Canterbury. — Persécuté, Thomas Becket, vient chercher un asile en France (novembre).

Danemark. — Commencement d'une guerre de quatre ans entre les Danois et les Vandales.

Orient musulman. — La mort d'un de ses frères, et la défaite de l'autre, réunissent entre les mains de Kilidge-Arslan II tous les États seldjoucides d'Iconium.

1165.

Allemagne et France. — La canonisation de Charlemagne est prononcée par un antipape que l'empereur opposait à Alexandre III.

1166.

Empire d'Allemagne et empire grec, Rome. — Pendant un court séjour d'Alexandre III à Rome, inutiles négociations entre le pape et l'empereur grec, pour la réunion des empires d'Occident et d'Orient.

Sicile. — A la mort de Guillaume Ier le Mauvais, les États normands de Sicile et d'Italie ont pour roi un enfant de douze ans, Guillaume II, sous la tutelle de sa mère, une Navarraise qui s'entoure d'étrangers, surtout de Français. — Jalousie, et bientôt révolte des Siciliens, qui décidera la retraite du principal ministre.

1167.

Allemagne, Italie et Rome. — Troisième expédition de l'empereur en Italie. Il entre dans Rome par capitulation, et y reçoit de nouveau la couronne des mains d'un antipape. Derrière lui, les villes lombardes se révoltent, se confédèrent et relèvent les murs de Milan ; elles tiennent tête à l'empereur, à son retour. De Bénévent, le pape excommunie Frédéric.

Espagne. — Le roi d'Aragon, comte de Barcelone, enlève au comte de Toulouse la Provence sur laquelle il a un droit de famille ; le débat durera dix-huit ans.

Pologne. — Le duc de Pologne, après quatre années de guerre sanglante contre les Prussiens idolâtres, perd dans des marais une armée presque tout entière, et n'échappe lui-même qu'avec peine au désastre.

Rome. — Bulle d'Alexandre III, favorable à l'affranchissement des serfs.

1168.

Danemark. — Enlevée aux Vandales par Valdemar Ier, après quatre ans de siége, l'île de Rugen paye tribut et se soumet au christianisme.

XIIᵉ SIÈCLE (1169-1171).

Italie. — Les villes confédérées de Lombardie fondent au sud-est, sur le Tanaro, une bourgade qu'elles appellent Alexandrie, du nom du pape; elle deviendra une place d'armes formidable contre les impériaux.

Orient. — Entreprise téméraire et perfide du roi de Jérusalem, Amauri, contre l'Égypte, avec le concours des chevaliers de Saint-Jean et de la marine grecque. Belbéis à l'entrée de l'Égypte est horriblement saccagée par les hospitaliers.

Russie. — Kiev est saccagée par le prince de Suzdal ; de longtemps elle ne se relèvera de ce désastre.

Suède. — Charles VII est tué par le fils de saint Éric, Kanut, qui le croyait complice des assassins de son père. Depuis, pendant près d'un siècle, s'accomplit régulièrement, même au milieu des guerres civiles, le traité de succession alternative entre la famille d'Éric le Saint et celle de Charles VII.

1169.

Allemagne. — Frédéric Iᵉʳ fait élire roi des Romains son fils Henri, âgé de quatre ans. — Welf d'Este, marquis de Toscane, détenteur des biens allodiaux de la comtesse Mathilde et du duché de Spolète, engage ces domaines à l'empereur, au détriment de son neveu, Henri le Lion.

Angleterre et **France.** — Par la convention de Montmirail, faite entre les deux rois, les trois fils de Henri II font hommage à Louis VII : l'aîné, Henri, pour l'Anjou et le Maine ; Richard pour le duché d'Aquitaine ; Geoffroi, qui a épousé l'héritière de la Bretagne, pour ce comté, arrière-fief de la Normandie que se réserve Henri II.

Espagne. — En Castille, les communes commencent à être représentées dans l'assemblée nationale des cortès où siégeaient les évêques et les nobles. Le même droit est déjà acquis aux communes de l'Aragon depuis 1130.

Orient. — L'émir de l'atabek Noureddin, Sirkouk, profite de l'anarchie de l'Égypte fatimite pour y entrer avec une armée : il s'impose au calife comme vizir, et arrête les troupes chrétiennes. — Sa mort laisse le commandement à son neveu Saladin, fils d'Ayoub, Kurde de nation, qui tient tête aux forces réunies du roi latin Amauri et de l'empereur Manuel. Damiette assiégée par eux résiste pendant cinquante jours ; retraite honteuse des Latins.

1170.

Allemagne. — Fondation de l'abbaye d'Oliva en Poméranie, à un mille au delà de Dantzick ; elle sera la sépulture des princes poméraniens. — Mort d'Albert Iᵉʳ l'Ours, auquel le margraviat de Brandebourg doit l'origine de sa grandeur. Il a fixé sa résidence à Brandebourg sur le Havel, affluent oriental de l'Elbe ; la population slave de cette ville est en partie remplacée par des colons venus de Hollande et de Zélande, les meilleurs cultivateurs de l'Europe. Il établit de nouvelles églises, des écoles, des juridictions.

Angleterre et **France.** — Intervention de Louis le Jeune et d'Alexandre III, entre Henri II et Thomas Becket qui se réconcilient à la conférence d'Amboise (12 octobre). Nouvelle rupture ; Becket est assassiné dans son église même de Canterbury (29 décembre).

France. — André, chapelain du roi par son « *liber de arte amatoria*, » nous fait connaître le code en trente et un articles, qui était applicable dans les procès entre amants que jugeaient les cours d'amour.

Orient. — Saladin enlève Gaza, une des clefs du royaume de Jérusalem du côté de l'Égypte.

1171.

Angleterre et **Irlande.** — Henri II est le premier roi anglais qui tente la conquête de l'Irlande.

Espagne. — Le roi almoravide qui possédait une partie de la côte orientale depuis Tarragone jusqu'à Carthagène, perd Valence : il se retire à Majorque ; ses fils continuent la guerre contre les Almohades. Constructions magnifiques de l'Almohade Yousouf à Séville.

Empire grec, Hongrie et Venise. — Les Vénitiens, qui sont de tous les Italiens les plus favorisés à Constantinople, fatiguent par leur arrogance l'empereur Manuel Comnène ; il se décide à la guerre. Étienne III, roi de Hongrie, en profite pour prendre Zara, Trau et Spalatro. Le doge recouvre ces deux dernières places et va combattre les Grecs sur les côtes de Négrepont et dans l'île de Scio (l'ancienne Chios); mais il ramène sur sa flotte la peste à Venise. — La cour de Constantinople se venge sur l'ambassadeur, Henri Dandolo, qui subit le supplice du fer chaud sur les yeux. — Fondation de la banque de Venise, la plus ancienne de l'Europe, un peu antérieure à celle de Gênes.

Orient musulman. — Le général de Noureddin, en Égypte, Saladin, substitue dans les prières publiques au nom du calife fatimite celui du calife de Bagdad. — Mort du dernier calife fatimite Ahmed. Saladin commence la maison des Ayoubites qui ne prendront que le titre de sultans ; il obéit encore de nom à Noureddin.

1172.

Angleterre. — Henri II subit volontairement la pénitence canonique pour la mort de Thomas de Canterbury, qu'il a provoquée.

Espagne. — Le roi d'Aragon vient d'emporter Tarragone, au milieu des débats entre les Almoravides et les Almohades ; il poursuit les Almohades jusqu'à Xativa, au sud de Valence. Le roi de Navarre profite de son absence pour envahir ses États. Ligue des rois de Castille et d'Aragon, contre celui de Navarre. La guerre durera sept ans. — Le roi d'Aragon hérite du Roussillon.

1173.

Angleterre. — Le pape Alexandre canonise saint Thomas de Canterbury (21 février); il a attribué exclusivement à la cour de Rome le droit de canonisation.

Angleterre, Écosse et France. — Révolte de la femme et des fils de Henri II. La reine Éléonore est enfermée pour seize ans dans une étroite prison. L'aîné des fils, Henri au Court-Mantel, qu'Henri II avait fait couronner roi depuis trois ans, s'enfuit auprès de Louis le Jeune, son beau-père. Le roi de France et le roi d'Écosse, Guillaume le Lion, arment pour les rebelles. Insurrection des provinces françaises de Henri II. — Mauvaise foi et cruauté de Louis le Jeune : il incendie Verneuil dans le Perche.

Orient musulman. — Mort de l'atabek Noureddin. Ce prince, auquel les musulmans doivent un gouvernement éclairé et bienfaisant, la fondation de villes, de mosquées, de collèges et d'hôpitaux, a été pour les chrétiens injuste et cruel. — L'ayoubite Saladin garde l'Égypte avec le titre de sultan, et s'empare bientôt de Damas sur un enfant de onze ans, fils de Noureddin.

Venise. — A la suite d'une sédition dans laquelle le doge a péri, la constitution est modifiée au profit de l'aristocratie : l'assemblée générale est remplacée par un conseil de quatre cent soixante et dix membres que choisissent douze électeurs tirés des six quartiers ; le grand conseil nommera tous les ans six conseillers assesseurs du doge. Tous les citoyens ne jouissent pas du droit de nommer les douze électeurs.

1174.

Allemagne et Italie. — Venise, qui aspire à la domination de la mer Adriatique, s'unit avec les Allemands et assiège pendant six mois, inutilement, Ancône qui vit indépendante sous la protection de l'empereur grec. — Quatrième expédition de Frédéric Ier en Italie. Il dévaste les terres du comte de Savoie et de Piémont, ami du pape, et commence un siége malheureux de six mois contre la ville nouvelle des Lombards, Alexandrie.

Angleterre, Écosse et France.—Pénitence publique de Henri II au tombeau de saint Thomas de Canterbury (juillet). Le roi d'Écosse, vaincu à Alnwich, dans le Northumberland, est fait prisonnier (juillet), et ne devient libre qu'en déclarant qu'il tient son royaume de la couronne d'Angleterre (décembre). Les fils de Henri, vaincus, font leur soumission. Louis le Jeune consent à la paix (septembre).

France. — Alexandre III canonise saint Bernard (janvier).

1175.

Angleterre. — L'Angleterre est partagée en quatre départements de justice, où des juges vont tenir des assises deux fois par an.

Bohême et Italie. — Le nouveau duc de Bohême, qui a accompagné l'empereur au siége d'Alexandrie, par sa retraite subite, fait manquer l'expédition d'Italie.

Espagne. — L'almohade Yousouf se fait céder, par des princes almoravides vaincus, Dénia, Alicante, Murcie, Carthagène et plusieurs places de l'Espagne orientale. Il unit leur sang au sien par un mariage.

Italie.— Frédéric Ier, médiateur entre Gênes et Pise, leur partage l'île de Sardaigne: Gênes reçoit les territoires du sud et du sud-ouest.

Venise. — Sous le doge Sébastiano Ziani sont élevées, à l'extrémité de la Piazzetta, deux colonnes de granit dont l'une porte le lion ailé de Saint-Marc.

1176.

Allemagne et Italie. — Les Lombards gagnent sur Frédéric Ier la bataille de Legnano, au nord-ouest de Milan, qui oblige Frédéric à négocier: Henri le Lion avait fait défection.

Orient. — Reprise des hostilités entre Kilidge-Arslan d'Iconium et l'empereur Manuel.

1177.

Allemagne. — Berthold IV, le fils du duc de Zæhringen qui avait fondé Fribourg, en Brisgau, fonde, sur la Saane, une nouvelle ville de Fribourg.

Allemagne, Italie et Rome. —Réconciliation de l'empereur avec Alexandre III, à Venise (août). Paix avec les Lombards.

Angleterre.— Une fille de Henri II épouse le roi normand de Sicile, Guillaume II le Bon.

Espagne. — Pendant que le roi de Castille enlève Cuença aux Almohades, son oncle le roi de Léon envahit ses États.

Orient. — Victoire inutile du roi de Jérusalem, Baudouin IV, sur Saladin, à Ramah.

Pologne. — Insurrection contre le duc Micislas, frère et successeur de Boleslas IV: l'évêque de Cracovie contribue à sa déposition. Le dernier des fils de Boleslas IV, Casimir II le Juste est proclamé. Micislas pendant vingt-cinq ans tentera de redevenir le maître.

Venise. — Fiançailles du doge avec la mer: le pape Alexandre III met au doigt du doge Sébastiano Ziani un anneau d'or, pour signifier que la mer devait être soumise aux Vénitiens comme l'épouse à son époux. Cette cérémonie de l'anneau et du mariage se renouvellera chaque année.

1178.

Allemagne. — Frédéric Ier se

fait couronner roi des deux Bourgognes à Arles et à Vienne.

Bohême. — Le duc, qui avait forfait en 1175 à ses devoirs de vassal envers l'empereur, est déposé, et forcé de fuir; le fils de Vladislas II, Frédéric, devient duc.

Russie. — Alliance de la république de Novogorod avec le grand prince de Wladimir.

1179.

Danemark. — Le despotisme d'Absalon, archevêque de Lunden, tout puissant en Scanie, provoque une révolte; le roi Valdemar Ier punit les Scaniens rebelles, mais aussi met un frein à l'autorité d'Absalon : la dîme ne sera plus exigée.

Empire grec. — L'empereur Manuel marie sa fille à un fils du marquis de Montferrat, déjà célèbre par ses exploits de terre sainte ; il le déclare césar, et roi de Thessalonique en Macédoine.

France. — Le roi fait le voyage d'Angleterre, pour aller demander sur le tombeau de saint Thomas Becket de Canterbury, la guérison de son fils Philippe. — A l'occasion du sacre de Philippe, qui a lieu deux mois après, un édit assure aux archevêques de Reims le privilége de sacrer les rois de France. Le roi d'Angleterre assiste au sacre, comme duc de Normandie.

Orient chrétien. — Les hospitaliers et les templiers ont recours au pape pour régler leurs différends et pour déterminer le degré d'obéissance qu'ils doivent aux évêques.

Rome. — Douzième concile général, le troisième tenu à Latran, sous la présidence d'Alexandre III (mars). Il traite seulement de questions de discipline ecclésiastique : il confirme aux cardinaux le droit exclusif d'élire le pape, et fixe aux deux tiers des voix du sacré collège la majorité de l'élection; il réclame la restitution des dîmes pour l'Église; il règle l'ordination et la vie des évêques.

1180.

Allemagne. — L'empereur fait solennellement dépouiller de ses fiefs Henri le Lion, qui lui avait refusé ses secours dans la guerre contre les Lombards ; il donne le duché de Saxe au frère du margrave de Brandebourg.

Angleterre. — Prédication de la trêve de Dieu.

Empire grec. — La mort de Manuel Comnène livre Constantinople à des mains indignes; en peu d'années, plusieurs princes Comnène se succéderont au milieu de l'anarchie.

Espagne. — Dans l'assemblée ecclésiastique de Tarragone, le calcul de l'ère d'Espagne est supprimé pour la Catalogne et remplacé par l'ère de l'Incarnation.

France. — Louis le Jeune donne une charte d'affranchissement pour les serfs du territoire d'Orléans — Sa mort. Il est le premier roi sur le sceau duquel on voit une véritable fleur de lis. — Avénement de Philippe II Auguste, âgé de quinze ans. — Par son mariage avec Isabelle de Hainaut, qui descend du carlovingien Charles de Lorraine, Philippe confond les prétentions des deux dynasties. Il a l'Artois pour dot. — Résistance du jeune roi à sa mère et à ses quatre oncles qui veulent gouverner en son nom.

1181.

Allemagne. — Frédéric Ier décide les deux frères, ducs de la Poméranie occidentale, à reconnaître sa suprématie; ils sont déclarés princes de l'empire. — Le Holstein, qui jusqu'alors avait relevé du duché de Saxe, devient fief immédiat. — Le roi de Danemark aide l'empereur à enlever à Henri le Lion la ville de Lubeck.

Hongrie. — Le roi Béla, peut-être en 1181, établit au-dessous du

XIIᵉ SIÈCLE (1182-1184).

comte palatin, officier suprême dont les fonctions embrassaient les affaires civiles et les affaires militaires, des chefs particuliers entre lesquels fut partagée l'administration de la Hongrie divisée en comtés.

Hongrie et Venise. — La ville de Zara, en Dalmatie, s'étant soustraite à la domination des Vénitiens, se donne pour la quatrième fois à la Hongrie, qui sait la conserver.

1182.

Danemark. — Mort de Valdemar Iᵉʳ. Ses vertus, ses exploits, les lois qu'il a données à son peuple lui ont mérité le surnom de Grand. On lui rapporte la fondation de Dantzick, à l'embouchure de la Vistule, et les commencements de Copenhague, sur la côte orientale de l'île de Seeland. — Avénement de son fils Kanut VI.

France. — Édit de Philippe Auguste contre les juifs, odieux comme usuriers et comme sacriléges; ils sont chassés et dépouillés.

Orient musulman. — Saladin, sultan d'Égypte et de Damas, va faire conquête d'Édesse, mais il ne peut prendre Alep et Mossoul qui sont à la famille de Noureddin.

1183.

Allemagne et Italie. — Le traité de Constance confirme tous les priviléges dont jouissaient les principales villes d'Italie qui relèvent de l'empereur (juin).

Angleterre et France. — Révolte des fils de Henri II, surtout de l'aîné, à l'instigation de Bertrand de Born, seigneur de Haute-fort dans le Limousin, troubadour célèbre.

France. — Philippe Auguste réclame par les armes, au comte de Flandre, les comtés de Vermandois et d'Amiens, comme étant le plus proche héritier de sa femme qui ne lui laissait pas d'enfant. — A Paris, première construction de deux corps de halles couvertes.

Orient chrétien. — Le roi de Jérusalem, Baudouin IV, à vingt-deux ans, devient lépreux. — L'ambition des comtes de Tripoli, d'Édesse et de Gui de Lusignan, époux de la sœur du roi, trouble l'État pendant plusieurs années.

Orient musulman. — Saladin emporte d'assaut Amida, en Mésopotamie, et se fait céder Alep.

1184.

Allemagne et Rome. — Malgré la protection de Frédéric Iᵉʳ, le pape Lucius III est forcé de quitter Rome. Un concile tenu à Vérone, en présence de l'empereur, excommunie les Romains et menace les cathares, les patharins et les vaudois de peines spirituelles et de peines temporelles.

Espagne. — Yousouf perd à Santarem une grande bataille contre le vieux roi de Portugal, Alphonse Henriquez, qu'assiste son fils Sanche, âgé de vingt-neuf ans : Yousouf meurt des suites de ses blessures. Le nouveau chef des Almohades, Yacoub, rappellera par ses brillantes qualités et sa libérale administration, autant que par la gloire militaire, les beaux temps du califat de Cordoue.

France. — Le roi combat les routiers ou Brabançons, brigands réunis en corps d'armée qui désolaient les campagnes. — On commence à paver la ville de Paris, et à entourer de murs le parc de Vincennes, forteresse près de la résidence royale. — Plusieurs communes reçoivent du roi la confirmation de leurs chartes: Autun, Châlon et Beaune, en Bourgogne, Crespy, en Laonnais.

Orient chrétien. — Les grands maîtres des ordres de l'Hôpital et du Temple sont venus solliciter à Vérone les secours du pape et de l'empereur.

Russie. — Expédition formidable du grand prince de Wladimir contre les Bulgares du Volga; il pénètre jusqu'à leur capitale, et conclut la paix avec eux.

1185.

Angleterre et France. — Philippe Auguste ordonne aux prélats rassemblés à Paris d'exhorter tous ses sujets à la guerre sainte (janv.). — L'assemblée ecclésiastique de Londres décide qu'il est plus utile au bien de ses peuples que le roi ne quitte pas son royaume pour la guerre d'Orient (mars).

Empire grec et Sicile. — Les Normands de Sicile font des courses sur les côtes de l'empire grec jusqu'à Thessalonique; ils seront repoussés de devant Constantinople.

Espagne. — Mort d'Alphonse Henriquez, âgé de plus de quatre-vingt-dix ans : il est enseveli à Coïmbre, alors la capitale du Portugal. Avénement de son fils Sanche.

Hongrie. — Mariage du roi avec une sœur de Philippe Auguste. — Les Hongrois mettent un instant la main sur une partie de la Russie Rouge, le duché d'Halicz (Gallicie).

Italie. — Guillaume le Vieux, marquis de Montferrat, entreprend le voyage de la terre sainte, où règne son petit-fils, Baudouin V.

Orient. — Renaud de Châtillon force Saladin à lever le siége de Krac, l'ancienne Pétra de la Palestine. Trêve de quatre ans.

1186.

Allemagne et Sicile.— Le fils de l'empereur, Henri, à vingt et un ans, épouse Constance, fille du roi Roger II, âgée de près de quarante ans; elle est destinée à succéder à son neveu, Guillaume II, qui n'a pas d'enfant.

Angleterre et France. — Mort du duc de Bretagne, Geoffroi.

Bulgares.— Les Bulgares secouent le joug byzantin qu'ils portaient depuis cent soixante-sept ans, et se donnent deux chefs.

Empire grec. — Un troisième fils du marquis de Montferrat, Conrad, parti pour la terre sainte, s'arrête à Constantinople, défend l'empereur contre un rebelle, épouse sa sœur et reçoit le titre de césar.

Orient chrétien.— Gui de Lusignan, beau-frère de Baudouin IV, devient, par la mort de ce prince, roi de Jérusalem; il a contre lui une partie des Latins.

1187.

Danemark. — Kanut VI force le duc de Poméranie occidentale et les deux ducs de Mecklembourg à se reconnaître ses vassaux.

France. — Le roi favorise la formation des communes d'Arras, de Saint-Omer, d'Hesdin, de Doulens en Artois, de Dijon en Bourgogne; et bientôt de Montreuil et de Pontoise.

Orient. — Saladin gagne sur le roi de Jérusalem la bataille de Tibériade au sud-ouest du lac de ce nom. Le roi Gui de Lusignan, le grand maître du Temple, Guillaume le Vieux, marquis de Montferrat, sont faits prisonniers; Renaud de Châtillon, et grand nombre de chevaliers de l'Hôpital et du Temple sont massacrés après le combat; la sainte croix tombe au pouvoir des infidèles (3 juillet). — Saladin occupe Ptolémaïs (Saint-Jean-d'Acre), assiége l'opulente ville de Tyr que sauve le fils du marquis de Montferrat, Conrad, récemment débarqué; prend Ascalon (4 septembre), et entre par capitulation dans Jérusalem (2 octobre): les vaincus sont, dans la ville sainte, traités avec générosité. Peu après la bataille de Tibériade, mort du comte de Tripoli; il lègue ses États à un fils de Bohémond III, prince d'Antioche. — Les fils de Kilidge-Arslan II n'attendent pas sa mort pour se saisir du gouvernement: l'anarchie, pendant plusieurs années, affaiblira l'État seldjoucide d'Iconium.

Rome. — Urbain III, qui appelait l'Europe à la défense des chré-

XIIe SIÈCLE (1188-1190).

tiens d'Orient, et était allé jusqu'à Venise pour y faire équiper une flotte, meurt à Ferrare, après avoir appris la perte de Jérusalem (19 octobre).

1188.

Allemagne, Angleterre et **France.** — Guillaume, archevêque de Tyr, fait prendre la croix aux trois rois. — Dîme saladine en France. La révolte de Richard Cœur de Lion retient le roi d'Angleterre; Philippe Auguste soutient le fils rebelle.

Orient. — Conrad de Montferrat pourvoit à la défense de Tripoli qu'attaque Saladin (janvier). — Rivalité entre Gui de Lusignan, rendu à la liberté, et Conrad au sujet de Tyr. — Saladin prend dans la principauté d'Antioche vingt-cinq villes, mais attaque sans succès la capitale.

Rome. — Le nouveau pape Clément III, d'origine romaine, parvient à se faire agréer du peuple et du sénat de Rome, qui étaient depuis dix ans en lutte ouverte avec les pontifes. Les droits régaliens lui sont rendus, mais il confirme les priviléges du sénat, et il sacrifie à l'inimitié de Rome les villes de Tusculum et de Tivoli, qui avaient souvent servi d'asile à ses prédécesseurs.

1189.

Afrique et **Espagne.** — Après avoir pacifié l'Afrique, Yacoub dévaste une partie du Portugal. — Pendant que de nouvelles révoltes le rappellent en Afrique, Sanche Ier, le roi de Portugal, avec l'aide de croisés anglais, prend Silves et Béja.

Allemagne et **Sicile.** — La mort de Guillaume II ouvre une lutte sanglante entre le fils de Frédéric Barberousse, marié à Constance, héritière légitime des États de Sicile, et Tancrède, petit-fils de Roger II par une concubine.

Angleterre. — Le chagrin tue Henri II (6 juillet), deux jours après un traité de paix avec Philippe Auguste qui avait soutenu ses fils rebelles. — Richard, le nouveau roi, laisse massacrer les juifs à Londres, et trafique des biens ecclésiastiques.

Orient. — Croisade de Frédéric Barberousse. — Gui de Lusignan commence le siége de Saint-Jean-d'Acre. Mort de sa femme Sibylle, issue du sang royal de Jérusalem : les droits qu'il avait sur le trône passent, par le mariage de la sœur de Sibylle, dans la maison de Montferrat.

1190.

Allemagne et **Sicile.** — Frédéric Ier meurt en Cilicie (juin). — Avénement de son fils aîné, Henri VI, déjà roi des Deux-Siciles par sa femme Constance. — On a d'Henri des poésies en tête du livre des *Minnesinger*.

Angleterre et **Écosse.** — Le roi Richard se désiste de l'hommage que son père avait extorqué à Guillaume le Lion pour la couronne d'Écosse ; il ne retient que l'hommage qui a été rendu de tout temps par les princes écossais pour les domaines qu'ils avaient en Angleterre.

Bohême. — Le trône ducal est occupé pour un an par le marquis de Moravie, parent et compétiteur du fils aîné du roi Vladislas II.

France. — Le testament que laisse Philippe Auguste au moment de partir pour la guerre sainte contient l'institution des baillis royaux comme juges établis au-dessus des prévôts. — Armoiries de la ville de Paris, déterminées par le roi : nef d'argent, fleur de lis d'or. — Construction des murs de clôture et des portes de Paris.

Gênes. — Changement de constitution : les consuls sont remplacés par un podestat annuel d'origine étrangère. Au bout d'un an on revint à l'ancienne forme de gouvernement.

Orient chrétien. — Le jeune Frédéric de Souabe, arrivé en Palestine avec les débris de l'armée de Barberousse, son père, fonde un ordre de chevalerie religieux et militaire qui n'admettra que des Allemands. La règle de l'ordre teutonique emprunte à celle des frères hospitaliers ce qui regarde le soin des malades, à celle des templiers ce qui a rapport à la milice et à la discipline.

Sicile. — Les croisés de France et d'Angleterre suivent pour la première fois la route de mer. Dissentiment des deux rois en Sicile.

1191.

Allemagne. — Berthold V, administrateur de la Bourgogne transjurane, bâtit en Helvétie la ville de Berne, à laquelle il donne des lois et des libertés municipales que confirme l'empereur Henri VI.

Allemagne et Italie. — Couronnement de Henri VI à Rome par le nouveau pape Célestin III. Expédition contre Tancrède, le chef national des Normands; il ne peut prendre Naples.

Bohême. — Le duc meurt au siége de Naples, où il a suivi l'empereur.

Espagne. — Les capitaines almohades reprennent les pays conquis par le roi de Portugal Sanche.

France. — Philippe Auguste occupe l'Artois comme dot de sa femme.

Italie. — Le pape livre Tusculum aux Romains. Ils assouvissent en détruisant cette ville une haine plus que séculaire. Les débris de cette cité se retrouvent à Frascati.

Orient. — Richard Cœur de Lion dépouille un Comnène de l'île de Cypre. Richard et Philippe Auguste prennent ensemble Saint-Jean-d'Acre : départ de Philippe; courses brillantes, mais stériles, de Richard contre Saladin. Contestations entre Conrad de Montferrat et Gui de Lusignan pour le titre de roi de Jérusalem. — L'ordre teutonique est confirmé par Célestin III et mis sous la règle de saint Augustin. Il se compose : 1° de chevaliers tous gentilshommes; 2° de prêtres; 3° de frères servants, gens de tout état, dont le nombre sera considérable. L'habit des chevaliers est le manteau blanc avec la croix noire lisérée d'argent. — La lèpre, que les croisés rapportent d'Orient, a rendu nécessaire l'institution d'hôpitaux particuliers en France.

1192.

Danemark. — Kanut VI confère le duché de Slesvig à son frère Waldemar. — Révolte de l'évêque de Slesvig, qui élevait des prétentions sur le duché et même sur la couronne de Danemark.

Espagne. — Le roi de Léon est condamné par le concile de Salamanque à abandonner sa femme, fille de Sanche Ier de Portugal, qui était sa cousine germaine. Les royaumes de Léon et de Portugal sont mis en interdit parce que les princes n'ont pas obéi au concile.

France. — En demandant la main d'Ingeburge, princesse danoise, sœur du roi Kanut VI, Philippe Auguste avait en vue de se faire céder les anciens droits que les rois de Danemark avaient sur l'Angleterre, et d'obtenir un secours de vaisseaux pour faire valoir ces droits. Le roi de Danemark aima mieux offrir pour dot une somme d'argent.

Orient. — Gui de Lusignan reçoit de Richard Cœur de Lion le royaume de Chypre : Conrad de Montferrat garde seul alors le titre de roi de Jérusalem. Conrad est assassiné par deux émissaires du Vieux de la Montagne. Le mariage de sa veuve fait passer le titre de roi de Jérusalem à la maison de Champagne. Boniface, frère de Conrad, lui succède dans le marquisat de Montferrat. — Trêve conclue par Richard avec Saladin avant son départ; les Latins ont encore Saint-Jean-d'Acre, Jaffa et Arsof.

Venise. — Henri Dandolo, déjà vieux, est élu doge.

1193.

Angleterre et France.— Pendant l'absence de Richard, qui, en revenant de la terre sainte, est tombé entre les mains du duc d'Autriche, son ennemi, et a été ensuite livré à l'empereur Henri VI, qui le retient captif, Jean sans Terre, son frère, prétend au trône d'Angleterre, Philippe Auguste à la possession de la Normandie.

France. — Mariage (août) et presque aussitôt divorce (novembre) de Philippe avec Ingeburge de Danemark. Elle forme appel à Rome.

Italie. — Un diplôme impérial fait don d'Alexandrie au marquis de Montferrat.

Orient musulman.— Mort de Saladin à Damas, à cinquante-sept ans (4 mars). La sagesse et l'équité de son gouvernement l'ont fait aimer de ses peuples, comme la terreur a popularisé son nom chez les chrétiens. — Partage de ses États entre ses trois fils : 1° sultanie de Damas, avec Jérusalem, Balbek et Bostra ; 2° sultanie d'Égypte ; 3° sultanie d'Alep.

1194.

Allemagne, Italie et Sicile. — Le parti national des Normands perd son chef Tancrède ; le jeune fils de Tancrède est facilement dépouillé par Henri VI. Couronnement du prince allemand à Palerme (octobre) ; ses cruautés le font détester des Siciliens. Ses auxiliaires, les Génois et les Pisans, livrent bataille les uns contre les autres dans la rade de Messine.

France. — Philippe, pendant la guerre avec les Anglais, ayant perdu près de Blois, avec son bagage, les titres de la couronne, qui en faisaient partie, crée le dépôt des archives à Paris (5 juillet).

1195.

Allemagne et Italie. — A la mort de Welf d'Este, qui a gardé pendant trente-huit ans le marquisat de Toscane et les biens de la comtesse Mathilde, l'empereur les donne à son propre frère Philippe.

Espagne. — Yacoub entraîne à la guerre sainte contre les Castillans les diverses tribus de l'Afrique et du Magreb. Le roi de Castille Alphonse VIII n'attend pas les renforts promis par le roi de Léon et par le nouveau roi de Navarre Sanche VII, et perd un grand combat sur les hauteurs que domine la forteresse d'Al-Arca (Alarcos). Le vainqueur, contre l'usage, rendit la liberté à vingt mille prisonniers.

1196.

Allemagne.—L'enfant de Henri VI, âgé de deux ans, est élu roi des Romains.

Allemagne et Sicile.—La révolte des Siciliens provoque une nouvelle expédition de Henri VI, et de nouveaux supplices.

Bulgares.—Joannice ou Jean Ier, appelé aussi Calo-Jean, règne seul sur les Bulgares affranchis de la domination grecque, au détriment de ses neveux.

Espagne. — Faciles succès des Almohades : Calatrava, Guadalajara et Madrid, sont enlevées ; Tolède est menacée. La mosquée de Séville reçoit le butin.—Le roi de Castille, au lieu de pourvoir au salut des pays chrétiens, attaque son parent le roi de Léon.

France. — Séparé d'Ingeburge malgré les injonctions du pape, Philippe Auguste épouse Agnès, fille du duc de Méranie, pays voisin du Tyrol (juin) ; il la gardera malgré la cour de Rome.

Italie.—Le chef des Torelli, Salinguerra (Saliens in Guerra) et Azzo ou Azzolino d'Este, se font nommer tour à tour podestats de Ferrare. Ces deux factions désolent la ville depuis le xe siècle. Les d'Este sont Guelfes.

1197.

Allemagne et Sicile. — Henri VI donne le duché de Souabe à son frère Philippe qui a déjà la Toscane. Il essaye de rendre la couronne impériale héréditaire dans sa famille, et d'incorporer le royaume des Deux-Siciles à l'empire germanique. Cinquante-deux princes et le pape donnent leur assentiment à ses projets. Opposition persévérante du duc de Saxe et du margrave de Brandebourg. Henri VI meurt à Messine.—Son fils Frédéric, âgé de trois ans, qui lui succède dans ses domaines héréditaires, a pour tutrice en Sicile la reine Constance ; Philippe de Souabe gouverne l'Allemagne.

Bohême. — La mort de Henri VI permet à Prémislas, l'ennemi de la maison de Souabe, qui a été duc en 1192, de rentrer en Bohême.

Espagne. — Des croisés anglais et hollandais aident Sanche Ier à reprendre Lisbonne et une partie des Algarves.—Le mariage de Bérengère, fille du roi de Castille, avec le roi de Léon, gage de réconciliation entre les deux États, amène, à cause de la parenté des époux, de nouveaux débats avec la cour de Rome.

France. — Nouvelle guerre avec Richard Cœur de Lion qui s'est ligué avec le comte de Flandre. Elle se fait surtout dans le bassin de l'Epte, autour de Gisors.

Orient chrétien. — Mort du roi titulaire de Jérusalem, Henri de Champagne. Amauri II de Lusignan, roi de Chypre, qui a épousé la veuve de Henri, Isabelle, prend le titre de roi de Jérusalem. — Le prince de l'Arménie chrétienne, Livon, dont la puissance s'étend depuis le Caucase jusqu'à la mer de Cilicie, se fait couronner roi avec le consentement de l'empereur d'Allemagne et du pape.

1198.

Bohême. — Le duc Prémislas est fait roi par Philippe de Souabe.

France. — Philippe accorde aux juifs, moyennant des sommes considérables dont il avait besoin pour la guerre avec l'Angleterre, leur retour en France.

Rome. — Mort de Célestin III. Pendant son règne, l'usage s'établit pour toutes les églises d'Occident de ne donner la communion aux laïques que sous la seule espèce du pain, ainsi que cela se pratiquait dans l'église de Jérusalem. — Avénement d'Innocent III, de la famille des comtes de Segnia, âgé de trente-sept ans : il était déjà cardinal, mais il ne fut ordonné prêtre qu'après son élection. Il établit son pouvoir à Rome en exigeant le serment du préfet de la ville, des sénateurs et des autres magistrats qui étaient à la nomination de l'empereur. Il revendique pour le saint-siége la marche d'Ancone, où dominait l'Allemand Markwald, principal conseiller de Henri VI, et le duché de Spolète. Il encourage en Toscane la confédération de Lucques, Florence, Pistoia, etc. ; Pise reste fidèle à la famille de Henri VI.

Rome et Empire d'Allemagne. — Quand Philippe de Souabe se fait déférer la couronne germanique, Othon de Brunswick, fils de Henri le Lion, chef des Welfs, se déclare son compétiteur à l'empire, avec l'assentiment d'Innocent III qui veut amoindrir la maison gibeline, si redoutable déjà en Italie.

Sicile. — Mort de la reine Constance à Palerme ; son testament donne la régence à Innocent III. Le pape protége avec énergie son pupille ; il oppose à l'ambitieux Markwald un chevalier français, Gauthier de Brienne.

1199.

Afrique et Espagne. — La mort de Yacoub fait passer les Almohades sous le gouvernement d'un prince plus faible, Mohammed-el-Naser. — Averroës (Abou-Abdal-

,ah - Mohammed - ben - Omar - ben- Roschd), natif de Cordoue, meurt à Maroc. L'étude de la médecine, de la philosophie, de la science du droit, des mathématiques, de la poésie, beaucoup d'ouvrages en arabe et en hébreu, surtout une traduction des œuvres d'Aristote, lui ont fait une grande réputation au moyen âge, même parmi les chrétiens.

Angleterre et France.—Trêve entre les deux rois. — Mort de Richard, au siége de Chalus dans le Limousin. Avénement de son frère Jean sans Terre, au détriment du fils de Geoffroi, Arthur qui est reconnu dans la Bretagne, le Maine, l'Anjou et la Touraine.

Italie.—Une guerre entre Parme et Plaisance met en feu toute la Lombardie.

Orient chrétien.— Guerre civile entre les deux ordres de Saint-Jean et du Temple pour un territoire contesté. La lutte ne finira au bout de trois ans que par l'intervention d'Innocent III.

Orient musulman. — Un frère de Saladin, Saphadin, qui a déjà enlevé Damas à un de ses neveux, s'empare de la sultanie d'Égypte.

XIIIᵉ SIÈCLE APRÈS J. C.

APERÇU GÉNÉRAL.

Le xiiiᵉ siècle est celui où les institutions du moyen âge ont pris le plus de développement et d'activité, en conservant leurs formes si diverses, dans l'ordre de la politique, de la religion, des études ou des lettres : l'état des gouvernements, des mœurs et des opinions se ressent de la variété des faits et des mouvements qui s'accomplissent.

Le siècle s'ouvre par le pontificat d'Innocent III. L'Europe entière éprouve l'influence de ce pontife; les États d'Italie le reconnaissent pour protecteur; il excommunie et dépose l'empereur Othon IV, de la maison des Welfs, qu'il avait d'abord reconnu ; il ôte la Grande-Bretagne à Jean sans Terre, la concède à Philippe Auguste, la reprend à Philippe et la déclare un fief du saint-siége. Il ordonne des croisades. Une de ces expéditions ravit, contre son gré et malgré ses anathèmes, l'empire grec aux princes byzantins; l'usurpation qui fait empereur de Constantinople un comte de Flandre, et qui donne le quart de l'empire aux Vénitiens, rend au saint-siége la suprématie sur les Grecs schismatiques. Une autre croisade verse la noblesse et le clergé du nord de la France sur les riches possessions des Albigeois, les hérétiques du midi : l'hérésie sera extirpée par la destruction des populations, autant que par les prédications ardentes des moines dominicains. Une troisième guerre sainte arrache, par la victoire de Tolosa, l'Espagne chrétienne aux Almohades d'Afrique. Innocent préside des conciles, établit des monastères, compose des livres mystiques : sa vaste correspondance embrasse toutes les affaires importantes qui ont occupé l'Europe depuis 1198 jusqu'en 1216. Le pape semble digne de cette domination universelle, même par la culture et l'étendue de son esprit. Il ranime dans l'Église le goût de l'étude : s'instruire est l'un des actes d'obéissance qu'il exige de tous les ecclésiastiques, séculiers ou réguliers. Presque tous ses successeurs, jusqu'à la fin du siècle, avec moins de talent et moins d'autorité que lui, suivent pourtant et maintiennent la direction qu'il a imprimée au monde. La suprématie politique ne fléchit guère entre leurs mains ; mais leurs prétentions semblent empreintes d'iniquité, quand ils dépouillent les derniers princes de la maison de Souabe pour leur substituer, dans les Deux-Siciles, les indignes princes de la maison d'Anjou. Boniface VIII, qui ferme le siècle, compromettra la puissance du saint-siège par les efforts téméraires qu'il fera pour l'accroître. La science, arme si nécessaire même à ceux qui ont déjà la force, ne manque pas à la cour de Rome : les *Décrétales*, de Grégoire IX, complétées par un sixième livre, le *Sexte*, de Boniface VIII, contribuent à étendre la juridiction ecclésiastique. Les légats, dans chaque royaume de la chrétienté, font respecter les décisions du saint-siège, comme autrefois les proconsuls romains celles du sénat.

Deux nouveaux ordres monastiques, fondés par l'Espagnol saint Dominique, par l'Italien saint François d'Assise, pour lutter contre l'hérésie par la parole, et pour ramener aux vertus par la mortification et la pauvreté, appartiennent à la fois à l'histoire de la religion et à celle des lettres. Les dominicains se rendent bientôt formidables en se faisant inquisiteurs et en persécutant les hérétiques ; mais ils exercent, comme les franciscains, une action bienfaisante sur les études. On s'étonne peu du crédit et des faveurs qu'obtinrent ces deux ordres, lorsque, dès leur naissance, on voit dans leur sein un si grand nombre d'étudiants, de professeurs, de prédicateurs et d'écrivains laborieux. Ils rendent de l'émulation aux anciens cénobites, chez qui le goût des études commençait à s'affaiblir, et au clergé séculier, qui, menacé dans ses droits et troublé dans l'exercice de ses fonctions par les entreprises de ces nouveaux auxiliaires, sentira le besoin de ne pas leur rester trop inférieur en instruction et en mérite.

Ce siècle vit encore naître d'autres ordres. Les carmes et les augustins, un peu postérieurs aux dominicains et aux franciscains, sont appelés, comme eux, ordres mendiants. Les célestins sont de la fin du siècle. L'ordre de la Merci a été fondé au début du siècle par Pierre de Nolasque, en vue de racheter les chrétiens esclaves chez les Maures.

Les frères du Christ, ou Porte-Glaive, chevaliers de Livonie, sont créés, non pour la prédication, mais pour la conquête; l'ordre teutonique vint de Palestine les aider, et bientôt se substituer à eux dans cette œuvre de guerre, en Livonie et en Prusse : la croix est plantée dans le sang des idolâtres, sur les rives de la Baltique.

La guerre sainte, prêchée seulement autrefois contre les infidèles de l'Orient, atteint les musulmans d'Espagne, les hérétiques de France, les Slaves idolâtres du nord, même les Grecs schismatiques de Constantinople : bien peu de croisés vont combattre pour la terre sainte. Le nom de roi de Jérusalem n'est plus qu'un vain titre : Jean de Brienne quitte la Palestine pour Constantinople, après une malheureuse tentative sur l'Égypte, Frédéric II, l'empereur d'Allemagne, son gendre, achète des musulmans le droit d'entrer dans Jérusalem, quoique excommunié. Saint Louis, par sa piété et par l'habile direction donnée d'abord à sa croisade, aurait mérité d'être plus heureux en Égypte : les Mameluks, sortis hier esclaves de la Circassie, devenus souverains par la déposition du dernier sultan ayoubite, permettent au moins au roi captif de racheter sa liberté. Il fonde alors quelque espérance sur l'alliance des Mongols, qui ne s'étaient pas encore arrêtés dans cette voie des conquêtes où les avaient lancés Gengis-khan et ses fils, partis de l'extrémité orientale de la Tartarie : mais les Mongols, dans leur ardeur de dévastation, ne distinguaient pas les chrétiens des musulmans; ils s'étaient précipités sur les terres chrétiennes de la Russie, de la Pologne, de la Hongrie, comme sur l'empire musulman du Kharisme, comme sur l'Inde et sur la Chine. L'extermination des Ismaélites ou Assassins dans la Syrie, la catastrophe sanglante du dernier calife abasside et la ruine de Bagdad, ne profitent qu'aux dynasties turques, qui survivent en Asie Mineure, et aux Mameluks d'Égypte. La prise de Constantinople par les Grecs de Nicée, qui reconstituent un empire pour deux siècles, a peu de retentissement en Europe : on ne s'intéresse pas au sort d'une petite maison féodale de France, qui tombe du trône; les Vénitiens seuls en sentent un cruel contrecoup, par la supériorité maritime que prennent leurs rivaux, les Génois. La dernière croisade, pendant que l'Orient est en feu, que les Mameluks se font redouter des Français, des Syriens et des Mongols, va toucher la côte d'Afrique, et n'a d'autre résultat que d'exercer les vertus chrétiennes et de hâter la mort héroïque de saint Louis. Les

Mameluks achèvent de chasser de la Palestine les templiers, les chevaliers teutons et toute la milice des chrétiens de l'Occident dont ils enlèvent les dernières places.

Ne reste-t-il donc rien de ces guerres saintes? Les nations occidentales ont été mises en rapport, non-seulement entre elles, mais avec les Grecs et les Arabes, avec l'Asie et l'Afrique. Tant de voyages en Égypte, en Syrie, à Constantinople, n'ont pas été perdus : ce contact universel a influé sur les langues, sur les idées et sur les arts ; il a rendu plus prompte et plus rapide la communication de toutes les connaissances, et a préparé de loin les progrès de l'intelligence humaine. On rapportait de l'Orient de la misère, des maladies et des vices, mais, aussi des lumières qui agrandissaient la sphère des arts et de la littérature.

Les États de l'Europe occidentale subissent de grandes vicissitudes. Les Anglais expient un crime domestique de leur roi Jean sans Terre, par la perte de tout ce qu'ils ont sur le continent, à l'exception de la Guyenne. Le règne de Philippe Auguste est une des époques de l'agrandissement du pouvoir royal en France et de l'affaiblissement de la puissance des seigneurs : la victoire nationale de Bouvines frappe du même coup l'aristocratie rebelle, le roi d'Angleterre et la maison des Welfs dans la personne d'Othon IV de Brunswick. La grande charte, imposée par les barons anglais à Jean sans Terre, n'est pas une constitution générale ; mais le triomphe des nobles préparera celui de toute la nation. En France, après le court règne du fils de Philippe Auguste, qui dans ses expéditions contre les Albigeois consomme la ruine des comtes de Toulouse, la minorité de Louis IX aurait pu exposer la royauté aux mêmes périls que le gouvernement tyrannique des Plantagenets avait attirés sur la royauté anglaise. La régence de Blanche de Castille, et les qualités personnelles de saint Louis, assurent, sans despotisme comme sans usurpation, la suprématie du pouvoir royal contre l'aristocratie, l'indépendance du territoire contre les Anglais alliés de seigneurs qui se sont révoltés. Ce règne, qui n'est que trop plein de la gloire militaire due aux croisades, l'est aussi de toute celle qu'un roi de France peut acquérir par les soins du gouvernement et par la direction suprême des affaires. L'honnêteté naturelle de tous ses penchants, sa bonté, sa justice, sa loyauté magnanime, son intrépidité dans les combats, son courage plus héroïque encore dans l'infortune, ses lumières pour de pareils temps, son dévouement religieux aux intérêts de son peuple, les remèdes salutaires qu'il a apportés à l'anarchie féodale, toutes ses qualités, tous ses actes sont dominés par une piété vive et sincère, qui ajoute au mérite et à la force de sa résistance quand il combat les prétentions de la cour de Rome. Le roi d'Angleterre, son contemporain Henri III, est aux prises avec l'aristocratie, qui veut réformer elle-même le gouvernement. L'ambition du chef de la rébellion, le comte de Leicester, est cause de la première convocation des députés des communes au parlement. L'enfantement douloureux des libertés constitutionnelles en Angleterre ne fut pas stérile pour la paix et pour la grandeur de la nation. Édouard Ier, exalté par ses triomphes dans le pays de Galles et en Écosse, fort de ses alliances sur le continent, s'il n'eût été maintenu par la grande charte et par les parlements, eût imité le despotisme de Philippe le Bel. Ce petit-fils de saint Louis, roi plus habile, mais moins honnête que son père, Philippe le Hardi, qui a jeté maladroitement la France dans les affaires de l'Espagne et de la Sicile, voit bien les intérêts réels du royaume et de la royauté : il est célèbre par ses guerres avec l'Angleterre et la Flandre, par son alliance avec l'Écosse, par la substitution de la loi royale aux coutumes anarchiques de la féodalité, et des légistes aux pairs-chevaliers. Il se rencontre avec un pape despote comme lui : la lutte commence quand s'ouvre le xive siècle.

L'Allemagne et l'Italie surtout sont remuées bien plus profondément. La maison de Souabe, exclue d'abord du trône impérial par Innocent III, y est rappelée par lui, au détriment du prince welf. Frédéric II est le bienfaiteur de ses sujets héréditaires des Deux-Siciles ; mais le reste de l'Italie combat contre lui. Grégoire IX et Innocent IV l'excommunient, le déposent, ruinent sa puissance et créent des anti-Césars. Affranchis de la domination germanique, les peuples lombards ne savent pas vivre en peuples libres : les factions guelfe et gibeline ont encore leurs drapeaux dans toutes les cités. La maison de Romano est la terreur de la Lombardie orientale : quand elle succombera, les Scaliger et les Carrare exerceront les mêmes cruautés. Milan passe des mains despotiques des Torriani à celles des Visconti ; Venise se sauve de l'anarchie et du despotisme étranger en remettant ses destinées à une formidable oligarchie ; la république de Gênes, agitée par des troubles intérieurs, change perpétuellement les noms, les rapports, le système des magistratures. La Toscane est partagée en plusieurs républiques, quelquefois liguées, plus souvent rivales ; Florence, riche par l'industrie, au milieu des violentes fureurs des guelfes et des gibelins, essaye de constituer son gouvernement démocratique. La terre des Deux-Siciles est le tombeau des fils et du petit-fils de Frédéric II. Charles d'Anjou, appelé contre eux par les papes, rend exécrable le nom de la France, surtout en Sicile : les vêpres siciliennes donnent cette île aux Aragonais ; les deux royaumes subsistent ainsi longtemps séparés et ennemis.

L'anarchie de l'Allemagne, depuis le milieu du siècle, favorable à la puissance des seigneurs et à l'affranchissement des villes, qui forment la ligue du Rhin et l'association commerciale de la Hanse, ne cesse que par l'élévation au trône impérial de Rodolphe de Habsbourg. Le puissant roi de Bohême est terrassé ; l'Autriche passe aux mains du fils de Rodolphe, qui cependant ne lui succédera pas dans le titre d'empereur. Rodolphe n'a obtenu que par d'importantes concessions la faveur ou l'indulgence de la cour de Rome : il ne vient pas en Italie.

Le XIII° siècle est glorieux et fécond pour l'Espagne chrétienne. Depuis la défaite des Almohades à Tolosa, plus de cinquante années sont employées par les rois de l'Aragon, par ceux de la Castille et de Léon qui ne forment qu'un royaume depuis 1230, à repousser les Maures vers les montagnes de Grenade. La piété chevaleresque de Ferdinand III le Saint ; le goût des lettres, de l'astronomie et de la science des lois d'Alphonse X le Sage, placent la Castille au premier rang ; l'extension de son territoire arrête dans la péninsule les progrès de deux autres États chrétiens, l'Aragon et le Portugal : mais déjà l'Aragon cherche fortune dans les îles de la Méditerranée. La Navarre, presque réunie à la France par des alliances de famille, est pour ainsi dire en dehors de l'Espagne. L'invasion nouvelle des Mérinides d'Afrique n'entame pas beaucoup le territoire chrétien : c'est à la Castille, le plus puissant des quatre États, à en supporter le poids. L'Aragon et la Castille commencent à éprouver les luttes intestines de l'aristocratie et de la royauté sous des princes dont le règne ne manque cependant ni de force ni d'éclat, sous Alphonse X qui a reçu des électeurs allemands le titre d'empereur, sous Pierre III lui a enlevé la Sicile aux Français.

Les mœurs, au XIII° siècle, se sentent de l'ignorance, de la fausse science, de l'affaiblissement de l'ancienne discipline ecclésiastique, des cérémonies bizarres ou scandaleuses qui sont maintenues, comme la fête des fous ou la fête des ânes en France. Les mœurs des palais et des châteaux ne sont ni plus pures ni plus nobles que celles des rangs inférieurs.

Les écoles abondent cependant : il y en a auprès de presque tous les monastères, alors si nombreux, et des églises cathédrales. Dans les villes, où l'enseignement se divise en plusieurs branches, et attire un grand concours d'étudiants, comme à Paris, à Angers, à Toulouse, à Montpellier, le nom d'université est appliqué au corps entier des maîtres et des disciples. Les statuts de l'université de

Paris datent de 1215 : on distingue dans cette université quatre facultés, quatre nations d'étudiants, avec leurs syndics et un recteur ; les quatre facultés sont la théologie, la jurisprudence, désignée sous le nom de décrétales, la médecine et les arts, qu'on appelle aussi philosophie et grammaire. La scolastique, avec ses formes pédantesques et ses syllogismes, domine les études et appauvrit l'intelligence : la raison, le goût, l'imagination et même la mémoire en sont altérées ; une dialectique puérile et pointilleuse exempte souvent de penser. Les quatre livres de *Sentences*, de Pierre Lombard, sont commentés par Albert le Grand, saint Bonaventure, saint Thomas d'Aquin, Duns Scott : ils ont composé, sous le nom de *Somme*, d'imposants monuments de métaphysique, de théologie et de morale. Albert le Grand, qui est né en Allemagne, joint l'astrologie et l'étude des secrets de la nature à la politique. L'Italien saint Bonaventure qui ne sait pas, même dans les effusions de son cœur, s'affranchir toujours de la scolastique, entraîne les âmes chrétiennes dans une voie pleine d'attraits et de périls, le mysticisme. Saint Thomas d'Aquin, Italien comme lui et son ami, l'une des gloires de l'ordre des dominicains, a l'esprit inventif et profond ; il a proposé une solution de la fameuse question des universaux. Duns Scott, franciscain écossais, qui contredit saint Thomas, dispute beaucoup, n'invente rien, n'éclaircit aucune doctrine. La jurisprudence comprend le droit canon et le droit civil qui vient d'être enseigné avec éclat en Italie par Azzon et par son disciple Accurse ; en France, plusieurs villes, mais non Paris à cause de la défense expresse d'Honorius III, ont des cours de jurisprudence civile. Le droit écrit est suivi au sud de la Loire ; le droit coutumier, au nord ; mais le droit de Justinien, à force d'être enseigné dans les écoles, acquiert de l'autorité devant les tribunaux : les jugements par les pairs ou jurés deviennent plus rares ; des canonistes et des légistes pénètrent dans le parlement, cour suprême de justice royale. La médecine, la chirurgie, la pharmacie et la chimie s'étendent des Arabes aux chrétiens ; les écoles d'Italie commentent les travaux des musulmans. Raymond Lulle voudrait qu'on pût prêcher les infidèles dans leur langue afin de les convertir. On cherche par quelles relations se rattachent les divers genres de connaissances humaines : de là le projet d'en former des systèmes encyclopédiques, comme le *Quadruple miroir*, de Vincent de Beauvais.

Les sciences proprement dites font de précieuses découvertes ou appliquent aux arts des découvertes déjà faites. L'usage de l'algèbre est emprunté aux Arabes d'Afrique. Le cordelier anglais Roger Bacon, qui tenta une rénovation générale des sciences, décrit la poudre à canon, dont font déjà usage les Orientaux. La boussole commence à être pratiquée en Europe. L'invention des lunettes est peut-être de la fin du siècle. La science des astres reste sujette à beaucoup de superstitions : Roger Bacon admet des prédictions générales ; il ne rejette que les horoscopes personnels.

La géographie doit beaucoup au livre arabe d'Ibn-Al-Ouardi ; aux navigations des Génois, des Pisans, des Vénitiens ; aux relations d'Ascelin, de Plan Carpin, de Rubruquis, de Marco Polo, envoyés chez les Mongols ; aux cartes qu'on commence à dessiner.

L'histoire, qu'on ne fait pas entrer dans le plan d'instruction des écoles, ne produit pas beaucoup de monuments distingués dans la langue latine, dont elle commence à s'affranchir. La chronique de Geoffroy de Villehardouin, qui raconte la conquête de Constantinople par les Français, est écrite en prose vulgaire. Les ouvrages latins de Rigord, de Guillaume le Breton, de Guillaume de Nangis, religieux de Saint-Denis, ont moins d'attrait que la *Vie de saint Louis*, par Joinville, et que les grandes *Chroniques* conservées à Saint-Denis, qui forment comme le premier fond de nos histoires de France.

La langue française, ou langue d'oïl, est préférée, même par des Italiens. Le Florentin Brunetto Latini, un des maîtres de Dante, écrit ou traduit en français son manuel général d'études, intitulé *Trésor*. La langue de l'Italie, dont les poëtes avaient écrit jusque-là en vers provençaux, commence à se fixer : la *Divine Comédie*, de Dante, la plus étonnante production de cet âge, est en même temps l'un des plus anciens, comme l'un des plus illustres monuments de la littérature italienne. On n'enseigne dans les plus grandes écoles ni les langues modernes, ni les langues orientales, ni même la langue grecque, quoique le trône de Constantinople soit pendant plus de cinquante ans à des Français.

La langue latine, écrite et parlée d'une façon si incorrecte dans les écoles, règne encore dans la chaire : mais les prédicateurs commencent à entremêler dans leurs phrases latines des mots du langage vulgaire ; en 1262, on rencontre les premiers exemples de ces prédications macaroniques.

La vraie langue française se forme par la poésie et par les romans. Les trouvères du nord sont plus nombreux et plus féconds que les poëtes du midi : leur langue, moins élégante, moins douce, moins sonore, se développe davantage, devient plus expressive, quelquefois plus pittoresque ; elle s'essaye dans vingt genres différents, ne brille encore dans aucun, prend cependant possession de la plupart, et se destine à les enrichir tous un jour. On compterait en ce siècle plus de deux cents poëtes ou rimeurs français. Ce sont des romans de chevalerie mis en rimes, des fabliaux, des lais. Les riches et le peuple étaient amusés par les fabliaux du trouvère Rutebœuf, souvent aux dépens de l'Église; mais le poëte y gagnait à peine sa vie. On aimait beaucoup le *Roman du Renard* qui, sous des noms d'animaux, faisait la satire de tout ce qui était craint et vénéré dans la société féodale, surtout la noblesse et le clergé. Le *Roman de la Rose*, commencé par Guillaume de Lorris, qui meurt vers 1260 terminé par Jehan de Meung avant 1305, est un pénible tissu d'allégories froides et fastidieuses, en plus de vingt-deux mille vers, sans mouvement poétique, le plus souvent sans images ni pensées, avec beaucoup de descriptions et d'abstractions personnifiées. Les chants de Thibaut IV, comte de Champagne et roi de Navarre, sont d'un esprit fin et sensible; il participe des qualités des trouvères et de celles des troubadours. Les troubadours, au midi de la Loire, donnent de la souplesse et de l'harmonie à une langue sonore faite pour la poésie lyrique, pour l'amour, pour la satire, même pour les chants de guerre, comme le prouvent leurs sirventes; mais ils manquent d'une inspiration profonde et soutenue; ils ne laisseront aucune grande œuvre et disparaîtront au milieu du choc terrible de la guerre des Albigeois.

Les seigneurs, les rois et les papes encouragent à l'envi les études publiques et tous les talents. Innocent III, Philippe Auguste, saint Louis, Frédéric II, sont imités par des princes italiens et par des seigneurs français qui s'environnent de savants et de poëtes : à Florence, le peintre Cimabué reçoit la visite de Charles d'Anjou. La lutte poétique de Wartbourg à la cour d'Hermann de Thuringe, 1206-1207, entre les plus fameux minnesinger, est contemporaine de l'épopée des *Nibelunges* attribuée à l'un de ces jouteurs, Henri d'Ofterding. Les artistes semblaient moins jaloux que les poëtes de leur gloire personnelle : combien de statuaires et d'architectes, dont les œuvres vivent et font l'admiration des siècles, dont les noms sont ignorés ! L'auteur de la Sainte-Chapelle de Paris, un des chefs-d'œuvre de l'art ogival, Pierre de Montereau, est peut-être le même architecte, connu sous le nom d'Eudes de Montreuil, qui fit un voyage en Palestine à la suite de saint Louis, travailla aux fortifications de Jaffa, et vit de près le système d'architecture des Arabes qui put l'inspirer.

CHRONOLOGIE.

1200.

Angleterre et Écosse. — Jean sans Terre reçoit l'hommage du roi d'Écosse pour les fiefs que les Écossais possèdent sur la terre anglaise.

Danemark. — Le comte de Holstein est forcé de céder aux Danois le Ditmarse, qui est à l'ouest du Holstein, et l'importante place de Rensbourg, sur les confins du Sleswick.

Espagne. — Aventures du roi de Navarre Sanche VII; il est venu en Afrique dans l'espoir d'épouser la fille du prince almohade et de recevoir en dot ses domaines d'Espagne. Pendant son voyage, qui fut sans résultat, le roi de Castille lui a pris les provinces d'Alava, de Biscaye, et de Guipuscoa. A son retour il devient malade pour le reste de ses jours. Cependant il régnera encore pendant trente-quatre ans.

France et Rome. — Philippe Auguste gardant Agnès de Méranie, le légat du pape, dans une assemblée tenue à Vienne en Dauphiné qui est terre d'empire, jette l'interdit sur le royaume (janvier). Après dix mois d'observation rigoureuse, l'interdit n'est levé que parce que Philippe reprend Ingeburge. — Mariage du fils du roi, Louis, âgé de moins de quatorze ans, avec Blanche de Castille (mai). — Vers 1200, le roman de Guiot de Provins parle de la boussole, nommée *Marinette*, comme étant en usage en France.

1201.

Danemark. — Mort d'Absalon, archevêque de Lunden. Le Danemark lui doit la célébration uniforme de l'office divin. — Il a eu pour secrétaire Saxon le grammairien, qui a composé en latin une *Histoire du Danemark*, en grande partie d'après les traditions populaires, les chants des scaldes, les sagas Islandaises.

France. — Agnès de Méranie meurt à Poissy après avoir donné deux enfants à Philippe Auguste. — Ingeburge est comme prisonnière au château d'Étampes.

France et Italie. — Les prédications de Foulques de Neuilly décident une croisade. Boniface, marquis de Montferrat, et le comte de Flandre, Baudouin, s'entendent avec Venise pour qu'elle fournisse le passage par mer.

Livonie. — Le troisième évêque de Livonie fonde la ville de Riga et, pour hâter la conversion ou la conquête du pays, crée l'ordre religieux et militaire du Christ, ou des chevaliers porte-glaive.

1202.

Angleterre et France. — Arthur, que Philippe Auguste soutenait contre les partisans de son oncle Jean sans Terre, est pris.

Danemark. — Mort de Kanut VI le Pieux qui avait cherché à policer ses peuples. Son frère Valdemar II est couronné à Lunden. Il va à Lubeck même se faire reconnaître roi des Vandales ou Slaves, et seigneur de Nordalbingie: titre qu'ont gardé les rois de Danemark.

Espagne. — Innocent III met en interdit le royaume de Léon, parce que le roi ne renvoie pas la fille du roi de Castille, sa parente, à laquelle il est marié depuis cinq ans et qui lui a donné un fils.

Italie. — Léonard de Pise (Fibonacci) emprunte aux Arabes et donne le premier aux chrétiens d'Occident la connaissance de l'algèbre.

Venise. — Les chevaliers qui ont demandé des vaisseaux à Venise pour la quatrième croisade, ne pouvant acquitter le prix convenu avec la république, prennent pour elle, sur les Hongrois, la ville de Zara après quatorze mois de siège. Les croisés passent l'hiver en Dalmatie. Mécontentement et menaces d'Innocent III.

1203.

Angleterre et France. — Le meurtre d'Arthur, duc de Bretagne (3 avril), est le titre d'accusation invoqué par la cour des pairs de France, contre son oncle, Jean sans Terre, vassal de Philippe Auguste: l'arrêt de la cour le dépouille de toutes ses possessions françaises (30 avril). Philippe Auguste se

XIIIᵉ SIÈCLE (1204-1205).

charge de l'exécution du jugement. La Guyenne restera aux Anglais.

Danemark. — Waldemar II rend la Norvége tributaire.—Le duc de Holstein, prisonnier depuis deux ans, recouvre la liberté en renonçant à son duché.

Empire grec. — Le jeune fils de l'empereur Isaac l'Ange, que son frère, Alexis Comnène, a dépouillé du trône, vient au camp des croisés, en Dalmatie, demander leur assistance. Le doge Dandolo et Boniface de Montferrat, dont un frère, Conrad, a épousé la fille d'Isaac l'Ange, décident les chevaliers à marcher vers Constantinople. Arrivés le 23 juin, ils emportent la ville d'assaut le 18 juillet, renversent l'usurpateur, et rétablissent Isaac; mais ils se font détester des Grecs par leur licence et leur cupidité.

Espagne. — Le roi de Portugal enlève Elvas aux musulmans.

1204.

Angleterre et **France.** — Philippe Auguste enlève la Normandie aux Anglais.

Bohême.—Prémislas abandonne le parti de Philippe de Souabe et se jette avec chaleur dans celui d'Othon IV de Brunswick, d'où lui est venu son surnom d'Ottocar. — Innocent III lui confirme le titre de roi.

Bulgarie. — Un légat d'Innocent III couronne Joannice roi des Bulgares et des Valaques, qui veut se soustraire à la religion des Grecs comme à leur influence.

Empire grec, France et **Italie.** — Isaac l'Ange est déposé et mis à mort par Murtzuphle, qui exploite la haine des Grecs contre les Latins (février). Chassés de la ville, les croisés assiégent et prennent Constantinople (mars) : pillage et sac de la ville; beaucoup de monuments de l'art antique sont détruits. — Élection d'un empereur latin, Baudouin de Flandre. Venise acquiert le quart de l'empire et le droit d'élire le patriarche latin de Constantinople. La ville de Constantinople est elle-même partagée entre les Français, les Vénitiens et le nouvel empereur. Boniface de Montferrat obtient le royaume de Thessalonique et la Crète qu'il vendra aux Vénitiens. Villehardouin, maréchal de Champagne, l'historien de cette expédition, eut le fief d'Achaïe. L'organisation féodale de l'Occident est transportée dans l'empire grec; il y eut des ducs d'Athènes et des sires de Thèbes. — Théodore Lascaris Iᵉʳ, gendre d'Alexis l'Ange, s'est fait reconnaître dans l'Anatolie (Asie Mineure). De petites principautés grecques se formeront aussi en Europe.

Espagne. — Don Pèdre II, roi d'Aragon, qui épouse la fille du comte de Montpellier, s'engage par le contrat à ne jamais la répudier et à ne prendre jamais d'autre femme. Il va se faire couronner à Rome des mains d'Innocent III, auquel il promet, pour lui et pour ses successeurs, un tribut annuel. Il est le premier roi d'Aragon qui ait été couronné.

1205.

Angleterre et **France.** — La Touraine, l'Anjou, le Maine, le Poitou sont conquis sur les Anglais.

Bohême. — Réconciliation de Philippe de Souabe avec Prémislas.

France. — Les légats du saint-siége, Raoul et Pierre de Castelnau, chargés de convertir ou de livrer au glaive séculier les hérétiques du Languedoc, particulièrement les Albigeois, arrachent par leurs menaces, même au puissant comte de Toulouse, Raymond VI, la promesse de chasser de ses États les ennemis de la foi.

Livonie.—Innocent III, qui confirme l'ordre des chevaliers du Christ ou porte-glaive, leur donne la règle des templiers; ils porteront une croix rouge sur un manteau blanc et une épée rouge.

Orient chrétien. — Le roi

chrétien d'Arménie, Livon, concerte avec le patriarche et les bourgeois d'Antioche l'expulsion de Bohémond IV, qui s'est emparé, au détriment du fils de son frère aîné, de la principauté d'Antioche et du comté de Tripoli. Guerre de vingt ans. La principauté restera à Bohémond.

Venise. — Le doge Henri Dandolo meurt à Constantinople, âgé de quatre-vingt-dix ans. Il est remplacé dans l'administration des domaines vénitiens d'Orient par un podestat et quatre providiteurs. — Sous le nouveau doge Pierre Ziani, seront envoyés, de Constantinople à Venise, les quatre chevaux de bronze doré, chef-d'œuvre du statuaire grec Lysippe. Ils avaient été transportés, sous Néron, de Corinthe à Rome; Constantin en orna sa nouvelle capitale. Ils seront placés au-dessus du portail de l'église Saint-Marc.

1206.

Empire d'Allemagne. — Victoire de Philippe de Souabe sur Othon de Brunswick; sa réconciliation avec le pape.

Empire latin. — Joannice, roi des Bulgares, appelé par les Grecs contre l'empereur latin Baudouin Ier, le fait prisonnier près d'Andrinople, et cause sa mort. Le frère de Baudouin, Henri Ier, tiendra tête aux Bulgares et au Grec Théodore Lascaris, qui se fait proclamer empereur à Nicée. D'autres princes grecs ont formé des États indépendants, l'un à Trébisonde et dans la Colchide, un autre dans la Paphlagonie. — Les Grecs de l'empire d'Orient continuent à avoir un patriarche de leur nation, qui réside à Nicée. Négociations stériles entre ce patriarche et la cour de Rome pour la réconciliation des deux Églises.

Livonie. — L'évêque de Riga cède un tiers de la Livonie aux chevaliers porte-glaive.

Mongols. — Le Mongol Témoudgin, en présence des chefs de cent tribus nomades qu'il a vaincues, prend le titre de Tchinghiz-Khan (chef des chefs). Il entraîne ces peuplades à la conquête de l'Asie. Leur religion est l'idolâtrie. Le dévastateur mongol n'épargnera pas les monuments de l'islamisme.

1207.

Empire latin et Bulgares. — Boniface, marquis de Montferrat, laisse en mourant la royauté précaire de Thessalonique à son second fils Démétrius. L'aîné, qui lui succède dans le Montferrat, va d'abord affermir le jeune Démétrius sur le trône de Thessalie; au retour il aura besoin de défendre ses propres domaines en Italie. — Mort de Joannice, roi des Bulgares. Les discordes intestines n'interrompent pas la guerre avec les Francs.

Orient. — Les Latins de Palestine, soutenus par une armée de croisés allemands, reprennent sur l'ayoubite Saphadin, Sidon, Laodicée, Giblet et Jaffa. Saphadin aura recours à la trahison; il corrompra des templiers.

Venise. — L'île de Candie (la Crète) se révolte fréquemment contre les Vénitiens, ses nouveaux maîtres.

1208.

Allemagne. — La mort de Philippe de Souabe, qui est victime d'une vengeance privée, relève la fortune d'Othon de Brunswick.

Angleterre. — Innocent III jette l'interdit sur l'Angleterre, parce que le roi Jean n'accepte pas le prélat qu'il a désigné pour le siége de Canterbury (mars).

Espagne. — Palencia, au sud-est de Léon, est la première ville de l'Espagne chrétienne qui ait une université; le roi y attire des savants d'Italie et de France.

France. — Assassinat du légat Pierre de Castelnau, attribué au comte de Toulouse. Innocent III or-

XIIIᵉ SIÈCLE (1209-1210).

donne une croisade contre Raymond VI et contre les Albigeois.

Mongols. — Tchinghiz-Khan ou Gengis-Khan soumet les Turcs orientaux.

Orient chrétien et Rome. — Lettre sévère d'Innocent III au chef de l'ordre des templiers qui désobéissaient souvent aux évêques et aux légats. Le Temple possédait dans les différents pays chrétiens neuf cents manoirs; l'Hôpital de Saint-Jean, dix-neuf mille. — Ordre fondé par saint François d'Assise.

1209.

Empire d'Allemagne, Rome et Sicile. — L'abandon au saint-siége de l'héritage de la comtesse Mathilde met le sceau à l'alliance d'Othon IV de Brunswick avec Innocent III, qui le couronne empereur à Rome.

Espagne. — Les Almohades enlèvent aux Almoravides les Baléares, leur dernier refuge. Mohammed-al-Naser publie la Ghaziah ou guerre sainte pour tous ses États. — La médiation du roi de Castille réconcilie les rois de Navarre et d'Aragon.

France. — Raymond de Toulouse se soumet aux conditions que lui impose le concile de Valence. Il s'associe à la croisade prêchée contre ses sujets hérétiques. — Plusieurs seigneurs du nord, le duc de Bourgogne, le comte de Nevers, le comte de Saint-Pol, le comte de Montfort, Simon, des évêques et des abbés entreprennent la guerre sainte, qui va désoler les riches contrées du midi. Sac de Béziers; occupation de Carcassonne. — Une assemblée de seigneurs, tenue par le roi à Villeneuve de Sens, modifie la loi féodale au profit du suzerain : lorsqu'un fief est démembré, tous ceux qui en ont une partie sont tenus à l'hommage immédiat envers le suzerain de qui relevait le fief avant le démembrement (mai).

Orient. — Les Francs de la Palestine pénètrent jusqu'en Égypte, pendant que l'ayoubite Saphadin réprime une révolte en Mésopotamie. — Les carmes, un des quatre ordres mendiants, reçoivent leur règle monastique d'un patriarche de Jérusalem : ils étaient réunis d'abord au monᵗ Carmel.

Slaves. — Le prince slave de l'île de Rugen, chrétien depuis peu de temps, fonde sur le continent la ville de Stralsund et la peuple de Saxons.

1210.

Allemagne. — Albert II, margrave de Brandebourg, à la mort du margrave de Lusace son beau-père, commence pour sa famille l'acquisition de ce pays, qui fera partie de la nouvelle Marche.

Danemark. — Valdemar II reçoit l'hommage du duc de la Poméranie orientale et recouvre Dantzick.

Empire d'Allemagne et Rome. — L'empereur Othon IV de Brunswick, qui prétend à la couronne des Deux-Siciles, et qui ne restitue pas au saint-siége les terres allodiales de la comtesse Mathilde, est excommunié. Le roi de Bohême Prémislas, et les autres princes allemands, désignent le jeune Frédéric de Souabe pour l'empire.

France. — Raymond VI, que les croisés menacent, va demander au pape l'absolution que lui refusent les légats. — Dans un concile à Paris, présidé par le cardinal Robert de Courçon, on condamne au feu les livres de métaphysique d'Aristote, traduits en latin, avec défense de les transcrire ou de les lire, sous peine d'excommunication.

Italie. — L'empereur Othon IV dispose d'une partie des fiefs de la comtesse Mathilde dans la Romagne en faveur du seigneur de Ferrare, Torelli Salinguerra, et d'une partie des terres allodiales dans le territoire d'Ancône, pour Azzon d'Este.

Orient chrétien. — Un chevalier français, Jean de Brienne, qui épouse une fille de Conrad, l'ancien roi de Jérusalem, se déclare roi. Saint-Jean-d'Acre et Tyr sont les débris du royaume latin.

1211.

Angleterre. — Innocent III déclare les sujets de Jean sans Terre déliés du serment de fidélité.

Empire d'Allemagne. — L'influence du pape fait élire de nouveau, roi des Romains, Frédéric II, âgé de dix-sept ans. Le clergé, dont les immunités avaient été violées par Othon IV, favorise le nouvel élu.

Espagne. — Mohammed-el-Naser perd huit mois au siége de Salvatierra, dans la Sierra Morena. Les armées chrétiennes ont le temps de se réunir pour résister aux troupes immenses des Almohades, des auxiliaires français viennent les rejoindre.

1212.

Angleterre. — Innocent III déclare Jean sans Terre déchu du trône.

Empire d'Allemagne. — Frédéric II conclut à Toul, en Lorraine, un traité d'alliance avec Philippe Auguste contre Othon, neveu de Jean sans Terre.

Espagne. — Mohammed-el-Naser prend enfin Salvatierra (mai). Ses armées sont battues dans les plaines (las navas) de Tolosa, par les rois d'Aragon, de Navarre et de Castille (juillet) : Alphonse de Castille est impitoyable après le combat. Mohammed retourne mourir à Maroc; les Almohades ne se relèveront pas de ce désastre.

Russie. — Avant de mourir, le grand-prince de Wladimir désigne pour lui succéder son second fils Jouri II au détriment de l'aîné, et distribue des apanages aux cinq autres. L'aîné se révoltera, aussitôt après la mort du grand-prince.

1213.

Afrique et Espagne. — Mort de Mohammed-el-Naser (décembre). Il laisse un enfant de dix ans dont la minorité ajoutera aux causes de ruine de l'empire almohade.

Angleterre. — L'archevêque de Canterbury, Étienne Langton, produit, au milieu d'une réunion de barons hostiles au roi, la charte de Henri Ier, qu'on veut lui faire renouveler (25 août).

Angleterre et France. — Premier grand armement maritime d'un roi de France, en vue de la conquête de l'Angleterre que provoquait la bulle publiée par Innocent III contre le roi Jean. Jean consentant à tenir son royaume comme un fief de l'Église romaine (15 mai), l'expédition est arrêtée par le pape. Philippe Auguste attaque le comte de Flandre allié de l'Anglais.

Empire d'Allemagne. — La constitution d'Égra, signée par Frédéric II, remet le saint-siége en possession des biens allodiaux de la comtesse Mathilde, et rétablit les appels en cour de Rome.

Espagne. — La mort de Pierre II à Muret laissera à l'Aragon un roi de cinq ans, Jayme ou Jacques Ier.

France. — Le concile de Lavaur rejette les offres qu'avait faites le roi d'Aragon, avec l'assentiment du pape, pour la réconciliation des comtes de Toulouse, de Comminges, de Foix, et de Béarn avec l'Église (janvier). Ardeur des hostilités. Le roi d'Aragon s'unit aux seigneurs du midi pour la défense de leur territoire contre les croisés : grande bataille de Muret sur le territoire de Comminges, au sud de Toulouse; Simon de Montfort est vainqueur, mort de Pierre II (septembre). — Le mari d'Alix duchesse de Bretagne, Pierre de Dreux, petit-fils de Louis le Gros, fait hommage lige à Philippe Auguste.

Livonie. — Innocent III donne le titre et les droits d'église métropolitaine à l'évêché de Riga, qui ne relèvera plus de l'archevêché de Brême.

1214.

Angleterre et **France.** — Ligue du roi d'Angleterre, de l'empereur déchu Othon de Brunswick, son neveu, des vassaux rebelles de France, les comtes de Flandre et de Boulogne, contre Philippe Auguste : la chevalerie réunie avec les milices communales, sous la bannière royale de Saint-Denis, gagne la bataille de Bouvines, entre Lille et Tournai (27 juillet). Jean sans Terre, pendant ce combat, est repoussé du Poitou par Louis, fils de Philippe.

Danemark. — Frédéric II accorde à Valdemar II, la confirmation de toutes les conquêtes faites par les Danois depuis l'Elbe jusqu'à la Duna.

Espagne. — Le roi de Léon, cédant aux instances de Rome, se sépare de sa femme qui est sa parente; le pape Innocent III déclare alors légitimes les cinq enfants qu'il a eus de ce mariage. L'aîné, âgé de quatorze ans, Ferdinand, est désigné dans l'assemblée de la nation pour régner après son père. — La Castille perd Alphonse VIII : l'enfant qui lui succède, à dix ans, est d'abord sous la tutelle de sa mère (août), et, après la mort de celle-ci (octobre), sous la tutelle de sa sœur, la femme divorcée du roi de Léon.

Russie. — Les Russes d'Halictz, ou Galicie, dans la Russie rouge, qui se sont donnés au fils du roi de Hongrie, menacés dans leurs libertés et dans leur religion retournent à leur prince russe.

1215.

Allemagne. — Diète d'Aix-la-Chapelle : les nobles s'engageront par serment à ne pas dépouiller les marchands et les voyageurs sur la voie publique.

Angleterre. — Les barons et les évêques arrachent au roi Jean, par l'insurrection, la *grande charte* des libertés (19 juin). Outre la reconnaissance des droits du clergé et des possesseurs de fiefs, la charte garantit la liberté des personnes et des propriétés pour les bourgeois, les cultivateurs, les marchands anglais et étrangers. — Elle est déclarée nulle par le pape (9 septembre). — Les barons offrent la couronne au fils de Philippe Auguste. — La charte des forêts a été faussement attribuée à ce règne.

Danemark. — L'empereur déchu Othon IV, le margrave de Brandebourg, le ci-devant évêque de Slesvig, qui prétend depuis dix ans à l'archevêché de Brême, se liguent contre le roi de Danemark, attaquent le Holstein, prennent Hambourg. Hambourg est repris par Valdemar II ; le siége métropolitain de Brême est arraché au turbulent évêque.

Espagne. — Décrets du concile de Compostelle pour le rétablissement de la paix publique en Castille.

France. — Le concile de Montpellier, avec le consentement du légat Pierre de Bénévent, donne le comté de Toulouse à Simon de Montfort, qui a déjà pris la vicomté de Béziers. Raymond VI et les comtes de Foix et de Comminges vont porter leurs plaintes légitimes à la cour de Rome. — L'université de Paris reçoit ses premiers statuts du roi Philippe Auguste et d'Innocent III (août). — Consécration de la cathédrale de Reims, une des plus majestueuses de France.

Italie. — Le moine italien François d'Assise constitue un ordre monastique nouveau. — Eccelino, seigneur de Romano, de Vicence et de Trévise, se retire dans un monastère : il a partagé ses États entre ses fils Écelin le Féroce, et Albéric. Celui-ci n'a que Trévise.

Mongols. — Gengis-Khan ravage depuis cinq ans les régions chinoises : il prend d'assaut Pékin, où les monuments des arts et des lettres sont détruits ; il s'avance jusqu'aux montagnes du nord.

Rome. — Treizième concile général, quatrième tenu à Latran, en présence des ambassadeurs de l'empereur, de plusieurs princes catholiques de la chrétienté, et même de l'Orient, qui a été reconnus par les croisés à l'obédience romaine. Pour prévenir toute ambiguïté dans l'interprétation du sacrement de l'eucharistie altéré par les Albigeois et les Vaudois,, le concile adopte le terme de *transsubstantiation*. La confession sacramentelle est rendue obligatoire au moins à Pâques. Tout seigneur qui, averti par l'Église, ne purge pas sa terre d'hérétiques après un an, sera déclaré déchu; ses vassaux ne lui devront plus fidélité. D'après ce principe, le pape consacre les spoliations dont sont victimes les seigneurs du midi de la France; Simon de Montfort est reconnu souverain de l'Albigeois, mais le marquisat de Provence est réservé pour le fils de Raymond VI. Un canon du concile réprime l'usage du mariage qui s'était conservé chez les clercs inférieurs. — La défense qui est faite d'établir de nouveaux ordres religieux ne sera pas tenue.

1216.

Angleterre et France. — Le fils de Philippe Auguste, Louis le Lion, appelé par les Anglais contre Jean sans Terre, passe en Angleterre, malgré l'excommunication dont le frappe le pape. La mort de Jean sans Terre réconcilie les Anglais avec leur dynastie royale (18 octobre): Henri III, son fils, lui succède à l'âge de neuf ans; le régent, Guillaume de Pembroke, confirme la grande charte. — Guerre nationale contre le prétendant français.

Bohême. — Frédéric II, qui a déjà accordé à son allié Prémislas plusieurs priviléges pour lui et pour ses héritiers, avec exemption de toutes redevances, à la charge de prendre l'investiture de l'empire, confirme à Venceslas, fils de Prémislas, la succession éventuelle à la couronne de Bohême.

Empire latin. — La sœur des empereurs latins de Constantinople Baudouin et Henri, porte cette royauté précaire à son mari, Pierre de Courtenai, comte d'Auxerre.

Italie. — Il est décrété, à Gênes, pour mettre un frein à l'ambition des principales familles, que l'administration suprême de la justice ne pourra être exercée dans la république que par des étrangers.

Rome. — Innocent III meurt dans la plénitude de sa puissance (juillet). Deux bulles d'Honorius III, qui lui succède, approuvent l'établissement de l'ordre de saint Dominique, moine espagnol, qui a formé surtout des frères prêcheurs, destinés à devenir bientôt des inquisiteurs (décembre).

1217.

Angleterre et France. — Le fils de Philippe Auguste est vaincu à Lincoln, conclut un traité (11 septembre) et quitte l'Angleterre. — Charte dite des Forêts pour prévenir l'extension illégitime des forêts de la couronne d'Angleterre.

Danemark. — Expédition des Danois en Esthonie, au nord de la Livonie, pour aider les chevaliers porte-glaive à soumettre les idolâtres du pays. Valdemar II fonde Revel, sur la côte du golfe de Finlande.

Espagne. — L'aîné des cinq enfants du roi de Léon est, du chef de sa mère, appelé au trône de Castille. Le roi de Léon, jaloux de la préférence donnée à son fils sur lui-même, lui fait quelque temps la guerre.

France. — Raymond VI, rappelé par ses sujets, est reçu en souverain dans Toulouse. Simon de Montfort l'y assiégera vainement.

Mongols. — Gengis-Khan envahit l'empire musulman du Kharisme qui comprenait le Turkestan, la Transoxiane, le Kharisme, le Khoraçan, la Perse et s'étendait jusqu'à l'Irak-Arabi et jusqu'aux Indes. Des ingénieurs et des mécaniciens chinois dirigeront, de 1217 à 1224, le siége des grandes villes : Otrar sur l'ancien Yaxarte ou le Sihoun; Boukhara, Samarcande, Hérat, Mérou, Nishapour dans le Khoraçan, Balk et Candahar.

Orient.—Croisade entreprise par André roi de Hongrie, qui est obligé, par les menaces d'Honorius III, d'accomplir un vœu de son père : les ducs de Bavière et d'Autriche, les rois de Jérusalem et de Chypre feront partie de l'expédition. André II demande des vaisseaux à Venise.

Russie. — Jouri II est supplanté par son frère aîné, qui meurt au bout d'un an et le désigne pour lui succéder.

1218.

Allemagne.—Mort d'Othon IV. — Frédéric II renouvelle le vœu d'aller à la terre sainte. — Lorsque s'éteint avec Berthold V la puissante maison de Zœhringen, qui possédait les comtés de Zœhringen, de Brisgau et de Rhinfelden, le rectorat de la petite Bourgogne, la Thurgovie, Zurich, Soleure, Berne, Genève, le Valais et l'Uchtland, ou territoire de Fribourg, presque tous ses droits passent à Frédéric II : les princes de Savoie profiteront des embarras de la maison de Souabe pour prendre une part de cet héritage.

France. — Simon de Montfort est tué au siége de Toulouse (juin). Son fils Amaury et les croisés lèvent le siége, mais continuent la guerre. — Une bulle d'Honorius III défend d'enseigner le droit civil dans l'université de Paris; le droit canonique est seul autorisé.

Orient.—Le roi de Hongrie est rappelé en Europe par les troubles de son royaume; la croisade est dirigée par le roi titulaire de Jérusalem, Jean de Brienne, contre l'Égypte. Le phare et le port de Damiette sont pris (25 août). — Le vieil ayoubite Saphadin meurt en Syrie à soixante-treize ans, laissant ses États partagés entre six fils (31 août). Malek-el-Kamel, l'aîné, a la sultanie d'Égypte, le second a Damas. — Celui-ci démolit les murs de Jérusalem pour que les Latins ne puissent s'y fortifier. Il aide son frère à défendre Damiette.

1219.

Orient. — Les efforts réunis des sultans d'Égypte et de Damas n'empêchent pas les croisés de conquérir enfin Damiette (9 novembre). Des conditions de paix avantageuses sont imprudemment refusées par le légat Pélage et par les templiers. — L'État seldjoucide d'Iconium a, pendant dix-huit ans, un grand-prince Alaeddin-Kaikobad, qui fait des conquêtes en Géorgie, en Arménie, en Mésopotamie, et qui publie de sages lois.

1220.

Allemagne et **Rome.** — Frédéric II reçoit à Rome, dés mains d'Honorius III, la couronne impériale. Son fils, âgé de sept ans, est élu roi des Romains.

1221.

Espagne. — La quatrième fille d'Alphonse de Castille épouse Jacques Ier d'Aragon, âgé de treize ans.

Orient. — Les Latins, forcés de rendre Damiette, évacuent l'Égypte.

Suède. — L'archevêque d'Upsal envoie des missionnaires chez les Esthoniens qui font, par représailles, avec les Caréliens, les Vandales et les Prussiens, une invasion dans la Gothie suédoise.

1222.

Empire latin et **Grecs.** — Un prince grec d'Épire, Théodore l'Ange, dépouille le jeune Démétrios du trône de Thessalie, pendant qu'il est à Rome. — Le marquis de Montferrat, frère de Démétrios, épuise les forces de son petit État pour rétablir en Orient les affaires de sa famille. Il mourra lui-même en Thessalie.— Jean Ducas Vatace, gendre et successeur de Théodore Lascaris, empereur grec de Nicée, agrandit sa principauté au détriment des Latins, et même des princes grecs établis à Trébisonde.

France. — Raymond VI en mourant laisse à son fils le comté de Toulouse presque entièrement reconquis sur les croisés (août).

Hongrie. — Les nobles et le clergé obtiennent du roi André II une charte, dite *Bulle d'or*, qui les soustrait à toute taxe établie sans leur consentement, qui assure aux gentilshommes le privilège de n'être saisis que s'ils ont été préalablement cités et juridiquement convaincus; la violation de la constitution par le roi implique pour les seigneurs le droit de résistance armée.

Italie. — Rivalité sanglante entre les Génois et les Pisans, en Orient, dans les parages de Saint-Jean-d'Acre, comme autrefois en 1194 en Sicile. — Sordello Visconti, de Mantoue, troubadour et chevalier errant est auteur de chants conservés en partie, et d'un ouvrage de politique, *le Trésor des trésors*.

1223.

Danemark. — Le duc de Poméranie occidentale cesse de se reconnaître vassal du Danemark.

Espagne. — Le roi de Léon a créé l'université de Salamanque.

France. — Mort de Philippe Auguste, un des rois qui ont fait le plus pour la nation et pour la royauté par l'habileté de sa politique et de son gouvernement, et par le succès de ses armes. — Son fils Louis VIII lui succède.

Russie. — Confédération à Kiev des Russes contre les Mongols : inertie du grand-prince de Wladimir.

1224.

Angleterre et France. — Louis VIII enlève aux Anglais Niort, Saint-Jean-d'Angely, la Rochelle, le Limousin, et le Périgord. — Mais Amaury de Montfort, à bout de ressources, cède au roi de France ses droits sur Toulouse; et Louis VIII suspendra la guerre avec les Anglais pour recueillir cet héritage.

Espagne. — Les Almohades tombent dans la plus profonde anarchie. Le gouverneur de Murcie, et celui de Séville, usurperont tour à tour l'autorité suprême, et auront pour rivaux les princes de Valence et de Cordoue. — Le roi de Navarre, n'ayant pas d'enfants, adopte pour son successeur son neveu le comte de Champagne.

Italie. — Naples qui à cause de son doux climat, de son territoire fertile et des avantages de sa position près de la mer, était devenue une des résidences privilégiées des rois normands, reçoit de Frédéric II, inspiré sans doute par son chancelier le Capouan Pierre des Vignes, une académie pour toutes les sciences qui attirera à elle beaucoup d'étudiants d'Italie, même de Sicile.

Mongols. — Les Mongols qui dévastent la Russie méridionale pendant trois ans sont arrêtés surtout par le prince d'Halictz, dans le bassin du Dniéper.

1225.

Allemagne et Orient. — Frédéric II épouse Yolande, fille de Jean de Brienne, roi de Jérusalem.

Angleterre. — Troisième confirmation de la grande charte.

Danemark. — Le roi Valdemar II, prisonnier depuis deux ans du comte de Schwérin, ne sort de ses mains qu'en renonçant à la possession des États qu'il avait conquis au détriment de la suzeraineté impériale. — Le fils du comte de Holstein, dépouillé en 1202, recouvre ses domaines.

France. — Dans l'assemblée ecclésiastique de Bourges, où le légat est assisté de cent évêques de France, Raymond VII de Toulouse et Amaury de Montfort exposent leurs droits contradictoires. Raymond est condamné : une croisade est résolue; elle sera dirigée par le roi.

1226.

Danemark. — Valdemar II reprend les armes pour recouvrer les pays allemands que lui a enlevés la convention de 1225. Rensbourg sur l'Eyder, à la limite du Sleswick et du Holstein, est reconquise; les Ditmarses à l'ouest du Holstein sont soumis.

Empire d'Allemagne et Italie. — Ligue des villes lombardes contre l'empereur; il emploie contre elles d'abord les foudres de l'Église. — Nouveaux priviléges accordés par Frédéric II à l'académie de Naples au détriment de l'école de Bologne; les étudiants de la Pouille et de la Sicile sont obligés d'y venir faire leurs études, et les professeurs de ces pays d'y venir enseigner. L'école de Salerne seule enseigne la médecine. — Mort de saint François d'Assise.

France. — Le concile national de Paris excommunie Raimond VII, confirme les droits que le roi de France a acquis d'Amaury de Montfort. — Expédition de Louis VIII par Avignon, dans le Languedoc; il forme les sénéchaussées de Beaucaire et de Carcassonne et meurt en Auvergne à Montpensier (nov.). Sa veuve, Blanche de Castille, saisit la régence au nom de son fils Louis IX, âgé de onze ans.

1227.

Allemagne, Rome et Sicile. —Grégoire IX presse l'empereur d'acquitter son vœu de croisade (mars). — Frédéric II s'embarque (sept.). Presque aussitôt il prend terre et suspend l'expédition; il est excommunié. — Les templiers dévoués au pape contre l'empereur sont dépouillés de leurs biens en Sicile.

Angleterre.— Henri III, âgé de vingt ans, révoque la grande charte et la charte des forêts.

Danemark. — Désastre dans la guerre contre le comte de Schwérin, par la trahison des Ditmarses. Lubeck se soustrait à l'autorité de Valdemar II.

Empire latin. — Démétrios de Montferrat, roi titulaire de Thessalonique, lègue par testament à l'empereur les droits de sa famille sur la Thessalie.

France. — La régente force à la soumission Hugues de Lusignan, comte de la Marche; Thibaut comte de Champagne qui aime Blanche de Castille lui sera désormais dévoué.

Italie. — Le podestat de Gènes soumet Savone et Albenga.

Mongols. — Gengis-Khan meurt après avoir soumis le Tangout, qui est voisin de la muraille de Chine: l'empire mongol s'étend sur un espace immense depuis le Dniéper à l'ouest jusqu'aux régions les plus orientales du pays chinois. Quatre de ses principaux fils se forment des royaumes: la dignité de grand khan, qui donne la suprématie, est à Oktaï dont les successeurs résideront en Chine. Les descendants de l'aîné des quatre fils, Touschi, gardent la Russie méridionale et en forment l'empire du Kaptschak (horde d'or). Un autre, Zagataï, eut la Tartarie, la Kalmoukie, le Tibet et l'Inde.

1228.

Bohême. — Agé de près de quatre-vingts ans, Prémislas fait couronner son fils Wenceslas par l'archevêque de Mayence, qui sacrera désormais les rois de Bohême.

Empire d'Allemagne, Orient et Rome. — L'empereur, s'embarque de nouveau (août). A Saint-Jean-d'Acre, il trouve des légats pontificaux qui défendent aux chrétiens du Levant de lui obéir. Grégoire IX prêche contre lui une croisade pour lui enlever les Deux-Siciles; il en donne le commandement au beau-père même de Frédéric, Jean de Brienne.

1229.

Afrique et Espagne. — Le roi almohade de Valence, chassé par un prétendant, se réfugie en Aragon. — Al-Mamoun, l'ancien gouverneur de

Séville qui a saisi le pouvoir à Maroc, perd en Espagne Murcie et Grenade, dont s'empare Ben-Houd; Cordoue, Mérida, Séville, sont occupées par Ben-Houd, malgré l'alliance honteuse d'Al-Mamoun avec la Castille. — Progrès simultanés des rois chrétiens de Castille, de Léon, de Portugal.

France. — Raymond VII signe le traité de Paris qui cède au roi le marquisat de Provence et prépare la réunion du comté de Toulouse à la couronne par les fiançailles de sa fille, avec un frère du roi, Alphonse. L'Église romaine reçoit au delà du Rhône le comtat Venaissin (12 avril). — Un concile, tenu à Toulouse par le légat, établit l'inquisition pour la recherche des hérétiques; les livres de l'Ancien et du Nouveau Testament sont interdits aux laïques (nov.). — A propos d'une querelle entre les bourgeois et les écoliers de l'université de Paris, les professeurs cessent leurs cours; ils sont remplacés jusqu'en 1231 par des moines dominicains.

Italie. — Mort d'Accurse, disciple d'Azzon, célèbre jurisconsulte qui enseignait le droit civil. — Nice est enlevée aux Génois par le comte de Provence. — A Venise est établi le tribunal de la Quarantie civile, qui juge en matière civile de tous les appels; la Quarantie criminelle existait déjà.

Orient. — Frédéric II achète du soudan d'Égypte la possession de Jérusalem, de Bethléem, de Nazareth et de Sidon (mars); il se couronne roi. — Pendant ce temps, le titulaire, Jean de Brienne, son beau-père, est désigné pour gouverner l'empire latin de Constantinople, au nom d'un enfant de douze ans, Baudouin II de Courtenai. — Frédéric II retourne en Europe pour défendre ses possessions italiennes (mai).

Pologne. — La couronne ducale est conservée à un enfant de neuf ans, petit-fils de Casimir le Juste; son oncle combat le duc de Breslau en Silésie, qui prétend au duché.

Rome. — Grégoire IX, pour la croisade contre l'empereur Frédéric II, demande le dixième des revenus de l'Angleterre et de l'Irlande: refus unanime des seigneurs laïques; docilité du clergé.

1230.

Allemagne et Rome. — Réconciliation de Frédéric II et de Grégoire IX.

Espagne. — Le roi d'Aragon commence à s'établir dans les îles Baléares. — Le roi de Castille s'avance sur les terres musulmanes jusqu'à Jaën, au sud du Tage; le roi de Léon emporte Mérida et Badajoz sur la Guadiana. — L'acquisition de Gibraltar et d'Algéziras par Ben-Houd ne compense pas pour lui la perte de ces grandes villes. — Mort du roi de Léon, Alphonse IX, après quarante-deux ans de règne; son fils aîné, déjà roi de Castille depuis 1217, Ferdinand III, réunit les deux royaumes qui ne seront plus séparés.

France. — Le duc de Bretagne, toujours hostile à la régente, appelle les Anglais; l'armée royale assiége Ancenis. — L'université de Paris s'occupe, pendant dix-huit ans, de la condamnation du Talmud, code religieux et civil des juifs qui ne s'en tiennent pas à la lettre de l'Ancien Testament. — Bien peu de docteurs étaient capables d'interpréter les textes hébraïques.

Pologne et Prusse. — Les Prussiens idolâtres se jettent sur les provinces polonaises de Culm et de Mazovie. Le régent de Pologne appelle les chevaliers de l'ordre teutonique qui seront mis en possession du pays de Mazovie, et devront garder tout ce qu'ils auront conquis sur la Prusse. Une croisade est prêchée contre ces peuples idolâtres.

1231.

Angleterre. — Le Poitevin Pierre des Roches supplante Hubert du Bourg dans la faveur de Henri III; le gouvernement est aux mains d'étrangers.

XIIIᵉ SIÈCLE (1232-1253).

Danemark. — Cadastre, ou tableau topographique de toutes les provinces du royaume.

Espagne. — Traité réciproque de succession, conclu entre les rois d'Aragon et de Navarre. Le dernier sacrifiait ainsi les droits de son neveu le comte de Champagne.

Italie. — La constitution donnée par Frédéric II au royaume de Naples, appelle les députés des villes à l'assemblée des barons, et établit des lois maritimes.

Prusse. — Les chevaliers teutons fondent à l'entrée de la Prusse la ville de Thorn, sur la Vistule, qui n'est d'abord que leur camp fortifié.

Rome. — Deux bulles de Grégoire IX comblent de priviléges les moines dominicains et les frères mineurs de l'ordre de Saint-François.

1232.

Espagne. — Mohammed Ben-al-Ahmar, un des lieutenans de Ben-Houd, maître de Jaën, de Guadix et de Baça, se fait proclamer roi, et devient un compétiteur dangereux pour Ben-Houd ; c'est de lui que sortira la dynastie des Naserides. — Mort d'Al-Mamoun, que la rivalité de Ben-Houd avait tant affaibli. — Le royaume de Valence est encore indépendant sous Zéyan.

1233.

Angleterre. — Les étrangers sont exclus du conseil de Henri III.

Empire latin et **Grecs.** — Venise envoie une flotte pour protéger Constantinople contre Jean Vatace, empereur grec de Nicée que le nouvel empereur latin Jean de Brienne, éloigne par une victoire.

Espagne. — Les Castillans pénètrent jusqu'à Xérès. — Le pape fait prêcher une croisade pour la conquête de Valence ; les seigneurs du Languedoc, les prélats, les chevaliers du Temple et de Saint-Jean mirent quatre ans à se réunir.

France. — Création de l'université de Toulouse.

Prusse. — Le grand maître des chevaliers teutons, Hermann de Salza, donne à la Prusse ses premières lois. Culm et Marienwerder, sur la Vistule, sont colonisées par les chevaliers.

Savoie. — Amédée III dompte le Valais malgré la résistance de l'évêque de Sion.

1234.

Allemagne. — Le fils aîné de Frédéric II, Henri, se révolte en Allemagne.

Danemark. — Lubeck résiste à Valdemar II et au comte de Holstein.

Espagne. — Mort du roi de Navarre, Sanche VII : son neveu Thibaut IV, comte de Champagne, avec l'assentiment de Grégoire IX, est proclamé roi par les Navarrais, qui déchirent ainsi le pacte de 1231.

France. — Louis IX épouse Marguerite de Provence ; cette union fut celle de toutes les vertus. — Le duc de Bretagne a fait la paix avec le roi. — Thibaut de Champagne en devenant roi de Navarre, a vendu au roi les comtés de Blois, Sancerre, Chartres et la vicomté de Châteaudun. — Ordonnance en faveur des débiteurs des juifs.

Rome. — Un soulèvement des Romains tient Grégoire IX éloigné pendant trois ans de sa capitale. — Publication de cinq livres de lettres décrétales qui posent les principes les plus favorables à l'omnipotence pontificale. — Canonisation de saint Dominique.

1235.

Allemagne. — A la demande de Frédéric II, la diète de Mayence dégrade son fils rebelle, Henri ; il sera relégué jusqu'à sa mort dans un château de la Pouille. — Règlements de paix publique : le droit que s'arrogeaient les seigneurs de se faire justice par la voie des armes est limité ; des tribunaux décideront de toutes les affaires, excepté de celles des princes que jugera l'empereur. — Frédéric II érige en duché immédiat de l'empire le domaine de Brunswick, terre allodiale de la maison des Welfs.

Angleterre. — Henri III substitue dans les armoiries d'Angleterre les léopards aux lions que portait jusque-là l'écusson des Plantagenets.

Empire latin. — Jean de Brienne défend deux fois Constantinople contre Vatace de Nicée, et contre Asan II, roi des Bulgares.

Espagne. — Ferdinand, roi de Castille et de Léon, enlève la forte place d'Ubeda au nord-est de Jaen.

France. — Ordonnance contre les évêques qui troubleraient les juges séculiers dans l'exercice de leurs fonctions ; ils sont menacés de la saisie du temporel. Lettre de Grégoire IX au roi ; Louis IX persiste dans sa résolution. — Beaucoup de juifs sont massacrés, parce qu'on parlait de guerre sainte.

1236.

Empire d'Allemagne et Italie. — Nouvelle insurrection lombarde, incomplétement réprimée par Frédéric II. — Le tyran féroce de Padoue, de Vérone et de Vicence, Eccelino, chef du parti impérial, effraye par ses cruautés et ne pacifie pas l'Italie.

Espagne. — Pendant que les Aragonais occupent le roi musulman de Valence, Ferdinand III de Castille, presse Cordoue ; la ville peuplée de trois cent mille âmes est mal défendue par Ben-Houd, qui s'en éloigne et meurt bientôt par trahison. — Prise de Cordoue, qui depuis cinq cent quarante ans appartenait aux Arabes (29 juin).

France. — A vingt et un ans accomplis, Louis IX est déclaré majeur (25 avril). — L'université d'Orléans renouvelle les scènes violentes dont l'université de Paris a donné le spectacle en 1229.

Mongols et Russie. — Six cent mille Mongols, sous la conduite de Batou-Khan, neveu du grand khan Oktaï, arrivés au nord des sources du Don, enlèvent Rezan, Kolomna, Moscou, sans que Iouri II ait rien fait pour les sauver. Le sac de sa capitale, Wladimir, le décide à tenter un effort tardif dans lequel il trouve la mort. Les Mongols se rassasient de carnage et retournent sur le Volga inférieur, où ils se fixent.

1237.

Allemagne. — Conrad, fils de Frédéric II, est élu roi des Romains.

Angleterre. — Quatrième confirmation de la grande charte.

Bohême. — Le roi Wenceslas s'unit aux Allemands pour faire exécuter un décret impérial contre le duc d'Autriche ; il prend Vienne qui paye une riche rançon.

Empire d'Allemagne et Italie. — Le fils du doge de Venise, Tiepolo, élu podestat par les Milanais, qui ont pris les armes contre Frédéric II, les conduit au combat avec ceux de Novare et de Verceil, à Cortenuova ; vaincu et pris, il sera pendu.

Empire latin. — Mort de Jean de Brienne ; Baudouin II de Courtenai était alors en Flandre, sollicitant des secours contre les Grecs.

Orient musulman. — Malek-el-Kamel, dépouille un de ses frères de la sultanie de Damas et la réunit à celle d'Égypte.

Prusse. — Rapides succès des chevaliers teutons ; ils sont aidés par le duc de Brunswick. Fondation d'Elbing, près de l'embouchure orientale de la Vistule.

Prusse et Livonie. — L'ordre du Christ ou des chevaliers porte-glaive, de la Livonie, est incorporé à l'ordre teutonique.

1238.

Espagne. — Développement de la puissance du roi de Jaën, Ben-al-Ahmar ou Abou-Saïd, il est intro-

XIII° SIÈCLE (1239-1240).

duit dans Alméria et dans Grenade. — Ni le nouveau roi de Grenade, ni le roi de Murcie, ni les walis de l'Andalousie ne secourent le roi de Valence Zeyan attaqué par Jacques Ier d'Aragon, qui a quatre-vingt mille hommes, espagnols et français; bloquée aussi par mer, Valence tombe enfin au pouvoir de Jacques (29 sept.). La plus grande partie des Maures, dépouillée de ses biens, à Valence comme à Cordoue, s'expatrie.

France. — La couronne d'épines de Jésus-Christ, achetée des Vénitiens qui l'avaient enlevée de Constantinople, est reçue solennellement par saint Louis; elle sera placée dans la Sainte-Chapelle, construite de 1244 à 1248, près du palais du roi, à Paris. La Sainte-Chapelle, ouvrage de Pierre de Montereau, qui est peut-être le même qu'Eudes de Montreuil, est un des chefs-d'œuvre de l'art gothique.

Hollande. — La mer par une irruption déchire le rivage du pays des Bataves, unit ses eaux à celles du lac Flévo, et forme ainsi le bassin maritime du Zuyderzée.

Italie. — Frédéric II érige en duché pour le comte de Savoie le pays de Chablais et d'Aoste. — Les Génois qui veulent bien prêter le serment de fidélité, mais refusent l'hommage à l'empereur, se liguent contre lui avec les Lombards, le pape et Venise.

Orient musulman. — Sous le calife Mostanser-Billah, qui avait fait fleurir les lois, les sciences et les arts, les Mongols dévastent le territoire de Bagdad. — Mort du sultan d'Égypte et de Damas, Malek-el-Kamel, prince doux, équitable, ami des arts. A Damas, après lui, sept années de luttes domestiques.

1239.

Empire d'Allemagne, France, Italie et Rome. — Grégoire IX excommunie l'empereur, qui a disposé, en faveur de son fils naturel Enzio, de l'île de Sardaigne, sur laquelle le saint-siége élève des prétentions. — Les villes de Toscane, appelées aux armes par le pape, sont réduites par l'empereur; résistance de Florence. — Grégoire IX offre la couronne impériale au roi de France qui refuse de dépouiller le souverain légitime d'Allemagne.

Orient. — Le roi de Navarre Thibaut de Champagne, qui vient de faire mourir près de Vertus, en Champagne, cent quatre-vingt-trois hérétiques, prend part à une expédition de seigneurs français en Syrie : le duc de Bourgogne et Amauri de Montfort sont vaincus devant Gaza ; les croisés retournent en Europe. — Les trois fils de Malek-el-Kamel suspendent la guerre civile pour attaquer en commun Jérusalem ; elle est emportée en peu de jours.

Prusse. — Les chevaliers teutons sont menacés par le chef des Slaves poméraniens de Dantzick, Suantopelck ; les ducs de Cujavie, de Kalisch, et de la grande Pologne, combattent pour l'Ordre.

Russie. — Le Mongol Batou-Khan, établi dans le Kaptschak, au sud-est de la Russie, prend Péréiaslawl, sur le Dniéper, et Tchernigof, sur la Desna.

1240.

Danemark. — Valdemar II publie le recueil des anciennes lois cimbriques (mars). — A la mort d'Adolphe IV, ses deux fils se partagent le Holstein qui restera morcelé pendant cent cinquante ans.

Empire d'Allemagne et Rome. — Le pape, pressé jusque sous les murs de Rome par Frédéric II, reste maître de la ville en engageant dans une croisade contre l'empereur tous les amis de la liberté en Italie. — Après une course dans le sud, Frédéric va occuper la Romagne ; il prend Ravenne et assiège Faenza.

Empire latin. — Baudouin II rentré à Constantinople oblige Ducas Vatace à lever le siége de cette ville, qu'il faisait pour la troisième fois.— Vatace se tournera contre les Bulgares.

Espagne. — L'infant de Castille, Alphonse, reçoit, au nom de son père, l'hommage des chefs musulmans du royaume de Murcie.

Italie. — Ferrare est disputée au vieux gibelin Torelli Salinguerra, par le marquis d'Este, en faveur duquel se confédèrent Venise, Milan, Mantoue, Vérone, et Bologne, sous l'inspiration du légat du pape. Salinguerra fait prisonnier mourra en captivité à Venise.

Mongols. — Une nouvelle horde de Mongols saccage Kiev et ravage la Pologne.

Orient. — Par jalousie contre son neveu le sultan d'Égypte, le sultan de Damas rend Jérusalem aux chrétiens.

1241.

Allemagne.—Obscurs commencements de la ligue hanséatique ou Hanse teutonique : Lubeck et quelques villes voisines, slaves ou allemandes, se confédèrent pour purger la mer Baltique des pirates.

Danemark. — Mort de Valdemar II (mars) : des conquêtes qui lui ont valu le surnom de Victorieux, il ne conservait plus que l'île de Rugen et Revel en Esthonie. — L'aîné de ses quatre fils, Éric IV, lui succède : les trois autres ont chacun un apanage sous la suzeraineté de la couronne de Danemark : Abel, le Slesvig ; Kanut, la Blékingie ; Christophe, le Halland. Pendant huit ans ils feront la guerre à leur frère aîné.

France. — Louis IX investit son frère Alphonse des comtés de Poitou, d'Auvergne et du pays albigeois.

Italie.— Succès de l'empereur : Faenza, dans la Romagne, et Bénévent, sont enlevées au pape ; la flotte de Sicile et de Pise, ville gibeline, bat à la hauteur de l'île de Méloria, près de Livourne, des vaisseaux génois qui portaient beaucoup de cardinaux et d'évêques français appelés à Rome pour un concile : Gênes est attaquée par terre et par mer.

Mongols. — L'invasion mongole atteint la Silésie et la Hongrie. Le roi hongrois fuit en Dalmatie ; peste, famine, dépopulation. Incendie de Breslau ; le duc de Silésie meurt en combattant — Ses fils partagent sa principauté : branche Breslau, branche Liegnitz. — Une autre armée de Tartares pénètre par l'Arménie dans la sultanie des Turcs seldjoucides d'Iconium, qui deviennent tributaires du grand khan.

1242.

Angleterre et France. — Le débat entre Alphonse, comte de Poitiers, frère de saint Louis, et son vassal rebelle le comte de la Marche, Hugues de Lusignan, amène la guerre entre saint Louis et Henri III d'Angleterre, dont la mère a épousé le comte de la Marche. Henri III est vaincu par saint Louis à Taillebourg et à Saintes (21 et 22 juillet).

Bohême. — La Moravie, possession du roi de Bohême, est atteinte par l'invasion mongole : repoussés devant Olmutz, les Mongols sont refoulés vers la Hongrie.

Orient.—Les courses des Mongols causent de grands dommages à Bagdad. — Les Khârismes ou Khorasmiens, chassés par les Mongols des rives de la mer Caspienne, dévastent la Syrie.

1243.

France. — Saint Louis, réconcilié avec Henri III, oblige les seigneurs qui possèdent en même temps des fiefs de la couronne de France et des fiefs de la couronne d'Angleterre à opter entre les deux suzerains.

Hongrie. — Les Mongols évacuent la Hongrie ; Béla IV rentre dans son royaume. — Guerre des Hongrois contre l'Autriche.

Italie.—Exaltation d'Innocent IV ; le conclave avait duré près de deux ans. — Pise est menacée par la con-

XIIIᵉ SIÈCLE (1244-1246).

fédération de Lucques, de Florence et de Gênes.

Orient musulman. — Bagdad perd son calife aimé, Mostanser-Billah ; Mostazem, fils de Mostanser, n'hérite pas de ses vertus.

Prusse. — La cour de Rome, qui concède définitivement la Prusse aux chevaliers teutons, en fait quatre diocèses catholiques : Culm, Poméranie, Warmie, Sambie.

1244.

Afrique et Espagne. — Ben-al-Ahmar, le principal soutien de l'islamisme en Espagne, rend par d'utiles et brillants travaux Grenade digne du titre de capitale, recherche l'amitié des rois de Fez, de Tlemcen, et de Tunis, qui fondaient de nouvelles dominations sur les ruines de celle des Almohades.

Empire d'Allemagne et Rome. — Réconciliation temporaire du pape et de l'empereur.

Empire latin. — Baudouin II, pressé par les princes grecs de Thessalonique, de Trébizonde et surtout de Nicée, vient en Italie solliciter de nouveaux secours. — Jean Ducas Vatace a refoulé les Bulgares au nord.

France. — Pendant une maladie dont il faillit périr, saint Louis promet de prendre la croix (déc.).

Orient. — Les Kharismes imposent tribut à Bohémond V, prince d'Antioche. — Ils aident le sultan d'Égypte, Nodgemeddin, à prendre d'assaut Jérusalem qui est mise à feu et à sang.

1245.

Empire d'Allemagne, France, Italie et Rome. — Innocent IV ne se croyant pas en sûreté à Rome, se retire en France. Il est vainement sollicité à la paix par saint Louis dans les conférences de Cluny. Frédéric II est également inflexible. — A Lyon, ville archiépiscopale qui ne relève de l'empire que de nom, Innocent IV convoque le quatorzième concile général : Frédéric II est frappé d'anathème et déposé (juillet) ; Baudouin II et les patriarches latins de Constantinople et d'Antioche obtiennent du concile une promesse de secours ; plaintes portées au concile contre les abus de l'administration romaine, surtout contre l'habitude du saint-siége de faire donner dans presque tous les pays les fonctions et les bénéfices ecclésiastiques à des Italiens, et d'imposer, par l'intermédiaire des légats et des nonces, des taxes arbitraires et exorbitantes : ces plaintes viennent particulièrement de l'Angleterre. — Innocent IV passera six ans à Lyon.

Espagne. — Ferdinand III de Castille force le roi de Grenade à lui abandonner Jaën ; il ne lui laisse son royaume qu'à titre de vassal. — Les scandales de la vie privée et du gouvernement du roi de Portugal poussent à l'insurrection ses sujets. Innocent IV excommunie le roi et donne la régence à son frère.

Mongols. — Missionnaires envoyés par le pape aux Mongols : Carpini, l'un d'eux, a laissé une relation de son voyage.

Orient musulman. — La sultanie de Damas est réunie à celle d'Égypte.

Prusse. — Les chevaliers teutons reçoivent de la cour de Rome un tiers de la Sémigalle et deux tiers de la Courlande ; le reste est attribué aux évêques. Frédéric II leur octroie, comme fiefs de l'empire, la Livonie, la Courlande, la Samogitie, sans songer au droit de suprématie de l'archevêque de Riga.

1246.

Bohême. — L'Autriche, dont le duc a été tué dans une guerre contre les Hongrois, accepte pour un instant un prince de la main du roi de Bohême, Wenceslas.

Empire d'Allemagne. — Henri Raspon, landgrave de Thuringe, accepte la couronne de roi des Romains, dont le pape a dépossédé Frédéric II ; on l'appela le roi des prêtres.

Espagne. — Un acte de violence commis par le roi d'Aragon contre son confesseur, attire sur lui l'excommunication pontificale : après un repentir public, il est amnistié.

France. — Le concile de Béziers complète les règlements qui servent de fondement à la procédure observée dans les tribunaux de l'inquisition (avril). — Mariage de Charles frère du roi avec Béatrix qui doit hériter de la Provence, quoique plus jeune que sa sœur la reine de France : Charles reçoit du roi les comtés d'Anjou et du Maine.

Russie. — Le grand-prince de Wladimir meurt au retour d'un voyage entrepris à travers l'Orient, pour aller rendre hommage au nouveau grand khan des Mongols, son maître.

1247.

Allemagne. — A la mort de l'anticésar Henri Raspon, Guillaume, comte de Hollande, lui succède par l'influence des électeurs ecclésiastiques.

Italie. — Parme, toute dévouée au pape, est assiégée par Frédéric II.

Espagne. — Le roi de Portugal, ramené dans ses États par une armée castillane, ne peut se soutenir contre les bulles du pape et contre le mépris de ses sujets ; il retournera à Tolède.

Prusse. — Les chevaliers teutons sont menacés par Mendog, le grand-duc des Lithuaniens idolâtres, qu'excitent à la guerre les Courlandais mal soumis à la loi catholique.

Russie. — Les Lithuaniens profitent de l'épuisement de la Russie pour attaquer la principauté de Wladimir ; ils sont repoussés par les princes qui possèdent des apanages dans la principauté de Suzdal.

1248.

Allemagne et Italie. — Une sortie des Parmesans coûte cher aux troupes de Frédéric II ; parmi les morts se trouva Taddée de Sessa, qui avait plaidé la cause de Frédéric II au concile de Lyon. Richesse du butin : Parme gardera la couronne impériale et le carroccio que les Crémonais, alliés de l'empereur, ont laissé prendre.

Allemagne. — Le roi de Bohême, Wenceslas III, arme chevalier l'anticésar Guillaume de Hollande, qui est couronné à Aix-la-Chapelle.

Espagne. — Séville, après un siège de quinze mois, est enlevée par Ferdinand III de Castille à un prince almohade, contre lequel l'a aidé activement le roi maure de Grenade : la plus belle contrée de la péninsule, dite le jardin d'Hercule, est acquise pour toujours aux Castillans. Les musulmans, qui quittent Séville, se retirent à Grenade, à Xérès et dans l'Al-Garb plutôt qu'en Afrique.—Alphonse III, le frère du roi de Portugal qui meurt en exil à Tolède, devient roi.

France et Orient. — Départ de saint Louis pour la croisade. Il s'embarque au port d'Aigues-Mortes, qu'il a fait creuser ; sa mère gouvernera en son absence. L'expédition est dirigée vers l'Égypte. Il passe l'hiver dans l'île de Chypre.

1249.

Allemagne. — Conrad, fils de Frédéric II, est battu par Guillaume de Hollande.

Allemagne et Italie. — Pierre des Vignes, secrétaire et chancelier de Frédéric II, tombe dans la disgrâce et se tue. Il doit être associé à la gloire qu'a méritée à Frédéric II la réforme intérieure de ses États héréditaires. — Le fils naturel de Frédéric, Enzio, est fait prisonnier par les Bolonais, qui le garderont captif pendant vingt-trois ans, jusqu'à sa mort.

France.—Mort de Raymond VII comte de Toulouse : son gendre Alphonse, comte de Poitiers, lui succède.

France et Orient. — Saint Louis aborde en Égypte, près de Damiette (juin), que le sultan Nodgemeddin ne défend pas ; celui-ci va mourir au Caire. — Il avait institué pour sa garde la milice des mameluks, esclaves turcs, originaires de la Circassie qui fournissait tous les ans de nouvelles recrues à l'Égypte.

Venise. — A l'abdication du doge Jacques Tiépolo, auteur du Code des *lois de Venise*, le mode d'élection est encore changé, pour empêcher les intrigues des partis.

1250.

Danemark. — Le roi Éric IV, au milieu d'une guerre avec le comte de Holstein, périt victime de la perfidie de son frère Abel, duc de Slesvig et gendre du comte. Abel devient roi Il renonce, en faveur de l'évêque de l'Île d'Oesel et des chevaliers teutons, à une partie des possessions danoises de la Livonie.

Empire d'Allemagne et Italie. — Frédéric II meurt dans la Pouille, sans avoir été réconcilié avec l'Église. — La rivalité continue en Allemagne entre son fils Conrad et Guillaume, comte de Hollande. Son fils naturel, Manfred, âgé de dix-huit ans, combattra en Italie. — En Allemagne le pouvoir central est sans vigueur et en ce sens il y a interrègne jusqu'à l'avénement de Rodolphe de Habsbourg.

France et Orient. — Marche de saint Louis vers le Caire. Son frère le comte d'Artois livre imprudemment la bataille de la Mansourah où il périt (février). L'armée, prise entre deux bras du Nil qui commençait à déborder, est forcée de se rendre (5 avril); le roi supporte héroïquement cette captivité, que partage le roi de Chypre. Le traité qui lui rend la liberté lui interdit de faire la guerre en Palestine (mai). — Le sultan est assassiné par ses gardes, les mameluks, dont le chef Ibegh laissera encore pour quatre ans le titre de sultan à un enfant de la maison ayoubite, en se réservant toute l'autorité. — Damas alors se sépare de l'Égypte et se donne au sultan d'Alep.

Italie. — Premières institutions démocratiques de Florence qui se gouverne désormais en république.

Suède. — Mort du roi Éric XI, dit le Bègue, qui est regardé comme le fondateur de l'université d'Upsal.

1251.

Allemagne. — Conrad de Souabe diminue ses chances de succès en Allemagne par une expédition en Italie.

France. — La régente réprime le soulèvement des Pastoureaux.

Lithuanie. — Les chevaliers teutons de la Livonie ayant forcé Mendog, le grand-duc des Lithuaniens idolâtres, à recevoir le baptême, Innocent IV lui octroie le titre de roi.

Mongols. — Le roi chrétien d'Arménie envoie son frère Sembat auprès du nouveau grand khan des Tartares, Mangou, qui se laissera persuader par lui d'embrasser la religion de Jésus-Christ. — Les Tartares mongols dévastent le Tibet.

Russie. — La faveur du grand khan appelle à la principauté de Wladimir Alexandre, le prince de Novogorod, qui remet à la garde de son fils son domaine primitif.

Suède. — Comme il ne reste plus de représentant des deux maisons royales qui ont commencé, l'une en 1150 avec Éric IX, l'autre en 1162 avec Charles VII, et qui devaient alterner sur le trône, la lice est ouverte entre les prétendants à la couronne. Les Folkungs sont abattus et tués en trahison par le comte Birger, qui assure la royauté à son fils.

1252.

Bohême. — Le mariage du fils de Wencesias III, Prémislas-Ottocar, avec la sœur du dernier duc d'Autriche et de Styrie, privé de son droit l'héritier légitime, Frédéric de Bade. — Le roi de Bohême empêche les Hongrois de s'emparer de l'Autriche.

Danemark. — La mort sanglante d'Abel dans une guerre contre les Frisons, donne le trône à son frère Christophe, duc de Blekingie, au détriment de ses fils.

Espagne. — La Castille perd Ferdinand III le Saint (mai). Ce prince a commencé à réunir en un corps toutes les lois royales de Castille; il a fait traduire en langue vulgaire les lois suivies par les Maures à Cordoue. — Alphonse X le Sage et l'Astrologue lui succède.

France. — Mort de Blanche de Castille, mère de saint Louis (1er déc.).

Orient et France. — Saint Louis visite et fortifie les places de la Palestine: il résiste aux conseils du sultan d'Alep et de Damas, qui le pressait de rompre le traité conclu avec l'Égypte. Il essaye de réconcilier les ordres rivaux du Temple et de l'Hôpital. La nouvelle de la mort de sa mère hâtera son retour en Europe. — Le roi chrétien d'Arménie, Aïton, se rend lui-même à la cour du grand khan Mangou, qui reçoit le baptême avec les principaux de la nation et lui promet ses secours contre les musulmans. Houlagou, frère du khan, est chargé de réduire d'abord les Bathéniens ou Assassins de Perse.

Prusse. — Un des chefs de l'ordre teutonique en Livonie bâtit Memel et force les habitants de l'île d'Oesel de renoncer à la pluralité des femmes.

1253.

Angleterre. — Cinquième confirmation de la grande charte; quiconque la violera doit être excommunié.

Espagne. — Mort de Thibaut, comte de Champagne, et roi de Navarre, un des plus gracieux trouvères.

France. — Robert Sorbon, conseiller de saint Louis, fonde la maison de son nom, la Sorbonne, pour servir au logement, à l'entretien et à l'instruction de quelques maîtres et de quelques élèves pauvres.

Mongols. — Saint Louis envoie des moines au grand khan Mangou, pour le gagner à la foi évangélique et en obtenir des secours contre les musulmans de l'Asie. Rubruquis, un d'eux, part de Constantinople (mai): son voyage, inutile pour les intérêts de la chrétienté, durera deux ans. La relation qui en reste étend les connaissances géographiques des Européens et fait connaître la grande ville des Mongols, Kara-Korum. Rubruquis, qui s'est rencontré au camp des Mongols avec les ambassadeurs de la Chine, désigne nettement les caractères de l'écriture chinoise.

Prusse. — Le chef slave de Dantzick, Svantopelck, après une lutte de treize ans interrompue par des trêves, souscrit enfin à la paix avec les chevaliers teutons.

1254.

Angleterre. — Le roi convoque le parlement pour avoir une aide extraordinaire; il y appelle, comme représentants de la noblesse inférieure, deux chevaliers élus dans chaque comté.

Danemark. — A la suite d'une guerre à laquelle prennent part plusieurs princes voisins, le roi Christophe Ier est forcé de laisser au moins à l'aîné de ses neveux le duché de Slesvig.

Empire d'Allemagne. — Mort de Conrad de Souabe. — Guillaume de Hollande, seul empereur, propose à la diète de Francfort de sages règlements sur la paix publique. — Les États normands d'Italie sont l'héritage du fils de Conrad, Conradin, enfant de deux ans, que Manfred, fils naturel de Frédéric II, défendra contre les prétentions du pape.

Espagne. — Les Castillans, toujours aidés par le roi de Grenade,

XIIIe SIÈCLE (1255-1257).

dépouillent les Almohades de Xérès, d'Arcos, de Sidonia. — Les conquêtes des Portugais au delà du Guadiana amenèrent une guerre de frontières entre les deux peuples.

France. — Ordonnance du roi pour la réformation des mœurs et de la justice. — Le Languedoc est autorisé à suivre le droit romain comme droit commun ; on distinguera les provinces de droit écrit des provinces de droit coutumier. — Saint Louis ne tolère pas les abus de pouvoir de son frère Charles d'Anjou.

Italie. — Mort d'Innocent IV. Le nouveau pape Alexandre IV, neveu de Grégoire IX, prêche une croisade contre le tyran de Padoue, Eccélino de Romano, depuis trente ans l'effroi de la Lombardie. Venise arme contre lui. — Obert Pallavicini, ancien capitaine de Frédéric II, tente sans succès de s'emparer de Parme, et perd bientôt Plaisance et Crémone.

Livonie. — L'archevêque de Riga étend sa suprématie, avec l'assentiment du pape, sur les évêques de la Livonie, de l'Esthonie et de la Prusse.

Orient musulman. — Le mameluk Ibegh s'empare du trône d'Égypte. Il commence la dynastie des mameluks baharites.

1255.

Bohême. — Prémislas-Ottocar II, roi depuis deux ans, tourne ses armes contre les Prussiens idolâtres.

Prusse. — Les chevaliers teutons bâtissent Kœnigsberg pour tenir en respect les Sambiens.

Silésie. — Le duc de Breslau embellit et fortifie cette ville, où il attire beaucoup d'Allemands et établit le droit saxon.

1256.

Danemark. — Violent débat entre le roi et l'archevêque de Lunden.

France. — Saint Louis appelle quelques notables de villes avec des nobles pour délibérer sur les impôts.

France et Rome. — Arbitrage de la cour de Rome dans le différend qui s'est élevé depuis 1229 entre l'université de Paris et les moines dominicains. Alexandre IV prend la défense des moines et condamne le livre de Guillaume de Saint-Amour, *Des périls des derniers temps*, écrit contre les franciscains et les dominicains; mais il interdit également un ouvrage de Jean de Parme, général des frères mineurs ou cordeliers de Saint-François, dont l'*Évangile éternel* portait atteinte au dogme catholique. — Alexandre IV sanctionne la règle du nouvel ordre des augustins, le dernier fondé des quatre ordres mendiants : les carmes l'avaient été en 1209, les franciscains en 1215, les dominicains en 1216.

Italie. — Azzon d'Este s'unit aux Lombards contre Eccélino. Les confédérés italiens, commandés par un légat, forcent Padoue à se rendre (20 juin). Atroces représailles du tyran, alors occupé au siége de Mantoue; il fait égorger douze mille Padouans qui servent dans son armée. Il se soutient encore pendant trois ans.

Orient. — Le Mongol Houlagou, frère du grand khan Mangou, met fin à la domination des Assassins de la Perse : le calife de Bagdad, Mostazem, a refusé de prendre part à l'expédition.

1257.

Empire d'Allemagne. — A la mort de Guillaume de Hollande, deux élections rivales sont faites par les princes électeurs : les archevêques de Cologne et de Mayence nomment un cousin d'Othon de Brunswick, Richard de Cornouailles, qui sera couronné à Aix-la-Chapelle; l'archevêque de Trèves, le roi de Bohême, le duc de Saxe, le margrave de Brandebourg, le duc de Bavière, et le comte palatin désignent un petit-fils par les femmes de Philippe de Souabe, Alphonse X, roi de Castille, qui ne parut jamais en Allemagne. — Plusieurs villes impériales se mettent sous la protection de Rodolphe, comte de Habsbourg.

Espagne. — Le roi de Castille s'étend dans la plus grande partie de l'Al-Garb, pays riche, fertile, peuplé et facile à défendre, dans les bassins inférieurs du Guadalquivir et du Guadiana. — Au siége de Niebla, les Arabes lancent des projectiles avec du feu, peut-être en se servant de la poudre à canon. — Le roi de Portugal, ayant répudié sans motif sa première femme, et conclu un nouveau mariage, attire sur lui les foudres de Rome : le royaume sera en interdit pendant cinq ans, jusqu'à la mort de la femme répudiée.

France. — Saint Louis réprime l'usage des guerres privées par l'établissement de la *quarantaine-le-roi*.

Italie. — Milan expie ses dissensions par la perte de sa liberté : Martin, chef de la faction della Torre (de la Tour), avec l'aide du peuple, s'empare du pouvoir ; la famille noble des Visconti est abaissée. — A Gênes, l'insurrection fait capitaine du peuple Guillaume Boccanégra : son pouvoir est pour dix ans ; le podestat même lui prête serment d'obéissance ; il est assisté d'un conseil démocratique de trente-deux membres.

1258.

Angleterre. — Révolte des barons avec Simon de Montfort, comte de Leicester. Dans la première assemblée, appelée officiellement du nom de parlement, ils imposent au roi les *Statuts* ou *Provisions d'Oxford*, qui remettent en vigueur les libertés de l'Église et la grande charte, et excluent des emplois les étrangers.

Danemark. — L'archevêque de Lunden se soustrait par la fuite à la colère du roi ; les évêques partisans du prélat lancent l'interdit, qui sera maintenu pendant dix-sept ans.

Espagne et France. — Traité entre saint Louis et Jayme Ier d'Aragon pour régler des questions de territoire.

Italie. — Manfred se fait couronner roi à Palerme, au détriment de son neveu Conradin.

Mongols et Orient musulman. — Houlagou paraît devant Bagdad qui ne résiste pas, malgré ses seize cent mille âmes (22 janvier). Mostazem, trahi, se remet entre les mains d'Houlagou. Bagdad ouvre ses portes (10 février) ; elle est pillée pendant sept jours et livrée aux flammes. Supplice du dernier calife ; avec Mostazem finit la dynastie des Abbassides et le califat en Asie. — Houlagou porte la guerre en Syrie, où Damas est enlevée, et jusqu'au détroit de Constantinople.

Orient chrétien. — Les Pisans et les Provençaux aident les Vénitiens à battre les Génois près de Saint-Jean d'Acre (juin). Médiation d'Alexandre IV.

Russie. — Le fils d'Alexandre, investi par lui de la principauté de Novogorod, se refuse à laisser faire dans ses États, par les officiers mongols de la horde du kaptschak, le dénombrement des fortunes et la répartition du tribut. Il faut qu'Alexandre punisse lui-même et chasse son fils rebelle.

1259.

Allemagne. — Alexandre IV reconnaît Richard de Cornouailles pour roi légitime des Romains.

Angleterre. — Mort de Mathieu Paris, moine bénédictin de St-Albans ; ses *Chronica majora* sont une des sources les plus importantes pour l'histoire d'Angleterre depuis 1066.

Angleterre et France. — Traité d'Abbeville (28 mars) : saint Louis rend volontairement à Henri III, mais sous la condition de l'hommage lige, la Guienne, l'Agenois, le Quercy, le Limousin, le Périgord, et la Saintonge ; en retour il se fait reconnaître la possession légitime des conquêtes de Philippe Auguste.

XIIIᵉ SIÈCLE (1260-1261).

Danemark.—Mort du roi Christophe Iᵉʳ (mai). Dangers qui entourent le trône de son fils Éric V, âgé de dix ans, sous la tutelle de sa veuve, princesse de Poméranie. Le clergé soutient deux prétendants : les foudres de Rome aident les rebelles. Le comte de Holstein prend part au débat.

Grecs.—Michel Paléologue prend la pourpre à Nicée, mais respecte les jours du jeune empereur, Lascaris II.

Italie. — Milan, Ferrare, Mantoue, Bologne, Crémone confient leurs armées au marquis Obert Pallavicini et au marquis d'Este. Battu et fait prisonnier au passage de l'Adda, à Soncino, Eccélino meurt des suites des violences exercées contre lui (sept.).—Eccélino, comme beaucoup de princes de ce temps, avait à sa cour des astrologues, des histrions, des bouffons, des conteurs et des poètes. — A Milan, la seigneurie est conférée pour cinq ans à Obert Pallavicini, sur la proposition de Martin della Torre qui s'en repentit bientôt.

Mongols.—Mort du grand khan Mangou (août). Démembrement de l'empire gengiskhanide : un de ses frères, Kublaï, désigné par les principaux de la nation pour lui succéder, commence la dynastie impériale des Tartares orientaux; un autre, Houlagou, celui qui a détruit le califat de Bagdad, reçoit les régions occidentales. Houlagou est la tige de la dynastie persane des Mongols : il règne depuis le Khoraçan, au sud-est de la mer Caspienne, jusqu'au pays de Roum, en Asie Mineure.

Orient chrétien. — Les templiers perdent une bataille sanglante contre les hospitaliers.

1260.

Bohême.—Le roi Prémislas-Ottocar II défend contre les Hongrois la Styrie qui touche à l'Autriche.

Espagne. — En Castille, Alphonse X ordonne d'écrire en langue vulgaire tous les actes publics. Plusieurs villes forment entre elles des confédérations ou fraternités sous le nom de Sainte-Hermandad, pour se protéger contre les brigandages des nobles ou hidalgos (descendants de Goths).

France. — Le roi fonde à Paris l'hôpital des Quinze-Vingts, d'abord pour trois cents gentilshommes à qui les Sarrasins avaient crevé les yeux en terre sainte. — C'est peut-être en 1260 que meurt Guillaume de Lorris, qui a commencé le *roman de la Rose*, poëme allégorique de vingt-deux mille vers. — Estienne Boileau, prévôt de Paris, fait rédiger les statuts des corporations marchandes de cette ville.

Italie. — Horrible fin de la maison de Romano : Albéric, le frère d'Eccelin, excommunié depuis deux ans, est supplicié par les Trévisans, ses sujets; ses six enfants sont massacrés, sa seconde femme est brûlée vive avec ses filles.

Orient musulman.—Les Mongols, qui s'emparent d'Alep et mettent fin à la dernière sultanie ayoubite de Syrie, sont combattus en Syrie même par Bibars-Bondochar. Bibars prend la place de son maître, le sultan d'Égypte, et frappe en même temps les Mongols, les chrétiens et les émirs indépendants.

Prusse. — Les Prussiens, les Lithuaniens, les Samogitiens, soulevés contre les chevaliers teutons, retournent au culte des idoles. Treize ans de dévastation et de carnage.

1261.

Angleterre. — Henri III n'observe plus les statuts d'Oxford; le pape l'a délié de son serment.

Danemark. — Dans la guerre contre le comte de Holstein le jeune roi est fait prisonnier.

Empire grec et empire latin. — Michel Paléologue, aidé par les Génois, prend Constantinople avec l'armée grecque de Nicée (25 juillet).

Bientôt il prive de la vue, pour régner seul, son pupille âgé de huit ans. Fuite de Baudouin II, dernier empereur latin de Constantinople, et du patriarche.

France. — Une assemblée ecclésiastique, convoquée à Paris par saint Louis pour implorer les secours du ciel en faveur des chrétiens d'Orient, ordonne des processions, décrète des punitions contre les blasphémateurs, réprime le luxe des tables et des habits, et défend les tournois, pour deux ans, ainsi que tous les jeux, hors l'exercice de l'arc et de l'arbalète. — Ordonnance de saint Louis pour interdire dans ses domaines l'usage du duel judiciaire. Les cas d'appel au tribunal royal se multiplient; quatre grands baillis royaux les recevront.

1262.

Bohême. — Le roi Prémislas-Ottocar II, quoique divorcé, se fait donner, au nom de sa femme, l'investiture de l'Autriche et de la Styrie par l'empereur Richard Cornouailles; il y ajouta, par rachat, la Carinthie, la Carniole et l'Istrie.

Empire grec. — Les Génois obtiennent de Michel Paléologue le faubourg de Péra à Constantinople, mais démantelé pour qu'ils ne puissent s'y fortifier contre l'empereur. Excommuniés par Urbain IV, pour avoir servi la cause des Grecs contre les Latins, ils conservent leurs avantages, malgré les courses des Vénitiens dans l'archipel.

Espagne. — Le roi de Grenade, Ben-al-Ahmar, attaque les Castillans, ses anciens alliés. — Don Pèdre, fils aîné du roi d'Aragon, épouse Constance, fille de Manfred, roi des Deux-Siciles. — Le frère de Pèdre, Jayme, est fait par leur père roi de Majorque avec les seigneuries de Roussillon et de Montpellier.

France. — Quelques bourgeois sont, comme en 1256, admis au conseil des barons. — Ordonnance royale pour que la monnaie de la couronne soit reçue dans tout le royaume, tandis que celle des quatre-vingts seigneurs qui avaient alors le droit de frapper monnaie n'auront pas cours hors de leurs terres.

Italie. — Le comte de Provence, Charles d'Anjou, et le marquis de Montferrat, attaquent le comte de Savoie, beau-frère de Manfred. — Révolte de Turin, soutenue par les Lombards d'Asti. Le comte est fait prisonnier par ses sujets; il mourra bientôt en captivité. — A Gênes, une réaction aristocratique précipite du pouvoir le capitaine du peuple, Boccanégra : la dignité créée pour lui est supprimée, le podestat est rétabli dans son autorité.

1263.

Afrique et Espagne. — Pour la première fois, trois mille cavaliers mérinides sont envoyés par le roi de Fez, Abou-Yousouf-Yacoub, au secours des musulmans d'Espagne.

Angleterre. — Les barons prennent les armes contre leur roi parjure; le comte de Leicester, leur chef, occupe Londres. — Le gendre de Henri, Alexandre III d'Écosse, lui fournit inutilement des secours.

France. — Saint Louis refuse de contraindre, par les officiers de justice, les excommuniés à se faire absoudre dans l'an et le jour, sous peine de la saisie des biens.

Italie. — Un des chefs de la noblesse milanaise, Otton Visconti, a été porté par le pape à l'archevêché de cette ville contre le gré du peuple : Milan sera pendant quatre ans en interdit, parce qu'elle ne reconnaît pas le nouvel élu. — Urbain IV offre à Charles d'Anjou la couronne de Naples et de Sicile : la comtesse de Provence, femme de Charles d'Anjou, voulait être reine comme ses trois sœurs qui étaient mariées au roi de France, au roi d'Angleterre, au roi des Romains. Le pape donne à Charles la charge de sénateur de Rome.

1264.

Allemagne. — Une grande comète cause une terreur panique. — Le comté de Kybourg, au sud-ouest du lac de Constance, est donné par Richard de Cornouailles à son neveu, le comte de Savoie. Eberhard, qui possède le Habsbourg, sur l'Aar inférieur, dispute cette succession.

Angleterre. — Sentence arbitrale de saint Louis dans le débat du roi et des seigneurs (23 janvier) : elle ne satisfait aucun parti. Cependant le roi confirme pour la sixième fois la grande charte (14 mars). Guerre ouverte : Henri III est vaincu et fait prisonnier à Lewes, dans le comté de Sussex (14 mai). Pouvoir despotique de Leicester, qui établit dans tout le royaume des conservateurs de la paix. — L'admission de deux chevaliers par comté et de deux bourgeois des principales villes et bourgs, dans le prochain parlement, qu'il fait convoquer, donne naissance à la chambre des communes (décembre).

Danemark. — Le roi Éric V, prisonnier depuis trois ans du margrave de Brandebourg, en obtient la liberté en promettant d'épouser sa fille.

Empire grec. — Un grand désastre des Génois, près du canal de Malte, décide Michel Paléologue, leur allié, qui ne compte plus sur eux, à se réconcilier avec Venise.

Espagne. — En échange des subsides nécessaires pour la guerre contre les Maures, la noblesse d'Aragon obtient du roi l'exemption de l'impôt sur le bétail, l'extension de l'autorité du grand justicier, magistrat suprême redouté même des rois, et l'exercice exclusif des charges militaires.

France. — Mort du dominicain Vincent de Beauvais, auquel on attribue le *Quadruple miroir*, résumé encyclopédique de toutes les connaissances de l'époque : il contient une histoire universelle, la meilleure, malgré ses défauts, que le moyen âge ait produite.

Russie. — Mort du grand prince de Wladimir, Alexandre, au retour d'un voyage fait à la horde du Kapschak. Un de ses frères lui succède à Novogorod et à Wladimir.

1265.

Angleterre. — L'ambition de Leicester tourne contre lui les amis des libertés anglaises. Ils favorisent le rétablissement du roi : Leicester est tué dans le comté de Worcester, à la bataille d'Evesham, que gagne le fils de Henri III, le prince Édouard.

Italie. — Charles d'Anjou, avec une armée de Français et de Provençaux, est reçu à Rome (juin) : il est déclaré roi en deçà et au delà du Phare par le pape, auquel il prête d'avance le serment de fidélité et d'hommage lige (décembre) ; il s'engage à n'accepter ni l'empire romain, ni le royaume teutonique, ni la couronne de Lombardie, ni la Toscane. — Le marquis d'Este, seigneur de Ferrare, a conclu avec lui un traité d'alliance (août). — Les Génois portent la guerre sur la côte de Candie, possession vénitienne, et détruisent la Canée.

Orient. — En Syrie, les places des chrétiens sont presque les seules qui résistent au sultan d'Égypte Bibars, vainqueur des Mongols et des émirs qui affectent l'indépendance : il échoue en personne devant Saint-Jean d'Acre, mais il détruit Tyr et ravage les terres de Tripoli.

Russie. — Pleskof, dépendance de la principauté de Novogorod, se donne à un chef lithuanien, qui se fait chrétien et qui entreprend des guerres heureuses contre la Livonie.

1266.

Angleterre. — Un parlement rend au roi sa pleine autorité, mais remet en mémoire la grande charte et la charte des forêts.

Écosse et Norvége. — Après une guerre de trois ans avec le roi de Norvége, le roi d'Écosse obtient de garder, moyennant une redevance annuelle, les îles Hébrides; la Norvége reste en possession des îles Orcades et Schetland.

Danemark.—Un légat du pape au lieu d'apaiser les haines ranime la lutte du sacerdoce et de la royauté : il se retire avec l'archevêque de Lunden à Lubeck, d'où l'excommunication est lancée par trois évêques danois contre Éric V et contre la reine mère.

Espagne.—Le royaume de Murcie est rendu tributaire et vassal par le roi de Castille : ce pays lui est disputé par le roi d'Aragon qui possède Valence au nord de Murcie.

Italie.—Succès de Charles d'Anjou. Malgré le dévouement des Sarrasins, établis à Lucérie et à Manfredonia, dans la Capitanate, Manfred est vaincu et tué près de Bénévent : des actes de cruauté souillent la victoire de l'allié du pape (26 février). Charles prend à Capoue le trésor des gibelins. On regrette bientôt la maison de Souabe; les vœux se portent vers Conradin, enfant de seize ans, qui vit retiré en Bavière.

Orient. — Succès de Bibars sur les chrétiens de Syrie : il leur enlève Césarée et Arsouf; Saphad ne capitule qu'après un long siége, il y massacre six cents habitants qui refusent d'embrasser l'islamisme.

Rome.—Une bulle de Clément IV établit en principe que le pape a le droit, pour tous les pays chrétiens, non-seulement de disposer des bénéfices ecclésiastiques lorsqu'ils sont vacants, mais encore de les assurer à qui bon lui semble avant qu'ils viennent à vaquer; de là les réserves expectatives.

Suède.—Le comte Birger, après quinze ans d'administration, se retire dans un monastère pour laisser régner son fils Valdemar Ier. Il a protégé la religion, bâti des églises, fondé en 1254 et fortifié Stockholm, qui devint la capitale du royaume. Il a publié de sages lois, relevé et amélioré la condition des femmes en les admettant à la succession de leurs parents.

1267.

Empire grec.—L'empereur Michel Paléologue, pour ranimer les lettres grecques, fonde deux écoles à Constantinople, l'une pour la grammaire, une autre pour les hautes sciences.—Baudouin II de Courtenai cède ses droits sur l'empire grec à Charles, pour lui et pour ses successeurs les rois de Naples et de Sicile.

France. — Nouveau projet de croisade de saint Louis, désapprouvé par le pape.

Italie.—Florence croit échapper aux rivalités des guelfes et des gibelins, qui ont ensanglanté la liberté, en se donnant pour dix ans au roi de Naples, que le pape nomme vicaire de la Toscane.—Pendant que Charles d'Anjou surveille le parti gibelin en Toscane, les partisans de Conradin soulèvent contre lui la Sicile avec des fugitifs sarrasins et espagnols. Conradin lui-même franchit les Alpes avec dix mille cavaliers allemands. Sa marche pénible à travers la Lombardie, où l'arrêtent les villes dévouées au saint-siége. — Le moine Roger Bacon présente au pape un plan de réformation du calendrier presque le même qu'on a suivi trois cents ans plus tard.

Orient. — Le roi chrétien d'Arménie, qui a envoyé des secours à Antioche, menacée par Bibars le sultan d'Égypte, tremble à son tour pour ses états, que ravagent les bandes musulmanes.

1268.

Italie. — Conradin est vaincu par Charles d'Anjou à Tagliacozzo, au nord-ouest du lac Fucin (23 août). Fait prisonnier, il est condamné à mort et périt sur l'échafaud à Naples avec son ami le jeune Frédéric de Bade, qu'Ottocar II de Bohême a dépouillé de l'héritage d'Autriche (29 oct.). Avec Conradin finit la maison de Souabe.—Les comtes de Maurienne, qui possédaient le Piémont et la Savoie, prennent le titre de comtes de Savoie, qui resta à cette maison.

Orient. — Le sultan d'Égypte enlève aux chrétiens Jaffa (mars), et Antioche (juin). Tripoli, qui reste encore pour quelques années aux Latins. — Nouvelle bataille entre les flottes de Venise et de Gênes devant Saint-Jean d'Acre : le pape, saint Louis, et Charles d'Anjou insistent vainement pour les réconcilier.

1269.

Afrique. — Le chef mérinide de Fez prend Maroc sur le dernier roi de la dynastie des Almohades.

Allemagne. — Dans un de ses courts séjours en Allemagne, Richard de Cornouailles cherche avec la diète les moyens de rétablir la paix publique et la sûreté du commerce.

Danemark. — Éric V accorde à la noblesse et au clergé, sur leurs terres, l'exercice du droit de justice qui était jusqu'alors une prérogative exclusive de la royauté.

France.—La *Pragmatique sanction* de saint Louis est le formulaire des libertés gallicanes (mars) : elle rétablit les élections ecclésiastiques, réprime les entreprises du clergé sur l'autorité séculière, restreint aux nécessités urgentes les impositions que la cour de Rome pouvait mettre sur les églises de France.

Italie. — Lucera est enfin prise par Charles d'Anjou ; les murs de la ville sont détruits de fond en comble, et les Sarrasins dispersés dans les provinces. — Charles réunit à Crémone les députés des principales villes lombardes, qui l'acceptent pour allié, mais ne veulent pas se donner un maître.

Orient chrétien.— Le nouveau roi de Chypre, Hugues III dit le Grand, prend le titre de roi de Jérusalem, et se fait couronner à Tyr en cette qualité.

Russie. — Après une guerre contre les Livoniens, le prince de Novogorod croit pouvoir étouffer les libertés de son peuple. Il se réconcilie bientôt avec ses sujets par la médiation du métropolite de Kiev.
— Les Mongols prennent parti dans toutes les discordes intérieures.

1270.

France.—Saint Louis publie ses *Établissements*, recueil de dispositions législatives mêlées de droit romain et de coutumes féodales pour les domaines de la couronne. Il y est dit que si le roi refuse de rendre bonne justice à ses vassaux, ils pourront poursuivre leur droit contre lui par les armes. — Au règne de saint Louis remonte l'institution de soixante notaires royaux pour la prévôté de Paris.

France et Afrique. — Seconde croisade de saint Louis dirigée vers l'Afrique, foyer de la piraterie qui est si redoutable aux marchands de Naples et de Sicile (juillet). Les Génois, Thibaut II, roi de Navarre, et le prince anglais Édouard, y prennent part. Au bout de deux mois le saint roi est emporté par la peste près de Tunis (25 août). Charles d'Anjou, son frère, conclut avec les musulmans un traité utile aux marchands de la Sicile. La dernière croisade atteint à peine la Palestine, où va combattre le prince Édouard. — Thibaut II de Navarre meurt avant d'avoir regagné ses États.

Hongrie. — La Hongrie est menacée par le roi de Bohême qui vient jusqu'à Presbourg. — Le roi de Hongrie, après une guerre contre les Bulgares, prend le titre de roi de Bulgarie, que porteront aussi ses successeurs.

Italie. — Après la croisade d'Afrique, qu'a rendue plus malheureuse encore un naufrage des vaisseaux génois sur la côte inhospitalière de Sicile, à Trapani, Gênes conclut la paix avec Venise. — Venise commence une guerre de deux ans avec Bologne, qui ne veut pas se soumettre au droit de péage que le sénat vénitien a établi sur tous les navires et sur toutes les marchandises qui entrent dans l'Adriatique. — A Gênes, rivalité sanglante entre le parti gibelin des Doria et des Spinola, qui se font proclamer capitaines de la liberté, et le parti des Grimaldi et des Fieschi. Le nouveau magistrat, l'abbé du peuple, a des honneurs sans le pouvoir.

1271.

Afrique et Espagne. — Le roi de Grenade Ben-al-Ahmar sollicite les secours du roi de Fez et de Maroc contre le roi de Castille et contre des walis rebelles.

Chine et Indes. — Le Vénitien Marco Polo part pour le pays des Mongols orientaux, accompagné de son père, qui avait déjà visité le grand khan : il parcourt l'Asie pendant vingt-quatre ans. Au service du grand khan pendant 17 ans, il fut pendant trois ans gouverneur d'une ville de Chine. Il a écrit ou dicté, seulement au retour, sa relation en latin, en italien, en français. La Chine, l'Inde, et plusieurs îles de l'océan Indien sont pour la première fois décrites par un historien européen. En Chine, il remarque l'usage commun de la soie, la porcelaine, le charbon de terre, le papier-monnaie, toute l'administration impériale, la cour de Cambaluc (Pékin); dans l'Inde, les mines de diamant, les belles mousselines, les tissus de coton, l'indigo, etc.

Allemagne. — Richard de Cornouailles, roi des Romains, meurt en Angleterre. L'Allemagne qui, depuis quinze ans au moins, est en proie à l'anarchie, subit un véritable interrègne de deux ans. Le puissant roi de Bohême, Ottocar II, refuse la couronne que lui offre une députation de princes allemands.

France. — La mort d'Alphonse, comte de Poitiers, et de sa femme, Jeanne, comtesse de Toulouse, qui n'ont pas d'enfants, donne cette riche succession au nouveau roi de France, Philippe III le Hardi neveu d'Alphonse (août). — L'Agénois est réclamé par l'Angleterre, le comtat Venaissin par la cour pontificale.

Orient. — Le prince Édouard d'Angleterre défend Ptolémaïs contre Bibars-Bondochar et protège Hugues de Lusignan, roi de Chypre et roi titulaire de Jérusalem.

1272.

Allemagne. — La maison de Brandebourg acquiert pour un temps, du duc slave de la Pomérélie, la place importante de Dantzick.

Angleterre. — Mort de Henri III : Édouard Ier, absent, est reconnu roi.

France. — Philippe le Hardi confère le premier des lettres d'ennoblissement à son argentier.

Italie. — A Gênes, les Guelfes exilés, les Fieschi et les Grimaldi, ont recours aux armes de Charles de Naples. Guerre de quatre ans. — Une partie de la Bresse, entre l'Ain et la Saône inférieure, est acquise, par un mariage, à la maison de Savoie.

Suède. — Pèlerinage de Valdemar Ier à la terre sainte pour expier un inceste : régence de son frère Magnus, prince de Gothie.

1273.

Allemagne. — Élection de Rodolphe, comte de Habsbourg et landgrave d'Alsace, âgé de cinquante-cinq ans. Il n'est pas reconnu par le roi de Bohême, dont il avait été maréchal pendant sa jeunesse.

Empire grec. — Michel Paléologue fait couronner d'avance son fils Andronic II.

Espagne. — Mort du roi de Grenade, Mohammed-ben-al-Ahmar, âgé de quatre-vingts ans (janvier). Il en avait régné trente-six. Il a égalé par ses goûts distingués les grands princes arabes. Il emprunta aux chrétiens le goût des armoiries. Contrairement à l'habitude et à la loi musulmane, son tombeau reçoit une épitaphe fastueuse. Son fils unique, Mohammed II, lui succède. — Le roi de Navarre, Henri le Gras, peu de temps avant de mourir, fait reconnaître pour son héritière sa fille, âgée de deux ans et demi, malgré l'opposition des états, qui demandaient l'application de la loi salique à la terre royale pour exclure les femmes du droit de succession.

Italie. — Ligue du marquis de Montferrat, de Pavie, d'Asti, de Gênes contre l'ambitieux roi de Naples: les confédérés bravent les foudres pontificales. Le marquis de Montferrat, avec des secours que lui envoie son beau-père le roi de Castille, reprend Alexandrie qui s'était donnée au roi Charles.

1274.

Angleterre. — Le roi Édouard Ier, de retour de la Palestine, commence la conquête du pays de Galles.

Empire d'Allemagne et Rome. — Grégoire X reconnaît l'empereur Rodolphe, après que celui-ci a confirmé au saint-siége la possession de l'exarchat de Ravenne, de la marche d'Ancône et du duché de Spolète; l'empereur n'ira pas à Rome se faire couronner. Les Milanais le reconnaissent roi d'Italie.

Empire grec. — Mort du fils de Baudouin II, empereur latin déchu, Philippe, qui a gardé le vain titre d'empereur de Constantinople : le titre passe au roi Charles d'Anjou, qui est allié à sa famille.

France. — Les *Grandes Chroniques* de France ou Chroniques de *Saint-Denis*, sont présentées au roi par un moine de Saint-Denis.

Rome. — Quinzième concile général (de mai à juillet) à Lyon : Grégoire X le préside. Albert le Grand y assiste; saint Thomas d'Aquin, dominicain comme lui, meurt avant d'arriver au concile. Saint Bonaventure, le docteur séraphique, de l'ordre des franciscains, meurt dans l'intervalle des sessions. — Le concile travaille à la régularisation de la discipline ecclésiastique et à la réforme des mœurs dans l'Église même: il décrète qu'à la mort d'un pape, les cardinaux seront enfermés dans un conclave d'où ils ne sortiront qu'après avoir élu son successeur; il propose qu'il ne soit pas établi de nouveaux ordres religieux. Il s'occupe de la réunion de l'Église grecque qui reconnut en effet, mais pour peu de temps, la primauté de l'Église de Rome. Il reçoit des ambassadeurs du khan des Mongols occidentaux, Abaka, fils d'Houlagou, chargés de faire un traité d'alliance avec le pape et avec les princes chrétiens contre Bibars d'Égypte. — Le roi de France, venu à Lyon, reconnaît au pape la possession du comtat Venaissin; la moitié d'Avignon, ville provençale qui est en dehors du comtat, reste pendant seize ans au roi de France. — Par les soins du concile, le roi de Danemark se réconcilie avec l'archevêque de Lunden et l'interdit est levé après dix-sept ans. — Le roi Jayme Ier d'Aragon assiste à l'ouverture du concile de Lyon. Le pape refuse de le couronner, parce qu'il ne veut pas payer au saint-siége le tribut pour lequel s'était engagé son père en 1204. — Vers 1274, l'ordre religieux des Célestins est institué par Pierre Mouron, qui plus tard a été pape sous le nom de Célestin V

1275.

Afrique et Espagne. — Le roi de Grenade, Mohammed II, pour obtenir les secours du roi mérinide de Fez et de Maroc, Yacoub, contre les chrétiens, lui livre les ports de Tarifa et d'Algeziras. Désastre d'une armée castillane en Andalousie, d'une armée aragonaise dans l'Aragon même. Après la mort de l'infant de Castille Ferdinand, fils aîné d'Alphonse X, Sanche, frère de Ferdinand, âgé de dix-huit ans, repousse les Mérinides.

Allemagne. — L'empereur somme le roi de Bohême de lui rendre hommage, et de renoncer à l'héritage d'Autriche, fief d'empire qu'il a usurpé: sur son refus, un arrêt de proscription est prononcé par la diète d'Augsbourg; les États contribuent à la guerre contre lui.

Angleterre. — Parlement, où sont présents les députés des comtés et ceux des bourgs: ils accordent un droit sur l'exportation des laines et des cuirs.

Espagne. — En Aragon, les cortès règlent l'ordre de succession royale, en ligne directe et masculine. — En Castille, débat au sujet du droit de représentation qui est invoqué en faveur des fils de Ferdinand de Lacerda, nés d'une fille de saint Louis, contre Sanche, le frère puîné de Ferdinand.

Espagne et France. — En Navarre, intervention armée du roi de France pour conserver le trône à la jeune reine que menace un parti puissant, soutenu par les Aragonais; elle sera fiancée au fils du roi.

Orient. — Bibars entre en Arménie, où il tue vingt mille hommes. Les Arméniens s'allient avec les Mongols.

Venise. — A la mort du doge, Laurent Tiepolo, qui avait épousé la fille du ban de Servie et marié son fils avec une Esclavone, le sénat défend par une loi que le doge ou ses enfants épousent des femmes étrangères.

1276.

Espagne. — En Aragon, mort de Jayme Ier, qui a régné soixante-trois ans (juillet); son fils aîné, Pierre III, lui succède. — En Castille, les cortès de Ségovie reconnaissent les droits de Sanche au trône, au détriment des infants de Lacerda, nés du fils aîné d'Alphonse X, qui les préférait. L'Aragon est l'asile des infants; inutiles réclamations du roi de France en leur faveur: ces querelles de succession agiteront longtemps la Castille.

France. — Les nobles font juger et condamner à mort Pierre de La Brosse, chambellan du roi, ancien chirurgien de saint Louis; on l'accusait d'avoir attribué à la seconde femme du roi, Marie de Brabant, l'empoisonnement du prince royal, né d'un premier mariage.

Italie. — Les bannis de Milan et les nobles assurent par les armes le triomphe d'Othon Visconti sur les Torriani; il est reçu à Milan comme archevêque et comme seigneur (janvier). L'exil des Torriani ne met pas fin aux guerres civiles. — Le seigneur de Ferrare, marquis d'Este, reçoit de Rodolphe l'investiture impériale.

1277.

Allemagne. — Un traité de paix, appuyé sur un double mariage, entre les maisons de Habsbourg et de Bohême, enlève l'Autriche, la Styrie, la Carniole, à Ottocar II, qui reçoit de l'empereur l'investiture de la Bohême et de la Moravie.

Empire grec et Rome. — L'empereur Michel Paléologue, n'espérant le secours des Occidentaux que s'il opère la réunion des deux Églises, signe l'acte d'union après de longues controverses (avril): il envoie au pape une profession de foi et le serment d'obéissance. Indignation de ses sujets.

Orient chrétien. — Marie d'Antioche cède au roi de Naples ses prétentions sur le royaume de Jérusalem.

Orient musulman. — Grande victoire de Bibars sur les Mongols en Syrie, entre Émèse et Damas. Sa mort et les discordes qu'elle causera en Égypte laisseront respirer les chrétiens et les Mongols.

1278.

Allemagne et Bohême. — Le roi Ottocar II, dans une bataille contre l'empereur dans le Markfeld, près de Vienne, meurt couvert de dix-sept blessures (août). Les électeurs allemands empêchent Rodolphe de s'emparer de la Bohême; elle reste au jeune fils d'Ottocar II, sous la tutelle de son oncle le margrave de Brandebourg: mais réserve est faite des droits que la maison de Habsbourg pourrait acquérir à la couronne de Bohême, par le mariage du second fils de l'empereur avec une fille d'Ottocar II.

Espagne. — Alphonse X de Castille assiége inutilement Algeziras, que défend le fils du roi mérinide.

Orient chrétien. — Une flotte française et italienne du roi de Naples dispute la possession de Saint-Jean d'Acre au roi de Chypre, qui a aussi des prétentions au titre de roi de Jérusalem.

1279.

Chine et Mongols. — Kublaï, grand khan des Mongols orientaux depuis dix-neuf ans, achève de soumettre la Chine. La dix-neuvième dynastie chinoise qui a duré trois siècles fait place à la dynastie mongole des Yen.

Pologne. — Après trente-huit années de trouble, un prince de la branche ducale de Mazovie est reconnu duc de Pologne, malgré l'évêque de Cracovie: son règne ne met pas fin à l'anarchie.

Suède. — Valdemar Ier, plusieurs fois vaincu par son frère Magnus, est forcé de lui céder le trône. — Magnus Ier prend le titre de roi des Suédois et des Goths, que ses successeurs ont toujours conservé. Il se maintient contre toutes les révoltes des seigneurs, même des Folkungs.

1280.

Allemagne. — Mort du docteur dominicain, Albert le Grand, né en Souabe, illustré par son enseignement philosophique à Paris et à Cologne, et par sa profonde connaissance de toutes les sciences scolastiques.

Italie. — Le comte de Savoie abandonne sa résidence de Chambéry, en Savoie, et choisit pour capitale Turin, dans le Piémont, sur le Pô, où résideront aussi ses successeurs.

Orient musulman. — Le nouveau sultan d'Égypte, Kélaoun, reprend avec succès la guerre contre les Mongols, près d'Émèse.

Prusse. — Les chevaliers teutons commencent la construction de la forteresse de Marienbourg sur une branche de la basse Vistule.

Rome. — Mort du pape Nicolas III, de la famille romaine des Ursins. Il est le premier qui ait pratiqué le népotisme: il avait voulu constituer pour un de ses neveux un royaume de Lombardie, pour un autre un royaume de Toscane. Jaloux des Angevins de Naples, il retira au roi Charles la dignité de sénateur de Rome.

1281.

Empire grec, Rome et Sicile. — Au nom des Siciliens qui gémissent sous le joug français, le médecin de Manfred, Jean de Procida, excite à la guerre contre Charles d'Anjou, le roi d'Aragon, gendre de Manfred et Michel Paléologue, auquel il montre les dangers de l'alliance du roi de Naples avec Venise. — Charles fait arriver à la papauté un Français, Martin IV, qui lui rend la dignité de sénateur de Rome. — L'empereur Michel, qui a cependant donné des gages de soumission à la cour de Rome, est excommunié par Martin IV comme fauteur de schisme et d'hérésie: le roi de Naples veut avoir un prétexte pour combattre les Grecs, avec le concours des Vénitiens.

Italie. — Étant tombé entre les mains du comte de Savoie, Guillaume V, marquis de Montferrat, est obligé de renoncer à ses prétentions sur Turin et sur les autres places du Piémont qu'il a usurpées.

Mongols. — Les vents et les flots

défendent les îles du Japon contre une invasion du grand khan mongol Kublaï.—Le chef mongol soumet du moins les contrées de Corée, de Tonquin, de Cochinchine, de Pégu et de Bengale. — Splendeur de la nouvelle ville de Pékin.

1282.

Allemagne. — L'Autriche, conquise sur le roi de Bohême, est donnée par l'empereur à son fils Albert avec le consentement de la diète d'Augsbourg.

Empire grec. — Andronic II, qui succède à son père Michel Paléologue (décembre), rompt presque aussitôt l'union religieuse avec les Latins. Pendant ce règne, faiblesse et honte au dehors, despotisme et cruauté au dedans.

Espagne. — Le roi de Portugal est excommunié par les évêques de son royaume pour avoir porté atteinte à leurs priviléges, il sera forcé de les leur rendre. — En Castille, Alphonse X, aux prises avec son second fils Sanche, qui veut l'obliger à reconnaître ses droits à la couronne au détriment des infants de Lacerda, fait intervenir l'autorité pontificale, et déshérite Sanche. Le père a recours à l'alliance du roi de Maroc, le fils à celle du roi de Grenade.

Espagne, France et Sicile. — Massacre des Vêpres siciliennes à Palerme (30 mars); soulèvement de l'île contre les Français. Le roi Pierre III d'Aragon, gendre du gibelin Manfred, est reçu comme un libérateur (août); il est couronné roi à Palerme et occupe Messine. Martin IV l'excommunie et offre la couronne d'Aragon au second fils de Philippe le Hardi, Charles de Valois.

Italie. — Constitution de la seigneurie de Florence : les représentants des arts et des métiers les plus influents, appelés majeurs, nomment des prieurs. — Le marquis de Montferrat perd toute autorité à Milan, où l'archevêque Othon Visconti cherche à se réconcilier avec les Torriani.

Mongols. — Mort d'Abaka qui avait succédé à Houlagou à la tête des Mongols de Perse. Le frère d'Abaka, qui s'empare de la dignité de khan, embrasse l'islamisme, se fait appeler Ahmed, et renverse les églises des chrétiens.

1283.

Angleterre. — Parlement divisé en deux assemblées pour fournir au roi des subsides contre les Gallois (janvier). Défaite et mort de leur chef Léolyn.

Espagne. — En Castille, par décision des cortès de Ségovie, l'ère de Jules César fait place à l'ère de Jésus-Christ.

France. — Quatorze ans environ après la rédaction par Pierre Desfontaines du *Conseil à un ami*, ouvrage de jurisprudence mêlé de droit romain et de droit féodal, Philippe de Beaumanoir rédige les *Coutumes* et *Usages de Beauvaisis*.

Prusse. — Après cinquante-deux ans de combats, les chevaliers teutons achèvent la conquête de tout le territoire prussien par la soumission de la Sudavie. Ils commencent une guerre séculaire contre les Lithuaniens idolâtres.

Venise. — Le territoire de l'Istrie est un sujet de guerre avec le patriarche d'Aquilée : le patriarche, avec l'aide du comte allemand de Goritz, prend Trieste.

1284.

Angleterre. — David, frère de Léolyn, livré par des traîtres à Édouard, est pendu et écartelé par sentence de l'assemblée des barons. Un fils naît au roi au milieu de sa conquête : cet enfant reçoit le titre de prince de Galles qui a toujours été depuis affecté à l'héritier du trône.

Empire grec et Italie. — En mariant sa fille à Andronic Paléologue, le marquis de Montferrat lui donne en dot le royaume de Thessa-

XIIIᵉ SIÈCLE (1285-1286).

Ionique, perdu depuis cinquante ans pour sa famille et déjà cédé à la maison de Souabe en 1227.

Espagne. — Mort d'Alphonse X (avril). — La Castille lui doit un recueil de lois *Siete Partidas*; il a laissé des chants ou cantiques en langue portugaise sur des sujets sacrés; il a fait dresser à grands frais les *Tables alphonsines* qui lui ont acquis une réputation d'astronome. — Son fils, qui s'était réconcilié avec lui, Sanche IV, devient roi de Castille, selon le vœu de la nation. Il confirme son alliance avec le roi de Grenade, refuse celle du roi mérinide de Maroc.

Espagne et Italie. — L'amiral aragonais Roger de Loria, à la suite d'une victoire navale vis-à-vis de Naples (juin), fait prisonnier le fils de Charles d'Anjou. — Charles, revenu de Provence, punit cruellement une tentative de rébellion des Napolitains.

France. — Ordonnance de Philippe le Hardi, au sujet des devoirs et des obligations morales des avocats devant les tribunaux royaux.

Italie. — La grande victoire navale gagnée par les Génois sur les Pisans dans les eaux de Meloria, près de Livourne, ne met pas fin à la guerre (6 août). — Elle fortifie à Gênes la faction des Doria et Spinola, dont les chefs étaient à la tête de la flotte.

Mongols. — Ahmed est renversé et remplacé dans la dignité de khan des Mongols de Perse, par un de ses neveux, fils d'Abaka, qui ne voulut prendre ce titre qu'après avoir reçu l'investiture du grand khan de Tartarie dont il se regardait comme vassal.

1285.

Espagne, France, Italie et Sicile. — Mort de Charles d'Anjou (janvier). Son fils, quoique captif en Aragon, est proclamé roi par les Napolitains, sous le nom de Charles II. — Philippe le Hardi conduit cent mille hommes en Catalogne, par le Roussillon, où Jayme, roi de Majorque depuis 1262, lui livre passage sur les terres de son neveu (mai). Les Français prennent plusieurs places.

Espagne et Sicile. — Mort du roi d'Aragon, Pierre III, relevé récemment des censures pontificales (10 novembre). Partage de ses États: son fils aîné lui succède en Aragon; le second est roi de Sicile.

France. — Philippe le Hardi est mort au retour de l'expédition d'Aragon, à Perpignan dans le Roussillon, âgé seulement de quarante ans (6 octobre). — Le contre-sceau, qu'il a laissé quand il est parti pour cette guerre, présente les fleurs de lis seules dans l'écu de France. — Avénement de Philippe IV le Bel, qui est marié à la reine de Navarre. Gilles Romain, moine augustin, son ancien précepteur, a défendu l'indépendance des rois contre les papes.

Hongrie. — Les Cumans idolâtres viennent de l'est jusqu'à Pesth, vis-à-vis de Bude, et obligent même le roi Ladislas à adopter leurs coutumes et leurs mœurs.

Savoie. — Le pays de Vaud, au nord du lac de Genève, et le Bugey entre l'Ain, le Rhône et le Jura, sont acquis par les armes à la maison de Savoie.

1286.

Danemark. — Mort tragique du roi Éric V, victime d'une conspiration de seigneurs secrètement soutenus par le roi de Norvége. Son fils Éric VI, âgé de douze ans, lui succède sous la tutelle du duc de Slesvig.

Écosse. — La mort du roi Alexandre III laisse la couronne à sa petite-fille, Marguerite, née d'Éric, roi de Norvége, dont la tutelle appartient à cinq régents.

Espagne. — Alphonse III, roi d'Aragon, punit son oncle le roi de Majorque, qui avait donné assistance aux Français. — Il enlève aux musulmans l'île de Minorque, où ils gardent encore pendant un an la forte position de Port-Mahon.

France. — Impôt sur le sel.

Orient musulman. — Mort d'Abulfarage, auteur d'une chronique universelle en syriaque, traduite par lui-même en latin.

Rome. — Honorius IV confirme l'ordre religieux des carmes, originaire du mont Carmel en Syrie, qui s'était depuis quelques années répandu en Occident. Le concile général de Lyon ne l'avait pas reconnu.

1287.

Espagne. — Les prétentions des infants de Lacerda au trône de Castille sont de nouveau une cause d'hostilités entre la Castille, la France et l'Aragon.

Mongols. — Le khan des Mongols donne sa confiance à un médecin juif qui fit exclure des charges les musulmans, puissants sous son prédécesseur. Il s'allie avec les chrétiens.

Orient. — Un lieutenant du sultan d'Égypte enlève Laodicée (Ladikia), qui restait seule avec Tripoli au dernier descendant des princes normands d'Antioche, Bohémond VII (avril). Ce prince meurt peu de mois après (octobre). — A la nouvelle de l'occupation du château de Saint-Jean d'Acre par le roi de Chypre Henri II, roi titulaire de Jérusalem, qui dans cette expédition a été soutenu par les templiers et par les hospitaliers, le roi de Naples, qui prétend au titre de Jérusalem depuis dix ans, fait saisir en Italie les biens des deux ordres.

1288.

Danemark. — Commencement d'une guerre de vingt ans entre le Danemark et la Norvége.

Italie et Sicile. — Le roi d'Aragon obtient du roi de Naples Charles II le Boiteux, son prisonnier, la renonciation à la couronne de Sicile, et lui rend la liberté (29 août).

Italie. — Modène demande à être gouvernée par le marquis d'Este, seigneur de Ferrare.

Orient. — Tripoli est enlevée aux chrétiens par le sultan d'Égypte et brûlée : elle sera rebâtie par le vainqueur sous le nom d'Atrabolos ou Tarabolos. — Les Latins n'ont plus en Orient que Saint-Jean d'Acre, Tyr et Sidon.

Rome. — Avénement de Nicolas IV. Il avait été religieux dans l'ordre des frères mineurs, les cordeliers de saint François.

1289.

Bohême. — Après avoir renoncé à ses prétentions sur l'Autriche et sur la Styrie, le roi Wenceslas IV épouse une fille de l'empereur Rodolphe. — Le duc d'Oppelen en Silésie renonce à l'obéissance vassalitique envers la Pologne, et se place sous la suzeraineté de la Bohême.

Venise. — Mort du doge Jean Dandolo. Sous son règne on a commencé à fabriquer de nouvelles pièces d'or, les ducats. — Le brave et habile Pierre Gradenigo est élevé à la dignité de doge à l'âge de trente-huit ans. — Établissement du tribunal de l'inquisition par une bulle pontificale (28 août) : les juges appartiendront au clergé, ils seront assistés de sénateurs ; tous les frais, mais aussi les revenus que donneront les amendes et les confiscations, etc., seront pour la seigneurie.

1290.

Allemagne. — Les électeurs refusent d'élire roi des Romains le fils aîné de l'empereur, Albert, duc d'Autriche. — L'empereur, dans la diète d'Erfurt, confère au roi de Bohême, à titre de fief, la principauté silésienne de Breslau, vacante par la mort du dernier duc ; il disposait de la Silésie comme d'un fief de la Pologne qui avait été elle-même sous la suzeraineté de l'empire. Les Silésiens ne veulent pas du roi de Bohême.

XIIIᵉ SIÈCLE (1291).

Espagne. — Le roi de Portugal établit une université à Lisbonne.

France. — Le comte de Provence, roi de Naples, qui marie sa fille à Charles de Valois frère du roi, lui donne pour dot le Maine et l'Anjou.

Hongrie. — L'assassinat par les Cumans du roi Ladislas, qui ne laisse pas d'enfant, fait arriver au trône André III dit le Vénitien, né d'Étienne, fils posthume du roi André II, et d'une Vénitienne, Morosini. — Il a pour compétiteur le fils d'une sœur du dernier roi Ladislas qui avait été mariée à Charles II de Naples : mais ce jeune homme de dix-huit ans, Charles Martel, que protégeait le pape, ne parut jamais en Hongrie. Vaines prétentions d'Albert d'Autriche.

Italie. — Reggio se donne au marquis d'Este, déjà seigneur de Ferrare et de Modène. — Guillaume V de Montferrat, après trente-six ans d'un règne glorieux, est pris par ses sujets rebelles d'Alexandrie, qui le tiennent enfermé dans une cage de fer pendant cinq mois, jusqu'à sa mort. Son fils Jean Iᵉʳ lui succède à seize ans.

Orient chrétien. — Le nouveau roi d'Arménie renonce au rit grec et, sur les instances des frères mineurs que lui a envoyés Nicolas IV, accepte avec son peuple la communion de l'Église romaine. La cour de Rome sollicite pour lui, mais inutilement, le secours des Occidentaux.

Suède. — Mort du roi Magnus Iᵉʳ Ladulas : il a fait des lois favorables aux paysans. L'aîné de ses enfants, Birger II, lui succède à onze ans, sous un régent despote.

1291.

Angleterre. — Édouard Iᵉʳ fait faire un tableau général et détaillé des possessions territoriales du clergé en Angleterre et dans le pays de Galles. — Ce travail est, en manuscrit, à la bibliothèque d'Oxford.

Angleterre et Écosse. — Mort de Marguerite d'Écosse, la vierge de Norvége ; douze compétiteurs à la couronne d'Écosse. Édouard Iᵉʳ, pris pour arbitre entre Jean Bailloi et Robert Bruce, les deux principaux prétendants, se fait d'abord reconnaître suzerain du royaume.

Espagne, France et Sicile. — Un traité signé à Tarascon rétablit la paix entre les rois de France, d'Aragon et de Naples : Charles de Valois renonce à ses prétentions sur l'Aragon ; le roi d'Aragon s'engage à ne pas donner de secours contre la maison d'Anjou à son frère, qui est roi de Sicile (février). — Mort du roi d'Aragon, sans enfants. Le roi de Sicile, son frère, Jayme II d'Aragon, lui succède (juin), et n'abandonne que l'administration de la Sicile à son frère Frédéric.

Italie. — A Gênes, après que Spinola et Doria ont exercé pendant vingt et un ans la charge de capitaines de la liberté, il est décrété que le capitaine sera renouvelé tous les ans : le podestat étranger est maintenu, mais subordonné au capitaine.

Orient chrétien et musulman. — La mort du sultan d'Égypte Kélaoun n'a pas empêché son fils Kalil-Ascraf de poursuivre activement le siége de Saint-Jean d'Acre. Cette place, défendue par une flotte vénitienne, mais abandonnée lâchement par le roi de Chypre Henri II, est, après cinq semaines d'attaques, emportée d'assaut (mars). Dernière résistance des templiers et des chevaliers teutons dans la maison du Temple; capitulation violée : les chevaliers sont tués ou retenus captifs. La ville brûlée ne sera pas relevée. Deux années suffiront pour enlever aux Latins le peu qui leur reste en Syrie et en Palestine. Les chrétiens qui ne quittent pas la Palestine seront sous la juridiction d'un patriarche grec résidant à Constantinople. — Les ordres de l'Hôpital et du Temple prennent pour chef-lieu la ville de Limisso, dans l'île de Chypre, d'où ils pensent encore inquiéter les

XIIIᵉ SIÈCLE (1292-1294).

infidèles. Le roi de Chypre ne les tolérera que moyennant une capitation. Le siége de l'ordre teutonique est établi dans la commanderie de Venise. — L'avidité des rois d'Angleterre et de Portugal voit une proie facile dans les biens que ces ordres possédaient en Europe; les biens enlevés ne seront rendus que plus tard, par suite de menaces de Boniface VIII.

Perse. — En 1291 ou en 1296, mort du poëte arabe Saadi. Il était né à Chiraz dans le Farsistan ou l'ancienne Perse. Il est auteur de *Gulistan*, c'est-à-dire le Jardin des Roses, recueil de sentences. La morale et la religion inspirent souvent ses poésies; quelques-unes sont cyniques.

1292.

Allemagne. — Six mois après la mort de Rodolphe de Habsbourg, une intrigue électorale fait empereur Adolphe de Nassau (mai).

Angleterre et Écosse. — Édouard Iᵉʳ désigne pour le trône d'Écosse Jean Baillol, qui lui prête serment de fidélité et aliène ainsi l'indépendance de sa nation.

Angleterre et France. — Une querelle entre un matelot anglais et un matelot français à Bayonne est l'occasion de la nouvelle guerre entre les deux pays.

Espagne. — Sanche IV de Castille enlève au roi de Maroc Yousouf, successeur de Yacoub, la place de Tarifa qu'il défendra contre toutes les forces des Maures (octobre) : cette importante conquête le brouille avec le roi de Grenade, son allié, auquel il avait promis de la restituer. — Yacoub encourage sans succès la révolte d'un frère de Sanche IV.

1293.

Allemagne. — Les députés des villes immédiates exercent le droit de suffrage dans la diète générale.

Angleterre et France. — Édouard est cité devant la cour des pairs de France; Douvres est menacée par une flotte de Philippe le Bel.

Italie. — Modène et Reggio défèrent au marquis d'Este la seigneurie perpétuelle. — Commencement d'une guerre entre les Vénitiens et les Génois, qui sera malheureuse pour les premiers.

1294.

Angleterre. — Mort du cordelier anglais Roger Bacon, l'homme le plus éclairé de son siècle; il entreprit une rénovation générale des sciences : la poudre à canon est décrite dans un de ses livres. L'*Opus majus* de Bacon renferme même des projets de réforme sociale.

Angleterre et France. — Philippe le Bel prétend garder l'Aquitaine anglaise, dont une partie a été remise en séquestre entre ses mains. L'empereur Adolphe de Nassau, à l'instigation d'Édouard Iᵉʳ, réclame au roi de France les dépendances de l'ancien royaume d'Arles. Les Flamands, sous le comte Gui de Dampierre, que le roi de France empêche de marier sa fille au fils d'Édouard Iᵉʳ, seront, pour l'Angleterre, de plus utiles alliés. Philippe le Bel aura l'alliance du roi d'Écosse, Jean Baillol, qui veut s'affranchir de la suprématie anglaise invoquée d'abord par lui contre son compétiteur.

Danemark. — Éric VI fait emprisonner l'archevêque de Lunden, qui a pris possession du siége sans la confirmation royale : nouveau débat avec le sacerdoce.

France. — Loi somptuaire de Philippe le Bel. — Un mariage prépare l'élévation des Montfort au fief ducal de Bretagne.

Mongols. — Mort du grand khan Kublaï. La dynastie mongole de Chine n'aura plus qu'une suprématie nominale sur les autres empires mongols : 1° du Zagataï, dans la haute Asie centrale; 2° de la Perse, qui comprend l'occident de l'Asie; 3° du Kaptschak russe.

Mongols et Turcs. — Chute du dernier sultan turc seldjoucide d'Iconium, vaincu par un émir rebelle : les Mongols de Perse, qui depuis près d'un demi-siècle disposaient de cette sultanie, sont les maîtres à Iconium ou Roum. — Les émirs, qui relevaient du sultan, forment dix principautés turques indépendantes ; le plus célèbre, Othman, a donné son nom aux Turcs ottomans.

Rome. — Célestin V abdique au bout de cinq mois ; le roi de Naples fait élire Benoît Cafetan, Boniface VIII.

1295.

Angleterre. — Parlement de Westminster, le plus complet qu'on ait encore vu : le roi y convoque, pour avoir des subsides, quarante-neuf comtes ou barons, deux chevaliers par comté, deux bourgeois par ville ou bourg (octobre) : cent vingt villes ou bourgs y seront représentés. Depuis 1295, le parlement sera convoqué onze fois au moins dans les douze dernières années du règne.

Espagne. — Mort du roi de Castille, Sanche IV. Son fils lui succède à dix ans sous la tutelle d'une mère énergique qui écartera les prétendants et repoussera les attaques de l'Aragon, du Portugal, de Grenade.

Espagne et Sicile. — Traité d'Anagni (juin) : le roi d'Aragon épouse une fille de Charles II de Naples, et s'engage à restituer la Sicile ; mais son frère Frédéric la défendra même contre lui.

France. — Altération de la monnaie royale ; la valeur en est réduite dans la proportion des deux tiers.

Italie. — Mort d'Othon Visconti, âgé de quatre-vingt-dix-sept ans, archevêque et seigneur de Milan, vicaire général en Lombardie. Matteo, son neveu, aura comme lui la dignité de seigneur. — Le marquis d'Este, seigneur de Ferrare, Modène et Reggio, est pendant deux ans en guerre avec les Parmesans et les Bolonais. — Mort du Florentin Brunetto Latini. On distingue entre ses ouvrages le *Trésor*, manuel général d'études, qu'il a écrit ou traduit en français, et le *Tesoretto*, en italien, recueil de préceptes moraux, qui est comme le premier germe de la grande composition de Dante, son élève.

Mongols. — Le nouveau khan des Tartares occidentaux, Kasan, est musulman, mais n'est pas hostile aux chrétiens.

Pologne. — La mort des ducs de la Poméranie orientale, qui ne laissent pas d'héritiers directs, ouvre une guerre de succession, qui dure plus de quinze ans, entre le margrave de Brandebourg et le roi de Pologne.

Prusse. — Derniers efforts des Prussiens pour retourner à l'idolâtrie.

1296.

France et Rome. — A l'occasion des taxes dont Philippe le Bel chargeait le clergé de France, Boniface VIII publie la bulle *Clericis laicos*, qui défend aux clercs de payer aucun subside aux princes sans l'autorisation du saint-siége. Ordonnance du roi pour empêcher les espèces de sortir du royaume.

Italie. — A Gênes, le parti gibelin reprend l'avantage, et nomme capitaines du peuple ses chefs Spinola et Doria, sans podestat étranger.

Sicile. — L'Aragonais Frédéric reçoit des Siciliens le titre de roi.

1297.

Allemagne. — Ligue de quatre électeurs contre Adolphe de Nassau au profit d'Albert d'Autriche.

Angleterre et Écosse. — Baillol, qui a pris les armes contre Édouard, est vaincu, il se livre et est enfermé à la Tour de Londres. L'Écosse est à la merci d'Édouard, qui emporte le sceptre et la couronne et brûle les archives nationales.

Angleterre. — Édouard qui a frappé d'impôts, sans le consentement du parlement, les laines et les cuirs, le blé et les bestiaux, après une déclaration des griefs publics que présentent deux des chefs de la noblesse, confirme les chartes.

France. — Robert, comte d'Artois, bat les Flamands; prise de Furnes (13 août). Trêve de deux ans avec la Flandre et l'Angleterre — Louis IX est canonisé.

Livonie. — L'archevêque de Riga, en guerre avec les chevaliers teutons de Livonie, appelle à son secours le grand-duc idolâtre de Lithuanie.

Rome. — Boniface VIII fait publier une croisade contre la puissante maison romaine des Colonna qui, tout en occupant les principales dignités de l'Église et du gouvernement, ne veut pas obéir au saint-siége.

Venise. — Le gouvernement devient plus aristocratique sous le doge P. Gradenigo : l'entrée au grand conseil, donnée jusque-là par l'élection, est rendue héréditaire pour les familles qui y étaient admises depuis quatre ans; ces familles sont inscrites sur le *Livre d'or*, registre de la noblesse vénitienne; les charges et les conseils publics sont interdits même à l'évêque et aux curés de la ville.

1298.

Angleterre et Écosse. — Édouard bat de nouveau les Écossais à Falkirk.

Empire d'Allemagne et Rome. — Élu empereur, Albert d'Autriche bat et tue son rival à Golsheim, près de Worms (2 juillet). Boniface VIII refuse de reconnaître Albert et prend lui-même la qualité de vicaire général de l'empire.

Danemark. — Le légat de Boniface VIII déclare le roi excommunié jusqu'à ce qu'il ait payé une indemnité due à l'archevêque de Lunden.

Espagne. — Le roi d'Aragon restitue, moyennant l'hommage, le royaume de Majorque à son grand-oncle Jayme, qui possède aussi Montpellier sous la suzeraineté de la France.

Espagne, Italie et Sicile. — Le roi d'Aragon s'unit à son beau-père Charles II de Naples contre son frère Frédéric, le roi de Sicile : Roger de Loria commande la flotte commune.

France. — Les peuples des sénéchaussées de Toulouse et d'Albi obtiennent l'abolition de la servitude de corps, moyennant un cens annuel.

Italie. — Cent galères de Venise perdent un grand combat, dans l'Adriatique, contre quatre-vingt-cinq vaisseaux génois; l'amiral vénitien est tué (8 septembre). — Mort de Jacques de Vorage, dominicain, né à Varaggio, sur la côte de Gênes, auteur de la *Légende dorée*, immense compilation d'histoires miraculeuses.

Orient chrétien. — Le roi d'Arménie, menacé par les Sarrasins, demande les secours des chevaliers

1299.

Allemagne et France. — Conférence d'Albert d'Autriche et de Philippe le Bel à Vaucouleurs, près de la Meuse, pour régler les limites des deux États.

Angleterre. — Après la guerre d'Écosse, Édouard Ier, qui a cependant besoin du concours de la nation pour soutenir son allié le comte de Flandre, que menace de nouveau Philippe le Bel, ne confirme les chartes qu'avec cette réserve qui les détruit, « sauf le droit de notre couronne. » Irritation dans la noblesse et dans le peuple. — Les universités d'Oxford et de Cambridge sont représentées au parlement.

Italie. — Par la médiation de Matteo Visconti, seigneur de Milan, Gênes et Venise concluent la paix : les vaisseaux vénitiens ne pourront, pendant treize ans, paraître armés en guerre dans la mer Noire ni dans les parages de Syrie.

Livonie. — Lubeck, pour faciliter son commerce en Livonie et en Russie, se fait donner de grands privilèges par les chevaliers teutons.

Orient. — Le khan des Mongols, les rois chrétiens d'Arménie et de Géorgie, les templiers avec leur grand maître Jacques de Molay, envahissent la Syrie : le sultan d'Égypte, Naser, est battu près d'Émèse; plusieurs places sont prises, même Jérusalem, qui ne sera pas gardée un an.

XIVᵉ SIÈCLE APRÈS J. C.

APERÇU GÉNÉRAL.

Le xivᵉ siècle ne donne presque aucune invention importante, excepté peut-être celle du papier de chiffe : il en a été employé pour certains actes du procès des templiers, qui se conservent en France aux Archives ; l'usage de ce papier, devenu commun, contribuera à multiplier tous les genres de manuscrits. Les cartes à jouer datent des premières années de la démence de Charles VI, à la fin du siècle. La gravure en bois remonte au moins à la même époque. Quelques relations de voyages, entre autres celle de l'Anglais Jean Mandeville, étendent ou précisent les connaissances géographiques des Européens : on s'essaye à dessiner des cartes qui résument et fixent ces notions nouvelles. Parmi les sciences pratiques, la médecine est arrêtée dans ses progrès, parce que l'étude de l'anatomie n'est pas permise : une décrétale de Boniface VIII interdit les dissections et menace d'anathème ceux qui feront bouillir des cadavres pour en faire des squelettes. La chirurgie a de singulières recettes pour traiter les plaies; elle pratique les enchantements et recommande l'intercession des saints.

Si la littérature produit de grands noms, Aboulféda, Barthole, Dante, Pétrarque, Boccace, Chaucer, Wiclef, Froissart, beaucoup rappellent de ternes et médiocres productions depuis longtemps flétries. Les controverses théologiques tombent dans l'extravagance. Des moines grecs, dans la ferveur et dans l'aberration de leurs contemplations, aperçoivent à leur nombril des rayons de la lumière béatifique : cinq conciles grecs, malgré l'opposition de **Barlaam**, décident que la lumière du nombril est celle qui environnait Jésus-Christ sur le Thabor, qu'elle est incréée. Pendant ces querelles, les **Turcs** ottomans enlèvent les provinces grecques de l'Asie, déjà même de l'Europe; ils arrivent jusqu'au Danube. Les franciscains raniment les disputes des écoles : il s'agit de savoir s'ils peuvent se dire propriétaires de quelque chose, même de ce qu'ils emploient pour se nourrir ; ils se divisent sur la couleur, la forme et la matière de leurs habits. Le saint-siége est mêlé à ces misérables débats, dont l'Anglais Guillaume d'Occam est un des grands acteurs ; les membres les plus rebelles à la volonté pontificale sont brûlés. Occam renouvelle la secte des nominaux à laquelle appartient Buridan, recteur de l'université de Paris : celui-ci n'est cité que pour le fameux argument de l'âne irrésolu, lorsqu'il raisonne sur le libre arbitre et sur l'équilibre des motifs déterminants. Le xiiie siècle, âge d'or de la scolastique, a fait place à un siècle de fer.

L'hérésie devient plus audacieuse à mesure que s'affaiblit l'autorité morale des papes qui consentent à résider à Avignon, captifs pendant soixante et dix ans sous la main des rois de France : l'indigne petit-fils de saint Louis a mérité les malédictions de l'Église. L'Anglais Wiclef répand ses doctrines qui ébranlent la croyance aux dogmes : il nie la présence réelle et l'efficacité des sacrements ; il conteste les vertus des papes et leur infaillibilité. Comme il parle de liberté, d'égalité même, les paysans des environs de Londres, égarés par de fougueux sectaires, demandent en vain à l'insurrection une charte d'affranchissement. Wiclef qui vit assez pour voir pendant huit ans l'Église déchirée par le grand schisme, est le précurseur des réformateurs et des schismatiques des siècles suivants. Au milieu des malheurs de l'Église, apparaît le plus beau monument dû à l'inspiration de l'Évangile, c'est l'*Imitation de Jésus-Christ,* l'éternelle consolation des âmes pieuses et tendres, œuvre anonyme attribuée à des moines mystiques, quelquefois à Gerson le grand docteur de l'Église de France, ou à Thomas de Kempen : on n'en sait ni la patrie, ni la date; on n'est même pas sûr du siècle.

Cette cour d'Avignon, cette nouvelle Babylone où l'or si souvent achètera les grâces et les indulgences, ajoute aux recueils de lois pontificales les *Clémentines,* de Clément V; les *Extravagantes* (décrétales en dehors (*extra*) des recueils précédents) de Jean XXII. En France, on réfute les maximes consignées dans ces codes. Le *Songe du Vergier,* ou *disputation du clerc et du chevalier,* est un monument de cette discussion.

La jurisprudence civile a deux noms illustres. L'un, Harménopule, de Constantinople, a écrit en grec un traité de droit civil. On s'est abstenu d'imprimer une grande partie de ses ouvrages. L'Ombrien Barthole, professeur à Pise et à Pérouse, n'a pas été si heureux: dix in-folio pèsent sur sa mémoire ; *ses leçons sur le Code* le recommandent auprès des jurisconsultes. C'est lui qui a rédigé la fameuse *Bulle d'or* de l'empereur Charles IV.

L'histoire est assez riche dans ce siècle. Chez les Grecs, Nicéphore Grégoras a la précision chronologique; mais il n'est pas impartial. Cantacuzène, qui a été empereur, fait le récit d'événements qu'il a vus, et auxquels il a pris part. Le doge, André Dandolo, compose une histoire de Venise jusqu'en 1342. Malaspina est regardé comme le plus ancien historien de Florence, mais il aime trop les fables : ses récits sont continués par Dino Compagni, gibelin déguisé. Les trois Villani font honneur à Florence; Jean l'aîné est mort de la peste de 1348. Froissart, né dans le Hainaut, est le meilleur écrivain en prose française que le xiv° siècle ait produit : on reconnaît, à ses fréquentes digressions, un historien qui ne manque pas d'étude et d'expérience, et qui a cultivé les lettres. Mais il plaît surtout comme conteur, il écrit tout ce qu'il voit dans les diverses cours où il reçoit l'hospitalité, sa *Chronique* est le reflet le plus brillant de la société féodale : il a visité la France, l'Angleterre, l'Espagne et l'Italie. Comme beaucoup de clercs-chevaliers qui vivaient auprès des princes, il a cultivé la poésie. L'Orient a aussi un célèbre historien et géographe dans l'Arabe Aboulféda, prince d'Hamath en Syrie.

La grammaire et la rhétorique, et en général les travaux d'érudition, sont encore la gloire des Grecs. Maxime Planude est un compilateur laborieux : il traduit en grec les *Métamorphoses d'Ovide*, et recueille sous le titre d'*Anthologie* d'anciennes poésies grecques; il est plus connu par un recueil des fables d'Ésope. En France, deux conseillers du savant Charles V, Raoul de Presles et Nicolas Oresme, traduisent en français, l'un la *Cité de Dieu* de saint Augustin, l'autre divers traités d'Aristote et de Pétrarque. Un grand prédicateur espagnol, saint Vincent Ferrier, de l'ordre des dominicains, est appelé par plusieurs princes étrangers.

L'exercice de la traduction sert peu à former une langue nouvelle; les romanciers et les poëtes lui sont plus utiles, et lui donnent de la fécondité. Cependant, en Italie, les plus grands noms appartiennent en même temps à la littérature nationale et à la restauration de la littérature classique. Dante, Pétrarque, Boccace, ont cultivé les muses latines. Boccace a beaucoup écrit : outre son *Décaméron*, qui se sent des mœurs peu sévères de l'époque, il laisse deux romans en prose italienne, et d'autres ouvrages où les vers se mêlent à la prose. Pétrarque contribue à rétablir en Europe la littérature classique, abandonnée et presque ensevelie depuis plus de mille années. Après l'avoir recherchée, et pour ainsi dire exhumée du fond des bibliothèques, il l'a souvent imitée et quelquefois reproduite ; dans sa jeunesse, il composa un drame latin. Son amour idéal pour Laure, et ses sentiments patriotiques, ont mieux inspiré ses stances et ses canzones. Ami des arts comme un Grec, de la liberté comme un Romain, tendre en un siècle galant, sensible chez des peuples chevaleresques, indépendant et modeste au sein des cours, franc et loyal à travers les perfidies, tout en représentant l'antiquité il marche en avant de son siècle. La France a aussi ses érudits qui s'essayent dans la poésie ou le roman en langue vulgaire. L'Italienne Christine de Pisan, fille de l'astrologue du roi Charles V, dont elle-même elle a été l'historien, compose en français le *Trésor de la cité des dames* et le *Chemin de longue estude*, traités de morale ornés de quelques fictions.

Dans le temps où s'éteint la poésie provençale, un moine des îles d'Or ou d'Hières rédige dans la langue du midi des notices biographiques sur les troubadours. Les trouvères de ce siècle sont effacés par l'Anglais Chaucer : quelques-uns des sujets qu'il traite seront imités par Shakspere et par Pope, ses *Contes de Canterbury* sont un recueil en vers assez semblable au Décaméron de Boccace ; dans sa *Cour d'Amour*, il y a des bizarreries qui insultent la religion : il avait adopté l'hérésie de Wiclef. Les Anglais le regardent comme l'inventeur de leur vers héroïque.

Les contes galants et chevaleresques continuent d'être un besoin des sociétés. Dans les cours, dans les châteaux et dans les cloîtres, on veut à tout prix des récits et des fictions. Il n'est pas rare que dans les entretiens du foyer chacun soit invité ou même obligé à débiter à son tour une histoire ; les chevaliers ne dédaignent pas de cultiver l'art de raconter : les romans, les nouvelles, et les récits merveilleux avaient comme un fonds inépuisable dans les actions brillantes des preux, dans leurs hauts faits et dans leurs aventures galantes de guerre ou de tournois. Des chevaliers qu'on appelait sires clercs ont l'office de recueillir et de constater ces exploits. Le goût des compositions poétiques, particulièrement des chansons, des tensons ou *jeux-partis*, est entretenu par l'usage des cours d'amour que la France du nord a emprunté à la Provence, peut-être dès le XII siècle : ces cours, présidées quelquefois par des princes, plus souvent par des dames, singeaient, dans les procès entre amants, les combats chevaleresques, les procédures des tribunaux, les disputes et les arguties des écoles : on proposait, on traitait en vers, on décidait souverainement d'érotiques et frivoles problèmes, qui dégradaient les talents littéraires en pervertissant les mœurs.

XIV⁰ SIÈCLE.

Les concours de poésie, que les rimeurs ouvrent entre eux, comme en Normandie, en Picardie, en Flandre, sont bien plus fréquents dans le midi : on rapporte à l'an 1323, à Toulouse, où se tient un collége de la *gaie science*, l'institution des jeux floraux par Clémence Isaure. Les compagnies de troubadours et de trouvères, souvent errantes, amusent le public de leurs déclamations, de leurs chants et de leurs jongleries ; longtemps ils ont tenu lieu de comédiens. Jusque dans la seconde partie du xiv⁰ siècle, en France et en Italie, il n'y a pas de spectacles proprement dits : on ne voit aucun vestige de compositions théâtrales. Des drames hiératiques, des *miracles* et des *mystères* en l'honneur de Jésus-Christ, de la Vierge et des Saints furent les premières productions de l'art ; ces représentations qui n'eurent d'abord pour acteurs que des clercs étaient souvent précédées ou suivies du sermon en prose qui leur servait de prologue ou d'épilogue : mais des épisodes mythologiques s'alliaient à l'histoire des martyrs, même au tableau de la passion de Jésus-Christ. Bientôt, en France, vont s'établir des confréries laïques d'acteurs de la Passion.

Les arts du dessin, qui ont donné dans le xii⁰ et le xiii⁰ siècle tant de beaux travaux d'architecture gothique, brillent surtout en Italie. Les Visconti font construire le pont et le palais de Pavie, commencent la cathédrale de Milan, tandis que les princes d'Este emploient les talents de l'architecte Bertolin, de Novare. Le Florentin Giotto, disciple de Cimabue, qui entreprend en 1334 la tour de Sainte-Marie *del Fiore*, est plus célèbre comme peintre, il a eu pour élève Taddeo Gaddi, qui le surpasse ; Simon de Sienne, leur émule, fait un portrait de Laure que Pétrarque paye de deux sonnets ; Jean de Pise est un habile sculpteur. En 1390 à Bologne est posée la première pierre de l'église de Saint-Pétrone. On cite en France les sculptures de l'église de Notre-Dame, auxquelles travaille encore Jean Ravy ; la magnifique église du monastère de Saint-Ouen, à Rouen, depuis 1318 ; la cathédrale de Bourges, achevée en 1324 ; les travaux de défense ou d'embellissement, ordonnés par Charles V à Paris ; le pont Saint-Michel, le Châtelet, la Bastille, et la résidence royale de l'hôtel Saint-Pol.

Ce siècle, qui sert comme de transition entre le moyen âge et l'âge moderne, voit se produire simultanément en Europe bien des révolutions fécondes, auxquelles les peuples devront leur indépendance ou leur organisation intérieure. L'Écosse, la Flandre, et l'Helvétie combattent pour s'affranchir de leurs maîtres ou de leurs voisins : Rome a son tribun Rienzi, pendant que les papes s'obstinent à résider à Avignon. La grande peste, dite de Florence, suspend les affaires tumultueuses de l'Europe, car tous les États sont en même temps atteints par le fléau. Paris allume au cœur de la France, embrasée déjà par la guerre qui doit durer plus de cent ans avec l'Angleterre, les passions démagogiques : la Jacquerie menace de ruine les châteaux et ébranle la société dans ses fondements. L'empire d'Allemagne présente dans le même temps un frappant contraste : sous la main du rusé et cupide Charles IV, qui fait bon marché des droits sur l'Italie, parce qu'il ne veut pas essayer de les reconquérir par la guerre, l'anarchie féodale s'organise à force de diplômes et de cérémonies (bulle d'or). Le grand schisme met en question la puissance temporelle, et porte atteinte à la puissance spirituelle des papes. L'Angleterre, déjà remuée par l'audacieux Wiclef ; la France, dont les discordes avaient été comprimées par Charles V le Sage ; la Flandre, formidable par ses corps de métiers, sont le théâtre d'un mouvement révolutionnaire qui semble concerté entre les trois pays. L'Italie a comme donné le signal par les troubles sanglants de Florence. La grande lutte entre Venise et Gênes, la dernière qui soit glorieuse pour les Génois, puisqu'ils n'ont pas su constituer un gouvernement qui les mette à l'abri de l'anarchie ; les crimes de la maison Duras, vengeant la maison de Hongrie des forfaits de Jeanne de Naples ; en Lombardie, la chute sanglante des maisons de podestats au profit des Visconti de Milan et des oligarques de Venise, couronnent le xive siècle pour l'Italie. La liberté et la vraie démocratie ne sont nulle part sur cette terre, dont les héros sont maintenant des *condottieri*. A l'est de l'Europe, les couronnes slaves sont données à des princes allemands, ou portées par mariage à des chefs de tribus idolâtres, qui entrent alors dans la grande famille chrétienne. Les États scandinaves du nord s'unissent, et, en se rapprochant les uns des autres, tiennent de plus près à l'Europe.

L'Angleterre, dans ce siècle, renverse deux de ses rois, et retrouve un gouvernement plus ferme sous les princes que le parlement appelle au trône. Les Anglais ont chassé un roi despote, les Allemands un empereur ivrogne et débauché ; la France garde par pitié et par respect un pauvre roi fou. A l'une des extrémités de l'Europe, en Espagne, les libertés constitutionnelles des différents États chrétiens, et l'énergie guerrière des populations, arrêtent le despotisme de rois souvent cruels, et sauvent la péninsule des invasions africaines des Mérinides, mais les Maures garderont Grenade encore pendant près d'un siècle. En Orient, la décrépitude de l'empire byzantin et les progrès des Turcs animés par le fanatisme religieux et militaire, annoncent une révolution prochaine : une croisade de

XIVᵉ SIÈCLE (1300-1302).

chevaliers français et allemands ne peut que fournir aux janissaires l'occasion d'une grande victoire sur les bords du Danube.

CHRONOLOGIE.

1300.

Allemagne. — Vers 1300, Roger Manesse de Zurich recueille et met en volume les chants épars des Minnesinger.

Angleterre, Écosse et Rome. — Le pape veut disposer de l'Écosse.

Angleterre. — Édouard confirme les chartes sans restriction.

France. — Le comte de Flandre, battu par Charles de Valois, frère du roi, se rend volontairement; il est retenu prisonnier par Philippe le Bel.

Hongrie. — Le fils de l'ancien prétendant Charles Martel, Charobert, âgé de huit ans, est amené en Hongrie par un parti hostile à André III le Vénitien, qui n'a pas d'enfant.

Italie. — Dante Alighieri, né à Florence, le premier grand poète qui ait écrit dans la langue italienne, achève son poème de la *Divine comédie*.

Pologne. — Les Polonais dépouillent leur roi Wladislas IV Loketek, et donnent la couronne au roi de Bohême Wenceslas IV.

Rome. — Une bulle de Boniface VIII a déterminé les indulgences dont jouiront ceux qui prendront part cette année au jubilé de Rome; ce jubilé se renouvellera tous les cent ans. Immense affluence de pèlerins.

1301.

Angleterre. — Nouvelle confirmation des chartes à Lincoln (14 février).

France et Rome. — Bernard de Saisset, qui a été nommé par le pape, sans l'avis de Philippe le Bel, au nouveau siège épiscopal de Pamiers, s'attire la colère du roi et est jeté en prison. Plaintes de Boniface VIII exprimées dans la bulle *Ausculta fili*, qui est pleine de prétentions excessives et de menaces. — Le pape appelle en Italie Charles de Valois : il le jette dans la guerre de Sicile, et lui fait espérer l'empire byzantin au nom de sa femme, petite-fille de l'empereur déchu de Constantinople, Baudouin II.

Hongrie. — Des seigneurs hongrois, pour ne pas recevoir un roi angevin, Charobert, de la main de l'Église, défèrent la couronne au roi de Bohême qui leur envoie son fils, âgé de douze ans.

Italie. — Troubles sanglants à Florence, causés par les deux factions des noirs et des blancs. Le pape envoie, comme médiateur, Charles de Valois qui favorise les noirs; cinq jours de pillage et d'incendie. — Une femme de la maison de Villehardouin porte les principautés d'Achaïe et de Morée dans la maison de Savoie.

Orient. — Les templiers établis dans l'île d'Arados désolent la côte de Phénicie; ils sont vaincus par les troupes de l'Égypte.

1302.

France. — La bulle du pape est brûlée dans le parlement, où ne siègent que les pairs et les conseillers du roi. — Première convocation des États généraux (10 avril); ils réunissent les trois ordres de la nation : le clergé, la noblesse et des députés des villes. Philippe le Bel s'en sert contre le pape et contre les Flamands. — Le comte d'Artois et une partie de la chevalerie française périssent dans les marais de Courtrai, vaincus par l'infanterie flamande (11 juillet). — Détresse de Philippe le Bel : il a recours à l'imposition du cinquième sur tous les revenus de ses sujets et à la dépréciation des monnaies. — Les baillis ne pourront avoir de fonctions dans les pays où ils sont nés; ils seront nommés par le grand conseil.

France et Rome. — Assemblée ecclésiastique tenue à Rome par Boniface VIII (octobre). La bulle *Unam sanctam*, sans frapper directement Philippe le Bel, décide qu'en général tout homme est soumis au pape.

Italie. — Flavio Gioia, d'Amalfi, par la connaissance de la propriété de l'aimant, construit le compas de marine ou boussole qui a hâté les progrès de la navigation. — Matteo Visconti est vaincu par le marquis de Montferrat. Les Torriani sont accueillis à Milan, même par la noblesse.

Italie et Sicile. — Charles II de Naples est forcé, malgré l'assistance de Charles de Valois, de reconnaître l'indépendance de la Sicile; il continue cependant à porter le titre de roi de Sicile; Frédéric a celui de roi de Trinacrie (mai).

1303.

Allemagne. — Boniface VIII reconnaît Albert d'Autriche, qu'il aurait voulu armer contre Philippe le Bel.

Angleterre, Écosse et France. — Les armées anglaises sont défaites trois fois aux environs d'Édimbourg. — Édouard, pour recouvrer la Guienne, fait la paix et livre ses alliés, les Flamands, à la vengeance de Philippe le Bel (20 mai).

Empire grec. — Les Catalans, avec leur chef Roger de Flor, combattent au service des Paléologue les Turcs de l'Asie Mineure; ils s'imposent à la cour de Constantinople et s'emparent du monopole du commerce, au détriment des Génois.

France et Rome. — Dans une assemblée des évêques et des barons tenue au Louvre en présence du roi, le légiste Guillaume de Nogaret présente requête contre le pape comme hérétique et simoniaque, et demande à soutenir l'accusation devant un concile général pour le faire déposer (mars). Nouvelle requête présentée par le légiste Guillaume du Plessis (juin). Les templiers adhèrent aux mesures proposées contre le pape. Boniface VIII lance cinq bulles contre Philippe le Bel et ses adhérents (août). La veille du jour où une dernière bulle devait être publiée pour excommunier et déposer Philippe le Bel, Guillaume de Nogaret et Sciarra Colonna, outragent Boniface VIII dans le palais de sa ville natale, Anagni (7 septembre). Boniface VIII, redevenu libre par le courage des habitants, retourne à Rome où il meurt le 11 octobre.

France. — Une ordonnance pour la réforme des abus règle que deux fois par an, pendant deux mois, le parlement tiendra session de justice à Paris, la cour de l'échiquier à Rouen, l'assemblée des grands jours à Troyes. Dans ces tribunaux, des gens de loi, presque tous clercs, remplissent les fonctions de conseillers-rapporteurs; les nobles jugent. La chambre des comptes sera bientôt séparée du parlement de Paris.

Hongrie. — Boniface VIII a cité à son tribunal les prétendants à la couronne de Hongrie, et s'est déclaré pour le prince napolitain contre le prince de Bohême, sans tenir compte du droit d'élection des Hongrois.

Orient. — Les templiers et les hospitaliers se réunissent à Kasan, roi des Tartares Mongols, pour attaquer les musulmans; vaincus, ils se réfugient à Chypre.

1304.

Bohême, Hongrie et Pologne. — Wenceslas IV renonce à la royauté de Hongrie pour son fils. — Les Polonais, à la mort de Wenceslas IV, qui est leur roi depuis quatre ans, rappellent leur prince national, Wladislas Loketek, duc de Cujavie.

France et Rome. — Le nouveau pape Benoît XI absout Philippe le Bel. Sa mort (juillet). — Les débats de deux factions du sacré collége prolongent pendant onze mois la vacance du saint-siége.

France. — Philippe est vainqueur en personne de l'armée flamande à Mons-en-Puelle (18 août). Un traité honorable pour les vaincus terminera la guerre en 1305. — La reine de France et de Navarre, Jeanne, protectrice des gens de lettres et des gens d'église, fonde à Paris le collége de Navarre et de Champagne.

Mongols. — Le nouveau khan des Mongols occidentaux de Perse, à l'exemple de son frère Kasan, auquel il succède, se fait mahométan.

Russie. — Michel II, reconnu grand prince, réside à Tver.

Suède. — Le roi Birger II punit l'administration cruelle de son tuteur, qui a été régent depuis 1290, en le faisant décapiter; lui-même il est tenu pendant trois ans en prison par ses frères.

1305.

Angleterre. — Édouard se fait relever par le pape des serments qu'il a prêtés à l'égard des chartes.

Angleterre et Écosse. — Wallace, le chef des Écossais depuis sept ans, tombe par trahison entre les mains d'Édouard, qui le fait exécuter comme rebelle.

Espagne. — Une partie du royaume de Murcie est cédée par les Castillans aux Aragonais. — L'infant de Lacerda renonce à ses prétentions royales en Castille. — A la mort de Jeanne de Navarre, l'aîné des fils qu'elle a eus de Philippe le Bel, Louis, lui succède en Navarre.

France. — Avant 1305, Jean de Meung a achevé le poëme allégorique de Guillaume de Lorris, le *Roman de la Rose*.

France et Rome. — Philippe fait donner la papauté à Bertrand de Goth, archevêque de Bordeaux. L'élu, Clément V, est couronné à Lyon. Il ne résidera pas en Italie. Le séjour des papes en deçà des Alpes est une nouvelle captivité de Babylone.

Hongrie. — La Bavière fournit aussi un prétendant à la couronne de Hongrie.

1306.

Angleterre et Écosse. — La guerre d'indépendance se ranime en Écosse sous Robert Bruce, le fils du prétendant. Nouvelles cruautés d'Édouard, qui fait périr trois frères de Bruce.

Angleterre. — Le roi punit, en les humiliant, les principaux chefs de la noblesse qui avaient défendu contre lui les libertés de la nation.

Bohême. — Wenceslas V, qui ne règne qu'un an, est le dernier mâle de la maison qui, depuis six siècles, gouvernait la Bohême. — Le duc de Carinthie et l'empereur Albert d'Autriche se disputent la Bohême.

France. — L'altération des monnaies par le roi cause une sédition à Paris; le roi se réfugie dans la maison des templiers.

Italie. — Ligue de plusieurs villes contre le marquis d'Este. — Le Montferrat passe au neveu du dernier marquis, Théodore Paléologue, qui, né en Orient, aimera et cultivera les lettres grecques en les associant aux études latines. — Nouvelles discordes à Gênes entre les Doria et les Spinola, chefs du parti gibelin; triomphe momentané des guelfes.

Pologne. — Le prince silésien de Glogau, élu par les seigneurs de la grande Pologne, engage la guerre avec Wladislas Loketek.

1307.

Autriche et Suisse. — Insurrection helvétique provoquée par la tyrannie des agents de la maison de Habsbourg-Autriche, dont les cantons avaient accepté le protectorat

XIVᵉ SIÈCLE (1308-1309).

mais non la domination. Les chefs des trois cantons de Schwitz, d'Uri et d'Unterwalden, Werner Stauffacher, Walter Furst et Arnold de Melchthal, forment une ligue et prêtent serment pour la défense de la liberté, dans la plaine de Greutli, au canton de Schwitz. Les Suisses chassent leurs tyrans et tuent l'agent autrichien Gessler. Légende de Guillaume Tell.

Angleterre. — Édouard Iᵉʳ meurt près de la terre d'Écosse, au milieu des préparatifs d'une grande expédition. Ses travaux législatifs lui ont fait donner le surnom peu mérité de *Justinien anglais*. Son fils, Édouard II, se rend tout d'abord impopulaire en rappelant Gaveston, gentilhomme gascon, son favori, qui a été récemment banni. Il compromettra sa couronne pour le défendre contre les nobles.

Bohême. — La mort du prétendant autrichien laisse la Bohême au duc de Carinthie.

France. — Philippe le Bel rachète des hauts seigneurs et se réserve pour lui-même le droit de battre monnaie.

France et Rome. — Conférence du roi et du pape à Poitiers. Philippe le Bel fait arrêter, sous prétexte d'hérésie, les templiers dont il convoite les richesses (octobre) : ils sont livrés à un tribunal d'inquisiteurs; soixante chevaliers sont saisis avec le grand maître, Jacques Molay. Clément V engage tous les souverains de l'Europe à sévir contre les templiers (22 novembre). Le roi d'Angleterre présente leur défense.

Orient chrétien. — Concile national à Sis en Cilicie, convoqué par l'ordre du roi d'Arménie, pour décider la réunion de l'Église arménienne avec l'Église de Rome. — Mort sanglante du roi par la main des Mongols, ses perfides alliés.

Suède. — Birger II est forcé de partager le trône avec ses deux frères.

Venise. — Conspiration du parti démocratique : Marin Bocconio et ses principaux complices, arrêtés avant que leur projet eût éclaté, sont sur leur aveu, immédiatement condamnés à mort et exécutés.

1308

Allemagne. — Au début de son expédition contre les Suisses, Albert d'Autriche meurt, victime d'une haine domestique (1ᵉʳ mai). — Les électeurs préfèrent à ses fils et à Charles de Valois, frère de Philippe le Bel, que proposait le pape, Henri VII de Luxembourg.

Danemark. — Délivré d'une guerre de vingt ans avec la Norvège, Éric VI soutient encore, pendant près de dix ans, avec des États germains de la Baltique, une lutte que lui suscite l'ambition de son frère.

Espagne. — Le roi de Castille va mettre le siége devant Algeziras; les Aragonais assiégent tout aussi inutilement Almeria. — Développement de la civilisation du Portugal. Le roi Denis transfère à Coïmbre l'université de Lisbonne et la comble de bienfaits. Il mérite les titres de libéral, de père de la patrie, de roi laboureur. La langue portugaise commence à se former et se dégage du mélange du latin et du vandale; le premier grand ouvrage en langue nationale est le roman de l'*Amadis des Gaules*, par Vasco Lobeira.

France. — États généraux de Tours, auxquels le roi demande l'approbation de ce qu'il a fait contre les templiers.

Italie. — A la mort d'Azzon VIII, marquis d'Este, la guerre commence entre son fils naturel et ses frères. Ceux-ci implorent l'appui du pape, qui exige la reconnaissance du droit du saint-siége sur Ferrare. Le bâtard d'Azzon s'appuie sur les Vénitiens.

1309.

Allemagne. — La diète de Spire est la première où l'on distingue nettement les trois colléges politiques :

XIV° SIÈCLE (1310-1311).

1° des électeurs, 2° des princes et 3° des villes.

Espagne. — Le roi de Castille oblige à capituler la ville de Gibraltar. Il renonce à l'attaque d'Algeziras, mais reçoit un tribut du prince maure. — Ces concessions servent, dans Grenade, de prétexte à une sédition qui renverse le roi au profit de son frère.

France et Rome. — Clément V fixe sa résidence à Avignon, possession du comte de Provence, où se succéderont sept papes français. La cour d'Avignon s'enrichit par le trafic des choses sacrées, par la disposition arbitraire des bénéfices et des évêchés, au gré des rois de France.

France.—Beaucoup de templiers sont suppliciés.

Italie. — A la mort de Charles II de Naples ses sujets acceptent pour roi son troisième fils, Robert, qu'il a institué son héritier, au préjudice de Charobert, né d'un fils aîné mort avant lui. — Les succès de Venise, dans la guerre de Ferrare, sont arrêtés par la prédication d'une croisade. Le pape dispose de Ferrare comme d'une ville de ses États, et en donne le vicariat à Robert, roi de Naples.

Prusse. — Le grand maître des chevaliers teutons établit sa résidence à Marienbourg, qui devient la capitale de la Prusse.

1310.

Bohême. — L'empereur envoie pour roi aux Bohémiens son fils Jean de Luxembourg, qui épouse la veuve de Wenceslas IV et chasse le duc de Carinthie qu'on déteste.

Empire d'Allemagne et Italie. — Henri VII renouvelle les expéditions impériales en Italie. Il est reçu à Genève par l'évêque de la ville; à Chambéry et à Turin par Amédée, comte de Savoie, qu'il investit comme prince d'empire, du comté de Savoie, des duchés de Chalais, d'Aouste et du marquisat d'Italie (novembre); il reconnaît au prince Paléologue le marquisat de Montferrat. Sa présence à Milan ne permet pas encore aux Visconti d'anéantir la faction della Torre (décembre).

France.—L'archevêque de Lyon de la famille comtale de Savoie, ne renonce à ses prétentions d'indépendance qu'à l'arrivée d'une armée de Philippe le Bel.

France et Rome. — L'Allemagne, l'Italie et l'Espagne ne se font pas complices de la France et de la cour d'Avignon dans la persécution des templiers : les assemblées ecclésiastiques de Mayence (mai), de Ravenne (juin), de Salamanque (octobre), se déclarent pour l'ordre. Mais le concile de Paris, sous la présidence de l'archevêque de Sens, rend des sentences de mort (octobre); cinquante-neuf chevaliers sont brûlés comme relaps.

Hongrie. — Le prince angevin de Naples, Charobert, est enfin reconnu unanimement et sacré roi.

Orient. — Les hospitaliers quittent Chypre avec leur grand maître, Foulques de Villaret, et vont prendre d'assaut la capitale de l'île de Rhodes, qu'occupaient des Grecs révoltés et des corsaires musulmans. On les appellera chevaliers de Rhodes.

Prusse.—Le margrave de Brandebourg rend à l'ordre teutonique Dantzick et plusieurs cantons de la Poméranie orientale, qu'il ne peut défendre contre le roi de Pologne.

Rome.—Le pape fonde, pour la ville de Rome, des chaires de grec, d'hébreu, d'arabe, de syriaque.

Venise. — Nouvelle conjuration démocratique; guerre civile. Le doge Gradénigo réprime la sédition; pour informer contre tous les complices, il nomme des inquisiteurs d'état : c'est l'origine du conseil des Dix, arme terrible de l'aristocratie.

1311.

Empire d'Allemagne et Italie. — L'empereur est couronné à

Milan roi d'Italie. Il apaise à Gênes les factions qui se renouvelleront bientôt. Son protégé Mathieu Visconti recouvre la seigneurie de Milan et se fait confirmer le titre de vicaire impérial en Lombardie.

France. — Altération des monnaies. — La liberté est donnée par le roi aux serfs du Valois.

France et Rome. — Selon le vœu de Philippe le Bel, Clément V ouvre le seizième concile général à Vienne en Dauphiné (octobre). La pensée de la guerre sainte, les hérésies des bégards et des béguines dans les Pays-Bas, et le sort des templiers y sont discutés

1312.

Angleterre. — Les nobles ont fait trancher la tête au favori du roi, Gaveston ; ils obtiennent amnistie.

Empire d'Allemagne et Italie. — Après avoir soumis les villes rebelles de la Lombardie, Henri VII rencontre sous les murs de Rome l'armée des guelfes, qui a pour chef Robert de Naples. Au milieu du siége, il se fait couronner, à Saint-Jean-de-Latran, par trois cardinaux, légats de Clément V. — Guerre malheureuse contre les guelfes de Florence.

Espagne. — Mort du roi de Castille. Le pays est encore livré aux orages d'une minorité, le nouveau roi Alphonse XI n'ayant que deux ans. — Discordes civiles à Grenade.

France et Rome. — Clément V déclare aboli pour toute la chrétienté l'ordre des templiers (3 avril). Il avait duré cent quatre-vingt-quatorze ans. — Les Hospitaliers de Rhodes reçoivent une partie de ses biens. En France, les chevaliers ont été dépouillés surtout au profit du roi. — Philippe le Bel renonce à poursuivre le procès engagé contre la mémoire de Boniface VIII.

France. — Nouvelle sédition à Paris contre le roi, faux monnayeur, qui cherche de l'argent pour combattre encore les Flamands. Enguerrand de Marigny et deux Florentins l'aident dans ces honteuses et lucratives falsifications. Mais les Flamands ne seront pas soumis. — Le roi défend les guerres privées et bientôt même les tournois qui en entretenaient le goût. — Une université de lois est fondée à Orléans.

1313.

Empire d'Allemagne et Italie. — Florence, qui veut avoir un protecteur contre Henri VII, donne, pour cinq ans, la seigneurie à Robert, roi de Naples, que Henri VII met au ban de l'empire. Pendant qu'il marche pour le combattre, avec l'espoir d'être soutenu par le roi de Sicile, il meurt en Toscane. — Interrègne impérial.

1314.

Allemagne. — Double élection de Frédéric, duc d'Autriche, fils de l'empereur Albert, et de Louis V de Bavière. Leur rivalité dure huit ans.

Écosse. — La victoire de Robert Bruce, à Bannock-Burn, près de Stirling, gagnée sur Édouard II, affermit l'indépendance de l'Écosse.

France. — Supplice de Jacques Molay, grand-maître des templiers ; il est brûlé à Paris (11 mars). — États généraux tenus à Paris (août) — Mort de Philippe le Bel : l'aîné de ses trois fils, Louis X le Hutin, déjà roi de Navarre, lui succède (29 novembre).

Italie et Sicile. — Le roi Robert tourne les forces de Naples, de Provence et du Piémont contre Frédéric de Sicile. La guerre, coupée de trêves, traînera en longueur.

Rome. — Mort de Clément V à Avignon (20 avril). Interrègne pendant près de deux ans et demi.

Russie. — Novogorod se révolte contre Michel II et se donne à son compétiteur, le prince de Moscou.

1315.

France. — Scandales dans la maison royale : Marguerite, femme du roi Louis le Hutin, et Blanche, femme de son frère Charles le Bel, sont convaincues d'adultère ; leurs complices Philippe et Gautier d'Aunay sont écorchés vifs.—L'édit royal de Vincennes restitue aux villes et aux seigneurs presque tous les priviléges dont les avait dépouillés Philippe le Bel (mai). — La haine de la noblesse et des communes hâte le supplice mérité d'Enguerrand de Marigny, l'administrateur des finances sous Philippe le Bel ; il est pendu aux fourches patibulaires de Montfaucon (juin).—Louis X offre aux serfs du domaine royal de leur vendre la liberté (3 juillet). Il vend aux juifs qu'avait bannis Philippe le Bel le droit de rentrer en France (28 juillet).—Abolition ou du moins restriction du droit d'aubaine, d'après lequel l'État héritait de tous les étrangers qui mouraient en France. — Pour la première fois, depuis Hugues Capet, on aperçoit sur le sceau du roi une main de justice.

Orient chrétien. — L'infant Ferdinand d'Aragon se fait reconnaître à Clarentza, en Arcadie, souverain de la Morée. — Le comte de Savoie, Amédée, conduit une expédition au secours de Rhodes, menacée par les Turcs.

Suisse. — Les hommes d'Uri, de Schwitz et d'Unterwalden détruisent une armée de neuf mille hommes que Léopold, troisième fils d'Albert d'Autriche, a conduits près de Morgarten, montagne de Schwitz (novembre). Les trois cantons forment entre eux une confédération perpétuelle, sans se séparer de l'empire.

1316.

France.—Mort de Louis le Hutin (juin). Jeanne, sa fille, garde seulement la couronne de Navarre, dont peuvent hériter les femmes. Naissance d'un fils posthume, Jean (15 novembre); il vit cinq jours. La couronne de France, par une interprétation singulière de la loi salique, qui depuis des siècles n'était plus en vigueur, passe au plus proche héritier mâle, Philippe V le Long, second fils de Philippe le Bel.

Italie. — Castruccio Castracani, noble gibelin de Lucques, est nommé seigneur dans sa patrie pour un an ; mais il se perpétuera dans le pouvoir.—Un médecin de Padoue, Pierre de Apano, qui s'adonnait à l'astrologie et aux sciences occultes, accusé d'hérésie et d'athéisme, meurt avant la fin de son procès : il est brûlé en effigie.

Rome. — Le nouveau pape Jean XXII, né à Cahors, se fait couronner à Lyon.

Slaves. — La révolte de Stralsund contre le prince slave de l'île de Rugen, met en feu tout le nord. Le margrave de Brandebourg et le duc slave de Poméranie, Wratislas, prennent partie pour Stralsund ; le prince de Rugen est soutenu par les rois de Danemark, de Suède, de Pologne et de Hongrie, par le grand prince de Russie, par les ducs de Mecklembourg et de Saxe-Lauenbourg, par les comtes de Holstein et de Schwérin.

1317.

Danemark. — Les services rendus par les comtes de Holstein leur valent la Fionie que le roi leur engage pour trois ans.

France. — Philippe V le Long se fait sacrer à Reims (6 janvier). — Les états généraux déclarent que les lois et la coutume excluent les filles de la couronne (2 février).

France et **Rome.** — Jean XXII bouleverse la division ecclésiastique de la France du midi, et en multipliant les évêchés, multiplie les faveurs vénales.

Italie. — Ferrare se soulève contre l'odieux gouvernement de Robert de Naples, vicaire du saint-siège, et reconnaît les princes légitimes de la maison d'Este.

Russie.--Le prince de Moscou,

Jouri, va capter les bonnes grâces du khan, et se fait pardonner sa révolte contre le grand prince de Russie.

Suède. — Le roi Birger II, qui par une perfidie se débarrasse de ses deux frères, est chassé lui-même par le peuple; son beau-frère, le roi de Danemark, ne pourra le rétablir.

1318.

France. — Philippe le Long acquiert la Navarre, la Champagne et la Brie, moyennant une indemnité pour Jeanne, fille de Louis X, et avec la condition qu'elle rentrera en possession de ces États s'il n'a pas d'enfant mâle. Interdiction des guerres privées.

Italie. — Matteo Visconti, seigneur de Milan, est, à cause de son attachement pour l'empereur Louis de Bavière, excommunié par Jean XXII. — Gênes est assiégée par Visconti : Robert de Naples reçoit, du parti guelfe, la seigneurie de la ville pour dix ans.

1319.

Espagne. — Les deux régents de Castille marchent jusque sous les murs de Grenade, où tous deux sont tués dans la journée dite des Infants (juin). Les Maures reprennent plusieurs places. — Le second fils du roi d'Aragon, sur le refus de l'aîné, est reconnu héritier de la couronne. — Avec l'autorisation du pape, les biens que les templiers possédaient en Portugal sont donnés à l'ordre militaire du Christ, qui vient d'être fondé.

France. — Les inquisiteurs du Languedoc frappent cruellement les Albigeois, les Vaudois, les bégards ou fratricelles, les lépreux et les juifs. — Les gens d'église qui ont prélature sont exclus du parlement.

Italie. — Brescia, pour échapper à la domination d'un tyran, Cane della Scala, accepte pour prince Robert de Naples (janvier).

Rome. — Les ressources de la trésorerie pontificale sont accrues, sous Jean XXII, par les réserves de tous les bénéfices des églises collégiales de la chrétienté, par les translations de siéges, par les taxes des dispenses, et par le commerce des indulgences. Jean XXII, après dix-huit ans de règne, laissera dans ses coffres dix-huit millions de florins d'or.

Russie. — Dans un second voyage à la Horde, le prince de Moscou, Jouri, épouse la sœur du khan mongol, et en obtient des secours pour dépouiller Michel II.

1320.

Allemagne. — La mort du dernier descendant direct d'Albert l'Ours, dont la dynastie a rempli près de deux siècles, laisse vacant le fief de Brandebourg.

Danemark. — Mort d'Éric VI sans enfant; son frère Christophe II lui succède. Le nouveau roi, par ses prodigalités qui multiplient les impôts, provoquera des séditions.

Espagne. — Les cinq dernières années du règne de Denis, en Portugal, sont attristées par les révoltes de son fils, qui est jaloux de la faveur dont jouit un fils naturel.

Italie. — En Toscane, guerre entre Florence et le seigneur de Lucques, Castruccio Castracani.

Pologne. — Au milieu de ses guerres avec les chevaliers teutons, Wladislas Loketek prend le titre de roi et se fait sacrer à Cracovie, après en avoir obtenu la permission du pape Jean XXII. Depuis Loketek, les souverains de la Pologne ont toujours eu la dignité royale.

Russie. — Perfidement attiré et retenu à la Horde, le grand prince de Russie, Michel II, sera livré à des juges tartares, comme coupable d'avoir fait périr la femme de son rival; il mourra au milieu des tortures. — Le prince de Moscou, Jouri III ou Georges III, devient grand prince de Vladimir.

1321.

Angleterre. — Hugues Spencer

nouveau favori d'Édouard II, est cause d'une révolte des barons. Le parlement rend une sentence contre lui.

Espagne. — Les Aragonais sont appelés par les nobles de la Sardaigne qui veulent secouer le joug de Pise.

France. — Persécutions contre les lépreux et les juifs.—États généraux tenus à Poitiers (juin).

Italie et **Rome.** — Jean XXII cite à son tribunal et condamne quoique absent, pour crime d'hérésie et de magie, Matteo Visconti, l'allié de l'empereur. Visconti est privé de ses dignités. L'interdit est jeté sur Milan et sur les villes de sa domination, Pavie, Plaisance, Novare, Côme, Tortone, Alexandrie, Bergame. — Mort de Dante, gibelin de Florence, le plus grand poëte de l'Italie.

Orient. — Martin Sanudo, Vénitien, en proposant une nouvelle croisade pour arracher le commerce des Indes aux mains du soudan d'Égypte, accompagne son projet d'une carte de l'Asie orientale.

1322.

Allemagne. — Frédéric d'Autriche est battu et pris à Muhldorff, en Bavière, par l'empereur Louis V (28 septembre). Le roi de Bohême, Jean, auquel Louis V doit ses succès, reçoit en récompense la haute Lusace.

Angleterre. — Vainqueur des seigneurs, Édouard II fait mourir leur chef, le comte de Lancastre. — Il attaque les Écossais, est battu sur leurs terres et poursuivi jusqu'à York.

France. — Mort de Philippe V le Long (janvier) : il ne laisse que des filles contre lesquelles sera appliquée la loi salique. Il avait essayé d'établir dans le royaume l'unité de monnaies, de poids et de mesures.— Son frère Charles IV le Bel, qui lui succède, prend aussi le titre de roi de Navarre, malgré la convention de l'an 1318. — Charles IV persécute les financiers lombards.

Italie. — Matteo Visconti, âgé de soixante-douze ans, abdique la seigneurie de Milan en faveur de son fils aîné, et meurt. Galéas est menacé par les guelfes, par les partisans du pape, même par une partie des gibelins. — Le légat de Jean XXII décide perfidement les habitants de Plaisance à l'accepter pour seigneur. C'est pour la première fois que cette ville se donne au saint-siége. — Galéas qui a été forcé de sortir de Milan (novembre), y rentre avec l'aide des Allemands (9 décembre), et s'y maintient malgré le légat.

Orient. — Danger de l'Arménie chrétienne ; les populations se retirent dans les montagnes. Le sultan d'Égypte est battu. Le roi de Chypre et le khan des Mongols de Perse contribuent au salut des Arméniens.

Russie. — Les Russes pénètrent dans la Finlande suédoise, mais ne peuvent prendre Wiborg. Une ville est bâtie à l'embouchure du lac Ladoga dans la Néva, pour empêcher les Suédois et les Livoniens de remonter par cette rivière dans la Russie.

1323.

Allemagne. — Louis V de Bavière confère le margraviat de Brandebourg, fief vacant depuis 1320, à son fils aîné, encore enfant. Jean XXII casse l'élection impériale de Louis V.

France. — Charles IV le Bel réprime les exactions de la noblesse : une sentence du parlement condamne à être pendu Jourdain de l'Ile, seigneur de Casaubon en Gascogne, neveu du pape Jean XXII ; le supplice a lieu.—Abolition de la commune de Laon. — Nombreux procès d'inquisition contre les auteurs de sortiléges et de maléfices. — Les roturiers qui feront l'acquisition de fiefs donneront finance au roi. — Le collége de la *Gaie science*, déjà célèbre et ancien à Toulouse, propose pour la première fois à tous les poëtes du Languedoc de venir disputer la violette d'or fin qui doit être décernée le 1er mai de l'année suivante au vainqueur. On rapporte quelquefois à cette époque l'institution des Jeux Floraux, par Clémence Isaure.

Italie. — Les Vénitiens n'obtiennent qu'en payant un tribut de cent mille florins d'or à la cour d'Avignon, l'absolution des censures lancées contre eux depuis quinze ans au sujet de Ferrare.

Russie. — Élevé à la dignité de grand prince par la faveur des Mongols, Jouri III est tué à la cour même du khan, de la main du fils aîné de Michel II, venu pour solliciter la même protection.

1324.

Allemagne et Rome. — La cause de Louis V, contre lequel a fulminé de nouveau Jean XXII, est défendue par la diète germanique de Ratisbonne, par les universités de Bologne et de Paris, par les plus célèbres jurisconsultes, et surtout par les frères mineurs.

Angleterre et France. — Guerre au sujet de la Guienne, et particulièrement de l'Agenois et de la Saintonge.

Espagne. — Dans l'attaque de Baeça, près d'Ubeda, par les Maures de Grenade, les murs et les tours de la place ont été ébranlés par des machines qui lancent, avec grand bruit, des globes de feu semblables à la foudre. — En Castille, le roi Alphonse XI, à l'âge de quatorze ans, déclare dans les cortès de Valladolid qu'il veut gouverner par lui-même. Fin des troubles. — L'affaire de la Sardaigne est résolue, après un combat, entre les Pisans et les Aragonais : les Pisans consentent à tenir l'île comme un fief de l'Aragon qui partagera le droit de suzeraineté avec le pape.

1325.

Allemagne. — Moyennant une forte rançon, Jean de Bohême, avec le consentement de l'empereur, rend la liberté à Frédéric d'Autriche.

Louis V partage avec Frédéric le titre de roi ; Frédéric vit cinq ans encore sans exercer le pouvoir. — Les seigneurs de Bohême, dans une grande assemblée, déclarent nul un traité que leur roi Jean a passé avec l'empereur, pour échanger le royaume de Bohême contre le palatinat du Rhin, voisin du duché patrimonial de Luxembourg. — Des conventions de famille et le droit du sang font passer la succession du prince slave de Rugen et Stralsund, qui n'a pas d'héritier mâle, au duc de Poméranie et de Wolgast.

Angleterre. — Isabelle, fille de Philippe le Bel, femme d'Édouard II depuis dix-sept ans, vient en France sous prétexte de négocier la paix entre son mari et son frère (mai) ; elle y continue ses liaisons d'adultère avec le jeune Mortimer, comte de la Marche. — Elle a fait donner par Édouard II à son fils le duché de Guienne et le comté de Ponthieu.

Empire grec et Turcs. — L'empereur Andronic II l'Ancien associe au pouvoir son petit-fils Andronic le Jeune, âgé de trente ans. — Peu de temps avant de mourir, Othman, chef d'une tribu turque d'Asie Mineure, reçoit la soumission de Pruse ou Broussa en Bithynie, que son fils n'a prise qu'après une longue résistance des Grecs.

Espagne. — L'assassinat du roi de Grenade donne un trône chancelant à son fils âgé de dix ans, qui sera menacé surtout par les Mérinides d'Afrique. — Les cortès d'Aragon abolissent l'usage de la question.

France. — Soissons demande à renoncer à sa charte de commune pour être gouvernée par un prévôt du roi.

Orient. — Ibn-Batouta, musulman de Tanger, visite, de 1325 à 1354, les côtes barbaresques, l'Égypte, l'Arabie, la Syrie, la Perse, l'Asie Mineure, Constantinople, la Russie méridionale, la Tartarie, l'Afghanistan, l'Inde au delà de Dehli, la Chine, les îles Maldives, Ceylan, le Zanguebar.

Par l'Afrique, il alla en Espagne; et revenu au sud du mont Atlas, il pénétra au delà du Sahara, jusqu'à Tombouctou et jusqu'au Soudan. On n'a que des abrégés de sa relation.

1326.

Allemagne. — Jean XXII provoque une invasion des Lithuaniens, des Valaques et des Polonais, sur les terres du jeune margrave de Brandebourg, fils de l'empereur.

Angleterre. — Édouard II attire en Angleterre quelques tisserands de Flandre pour travailler les laines abondantes du pays qui jusque-là se vendaient en matière brute aux Flamands. — Isabelle envahit l'Angleterre avec une armée; Roger Mortimer, son amant, et la noblesse révoltée l'aident à mettre le roi en fuite. Le vieux Spencer, âgé de quatre-vingt-dix ans, et son fils, le favori, sont pendus.

France. — Fondation d'une université de lois à Montpellier où était déjà célèbre l'enseignement de la médecine.

Italie. — Les Florentins offrent la seigneurie au fils aîné de Robert, pour qu'il combatte Castruccio Castracani que le légat excommunie. Il leur amène deux mille cavaliers. — Parme se donne au pape. — Le titre de vicaire de l'empire en Italie, que Robert de Naples reçoit du saint-siége, ne compense pas ses échecs contre les Siciliens.

Sardaigne. — De nouvelles révoltes des Sardes contre Pise mettent l'île sous l'autorité immédiate du roi d'Aragon.

1327.

Allemagne et **Italie.** — Expédition de Louis V en Italie. Il est reçu à Milan par Galéas Visconti, à Lucques par Castruccio Castracani, auquel il donne le titre de duc, avec Pistoia et Prato. Le pape délie ses sujets du serment de fidélité.

Angleterre. — Le parlement pour la première fois, dépose un roi (janvier). Édouard II subit, par l'ordre de sa femme, un horrible supplice. — Édouard III, son fils, lui succède, mais Isabelle livre le gouvernement à Mortimer.

Angleterre et **Écosse.** — Guerre malheureuse faite par Mortimer à Robert Bruce, qui est reconnu roi indépendant.

Bohême. — Le roi Jean commence à faire accepter sa suzeraineté par les ducs entre lesquels est partagée la Silésie; il leur laisse les principaux droits régaliens.

Italie. — Le poëte Cecco d'Ascoli est brûlé à Florence, pour les hérésies que les inquisiteurs ont découvertes dans son poëme *in sesta rima*, mélange bizarre de physique, d'histoire naturelle, de philosophie morale, de visions astrologiques.

Turcs. — Le fils d'Othman, Orkhan, qui en lui succédant a pris le titre de sultan, moins modeste que celui d'émir, enlève aux Grecs Nicomédie, en Bithynie.

1328.

Allemagne, Italie et **Rome.** —Louis V *se fait couronner à Rome* par deux évêques et déclare Jean XXII déchu de la papauté. Un moine franciscain, Pierre de Corbière, est nommé pape; mais les guelfes chassent Louis V de Rome (août).

Empire grec. — Andronic III prive de l'autorité impériale et tient renfermé dans un palais son aïeul le vieil Andronic II qui vécut trois ans encore avec l'habit monastique (mai).

France. — Mort de Charles IV le Bel, sans héritier mâle (31 janvier). Application du décret national de 1317 qui exclut les femmes du trône. —Philippe VI, né de Charles, comte de Valois, le troisième fils de Philippe III le Hardi, commence la branche capétienne des Valois (1er avril). Il est sacré le 29 mai. — Il marche au secours du comte de Flandre contre ses sujets rebelles, et les bat à la journée de Cassel (23 août).

France et **Espagne.** — Jeanne, fille de Louis le Hutin, et son mari, Philippe d'Évreux, entrent en possession de la Navarre.

Italie. — A Mantoue, la maison de Gonzague, ainsi appelée d'un bourg qui est situé un peu au sud de la ville, au delà du Pô, profite d'une émeute populaire pour dépouiller les Bonacolsi qui depuis un demi-siècle exerçaient l'autorité de podestat ; Louis de Gonzague reçoit le titre de capitaine et associe ses fils au gouvernement (août). — Mort prématurée de Castruccio Castracani, duc de Lucques, à quarante-sept ans.

Russie. — Le second fils de Michel II, ayant fait tuer tous les Tartares qui étaient à Tver, quoiqu'il dût au khan la dignité de grand prince, prend la fuite devant une armée que commandent cinq princes tartares guidés par le frère de Jouri III, Ivan : Tver est mise à feu et à sang. Ivan Ier réunit les principautés de Moscou, de Novogorod et de Wladimir. Le prince déchu règne à Pleskof du consentement des habitants. Son frère reçoit des Tartares la principauté de Tver.

1329.

Allemagne. — Le droit de suffrage électoral devra alterner entre les deux branches princières de la maison bavaroise de Wittelsbach.

Angleterre et **France.** — Édouard III vient rendre hommage au roi pour ses terres de France.

Angleterre. — Édouard fait pendre, par arrêt du parlement, l'amant de sa mère, et relègue Isabelle dans un château où elle resta captive jusqu'à sa mort, pendant vingt-huit ans. — C'est en 1327, 1333, 1344, 1347 ou plus tard, après 1373, mais sous Édouard III, que le parlement prend sa forme définitive et se partage en deux chambres : 1° chambre des hauts barons et des chefs de l'Église ;
2° chambre des communes, où sont réunis les députés des chevaliers de comté et des francs-tenanciers, représentant de l'aristocratie moyenne, et les députés des villes et des bourgs.

Espagne. — Les Mérinides de Fez et Maroc prennent sur les Maures de Grenade Algeziras. — Pacte fondamental juré par Jeanne de France et Philippe d'Évreux avant d'être sacrés rois de Navarre, et souscrit par le roi de France : la garde des forteresses du pays ne sera donnée qu'à des Navarrais ; le domaine royal est inaliénable ; le fils de Jeanne et de Philippe, à vingt ans, recevra le gouvernement.

France. — Solennel débat de théologiens et de procureurs en présence de Philippe VI, pour fixer les limites des deux juridictions ecclésiastique et séculière : Pierre de Cugnères est l'avocat des gens du roi. La forme d'appel comme d'abus sortit de ces discussions. — Philippe VI nomme Jean de Bohême, qui a combattu avec lui à Cassel, son lieutenant dans le pays de Gascogne, à la frontière des possessions anglaises.

Italie. — A la mort d'Édouard, comte de Savoie, les états décident entre son frère et sa fille, en rappelant l'usage qui exclut les filles de la souveraineté tant qu'il reste des mâles de la maison régnante.

1330.

Allemagne et **Italie.** — Le roi Jean de Bohême, vicaire de l'empire en Italie, combat les Lombards.

Danemark. — Les Danois, pour ne point acquitter les impôts dont les a chargés Christophe II, l'ont déposé et forcé de fuir ; ils donnent le titre de roi à un enfant, le duc de Slesvig. Les chefs de l'insurrection se partagent le duché paternel de ce prince, et s'attribuent les plus beaux domaines de la couronne.

France. — Robert d'Artois, beau-frère du roi, convaincu d'avoir fabriqué de faux titres pour soutenir sa prétention au comté d'Artois contre sa tante, est banni par arrêt de la cour des pairs.

Livonie et Prusse. — Riga est assiégée et prise par les chevaliers teutons, tandis que l'archevêque de Livonie va porter ses plaintes à la cour d'Avignon. — Invasion des Lithuaniens et des Russes en Livonie.

1331.

Allemagne. — Jean XXII détache le roi de Bohême du parti de Louis V par la promesse de la couronne de Lombardie.

Danemark. — Christophe II, qui était remonté sur le trône en se réconciliant avec le comte de Holstein, tuteur de l'enfant qu'on avait fait roi à sa place, est de nouveau vaincu par lui et forcé de lui engager la Scanie et d'autres terres du royaume, même dans le Jutland.

Espagne et Italie. — La Corse est un sujet de guerre entre les Aragonais et les Génois. — Un parlement est établi en Navarre par les rois, avec le consentement des cortès, sur le modèle de celui de France.

France. — La confrérie de Saint-Julien des ménétriers, troupe de chanteurs baladins et musiciens, reçoit des statuts enregistrés au Châtelet.

Italie. — Puissance et modération d'Azzon Visconti, fils et successeur de Galéas, à Milan. Pavie, Verceil, Novare, Parme, Reggio lui défèrent la seigneurie; chef du parti de l'empereur, uni au marquis d'Este, au seigneur de Vérone, Mastino della Scala, aux Gonzague de Mantoue, il arrête les progrès de Jean de Bohême qui est dévoué au pape contre Louis V (août).

Orient. — Mort de l'Italien Oderic de Portenau, moine franciscain qui, par zèle pour la religion, a parcouru l'Asie depuis les côtes de la mer Noire jusqu'à la Chine : sa relation, mêlée de fables, est écrite en latin. — Mort d'Aboul-Feda, prince musulman de Hamah en Syrie, distingué surtout comme historien et comme géographe : ses *Annales moslemici* ont été traduites d'arabe en latin en 1789; la *Vraie situation des pays* a été traduite en latin en 1766. Le premier ouvrage est une chronique universelle, concise mais aride ; le second est une géographie détaillée, précédée de notions mathématiques et tenant compte de la différence des climats.

1332.

Allemagne et Suisse. — Lucerne, qui souffrait impatiemment le joug des Autrichiens, chasse l'officier étranger et entre dans la ligue perpétuelle des trois cantons suisses.

Angleterre et Écosse. — Édouard III a suscité à David Bruce un compétiteur, Édouard Baillol, qui, avec le secours des Anglais, est vainqueur et se fait couronner (27 septembre). David passe en France ; mais son parti soutient longtemps la guerre contre Baillol.

Danemark et Suède. — Les Scaniens, opprimés par le comte de Holstein, se donnent à la Suède.

Espagne. — Gibraltar, qui depuis 1309 a plus d'une fois changé de main, se rend au roi mérinide de Maroc.

France. — Un double mariage unit la maison de France à la maison de Bohême.

Italie. — Après un débat de quinze ans, les trois frères marquis d'Este reconnaissent le pape pour souverain de Ferrare et reçoivent de lui le vicariat de la ville et du district.

1333.

Allemagne, Italie et Rome. — Louis V croit rendre la paix à l'empire en offrant d'abdiquer une couronne que la haine de Jean XXII ne veut pas lui laisser porter : la diète d'Allemagne s'oppose elle-même à sa résolution désespérée. Son nouvel ennemi, Jean de Bohême, n'éprouve que des désastres dans une expédition en Lombardie, malgré le concours de la noblesse française.

Empire grec et **Turcs.** — Orkhan arrache aux Grecs la place importante de Nicée.

Orient et **Rome.** — Jean XXII publie une croisade en faveur du roi chrétien d'Arménie. — Les rois de France, de Bohême, de Navarre et d'Aragon prennent la croix mais ne partiront pas.

1334.

Italie. — Mort du Florentin Giotto, peintre, sculpteur et architecte : disciple de Cimabue, il a mieux que lui encore ramené les arts à l'étude de la nature. Il dirigeait au moment de mourir les fortifications de Florence. Il a été l'ami de Dante.

Rome. — Le pontificat de Benoît XII donnera à l'Église, bien que le pape reste à Avignon, huit années d'une administration salutaire : il réforme la discipline et les ordres religieux.

1335.

Bohême.—Mort du dernier duc silésien de Breslau, descendant des Piast. Après lui, la principauté passe à la couronne de Bohême. Presque tous les autres ducs acceptent la protection ou la suzeraineté du roi de Bohême.

Italie. — Les Gonzague de Mantoue se font céder Reggio par les Scaligers de Vérone.

Mongols. — Après la mort d'Abou-saïd, khan des Tartares occidentaux de Perse, cet empire est livré, jusqu'à l'époque de Timur-Beg, ou Tamerlan, à une sorte d'anarchie féodale : les grands se rendent indépendants chacun dans son domaine, l'autorité des khans est annulée ; la nation est sans influence au dehors.

Orient. — Après un voyage en Asie, François Balduin Pegoletti compose un traité de géographie appliquée au commerce, afin d'indiquer la route que peuvent suivre les marchandises d'Azof à la Chine ; il fait mention du papier-monnaie de la Chine qu'il nomme *babisci*.

1336.

Angleterre et **France.**—Pour soutenir ses prétendus droits au trône de France, qu'il réclamait comme petit-fils de Philippe IV le Bel, par sa mère Isabelle, Édouard III met dans ses intérêts le comte de Hainaut, l'empereur et le duc de Brabant, et cherche à gagner le pape. La guerre commence entre la France et l'Angleterre, d'abord en Flandre, où les grandes villes sont révoltées contre leur seigneur, l'allié de Philippe.—Le commerce des laines rend l'amitié des Anglais nécessaire aux Flamands. Sous Édouard III, l'Angleterre commencera à fabriquer avec ses laines des draps pour l'étranger.

Espagne et **France.** — Le roi de Navarre, Philippe d'Évreux, voisin des possessions anglaises de Gascogne, combat avec Philippe de Valois, son parent, contre les Anglais.

Espagne. — A la cérémonie de son sacre, le nouveau roi d'Aragon, Pierre IV, se couronne lui-même.

Italie.—Les marquis d'Este, vicaires de Ferrare pour le pape, s'emparent de l'autorité à Modène, où ne peuvent se maintenir les Pii.—Mastino della Scala, maître de Brescia, Vérone, Bassano, Vicence, Padoue, Trévise, se brouille avec les Vénitiens en voulant exploiter des salines près des lagunes.

Orient chrétien. — A la demande du roi de France, Naser, sultan d'Égypte, accorde la garde du saint sépulcre à des moines cordeliers : qui l'ont conservée pendant des siècles.—La ligue de Venise, de Constantinople, de Rome, de la France, de Naples, de Chypre et de Rhodes contre les Turcs ottomans, préserve à peine de l'invasion les côtes de la Grèce.

1337.

Angleterre et **France.** — Le titre ducal, jusqu'alors inconnu en Angleterre, est introduit par Édouard III qui nomme son fils aîné, âgé de six ans, duc de Cornouailles. — Il déclare la guerre à Philippe VI le 21 août, prend le titre de roi de France, au moins dans ses lettres du 7 octobre, où il nomme le duc de Brabant son vicaire en Flandre.

France. — Naissance de Froissart à Valenciennes, dans le Hainaut, au début de ces grandes révolutions de l'Angleterre, de la France, de l'Écosse, de la Flandre et de l'Espagne chrétienne, dont il sera le chroniqueur. — Le comte de Savoie, quoique proche parent du roi d'Angleterre, envoie des troupes et bientôt vient lui-même prendre part à la guerre de Flandre contre les Anglais.

Italie. — Le frère de Mastino della Scala, Albert, est fait prisonnier dans Padoue par le Véronais Pierre Rossi qui l'envoie à Venise; Marsile Carrara profite de ces succès pour saisir l'autorité à Padoue. Les Milanais enlèvent Brescia à Mastino.

Mongols. — Dans la Transoxiane, à quelques milles de Samarcande, naissance de Tamerlan, fils d'un émir mongol, descendant de Gengis-Khan par les femmes.

1338.

Angleterre. — Dans la guerre de France, les Anglais commencent à se servir de bombardes et de canons.

Empire d'Allemagne et **Rome.** — Le pape Benoît XII, poursuivant sur Louis V les vengeances de Jean XXII, et le menaçant encore de déchéance au profit du roi de France et de Charles, fils de Jean de Bohême, les princes de l'empire déclarent à Rense, près de Coblentz, puis à Francfort, que la couronne impériale ne relève pas du pape et que les électeurs seuls en disposent.

France. — Assemblée d'états généraux : le roi s'engage pour lui et pour ses successeurs à ne pas lever de deniers extraordinaires sans le consentement des trois états. Il altérera souvent les monnaies. — Pour la première fois un arrêt du parlement déclare la régale ouverte aux bénéfices d'un prélat français pourvu au cardinalat, comme s'il n'était plus membre du clergé de France. Depuis ce temps, les rois ont exigé des évêques nommés cardinaux un nouveau serment de fidélité.

1339.

Angleterre et **France.** — Édouard III prend en Flandre le titre de roi de France. Les Anglais se répandent dans le pays de Cambrai et la Picardie.

Bohême et **Pologne.** — Pour éviter la guerre avec son remuant voisin le roi de Bohême, le roi de Pologne, Casimir III, renouvelle l'abandon de ses prétentions sur la Silésie, et y ajoute un tribut dont le roi de Hongrie, son neveu, donne une part.

Empire grec et **Rome.** — Le Grec Barlaam est envoyé par Andronic III auprès du pape pour traiter de la réunion des deux Églises : mission sans effet.

Espagne. — Le roi d'Aragon rend hommage au pape pour la Sardaigne.

Italie. — Mastino della Scala finit la guerre avec les Vénitiens par un traité qui leur livre toute la marche Trévisane. C'est la première acquisition importante de Venise en terre ferme. — Milan tombe sous la sanguinaire autorité de Luchino Visconti, oncle et successeur du vertueux Azzon; elle devra à ses armes et à sa politique perfide un grand accroissement de territoire. — Le nouveau marquis de Montferrat, Jean II Paléologue, se fait le chef du parti gibelin et enlève Asti à Robert, roi de Naples. — Une nouvelle révolution à Gênes fait passer le gouvernement des mains des nobles au peuple et à la faction gibeline. Au titre d'abbé est substitué celui de doge comme à Venise : Simon Boccanera a le premier cette dignité à vie.

Suisse. — Une ligue de plusieurs comtes d'Helvétie ne peut forcer la résistance de Berne qu'assistent les troupes fédérales d'Uri, de Schwitz et d'Unterwalden, quoiqu'elle ne fasse pas partie de la confédération. Les troupes victorieuses des cantons marchent contre Fribourg, qui s'était mise sous la suzeraineté du duc d'Autriche.

1340.

Afrique et Espagne. — Les rois de Grenade et de Maroc assiégent Tarifa et font usage de canons qui lançaient des boulets de fer. Le roi de Castille, Alphonse XI, et le roi de Portugal, Alphonse IV, viennent leur livrer, sur les bords du Salado, une bataille décisive qui cause des pertes irréparables aux princes musulmans (30 octobre).

Angleterre et France. — Victoire navale des Anglais gagnée sur la côte de Flandre, à l'Écluse (24 juin) : nous n'avions que des vaisseaux et des matelots génois. Tentative des Anglais sur Tournai. Trêve (29 septembre).

Danemark. — Six ans après la mort de son père Christophe II qui avait laissé le royaume dans l'anarchie, Valdemar III est élu roi de Danemark par les états; il épouse une princesse de Slesvig, et ressaisit une partie des domaines de la couronne qu'avait usurpés la noblesse; mais la pénurie du trésor l'oblige à laisser encore au comte de Holstein la Fionie et une partie du Jutland, engagées en 1317.

Espagne et France. — Le refus de l'hommage pour la seigneurie de Montpellier brouille le roi de Majorque avec son suzerain Philippe de Valois. Le prince aragonais devra, au bout de deux ans, se soumettre à l'obligation féodale.

1341.

Empire grec. — Mort d'Andronic III au milieu des débats religieux; son fils Jean, âgé de neuf ans, est sous la tutelle du patriarche de Constantinople et de Cantacuzène, grand domestique, qui prend bientôt les ornements impériaux.

Italie. — L'acquisition de Lucques par les Florentins les met en guerre avec les Pisans. — Couronnement de Pétrarque au Capitole.

Orient musulman. — Mort du sultan d'Égypte et de Damas, Naser, après quarante-huit ans d'un règne deux fois interrompu par des révoltes; peu favorable aux grands, il s'était appliqué à soulager le peuple et à favoriser l'agriculture et les arts. — En vingt ans, huit de ses fils passeront sur le trône au milieu de discordes civiles.

Russie. — Mort du prince Ivan, qui a embelli Moscou. Siméon, son fils aîné, lui succède, avec l'assentiment du khan des Tartares.

1342.

Angleterre, Écosse et France. — La nation écossaise rappelle de France David Bruce. — Les Français et les Anglais se retrouvent en présence dans la Bretagne où l'héritage du dernier duc est disputé par Jeanne de Penthièvre, sa nièce, mariée à Charles de Blois, parent de Philippe VI, et par Jean de Montfort, son frère cadet. Édouard appuie ce dernier. — Robert d'Artois est blessé mortellement dans les rangs des Anglais à Vannes. Édouard lui-même échoue contre Vannes, Nantes et Rennes.

Espagne. — Les Castillans attaquent Algeziras, que le roi de Grenade défendra deux ans.

Hongrie. — Louis Ier est élu pour succéder à son père Charobert qui a rendu tributaires de la Hongrie les souverains de Servie, de Transylvanie, de Bulgarie, de Bosnie, de Moldavie et de Valachie. Il ramène sous le joug la Transylvanie et la Valachie.

XIVᵉ SIÈCLE (1343-1344).

Italie. — A Florence, au milieu des discordes, Gauthier de Brienne, duc d'Athènes, reçoit le titre de capitaine et de conservateur du peuple, et bientôt de seigneur à vie ; il se conduit comme le plus cruel et le plus cupide des tyrans.

Rome. — Clément VI déclare se réserver la nomination des grandes prélatures, sans tenir compte des droits des chapitres et des communautés.

1343.

Allemagne et Rome. — Clément VI recommence les procédures contre l'empereur.

Bohême. — Affranchissement ecclésiastique de la Bohême par l'érection de l'église de Prague en archevêché.

Bohême et Pologne. — Casimir, roi de Pologne, se jette sur la Silésie quoiqu'il ait par un traité formel fait abandon de ses prétentions, en faveur du roi de Bohême ; il ne garda qu'une ville, Frauenstadt.

Danemark. — Valdemar III vend au roi de Suède la Scanie.

Espagne. — Le roi d'Aragon enlève les Baléares au roi de Majorque, et commence sur le continent la conquête de ses autres domaines, le Roussillon et la Cerdagne.

Italie. — Mort du roi de Naples, Robert le Sage. Il a désigné pour régner ensemble après lui sa petite-fille, Jeanne, âgée de dix-sept ans, et l'époux de Jeanne, son petit-neveu, André de Hongrie, fils de Charobert. — Florence chasse Gauthier de Brienne. Le parti démocratique saisit la direction de la république, et choisit à son gré le gonfalonier.

1344.

Bohême, Hongrie et Pologne. — Louis Iᵉʳ de Hongrie défend son oncle Casimir de Pologne contre Jean de Bohême qui, en représailles de l'attaque de la Silésie par les Polonais, était venu jusqu'à Cracovie. Il frappe les Tartares en Transylvanie. Lorsqu'ils s'avancent vers la Pologne, Casimir les arrête victorieusement sur les bords de la Vistule.

Espagne. — Algeziras se rend au roi de Castille : trêve de dix ans entre les chrétiens et les Maures de Grenade. — Yousouf s'applique à rendre ses sujets heureux pendant la paix : les écoles, la police, la discipline militaire et l'encouragement des arts recommandent ce règne. — Pierre IV déclare le royaume de Majorque réuni à la couronne d'Aragon et achève de soumettre le Roussillon et la Cerdagne. Le prince dépouillé trouve des amis dévoués mais impuissants dans le comté de Foix et dans Clément VI.

France. — Philippe VI attire perfidement par un tournoi et fait décapiter à Paris, sans forme de procès, Olivier Clisson et quatorze seigneurs bretons ou normands, suspects de complicité avec l'Angleterre (janvier). — Il est le premier roi qui force les peuples à prendre le sel dans les greniers de l'État : avant lui, Philippe le Bel et Philippe le Long avaient mis des impôts sur le sel.

Italie. — Jacques Dondis est l'auteur d'une horloge à roues qui fut placée sur la tour du palais de Padoue. Elle marquait, outre les heures, le cours annuel du soleil et les mouvements des planètes : le nom propre d'Orologus en est resté à cet artiste et à ses descendants.

Orient chrétien. — Le roi d'Arménie est assassiné par ses sujets qui le voyaient préférer, pour les emplois, des gentilshommes latins à la noblesse du pays, et persévérer dans les mœurs et les usages étrangers. Son successeur est un prince de la maison royale de Chypre.

Turcs. — Tout le fruit d'une ligue du roi de Chypre, de Clément VI, des Vénitiens, des chevaliers de Saint-Jean contre les Turcs ottomans, fut l'occupation de Smyrne, qui au bout de deux ans fut perdue.

1345.

Bohême et **Pologne**. — Jean de Bohême, quoique aveugle, conduit une armée contre Cracovie : il est repoussé avec une grande perte.

Danemark. — Courte expédition de Valdemar III en Esthonie, pour défendre cette province danoise contre les idolâtres.

Espagne. — Le roi de Castille reçoit en don, du roi d'Angleterre, des échantillons de la plus belle race des moutons anglais, qui ont fait depuis une des principales sources de richesses de la péninsule. — Les îles Canaries, récemment découvertes par des navigateurs de Castille, d'Aragon et de Portugal, forment un royaume pour un des infants de Lacerda, sous la suzeraineté du saint-siége. — Pierre, le fils du roi de Portugal Alphonse IV, presque aussitôt après la mort de sa femme qui n'avait pu se résigner à ses scandaleuses amours, épouse une de ses maîtresses, Inès de Castro, à l'insu du roi.

France. — Mort de Jean de Montfort, le prétendant au duché de Bretagne. — Le chef des Flamands révoltés, Jacques Arteveld, est tué à Gand par le peuple.

Hongrie. — Soumission de la Croatie.

Italie. — André de Hongrie, mari de Jeanne de Naples, est étranglé. Sa femme est accusée du crime par la voix publique. Une bulle du pape frappe tardivement les coupables, quels qu'ils soient (janvier).

1346.

Allemagne et **Rome**. — La cour d'Avignon lance encore une bulle de déposition contre Louis V; cinq électeurs, gagnés par argent, lui substituent Charles, fils du roi de Bohême, âgé de trente ans. Le nouvel élu s'engage par un pacte honteux avec Clément VI. Guerre civile.

Angleterre, **Écosse** et **France**. — États des pays de la langue d'oïl à Paris; de ceux de la langue d'oc à Toulouse (février). Le siège d'Aiguillon dans l'Agenois n'est plus qu'un incident sans valeur, quand Édouard III envahit la France par la Normandie où le conduit le transfuge Geoffroy d'Harcourt (juillet). — Édouard court impunément jusqu'auprès de Paris; après avoir passé la Seine pour retourner dans le Ponthieu qui lui appartient, il est atteint en Picardie, à Crécy, par Philippe VI. Bataille funeste à la France (26 août) : les Anglais sont supérieurs par leur infanterie bien plus que par les six pièces de canon qui parurent dans cette journée. Le prince de Galles, âgé de quinze ans, gagne ses éperons de chevalier; il adopte les armes noires de Jean l'Aveugle, roi de Bohême, qui se fit tuer à la tête des chevaliers français avec une extravagante témérité. Le fils de Jean, Charles, élu roi des Romains, a pris part au combat. — Siége de Calais par Édouard III. — Le roi d'Écosse, David Bruce, perd à la frontière de l'Angleterre, près de Durham, la bataille de Nevils-Cross, contre Philippine de Hainaut qui va ensuite conduire des secours à Édouard, son mari, devant Calais (17 octobre). David restera onze ans à la Tour de Londres.

Bohême. — Le duc de Schweidnitz-Jauer, maître aussi de la Lusace, est le seul des princes silésiens qui ait refusé à Jean de Bohême l'obéissance féodale.

Danemark. — Le roi de Danemark entreprend un pèlerinage en terre sainte, avec le duc de Saxe, sans la permission de Clément VI. Clément l'excommunie pour un an.

Empire grec. — Jean Cantacuzène, qui a déjà pris la pourpre impériale, engage la guerre avec les partisans de Jean Paléologue.

Hongrie et **Venise**. — Zara, révoltée depuis dix mois contre Venise pour la septième fois, est mal secourue par Louis, roi de Hongrie; après sa retraite, elle se défend encore une année.

Italie. — Le roi de Hongrie réclame, au nom du fils posthume de son frère André, qui a été assassiné, l'administration du royaume de Naples, et forme une ligue avec Louis V de Bavière contre la reine Jeanne. Jeanne se donne un protecteur en épousant son parent, Louis de Tarente. — Parme et Plaisance passent sous l'autorité de Visconti; elles resteront cinquante-sept ans aux seigneurs de Milan.

1347.

Allemagne. — Le célèbre philosophe Guillaume d'Occam, cordelier anglais qui a ranimé la querelle des réalistes et des nominaux, meurt à Munich auprès de l'empereur qu'il défendait contre le saint-siège. — Mort de l'empereur Louis de Bavière. — Le roi des Romains, Charles IV de Bohême, est aux prises pendant une année avec quatre compétiteurs.

Angleterre et France. — Charles de Blois est vaincu et pris à la Roche-Darien par les Anglais et par Jeanne de Montfort (juin): sa femme continue la lutte. — Calais, pris par Édouard III, devient tout à fait une ville anglaise (août): Eustache de Saint-Pierre, qui s'est dévoué pour sa ville, reste sujet d'Édouard. — Trêve par la médiation du pape (septembre).

Bohême. — Prague doit à Charles IV une université, sur le modèle de celle de Paris.

Empire grec. — Jean Cantacuzène entre par surprise dans Constantinople.

Danemark. — Le roi de Danemark vend l'Esthonie au grand maître de l'ordre teutonique. Le prix du rachat lui sert à dégager la Fionie et les places de Seeland, livrées depuis trente ans aux comtes de Holstein.

Hongrie, Naples et Sicile. — La reine Jeanne, menacée par Louis de Hongrie, se réconcilie avec le prince aragonais de Sicile, et reconnaît ses droits.

Italie. — Guerre entre la maison de Savoie et les Visconti.

Orient chrétien. — L'Arménie sollicite vainement les secours du pape, de la France et de l'Angleterre.

Pologne. — Code de Casimir III: il partage entre le roi et la noblesse le pouvoir de faire les lois, et rend moins arbitraire l'autorité royale; il permet aux paysans opprimés par les nobles de quitter leurs terres.

Rome. — Nicolas Rienzi se fait nommer tribun, constitue le gouvernement du *bon État*, et châtie la noblesse turbulente. Il tente de former une confédération de tous les grands États italiens. Bientôt la popularité l'abandonne; chassé de Rome, il tombera aux mains du pape.

Venise. — Venise obtient que ses vaisseaux soient reçus en toute franchise dans les ports de l'Égypte et de Syrie; elle a le droit d'y établir des comptoirs.

1348.

Une peste décime les populations de l'Égypte et s'étend sur les différentes parties de l'Europe pendant deux ans, 1348 et 1349. Elle sévit cruellement en Italie, en France et en Angleterre; mais elle n'interrompt pas les danses, les pompes, les jeux, les tournois. Elle a inspiré le préambule du *Décaméron* de Boccace.

Bohême. — Une ordonnance de Charles IV confirme et explique les priviléges des Bohémiens; il fait décider dans l'assemblée de Prague que l'élection du roi n'appartient aux états que quand la famille royale est éteinte.

Espagne. — Le roi d'Aragon, Pierre IV le Cérémonieux, après avoir vaincu les nobles abroge le *privilége d'union* qui, depuis soixante ans, autorisait les seigneurs à défendre leurs libertés par la force. Des lois nouvelles garantiront les droits de la nation; elles seront mises sous la garde du grand justiza, magistrat suprême de justice dont relève même le roi.

Italie.—Louis de Hongrie prend, presque sans combat, possession du royaume de Naples (janvier). Fuite de Jeanne et de son mari, Louis de Tarente. Louis imite bientôt les violences et les cruautés des Angevins. La peste le force à quitter l'Italie (avril). Les troupes qu'il laisse ne pourront garder sa conquête. — La peste de Florence emporte l'historien Jean de Villani, dont la chronique en langue italienne a été conduite par son frère et par son neveu jusqu'en 1365.—Mort du poëte italien Barberino, dont les *Documenti d'Amore* se ressentent de son long séjour en Provence, dans la société des troubadours. — Les Vénitiens obtiennent l'alliance des Gonzague de Mantoue contre les puissants seigneurs de Vérone, les della Scala, qui, de leur côté, unis au seigneur de Milan et au marquis d'Este, entrent dans le Mantouan, mais sont repoussés.

Rome.— Avignon, résidence des papes depuis quarante ans, est vendue par la comtesse de Provence, Jeanne, la reine fugitive de Naples, au pape Clément VI (juin). L'empereur confirmera cette cession d'un fief qui faisait partie de l'ancien royaume d'Arles.

Suède. — Les Suédois opposent au roi Magnus II son propre fils pendant six ans.

1349.

Angleterre. — Édouard III institue l'ordre de chevalerie de la Jarretière, peut-être en souvenir de son amour pour la comtesse de Salisbury.

Espagne et France. — Philippe VI acquiert d'Humbert le Viennois et le Dauphiné, à condition que le titre de dauphin sera porté par celui des enfants de France qui aura le Dauphiné en apanage (mars).— Jayme II, roi déchu de Majorque, vend à Philippe VI la seigneurie de Montpellier et tente un dernier et inutile effort pour recouvrer Majorque, que les rois d'Aragon garderont. — Mort de Jeanne, reine de Navarre; son fils Charles, dit le Mauvais lui succède.

1350.

Espagne. —Alphonse XI, roi de Castille, meurt de la peste. — Pierre le Cruel succède à son père. — Si les Maures d'Afrique ne paraissent plus en Espagne, le royaume maure de Grenade subsiste encore près d'un siècle et demi.

France. — Mort de Philippe VI (août). Son fils Jean le Bon, qui lui succède, fait exécuter, sans forme de procès, le connétable Raoul de Nesle, comte d'Eu et de Guines, qu'il soupçonne de trahison (novembre).

Italie. — Les Génois établis à Caffa, dans la Crimée, voulant interdire aux Vénitiens le commerce de la mer Noire, la guerre recommence entre les deux puissances maritimes. — L'achat de Bologne par le nouveau seigneur de Milan, Jean Visconti, archevêque et cardinal, le met en lutte ouverte avec le saint-siège qui cédera enfin aux menaces.— Seconde invasion du royaume de Naples par Louis de Hongrie.

Rome. —L'indulgence de jubilé que Boniface VIII avait établie pour la centième année de l'ère chrétienne, réduite à la cinquantième par un décret de Clément VI, en 1343, attire à Rome un concours extraordinaire de pèlerins.

1351.

Allemagne.—L'empereur Charles IV achète de l'électeur palatin une partie du haut Palatinat.

Allemagne et Suisse. — Les villes impériales de Zurich et Glaris, pour échapper au joug de la maison d'Autriche, se font agréger à la confédération helvétique. Le puissant abbé de Saint-Gall conclut une alliance défensive avec les cantons de Zurich, Lucerne, Schwitz et Glaris.

Bohême. — Incorporation de la ville et du cercle d'Égra.

Espagne. — Le nouveau roi de Castille, à la sollicitation de sa mère, fait mourir Éléonore de Guzman, maîtresse de son père.

XIVᵉ SIÈCLE (1352-1353).

France. — États généraux à Paris (février). Altération des monnaies. Famine. Les hostilités recommencent avec l'Angleterre. — Jean le Bon institue pour la chevalerie l'ordre de l'Étoile (octobre).

Gênes et Venise. — Venise a pour alliés contre Gênes l'Aragon, la Navarre et la France. Le Génois Doria se montre cependant dans le golfe de Venise (octobre), et livre aux flammes la capitale de Négrepont, colonie vénitienne.

1352.

Allemagne et Suisse. — Les Lucernois s'emparent pour le détruire du château de Habsbourg, berceau primitif de la maison d'Autriche. La ville helvétique de Zug, qui dépend de la maison d'Autriche, est subjuguée par les Suisses et prend rang dans leur confédération.

Danemark. — Le comte de Holstein soutient la noblesse du Jutland révoltée ; nouvelle guerre avec le Danemark.

Empire grec, Gênes et Venise. — Les Vénitiens et les Catalans, unis même aux Grecs qui voudraient secouer la tutelle de Gênes, attaquent la flotte génoise dans le détroit de Constantinople ; malgré leur nombre, ils se font battre. Jean Cantacuzène est forcé d'interdire les ports de l'empire à ses alliés.

Hongrie et Naples. — Jugement du pape Clément VI accepté par Louis de Hongrie malgré les succès d'une nouvelle expédition : le pape ayant déclaré la reine Jeanne innocente du meurtre de son premier mari, Louis renonce à la conquête.

1353.

Bohême. — Le mariage de l'empereur Charles de Bohême avec une princesse de Schweidnitz prépare l'incorporation des principautés silésiennes de Schweidnitz et de Jauer.

Empire grec. — Jean Paléologue se sert des Turcs ottomans contre Cantacuzène, qui envoie des députés au pape pour obtenir les secours de l'Occident ; il cherche aussi l'amitié du Turc Orkhan en lui donnant sa fille. — Mort du littérateur grec Planude, qui a réuni les fables attribuées à Ésope.

Espagne. — Trois jours après son mariage avec la fille du duc de Bourbon, Pierre le Cruel commence à la persécuter. Plusieurs de ses crimes domestiques lui ont été inspirés par ses maîtresses : l'une d'elles, Padilla, régna sur lui environ pendant huit ans, mais en ayant souvent des rivales plus puissantes qu'elle.

Gênes et Venise. — L'amiral génois Antonio Grimaldi est battu par les Vénitiens et les Catalans à la hauteur de Cagliari, en Sardaigne. — Pour recevoir des denrées du Milanais, Gênes est réduite à se donner à Jean Visconti, seigneur de Milan.

Rome. — Le nouveau pape, Innocent VI, suspend les réserves accordées par Clément VI et révoque toute concession de prélatures, de dignités et de bénéfices séculiers et réguliers. Dans la collation des bénéfices, il favorise les gens de lettres. Il charge de ses pouvoirs en Italie le cardinal Alvarès Albornoz, archevêque de Tolède, qu'avait dépouillé Pierre le Cruel. — L'ancien tribun Nicolas Rienzi, qui depuis deux ans était à Avignon, est envoyé par le pape avec le légat pour l'aider à rétablir son autorité : il jouira encore de quelques mois de dictature et de popularité.

Russie. — La peste emporte le grand prince Siméon, fils aîné d'Ivan Iᵉʳ ; le second fils, Ivan II, règne après lui avec l'assentiment du khan mongol.

Suisse. — Berne accède à la confédération helvétique, qui reste pour cent vingt-cinq ans composée de huit cantons : Uri, Schwitz, Unterwalden, réunis depuis 1307 ; Lucerne, agrégée en 1332 ; Zurich et Glaris, en 1351 ; Zug, en 1352 ; Berne, en 1353.

1354.

Bohême. — Elle reçoit de Charles IV une constitution féodale.

Empire d'Allemagne, Italie et Suisse. — Charles IV entreprend une expédition en Italie avec l'assentiment de la cour d'Avignon. — Louis de Gonzague le reçoit à Mantoue, et en obtient le titre de souverain héréditaire de Mantoue et de Reggio. Albert, duc d'Autriche, ne peut soumettre Zurich.

Espagne. — Assassinat de Yousouf. — Discordes parmi les musulmans.

France. — Charles le Mauvais assassine Charles de la Cerda, connétable de France.

Naples et Sicile. — La cour de Naples, profitant de la faiblesse du gouvernement sicilien, reprend ses projets de conquête. Guerre languissante pendant dix-huit ans.

Rome. — Le peuple renverse son idole : Rienzi, assiégé au Capitole, est assassiné dans sa fuite (septembre).

Venise. — Mort d'André Dandolo, qui a écrit la première histoire de Venise. Après lui, aucun doge ne sera enseveli dans l'église Saint-Marc. — Marino Faliéro est élu doge à quatre-vingts ans.

Venise et Gênes. — Paganino Doria bat dans le port de Sapienza, près de Modon, au sud-ouest du Péloponnèse, les vaisseaux vénitiens commandés par Nicolas Pisani (4 novembre).

1355.

Angleterre et France. — États de la langue d'oïl à Paris : ils promettent trente mille gens d'armes et des subsides, moyennant des réformes que le roi s'engage à accomplir ; des élus des états veilleront à l'emploi et à la répartition des produits de l'aide. L'ordonnance du 28 décembre est appelée la grande charte des Français.

Bohême. — Une constitution de Charles IV décrète la réunion des duchés de Silésie, du marquisat de Lusace et de deux districts de la Pologne à la couronne de Bohême.

Empire d'Allemagne et Italie. — Charles IV reçoit à Milan la couronne de Lombardie ; à Rome, celle d'empereur. Il quitte la ville le jour même de son couronnement, suivant ses engagements secrets avec la cour d'Avignon, et renonce à toute prétention sur Rome, l'État ecclésiastique, Ferrare, Naples, la Sicile, la Sardaigne et la Corse. Il trafique honteusement des droits impériaux dans toute l'Italie.

Empire grec. — Constantinople tombe au pouvoir de Jean Paléologue. Cantacuzène se retire dans un monastère, où il écrit ses mémoires.

Espagne. — Le roi de Portugal fait tuer Inès de Castro, qui est toute-puissante sur l'esprit de son fils Pierre et lui a donné déjà plusieurs enfants.

Hongrie et Pologne. — Casimir III de Pologne, qui n'avait que des filles, fait reconnaître pour son successeur, quinze ans avant sa mort, son neveu Louis roi de Hongrie, au détriment d'un parent éloigné, dernier rejeton de la dynastie des Piast en Pologne, qui se retira l'année suivante en France, dans une abbaye.

Venise. — Le vieux doge, insulté par un noble, n'obtient pas une réparation suffisante ; il conspire avec des hommes du peuple. Le complot est découvert : jugé par le conseil des Dix, Marino Faliéro a la tête tranchée sur le grand escalier du palais ducal (17 avril). — Toute pensée de guerre et de conquête s'efface devant la nécessité de rétablir la concorde à l'intérieur. La paix est conclue avec Gênes par la médiation des Visconti de Milan (1er juin).

1356.

Allemagne. — Charles IV soumet aux diètes de Nuremberg (juin) et de Metz (décembre) la *Bulle d'or*, qui précise les fonctions et les droits des sept électeurs : la dignité électorale, disputée longtemps par la branche palatine et par la branche ducale de Bavière, reste à la première. La bulle a été rédigée en latin par le jurisconsulte italien Barthole.

Espagne. — Commencement d'une longue guerre entre le roi d'Aragon et le roi de Castille.

France.—Jean le Bon, soupçonnant de trahison Charles le Mauvais, son gendre, et des seigneurs normands, va les surprendre à Rouen; cinq seigneurs sont pendus, le roi de Navarre est incarcéré (avril).

France et Angleterre. — Le prince de Galles a envahi la France par Bordeaux ; Édouard III est venu par Calais. Après que le prince de Galles a parcouru le pays au sud de la Loire, le roi de France lui livre bataille à deux lieues au nord de Poitiers, à Maupertuis (19 septembre): grand désastre pour la France ; le roi, fait prisonnier, sera conduit en Angleterre. Le pays est à la merci des Anglais, des Navarrais et des routiers. Le dauphin Charles, âgé de dix-huit ans, lieutenant général du royaume, ne peut maîtriser les états généraux de la langue d'oïl, qui veulent être un élément nouveau de gouvernement. Influence de Marcel, prévôt des marchands de Paris, de Robert le Coq, évêque de Laon, et bientôt de Charles le Mauvais, quand il sera redevenu libre.

Hongrie et Italie. — Les Vénitiens, refusant de concourir à l'expédition de Louis de Hongrie contre Jeanne de Naples, sont menacés par les Hongrois dans leurs possessions de Dalmatie.

Italie.—Acquisition par le comte de Savoie de la baronnie de Vaud, du Bugey et du Valromey ; il garde Gex avec l'assentiment du roi de France, seigneur du Dauphiné. — Asti et Gênes, presque en même temps, s'affranchissent du gouvernement des deux frères Visconti, Galéas et Barnabo, seigneurs de Milan. Asti passe au marquis de Montferrat. A Gênes, nouvelle élection d'un doge : Simon Boccanera, réélu, rétablit la concorde.

Orient. — Le chevalier anglais Jean Mandeville, de retour dans sa patrie après vingt-neuf ans de courses aventureuses en Asie et en Égypte, où il s'était mis tour à tour au service du soudan du Caire, au service du grand khan du Kathai chinois, commence à écrire ses voyages, en français et en latin ; il les dédie à Édouard III. Il a beaucoup emprunté aux vieilles chroniques et aux romans de chevalerie.

1357.

Angleterre et France.—Trêve de deux ans (23 mars).

Écosse. — Édouard rend la liberté à David Bruce. L'héritier désigné du prince est son neveu Robert Stuart, né de la fille de Robert Bruce et de Walter, grand sénéchal ou Stuart d'Écosse.

Espagne. — En Portugal, devenu roi par la mort d'Alphonse IV, Pierre le Justicier, ou le Sévère, se venge de la mort d'Inès sur ses meurtriers ; plus tard, il fit rendre à son corps tous les honneurs dus à la dignité royale.

France.—Les états de la langue d'oïl s'assemblent de nouveau à Paris, sans avoir été convoqués par le dauphin. Ils obtiennent l'ordonnance de réforme du 3 mars. Prétentions de la députation de Paris. Excès de la démagogie. Travaux de défense ordonnés par Ét. Marcel : fossés, murs et portes.

Hongrie et Venise. — Le roi Louis prend aux Vénitiens Zara et toute la Dalmatie.

Pologne.—Casimir III, qui avait pour concubine une juive, accorde aux juifs de Pologne des priviléges qu'ils ont gardés longtemps.

1358.

Espagne. — L'ère vulgaire de l'Incarnation est adoptée par les états de Valence. — Crimes de Pierre le

XIVᵉ SIÈCLE (1359-1360).

Cruel en Castille : il sacrifiera à ses soupçons un frère, un cousin et la mère de ce dernier prince.

France. — Crimes de la faction démagogique à Paris : les serviteurs du dauphin, son trésorier, les maréchaux de Normandie et de Champagne, sont assassinés (janv. et fév.). Insurrection de la Jacquerie depuis 1357: les paysans dépouillent et massacrent les nobles, surtout dans les châteaux autour de Paris, dans l'Ile de France, dans la Picardie et la Champagne. Désolation des provinces par les compagnies de brigands, ainsi appelés de leur épée brigantine. — La déclaration, à vingt et un ans, de la majorité du dauphin qui avait quitté Paris (14 mars); la translation des états de la langue d'oïl à Compiègne; la désaffection du peuple pour Marcel, qui veut livrer Paris aux Anglais ou au roi de Navarre; sa mort, en flagrant délit de trahison (31 juillet); le retour du dauphin à Paris; l'alliance rendue publique de Charles le Mauvais avec les Anglais distinguent nettement les partis, et préparent le triomphe de la cause de la royauté, qui est celle de la nation.

Hongrie et Venise. — Venise abandonne au roi de Hongrie l'Istrie et la Dalmatie.

1359.

Angleterre et France. — Les dures conditions qu'Édouard met à la paix ayant été rejetées par les états généraux, assemblés à Paris (mai), une nouvelle armée anglaise dévaste le pays, de Calais à Reims et de Reims à Paris.

Danemark et Suède. — Magnus II, roi de Suède, demande la fille de Valdemar III pour son fils Haquin, roi de Norvége. Le roi de Danemark, pour prix de cette alliance, se fait restituer la Scanie, le Halland et la Bleckingie.

Empire grec et Turcs. — Le fils du sultan Soliman passe l'Hellespont, enlève aux Grecs Gallipoli, la clef de l'Europe, et pénètre en Thrace.

Italie. — Pavie, conquise par Barnabo Visconti, recevra une université. Le poëte Pétrarque et d'autres amis des lettres inspirent de nobles pensées aux Visconti. Un pont sur le Tessin et un magnifique palais embelliront Pavie.

1360.

Angleterre et France. — Par le traité signé à Brétigny, près de Chartres, Édouard III est affranchi de toute suzeraineté pour ses domaines d'Aquitaine, avec le Poitou, la Saintonge, l'Aunis, le Périgord, l'Agenois, le Limousin, le Quercy, le Rouergue, l'Angoumois; il garde au même titre le Ponthieu, Guines et Calais (8 mai). Moyennant trois millions d'écus d'or, Jean le Bon rentre en France (octobre).

France et Italie. — Le roi de France donne une de ses filles au fils de Galéas Visconti, avec le comté de Vertus, en Champagne; en retour, Galéas l'aide à payer sa rançon.

Italie. — Le cardinal Albornoz prend possession de Bologne pour le pape.

Mongols. — Les Mongols du Kaptschak sont en proie à la discorde depuis leur séparation en Tartares du Volga et en Tartares de Saraï : Saraï est à deux journées au nord de la mer Caspienne.

Russie. — La mort du grand prince Ivan II met son fils aux prises avec le prince de Suzdal.

Turcs. — Mort de Soliman, fils d'Orkhan. Mort d'Orkhan à soixante-dix ans; il a créé la milice des janissaires, composée surtout de jeunes chrétiens prisonniers de guerre, élevés dans l'islamisme et soumis à une discipline rigoureuse; cette milice est permanente et soldée. Commencement d'organisation judiciaire : les provinces ont un gouverneur ou pacha, de qui relèvent les cadis dans chaque ville. Son fils Amurat lui succède à quarante et un ans.

Turcs et Grecs. — Amurat prend Ancyre, dans l'Asie Mineure, et Andrinople, en Thrace.

1361.

Angleterre. — Le parlement interdit l'usage de la langue française au barreau et dans les actes publics.

Danemark. — Sous prétexte de ramener l'île de Gothland sous l'autorité du roi de Suède son allié, Valdemar III de Danemark en dévaste la capitale, Wisby, une des villes les plus riches du nord; il pille aussi l'île d'Oeland. Les villes hanséatiques, lésées dans leur commerce, lui font la guerre avec le comte de Holstein et le duc de Mecklembourg.

Espagne. — Pierre le Cruel fait mourir secrètement sa femme Blanche de Bourbon, captive depuis sept ans. Mort de sa concubine Padilla.

France. — Pillage de la France méridionale par les soldats, qui n'ont plus à combattre contre les Anglais. Les grandes compagnies, les malandrins et les tard-venus menacent même la cour d'Avignon : le pape fait prêcher contre eux une croisade. Une armée royale, sous la conduite de Jacques de Bourbon, est détruite par eux à Brignais, à trois lieues de Lyon (2 avril). — Rareté de l'argent : le roi paye ce qu'il achète pour sa maison avec une monnaie de cuivre qui avait au milieu un petit clou d'argent. — Il déclare incorporés au domaine royal les duchés de Bourgogne et de Normandie, les comtés de Toulouse et de Champagne (novembre). Le premier revenait au roi à la mort de Philippe de Rouvre, son beau-fils, avec lequel s'éteint la maison féodale qui le possédait depuis trois cent trente ans. Les trois autres domaines appartenaient depuis longtemps déjà à la couronne.

Orient. — Le nouveau roi de Chypre, Pierre Ier, défend le roi d'Arménie contre des seigneurs rebelles de la Cilicie, et les réduit au tribut avec l'aide des chevaliers de Rhodes et des Catalans. Il enlève aux musulmans de riches dépouilles sur la côte de Syrie.

Venise. — Les colons vénitiens de l'île de Candie se révoltent, parce que le sénat ne les admettait pas aux magistratures de la mère patrie. Trois ans de guerre.

1362.

Angleterre et France. — Le prince de Galles reçoit de son père le duché d'Aquitaine : Édouard III donne des titres de duché ou de comté, mais sans propriété ni usufruit des terres, à trois de ses fils; tandis que Jean le Bon détache tout à fait du domaine royal trois des grands fiefs, pour constituer les apanages héréditaires de ses fils : Anjou, Berri, Bourgogne.

Espagne. — Un prince usurpateur de Grenade, Abou-saïd, que les auteurs chrétiens appellent Mahomet Barberousse ou le Rouge (A.-Ahmar) qui a été l'allié des Aragonais contre Pierre le Cruel, se fie à la parole de ce prince et vient à Séville pour lui rendre hommage. Pierre le perce de sa lance et s'empare des trésors qu'il avait apportés. Le fils d'Yousouf, Mahomet V, recouvre le trône de Grenade.

Italie. — Six mois après la mort de son second mari, Louis de Tarente, Jeanne de Naples, âgée de trente-six ans, se décide à épouser le fils du roi de Majorque, qui a été dépouillé par les Aragonais.

Pologne. — Casimir III fonde l'université de Cracovie, qui reçoit pour professeurs des docteurs de Paris.

Suède. — Les Suédois substituent à leur roi Magnus II son fils Haquin, roi de Norvége.

1363.

Danemark et Suède. — Les Suédois se soulèvent contre Haquin et offrent la couronne au comte de Holstein, qui la refuse.

Espagne. — Charles le Mauvais et Pierre le Cruel s'unissent pour attaquer de nouveau les Aragonais.

Mongols. — Tamerlan, âgé de vingt-six ans, dispose de la dignité de khan dans le Djuggathaï ou Zagataï qui commence au sud-est du Kaptschak, s'étend dans le bassin du Sihoun et va au delà des monts Terk et Belour.

Orient chrétien et Rome. — Le roi de Chypre, Pierre Iᵉʳ, vient en Occident pour ranimer l'ardeur des guerres saintes.

1364.

Allemagne. — La veuve du margrave de Brandebourg cède le comté de Tyrol aux ducs d'Autriche. — Pacte de confraternité entre les maisons de Bohême et d'Autriche, pour leurs successions mutuelles.

Angleterre et France. — Jean le Bon retourne en Angleterre prendre la place du plus jeune de ses fils, le duc d'Anjou, otage fugitif. Il s'y concerte avec le roi de Chypre pour une croisade. Il meurt à Londres (8 avril).

France. — Avénement de Charles V le Sage. — L'armée du roi de Navarre, sous les ordres du captal de Buch, est vaincue en Normandie, à Cocherel, par le Breton Bertrand du Guesclin qui commande les armées du roi; le captal est pris. — En Bretagne, du Guesclin combat pour Charles de Blois à Auray; il est pris par Jean Chandos, le plus grand homme de guerre des armées anglaises (29 septembre) : Charles de Blois meurt dans la bataille. — Une université est instituée à Angers. — Tentative d'établissement en Afrique, à la Guinée et au Sénégal, faite par des Dieppois.

1365.

Allemagne et Rome. — Charles IV, avec le consentement de la cour d'Avignon, va se faire couronner dans le royaume d'Arles.

France. — Charles V, par le traité qu'il signe à Guérande, près de l'embouchure de la Loire, met fin à la guerre de succession de Bretagne: Jean de Montfort est reconnu duc, au détriment de Jeanne de Penthièvre. — Traités avec le roi de Navarre, comte d'Évreux (mars et mai); il renonce au territoire de Mantes et de Meulan dans le Vexin, et reçoit en dédommagement la baronnie de Montpellier.

Orient. — Le roi de Chypre attaque avec quelques croisés les musulmans en Égypte; Alexandrie est en partie dévastée et brûlée. Il tire peu de secours de ses auxiliaires, les Anglais et les Vénitiens. Le traité qu'il conclut avec les mameluks lui donne la moitié des droits que les marchandises payent à Tyr, à Béryte, à Sidon, à Alexandrie, à Damiette, à Damas et à Jérusalem.

Suède. — La couronne de Suède est offerte au second fils du duc de Mecklembourg, Albert, neveu du roi Magnus. — Magnus et son fils Haquin de Norvége, résistent mal, même avec le secours des Danois.

1366.

Danemark et Suède. — Valdemar III vend la paix au nouveau roi de Suède, au prix de l'île de Gothland, et de plusieurs provinces suédoises qu'Albert lui abandonne.

Espagne et France. — Les grandes compagnies de France désolent la Bourgogne, le Lyonnais, le Dauphiné, et font trembler le pape qui leur donne deux cent mille florins; elles sont conduites en Espagne, sous le prétexte de combattre les Sarrasins. Du Guesclin, qui les commande, les met au service de Henri de Transtamare, fils naturel d'Alphonse XI et d'Éléonore de Guzman, qui dispute le trône de Castille à son frère, Pierre le Cruel : Henri veut venger sa mère, lâchement assassinée. Pierre sera soutenu par les Maures.

Empire grec. — Le comte de Savoie entreprend sur des vaisseaux vénitiens une croisade en faveur des Grecs contre Amurat Iᵉʳ et les Bulgares; il enlève aux Turcs Gallipoli sur l'Hellespont et pénètre jusqu'à Varna.

Orient — Nouvelle et inutile expédition du roi de Chypre sur les côtes de Phénicie et de Syrie.

Pologne. — Quatre provinces de Lithuanie sont pour quelque temps conquises par Casimir III.

Venise. — Nouvelle révolte dans l'île de Candie ; elle est commune aux colons de Venise et aux Grecs.

1367.

Allemagne et **Bohême.** — Le duc silésien de Schweidnitz-Jauer vend la Lusace, partie au roi de Bohême, partie au margrave de Brandebourg.

Angleterre. — Par le statut *des provisors*, le parlement anglais dégage la nation de toute obligation de tribut envers la cour de Rome, défend tout appel au pape et confirme le droit des patrons pour les élections ecclésiastiques.

Angleterre, Espagne et France. — Le prince de Galles rétablit les affaires de Pierre le Cruel : il bat Henri de Transtamare à Najera, entre Burgos et Logrono, et y fait prisonnier son allié, Bertrand du Guesclin (avril).

Rome. — Urbain V, cédant aux vœux des Italiens, vient passer trois ans à Rome ; il retournera mourir à Avignon.

1368.

Bohême. — A la mort du dernier duc, les principautés silésiennes de Schweidnitz et Jauer sont réduites en provinces de Bohême.

Chine. — La dynastie mongole, qui a gardé le pouvoir pendant près d'un siècle, est renversée par un Chinois qui soulève toute la population contre les étrangers. Taïtsou commence la vingt et unième dynastie, dite des Ming ou Mim.

Danemark. — Guerre avec les villes hanséatiques que soutiennent la Suède, le Mecklembourg et le Holstein. Pour avoir la paix, Valdemar renoncera à plusieurs places de Scanie. — Il va visiter, pendant quatre ans, les différentes cours de l'Europe.

Empire d'Allemagne et **Italie.** — Honteux voyage de l'empereur en Italie, pendant que le pape Urbain V réside à Rome : il vend en détail les droits impériaux aux villes libres et aux petits tyrans. Les Visconti et les Scaliger de Vérone lui résistent. En Toscane, Pise, Lucques et Sienne reçoivent l'empereur, mais il est forcé de respecter leurs priviléges.

Espagne. — Redevenu libre, du Guesclin retourne en Castille pour Henri de Transtamare ; la bataille qu'il gagne à Montiel, au sud-est de Calatrava, coûte la vie à Pierre le Cruel que Henri assassine après le combat (mars).

Italie. — Lionel d'Angleterre, second fils d'Édouard III, épouse la fille de Galéas Visconti, qui lui donne en dot une somme d'argent considérable, avec des places dans le Piémont.

Orient chrétien. — Pierre Ier de Chypre retourne en Italie pour chercher des secours. En son absence, les Arméniens lui offrent la couronne.

Pologne. — Les quatre provinces de Lithuanie, révoltées, sont réduites.

Venise. — Révolte de Trieste, avec les secours du duc d'Autriche (juillet). Seize mois de résistance.

1369.

Angleterre. — Mort de Philippine de Hainaut qui a contribué à la gloire militaire de son mari, et a fait aimer son nom en protégeant les lettres : le collège d'Oxford s'appelle encore collège de la Reine.

Angleterre et France. — Charles V, sur les plaintes des barons aquitains, vassaux du roi d'Angleterre, que le traité de Brétigny avait cependant dégagés de toute obligation envers le roi de France, ajourne le prince de Galles, gouverneur de l'Aquitaine, à la cour des pairs (25 janvier). Refus du prince de Galles ; la guerre recommence (mai). Les Anglais perdent presque aussitôt le Ponthieu, et sont attaqués en Aquitaine : mort de Chandos, leur meilleur capitaine. Charles V évitera les grandes batailles.—Docilité des états convoqués à Paris en mai et en décembre.

Empire d'Allemagne et Italie. — A Sienne, l'empereur est assiégé dans son palais, parce qu'il a violé les libertés de la ville. Triste retour en Allemagne.

Empire grec. — Voyage de Jean Ier Paléologue en Occident. Urbain V le reçoit à la communion de l'Église romaine.

Espagne.—L'élévation de Henri de Transtamare au trône de Castille l'expose pendant plusieurs années aux armées de l'Aragon, de la Navarre et du Portugal; il les battra, et fonde une dynastie durable.

Orient chrétien. — Le roi de Chypre, Pierre Ier, désigné pour la royauté d'Arménie, avant d'en avoir pris possession, meurt assassiné à cause de sa cruauté.

1370.

Angleterre et France. — Le sac de Limoges termine honteusement la carrière militaire du prince de Galles en France : la maladie le ramène et le retiendra en Angleterre. Robert Knolles et le duc de Lancastre, frère du prince de Galles, commanderont en France. Du Guesclin, Breton de petite noblesse, reçoit l'épée de connétable (2 octobre); il commandera même aux frères du roi. Il gagne à la cause française son compatriote Olivier Clisson.

France. — Un édit donne la noblesse à tous les bourgeois de Paris. La première pierre de la Bastille est posée par le prévôt de Paris, Aubriot (22 avril); cette forteresse ne fut achevée qu'en 1382. — Horloge à roues et à balancier faites pour Charles V, par l'Allemand Henri de Vic.

Mongols.—Tamerlan prend pour lui-même la dignité de khan du Zagataï et commence ses grandes conquêtes à l'Orient du Kaptschak, dans la Tartarie proprement dite.

Pologne. — Avec Casimir III le Grand, finit en Pologne la dynastie des Piast qui avait subsisté cinq cent vingt-huit ans. — Son neveu, Louis, roi de Hongrie qu'il avait désigné, lui succède. Il a signé une capitulation qui est le fondement du gouvernement républicain de Pologne; il a surtout renoncé aux droits de créer de nouveaux impôts. Il s'aliène les Polonais en ôtant aux propriétaires les domaines et les palatinats qu'ils tenaient de la munificence de Casimir, et en chargeant du gouvernement sa mère qui abusa du pouvoir.

Rome. — Urbain V, zélé pour la propagation de la foi, envoie douze moines franciscains avec Guillaume de Prato auquel il a imposé les mains, prêcher l'Évangile chez les Tartares du Cathaï au nord de la Chine. — Une autre mission est adressée aux Géorgiens du Caucase, qui étaient engagés dans le schisme grec.

1371.

Écosse. — Robert Stuart, successeur de son oncle maternel, David Bruce, commence une nouvelle dynastie.

Italie. — Barnabo Visconti acquiert, d'un Gonzague, la ville de Reggio, dont celui-ci avait été dépouillé un instant par le seigneur de Ferrare (mai). — A Gênes, la déposition du premier doge de la maison des Adorni, provoquée par une insurrection populaire, fait arriver au pouvoir les Fregosi (août). La rivalité de ces deux familles, que la sédition porte tour à tour au dogat, sera aussi fatale à Gênes que les anciennes querelles des guelfes et des gibelins.

1372.

Angleterre et France. — A la hauteur de la Rochelle, défaite de la flotte anglaise par les Castillans, amis de la France (juin). Occupation de l'Angoumois, de la Saintonge et de l'Aunis. La Rochelle, rivale politique et commerciale de Bordeaux, qui est ville anglaise, rentre d'elle-même sous la domination de la France.

Espagne. — En Aragon, l'infant Jean est créé par son père duc de Gironne : titre qui depuis fut affecté aux fils aînés des rois. — Le roi de Portugal, Ferdinand, petit-fils d'une princesse castillane, et le duc de Lancastre, frère du prince de Galles, gendre de Pierre le Cruel, unissent leurs prétentions et leurs forces contre Henri de Transtamare.

France. — Substitution d'élus royaux aux commissaires d'états qui représentaient les communes, pour la répartition des tailles.

Italie. — Guerre entre les Visconti, le comte de Savoie, le marquis d'Este, François Carrare, les Florentins et le pape. Grégoire XI, pour fournir aux frais de la guerre, impose des décimes au clergé d'Angleterre et à plusieurs États du nord. Excommunications sans effet. Les Visconti ne céderont pas à la ligue. — Le condottiere anglais, Jean Hawkwood, commande les troupes confédérées.

1373.

Allemagne. — Charles IV acquiert le margraviat de Brandebourg.

Angleterre et **France.** — Le duc de Bretagne ayant pris ouvertement parti pour les Anglais, est attaqué par le connétable et s'enfuit en Angleterre. Trente mille Anglais, sous le duc de Lancastre, traversent la France de Calais à Bordeaux, sans qu'on leur livre de bataille ; ils sont réduits à six mille.

Empire grec et **Turcs.** — Un fils de l'empereur et un fils du sultan s'unissent dans un projet de révolte, chacun contre son père.

Espagne. — Menacé par le roi de Portugal, le roi de Castille l'assiégera dans Lisbonne, et l'obligera à demander la paix.

Gênes, Hongrie et **Venise.** — Le tyran de Padoue, en guerre avec Venise, est soutenu par les Hongrois. Traité de Carrare avec Venise (11 septembre). Nouvelle guerre entre Gênes et Venise en Chypre. Famagouste est la seule ville qui résiste aux Génois.

Naples et **Sicile.** — Les cours de Naples et de Sicile, par la médiation du saint-siège, se réconcilient (mars) : l'île reste à la maison aragonaise, mais le roi se reconnaît feudataire de la cour de Naples, paye tribut et ne porte que le titre de roi de Trinacrie ; il s'engage par l'hommage lige envers un délégué du pape.

Suède. — Mort de sainte Brigitte, fille d'un prince suédois, Birger; après avoir été mère de huit enfants, elle s'était vouée à la vie monastique ; elle a fondé l'abbaye de Wadstena en Suède. Une vision à l'âge de soixante-neuf ans la décida à aller visiter les saints lieux ; elle est morte à Rome. Ses révélations qui ont paru romanesques au docteur de France, Gerson, ont été plus tard approuvées par le concile de Bâle.

1374.

France. — L'ordonnance de Vincennes (août), qui ne fut enregistrée par le parlement qu'en 1375, fixe à quatorze ans commencés la majorité des rois.

Italie. — Mort du poëte d'Arezzo, Pétrarque, qui a écrit dans la langue italienne des *stances* et des *canzones* : il a chanté son amour idéal pour Laure, et regretté en beaux vers la liberté et la paix de l'Italie. Passionné pour la littérature antique, il a écrit beaucoup en latin.

Orient. — Le sultan d'Égypte fait la conquête d'une partie de l'Arménie chrétienne, dont le roi fut amené au Caire. Redevenu libre, il cherchera en Europe des secours qui ne lui rendront pas son trône : ce pays n'aura plus de prince chrétien. — Le roi de Chypre est fait prisonnier par les Génois, qui gardent Famagouste jusqu'à ce qu'il ait payé un million de ducats.

1375.

Angleterre et **France.**—Trêve (juin).

Danemark. — Mort de Valdemar III. Il est le premier qui ait joint à ses titres celui de roi des Goths, porté depuis par les rois de Danemark.

Espagne. — Le roi de Grenade, Mohammed V, embellit sa capitale et Cadix. Affluence des marchands étrangers à Grenade. Les noces de son fils avec la fille du roi de Fez furent célébrées par des jeux et des tournois où se distinguèrent des chevaliers d'Afrique, d'Égypte, d'Espagne et de France. — L'atlas catalan, terminé cette année, est un des plus anciens que l'on connaisse : les cartes sont hydro-géographiques. Elles sont ornées de légendes, de figures d'hommes et d'animaux, d'images de villes et de navires.

Italie. — Mort de Boccace, un des grands écrivains en langue italienne.

Naples et **Rome.** — Soulèvements causés par la tyrannie des agents pontificaux dans les États de l'Église. — Quatrième mariage de la reine Jeanne avec Othon de Brunswick; elle avait cinquante ans, et elle venait d'adopter Charles de Duras, prince du sang royal, dont le père était mort en prison comme rebelle.

1376.

Allemagne.— Charles IV achète des électeurs la nomination comme roi des Romains de son fils aîné Wenceslas.

Angleterre. — Mort du prince de Galles.

Danemark. — L'habileté de Marguerite, fille de Valdemar III, assure le trône à son fils, âgé de cinq ans, au détriment de l'enfant de sa sœur aînée qui avait épousé un prince de Mecklembourg. Elle dut laisser impunie l'usurpation du Slesvig par Henri II, comte de Holstein.

France.—Charles V, qui croyait à l'astrologie, fonde pour le savant Gervais Chrétien un collége d'astronomie et de médecine à Paris. Il avait un astrologue en titre, le père de Christine de Pisan, femme érudite qui a écrit sa vie.—Ordonnance sur les forêts.

Italie.—François Carrare excite contre les Vénitiens le duc d'Autriche, qui attaque la marche Trévisane. Dans cette guerre les Vénitiens font usage de la poudre à canon. — Nouvelle rivalité entre Gènes et Venise, au sujet de Ténédos.

Pologne.—Le roi Louis de Hongrie, auquel les Polonais ont déjà opposé l'héritier des Piast qui est retiré dans une abbaye de France, et le duc de Lithuanie Jagellon, a encore une révolte à réprimer.

Rome. — Après soixante et dix ans de captivité des papes à Avignon, Grégoire XI, d'après les conseils de sainte Catherine de Sienne, prend le chemin de Rome (13 septembre).

1377.

Angleterre.—Mort d'Édouard III (21 juin); il a été dans ses dernières années l'esclave d'une maîtresse, Alix Perrers.—Il avait fait de grands travaux au château de Windsor et forcé tous les comtés à y contribuer. — Doctrines hérétiques de l'Anglais Wiclef, anathématisées par Grégoire XI. — Avénement du fils du prince de Galles, Richard II, roi mineur; il est à la merci de ses trois oncles.

Angleterre et **France.** — Reprise des hostilités; rapides succès des Français en Guyenne.

Italie. — Grégoire XI rentre à Rome (janvier). Bientôt il s'établira à Anagni.

1378.

Allemagne. — Voyage de l'empereur en France. Il donne au roi, son neveu, le titre de vicaire général de l'empire dans le royaume d'Arles. — Au retour il partage ses États entre ses enfants : Wenceslas, l'aîné, a la Bohême; Sigismond, le Brandebourg; Jean, la basse Lusace, démembrée du royaume de Bohême, avec une partie de la marche de Brandebourg. — Mort de Charles IV. Il a modifié le sceau impérial, en réduisant à un aigle à deux têtes les deux aigles employées par Louis V de Bavière. — Avénement de Wenceslas, son fils aîné. — Les villes impériales de Souabe et du Rhin, que Wenceslas livrait aux seigneurs, se liguent pour la défense de leur liberté.

Espagne. — Un frère naturel du roi de Portugal égorge sa femme, sœur de la reine, sur un faux soupçon d'infidélité. Il se retire en Castille. Guerre entre les deux États.

France. — Le roi, menacé d'être empoisonné par Charles le Mauvais, le fait dépouiller de ses possessions normandes. — Soulèvement de Nîmes contre le gouvernement tyrannique d'un frère du roi. — Le duc de Bretagne, accusé de rébellion, est frappé par la cour des pairs; du Guesclin voudrait ne pas combattre les Bretons.

Milan et Venise. — Mort de Galéas Visconti (août). Il a favorisé les lettres et les arts : il avait été l'ami du poëte Pétrarque; fondation d'une bibliothèque, citadelle à Milan, université, palais, beau pont à Pavie. Son fils, Jean Galéas, partage la seigneurie avec son frère Barnabo. — Venise est menacée par une ligue que forme Gènes avec le roi de Hongrie, le seigneur de Padoue, le patriarche d'Aquilée; elle a pour alliés le roi de Chypre et les Visconti.

Rome. — Grégoire XI meurt à Rome (27 mars). Seize cardinaux élisent à Rome, où le peuple demande avec menaces un pape italien, l'archevêque de Bari, Urbain VI (9 avril). Le nouveau pape s'aliène le clergé par ses projets de réforme. Nouvelle élection, à Fondi, par quinze cardinaux, dont plusieurs avaient voté pour Urbain VI (21 sept.), du Français Robert, Clément VII; il ira établir son siége en France. Naples, la France, l'Espagne, l'Écosse reconnaissent Clément; l'empire, la Bohême, la Hongrie, l'Angleterre restent fidèles au pape de Rome. Le grand schisme d'Occident amène soixante et dix ans de troubles dans l'Eglise.

1379.

Espagne. — Mort du roi de Castille, Henri de Transtamare. Jean Ier, son fils, lui succède.

France. — Soulèvement de Montpellier. — Agitation en Flandre.

Venise. — La flotte génoise bat près de Pola les Vénitiens, qui jettent en prison leur amiral, Pisani. Les Génois courent jusqu'aux lagunes, occupent la passe de Chiozza, au sud, et celle de Malamocco, au nord. Venise demande la paix; dur refus de Gènes. Le commandement est rendu à Pisani. Des titres de noblesse sont promis aux familles qui contribueront le plus au salut de la patrie (1er décembre).

1380.

Danemark et Suède. — Marguerite de Danemark, veuve du roi de Norvége Haquin, garde l'administration de ce royaume au nom de son jeune fils. Elle prend même le titre de reine de Suède, au détriment d'Albert de Mecklembourg.

France. — Du Guesclin meurt disputant Randan aux Anglais, à soixante-six ans (13 juillet). Son corps est porté à la sépulture royale de Saint-Denis. — Mort de Charles V au château de Beauté sur Marne (16 sept.). Paris lui doit le commencement de la bibliothèque royale où il rassembla neuf cents volumes. — Avénement de Charles VI, son fils aîné, âgé de douze ans. Il est cependant déclaré majeur (2 oct.) : gouvernement de ses oncles les ducs d'Anjou, de Berri et de Bourgogne. Leur cupidité et leur tyrannie provoquent l'insurrection des grandes villes, même de Paris. Le duc d'Anjou fait avec le pape d'Avignon un honteux échange de décimes et de bénéfices ecclésiastiques.—Sous Charles VI, les hommes de guerre abandonneront le haubert ou cotte de mailles pour prendre des armes toutes en fer battu, casque, cuirasse, brassarts, cuissarts et grèves. — Le parlement de Paris, qui n'était auparavant assemblé que deux fois l'an, devient permanent.

Naples. — La reine Jeanne a adopté, à la place de Charles de Duras, Louis, duc d'Anjou, le frère du roi Charles V (juin).

Mongols. — Tamerlan s'avance dans le Khoraçan, au sud de la Tartarie, et le dévaste pendant trois ans.

Russie. — Après vingt ans, le petit-fils d'Ivan I*er*, Dimitri III, l'emporte sur son rival et reste grand-prince : il réside à Moscou, qui va devenir la capitale de la Russie. Il attaquera les Tartares avec quatre cent mille hommes au delà du Don. Sa victoire lui valut le surnom de Donski.

Venise. — Charles Zéno revient avec toutes les forces que Venise avait dans le Levant et contribue à sauver Venise. Retraite des Génois affamés. —Deux frères de Zéno parcoururent, au service d'un prince des îles Féroé et Shetland, une partie des contrées du nord, découvertes depuis des siècles par les Scandinaves.

1381.

Angleterre. — La levée d'une capitation injuste, accordée par le parlement aux oncles du roi, occasionne la sédition de Wat-Tyler, le forgeron, qui amène cent mille paysans à Londres. La mort du forgeron, la fermeté et les promesses du jeune roi mettent fin aux troubles.

France.—Réconciliation avec le duc de Bretagne.—Le duc d'Anjou, renouvelant un édit de 1302, fait abolir l'usage de confisquer les biens des juifs qui acceptent l'Évangile.

Italie. — Charles de Duras arrive de Hongrie avec une armée, fait prisonnier le dernier mari de la reine, et la tient elle-même captive. — Venise livre la marche de Trévise au duc d'Autriche pour ne pas la laisser prendre par les Carrare de Padoue (mai). Paix avec Gênes (8 août) : restitutions réciproques ; le château de Ténédos sera démoli. Anoblissement de trente familles citadines, pour récompenser leur dévouement.

1382.

Angleterre. — Condamnation de plusieurs propositions de Wiclef.

Espagne. — Le roi de Portugal a eu recours aux Anglais contre les Castillans : le comte de Cambridge, frère du duc de Lancastre, comme lui gendre de Pierre le Cruel, fait de vains efforts pour dépouiller le fils de Henri de Transtamare. Paix entre la Castille et le Portugal.

France. — Révoltes à Rouen ; à Paris sédition des Maillotins ; dans le Languedoc, soulèvement des Tuchins. A la sollicitation du duc de Bourgogne, héritier présomptif du comté de Flandre, Charles VI va faire ses premières armes contre les Flamands (octobre) : l'armée royale gagne la victoire de Rosebecque, au nord-est d'Ypres (nov.). Le roi revient sévir contre les Parisiens.

Hongrie et Pologne.—Mort de Louis I*er* le Grand (sept.). Les Hongrois l'ont regretté pour son gouvernement équitable et pour son amour éclairé des lettres. Mais il a traité la Pologne en pays de conquête.—Une de ses filles, Marie, encore enfant, est élue en Hongrie. L'autre, Hedwige, âgée de douze ans, sera acceptée par les Polonais moyennant des réserves au sujet de son mariage.

Italie. — A l'approche de Louis d'Anjou, adopté par Jeanne de Naples, Charles de Duras la fait étouffer (22 mai). Il prend le titre de Charles III. Louis d'Anjou, couronné à Avignon par Clément VII, entre dans la péninsule (juin). Les Napolitains ne veulent pas de lui pour roi.

1383.

Angleterre. — Urbain VI publie en Angleterre une croisade contre la France et contre les partisans de son rival, Clément VII : il y obtient un décime sur tous les bénéfices de l'église.

Espagne. — Adoption en Castille de l'ère de l'Incarnation. — Mort du roi de Portugal. Les Portugais ne veulent pas de son gendre, le roi de Castille : Jean, grand maître de l'ordre d'Avis, fils naturel de Pierre le Justicier, reçoit le titre de régent du royaume pour repousser les étrangers.

France. — Sanglantes exécutions à Paris par l'ordre du roi (janvier). L'échevinage de Paris est aboli, la prévôté des marchands supprimée. Très-lourdes amendes. Rouen, Amiens, Troyes, Orléans, Reims, Chalons, Sens, sont traités de même.

Scandinaves. — On reçoit en Norvége la première nouvelle de la mort de l'évêque de Groënland décédé depuis six ans.

1384.

France. — La mort du comte de Flandre, qui possède même les comtés de Bourgogne, d'Artois et de Nevers, donne un vaste héritage au duc de Bourgogne, Philippe le Hardi (janv.).

Italie. — Louis d'Anjou meurt près de Bari, dans la pauvreté (oct.). — Urbain VI, qui prétend vivre en souverain dans la ville napolitaine de Nocera, perd l'appui du roi de Naples, Charles de Duras.

Russie. — Le khan des Tartares de Saraï et du Volga s'avance jusqu'au territoire de Moskou, qui est presque détruite.

1385.

Angleterre. — Expédition inutile de Richard II en Écosse.

Danemark et Suède. — La noblesse et le clergé de Suède, dont les priviléges sont atteints par le roi Albert de Mecklembourg, qui veut améliorer la condition du peuple, conspirent déjà contre lui avec Marguerite de Danemark.

Espagne. — Les états portugais de Coïmbre donnent la couronne au régent D. Juan Ier. La victoire qu'il gagne à Aljubarota, au nord-ouest de Santarem, affermit la dynastie d'Avis (14 août). — Le roi de Castille renonce, en faveur de Louis de La Cerda, à tous droits sur les îles Canaries qui forment à ce prince un royaume tributaire de Rome.

France. — Mariage de Charles VI avec Isabeau de Bavière (juillet).

Italie. — Barnabo Visconti, qui avait voulu dépouiller son neveu Jean Galéas, tombe au contraire entre ses mains avec deux de ses fils (mai) : ils meurent bientôt en captivité, peut-être par le poison. Puissance, richesses, honteuses débauches de Jean Galéas. — François Carrare, maître de la marche Trévisane, prend parti pour le patriarche d'Aquilée contre Venise. Guerre : Venise a pour allié Antoine della Scala, tyran de Vérone ; Jean Galéas soutient Carrare.

Mongols. — Tamerlan dépouille les princes de l'Aderbaïdjan, au sud-ouest de la mer Caspienne.

1386.

Angleterre et France. — Gigantesques préparatifs pour une descente en Angleterre. Elle n'a pas lieu par la faute du duc de Berri, qui est occupé à dépouiller le Languedoc. — Dernier duel judiciaire, prescrit par une sentence.

Danemark. — Le comte de Holstein reçoit du jeune roi danois, âgé de quinze ans, l'investiture du duché de Slesvig : mais la reine Marguerite de Danemark ne veut pas consentir à lui donner des lettres d'inféodation qui l'exemptent de tout service féodal.

Espagne. — Les Portugais favorisent les prétentions du duc de Lancastre sur la Castille : le duc vient débarquer en Galice.

Hongrie. — Le margrave de

Brandebourg, Sigismond, épouse la reine Marie.

Italie.—Charles III de Duras, qui a un instant usurpé le trône de Hongrie, meurt assassiné (31 décembre). Ladislas, son fils, âgé de onze ans, lui succède à Naples, sous une mère ambitieuse et cruelle. Guerre entre les partis d'Anjou et de Duras : Urbain VI est pour Louis II d'Anjou.

Mongols. — La conquête de Tauris entraîne Tamerlan dans la Géorgie, où il enlève Tiflis ; il force le roi à abjurer le christianisme.

Pologne. — Mariage de la jeune reine Hedwige avec Jagellon, qui s'est fait baptiser sous le nom de Wladislas ; il devient roi. Lente conversion du peuple lithuanien.

Suisses.— Le duc Léopold d'Autriche est vaincu et tué à Sempach, au nord-ouest de Lucerne, par les Suisses (9 juillet).

1387.

Danemark.— Mort du jeune roi de Danemark et de Norvége ; sa mère, Marguerite, lui succède par élection. Les Norvégiens décident qu'après elle le trône passera à son petit-neveu, Éric le Poméranien.

Espagne. — Mort de Charles le Mauvais, roi de Navarre (1er janv.), et de Pierre le Cérémonieux, roi d'Aragon (5 janv.). Paix entre l'Aragon et la Castille. L'infant de Castille reçoit le titre de prince des Asturies, qu'a toujours porté depuis l'héritier présomptif de la couronne.

Italie. — Jean Galéas Visconti, aidé du tyran de Padoue, dépouille Antoine della Scala, seigneur de Vérone et de Vicence.

Mongols. — Tamerlan est arrêté en Syrie par le sultan d'Égypte : il perd deux batailles. Conquête du Turkestan. Invasion de la Perse : soumission, puis révolte d'Ispahan ; soixante et dix mille habitants sont massacrés. Occupation de Chiraz, dans le Farsistan (12 décembre).

1388.

Allemagne. — Sigismond de Luxembourg, roi de Hongrie, engage le margraviat de Brandebourg à son neveu Josse.

Danemark et Suède. — La reine de Danemark, Marguerite, est reconnue par la noblesse de Suède et de Gothie (mars).

France. — Triste expédition du roi contre le duc de Gueldre, l'ennemi du nouveau comte de Flandre. —Charles VI rétablit à Paris la charge de prévôt des marchands et la juridiction de l'hôtel de ville.

Italie.—La maison de Savoie occupe plusieurs dépendances du comté de Provence, Barcelonnette, Nice et Vintimille.—Le partage des dépouilles de la maison della Scala est une cause de guerre entre les tyrans de Milan et de Padoue. Venise, Ferrare, Mantoue prennent parti contre François Carrare : Padoue lui est enlevée ; il est pris dans Trévise. Padoue restera à Jean Galéas, la marche Trévisane aux Vénitiens.

1389.

Angleterre. — Richard II lutte contre ses oncles, contre le parlement et la nation, pour conserver ses favoris.

Espagne et **Italie.** — Le roi d'Aragon réduit la Sardaigne, que les Génois ont soulevée, et fait trembler la Sicile.

France. — Solennelle entrée de la jeune reine Isabeau de Bavière à Paris. C'est une des plus brillantes fêtes d'une époque qui en a vu de si somptueuses. — Voyage du roi dans le Languedoc ; il réprime les excès commis pendant l'administration cupide et violente de son oncle, le duc de Berri. — Mariage de Louis, duc d'Orléans, frère du roi, avec Valentine Visconti, qui lui apporte en dot le duché d'Asti, dans le Milanais, et des droits éventuels à la seigneurie de Milan.

Russie. — Mort de Dimitri III. Il a fait construire, à Moskou, la forteresse du Kremlin : le reste de la ville n'était bâti qu'en bois. Son fils, Wasili II, lui succède.

XIVᵉ SIÈCLE (1390-1393).

Suède. — Albert de Mecklembourg, fait prisonnier par l'armée danoise, est enfermé dans un château de Scanie. Stockholm et quelques places fortes résistent à Marguerite. La guerre durera encore pendant cinq ans.

Suisses. — Trêve avec l'Autriche : deux fois renouvelée, elle durera soixante et quatorze ans.

Turcs. — Amurat Iᵉʳ livre bataille à l'armée des Serviens, des Bulgares et des Hongrois dans la plaine de Cassovie, qu'arrose le Drino supérieur, en Servie. Il est vainqueur, mais meurt assassiné. — Il avait établi pour les soldats l'usage des récompenses en terre, moyennant la continuation du service de guerre : de là les timars ou bénéfices militaires. — Bajazet Iᵉʳ Ildérim ou l'Éclair, lui succède. Il donne l'exemple de ces fratricides qui seront communs à l'avénement des sultans.

1390.

Écosse. — Jean Robert III Stuart, trop faible d'esprit, laisse gouverner son frère le duc d'Albany.

Espagne. — Mort prématurée du roi de Castille ; son fils a onze ans.

Grecs et Turcs. — Jean Paléologue fait fortifier Constantinople contre les Turcs. Mais Bajazet ordonne la démolition des travaux ; il a comme otage le fils de l'empereur.

Italie. — Jean Galéas Visconti est menacé par les Vénitiens, qui favorisent le retour du jeune François Carrare à Padoue, et par les Florentins. — Ladislas de Duras n'a plus que quelques châteaux. Louis II d'Anjou entre à Naples (août).

1391.

Espagne. — Martin, neveu du roi d'Aragon, est marié à sa petite-fille, la reine de Sicile : Clément VI d'Avignon autorise cette union entre cousins germains. — Grenade perd son roi, Mohammed V, qui est digne de regrets ; son fils lui succède.

Grecs et Turcs. — A la mort de son père Jean Iᵉʳ, Manuel Paléologue s'échappe des mains des Turcs. Dès son avénement, il est en danger de perdre la Thrace et les environs de Constantinople que Bajazet menace en personne.

1392.

France. — Charles VI, qui veut porter la guerre en Bretagne pour chercher Pierre de Craon, l'assassin d'Olivier Clisson, tombe en démence dans la forêt du Mans (5 août) : la France aura pendant trente ans un roi fou. Ses oncles reprennent le pouvoir. Le duc d'Orléans, frère du roi, et Isabeau de Bavière, réclament leur part dans le gouvernement.

Italie. — François II Carrare achète Padoue de Jean Galéas.

Hongrie. — La mort de la reine Marie laisse Sigismond seul maître de la couronne de Hongrie que lui dispute vainement le roi de Pologne, gendre comme lui de Louis Iᵉʳ le Grand.

Pologne. — Le roi Jagellon cède la Lithuanie à son cousin Vitold, à la condition de l'hommage.

1393.

Bohême. — Les seigneurs de Bohême enferment dans une prison le débauché et cruel Wenceslas, leur roi.

Espagne. — Le jeune roi de Castille commence le recouvrement des domaines de l'État, aliénés pendant sa minorité, et réduit les pensions des seigneurs.

France. — Nicolas de Clémangis écrit, au nom de l'université, contre le scandale du schisme et menace le pape de déposition.

Hongrie. — Victoire gagnée contre les Turcs à Nicopolis, ville de Bulgarie sur le Danube.

Mongols. — Tamerlan porte la guerre sur les bords du Tigre et de l'Euphrate.

Orient chrétien. — Le roi de Chypre et de Jérusalem, Jacques Iᵉʳ, prend le titre de roi d'Arménie.

1394.

Espagne. — Le roi de Portugal rachète les domaines de la couronne, aliénés par ses prédécesseurs.

France. — Édit royal pour le bannissement des juifs à perpétuité.

Rome. — A Avignon, après la mort de Clément VII (16 sept.), élection d'un noble aragonais, Pierre de Luna, Benoît XIII, qui avait témoigné le désir de travailler à la pacification de l'Église : il ne tiendra pas ses promesses.

1395.

Allemagne et Italie. — L'empereur Wenceslas vend à son beau-frère, Jean Galéas de Milan, le titre de duc.

Angleterre et France. — Trêve; mariage de Richard II avec une fille de Charles VI.

Danemark et Suède. — Des députés des villes hanséatiques se font garants d'un traité entre la reine Marguerite et le parti d'Albert de Mecklembourg qui recouvre la liberté, mais non la couronne (juin).

Espagne. — Mort du roi d'Aragon, sans enfant mâle : son frère Martin, qui est l'héritier légitime, tarde deux ans à venir ; un gendre du dernier roi, le comte de Foix, prétend sans succès à la couronne.

France. — Concile national à Paris, à l'occasion du schisme.

Mongols. — Les hordes de Tamerlan, en combattant les Tartares de la horde d'or, servent indirectement la cause de l'indépendance russe.

1396.

Allemagne et Italie. — Le duc de Milan, Jean Galéas, achète le titre de vicaire impérial en Lombardie, avec une autorité souveraine.

France. — Un édit royal autorise les magistrats de Montpellier à délivrer tous les ans à l'école de médecine, pour les études de dissection, le corps d'un criminel condamné à mort. Lanfranc de Milan vient professer la chirurgie à Paris.

France, Hongrie et Turcs. — Effrayé des progrès des Turcs, le roi de Hongrie Sigismond a recours aux États de l'Occident : l'élite de la chevalerie française prend part à la désastreuse bataille de Nicopolis sur le Danube, et est écrasée par les janissaires de Bajazet Ier (28 septembre); grandes pertes faites par l'ordre des hospitaliers. — Les Turcs soumettent le pays des Bulgares qui, depuis cent cinquante-cinq ans, livrés aux discordes intestines, avaient cependant échappé à la domination étrangère.

France et Italie. — Gênes, sous le gouvernement du doge Adorno, en proie aux factions, demande la protection de la France (octobre); protectorat français pendant treize ans.

Suède. — Marguerite fait donner par les états du royaume la couronne de Suède à son petit-neveu, Éric le Poméranien.

1397.

Angleterre. — Les princes du sang royal, et les nobles prennent les armes contre leur roi despote : victoire de Richard II; trois chefs des rebelles sont condamnés à mort, même un oncle du roi.

Danemark, Norvége et Suède. — Union perpétuelle des trois couronnes du nord, signée à Calmar (8 juillet). Le roi sera choisi pour les trois États dans la maison régnante tant qu'elle subsistera; il résidera tour à tour dans les trois royaumes ; chacun d'eux gardera son sceau, ses lois, ses priviléges. La reine Marguerite fait reconnaître pour unique souverain son petit-neveu Éric.

Empire grec. — Constantinople assiégée par les Turcs paye tribut; elle aura une mosquée et un cadi ou juge musulman. — La Morée est achetée de Thomas Paléologue, qui en était despote, par l'ordre de Rhodes; mais l'aversion des Latins pour les Grecs empêchera l'occupation du pays par les chevaliers.

Espagne. — Le titre de prince de Viane sera désormais porté par l'héritier présomptif de la couronne de Navarre.

Italie. — Guerre entre le duc de Milan et le seigneur de Mantoue, que protége la ligue de Ferrare, de Bologne et de Florence.

1398.

France. — Second concile national à Paris, au sujet du schisme (de mai à juillet) : le patriarche d'Alexandrie, onze archevêques, soixante évêques, une foule d'abbés, de procureurs de chapitres, les représentants des universités de Paris, d'Orléans, d'Angers, de Montpellier, de Toulouse, y sont réunis ; la collation des bénéfices est retirée à Benoît XIII, la France ne le reconnaît plus pour pape : pendant cinq ans la France restera ainsi en dehors de l'obédience pontificale. — Une confrérie de comédiens représentent la passion de Notre-Seigneur Jésus-Christ, avec de singuliers épisodes de la mythologie païenne.

Scandinaves. — Marguerite recouvre Wisby, capitale de l'île de Gothland. Traité entre les trois couronnes du nord et l'ordre teutonique.

1399.

Allemagne. — Les villes de Brandebourg, que le margrave Josse laisse à la merci de tous les perturbateurs du repos public, forment entre elles une confédération pour leur sûreté commune.

Angleterre. — Pendant que Richard II conduit une armée contre les Irlandais révoltés, son trône est menacé par Henri de Lancastre, fils qu'il avait privé de son héritage paternel. Richard, sans appui, se livre à Henri et est déposé par le parlement qui proclame Henri IV (30 sept.) et reconnaît à sa famille le droit de succession au détriment des descendants du second fils d'Édouard III (13 oct.). Captivité et bientôt mort violente de Richard II.

Empire grec. — Honteuse négociation du prince Jean, neveu de l'empereur Manuel, avec Bajazet, pour qu'il l'aide à chasser son oncle : il lui promet la ville de Constantinople ; Manuel est forcé de partager avec lui le titre d'empereur.

Italie. — Le duc de Milan achète Pise et est proclamé seigneur à Sienne. — Les San Saverini trahissent Louis II d'Anjou : Ladislas de Duras occupe Naples ; le prince angevin d'abord confiné dans Tarente se retire en Provence. — On attribue au pape de Rome, Boniface IX, l'établissement des annates sur les bénéfices ecclésiastiques ; il les étendit aux prélatures, et pour toujours.

Mongols. — Tamerlan qui a pénétré dans l'Indostan, est aux portes de Delhi (janvier). Affreux ravages ; retour à Samarcande (16 mai).

Pologne. — Mort de la reine Hedwige. Jagellon Wladislas, son mari, qui n'était roi que par elle, veut descendre du trône : les Polonais lui laissent le gouvernement.

PREMIÈRE PARTIE DU XVe SIÈCLE.

APERÇU GÉNÉRAL.

La première partie du xve siècle finit en 1453, à la prise de Constantinople par les Turcs ottomans.

Le grand schisme domine l'histoire de tous les états chrétiens. Les conciles de Pise, de Constance et de Bâle nomment chacun à son tour un pape : le premier pour remplacer deux pontifes rivaux ; le second pour appliquer les principes de réformes déjà posés et qui furent encore laissés en oubli ; le troisième pour couvrir les prétentions démocratiques et révolutionnaires d'une fraction de l'Église et tenir tête au pape légitime de Rome, qui s'appuie sur un autre concile, le concile de Florence. La condamnation des hérétiques de Bohême est l'œuvre des pères de Constance ; ceux de Florence décrètent la réconciliation des Églises latine et grecque, sans pouvoir réveiller les sympathies de l'Occident en faveur des Grecs enveloppés par les Turcs ; la supériorité des conciles généraux sur les papes, proclamée à Constance et à Bâle, n'empêche pas Nicolas V, qui triomphe avec le concile de Florence, de raffermir et de propager en Italie la puissance du saint-siége.

L'Allemagne semble avoir fait le sacrifice de ses anciens droits sur la péninsule : l'empereur Robert, choisi par les électeurs ecclésiastiques ; Sigismond, le second fils de Charles IV; Frédéric III, prince de la maison d'Autriche renouvelée, qui a régné depuis sans interruption, hasardent de courtes apparitions en Italie. Rome pourrait redevenir le centre de la nation italienne, soustraite à la tutelle germanique. Les empereurs songent surtout à agrandir et à faire prospérer leurs États héréditaires. Leur pouvoir impérial est trop limité par la diète, qui fait les lois, les traités, les alliances, les déclarations de guerre, exerce la haute police, et se réserve même des attributions judiciaires ; les membres immédiats du corps germanique sont partagés en quatre classes : le collége des électeurs, celui des princes, le corps des villes libres et impériales, le corps de la noblesse immédiate.

Sous des empereurs faibles, sous des papes rivaux, les factions guelfe et gibeline se sont presque éteintes en Italie. A Milan, les Visconti, après avoir longtemps lutté contre Venise pour empêcher ses conquêtes en terre ferme, laissent aux Sforza, famille d'aventuriers braves et heureux, un duché encore considérable, mais difficile à garder. Les Médicis s'étudient à calmer les agitations des Florentins pour leur faire goûter tous les fruits de la liberté, du culte des lois, de l'industrie et des lettres ; Pise et Livourne, au pouvoir de Florence, lui donnent les avantages des villes maritimes, sans l'exposer aux mêmes périls. Naples, qui a vu se renouveler, sous les princes de la maison de Duras, les anciennes luttes angevines, est enfin conquise par les Aragonais de Sicile : Alphonse, roi d'Aragon et des grandes îles de la Méditeranée, se rend digne de régner sur des Italiens, par la protection qu'à l'exemple du pape et des Médicis il accorde aux beaux-arts.

Il domine à la fois les deux péninsules. La Navarre passe par un mariage sous l'influence de son fils dont l'ambition cause des luttes parricides. La Castille ne connaît plus que les guerres de la noblesse contre le roi. Les Portugais vont chercher sur la côte atlantique de l'Afrique des expéditions saintes et des courses d'aventures qui leur préparent un siècle de gloire et de prospérité commerciale.

Le siècle s'ouvre en France par un lamentable spectacle : la démence du roi, les intrigues et les perfidies de la reine Isabeau de Bavière, les rivalités sanglantes des deux maisons d'Orléans et de Bourgogne, toutes deux d'origine royale ; des massacres rendus pour des massacres au sein de Paris ; l'assassinat pour l'assassinat ; nos provinces au pouvoir de l'Anglais Henri V de Lancastre qui n'étant pas, comme son père, obligé de donner tous ses soins à s'affermir sur un trône usurpé, avait recommencé la guerre de France. La bataille d'Azincourt est complétée par le traité de Troyes. Le peuple de France, accablé de tous les fléaux, en proie aux soldats, aux seigneurs, aux impôts, à la famine, aux maladies contagieuses, n'abandonne pas le légitime successeur du pauvre roi. Charles VII doit le bonheur de recouvrer le royaume à l'héroïsme inspiré de Jeanne d'Arc, à la bravoure patriotique de la petite noblesse, bientôt même au duc de Bourgogne, chèrement racheté au parti national, et à l'argent de Jacques Cœur, qui fut ensuite exilé et dépouillé. La France sort de ses ruines par la ferme énergie du roi, qui ne fait grâce ni aux seigneurs traîtres ou cupides, ni au dauphin ambitieux. Au moment où les Anglais sont enfin chassés de nos provinces, ils s'agitent dans leur île au sein des factions nées de l'opposition des maisons de Lancastre et d'York qui, toutes deux, descendaient d'Édouard III.

Dans les États du nord, la rivalité de nations arme les Suédois contre le Danemark, auquel ils ne veulent pas rester soumis. Mais les Suédois auraient dû d'abord être unis entre eux pour échapper à la suprématie danoise. C'est plus qu'une question de suprématie qui, depuis près de deux siècles, s'agite entre les Russes et les Mongols de la grande horde ; le joug pèse sur les Slaves, gardiens d'une des portes de l'Europe.

A l'extrémité orientale du monde chrétien, l'existence même des Grecs est en question : les secours des Occidentaux, si souvent implorés, et achetés d'avance par une promesse de réunion des deux Églises, ont été moins utiles aux Paléologue que l'invasion des Mongols conduits par le terrible Tamerlan. Mais après vingt années de désastres ou d'anarchie intérieure, les ottomans reparaissent jusqu'au nord de la Thrace, sur le Danube, et en Albanie ; si le Hongrois Jean Huniade et l'Albanais Scanderberg semblent invincibles, dans le port et sous les murs de Constantinople le nouveau sultan Mahomet II n'a affaire qu'à quelques milliers de Génois, et à des Grecs sans armes ou sans courage : le dernier empereur, Constantin XII, meurt du moins noblement ; Constantinople devient la capitale de la puissance ottomane établie en Europe.

Quelques récits d'histoire militaire ou ecclésiastique, et des travaux d'érudition ou de grammaire ferment l'âge byzantin sous la domination des Paléologue. Gemisthe Pléthon, et surtout Bessarion, son disciple, venus à Florence pour la réconciliation des deux Églises, y apportent le goût des lettres grecques. Dans la langue latine, la théologie s'honore des noms de Pierre d'Ailly, qui a écrit sur la réforme de l'Église, et de Gerson, une des grandes lumières de l'université de Paris et du concile de Constance, défenseur des principes gallicans, l'un des auteurs présumés de l'*Imitation de Jésus-Christ*; il s'est occupé d'astrologie et a censuré trop sérieusement le *Roman de la Rose*. La littérature profane est cultivée surtout par Léonard Arétin, le Pogge et Guarin de Vérone : leur latinité a de la correction et de l'élégance, et n'est pas indigne quelquefois de celle des anciens; la recherche, l'interprétation, ou la traduction des manuscrits perdus ou oubliés, des ouvrages historiques, des mémoires sur les événements publics du temps, des discours, des lettres, des satires prouvent leur goût et la fécondité de leur esprit.

La poésie italienne crée le genre fantasque et se plaît à la composition de sonnets. En France, l'historien Enguerrand de Monstrelet, moins habile et moins éclairé que Froissart, pâlit devant Alain Chartier, orateur et poëte : cette bouche « de laquelle étaient issus tant de mots dorés » reçut un baiser de la dauphine Marguerite d'Écosse, belle-fille de Charles VII. Les poésies légères de Charles d'Orléans, le prisonnier d'Azincourt, ont du naturel et de la grâce, et sont empreintes d'un sentiment parfait de la mélodie; mais il paraît étranger aux fortes émotions de l'âme. Les compositions des mystères, jouées par les acteurs de la passion de Jésus-Christ; les moralités, les farces et les sotties, jouées par les clercs du palais, qui forment le corps de la basoche, entretiennent le goût du théâtre.

En Espagne, beaucoup de poëtes de cour, trop érudits et maniérés; le roi de Castille Jean II, son favori Alvarès de Luna, Mendoce, marquis de Santillane, donnent l'exemple. Déjà, au moyen de planches de bois solides, on était parvenu à représenter des mots et des lignes d'écriture sur les cartes à jouer; on avait imprimé des recueils d'images avec de courtes inscriptions, et des livrets d'église ou d'école. L'idée des types mobiles, premier germe de la typographie proprement dite, est conçue avant 1440 par Guttemberg; les caractères mobiles de fonte, inventés enfin soit par Guttemberg, soit par Fust, perfectionnés par Schœffer, sont employés pour la première fois par ces trois artistes à l'impression d'une Bible, commencée à Mayence vers 1450. Les premiers livres imprimés avec une date positive sont les psautiers de Mayence de 1457 et 1459, le traité de Durand sur les offices divins en 1459, le *Catholicon*, ou dictionnaire latin de Jean Balbi en 1460. En moins de vingt ans, Rome, Venise, la France, l'Angleterre et l'Espagne ont des imprimeries; à la fin du siècle, on imprimera dans deux cents villes de l'Europe. Cette découverte est dans l'histoire de la civilisation humaine et des révolutions politiques et religieuses de l'Europe le véritable point d'arrêt entre le moyen âge et les temps modernes.

CHRONOLOGIE.

1400.

Allemagne. — Les trois électeurs ecclésiastiques et le comte palatin du Rhin déposent Wenceslas et lui substituent un autre empereur (mai). Mort du nouvel élu. Le comte palatin Robert reçoit la couronne.

Angleterre. — Mort du premier grand poëte anglais, Chaucer : ses productions ressemblent un peu à celles de Boccace. Sectaire de Wiclef, après avoir été persécuté sous Richard II, il était rentré en faveur à l'avénement des Lancastre, ses protecteurs.

Espagne. — En représailles des pirateries des Africains, Henri III de Castille envoie sa flotte occuper la position de Tétouan, sur la côte au sud de Ceuta.

France. — Les chroniques de Froissart s'arrêtent à l'an 1400 : Monstrelet, qui est né en Flandre, les continue de 1400 à 1453.

Grecs, Mongols et Turcs. — Le prince Jean refuse de livrer à Bajazet Constantinople, qu'il lui a promise : Bajazet s'apprête à la conquérir. Mais les Mongols, à la sollicitation des Grecs et des émirs dépossédés par le sultan, s'élancent, en franchissant l'Euphrate, sur les terres ottomanes. Sivas (l'ancienne Sébaste), récente conquête de Bajazet, au bout de dix-huit jours de siége, est emportée d'assaut et saccagée par Tamerlan. — Les Mongols frappent aussi, en Syrie, les mameluks d'Égypte, affaiblis par les luttes intestines.

Italie. — Malgré le deuil de l'Église en proie au schisme, le jubilé attire à Rome un concours immense de fidèles sans distinction d'obédience.

1401.

Allemagne et Italie. — Expédition de l'empereur Robert pour enlever le Milanais à Jean Galéas Visconti. Venise, où il restera quatre mois, lui fait bon accueil, mais ne lui fournit pas d'armée.

Angleterre. — Incessantes révoltes de la noblesse pendant dix ans; les Gallois reprennent les armes. —

Le comte de la Marche, Edmond Mortimer, descendant du deuxième fils d'Édouard III, Lionel de Clarence, est opposé à Henri IV.

Empire grec. — L'empereur Manuel Paléologue parcourt l'Europe pour solliciter des secours contre Bajazet.

Espagne. — Henri III de Castille diminue les impôts pour les gens de la campagne; il réprime la cupidité des juges et des agents du fisc.

Hongrie. — Le roi Sigismond est quelque temps prisonnier de ses sujets, les nobles de Hongrie.

Italie. — Le comte de Savoie, Amédée VIII acquiert le Génevois. — Boucicaut, maréchal de France, envoyé à Gênes en qualité de gouverneur, y fait cesser le désordre par sa sévérité.

Mongols. — Tamerlan quitte la Syrie pour achever la conquête de l'Irak babylonien. Bagdad est pour la seconde fois détruite (9 août).

1402.

Allemagne. — L'ordre teutonique achète de Sigismond, margrave de Brandebourg, dont Josse n'est que l'engagiste, la partie de la Marche située au delà de l'Oder : l'ordre acquiert ainsi une voie de communication directe avec l'Allemagne.

Bohême et Pologne. — Wladislas Jagellon, roi de Pologne, refuse la couronne que lui offrent les Bohémiens révoltés.

Espagne et Sicile. — Martin le Jeune, fils du roi d'Aragon Martin l'Ancien, marié depuis onze ans à la reine de Sicile, règne seul après la mort de sa femme (mai).

France. — Lettres patentes du roi en faveur de la confrérie de la passion et de la résurrection de Notre-Seigneur : elle pourra donner en spectacle au peuple, les jours de fête religieuse, les drames appelés *mystères*; la représentation en durait souvent pendant plusieurs jours.

Italie. — Puissance de Jean Galéas Visconti. Il repousse les troupes de l'empereur; est accepté pour seigneur par Pérouse; bat, avec le concours de Gonzague de Mantoue, les armées confédérées de Florence et de Bologne. Jean Bentivoglio, seigneur de Bologne, est tué par ses sujets qui acceptent pour protecteur Jean Galéas. Florence est forcée d'accepter son alliance. Il est entouré d'artistes et de savants; il a favorisé l'agriculture et l'art militaire. A sa mort, son fils aîné, âgé de quatorze ans, lui succède à Milan; le second à Pavie, Verceil, Alexandrie, Tortone, Vérone et Vicence.

Mongols et Turcs. — Rencontre furieuse à Ancyre ou Angouri, dans l'Asie Mineure : trois jours de combat, défaite de Bajazet; il est fait prisonnier et traité avec honneur. Sa mort en captivité a donné lieu à la fable de la cage de fer. Les Mongols sont maîtres de l'Anatolie, ils passent à Pruse et à Nicée. — Anarchie dans l'empire ottoman : onze ans de luttes intestines entre les fils de Bajazet; les deux armées d'Europe et d'Asie ont chacune leur prétendant, l'un à Andrinople, l'autre à Pruse.

1403.

France. — La France accepte l'obédience du pape d'Avignon, Benoît XIII, mais en ne lui laissant qu'une autorité nominale sur l'Église.

Hongrie. — Le parti pontifical donne pour quelque temps la couronne au roi de Naples, Ladislas Duras.

Italie. — Le Français Boucicaut emploie contre les infidèles, sur les côtes de Phénicie, la flotte que les Génois destinaient à protéger Famagouste, qu'ils ont conquise dans l'île de Chypre : sac de Beyrout où habitaient des marchands vénitiens; en représailles, le Vénitien Charles Zéno sort du port de Modon pour assaillir au passage des vaisseaux génois. Pendant plusieurs années Boucicaut continue les incursions sur les côtes musulmanes. — Pertes des Visconti, quoique les jeunes fils du duc Jean Galéas aient pour régents l'habile condottiere Jacques de Verme et Charles Malatesta, seigneur de Rimini : réveil des factions guelfe et gibeline. Bologne et Pérouse se donnent au pape; Sienne redevient libre; Parme, Plaisance, Reggio, Verceil, Novare le seront bientôt.

Mongols. — Tamerlan, auquel le roi de Castille a envoyé depuis 1393 des députés qui ont assisté au combat d'Ancyre, a répondu par une ambassade à ces propositions d'amitié : parmi les nouveaux députés qui viennent de la Castille, l'un d'eux, Ruy Gonzalès de Clavijo, a laissé un journal de son voyage.

Pologne. — Conquête du territoire russe de Smolensk.

1404.

Allemagne. — Confédération de princes d'Allemagne avec les rois de France et de Pologne pour rétablir l'empereur déchu Wenceslas. — Vigoureuse résistance des Ditmarses contre les comtes de Holstein; ce peuple qui occupe un pays fertile entre les embouchures de l'Elbe et de l'Eider, environné de digues et coupé de canaux pour le défendre des inondations, est cause en deux ans de la mort de deux comtes.

France. — Mort du duc de Bourgogne; Jean sans Peur, son fils, lui succède. — Le duc d'Orléans gouverne au nom du roi son frère. — Le roi de Navarre reçoit le duché de Nemours.

Italie. — Venise achète Vicence que le duc de Milan ne pouvait défendre contre François Carrare II. Celui-ci se fait proclamer seigneur à Vérone. — Le roi de Naples, Ladislas de Duras, s'immisce dans les affaires des Romains soulevés contre le pape.

Mongols. — Tamerlan retourne à Samarcande.

Pologne. — L'ordre teutonique qui a déjà une partie de la marche de Brandebourg se fait céder par le roi de Pologne le duché de Samogitie : c'est l'époque de la plus grande prospérité de l'ordre; les villes qu'il possède en Prusse rivalisent par leur activité commerciale avec les grandes cités de la Baltique.

1405.

Danemark. — Marguerite se fait céder par la comtesse de Holstein presque tout le Slesvig comme gage de l'argent qu'elle lui prête.

France. — Désordres de la reine; rivalité des ducs d'Orléans et de Bourgogne; feinte réconciliation à Vincennes.

Italie. — Alliance de Venise et de Milan contre les Carrare. Les troupes vénitiennes prennent Vérone et Padoue. Carrare vient implorer la miséricorde du sénat qui le jette dans un cachot. — Amédée VIII de Savoie fonde l'université de Turin.

Mongols. — Tamerlan part pour la conquête de la Chine. Il meurt en route à Otrar, dans le Turkestan, à soixante et onze ans (1er avril). Il a laissé la mémoire du conquérant le plus infatigable et le plus cruel. Richesse agricole et commerciale du pays de Samarcande où il résidait : les produits de toutes les parties du monde y affluaient.

1406.

Angleterre et Écosse. — Le roi d'Écosse, Robert III Stuart, qui redoute l'ambition de son frère, le duc d'Albany, meurtrier de son fils aîné, envoie en France son second fils Jacques : une tempête le jette sur la côte d'Angleterre, où il est retenu prisonnier pendant dix-huit ans. Douleur et mort du roi. Administration du duc d'Albany au nom de Jacques Ier.

Espagne. — Mort de Henri III de Castille. Il laisse un fils de moins de deux ans. Son frère Ferdinand refuse la couronne et respecte le droit de cet enfant dont il administre, défend et agrandit le royaume.

France et Rome. — Le clergé de France, réuni à Paris, demande la convocation d'un concile général pour terminer le schisme. Le nouveau pape de Rome, Grégoire XII, écrit à Benoît XIII, le pape d'Avignon, au roi et à l'université de Paris pour les assurer de son désir de concorde : promesse sans effet.

Italie. — Le jeune duc de Milan, Jean-Marie Visconti, donne à Guido Torelli, le fief comtal de Guastalla que conservera sa maison. — Prise de Pise par les Florentins ; son port est barré par des chaînes : Florence dédaignera de s'en servir. — Atrocités du gouvernement vénitien : le conseil des Dix condamne à mort François II Carrare et ses deux fils ; ils sont étranglés.

1407.

France. — Jean sans Peur fait assassiner à Paris Louis, duc d'Orléans, frère du roi.

Italie. — La république de Gênes fait la conquête de Sarzane, à l'entrée de la Toscane. Le conseil de la république donne à la banque de Saint-George sa forme constitutive, qui en a fait un des solides appuis financiers de l'État. — La ville de Lépante, sur la côte nord-ouest du golfe du même nom (golfe de Corinthe), se livre aux Vénitiens qui dédommagent le prince de Morée.

1408.

Espagne. — C'est autour de Jaen que se concentrent les efforts des Castillans et des Maures de Grenade. Les chrétiens poussent jusqu'à Malaga. Le régent de Castille Ferdinand rend inutile l'intervention des vaisseaux africains de Tlemcen et de Tunis, appelés par le roi musulman d'Espagne.

France. — Valentine Visconti, veuve de Louis d'Orléans, demande justice du meurtre. Le docteur Jean Petit ose en faire l'apologie au nom du duc de Bourgogne (mars) ; cependant Jean sans Peur est déclaré, par jugement, ennemi du roi et de l'État. Quand il a réduit les Liégeois, ses sujets rebelles, il revient triomphant dans la capitale où n'osent pas rester Charles VI et Isabeau.

France et Rome. — Benoît XIII excommunie tous ceux qui ne sont pas ses adhérents (16 mai) : déclaration de Charles VI et de l'université de Paris (21 mai) ; le maréchal de Boucicaut est chargé de s'assurer de sa personne ; il se sauve dans la Catalogne, sa patrie (juillet). Convocation d'un concile à Pise au nom de plusieurs cardinaux qui veulent rendre la paix à l'Église.

Italie. — Ligue de Milan, de Ferrare, de Mantoue, de Rimini contre Terzi, maître de Parme, et Ottoboni, maître de Reggio (mai) : l'armée confédérée est sous les ordres d'un nouveau condottière, Sforza Attendolo, fils d'un paysan de Cotignola en Romagne, dont les débuts ne sont pas triomphants. — Un traître, Paul des Ursins, livre Rome à l'ambitieux Ladislas de Duras (avril) qui n'y fait qu'un court séjour (juin). — Venise acquiert Patras : avec Patras et Lépante, elle domine le bassin des îles Ioniennes. Cent mille ducats lui donnent Zara, conquête du roi de Naples.

1409.

Angleterre. — L'assemblée ecclésiastique d'Oxford défend de traduire en langue vulgaire aucun texte de l'Écriture sainte.

Bohême. — Progrès de l'hérésie de Jean Huss, qui avait étudié à Oxford et connaissait les doctrines de Wiclef ; il attaquait, avec la tolérance de la noblesse, du roi et de la reine, dont il était confesseur, le clergé, le pape, les indulgences et la communion sous une seule espèce. L'université de Prague, qui l'a élu recteur, se divise : quarante mille étudiants allemands et polonais se retirent des cours. Naissance de l'Université de Leipsick. Il est excommunié; l'interdit est lancé par le pape contre la ville de Prague.

Danemark. — Commencement d'une longue guerre entre le Holstein et le Danemark au sujet du Slesvig, qui ne restera pas aux rois danois.

Espagne et Sicile. — Mort du roi de Sicile, Martin le Jeune : son père le roi d'Aragon, Martin l'Ancien, est accepté pour roi par les Siciliens.

France. — Toute-puissance du duc de Bourgogne, que la convention de Chartres semble avoir réconcilié avec la maison d'Orléans. Il fait juger par des commissaires et décapiter Jean de Montagu, surintendant des finances.

Italie. — Concile de Pise où se rendent, avec les cardinaux, les patriarches latins, les archevêques, évêques et abbés, les quatre généraux des ordres mendiants, les députés de plusieurs universités, surtout de celle de Paris, trois cents docteurs en théologie et en droit, des ambassadeurs de rois et de seigneurs (mars). Déposition des deux papes (5 juin); élection d'Alexandre V (26 juin). Mais Grégoire XII retiendra pendant cinq ans encore le titre de pape; Benoît XIII ne l'abandonnera qu'avec la vie. La réforme de l'Église est ajournée à un prochain concile indiqué pour dans trois ans. Le concile reconnaît le titre de roi de Naples à Louis II d'Anjou (27 juillet); le titre d'empereur à Wenceslas, le prince déchu. — La perfidie de Sforza cause la mort violente des seigneurs de Parme et de Reggio (27 mai) : les deux villes subissent le marquis de Ferrare pour maître (27 juillet). — Pendant que Boucicaut gouverne Milan, dont les habitants l'ont appelé, Gènes renonce au protectorat de la France et accepte la tutelle du marquis de Montferrat. — Les troupes pontificales chassent de Rome l'armée de Ladislas de Duras.

1410.

Allemagne. — La mort de l'empereur Robert donne lieu à la rivalité des deux frères, Wenceslas et Sigismond, et de leur neveu Josse de Luxembourg, marquis de Moravie, margrave de Brandebourg.

Espagne. — Le roi d'Aragon et de Sicile meurt en Sardaigne, sans laisser d'héritier. Il est le dernier roi issu des anciens comtes de Barcelone, dont la dynastie a commencé en 1137. Deux ans d'anarchie; cinq concurrents. — Le refus du tribut et de l'hommage par le roi maure de Grenade, Yousouf, amène les Castillans sous les murs d'Antéquera, au nord ouest de Malaga, qui capitule au bout de six mois. Yousouf tous les deux ans renouvellera la trêve avec les chrétiens.

France. — Factions armées des Bourguignons et des Armagnacs : le jeune duc d'Orléans a épousé la fille du comte d'Armagnac; Paris et la France se partagent entre eux. La corporation des bouchers à Paris se met au service de Jean sans Peur; les princes du sang se sont ralliés au parti d'Orléans.

Italie. — Louis II d'Anjou, le compétiteur de Ladislas de Duras au trône de Naples, est reçu à Rome.

Pologne. — Les Polonais et les Lithuaniens combattent en Prusse les chevaliers teutons, qui éprouvent un grand désastre.

1411.

Allemagne. — Mort de Josse de Moravie; désistement de Wenceslas : Sigismond est seul empereur. — Sigismond fait gouverner par le burgrave de Nuremberg, Frédéric, prince de la maison de Hohenzollern qui a déjà deux siècles et demi de durée, le margraviat de Brandebourg qu'il lui vendra en 1415. — Comme roi de Hongrie, il revendique Zara aux Vénitiens; guerre de deux ans.

Italie. — Victoire inutile de Louis II d'Anjou à Rocca-Secca ou Ponte-Corvo, près du Garigliano.

Suisse. — Appenzell, menacé par

l'abbé de Saint-Gall qui prétendait à une domination tyrannique sur la cité et par la maison d'Autriche, forme un traité réciproque de bourgeoisie perpétuelle avec sept cantons helvétiques.

1412.

Danemark, Norvége et Suède.—Mort de Marguerite la Grande. Ses qualités héroïques ; sa libéralité envers l'Église ; fautes de sa vie privée. — Éric le Poméranien, qui lui succède, est sans vertu et sans habileté. Il partage ses faveurs dans les trois royaumes entre des Danois et des Allemands.

Espagne. — Neuf juges, chargés de décider souverainement de la question de succession aux trônes d'Aragon et de Sicile qui désormais restent unis, font roi Ferdinand le Juste, né de Jean Ier, roi de Castille, et d'une princesse aragonaise (juin). —Il renonce à la régence de Castille.

France. — Honteuses promesses faites par le parti armagnac aux Anglais dont il reçoit les secours (mai) : il s'aliène ainsi la nation et le roi.

Italie. — Jean-Marie Visconti meurt assassiné (mai) ; il n'est regretté ni de son frère Philippe-Marie, qui réunira toutes les possessions de Milan, ni de ses sujets. — Mort opportune de Facino Cane, qui avait usurpé Verceil, Alexandrie, Novare, Tortone et Pavie. — Fondation d'une université à Parme.

Orient.—Lutte de Chypre et des musulmans de Syrie, que protége mal le gouvernement central de l'Égypte, épuisé par les discordes

Turcs. — Malgré leurs rivalités intérieures, les Turcs, sous Musa, font éprouver un grand désastre à l'empereur Sigismond, près de Sémendria, en Servie, sur le Danube.

1413.

Angleterre.—Mort de Henri IV. Son fils Henri V renonce à la vie de plaisir et saisit énergiquement la direction des affaires.

France. — Horreurs commises à Paris par la faction de Bourgogne avec l'aide des Cabochiens. Ordonnance inutile pour la réforme du royaume, préparée par l'Université.

Italie. — Un concile à Rome condamne les écrits de Wiclef.

Turcs. — Mahomet Ier, troisième fils de Bajazet, est reconnu sultan par les Ottomans : il rétablit l'empire ébranlé. Respecté de ses voisins, il vécut en paix avec l'empereur Manuel.

1414.

Angleterre. — Le roi arrête les effets d'une conspiration formée en faveur du comte de March, descendant du second fils d'Édouard III.

Danemark. — Les perfidies du roi du Nord, Éric, raniment pour vingt et un ans la lutte avec le Holstein à propos du Slesvig.

France. — Charles VI marche contre le duc de Bourgogne ; mais il lui accorde la paix devant Arras.—Au siége de cette ville, on fait usage pour la première fois des arquebuses, qu'on appelait canons à main.

Italie. — Le comte de Savoie a réduit à l'obéissance féodale le marquis de Saluces. Il ne peut en obtenir autant du duc de Bourbon, nouveau seigneur de Dombes et de Beaujolais, dans le voisinage de ses possessions de la Bresse et du Bugey. — Expédition infructueuse de l'empereur Sigismond en Lombardie. — Au règne de Ladislas, fort agité par des guerres d'ambition, succèdent les scandales et les intrigues honteuses de la cour de Jeanne II, sa sœur. Louis II d'Anjou ne renouvelle pas la guerre de dynastie.

Rome.—Sur la demande de l'empereur, Jean XXIII se résigne à convoquer le concile de Constance, qui est le dix-septième concile général (nov.). Les pères décident d'abord, malgré le pape, qu'ils opineront par nations et non par têtes ; les députés et les docteurs laïques y auront voix déli-

XVᵉ SIÈCLE (1415-1417).

bérative. L'hérésiarque Jean Huss est emprisonné malgré un sauf-conduit de l'empereur.

1415.

Angleterre. — Le roi fait mourir Richard Iᵉʳ, comte de Cambridge dont le père était le quatrième fils d'Édouard III.

Angleterre et France. — Descente des Anglais en Normandie, par l'embouchure de la Seine (août). Pendant qu'épuisés ils retournent vers Calais, ils rencontrent à Azincourt, dans le comté de Saint-Pol, l'armée royale de France, qui éprouve un affreux désastre (25 octobre).

Portugal. — Conquête de Ceuta, asile des corsaires d'Afrique. — L'infant don Henri établit dans les Algarves, au village de Sagres, une académie nautique, où sont dressées des cartes planes comme en avaient déjà fait les Catalans.

Rome. — Jean XXIII renonce au pontificat (2 mars). Il s'enfuit furtivement de Constance (23 mars). Le concile se déclare supérieur au pape, même en ce qui concerne la foi (30 mars et 5 avril). Il prononce une sentence contre Jean XXIII comme contumace et le dépose (14 mai). Jean restera quatre ans prisonnier près de Constance. Grégoire XII, l'ancien pape de Rome, envoie son abdication régulière (4 juillet). Sigismond ne peut décider Benoît XIII à abdiquer; du moins il détachera de lui les cours d'Espagne en venant à Perpignan traiter avec leurs députés (nov.). — Les erreurs de Wiclef sont condamnées dans la septième session (2 mai). — Dans la quinzième, les livres de Jean Huss sont condamnés au feu; lui-même est dégradé (6 juillet) et livré à des magistrats qui, en violant toutes les lois, le font mourir sur le bûcher. Son supplice est le signal de la guerre religieuse en Bohême. — Gerson, chancelier de l'Église et de l'université de Paris, siége au concile.

Russie. — La nomination d'un métropolite de la Russie par Wasili II lui aliène Novogorod qui ne veut reconnaître que la juridiction de son archevêque.

Suisse. — La ligue helvétique s'autorise d'un ban prononcé par le concile de Constance et par l'empereur contre le duc Frédéric d'Autriche, qui a favorisé l'évasion de Jean XXIII, pour le dépouiller du territoire fertile de Baden à quatre lieues de Zurich, de l'Argovie et de la Thurgovie. Schaffhouse, ville d'Helvétie, paye à l'empereur six mille florins pour être affranchie de la domination autrichienne.

1416.

Allemagne, Angleterre et France. — Après avoir reçu de grands honneurs à Paris, l'empereur se fait l'allié de l'Angleterre contre la France : il espère recouvrer les provinces du royaume d'Arles.

Bohême. — Jérôme de Prague, disciple de Jean Huss, est brûlé à Constance (30 mai).

Espagne. — Le fils de Ferdinand le Juste, Alphonse, lui succède en Aragon et en Sicile.

1417.

Allemagne et Italie. — Au retour de Paris, l'empereur vient à Chambéry ériger en duché le comté de Savoie et Piémont (février). — A Constance, du consentement des électeurs et des princes de l'empire, il donne à Frédéric de Hohenzollern l'investiture du margraviat électoral de Brandebourg (avril). — Il fait déclarer Benoît XIII contumace, schismatique, hérétique, déposé et privé de toute dignité (26 juillet). Dans la quarante et unième session du concile, on propose l'élection d'un nouveau pape (11 novembre); l'empereur ne peut pas obtenir qu'on réforme d'abord l'Église. Élection d'un Romain, Othon Colonna, qui s'appela Martin V.

France. — La rupture ouverte

de Charles VI avec Isabeau qu'il fait enfermer à cause de ses débauches, et l'inimitié déclarée du dauphin Charles pour sa mère, compliquent les désordres de la France.

Portugal. — Deux Portugais, naviguant vers le sud-ouest de l'Afrique, sont jetés à la côte de Porto-Santo, une des îles Madère. Sur l'emplacement des immenses forêts incendiées, l'infant don Henri fit planter des cannes à sucre de Sicile et des vignes de Chypre.

1418.

France. — Paris est au pouvoir des agents sanguinaires du parti bourguignon ; le sang des Armagnacs est versé dans les rues et dans les prisons. Atroce célébrité du bourreau Capeluche. — Progrès des Anglais en Normandie ; Rouen est attaquée (26 août). — Le dauphin Charles, qui prend le titre de régent, transfère à Poitiers les membres fidèles du Parlement et de l'Université (2 sept.).

Italie. — Le duc de Milan fait décapiter sa femme sur un faux soupçon d'adultère (août). — Carmagnole, soldat de fortune au service du duc de Milan, soumet Plaisance. — Le duc de Savoie, Amédée VIII, recueille l'héritage de la branche comtale de Piémont.

Rome. — Après la quarante-cinquième session, la clôture du concile a été prononcée par Martin V (22 avril). Les débats prolongés pendant trois ans ont profondément ébranlé le respect des peuples pour la papauté, sans produire d'utiles réformes.

Sicile. — Alphonse d'Aragon exclut les étrangers, à moins d'une résidence de douze années, de la possession des bénéfices ecclésiastiques en Sicile et en Sardaigne.

1419.

Angleterre et France. — Rouen est prise par Henri V (13 janvier) ; le vaillant maire Alain Blanchard, trop pauvre pour payer sa rançon, a la tête tranchée. Conférences du duc de Bourgogne avec le roi d'Angleterre et Isabeau de Bavière (mai). Prise de Pontoise par les Anglais (28 juillet) ; Henri V renouvelle ses prétentions au trône de France. Le dauphin Charles fait assassiner Jean sans Peur à l'entrevue du pont de Montereau (10 sept.).

Bohême. — Le chef des Hussites, Jean Ziska avec quarante mille hommes pénètre dans Prague où il massacre les sénateurs (août). — Mort de Wenceslas. L'empereur Sigismond, son frère, lui succède, et continue la guerre contre les Hussites.

Italie. — Carmagnole soumet Bergame pour Philippe-Marie Visconti.

1420.

Allemagne et Bohême. — Sigismond, avec une armée de croisés, assiége inutilement Prague ; les Hussites lui permettent cependant d'entrer dans la ville pour se faire couronner.

Angleterre et France. — Le traité de Troyes conclu par Charles VI avec Henri V, déshérite le dauphin au profit du roi d'Angleterre qui est déclaré régent et héritier de la couronne de France (21 mai) ; Henri V doit épouser la fille de Charles VI (2 juin). Il se fait remettre le Louvre, la Bastille, Vincennes. Sens, Montereau et Melun sont occupées par les Anglais.

Espagne. — Les deux infants d'Aragon, beaux-frères du roi de Castille Jean II, disputent la direction des affaires au favori du roi, don Alvarès de Luna ; discordes, et bientôt guerre entre la Castille et l'Aragon. — Les Génois défendent la Corse contre les Aragonais.

Italie. — François Carmagnole donne par son épée au duc de Milan Crémone, Parme et Brescia. — Adoption du roi d'Aragon par Jeanne II de Naples ; il reçoit le titre de duc de Calabre, affecté à l'héritier présomptif de la couronne : il lui envoie des secours contre Louis III d'Anjou, qui, depuis trois ans, a succédé aux prétentions de son père. Le condottiere Braccio de Montone, seigneur de Pérouse, combat pour Alphonse contre Sforza Attendolo qui s'est mis au service du duc d'Anjou.—Venise enlève, après trois ans de guerre, le Frioul au patriarche d'Aquilée. — A Florence, congrès d'architectes, que Brunelleschi consulte pour la coupole de la cathédrale.

1421.

Angleterre et **France.**—Sept mille Écossais se mettent à la solde du dauphin. Combat de Baugé en Anjou. Les Anglais prennent Dreux, Beaugenci, et assiégent Meaux.

Bohême. — Une assemblée ecclésiastique, tenue à Prague par les Calixtins, qui veulent communier sous les deux espèces en se servant du calice, autorise ce mode de communion, que réprouvent les usages de l'Église romaine.

Italie.—Philippe-Marie Visconti charge Carmagnole d'attaquer Gènes. Pour subvenir aux dépenses publiques, Gènes vend le port toscan de Livourne aux Florentins qui acquièrent ainsi tous les avantages d'un grand état maritime. — Incapable de résister aux forces milanaises, le doge Th. Frégoso renonce à la dignité ducale (nov.). Gênes se soumet : Carmagnole en a le gouvernement.

Turcs. — Après une expédition contre les Valaques, mort du sultan Mahomet Ier. Amurat II, son fils, lui succède. Chute d'un prétendant, que soutenait Constantinople.

1422.

Allemagne. — La maison de Misnie obtient la terre électorale de Saxe.

Angleterre et **France.** — Mort de Henri V (31 août) et de Charles VI (22 oct.). — Henri VI, enfant de dix mois, né de la fille de Charles VI et de Henri V, est proclamé roi d'Angleterre et de France. Le dauphin Charles prend la couronne à Poitiers. — Deux oncles de Henri VI gouvernent; l'un, le duc de Glocester, l'Angleterre ; l'autre, le duc de Bedford, la France. Bedford continue la conquête de la France avec le duc de Bourgogne.

Bohême. — Les Hussites offrent la couronne à un neveu du duc de Lithuanie ; il troublera cinq ans la Bohême.

Pologne. — Pendant les guerres de l'ordre teutonique contre la Pologne, le grand maître ne peut contenir dans le devoir les chevaliers rebelles.

Portugal. — L'ère chrétienne est substituée à l'ère d'Auguste.

1423.

Angleterre et **France.** — Les Français et les Écossais sont vaincus à Crevant-sur-Yonne.

Espagne. — La mort d'Yousouf, qui a régné quinze ans en faisant le bonheur de ses peuples, ouvre pour le royaume de Grenade une ère d'anarchie et de désastres.

Grecs et **Turcs.** — Pour punir Manuel des secours fournis au prétendant, Amurat II ravage avec cent cinquante mille hommes la Thrace, la Thessalie et la Macédoine; il assiége Constantinople, qu'il effraye par l'usage du canon, jusqu'alors inconnu en Orient. — La cour de Constantinople lui suscite un autre rival dans un de ses frères, âgé de neuf ans, qu'une faction proclame à Nicée. Amurat renonce au siége de Constantinople (6 septembre); et, pour ne plus craindre de concurrent, fait étrangler tous ses frères.

Italie.— Jeanne II redoute l'ambition de son fils adoptif, le roi d'Aragon, qui avec ses troupes enveloppe Naples et menace de la retenir elle-même prisonnière ; elle adopte à sa place Louis III d'Anjou.—A Venise, mort du doge Thomas Mocénigo; sous son règne a été commencée la bibliothèque de Saint-Marc. Jean Auruspa le Sicilien apporte à Venise 230 volumes, dont les œuvres de Platon, Plotin et Proclus. — Désormais, pour l'élection du doge, on ne demande plus l'approbation du peuple.

Orient. — Le roi de Chypre, avec une flotte, insulte le chef mameluk jusque dans le port d'Alexandrie.

1424.

Angleterre et France. — Défaite des Français et des Écossais à Verneuil en Normandie; les Anglais occupent le Maine.

Bohême. — Après la mort de Ziska, les Hussites auront pour chefs les deux Procope.

Écosse. — Jacques Ier Stuart, prisonnier à la tour de Londres depuis dix-huit ans, obtient sa liberté, moyennant rançon, du régent d'Angleterre.

Orient. — Le sultan d'Égypte se venge du roi de Chypre par la prise et le pillage de Famagouste.

Rome. — Benoît XIII meurt en Espagne, âgé de près de quatre-vingt-dix ans, ayant jusqu'au bout gardé le titre papal qu'il a reçu en 1394.

1425.

Empire grec. — Mort de l'empereur Manuel. Il a fait fermer l'entrée de la Morée, dans la largeur de l'isthme, par un mur dit hexamille.

Espagne. — Mort de Charles III le Noble; les États de Navarre consentent à partager la royauté entre sa fille Blanche et son gendre Jean II, frère du roi d'Aragon.

France. — Charles VII fait connétable Richemont, le frère du duc de Bretagne (novembre); agitations stériles de la petite cour du roi à Bourges ou à Chinon.

Italie. — Le marquis de Ferrare fait décapiter sa femme et son fils naturel convaincus d'adultère (mars).

Russie. — Mort de Wasili II; son fils Wasili III a dix ans : ambition du prince d'Halicz, oncle du jeune prince.

1426.

Bohême. — Les Hussites conduits par un prêtre de Moravie, Bodric, se jettent sur les terres catholiques de la Silésie.

Espagne. — Le roi de Castille cède aux instances des grands, et éloigne don Alvarès de Luna qu'il rappellera bientôt.

Italie. — Ligue contre le duc de Milan. Venise, Florence, le marquis de Montferrat, Ferrare, le duc de Savoie, Alphonse d'Aragon, le seigneur de Mantoue, lui opposent François Carmagnole, maintenant à la solde des Vénitiens. Philippe-Marie se défend avec François Sforza, fils de Sforza Atteudolo, le comte de Guastalla, brillant condottiere, et Nicolas Piccinino de Pérouse. Défense héroïque de la ville de Guastalla par Orsina Visconti, femme de Gui Torelli. Le duc de Savoie sera détaché de la ligue par la cession du territoire de Verceil.

Orient. — Une grande expédition maritime met à la merci des mameluks l'île de Chypre qui est entièrement dévastée; le roi chrétien est fait prisonnier, et n'obtiendra la liberté l'année suivante qu'en s'engageant à un tribut annuel.

1427.

Allemagne. — Frédéric, électeur de Brandebourg, vend ses droits de burgraviat à la ville de Nuremberg; il lui reste encore des domaines considérables en Franconie.

Angleterre et France. — Trois favoris se succèdent à la cour de Charles VII; l'influence donnée à La Trémouille décide la retraite de Richemont. Dunois, bâtard d'Orléans, et La Hire ont défendu Montargis contre les Anglais.

Italie. — Carmagnole enlève au duc de Milan pour les Vénitiens les territoires de Bergame et de Crémone.

1428.

Angleterre et France. — Les Anglais tentent de forcer la ligne de la Loire et assiégent Orléans (octobre). Belle défense de la population, soutenue par quelques chevaliers qui ne sont pas de haut lignage.

Espagne. — Don Alvarès de Luna aide la Castille à secouer la tutelle de la faction aragonaise : trois ans de guerre contre les trois frères de la reine, l'infant don Henri, le roi d'Aragon, et Jean roi de Navarre; Alvarès s'affermit dans le pouvoir. — Une sœur de ces princes épouse l'héritier du Portugal, âgé alors de trente-sept ans. — La race de Ferdinand le Juste domine tous les États chrétiens de la péninsule.

Italie. — Par la médiation du pape, le duc de Milan traite avec Venise et Florence (avril); les Vénitiens gardent leurs conquêtes. La paix sera de courte durée. — Malgré les services rendus à Philippe-Marie Visconti, François Sforza, accusé de conspirer avec les Génois alors soulevés, échappe avec peine à une sentence de mort. — A Florence, mort de Jean de Médicis, chef d'une famille plébéienne, enrichie par le commerce, aimée de tous, surtout des pauvres, à cause du noble emploi qu'elle faisait de sa fortune, et honorée plusieurs fois des premières charges de la république; il a mérité le surnom de Père des pauvres. Il a fondé sur ses vertus et sur son dévouement à la patrie l'influence de sa maison, qui ne porte pas atteinte aux institutions républicaines.

1429.

Angleterre. — Pour l'élection des chevaliers de comté qui doivent siéger à la chambre des communes, un statut royal limite les droits électoraux aux francs tenanciers qui ont un revenu annuel de quarante schillings.

Angleterre et France. — Livrée à l'étranger par une partie de la haute noblesse, la France sera sauvée par une enfant du peuple. Jeanne d'Arc, née de pauvres villageois de Domremy, près de Vaucouleurs en Lorraine. Elle obéit aux voix qui lui commandent d'aller vers Charles VII (fév.). Elle fait entrer des troupes dans Orléans (avril), et force les Anglais à lever le siége (mai) et conduit Charles à Reims, où il est sacré (juil.). On la retient malgré elle à l'armée. — Le concile de Paris règle avec plus de sévérité les devoirs et les mœurs des ecclésiastiques, des moines et des chanoines réguliers, la célébration du dimanche, etc., et réprime les impiétés qui se commettent dans les églises, à la fête des fous et à la fête de l'âne (mars, avril). — Le duc de Bourgogne institue l'ordre de la toison d'or à Bruges.

1430.

Angleterre et France. — La Pucelle d'Orléans, au siége de Compiègne, est prise par le comte de Ligny-Luxembourg, qui la vend honteusement aux Anglais (mai).

Italie. — La tentative de Florence sur Lucques arme de nouveau contre la république le duc de Milan qui attire dans son alliance les Siennois. Florence sera soutenue par les Vénitiens.

1431.

Allemagne, Italie et Rome. — Malheurs de Venise et de ses alliés dans la guerre contre Milan : Carmagnole se laisse tromper et battre à Soncino, par François Sforza, général de l'armée milanaise (17 mai); la marine génoise au service de Milan bat les Vénitiens sur le Pô, près de Crémone (23 mai), mais est moins heureuse dans la Méditerranée; le marquis de Montferrat est dépouillé par les généraux de Visconti. — A Rome, lutte sanglante des Ursins et des Colonna : ceux-ci, parents du dernier pape, Martin V, sont persécutés avec cruauté par Eugène IV qui doit le pouvoir aux Ursins. —

il autorise la réunion du dixième concile général, pour réformer l'Église dans son chef et dans ses membres, et travailler à réunir l'Église grecque à l'Église latine. — L'empereur Sigismond se fait couronner roi à Milan (nov.). — Une assemblée ecclésiastique, tenue par l'archevêque de Mayence, fait un résumé des griefs de l'Église d'Allemagne, qui seront présentés au concile général (nov.). — Ouverture du concile général, à Bâle, sous la présidence du cardinal Julien Césarini; première session (14 déc.). Le pape ayant entrepris deux fois de dissoudre le concile, les pères du concile, comme à Constance, se déclarèrent supérieurs au pape.

Angleterre et France. — Les Anglais font juger Jeanne d'Arc (janvier); des inquisiteurs condamnent la sainte fille au supplice du feu comme hérétique relapse; elle est brûlée à Rouen (30 mai). Sacre du jeune Henri VI, à Notre-Dame de Paris (17 déc.). — Agnès Sorel paraît à la cour de Charles VII. — Création de l'université de Poitiers.

Espagne. — Fin des guerres intestines en Castille. Guerre contre les Maures : journée triomphante des Figuiers, près de Grenade, sur le penchant du mont Elvire; victoire stérile.

1432.

Italie. — Le roi d'Aragon fait de nouveaux efforts pour conquérir le royaume de Naples. — L'héritier présomptif du duc de Savoie épouse Anne de Lusignan, du sang royal de Chypre. — Carmagnole soupçonné de trahison par les Vénitiens, est jeté en prison, soumis à la torture et décapité (5 mai).

Pologne. — La Lithuanie, usurpée pendant deux ans par un frère de Jagellon, après la mort de Vitold son cousin, passe à un autre frère du roi de Pologne; elle reste séparée du territoire polonais.

Portugal. — Découverte des îles Açores, reconnues successivement de 1432 à 1457.

1433.

Allemagne, Italie et Rome. — Paix entre le duc de Milan, Venise et ses alliés (avril). Le marquis de Montferrat ne rentrera pas dans tous ses domaines. — Couronnement impérial de Sigismond, à Rome, des mains d'Eugène IV (mai). — Il donne la dignité de marquisat à la maison de Gonzague, de Mantoue (sept.). Eugène IV approuve le concile de Bâle; ses légats jurent d'en garder les décrets et d'observer aussi ceux de Constance qui mettent le concile au-dessus du pape (décembre). — Côme l'Ancien, fils de Jean de Médicis, par l'influence des Albizzi et des Strozzi, est exilé pour cinq ans.

Bohême. — Le concile de Bâle accordant la communion sous les deux espèces, la majeure partie des Hussites, les Calixtins, se réconcilièrent avec Sigismond.

Danemark et Suède. — La noblesse suédoise se révolte contre Éric le Poméranien, qui soutient le despotisme des gouverneurs danois.

Portugal. — Le Portugais Gilianez franchit le premier le cap Bojador, qui avait été jusque-là le terme ordinaire des navigations, sur la côte occidentale d'Afrique.

1454.

Bohême. — Grand désastre des Hussites (mai); réduction des sectaires.

Italie. — Mort de Louis III d'Anjou; Jeanne II de Naples est à la merci du roi d'Aragon. — Le duc de Savoie, Amédée VIII, se fait ermite. — Rappel de Côme de Médicis à Florence : l'industrie, les arts, les sciences, les lettres, l'Église se ressentiront de sa libéralité pendant trente ans, jusqu'à sa mort; il ne change rien à la forme du gouvernement.

Pologne. — Trêve de douze ans

entre la Pologne et les chevaliers teutons. — Mort de Wladislas Jagellon à quatre-vingts ans. L'élection de son fils aîné, âgé de dix ans, Wladislas VI, est longtemps débattue.

1435.

Angleterre et France. — Le congrès d'Arras travaille à réconcilier la France avec l'Angleterre, le concile de Bâle avec le pape. — La paix y est signée seulement entre le duc de Bourgogne, et Charles VII (21 sept.). Mort de la reine Isabeau de Bavière (30 sept.). Mort de Bedford à Rouen (14 déc.).

Danemark et Suède. — L'archevêque d'Upsal promet au nom d'Éric le redressement des griefs; l'union de Calmar est encore confirmée par la diète de Stockholm (novembre).—Éric est forcé de renoncer aux prétentions de la couronne danoise sur le Slesvig, pour avoir la paix avec le comte de Holstein.

Espagne. — Le roi de Castille reprend la guerre contre les Maures de Grenade; ils sont attaqués quatre ans au cœur de leur pays.

Italie et Rome. — La vingt et unième session du concile de Bâle abolit les annates, malgré l'opposition des légats du pape (juin).—Mort de Jeanne II de Naples (février) : elle a institué pour son héritier le frère de Louis III, Réné d'Anjou. Alphonse V d'Aragon continue la conquête: expédition contre Gaëte que défendent le duc de Milan et Gênes; bataille navale, où il est pris avec ses frères, le roi de Navarre et l'infant don Henri (5 août). — La générosité du duc de Milan à l'égard de ses captifs, renvoyés sans rançon, fait perdre aux Génois tout le fruit de la victoire due à leur flotte. Ils se soulèvent (12 déc.), et rétablissent le dogat national.

Turcs. — Amurat attaque le despote de Servie, et prend sa capitale Sémendria : le vaincu met la forte place de Belgrade sous la protection des Hongrois.

1456.

Angleterre, Écosse et France. — Paris se rend à Charles VII (avril).

Bohême. — Sigismond, après seize ans de guerre contre les Hussites, fait sa rentrée solennelle à Prague (23 août).

Italie et Rome.— Les pères de Bâle, dans la vingt-troisième session, rappellent les termes de la profession de foi d'Eugène IV, qui reconnaît tous les conciles généraux, particulièrement ceux de Constance et de Bâle (24 mars). Ils demandent la réduction du nombre des cardinaux à vingt-quatre; les cardinaux seront pris dans toutes les parties du monde chrétien. Ils abolissent les grâces expectatives, les mandats et les réserves de bénéfices, que s'attribuaient les papes.— Le Vénitien André Bianco dessine sur une carte qui est conservée dans la bibliothèque de Saint-Marc, une terre carrée et longue, Antillia, à l'ouest des îles Canaries : c'étaient peut-être les Açores qu'on prenait pour les îles placées en avant des Indes dans la description de Marco Polo.

1457.

Écosse. — Jacques Ier est assassiné par son oncle, qui sera puni par un horrible supplice. La minorité d'un enfant de six ans, Jacques II, renouvelle les discordes civiles.

France. — Établissement d'une cour des aides pour le Languedoc, le Rouergue, le Quercy et la Guyenne (avril). — Pour fêter l'entrée solennelle de Charles VII à Paris, toutes les rues ont des théâtres, où l'on joue les mystères de la religion (nov.); l'un d'eux représentait le combat des sept péchés capitaux contre les trois vertus théologales et les quatre cardinales. — Famine à Paris, 1437-39.

Italie et Rome. — Débat contradictoire entre les pères du concile de Bâle et les légats du pape, dans la vingt-cinquième session, quand il s'agit de déterminer l'endroit où devra se tenir un nouveau concile en faveur de la réunion des Grecs (mai). — Dans la vingt-sixième session, la plus grande partie des pères du concile de Bâle somment le pape de venir rendre compte de sa conduite (juillet). Dissous par un décret pontifical, le concile continue de s'assembler. Dans la vingt-neuvième session de Bâle, le pape est déclaré contumace (octobre).

Portugal. — Suite désastreuse d'une expédition contre les Africains de Tanger : le roi de Fez exige la cession de la place de Ceuta ou la remise d'un des fils du roi comme otage.

1438.

Allemagne. — Après la mort de l'empereur Sigismond, son gendre, Albert II d'Autriche, reçoit les couronnes héréditaires de Hongrie (janvier), de Bohême (mai) et la couronne élective d'empire (juin); les Hussites lui opposent encore en Bohême un prince polonais. — Diète impériale de Nuremberg : règlements de paix publique; division de l'Allemagne en cercles; réforme de la procédure inique, suivie par les tribunaux de la Sainte-Vehme, dont les sentences sans appel et exécutées sur le champ rendaient redoutable dans toutes les parties de l'empire, l'autorité des grands-juges (juillet). — Les électeurs, réunis à Francfort, ont déclaré vouloir rester neutres entre les pères de Bâle et le pape : Albert cependant approuve le concile de Bâle.

France. — Pragmatique sanction décrétée dans l'assemblée de Bourges (7 juillet) : conformément aux doctrines du concile de Bâle, elle abolit les droits fiscaux de la cour de Rome, et rétablit les élections canoniques. L'année suivante, elle sera enregistrée par le parlement et acceptée par tous les corps de l'État.

Italie. — Dans une nouvelle guerre avec le duc de Milan, Venise s'attache le marquis de Ferrare par la cession de Rovigo et de toute la Polésine entre le bas Adige et le bas Pô. Elle a encore pour alliés Gênes et Florence. — René d'Anjou est reçu avec acclamations à Naples (mai).

Portugal. — Avènement d'un enfant de six ans, Alphonse V, sous la tutelle de son oncle, second fils de Jean Ier d'Avis (septembre).

Rome. — Les pères de Bâle concèdent aux Bohémiens la communion sous les deux espèces (8 janvier). — Première session du concile de Ferrare, réuni malgré les pères de Bâle (10 janvier). — Vingt et un prélats grecs et Jean II Paléologue s'y rendent pour discuter la réunion des deux Églises (février et mars). Le pape préside la deuxième session. — Les pères du concile de Bâle sont excommuniés.

Russie. — Wasili III se tourne contre son bienfaiteur le khan Mahmet; mais les Tartares fortifieront leur position de Kasan sur le Volga.

1439.

Allemagne. — Mort d'Albert II, qui marchait contre les Turcs.

Danemark et Suède. — Soulèvement contre le roi Éric, qui est entouré d'officiers allemands : les Danois offrent la couronne à son neveu Christophe de Bavière; en Suède Charles Canutson est à la tête de la noblesse. La Norvége seule est dévouée à Éric. Il se retire dans l'île de Gothland.

Espagne. — En Castille, nouvelles cabales contre Alvarès de Luna; le roi le renvoie.

France. — Aux états d'Orléans, est préparée une ordonnance de réforme pour l'armée et les finances.

Rome. — Eugène IV transfère le concile de Ferrare à Florence (10 janvier). Une nombreuse assemblée ecclésiastique, tenue à Mayence par des représentants de l'Allemagne, de la France, de la Castille, de Milan et de divers États qui n'avaient pas de députés à Florence, reçoit les décrets du concile de Bâle, excepté ceux qui ont été faits contre le pape (mars).

Les pères du concile de Bâle déposent Eugène IV (25 juin). — Après de vives disputes entre l'empereur grec et le cardinal Julien Cesarini, principalement touchant la procession du Saint-Esprit, trente prélats grecs signent à Florence le décret d'union de l'Église grecque avec l'Église latine (6 juillet); le métropolite russe Isidore y a adhéré aussi, contrairement aux instructions du grand prince Wasili III. Le patriarche de Constantinople Joseph II, mort à Florence avant la réunion, y avait consenti. Le métropolitain de Nicée, Bessarion, qui a exercé une grande influence dans les délibérations, refusera le siége patriarcal de Constantinople, et restera en Italie, où l'attendent les faveurs pontificales. Départ de Jean II Paléologue (août). — Les pères de Bâle sont déclarés par ceux de Florence hérétiques et schismatiques (4 sept.); ils font pape Amédée VIII, duc de Savoie, sous le nom de Félix V (5 nov.). — Eugène IV, par décret, réunit les Arméniens à l'Église romaine (22 nov.). — Il retient beaucoup de Grecs en Italie.

1440.

Allemagne. — Frédéric III, de Styrie, parent d'Albert II, est élu empereur.

Bohême et Hongrie. — Les États de Bohême reconnaissent pour roi le fils posthume d'Albert II; ils nomment deux administrateurs, l'un catholique, l'autre hussite. — En Hongrie, un parti ne veut pas de cet enfant et demande le roi de Pologne, Wladislas, âgé de seize ans. — Progrès des Turcs en Hongrie.

Empire grec. — Au retour de l'empereur Jean II, le zèle schismatique des Grecs se ranime et empêche la réconciliation des deux Églises, décrétée à Florence.

Espagne. — En Castille, le prince des Asturies entre dans les complots de la noblesse contre son père.

France. — Révolte des nobles, le sire de La Trémouille, les ducs de Bourbon et d'Alençon, les comtes de Vendôme, et de Dunois; le dauphin Louis, âgé de dix-sept ans, s'associe à cette praguerie. Défaite des rebelles; le bâtard de Bourbon est jugé, condamné à mort et jeté à l'eau dans un sac. — L'assemblée de Bourges témoigne de son respect pour le concile de Bâle, mais demeure attachée au pape Eugène IV.

Orient. — Les flottes d'Amurat II et du sultan d'Égypte attaquent de concert l'île de Rhodes; le mauvais succès de l'entreprise ramène les vaisseaux d'Égypte vers Chypre, qui ne souffre pas beaucoup de leur passage.

Pologne. — L'agitation croît dans les États de l'ordre teutonique; la noblesse et quelques villes se confédèrent pour le maintien de leurs richesses : l'esprit de conciliation du grand maître ne les ramène pas à l'obéissance; il abdique.

1441.

Danemark et Suède. — Christophe le Bavarois, élu roi en Danemark, n'est couronné en Suède qu'après une transaction avec Charles Canutson. Il accorde au comte de Holstein l'investiture du Slesvig, à perpétuité.

Espagne. — Le roi de Castille, fait prisonnier par les nobles à Médina-del-Campo, s'engage à tenir son ministre éloigné du royaume pendant six ans. Alvarès reviendra avant le terme, avec le consentement du prince des Asturies. — Mort de Blanche, la reine de Navarre. Son mari, Jean, prince d'Aragon, veut être roi au détriment de leur fils, seul héritier légitime, don Carlos, prince de Viane.

Italie. — Honteuse acquisition de Ravenne par Venise. — Le duc de Milan croit gagner à sa cause François Sforza en lui donnant en mariage sa fille naturelle Blanche-Marie. Il se réconcilie avec Venise. — Nicolas III, marquis de Ferrare, après quarante-huit ans de règne, a pour successeur l'aîné de ses cinq fils naturels, Lionel.

Russie. — Wasili III punit le métropolite Isidore pour avoir signé le décret d'union de l'Église grecque avec l'Église latine. Condamné par un concile du clergé russe à être enfermé dans un monastère, Isidore s'échappe et se rend auprès d'Eugène IV qui le fait cardinal. — Invasion des Tartares; Moscou est incendiée, la population emmenée en captivité.

1442.

Allemagne. — Frédéric III ne se fait couronner à Aix-la-Chapelle qu'après avoir obtenu la sanction pontificale.

Danemark et Norvége. — L'archevêque de Lunden couronne Christophe le Bavarois roi de Norvége, à Opslo (1er janvier). Copenhague, qui jusqu'alors avait appartenu au siège épiscopal de Roskild, est réunie au domaine royal du Danemark; elle sera la résidence du roi, en recevra des lois et des priviléges.

France. — Pendant que Charles VII et le dauphin poussent la guerre activement contre les Anglais dans la Gascogne et le Languedoc, nouvelle cabale des princes avec le duc de Bourgogne et le duc d'Orléans qui sont réconciliés. Le roi dissout habilement la ligue. — Le théâtre des clercs de la basoche, qui jouait des moralités, des sotties et des farces, est suspendu par arrêt du parlement de Paris, comme trop licencieux.

Italie et Rome. — Après la cinquième session, Eugène IV déclare clos le concile de Florence (26 avril); il propose de le transférer à Rome, mais le concile ne sera plus réuni. — Naples, assiégée trois fois en six ans par les Aragonais, est enfin emportée (juin). René d'Anjou, quoique investi du royaume de Naples par le pape, quitte l'Italie. Les deux prétendants au trône napolitain aimaient les arts et les lettres : les libéralités d'Alphonse d'Aragon envers les savants l'ont fait surnommer le Magnanime.

Portugal. — Les Maures d'Afrique donnent, pour rançon de quelques-uns de leurs compatriotes tombés entre les mains des Portugais, non-seulement de la poudre d'or, mais des esclaves noirs.

1443.

Empire grec. — La rivalité des deux frères de l'empereur, Démétrius et Constantin qui a dépouillé le premier de ses domaines, amène encore les Turcs ottomans sous les murs de Constantinople, comme auxiliaires de Démétrius. La ville n'est pas prise. Démétrius obtient une principauté.

France. — Charles VII crée le parlement de Toulouse pour le Languedoc et la Guyenne en partie enlevée aux Anglais : c'est le premier démembrement du parlement de Paris.

Italie et Rome. — Les pères du concile de Bâle se séparent après la quarante-cinquième session (mai); ils ont auparavant déclaré que le concile ne serait pas regardé comme dissous, qu'il se continuerait à Lyon ou à Lausanne : Félix V est toujours pape. — Réconciliation du pape Eugène et d'Alphonse le Magnanime. — Alphonse fait reconnaître pour son successeur, par les états de Naples, son fils naturel, le duc de Calabre Ferdinand. — Eugène IV rentre à Rome, dont il était absent depuis plus de neuf ans.

1444.

Angleterre et France. — Le cardinal de Winchester, ennemi politique de son neveu le duc de Glocester, fait conclure par le comte de Suffolk une trêve avec la France, à Tours (28 mai). Suffolk négocie aussi le mariage de Henri VI avec Marguerite d'Anjou. Cette alliance coûtera aux Anglais le Maine, qui doit être rendu à l'oncle de la nouvelle reine.

France. — Suppression, par lettres patentes du roi, de la fête des Fous comme indécente et scandaleuse. — Après la trêve, Charles VII, embarrassé des compagnies d'aventure, en conduit une partie au siége de Metz, comme auxiliaire du duc de Lorraine contre ses sujets révoltés; il confie le reste au dauphin qui va dévaster l'Alsace, effrayer les pères de Bâle, et combattre les Suisses à la demande de l'Autrichien Frédéric III : rude journée de Saint-Jacques ou Saint-Jacob près de Bâle, dix heures de lutte acharnée contre douze cents soldats (26 août). — Charles VII organise la milice féodale en quinze compagnies de cent lances, ou gens d'armes à cheval ayant chacun trois archers, un coutilier et un page. Il créera, en 1448 (28 avril), l'infanterie nationale des francs archers, pour lesquels les États ont voté une taille qui sera perçue tous les ans et deviendra perpétuelle.

Hongrie et **Turcs.** — Le roi de Hongrie, Wladislas de Pologne, est enhardi par les succès du waivode de Transylvanie, Jean Corvin Huniade, sur les Turcs. Une trêve conclue avec le sultan (juin), est presque aussitôt violée; malgré les secours de Venise, de Gênes et de Rome, il est vaincu et tué en Thrace, à Varna, sur la côte de la mer Noire (novembre).

Italie. — Florence perd son grand architecte Brunelleschi, dont le génie a été développé par l'étude des monuments antiques de Rome; il a donné le plan de la coupole de Sainte-Marie des Fleurs et du palais Pitti à Florence, de la citadelle de Milan, des digues de Mantoue, etc.

1445.

Hongrie. — Le fils posthume d'Albert, Ladislas, est reconnu pour roi après la mort de Wladislas de Pologne, mais l'empereur le retient à sa cour et garde même la couronne de Saint-Étienne. Régence de Jean Huniade.

Italie. — Un dernier fils de François Carrare II, cherchant à rentrer dans l'héritage de ses pères, est pris et à la tête tranchée à Venise. — Le fils du doge Foscari, dénoncé au conseil des Dix pour avoir reçu des présents de cours étrangères, est banni à perpétuité.

Pologne. — Élection de Casimir IV, frère de Wladislas, déjà duc de Lithuanie.

Russie. — Deux fils du khan Mahmet font prisonnier Wasili III. Mahmet, admirant son courage, le renverra libre avec promesse de rançon.

Turcs. — Abdication volontaire d'Amurat II : il fait proclamer sultan son fils Mahomet, âgé de quinze ans. Les ministres du jeune prince mettent l'État dans une telle confusion, qu'après quatre mois Amurat II reprend l'autorité.

1446.

Allemagne. — Eugène IV est reconnu pour pape légitime. — Les Hongrois, dont Frédéric III retient le roi et la couronne, envahissent l'Autriche.

1447.

Angleterre. — Glocester, le bon duc, accusé de complots contre l'État, est jeté en prison; il y meurt (25 février). Six mois après, mort du cardinal de Winchester, grand-oncle du jeune roi.

Italie. — Eugène IV a pour successeur le savant et vertueux Thomas de Sarzane (mars). Nicolas V est aussitôt reconnu par l'Allemagne et par la France. — Mort du duc de Milan Philippe-Marie Visconti (août) : la seigneurie est réclamée par François Sforza, son gendre, le roi de Naples, le duc de Savoie et Charles d'Orléans, fils de Valentine Visconti. Milan se met en république, mais donne à François Sforza le commandement des troupes pour empêcher les progrès des Vénitiens.

Pologne. — Après son couronnement à Cracovie, Casimir IV continuera de résider en Lithuanie. Sa conduite arbitraire provoque d'énergiques réclamations de la part des diètes.

Turcs. — Georges Castriot, fils du prince chrétien d'Albanie qu'avait dépouillé l'invasion ottomane, pris enfant par les Turcs, fait musulman, honoré du titre de scanderbeg (général Alexandre), mais revenu à la foi de ses aïeux et ramené par la victoire dans les domaines paternels, se défend en héros contre Amurat II qui enveloppe sa capitale, Croïa, avec cent mille hommes. Les Vénitiens payent ses troupes.

1448.

Allemagne. — Concordat germanique dressé par Frédéric III, approuvé par Nicolas V et par la diète d'Allemagne. Il rétablit l'élection canonique, abolit l'usage des provisions et des expectatives pontificales; détermine les cas où le pape peut disposer des bénéfices d'Allemagne, substitue aux annates une taxe payable en deux ans par les nouveaux bénéficiers.

Angleterre et France. — Reprise des hostilités (mars). La guerre est heureuse pour la France en Normandie.

Danemark et Suède. — La mort de Christophe le Bavarois sans enfant rompt l'union des trois royaumes du nord (janvier). En Suède Charles Canutson, grand maréchal, prend la couronne (juin). Les Danois offrent le trône au comte de Holstein, l'héritier le plus proche, qui refuse pour lui-même, et leur fait agréer son neveu, Christian Ier, comte d'Oldembourg (sept.).

Empire grec. — Constantin XII, troisième fils de l'empereur Manuel, succède à son frère Jean II. Il aura quelque temps pour compétiteur son frère Démétrius.

Italie. — François Sforza se réconcilie avec Venise pour pouvoir faire triompher ses prétentions à la seigneurie de Milan.

Russie. — Wasili III détrôné, privé de la vue par un ambitieux, réduit à se défendre contre plusieurs princes rebelles, après deux ans d'inquiétudes et de malheurs, triomphera de ses ennemis.

1449.

Angleterre. — Suffolk, duc et premier ministre, auquel on attribue les désastres de la guerre de France, est déféré au parlement comme coupable de haute trahison.

Angleterre et France. — Rouen se donne à Charles VII (nov.); résistance de Harfleur jusqu'au 1er janvier.

Italie. — François Sforza bloque et affame Milan qui ne veut pas le recevoir pour duc.

Norvége. — Les états acceptent d'abord pour roi Charles Canutson; en 1450, ils reconnaîtront le roi danois.

Perse. — Le prince persan Ulugh-Begh, auteur d'un catalogue des étoiles fixes et d'un tableau des époques les plus célèbres de l'histoire du monde, meurt assassiné par son fils.

Portugal. — Le jeune roi défend sa couronne contre son oncle qui était en même temps son tuteur et son beau-père.

Rome. — Pacification de l'Église préparée par les rois de France, d'Angleterre, et de Naples. Félix V renonce au pontificat (9 avril); les pères de Bâle, réunis à Lausanne comme en concile général, ratifient cette renonciation (16 avril) et déclarent obéir à Nicolas V comme à l'unique et indubitable pontife; Nicolas efface tout ce qui a été dit et fait contre Félix, les pères de Bâle et leurs adhérents.

Turquie. — Amurat II est aux prises tour à tour avec l'Albanais Scanderbeg et le Hongrois Jean Huniade, qui perd une grande bataille dans les plaines de Cassovie en Servie : Hongrois, Bohémiens, Allemands, Valaques, sont exterminés

XV° SIÈCLE (1450-1452).

pendant deux jours de la semaine sainte.

1450.

Allemagne. — Assez longtemps après la découverte de la gravure sur bois, les caractères mobiles de fonte inventés soit par Jean Guttemberg, citoyen noble de Strasbourg, qui a déjà trouvé depuis plus de dix ans les procédés de l'Imprimerie, soit par Fust, de Mayence, et par Schœffer, servent à l'imp. d'une bible à Mayence.

Angleterre. — Henri VI croit sauver son ministre Suffolk en le condamnant lui-même à l'exil; Suffolk, atteint en mer par ses ennemis, subit de leur main la sentence capitale. Le nouveau ministre, le duc de Somerset, ne peut apaiser les haines de parti. Pendant que l'ambitieux Richard, duc d'York, est occupé à réduire l'Irlande, un de ses soldats, Jean Cade, Irlandais, soulève le comté de Kent.

Angleterre et France. — En Normandie, victoire des Français à Formigny, entre Carentan et Bayeux (avril). Reddition de Caen (juill.). La prise de Cherbourg achève la soumission de la Normandie. — Les troupes de Charles VII passent en Guyenne.

France. — Mort d'Agnès Sorel. — Accusation imméritée d'empoisonnement contre Jacques Cœur, argentier du roi, et dont les richesses avaient contribué à l'entretien de quatre armées.

Italie. — Le peuple de Milan soulevé ouvre les portes à François Sforza qui est solennellement proclamé duc (mars). — A Florence, l'orfévre Maso Finiguerra, habile graveur de nielles sur plaque d'argent, trouve le secret de la gravure en taille-douce.

Portugal. — Les îles du cap Vert, à l'ouest du Sénégal, sont découvertes par Antoine Noli, Génois, au service du Portugal.

1451.

Angleterre et France. — Dunois reçoit la soumission de Bordeaux et de Bayonne (juin et août).

Empire grec. — Nouvelles négociations pour la réunion des deux Églises, dans l'espoir d'être secouru par l'Occident. Le légat romain est traité comme un ennemi par le peuple de Constantinople.

Italie. — Une bulle pontificale enlève à Grado, ville presque déserte à l'embouchure de l'Isonzo, le titre patriarcal pour le donner à Venise (octobre). — Nicolas V, infatigable protecteur des lettres et des arts, fait réparer les murs, les portes et les tours de Rome, le Capitole et le château Saint-Ange.

Suède. — L'archevêque d'Upsal appelle déjà les Danois en Suède.

Turquie. — Mort d'Amurat II (février). Mahomet II, son fils, âgé de vingt ans, se montre cette fois digne de lui succéder.

1452.

Allemagne et Italie. — Frédéric III reçoit à Rome, des mains de Nicolas V, la couronne de Lombardie et la couronne d'empire; mais il renonce aux droits impériaux sur Rome (mars). — La réputation d'Alphonse le Magnanime attire Frédéric III jusqu'à Naples. — Il donne, au retour, moyennant un cens annuel, le titre de duc de Modène et de Reggio à Borso d'Este, marquis de Ferrare, successeur de son frère Lionel.

Angleterre. — Richard d'York fait mettre à la Tour Somerset, ministre et favori du roi.

Angleterre et France. — Bordeaux se soulève en faveur des Anglais.

Empire grec. — A la demande de Constantin Paléologue, Gênes lui envoie contre les Turcs cinq gros vaisseaux chargés de provisions.

Espagne. — Don Carlos de Viane, que les révoltantes injustices de son père ont forcé à prendre les armes, est défait et tombe en son pouvoir.

Italie. — Le nouveau duc de Milan, François Sforza, est attaqué par les Vénitiens unis au roi d'Aragon, au marquis de Montferrat, au duc de Savoie (avril); mais il résistera avec l'aide de Gênes, de Florence, et de Mantoue. — Un noble Romain, Étienne Porcaro, conspire contre Nicolas V; reconnu coupable il est jugé et pendu (décembre, janv. 1453).

1453.

Allemagne. — Frédéric III érige le duché d'Autriche en archiduché, avec des prérogatives particulières.

Angleterre et France. — L'arrivée de l'Anglais Talbot, en Guyenne, y prolonge les hostilités. Mais il est tué à la bataille de Castillon, en Périgord (17 juillet). Bordeaux est réduite à capituler; elle sera flanquée de deux forts qui répondront de sa fidélité à Charles VII (19 octobre). Les Anglais n'ont plus que Calais, qu'ils garderont cent quinze ans.

Angleterre. — Naissance d'un héritier des Lancastre (23 oct.). Altération des facultés de Henri VI. Espérance nouvelle conçue par le duc d'York, qui était le plus proche prince du sang avant la naissance du prince de Galles.

Bohême et Hongrie. — L'empereur rend enfin aux Hongrois leur roi Ladislas, qui après avoir visité Bude, va se faire couronner en Bohême où il jure une capitulation favorable aux hussites, et laisse la dignité de gouverneur à leur partisan Georges Podiébrad (octobre).

Empire grec et Turcs. — Mahomet II, avec trois cent mille hommes et quatre cents galères, entreprend le siège de Constantinople (2 avril): cinquante-huit jours de tranchée ouverte. Huit mille Grecs seulement combattent pour la défense de la ville avec quelques Génois; les vaisseaux de Venise arriveront trop tard. Les galères ottomanes sont introduites dans le port. Assaut (29 mai): le dernier empereur grec Constantin XII meurt sur la brèche; sac et pillage de Constantinople; Sainte-Sophie est convertie en mosquée. Constantinople devient la capitale de l'empire ottoman. Les Grecs qui restent dans la ville obtiennent le libre exercice de leur religion. L'Italie donne asile aux fugitifs et en reçoit les précieux monuments de la littérature ancienne. — Progrès rapides des Turcs dans la Thrace et la Macédoine; des princes grecs ont encore la Morée et la côte septentrionale de l'Asie Mineure.

Espagne. — La prise de Constantinople enhardit les Maures d'Espagne: dévastation du territoire chrétien de Jaen; mais le roi de Grenade se rend odieux à ses peuples, il sera déposé en 1454. — Le prince aragonais Jean II, à la demande du roi de Castille, rend la liberté à son fils don Carlos de Viane. — En Castille, la noblesse et la reine obtiennent enfin du faible Jean II le jugement, la condamnation et l'exécution de don Alvarès de Luna: le roi reste sans appui.

France. — Jacques Cœur condamné à mort, est banni à perpétuité; ses biens sont confisqués. — Traité d'alliance avec la confédération helvétique (nov.). — Le dauphin forme le parlement de Grenoble à la place de la cour delphinale.

TROISIÈME PÉRIODE.

LES TEMPS MODERNES (1453-1789).

SECONDE PARTIE DU XVᵉ SIÈCLE.

APERÇU GÉNÉRAL

DEPUIS LA PRISE DE CONSTANTINOPLE PAR LES TURCS (1453).

Constantinople prise et l'empire grec détruit, les succès de Mahomet II sont rapides : il reste maître de l'Albanie après la mort de Scanderbeg ; possesseur de la Morée et de l'Eubée, il laisse à peine quelques îles aux Vénitiens ; ses armées courent sur le Danube, dans le Frioul, et occupent Otrante, la clef de l'Italie. La terreur des Occidentaux inspire bien des projets de croisade qui avortent, et des tentatives de réconciliation entre les États divisés de la péninsule qui ne mettront pas trêve à leurs rivalités. Heureusement, après Mahomet, les séditions des janissaires et l'ambition jalouse d'un frère du nouveau sultan ralentissent les progrès des Turcs.

L'Italie donne asile aux fugitifs de Constantinople. Les Grecs enseignent leur langue aux Italiens, apportent les riches monuments de leur antique littérature et dirigent les premiers efforts que l'on fait alors pour étudier et imiter ces grands modèles. Les Chalcondyle, les Lascaris, Jean Andronic et Théodore Gaza de Thessalonique, Jean Argyropyle de Constantinople, révèlent à leurs disciples de Milan, de Florence et de Rome, les auteurs classiques de l'antiquité grecque. Ils ont des protecteurs dans le pape Nicolas V qui fonde la bibliothèque du Vatican ; dans Pie II, qui avait déjà illustré comme littérateur le nom d'Æneas Sylvius ; dans les Médicis Cosme et Laurent, auxquels Florence doit son académie et sa précieuse bibliothèque. Les platoniciens grecs prévalent en Italie : le chanoine Marcile Ficin enseigne leur doctrine à Florence, le fameux Pic de La Mirandole essaye de concilier Platon et Aristote. Les travaux littéraires proprement dits, les études de critique, d'histoire, d'éloquence, les traductions servent mieux à polir la langue latine. Laurent Valla ouvre à Naples et à Rome des cours publics d'éloquence latine et grecque; François Filelfo est un brillant professeur d'éloquence et de philosophie à Bologne, à Florence, à Sienne et à Rome. Ange Politien, dans ses nombreuses productions, semble se rapprocher de l'ancienne langue des Romains.

Ange Politien enrichit aussi la langue nationale, qui reprend dans ses *stances* sa force et ses vives couleurs; le style épique lui doit un grand nombre d'expressions, de comparaisons et de tours. C'est en italien que Bojardo compose, à la cour des princes d'Este, son poëme de *Roland amoureux.* Hercule d'Este fait représenter des comédies grecques et latines traduites en italien.

Les arts du dessin touchent à leur plus grande gloire avec Bramante, Michel-Ange, Léonard de Vinci, le jeune Raphaël, disciple du Pérugin, tandis que l'Allemagne a déjà Albert Dürer.

Les beaux-arts ne rendent pas les mœurs publiques meilleures et plus douces; il n'y eut jamais plus de perfidies, de trahisons, de meurtres et d'atroces débauches. Le règne de Ferdinand d'Aragon, fils naturel d'Alphonse, qui l'emporte sur un nouveau prétendant de la maison d'Anjou, est un fléau pour l'Italie méridionale. Jean Galéas Marie Sforza ne sait être qu'un tyran et meurt assassiné dans une église. Les Pazzi et le pape Sixte IV trament une conjuration contre les Médicis : Julien est massacré dans une église; son frère Laurent, seulement blessé, est obligé de soutenir la guerre contre le pape qui ne se trouve pas assez vengé. Alexandre VI épouvante l'Église et le monde par l'audace encore inouïe de ses crimes. Ludovic le More Sforza, qui appelle les Français en Italie, a recours au poison pour succéder plus tôt à son neveu, le duc de Milan.

L'Allemagne aura longtemps un empereur universellement méprisé pour son ineptie, son avarice et sa mauvaise foi; il vit heureux dans l'opprobre, vaincu bien des fois par ses voisins de la Hongrie et de la Bohême, qui pénètrent jusqu'à Vienne. Le mariage de son fils Maximilien avec l'héritière des vastes états de Bourgogne et des Pays-Bas, accroît l'influence de sa maison; mais il néglige d'assurer la paix publique de l'empire. A l'est de l'Allemagne, la Pologne fleurit sous les princes Jagellon et tient tête à l'Ordre teutonique; les Russes, avec Ivan, secouent le joug des Tartares et se civilisent. La Suède remplace le roi par un administrateur élu qui, malgré les trahisons du clergé, défend l'indépendance contre les Danois.

En Castille, le règne de Henri IV n'est qu'un long cours de troubles, de conspirations et de discordes : sa sœur Isabelle se fait déclarer héritière présomptive du trône, dont elle se montre digne

Isabelle et son mari, Ferdinand le Catholique, qui est l'héritier et bientôt le possesseur de l'Aragon, dépouillent les Maures du royaume de Grenade, débris de la puissance musulmane fondée depuis huit siècles, répriment la noblesse, font des *hermandads* ou fraternités des villes un appui pour la royauté, et livrent les hérétiques et les juifs au tribunal sanglant des inquisiteurs.

C'est d'Isabelle que le Génois Christophe Colomb, préoccupé de la pensée de trouver une route vers les Indes à l'ouest de l'océan Atlantique, comme les Portugais en cherchaient une en naviguant à l'est sur les côtes africaines, obtient, non sans peine, les moyens de découvrir et de donner à l'Espagne un nouveau monde. Il touche terre aux Antilles, en 1492, quand les Portugais n'osaient encore franchir le cap des Tourmentes. Le cap des Tourmentes devient le cap de Bonne-Espérance pour Vasco de Gama qui, s'avançant hardiment à l'est, va le premier aux Indes orientales en tournant l'Afrique. Ce voyage change le commerce de l'ancien monde. Alexandrie en avait été le centre sous les Ptolémées, sous les Romains et sous les Arabes; cette ville était l'entrepôt de l'Europe et des Indes : Venise, au XVᵉ siècle, tirait presque seule d'Alexandrie les denrées de l'Orient et du midi, et par cette industrie s'enrichissait aux dépens de l'Europe. L'expédition de Vasco de Gama détourne le cours de ces richesses : une bulle pontificale, après le premier voyage de Colomb, a partagé les Indes orientales et occidentales entre les Portugais et les Espagnols. Un Portugais, Alvarès de Cabral touche, sans l'avoir cherchée, la côte du Brésil, et le Florentin Americo Vespucci sera le plagiaire presque inconnu de la gloire du Génois Christophe Colomb.

La France et l'Angleterre laissent près d'un siècle d'avance aux Espagnols et aux Portugais dans les terres nouvelles. Sous le nom de rose blanche et de rose rouge, les factions d'York et de Lancastre déchirent la Grande-Bretagne : les batailles et les échafauds appauvrissent le sang de la noblesse; la royauté se retrouve plus forte sur ces ruines, après la chute du dernier roi de la rose blanche, le sanguinaire Glocester, Richard III. Henri VII Tudor, de la maison de Lancastre, se maintient par sa prudence et sa bravoure sur le trône où la victoire et le parlement l'ont appelé; son avarice et sa dureté n'empêchent pas les Anglais de le compter au nombre de leurs plus habiles rois. En France, sous Louis XI, la lutte est, dès le début, engagée entre le pouvoir monarchique et la noblesse. Ce prince préfère les négociations à la guerre : il aime mieux tromper que vaincre; pourvu qu'il atteigne son but, que les moyens soient injustes ou horribles, il les sait concilier avec une dévotion superstitieuse et avec le titre de roi très-chrétien, qu'il a porté le premier, sans doute parce qu'il abandonna au pape Pie II la pragmatique anction. L'orgueil des seigneurs reçoit des leçons terribles; on doit à sa fourberie et à sa froide cruauté l'affaiblissement et presque l'extinction de la tyrannie féodale. Charles le Téméraire, déjà vaincu par l'astuce du roi, est brisé par l'audace des Suisses, les alliés de Louis. La puissance royale prévaut enfin, et le bien-être des masses, le véritable bien public, n'est pas oublié. La royauté traverse une phase difficile pendant la jeunesse de Charles VIII : Anne de Beaujeu, la régente, se montre digne de son père, et triomphe de la noblesse par les armes autant que par les intrigues.

Le jeune Charles VIII jette inconsidérément la France dans des guerres de conquête. Enlever les Deux-Siciles et par suite Constantinople, ce n'est pas un rêve trop ambitieux pour un admirateur passionné de César et de Charlemagne : cependant il est heureux, après avoir célébré à Naples de faciles triomphes par des fêtes magnifiques, de s'ouvrir, par la victoire brillante de Fornoue, un retour vers ses États : Venise a noué la première ligue européenne contre la France. Le dominicain Jérôme Savonarole, qui a appelé les Français au nom de Dieu pour punir les crimes de l'Italie; qui a, par ses prédications, entraîné les Florentins à chasser les Médicis, est à la fin sacrifié à la haine d'Alexandre VI et périt dans les flammes. Louis XII cède au même entraînement que Charles VIII : l'amitié indigne des Borgia; l'occupation rapide de Milan ne lui donnent pas une force réelle en face de Ferdinand le Catholique et de Maximilien. La question italienne sera le nœud de la politique des États de l'Occident qui se constituent sous ces trois grands princes.

La France et l'Allemagne ne se ressentaient pas encore du mouvement intellectuel de l'Italie. Rien n'indique une rénovation des sciences, et Copernic, né en 1473, au delà des terres allemandes, à Thorn sur la Vistule, n'a peut-être pas conçu déjà son système du monde. La langue latine, cultivée en France, sert à Robert Gaguin à composer un sommaire de notre histoire; les sermonnaires mêlent des mots et des phrases d'un jargon moderne à du latin barbare, et leur ton simple et trivial rend plus accessibles au peuple leurs paroles souvent audacieuses. Jean Juvénal des Ursins emploie la langue vulgaire à raconter le long règne de Charles VI; les mémoires d'Olivier de la Marche embrassent les règnes de Charles VII et de Louis XI. Le témoin, l'historien de cette époque est Philippe de Comines, vrai continuateur de Froissart et de Monstrelet, quoiqu'il ne leur ressemble pas : c'est l'histoire politique et réfléchie; on sent l'homme élevé aux grandes affaires; mais sa critique manque de moralité, et il n'exige pas assez de la conscience des mémorables acteurs qui occupent la scène du monde

Un recueil de *Cent nouvelles nouvelles*, fruit des causeries et des veillées de châteaux, est composé à la cour du duc de Bourgogne peut-être quand Louis XI, encore dauphin, y vivait retiré; on l'a quelquefois attribué à Louis XI qui n'a composé lui-même qu'un *Rosier* ou *Épitome* d'histoire. Le principal rimeur français est Villon, dont la verve souvent licencieuse ramène du moins au naturel : il ouvre notre littérature moderne. Entre les productions auxquelles ont pu donner naissance les représentations des mystères, des moralités et des sotties, rien n'égale la farce de *Patelin*, qui paraît dans sa première forme peut-être vers la fin de ce siècle.

Le souvenir du schisme d'Avignon, le progrès des lumières accéléré par l'imprimerie, par l'émigration des Grecs en Italie et par l'administration des Médicis, enfin les découvertes de Christophe Colomb et de Vasco de Gama, préparent les grands mouvements qui doivent agiter tout le siècle suivant.

CHRONOLOGIE.

1454.

Bohême. — Ladislas de Bohême reçoit, à Breslau, l'hommage des Silésiens qui ne prêtent serment qu'au prince en personne.

France. — Procès en réhabilitation de la mémoire de Jeanne d'Arc. — Le roi ordonne de rédiger toutes les coutumes de France (avril); ce travail durera plus d'un siècle. — Des lettres royales assimilent complétement l'un à l'autre le parlement de Paris et celui de Toulouse.

Italie. — Par la médiation du pape, qui voudrait tourner les forces de l'Italie contre les Turcs, la paix est signée à Lodi entre François Sforza et Venise (9 avril). Mais dans le même temps le bayle ou représentant de la seigneurie vénitienne à Constantinople conclut un traité avec Mahomet II pour les intérêts de son commerce. Le roi de Naples accède à la paix de Lodi (17 juill.).

Pologne. — Casimir IV soutient les Prussiens révoltés contre les chevaliers teutons; douze ans de guerre avec l'ordre. L'ordre perd la nouvelle Marche au delà de l'Oder, qui se met sous la protection de l'électeur de Brandebourg. — Ambition coupable de l'archevêque de Riga, ennemi constant de l'ordre dont cependant il est membre.

Turquie. — Mahomet II somme vainement les chevaliers de Rhodes de lui payer tribut. Les montagnes de l'Albanie et le courage de Scanderbeg sont d'assurés remparts pour l'indépendance des chrétiens.

1455.

Angleterre. — Premier sang versé dans la guerre civile entre la rose blanche d'York et la rose rouge de Lancastre. Le comte de Warwick et une partie de la noblesse arment pour Richard d'York. Vainqueur à Saint-Albans, à l'ouest de Londres, où Henri VI est fait prisonnier (31 mai), Richard est nommé protecteur du royaume.

Espagne. — En Castille Henri IV qui a, depuis un an, succédé à son père Jean II, épouse Jeanne, sœur du roi de Portugal. Mœurs dissolues de la cour; de honteuses galanteries, des conjurations, des guerres civiles rempliront ce règne. — Renouvellement des hostilités en Navarre: don Carlos et sa sœur Blanche soulèvent le royaume contre Jean II, leur père, qui les déshérite. Léonore, née, comme Ferdinand le Catholique, d'un second mariage de Jean II, mariée au comte de Foix, se fait l'instrument des vengeances paternelles en acceptant la succession au trône.

Italie. — A la mort de Nicolas V, avénement de l'Espagnol Alphonse Borgia, âgé de soixante-dix-huit ans; il prend le nom de Calixte III (avril). Il est plein d'ardeur pour la guerre contre les Turcs. Mais le soin qu'il mit à avancer ses neveux remplit son règne de scandales.

1456.

Allemagne. — L'université de Gripswald est fondée en Poméranie.

Espagne. — Battu à Estella, au sud-ouest de Pampelune, don Carlos va chercher sûreté en France. La Navarre est agitée par la rivalité des Beaumont ses partisans, et des Grammont.

France. — Le dauphin, qui a de nouveaux démêlés avec son père, se réfugie auprès du duc de Bourgogne dans le Brabant. — Un prince du sang, le duc d'Alençon, conspire avec les Anglais; son procès devant la cour des pairs dure deux ans.

Hongrie et Turquie. — Mahomet II avec cent cinquante mille hommes assiége Belgrade. Jean Huniade le bat et le force à lever le siége (juillet-août). Le cordelier Jean Capistran prêche en Hongrie la guerre contre les Turcs. Mort de Jean Huniade (10 sept.).

Italie. — Tremblement de terre (5 déc.): il prend depuis Gaëte, Bénévent, Ariano; enveloppe par le sud Avellino, Nocera, Naples, Cumes, s'étend à l'est jusqu'à Brindes: vingt mille victimes.

1457.

Allemagne. — Premier livre qui porte une date imprimée: psautier publié à Mayence la veille de l'Assomption de l'année 1457, par Fust et Schœffer. — A Nuremberg et à Francfort, les électeurs protestent contre la mauvaise administration de Frédéric III.

Danemark et Suède. — Guerre ouverte entre l'archevêque d'Upsal et Charles Canutson; le roi est forcé de sortir de Stockholm. Christian, appelé en Suède, reçoit la couronne à Upsal; l'union de Calmar est rétablie pour les trois royaumes.

Hongrie. — Les fils de Jean Corvin Huniade ont fait assassiner leur ennemi personnel, le comte de Cillei, oncle du roi. Le roi fait juger et supplicier en place publique l'aîné des Corvin (mars).

Italie. — Le conseil des Dix, prétextant l'âge et les infirmités de François Foscari, qui a été doge pendant plus de trente-quatre ans, lui fait déposer la dignité ducale (23 oct.). Il meurt en apprenant l'élection de son successeur. — Frà Mauro, religieux de l'ordre des camaldules et du monastère de Saint-Michel de Murano près de Venise, dresse une mappemonde qui comprend les découvertes de Marco Polo et celles des Portugais: l'Afrique y est représentée sous une forme assez exacte; la distance entre les côtes de l'Asie et celles de l'Europe est diminuée.

Turcs. — Tentative sur l'île de Cos qui appartient à l'ordre des hospitaliers. Ils dévastent les côtes de Rhodes.

1458.

Bohême et Hongrie. — Mort de Ladislas, âgé de dix-huit ans, sans enfant (janv.). Les Hongrois désignent pour la royauté le second fils de Jean Huniade, Mathias Ier Corvin, âgé de seize ans. En Bohême, Podiebrad devient roi malgré de nombreux prétendants. Impuissantes protestations de l'empereur; il retient toutefois la couronne de Saint-Étienne.

Espagne et Italie.—Don Carlos de Viane vient en Italie demander protection à Alphonse V, son oncle, contre son père. — Mort d'Alphonse V le Magnanime (juill.): Jean II, son frère, lui succède dans les royaumes d'Aragon, de Valence, des îles Baléares et de la Sicile; Ferdinand, son fils naturel, règne à Naples.

France. — Sentence de mort contre le duc d'Alençon, commuée en bannissement perpétuel. — Chaire de grec fondée à l'université de Paris.

Italie. — Le doge de Gênes, Pierre Fregoso, menacé par les Adorni, a persuadé au conseil de la république de se soumettre au roi de France. Le fils de Réné d'Anjou, Jean, duc de Lorraine, est venu, au nom de Charles VII, prendre possession du gouvernement (mai). Les Adorni se sont adressés à Alphonse d'Aragon. Une flotte aragonaise bloque Gênes; mais la mort d'Alphonse a fait lever le siége.

Turquie.—Deux frères de l'empereur Constantin sont dépouillés de la Morée par Mahomet II. Les Turcs prennent Corinthe et Athènes.

1459.

Bohême. — Podiébrad, ayant délivré Frédéric III d'une révolte de ses sujets de Vienne, est reconnu par lui roi de Bohême.

Danemark. — Le roi Christian recueille l'héritage de son cousin, le comte de Holstein, duc de Slesvig. L'investiture du Holstein lui est conférée par l'évêque de Lubeck au nom de l'empereur. Il reçoit l'hommage de la ville de Hambourg, comme fief mouvant du Holstein.

Espagne. — Les vices et la faiblesse de Henri IV poussent la noblesse de Castille à la révolte.

Italie. — Æneas Silvius Piccolomini, qui a succédé à Calixte II sous le nom de Pie II, autrefois secrétaire du concile tenu à Bâle, dote cette ville d'une université. — Il essaye de ranimer l'enthousiasme de l'Europe pour les guerres saintes; Mantoue est le lieu fixé pour le rendez-vous d'une croisade. Le pape y vient en mai et y reste jusqu'en janvier 1460.—A Gênes, les Fregosi mêmes, qui avaient accueilli Jean, duc de Lorraine, aident contre lui le nouveau roi de Naples, Ferdinand; Jean de Lorraine quitte Gênes pour tenter de détrôner Ferdinand.

Pologne.— Le maître provincial des chevaliers teutons en Livonie fait incorporer à cette province l'Esthonie, pour prix des secours qu'il fournit à l'ordre dans la guerre contre les Prussiens et les Polonais.

Portugal. — Après une expédition heureuse sur les côtes d'Afrique, Alphonse V institue un ordre nouveau de chevalerie, l'ordre de l'Épée.

1460.

Angleterre. — Henri VI est battu à Northampton et fait prisonnier (19 juill.); le parlement décide au détriment du prince de Galles que le duc d'York lui succédera (2 oct.). Mais sa femme, avec des renforts tirés de l'Écosse, qu'elle a achetés par la cession de Berwick, gagne une victoire à Wakefield, dans le comté d'York: le duc d'York y est tué; le second fils de Richard est égorgé après le combat. Dans les deux partis les représailles sanglantes suivront les victoires et décimeront la noblesse.

Écosse. — Mort de Jacques II Stuart, au commencement de l'expédition dirigée contre l'Angleterre pour assister Marguerite d'Anjou: l'Écosse a encore un roi mineur, Jacques III, âgé de sept ans.

Espagne. — Dans les États d'Aragon, à Fraga, Jean II déclare la Sicile et la Sardaigne incorporées au royaume aragonais. Il prête la main aux révoltes de Castille. Arrestation à Barcelone de son fils don Carlos, qui s'était réconcilié avec lui.

Italie.—Les grandes qualités et

la popularité de Côme de Médicis valent à son fils Pierre la dignité de gonfalonier de Florence, la première de la république, qu'il exerce avec médiocrité, mais qu'on lui laisse jusqu'à la mort de son père. — Le roi de Naples, Ferdinand d'Aragon, est battu à Sarno, près de Nole, par Jean d'Anjou, duc de Calabre et de Lorraine : le général vainqueur, Jacques Piccinino, se jette sur les terres de l'Église pour détacher le saint-siège du parti aragonais.

Orient. — Le sultan d'Égypte, comme suzerain de Chypre, intervient dans la guerre de succession entre la fille et le fils naturel du dernier roi, Charlotte et Jacques II. Celui-ci doit l'emporter avec l'aide des musulmans.

Suisse. — La confédération enlève à la maison d'Autriche le vaste bailliage de Thurgovie : l'Autriche ne possède plus que Winterthur.

1461.

Angleterre. — Marguerite est encore victorieuse du comte de Warwick à Saint-Albans (févr.). Cependant le comte de la Marche, fils du duc d'York, âgé de vingt ans, est proclamé roi à Londres par l'influence de Warwick, et prend le nom d'Édouard IV (mars). Sa victoire à Towton, au sud-ouest d'York (22 mars), hâte le décret du parlement qui approuve son élection (20 juin). Marguerite passe en Écosse, et de là en France.

Espagne. — L'agitation menaçante de la Catalogne, et l'entrée d'une armée de Henri IV en Navarre, obligent Jean II à rendre de nouveau la liberté à son fils qui meurt presque aussitôt, léguant ses droits à sa sœur Blanche. Don Carlos avait cultivé les lettres comme presque tous les princes de ce temps : il reste de lui quelques écrits.

France. — Mort de Charles VII (juill.). Son fils, Louis XI, après le sacre de Reims, destitue les ministres du dernier règne, et négocie avec la cour de Rome l'abandon de la pragmatique sanction de 1438.

Italie. — Le sultan d'Égypte accorde ou renouvelle aux Vénitiens le droit de commercer librement dans ses ports.

Turcs. — Ils mettent fin à l'empire grec de Trébizonde, que gouvernaient des Comnène depuis 1204 : David Comnène rend la ville après trente jours de siège et se met à la disposition de Mahomet II, qui le fait tuer comme complice de ses ennemis.

1462.

Allemagne, Bohême et Hongrie. — Au lieu de combattre les Turcs, Mathias Corvin tombe sur l'Autriche; Georges Podiébrad attaque, comme allié du duc de Bavière, le frère de l'électeur de Brandebourg, qui, à la Bohême, restitue la basse Lusace.

Espagne. — Les Castillans enlèvent aux Maures Gibraltar et Ardjidouna, au nord-ouest de Malaga, berceau de la maison régnante de Grenade. — Par une criminelle transaction, Jean II fait passer à sa seconde fille, Léonore, comtesse de Foix, les droits que Blanche avait à la couronne de Navarre. Louis XI, moyennant la cession du Roussillon et de la Cerdagne, aide Jean II à se maintenir, malgré les Navarrais que soutient le roi de Castille. Révolte de la Catalogne contre Jean II. Blanche est livrée par Jean à sa sœur, qui l'enferme au château d'Orthès, où elle mourra, peut-être empoisonnée.

France. — Établissement d'un parlement royal à Bordeaux, pour les pays de Guyenne récemment enlevés à la domination anglaise (juin).

Italie. — Au lieu de combattre les Turcs, Scanderbeg, à l'instigation de Pie II, défend le roi pervers de Naples, Ferdinand, et gagne sur le prince angevin une grande victoire à Troia, dans la Capitanate (août). — Le duc de Savoie est chassé par un de ses fils.

Portugal. — Le Portugais Pierre de Cintra, ayant atteint la côte de Guinée, donne à une montagne le nom de Sierra-Leone, et se dirige au sud, jusqu'au cap Mesurado. Déjà la côte d'Afrique, en se repliant vers l'est, semblait ouvrir aux infatigables navigateurs envoyés par l'infant don Henri la route de l'Inde. L'or sera trouvé abondamment en Guinée.

Russie. — Mort de Wasili III; son fils Ivan III lui succède.

Turquie. — Une trahison livre à Mahomet II l'île de Lesbos.

1463.

Angleterre. — Malgré les secours que Marguerite a ramenés de France, Henri VI est pris pour la troisième fois et enfermé pour sept ans à la Tour de Londres. Aventures de Marguerite errant avec le prince de Galles. Elle passe dans les Pays-Bas, et de là chez son père.

Bohême. — Anathème pontifical lancé contre Podiébrad qui soutient la légitimité du pacte fait avec les hussites au concile de Bâle (mars). L'archevêque de Prague, zélé hussite, le pousse à persécuter les catholiques.

Danemark et Suède. — La mésintelligence entre l'archevêque d'Upsal et le roi Christian cause sept années de guerre qui font perdre la Suède à Christian. Charles Canutson sera deux fois replacé sur le trône.

Espagne. — Entrevue et traité entre les rois de Castille et de Grenade. Louis XI vient, sur la Bidassoa, visiter le roi de Castille, qui a accepté son arbitrage dans le différend avec l'Aragon (avril). Habileté de Louis XI : son or entretiendra les discordes dans la péninsule.

France. — Après ce voyage, Louis XI retire au duc de Bourgogne, moyennant le prix de rachat convenu, les villes de Picardie que lui avaient cédées le traité d'Arras. — Traité renouvelé avec les Suisses.

Hongrie. — Mathias Corvin reprend sur les Turcs Jaycsa, capitale de la Bosnie; il soumet vingt-sept villes.

Italie. — La défection de Jacques Piccinino ruine complètement le parti angevin dans le royaume de Naples que Jean de Calabre abandonne. — Louis XI attire perfidement en France le fils rebelle de son beau-frère, le duc de Savoie; il l'y retiendra deux ans : le duc rentre dans ses États.

1464.

Angleterre. — Projet de mariage d'Édouard avec Bonne de Savoie.

Espagne. — Révolte en Castille : la noblesse prend parti pour l'archevêque de Tolède et son neveu, le marquis de Villena, qui sont en disgrâce. Le roi est réduit à sacrifier les droits de l'infante Jeanne comme si elle n'était pas née de lui, et à reconnaître Alphonse, son frère, pour son successeur.

Italie. — Venise, alarmée par les progrès des Turcs, se décide à leur faire la guerre : Louis Loredano part avec une flotte pour la Morée. — Pie II meurt à Ancône, en vue des vaisseaux de Venise qu'il attendait pour une guerre sainte (août). Esprit délié, plume très-féconde, il a honoré les lettres et l'Église. Son successeur, Paul II, d'origine vénitienne, étale trop de faste. — Mort de Côme de Médicis, à soixante-quinze ans (1er août); il a été appelé par les Florentins Père de la patrie. Son fils Pierre, qui succède à son influence, n'a ni ses talents ni ses vertus. — Gênes et son territoire, sur lesquels le roi de France ne conserve qu'un droit d'hommage, tombent sous l'autorité du duc de Milan : retraite de Paul Fregoso, archevêque et doge.

Suisse. — Alliance avec la petite république démocratique de Mulhausen, dans le Sundgau, sur l'Ill.

Turquie. — Mahomet renonce à disputer aux Hongrois Jaycsa de Bosnie. — Soumission de la principauté seldjoucide de Caramanie ; il l'enlève aux enfants du dernier prince qui se faisaient la guerre.

1465.

Angleterre. — Le roi Édouard IV épouse Élisabeth de Woodwille, veuve d'un partisan des Lancastre.

Bohême et Hongrie. — Le pape déclare Podiébrad privé du trône et y appelle Mathias Corvin.

Espagne. — En Castille, les nobles déposent Henri IV à Avila, et font roi son jeune frère, Alphonse (juin). — Les Catalans, en pleine révolte, appellent pour régner sur l'Aragon et la Sicile un infant de Portugal.

France. — Ligue de la noblesse sous le nom du bien public : le frère du roi s'unit aux rebelles dont le principal chef est le fils du duc de Bourgogne, le comte de Charolais, Charles. Combat indécis de Montlhéry (16 juill.). La capitale reste fidèle. Le roi divise et satisfait les seigneurs par des traités à Conflans, à Saint-Maur, etc. ; il cède la Normandie à son frère.

Italie. — Conspiration contre la vie de Pierre de Médicis : elle est découverte ; les conjurés, exilés, payent des condottieri pour lui faire la guerre. — Le roi de Naples donne au duc de Milan le duché de Bari. — Deux Allemands ont des presses typographiques à Subiaco, près de Rome, et bientôt dans Rome même.

1466.

Espagne. — Les Catalans, après la mort de l'infant de Portugal qu'ils avaient fait roi, se donnent à Réné d'Anjou, qui leur enverra son fils Jean, duc de Lorraine. — Jean II, malade et presque aveugle, donne à son fils Ferdinand, âgé de quatorze ans, le titre de vice-roi d'Aragon et de roi de Sicile.

France. — Louis XI, en six semaines, enlève toutes les villes de Normandie à son frère (janv. et févr.).

Italie. — Mort de François Sforza (mars) ; odieux gouvernement de son fils Galéas-Marie, âgé de vingt-deux ans, prodigue, débauché et cruel.

Pologne. — Épuisement de l'ordre teutonique : désastres dans la guerre contre les Prussiens révoltés et contre les Polonais ; peste. Traité de Thorn avec la Pologne (octobre) : cession de la Prusse occidentale, obligation de l'hommage pour la partie orientale qui est gardée ; Marienbourg, siège de l'ordre, devenant ville polonaise, le grand maître transporte sa résidence à Kœnigsberg. — Les diètes polonaises commencent à recevoir les nonces terrestres ou députés de chaque palatinat.

1467.

Allemagne. — A la diète de Nuremberg, les états d'empire sont pour la première fois partagés en trois collèges : 1° électeurs, 2° princes, 3° villes.

France. — Mort du duc de Bourgogne, comte de Flandre ; le comte de Charolais, son fils, Charles le Téméraire, lui succède (juin) : révolte de Gand et de Liége. — Louis XI déclare les offices inamovibles. Il organise militairement les corps de métiers de Paris.

Italie. — A Florence, Paul Toscanella commence, sur le dôme de l'église métropolitaine, un instrument considérable d'astronomie, une méridienne ou gnomon solsticial.

Suisse. — Le duc d'Autriche, Sigismond, engage par hypothèque au canton de Zurich la cité de Winterthur, la dernière possession de l'Autriche en Suisse.

Turquie. — Scanderbeg meurt à soixante-treize ans, à Lissa, en Dalmatie (17 févr.) ; il avait gagné sur les Turcs vingt-deux batailles. — Mathias Corvin ramène sous la domination hongroise le waivode de Moldavie et de Valachie, qui s'était soumis aux Turcs.

1468.

Angleterre. — Première publication à Oxford en caractères gravés.

Bohême et Hongrie. — A la sollicitation du pape et de l'empereur, Mathias Corvin prend l'offensive contre Podiébrad, protecteur des hussites.

Espagne. — En Castille, mort d'Alphonse, frère du roi (juill.). Les rebelles offrent la couronne à sa sœur Isabelle, âgée de dix-sept ans, qui la refuse; mais elle se fait reconnaître même par Henri IV comme héritière du trône.

France. — États généraux à Tours (avril); la Normandie est déclarée province inaliénable, et inséparablement unie à la couronne. — Traité d'Ancenis, imposé au duc de Bretagne (10 sept.). — Entrevue de Péronne avec Charles le Téméraire, le roi est pris au piége qu'il a tendu; désastreux traité: le frère du roi, qui est l'allié du duc, doit recevoir les provinces de Champagne et de Brie qui relient les domaines bourguignons aux domaines flamands; le roi assistera au siége de Liége, dont il a provoqué la révolte (14 oct.). — Sac de Liége (30 oct.).

Italie. — Amédée IX, duc de Savoie, remet l'administration des affaires à sa femme Yolande, sœur du roi de France, qui, pour ne pas succomber sous la rivalité armée de ses trois beaux-frères, a besoin pendant huit ans de l'intervention de Louis XI.

Perse. — Vainqueur des Turcomans du Mouton noir, Ussum-Hassan ou Cassan, fonde dans la Perse, la Chaldée et l'Aderbeidjan, la dynastie des Turcomans du Mouton blanc.

Russie. — Expédition malheureuse d'Ivan III contre Kasan.

1469.

Angleterre. — Révoltes dans le nord contre Édouard IV; elles ont été provoquées secrètement par le comte de Warwick qui est hostile au roi depuis son mariage, et qui a gagné même le duc de Clarence, frère du roi.

Bohême et Hongrie. — Mathias Corvin entre en Moravie et se fait proclamer roi de Bohême. Podiébrad lui oppose Wladislas, fils de Casimir, roi de Pologne, qu'il désigne pour son successeur.

Écosse. — Le mariage de Marguerite, fille de Christian Ier, avec le roi d'Écosse, résout un ancien débat au sujet des îles Orcades: ces îles, qui relevaient de la Norvége, sont cédées à l'Écosse.

Espagne. — A l'insu de Henri IV, Isabelle, sa sœur, qu'avaient demandée en mariage le roi de Portugal et le frère du roi de France, épouse l'infant d'Aragon, Ferdinand, âgé de dix-sept ans (oct.). Ce mariage ranime les factions; Henri IV se décide trop tard à déclarer l'infante Jeanne son héritière.

France. — Arrestation du cardinal La Balue. Louis XI fait accepter à son frère la Guyenne, au lieu de la Champagne. — Il institue l'ordre de chevalerie de Saint-Michel, dont le serment engage les seigneurs envers le roi (août). — Le duc d'Autriche, Sigismond, engage au duc de Bourgogne le comté de Ferrette, le Sundgau dans le bassin de l'Ill, l'Alsace et les quatre villes forestières, Rheinfelden, Sackingen, Laufenbourg et Waldshut (mars). Charles le Téméraire y nomme bailli Pierre de Hagenbach, qui se rendra odieux aux Suisses.

Italie.—Venise reçoit des presses typographiques.

Russie. — Courses sur les terres des Tchérémisses qui relèvent du khan de Kasan.

1470.

Angleterre. — Édouard IV, qui tient lui-même Henri VI en prison, devient comme captif de Warwick. Édouard parvient cependant à chasser Warwick. Celui-ci cherche un asile auprès de Louis XI qui en fait le champion de Marguerite et du prince de Galles. Il revient en Angleterre; fuite d'Édouard auprès du duc de Bourgogne, son beau-frère; rétablissement de Henri VI. Warwick mérite le surnom de faiseur de rois.

Espagne. — Jean, duc de Lorraine, meurt à Barcelone, au moment peut-être de conquérir l'Aragon. Les Catalans résistent encore.

France. — Trois imprimeurs, venus de Mayence à Paris, s'établissent dans la maison de Sorbonne, sous la protection de Louis XI. Le premier livre qui sort de leurs presses a pour titre : *Gasparini Pergamensis epistolæ*. Louis XI compose *le Rosier des guerres*; étant dauphin il avait travaillé aux *Cent nouvelles nouvelles*. — Premières manufactures de soieries, établies à Tours par des ouvriers que Louis XI appela de Venise, de Gênes et de Florence. — Les états de Tours cassent le traité de Péronne. — Naissance du dauphin Charles (30 juin).

Russie. — Siége de Kasan par les frères d'Ivan III; le khan Ibrahim paye tribut. — Insurrection de Novogorod, réprimée par Ivan en personne.

Suède. — A la mort de Charles Canutson, son neveu, Stenon Sture reçoit le titre d'administrateur.

Turcs. — Mahomet II enlève aux Vénitiens la capitale de l'Île de Négrepont, leur plus importante possession dans la mer Égée : atroces cruautés commises à la suite de la victoire, et après la capitulation. — Alliance de Rhodes, de Venise, de la Perse contre les Turcs; Ussum-Cassan envahit la Caramanie que défend le fils de Mahomet II.

1471.

Allemagne. — Confédération formée par les Grisons, qui étaient partagés depuis longtemps en trois ligues : 1° ligue haute, ou Grise proprement dite; 2° ligue Caddée, ou de la maison de Dieu (*casa Dei*), dans le territoire de laquelle est l'évêché de Coire sur le Rhin; 3° ligue des dix droitures, juridictions ou communautés.

Angleterre. — Les secours de Charles le Téméraire et la défection nouvelle du duc de Clarence rendent la couronne à Édouard IV. Henri VI est de nouveau enfermé à la Tour. Warwick est vaincu et tué à Barnet, au nord-ouest de Londres (14 avril). Marguerite et le prince de Galles, âgé de dix-huit ans, viennent perdre un dernier combat à Tewkesbury, dans le comté de Glocester, sur la Saverne (9 mai); ils sont pris tous deux. Le prince de Galles est assassiné après le combat. Henri VI meurt de mort violente à la Tour (21 mai).

Bohême et Hongrie. — Mort de Podiébrad. La Bohême proprement dite reconnaît pour roi Wladislas, fils aîné de Casimir IV de Pologne; la Moravie et la Silésie préfèrent Mathias Corvin. — En Hongrie même, un parti oppose à Corvin le frère de Wladislas, Casimir.

France. — Guerre de Louis XI avec Charles le Téméraire dans le bassin de la Somme.

Italie. — Borso d'Este, duc de Modène et Reggio, reçoit du pape le même titre pour le marquisat de Ferrare. Protecteur des lettres, il a établi l'imprimerie dans ses États. — Mort de Paul II. Élection de Sixte IV (août). — Le roi de Chypre épouse Catherine Cornaro, fille d'un sénateur vénitien.

Portugal. — Alphonse V mérite le surnom d'Africain, en enlevant aux Maures Arzile, et Tanger même (août).

1472.

Espagne. — Enveloppée par terre et par mer, Barcelone enfin se soumet au roi Jean II (octobre); pacification complète de la Catalogne. Jean II alors reprend le Roussillon qu'il avait engagé à Louis XI; résistance de Perpignan.

XVᵉ SIÈCLE (1473-1474).

France. — Mort du frère du roi à Bordeaux, on le croit empoisonné. Louis XI reprend la Guyenne (mai). Nouvelle guerre avec le duc de Bourgogne en Picardie (juin). Beauvais résiste à Charles le Téméraire ; intrépidité de Jeanne Hachette.

Italie. — A la mort d'Amédée IX, les princes de Savoie, qui ne veulent pas laisser la régence à sa veuve Yolande, recherchent l'appui de Charles le Téméraire, l'ennemi de Louis XI ; elle ne reste pas longtemps leur captive.

Portugal. — Découverte des îles de Saint-Thomé, du Prince, et d'Annobon, situées au sud-est de la Guinée sous l'équateur. Dans la première, la culture du sucre se développera par le travail des esclaves nègres.

Turquie. — Les vaisseaux de Venise, de Rome, et de Naples, donnent la chasse aux Turcs dans les Cyclades et sur les côtes d'Anatolie.

1473.

Allemagne. — Pacte de confraternité et de succession réciproque entre les maisons de Brandebourg, de Saxe et de Hesse. — L'électeur de Brandebourg partage d'avance ses États entre ses trois fils : 1° à l'aîné le margraviat électoral ; 2° au second, Anspach en Franconie ; 3° au troisième, Bayreuth. — Premier livre imprimé en Hollande avec date.

France. — Arrestation du duc d'Alençon. Assassinat du comte d'Armagnac. Louis XI veut faire excommunier le duc de Bourgogne : opposition formelle du parlement à cette intervention du saint-siége (oct.).

Italie. — Introduction de l'imprimerie à Naples par le roi.

Orient chrétien. — Le roi de Chypre périt victime d'une conspiration ; son fils posthume, Jacques III, fut proclamé, en naissant, roi de Chypre, de Jérusalem et d'Arménie.

1474.

Angleterre. — Premiers livres imprimés par l'Anglais Guillaume Caxton, artiste, et ambassadeur d'Édouard IV.

Danemark. — Christian obtient de l'empereur l'érection du comté de Holstein en duché d'empire. Dans le duché, sont compris les Ditmarses, qui étaient encore à soumettre.

Espagne. — La mort de Henri IV, qui a été peut-être empoisonné, donne la couronne de Castille à Isabelle, sa sœur, âgée de vingt-trois ans, femme de l'infant d'Aragon Ferdinand (déc.). Ils sont proclamés à Ségovie. — L'imprimerie commence à être introduite en Espagne par un Allemand, Lambert Palmart.

France. — Pendant que le duc de Bourgogne fait la guerre à l'empereur qui n'a pas voulu lui donner le titre de roi, Louis XI prend l'Anjou au vieux Réné. — Première expérience de l'extraction de la pierre sur un condamné à mort.

Italie. — Le comte d'Urbin, Frédéric, brillant représentant de l'ancienne famille des Montefeltro, qu'ont rendus célèbres leurs luttes héréditaires avec les Malatesta de Rimini, et leurs exploits comme condottieri au service des diverses puissances italiennes, est fait duc par Sixte IV. Protection accordée aux lettres et aux arts ; superbe palais, bibliothèque. — Le neveu de Sixte IV, le cardinal Julien de la Rovère, qui sera le pape Jules II, commande les armées pontificales contre les gibelins rebelles.

Suisse. — Supplice infligé par les Suisses à Hagenbach, lieutenant de Charles le Téméraire ; colère du duc. Alliance perpétuelle, ligue offensive et défensive, conclue par Louis XI avec les huit cantons suisses (juin). Les cantons déclarent la guerre au duc de Bourgogne (9 oct.).

Turquie. — Pendant la minorité de Jean Castriot, fils de Scanderbeg, dont la république de Venise a la tutelle, trente mille Turcs attaquent Scutari que défend le Vénitien Pierre Mocenigo ; ils sont forcés de se retirer (août). Mocenigo est élu doge.

1475.

Bohême. — Conventions entre les prétendants à la couronne de Bohême : le royaume de Bohême et les droits d'électeur resteront à Wladislas de Pologne; Mathias gardera la Lusace, la Moravie et la Silésie qui reviendront à Wladislas si Mathias meurt le premier.

Espagne. — La noblesse de Castille, menacée dans ses priviléges par les premiers actes énergiques de la reine Isabelle, invoque les droits de l'infante, si outrageusement traitée du vivant de Henri IV. L'archevêque de Tolède et son neveu, le marquis de Villena, dirigent le mouvement d'insurrection; ils appellent l'oncle de l'infante, Alphonse V de Portugal, qui, étant veuf alors, lui est fiancé.

France. — Louis XI suspend les violents débats des réalistes et des nominaux, en faisant clouer les écrits de leurs docteurs dans les bibliothèques (mars). — Il enlève Perpignan et le Roussillon au roi d'Aragon (mars). — Pendant que Charles le Téméraire use ses forces au siége de Nuits près de Cologne contre les troupes de l'empereur, Édouard IV débarque à Calais : n'étant pas soutenu par les Bourguignons, il traite à Pecquigny avec Louis XI qui consent à payer un tribut et rachète Marguerite d'Anjou cinquante mille écus (29 août). Le duc de Bourgogne, réconcilié avec le roi, lui abandonne le connétable de Saint-Pol, qui est jugé pour ses trahisons, et décapité (nov.). Pas de connétable jusqu'en 1515.

Orient chrétien. — A la mort de son jeune fils, la reine Catherine Cornaro se maintient à Chypre par la protection de Venise qui l'adopte pour fille de Saint-Marc. Catherine n'a guère que le titre et les honneurs de la royauté ; le gouvernement est aux agents de Venise.

Russie. — Une seconde révolte de Novogorod réprimée par le grand prince coûte à cette ville ses priviléges républicains.

Turcs. — Mathias Corvin enlève aux Turcs la place de Savatz, entre Sirmium et Belgrade, qui était réputée pour imprenable. — Désastres des Turcs en Moldavie, qui seront réparés l'année suivante par Mahomet II en personne.

1476.

Allemagne. — Les ducs de Wolgast obtiennent de garder le duché de Stettin, à condition que toute la succession poméranienne reviendra aux électeurs de Brandebourg à l'extinction de la maison de Wolgast.

Danemark. — Jean Scolnus ou de Kolno (Janz Kolna), Polonais au service de Christian II, aperçoit la terre de Labrador au nord-est de l'Amérique.

Espagne et Portugal. — Défaite d'Alphonse V à Toro. Jeanne de Castille prendra le voile à Coïmbre.

France. — Les Suisses, animés par les chants de Weber, battent Charles le Téméraire à Granson (mars) et à Morat, où ils sont cruels (juin). Il fait enlever par Olivier de la Marche, son futur historien, la duchesse Yolande avec trois de ses enfants. Louis XI les fait délivrer et reconduire en Savoie par Philippe de Comines, qui a quitté en 1472 le service du duc de Bourgogne pour le sien.

Italie. — Trois gentilshommes milanais tuent le duc de Milan dans l'église de Saint-Étienne (déc.). Son fils, enfant de huit ans, Jean Galéas-Marie, est protégé par le ministre Simonetta contre l'ambition de ses frères. — La grammaire de Constantin Lascaris, fugitif de Constantinople, établi à Milan, est le premier livre grec qu'on ait imprimé. — Une bulle de Sixte IV est le premier décret de l'Église romaine touchant la fête de l'immaculée conception de la sainte Vierge (1er mars).

Turquie. — Caffa est enlevée

aux Génois qui perdent ainsi la clef du commerce de la mer Noire et de la mer d'Azof. Les Turcs donnèrent la dignité de khan à Mengeli Gieray, de la race des princes du Kaptschak, dont les descendants ont longtemps administré la Crimée ottomane.

1477.

Allemagne. — Nouvelle guerre de Mathias Corvin avec l'empereur.

France. — Charles le Téméraire est vaincu et tué devant Nancy que les Suisses défendaient pour le duc de Lorraine, Réné de Vaudemont (janv.). Louis XI prend le duché de Bourgogne, apanage masculin, et établit un parlement à Dijon (mars). Il aspire vainement à la conquête du reste de l'héritage bourguignon. Marie de Bourgogne épouse Maximilien d'Autriche, fils de l'empereur, qui défendra ses droits par cinq ans de guerre (18 août). — Louis XI vient de faire décapiter, comme criminel de lèse-majesté, Jacques d'Armagnac, duc de Nemours et comte de la Marche (4 août).

Italie. — Gênes échappe pour dix années, sans y gagner beaucoup de calme et de prospérité, à la domination milanaise. — Les Turcs dévastent impunément le Frioul, possession de Venise.

Livonie. — L'archevêque de Riga satisfait sa haine contre l'ordre teutonique en invitant les Danois, les Suédois, les Polonais, les Lithuaniens et les Samogites à ravager la Livonie ; il jette l'interdit sur la ville de Riga.

Suède. — Stenon Sture fonde l'université d'Upsal.

1478.

Allemagne. — La Poméranie, souvent partagée depuis 1295 en deux et même en trois duchés, est réunie entière entre les mains de Bogislas le Grand qui rétablit partout le bon ordre. Les brigands et les corsaires sont punis avec rigueur. Il abolit sur les côtes le droit de varech, et stipule seulement une rétribution que les propriétaires d'effets naufragés payeront à ceux qui les ont recueillis.

Angleterre. — Le roi fait mourir son frère le duc de Clarence.

Danemark. — Christian Ier fonde l'université de Copenhague.

Espagne. — Le roi de Grenade, Muley Abou'l Haçan Aly, qui était depuis plusieurs années en paix avec la Castille, aime mieux ne pas renouveler la trêve que d'acquitter comme plusieurs de ses ancêtres un tribut annuel.

Italie. — A Florence, conspiration formée par les Pazzi, l'archevêque de Pise François Salviati, le neveu du pape Jérôme Riario, seigneur d'Imola en Romagne, contre les frères Laurent et Julien de Médicis, qui ont depuis six ans succédé à l'influence de leur père Pierre Ier : Julien seul périt assassiné dans la cathédrale (26 avril), laissant un fils qui sera pape en 1523. Supplice des Salviati et des Pazzi. Sixte IV et le roi de Naples arment contre Laurent, pour lequel prennent parti Milan, Venise, Ferrare et Rimini. — En Savoie, après la mort d'Yolande sa sœur, Louis XI fait d'inutiles efforts pour se saisir du gouvernement (août).

Suisses. — Fribourg, ville libre d'Helvétie, forme une alliance particulière avec Zurich, Berne, Lucerne et Soleure.

Turquie. — Mahomet II prend Croia ; il échoue devant Scutari.

1479.

Écosse. — Jacques III ordonne la mort de son frère Jean, qui avait blâmé le despotisme de ses favoris, gens de basse naissance. Son autre frère, le duc d'Albany, est enfermé dans un château.

Espagne. — Mort de Jean II. Son fils Ferdinand, l'époux d'Isabelle, lui succède dans les États d'Aragon, des îles Baléares, de Sardaigne, et de Sicile ; Léonore, sa fille, femme du comte de Foix, règne en Navarre (janv.). — Mort de la comtesse de Foix (févr.); elle a pour héritier son petit-fils François Phœbus. — Alphonse de Portugal renonce, par un traité de paix, au titre de roi de Castille et à tout projet de mariage avec l'infante Jeanne (sept.). — Les gouvernements de Castille et d'Aragon restent distincts, quoique Isabelle et Ferdinand suivent les mêmes plans d'administration et de politique.

Italie. — Après quelques échecs, Laurent de Médicis va en personne négocier la paix avec Ferdinand de Naples, ligué contre lui avec le pape.

Livonie. — Le turbulent archevêque de Riga conclut contre l'ordre teutonique un traité avec Stenon Sture; le maître provincial de l'ordre en Livonie le fait arrêter : l'archevêque meurt de chagrin. Le pape fulmine contre le maître de Livonie, et, par le choix imprudent qu'il fait du nouvel archevêque, envenime encore les discordes.

Turquie. — Les Vénitiens, pour avoir la paix avec Mahomet II, lui laissent Scutari en Albanie. — Guerre de cinq années avec Mathias Corvin.

1480.

Espagne. — En Castille les états de Tolède réforment les abus du dernier règne, abolissent les grâces et les pensions indûment accordées; les plaintes du peuple contre les grands seront désormais écoutées. Le tribunal d'inquisition est régulièrement organisé à Séville. Les attributions sont séparées et souvent rivales de celles des tribunaux ecclésiastiques ordinaires. Les inquisiteurs sont à la nomination du prince. On ne confronte pas l'accusé avec les témoins; on ne l'instruit pas de ce qu'ils déposent contre lui; il est soumis à la torture et, s'il est condamné, ses biens sont confisqués. Cette barbare institution couvrira l'Espagne de bûchers. — Conquête des îles Canaries au nom de la Castille.

France. — Établissement des postes sur toutes les grandes routes de France, mais seulement pour le service du roi.

Italie. — Le roi de Naples, que menace encore le prince angevin, le duc de Lorraine, conclut une alliance avec les Florentins (mars). — A Milan, l'ambitieux Ludovic le More chasse les tuteurs du jeune duc son neveu, fait décapiter le ministre Simonetta (30 oct.); et force même la mère du duc, Bonne de Savoie, à s'éloigner (2 nov.).

Turquie. — Après de grands préparatifs d'expédition contre Rhodes (mai) : belle défense du maître de l'ordre, Pierre d'Aubusson; le siége est levé (17 août). — Une flotte ottomane surprend Otrante (21 août). Effroi de l'Europe.

1481.

Angleterre et Écosse. — Louis XI pousse Jacques III à la guerre contre Édouard IV. Ambition du duc d'Albany, récemment échappé de sa prison; il demande le concours des Anglais pour renverser son frère. La noblesse écossaise pend les trois favoris de Jacques; mais le duc d'Albany ne peut se faire roi.

Danemark. — Mort de Christian Ier; son fils aîné Jean lui succède.

France. — Louis se fait instituer par Charles, comte de Provence et du Maine, qui est neveu et successeur du roi René, son héritier universel. Charles meurt (11 déc.). La couronne recueille ses États. — Les Suisses à la solde de la couronne jouiront de grands privilèges (sept.).

Mongols et Russes. — Akmet, khan de la horde d'or du Kaptschak, est pris entre deux ennemis, les Russes et les Nogaïs, qui mettent son pays à feu et à sang. Avec lui finit la horde d'or. Les Russes surtout gagneront à la chute de ces Tartares de Saraï qui occupaient le bassin méridional du Volga.

XVᵉ SIÈCLE (1482-1483).

Livonie. — Riga refuse d'obéir au maître provincial de l'ordre en Livonie. Les Russes en prennent occasion d'attaquer la Livonie et la Lithuanie.

Portugal. — Mort d'Alphonse V. Son fils, Jean II, lui succède.

Suisse. — Fribourg et Soleure sont admises dans la confédération helvétique qui n'avait reçu aucun canton nouveau depuis 1353.

Turquie. — Sixte IV concourt avec le roi de Naples à reprendre Otrante sur les Turcs. — Mort de Mahomet II (juill.). La rivalité de ses deux fils Bajazet II et Jem ou Zizim, soutenu par les troupes d'Asie, laisse du repos aux chrétiens.

1482.

Allemagne. — Guerre entre l'empereur et Mathias Corvin.

Espagne. — Guerre entre les Castillans et les Maures de Grenade. Ces derniers perdent Alhama, boulevard de leur capitale; le roi Aly tente trois fois vainement de la reprendre. Désordres dans le royaume maure : Aly est déposé au profit de son fils, Abou-Abdallah ou Boabdil, parce qu'il avait préféré une femme chrétienne à ses femmes musulmanes.

France. — Les Flamands concluent la paix avec Louis XI à Arras : l'Artois et la Franche-Comté sont promis pour dot de Marguerite, fille de Marie, si elle épouse le dauphin (23 déc.). — Sombre et sanguinaire agonie de Louis XI, enfermé en son château du Plessis-lez-Tours, qui est rendu inaccessible. Son barbier et son médecin sont ses favoris.

Italie. — Charlotte, qui a été dépouillée du trône de Chypre par son frère naturel en 1464, cède ses droits sur Chypre, Jérusalem et l'Arménie, au duc de Savoie, son beau-frère, pour lui et pour ses successeurs. — Le duc de Ferrare, Hercule Iᵉʳ, a la guerre avec Venise, quand il veut établir des salines à Comacchio, pour se dispenser de prendre du sel dans les greniers de Venise. Les puissances italiennes, intéressées à arracher à Venise ses monopoles de commerce, Naples, Milan, Mantoue, Florence, et les Bentivoglio de Bologne soutiennent le duc (mai). Le pape s'allie à Venise, avec l'espoir de profiter de la ruine de la maison d'Este.

Pologne et Russie. — Succès d'Ivan sur les Polonais.

Portugal. — Le fort Saint-Georges construit sur la côte de Guinée, assure aux Portugais la libre exploitation d'une mine d'or.

Suède. — On commence à imprimer.

Turquie. — Le grand maître Pierre d'Aubusson fait passer en France le prince Zizim, frère et rival de Bajazet II.

1483.

Angleterre. — Mort d'Édouard IV (9 avril); l'aîné de ses deux fils, Édouard V, âgé de treize ans, est proclamé mais non couronné roi. Son frère Richard, duc de Glocester, se fait nommer protecteur du royaume, ordonne la mort des seigneurs attachés à ces deux enfants, et fait déclarer leur naissance illégitime (22 juin). Il est lui-même proclamé roi, avec la confirmation du parlement, et couronné sous le nom de Richard III (juill.). La mort des enfants d'Édouard reste un mystère. Faveur du duc de Buckingham, qui conspire ensuite et sera décapité.

Danemark et Suède. — Le ro. Jean Iᵉʳ malgré Stenon Sture, est reconnu roi de Norvége (janv.) et même roi de Suède (août); mais il doit restituer à la couronne de Suède l'île de Gothland occupée autrefois par les Danois. Il ne peut enlever les fonctions d'administrateur à Stenon Sture qui les garde encore quatorze ans.

Espagne. — Le dominicain Torquemada mérite, par ses rigueurs sanguinaires, la dignité de grand inquisiteur de Castille. Révolte de l'Aragon quand Ferdinand veut constituer des tribunaux d'inquisition; le chef des inquisiteurs est tué.

France. — Mort de Louis XI à Plessis-lez-Tours (30 août); il laisse un fils enfant, Charles VIII, faible de corps et d'esprit, sans éducation quoiqu'il ait déjà treize ans, sous la tutelle de sa fille Anne, mariée au frère du duc de Bourbon, le sire de Beaujeu. — Louis XI a le premier reçu de la cour de Rome le titre de roi très-chrétien.

Italie. — Venise refuse la médiation de Sixte IV dans l'affaire de Ferrare; Sixte IV lance l'interdit sur les terres de la république.

Portugal. — Une commission extraordinaire juge le duc de Bragance, accusé de liaisons coupables avec Ferdinand d'Aragon : le roi fait exécuter la sentence de mort rendue contre lui (juin). La noblesse conspire encore; Jean II poignardera en 1484 le jeune duc de Viseu, son parent.

1484.

Danemark. — Les duchés de Holstein-Slesvig restent indivis entre le roi Jean et son frère Frédéric.

Espagne. — Lutte entre le vieil Aly, roi de Grenade, et son fils Boabdil. Les Maures font roi le frère d'Aly, Abzagal, ou le Brave, gouverneur de Malaga. Guerre civile entre l'oncle et le neveu. — Le Génois Christophe Colomb, qui a déjà parcouru toutes les mers connues, après avoir soumis inutilement ses projets à Gènes, sa patrie, et au Portugal, demande à Ferdinand et à Isabelle les moyens de tenter une expédition; il envoie son frère en Angleterre. Huit ans de sollicitations dans la péninsule. — Catherine, qui vient de succéder en Navarre à son frère François Phébus, épouse Jean d'Albert.

France. — États généraux à Tours; les princes du sang espèrent y faire annuler une partie des actes de Louis XI (15 janv. - 15 mars). Habileté de la régente qui déjoue toutes les oppositions. Discours hardi d'un seigneur, Philippe Pot.

Italie. — Venise est forcée d'abandonner Céphalonie au sultan. — Le duc de Ferrare traite avec les Vénitiens, qui gardent Rovigo et toute la Polésine (7 août). — Mort de Sixte IV.

1485.

Allemagne. — Mathias Corvin attaque de nouveau l'Autriche, dont il reste maître cinq ans.

Angleterre. — Le Gallois Henri Tudor, comte de Richemont, arrière-petit-fils, par sa mère, de Jean de Gaunt, duc de Lancastre, dispute la couronne à Richard III. La victoire de Bosworth dans le comté de Leicester, où Richard est tué, met fin à la dynastie d'York (22 août). Henri VII est reconnu et couronné roi (13 oct.).

Italie. — Innocent VIII lève l'interdit mis sur Venise.

Livonie. — Riga appelle les Suédois contre le maître teutonique de Livonie. — Les Russes ravagent la Livonie et la Finlande.

Russie. — Ivan III épouse Sophie Paléologue, nièce du dernier empereur grec; il espérait par là acquérir de droits sur le trône impérial; il prend pour armoiries l'aigle noire à deux têtes.

1486.

Angleterre. — Henri VII épouse Élisabeth, fille d'Édouard IV, pour confondre les droits des deux maisons et réconcilier les deux partis (18 janv.). Cependant Lambert Simnel, fils d'un boulanger, se dit fils du duc de Clarence; il est pris et enfermé à la Tour. Marguerite d'York, duchesse douairière de Bourgogne, sœur d'Édouard IV, protégera de son nom les imposteurs.

France. — Guerre folle de la noblesse de France, aidée de Maximilien, contre la régente. Philippe de Comines, un des mécontents, est enfermé huit mois dans une cage de fer. Le duc d'Orléans, Louis, est le principal chef de ce mouvement.

Italie. — La rigueur des impôts pousse les Napolitains à la révolte. Traité des chefs avec le roi Ferdinand : deux jours après, il les fait périr dans les supplices (13 août). Les fugitifs invoquent la France.

Livonie. — Les villes hanséatiques de la Vandalie, riveraines de la Baltique, se liguent en faveur de Riga avec les Suédois contre les Teutons de Livonie.

Portugal. — Cinquante-trois ans après que le cap Bojador avait été doublé, le navigateur portugais Barthélemy Diaz reconnaît, sans le franchir, le cap sud de l'Afrique, qu'il appelle le cap des Tempêtes.

1487.

Écosse. — Jacques III est prisonnier de ses sujets.

Espagne. — Une trahison livre Malaga aux Castillans. Les chrétiens serrent Grenade. Impuissance d'Al-Zagal, auquel obéissent encore Cadix, Baça et Alméria. Boabdil, qui règne à Grenade, essaye de conjurer sa perte par de basses adulations.

France. — Une charge de maréchal d'armes ou d'armoiries est créée pour connaître de toutes les armoiries de la noblesse.

Italie. — Les Florentins reprennent sur les Génois la position importante de Sarzane (juin). — Nouveau recours de Gênes à l'étranger. Elle rentre sous la domination des Sforza de Milan. Le vieux Paul Fregoso, archevêque, cardinal, doge, le même qui avait dû se retirer devant les Milanais en 1464, subit leur retour. — Jean Pic, prince de la Mirandole, au nord-est de Modène, qui, à vingt-trois ans, avait, sous le couvert de noms d'auteurs latins, grecs et hébreux, émis neuf cents propositions, trop hardies pour une cour qui ne voulait pas de réformes, est condamné par Innocent VIII. Le pape défend, sous peine d'excommunication, la lecture de ses thèses.

Portugal. — Deux Portugais, Pierre Covilham et Alfonse de Païva, sont envoyés à Alexandrie pour chercher des notions sur le soi-disant prince chrétien, le prêtre Jean, qui demeurait, dit-on, en Afrique, et sur les régions indiennes : ils allèrent jusqu'à Suez, dans la compagnie de marchands maures qui se rendaient à Aden. Pendant que Covilham s'embarquait à Suez pour les Indes, Païva se rendait par terre en Abyssinie, où il mourut.

Russie. — Défaite et captivité du khan de Kasan par les Russes.

1488.

Écosse. — Une bataille livrée par Jacques III à la noblesse lui coûte la vie (11 juin). — Son fils, Jacques IV, âgé de quinze ans, par ses qualités chevaleresques et sa bonne justice, méritera le respect et l'affection des peuples.

Espagne. — Ferdinand le Catholique donne aux Siciliens un vice-roi, qui sera ordinairement renouvelé tous les trois ans.

France. — La bataille de Saint-Aubin du Cormier, en Bretagne, (28 juill.), coûte la liberté au duc d'Orléans, et force à un honteux traité le duc de Bretagne, François II, chef de la noblesse rebelle.

Livonie. — Réconciliation de Stenon Sture de Suède avec le maître provincial des Teutons en Livonie. Ils s'unissent contre les Russes.

Turquie. — Cause de rupture avec les maîtres de l'Égypte et de la Syrie : les mameluks qui sont originaires de Circassie envoient des secours à leurs compatriotes du Caucase que menaçait l'ambition d'un petit prince d'Asie, protégé de la Porte ottomane.

1489.

Espagne. — Prise de Baça, une des fortes places du pays de Grenade.

Italie. — Catherine Cornaro, s'étant laissé attirer à Venise, fait donation du royaume de Chypre à la république.—Le cens annuel, que les rois de Naples devaient à la cour de Rome, est l'occasion d'un conflit de trois ans entre Ferdinand et Innocent VIII (juin).

Turquie. — Zizim devient le captif de la cour de Rome. Expédition de Bajazet II contre le sultan d'Égypte, Ascraf-Kaïtbai : bataille de deux jours en Cilicie. Bajazet se hâte de faire la paix pour fondre sur la Circassie; il la parcourt en conquérant, et ferme ce pays par des châteaux forts construits aux gorges des montagnes.

1490.

Danemark. — Le roi et son frère partagent le Holstein-Slesvig.

Espagne. — Al-Zagal livre à Isabelle et à Ferdinand Almeria, Cadix et la partie maritime des Alpujarras. Boabdil se décide à combattre les chrétiens.

Hongrie.—Mathias Corvin meurt à Vienne, sa résidence depuis cinq ans. Il était distingué par son goût pour les lettres, les sciences et les arts. A sa cour, grand nombre de savants, et les meilleurs peintres de l'Italie; fondation de la bibliothèque de Bude. — La veuve de Mathias désigne pour le trône, avec l'assentiment des Hongrois, le Polonais Wladislas, roi de Bohême, qui s'est déjà mis en possession, d'après les conventions de 1475, de la Lusace, de la Moravie, et de la Silésie. Il est attaqué par son frère Jean-Albert et par Maximilien d'Autriche.

Italie. — A Florence, prédications fougueuses du dominicain Jérôme Savonarole au peuple de Florence; il appelle Charles VIII de France, pour punir les crimes de l'Italie et les scandales des princes. — Venise achète du sultan d'Égypte l'investiture du royaume de Chypre.

Turquie.— Bajazet II et Kaïtbai d'Égypte se disputent l'Aderbaïdjan pendant six années.

1491.

Espagne. — Siége de Grenade pendant huit mois. Le camp des rois Ferdinand et Isabelle deviendra une ville, Santa Fé. Boabdil s'engage à capituler dans deux mois s'il n'est pas secouru (25 nov.).

France. — Anne, l'héritière de Bretagne, est obligée d'épouser Charles VIII, qui renonce ainsi à la main et à la dot de Marguerite, fille de Marie et de Maximilien (déc.).

1492.

Allemagne, Bohême et Hongrie. — Maximilien fait avec Wladislas un traité de succession éventuelle pour la Hongrie. — Le duché silésien d'Oels, Wohlau, et Kosel, fait retour à Wladislas, à la mort du dernier duc.

Angleterre et France.—Henri VII reçoit des subsides de son parlement pour faire la guerre à la France. Charles VIII prévient l'invasion en renouvelant à Étaples le tribut payé par son père (3 nov.).

Angleterre. — Un nouveau prétendant, Perkin Warbeck, fils d'un juif de Tournai, se dit le second fils d'Édouard IV : le royaume est troublé pendant sept ans.

Espagne. — Boabdil, dernier prince de la dynastie des Nasérides, rend Grenade avant l'expiration des deux mois (5 janv.). Une capitulation laisse aux Maures leur liberté, leurs biens, leurs armes, leurs lois, leur religion et leur langue; ils ne payeront que le tribut acquitté ordinairement à leur souverain. Le pape honore alors Ferdinand du titre de Catholique.—Édit des deux rois pour forcer les juifs à se convertir, ou à sortir de leurs États dans les quatre mois; ils émigreront en grand nombre. — Devant Grenade, traité entre les rois d'Espagne et Christophe Colomb : armement de trois petits bâtiments montés par quatre-vingt-dix hommes, qui coûte à la Castille quatre-vingt-dix mille livres. Départ du port de Palos (3 août). Navigation persévérante à l'ouest dans l'océan Atlantique. Révolte de l'équipage (14 sept.). Trente-trois jours après qu'il a quitté les Canaries, il aborde à Guanahani, une des îles Lucayes ou Bahama, qu'il appelle San Salvador (12 oct.). Il croit avoir touché les régions les plus orientales des contrées indiennes; le nom d'Indes est resté au quatrième continent que Colomb a découvert. Dispositions pacifiques des caciques, qui sont les chefs des Caraïbes indigènes, à San Salvador, dans l'île de Cuba, et dans l'île d'Haïti qu'il appelle Hispaniola; l'or y est en abondance.

Italie. — A Florence, mort prématurée de Laurent le Magnifique, à quarante-quatre ans. La république s'est, pour lui, résignée à faire banqueroute. La création de la bibliothèque Laurentine, la fondation de l'université de Pise, les jardins de l'Académie de Florence ouverts comme asile aux chefs-d'œuvre de la statuaire antique, lui ont mérité le titre de Père des Muses. — Mort d'Innocent VIII. L'avénement d'Alexandre VI Borgia est l'opprobre de l'Église (août).

Pologne. — Mort du roi Casimir IV, en Lithuanie (juin). Le peuple, sans le sénat et les nonces, nomme roi son second fils, Jean-Albert.

Portugal. — Un Vénitien, Cane, conduit des navigateurs portugais à la découverte des royaumes africains de Congo et de Bénin; des missionnaires y seront envoyés.

Russie. — Ivan III, vainqueur des Livoniens près de Pleskof, s'avance au nord du lac Peipus, et fonde dans leur pays, sur une montagne escarpée, une ville forte, de son nom, Ivangorod, vis-à-vis de Narva.

1493.

Allemagne. — Maximilien succède par élection au trône impérial de son père, Frédéric III (août); il est âgé de trente-quatre ans.

Espagne et Portugal. — Retour de Christophe Colomb : réception à Lisbonne par le roi de Portugal qui l'avait autrefois dédaigné (4 mars); à Barcelone, par Ferdinand et Isabelle (15 avril). Les promesses faites avant le départ sont tenues à celui qui a donné un nouveau monde à la Castille.—Une ligne de démarcation, tracée par le pape sur le globe, règle les contestations entre l'Espagne et le Portugal au sujet de leurs découvertes maritimes (juin). Le point de partage est placé au méridien qui est à deux cent soixante et dix lieues à l'ouest des îles Açores : tous les pays situés à l'ouest de ce méridien, découverts ou à découvrir, appartiendront à l'Espagne; tous ceux qui sont à l'est, au Portugal, pourvu qu'ils ne soient pas déjà occupés par un prince chrétien. — Second voyage de Christophe Colomb (25 sept.). Découverte de plusieurs îles Antilles, Saint-Dominique, Marie Galante, Sainte-Marie de Guadeloupe, Montserrat, Sainte-Marie la Rotonde, Sainte-Marie Antique, Saint-Christophe, Saint-Jean de Porto-Rico (du 3 au 22 nov.). Sa première colonie d'Hispaniola avait été détruite par les indigènes qu'avaient opprimés les Espagnols; il y fonde la ville d'Isabelle.

France. — Désastreux traité à Barcelone avec Ferdinand le Catholique, auquel il rend le Roussillon et la Cerdagne (18 janv.); à Senlis avec

Maximilien d'Autriche, qui recouvre l'Artois et la Franche-Comté, promis au roi de France s'il avait épousé sa fille (23 mai) : Charles VIII veut être libre de donner carrière à ses projets de conquête en Italie, comme héritier, par Louis XI, des droits de la maison d'Anjou sur le trône de Naples.

Italie. — Le jeune duc de Milan épouse la petite-fille du roi de Naples. Dépit de Ludovic le More, son oncle ; il encourage Charles VIII à passer en Italie.

Turquie. — Rupture avec la Hongrie.

1494.

Allemagne. — L'empereur épouse la nièce de Ludovic le More, qui lui apporte en dot cinq cent mille ducats ; il l'investit du duché de Milan, qui appartient au jeune Jean Galéas (mars).

France et **Italie.** — Mort du roi de Naples (25 janv.). — Charles VIII est appelé par le marquis de Saluces, par Ludovic le More, par Savonarole, par les cardinaux qui voudraient que le monde fût délivré d'Alexandre VI, et par les nobles de Naples. — Il part avec peu de troupes et presque sans argent (sept.). Supériorité de l'artillerie française. La duchesse de Savoie, tutrice d'un enfant de six ans, lui ouvre l'entrée de la péninsule. Il traverse sans combat le Milanais, où bientôt la mort précipitée de Jean-Galéas-Marie livre la dignité ducale à Ludovic le More (22 oct.). L'entrée des Français en Toscane décide le soulèvement des Florentins contre Pierre de Médicis qui est banni avec sa famille. Mais la république subit les conditions qu'on avait reproché à Pierre d'accepter (nov.). Pise s'affranchit. Charles VIII n'ose pas faire déposer le pape. Entrée solennelle à Rome (31 déc.).

Livonie. — La ville de Riga fait sa paix avec les chevaliers teutons qui la tiendront en échec par la reconstruction de Dunamonde, à l'embouchure de la Duna.

1495.

Allemagne. — La diète de Worms, convoquée pour obtenir des secours contre les Français et contre les Turcs, dresse la constitution de la paix publique et établit une chambre impériale qui décidera dans tous les débats civils entre les États d'empire, et jugera les causes criminelles liées au maintien de la paix.

Angleterre et **Écosse.** — Jacques IV, dupe de l'imposteur Perkin Warbeck, lui donne en mariage une de ses parentes et lui fournit une armée pour pénétrer en Angleterre.

France et **Italie.** — Abdication du nouveau roi de Naples (23 janv.). Charles VIII se laisse tromper par le pape, qui lui remet Zizim, le prétendant à l'empire d'Orient, mais le livre empoisonné. Ferdinand II de Naples, après deux combats, menacé d'être livré par ses sujets, fuit dans l'île d'Ischia. Charles VIII arrive à Naples (22 févr.), où il entre avec les insignes de l'empire d'Orient (13 mars). Une ligue est conclue contre lui à Venise, par le pape, l'empereur, les Vénitiens, Ferdinand le Catholique, le nouveau duc de Milan. Ludovic le More craint les prétentions du duc d'Orléans, petit-fils de Valentine Visconti, alors à Asti avec des troupes, et Jean-François II de Gonzague, qui sera le général des confédérés (31 mars). Charles quitte Naples : au nord des Apennins, à Fornoue, près de Plaisance, il écrase les confédérés (6 juill.) : il rentre dans son royaume, mais ne gardera rien de l'Italie.

Italie. — A Venise, les Aldes impriment la première édition grecque des œuvres d'Aristote.

Portugal. — Mort de Jean II le Parfait : il a été l'ami sévère de la justice, censeur rigoureux des mœurs et ennemi du luxe, tout en encourageant ces grandes expéditions maritimes, dont on devait attendre le développement du commerce et de l'industrie de l'Europe. Son cousin,

XVe SIÈCLE (1496-1498).

de la branche de Viseu, Emmanuel le Fortuné, lui succède.

1496.

Allemagne et **Espagne**. — Mariage de Philippe le Beau, fils de Maximilien et de Marie de Bourgogne, avec Jeanne (la folle), fille de Ferdinand et d'Isabelle (oct.).

Angleterre. — Henri VII envoie les Vénitiens Jean et Sébastien Cabot, rechercher un passage par le nord-ouest pour se rendre à la Chine et aux Indes. Sébastien trouvera le détroit au nord de Terre-Neuve.

Angleterre et **Écosse**. — Jacques IV envahit l'Angleterre au nom du prétendant Perkin.

Égypte. — La honte et les pertes qui résultent pour Kaitbaï de la guerre contre les Turcs dans l'Aderbaïdjan, et de nouveaux désastres de ses partisans en Circassie, précipitent sa mort. Après lui, sept sultans se succéderont en cinq ans au milieu des discordes civiles.

Espagne. — Christophe Colomb éprouve déjà la jalousie de la cour d'Espagne à son retour de son second voyage; il est cependant reçu avec honneur. Pensée d'un établissement régulier à Hispaniola; deux ans de retard. Barthélemy, frère de Christophe Colomb, jette dans l'île d'Haïti les fondements de la ville de Saint-Domingue.

France. — Création d'une compagnie de Cent-Suisses.

Pologne. — Pendant trois ans, guerre ruineuse contre les Valaques.

Portugal. — Édit contre les juifs. Ceux qui restent, quoique baptisés, toujours distingués par le nom de nouveaux chrétiens, sont exclus de toutes charges ecclésiastiques et civiles.

1497.

Danemark et **Suède**. — Le roi Jean Ier vient assiéger Stockholm que défend en personne Stenon Sture. L'administrateur abdique son pouvoir et rend la ville à la condition de posséder, sa vie durant, la Finlande et les deux Bothnies. Jean Ier fait reconnaître pour son successeur en Suède son fils aîné, Christian, déjà agréé dans les deux autres royaumes.

Espagne. — Mort du fils unique de Ferdinand et d'Isabelle, Jean, qui laisse veuve sans enfant Marguerite, fille de Maximilien (oct.). Leur fille aînée épouse le roi de Portugal. — Le Florentin Americo Vespucci, avec une flotte espagnole, entreprend des voyages de découverte sur les traces de Christophe Colomb; il côtoie le nouveau continent, après avoir visité le golfe de Paria et l'île Sainte-Marguerite.

France. — Charles VIII constitue et rend sédentaire à Paris le grand conseil, composé de conseillers et de maîtres des requêtes, sous la présidence du chancelier (2 août). — Nouvelle ordonnance pour la rédaction des coutumes, qui avait été décrétée sous Charles VII. — Le titre de grand aumônier date du règne de Charles VIII.

Italie. — Alexandre VI distrait des domaines de l'Église le territoire de Bénévent, dont il fait un apanage ducal pour un de ses fils, Jean, qui meurt bientôt assassiné par César Borgia. César, déjà cardinal, renonce à l'habit de l'Église.

Russie. — Ivan III désigne pour lui succéder, au détriment du petit-fils de sa première femme, l'enfant de Sophie Paléologue, Wasili.

Suisse. — Les Grisons de la ligue grise et de la ligue caddée forment une alliance avec six cantons suisses.

1498.

Bohême. — Wladislas, roi de Bohême, établit en Silésie une cour souveraine des ducs et des états, afin

Danemark. — Alliance défensive conclue par Jean Ier avec le nouveau roi de France et avec Jacques IV d'Écosse.

Espagne. — Troisième voyage de Christophe Colomb : il reconnaît l'île de la Trinité, une des Iles sous le Vent, et parcourt la côte de terre ferme depuis Paria jusqu'au cap de Vela. Anarchie de la colonie d'Hispaniola où Christophe Colomb ne sera pas mieux obéi que son frère.

France. — A Amboise, mort de Charles VIII, sans enfant (avril). Le duc d'Orléans, petit-fils d'un frère de Charles V, lui succède. L'avénement de la branche d'Orléans réunit au domaine royal le duché d'Orléans et les comtés de Valois, de Blois, de Dunois. — Louis XII diminue les impôts : il exige des baillis et des sénéchaux, chargés de l'administration des provinces, des grades d'université, des garanties de capacité. — Il répudie la fille de Louis XI pour épouser Anne de Bretagne. La bulle de divorce vaut au fils du pape, César Borgia, les territoires de Valence et de Die en Provence avec le titre ducal.

Italie. — Alexandre VIII ruine la popularité de Savonarole en lui opposant comme prédicateurs des moines cordeliers : le peuple le laisse condamner au supplice du feu, qu'il subit sur la place de Florence (23 mai). — Le pape n'écoute pas les rois d'Espagne, de Portugal et de France, pour la réforme de l'Église. — Aristote est imprimé pour la première fois.

Portugal. — La relation de deux juifs portugais, qui avaient séjourné longtemps à Ormuz sur la côte septentrionale du golfe Persique et à Calicut, dans l'Indostan, invitait le gouvernement de Lisbonne à chercher un chemin vers les Indes. L'expédition de Vasco de Gama, noble portugais, qui est parti en juillet 1497 avec cent soixante hommes, ouvre d'abord le passage du cap des Tempêtes, appelé déjà cap de Bonne-Espérance. Il parcourt la côte orientale d'Afrique, peuplée par des Arabes mahométans civilisés et par des banians ou marchands indiens. Son arrivée sur la côte indienne de Malabar (ou Al-Mabar, du poivre), Calicut, capitale des États du Zamorin (22 mai) ; Cochin, Cranganore, etc., sont reconnus : il trouve le même mélange de population et la même activité de commerce. Révolution dans le commerce de l'ancien monde : Alexandrie et Venise, qui allaient chercher en Égypte les produits des Indes, seront déshéritées au profit des peuples occidentaux de l'Europe qui iront par le cap aux Indes orientales. — Mort de la reine de Portugal, fille d'Isabelle et de Ferdinand, en mettant au monde un fils qui ne vivra que deux ans (août).

1499.

Allemagne. — L'empereur déclare la guerre aux Suisses qui l'ont mal servi dans une expédition contre la Bourgogne française. Après huit défaites de ses armées, il signe la paix de Bâle.

Angleterre. — Condamnation à mort de Perkin Warbeck et du véritable comte de Warwick, fils du duc de Clarence.

France. — La cour de l'échiquier de Rouen est transformée en parlement de Normandie (20 mars).

France et Italie. — Pour faciliter la conquête du Milanais, auquel il prétendait comme héritier de son aïeule Valentine Visconti, Louis XII s'attache les Vénitiens par la promesse de Crémone et de la Ghiara d'Adda (mars). Conquête du Milanais en vingt jours par les troupes de France et les Suisses auxiliaires (oct.). Les Génois se mettent sous la domination de Louis XII, et le marquis de Mantoue passe à son service.

Turquie. — A l'instigation de Ludovic le More, les Turcs ravagent le Frioul vénitien. Guerre nouvelle entre Venise et la Porte.

XVIe SIÈCLE APRÈS J. C.

APERÇU GÉNÉRAL.

Le caractère de la plupart des révolutions qui ont agité ce siècle est déterminé par les entreprises de Luther et de Calvin et par la propagation de leurs doctrines. Sur presque tous les trônes s'élèvent des souverains célèbres par leurs vertus, par leurs talents ou par leurs passions énergiques. L'ambition, l'ardeur de prosélytisme et la cupidité inondent de sang l'un et l'autre hémisphère. Au milieu de tant d'orages et de catastrophes, en Europe et surtout en Italie, les arts, la littérature, les sciences brillent d'un vif éclat.

On peut distinguer trois périodes : 1° jusqu'à l'asservissement de l'Italie à la maison d'Autriche, 1530 ; 2° jusqu'à la clôture du concile de Trente, 1563 ; 3° jusqu'à la fin du siècle.

1° 1500-1530. — Louis XII ouvre ce siècle entre Alexandre Borgia et Ferdinand le Catholique, entre Henri VII Tudor et Maximilien d'Autriche. Ses guerres en Italie pour conquérir Milan et Naples ou pour affaiblir les Vénitiens ne tournent qu'au profit de l'Espagne et du saint-siége ; il porte dans les négociations plus de franchise que d'habileté. La valeur de la chevalerie française, heureuse d'abord contre les Vénitiens, est impuissante contre une coalition générale formée par la cour de Rome : Jules II, entreprenant et intrépide, a écrasé César Borgia ; la marche d'Ancône, le duché d'Urbin, Pérouse, Bologne, tant de domaines qui n'étaient que de nom sujets de l'Église, une fois soumis, servent au pape pour affaiblir Venise, chasser les Français et rétablir les Médicis à Florence. Vainqueur de la France par les armes de ses alliés, il ne peut faire fléchir le parlement de Paris, gardien jaloux de la pragmatique sanction qu'avait abandonnée le roi Louis XI, mais que conservent comme une égide de liberté les grands corps de l'État. Malgré ses désastres, jamais roi ne fut plus regretté que Louis XII, on l'appelle le Père du peuple : sa gloire est dans sa bonté, dans son économie, dans la sagesse de son gouvernement intérieur ; il a été bien secondé par son ministre, le cardinal d'Amboise.

La royauté, tempérée en France par les états généraux, est maintenant sans contrôle en Angleterre : le parlement est habitué depuis l'avénement des Tudors à la plus abjecte docilité.

Les alliances des maisons d'Espagne et d'Autriche, les perfidies triomphantes de Ferdinand le Catholique, servi par des généraux comme le grand capitaine Gonzalve de Cordoue, préparent la puissance de Charles-Quint, qui est petit-fils de Maximilien, par son père Philippe le Beau, et petit-fils d'Isabelle et de Ferdinand le Catholique, par sa mère Jeanne la Folle. Il réunit à tous les domaines de la maison d'Autriche les royaumes de Castille et d'Aragon, même la Navarre, qu'un décret de Jules II et une armée d'Aragonais avaient enlevée à Jean d'Albret l'allié de la France, Naples, tout l'héritage de Charles le Téméraire, c'est-à-dire la Bourgogne, les Pays-Bas et la Franche-Comté, enfin les contrées découvertes et conquises en Amérique. Les électeurs d'Allemagne ajoutent à tant de couronnes celle de l'empire, et il acquerra encore la Lombardie.

A la mort de Maximilien, François Ier, successeur de Louis XII, tient l'Europe en trop grande admiration par les coups qu'il a portés aux Suisses à Marignan et par la conquête rapide du Milanais, il est entré trop audacieusement dans les voies du despotisme par la vente des charges de judicature, par l'accroissement des impôts, par la substitution du fameux concordat à la pragmatique sanction, pour que les électeurs d'Allemagne ne donnent pas sur lui la préférence à un jeune prince qui paraît disposé à se laisser gouverner et que ses vastes domaines allemands intéressent à la défense de l'empire contre les Turcs.

Le génie supérieur de Charles V se révèle par son habileté à renouer la coalition contre François Ier qui va perdre le Milanais. Cependant la durée du règne, l'éclat et la solidité des actions de l'empereur n'ont pas prévalu sur la gloire de son rival et sur celle de Léon X. Ce pape, qui passe huit ans seulement sur le trône, a laissé son nom à son siècle : il doit en grande partie cet honneur aux gens de lettres et aux artistes qu'il a encouragés. Ce n'était pas que Rome fût mieux gouvernée. A cause de la dépense qu'exigeait la construction de l'église de Saint-Pierre, Léon X se décida à recourir au commerce des indulgences: un moine allemand, Luther, s'élève contre ce négoce; c'est le prélude d'une vaste révolution dans la chrétienté : des réformes faites à temps auraient peut-être prévenu les hérésies et les schismes de ce siècle, et sauvé à la fois la puissance du pape et les dogmes de la défection d'une partie de l'Europe.

L'Allemagne, l'Italie, l'Angleterre, au milieu de la rivalité de François Ier et de Charles V, sont le théâtre d'ardentes controverses religieuses et de luttes politiques. Charles V, le plus ferme appui de la catholicité, après la journée de Pavie qui met à sa merci le roi de France, est en guerre avec le chef de l'Église. Clément VII arme l'Italie pour la cause de l'indépendance : mais Rome est saccagée par une armée allemande, en partie luthérienne, qu'anime encore la mort de son chef, un transfuge de France, le connétable de Bourbon. Le pape, prisonnier au château Saint-Ange, n'en sort que pour livrer aux impériaux plusieurs de ses places : il sacre de sa main le dominateur de l'Italie, qui fera subir un an de siége à la ville de Florence pour qu'Alexandre de Médicis devienne le premier duc de cette cité. Charles V, le destructeur des libertés italiennes, que n'a pas su défendre François Ier, se croit alors assez fort pour rejeter la confession d'Augsbourg des protestants luthériens.

Il n'y a de danger pour lui que sur le Danube. Moins cruel et aussi heureux que son père Sélim, ce sultan qui avait soumis l'Arménie, défait les Perses, détruit l'empire des soudans d'Égypte et la puissance des Mameluks, Soliman II vient d'ouvrir un long règne par la prise de Rhodes, dont les héroïques défenseurs seront transportés par Charles-Quint sur le rocher stérile de Malte, en sentinelle dans la Méditerranée. Maître du bassin oriental de cette mer, Soliman a voulu l'être de la vallée du Danube. Il a vaincu les Hongrois et pénétré jusqu'à Vienne où l'Allemagne l'arrête. Le frère de Charles V, Ferdinand, a hérité par la mort de Louis II, roi de Hongrie, d'un royaume à reconquérir : ainsi sont complétées les possessions autrichiennes.

Le nord de l'Europe est tout bouleversé : après avoir joui de l'administration bienfaisante du roi Jean, qu'acceptèrent même les Suédois, le Danemark a trouvé dans Christian II, beau-frère de Charles V, un tyran odieux aux nobles et même au peuple, dont il se dit le vengeur. Les excès de Christian amènent l'indépendance de la Suède, que Gustave Vasa détache du Danemark mais qu'il entraîne pour toujours dans le luthéranisme.

En Angleterre, la passion de Henri VIII pour Anne de Boleyn le décide à rompre son mariage avec Catherine d'Aragon et à vaincre les obstacles qu'oppose au divorce la cour de Rome : une scission éclatante est prochaine.

La littérature et les arts portent les fruits dont la deuxième partie du XVe siècle avait préparé la maturité. Michel-Ange, qui a continué l'église de Saint-Pierre commencée par Bramante, agrandit tous les arts du dessin ; il vit assez longtemps pour voir les chefs-d'œuvre de Raphaël, les beaux ouvrages du Corrége et les travaux

30

de Jules Romain. La poésie italienne s'enrichit de la grande composition de l'Arioste; la prose et l'histoire doivent à Machiavel des observations profondes, sinon la science morale qui est le seul couronnement légitime de la politique. En France, Clément Marot trouve le vrai tour de l'épigramme, des épîtres naïves, et l'art du badinage élégant ; Pierre Gringoire est resté célèbre par la singularité du *jeu du prince des sots et de mère sotte*, qu'il a fait représenter aux halles de Paris. Le latin est employé pour la discussion et la satire, par Érasme, Budé, Ulric de Hutten et Luther qui a aussi restauré la prose allemande.

2° 1530-1563. — Le double mouvement qu'impriment aux lettres et aux sciences la lutte religieuse et la *restauration des anciennes études* ajoute à la gloire des peuples, désolés par la guerre civile ou avilis par la servitude. C'est le temps des principaux ouvrages théologiques de Calvin et de Mélanchthon. Mélanchthon, par l'étendue de ses connaissances, par la douceur de son caractère et de son style, sert mieux que Luther la cause de la réforme. Calvin, qui nie la présence réelle, qui rend à chaque chrétien le droit d'interpréter les livres saints, tout-puissant à Genève, ordonne de brûler Michel Servet pour avoir usé de cette liberté. Ses écrits font faire de solides progrès à la langue française, dans laquelle il a traduit son principal ouvrage écrit d'abord en latin. L'astronomie entre dans la voie de la vérité avec Copernic; son livre, qui dévoile le système des corps célestes, était dédié à un pape. L'anatomie donne à la médecine une base pratique, plus large et plus sûre. Les belles-lettres assurent une place distinguée au poëte latin Vida : les écrits, en prose latine, de Paul Jove, de Jules César Scaliger et de Bembo, secrétaire de Léon X, sont consacrés à l'histoire et à la critique. Des traductions en vers et des poëmes, où la verve semble s'écarter à dessein de la morale, comme ceux de l'Arétin, font moins d'honneur à la langue italienne que la prose historique de Guichardin. L'Italie se couvre d'académies. En France, à la demande de Guillaume Budé, le collége royal est ouvert par François Ier à un enseignement plus littéraire et moins routinier que celui des universités. La sœur du roi, Marguerite de Valois, reine de Navarre, protectrice des lettres, les cultive elle-même avec succès ; des contes en prose, des poésies et des mystères lui donnent un nom à côté de Marot. Rabelais, notre immortel prosateur, qui ne suivit pas de modèle et ne put servir de modèle à personne, « allant jusqu'à l'exquis lorsqu'il est bon, passant au delà du pire quand il est mauvais, » (La Bruyère) est le plus facétieux des écrivains au milieu du siècle le plus tragique de toute l'histoire.

Illuminé par le bon sens, qui chez lui ressemble souvent à de l'ivresse, il rit de tous les travers et de toutes les sottises qu'il voit, dans les universités, dans les affaires du monde, dans les couvents, dans l'Église, et cependant il sait éviter le bûcher. L'influence de la renaissance italienne se fait moins sentir dans les lettres que dans les arts : les architectes et les sculpteurs, qui élèvent et décorent les palais de François Ier et de Henri II, s'inspirent des grands travaux de Florence, de Venise et de Rome. Un Italien cependant, André Alciat, appelé à Bourges par François Ier, fonde en France la science du droit : c'est le maître et le précurseur de Cujas. Mais la nouvelle école littéraire, fondée après François Ier, par Joachim Dubellay et par Ronsard, illustrée par les autres poëtes de la Pléiade, Baïf, Belleau, etc., ne procède pas de l'Italie moderne : elle emprunte ses hardiesses de langage et ses sujets de composition aux Latins et aux Grecs.

La lutte religieuse devient plus vive et tourne en persécutions sanglantes et en guerre civile dans presque tous les États de l'Europe. Le Danemark et la Suède se préservent presque seuls des maux violents qu'entraîne à sa suite un brusque changement de religion, parce que la révolution qui renverse les dogmes catholiques et dépouille les églises, vient non du peuple ou du clergé réformateur, mais d'un roi guerrier et d'une noblesse toute-puissante : Gustave Vasa ne trouve pas beaucoup d'obstacles à tourner ou à rompre; les seigneurs danois, qui font roi Frédéric de Holstein à la place de l'impitoyable Christian II, l'aident à établir le luthéranisme : la nouvelle doctrine pousse des racines profondes dans les deux pays. En Angleterre, l'esprit de servitude rend la nation malgré elle complice de Henri VIII, qui aime mieux se séparer de l'Église romaine que de renoncer à sa passion pour Anne de Boleyn : le schisme est à peine consommé que la femme, cause de tant de scandales, périt par l'ordre du roi sur l'échafaud. Ce terrible époux, qui doit en dix ans célébrer encore quatre mariages, poursuit avec la même tyrannie les partisans du pape et ceux de Luther : d'innombrables victimes expient par le sang leurs opinions religieuses sous un monarque schismatique et excommunié, qui ne veut d'innovation que pour s'attribuer les biens des monastères et la puissance du clergé. La noblesse et le peuple de l'Allemagne prennent goût aux applications politiques des doctrines luthériennes : la sécularisation des biens ecclésiastiques à leur profit est comme le dernier mot de la réforme pour les seigneurs ; l'avénement à la liberté et à la richesse est promis aux masses populaires par des prédicateurs égarés ou criminels : la secte des anabaptistes, dont on n'entrevoit les principes qu'au milieu des crimes les plus atroces, arme contre elle les luthériens et les catholiques.

La double contagion de l'hérésie et du zèle persécuteur gagne la France, que les mœurs peu sévères de François I*er* et la frivolité même de sa cour auraient dû en préserver : la politique a autant de part que la religion aux actes de rigueur ordonnés par le roi. François I*er* et Charles V se font la guerre avec moins d'ardeur ; les derniers traités laissent intactes les provinces de France. Aux portes des Alpes, le duché de Savoie; en Italie, Gênes, relevée par les Doria, et Venise, qui est assez forte pour lutter contre les Turcs, ont encore une existence indépendante.

Après 1545, le massacre des Vaudois au nom de François I*er*; l'ouverture du dernier concile général, à Trente, où le plus ferme disciple de l'Espagnol Ignace de Loyola représente la société nouvelle des jésuites, si dévouée à la défense du dogme et au service des intérêts pontificaux; *l'intérim*, espèce de transaction imposée par Charles V, vainqueur des protestants, et mal reçue des deux partis; enfin l'établissement du luthéranisme en Angleterre sous Édouard VI : tous ces faits ouvrent des perspectives nouvelles de persécutions, de discussions ardentes et de guerres civiles. La puissance toujours croissante de Charles V ramène dans la lice le fils de François I*er*, Henri II, allié à la fois des protestants d'Allemagne, qui se sont de nouveau armés contre l'empereur, et du pape Paul IV, qui voudrait chasser les Autrichiens de l'Italie. La communauté de foi décide le mariage de Marie Tudor avec le fils de Charles V, que l'abdication volontaire de l'empereur, vaincu par Guise et Maurice de Saxe, laisse maître de l'Espagne, de Naples, de Milan, des Pays-Bas et des possessions du nouveau monde. Le frère de Charles, Ferdinand, joint la couronne impériale aux États héréditaires d'Allemagne, à la Bohême et à la Hongrie.

Les généraux de Philippe II sont vainqueurs des troupes de Henri II à Saint-Quentin. Le roi de France, comme le roi d'Espagne et comme Marie la reine d'Angleterre, punit de mort l'hérésie : sa fin prématurée laisse le gouvernement à Catherine de Médicis et aux Guise, oncles de Marie Stuart qui a épousé le jeune roi François II. Les prétentions rivales des seigneurs catholiques et protestants, pendant la minorité de Charles IX, arment les partis pour la guerre civile que n'arrête pas le colloque de Poissy. L'Europe est alors partagée en deux camps prêts à se jeter l'un sur l'autre : les protestants dominent en Écosse où le presbytérianisme a pris naissance au milieu des scènes les plus violentes qui menacent déjà d'emporter le trône des Stuarts; en Angleterre, où Élisabeth règle le dogme et le culte en souveraine, comme les affaires politiques; dans les pays bataves qui ont adopté le calvinisme de Strasbourg et de Genève; en Allemagne, où s'observent en ennemis au lieu de s'unir en frères, les calvinistes et les luthériens. Le saint-siége, avec autant d'habileté que d'énergie, sait faire accepter aux princes catholiques les derniers décrets du concile de Trente, qui condamnent sans transaction les doctrines de Luther, de Calvin et de Zwingle, mais qui en même temps préparent dans l'Église de solides et salutaires réformes.

Pour la lutte qui va s'engager, Philippe II, le chef du parti catholique, a les ressources nouvelles tirées du nouveau monde. Le Mexique, enlevé rapidement par Fernand Cortez; le Pérou, occupé et dévasté par François Pizarre, malgré les maux que causèrent aux Indiens, surtout dans ce dernier pays, les guerres civiles et la cupidité barbare des conquérants, versent sur l'Europe des quantités énormes de numéraire. Quant aux Portugais, ils étaient un trop petit peuple pour pouvoir exploiter avec avantage et garder longtemps leurs colonies des Indes orientales : les succès d'Albuquerque ont été continués, mais sa bonne et libérale administration n'a pas d'imitateurs. Aux deux Indes, la cupidité et le zèle religieux font persécuter les malheureux indigènes idolâtres : Barthélemy de Las Casas a osé dénoncer ces brigandages à Charles V et accuser son siècle et sa nation devant la postérité. Lorsque, dans une pensée d'humanité, il proposa d'associer des nègres africains aux travaux des Indiens, il ouvrit à l'Europe une nouvelle voie d'iniquités. Le voyage de Magellan autour du monde a appris quelles mers immenses il restait encore à explorer et à asservir après les découvertes des Portugais et des Espagnols.

3° 1563-1600. — Depuis Charles V et Soliman, les deux empires d'Allemagne et de Constantinople s'affaiblissent sensiblement : l'un, parce qu'il est impossible de faire vivre d'accord les orthodoxes et les hérétiques; l'autre, à cause du gouvernement corrompu, perfide et sanguinaire du sérail, à cause des séditions des janissaires et de la guerre éternelle contre les Perses schismatiques. La glorieuse mais stérile journée de Lépante appartient à Venise, au saint-siége, à l'Espagne, non à l'empire.

Sans les dissensions religieuses qui embrasent le monde, il est probable que l'immense étendue des États de Philippe II, dans l'un et l'autre hémisphère, la force qu'acquiert l'Angleterre sous Élisabeth, celle qu'ont rendue les Jagellons aux Polonais et Gustave Vasa à la Suède, auraient amené quelque grande révolution dans le système européen. Philippe II, qui veut faire triompher partout le concile de Trente et l'inquisition, pousse par ses excès mêmes les provinces belges, où domine la religion catholique, à réagir contre les proscriptions et les supplices. L'insurrection devient formidable chez les Bataves, peuple marin et marchand, plus enclin à se séparer de l'Église et de l'Espagne contre laquelle ils obtiennent l'assistance des Anglais et des Allemands. Avant que leur chef, le prince de Nassau Guillaume d'Orange, périsse sous les coups d'un fanatique, la république des sept Provinces-Unies, que les provinces belges ne suivent pas dans leur résistance, est fondée. Philippe II a cependant ajouté à ses immenses ressources le Portugal avec ses colonies, et il espère un moment y joindre aussi l'Angleterre. Il travaille d'abord à restaurer un parti catholique dans ce pays et à empêcher les protestants de dominer en France, tandis qu'Élisabeth soutient les protestants de France, d'Écosse et des Pays-Bas : les fautes de Marie Stuart avaient déjà subi une cruelle expiation par la longue captivité de cette malheureuse reine. L'anarchie de la France donne plus beau jeu aux intrigues de Philippe II : la guerre religieuse n'y est interrompue que par des pacifications éphémères. Le caractère tolérant et libéral du chancelier de L'Hôpital ne peut réconcilier les ambitions et les consciences; l'aristocratie d'abord et bientôt les villes voient ici, comme en Allemagne, dans les Pays-Bas et en Écosse, les avantages que l'insurrection au nom de la foi donne contre la royauté. Les seigneurs du parti catholique tendent au même but, en se couvrant du nom du roi, surtout après les affreux et stériles massacres de la Saint-Barthélemy. La Ligue, dont tous les membres s'engagent à procéder contre l'hérésie par la voie de la justice et des armes, obéit moins à Henri III, chef nominal, qu'au puissant duc de Guise, qui ne voit plus qu'une barrière entre lui et le trône, quand la mort du duc d'Anjou, frère et héritier du roi, laisse pour unique prétendant à la couronne le roi protestant de Navarre.

L'Espagne, qui perd les pays bataves, essaye d'acquérir la France : Henri de Navarre, excommunié par Sixte-Quint, a contre lui à la fois Henri III, son parent, qui est poussé par les chefs de la Ligue, les ligueurs et Philippe II. La mort de Marie Stuart, ordonnée par Élisabeth, distrait encore Philippe II, qui veut venger la reine catholique; la fureur des éléments, plus que l'habileté des marins anglais, ruine la flotte prétendue invincible des Espagnols. En France, la guerre des trois Henri, Henri III, Henri de Navarre, Henri de Guise le Balafré, aboutit, moins à cause des défaites de l'armée royale qu'à cause des succès et de l'orgueil du chef des ligueurs, à l'assassinat du duc de Guise par l'ordre du roi, et à l'alliance tardive de Henri III avec le véritable défenseur de la nationalité française, le roi de Navarre. Un fanatique tue Henri III par religion, comme celui-ci, par politique, avait fait tuer le duc de Guise : le véritable péril de la France, sorte d'agonie qui met le corps social bien près de sa fin, dure quatre ans, alors que les consciences peuvent hésiter à se déclarer pour un roi hérétique qui cependant se montre déjà le plus habile et le plus fort. La vénalité trop flagrante et les propositions antinationales des états généraux de 1593, que la *Satire ménippée* acheva de perdre dans l'opinion publique; la déclaration patriotique du parlement de Paris, qui exclut du trône, sans la nommer, la fille de Philippe II; la conversion de Henri IV, que Clément VIII a la sagesse d'absoudre un an après son entrée dans Paris, ne laissent plus en présence du véritable roi de France que des factieux, les ligueurs; des étrangers, les Espagnols. Le courage de Henri IV, l'élan national, les conseils et la sage économie de Sully suffisent à compléter la victoire; elle coûte des millions abandonnés à des Français qui veulent se vendre et non se donner au roi, mais pas une province n'est cédée à l'étranger. En même temps l'édit de Nantes garantit la liberté des consciences et l'égalité des droits civils aux protestants qui gardent même des pouvoirs politiques indépendants.

Le spectacle de la liberté hollandaise, de la prospérité continue de l'Angleterre, de la prospérité renaissante de la France est un tourment pour les derniers jours de Philippe II, auquel survivent Élisabeth et Henri IV. Il avait interdit aux Hollandais les ports du Portugal où ils venaient chercher les produits des Indes orientales: les Hollandais, aux dépens du Portugal, visitent et vont coloniser les côtes et les îles de l'océan Indien, depuis le cap de Bonne-Espérance jusqu'à la Chine; Cornélius Houtman, leur plus célèbre navigateur, fonde la première compagnie des Indes pour concentrer les forces et diriger les exploitations des particuliers. Les Anglais commencent à se montrer en maîtres dans les mers de l'Amérique; Drake entreprend le tour du monde, et sur son chemin rançonne les établissements espagnols.

A l'est de l'Europe, deux États sont agités par des dissensions. Celles de la Pologne vont devenir éternelles : le trône est électif depuis l'extinction de la maison de Jagellon; le roi, élu par la noblesse, quelle que soit son origine, Français, Transylvain ou Suédois, sera l'esclave d'une diète toujours orageuse : la guerre avec les Russes entretient l'esprit militaire, mais ne fortifie pas la puissance des Polonais. La Russie perd à la fin du siècle son dernier roi de la maison de Rurik : quelques années de discorde la livreront à l'influence de la Suède, qui est maîtresse des provinces baltiques, et de la Pologne qui l'enveloppe par le sud-ouest.

Les sectes se multiplient de toutes parts. Outre les luthériens, les zwingliens, les calvinistes et, en Pologne, les disciples de Socin qui rejette presque tout mystère, on distingue jusqu'à treize espèces d'anabaptistes, vingt-quatre de confessionnistes, neuf de sacramentaires, etc. Chaque secte a ses écrivains et ses antagonistes. Entre les théologiens catholiques, les principaux sont le cardinal Baronius, qui produit un immense corps d'*Annales ecclésiastiques*, le cardinal Bellarmin, jésuite, qui réfute tous les hérétiques et soutient les prétentions de la cour de Rome. Deux autres jésuites nés en Espagne, Sanchez et Molina, écrivent, l'un sur le sacrement de mariage, l'autre sur la grâce et sur le libre arbitre qu'il n'entend pas comme saint Augustin et saint Thomas. La science du droit doit beaucoup à trois Français, Cujas qui éclaire la jurisprudence par la littérature et l'histoire, François Hotman et Pierre Pithou, tous deux protestants : ce dernier, après son abjuration, défend encore énergiquement les libertés de l'Église gallicane. La chirurgie produit un grand ouvrage en langue française d'Ambroise Paré, calviniste au service de Charles IX. Mais les meilleurs médecins sont alors en Italie. Les sciences proprement dites illustrent le Norvégien Tycho-Brahé, contradicteur du système de Copernic, qui a donné de la précision aux procédés, aux instruments et aux détails de l'astronomie; le jésuite allemand Clavius, qui prend part à la réforme grégorienne du calendrier; l'algébriste français Viète. Ramus, professeur au collége de France, l'une des victimes de la Saint-Barthélemy, a élargi la science philosophique et a osé se faire l'adversaire d'Aristote : il s'est occupé d'arithmétique, de géométrie et de grammaire. Joseph Scaliger, né à Agen d'un père italien, Sigonius en Italie, Buchanan en Écosse, Juste Lipse dans les Pays-Bas, le secrétaire du cardinal Granvelle, Isaac Casaubon à Genève, écrivent en latin sur la chronologie, l'histoire et la littérature.

L'Italie a encore un grand poëte, le Tasse ; le Portugais Camoëns donne par ses *Lusiades* une nouvelle gloire littéraire à son ingrate patrie; Shakspère commence à faire naître en Angleterre un théâtre informe et sublime. L'art dramatique chez les Français est déjà sorti du cercle des moralités et des mystères : le poëte Jodelle a essayé de ressusciter le théâtre des anciens. Si la pléiade poétique ne brille pas d'un éclat solide, le nom de Ronsard a survécu avec honneur à cause de ses *Odes* et surtout de ses *Discours*. Malherbe s'annonce déjà ; il retrouve le genre lyrique, ne parle ni grec ni latin, en français, comme Ronsard, mais crée une nouvelle langue pour la poésie. Mathurin Régnier sera novateur, surtout dans ses *Satires* où il prend à parti les travers et les vices de ses contemporains. Les *Tragiques* d'Agrippa d'Aubigné portent l'empreinte de la fureur guerrière et de la passion calviniste. La prose française nous offre les traductions d'Amyot, le précepteur des enfants de Henri II, qui a communiqué à Plutarque la naïveté gauloise; le traité ou plutôt l'utopie politique de Ramus, qui dans ce genre a été précédé par l'Anglais Thomas More, ministre malheureux du sanguinaire Henri VIII; les *Recherches* d'Étienne Pasquier, dont le nom peut être associé aux L'Hôpital, aux Séguier, aux Molé, aux de Thou; et les *Essais* de Montaigne, recueil admirable d'idées justes, de traits ingénieux, d'expressions naïvement énergiques : mais sa devise : « Que sais-je? » est trop sceptique pour satisfaire la morale religieuse et pour servir de guide à l'homme. Ce siècle, fécond en tant d'événements, n'a pas un seul grand historien en langue française : de Thou rédigera en latin son *Histoire du Temps*. Mais les mémoires abondent, et leurs auteurs ont presque tous pris part aux affaires qu'ils racontent, comme hommes de guerre ou comme négociateurs : la langue et la science de la politique se forment ensemble.

L'art typographique, qui fournit d'inépuisables aliments à l'instruction et aux controverses, illustre plusieurs familles : les Alde et les Junte en Italie, les Gryphe à Lyon, les Estienne à Paris. La plupart de ces imprimeurs célèbres sont en même temps des hommes de lettres distingués : Henri Estienne compose un riche dictionnaire de la langue grecque, mais son *Apologie pour Hérodote*, satire française des mœurs et des opinions de son siècle, lui vaut des persécutions, et il meurt dans la misère.

CHRONOLOGIE.

1500.

Allemagne.— A la diète d'Augsbourg, changement dans le nombre et dans l'organisation des cercles de l'Allemagne.— Naissance de Charles-Quint, fils de Philippe le Beau et de Jeanne la Folle, à Gand (24 févr.)

Danemark. — Rude et désastreuse campagne du roi Jean et de son frère Frédéric contre les Ditmarses qui, pour se sauver, ouvrirent les écluses et inondèrent le pays. La perte de leur ville de Meldorp ne les empêche pas de tuer et de noyer dix mille hommes du Holstein et du Danemark. La médiation des villes hanséatiques, surtout de Hambourg, suspend la guerre : les princes gardent leurs prétentions, et les Ditmarses restent indépendants. — Le duc Frédéric épouse une fille de l'électeur de Brandebourg.

Espagne. — Ingratitude de la cour à l'égard de Christophe Colomb.

Il est ramené en Espagne chargé de fers avec son frère et son fils Diego (25 nov.). Bovadilla, qui l'a supplanté dans la vice-royauté, maltraite les Espagnols de la colonie et réduit les Indiens à un dur esclavage.

France et Italie. — Faute de Louis XII : il a donné le gouvernement de Milan à un transfuge milanais, Trivulce, qui opprime ses compatriotes. Révolte ; retour de Ludovic le More (févr.). Les Suisses de l'armée de Ludovic ne veulent pas combattre ceux de l'armée française ; il est vaincu et pris par la Trémouille, et finira ses jours en France, dans une douce captivité. Le Milanais reste quelques années à la France.

Italie. — Le jubilé centennal donne à la maison Borgia des deniers pour déshonorer l'Église par ses scandales et pour fortifier sa puissance dans les États romains. César Borgia fait étrangler le prince aragonais qui est le troisième mari de sa sœur Lucrèce.

Portugal. — Le Portugais Alvarès Cabral, porté par les vents beaucoup trop à l'ouest dans une navigation vers le sud de l'Afrique, touche sans la chercher une terre qu'il appelle Sainte-Croix, sur la côte méridionale du pays qui a gardé le nom de Brésil, d'un bois de teinture rouge, couleur de feu, qu'on appelait brazil. — Le cap franchi, il visite sur la côte orientale d'Afrique Quiloa, capitale d'un royaume arabe très-puissant. — Navigation du Portugais Corte-Real, au nord-ouest du nouveau continent : il reconnaît Terre-Neuve, le bassin du fleuve Saint-Laurent, la terre de Labrador, c'est-à-dire terre des agriculteurs, jusqu'au détroit d'Anian (aujourd'hui détroit d'Hudson), qui semblait devoir ouvrir une route nouvelle vers les Indes.

1501.

Allemagne. — L'empereur établit pour ses États héréditaires un conseil permanent, le conseil aulique, qui cherchera à étendre son autorité sur l'empire.

Danemark et Suède. — Retour de Stenon Sture en Suède.

Espagne, France et Italie. — Louis XII et Ferdinand le Catholique s'unissent pour dépouiller le roi de Naples Frédéric ; leurs généraux sont le duc de Nemours et Gonzalve de Cordoue : Frédéric finira ses jours en France.

France. — Création d'un parlement à Aix pour la Provence.

Italie. — César Borgia se forme une principauté indépendante dans la Romagne ; il fait mourir les Manfredi de Faenza. — Le grand conseil de Venise constitue le tribunal des trois inquisiteurs d'État, qui ont pouvoir absolu pour veiller à la conservation de la république.

Perse. — Schah Ismaël Sophi, arrière-petit-fils de Sophi le restaurateur de la secte d'Ali en Perse, se met à quatorze ans à la tête d'une armée composée de sectaires alides, s'empare de Tauris sur le quatrième et dernier successeur d'Ussum Cassan, khan des Turcomans du Mouton noir, et le force à fuir dans le Diarbekr.

Pologne. — Mort de Jean-Albert ; son frère le grand-duc de Lithuanie, Alexandre, lui succède, et confirme la réunion de la Lithuanie à la couronne. Traité avec les Livoniens contre les Russes.

Portugal. — Americo Vespucci, au service du Portugal, reconnaît les côtes du Brésil, qu'il suit jusqu'à celles de Patagonie : il cherchait par l'extrémité méridionale du nouveau continent un chemin vers l'Asie. Son nom est resté au continent découvert par Christophe Colomb, à cause des relations séduisantes de ses voyages. — Des Portugais découvrent l'île de Sainte-Hélène, au milieu de l'Atlantique.

Suisse. — Bâle et Schaffhouse, villes libres, entrent dans la confédération.

Turquie. — Les Turcs ont enlevé

aux Vénitiens Modon, Corfou, Durazzo; Gonzalve de Cordoue, général de la république, prend Égine et Céphalénie ; l'île de Sainte-Maure, conquise par un général vénitien, est rendue à la paix. Venise obtient d'avoir un consul à Constantinople.

1502.

Espagne. — Ovando, second successeur de Christophe Colomb dans le gouvernement des pays découverts, déclare les indigènes sujets libres de l'Espagne. Quatrième voyage de Christophe Colomb (9 mai): il découvre l'île Martinique (15 juin); forcé de relâcher à Hispaniola, il se voit refuser l'entrée du port de San Domingo par le gouverneur Ovando. Il navigue au delà de la Jamaïque, à l'ouest, dans les parages d'Honduras, découvre le cap de Gracias à Dios, et entre dans la belle rade de Porto-Bello sur la côte de l'isthme : il passe près de deux ans dans le nouveau monde.

Italie. — Les Florentins donnent à perpétuité à Pierre Soderini la charge de gonfalonier de justice, qui n'était ordinairement conférée que pour deux mois. — Perfidies et cruautés de César Borgia: il dépouille le seigneur de Piombino en Toscane, le duc d'Urbin Gui Ubald de Montefeltro, le seigneur de Camerino qui est étranglé avec deux de ses fils; il prend Sinigaglia dont les principaux défenseurs subissent le dernier supplice. Lucrèce Borgia, sœur de César, se marie pour la quatrième fois avec le fils du duc de Ferrare.

Italie et Espagne, France. — Ferdinand le Catholique veut enlever à Louis XII sa part du royaume de Naples. Gonzalve de Cordoue et Antoine de Lève combattent les Français dans la Capitanate, la terre de Bari, et la Calabre.

1503.

Angleterre. — Mariage de Marguerite, fille de Henri VII, avec Jacques IV d'Écosse. — Catherine d'Aragon, veuve du prince de Galles, après six mois de mariage, est fiancée, moyennant une dispense pontificale, au second fils de Henri VII, âgé de douze ans.

Espagne, France et Italie. — Désastres des Français dans le royaume de Naples: à Seminara, au nord-est de Reggio, d'Aubigni est battu et fait prisonnier par Hugues de Cardonne (21 avril) ; le duc de Nemours est blessé mortellement à la bataille décisive de Cérignoles, au sud-est de Foggia (28 avril) ; perte de Capoue, d'Aversa, et de Naples (mai). Les châteaux de Naples, où se défendent encore les Français, sautent par la mine, dont on fait pour la première fois usage. — Au moment où César Borgia dépouille la famille des Ursins, mort de son père, Alexandre VI (18 août). Impuissantes intrigues de Georges d'Amboise, ministre de Louis XII, pour devenir pape. Pie III règne vingt-sept jours. Élection d'un neveu de Sixte IV, Julien de la Rovère, à soixante-deux ans. — Jules II commencera par enlever à César Borgia tous les domaines que celui-ci a détachés des États de l'Église: le duc d'Urbin est rétabli. Venise prend sur César Borgia Faenza, Rimini, etc. — La défaite des Français près du Garigliano (27 déc.). suivie de la soumission de Gaëte (1ᵉʳ janv.), ne laisse plus rien à Louis XII dans le royaume de Naples.

Portugal. — Albuquerque découvre près de la côte orientale d'Afrique, l'île de Zanzibar, et impose un tribut à son souverain.

Russie. — L'ordre teutonique, trois fois vainqueur des Russes, leur impose par le traité de Pleskof une paix de cinquante ans.

Suède. — Mort de l'administrateur Stenon Sture; Swante Nilson Sture lui succède avec le même titre, et rend impossible toute restauration danoise.

1504.

Espagne. — Retour de Christophe Colomb après son quatrième et dernier voyage. — Mort d'Isabelle (26 nov.). Elle a partagé avec son mari la gloire d'affranchir la péninsule de la domination musulmane, et d'affermir le pouvoir royal : elle s'est distinguée de lui par la douceur et la probité. Le trône de Castille appartient à sa fille Jeanne, et à son gendre Philippe le Beau, le souverain des Pays-Bas; mais l'administration du royaume a été réservée par elle-même à son mari Ferdinand.

France. — A Blois, fiançailles de la fille du roi avec Charles d'Autriche, projet de confédération contre Venise, mariage de la nièce du roi avec le roi d'Aragon.

Italie. — Quand Jules II a enlevé la Romagne à César Borgia, Bologne aux Bentivoglio, Pérouse aux Baglioni, comme Venise ne lui rend pas Ravenne, Faenza, Rimini, le pape adhère à la ligue formée secrètement à Blois par Maximilien et Louis XII contre la république (sept.). — Les Florentins entreprennent le siège de Pise qui défendra cinq ans encore son indépendance. — A Naples, un soulèvement de la population repousse l'établissement de l'inquisition.

Portugal. — Ligue des Vénitiens et des mameluks d'Égypte, dont les intérêts de commerce sont menacés par l'arrivée des Portugais aux Indes. Le sultan d'Égypte fait alliance même avec le roi de Calicut qui redoute leur domination.

1505.

France. — Le roi est investi du Milanais par Maximilien. — On commence à publier des Coutumes.

Russie. — Mort d'Ivan III après un règne glorieux de quarante-trois ans, durant lequel il a travaillé avec succès à affranchir la Russie de la dépendance des étrangers et entretenu des relations diplomatiques avec la cour de Rome, avec les Turcs de Constantinople, avec le Danemark, avec Venise. Libéral envers les artistes et les ouvriers italiens, il a été dur pour ses peuples et les a tenus dans la servitude. — Wasili IV lui succède sans contestation. Il conclut des alliances avec le roi de Pologne et le khan tartare de Crimée.

1506.

Allemagne. — Joachim Nestor, le fils de Jean Cicéron, électeur de Brandebourg, fonde l'université de Francfort sur l'Oder.

Espagne. — Ferdinand le Catholique épouse Germaine de Foix, nièce du roi de France, par dépit contre son gendre Philippe le Beau. Celui-ci meurt le 25 septembre et sa veuve Jeanne devient folle. Ferdinand reprend le gouvernement pendant la minorité de l'aîné de ses petits-fils, Charles. — Mort de Christophe Colomb (20 mai).

France. — Les états généraux de Tours annulent le traité de Blois : la fille de Louis XII est fiancée au cousin du roi, héritier du trône, le jeune comte d'Angoulême, François. Louis XII reçoit le titre de Père du peuple, surtout à cause de la diminution des impôts.

Italie. — Jules II pose la première pierre de la nouvelle église de Saint-Pierre, qui est commencée sur les dessins du Bramante (18 avril). — Il se déclare souverain des Bolonais; il leur accorde toutefois un sénat pour déguiser l'esclavage. — A Gênes, soulèvement démagogique contre l'autorité française (oct.). La populace reste maîtresse du gouvernement et, favorisée secrètement par Jules II, abat la bannière de France : un teinturier en soie est fait doge.

Russie. — Cent mille hommes, envoyés contre les Tartares de Kasan, sont presque complétement exterminés.

1507.

Allemagne. — Marguerite d'Autriche, fille de Maximilien, est régente des Pays-Bas, au nom du prince Charles.

XVIᵉ SIÈCLE (1508-1510). 477

Bohême et Hongrie. — Wladislas fait couronner roi son fils Louis, âgé de moins d'un an.

Espagne. — L'archevêque de Tolède, Ximenès, principal ministre de Ferdinand en Castille, est nommé cardinal.

France et Italie. — Louis XII en personne réprime la révolte de Gênes.

Pologne. — Mort d'Alexandre, après une victoire sur les Tartares. Avénement de son frère Sigismond Iᵉʳ. Révolte de Glinski, gouverneur de Lithuanie, qui appelle les Russes, et attire à lui beaucoup de Lithuaniens.

Portugal. — Après des troubles sanglants, les juifs convertis ou nouveaux chrétiens obtiennent du roi Emmanuel le droit de parvenir aux charges et aux emplois de l'Église et de l'État. — Lorenzo d'Almeida, fils du vice-roi des Indes, a pris possession des îles Maldives et de Ceylan, partagées alors en neuf royaumes : tribut annuel en cannelle, en bagues garnies de perles et de rubis, et en éléphants. Conquête de l'île d'Ormus, dans le golfe Persique, par Alphonse d'Albuquerque. L'île de Madagascar a été visitée par Lorenzo et par Tristan d'Acunha, qui n'y trouva que du gingembre, des nègres farouches et quelques Arabes répandus le long des côtes.

1508.

Allemagne, France et Italie. — Maximilien, allant se faire couronner à Rome, demande passage aux Vénitiens sur leurs terres pour son armée. Ils refusent : guerre avec Venise, désastreuse pour Maximilien. Il renonce au voyage d'Italie, et prend le titre d'empereur romain élu. — Marguerite, fille de Maximilien, gouvernante des Pays-Bas, négocie avec Georges d'Amboise la ligue de Cambrai contre Venise : Louis XII, Jules II, Ferdinand le Catholique, Maximilien, intéressés chacun à la conservation de Venise, s'associent pour détruire sa puissance.

Italie. — Gui Ubald de Montefeltro laisse par testament son duché d'Urbin au neveu de Jules II. — Le Bramante attire Raphaël à Rome.

1509.

Angleterre. — Henri VII laisse en mourant un trésor de un million huit cent mille livres sterling, fruit d'une administration cupide. Sous son règne a été construit le premier vaisseau de la marine royale. — Couronnement de Henri VIII, âgé de dix-sept ans, et de Catherine d'Aragon.

Espagne. — Ximenès entreprend à ses dépens la conquête d'Oran, un des repaires des corsaires d'Afrique. Il s'embarque lui-même pour l'expédition, dont il confie le commandement à Pierre de Navarre (mai). — Au retour, il fonde l'université d'Alcala, au nord-est de Tolède. — L'Espagnol Solis découvre le Rio de la Plata, au sud-est de l'Amérique méridionale.

France. — Mort de Philippe de Comines, l'historien de Louis XI et de Charles VIII.

France et Italie. — L'armée vénitienne, commandée par l'Alviane, est vaincue à Agnadel, dans la Ghiara d'Adda, par Louis XII en personne (14 mai) : chacun des confédérés saisit ce qu'il réclamait de Venise, même le duc de Ferrare et le marquis de Mantoue. — Bientôt les Vénitiens reprennent Padoue mal défendue par les impériaux (juill.). Maximilien venu lui-même est forcé de lever le siége (août). La république, sauvée par la fidélité de ses sujets de terre ferme, ressaisit Vicence et plusieurs places qu'avaient occupées les Allemands. — Les Florentins ont ramené Pise sous leur autorité (juin).

1510.

Allemagne. — Les juifs sont chassés du Brandebourg.

Espagne. — Ferdinand le Catholique envoie à son tour Pierre de Navarre en Afrique. Bougie est occupée, en Algérie (janv.); les rois d'Alger, de Tunis et de Tremecen, se rendent tributaires.

France. — Mort de Georges d'Amboise, ami et conseiller du roi. Il a dirigé les réformes judiciaires et ecclésiastiques du royaume; son amour pour le peuple lui mérite de plus solides éloges que sa participation aux affaires de la politique étrangère. — Louis XII convoque à Tours une assemblée ecclésiastique, pour lever les scrupules de sa conscience au sujet de la guerre qu'il faut engager contre le pape. — Rédaction de la coutume de Paris.

France et Italie. — Venise se réconcilie avec Jules II (févr.), et entre dans un projet de confédération contre les Français que le pape veut chasser de l'Italie. Le duc de Ferrare, allié de la France, est entre deux ennemis, l'État vénitien et le territoire de l'Église. Les Allemands continuent la guerre contre les Vénitiens dans le Frioul. Les Suisses, mécontents de Louis XII, qui est trop économe, sont prêts à se jeter sur le Milanais à la voix du pape. Jules II casse et annule le traité de Blois, comme fait sans la participation du saint-siège (3 juill.), et déclare Louis XII déchu de toute prétention au royaume de Naples dont la propriété entière est transportée à Ferdinand et à ses successeurs. Il fait soulever Gênes. — Marc-Ant. Raimondi grave d'après Raphaël.

Perse. — Ismaël Sophi prend Bagdad sur les partisans du Mouton blanc.

Portugal. — Alliance avec plusieurs princes indiens dans la partie occidentale de l'île de Sumatra, une des plus riches terres à épices. Albuquerque surprend au nord de la côte de Malabar, Goa, une des villes les plus importantes du Dekhan, empire très-puissant alors, qui s'étendait jusqu'à la côte de Coromandel et était partagé en plusieurs royaumes.

Suisse. — La ville libre de Constance demande à être admise dans le corps helvétique : les cantons démocratiques s'y opposent parce qu'elle avait offert de livrer à la confédération le territoire de Thurgovie.

Turquie. — Le sultan ordonne la mort de deux de ses fils, suspects de désobéissance; il manque d'être assassiné.

1511.

Allemagne. — Maximilien, pendant une maladie de Jules II, a la pensée de se faire élever à la papauté. — Albert, de la branche franconienne de Brandebourg, est élu grand maître de l'ordre teutonique.

France et Italie. — La sainte ligue, formée contre la France, n'est publiée qu'après que le pape est entré par la brèche, malgré ses soixante et dix ans, à la Mirandole (21 janv.); que les Bentivoglio ont enlevé Bologne, leur ancienne possession, aux troupes pontificales (mai); que Louis XII et Maximilien ont projeté la convocation du concile de Pise pour déposer le pape. Ouverture du concile de Pise qui eut peu d'adhérents (1er nov.). Henri VIII se joint aux confédérés (20 déc.).

France. — Une sottie de Pierre Gringoire est dirigée contre Jules II : *le jeu du prince des sots et la mère sotte.*

Perse. — Ismaël Sophi se substitue aux princes de la famille de Tamerlan, dans le Khusistan ou Susiane, dans le Khorasan ou Bactriane. Il forme une nouvelle dynastie de Perse.

Portugal. — Malacca, bâtie depuis deux cent cinquante ans environ, capitale d'un royaume particulier qui s'était séparé de celui de Siam, marché principal pour les denrées de la Chine et les épiceries, pour les négociants de l'Arabie et de la Perse, et pour les navires du Malabar, du Bengale, de Siam, de Java, de la Chine, des Moluques et des îles Philippines, est conquise par Albuquerque. On donnait le nom de Moluques ou îles aux épices, particulièrement à cinq petites îles qui sont entre l'île Célèbes et l'île Gilolo, parce qu'elles produisaient le girofle et la muscade. Antoine Abreu alla plus au sud jusqu'aux îles de Banda et d'Amboine : à Banda, croissait le muscadier; Amboine fournissait tous les ans deux mille quintaux de girofle. — Deux Portugais découvrent, peut-être alors, la nouvelle Guinée ou terre des Papous, à l'est des Moluques.

Turquie. — Guerre entre Bajazet et son fils Sélim.

1512.

Angleterre, Espagne, France et Italie. — Gaston de Foix, duc de Nemours, neveu de Louis XII, héros de vingt-deux ans, repousse de Bologne les Espagnols et les pontificaux (7 févr.); enlève de force Brescia aux Vénitiens (19 févr.); meurt dans la journée triomphante de Ravenne (11 avril). — Le concile de Pise transféré à Milan déclare le pape suspendu de ses fonctions (21 avril). — Désastres des Français par l'irruption des Suisses en Italie, par l'adjonction de Maximilien à la ligue; bulles fulminatoires de Jules II contre Louis XII (juill.). — Henri VIII, dans l'espoir de recouvrer la Guyenne, soutient son beau-père, Ferdinand le Catholique, qui voulait de son côté se servir des Anglais pour conquérir la Navarre. Le roi de Navarre, Jean d'Albret, ne peut empêcher le duc d'Albe d'occuper sa capitale, Pampelune (juill.).

Espagne. — L'Espagnol Juan Ponce de Léon, ancien compagnon de Christophe Colomb, avec deux navires équipés à ses frais, découvre la péninsule située au nord de Cuba, et l'appelle Floride, soit à cause de sa beauté et de sa verdure, soit parce qu'il y débarqua le jour de Pâques fleuries (avril).

Italie. — Raymond de Cardonne, vice-roi de Naples, encouragé par Jules II qui veut punir les Florentins d'avoir laissé convoquer un concile à Pise contre lui, ramène triomphalement à Florence les Médicis Julien II et le cardinal Jean, frères de Pierre II (31 août). — Maximilien Sforza, fils de Ludovic le More, âgé de vingt et un ans, est reçu dans Milan (déc.) : le château seul résiste. — Platon est imprimé à Venise.

Suède. — A la mort de Swante Nilson, la majorité des états donne la dignité d'administrateur à son fils Stenon Sture II, de préférence à Éric Troll (janv.).

Suisse. — La confédération reçoit de Maximilien Sforza plusieurs bailliages au sud de l'Helvétie, le Valmadia sur le haut Tésin, Locarno au nord-est du lac Majeur, Lugano et Mendrisio sur le lac Lugano. Les Suisses avaient depuis un siècle Bellinzona. — Les Grisons occupent, au sud-est de leur pays, l'étroite vallée de l'Adda supérieur qui forme le comté de Bormio, et une partie de la Valteline, cédée par le duc de Milan, avec le comté de Chiavenna au nord du lac de Côme.

Turquie. — Sélim, avec l'aide des janissaires, renverse son père Bajazet II, sultan voluptueux, faible, superstitieux et cruel (mai). Sélim Ier, sultan à quarante-six ans, fait périr ses deux frères.

1513.

Danemark. — Mort de Jean Ier; son fils Christian II, âgé de trente-deux ans, lui succède : une partie du Holstein-Slesvig est à son oncle Frédéric.

Écosse. — Jacques IV, l'allié de la France, perd contre les Anglais la bataille de Flodden, dans le Northumberland (9 sept.) : il y périt avec une partie de sa noblesse. — On rapporte à son règne l'institution de l'ordre de chevalerie de Saint-André ou du Chardon. — Son fils Jacques V n'ayant que deux ans, la régence appartient à sa veuve Marguerite qui la perd peu de temps après en se remariant. Désordres de la minorité.

Espagne. — Palerme reçoit de Ferdinand le Catholique le titre de capitale du royaume de Sicile ; le conseil du roi y résidera. Un tribunal d'inquisition y est établi.—L'Espagnol Vasco Nuñès de Balboa traverse le premier l'isthme de Darien (Panama) et aperçoit le grand Océan.

France. — Louis XII est réduit à vendre des offices de judicature pour suffire aux besoins de l'État.

France et Italie. — Alliance des Vénitiens avec Louis XII (13 mars). L'Alviane, général de la république, qui avait été fait prisonnier à Agnadel, agit de concert avec les Français qui rentrent dans le Milanais. Les Français sont battus par les Suisses à Novare (6 juin) : le Milanais est perdu. — Venise, alliée de la France, a sur les bras les forces de l'Espagne et de l'Autriche. — Gênes se détache de la France et choisit un doge (18 juin). — La Picardie est envahie par les Anglais : leur victoire à Guinegate leur donne Tournai dans la journée des Éperons (sept.). — Les Suisses entrent dans la Franche-Comté et arrivent devant Dijon (7 sept.) : la Trémouille traite avec eux. — Louis XII, qui désire la paix, renonce au concile de Pise et adhère à celui que Jules II a convoqué à Latran (17 déc.).

Italie. — Jules II était mort le 11 mars. L'habitude qu'il prit de laisser croître sa barbe fut imitée depuis par François Ier, par Charles-Quint, par les autres rois, les cardinaux et bientôt par les courtisans et par le peuple. — Parme et Plaisance, dépendances du Milanais, ont été cédées au pape par Maximilien Sforza. — Avénement du cardinal Jean de Médicis, Léon X, qui prendra pour secrétaires, Bembo et Sadolet, deux cicéroniens. — Mausolée de Jules II par Michel-Ange.

Portugal.—Albuquerque chasse les Arabes d'Aden et ouvre la mer Rouge aux Portugais. — Reconnaissance de l'île de Bornéo qui produit du camphre, de l'île de Java riche en riz, en poivre, etc., à l'est de la grande île de Sumatra qui contenait vingt-neuf royaumes malais.

Suisse. — Le pays d'Appenzell est admis dans la confédération, comme le treizième canton. Il n'en sera pas admis d'autres jusqu'en 1798.

1514.

France. — Mort d'Anne de Bretagne (9 janv.). Célébration du mariage, auquel elle avait toujours mis opposition, de sa fille Claude de France avec François d'Angoulême, l'héritier du trône (18 mai). — Louis XII se réconcilie avec le roi d'Angleterre, dont il épouse la sœur (sept.), et avec les autres confédérés. Les censures ont été levées par la cour de Rome (mai). La France ne garde rien en Italie.

Hongrie. — Au moment d'une nouvelle prise d'armes contre les Turcs, les paysans hongrois se révoltent contre leurs seigneurs, et en massacrent un grand nombre.

Italie.—Léon X prétend, contre la maison d'Este, à la possession de Modène, mise en dépôt par Jules II entre les mains de l'empereur, quand ses troupes l'ont enlevée au duc de Ferrare. — Mort du Bramante. Il a été l'architecte du Belvédère, pavillon du Vatican, où sont conservées des statues antiques, entre autres l'Apollon, dit du *Belvédère*. Après lui, les plans de la construction de l'église Saint-Pierre seront changés par Raphaël d'Urbin, puis par Michel-Ange Buonarotti.

Pologne et Russie. — La Pologne perd Smolensk, le boulevard de la Lithuanie.

Suisse.— La république de Mulhausen est reconnue comme l'alliée des cantons.

Turquie.—Guerre pendant deux ans avec Ismaël de Perse. Les Turcs vainqueurs prennent, mais ne gardent pas Tauris.

1515.

Danemark. — Christian II épouse Isabelle d'Autriche, sœur de Charles le prince des Pays-Bas.

Espagne. — Ferdinand le Catholique déclare la Navarre pour toujours réunie à ses États. Le Portugal est la seule terre de la péninsule en dehors de sa domination. — Gonzalve de Cordoue, disgracié, meurt retiré à Grenade à soixante-douze ans.

France. — Mort de Louis XII sans enfant (1er janv.). Avénement de François Ier, comte d'Angoulême, son cousin et son gendre. François Ier est encouragé par le chancelier Duprat à vendre les offices de judicature.

France, Italie et Suisse. — Le Milanais est enlevé aux Suisses par la sanglante victoire de François Ier à Marignan (13 et 14 sept.) : Parme et Plaisance suivent le sort de Milan. — Léon X et François Ier s'entendent à Bologne pour substituer le concordat à la pragmatique sanction (14 déc.) : **les annates sont** rendues au pape, le roi disposera des dignités ecclésiastiques. Vive opposition du clergé, des parlements et des universités. — Traité à Genève entre le roi et huit cantons suisses (25 oct.). — François Ier décide le doge Frégose à lui remettre Gênes, dont il le fait gouverneur en son nom.

Italie. — La dixième session du concile de Latran approuve les monts-de-piété comme établissements de charité, à la condition que l'intérêt prélevé sur les engagistes ne dépassera pas les frais de régie ; décrets sur la réforme du clergé et contre l'impression des livres dangereux (mai).

Portugal. — Albuquerque, privé de la vice-royauté des Indes, meurt dans la disgrâce à Goa, regretté de ses compatriotes et surtout des Indiens pour lesquels il avait été doux et humain.

1516.

Allemagne. — Le Saxon Martin Luther, de l'ordre des moines augustins, docteur de l'université de Wittemberg, professe avec éclat dans cette ville.

Bohême et Hongrie. — Mort du roi Wladislas (mars) : il a publié le *Droit des coutumes de Hongrie*. Son fils Louis II, âgé de dix ans, lui succède dans les deux royaumes.

Espagne. — Mort de Ferdinand le Catholique (janv.). — Charles Ier d'Autriche qu'il a nommé son héritier, reste en Flandre : il est reconnu par les états de Castille ; résistance des états d'Aragon. — Administration vigoureuse de Ximenès malgré ses quatre-vingts ans ; il oppose aux seigneurs rebelles de Castille les milices des villes ; il persécutera, à l'aide de l'inquisition, les Juifs et les Maures. — Sages règlements en faveur des Indiens qu'il protégera contre la cruauté et la cupidité des Espagnols: des noirs d'Afrique leur sont substitués pour le travail, surtout à Saint-Domingue. — Révolte de la Sicile (7 mars). — Jean d'Albret tente de recouvrer la Navarre ; les Français, ses auxiliaires, ne sont pas plus heureux que lui ; sa mort (juin). Henri II, son fils, lui succède.

France. — Traité de Noyon avec Charles d'Autriche qui a besoin de la paix pour prendre possession de ses nouveaux États (août) ; il promet à Henri II d'Albret la restitution de la Navarre. — Paix perpétuelle avec les cantons suisses (29 nov.). Ils n'ont pas cessé, depuis ce temps, d'être fidèles à la France et de lui fournir des soldats. — La onzième session du concile de Latran déclare solennellement abolie la pragmatique sanction (19 déc.). — Fondation du Havre. — Le roi attire Léonard de Vinci.

Italie. — Avec l'aide des Florentins, Léon X dépouille injustement du duché d'Urbin le neveu de Jules II et le donne à son propre neveu, Laurent II. de Médicis (mai). Cette principauté reviendra à la maison de Rovère, à la mort du pape. — François Ier, en signant la paix avec Maximilien à Bruxelles, fait restituer Vérone aux Vénitiens ses alliés.

Suède. — Stenon Sture II donne l'archevêché d'Upsal au fils de son compétiteur, Gustave Troll. Celui-ci cependant se ligue avec le Danemark et résistera dans son château de Steke à l'administrateur.

Suisse. — Ulric Zwingle, curé de Zurich, prêche la réforme religieuse.

Turquie. — Les gouverneurs de Damas et d'Alep ouvrent par leur trahison la Syrie à Sélim Ier. Les mameluks perdent une grande bataille près d'Alep, malgré la bravoure de Kansou-Algouri, leur sultan, qui est tué (24 août).

1517.

Allemagne. — Une bulle pontificale a autorisé la vente des indulgences, pour subvenir aux frais de la construction de Saint-Pierre. Luther s'élève avec violence contre ce trafic.

Danemark et Suède. — La bulle fulminatoire qui frappe l'administrateur de Suède, appuyée par une flotte danoise devant Stockholm, ne sauve pas Gustave Troll; il est forcé de se soumettre.

Espagne. — La Sicile rentre sous le joug espagnol (sept.). — Le cardinal Ximenès perd le gouvernement dès que Charles d'Autriche arrive en Espagne (sept.); sa mort (8 nov.). Il laisse la réputation d'un moine austère, d'un grand homme d'État, et d'un ami des lettres. — Reconnaissance de la côte d'Yucatan au sud de Cuba.

Italie. — La douzième et dernière session du concile de Latran décrète une imposition de décimes pour être employée contre les Turcs (16 mars). Ce concile n'est pas reconnu universellement comme concile général. — Pour donner plus d'éclat à sa cour, Léon X nomme trente et un cardinaux (juill.). — André del Sarto vient en France.

Portugal. — Le Portugais Ferdinand Perez, parti de Malacca, aborde à l'île de Taman, à trois milles de Canton. — Rigueurs du gouvernement chinois : un ambassadeur adressé à l'empereur est retenu prisonnier à Canton. Les Portugais seront cependant admis à Macao. La Chine se composait alors de quinze royaumes différents, et avait deux cent quarante-quatre villes de premier rang. L'imprimerie y était en usage depuis des siècles.

Turquie. — Dernière lutte des mameluks contre Sélim Ier. Bataille près du Caire, perdue par Toumanbaï ou Tomonbey leur chef (24 janv.). Le Caire est pris d'assaut, trente mille mameluks sont égorgés sur les bords du Nil. Nouvelle défaite de Toumanbaï, il est pris et pendu (13 avril). L'Égypte et la Syrie sont provinces ottomanes.

1518.

Allemagne. — Diète d'Augsbourg : Luther défend sa doctrine et ne se rétracte pas. Il est condamné par le pape (9 déc.).

Danemark et Suède. — Stérile victoire gagnée par Stenon Sture sur Christian II (juill.). Le roi vaincu emmène prisonniers en Danemark les plus illustres Suédois, qu'on lui a remis comme otages.

Portugal. — Perez découvre les îles de Licou-Khieou dans la mer de Corée, au nord-ouest de l'île Formose; elles étaient riches en or, et les habitants naviguaient jusqu'à Malacca. — Jean de Silveira arrive au Bengale, qui faisait un grand commerce d'eunuques avec la Perse, fabriquait de fins tissus de coton, exportait du sucre en poudre, du gingembre, et de la soie. Les Européens y sont mal reçus.

Turquie. — Sélim marche contre les Perses et leur enlève le Diarbekr, partie supérieure du bassin du Tigre et de l'Euphrate. — Horouk Barberousse, fils d'un potier de Mitylène, devenu pirate, s'est emparé de la ville d'Alger, bientôt de Tlemecen et a infesté toute la Méditerranée.

Son frère Chaïrouddin, le grand Barberousse, qui lui succède, sera la terreur des Maures et des chrétiens.

1519.

Afrique. — La famille des Mérinides, qui régnait à Maroc depuis deux siècles et demi, en est dépouillée par Ahmet et Méhémed, de la famille sacrée des Schérifs qui se prétendaient issus de Mahomet.

Allemagne. — Mort de Maximilien (janv.). Interrègne; vicariat de Frédéric le Sage, électeur de Saxe. Charles d'Autriche, petit-fils de Maximilien, François Ier et Henri VIII briguent l'empire. Élection de Charles V. Il déclare formellement ses États espagnols exempts de toute dépendance de l'empire, afin que ses sujets lui permettent de recevoir la couronne impériale. — L'interrègne a été favorable à Luther, que protégeait l'électeur de Saxe. Ses idées de réforme se sont étendues dans la lutte : il aborde toutes les grandes questions, de la grâce et du libre arbitre, des sacrements, de l'autorité des papes, des vœux monastiques, etc. - Le meistersinger Jean Sachs, de Nuremberg, compose, à vingt-cinq ans, des chants de maîtrise, drames, hymnes relig.

Espagne. — La nation mexicaine, qui pratiquait depuis des siècles l'agriculture, les métiers, et les arts, et constituait un grand empire civilisé et florissant, ne tiendra pas contre sept cents soldats conduits par Fernand Cortez, avec de la poudre, des balles, des arquebusiers, et du canon. Parti de Cuba, Cortez entre dans le port de Saint-Jean d'Ulloa, à la Vera-Cruz (avril); combat de la république de Tlascala (sept.), marche vers Mexico qui sera prise, perdue, et reprise. Cupidité, fanatisme, et cruauté des Espagnols dans un pays si abondant en or.

France. — Le grand peintre de l'école florentine, Léonard de Vinci, l'hôte du roi, meurt à Amboise.

Pologne. — Le grand maître de l'ordre teutonique, Albert de Brandebourg, par son refus d'hommage à la Pologne, s'attire une guerre de deux ans.

Suisse. — Lutte de Genève contre son évêque, et contre le duc de Savoie, prince suzerain. Alliance de la bourgeoisie avec le canton suisse de Fribourg (avril). Bientôt les partisans du duc seront flétris du nom de mameluks; les défenseurs de la liberté s'appellent eidgenossen ou confédérés, d'où le mot de huguenots.

1520.

Allemagne. — Bulle de Léon X contre Luther (15 juill.). Celui-ci en appelle au futur concile, et, à Wittemberg, brûle la bulle du pape (déc.).

Allemagne, Angleterre et France. — Visite de Charles V à Henri VIII; il gagne par ses promesses le premier ministre, Wolsey. Entrevue des rois de France et d'Angleterre au camp du Drap d'Or, entre Ardres et Guines, où François Ier éclipse imprudemment Henri VIII par sa magnificence (juin). — Couronnement de Charles V à Aix-la-Chapelle, comme empereur (oct.).

Danemark et Suède. — L'empire, la France, et l'Écosse aident Christian II contre la Suède. Stenon Sture II est blessé mortellement au combat de Bogesund, en Westrogothie (janv.). Gustave Troll fait reconnaître Christian par les états à Upsal (mars). Résistance de la veuve de Stenon dans Stockholm qui cependant capitule et reçoit l'usurpateur. Son couronnement par Gustave Troll (nov.). Quatre-vingt-quatorze sénateurs périssent sur l'échafaud (8 nov.); des gibets sont élevés dans toutes les villes. : exactions sanglantes pendant deux ans. — Gustave Wasa, un des otages suédois enlevés par Christian II, s'échappe et est accueilli, après bien des dangers, par les Dalécarliens.

Espagne. — Insurrection des

villes de Castille que blesse le despotisme des Flamands, conseillers de Charles V. Influence de la Sainte-Hermandad ou fraternité de villes. Tolède dirige la rébellion. — En Valence, la révolte est une protestation sanglante des arts et métiers contre la noblesse, de la population chrétienne contre les Maures, auxquels leur habileté et leurs richesses ont conservé l'industrie et le commerce. — Premier voyage autour du monde commencé par Magellan, qui passe le premier le détroit terrible auquel est resté son nom, au sud du nouveau continent. Il découvre dans l'océan Pacifique les îles des Larrons et les îles Philippines, où il trouve la mort. Son équipage parcourt les Moluques et revient par le cap de Bonne-Espérance, mille cent vingt-quatre jours après le départ.

France. — Premier traité d'algèbre écrit en français et imprimé en France. — Des houilles anglaises sont importées à Paris.

Italie. — Mort de Raphaël d'Urbin à trente-sept ans; le plus grand peintre des temps modernes, immortel surtout par ses peintures à fresque qui décorent les salles du Vatican, par son *École d'Athènes*, et par son dernier tableau, la *Transfiguration de Jésus-Christ*.

Portugal. — Lopez Segueira parcourt la côte d'Abyssinie. Antoine Corréa reconnaît la côte orientale du Bengale. Alliance avec le souverain du Pégu que traverse l'Iraouaddy, pays abondant en or, en pierres précieuses, en bois de senteur, et en graines de toute espèce.

Turquie. — Mort de Sélim Ier à cinquante-quatre ans, à Andrinople (sept.). Ce prince inhumain avait du goût et du talent pour les lettres. Avénement de son fils Soliman II à trente ans. Révolte en Syrie réprimée.

1521.

Allemagne. — Léon X frappe d'anathème Luther et ses adhérents (janv.). La faculté de théologie de Paris le condamne. — La diète de Worms et Charles V lui sont hostiles. — Séjour mystérieux à Wartbourg; pamphlets, et traduction de la Bible.

Autriche, France et Italie. — Commencement des hostilités de François Ier avec l'empire, dans les Pays-Bas. La Champagne est envahie par les impériaux: Mézières doit son salut au chevalier Bayard. On emploie à l'attaque de cette place, peut-être pour la première fois, des mortiers et des bombes. François s'avance en personne jusqu'au delà de l'Escaut, tandis que Lesparre pénètre en Navarre jusqu'à Pampelune. — Défaite de Lesparre (juin). — Ligue de Léon X de Médicis avec Charles V. Milan est prise sur Lautrec (19 nov.): les alliés la rendent à François Marie, frère de Maximilien Sforza; Parme et Plaisance sont de nouveau réunies aux États de l'Église. Le cardinal Wolsey conclut à Bruges une alliance entre l'empereur et son maître Henri VIII (21 nov.).

Bohême et Hongrie. — La sœur de Louis II épouse Ferdinand, frère de Charles V, âgé de dix-huit ans; Louis II, âgé de seize ans, épouse une sœur de Ferdinand (mai).

Danemark. — Voyage de Christian II en Flandre, où son beau-frère, Charles V, lui donne le droit d'investir les ducs de Holstein.

France. — François Ier introduit l'usage de porter les cheveux courts et la barbe longue. L'usage contraire prévalait depuis Louis le Jeune.

Italie.—Mort de Léon X (1er déc.). Son règne est une époque de renouvellement des lettres et des arts; lui-même a protégé avec une magnificence souvent ruineuse les plus beaux talents: son siècle s'appelle le siècle de Léon X ou des Médicis. — Charles V ne tient pas sa promesse à Wolsey et fait nommer pape son précepteur, Adrien d'Utrecht. — Le duc de Savoie épouse une belle-sœur de Charles V.

Pologne. — Walter de Plettemberg, maître provincial de l'ordre

XVIe SIÈCLE (1522-1523).

teutonique en Livonie, se rend indépendant dans cette province, à la suite d'un traité avec le grand maître de l'ordre, Albert de Brandebourg. Il se fait luthérien.

Portugal. — Une maladie épidémique emporte Emmanuel le Fortuné (déc.). — Son fils Jean III lui succède à dix-neuf ans.

Turquie. — Soliman venge un outrage fait à ses députés par l'invasion de la Hongrie. Il prend Belgrade (août). Les Turcs se répandent en Croatie.

1522.

Autriche, France et Italie. — Le Milanais est encore une fois perdu après la défaite de Lautrec, à la Bicoque, entre Monza et Milan (22 avril) : l'argent manquait pour la guerre par la faute de la mère du roi. Gênes est forcée d'entrer dans l'alliance de l'empereur.

Angleterre. — Henri VIII déclare la guerre à la France.

Danemark. — Disgrâce et supplice de Slagheck, archevêque de Lunden, ministre des cruautés de Christian II. — Une ordonnance royale défend de piller les effets des vaisseaux naufragés : le peuple s'en irrite contre le roi (juin). — Le duc de Holstein, Frédéric, refuse de venir rendre hommage au roi son neveu.

Danemark et Suède. — Les succès de Gustave Wasa et l'horreur qu'inspire la domination danoise lui font donner le titre d'administrateur de Suède. — Lubeck lui fournit des vaisseaux.

Espagne. — Charles confirme sa tante Marguerite dans le gouvernement des Pays-Bas. — C'est seulement à son retour que sont étouffés les derniers germes de la sédition en Valence.

France. — Première création de rentes perpétuelles sur l'hôtel de ville portant intérêt de huit pour cent.

Turquie. — Rhodes, dernier boulevard des chrétiens, est menacée par une flotte ottomane et cent cinquante mille hommes (mai). Soliman II vient diriger le siège qui dure cinq mois (août). Héroïque défense du grand maître, Philippe de Villiers de l'Isle-Adam ; il est forcé de céder (déc.). Les hospitaliers avaient possédé Rhodes deux cent vingt ans. Ils cherchent pendant huit ans un nouvel établissement.

1523.

Allemagne. — Mort de Bogeslas le Grand, qui a régné pendant quarante-cinq ans sur toute la Poméranie ; partage du duché entre ses deux fils. — La petite république démocratique de Mulhausen, voisine de l'Allemagne où se répand le luthéranisme, et de la Suisse, qui a son prédicateur Zwingle, adopte la réforme religieuse.

Autriche, France et Italie. — Les armées françaises en Italie sont mal commandées par Bonnivet. — Les Vénitiens, depuis le 28 juin, ont fait alliance avec Charles V. — Savante et utile campagne de La Trémouille contre les Anglais en Picardie.

Danemark et Suède. — Christian II, qui s'est rendu odieux à la noblesse danoise en prenant en main les intérêts du peuple, est déposé par les états du Jutland réunis à Viborg (20 janv.). Ils offrent la couronne à son oncle, le duc de Holstein, Frédéric. Frédéric Ier accorde aux nobles le droit de vie et de mort sur leurs paysans. — Les états de Suède donnent la couronne à Gustave Wasa, qui presse alors le siège de Stockholm (juin). La ville lui est livrée. Déjà secrètement attaché à la doctrine de Luther, Gustave frappe de rudes taxes sur les églises et réprime la puissance du clergé.

Espagne. — Adrien VI a accordé à Charles V, à titre perpétuel, l'administration des grandes maîtrises des ordres militaires et le droit de présentation aux évêchés d'Espagne.

Il lui a remis le tribut que la couronne de Naples doit au saint-siége depuis l'établissement des Normands en Italie.

France. — Le connétable Charles de Bourbon-Montpensier, persécuté par Louise de Savoie, fuit auprès de l'empereur et le sert contre la France.

Italie. — Mort d'Adrien VI d'Utrecht. Avénement du cardinal Julien de Médicis (nov.). Clément VII garde la direction du gouvernement de Florence qu'il avait depuis quatre ans.

Perse. — Ismaël Sophi meurt à trente-huit ans. — Il a établi dans ses États la doctrine des Shiites ou Alides, opposée à celle des Sunnites ou Traditionnaires suivie par les Turcs. Son fils Thamas lui succède.

Pologne et Russie. — Trêve entre les Polonais et les Russes, nécessaire à Wasili IV pour agir contre le khan de Kasan.

1524.

Autriche et France. — Désastres des Français en Italie; retraite dans laquelle meurt Bayard (avril). Les impériaux envahissent la Provence : Marseille les arrête, ils se retirent (août). François Ier, à leur suite, rentre dans le Milanais et assiége Pavie (oct.).

Danemark. — Copenhague et Malmoë, dans la Scanie, se rendent au roi Frédéric que soutient la marine de Lubeck (févr.). Il est couronné à Copenhague par Gustave Troll l'archevêque d'Upsal (août). — Le roi de Suède lui rend la Bleckingie, à l'est de la Scanie.

France. — Le Florentin Verazan, au service de François Ier, parcourt la côte nord-est de l'Amérique septentrionale, et lui donne le nom de Nouvelle-France.

Italie. — Tyrannie du duc de Savoie, Charles III, à Genève. Il fait trancher la tête à un magistrat qui a défendu avec énergie les droits de l'Église épiscopale, qui sont comme la garantie de l'indépendance de la cité (mars). — Clément VII approuve l'ordre religieux des Théatins.

Portugal. — Les sauvages de l'île de Célèbes, à l'est de Bornéo, fameuse pour ses mines d'or, ne laissent pas venir à terre le Portugais Garcia Henriquez. — Les Moluques, objet de contestation entre l'Espagne et le Portugal qui ne peuvent préciser la ligne de démarcation de leurs possessions, restent aux Portugais moyennant un million de ducats donné à Charles V.

Russie. — L'expédition des Russes contre Kasan ne réussit pas.

1525.

Autriche, France et Italie. — François Ier perd la bataille de Pavie (24 févr.) : mort de Bonnivet et de La Trémouille ; le roi est pris et conduit à Madrid. — Régence de sa mère Louise de Savoie ; elle détache Henri VIII du parti de Charles V (30 août). — Les impériaux occupent Milan, dont le duc leur est suspect.

Danemark et Suède. — Frédéric Ier embrasse le luthéranisme et autorise la liberté de conscience. — Trois édits de Gustave Wasa limitent la puissance du clergé.

France. — Négociations secrètes avec Solliman contre l'Autriche. Le sultan dispense les Français, établis dans ses états, du tribut que payait tout chrétien pour avoir le libre exercice de sa religion.

Pologne et Prusse. — Albert, grand maître des chevaliers teutons, s'étant fait luthérien, sécularise la Prusse domaine de l'ordre, et forme pour sa maison, la branche franconienne de Brandebourg, un duché héréditaire sous la suzeraineté du roi de Pologne (avril). — Les domaines de l'ordre teutonique, en Livonie, rachetés par le maître provincial, Walter Plettemberg, servent à reconstituer l'ordre des Porteglaive qui depuis trois siècles avait

XVIᵉ SIÈCLE (1526-1527).

été fondu dans l'ordre teutonique de la Prusse. Plettemberg est élevé à la dignité de prince de l'empire. Il favorisera le luthéranisme.

Portugal. — Le gouvernement, pour encourager la culture des terres au Brésil, concède des terres aux colons.

1526.

Allemagne. — Guerre contre les anabaptistes, qui, au nom de la réforme religieuse, revendiquent l'égalité sociale. Ils menacent les biens et la vie des seigneurs.

Autriche, France et **Italie.** — Traité de Madrid, par lequel François Iᵉʳ renonce à toute prétention sur l'Italie et cède même le duché de Bourgogne (14 janv.); il est échangé contre ses deux fils à la frontière des Pyrénées (21 mars). Il conclut à Cognac une ligue avec les députés du pape, de Venise, de Florence, des Suisses, de l'Angleterre, pour la sûreté et la liberté de l'Italie (22 mai) : Sforza sera rétabli à Milan, le royaume de Naples pourra être conquis par les Français

Bohême, Hongrie et **Turquie.** — Le roi Louis II, âgé de vingt ans, est tué par les Turcs à la bataille de Mohacz, sur le Danube (août). Soliman vient jusqu'à Bude (sept.), où il incendie la bibliothèque de Mathias Corvin. — Les états de Hongrie élisent roi Jean Zapoly, waïvode de Transylvanie, au détriment du beau-frère de Louis II, Ferdinand d'Autriche, frère de l'empereur (nov.). — Les états de Bohême proclament roi Ferdinand, mais en l'obligeant à reconnaître qu'il a été par eux volontairement élu (déc.).

Espagne et **Portugal.** — Charles V épouse une sœur du roi de Portugal (janv.). — Édit contre les Mauresques ou Maures convertis : ils sont mis dans l'alternative d'exercer réellement le culte chrétien ou d'émigrer (déc.). — Jean III établit à Lisbonne l'inquisition : elle se répandra dans les colonies.

France. — Henri d'Albret épouse Marguerite, sœur de François Iᵉʳ. La nouvelle reine de Navarre, spirituelle et savante, protège les gens de lettres, et est auteur elle-même de compositions dramatiques, de mystères, de farces et de contes fort licencieux réunis dans l'*Heptaméron*. — François Iᵉʳ fait commencer le château de Chambord par le Bolonais le Primatice.

Italie. — Genève, opprimée par le duc de Savoie, conclut un traité de bourgeoisie réciproque avec deux cantons suisses, Berne et Fribourg (fév.). L'évêque Pierre de La Baume quitte Genève où pénètre bientôt la réforme religieuse. — La ligue formée contre Charles V perd un de ses chefs, Jean de Médicis dit l'Invincible. Marche rapide des Allemands, en partie luthériens, contre Rome.

Prusse. — Albert de Brandebourg, duc de Prusse, quitte l'habit de l'ordre teutonique, chasse les catholiques et épouse une fille du roi de Danemark (juin).

Suède. — Gustave se fait donner par le sénat les deux tiers des dîmes, l'argenterie et les cloches des églises. — Insurrection de paysans.

1527.

Angleterre. — Henri VIII, qui veut épouser Anne de Boleyn, fille d'honneur de la reine, commence à négocier avec la cour de Rome pour obtenir le divorce.

Autriche et **Italie.** — Bourbon est frappé mortellement au premier assaut de Rome. Ses soldats prennent et saccagent la ville qui est pendant neuf mois à leur merci (6 mai). Le pape est prisonnier au château Saint-Ange. — Venise fait occuper ses anciennes possessions, Ravenne et Cervia, villes pontificales de la Romagne, sous prétexte de les défendre contre les impériaux.

Bohême et **Hongrie.** — Le frère de l'empereur, Ferdinand, âgé de vingt-quatre ans, est couronné roi de Bohême à Prague (fév.). Bude, capitale de Hongrie, se rend à lui (août); il se fait couronner à Albe-Royale (oct.). La maison d'Autriche gardera toujours ces deux couronnes.

Danemark et Suède. — Gustave Wasa demande aux évêques de renoncer à leurs châteaux forts : ceux qui refusent sont réduits à fuir. La Dalécarlie est encore le foyer de la résistance. Le roi fait ouvertement profession de luthéranisme : les frères Olaüs et Laurent Petri sont nommés l'un pasteur de Stockholm l'autre archevêque d'Upsal. — Les états danois d'Odensée confirment les édits de liberté de conscience, autorisent la rupture des vœux monastiques, le mariage des prêtres, et soumettent les prélats au tribunal du roi.

France. — Le surintendant des finances, Semblançay, poursuivi par la haine de la mère du roi, est pendu sur la fausse accusation de péculat (avril). — Réunion du duché de Bourbon à la couronne.

Italie. — Les Florentins décrètent l'expulsion des Médicis; le gouvernement démocratique est rétabli comme avant 1512. — Le duc de Ferrare, qui a repris récemment Reggio et Modène, entre dans l'alliance de Rome trop tard pour la sauver (15 nov.). — Le Génois André Doria, engagé au service de François I*er*, chasse les Adorni, et met sa patrie à la merci de la France.

1528.

Angleterre et Autriche. — Émeute à Londres à cause de la rupture des transactions commerciales avec les Pays-Bas espagnols. Marguerite d'Autriche commence à détacher Henri VIII de l'alliance française.

Autriche, France et Italie. — Expédition française pour enlever Naples. La ville, assaillie par terre et par mer, est sauvée par la défection d'André Doria, irrité de ce que la France favorisait Savone au détriment de Gênes, sa patrie (juill.). — Lautrec meurt d'une maladie contagieuse (15 août). — Son successeur, le marquis de Saluces, rend aux impériaux toutes les places du royaume occupées par les Français et par les Vénitiens, leurs alliés (30 août). — Venise renonce en outre aux places de la Romagne qu'elle avait conquises (déc.).

France. — Des assemblées ecclésiastiques tenues à Paris par le cardinal Duprat, archevêque de Sens; à Bourges, par l'archevêque François de Tournon; à Lyon, par l'évêque de Mâcon, condamnent les doctrines de Luther et des autres hérétiques.

Italie. — Clément VII confirme l'institut récent des moines capucins. — André Doria chasse les Français de Gênes, leur reprend Savone (sept.), et refuse le pouvoir que sa patrie reconnaissante lui offre : il est seulement nommé censeur pour sa vie. Une nouvelle forme de gouvernement est établie : pour mettre d'accord les nobles et les plébéiens, toutes les familles, sans distinction d'origine, qui avaient été admises jusqu'alors aux magistratures, seront réunies pour former un nouveau corps de noblesse et auront droit à la participation du pouvoir; n'en sont exclus que les Adorni et les Fregosi auteurs des dernières discordes. Un doge sera élu tous les deux ans avec huit gouverneurs; le conseil est de quatre cents membres. Ces institutions aristocratiques ont longtemps régi la république génoise, qui leur doit enfin le repos.

Suède. — Gustave est sacré à Upsal par l'archevêque luthérien (12 janv.).

1529.

Allemagne. — La diète de Spire accorde à Charles V des secours contre les ottomans qui dévastent la Hongrie comme alliés de Jean Zapoly, compétiteur de Ferdinand; déclare ennemis publics les anabaptistes; accorde la liberté de conscience, jusqu'à la tenue du concile général, à

XVIᵉ SIÈCLE (1530).

la réserve des dogmes de Luther sur la Cène qu'on défendit d'enseigner (avril). Les luthériens protestent contre cette exception (19 avril). Le nom de *protestants* leur est resté.

Angleterre. — Clément VII évoque à Rome l'affaire du divorce (15 juill.). Le cardinal Wolsey, qui ne sert pas le roi dans ses coupables caprices, est disgracié (oct.) et meurt (nov.) : il avait protégé les lettres, et fondé à l'université d'Oxford une chaire de grec. Sa maison de Londres est devenue le palais de Whitehall. — Henri VIII consulte sur son divorce les universités de France et d'Italie qui lui sont favorables comme celles d'Angleterre ; celles d'Allemagne donnent un avis contraire ou s'abstiennent.

Allemagne et Angleterre. — Le nouveau chancelier d'Angleterre, Thomas More, est le protecteur du grand peintre de Bâle, Jean Holbein, l'ami d'Érasme, qui sera en faveur à la cour d'Henri VIII, et mourra à Londres en 1554.

Autriche, France et Italie. — Traité de Barcelone entre l'empereur et Clément VII (juin). Charles V se charge de ramener les Médicis dans Florence : elle défendra pendant dix mois son indépendance. — Paix des Dames, négociée par Marguerite d'Autriche et Louise de Savoie à Cambrai (3 août) : Charles V renonce à la Bourgogne ; mais le royaume de Naples lui est assuré. Il donne à François-Marie Sforza l'investiture du duché de Milan moyennant un tribut, et fait avec lui et le marquis de Mantoue, le duc de Savoie ; le marquis de Montferrat et les Vénitiens, une alliance pour la sûreté de l'Italie, que lui seul menaçait (23 déc.).

Espagne. — Fr. Pizarre entreprend la conquête du Pérou dans l'Amérique du sud.

France. — François Iᵉʳ, pour couper court aux protestations si souvent renouvelées du parlement en faveur de la pragmatique sanction, qui a été selon son bon plaisir remplacée par le concordat, attribue à son grand conseil la connaissance de tous les procès relatifs aux évêchés, abbayes et bénéfices.

Hongrie et **Turquie.** — Soliman II, maître de Bude, assiége Vienne (26 sept.) : vingt assauts; perte de quatre-vingt mille hommes; retraite (14 oct.). Au retour il couronne à Bude Jean Zapoly roi de Hongrie.

Suède. — Une assemblée tenue à OErebro, sorte de concile national, accepte la confession des luthériens d'Allemagne et abolit la religion catholique. Gustave réunit au domaine royal les biens du clergé.

Suisse. — Par l'influence d'OEcolampade, disciple de Zwingle, le sénat de Bâle accepte la réforme religieuse accomplie déjà dans une grande partie de la Suisse (avril).

1530.

Allemagne et Italie. — Charles V se fait sacrer à Bologne roi de Lombardie (22 fév.), puis empereur (le 24) ; il réunit ainsi, par dispense pontificale, les couronnes de l'empire, des Deux-Siciles et d'Italie. — L'île de Malte, rocher stérile au sud de la Sicile, et la ville de Tripoli, en Afrique, sont cédées par Charles V à l'ordre des hospitaliers de Saint-Jean de Jérusalem que les Turcs ont dépouillés de Rhodes (24 mars). Ils seront la sentinelle de la chrétienté dans la Méditerranée. — Charles V ouvre la diète d'Augsbourg (13 juin). Les protestants lui présentent leur confession rédigée par Mélanchthon, disciple de Luther (25 juin). Il la repousse (22 sept.). Les princes qui l'avaient adoptée se confédèreront à Smalkade (fév. 1531).

France. — Le roi fonde à la demande du savant helléniste Guillaume Budé, malgré l'opposition de la Sorbonne, deux chaires pour l'enseignement libre de l'hébreu et du grec ; c'est l'origine du collége royal de France. — Établissement de l'imprimerie royale; travaux de Geofroy Tory.

Italie. — Chute de Florence (12 août); un décret impérial accorde le gouvernement héréditaire de la république à Alexandre de Médicis, âgé de vingt ans (28 oct.). Les citadelles de Florence et de Livourne resteront treize ans aux troupes impériales.

Pologne. — Sigismond Ier fait désigner roi son fils, à peine âgé de onze ans. — Le nouvel archevêque de Riga, quoique catholique, se laisse persuader de prendre pour coadjuteur Guillaume de Brandebourg, frère du duc luthérien de la Prusse, dans l'espérance d'être protégé par la maison de Brandebourg. Malgré un rescrit de Charles V, les habitants de Riga n'abandonneront pas le luthéranisme.

Russie. — Troisième tentative impuissante contre Kasan.

1531.

Allemagne et Autriche. — L'archiduc Ferdinand, roi de Hongrie et de Bohême, frère de l'empereur, est élu roi des Romains (janv.).

Angleterre. — Le roi, cité à comparaître devant le pape au sujet du divorce, fait déclarer par le parlement que le roi est le protecteur et le chef suprême de l'Église et du clergé d'Angleterre.

Danemark. — Tentative de Christian II pour ressaisir la Norvége, qui est fidèle à l'Église romaine; il fait une descente avec des Hollandais, sujets de Charles V, son beau-frère.

France. — Mort de Louise de Savoie : François Ier recueille le riche héritage de sa mère. — Utile sévérité des juges royaux qui tiennent les grands jours à Poitiers : plusieurs gentilshommes sont condamnés.

Pologne. — Une invasion des Valaques dans le bassin du haut Dniester est victorieusement repoussée par l'armée polonaise.

Suède. — Gustave Wasa épouse une princesse de Saxe-Lauembourg, dont la sœur sera mariée au fils du roi de Danemark Frédéric Ier.

Suisse. — Zwingle, en combattant à la tête de ses sectaires, est vaincu et tué à Cappel.

1532.

Allemagne. — La chambre impériale proscrit Albert, comme injuste détenteur de la Prusse : les troubles de l'empire ne permettent pas de mettre la sentence à exécution. — La loi pénale est fixée pour longtemps en Allemagne par un code que fait rédiger Charles V, sous le nom de *Carolina*.

Angleterre. — Le chancelier Thomas More remet les sceaux au roi, pour n'être pas complice de son divorce et de l'altération de la religion. Henri VIII nomme Cranmer archevêque de Cantorbery (sept.). En prévision d'une rupture avec Charles V, neveu de Catherine d'Aragon, il recherche l'amitié de François Ier dans des conférences entre Calais et Boulogne, auxquelles assiste Anne de Boleyn (oct.). Un prêtre célèbre secrètement le mariage de Henri VIII avec Anne (14 nov.).

Autriche, Hongrie et Turquie. — La paix de Nuremberg avec les protestants (23 juillet) permet à l'empereur d'aller à la rencontre des Turcs, en Hongrie; point de combat.

Bohême. — Il n'y a plus que deux duchés de Silésie indépendants.

Danemark. — Christian assiégé dans Opslo, ville de Norvége, par ses anciens sujets les Danois, tombe par une perfidie entre les mains de son neveu le roi Frédéric; il sera prisonnier le reste de sa vie.

France. — La Bretagne est réunie à la couronne avec le consentement des états de la province. — Alliance avec les confédérés protestants de Smalkalde, quoique le roi persécute les protestants en France.

Italie. — Les magistrats de Florence, dont l'un est François Guicciardin l'historien, à la sollicitation de Clément VII, donnent le titre ducal et le pouvoir absolu à Alexandre

XVIᵉ SIÈCLE (1533-1534).

de Médicis (1ᵉʳ mai). Il s'en montre indigné par ses débauches et ses cruautés.

1533.

Angleterre. — Un arrêt du parlement défend tout appel à la cour de Rome (fév.). Le nouvel archevêque de Cantorbéry déclare nul le mariage de Catherine d'Aragon (23 mai), et confirme celui d'Anne de Boleyn (28 mai). Couronnement de la nouvelle reine (1ᵉʳ juin).

Danemark. — Le roi Frédéric meurt à Gottorp (avril). Son fils Christian, âgé de trente ans, lui succède dans les duchés de Slesvig-Holstein. Les Danois, pendant quinze mois, ne s'entendront pas sur le choix d'un roi : l'élection du prince est subordonnée à la question religieuse : le sénat en attendant est maître du gouvernement. — Lubeck profite de ces divisions pour tenter de fermer la Baltique aux Hollandais. Les Danois s'y refusant, elle leur déclare la guerre sous prétexte de rétablir Christian II, et envoie contre eux Christophe d'Oldenbourg.

Espagne. — Conquête du Pérou par Pizarre et Almagro.

France. — Clément VII vient à Marseille négocier le mariage de sa nièce Catherine de Médicis avec un fils de François Iᵉʳ (28 octobre). — Marguerite de Navarre, que des protestants réfugiés dans le Béarn avaient initiée aux nouvelles doctrines, publie *le Miroir de l'âme pécheresse*, que censurèrent, comme hérétique, les docteurs de Paris. — Rabelais publie à Lyon *Gargantua*.

Italie. — Clément VII confirme l'ordre religieux des Barnabites, clercs réguliers, prêtres soumis à la loi monastique (fév. — La mort du marquis de Montferrat, Jean-Georges Paléologue, évêque de Casal, qui ne laisse pas d'héritier, ouvre un débat de succession entre le duc de Mantoue, marié à la nièce du prince, le marquis de Saluces qui est allié aussi à la famille, et le duc de Savoie, qui invoque un droit suranné de suzeraineté (avril). Le séquestre est mis par l'empereur sur le territoire contesté. — Pierre de la Baume passe quinze jours à Genève, sa ville épiscopale (juillet); il la quitte pour toujours. — André Doria a pris sur les Turcs, pour Charles V, Coron et Patras. — *Jugement dernier* de Michel-Ange.

Russie. — Mort de Wasili IV (déc.). Avénement d'un enfant de quatre ans, Ivan IV; régence de sa mère Hélène, nièce de Glinski. Hélène sacrifie son oncle et fait mourir dans les supplices deux prétendants.

Suède. — Gustave frappe cruellement les Dalécarliens révoltés.

Turquie. — Guerre avec la Perse.

1534.

Allemagne. — La paix de Cadan, en Bohême, retarde la guerre qui était imminente entre les catholiques et les protestants (juillet).

Angleterre. — Le parlement confirme les jugements de Thomas Cranmer (15 janv.). Le pape déclare le roi excommunié s'il persiste dans le divorce (23 mars). Séparé de l'Église, Henri VIII fait confirmer par le parlement la suprématie ecclésiastique qu'il s'est attribuée (23 nov.). Persécutions contre ceux qui sont fidèles à l'Église romaine.

Danemark. — Le duc de Holstein, Christian, qui a pénétré jusque dans le port de Lubeck, est proclamé roi (4 juill.). Le Juttland est délivré de l'invasion; les paysans qui avaient soutenu l'étranger sont privés de leurs droits.

Espagne. — Un gentilhomme castillan, Ignace de Loyola, qui depuis treize ans a renoncé au monde, pose les bases de la compagnie de Jésus : il était alors à Paris.

France. — Organisation d'une infanterie nationale divisée en légions, chacune de six mille hommes, portant les noms des provinces. L'institution ne durera pas. — François Ier ose enfin rendre public un traité d'alliance défensive et de commerce avec les Turcs. — Cartier, de Saint-Malo, visite les côtes du Canada, et reconnaît le bassin du fleuve Saint-Laurent, depuis le golfe jusque fort avant dans les terres.

Italie. — Mort de Clément VII (26 sept.). Élection d'Alexandre Farnèse, d'une ancienne maison de Toscane, Paul III (13 oct.). — Antoine Allegri, dit le Corrége, de Corregio sa patrie, ville du Modenais, le plus grand peintre de l'école lombarde, meurt à quarante ans. — Les Génevois maintiennent, malgré le duc de Savoie, leur alliance de bourgeoisie avec Fribourg. La plupart embrassent la réforme, et dans leur révolte contre l'évêque, qui est leur seigneur, sont soutenus par François Ier.

Turquie. — Soliman enlève Tauris et Bagdad aux Perses. — Barberousse, au service de Soliman, parcourt la Méditerranée avec cent vaisseaux, chasse Muley-Hassan de son royaume de Tunis : une colonie militaire de Turcs s'établit sur la côte d'Afrique.

1535.

Allemagne. — Les anabaptistes de Westphalie sont assiégés dans Munster : défense désespérée ; leur chef, Jean de Leyde, périra dans d'affreux supplices le 2 janvier 1536.

Angleterre. — Persécutions sanglantes contre ceux qui n'adhèrent pas au schisme. Mort violente de l'ancien chancelier Thomas More, auteur de l'*Utopie* (6 juill.).

Autriche. — Pour purger la Méditerranée des pirates, Charles V entreprend, avec quatre cents bâtiments que commande le Génois André Doria, une expédition contre la Goulette et Tunis, que défend Barberousse. Vingt-deux mille esclaves chrétiens sont rendus par Charles V à la liberté. Muley-Hassan est rétabli dans ses États, mais en payant tribut aux vainqueurs (mai-août). Les Siciliens gagnent à cette expédition la sécurité de leur commerce maritime.

Autriche, France et Italie. — François Ier, qui a un outrage à venger sur le duc de Milan, demande au duc de Savoie passage par ses États. Sur son refus, la Bresse, la Savoie, une partie du Piémont, même Turin, sont occupées par les troupes françaises. — Profitant de la guerre entre la France et le duc de Savoie, le grand conseil de Genève, composé en majorité de réformés, proscrit la religion catholique avec ordre, pour tous les citoyens, d'adhérer au culte protestant (27 août). Le chapitre de la cathédrale se retire à Annecy. Genève s'érige en république. — A la mort du duc de Milan François Sforza (24 octobre), Antoine de Leyva prend possession du Milanais au nom de Charles V que Sforza a fait son héritier. Cette occupation est une nouvelle cause de rupture entre l'Autriche et la France.

Danemark. — Gustave Wasa aide Christian III à réduire la Scanie. Longue résistance de la Fionie : elle n'est conquise qu'après la victoire de Christian III près d'Assens. Commencement du siége de Copenhague et de Malmoë, qui soutiennent Christian II. Traité d'alliance avec le roi de Suède.

Espagne. — Les Espagnols fondent Buenos-Aires sur la côte occidentale de l'embouchure de la Plata ; ils s'établissent à l'ouest de la Plata et du Paraguay. — Découverte du Chili. — Fondation de Lima au Pérou.

France. — François Ier fait supplicier sous ses yeux des luthériens (19 janv.). — Calvin, né en Picardie, à Noyon, publie à vingt-six ans son livre de l'*Institution chrétienne*, qui devient le formulaire d'une nouvelle réforme religieuse, distincte de celle de Luther ; il l'a écrit en latin et en français ; une épître dédicatoire est adressée à François Ier (1er août).

Turquie. — Une bataille gagnée sur les ottomans par le schah Thamas fait perdre à Soliman ses conquêtes en Orient. Au retour il sacrifie à la haine d'une de ses femmes, Roxelane, le meilleur de ses conseillers et de ses généraux, le vizir Ibrahim.

1536.

Angleterre. — Mort de Catherine d'Aragon (8 janv.); elle laisse de Henri VIII une fille, Marie. Sentence de mort rendue par vingt-six pairs contre Anne de Boleyn pour prétendu crime d'inceste et d'adultère. Elle est exécutée (19 mai), et laisse une fille, Élisabeth. Henri VIII épouse Jeanne Seymour (20 mai). Le parlement supprime tous les petits monastères, et leurs biens sont vendus au profit du roi (8 juin): c'est une cause de révoltes.

Autriche et Hongrie. — Transaction entre Ferdinand et Zapoly, qui assure au premier toute la Hongrie à la mort du second.

Autriche, France et Italie. — Invasion du Piémont par les Français. L'empereur s'attache les Médicis en mariant sa fille naturelle Marguerite avec le duc de Florence, Alexandre Ier. Ses inconvenantes déclamations contre François Ier dans le consistoire de Rome (5 avril). Il envahit la Provence: Montmorency la dévaste; retraite désastreuse de l'empereur (sept.).

Danemark. — Paix avec Lubeck (févr.). Malmoë se rend à Christian III le 6 avril, Copenhague le 29 juillet. Abolition de la religion catholique par une assemblée d'états (30 oct.): les évêques sont remplacés par des surintendants, suivant l'avis de Luther.

Écosse. — Jacques V épouse la fille aînée de François Ier.

France. — La défense d'imprimer sous peine de mort est révoquée.

Genève. — Calvin passe pour la première fois à Genève (oct.); il y présente en 1537 avec Guillaume Farel une confession de foi. Ils seront bannis en 1538.

Italie. — Bulle *In cœna domini*: défense d'appeler des décrets des papes au concile général; d'enseigner la doctrine qui met le concile général au-dessus du pape; de restreindre, au moyen de l'autorité civile, la juridiction ecclésiastique; d'exiger du clergé, sans le consentement du pape, des contributions pour les besoins de l'État. La bulle doit être renouvelée tous les ans, le jeudi saint. — Paul III qui a déjà fait cardinal le célèbre Vénitien Contarini, donne cette dignité à Sadolet, un des beaux esprits de ce temps. Il l'a offerte même au Hollandais Érasme qui, après avoir écrit contre les moines surtout dans son *Éloge de la folie*, avait défendu la foi contre Luther. Érasme meurt la même année, à Bâle.

Suisse. — Les Bernois réformés répandent les idées nouvelles dans le pays de Vaud, le Gex et le Chablais. — L'évêque de Lausanne vient résider à Fribourg, qui est restée catholique.

1537.

Allemagne. — Le duc silésien de Lignitz-Brieg conclut un pacte de famille avec l'électeur de Brandebourg, pour assurer sa succession à cette maison.

Angleterre. — Jeanne Seymour meurt après avoir donné à Henri VIII un fils, Édouard (12 oct.).

Danemark et Norvége. — Un pasteur luthérien de Wittemberg, Jean Bugenhag, dresse un formulaire de foi et de discipline pour le royaume. — Une diète décrète l'incorporation de la Norvége au Danemark.

Italie. — Le parti républicain, inspiré par Philippe Strozzi, assassine Alexandre de Médicis au milieu d'une partie de débauche (janv.). Cependant Côme, fils de Jean de Médicis l'Invincible, se fait reconnaître par le peuple et triomphe des partisans de la liberté.

Russie et Suède. — La paix est conclue pour soixante et dix ans.

1538.

Autriche et France. — Trêve de Nice (12 juin); et entrevue d'Aigues-Mortes entre François Ier et Charles V.

Écosse. — Jacques V épouse en secondes noces Marie de Lorraine, fille de Claude, duc de Guise, chef de cette maison.

Espagne. — Aux cortès de Castille, la noblesse et le clergé refusent de concourir pour leur part à un impôt du revenu, l'assise, que Charles V demande aux trois ordres. Il n'appellera plus aux états que les députés des villes; l'assemblée nationale sera réduite à un comité de finances.

Russie. — La mort d'Hélène livre son jeune fils, Ivan IV, encore pour cinq ans à la tutelle d'ambitieux incapables et cruels.

Turquie. — Après une formidable invasion de Soliman, en Hongrie, en 1537, formation d'une ligue entre Paul III, Charles V, Ferdinand son frère et les Vénitiens (fév.). Le Génois André Doria commande la flotte des alliés. Il semble exposer à dessein aux coups de l'ennemi la flotte de Venise, l'ancienne rivale de sa patrie (sept.). — Barberousse, comme amiral de Soliman, conduit une flotte sur la côte d'Arabie, et soumet à sa puissance le riche pays de l'Yemen.

1539.

Allemagne. — Joachim II, électeur margrave de Brandebourg, introduit dans ses États la religion luthérienne, que son père en avait écartée, et s'empare des évêchés de Brandebourg, de Havelberg et de Lebus.

Angleterre. — Toutes les abbayes sont supprimées par résignation forcée des abbés et des moines; leurs biens sont accordés au roi par le parlement. Bill des *six articles* contre les luthériens, qui l'appellent bill du sang à cause des peines qui menacent les violateurs de la loi.

Autriche. — Les taxes nouvelles provoquent la révolte de Gand.

Écosse. — Sept protestants meurent sur le bûcher.

Espagne. — L'Espagnol Fernandi de Soto, l'un des premiers conquérants du Pérou, entreprend la conquête de la Floride, déjà tentée plusieurs fois : trois ans de lutte malheureuse.

France. — Le roi autorise l'établissement des loteries, impôt déguisé, le plus immoral de tous, qui pèse principalement sur les pauvres. — Ordonnance de Villers-Cotterets, préparée par le chancelier Guillaume Poyet : 1° elle rend général dans tout le royaume pour les actes de la procédure, l'usage de la langue française, mais laisse subsister bien des abus de l'instruction criminelle ; 2° elle limite la juridiction ecclésiastique ; 3° elle crée les registres de baptêmes dans les paroisses (10 août). — Projets de canaux.

Italie. — Le saint-siége, cédant enfin aux instances de Charles V, renouvelle à la maison d'Este l'investiture de Ferrare, longtemps refusée à cause des prétentions de la cour de Rome sur Modène et Reggio.

1540.

Angleterre. — Mariage de Henri VIII avec Anne de Clèves (6 janv.). Bientôt le roi, qui se repent de cette union, fait condamner à mort par le parlement, sous prétexte de haute trahison, Cromwell, qui l'a négociée (8 juill.). Le roi divorce pour épouser Catherine Howard (8 août).

Autriche et France. — Charles-Quint traversant la France pour aller réduire les Gantois (déc. 1539 et janv. 1540), éprouve la bonne foi de François Ier, auquel il promet le Milanais pour un de ses enfants : en Flandre il rétracte sa parole. La guerre est imminente. — Gand perd une partie de ses franchises municipales.

Espagne. — Orellana reconnaît le plus grand fleuve de l'Amérique du Sud, le Maragnon ou fleuve des Amazones.

Hongrie.—Jean Zapoly laisse en mourant un fils au berceau, Etienne que son parti oppose à Ferdinand pour la royauté de Hongrie (juill.).

Italie. — Charles-Quint donne l'investiture du Milanais à son propre fils Philippe, âgé de treize ans : il en dispose comme d'un fief dévolu à l'empire (oct.). — Paul III approuve les statuts des jésuites, fondés par Ignace de Loyola. Cet ordre, qui voue une absolue obéissance aux ordres de Rome, luttera avec habileté et succès contre les innovations religieuses à l'aide de la prédication, de la confession et de l'enseignement.

1541.

Allemagne. — Conférences de Ratisbonne pour tenter la conciliation des doctrines catholique et protestante : le Vénitien Contarini représente le pape, Bucer représente Luther. Le saint-siége a raison de ne pas adhérer aux concessions proposées. — Le duc poméranien de Stettin fait rédiger un formulaire de doctrines luthériennes. — Mort du Suisse Paracelse, médecin et alchimiste.

Espagne. — Les corsaires d'Afrique infestent les côtes d'Italie et d'Espagne, ainsi que les îles. L'un d'eux, Dragut, qui est déjà fameux, est pris dans une descente en Corse. Charles V, contre l'avis d'André Doria, entreprend le siége d'Alger. L'expédition est désastreuse : la flotte est dispersée par une tempête, l'armée battue par les Turcs, auxiliaires de Barberousse (oct., nov.). — Après avoir occupé et dévasté le Pérou, dont les habitants étaient plus doux, et presque aussi civilisés que leurs atroces conquérants, François Pizarre périt, victime des trahisons d'Almagro, son compagnon de brigandage. La guerre civile continue entre les Espagnols. — Les Espagnols pénètrent de nouveau dans le Chili.

France. — Première alliance politique avec le Danemark (nov.). Alliance avec le duc de Clèves, qui épouse une nièce de François Ier. — Procès, pour malversations, de l'amiral Philippe Chabot, qui est l'ennemi du chancelier Poyet et du connétable de Montmorency. — Les dessins pour la reconstruction du Louvre sont donnés par Pierre Lescot. — Benvenuto Cellini vient travailler en France.

Genève. — Retour de Calvin (13 sept.). Il établit la constitution religieuse.

Hongrie. — Nouvelle occupation de Bude par les Ottomans (juill.). Soliman renvoie Etienne en Transylvanie : ses prétentions sur la Hongrie ; à Bude les églises sont converties en mosquées.

Italie. — Charles V, malgré la résistance du sénat de Milan, sépare à jamais du Milanais le comté de Guastalla, qui était dévolu depuis deux ans à Ferdinand de Gonzague, pour le mettre sous la mouvance directe de l'empire.

Portugal. — Jean III fait venir de Rome les jésuites François Xavier et Simon Rodriguez, et favorise les progrès de la compagnie.

1542.

Angleterre.—Catherine Howard, accusée comme Anne de Boleyn, meurt, comme elle, sur l'échafaud.

Autriche et France. — La guerre entre François Ier et Charles V a pour théâtre le Luxembourg, le Brabant, la Picardie, le Piémont et les Pyrénées.

Danemark. — Christian III fait couronner à l'avance son fils Frédéric, suivant le rit réformé.

Écosse. — Jacques V, allié de François Ier, menacé par Henri VIII qui n'avait pu le faire adhérer au schisme, envahit l'Angleterre. Beaucoup de nobles écossais, qui avaient adopté la réforme de Calvin, abandonnent le roi au moment de combattre. Il meurt quelques jours après

(14 déc.) et laisse, de Marie de Lorraine, une fille qui vient de naître, Marie Stuart : sa veuve est régente.

Espagne. — Charles V, souvent pressé par les plaintes éloquentes de Barthélemy Las Casas, évêque du nouveau monde, publie des règlements en faveur des indigènes ; il établit dans la métropole le conseil des Indes. — L'Espagnol Cabrillo, pour chercher le détroit d'Anian, aujourd'hui détroit d'Hudson, navigue dans le grand Océan, le long des côtes occidentales du nouveau continent : au delà de la mer Vermeille et de la partie de la Californie qui avait été reconnue par le conquérant du Mexique, il s'avance jusqu'aux régions qu'on appelle Nouvelle-Californie, vers le 43° de latitude ; il découvrit aussi le cap Mendocino, mais ne trouva aucun indice de détroit.

France. — Première alliance de la France avec la Suède.

Italie. — Paul III décide la convocation d'un concile général à Trente (mai). Le concile ne se réunira que dans trois ans.

Portugal. — Le Portugais Antoine de Mota, en se hasardant dans les parages de la Chine, est jeté par la tempête sur les côtes du Japon ou Nipongi, dont les habitants le reçurent avec amitié et payèrent ses marchandises en argent. Le jésuite François Xavier, revêtu par le pape du titre de légat *a latere*, ira, à la demande du roi Jean III, prêcher l'Évangile au Japon. — Simon Rodriguez reste en Portugal pour fonder plusieurs maisons de l'ordre. Jean III fait les vœux de jésuite.

1543.

Angleterre. — Dernier mariage de Henri VIII avec une veuve, Catherine Parr. Elle sera aussi en péril de mort, à cause de ses opinions religieuses.

Autriche, France et Turquie. — Alliance offensive de Henri VIII avec Charles V contre François 1er (8 avril). — Courses de Barberousse au delà du phare de Messine jusqu'à Reggio et à l'embouchure du Tibre. Nice, la seule place qui reste au duc de Savoie, l'allié de l'empereur, est bombardée par l'amiral de Soliman Barberousse, et par le comte d'Enghien. Barberousse à son retour ravage les îles voisines de l'Italie et de la Sicile ; il ramène à Constantinople sept mille prisonniers.

Autriche et Espagne. — L'infant don Philippe, fils de Charles V, épouse une princesse de Portugal. — Ferdinand d'Autriche, vingt ans avant sa mort, appelle par son testament ses filles à la succession des royaumes de Hongrie et de Bohême, si ses fils étaient sans héritiers. — Vesale de Bruxelles, créateur de l'anatomie humaine, un des premiers qui aient osé disséquer des cadavres, publie à Bâle un grand traité : *de Corporis humani fabrica* ; douze ans plus tard, il en donnera une autre édition plus complète. Le titre de médecin de Charles V et ensuite de Philippe II ne le sauvera pas des accusations qui se fondent sur des préventions invétérées.

Écosse. — Réconciliation avec l'Angleterre ; mariage projeté (1er juillet). Alliance avec la France (15 déc.).

Italie. — Côme de Médicis reconstitue l'université de Pise, qui attire un grand nombre d'étudiants, surtout par ses cours nouveaux de botanique et d'astronomie.

Pologne. — Le système régulier des corps célestes est dévoilé par le livre de Copernic, né à Thorn sur la Vistule : il prouve que toutes les planètes tournent d'occident en orient, et que la terre accomplit deux mouvements, l'un de rotation sur elle-même, l'autre de circonvolution autour du soleil. Craignant les contradictions ou les persécutions, parce que la science n'est pas conforme à la tradition biblique au sujet du soleil, il ne publie son livre qu'au moment même de mourir, en le dédiant au pape.

XVIᵉ SIÈCLE (1544-1545).

Russie. — Ivan IV, à quatorze ans, prend en main le pouvoir et punit justement de mort ceux qui ont fait détester les dix premières années de son règne ; mais il est en proie, pendant deux ans, à une sorte de rage sanguinaire.

1544.

Allemagne. — Après une diète tenue à Spire, des luthériens obtiennent de siéger dans la chambre impériale.

Autriche, France et Turquie. — La grande victoire du comte d'Enghien sur les impériaux, à Cérisoles dans le Piémont (14 avril), n'a pas de résultat décisif, parce qu'une partie des troupes françaises est rappelée pour tenir tête à une invasion anglaise dans le Boulonnais (août). Charles V envahit la Champagne et vient jusqu'à Château-Thierry. Le traité de Crépy, en Laonnais, met fin à la guerre avec l'empereur, sans profit pour la France (17 sept.). — La guerre avec l'Angleterre continue. —

— Maîtres d'une partie de la Hongrie, les ottomans ravagent l'Autriche, la Silésie, et la Moravie.

Danemark. — Le roi Christian III, qui jusqu'alors avait gouverné les duchés de Slesvig et de Holstein en commun avec ses frères, nés d'une autre mère, fait avec eux le partage de ce domaine, malgré les protestations des états de Danemark. Le roi soutient qu'il doit y avoir union perpétuelle des duchés avec le Danemark, et que le Slesvig demeurera en fief à la couronne. — L'un des frères du roi, Adolphe, est la tige de la branche ducale de Holstein Gottorp.

Suède. — Les états assemblés à Westeras, déclarent, à la demande de Gustave Vasa, la couronne héréditaire dans sa maison. Le sénat s'oblige par serment à ne souffrir dans le pays que la religion luthérienne. En Suède, elle n'exclut pas les évêques, et conserve même une partie de la liturgie romaine.

1545.

Angleterre. — Le parlement donne à Henri VIII les biens des hôpitaux, même des universités, excepté celles de Cambridge et d'Oxford ; il lui reconnaît le droit divin et l'autorité sur l'Église (23 nov.).

Danemark. — Christian III charge les professeurs de l'académie de Copenhague de traduire en danois la version allemande que Luther avait faite de l'Écriture sainte.

Espagne. — Au Pérou, exploitation de mines d'argent du mont Potosi. — Sagesse de Pedro de la Gasca.

France. — Exécution barbare d'un arrêt rendu en novembre 1540 par le parlement d'Aix, contre les Vaudois : une partie de cette population hérétique, qui vivait dans les Alpes de Provence à Cabrières et à Mérindol, fut anéantie. — Le chancelier Poyet, après un procès qui a duré trois ans, est condamné pour malversation à une forte amende.

Hongrie. — Soliman prend en Hongrie Strigonie, sur le bas Danube, et Albe Royale.

Italie. — Paul III Farnèse détache du domaine du saint-siège Parme et Plaisance, anciennes dépendances du Milanais, et en forme un duché héréditaire pour son fils naturel, Pierre-Louis Farnèse. L'investiture pontificale ne suffit pas au nouveau duc que ne reconnaît pas Charles V, seigneur de Milan. — Le concile de Trente, le dernier concile général, s'ouvre enfin (13 déc.). Dix-huit années s'écouleront entre la première et la dernière session ; il sera souvent interrompu. Les premières sessions, en anathématisant les luthériens et en posant rigoureusement le dogme, conserveront l'orthodoxie de l'Église et laisseront en dehors tous les dissidents, auxquels n'est faite aucune concession de doctrine.

Russie. — Ivan IV est couronné par le métropolite : il prend le titre de tsar ou czar qu'on donnait déjà quelquefois à son père. Le mariage adoucit son caractère. Il fait préparer la réforme de la législation russe.

1546.

Allemagne. — Mort de Luther (16 févr.).

Angleterre et **France.**—Traité d'Ardres (17 juin).

Écosse. — Mort sur le bûcner du protestant Georges Wishart, un des maîtres de Jean Knox (28 mars). Le cardinal Beaton est assassiné (mai)

Italie. — Paul III fait reprendre les travaux de l'église de Saint-Pierre par Michel-Ange Buonarotti, qui modifie le plan primitif de Bramante.— N'osant pas établir ouvertement l'inquisition dans le royaume de Naples, Charles V autorise cependant le pape à envoyer de Rome à Naples des commissaires pour rechercher les luthériens, mais le vice-roi promet au peuple que ce n'est qu'une commission passagère de la cour de Rome et qu'il n'y aura pas d'innovation.

Turquie. — Mort de l'amiral de Soliman, Barberousse, le souverain des pirates d'Afrique (4 juill.).

1547.

Allemagne.—Victoire de Charles V sur les troupes de la ligue de Smalkalde à Muhlberg, près de l'Elbe, en Saxe (24 avril); l'électeur de Saxe Jean-Frédéric, fait prisonnier, est dépouillé de l'électorat.

Angleterre. — Mort de Henri VIII (29 janv.). Le nouveau roi Édouard VI, âgé de dix ans, est élevé dans les idées des luthériens, par son oncle le duc de Somerset qui se sert de Cranmer, archevêque de Cantorbéry, pour introniser en Angleterre la réforme allemande. — Campagne brillante contre l'Écosse, sans résultat.

France. — Mort de François Ier (31 mars). Il avait pour devise une salamandre dans le feu, qu'on retrouve comme ornement de sculpture dans les châteaux royaux. Les bas-reliefs de son tombeau ont été sculptés par Pierre Bontemps. Deux portraits célèbres de lui, l'un par le Titien (au Louvre), l'autre par le Français Jean Clouet (à Versailles). — Avénement de son fils Henri II, qui a pour maîtresse Diane de Poitiers. — Création d'un secrétaire d'État de la marine.—Duel de Jarnac en présence du roi.

Italie. — A Gênes, la conspiration des trois frères Fieschi avorte: le neveu d'André Doria est seul assassiné, pendant la nuit, par les conjurés (2 janv.). Plusieurs des chefs sont pris et condamnés au dernier supplice. Les anciens nobles se font accorder quelques prérogatives au-dessus de ceux que leur a assimilés la constitution de 1528. — Le duc de Parme, Pierre-Louis Farnèse, déjà détesté de ses sujets pour ses débauches, ses perfidies et ses cruautés, s'est fait honteusement le complice des ennemis de Doria. Ses ennemis encouragés par Ferdinand de Gonzague, comte de Guastalla, qui est gouverneur de Milan pour Charles V, l'assassinent ouvertement à Plaisance (10 sept.). Cette ville est occupée par les troupes impériales. Le fils de Pierre, Louis-Octave Farnèse, n'est reconnu qu'à Parme. — L'inquisition commence à paraître plus ostensiblement à Naples : des bulles du pape sont affichées en carême avec l'édit qui en ordonne l'exécution. Le vice-roi promet encore qu'il ne sera pas fait d'innovation. Nouvel édit (11 mai). Révolte de la population : elle sera en effervescence jusqu'à la fin du règne de Charles V.

Pologne et **Russie.**—Le maître de l'ordre en Livonie refuse le passage par son territoire à trois cents ingénieurs et ouvriers allemands qu'Ivan IV avait obtenus de l'empereur : toute entrave mise au développement de la civilisation russe prolongeait les jours d'indépendance de la Livonie.

1548.

Allemagne. — Diète d'Augs-

XVIᵉ SIÈCLE (1549).

bourg : l'*interim*, formulaire de foi et de discipline, rédigé au nom de Charles V, ne satisfait ni les catholiques ni les protestants (15 mai).

Écosse et France. — Intervention de la France dans les affaires de l'Écosse: la jeune Marie Stuart, née d'une princesse française sœur des Guise, que le gouvernement d'Angleterre voulait marier à Édouard VI, est conduite en France pour être fiancée au dauphin (7 août).

France. — L'imposition de la gabelle dans la province de Guyenne (7 juill.), cause une révolte que réprime avec cruauté le connétable de Montmorency (oct.). — Ces atrocités inspirent à Étienne de La Boétie, âgé de dix-huit ans, l'ami de Montaigne, une éloquente invective contre la tyrannie, *Discours de la servitude volontaire*, ou *Contre un*. — Le parlement défend à la confrérie de la Passion, autorisée depuis 1402, de représenter des mystères : elle pourra jouer des sujets profanes (15 nov.). — Le vieux Louvre (pavillon de l'Horloge) est terminé. — L'effigie du roi sera désormais empreinte sur la monnaie, au lieu de la croix trop facile à contrefaire. — Jeanne d'Albret, fille du roi de basse Navarre Henri, épouse Antoine de Bourbon, duc de Vendôme, descendant de Robert de Clermont, 5ᵉ fils de saint Louis. — Première édition de la *Loi salique*.

Italie. — Côme de Médicis fait de Livourne un port franc, ce qui y attire les étrangers. — Il livre au public la riche bibliothèque qui date de Côme Iᵉʳ Père de la patrie.

Pologne.—Mort de Sigismond Iᵉʳ à quatre-vingt-deux ans. Il a cherché à polir les mœurs de ses sujets et à leur inspirer le goût des sciences et des arts ; il a fortifié les places de guerre, et embelli les principales villes. Son fils Sigismond-Auguste lui succède.

Portugal. — Des marchands portugais apportent de la Chine, dans leur patrie, une espèce d'oranger dont la culture devint une des richesses du pays, et s'est répandue de là en Europe.

Turquie.—Victoire sur les Perses près de Van, en Arménie.

1549.

Angleterre. — Le duc de Somerset fait condamner à mort par arrêt du parlement son frère Thomas Seymour qui lui disputait l'autorité (mars). Lui-même est supplanté par le comte de Warwick, qui est pour lui d'abord un vainqueur plus généreux.

Autriche. — Un édit de Charles V réunit en un seul corps de nation les dix-sept provinces des Pays-Bas.

Espagne.— Le conseil des Indes en Espagne donne à quatre religieux la direction d'une expédition pour la Floride ; il espère parvenir plus facilement à la conquête en convertissant les indigènes au christianisme. Pas de résultat : les Indiens mangeaient les Espagnols qu'ils pouvaient prendre.

France. — Peu après son entrée solennelle à Paris, fêtée par des tournois, le roi assiste au supplice de plusieurs calvinistes condamnés au bûcher (juill.).—*Défense et illustration de la langue française*, par Joachim Dubellay, qui a vingt-cinq ans. Les nouveaux réformateurs veulent ennoblir la langue par des emprunts faits aux Grecs et aux Latins : Ronsard sera leur chef.

Italie. — Paul III, craignant que l'empereur ne se rende maître de Parme, comme il a fait de Plaisance, la retire à son petit-fils Octave Farnèse, et la déclare de nouveau incorporée au domaine ecclésiastique. Octave réclame et garde la ville malgré le pape. Paul III meurt au milieu du débat à quatre-vingt-deux ans (10 nov.).—Côme rétablit à Florence l'université : les lettres grecques et latines, la philosophie, les sciences, y sont enseignées ; les auteurs grecs surtout sont étudiés et traduits. Des imprimeurs de Flandre et de Hollande sont attirés par les libéralités du prince.

Pologne. — Malgré les instances et les menaces de la diète, Sigismond-Auguste ne rompt pas le mariage qu'il a récemment conclu avec la fille du Castellan de Vilna en Lithuanie, que les sénateurs ne trouvaient pas assez noble pour un roi.

1550.

Afrique. — Fez et les autres positions importantes de la Mauritanie sont enlevées par les nouveaux possesseurs de Maroc, dont les descendants règnent encore aujourd'hui.

Angleterre. — Le culte luthérien imposé par les régents reçoit la sanction du parlement (fév.). — Paix avec l'Ecosse (24 mars).

Bohême. — Le roi Ferdinand fait déchirer le pacte de famille fait par le duc silésien de Lignitz-Brieg avec la maison de Brandebourg en 1537.

France. — Ordonnance sur la discipline militaire. L'artillerie est perfectionnée par J. d'Estrées. — *Almanach* de Nostradamus; ses prédictions.

Italie. — Les *Vies des plus excellents peintres, sculpteurs et architectes, jusqu'au milieu du XVI° siècle*, écrites en italien par le Toscan Vasari qui était lui-même peintre et architecte, sont une source précieuse pour l'histoire des arts.

1551.

Allemagne. — Maurice de Saxe, auquel Charles V a dû ses victoires sur les protestants, devenu électeur, se déclare pour eux. Danger que court l'empereur.

Autriche. — La mère de Jean Sigismond, ou Etienne de Transylvanie, renonce en son nom à cette province, en échange de laquelle Ferdinand d'Autriche lui promet deux principautés de Silésie. Soliman continue cependant la guerre. — Ferdinand laisse à Martinuzzi le gouvernement de la Transylvanie, le fait cardinal et archevêque de Strigonie (oct.); mais croyant son ambition insatiable, il ordonne ou permet la mort violente du prélat (déc.).

Autriche, France et Italie. — Renouvellement de la guerre. Henri II envoie une armée dans le Piémont. Le maréchal de Brissac qui la commande, par une exacte discipline, empêche qu'elle ne soit à charge au pays. — Octave Farnèse menacé d'être dépouillé de Parme par le comte de Guastalla, obtient la protection du roi de France (27 mai). Jules III excommunie Octave et menace même le royaume de France d'interdit. Henri II détache vers Parme une partie des troupes du Piémont, et met à profit le courage de Pierre Strozzi, exilé de Florence. — Il fait défense à ses sujets de porter de l'argent à Rome, rappelle les prélats français du concile de Trente, contre lequel écrit Jacques Amyot, et menace d'assembler en France un concile national. — Ligue de Henri II avec les protestants d'Allemagne contre l'empereur (oct.), malgré l'édit de Châteaubriand contre les protestants de France.

Italie. — Le concile de Trente a repris ses sessions par l'ordre du pape (1er mai).

Suisse. — Le naturaliste Conrad Gesner commence à Zurich, sa patrie, la publication d'une *Histoire des animaux*, qui réunit tout ce que les anciens avaient laissé de matériaux sur la zoologie, et y ajoute ses propres observations.

Turquie. — Les musulmans sous le pacha Dragut font une descente à Malte : forcés de lever le siège de la capitale, ils se dédommagent en prenant Tripoli, possession de l'ordre sur la côte d'Afrique.

1552.

Allemagne, Autriche, France et Italie. — Henri II déclare la guerre à l'empereur, et se dit le vengeur de la liberté germanique; qui est mise en danger par l'oppression du parti luthérien (janv.) : il enlève

XVIᵉ SIÈCLE (1553).

les trois évêchés de Metz, Toul et Verdun, villes d'empire (mars). — Trêve de deux ans entre le pape, Henri II et Octave Farnèse qui garde le duché de Parme (29 avril). — En Toscane, les Siennois, maltraités par la garnison espagnole, la chassent et se mettent sous la protection de la France. — La transaction de Passau par laquelle Charles abolit *l'interim* et accorde la liberté de conscience jusqu'à la prochaine diète, lui permet de se tourner contre Henri II(15 août). Il met le siège devant Metz (31 oct.). — D'autres troupes impériales ravagent les frontières de la Picardie.

Angleterre. — Pour conserver son pouvoir menacé, Warwick, duc de Northumberland, fait tomber sur l'échafaud la tête de Somerset (22 janv.).

France. — Édits de Henri II pour l'établissement des sièges présidiaux (janv.); pour l'érection de la chambre des monnaies en cour souveraine. — Un arrêt du parlement de Paris défend les *écoles buissonnières* que les protestants tenaient dans la campagne (6 août). — Représentation de la première tragédie française, *Cléopâtre*, de Jodelle, imitée des anciens. — Ambroise Paré est nommé chirurgien ordinaire du roi.

Russie. — Après la réforme de la discipline militaire, et l'établissement du corps réglé et permanent des strelitz, archers qu'il arme bientôt du fusil, Ivan marche contre le khan de Kasan, Iediguer, fils du souverain tartare d'Astrakan. Le siège de Kasan commence au printemps. La ville prise est inondée du sang des Tartares (oct.). Iediguer ne survit à la ruine de son empire que parce qu'Ivan veut l'avoir pour ami et pour conseiller; il se fait chrétien sous le nom de Siméon.

Turquie. — André Doria est battu par le corsaire Dragut devant Naples. — Les généraux de Soliman prennent en Hongrie la forte place de Temesvar au sud-est, mais ne peuvent enlever Agria (Eger), au nord-est de Bude.

1553.

Angleterre. — Mort d'Édouard VI à seize ans (6 juill.). Le duc de Northumberland fait proclamer reine au préjudice des filles de Henri VIII, sa belle-fille, l'infortunée Jeanne Grey, qui descendait de Henri VII par son aïeule. La nation reconnaît les droits de Marie, fille de Catherine d'Aragon, âgée de trente-sept ans (19 juill.). Northumberland meurt sur l'échafaud (août). Captivité de Jeanne Grey et de son mari Dudley. — Zélée catholique, Marie se fait couronner par Gardiner, évêque de Winchester, qui a été persécuté sous le dernier règne (4 oct.). — Richard Chancelour cherche une route plus courte aux Indes, par le nord-est de l'Europe; il parvient dans la mer Blanche à Arkangel; on fera le commerce de la Russie par Kholmogory, un peu au sud-est de l'embouchure de la Duna.

Autriche, France et Turquie. — Le duc de Guise force Charles V à lever le siège de Metz (janv.). La destruction de Térouanne, à l'entrée de la Picardie et de l'Artois, est un acte de vandalisme de la part de Charles V (20 juin). — La Corse, île génoise, est attaquée par les Français et les Turcs. Deux villes seulement refusent de se rendre, Calvi au nord-ouest, et Bastia au nord-est; mais les Turcs étant rappelés par le sultan, les Français sont trop peu nombreux pour garder l'île longtemps. Gênes donne le commandement de la guerre avec des forces considérables à André Doria, âgé de quatre-vingt-quatre ans.

France. — Naissance de Henri IV à Pau. — Le savant Oronce Finé, professeur de mathématiques au collége royal de France, fabrique pour le cardinal de Lorraine une curieuse horloge. — L'usage du semestre est établi pour le parlement de Paris.

Genève. — Calvin fait brûler Michel Servet pour ses idées hérétiques sur la Trinité. Il est approuvé par Farel, Mélanchthon, Théodore de Bèze.

Livonie. — L'archevêque de Riga trouble la paix de la Livonie, en appelant à la dignité de coadjuteur un jeune prince étranger, malgré des engagements contraires pris en 1546.

Portugal. — Les Portugais établis au Brésil s'étendent jusqu'à la rivière de La Plata

1554.

Angleterre. — Marie Tudor conclut son mariage avec le fils de Charles V, Philippe, veuf depuis neuf ans d'une princesse portugaise (12 janv.). Mouvement de révolte. Exécution capitale de Dudley et de sa femme Jeanne Grey (12 févr.), du père de Jeanne Grey le 17. L'ancienne liturgie de l'Eglise est rétablie. Elisabeth, fille d'Anne de Boleyn, est emprisonnée. Philippe vient épouser la reine (juill.). Le cardinal anglais Reynald Pole arrive en Angleterre comme légat du saint-siége pour réunir ce pays à l'Eglise romaine (nov.); il aura la sanction du parlement.

Autriche, France et Italie. — Sienne est défendue contre les troupes impériales et florentines par le maréchal de France, Pierre Strozzi, exilé florentin. — Brillant coup de main des troupes françaises devant Renti, à l'entrée de l'Artois. — En Corse, Spinola, lieutenant d'André Doria, fait lever le siège de Calvi aux Français. San Fiorenzo, place importante sur la côte du nord, résiste longtemps avec deux mille Français. San Pietro, le chef national des Corses, ne pose pas les armes.

Autriche. — Charles V cède à Philippe, son fils, la Sicile et le royaume de Naples, dont le nouveau roi reçoit l'investiture pontificale (28 oct.). — La Transylvanie, en haine des Autrichiens, rappelle le prince Jean Sigismond avec sa mère.

Écosse. — Marie de Lorraine est régente à la place du comte d'Arran.

France. — Un parlement est créé à Rennes (mars).

Portugal. — Les Portugais se font donner par le pape la possession exclusive de toute la côte de Guinée, riche en or, en ivoire, en esclaves, et excluent de ces parages le commerce de toutes les autres nations.

Russie. — Le czar sans aucun droit exige de l'évêque de Derpt, en Livonie, un tribut ; le maître de l'ordre se résigne à le payer ; l'assemblée des états décide même une trêve de quinze ans avec les Russes. — Soumission de la principauté tartare d'Astrakan.

1555.

Allemagne. — La diète d'Augsbourg donne la liberté de conscience à tous ceux qui professent le luthérianisme, mais non aux autres sectaires : le culte n'est libre que pour les seigneurs et pour leurs coreligionnaires sur leurs terres ; la clause du *réservat* ecclésiastique atteint tout bénéficier catholique qui embrasse la nouvelle religion (août-sept.).

Angleterre. — Persécutions sanglantes ordonnées par Marie Tudor contre les réformés. Cranmer meurt sur le bûcher. Le cardinal Pole est fait archevêque de Cantorbéry.

Autriche. — Dans une assemblée à Bruxelles, Charles V cède à son fils les Pays-Bas (25 oct.). Philippe en remet le gouvernement au duc de Savoie, Emmanuel-Philibert, que les Français ont dépouillé de ses États.

Autriche, France et Italie. — Sienne, habilement défendue par le Français Blaise de Montluc, obtient une capitulation honorable : elle doit être libre sous la protection de l'empereur (avril). Mais Charles V en donnera l'investiture à son fils, au détriment des Médicis qui ont aidé les impériaux à la soumettre.

Écosse. — Jean Knox revient du continent, disciple de Calvin.

France. — Première église du culte prétendu réformé, établie à Paris. — La mort de Henri II d'Albret donne à sa fille, Jeanne d'Albret, et à son gendre Antoine de Bourbon, la couronne de la basse Navarre (mai). — Bernard Palissy, potier de terre, né dans l'Agénois, après seize ans d'efforts et de grandes dépenses, trouve le secret de l'émail dont on se servait alors en Italie pour faire de beaux ouvrages de faïence. Il a fabriqué de très-belles poteries.

Italie. — Le nouveau pape, Paul IV Caraffa, conclut avec la France une ligue offensive et défensive contre les Espagnols pour leur enlever le royaume de Naples (15 déc.).

Russie et Suède. — Rupture et guerre de deux ans.

1556.

Autriche. — Trêve signée à Vaucelles, au sud de Cambrai, entre Charles V et Henri II (5 févr.). — Charles V s'est démis de ses Etats d'Italie et d'Espagne en faveur de son fils Philippe II (16 janv.). Il renonce à l'empire et à ses Etats allemands en faveur de son frère Ferdinand Ier (sept.).

Espagne, France et Italie. — La guerre recommence entre Philippe II et Henri II. Philippe II, pour détacher le duc de Parme de l'alliance française, lui rend la ville de Plaisance, mais en gardant le château (15 sept.). Henri II renouvelle la ligue avec le pape, et y fait accéder le duc de Ferrare, gendre de Louis XII, beau-père du duc de Guise (13 novembre).

Indes. — Mohammed Akbar, petit-fils de Babour, issu lui-même du Mongol Tamerlan, commence à Dehli, dans l'Inde, à l'âge de quatorze ans, un règne qui doit durer près de cinquante années.

— Grande comète qui reparaît à peu près tous les trois cents ans. On l'a appelée comète de Charles-Quint.

1557.

Angleterre, Espagne, France et Italie. — Campagne stérile du duc de Guise contre le royaume de Naples. — Le duc Côme de Médicis obtient de Philippe II la ville de Sienne, la seule république qui fût encore indépendante en Toscane : mais plusieurs places comprises dans le territoire de cette ville, qu'on appelle Degli presidi, ou les forteresses, restent au roi d'Espagne (juill.). — Philippe II va en Angleterre décider Marie Tudor à prendre les armes contre la France (20 mai). — Invasion de la Picardie par les Anglais et par les Espagnols sous la conduite d'Emmanuel-Philibert de Savoie. Leur victoire de Saint-Quentin sur le connétable de Montmorency qui est fait prisonnier (10 août). Siége de Saint-Quentin. Philippe pour la seule fois de son règne, paraît en costume de guerre. — Guise, rappelé, est lieutenant général.

Écosse. — Covenant des nobles protestants (3 déc.). Ils gouvernent.

Espagne. — Charles V vit retiré au monastère de Saint-Just, dans l'Estremadure.

France. — Nouvelle organisation des légions provinciales. Création de quatre régiments de Picardie, Champagne, Navarre et Piémont.

Livonie, Pologne et Russie. — Le roi de Pologne vient avec cent mille hommes sur les frontières de Livonie réclamer la mise en liberté de l'archevêque de Riga, son parent. Alliance contre le czar entre le maître de l'ordre de Livonie et le roi de Pologne (14 sept.). Ivan IV déclare la guerre à la Livonie (nov.).

Portugal. — Don Sébastien, petit-fils de Jean III, lui succède. Sa minorité sera tranquille.

1558.

Allemagne. — Paul IV ne veut pas reconnaître Ferdinand Ier comme empereur parce qu'il n'a pas demandé le consentement du saint-siége : depuis ce temps, les empereurs ont cessé de demander la confirmation du pape. Charles V a fait de vains efforts pour reprendre à son frère la couronne impériale qu'il aurait voulu donner à son fils Philippe II. — La ville de Constance, où depuis trente ans dominait le culte réformé, est occupée par les troupes de Ferdinand et réunie à ses domaines ; il y rétablit la religion catholique.

Angleterre.—La mort de Marie Tudor, sans enfant, donne le trône à sa sœur Élisabeth, fille d'Anne de Boleyn, âgée de vingt-cinq ans (17 nov.). — Mort du cardinal Pole le 18. — L'Angleterre est entre les mains d'une ennemie de l'Église romaine. Marie Stuart, qui descendait par son père d'une fille de Henri VII, est exclue comme autrefois Jeanne Grey. Commencement de sa rivalité avec Elisabeth, envenimée par des jalousies féminines, entretenue par la différence de religion et d'intérêts politiques.

Angleterre, Espagne et France.— Le duc de Guise attaque Calais (1ᵉʳ janv.) : la citadelle est emportée d'assaut ; en huit jours la ville capitule : les Anglais n'ont plus rien en France. Le dauphin épouse Marie Stuart, qui fait donation secrète de l'Ecosse à la France (avril). Courses impuissantes des Anglais sur les côtes de Bretagne (juin). — Guise enlève aux impériaux Thionville, sur la Moselle, après dix-sept jours de siége (23 juin). Mais le maréchal de Termes perd contre le comte d'Egmont la bataille de Gravelines, près de la côte de Flandre (13 juill.). — Des négociations pour la paix sont ouvertes à Cateau-Cambrésis (15 oct.).

Espagne.—Peu de jours après la célébration simulée de ses propres funérailles, mort de Charles V (21 sept.).

France. — Aux États généraux qui furent convoqués après la bataille de Saint-Quentin, l'élite de la magistrature forme un ordre distinct de la noblesse, du clergé et du tiers état, pour cette fois seulement. — Procession publique des protestants ou huguenots à Paris.

Pologne et Russie.—Quarante mille Russes dévastent la Livonie.

1559.

Angleterre. — Élisabeth, après s'être fait couronner suivant le rit catholique (15 janv.), reçoit du parlement le titre de chef suprême de l'Église anglicane le 25. Les opposants sont dépouillés de leurs siéges et de leurs bénéfices ecclésiastiques.

Angleterre, Espagne et France. — La paix de Cateau-Cambrésis termine une guerre qui, après avoir menacé l'existence de la France, semblait devoir lui donner d'autres conquêtes (25 avril) : la France ne garde que Calais, les trois évêchés de Lorraine et quelques places du Piémont, Pignerol, Turin, Chiers, Villeneuve d'Asti et Chivas ; Philippe II épousera la fille de Henri II, Élisabeth, qui était déjà promise à son fils don Carlos, âgé de quatorze ans (juin).

Autriche. — Depuis la mort de sa mère, Jean Sigismond, âgé de dix-neuf ans, obtient difficilement l'obéissance de ses sujets de Transylvanie, surtout des Szeklers, débris des anciennes populations hunniques, voisins de la Moldavie.

Danemark. — Mort de Christian III (1ᵉʳ janv.). Il a développé l'agriculture et le commerce, a protégé les arts et les sciences, a amélioré les lois et abrégé la procédure. Avénement de son fils Frédéric II. — Aidé par son oncle le duc de Holstein, Frédéric II réduit le premier à l'obéissance les Ditmarses, auxquels il enlève d'assaut la ville de Meldorp, et gagne sur eux une sanglante bataille.

Écosse. — Marie Stuart irrite Élisabeth en prenant le titre de reine d'Angleterre par ordre de son beau-père Henri II. — Retour de Knox après un second séjour à Genève (mai). Guerre entre la régente et les réformés.

Espagne.—Mesures maladroites et odieuses de Philippe II dans les Pays-Bas. Il en donne le gouvernement à sa sœur naturelle, Marguerite, veuve du duc de Parme, qui aura Granvelle, l'évêque d'Arras, pour ministre. Mécontentement du comte d'Egmont et du prince d'Orange, Guillaume de Nassau, stathouder ou gouverneur général de la Hollande et de la Zélande. Il renouvelle les édits sanglants de Charles V contre les protestants. Aux cinq évêchés existants en sont ajoutés douze nouveaux, sous l'autorité métropolitaine de Cambrai, d'Utrecht et de Malines. — Retour de Philippe II en Espagne (août) : il ne quittera plus la péninsule. Nombreuses victimes livrées à l'inquisition : Philippe II assiste à la cérémonie du bûcher, à l'auto-da-fé. Persécution contre l'archevêque de Tolède, dominicain qui est devenu suspect.

France. — Édit d'Écouen, qui menace de mort les protestants (juin) ; il est enregistré par les parlements. Solennelle discussion sur le droit de la liberté de conscience, en plein parlement, avec la permission et en présence du roi : le roi fait saisir cinq conseillers suspects d'hérésie. — Pendant les fêtes données pour le mariage de Philibert-Emmanuel, duc de Savoie, avec la sœur de Henri II, tournoi où Henri II est blessé mortellement (juill.). Il laisse l'État endetté de quarante-deux millions. — Avénement de son fils aîné, François II, âgé de quinze ans, au nom duquel gouvernent les oncles de sa femme, les chefs de la maison de Guise. — Anne Dubourg, un des cinq conseillers, est, après sentence, pendu et brûlé en place de Grève (23 déc.). — Influence de la reine mère, Catherine de Médicis. Isolement des princes du sang, le roi de Navarre et son frère, le prince de Condé. Le premier est engagé ouvertement, par l'influence de sa femme, dans les idées de la réforme. — Amyot, précepteur des enfants de Henri II, traduit les *Hommes illustres* de Plutarque et *les Amours de Daphnis et Chloé*.

Italie. — Mort de Paul IV (août). Il avait organisé l'inquisition à Rome avec la dernière rigueur, et établi la congrégation de l'Index pour la censure de tous les ouvrages non orthodoxes.

Livonie et Russie. — Cent trente mille Russes ravagent la Courlande, qui conduit à la Prusse (févr.). L'abdication du maître de l'Ordre en Livonie livre ces périlleuses fonctions à Gothard Kettler. Kettler et bientôt l'archevêque de Riga croient trouver protection contre les Russes en se jetant dans les bras du roi de Pologne, qui reçoit d'eux plusieurs places et de l'argent et ne les défendra pas.

1560.

Allemagne. — L'électeur palatin se fait calviniste.

Écosse. — Influence de Jean Knox, disciple de Calvin. Des troupes anglaises qui assistent les protestants tiennent enfermés dans Leith, près d'Édimbourg, les Français venus pour défendre le gouvernement de Marie de Lorraine. Elle meurt (10 juin). Traité d'Édimbourg (6 juill.) : les Français évacueront l'Ecosse ; Marie Stuart renoncera au titre et aux armes d'Angleterre ; les charges seront toutes données à des Écossais ; un conseil de douze membres, dont cinq nommés par les états, administrera le royaume ; on convoquera immédiatement les états. Le parlement établit la religion presbytérienne (août). Il est désavoué par Marie Stuart. La reine perd son époux (5 déc.).

Espagne. — Philippe II transfère sa cour, de Tolède, à Madrid qui devient alors la capitale de l'Espagne : ville mal choisie, nature triste, pays inculte traversé par un ruisseau, le Manzanarès, qui est souvent desséché. — Le gouverneur espagnol du Milanais exécute l'ordre barbare de Philippe II, de tuer tous les hérétiques réfugiés dans une vallée du Piémont.

France. — Conjuration d'Amboise : les calvinistes et les princes du sang se sont réunis contre les Guises ; elle est découverte et cruellement punie (mars). — Le nouveau chancelier, Michel de L'Hôpital, par l'édit de Romorantin qui attribue aux évêques la connaissance du crime d'hérésie, sauve la France de l'inquisition (mai). Assemblée de Fontainebleau : doléances des protestants et même des chefs du clergé contre le gouvernement ; les états généraux sont promis (août). Le prince de Condé, qui depuis peu s'est fait huguenot, et son frère, le roi de Navarre, viennent à Orléans pour les états généraux : Condé est arrêté (31 oct.), jugé par une commission et condamné à mort. — Mort du roi François II (5 déc.). — Avénement de son frère Charles IX, âgé de dix ans. Catherine de Médicis saisit la régence et s'attache les princes du sang. États d'Orléans. — Mort du poëte Joachim Dubellay, à trente-cinq ans.

Italie. — André Doria meurt à Gênes à quatre-vingt-douze ans (25 nov.) : grand capitaine, un des meilleurs hommes de mer, excellent citoyen, restaurateur de l'indépendance de sa patrie, à laquelle il a donné avec la liberté le repos. — Un Vénitien, ambassadeur à Rome, ayant contre la loi de l'État, qui défend à tout ministre de recevoir aucune dignité étrangère, accepté le chapeau de cardinal, est banni du sénat. — Pie IV traite sans justice et sans humanité la famille de son prédécesseur, Paul IV Caraffa, qui était ennemi de l'Espagne. — Sur la demande des États catholiques, il décrète la reprise du concile général (déc.).

Russie. — Succès, aux dépens des chevaliers teutons de la Prusse et des Livoniens.

Suède. — Au moment où des députés livoniens viennent lui demander de les secourir contre les Russes, meurt Gustave Vasa (29 sept.). Il laisse l'État florissant par les alliances étrangères et le commerce ; le domaine royal augmenté, des trésors, des arsenaux, des flottes, des places fortes, qui sont des garanties de paix et de grandeur. — Son fils aîné, Éric XIV, âgé de vingt-sept ans, élevé tour à tour par un luthérien et par un calviniste, apporte sur le trône un caractère mêlé de folie et de cruauté. Les trois frères du roi ont en apanage la Finlande, la Gothie, et la Sudermanie.

1561.

Allemagne. — A l'exemple de l'électeur de Saxe et de concert avec lui, Joachim II, électeur de Brandebourg, luthérien, sécularise tous les évêchés de ses États.

Écosse. — Marie Stuart, passant de France en Écosse, échappe difficilement aux vaisseaux d'Élisabeth. Elle arrive à Édimbourg (21 août). Elle ne peut défendre sa religion et son autorité royale contre les prédications révolutionnaires des calvinistes, surtout de Jean Knox.

Espagne. — Granvelle, déjà cardinal, reçoit l'archevêché de Malines ; il sert avec dévouement, mais sans humanité, le zèle catholique et le despotisme de Philippe II dans les Pays-Bas. — Les inquisiteurs d'Espagne sévissent contre les protestants du royaume de Naples.

France. — Édit de juillet contre les huguenots. Premier synode national des huguenots à Sainte-Foi, dans l'Agénois. Le colloque de Poissy, où le cardinal de Lorraine et Lainez, disciple d'Ignace de Loyola, soutiennent la doctrine catholique contre Théodore de Bèze, disciple de Calvin, envenime les haines religieuses (sept.). Pas d'unité dans le parti protestant : le prince de Condé et le roi de Navarre manquent de foi comme huguenots ; ils n'ont pas la résolution de chefs de parti ; la réforme est pour eux une question féodale. Antoine de Navarre, qui a assisté au colloque de Poissy, incline depuis lors pour la foi catholique, à laquelle des vues d'intérêt le rattacheront tout à fait. — Ordonnance d'Orléans, utile surtout à la réforme de la justice.

Italie. — Pie IV invite inutilement les princes protestants à prendre part aux travaux du concile de

XVIᵉ SIÈCLE (1562-1563).

Trente, annoncé pour cette année, mais qui ne sera ouvert de nouveau qu'en 1562.

Pologne. — La ville de Revel et la noblesse du duché d'Esthonie renoncent à l'obéissance qu'elles avaient jurée au maître de l'Ordre de Livonie, peut-être par crainte des Russes (juin). Gothard Kettler se déclare luthérien, se marie, s'attribue des domaines de l'Ordre, la Courlande et la Sémigalle, qu'il fait ériger en duché héréditaire sous la mouvance de la Pologne; il livre la Livonie, désolée par les Russes, à la domination polonaise (26 nov.). L'Ordre cesse d'exister en Livonie. L'archevêque de Riga fait aussi serment de fidélité au roi.

Suède. — Eric XIV crée le premier des comtes et des barons.

1562.

Espagne. — Sainte Thérèse réforme les carmélites. Maison à Avila.

France. — Les représentants de toutes les cours du royaume, réunis à Saint-Germain, ont préparé l'édit de janvier, qui permet aux calvinistes l'exercice public de leur religion hors de l'enceinte des villes; le parlement n'enregistra qu'après trois jussions. Massacre de protestants à Vassy, en Champagne, par les gens du duc de Guise (1ᵉʳ mars). — Commencement des guerres de religion. Les huguenots achètent les secours de l'Angleterre par la cession du Havre (20 sept.) et reçoivent des renforts d'Allemagne. Ils perdent Rouen (oct.), où a été blessé mortellement le général de l'armée royale, Antoine de Navarre, qui s'est séparé du prince de Condé, son frère, et de l'amiral de Coligny. Ils sont battus près de Dreux (déc.). — Coligny, pour ménager un asile à des protestants français, a fait l'essai d'une colonisation dans la Floride, au nord-ouest des Antilles. Malheureuse issue de l'expédition, qu'a conduite d'abord le capitaine Jean Ribault de Dieppe. — Jeanne d'Albret, veuve, gouverne seule la Navarre; elle élève dans la doctrine calviniste son fils Henri, âgé de neuf ans.

Italie. — Réouverture du concile de Trente, l'évêque de Modène, Movone, triomphe habilement des exigences des cours catholiques, et les ramène aux idées du saint-siége. — Pie IV, protecteur éclairé des lettres, confie au savant Vénitien Paul Manuce, fils d'Alde, la direction d'une imprimerie placée au Capitole, qui doit reproduire les monuments des langues de l'Orient.

Turquie. — Trêve de huit ans avec l'Autriche.

1563.

Autriche. — Ferdinand fait couronner roi de Hongrie son fils Maximilien, en se prévalant du pacte conclu avec Ladislas (septembre). Les Hongrois réclament vainement la liberté d'élection.

Espagne. — Philippe II charge le plus habile architecte d'Espagne, B. Monnegro, de construire à l'Escurial, un peu au nord-ouest de Madrid, un palais monastique qu'il a promis de dédier à saint Laurent le jour de la fête de ce saint (10 août), où la bataille de Saint-Quentin a été gagnée. Ce sombre édifice, dont la forme rappelle le supplice du martyr mort sur un gril, sera à la fois un monastère, une résidence royale, et un tombeau des rois. Il fut achevé au bout de vingt ans. — Les plaintes de ses sujets des Pays-Bas, les instances même de sa sœur Marguerite, qui les gouverne, décident Philippe II à enlever tout pouvoir officiel à Granvelle, qui n'en reste pas moins son conseiller intime.

France. — Au siège d'Orléans, ville calviniste, le duc François de Guise est assassiné par un gentilhomme huguenot, Poltrot de Méré (18 fév.). Catherine de Médicis conclut avec les protestants la paix d'Amboise, qui rend Orléans au roi (19 mars). L'armée royale reprend le Havre aux Anglais (28 juill.). Déclaration de la majorité de Charles IX dans un lit de justice (17 août). —

Établissement de la juridiction des juges-consuls pour les marchands de Paris (nov.). — Création du corps des gardes françaises. — Pie IV cite Jeanne d'Albret à comparaitre devant le saint-siège, dans six mois, pour répondre de ses croyances hérétiques sous peine d'excommunication (29 sept.). La cour de France elle-même croit devoir protester contre les menaces de Rome (déc.). La reine de Navarre se laisse excommunier.

Italie. — Clôture de la vingt-cinquième et dernière session du concile de Trente (4 déc.). Les décrets sont confirmés aussitôt par une bulle de Pie IV (janv. 1564). La lumière répandue sur les dogmes, la voie ouverte aux réformes de la discipline et des mœurs, le maintien de la suprématie du saint-siège sont les avantages incontestés que l'Église doit au concile de Trente.

Pologne. — Abolition de la loi qui excluait des dignités en Lithuanie les dissidents et les excommuniés.

Russie. — Renouvellement de la guerre entre la Russie et la Pologne. Le czar emporte d'assaut Polock, sur la Duna, au nord de la Lithuanie. — La mort de la femme du czar est une perte incomparable pour lui et pour la Russie : il revint à son caractère féroce, dont elle avait pendant dix-huit ans tempéré la rigueur.

Suède. — Violences sanglantes exercées par Éric XIV contre les partisans de son frère qui est marié à une princesse catholique : il l'a fait prisonnier dans Abo, en Finlande. — Commencement d'une guerre de sept ans entre la Suède et le Danemark.

1564.

Allemagne. — Maximilien II succède à l'empereur son père, Ferdinand Ier. Il est tolérant, même pour les protestants des États héréditaires d'Autriche.

Espagne. — Conquête de Penon de Velez, sur la côte maure de la Méditerranée.

France. — Charles IX visite ses provinces avec Catherine de Médicis. — A Roussillon, château sur le Rhône, un peu au sud de Vienne, est rendu un édit qui réforme l'administration de la justice, et fixe le commencement de l'année au 1er janvier au lieu de la veille de Pâques (août). Restrictions apportées à la convention d'Amboise. — Vif débat engagé devant le parlement entre l'université de Paris et les jésuites au sujet de l'enseignement : Étienne Pasquier commence sa réputation par la défense de l'Université. — Catherine de Médicis pose la première pierre du palais des Tuileries, qui fut construit sur les plans de Philibert de Lorme et de Jean Bullant.

Genève. — Mort de Calvin (27 mai).

Italie. — Un traité du duc de Savoie avec le canton de Berne consacre la conquête du pays de Vaud qu'avaient faite les Bernois en 1536; le Gex revient au duc. — San Pietro, sorti de Corse après la paix de Cateau-Cambrésis qui assurait la possession de l'île aux Génois, renonce au séjour de France pour appeler de nouveau ses compatriotes à la guerre de l'indépendance. — Mort de Michel-Ange, à quatre-vingt-dix ans. Il occupe le premier rang comme sculpteur; sa statue de *Moïse* orne le mausolée de Jules II. Comme peintre, il égale Raphaël avec des mérites différents; son *Jugement dernier* est dans la chapelle Sixtine. Il est sans égal comme architecte; la coupole de Saint-Pierre de Rome, merveille de l'art moderne, couronne dignement la capitale du monde chrétien. — Vignole succède à son maître, Michel-Ange, comme architecte de Saint-Pierre de Rome. Il est le premier parmi les modernes qui ait fixé les règles de l'architecture.

1565.

Écosse. — Marie Stuart épouse Henri Darnley, son cousin, qui n'a d'autres qualités que les avantages extérieurs (29 juill.).

XVIᵉ SIÈCLE (1566-1567).

Espagne.—Le fanatisme inspire à Philippe II des édits injustes et impolitiques contre les Mauresques qui font fleurir l'agriculture, le commerce et les arts. — Dans les Pays-Bas, résistance des protestants aux édits royaux. — Craignant les empiétements de la cour pontificale, qui faisait traîner à Rome et juger par la congrégation du saint-office les hérétiques de Naples, Philippe II ordonne que les évêques seuls, sans délégation du saint-siège, connaissent des délits en matière de foi; il ne veut pas qu'il y ait d'inquisition à Naples (10 mars). — En Floride, l'Espagnol Menendez de Avilès tue Ribault de Dieppe et ses compagnons protestants. On plaça sur le dos des Français, qui furent pendus, cette inscription : « Pendus, non comme Français, mais comme luthériens. » — Philippe II fait occuper aux Indes orientales les îles Manilles qui prennent le nom de Philippines.

France. — A Bayonne, conférences de Charles IX et de Catherine de Médicis avec le duc d'Albe, ministre d'Espagne avril).

Italie. — Mort de Pie IV (déc.). Rome et les terres de l'Église lui doivent de magnifiques constructions. Les vertus de son neveu, le cardinal saint Charles Borromée qui rédige en 1566 le célèbre *Catéchisme de Trente*, et qui organise l'enseignement des séminaires, ont illustré son règne et sa famille

Turquie. — Le pacha Mustapha vient attaquer Malte (mai). Siége de quatre mois, soutenu vigoureusement par le grand maître Jean de La Valette, qui réduit les Ottomans à se retirer avec des pertes considérables.

1566.

Allemagne. — La diète refuse d'accorder aux calvinistes le bénéfice de la paix d'Augsbourg de 1555.

Écosse. — Jaloux de la confiance que Marie Stuart accordait au musicien piémontais David Rizzio, Henri Darnley l'assassine sous les yeux de la reine (9 mars). Marie Stuart met au monde son fils Jacques (juin).

Espagne. — Dans les Pays-Bas, la publication des décrets du concile de Trente est l'occasion du compromis de Bréda, qui commence l'insurrection.

France.—Assemblée de notables et édit de Moulins pour la réforme de la justice et la pacification du royaume (fév.) : ordonnance en quatre-vingt-six articles; le domaine royal est déclaré inaliénable; restriction de la compétence des justices de privilége — Mort du jurisconsulte Ch. Dumoulin, auteur du *Commentaire sur la coutume de Paris*.

Genève. — *Apologie pour Hérodote*, satire de H. Estienne.

Pologne. — Le roi sécularise l'archevêché de Riga, dans la Livonie protestante. Il déclare la partie de la Livonie qui est au delà de la Duna unie héréditairement à la Lithuanie et promet d'y maintenir la confession d'Augsbourg.

Turquie. — Soliman II assiége Zigeth, en Hongrie, à l'ouest de Mohacz. Il meurt devant cette ville, à soixante-seize ans (août). — Sélim II, l'un des fils de sa femme légitime Roxelane, lui succède à quarante-trois ans. Zigeth est emportée d'assaut (sept.).

1567.

Autriche.— Les états de Prague abrogent les pactes favorables aux hussites.

Écosse. — La mort de Darnley, (9 fév.) attribuée à Marie, est reprochée surtout au comte de Bothwell qui avait la confiance de la reine. Le parlement d'Ecosse le décharge de l'accusation : des nobles l'offrent pour époux à Marie Stuart (19 avril) qui après un enlèvement concerté, le 24, l'accepte (15 mai). Indignation et révolte de la nation. Bothwel est mis en fuite; Marie, prisonnière de ses sujets, résigne la couronne à son fils, âgé d'un an (25 juill.). L'Ecosse, sous un gouvernement de régence asservi à Élisabeth, est en proie aux discordes.

Espagne. — Les nobles sont à la tête de l'insurrection des Pays-Bas. L'un d'eux, Guillaume, prince d'Orange, fait déclaration publique de calvinisme (5 avril); les comtes d'Egmont et de Horn restent catholiques. Philippe II y envoie le duc d'Albe, qui, dès son arrivée à Bruxelles, établit le tribunal des troubles, appelé par les Brabançons le conseil de sang (16 août). Le fils aîné de Guillaume, âgé de treize ans, est enlevé de l'école de Louvain et envoyé en Espagne, où il sera prisonnier vingt-huit ans. Egmont et Horn sont perfidement arrêtés et conduits au château de Gand. La gouvernante, Marguerite, se voyant annulée par la présence du général espagnol et impuissante à rétablir la concorde, part pour l'Italie (30 déc.). — La Floride est le théâtre de nouvelles luttes entre les Français qui ont pour chef le chevalier Dominique de Gourgues, gentilhomme gascon, et les Espagnols. Le concours des Indiens ne suffit pas aux protestants de France pour s'établir.

France. — Jeanne d'Albret, à la demande des états de Béarn, donne un édit pour l'établissement du calvinisme dans son royaume (juill.). — Dans une assemblée générale du clergé de France, tenue à Paris, on règle pour la première fois qu'il s'en tiendra une semblable tous les cinq ans. — Les défiances des deux partis font recommencer la guerre civile. Les huguenots, sous la conduite de Condé et de Coligny, tentent d'enlever le roi. Ils surprennent Orléans (sept.), et font une attaque sur Paris. Ils sont battus près de Saint-Denis (10 nov.); mais le chef de l'armée royale, le connétable de Montmorency, meurt de ses blessures. — Le duc d'Anjou, Henri, frère du roi, est fait lieutenant général du royaume.

Suède. — Éric XIV se venge de ses désastres dans la guerre de Danemark sur la personne d'un des principaux nobles, Nilson-Sture.

1568.

Autriche. — Les Tartares appelés par les Transylvanins contre l'Autriche, à cause de leurs cruautés, sont repoussés avec acharnement.

Écosse. — Évasion de Marie (2 mai). Sa défaite, le 13. Elle passe en Angleterre le 16; y restera prisonnière.

Espagne. — L'infant don Carlos, âgé de vingt-trois ans, soupçonné d'hérésie ou de complicité avec les rebelles des Pays-Bas, ou d'attachement trop vif pour la femme de son père, Élisabeth, qui lui avait été promise à lui-même, est jeté en prison par l'ordre de Philippe II qui le livre à des inquisiteurs (18 janv.) et y meurt bientôt (24 juill.). Mort de la reine Élisabeth (oct.). — Dans les Pays-Bas, condamnation capitale prononcée par le tribunal des troubles contre Egmont et Horn (4 juin), et exécutée le 5. Beaucoup d'exécutions sanglantes. Déjà la guerre a commencé, elle durera quarante ans. Les gueux de mer et les gueux de bois aident Guillaume d'Orange dans la lutte contre l'Espagne. Des milliers d'artisans des Pays-Bas menacés, comme hérétiques, des vengeances du duc d'Albe, vont porter en Angleterre l'art de manufacturer les draps de laine. — L'Espagnol Mendana de Neyra découvre dans l'océan Pacifique l'archipel qu'il nomme îles de Salomon, à l'est de la Nouvelle-Guinée. Il en fit une description séduisante, mais avec des observations de longitude méconnaissables. — Saint-Jean de La Croix réforme les carmes déchaussés.

France. — Paix de Lonjumeau (23 mars); elle est de courte durée. La Rochelle devient la place d'armes des protestants. — L'hôpital sort du ministère (mai). — Un édit du roi n'autorise qu'une seule religion et chasse tous les ministres protestants (25 sept.).

Italie. — La bulle *In cœna Domini*, qui établit les droits du saint-siège et de la juridiction ecclésiastique, doit être, par l'ordre de Pie V, publiée dans toute la chrétienté.

Russie. — Abdication apparente d'Ivan IV; il donne le titre de czar au Tartare Jédiguer, mais du fond de son palais, qui est voisin de Moscou, il continue à faire trembler la Russie.

Suède. — Éric XIV qui a médité la ruine de ses frères, est assiégé par eux dans Stockholm; il s'y défend quelques jours (sept.). Il est déposé et retenu prisonnier. Supplice de son favori. Son frère Jean III de Finlande, âgé de trente et un ans, est élevé à la royauté, malgré ses tendances au catholicisme.

Turquie. — Trêve de huit ans avec l'Autriche (janvier).

1569.

Allemagne. — Les États poméraniens sont de nouveau réunis pour n'être plus séparés.

Angleterre. — Complot du duc de Norfolk en faveur de Marie Stuart qu'il voulait délivrer de sa prison et épouser. Il obtient sa grâce de la reine.

Espagne. — Révolte ouverte des Mauresques. — Le Belge Gérard Mercator publie la première carte hydrographique, où les parallèles coupent les méridiens à angle droit, et où les uns et les autres sont des lignes droites. On a donné son nom à ce genre de projection employée dans les cartes marines.

France. — Bataille de Jarnac, près de la Charente, gagnée sur les protestants par Henri d'Anjou, frère du roi; Condé est assassiné après la bataille (13 mars). Henri, prince de Béarn, fils de Jeanne d'Albret, est reconnu chef nominal du parti que l'amiral de Coligny dirige. Après avoir été forcé de lever le siége de Poitiers, Coligny perd la bataille de Moncontour, dans le Poitou, contre Henri d'Anjou (3 oct.).

Italie. — Pie V s'arroge le droit de conférer la dignité de grand-duc à Côme de Médicis, sans l'avis de l'empereur qui se prétend suzerain de Florence, ni du roi d'Espagne qui a été seigneur de Sienne (1er sept.).

Pologne. — Réunion définitive (12 août) de la Lithuanie à la Pologne : Sigismond II Auguste renonce à tous les droits que la famille des Jagellons avait eus jusqu'alors sur la Lithuanie. Une parfaite égalité de droits (*coæquatio jurium*) entre les deux gouvernements qui restent différents sous un même chef; les grands officiers de Lithuanie prennent rang au sénat de Pologne. — L'électeur de Brandebourg, Joachim II, obtient de son beau-frère le roi de Pologne, le droit de succéder à Albert-Frédéric, son parent, dans le duché de Prusse, au cas où celui-ci mourrait sans enfants : mais Joachim n'a plus que deux ans à vivre; Albert-Frédéric commence un règne de cinquante ans.

Portugal. — Camoëns, après des vicissitudes en Portugal, en Afrique, à Goa et à Macao, revient à Lisbonne, où il publie son poëme épique des *Lusiades*, composé à la gloire de Vasco de Gama. Il mourra pauvre à l'hôpital.

Russie. — Cruelles représailles exercées par Ivan IV contre Novogorod qu'il croit disposée à se donner aux Polonais. Atrocités commises à Tver et dans d'autres villes, même à Moscou.

1570.

Angleterre et Écosse. — Assassinat du régent Murray, frère naturel et ennemi de Marie (30 janv.). Elisabeth est excommunié par Pie V (25 févr.)

Autriche. — Traité de paix entre Jean-Sigismond et Maximilien, conclu à l'insu des Turcs : le prince de Transylvanie renonce au titre de roi; après sa mort, la partie occidentale fera retour à l'empereur et, s'il n'a pas de postérité, le reste appartiendra, sous la suzeraineté de l'Autriche, à un prince élu par les états du pays.

Espagne. — Établissement de

l'inquisition dans les colonies. — Philippe II épouse une Autrichienne. — *Theatrum orbis terrarum*, premier atlas connu, par Ortelius d'Anvers.

France. — Troisième édit de pacification à Saint-Germain en Laye; il donne aux huguenots l'entrée à toutes les charges et quatre places de sûreté : la Rochelle, Montauban sur le Tarn, Cognac sur la Charente, la Charité sur la Loire (15 août).

Turquie. — Venise, menacée par les Turcs pour la possession de Chypre, obtient des secours maritimes du pape et de l'Espagne. Désaccord entre les chefs. Nicosie est emportée d'assaut; toutes les places de l'île se rendent, excepté Famagouste, dont le siège commencé pendant l'hiver est converti en blocus.

1571.

Allemagne. — Mort de l'électeur de Brandebourg, Joachim II, éloquent, amateur des lettres, habile diplomate, d'un goût délicat pour les arts qu'il a lui-même cultivés. Jean-Georges qui lui succède protégera les sciences avec une sorte de despotisme, et se déclarera lui-même recteur de l'université de Francfort; il bannira le luxe.

Autriche. — A la mort de Jean-Sigismond, qui n'a pas de postérité, les états de Transylvanie élisent Étienne Bathori, seigneur puissant du pays, qui rend hommage à la cour de Vienne, et paye tribut aux Turcs (mai).

Espagne. — Après de rudes campagnes de don Juan d'Autriche, fils naturel de Charles V, les Maures d'Espagne qui ne veulent pas se soumettre émigrent en Afrique. — Philippe II défend contre la cour de Rome les priviléges que constituait pour la royauté le tribunal ecclésiastique de la monarchie sicilienne, établi depuis cinq siècles.

Espagne, Italie et **Turquie.** — Sélim II renouvelle l'attaque contre Famagouste, capitale des possessions vénitiennes en Chypre. Trois mois de siége; elle est prise par Mustapha qui sera cruel dans la victoire, même après une capitulation (août). Chypre est tout entière aux Turcs.— La flotte chrétienne de Venise, du pape, et de l'Espagne, commandée par l'Espagnol don Juan d'Autriche, héros de vingt-quatre ans, gagne sur les Turcs une grande victoire dans le golfe de Lépante (7 oct.). Perte immense des Ottomans en vaisseaux et en hommes. Les confédérés résistent aux conseils de don Juan qui voulait qu'on allât droit à Constantinople.— Le général des galères romaines fait une entrée triomphale dans Rome.

France. — La reine de Navarre et Coligny sont attirés à la cour par les négociations du mariage du prince de Béarn avec la sœur de Charles IX, et par le projet d'une guerre en Flandre contre les Espagnols, dont l'exécution serait confiée à l'amiral.

Russie et Suède. — Ivan IV, pour arracher la Livonie aux Suédois qui viennent de s'en emparer, propose aux Livoniens de se donner pour roi l'évêque luthérien de Derpt de la maison de Holstein. — Pendant que les Russes sont en Livonie, les Tartares de Crimée, à l'instigation de la Pologne, se jettent sur les régions centrales et viennent incendier les faubourgs de Moscou. — Trêve conclue par Ivan avec les Tartares et avec les Polonais pour continuer la guerre contre les Suédois.

1572.

Angleterre. — Le duc de Norfolk conspire de nouveau pour Marie Stuart : son procès; il meurt sur l'échafaud (2 juin).

Écosse. — Mort de Knox (24 nov.). Le comte de Morton, un Douglas, devient régent.

France. — Mort de Jeanne d'Albret (10 juin). Son fils Henri, maintenant roi de Navarre, n'en célèbre pas moins son mariage avec Marguerite de Valois, sœur du roi (18 août). Influence de Coligny sur l'esprit de Charles IX : jalousie de Catherine de Médicis, du duc d'Anjou, et du jeune duc de Guise ; il est blessé d'un coup d'arquebuse par Maurevers (22 août). Charles IX donne son consentement au massacre des protestants (23 août); nuit de la Saint-Barthélemy (24 août), un dimanche : mort de Coligny à Paris; le massacre dure deux jours ; les protestants sont tués aussi dans beaucoup de provinces. Le roi de Navarre et le prince de Condé, qui étaient à la cour, sont épargnés parce qu'ils abjurent. Mort du philosophe Ramus, et du sculpteur Jean Goujon. — Révolte des protestants à Sancerre, Montauban, la Rochelle. — *OEuvres morales* de Plutarque, traduites par Amyot.

Italie. — Une bulle de Pie V confirme l'institution des sœurs de charité (1er janv.).

Pologne. — La dynastie des Jagellons s'éteint avec Sigismond II Auguste (juill.). Son goût pour les lettres et les savants. Il a favorisé secrètement la doctrine de Luther. — La diète polonaise dorénavant donnera toujours le trône par élection.

1573.

Espagne. — Les cruautés impolitiques du duc d'Albe, et surtout les désastres des dernières campagnes, le font rappeler des Pays-Bas par Philippe II. Il a pour successeur le grand commandeur de Castille, don Louis de Réquesens, dont la douceur est un encouragement pour les rebelles.

France. — Mort de l'ex-chancelier Michel de L'Hôpital (13 mars). — La Rochelle et Sancerre résistent aux armées royales (juin-juill.) ; quatrième édit de pacification (juill.).

Pologne. — Henri, duc d'Anjou frère de Charles IX, l'emporte sur un fils de l'empereur ; les suffrages de la diète le font roi (9 mai). Il signe à Paris les *Pacta conventa* qui sont les conditions de la royauté (10 sept.) : si le prince manque aux engagements qu'il jure, les sujets sont déliés du serment de fidélité ; un des articles l'oblige à maintenir dans l'exercice de leur culte les dissidents.

1574.

France. — Formation du parti des politiques qui réunit bientôt des catholiques et des protestants. — Mort de Charles IX (30 mai). Avénement de son frère, le duc d'Anjou, roi de Pologne : Henri III quitte furtivement ce royaume (juin). — Mort du cardinal de Lorraine, frère du duc François de Guise, qui a été visité encore par le nouveau roi à Avignon. — Le jurisconsulte François Hotman publie un livre sur les origines de la France : *Franco-Gallia*.

Italie. — Le marquisat de Montferrat, annexé depuis 1536 au duché de Mantoue, est érigé par l'empereur en duché pour la maison régnante de Gonzague.

Portugal. — Le roi Sébastien, à vingt ans, plein de l'esprit de la chevalerie recommence ces imprudentes guerres contre les Maures d'Afrique qui, même heureuses, auraient épuisé le Portugal. Quelques succès lui donnent la pensée d'une grande expédition qu'il prépare pendant quatre ans.

Turquie. — Les Turcs chassent les Espagnols de la Goulette et de Tunis. Les Etats du nord de l'Afrique sont gouvernés, au nom de la Porte, par des pachas. — Amurath III succédant à son père Sélim II, commence par faire tuer ses cinq frères sous les yeux de leurs mères (déc.).

1575.

France. — Bernard Palissy, le célèbre potier de l'Agénois qui a su appliquer l'émail à la terre pour fabriquer de belles poteries, fait des cours publics sur la nature des terres, des pierres et des métaux : ses observations commencent la science géologique. — Henri de Guise est *balafré* en combattant les protestants à Dormans.

Espagne. — Mort de Diego Hurtado de Mendoza, diplomate, historien, poëte, auteur du *Lazarillo de Tormès*, roman de mœurs, le père des Figaros et des Gil Blas.

Italie. — Torquato Tasso, de Sorrente dans le royaume de Naples, achève à trente et un ans, pendant son séjour à Ferrare, son poëme épique : la *Jérusalem délivrée*, qui ne reçut pas d'abord l'accueil qu'il méritait. — Grégoire XIII confirme l'établissement de la congrégation de l'Oratoire, fondée par saint Philippe de Neri, à Rome (15 juill.). Elle s'est répandue utilement dans toute la chrétienté.

Perse. — Le schah de Perse meurt empoisonné par une de ses femmes. Son second fils, que depuis vingt-trois ans il tenait en prison, s'empare du pouvoir et tue le troisième désigné pour l'empire. Il est en horreur aux grands de l'État. Discordes intérieures. — Quatre princes se succéderont en onze ans.

Pologne. — Les Polonais, après avoir attendu treize mois le retour de Henri de Valois, déclarent le trône vacant (15 juill.) et élisent Étienne Bathori, le prince de Transylvanie, qui épouse la sœur de Sigismond II Auguste (15 déc.).

1576.

Allemagne. — Avénement de Rodolphe II au trône impérial : prince nul qui n'aura que les vertus de la vie privée.

Espagne. — Philippe II parcourt les provinces de l'Espagne pour voir et corriger par lui-même les vices et les abus de son gouvernement. — Impuissance du gouverneur espagnol Requesens dans les Pays-Bas. Sa mort (mars). Irritation des Flamands à cause de la suppression de leurs priviléges et des dévastations commises par les soldats espagnols mal payés. Progrès du prince d'Orange, qui est reconnu surtout en Hollande et en Zélande. Don Juan d'Autriche, frère naturel du roi, succède à Requesens. Le sac d'Anvers par les Espagnols (4 nov.) décide les Belges et les Bataves, sans distinction, à s'unir avec Guillaume d'Orange par la pacification de Gand (8 nov.). Don Juan essaye vainement de négocier. — Publication, à Séville, du *Comte Lucanor*, recueil d'apologues et de fabliaux composé au commencement du XIVe siècle par l'infant don Juan Manuel, neveu d'Alphonse X le Sage. Il sera réimprimé à Madrid en 1642.

France. — Henri de Navarre s'évade et abjure la religion catholique (févr.) : le prince de Condé et Monsieur, le frère du roi, duc d'Alençon, sont avec lui à la tête du parti des huguenots unis aux politiques ; les reîtres allemands et les lansquenets du prince palatin *combattent pour eux*. Cinquième édit de pacification de Loches ou de Beaulieu, qui leur donne de grands avantages (mai) ; le frère du roi reçoit le duché d'Anjou. Les catholiques organisent la sainte ligue, dont le premier formulaire est signé à Péronne. Les états généraux de Blois provoquent la rupture avec les protestants et le roi se met à la tête de la ligue, dont le chef réel est le duc de Guise Henri le Balafré. Débauches et prodigalités de la cour ; le peuple est accablé d'impôts.

Italie. — A Gênes, pour terminer les débats entre les anciens et les nouveaux nobles, quelques familles plébéiennes sont admises dans le corps de la noblesse. — Le Titien meurt, à quatre-vingt-dix-neuf ans, de la peste. Il est le véritable chef de l'école vénitienne, qui se distingue surtout par le coloris.

Pologne. — Les états de Transylvanie permettent à Étienne Bathori, qui devient roi de Pologne, de transmettre la couronne de Transylvanie à son frère. — Les Russes s'étant emparés de la Livonie et d'une partie de la Lithuanie, Étienne Bathori leur enlève Polock, et se ligue avec les Suédois pour reprendre la Livonie.

XVIᵉ SIÈCLE (1577-1579).

1577.

Angleterre. — L'Anglais Fr. Drake entreprend le tour du monde qu'il achèvera en mille cinquante et un jours. Sur la route, il attaque et dépouille les établissements espagnols dans les Indes. — Il découvrit, sous le nom d'îles Elisabéthides, la partie occidentale de l'archipel, appelée Terre de Feu, au sud du détroit de Magellan; il atteignit même l'extrémité australe de l'Amérique, à laquelle des navigateurs hollandais ont ensuite donné le nom de cap Horn. Au nord de l'Amérique septentrionale, il a dépassé la Californie et suivi la côte jusqu'au 43° de latitude.

Espagne. — Dans les provinces méridionales des Pays-Bas où la religion catholique domine, les nobles, inquiets de l'influence qu'exerce le calviniste Guillaume d'Orange, appellent pour diriger la guerre contre l'Espagne, un Autrichien, parent de Philippe II, l'archiduc Mathias, frère de l'empereur. — Ercilla commence à publier son poëme l'*Araucana*, dont les héros sont les Araucans du Chili, qu'il avait lui-même combattus.

France. — Sixième édit de pacification, dit de Bergerac ou de Poitiers. — Publication de la *République* de Jean Bodin. — Le protestant d'Aubigné commence son poëme des *Tragiques*.

Perse. — Au moment de commencer une campagne contre les Turcs, le schah des Perses est étranglé par les grands, qui lui substituent son frère aîné.

Portugal. — Le roi donne asile et promet appui au roi de Fez et de Maroc, Muley-Mohammed, dépouillé par son oncle.

1578.

Espagne. — Traité d'Élisabeth avec les confédérés des Pays-Bas (7 janv.). Don Juan, de son côté, reçoit des volontaires de l'Espagne, de la France, et de l'Italie; arrivée de son neveu, Alexandre Farnèse, prince de Parme. Victoire à Gembloux, au nord-ouest de Namur (31 janvier). Il meurt à trente-trois ans (1ᵉʳ octobre); Alexandre Farnèse lui succède. Le duc d'Anjou est appelé par les Belges, qui ne veulent se livrer ni à l'Espagne ni à Guillaume d'Orange.

France. — Création de l'ordre des chevaliers de Saint-Esprit. — Les *Semaines*, poëme de la *Création*, par Dubartas. — Henri III pose la première pierre du Pont-Neuf à Paris. — Dernier combat en champ clos, autorisé par le roi.

Portugal. — Le roi Sébastien, avec la piété d'un croisé, porte la guerre en Afrique, malgré les conseils du roi d'Espagne, qui cependant lui fournit cinquante vaisseaux et cinq mille hommes. Au sud de Tanger, près Alcaçar-Quivir, grande bataille où meurt le roi avec une partie de sa noblesse (4 août). — Avénement d'un vieillard infirme, le cardinal don Henri, son oncle, âgé de soixante-sept ans.

Russie. — Une nouvelle incursion des Tartares de Crimée en Russie interrompt les progrès d'Ivan IV en Livonie.

Turquie. — Onze ans de guerre avec les Perses.

1579.

Espagne et Hollande. — Les sept provinces bataves forment entre elles une union particulière à Utrecht, et constituent une république des provinces-unies, avec un stathouder ou gouverneur général, et une assemblée d'Etats généraux (23 janv.) : ce sont les comtés de Hollande et de Zélande, le duché de Gueldre, les seigneuries d'Utrecht, de Frise, d'Over-Yssel, et de Groningue. Ces provinces avaient entre elles une grande affinité de lois, de mœurs, de religion et d'intérêt commercial, et ressemblaient peu aux Belges, dont elles se séparent. Chacune garde son administration distincte. Le stathouder Guillaume d'Orange est en même temps capitaine et amiral général. — Continuation de la guerre avec le général de l'Espagne, Alexandre Farnèse qui ramènera les dix provinces du sud à l'obéissance.

France. — Ordonnance, dite de Blois, qui résulte des cahiers qui furent présentés par les députés des états de Blois en 1576 (mai): plus de trois cents articles de réforme judiciaire et de discipline ecclésiastique. — Par l'ordonnance de Blois, la possession d'un fief cesse d'être un titre de noblesse.

Italie. — Alphonse II, duc de Ferrare, Modène et Reggio, fait enfermer, sous prétexte de folie, dans l'hôpital de Sainte-Anne de Ferrare, le poète Torquato Tasso, coupable d'amour romanesque pour sa sœur Léonore. L'auteur de la *Jérusalem délivrée* fut sept ans détenu avec des fous.

Russie. — Ivan IV a à combattre à la fois les Polonais, les Suédois et les Tartares de Crimée.

Turquie. — Hostilités avec l'Autriche en Hongrie.

1580.

Allemagne. — Formule *de concorde* seulement pour les luthériens.

Angleterre. — Robert Browne forme la secte des séparatistes ou indépendants.

Écosse. — L'ex-régent Morton, arrêté le 31 décembre, sera décapité en juin 1581.

Espagne et Portugal. — Mort du roi don Henri (31 janv.) : le fils naturel d'un de ses frères, don Antoine, grand prieur de Crato, se fait nommer roi (juin). Mais le duc d'Albe, vainqueur à Alcantara, fait en deux mois la conquête du Portugal. Philippe II est proclamé (2 sept.).

France. — Le Languedoc est le théâtre de la guerre dite des Amoureux, entre les catholiques et les protestants. — Le duc d'Anjou prétend à la main d'Élisabeth d'Angleterre. — Montaigne publie les deux premiers livres des *Essais*.

Hollande. — La tête du prince d'Orange est mise à prix par Philippe II (15 mars).

Russie. — Iermak, hetman ou chef des Cosaques, pénètre le premier, au nom du czar, en Sibérie.

1581.

Espagne, Hollande et Portugal. — Les états généraux de Tomar reconnaissent Philippe II roi de Portugal, à la condition que le royaume restera séparé et indépendant avec ses tribunaux, sa capitale, etc. (avril). Des vengeances politiques sont exercées au nom du nouveau roi, avant qu'il fasse son entrée à Lisbonne (juin). — Les états généraux de la Haye, capitale fédérale des provinces-unies, se séparent solennellement de la couronne d'Espagne, rompent le sceau de Philippe II, le déclarent déchu de toute autorité dans les Pays-Bas : cette déclaration est le titre fondamental de la république de Hollande (2 juillet.). — Le duc d'Anjou est appelé au protectorat des Pays-Bas, par Guillaume d'Orange lui-même, qui songe à l'opposer aux Espagnols dans les dix provinces du sud. Il contribue à la délivrance de Cambrai, qu'assiégeait le prince de Parme; de là il passe en Angleterre pour les négociations de son mariage avec la reine.

France. — Faveur d'Anne de Joyeuse; il est créé duc et pair.

Transylvanie. — Les états nomment prince le neveu d'Étienne, Sigismond Bathori.

1582.

Angleterre et Écosse. — Intrigues du favori de Jacques VI, d'Aubigny, duc de Lennox, avec le parti catholique du continent et avec Marie Stuart. Faction anglaise auprès du roi (août).

Espagne et Portugal. — Mort du duc d'Albe entre les bras du roi d'Espagne (12 janvier). — Mort de sainte Thérèse. — Le duc d'Anjou reçoit le titre de duc de Brabant à Anvers, et de comte de Flandre à Bruges. — Antoine de Crato, réfugié en France, reçoit de Catherine de Médicis le Florentin Philippe Strozzi, qui livre pour lui la bataille navale des Açores, près de l'île Saint-Michel Strozzi est blessé mortellement et fait prisonnier (26 juill.). Antoine retournera en France.

Italie. — Fondation, à Florence, de l'académie de la Crusca, qui composera le grand dictionnaire de la langue italienne. — Grégoire XIII attache son nom à la réforme du calendrier, qui fut dirigée par le médecin romain Louis Lilio. Le calendrier grégorien sera successivement adopté par les Etats catholiques et même par les peuples protestants.— Le pape donne une édition, curieusement annotée, du décret de Gratien, antique palladium de l'autorité pontificale.

Pologne et **Russie.** — Pendant que le roi de Pologne assiége et prend Pskof au sud-est du lac Peipus, le czar, effrayé des progrès des Polonais, a recours à la médiation pontificale. Le jésuite Possevin, envoyé de Rome à Moscou, vient au camp du roi Bathori négocier une trêve de dix ans pour les Russes. La Courlande reste à la Pologne.— La guerre continue entre la Russie et la Suède.

Russie. — Ivan ne se décide pas à accepter le rite de l'Eglise romaine. — Soupçonnant son fils de trahison, il le tue de sa main.

Suède.—Jean III fait sanctionner par les Etats une nouvelle liturgie mixte contraire aux principes luthériens : la peine de mort est décrétée contre les opposants. Charles de Sudermanie, frère du roi, réclame la liberté de religion.

1583.

Angleterre.—Mort de sir Humphrey Gilbert, allant coloniser l'île de Terre-Neuve, que fréquentaient à cause de la pêche les Espagnols, les Portugais et les Français.

Autriche. — Guerre avec les Turcs : la Transylvanie fera cause commune avec l'Autriche.

Espagne. — Pendant son séjour à Lisbonne, Philippe II échappe à deux tentatives de meurtre. — Le duc d'Anjou, qui a vainement essayé de se rendre maître absolu à Anvers, retourne en France couvert de honte (juin). Les provinces belges n'ont pour les protéger contre le despotisme espagnol que les forces des Bataves. Progrès du prince de Parme. — *Guzman d'Alfarache*, roman de Mathieu Aleman, dans le même genre que le *Lazarillo de Tormès;* il annonce *Figaro*.

Italie. — Le Véronais Joseph Scaliger, par son ouvrage *de Emendatione temporum*, donne à la chronologie le caractère d'une science rigoureuse. Il n'admet pas le calendrier grégorien. — *Ratio studiorum*, plan d'études pour toutes les maisons des jésuites.

Russie. — Les comptoirs du commerce russe pour la mer Blanche sont transportés de Kholmogory à Arkhangel.

1584.

Espagne. — L'Espagnol Gali découvre, au nord-ouest de l'Amérique septentrionale, les côtes que les Anglais ont appelées, depuis, Nouvelle-Géorgie et Nouveau-Cornouailles. F. Drake les avait appelées Nouvelle-Albion. — Walter Raleigh est fait lord-propriétaire de la Virginie.

Espagne et **Hollande.** — Succès croissants du prince de Parme sur les Hollandais : il prend Ypres (8 avril) et Bruges (26 mai). Le prince d'Orange est assassiné à Delft par le Franc-Comtois Balthazar Gérard (10 juill.). Comme l'aîné de ses fils est prisonnier en Espagne depuis dix-sept ans, le second, âgé de dix-huit ans, lui succède dans la confiance des états généraux, mais sans aucun titre ni pouvoir déterminé : le parti de l'indépendance manque de direction. Gand se rend au prince de Parme, qui soumet toute la Flandre excepté Ostende et l'Ecluse, villes maritimes. Il commence les travaux d'attaque contre Anvers.

France. — La mort du duc d'Anjou, héritier de Henri III qui n'avait pas d'enfant (10 juin), fait du premier prince du sang, Henri de Navarre, l'héritier direct de la couronne : il descendait par son père d'un fils de saint Louis, Robert, comte de Clermont. Les ligueurs et les Guises, qui prétendent l'éloigner du trône à cause de sa religion, par le traité de Joinville, se placent déjà sous la protection du roi d'Espagne : le cardinal de Bourbon les laisse se servir de son nom contre lui. — *Bibliothèque française* de La Croix du Maine.

Italie. — Le pape fonde à Rome pour les catholiques du mont Liban, les Maronites, un collège qui a donné quelques noms illustres.

Russie. — Mort d'Ivan IV (mars). Il a été le plus cruel, et le plus follement sanguinaire des princes russes, avec un esprit distingué et même délicat. Réformes législatives ; soins donnés à l'instruction ; admission de nouveaux arts ; importation de l'imprimerie. — Son fils, Fédor Ier, âgé de trente-cinq ans, faible de corps et d'esprit, ne gouvernera pas par lui-même : toute-puissance de son beau-frère Boris Godunow.

1585.

Angleterre. — Dévastation par Fr. Drake et Martin Forbisher, de Saint-Domingue, de Carthagène et des côtes de la Floride. — Seconde expédition en Virginie : on en rapporte le tabac.

Espagne. — Pendant le blocus d'Anvers, Bruxelles, Malines, etc., rentrent sous l'autorité de l'Espagne. Malgré les machines infernales de l'Italien Gianbelli, qui détruisent les travaux d'attaque d'Alexandre Farnèse, reddition d'Anvers après un siège d'un an (17 août). — Le comte de Leicester, favori d'Élisabeth, général sans capacité, vient trop tard pour diriger la défense des Pays-Bas (19 déc.).

France. — Manifeste du roi de Navarre (10 juin). Henri III se laisse dicter par les ligueurs le traité de Nemours, à la suite duquel il révoque tous les priviléges des protestants (18 juill.). Le pape Sixte-Quint fulmine contre Henri de Navarre et le déclare incapable de succéder au trône de France (10 sept.). La protestation du roi de Navarre et du prince de Condé, rédigée par Pierre L'Etoile, est affichée sur les portes du Vatican. — Le conseil des Seize se forme à Paris, au sein de la Ligue. Résurrection de l'esprit féodal et de l'esprit municipal dans les provinces : l'autorité royale est menacée par les huguenots, les ligueurs, les royalistes. — Mort de Ronsard. — *Bibliothèque* d'Antoine Duverdier.

Italie. — Grégoire XIII, quelque temps avant de mourir, a reçu une ambassade du Japon. — Le gardeur de pourceaux de Montalte, devenu général de l'ordre des cordeliers, est élu sous le nom de Sixte V (avril).

Portugal. — Un imposteur se donne pour le roi don Sébastien. Trois autres tentatives du même genre en neuf ans.

Turquie. — Les Perses reprennent Tauris sur les Ottomans : la citadelle résiste à soixante assauts.

1586.

Angleterre et Écosse. — Jacques VI, âgé de vingt ans, consent, pour n'être pas privé de ses droits à la couronne d'Angleterre, à conclure une ligue offensive et défensive avec Élisabeth, qui tient toujours sa mère dans la plus cruelle captivité. — Marie Stuart est rendue responsable d'une nouvelle conjuration formée contre Élisabeth par les catholiques. Une commission, composée au gré d'Élisabeth, l'accuse, la juge et la condamne à mort, comme si elle avait attenté à la puissance et à la vie de la reine d'Angleterre (25 oct.).

Espagne et Hollande. — Le

comte de Leicester reçoit à la Haye le titre de gouverneur pour les états de Hollande, de Zélande, de Frise et de Gueldre (fév.). Il ne pousse pas activement la guerre.

France. — Guerre des trois Henri : la Ligue sépare ouvertement ses intérêts de ceux de la dynastie des Valois; alliance coupable des Guise avec l'Espagne.

Italie. — Sixte V confirme l'ordre des feuillants qui réforme la règle bénédictine de Citeaux (mai). — A Rome, où beaucoup de monuments datent de ce règne, achèvement d'un aqueduc qui rivalise avec les belles constructions des anciens Romains.

Perse. — Abbas, dont le règne devait être long et glorieux, débute par la guerre contre les Usbecks : il leur reprend le Khoraçan, qu'ils avaient enlevé à ses prédécesseurs.

Pologne. — Mort du roi Étienne Bathori, sans postérité, à Grodno. — Sous ce règne, les Cosaques disciplinés ont formé une cavalerie redoutable aux Tartares; l'Ukraine, dont les dévastations des Tartares avaient fait une solitude, a été repeuplée; un grand tribunal de la couronne a été établi pour juger les causes des nobles; la diète seule peut permettre qu'un roturier soit anobli.

Russie. — Le séjour à Moscou du patriarche de Constantinople, que le vizir avait chassé de son siége, donne à Boris la pensée de créer un patriarcat en Russie : le métropolite Job est fait patriarche.

Suisse. — Les cantons catholiques rompent l'alliance, qui a duré plus d'un siècle, avec la république de Mulhausen, maintenant protestante.

1587.

Allemagne. — Le margrave de Brandebourg, Jean George, renouvelle les traités de succession réciproque avec les maisons de Saxe et de Hesse.

Angleterre. — Après un délai de quatre mois, Elisabeth fait exécuter la sentence rendue contre Marie Stuart (18 fév.) : mort pleine de royale noblesse et de résignation catholique de la reine d'Ecosse; elle ne sera pas vengée par son fils. — Walter Raleigh fait un nouvel essai malheureux de colonisation dans la Virginie, sous la direction de John Withe; l'île de Roanoke est encore le point de relâche.

Espagne et Hollande. — Progrès des Espagnols : ils prennent Deventer sur l'Yssel (29 janv.), et l'Ecluse (4 août). Leicester retourne honteusement en Angleterre (déc.). Maurice de Nassau dirige la guerre.

France. — La royauté des Valois est mise en péril par les succès du roi de Navarre et par ceux du duc de Guise. Le roi de Navarre est vainqueur en Guyenne, à Coutras, des troupes de Henri III que commande le duc de Joyeuse (20 oct.). Des Suisses et des Allemands qui devaient rejoindre le roi de Navarre, sont battus par Guise à Vimori près de Montargis (29 oct.). La réputation du duc de Guise grandit par les désastres de l'armée royale qu'il ne commandait pas. Les passions religieuses sont entretenues par les prédicateurs de la Ligue. — Chaire d'arabe au Collége royal.

Italie. — Mort du grand-duc de Toscane, François-Marie de Médicis. Il faisait une véritable concurrence mercantile à ses propres sujets; il trafiquait à Florence, faisait la banque à Rome et à Venise. Mœurs dissolues à la façon de l'Orient. Son frère, Ferdinand Ier, qui est cardinal, lui succède; il se mariera à une nièce de Catherine de Médicis.

Pologne. — Au czar Fédor est préféré Sigismond III, né d'une fille de Sigismond Ier et de Jean III le roi de Suède : il a été élevé dans la foi catholique.

Turquie. — Le général ottoman, vaincu par la guerre de Hongrie, prévient, en s'empoisonnant, l'envoi du fatal cordon qui lui était préparé.

1588.

Angleterre. — Le journal *English Mercury*, qui raconte le désastre de l'armada est l'œuvre d'un faussaire du XVIIIe siècle.

Angleterre et Espagne. — Malgré son peu d'affection pour Philippe II, Sixte V est obligé de lancer des bulles contre Élisabeth, qui lui répond par une sentence d'excommunication. La grande armada de Philippe II, destinée à faire expier à l'Angleterre la mort de Marie-Stuart, appelée d'avance l'invincible, est détruite par les tempêtes et par la marine anglaise (juill.). Depuis ce désastre, les flottes d'Élisabeth vont jusqu'en Amérique insulter les possessions d'Espagne.

Danemark. — Mort de Frédéric II. Minorité de Christian IV : huit ans de régence paisible.

France. — Le manifeste des partisans des Guises donné, à Nancy, est une menace pour Henri III et pour les protestants (févr.). Malgré la défense du roi, le duc de Guise vient à Paris (9 mai). Journée des barricades le 12 : il était roi s'il eût osé avouer son ambition. Henri III, qui a abandonné la capitale, accorde cependant au duc l'édit d'union (21 juill.). — Aux états généraux de Blois, Henri III, qui craint d'être détrôné, fait assassiner le duc et le cardinal de Guise (23 déc.); mais leur frère, le duc de Mayenne, leur survit. Fureur séditieuse des ligueurs à Paris, et surtout des prédicateurs. Le mouvement se propage dans tout le royaume. — Le duc de Savoie, Charles-Emmanuel, sous prétexte d'arrêter les progrès de Lesdiguières, chef du parti huguenot en Dauphiné, a occupé Château-Dauphin, au pied du mont Viso, place frontière de Savoie et de France; s'est emparé du marquisat de Saluces, qui relève de la France. Henri III a armé contre lui les Suisses et les Génevois.

1589.

Écosse. — Jacques VI épouse la fille du roi de Danemark.

France. — Catherine de Médicis, retirée à Blois, finit sa vie dans l'obscurité, à soixante et dix ans (5 janv.). — Les seize font une épuration du parlement et le tournent contre le roi. Ils nomment Mayenne lieutenant général (févr.). Henri III transfère à Tours sa cour et les parlementaires restés fidèles. Il se décide à faire cause commune avec le roi de Navarre, qui est menacé comme lui dans ses droits (26 avril); leurs armées sont réunies contre Paris. Un fanatique, Jacques Clément, assassine Henri III à Saint-Cloud (31 juill.). Henri de Navarre devient Henri IV de France : mais beaucoup de seigneurs catholiques l'abandonnant, il ne peut continuer le siège de Paris. En Normandie, Henri IV est vainqueur à Arques, au sud de Dieppe, sur Mayenne (16 sept.-6 oct.). Les ligueurs lui opposent, sous le nom de Charles X, son oncle le cardinal de Bourbon, qui était alors prisonnier des huguenots.

Italie. — Sixte V commence à réparer pour la bibliothèque du Vatican les désastres que lui a causés le sac de Rome par les Allemands en 1527; il y joint une imprimerie. Sa munificence, qui le recommande à la postérité, le faisait détester de ses sujets à cause des impôts.

Perse. — Par un traité de paix, le schah Abbas cède aux Ottomans trois provinces conquises par eux. l'Arménie, l'une d'elles, avant d'être cédée est dépouillée d'une partie de sa population; vingt-deux mille familles sont divisées en plusieurs colonies et dispersées dans les diverses régions de ses États. L'industrie et l'activité de ces colons firent la richesse commerciale de la Perse. Ils se bâtirent une ville considérable, Sulfa ou Julfa, près d'Ispahan.

Portugal. — Nouvelle et inutile tentative d'Antoine de Crato avec les marins anglais J. Norris et Fr. Drake.

XVIe SIÈCLE (1590-1592).

1590.

Espagne. — Lope de Vega, à vingt-huit ans, quitte le service militaire et compose pour le théâtre. Il écrit pendant plus de quarante ans ; il fait dix-huit cents pièces.

France. — Victoire de Henri IV sur Mayenne à Ivry, dans le pays d'Évreux (14 mars); il sert de plus près Paris. Mort du cardinal de Bourbon, soi-disant roi (8 mai). Philippe II propose plus ouvertement aux ligueurs de prendre pour reine sa fille, l'infante Isabelle-Claire-Eugénie, née d'Élisabeth de France, sa troisième femme. Appareil militaire et ecclésiastique de la procession des ligueurs à Paris (sept.). Affreuse famine, soulagée par Alexandre Farnèse, duc de Parme; il délivre Paris, mais son séjour en France laisse libre carrière à Maurice de Nassau dans les Pays-Bas. — Lesdiguières arrête le duc de Savoie en Dauphiné. — Mort du sculpteur Germain Pilon, de Jean Cousin, de Cujas, d'Ambroise Paré, de Bernard Palissy.

Perse. — Le schah Abbas fixe sa résidence à Ispahan, au sud de l'Irak-persique ou Adjemi; elle lui doit ses premiers embellissements. Il commence, dans le meidan ou marché, qui est une des plus belles places de l'univers, un superbe palais.

1591.

Espagne. — L'affaire d'Antonio Perez, ministre disgracié de Philippe II, est l'occasion d'une révolte en Aragon ; elle est réprimée par le supplice des chefs, même du grand justiza qui a défendu la loi contre le roi. Perez trouve asile en France.

France. — Grégoire XIV, dévoué aux Espagnols, fulmine contre Henri IV (mars). Le roi prend Chartres pour couper les communications de Paris avec la Beauce qui nourrit les Parisiens. I investit Rouen (nov.). Les plus forcenés des seize font des épurations sanglantes dans le parlement; ils ont rompu avec Mayenne, qui les châtie sans les ramener à lui (nov.-déc.). — Henri IV reçoit des secours de l'électeur Jean Georges de Brandebourg. — Guy Coquille compose le plus ancien traité des *Libertés de l'Église de France*.

Hollande. — Nimègue, qui avait été occupée jusque-là par les Espagnols, est réduite à capituler, et annexée aux Provinces-Unies.

Italie. — Grégoire XIV régularise l'usage de la calotte rouge pour les cardinaux.

1592.

Allemagne. — Pour la première fois, Leipsick a une foire aux livres.

Autriche et Turquie. — Pour satisfaire la milice inquiète des janissaires, le sultan rompt tout à fait avec l'Autriche. Le pacha de Bosnie se rend maître de Wichts ou Bihacz, ville forte de la Croatie hongroise, sur l'Unna, affluent de la Save. Mathias est envoyé par l'empereur son frère contre les Turcs.

Espagne. — De 1592 à 1595, le jésuite Mariana compose en latin son *Histoire d'Espagne*, qu'il a mise lui-même en espagnol.

Espagne et France. — Rouen est délivré par Alexandre Farnèse (avril). — Mort de Farnèse à Arras (3 déc.). Il laisse la réputation d'un des plus grands capitaines de son siècle.

Italie. — Clément VIII, qui arrive au pontificat, publie la première édition authentique et officielle de *la Vulgate*, ou version latine de la Bible ; il supprime, comme fautive, celle que Sixte-Quint avait publiée deux ans auparavant.—On achève à Venise les bâtiments de la place de Saint-Marc. On commence, sur le grand canal, le pont Rialto, remarquable par la hardiesse de sa construction.

Suède.—Mort de Jean III (nov.). Son fils, le roi de Pologne, Sigismond, auquel est destinée la couronne n'arrivera que dans un an. Gouvernement du frère de Jean III Charles de Sudermanie.

1593.

Autriche et Turquie. — Le pacha de Bosnie assiége Sisseck, boulevard de la Croatie. Grande victoire des troupes autrichiennes, due surtout à Montécuculli. Mais Sisseck se rend aux Ottomans (24 août). Les Turcs viennent jusqu'à Albe-Royale; ils sont battus (oct.).

France. — A Paris, ouverture des états généraux de la Ligue (26 janv.). Le catholicon, c'est-à-dire l'argent de l'Espagne, ne parvient pas à assurer la couronne de France à la fille de Philippe II : la maison de Guise elle-même, qui aurait été frustrée, ne favorise pas ces prétentions. Aux conférences de Suréne, Henri IV fait annoncer son projet de conversion (avril). Arrêt du parlement contre toute prétention d'une femme ou d'un étranger au trône de France (28 juin). Abjuration solennelle de Henri IV à Saint-Denis (25 juill.). — La *Satire Ménippée*, qu'on commence à imprimer à Tours, est à la fois un monument de bon sens et d'esprit français, et une protestation nationale contre les étrangers qui soutiennent la Ligue.

Hollande. — Les États généraux de la Haye, après être restés six mois séparés, deviennent sédentaires et perpétuels (24 juin).

Russie. — Un édit attache les paysans à la glèbe en leur ôtant le droit de changer de seigneur et de domicile au détriment des paysans et des gentilshommes propriétaires.

1594.

Allemagne. — Ligue formée entre les protestants.

Autriche et Turquie. — Les Turcs forcent à se rendre, après plusieurs assauts, la forte place de Raab ou Javarin, près du confluent du Raab et du Danube (sept.).

Espagne et Hollande. — Le roi d'Espagne nomme au gouvernement des Pays-Bas l'archiduc Ernest, frère de l'empereur Rodolphe, qui croit pouvoir, comme Alexandre Farnèse, tenir tête en même temps aux rebelles des Pays-Bas et à Henri IV. Il essaye vainement de faire assassiner le prince Maurice et les principaux chefs des confédérés. Maurice échoue dans ses attaques contre Bois-le-Duc et contre Maestricht; mais il entre victorieux dans Groningue, après trois mois d'investissement (24 juill.) : cette conquête complète le territoire des sept Provinces-Unies.

France. — Lorsque déjà plusieurs villes importantes, Meaux, Lyon, Orléans, Bourges se sont séparées de la Ligue, Henri IV se fait sacrer à Chartres (27 fév.). Paris lui est vendu par le gouverneur Brissac (22 mars). Le parlement de Tours est réintégré à Paris. Reddition de Rouen et du Havre dont le gouverneur est aussi chèrement acheté. — Suite du procès de l'Université et des curés de Paris contre les jésuites : Antoine Arnaud parle pour l'Université (juill.). — Mort de François d'O, surintendant des finances, insigne déprédateur (oct.) : il est remplacé par huit conseillers, qui continuent à dissiper le trésor. — Le duc de Guise se réconcilie avec le roi (29 nov.). — Attentat de Jean Chatel contre le roi (27 déc.); les jésuites sont chassés du royaume, par arrêt du parlement de Paris. — Pierre Pithou publie, avec dédicace à Henri IV, les *Libertés de l'Église gallicane*, rédigées en quatre-vingt-trois articles.

Italie. — Mort de Palestrina, surnommé le prince de la musique. Il a introduit dans la musique sacrée un style large et majestueux.

Suède. — Sigismond, prince catholique, est forcé, à son sacre, de promettre le maintien de la confession d'Augsbourg (févr.) : la religion catholique ne sera exercée que dans la chapelle du prince. Commencement des discordes que le zèle luthérien et l'ambition de Charles de Sudermanie suscitent entre l'oncle et le neveu.

1595.

Autriche. — Dans un traité d'alliance contre les Turcs, Sigismond Bathori fait reconnaître formellement l'indépendance de la Transylvanie. Il épouse une princesse autrichienne.

Espagne, France et **Hollande.** — Henri IV déclare la guerre à Philippe II (17 janv.). Il va chercher les Espagnols et les ligueurs dans la Bourgogne, gouvernement du duc de Mayenne, les bat à Fontaine-Française (5 juin), parcourt la Bourgogne et le Lyonnais. — Clément VIII, après les négociations de d'Ossat et de du Perron, prononce solennellement à Rome l'absolution de Henri IV (17 sept.). — Le comte de Fuentes, qui succède à l'archiduc Ernest dans le gouvernement des Pays-Bas espagnols, emploie ses forces contre la France, et entre en Picardie où il occupe quelques villes. Il force à capituler Cambrai, une des places flamandes rebelles, qu'encourageaient dans la résistance les armées françaises (9 oct.); mais il indispose les Flamands en les excluant de son conseil, où ne sont admis que des Espagnols.

Hollande. — Le navigateur Cornélius Houtman suggère à ses compatriotes, qui commençaient à aller chercher directement les produits des Indes orientales dont les Portugais s'étaient réservé pendant près d'un siècle le monopole, la première idée des associations appelées compagnies des Indes.

Italie. — Le poëte Torquato Tasso meurt en arrivant à Rome, où Clément VIII l'avait appelé pour le couronner solennellement au Capitole (26 avril). — Le différend qui s'était élevé depuis quelques années entre les dominicains et les jésuites, au sujet de la grâce et du libre arbitre, est porté devant la cour de Rome qui, après onze ans d'examen, laissera la question sans solution.

Turquie. — Mort d'Amurath III, épuisé à cinquante ans par la débauche et le vin. Son avarice. Dans les nombreuses guerres qui ont eu lieu pendant son règne, il n'a pas paru en personne. Il a réprimé des mouvements séditieux des janissaires. — Le nouveau sultan, Mahomet III, commence par faire étrangler dix-neuf de ses frères et jeter à la mer dix des femmes de son père. Il a vingt-sept ans.

1596.

Angleterre. — Mort de Fr. Drake (janv.). — Le comte d'Essex, beau-fils de Leicester, qui lui-même est le favori de la reine, âgée alors de soixante-deux ans, surprend et pille l'opulente ville de Cadix (juill.). — Walter Raleigh découvre la Guyane, au nord-est de l'Amérique méridionale. — Shakspere, qui est déjà célèbre depuis six ans par ses compositions dramatiques, donne *Hamlet*.

Autriche et **Turquie.** — Le sultan dirige en personne la guerre de Hongrie. Il attaque Agria qui se rend (oct.); la garnison, en sortant de la ville, est massacrée par les janissaires.

Espagne. — L'Espagnol Mendana retourne pour la troisième fois vers les îles Salomon qu'il n'avait pu retrouver dans son second voyage; il emmenait des prêtres et des soldats pour fonder une colonie. Sur la route, il découvre l'archipel des îles Marquises de Mendoza : c'est de tous les groupes d'îles du grand Océan celui qui se rapproche le plus de l'Amérique méridionale. Il meurt au milieu de son nouvel établissement qui ne lui survit pas.

France. — Rachat coûteux des provinces. Accommodement de Henri IV avec le duc de Mayenne, gouverneur de la Bourgogne ; avec Joyeuse, gouverneur du Languedoc (janv.); avec le duc d'Épernon, gouverneur de la Provence. Marseille se rend au roi en février. — Progrès des Espagnols : ils enlèvent Calais (25 avril), et Ardres (23 mai). — Détresse du roi, malgré l'habileté de Maximilien de Béthune, marquis de Rosny, plus tard duc de Sully, qui devient surintendant des finances. Il convoque sans profit l'assemblée des notables à Rouen (nov.).

Ferrare et Modène. — Clément VIII déclare dévolu au saint-siége le duché de Ferrare, et intimide par l'excommunication et l'approche des troupes pontificales César 1er, petit-fils d'Alphonse II, que le dernier prince a déclaré par testament son héritier universel (2 nov).

1597.

Autriche. — Sigismond Bathori renonce honteusement à la Transylvanie, qui est constamment menacée par les Turcs, pour recevoir de l'empereur, en échange, deux principautés de Silésie. Plusieurs fois, depuis, il tentera de rentrer en Transylvanie.

Espagne. — L'algébriste Van Rœmen, de Louvain (Adrianus Romanus), essaye de créer au moyen des lettres, symboles abstraits, une science mathématique universelle qui embrasserait les quantités de toute nature.

France. — Amiens, prise par les Espagnols (21 mars), est recouvrée par le roi et par Biron (25 sept.). — Pour la première fois, à ce siége, les soldats furent employés aux travaux de la tranchée qu'ils regardaient auparavant comme indignes d'eux.

Hollande. — Deux Hollandais, Barentz et Hemskerk, qui avaient déjà tenté deux fois ensemble, en 1595, de trouver par le nord-est de l'Europe le chemin de la Chine, osent essayer un troisième voyage qui fut aussi malheureux que les autres. Ils pénètrent au nord de la Sibérie et luttent en vain contre les glaces. L'expédition de Barentz tourne l'extrémité nord de la Nouvelle-Zemble, où avaient déjà abordé des Anglais. Vers ce temps, les Hollandais arrivent au Spitzberg, dernière terre connue au nord, dans l'océan Glacial.

Italie. — Mort d'Alphonse II d'Este, sans enfant (oct.). Le persécuteur du Tasse avait été cependant un Mécène pour les gens de lettres et les artistes : peintres, sculpteurs, et architectes avaient embelli

1598.

Autriche et Turquie. — La nouvelle de la perte de Raab, que les impériaux viennent d'enlever aux Turcs, cause une sédition à Constantinople (mars). Le sultan fait étrangler un de ses frères.

Espagne. — Philippe II transporte à sa fille Claire-Isabelle-Eugénie, âgée de trente-deux ans, la souveraineté des Pays-Bas, du comté de Charolais et de la Franche-Comté, en annonçant son prochain mariage avec Albert d'Autriche qui a quitté la robe d'église (6 mai); mais il a soin de réserver aux rois d'Espagne la suzeraineté sur les pays qu'il abandonne. — Mort de Philippe II (13 sept.). On l'a surnommé le Démon du Midi. Ses prétentions à la monarchie universelle ont épuisé l'Espagne. Il a fixé la majorité des rois à quatorze ans. — Son fils Philippe III, né de son quatrième mariage, laisse l'autorité au ministre Sandoval, duc de Lerme.

Espagne et France. — Henri IV va recevoir la soumission du duc de Mercœur qui avait prétendu à la souveraineté de la Bretagne (18 fév.). La Ligue n'a plus de chef. — Édit de Nantes accordé par le roi aux protestants : il leur laisse les moyens de former encore un parti politique dans l'État (13 avril). Vaines remontrances du parlement. Le roi fonde deux nouvelles chaires de théologie à la Sorbonne. — Le traité de Vervins met fin à la guerre avec les Espagnols, sans que Philippe II garde rien du territoire français (2 mai).

France. — Lesdiguières enlève le fort Barraux, que le duc de Savoie avait fait construire, en 1597, pour protéger Montmélian. — Le marquis de Rosny devient grand voyer de France. — Le célèbre imprimeur Henri Estienne, l'auteur, depuis 1572, du *Thesaurus Græcæ linguæ*, après bien des courses d'érudit à travers l'Europe, bien des agitations littéraires et religieuses, meurt ruiné à l'hôpital de Lyon.

Italie. — Une convention subie par César Ier laisse la ville de Ferrare au pape (19 janv.); une bulle la réunit au saint-siège (11 fév.). Négligée par les papes, elle perdra de sa prospérité. — Les princes de la maison d'Este établissent leur cour à Modène qui deviendra une des plus brillantes résidences de l'Europe.

Russie. — Le czar Fédor, sept ans après la mort violente de son frère Dimitri, meurt sans enfants; il est le dernier prince de la maison de Rurik. Boris Godunow, qui a fait tuer Dimitri, avec l'assentiment du clergé, de la noblesse et du peuple, se fait nommer czar. Les premières années du nouveau règne furent douces et heureuses. Paix au dehors. Protection accordée aux savants, aux artistes étrangers et aux marchands de la Hanse.

1599.

Angleterre. — Après une première disgrâce, le comte d'Essex est chargé par Elisabeth du gouvernement de l'Irlande. Ses fautes. Son rappel. — Compagnie privilégiée des Indes.

Espagne et Hollande. — Le général Mendoza essaye de pénétrer dans les Provinces-Unies par le pays de Clèves, au-dessus de l'endroit où le Rhin se sépare en plusieurs branches. Il marque son passage par des actes de barbarie. Le prince Maurice l'arrête.

France. — Edits pour le dessèchement des marais (avril), dû à Rosny. — Mort de la maîtresse du roi, Gabrielle d'Estrées, qu'il avait faite marquise de Monceaux et duchesse de Beaufort (avril). — Une sentence pontificale consacre le divorce de Henri IV avec Marguerite de Valois, dont il s'était séparé depuis quatre ans (17 déc.).

Italie. — Ranuce Ier, fils et successeur d'Alexandre Farnèse, reconstitue l'université de Parme.

XVIIe SIÈCLE APRÈS J. C.

APERÇU GÉNÉRAL.

Le XVIIe siècle, qui doit enfanter de si mémorables événements dans l'histoire de la politique, de la religion, des lettres et des sciences, qui doit transporter aux Indes orientales et en Amérique des populations et des institutions nouvelles, se divise naturellement en deux parties. Le moment où Louis XIV commence à gouverner en personne, attirant à lui toute la gloire, mais faisant aussi retomber sur son nom toutes les fautes de cette grande époque, est le point qui sépare la première partie de la seconde.

1° **1600-1661.** — Au début comme à la fin du siècle, deux États de l'Europe occidentale ont de grands souverains. L'Angleterre s'honore également d'Élisabeth Tudor, reine despote, qui ne survit pas longtemps au supplice de son imprudent et coupable favori, le comte d'Essex, et de Guillaume d'Orange, monarque constitutionnel qui, après l'an 1700, n'aura plus que le temps de préparer une nouvelle guerre européenne contre Louis XIV. Élisabeth avait été plus heureuse, elle avait vu descendre dans la tombe son ennemi Philippe II, qui emportait avec lui la gloire et la puissance de l'Espagne. La France, l'an 1600, a encore dix années du règne prospère de Henri IV. Les quinze dernières années de Louis XIV, qui ne sont cependant pas vides de gloire au début du XVIII° siècle, ne sont que la fin déplorable d'un grand règne.

Biron, qui conspire avec l'Espagne et la Savoie, est puni comme le comte d'Essex : les prétentions de la noblesse et les rancunes du parti protestant pouvaient enfanter de nouveau la guerre civile et la guerre étrangère. Médiateur entre le pape et la république de Venise, qui chasse alors les jésuites tandis qu'ils rentrent en France après un court exil ; entre l'Espagne et les Provinces-Unies, pour qui la trêve de douze ans est comme une reconnaissance implicite de leur indépendance, Henri IV aspire à un rôle encore plus grand en Europe : il veut fonder la paix perpétuelle en abaissant la maison d'Autriche. Le coup de poignard que lui porte Ravaillac est la vengeance des ligueurs ; la France retombe sous une régente italienne, à côté d'un roi enfant, presque dans la même condition qu'après la mort de Henri II.

En Espagne Philippe III porte le titre de roi, le duc de Lerme gouverne ; le faste de la cour contraste avec la misère du peuple et la dépopulation des provinces, surtout depuis l'expulsion définitive des Maures. La branche allemande d'Autriche est sur le point d'être séparée en deux par l'ambition de Mathias, qui s'irrite du long règne de son frère, l'impuissant Rodolphe II ; les états héréditaires sont ouverts, par les révoltes de la Hongrie et de la Transylvanie, à l'invasion ottomane. La Suède protestante rejette son roi légitime qui prétend rester catholique, et qui, a ce titre, avait été appelé à la couronne de Pologne. Le Danemark est plus heureux et plus sage sous Christian IV, qui n'a passé encore que douze années d'un règne de soixante ans ; des établissements littéraires et des essais de colonisation aux Indes orientales donnent à ce peuple la prospérité et la civilisation. Les Polonais, les Suédois et les Danois ravagent à plaisir les provinces russes qui, depuis 1598, subissent tout imposteur qui veut se donner pour héritier du trône,

Michel Romanow commence enfin une nouvelle dynastie nationale : c'est celle qui règne encore aujourd'hui.

L'empire ottoman, qui profite de la faiblesse militaire et des divisions intestines de l'Autriche, a un plus redoutable voisin à l'est dans le schah de Perse, Abbas le Grand, qui avait refoulé les Mongols : Abbas est cruel, comme tant de princes illustres de l'Orient.

L attention du monde, après la mort d'Élisabeth et de Henri IV, se détourne de la France et de l'Angleterre pour se porter sur l'Allemagne. Jacques Ier Stuart, zélé anglican quoique fils de Marie Stuart, compromet la paix religieuse en Écosse comme en Angleterre, par son goût pour les controverses; catholiques et puritains s'enhardissent contre un prince qui aime à formuler le droit divin des rois et qui laisse cependant le parlement attaquer la prérogative royale qui avait été sacrée sous les Tudors : les griefs de la nation sont légitimés par les intrigues et les folies du favori Buckingham, qui est cause d'une rupture avec l'Espagne. La défense du parti protestant sur le continent, une des gloires d'Élisabeth, est abandonnée par son successeur.

La France s'éloigne aussi des voies que lui a tracées Henri IV; au milieu des nouveaux orages civils que soulève l'administration faible et détestée du Florentin Concini, une infante d'Espagne est demandée pour le jeune roi. Les États généraux de 1614, les derniers jusqu'en 1789, discutent toutes les questions qui touchent au pouvoir des rois, aux prétentions du saint-siège sur les couronnes, aux privilèges et aux intérêts de l'église nationale, aux besoins du tiers état; la justice, les finances, le commerce, sont l'objet de beaux plans de réforme, qu'on était impuissant alors à accomplir : le bon sens pratique, une éloquence solide et nerveuse distingueut le prévôt des marchands, Miron, qui tient tête aux orateurs de la noblesse et du clergé. De Luynes, le favori personnel de Louis XIII, ne vaut pas mieux que le favori de Marie de Médicis, qui tombe elle-même du pouvoir et ne saura pas le reconquérir par des révoltes: le nouveau ministre ne peut assouvir les ambitions féodales; connétable, il portera mal l'épée de la royauté catholique contre les huguenots. Après une sorte d'interrègne, le gouvernement de la France passe enfin aux mains de l'évêque de Luçon, qui ne sera pas longtemps reconnaissant envers Marie de Médicis; à dater de 1624 Richelieu devient le maître du roi et du royaume. En Espagne aussi un nouveau ministre entre au pouvoir : le comte d'Olivarès est contemporain de Richelieu. On remarque à peine que l'indolent Philippe III vient de mourir pour faire place à son fils; Philippe IV a le mérite d'avoir choisi Olivarès.

L'intérêt, qui s'attachait à la Hollande quand on doutait encore du succès de sa résistance au gouvernement de l'Espagne, n'est pas entretenu par les querelles sanglantes des arminiens et des gomaristes : sous prétexte d'hérésie, Maurice, qui de stathouder veut se faire prince souverain, livre à la mort le grand pensionnaire Barnevelt ; ce vertueux citoyen, à qui l'on devait la trêve et la liberté, n'aurait pas supporté un usurpateur. Même après cette inique vengeance, Maurice n'ose pas dévoiler son ambition, et, quand il meurt, son frère n'est comme lui que stathouder : la guerre a cependant recommencé avec l'Espagne.

Ce n'est plus la branche espagnole de la maison de Habsbourg mais la branche autrichienne qui va avoir à défendre le principe catholique contre les protestants : du reste la guerre de Trente ans ne sera pas exclusivement une lutte religieuse. Le désir de l'affranchissement politique arme les Bohémiens et les Hongrois, sur lesquels veulent régner l'électeur palatin et le prince de Transylvanie, le désir de conquête les rois de Danemark et de Suède ; et ce n'est pas pour ruiner la religion catholique, mais pour affaiblir une maison rivale de la France, que le cardinal de Richelieu fait la guerre aux Autrichiens dans l'empire, en Italie, en Alsace ; aux Espagnols dans les Pays-Bas, dans le Roussillon et sur les mers. Frédéric V, comte palatin, Christian de Danemark, Gustave-Adolphe de Suède, la France avec Richelieu et Mazarin, sont tour à tour les héros de ce grand drame : il se compose comme de quatre drames distincts, qui ne se ressemblent ni par les motifs de la guerre, ni par le théâtre des hostilités, ni par les résultats des luttes partielles. Le Bavarois Tilly, le Bohémien Waldstein, sont les généraux de Ferdinand II ; le second mérita d'être assassiné par l'ordre d'un prince faible qui craignait son ambition, comme le chef des ligueurs par Henri III.

Ces quatre guerres séparées n'ont un dénoûment commun que six ans après la mort de Richelieu : les succès militaires de Condé et de Turenne, ceux des généraux suédois Banner, Torstenson, Wrangel, font conclure la paix de Westphalie, qui règle les droits des puissances européennes, détermine ceux des membres du corps germanique, et garantit aux protestants d'Allemagne, calvinistes et luthériens, la liberté de leur culte. Malgré les protestations bien légitimes d'Innocent X, qui voit les riches domaines épiscopaux de l'Allemagne abandonnés comme indemnité de guerre à des princes ennemis de l'Église, ce traité de 1648 devient l'une des bases du droit public de l'Europe. La science de la diplomatie date de cette époque.

Le traité de Westphalie reconnaît solennellement l'existence indépendante de la confédération helvétique, fait accompli au moins depuis un siècle et demi ; et celle des Provinces-Unies, dont le territoire a été non-seulement affranchi pendant une nouvelle guerre de vingt-sept ans, mais s'est étendu par des conquêtes : Maëstricht, le Brabant septentrional et les bouches de l'Escaut sont aux Hollandais ; avec leurs flottes, ils dépouillent aux Indes orientales, au Brésil, et sur les côtes d'Afrique, les Portugais qui sont encore, jusqu'en 1640, les sujets de l'Espagne.

La révolution de 1640 place sur le trône de Portugal Jean de Bragance, que le comte-duc d'Olivarès combat vainement, même avec le concours des armes spirituelles de Rome. Richelieu soutient les Portugais et les Catalans révoltés. Il conduit Louis XIII à la conquête du Roussillon. Dans les Deux-Siciles, la sédition de Masaniello à Naples ; la tentative du duc de Guise, issu des princes d'Anjou, que le pape a invité à soutenir ses droits sur ce royaume ; des conspirations à Palerme attestent la décadence de la puissance espagnole. Olivarès a livré le fardeau des affaires, dans des circonstances bien critiques, à son neveu don Louis de Haro, qui cependant a une administration plus facile et plus paisible que l'Italien Mazarin, successeur du triomphant Richelieu.

Un complot tramé contre Richelieu au début de son ministère lui a fourni l'occasion de réprimer les manœuvres des grands, d'intimider Gaston d'Orléans, frère du roi, de supprimer les dignités de connétable et de grand amiral, qui étaient sans profit pour la nation. Vainqueur des protestants de la Rochelle après un siége mémorable, il a eu la sagesse de conserver aux réformés le libre exercice de leur religion. La noblesse fut épouvantée par les supplices de Marillac et de Montmorency ; Louis XIII ne put sauver de la disgrâce ni sa mère, ni sa femme. Les seigneurs qui entreprennent encore la guerre civile avec le pusillanime Gaston d'Orléans laissent condamner à mort Cinq-Mars, le favori de Louis XIII, qui allait vendre la France à l'Espagne. Ce ministre inflexible, qui jusqu'au jour de la mort dans son Palais-Cardinal disait n'avoir eu d'autres ennemis que ceux de l'État, imposa le même niveau à tous ; il courba devant lui les parlements, il se rendit plus odieux encore en ne remettant qu'à des commissions extraordinaires le soin de ses vengeances politiques. Sa mort permet à la France de respirer plus à l'aise. L'Italien Mazarin, ministre de la reine mère Anne d'Autriche, pendant que Louis XIV n'est qu'un enfant, paraît faible parce qu'il n'opprime pas violemment. Les grands et le parlement ligués forment la faction mutine de la Fronde qui, dans ses mouvements capricieux, semble n'avoir qu'un but bien constant, c'est d'éloigner Mazarin des affaires. Gaston d'Orléans ne sait trop a quel parti s'arrêter; Turenne et Condé sont quelquefois réunis, plus souvent opposés, pour ou contre la cour; la galanterie ajoute à la frivolité d'une guerre déjà ridicule dans son principe: le coadjuteur de l'archevêque de Paris, qui devient le cardinal de Retz, génie fait pour les temps de troubles, heureusement n'engage pas avec lui l'honneur de l'Église. Mazarin s'enfuit, revient, se retire encore; il lasse enfin la Fronde, et, lorsqu'il rentre pour rester le maître jusqu'à sa mort, il s'interdit toute vengeance et gouverne nonchalamment un peuple frivole. La dernière tentative de la féodalité a avorté, et le parlement ne s'occupera plus que des affaires de la justice; il est réduit au silence jusqu'à la fin du long règne de Louis XIV.

La guerre, continuée avec l'Espagne depuis 1648, était prolongée par les troubles civils qui vont opposer Turenne, chef de l'armée française, à Condé, général des troupes espagnoles dans les Pays-Bas. Le traité des Pyrénées, dernière œuvre de Mazarin, assure la conservation des conquêtes faites sous Richelieu rend Condé à la France et marie Louis XIV à l'infante Marie-Thérèse. Louis XIV, à vingt-deux ans, se fait le successeur de son ministre, depuis 1661 il entend régner par lui-même.

L'agitation parlementaire, ridicule en France, enfante en Angleterre une révolution. Le parti de la liberté publique, qui se forme dans la chambre des communes à la fin du règne de Jacques Ier, résiste à Charles Ier et veut dominer. Occupé de guerres avec la France, avec l'Espagne, avec les Écossais révoltés, Charles Ier est encore plus menacé par la lutte qui se déclare entre lui et les communes. Il offense les parlements, il les casse, il les ménage. Irritée de ses hauteurs, encouragée par sa faiblesse, la chambre des communes obtient de lui la condamnation de Strafford, serviteur fidèle qu'il ne devait pas abandonner; elle s'empare du pouvoir exécutif et lève une armée: des manifestes proclament la guerre civile, elle éclate quand le roi a quitté Londres. De nouvelles sectes religieuses et politiques se sont formées, celles des épiscopaux et des presbytériens, celle des puritains, celle des indépendants celle des niveleurs; Olivier Cromwell est à la tête des indépendants qui ne veulent pas seulement, comme une partie des presbytériens, des libertés constitutionnelles, mais affichent déjà une ardeur hypocrite pour la démocratie: et ce sont ces révolutionnaires qui laisseront prendre ou qui offriront la dictature à Cromwell. Les généraux du parlement, Fairfax et Cromwell, remportent des avantages décisifs sur le malheureux roi, qui se livre aux Écossais, comptant sur leur attachement traditionnel à la maison des Stuarts, et est vendu par eux à ses ennemis. Cromwell, qui règne en maître dans l'armée, intimide la partie encore saine du parlement; il fait juger et condamner à mort le roi son prisonnier : quelques commissaires, qui ne représentent pas tout le peuple, se chargent des fonctions de régicides. Cet épouvantable arrêt, l'étrange apologie qu'en publia Milton, les discours de Cromwell et tous les détails de ces horribles scènes portent l'empreinte du plus cruel fanatisme. On se battait avec fureur pour des intérêts de sectes religieuses : enveloppé dans les ténèbres des opinions théologiques et mystiques, le sentiment de la liberté se montrait à peine et ne s'éclairait encore d'aucune idée d'équité publique, et d'aucune notion de sûreté personnelle. L'ambitieux Cromwell, après avoir fait proclamer la république, s'empresse de dissoudre le long parlement, qui ne consistait plus que dans la chambre des communes. La répression sanguinaire de la résistance catholique en Irlande, et du parti de l'indépendance et de la royauté en Écosse, lui donne un titre à l'autorité souveraine. Le protecteur sait du moins rendre puissante la prétendue république anglaise; il obtient pour elle et pour lui-même les hommages de la Hollande, de la Suède et de la France; Mazarin le courtise et brigue son alliance. Mais à la mort de Cromwell, son fils Richard trouve trop pesant le fardeau des affaires. Le parti républicain ne peut se soutenir avec les débris du long parlement, qui est flétri du nom de *rump* ou croupion : la défection du général Monk rétablit presque sans coup férir la royauté. Au nom du roi Charles II Stuart, on condamne à mort les juges de Charles Ier, on dissout l'armée, on relève l'épiscopat; les pouvoirs publics sont replacés dans la condition où ils étaient avant la révolution.

Le nom de république qui n'a jamais convenu au gouvernement de l'Angleterre, même avant le protectorat d'Olivier Cromwell, est porté glorieusement par les Hollandais. La rivalité commerciale a armé contre eux la Grande-Bretagne. Ils abolissent le stathoudérat et se confient au patriotisme des deux frères de Witt chargés des fonctions de grand pensionnaire et d'amiral.

La Suède et le Danemark, que la guerre de Trente ans a associés aux grands mouvements de la politique européenne, enfantent encore l'une un héros, l'autre un prince réformateur. La fille de Gustave-Adolphe, Christine, pendant que ses armées continuaient glorieusement la guerre de Trente ans, au sein de ses États paisibles, encourageait et cultivait les sciences : Grotius et Descartes ornaient sa cour. Le goût de la philosophie et des lettres, peut-être aussi celui des aventures, lui inspire le dessein d'abdiquer. Son cousin,

Charles-Gustave, à qui elle laisse le trône, ne règne que six ans, mais il remue tout le nord par sa passion désordonnée des conquêtes : les Russes, les Polonais, les Danois subissent ses menaces ou ses atteintes, mais de pareils exploits épuisent l'État, et son fils Charles XI, monarque plus habile, doit souscrire trois traités qui rendent au moins le repos à la Suède. Le roi de Danemark, délivré de l'invasion suédoise, met à profit l'antipathie de la bourgeoisie contre la noblesse et le clergé, et, du même coup, rend le pouvoir royal absolu et héréditaire. La Pologne s'affaiblit de plus en plus, à cause du pouvoir exorbitant de la noblesse qui multiplie les entraves autour du trône électif, quoique depuis 1587 elle soit fidèle à une même famille de rois, d'origine suédoise. Jean-Casimir, le dernier roi de cette famille, ci-devant jésuite et cardinal, est pressé par les Cosaques et par les Russes ; la mort de Charles-Gustave lui épargne une nouvelle invasion. Ces Cosaques sont redoutables aussi à l'empire ottoman ; les guerres des Turcs sont fréquentes contre ces barbares, contre les Persans et contre les Vénitiens, qui ne doivent pas conserver longtemps leurs possessions de l'île de Candie. Les sultans ont moins de pouvoir que leurs vizirs : depuis le commencement du siècle, les intrigues du sérail, les révoltes des janissaires exposent les maîtres de Constantinople à la réclusion perpétuelle dans le château des Sept-Tours, et même au fatal cordon.

La paix règne à peu près partout dans le monde ; les idées du droit divin et du pouvoir absolu des rois sont comme une doctrine admise par plusieurs peuples de l'Europe, lorsque paraît Louis XIV, qui doit entourer de tant de gloire, par les armes et par les beaux-arts, le despotisme le moins contesté.

Le grand siècle, qu'on appelle de son nom, avait déjà produit d'utiles et de brillants travaux dans tous les genres d'études qui concourent à la prospérité et à la civilisation des nations, avant que ce roi pût influer sur les opinions et sur les idées de ses contemporains. Shakspere et Bacon composent, du temps de Jacques Ier, une grande partie de leurs immortels ouvrages ; mais ce roi n'inspire ni ne seconde leur génie. Bacon, dont la conduite politique fut malheureusement tachée par de honteux abus, ose tracer un plan pour la réédification des connaissances humaines ; l'observation, l'expérience et la réflexion sont les instruments que nous offre la nature pour l'étudier elle-même : Bacon esquisse un tableau provisoire de toutes les sciences, même de celles qui n'existaient pas encore. Le calcul acquiert alors un instrument qui allait le rendre plus rapide et plus puissant : l'Écossais Neper invente les logarithmes, dont il publie le premier essai en 1614. La médecine doit à l'Anglais Guillaume Harvey la grande découverte de la circulation du sang qui subit un mouvement continuel par le cœur, les artères et les veines. En France, la poésie, moins riche et moins téméraire qu'en Angleterre, continue à fixer sa langue : Malherbe est à ce titre un grand poëte. Mais l'Espagne et l'Italie avaient trop d'influence sur notre littérature ; et le cavalier Marin, Napolitain trop célèbre, devait à son *Adone* les faveurs de Marie de Médicis. L'hôtel Pisani, qien plus connu sous le nom d'hôtel de Rambouillet, donne le ton à la conversation du grand monde ; c'est une école d'esprit et de beau langage, tendre et un peu maniéré : la fille d'Artenice, Mlle de Rambouillet, deviendra la femme de l'austère Montausier. L'*Astrée*, d'Honoré d'Urfé, annonce un nouveau genre de romans, qui depuis a été trop fécond. Le conseiller de Henri IV, Olivier de Serres, a déjà publié son *Théâtre d'agriculture ;* Pierre de L'Étoile rédige ses journaux ; du Perron, d'Ossat, Jeannin, Mornay, Sully, écrivent des mémoires historiques ; le véridique et judicieux de Thou achève la rédaction latine de son corps d'Annales, qui s'étend de 1543 à 1607. La Hollande produit le grand publiciste Grotius, ami de Barnevelt. On connaît moins Cluvier, né à Dantzick, qui a étudié la géographie ancienne de la Germanie, de l'Italie et de la Sicile. Le nom de Kepler, Saxon de Wittemberg, fait époque dans l'histoire de l'astronomie ; il a trouvé les lois mathématiques qui régissent les mouvements des corps célestes : il meurt dans la misère à Ratisbonne, où il était venu solliciter auprès de la diète les arrérages d'une pension mal payée. L'Espagne a encore son historien national, le jésuite Mariana, qui a traduit lui-même son texte latin en castillan ; les romans de chevalerie de la littérature espagnole sont tous dépassés par l'admirable *Don Quichotte*, de Cervantes, qui a laissé en outre des contes ou nouvelles et des pièces de théâtre. La fécondité dramatique de Lope de Vega trouvera un émule dans Calderon, qui perpétuera le genre des mystères, quoique des sujets profanes soient déjà souvent mis en scène. L'Italie s'honore du poëte Guarini et du prosateur Davila, historien partial des guerres civiles de France. Le Vénitien frà Paolo Sarpi est injuste contre l'Église dans son *Histoire du concile de Trente ;* le jésuite Pallavicini, cardinal, a repris le même sujet vers le milieu du XVIIe siècle. Le Pisan Galilée, né avant Kepler, et qui doit vivre plus vieux que lui et plus malheureux, ose développer et confirmer par de nouvelles expériences la doctrine de Copernic, qui parut une hérésie aux inquisiteurs de Rome : on lui doit d'autres découvertes, des observations sur la pesanteur de l'air et sur la chute des corps graves ; c'est à lui que remonte la physique moderne. Torricelli, son disciple et Toscan comme lui, invente le baromètre. L'académie *del Cimento*, fondée à Florence en 1657, est utile au développement des études naturelles.

Descartes commence une nouvelle ère pour la philosophie : il recommande à l'homme de douter, c'est-à-dire de ne croire qu'après examen, de ne pas se laisser imposer par l'autorité, de ne céder qu'à la lumière de la vérité ; son *Discours sur la méthode* est le premier grand monument de la langue philosophique en France. Ses travaux mathématiques suffiraient à sa gloire ; il a perfectionné le calcul algébrique, appliqué l'algèbre à la géométrie, l'une et l'autre à la mécanique et à l'optique, toutes à l'astronomie. Gassendi, contemporain de Descartes, rajeunit, en l'étayant de preuves nouvelles, la doctrine bien ancienne qui fait venir des sens toutes les idées.

L'érudition s'enrichit dans tous les pays : la chronologie doit beaucoup aux travaux du jésuite français Petau, de l'Irlandais Usserius ; la critique historique et littéraire au Hollandais Meursius, à l'Allemand Gérard-Jean Vossius, aux Français André Duchesne et Saumaise. La Hollande, la Suède, l'Angleterre, terres protestantes, se disputent l'honneur de servir d'asile aux philosophes et aux savants persécutés : cette munificence est la principale gloire de la fille de Gustave-Adolphe.

Le cardinal Richelieu avait protégé les lettres, mais quand sa conscience de prêtre et sa vanité d'auteur n'étaient pas blessées. L'Académie française lui doit ses statuts : Voiture, Balzac, Vaugelas, qui en furent membres, ont leur part de gloire dans les progrès de notre langue. L'art dramatique moderne est créé par Pierre Corneille : dès 1636, il avait fait le *Cid*, un an avant la publication du *Discours sur la méthode*, et, dans les années suivantes, s'avançant dans la carrière où il s'est annoncé par un chef-d'œuvre, il donne les *Horaces*, *Cinna*, *Polyeucte*, *la Mort de Pompée*, *le Menteur*, *Rodogune*, *Héraclius*. Après 1661 il ne produit plus rien d'aussi grand : *Sertorius* sera suivi d'*Othon*, d'*Agésilas* et d'*Attila*. La comédie peut espérer déjà dans Molière, qui s'est fixé à Paris en 1658 ; les *Précieuses ridicules* sont de 1659. Racine et Boileau sont à peu près de l'âge du roi, et leur illustration commencera en même temps : ils vont, avec des titres différents, marcher ensemble à l'immortalité. Bossuet et Bourdaloue sont bien jeunes encore dans la carrière de l'Église. L'affaire du jansénisme inspire à Pascal, en 1656, les *Provinciales*, qui ont d'un coup élevé notre langue presque au niveau des anciennes. Arnaud et Nicole ont fondé à Port-Royal une école de cartésianisme et de littérature, dont les erreurs sont rachetées par les lumières et les vertus de cette docte société. Pour sa vie austère, le grand peintre Lesueur peut être placé à côté de pareils noms. Nicolas Poussin, son émule, assistera à la naissance de l'école française de Rome dont il est le plus illustre chef.

Ils sont devancés de quelques années par les plus célèbres artistes de la Flandre, Rubens, les deux Teniers, et van Dyck, auxquels la Hollande va opposer Rembrandt; ils ont pour contemporains les chefs de l'école de Séville, Zurbaran et Velasquez, un des maîtres de Murillo.

Les Hollandais, les Anglais et les Français paraissent dans les mers nouvelles. De 1607 à 1616, les Anglais Hudson et Baffin découvrent au nord-ouest de l'Amérique les deux grandes baies qui portent leurs noms : les Hollandais Lemaire et Schouten traversent, près du détroit de Magellan, le long de la Terre de Feu, le détroit qui a reçu le nom du premier, et doublent le cap qui prit le nom de Horn, emprunté à la patrie du second. Une vaste région apparaît au sud de l'Asie, elle est appelée Nouvelle-Hollande : c'est la portion la plus considérable du monde océanique. Les Hollandais vont surtout chercher les épices dans les Indes orientales; leurs colonies ne sont que des comptoirs de commerce. Les terres de l'Amérique du nord, entre la Floride espagnole et le Canada, où s'étaient montrés les Français pour le commerce des pelleteries et l'exploitation de la pêche, servent de refuge à toutes les sectes religieuses successivement persécutées en Angleterre: la foi et la liberté animent ces populations nouvelles que le travail des grandes plantations ou le commerce maritime élèveront à la richesse. Elles restent unies à la métropole, mais subissent peu les effets des révolutions du continent. Les plus importantes des treize colonies, berceau primitif de la grande nation américaine, sont fondées et constituent autant de petites républiques indépendantes; la Caroline et la Pensylvanie appartiennent à la seconde partie du siècle.

2° 1661-1700. — Louis XIV gouverne : pendant cinquante-quatre ans, l'Europe subira l'influence de sa volonté, de son ambition, de ses succès, ou de ses fautes, punies par de cruels revers. Ministres, généraux, hommes distingués en tout genre, forment comme un cortége au grand roi qui sait choisir les instruments de sa gloire. L'établissement monarchique de Louis XIV peut être défini une royauté absolue et dispendieuse, sévère pour le peuple, hostile envers l'étranger, appuyée sur l'armée, sur la police et sur la gloire du roi, tempérée cependant par le besoin de ménager pour la guerre et pour l'impôt le nombre et la fortune des sujets.

Il commence par disgracier et livrer aux juges le surintendant Fouquet qui doit à ses malversations une magnificence plus que royale. Colbert devient contrôleur général des finances, et bientôt administrateur de la marine, du commerce, des bâtiments, et, à ce titre, des beaux-arts et des lettres : son ministère est la plus belle partie du règne de Louis le Grand. Grâce à lui, la France accroît ses colonies aux Indes orientales et occidentales, et sur les côtes d'Afrique. Louvois, ministre de la guerre, est moins important parce qu'il est dominé par le roi. La jeunesse du prince ne suffit pas à expliquer la conduite arrogante qu'il tient à l'égard de la cour de Rome, pour l'insulte faite au duc de Créqui, son ambassadeur; entiché de sa qualité de roi, il fit plus d'une fois plier devant lui même le vicaire de Jésus-Christ. Le gouvernement acquiert Dunkerque du roi Charles II qui vend la conquête de Cromwell; entreprend le canal du Languedoc; crée une marine qu'on oppose aux pirates d'Afrique, qu'on utilise pour le commerce des colonies; publie de nouveaux codes, et améliore toutes les administrations, sans oublier celle de la justice. Vauban fortifie les frontières. Des manufactures naissent dans les provinces. La capitale s'embellit; la police sait en rendre le séjour plus sûr et plus salubre; l'hôtel des Invalides s'élève; la colonnade dessinée par Perrault complète le Louvre. Versailles devient digne du roi qui l'habitera : Mansart construit la façade du palais qui regarde le parc et les jardins dessinés par Le Nôtre; des eaux amenées de Marly, un nombre infini de statues de marbre et de bronze, réunissent les merveilles de la nature et de l'art. Ch. Lebrun préside à la décoration des maisons royales; il inspire même les statuaires, les Anguier, Pierre Puget, Fr. Girardon, Ant. Coysevox, Nicol. Coustou, et les célèbres fondeurs, les frères Keller. Le Napolitain L. Bernini, dit le chevalier Bernin, exerça une moins heureuse influence.

La guerre n'amène longtemps que des succès. Les Français contribuent à la victoire de Saint-Gothard, gagnée par les Allemands sur les Turcs; il ne tient pas à eux que Candie, la précieuse colonie de Venise ne soit sauvée des coups de la Porte. A la mort de Philippe IV, qui ne laisse qu'un roi enfant, Charles II, l'Espagne continue une guerre malheureuse avec les Portugais; Louis XIV prend la Flandre : Condé, Turenne, Louvois ont préparé la gloire du roi. Il ne craint pas d'envahir la Hollande, qui a prouvé sa force sur les mers dans une guerre récente avec les Anglais, mais que les frères de Witt, préoccupés surtout de la marine et du commerce, n'ont pas mise en état de se défendre sur terre. La république menacée de périr se sauve en inondant ses foyers; les deux frères de Witt, massacrés malgré leur attachement sincère à la liberté publique, font place au jeune Guillaume d'Orange, de la maison des stathouders, dont il reprend le titre : la délivrance de la patrie justifie son ambition ; il réunit l'Europe contre Louis XIV. Les terres d'empire, surtout le Palatinat, la Franche-Comté espagnole et les Pays-Bas, payent pour la Hollande. Une partie de la Sicile, agitée par des factions, se donne au roi de France ; l'Espagne a recours aux Hollandais, dont la flotte commandée par Ruyter se mesure avec celle de Duquesne dans les parages mêmes de la Sicile. La guerre s'étend à l'électeur de Brandebourg, duc de Prusse, qui a des domaines près du Rhin ; et, par contre-coup, à la Suède, notre alliée qui peut menacer les possessions de l'électeur sur la Baltique. C'est Louis XIV, malgré la mort de Turenne, et la retraite de Condé, qui dicte à l'Europe les conditions de la paix de Nimègue, désastreuse surtout pour l'Espagne, honorable pour la Hollande qui reste intacte.

Lorsque le titre de Grand lui est solennellement décerné à l'hôtel de ville (1680), il cesse déjà de le mériter : la France est au point culminant de la gloire, le despotisme de Louis XIV ne pourra que la faire décliner. La contagion de l'absolutisme se fait sentir de bien loin, chez les Suédois, nos alliés : il semble que Charles XI ait cherché à égaler Louis XIV, lorsqu'en 1680, il a étendu l'autorité royale bien au delà des limites qui l'avaient jusqu'alors resserrée.

Conquêtes injustes en pleine paix, qui nous donnent près du Rhin l'importante place de Strasbourg, jusqu'alors ville impériale ; ardent débat au sujet de la régale avec le pape Innocent XI, qui provoque en 1682 la fameuse déclaration de l'Église gallicane rédigée en quatre articles par le clergé assemblé et défendue par Bossuet ; c'est par de tels faits que s'annonce la seconde partie du gouvernement de Louis XIV. La mort de Colbert le laisse entre les mains du chancelier Le Tellier, de Louvois, fils de ce chancelier et ministre de la guerre, du jésuite Lachaise, de Mme de Maintenon, toute-puissante surtout après la mort de la reine Marie-Thérèse : Louis XIV, qui n'a encore que quarante-cinq ans, cherche dans cette nouvelle affection, profonde et sérieuse, le bonheur de la vie privée. Le bombardement d'Alger, le bombardement de Gênes, la condition humiliante faite au doge de venir implorer la clémence du roi de France dans son palais de Versailles, dépassent les droits ordinaires de la guerre. Le roi de France était moins généreux que le héros de la Pologne, le roi Jean Sobieski : quoiqu'il eût à se plaindre de la maison d'Autriche, Sobieski délivrait Vienne que les Turcs assiégeaient en 1683 ; malgré l'ingratitude de ses concitoyens, il a été chez eux le fidèle et le dernier garant de la liberté, de l'ordre, et de la prospérité publique. La révocation de l'édit de Nantes, contraire à la justice et à l'humanité, en obligeant les protestants par cent mille à sortir du royaume, est contraire aussi à la saine politique. Les puissances protestantes, surtout la Hollande et la Prusse, profitent de ces fautes. Le saint-siége ne lui sait pas gré de tant de rigueur parce qu'il soutient trop insolemment le droit de franchise, dont jouissait son ambassadeur à Rome. Pour arrêter Louis XIV dans ses prétentions de despotisme européen, le stathouder Guillaume d'Orange commence à former la nouvelle ligue d'Augsbourg ; de part et d'autre, on s'apprête. Le stathouder double ses forces en devenant roi d'Angleterre.

La révolution qui a coûté la vie à Charles Ier avait été un enseignement perdu pour les Stuarts ; ils n'avaient pas compris que le pays qui leur rendait la royauté voulait des institutions libérales, la tolérance religieuse pour tous les cultes, excepté pour le papisme ainsi qu'on appelait le catholicisme en Angleterre, et au dehors une politique vraiment nationale qui assurât la prospérité de la Grande-Bretagne. Les fils de Charles Ier ne négligèrent pas la marine qui d'ailleurs se développait d'elle-même et qui donna à l'Angleterre de nouvelles colonies importantes aux Indes orientales, aux Indes occidentales et en Afrique. Mais Londres éprouve en deux ans les horreurs des deux plus terribles fléaux, la peste et l'incendie. La disgrâce du chancelier Clarendon inaugure de nouveaux malheurs, dont le roi est responsable. Le parlement s'en prend aux catholiques, aux jésuites, même au duc d'York, frère du roi. Du sein de la lutte parlementaire, sort une loi, célèbre sous le nom d'*habeas corpus*, qui garantit la liberté individuelle. Les deux partis de la cour et de la patrie se distinguent par les noms de torys et de whigs : les torys dominent ; une conspiration est étouffée dans le sang de Russel, et du philosophe Sidney. Le duc d'York, que plusieurs parlements ont déclaré inhabile à régner, succède alors sans opposition à Charles II : Jacques II n'épargne pas le supplice des traîtres au fils naturel de Charles II qui essaye de le détrôner ; se croyant fort des actes de cruauté ordonnés par l'horrible chef de la justice, Jeffreys, il s'avoue franchement catholique, s'entoure de moines, et méprise la colère du peuple. Son gendre Guillaume d'Orange n'a qu'à se montrer avec une armée : Jacques II n'essaye pas de combattre ; il fuit de Londres. Le trône, d'abord déclaré vacant, est donné à la famille du stathouder, après qu'on a déterminé les droits des citoyens et les pouvoirs de leurs représentants, raffermi les garanties publiques et assuré la prérogative royale en la circonscrivant par la déclaration des droits de 1688.

L'Angleterre, et la Hollande qui continue de laisser des pouvoirs presque absolus à son stathouder, maintenant roi de la Grande-Bretagne, l'empire, l'Espagne, bientôt même le duc de Savoie, et la Suède, ordinairement alliée à la France, sont conjurés contre Louis XIV. Jacques II ne sait pas reconquérir sa couronne, quoique l'Écosse et l'Irlande arment pour lui, et que les flottes de la France combattent au service des Stuarts. L'incendie du Palatinat, ordonné une seconde fois par Louvois, est une tache à la mémoire de ce grand ministre, dont la perte qui arriva alors fut sensible : son fils Barbezieux ne valait pas le brillant fils de Colbert, Seignelay, dont s'honore notre marine. Le maréchal de Luxembourg gagne en Flandre des victoires sur Guillaume d'Orange en personne ; Guillaume ne se lasse pas de courir de la Flandre en Irlande, de revenir de l'Irlande sur le continent, pour défendre sa couronne, protéger les Hollandais ou les Espagnols. Les Anglais, vainqueurs sur mer dans la journée de la Hogue, bombardent Dieppe et plusieurs de nos ports de mer. Malgré les succès de Luxembourg, « le tapissier de Notre-Dame, » que la France perd vers la fin de la guerre, malgré les campagnes glorieuses de Catinat en Italie, Louis XIV sacrifie ce qui a été conquis ou confisqué, et signe les articles de Ryswick qui sont loin de valoir ceux de Nimègue : le prince d'Orange était reconnu pour roi légitime d'Angleterre. Louis XIV, qui a eu la sagesse de vouloir la paix, accepte le testament de Charles II, roi d'Espagne, qui lègue tout son héritage au duc d'Anjou, petit-fils du roi de France : cette acceptation, contraire aux intérêts de l'Autriche, et aux engagements que Louis XIV venait de contracter avec l'Angleterre et la Hollande, entraînera une nouvelle guerre européenne.

La maison d'Autriche n'a pas pu prendre une part bien active à la lutte contre Louis XIV, la guerre étant incessante avec les Turcs, et avec la Hongrie révoltée, contre laquelle l'empereur Léopold exerça de cruelles vengeances. Le prince Eugène s'illustre sur le Danube ; la paix de Carlowitz humilie et affaiblit la Porte.

La paix, ainsi rétablie aux deux extrémités du monde en Occident et en Orient, n'était pas encore gravement troublée au nord. Sur le sol inculte de la Russie, apparaît pour la première fois un grand homme, c'est le czar Pierre. Il n'a pas supporté longtemps un collègue impuissant, son frère Ivan ; une conseillère ambitieuse, sa sœur Sophie. Le Génevois Lefort lui apprend à avoir une armée et une flotte ; ses voyages en Hollande et en Angleterre doivent doter la Russie à la fois des arts de la guerre et de ceux de la paix ; la milice des strélitz, brisée violemment à son retour, enseigne à tous qu'il faut obéir, et trouver bonnes les réformes par lesquelles il veut régénérer la nation. Il conspire déjà avec le Danemark et la Pologne, qui vient de passer à un prince saxon, contre le jeune roi de

Suède, le fils de Charles XI, dont le génie entreprenant n'était pas encore dévoilé. Entre les noms de deux grands princes absolus, Pierre I*er* et Louis XIV, l'un dans toute la plénitude de sa force, l'autre touchant à son déclin, se place le roi constitutionnel de la Grande-Bretagne qui ne survit pas longtemps à l'élévation d'un prince Bourbon sur le trône espagnol.

La seconde partie du XVII*e* siècle, remplie de tant d'agitations extérieures, est en même temps féconde en travaux pacifiques, en productions littéraires : œuvres d'imagination et de raisonnement, éloquence de la chaire, histoire, critique, genre épistolaire, revêtent en France la forme de langage la plus pure et la plus brillante. Si Pierre Corneille est presque épuisé quoiqu'il doive vivre encore vingt-trois ans, nous avons le théâtre entier de Racine; après quelques années de pieuse retraite, il ajoute à ses chefs-d'œuvre, inspirés surtout par l'antiquité grecque ou latine, *Esther* et *Athalie*, émules de *Polyeucte*. Les comédies de Molière suffiraient à la gloire d'un siècle; elles sont classiques, comme toutes les grandes compositions du genre humain qui, sans être imitées des anciens, empruntent à leur beauté naturelle un vernis d'antiquité. La critique des mœurs du temps et la critique de l'art recommandent Boileau. Le théâtre lyrique de Quinault, qui partagea ses succès avec Lulli, le musicien du roi, et les ouvrages de La Fontaine qui n'eut de naïveté dans ses fables qu'à force d'étude, montraient la variété de l'esprit français. Un nouvel auteur dramatique, Regnard, s'annonce par *le Joueur*, que suivra *le Distrait*. Les *Caractères* de La Bruyère, postérieurs aux *Maximes* de La Rochefoucauld, sont placés par Boileau à côté des *Provinciales*. Les romans de M*me* de La Fayette et les lettres de M*me* de Sévigné, parente de Bussy-Rabutin, peignent une grande époque, dans laquelle tant de femmes furent célèbres, M*me* de Motteville, M*lle* de Montpensier, M*me* de Maintenon ; sa grâce et son esprit permettent de citer Ninon de l'Enclos. Les *Mémoires* du cardinal de Retz vivent encore à côté des œuvres historiques de Bossuet qu'inspira surtout la religion. Le *Discours sur l'histoire universelle*, l'*Histoire des variations du protestantisme*, la *Politique tirée de l'Écriture sainte*, composés pendant l'éducation du dauphin, furent écrits à la gloire du peuple juif précurseur des chrétiens, pour la défense des dogmes, et au profit du pouvoir absolu des rois, ministres de Dieu sur la terre. Si Bossuet défend la déclaration gallicane, il continue, en même temps que le savant Arnaud, contre Claude et Jurieu, la guerre du catholicisme contre la religion réformée. Il égale Bourdaloue dans le sermon ; il surpasse Fléchier dans l'oraison funèbre : la mort du grand Condé lui fournit l'occasion de son dernier triomphe dans la chaire. Les débuts de Massillon annonçaient moins de vigueur ; mais il a répandu toutes les grâces de la diction sur une morale douce, sensible et pénétrante. L'esprit de polémique emporta trop loin l'évêque de Meaux dans sa lutte contre les *Maximes des saints* : Fénelon se soumit humblement à la condamnation pontificale. *Télémaque* vaudra des persécutions d'un autre genre au précepteur du duc de Bourgogne.

La fin du siècle a produit des ouvrages moins distingués, mais qui ont joui d'une sorte de popularité, les travaux demi-historiques et demi-romanesques de Saint-Réal, les *Révolutions de Portugal* et *de Suède* de Vertot, les *Oracles* et les *Mondes* de Fontenelle. L'Académie française venait d'achever, en 1694, son *Dictionnaire* commencé en 1635, et avait pu profiter, pour fixer la langue, des grandes productions du siècle. Bayle publia en 1697, à Rotterdam, son *Dictionnaire historique et critique*, savant recueil où une érudition, riche et profonde, est souvent au service d'une critique partiale et d'une philosophie trop audacieuse. L'école de Port-Royal s'était bornée à recueillir les leçons les plus immédiates de Descartes ; elle les appliquait à la grammaire, à la logique, à la morale, à la direction des études. Malebranche, en creusant le cartésianisme, y avait retrouvé la philosophie de Platon, et il y rallia la théologie des premiers siècles chrétiens : il est le meilleur écrivain de tous les métaphysiciens modernes, surtout dans son ouvrage de la *Recherche de la vérité* ; son art, son talent, son savoir sont dans son enthousiasme.

Plus active que l'académie des inscriptions, qui n'a presque rien produit jusqu'en 1700, l'académie des sciences, instituée aussi par Colbert en 1666, s'est livrée aussitôt à des travaux utiles. On remarque dans son sein deux étrangers, l'astronome Cassini et le physicien Huyghens qui, par ses calculs, détruisait les tourbillons et le monde de Descartes, perfectionnait les horloges et pressentait l'attraction universelle.

L'Académie de Londres, née sous Cromwell, appelée Société royale par Charles II, s'occupe surtout de physique et de mathématiques. Toutes les connaissances humaines sont cultivées alors chez les Anglais : c'est le temps de l'audacieuse philosophie d'Hobbes, des méditations politiques et de la proscription de Sidney ; des travaux historiques de Clarendon, des satires de Rochester, courtisan sans honneur, que les débauches ont enlevé à trente-trois ans ; des poésies de Denham qui se distingua surtout dans le genre descriptif ; de Roscommon, habile traducteur et d'un goût pur ; de Waller qui a loué en aussi beaux vers Charles II et Cromwell ; des productions dramatiques d'Otway, d'abord acteur, auquel les Anglais donnent le premier rang après Shakspere. Milton n'a guère été célèbre de son vivant que comme pamphlétaire et publiciste; ses premiers essais poétiques avaient plus d'agrément que de force. La postérité a presque oublié en lui le courageux et persévérant défenseur des idées de liberté, qui l'ont exalté jusqu'au fanatisme; sa prose toute brillante d'imagination et souvent de saine raison est à peine connue. *Le Paradis perdu*, dicté par le poëte aveugle à sa femme et à ses deux filles qui partageaient sa pauvreté et sa solitude, vendu seulement quelques livres sterling, est une des plus grandes gloires de l'Angleterre. La poésie s'est soutenue après lui. Dryden, qui approche de Milton pour le talent, mérite les reproches de versatilité politique et de vénalité qu'ont attirés sur eux la plupart des poëtes contemporains de Charles I*er*, de Cromwell, de Charles II et de Guillaume d'Orange. Cependant il ne sut pas plaire jusqu'au bout au maître du jour et mourut dans l'indigence. Guillaume ne pardonna pas au poëte, qui avait débuté par des stances à la louange de Cromwell, de s'être fait catholique sous Jacques II. Addison commence sa réputation par un poëme que paya le roi Guillaume L'immoralité plaît dans les livres comme au théâtre.

L'Anglais Locke, de 1686 à 1690, analyse l'Entendement humain, recherche les éléments des idées générales, explique le système entier des facultés de l'intelligence et des divers genres de connaissances par la sensation; il expose les principes constitutionnels de 1688. Newton publie, en 1687, ses *Principes mathématiques*; il révèle aux hommes la plus grande loi de l'univers, la loi de l'attraction universelle. L'invention du calcul différentiel est attribuée à la fois à Newton et à Leibnitz; les frères Bernouilli, Jean et Jacques, nés à Bâle et associés à la fin du siècle à l'académie des sciences de Paris, ont perfectionné cette nouvelle analyse. Les études de Leibnitz ont une immense étendue; il est en métaphysique le fondateur de l'école allemande; son nom se retrouve dans les listes des théologiens, des publicistes, des jurisconsultes, des érudits, même des compilateurs de chroniques et d'antiquités : c'est l'écrivain qui honore le plus la littérature germanique, quoiqu'il ait aussi écrit en français.

L'Italie a moins de noms célèbres, excepté pour les sciences exactes et les sciences naturelles : les résultats des études de plusieurs savants ont été publiés, en 1667, par le secrétaire de l'académie florentine *del Cimento*. Les annales de Venise sont continuées, depuis 1613 jusqu'en 1671, par Nani, qui ne manque pas de lumières politiques.

En Espagne, Solis abandonne sans dommage la poésie et le théâtre pour l'histoire; *la Conquête du Mexique*, partiale pour les conquérants, est écrite avec talent.

La Hollande, patrie littéraire de tous les écrivains persécutés dans leur pays, sorte de tour de Babel où s'impriment les ouvrages de toute langue, a alors son penseur original, l'auteur de la doctrine du panthéisme, le juif Spinosa, disciple de Descartes, comme l'étaient Malebranche et Leibnitz, qui ne tiraient pas des mêmes principes de pareilles conséquences.

L'art typographique illustre plusieurs familles de Leyde, de la Haye, d'Utrecht, de Rotterdam, d'Amsterdam; les Elzévirs sont les plus célèbres, ils ont publié diverses collections classiques. L'Angleterre a la belle imprimerie dont l'archevêque Sheldon a enrichi l'université d'Oxford; les presses du Louvre ont donné avant 1700 la collection des historiens byzantins; la typographie du Vatican rend peu de services; les Aldes n'ont pas de successeurs en Italie.

CHRONOLOGIE.

1600.

Espagne et **Hollande.** — Les villes maritimes de Flandre, que ruinaient les hostilités continuelles dans les Pays-Bas, prennent l'offensive contre les Provinces-Unies. Les côtes bataves sont ravagées par les marins de Nieuport et de Dunkerque. Maurice de Nassau entreprend, avec deux mille huit cents bâtiments, l'investissement de Nieuport, que l'archiduc Albert vient défendre. Deux combats dans la même journée. Le premier est gagné par les Espagnols qui ensuite perdent six mille hommes et leur artillerie (juill.). Mais Maurice ne peut forcer la ville.

France. — Conjuration du maréchal de Biron. — Le duc de Savoie, par un traité conclu à Paris, doit restituer à la France le marquisat de Saluces (févr.). Sur son refus de restitution, Henri IV fait envahir ses États. — Il épouse Marie de Médicis (déc.). — *Théâtre d'agriculture et du ménage des champs*, d'Olivier de Serres.

France et Turquie. — Des volontaires français, sous le duc de Mercœur, défendent quelque temps, au nom de Rodolphe II, Canisza, au sud du lac Balaton, contre les Turcs.

Italie. — Le Campanien Giordano Bruno, calviniste et néoplatonicien, est brûlé à Rome comme panthéiste.

1601.

Angleterre. — Tentative d'insurrection du comte d'Essex, à Londres même. Il est exécuté (19 févr.). — Factoreries, pour le commerce des épices, sur la côte indienne de Malabar.

Danemark. — Mort de l'astronome danois Tycho-Brahé à Prague, dans la faveur de l'empereur Rodolphe II. Il a rédigé avec son disciple Kepler, qui est né en Saxe, les *Tables rodolphines*.

Espagne. — A la sollicitation des Flamands, Albert d'Autriche commence le siége d'Ostende, la seule grande ville maritime de Flandre, qui, depuis le début de la guerre d'indépendance, soit restée en armes contre les Espagnols (5 juill.). Il durera plus de trois ans. Toutes les puissances de l'Europe s'intéresseront à cette grande lutte: les Italiens, les Espagnols, les Flamands, contribueront à l'attaque; les Français, les Anglais, les Allemands et les Hollandais, à la défense.

France. — Le duc de Savoie, par un nouveau traité à Lyon, cède

XVIIe SIÈCLE (1602-1604).

Bresse, le Bugey, le Val-Romey, pour garder le marquisat de Saluces. C'est la seule conquête territoriale du règne de Henri IV, et encore par échange. — Le marquis de Rosny, (Sully) est fait grand maître de l'artillerie.

1602.

Autriche. — Une dernière renonciation de Sigismond Bathori livre la Transylvanie à l'empereur Rodolphe, qui ne sait pas se faire aimer de ses nouveaux sujets.

Écosse. — Jacques VI interdit aux nobles le droit de vengeance : ils poursuivront la réparation des injures par les voies ordinaires de la justice, au lieu de se venger eux-mêmes.

France. — Conspirations de plusieurs seigneurs, encouragées par l'Espagne. Le maréchal de Biron est condamné à mort et exécuté (juill.). — Organisation de l'exploitation des mines.

Hollande. — Une compagnie nationale est créée, dite des Indes orientales, qui reçoit un privilége exclusif de vingt ans. Au retour de chaque vingtième année, le privilége sera renouvelé.

Italie. — Inutile tentative du duc de Savoie sur Genève (déc.).

Suisse. — Les Grisons forment un traité d'alliance perpétuelle avec Berne, comme en 1600 avec la république du Valais.

Turquie. — Les galères de Malte reprennent pendant dix-huit ans la lutte agressive contre les musulmans sur les côtes d'Afrique, d'Asie Mineure, de Grèce et de Morée.

1603.

Allemagne. — Renouvellement de la ligue entre les protestants.

Angleterre. — Mort de la reine Élisabeth (3 avril). — Le grand poëte anglais Shakspere est alors au milieu de sa carrière : il a déjà donné au théâtre plusieurs de ses chefs-d'œuvre. — Avénement du roi d'Écosse Jacques VI fils de Marie Stuart, alors âgé de trente-sept ans, qui prend le titre de Jacques Ier. Il tient à conserver le culte anglican. Les couronnes d'Angleterre et d'Écosse sont unies, mais l'Écosse est gouvernée comme un royaume particulier. — *Hamlet* de Shakspere.

Autriche. — Moïse, chef des Szeklers, se met à la tête des Transylvains révoltés contre Rodolphe, et occupe la ville principale, Albe-Julle, ou Weissembourg, sur le Maros. Il meurt en combattant les impériaux.

France. — Le roi rappelle les jésuites (sept.) : le parlement retarde pendant quatre mois l'enregistrement de l'édit. Un jésuite sera toujours à la suite de la cour pour répondre de la conduite de ses confrères : le premier désigné, le P. Coton, devient le confesseur du roi. — Le Pont-Neuf, qui ne sera achevé qu'en 1604, commence à recevoir la pompe, dite *la Samaritaine*, qui doit amener les eaux de la Seine dans les bâtiments du Louvre et des Tuileries. — Mort du Français Viète, qui est comme le créateur de l'algèbre moderne.

Italie. — Le sénat de Venise défend de bâtir de nouvelles églises sans sa permission expresse.

Turquie. — Les infirmités précoces, fruit d'une vie corrompue, hâtent la mort du sultan (déc.). Il laisse pour héritier un jeune homme de quinze ans, qui a en germe toutes les qualités d'un grand prince, Achmet Ier.

1604.

Angleterre. — Le roi, que Henri IV appelait maître Jacques, discute théologie avec les puritains dans les conférences d'Hampton-Court. — Paix avec l'Espagne (août).

Autriche. — Les Transylvains, soutenus par une partie de la Hongrie, se donnent pour chef, contre Rodolphe, un noble Hongrois, Étienne Botskaï, protestant.

Espagne. — Michel de Cervantes

Saavedra commence à publier son immortel roman, *Don Quichotte de la Manche*, qui devait désespérer et faire tomber sous les coups de la plaisanterie la plus fine et la plus railleuse les faux chevaliers de son temps. La seconde partie fut publiée dix ans plus tard.

Espagne. — Enfin, après trois ans, quand des deux parts ont été faites des pertes immenses d'hommes et d'argent, Ostende est prise par l'Espagnol Spinola (21 sept.). Peu après, les troupes espagnoles se révoltent faute de paye. L'archiduc Albert est forcé de leur livrer des otages, une place et de l'argent. — Le gouvernement d'Espagne n'empêche pas les Hollandais de pénétrer dans les Moluques, un des plus précieux établissements du Portugal.

France. — Complot de la maison d'Entragues et du comte d'Auvergne. — Les offices de judicature et de finances peuvent devenir héréditaires, moyennant un droit annuel affermé d'abord à Paulet.

Italie. — Le grand-duc Ferdinand Ier commence à Florence la chapelle royale des tombeaux.

Mogols. — L'empereur mogol de l'Inde, Akbar, qui régnait depuis quarante-huit ans sur les pays qui s'étendent entre l'Indus, les monts Himalaya, le golfe de Bengale et le Dekkan, perd, par un assassinat, son grand vizir Aboul-Fazel, auquel il avait fait rédiger en persan une histoire de son règne. Il perd aussi sa mère.

Russie. — Les défiances et les cruautés de Boris Godunow qui atteignent toutes les classes de la nation, favorisent les vues ambitieuses d'un moine, Otrepief-Gregori qui soutient un faux Dimitri, ou frère de Fédor. Les Polonais, dans l'espérance que le rite latin sera établi en Russie, et les Cosaques du Don lui fournissent une armée contre Boris.

Suède. — Charles de Sudermanie, exploitant la haine des protestants contre Sigismond, le fait solennellement déposer, et reçoit le trône à cinquante-quatre ans (fév.-mars). Sigismond ne règne plus que sur la Pologne. — Guerre entre les deux pays.

1605.

Angleterre. — La faiblesse et le zèle anglican de Jacques Ier inspirent à des catholiques le projet de la conspiration des poudres (nov.) : le roi et la famille royale devaient sauter par une mine, et le parlement. Le complot est révélé; les coupables sont suppliciés et les jésuites chassés.

Autriche. — Etienne Botskaï obtient de la cour ottomane la confirmation du titre de prince de Transylvanie que lui ont donné les états, et celle du titre de prince de Moldavie et de Valachie qu'il doit au succès de ses armes (nov.).

France. — Travaux du canal de Briare pour faire communiquer, au moyen du Loing, la Seine et la Loire, Paris et Orléans. — Création d'un journal qui n'est pas quotidien, le *Mercure français*.

Italie. — Causes du démêlé engagé entre le nouveau pape Paul V et la république de Venise : 1° défense a été faite par le sénat de bâtir des églises sans sa permission; 2° le droit d'acheter des biens-fonds est interdit aux ecclésiastiques; 3° le conseil des Dix a fait emprisonner deux prêtres accusés de crimes.

Mogols. — Mort d'Akbar; il a encouragé les arts, les sciences, l'industrie et l'agriculture. Les Mogols de l'Inde n'auront pas un chef aussi illustre pendant cinquante ans.

Russie. — Boris ne résiste pas à l'attaque du faux Dimitri. Il meurt (13 avril). Son fils et sa veuve sont tués (juin). Le nouveau czar entre à Moscou et est couronné (juill.). Il a forcé la mère du vrai Dimitri à le reconnaître pour son fils.

1606.

Angleterre. — Paul V défend aux catholiques d'Angleterre de prêter le serment d'allégeance, qui entraîne la condamnation de la doctrine, d'après laquelle un prince excommunié par le pape peut être déposé par ses sujets (sept.). — Deux compagnies maritimes de Londres et de Plymouth obtiennent de Jacques Ier des priviléges extraordinaires pour le défrichement et la colonisation des terres de l'Amérique, entre 34° et 45° lat. n., que Raleigh a appelées Virginie. Les seigneurs et les négociants qui se sont associés peuvent découvrir des mines d'or, d'argent et de cuivre, et doivent en payer redevance à la couronne. Pas de résultat.

Autriche. — Rodolphe se réconcilie par un double traité avec ses sujets de Hongrie et avec Etienne Botskaï (23 juin). La pacification de Vienne confirme les droits de la nation hongroise, les priviléges des villes sont rétablis, les étrangers sont exclus des emplois; Etienne Botskaï est reconnu prince de Transylvanie, comte des Szeklers et palatin de Hongrie : ces dignités sont transmissibles dans sa race masculine; après l'extinction de cette race, la Transylvanie devra retourner à la maison d'Autriche. — Trêve pour vingt ans avec les Turcs (9 nov.). — L'ordre teutonique, qui a pris part à la guerre de Hongrie sous le grand maître Maximilien d'Autriche, renouvelle ses statuts.

France. — Les Français, déjà établis dans l'Acadie (depuis Nouvelle-Ecosse), où est fondée la ville de Port-Royal, prennent possession du Canada, où Champlain fondera Québec en 1608.

Hollande. — Des Hollandais reconnaissent la terre Australe, au sud de la Nouvelle-Guinée, dans l'Océanie.

Italie. — Sentence monitoriale de Paul V, qui excommunie le sénat de Venise et le doge Léonard Donato, et menace de l'interdit si la république n'a pas fait droit dans vingt-quatre jours sur les trois points en litige (17 avril). Venise n'en tient compte. L'interdit est décrété. Le sénat ordonne de continuer la célébration du service divin. Refus des jésuites, des théatins et des capucins; ils sortent du territoire de la république. Guerre de plume : le cardinal Bellarmin, jésuite toscan, et le cardinal Baronius, oratorien de Naples, auteur des *Annales ecclésiastiques*, écrivent pour le pape; Paul Sarpi (fra Paolo), historien du concile de Trente, écrit pour Venise. Paul V menace d'employer les armes temporelles.

Russie. — Le mariage du faux Dimitri avec une Polonaise, fille du palatin de Sandomir, qui l'avait aidé à renverser Boris (3 mai); son inclination connue à accepter le rite latin, précipitent sa ruine. Une double conspiration dirigée par le boyard Chouiski lui coûte le trône et la vie (17 mai). Chouiski est proclamé czar.

Suède. — Charles IX est couronné à Upsal.

1607.

Angleterre. — Le serment d'allégeance est un texte de discussion entre Jacques Ier et le cardinal Bellarmin. — L'Anglais Davis découvre, au nord-est de l'Amérique septentrionale, en cherchant un passage vers les Indes, le détroit qui porte son nom, et une partie du Groënland. — Une première colonie anglaise est fondée, au nom de la compagnie privilégiée de Londres, sur les bords de la rivière de James, dans la Virginie proprement dite. Rôle du capitaine Smith.

Autriche. — Quoique Etienne Botskaï soit mort sans enfant, les Transylvains, réunis à Clausembourg, se choisissent, au détriment de l'Autriche, un prince indépendant qui vit un an (fév.). — L'archiduc Mathias se fait élire roi par les seigneurs hongrois, au détriment de l'empereur son frère (14 oct.).

France. — Le Béarn, patrimoine de Henri IV, est réuni à la couronne de France (juill.). — A l'an 1607 s'arrête le grand corps d'annales, *Historia temporis*, du véridique et judicieux de Thou : il commence à 1543. — *Institutes coutumières* de Loisel, jurisconsulte né à Beauvais.

Italie. — Au nom de Henri IV le cardinal de Joyeuse, allant tour à tour de Venise à Rome et de Rome à Venise, réconcilie le pape avec la république à l'honneur des deux parties (avril); seulement les jésuites, bannis en 1606, ne furent pas rétablis.

1608.

Afrique. — Les pirateries des corsaires barbaresques menacent l'Italie et Chypre. On arme en Toscane.

Allemagne. — L'Union protestante a pour chef l'électeur palatin.

Autriche. — Rodolphe II est forcé de sanctionner l'élection de son frère en Hongrie (juin). Mathias n'est couronné qu'après avoir accordé aux Hongrois, outre les anciens privilèges, l'élection d'un palatin pour gouverner en l'absence du roi, le libre exercice de la religion prétendue réformée, et l'expulsion des jésuites (nov.). — Le nouveau prince Gabriel, frère de Sigismond Bathori, élu par les Transylvains, est reconnu waïvode par Rodolphe, à condition de recevoir une garnison allemande dans les villes de sa domination. De là, la guerre entre la Transylvanie et la Porte.

Espagne et **Hollande.** — Négociation d'un traité de paix par Ambroise Spinola pour l'Espagne, et par le président Jeannin, ministre de Henri IV, pour les Provinces-Unies. Maurice de Nassau aurait voulu la continuation de la guerre. Le grand pensionnaire Barnevelt est pour la paix.

France. — *Introduction à la vie dévote*, par saint François de Sales.

Hollande. — Des Hollandais sont conduits dans l'Amérique par l'Anglais H. Hudson, vers la rivière qui porte son nom; ils fonderont les nouveaux Pays-Bas, en s'établissant dans les îles, en face de l'embouchure de la rivière, là où furent plus tard New-York et New-Jersey.

Italie. — Paul V confirme l'ordre militaire de Mont-Carmel et de Saint-Lazare, renouvelé par Henri IV. — Il reçoit une ambassade du roi de Congo nouvellement converti à la foi par les soins des Portugais.

1609.

Angleterre et **Amérique.** — Prise de possession des îles Bermudes.

Allemagne. — Ligue catholique sous l'influence de la Bavière.

Autriche. — L'empereur donne à ses sujets de Bohême le libre exercice de la religion protestante (10 juill.). Il signe les *Lettres de majesté*, grande charte des Bohémiens.

Espagne et **Hollande.** — Conclusion d'une trêve de douze ans (9 avril) : Philippe III et l'archiduc Albert, gouverneur des Pays-Bas, reconnaissent l'indépendance des Provinces-Unies, et la liberté de commercer dans les deux Indes.

Espagne. — Un édit royal ordonne à tous les Maures du royaume de Valence (9 déc.) et bientôt aux Maures de toute l'Espagne (10 janv.) de sortir de la péninsule. Les Maures emporteront avec eux les traditions de l'agriculture, du commerce et de l'industrie; leur retraite laisse sans population des provinces entières. Ils émigrent en Afrique, en Asie, même en France. — Les jésuites constituent un gouvernement théocratique dans le Paraguay espagnol.

France. — Les jésuites obtiennent par lettres patentes permission d'enseigner. — Loi sur le duel (juin).

Hollande. — Mort du théologien protestant Arminius, qui combattait à Leyde la doctrine excessive de Calvin sur la prédestination des élus et des réprouvés. Son adversaire Gomar, ennemi du libre arbitre, entraîne la majorité de la nation. — *Traité de la liberté des mers*, en latin, par Hug. Grotius.

Russie. — A la faveur des troubles, Sigismond III de Pologne vient soutenir un rival de Chouiski, menace Smolensk (sept.). Le czar Chouïski a pour appui contre un pseudo Démétrius des auxiliaires suédois ; succès de son frère Michel Skopine.

Suède. — L'assemblée des états refuse au roi les secours nécessaires à la guerre contre la Pologne. Le Danemark et la Russie sont mêlés incidemment à la lutte.

1610.

Allemagne. — La succession du duché de Clèves, et de Juliers réclamée par des princes catholiques et par des princes protestants, est mise en séquestre par l'empereur. Les protestants renouvellent l'Union évangélique (févr.).

Angleterre. — L'Anglais Hudson, cherchant par le nord-est de l'Amérique un passage vers les Indes, voit la côte orientale du Groënland, à 73° de latitude, et est arrêté à 82° par les glaces. Plus tard il découvre le détroit et la baie qui portent son nom et où il trouva la mort.

France. — Préparatifs de Henri IV pour une guerre contre la maison d'Autriche : traité avec le duc de Savoie pour avoir le passage des Alpes (25 avril). Il fait couronner à Saint-Denis la reine qui doit avoir le gouvernement en son absence (13 mai). Assassinat du roi dans son carrosse, à l'entrée de la rue de la Ferronnerie, par François Ravaillac (14 mai). — Avénement de Louis XIII, âgé de neuf ans. Le parlement confère la régence à sa mère, Marie de Médicis, qui suit les conseils des amis de l'Espagne et du pape. Faveur de l'Italien Concini et de sa femme Léonore Galigaï. Sully, qui sous Henri IV a fait revivre l'agriculture et l'industrie, payé les dettes et augmenté les ressources du trésor, reste étranger aux intrigues de la nouvelle cour, et n'a plus d'autorité.

Hollande. — Les arminiens exposent leur doctrine religieuse dans un mémoire intitulé *Remontrances*, et l'adressent aux États. — Rencontre hostile avec les Anglais qui avaient des établissements dans l'île de Java, aux Indes orientales. Les Hollandais y fonderont, à la place de Jakatra, la ville de Batavia, qui sera la métropole de leur commerce dans les Indes.

Italie. — Paul V complète la bulle *in cœna Domini*, qui est le formulaire des prétentions du saint-siège (avril). — Canonisation du cardinal saint Charles Borromée, dont les vertus et les travaux avaient ramené les peuples d'Italie à la vénération pour l'Église (novembre). — L'ordre des religieuses de la Visitation, fondé par saint François de Sales, reçoit l'approbation du pape.

Russie. — Un parti offre la couronne au fils du roi de Pologne. Livré perfidement à Sigismond, après avoir été fait moine, Chouiski meurt en captivité à Varsovie. Le pseudo Demétrius, qui menace Moscou, est assassiné près de Kalouga par ses Tartares (11 déc.). — Deux candidats à la royauté, le fils de Sigismond et le second fils du roi de Suède.

1611.

Autriche. — Rodolphe II perd encore la couronne de Bohême que lui arrache son frère Mathias. Mathias ratifie par serment les accords faits entre les catholiques et les protestants.

France. — L'assemblée des huguenots, à Saumur, prend des mesures de défense contre le gouvernement. — Marie de Médicis obtient de Paul V la reconnaissance de la nouvelle congrégation de l'Oratoire de France, dont est établi général le cardinal Pierre de Bérulle (mars) : elle se voue surtout aux travaux d'érudition et à l'enseignement. L'institut des Ursulines, fondé à Paris pour l'éducation des jeunes filles, est confirmé aussi par le pape (sept.). — Les mémoires de Pierre de L'Estoile s'arrêtent à l'année 1611.

Hollande. — Les Hollandais, qui déjà sont en rivalité avec les Portu-

XVIIᵉ SIÈCLE (1612-1614).

gais sur la côte de Coromandel, parviennent au Japon.

Rome. — *De la puissance du pape dans les choses temporelles*, ouvrage ultramontain d'un jésuite, le cardinal Bellarmin.

Suède. — Quelque temps avant de mourir, en présence des états, Charles IX déclare majeur son fils, Gustave-Adolphe, âgé de moins de quinze ans, qui déjà s'était signalé dans la guerre nouvelle avec les Danois. Mort de Charles IX (nov.). Gustave-Adolphe continue les trois guerres que lui lègue son père. Il rend à la noblesse, par les conseils du chancelier Axel-Oxenstiern, les droits et les privilèges que Charles IX lui avait ôtés.

Turquie. — Traité avec les Perses: le schah Abbas garde Tauris et d'autres places. La paix ne durera que cinq ans.

1612.

Allemagne. — Mort de Rodolphe II. Mathias, déjà roi de Bohême et de Hongrie, est élu empereur.

France. — Déclaration de la régente contre les assemblées des huguenots (15 déc.).

Italie. — A Parme, le duc Ranuce Farnèse punit avec cruauté une conspiration tramée contre sa puissance et sa vie : les plus illustres têtes des maisons Torelli et San Vitali tombent sur l'échafaud.

Portugal. — Etablissement au nord d'Ormuz, à Bender-Abassi, dans la province persane de Laristan.

1613.

Angleterre. — Mariage de la fille de Jacques Iᵉʳ avec l'électeur palatin Frédéric V, prince calviniste.

Autriche. — Bethlem Gabor, noble hongrois et calviniste, se sert des Ottomans pour renverser le prince élu de Transylvanie; après l'avoir forcé à se tuer, il se fait lui-même déclarer prince (oct.).

Danemark et Suède. — Traité de paix, par la médiation du roi Jacques, beau-frère de Christian IV: (janv.) : les Danois rendent Calmar.

Espagne. — Le navigateur Quiros adresse un mémoire à Philippe III sur ses voyages. Il a découvert beaucoup d'îles de l'Océanie, entre autres Otaïti.

France. — Concini est fait maréchal d'Ancre. — Reconstruction de l'aqueduc romain d'Arcueil, pour fournir d'eau le sud de Paris. — Mort du poëte satyrique Régnier.

Hollande. — Occupation, dans le bassin des îles de la Sonde, de Timor qui produit des épices.

Italie. — Un décret du saint-office atteint l'ouvrage d'un jésuite trop ultra-montain : *De la puissance du roi et du souverain pontife.* — Le duc de Savoie élève des prétentions à la tutelle de sa nièce, fille du dernier duc de Montferrat et de Mantoue. Il entre en armes dans le Montferrat, où quatre années de guerre avec les Espagnols ne lui donneront pas de nouvelle conquête. — L'émir Fackardin, qui avait soulevé la Syrie contre le sultan, trouve asile à la cour du grand-duc de Florence : il ne peut rien pour rendre Jérusalem aux chrétiens.

Russie. — L'assemblée nationale appelle au trône Michel, âgé de quinze ans, fils d'un noble, Fédor Romanow qui descend de Rurick par sa mère (3 mars). Son couronnement à Moscou (avril). Lutte contre les Suédois et les Polonais.

1614.

Angleterre. — Remontrances du parlement que Jacques avait convoqué pour obtenir de l'argent : il est dissous; arrestation de quelques-uns de ses membres.

France. — Révolte de la noblesse : les traités de Sainte-Menehould promettent la convocation des états généraux (15 mai). Déclaration de la majorité de Louis XIII (2 oct.). Ouverture des états généraux de

Paris, es derniers avant ceux de 1789 (27 oct.). Ils sont féconds en projets de réforme; on y débat la question de l'inviolabilité des rois, et de l'indépendance de la couronne à l'égard du saint-siége. — La statue équestre de Henri IV, envoyée par le grand-duc de Toscane, est placée au milieu du Pont-Neuf (août).

Portugal. — Les Persans et les Anglais chassent les Portugais de la position de Bender-Abassi, acquise par eux depuis deux ans.

1615.

Allemagne. — Une nouvelle organisation des postes impériales engage les États de Saxe, de Brandebourg et de Hesse, à établir pour leurs terres des postes particulières.

Autriche. — Guerre entre l'Autriche et Venise, parce que l'Autriche protégeait les Uscoques, association d'aventuriers qui faisaient la piraterie sur la côte vénitienne de Dalmatie : l'archiduc appelle à son aide les Espagnols du Milanais; Venise se ligue avec le duc de Savoie, leur voisin à l'ouest de Milan. — Un nouveau traité de Mathias avec les Turcs, alors inquiétés par des révoltes d'Arabie et de Géorgie, rend à la couronne de Hongrie presque toutes les villes perdues dans les dernières guerres.

Espagne et France. — Au milieu des cabales des huguenots, et malgré la prise d'armes du prince de Condé, Louis XIII est conduit à Bordeaux pour célébrer son mariage avec Anne d'Autriche, fille du roi d'Espagne (oct.). Une de ses sœurs est promise à l'infant, depuis Philippe IV, âgé de dix ans (nov.).

France. — Marie de Médicis fait commencer le palais du Luxembourg à Paris, sur les dessins de Jacques de Brosse. — Une charge de juge général d'armes est créée pour remédier aux nombreux abus qui provenaient de l'usurpation des armoiries et des titres de noblesse. Elle sera héréditaire dans la famille d'Hosier.

Hollande. — La connaissance de l'Amérique méridionale est complétée lorsque les Hollandais Schouten et Lemaire découvrent le détroit qui porte le nom de ce dernier, à l'est de la Terre de Feu: ils démontrèrent que les deux océans, le Pacifique ou le Grand océan, et l'Atlantique se joignent au sud de l'Amérique par une vaste mer australe. Lemaire découvrit dans l'Océanie, au sud-ouest des îles Marquises, la mer mêlée d'îlots et d'écueils, si justement nommée la mer Mauvaise.

1616.

Angleterre. — En 1615 ou en 1616, mort de Shakspere, à cinquante-deux ans. — Bylot et Baffin, marins anglais, entrent dans la baie qui porte le nom de ce dernier au delà du détroit de Davis, au nord de l'Amérique; ils en font le tour, sans trouver le passage cherché vers les Indes.

Autriche. — L'empereur, qui n'a pas d'enfant, adopte son cousin Ferdinand, de la branche de Styrie, alors âgé de trente-huit ans.

Espagne. — Michel de Cervantes, un an après la publication complète de son *Don Quichotte*, meurt dans la misère.

France. — Jalousie, lutte de la noblesse contre Marie de Médicis et Concini. Ils croient satisfaire tous les intérêts par la paix de Loudun (mai). Elle est violée par le prince de Condé; la reine mère le fait arrêter (sept.). — On publie les *Tragiques* de d'Aubigné.

Russie et Suède. — Michel Romanow, pour avoir la paix avec la Suède, renonce formellement à la Livonie et à l'Esthonie; il abandonne la Carélie et l'Ingrie (26 janv.).

1617.

Allemagne. — Célébration du premier jubilé protestant, la dernière année du premier siècle de la réforme.

Angleterre. — Vaine tentative de Jacques pour établir en Écosse la religion anglicane. — Le parlement proteste encore contre les abus de la prérogative royale, et combat les théories de droit divin. La charge de garde des sceaux est alors donnée à François Bacon dont le *Novum organum* a commencé la restauration de la philosophie. — Dissolution du parlement.

Autriche. — L'empereur se démet de la couronne de Bohême en faveur de Ferdinand, qu'il a adopté (juin). — Par la médiation de la France, Venise se réconcilie avec l'archiduc d'Autriche (sept.).

France. — Louis XIII, pour élever son favori Albert de Luynes, fait tuer le favori de sa mère, Concini (avril). — Disgrâce de Marie de Médicis, que suit dans sa retraite Armand Duplessis de Richelieu, évêque de Luçon (mai). — Odieux procès de la femme de Concini, Léonore Galigaï; elle mourra sur le bûcher, par arrêt du parlement, pour sortilèges (juill.).

Suède. — Couronnement du roi Gustave-Adolphe, à Upsal (oct.).

Turquie. — Mort d'Achmet Ier; son frère lui succède. — Le nouveau sultan croit le baron de Sanci, l'ambassadeur de France, complice d'un chef des rebelles en Moldavie, et le fait mettre en prison.

1618.

Allemagne et Autriche. — La destruction des temples des protestants sur les terres ecclésiastiques de Prague et de Braunau, cause les troubles de Bohême. Les insurgés avec le comte de Thurn se vengent des gouverneurs catholiques par la défénestration de Prague (23 mai). C'est l'occasion de la guerre de Trente ans. — Ferdinand, déjà roi de Bohême, oblige l'empereur Mathias à lui céder encore la couronne de Hongrie (juin) : il est couronné à Presbourg (1er juill.).

Angleterre. — Au retour d'un voyage dans la Guyane d'où il ne rapporte pas les trésors qu'il avait promis au roi, Walter Raleigh est mis à mort, sur les accusations du gouvernement espagnol dont il avait dévasté les colonies et en vertu d'une sentence capitale prononcée contre lui quinze ans auparavant (29 oct.). — Le pauvre peuple lui doit l'importation de la pomme de terre. — Jacques partage sa confiance entre Bacon, qui va devenir, en 1619, lord grand chancelier, baron de Verulam, vicomte de St-Albans, et Georges Villiers, qui, depuis 1615, remplace le favori écossais Robert Carr, duc de Sommerset, et est fait marquis de Buckingham. — Les non-conformistes persécutés depuis dix ans prennent le chemin de la Hollande avec leurs femmes et leurs enfants.

Danemarck. — Christian IV envoie aux Indes la première escadre danoise; elle prit terre à la côte de Coromandel, où furent bâties Tranquebar et Danebourg.

Espagne. — Chute du favori de Philippe III, le duc de Lerme, après vingt ans de domination (oct.). Le ministre déchu se fait nommer cardinal, et son fils, le duc d'Uzeda, qui l'a renversé, prend sa place.

France. — La France est agitée par les factions des seigneurs, de la reine mère et du favori.

Hollande. — La lutte théologique est résolue par le synode général de Dordrecht contre les remontrants ou arminiens, en faveur de Gomar qui est présent. Le grand pensionnaire Barnevelt, malgré ses soixante-neuf ans et les services qu'il a rendus, est emprisonné, comme arminien, par l'ordre de Maurice de Nassau, son ennemi politique.

Italie. — Célèbre conspiration espagnole contre Venise, attribuée à l'ambassadeur Bedmar, ou au vice-roi de Naples, le duc d'Ossuna. — A l'occasion de ce complot, peut-être imaginaire, plusieurs étrangers, espagnols ou français, qu'a fait arrêter le sénat, perdent la liberté et la vie.

Pologne. — A la mort d'Albert-

Frédéric, son gendre l'électeur de Brandebourg, Jean-Sigismond, se met en possession du duché de Prusse, qui est réuni alors pour toujours à l'électorat.

Pologne et Russie. — Trêve de quatorze ans.

Turquie. — Les grands vizirs déposent le sultan (mars). Ils mettent à sa place son jeune neveu Othman II. — Réparation est accordée pour l'outrage fait à l'ambassadeur de France.

1619.

Allemagne. — Mort de Mathias. Ferdinand II est élu et couronné empereur (août, sept.). — Opposition des états de Bohême : ils appellent pour régner sur leur pays l'électeur palatin, Frédéric V, calviniste. Commencement de la période palatine de la guerre de Trente ans. — Tandis que Ferdinand est occupé de l'insurrection de Bohême, Bethlem Gabor, allié des rebelles, entre dans la haute Hongrie (sept.), et reçoit le titre de prince à Presbourg (21 oct.). La Silésie et la Lusace ne reconnaissent plus Ferdinand. — Inaction du nouvel électeur de Brandebourg, duc de Prusse, Georges-Guillaume, qui est beau-frère de l'électeur palatin.

France. — Lutte ouverte entre le roi et sa mère que soutient le duc d'Épernon. Richelieu se fait médiateur. Le prince de Condé sort de prison (20 oct.). De Luynes est fait duc et pair (14 nov.). — Lucilio Vanini, philosophe néo-platonicien, est brûlé à Toulouse comme athée.

Hollande. — Les désordres commis par les arminiens sont attribués au grand pensionnaire Barnevelt, qui ne voulait que la liberté religieuse. Une commission de vingt-quatre membres le condamne à mort ; il est exécuté (13 mai). Persécution de ses partisans : l'historien et jurisconsulte Grotius (Hugo de Groot), né à Delft, membre des États généraux, déjà célèbre à trente-six ans, est condamné à une prison perpétuelle ; il s'échappe. Maurice ne peut cependant pas arriver au pouvoir absolu. — Fondation dans l'île de Java, de la ville de Batavia, qui est destinée à une grande prospérité commerciale.

Turcs. — Guerre active avec les Perses, jusque devant Tauris.

1620.

Allemagne. — Les troupes de l'empereur, commandées par Maximilien, duc de Bavière, battent à la montagne Blanche, près de Prague, l'armée du prince palatin (nov.). Il fuit en Silésie, en Danemark, en Hollande.

Angleterre. — Des familles de puritains, amenés de Hollande, vont en Amérique fonder la première colonie libre de la Nouvelle-Angleterre.

France. — Réunion de la Navarre à la couronne ; parlement à Pau ; les huguenots sont forcés de restituer les biens d'église. — Guerre et traité dans l'Anjou entre Marie de Médicis et le roi.

Hollande. — Conquête de l'île d'Amboine dans les Moluques.

Italie. — La Valteline, étroite vallée de l'Adda supérieur, qui sépare le Milanais espagnol du Tyrol autrichien, est agitée par les intrigues du duc de Feria, gouverneur du Milanais. Elle se soulève contre les Grisons ses protecteurs naturels et nécessaires. Les catholiques égorgent cinq cents protestants, et forcent les autres à fuir ou à apostasier.

1621.

Allemagne. — Actes de vigueur de l'Autriche : Presbourg est enlevée à Bethlem Gabor par le comte de Buquoi, général de l'empereur (mai). Ferdinand ordonne en Bohême l'exécution de quarante-trois chefs de l'insurrection. — Des Allemands, généraux d'aventure, combattent seuls pour l'électeur palatin.

Danemark. — Le duc de Holstein-Gottorp accueille les remontrants de Hollande, poursuivis par les gomaristes, et fait bâtir pour eux la ville de Stadt Frédéric, sur l'Eyder.

XVIIᵉ SIÈCLE (1622-1623).

Espagne.— Mort de Philippe III (mars). L'aîné de ses enfants nés d'une princesse autrichienne, Philippe IV, lui succède à seize ans; majeur de droit, il ne gouvernera pas plus que son père : puissance du comte d'Olivarès.

Espagne et Hollande. — Expiration de la trêve de douze ans (10 avril) : les États généraux refusent de la proroger. Au milieu des préparatifs de guerre, meurt l'archiduc Albert, qui gouverne les Pays-Bas espagnols depuis vingt-cinq ans (13 juill.). Ambroise Spinola seconde sa veuve, l'infante Claire-Eugénie.

France. — De Luynes, qui n'a jamais combattu, est nommé connétable (2 avril); il marche avec le roi contre les protestants révoltés (9 avril). — L'assemblée de la Rochelle donne une base républicaine à la constitution des pays réformés (10 mai). Le duc de Rohan et le duc de Soubise, son frère, sont à la tête des protestants.— Guerre en Guyenne et en Gascogne. Le roi ne peut prendre Montauban (août-nov.).— Mort du connétable de Luynes (15 déc.). — La congrégation bénédictine de Saint-Maur reçoit ses statuts de Grégoire XV (mai) : elle s'adonnera aux travaux d'érudition et d'histoire. — Impôt sur le tabac.

Italie. — Mort de Paul V (janv.). Il a beaucoup embelli Rome; les précoces talents du Napolitain Bernini, statuaire et architecte, ont été employés à l'achèvement de l'église de Saint-Pierre; réunion de beaux ouvrages de peinture et de sculpture au Vatican. — L'empereur érige Guastalla en duché pour Fernand II de Gonzague et pour sa postérité (juill.).

Pologne. — Courte guerre entre la Pologne et la Turquie, à cause des brigandages des Cosaques de la mer Noire. Choczim, sur le haut Dniester, est attaqué par les Turcs.

Portugal.— Découverte de mines d'or au Brésil.

1622.

Angleterre.— Premier numéro du premier journal régulier qui ait paru en Angleterre : *Nouvelles de la semaine*, d'abord traduites du hollandais, rédigées par Nathaniel Butter.

Espagne et Hollande.— Habile stratégie de Spinola et de Maurice de Nassau devant Berg-op-Zoom, au nord-ouest du Brabant. L'armée espagnole après plusieurs assauts, de juin à octobre, abandonne l'attaque.

France.— Apostasie de plusieurs chefs protestants. Le duc de Lesdiguières, qui se convertit à quatre-vingts ans, est fait connétable (juill.). L'édit de Montpellier laisse aux religionnaires leur importance politique (oct.). — Richelieu, à la recommandation de la reine mère, qui rentre au conseil, est nommé cardinal (5 sept.). — L'église de Paris est érigée en archevêché (20 oct.). — Mort du président Jeannin qui a toujours uni dans les affaires publiques, dans les finances, et dans la diplomatie, la droiture à l'habileté.

Italie. — Grégoire XV, zélé pour la conversion des infidèles, fonde le collége de la propagande. Il canonise saint Ignace de Loyola, saint François Xavier, saint Philippe de Neri et l'Espagnole sainte Thérèse, célèbre par la réforme des carmélites et par ses écrits (mars).

Perse. — Les Persans et les Anglais chassent les Portugais de l'île d'Ormus. Les Anglais se font donner le monopole du commerce de la soie en Perse.

Turquie.— Othman II est le premier sultan que les janissaires, menacés d'être cassés, déposent, livrent aux outrages de la multitude, et font étrangler au château des Sept-Tours.

1623.

Allemagne. — La dignité électorale du comte palatin calviniste est donnée par la diète au duc de Bavière, prince catholique qui l'a vaincu au nom de l'empereur.

XVIIᵉ SIÈCLE (1624-1625).

Angleterre. — Après de longues négociations pour le mariage du prince de Galles, Charles, âgé de vingt-trois ans, avec la fille de Philippe IV, le jeune prince est conduit à la cour de Madrid par George Villers, duc de Buckingham, le favori de son père : conduite imprudente de Buckingham, l'alliance est rompue.

Danemark. — Christian IV fonde à Soroë, dans l'île de Seeland, une académie pour la noblesse, et la dote de grands revenus.

Espagne. — Plusieurs ordonnances d'Olivarès ont pour objet de favoriser l'accroissement de la population, en accordant une diminution ou une suppression d'impôts à ceux qui se marient jeunes, ou qui ont beaucoup d'enfants.

France et Italie. — Ligue de la France avec Venise et le duc de Savoie, pour soustraire la Valteline à l'ambition de l'Espagne (janv.).

Hollande. — Conspiration contre la vie du stathouder : un des fils de Barnevelt, et les principaux conjurés sont décapités à la Haye (29 mars).

Italie. — L'électeur de Bavière, le vainqueur de Frédéric V le prince palatin, a cédé aux bibliothèques de Rome une partie des manuscrits de la riche bibliothèque palatine. — Mort de Grégoire XV. Il aimait à s'entretenir avec les académies qu'il avait établies dans son palais. Le Florentin Barberini qui lui succède, Urbain VIII, cultive aussi les lettres, et est lui-même poëte (août).

Turquie. — Un oncle d'Othman, qui l'avait précédé sur le trône, et qu'on avait tiré de prison pour lui rendre la dignité de sultan, mérite une seconde fois par ses folies et par ses cruautés d'être déposé (sept.) : il sera étranglé en prison. Avénement d'un frère d'Othman, Amurat IV, âgé de quinze ans. — Incursions des Cosaques qui sont maîtres de l'embouchure du Don. Révoltes de plusieurs pachas en Asie.

1624.

Angleterre. — Avec l'agrément de son parlement, le roi demande pour son fils Henriette de France, sœur de Louis XIII.

Autriche. — Bethlem Gabor se réconcilie avec l'empereur (mai) : il renonce au titre de roi de Hongrie, mais reçoit, outre la principauté de Transylvanie, les deux duchés de Silésie Oppelen et Ratibor, qui n'avaient été offerts à deux de ses prédécesseurs que comme dédommagement de la principauté.

Espagne. — Un projet d'organisation qui réduirait tous les impôts en un seul est vainement présenté par un magistrat de Tolède.

Espagne et Hollande. — Succès maritime des Espagnols près de Calais. Spinola assiége Bréda, sous les yeux du prince Maurice (août). Maurice ne réussit pas dans un coup de main contre Anvers. — Les Hollandais battent la flotte espagnole sur la côte du Pérou, près de Lima. Ils s'emparent, dans le Brésil portugais, que défendent mal les Espagnols, de la baie de Tous-les-Saints et de la ville de San Salvador.

France. — Richelieu entre au conseil (avril) et renonce à son évêché de Luçon. — La Valteline est replacée par les troupes françaises sous la souveraineté des ligues Grises. — *Lettres* de Balzac. — *Des horloges solaires* par Sal. de Caus, huguenot, aut. des *Raisons des forces mouvantes*.

Turquie. — Lutte acharnée avec les Perses dans l'Irak-Arabi : Bagdad attaquée pendant cinq mois résiste aux Turcs.

1625.

Allemagne et Danemark. — Christian IV, comme duc du Slesvig-Holstein, qui est terre germanique, répond à l'appel des protestants de la basse Saxe, et des amis de l'électeur palatin. Commencement de la période danoise, de la guerre de Trente ans. — Ferdinand II cède à son fils la couronne de Hongrie (déc.).

XVIIᵉ SIÈCLE (1626-1627).

Angleterre. — Mort du roi Jacques Iᵉʳ (avril). Charles Iᵉʳ, son fils, lui succède; il épouse Henriette de France (mai) : Buckingham, qui garde sous Charles Iᵉʳ son pouvoir de favori, a fait déclarer la guerre à l'Espagne. Vaine tentative contre Cadix (oct.). — Dans les Antilles espagnoles, occupation de la Barbade.

France. — Richelieu recommence la lutte contre les protestants. Chambre de justice contre les fermiers généraux. — *Du droit de la paix et de la guerre*, ouvr. latin de Grotius.

Hollande. — Maurice de Nassau meurt à la Haye (avril). Il avait mis à profit toute la science militaire des anciens : le premier, il s'est servi dans les siéges de lunettes à longue-vue, et a ouvert des galeries. On lui reproche son ambition et les dérèglements de sa vie privée. — Son frère, Frédéric-Henri, reçoit des Etats généraux les charges de capitaine et d'amiral-général ; chacune des provinces successivement le nomme stathouder, sauf Groningue et Frise qui choisissent un autre Nassau. — Bréda est prise par Spinola après dix mois de siége (juin). — Alliance avec l'Angleterre et le Danemark contre l'Espagne (août).

Italie. — Le sénat de Gênes institue le tribunal des inquisiteurs d'État, sur le modèle de celui de Venise.

1626.

Allemagne. — Le comte de Wallenstein ou Walstein, noble de Bohême, qui a formé une armée pour l'empereur en s'en réservant la disposition presque exclusive, bat sur l'Elbe près de Dessau, et poursuit jusqu'en Silésie et en Hongrie le comte Ernest de Mansfeld, un des héros d'aventure qui soutiennent le roi de Danemark. Le général bavarois Tilly bat Christian IV à Lutter, dans le duché de Brunswick, et le rejette sur le Jutland (août). Walstein interdit au roi le Brandebourg et le Mecklembourg.

Angleterre. — Esprit hostile du parlement : il répond à une demande de subsides pour la guerre d'Espagne par une exposition de griefs. Il est dissous (15 juin). Les emprunts forcés suppléent aux impôts, refusés par la nation. — Mort du philosophe Bacon.

France. — Richelieu accorde encore aux protestants un édit de pacification (févr.). — Édit contre les duels. — Le maréchal d'Ornano qui conspire contre le ministre avec Monsieur, frère du roi, est arrêté (mai) et meurt à Vincennes (sept.) Le comte de Chalais pour le même crime est décapité à Nantes (19 août). — Mariage de Monsieur avec Mlle de Montpensier. — Assemblée des notables (du 2 déc. au 24 fév.). Plan de réforme. — Établissement au Sénégal et à la Guyane. — Mort de l'ingénieur Salomon de Caus.

Italie. — Une donation faite par le dernier duc de la maison de la Rovère réunit au saint-siége le duché d'Urbain.

1627.

Allemagne et Danemark. — Walstein bat le marquis de Bade-Dourlach qui commande une armée danoise (sept.) : le Holstein presque tout entier devient le prix de cette victoire. La Poméranie protestante est à la merci de Walstein. — L'empereur fait proclamer roi de Bohême son fils, qui est déjà roi de Hongrie.

Angleterre. — Des puritains anglais, s'exilant pour vivre libres, obtiennent de la compagnie de Plymouth la cession de la baie de Massachussets, au nord des vastes territoires de l'Amérique septentrionale appelés Virginie. Le gouvernement y sera moins démocratique que dans la colonie établie au pied du cap Cod en 1620; église intolérante. — Les *marbres de Paros*, monument de chronologie grecque, vont être appelés *marbres d'Arundel* ou *d'Oxford*.

France. — Richelieu supprime la charge de connétable qu'a laissée vacante la mort de Lesdiguières (janv.), et bientôt celle de grand amiral ; il se fait nommer surintendant général du commerce et de la navigation. — Bouteville-Montmorency et le comte de Chapelles sont exécutés en place de Grève comme duellistes (juin). — La guerre est recommencée avec les huguenots; le duc de Buckingham, ennemi de Richelieu, les soutient sans succès. Louis XIII et Richelieu viennent assiéger la Rochelle: le port est barré par une digue. — *De doctrinâ temporum*, p. le P. Petau.

Hollande. — Pierre Nuyts découvre la côte sud-ouest de la Nouvelle-Hollande.—Les Hollandais fondent en Guyane Essequebo.

Italie. — Mort du duc de Mantoue. Il a désigné, pour lui succéder, son cousin Charles de Gonzague, l'époux de sa nièce Marie, qui possède en France le comté de Rethel et Nevers. La succession sera disputée à ce prince, ami de la France, par César de Gonzague, fils du duc de Guastalla, protégé de l'empereur. Le duc de Savoie saisit l'occasion pour redemander le Montferrat. — A Gênes, conspiration démagogique du riche plébéien Vachero à qui le duc de Savoie a promis son concours : le sénat frappe avec vigueur Vachero et ses principaux adhérents.

Suède. — Gustave-Adolphe défend le duel sous peine de mort, et tiendra à l'exécution rigoureuse de la loi.

1628.

Angleterre. — Le parlement accorde des subsides au roi, à la condition qu'il *secourra la Rochelle.* — Buckingham, qui doit conduire l'expédition, est assassiné (23 août). — L'Anglais Guillaume Harvey démontre la circulation du sang, qui est en mouvement perpétuel par le cœur, les artères et les veines.

Hollande. — Capture à la hauteur de Cuba, dans les Antilles, d'une flotte espagnole avec tout son chargement évalué douze millions de florins.—Spinola qui n'a plus de succès, parce qu'il ne reçoit pas d'argent de l'Espagne, est rappelé. — Frédéric-Henri de Nassau assiége Bois-le-Duc, une des plus fortes places du Brabant septentrional. Claire-Isabelle-Eugénie, soutenue par les impériaux et même par un prince de la maison de Nassau, ne peut empêcher la place de capituler (14 sept.). Les Hollandais prennent Wesel, sur le Rhin, au sud-est de Clèves.

France. — La Rochelle, privée du secours des Anglais qui ne peuvent forcer la digue, est affamée, et forcée de se rendre (29 oct.). Elle perd ses fortifications, et ses priviléges politiques, et reçoit le culte catholique.—Turenne âgé de vingt ans, *fait son apprentissage des siéges* dans les Pays-Bas, à l'armée de son oncle Frédéric-Henri.

Perse. — Mort du schah Abbas le Grand dans l'Irak-Adjemi, à Casbin, au nord-ouest de Teheran. — Il a enlevé aux Mongols de l'est plusieurs provinces que son successeur perdra, entre autres le Candahar qui touche au Khoraçan. Pour détourner ses sujets du pèlerinage de la Mecque, et les empêcher ainsi de porter à un temple étranger l'argent de l'empire, il leur a inspiré de la dévotion pour Reza, l'un des douze saints ou imans de Perse, dont le tombeau est à Meschel, dans le Khoraçan, un peu à l'est de Nichapour. Protecteur des arts et du commerce, il a été cependant cupide et cruel, et quatre de ses fils ont été immolés à d'injustes soupçons. — Un de ses petits-fils lui succède à quinze ans : c'est le Néron des Persans.

1629.

Allemagne. — Édit impérial pour la restitution des biens de l'Église, usurpés par les protestants depuis l'an 1555 (6 mars). Résistance des princes et des villes de Brandebourg et de Saxe. — Réconciliation de l'empereur avec Christian IV à Lubeck (27 mai). — Les protestants alors s'adressent au roi de Suède, Gustave-Adolphe, que la France aussi sollicite à la guerre contre l'Autriche.

Angleterre. — Le parlement formule la *pétition des droits* de la nation. Le débat est encore tout constitutionnel entre la nation et le roi.— Paix avec la France (24 avril).

France. — Louis XIII marche contre le duc de Savoie, pour soutenir le parti français de Mantoue; il force vaillamment le pas de Suze (mars). — Campagne dans le Languedoc, au milieu des Cévennes, pour réduire le duc de Rohan, chef des calvinistes; il fait sa paix particulière à Alais (27 juin). L'édit de pacification de Nîmes (14 juill.) respecte la liberté de religion, et maintient l'égalité civile entre les catholiques et les protestants. Montauban résiste la dernière au ministre qui vient la menacer en personne (20 août).— Richelieu est déclaré principal ministre (21 nov.). — Il part pour la guerre d'Italie (29 déc.). — Mort du poëte Malherbe. — *Mélite*, première comédie de P. Corneille, âgé de vingt-six ans. — Code *Machau* (janv.).

Pologne et **Suède.**—Trêve de six ans, par la médiation de la France : Gustave avait enlevé les possessions prussiennes de la Pologne (15 sept.).

1630.

Allemagne. — Le débat, que depuis vingt ans la succession de Clèves et de Juliers a soulevé entre la maison de Brandebourg et la maison de Neubourg, est suspendu par un accord qui laisse à l'électeur Georges-Guillaume le duché de Clèves, un peu à l'est de Nimègue entre la Meuse et le Rhin, et le comté de la Mark, dans la vallée centrale de la Lippe et de la Ruhr, au nord-est du duché de Berg. — L'archevêché de Magdebourg est l'occasion d'un conflit entre la maison de Brandebourg et l'empereur. — L'association de la hanse teutonique est dissoute.

Allemagne et **Suède.** — La diète de Ratisbonne, par l'influence de l'électeur de Bavière, obtient le renvoi de Walstein, dont les soldats se sont livrés à d'affreux brigandages même sur les terres catholiques : elle n'élit pas roi des Romains le fils de l'empereur. — Laissant en Suède sous la protection des états une fille âgée de quatre ans, Gustave-Adolphe passe de l'île de Rugen sur la terre allemande pour combattre l'empereur au nom des protestants (juin). Commencement de la période suédoise, de la guerre de Trente ans. — Les Suédois sont bien accueillis dans la Poméranie, qui avait beaucoup souffert du séjour des impériaux en 1627 (21 juill.) : Stettin, Stargard et Wolgast reçoivent garnison suédoise. — Magdebourg reçoit de nouveau l'archevêque luthérien de la maison de Brandebourg, qui est assuré de la protection de Gustave-Adolphe (1er août).

Angleterre. — Les colonies de New-Hampshire et du Maine sont fondées par les agents de la compagnie de Plymouth, dans la partie de l'Amérique septentrionale qu'on commence à appeler Nouvelle-Angleterre. Gouvernement libéral, comme à Massachusets. — Les concessionnaires de la terre de la Caroline, au sud de la Virginie, n'y font pas d'établissement durable.

Autriche, France et **Italie.** — Lutte devant Mantoue entre les généraux de l'empereur et le maréchal d'Estrées : les impériaux prennent Mantoue au nom de la maison de Guastalla (18 juin), et la pillent pendant trois jours; ils transportèrent à Prague les plus belles peintures du palais. — Le duc de Savoie est menacé par Richelieu et par Louis XIII (janv.). Près de perdre ses États, il meurt de chagrin, après cinquante ans de règne (26 juill.). Victor-Amédée, son fils, âgé de quarante-trois ans, lui succède. — Dans le duché de Guastalla, César de Gonzague succède à son père (5 août).— A la diète de Ratisbonne, l'empereur se décide à reconnaître le duc de Nevers Charles de Gonzague, comme duc de Mantoue et de Montferrat (13 oct.) : le capucin Joseph, en-

France. — Louis XIII après la campagne d'Italie, revenu à Lyon, tombe malade (22 sept.). Disgrâce imminente du cardinal : la journée des dupes, à Versailles, est fatale à ses ennemis (11 oct.); il fait commencer le procès du maréchal de Marillac, un des complices de la reine mère. — L'usage des postes, étendu au service des particuliers, devient une branche des revenus de la couronne. — A l'aide des flibustiers, les Français menacent la colonie espagnole de Saint-Domingue. — Mort du poëte dramatique Hardy qui a imité ou pillé les auteurs espagnols. — Mort de d'Aubigné.

Hollande. — Commerce sur la côte africaine d'Arguin, près du cap Blanc. Établissements sur la côte de la Guinée supérieure, aux dépens des Portugais; conquête moins fructueuse du pays d'Angola, entre le Congo et le Benguela.

1631.

Allemagne et Suède. — Traité d'alliance de la France avec Gustave-Adolphe (janv.). — Siége de Magdebourg, dont l'archevêque est l'allié des Suédois (30 mars) : quatre assauts par Tilly et Pappenheim; sac, massacre et incendie (10 mai). — Le roi de Suède, qu'ont retardé les hésitations calculées des électeurs de Brandebourg et de Saxe, arrive enfin sur les terres de l'archevêché (juin), et s'empare de Halle. Il défend l'électorat saxon, menacé par les impériaux; sa victoire à Leipsick, où Tilly est fait prisonnier (7 sept.). — Pendant que l'électeur de Saxe s'avance entre l'Elbe et l'Oder jusqu'à la Bohême autrichienne, Gustave traverse la vallée du Mein sur les terres des évêques catholiques de Thuringe et de Franconie, jusqu'à Mayence; il parcourt, en conquérant, l'Alsace et la Souabe, et s'approche de la Bavière, alliée de l'Autriche. — La Transylvanie se donne pour prince Georges Ragotzky qui veut être indépendant de l'empire et de la Turquie; il s'allie aux Suédois. — Le fils de Ferdinand, roi couronné de Hongrie et de Bohême, âgé de vingt-deux ans, épouse Marie-Anne, fille de Philippe III d'Espagne, sœur de la reine de France. — Kepler meurt indigent à Ratisbonne; il a trouvé les lois mathématiques qui régissent les mouvements des corps célestes.

Espagne et Hollande. — Claire-Isabelle-Eugénie fait envahir la Zélande, par terre et par mer. Frédéric-Henri obtient alors pour son fils Guillaume, enfant de cinq ans, la survivance du stathoudérat dans les provinces de Zélande et de Hollande. Désastre de la flotte espagnole (12 sept.). Les Hollandais s'étendent à l'est, dans le Limbourg jusqu'à Venloo et Ruremonde sur la Meuse. — Ils concluent une alliance avec Gustave-Adolphe.

France. — Richelieu écarte ou abat ses ennemis intérieurs, Marie de Médicis, Gaston frère du roi, le duc de Lorraine. La reine mère se retire à Bruxelles. Les partisans de Gaston sont livrés à une chambre de justice établie à l'Arsenal (14 juin). Le duc de Lorraine qui a donné un asile et a promis sa sœur à Gaston, est combattu sur ses terres. — Premier journal politique, depuis le 1er avril, la *Gazette*, sous la direction de Théophraste Renaudot, médecin du roi. Il ne paraît d'abord qu'une fois par semaine.

France et Italie. — Le traité, négocié au nom de la France par l'Italien Mazarin, et signé à Chérasque, au sud de Turin, confirme au duc Charles de Gonzague de Nevers la possession de Mantoue et de Montferrat ; rend à Victor-Amédée Ier tous ses États moins Pignerol et trois autres places que gardent les Français; quelques villes du Montferrat lui sont données (6 avril).

Hollande. — Grotius essaye de rentrer dans sa patrie. Conditions inacceptables. Sa tête y est mise à prix. Il

XVIIᵉ SIÈCLE (1632-1633).

reprend la route de l'exil; il sera bientôt attiré en Suède.

Italie. — Mort de François-Marie II de la Rovère, qui ne laisse pas d'héritier direct (avril). Urbain VIII fait prendre possession par son neveu, le cardinal Barberini, du duché d'Urbin, fief dévolu au saint-siége. — Le grand-duc de Toscane, Ferdinand II, ne recueillit que les biens allodiaux de la maison d'Urbin à laquelle il est allié par mariage.

1632.

Allemagne et Suède. — Gustave, arrivé à l'entrée de la Bavière, force le passage du Lech, affluent du Danube; Tilly est mortellement blessé (avril). Gustave entre à Munich (17 mai). — L'empereur, qui a rendu le commandement de ses armées à Walstein, sauve d'abord la Bavière. L'électeur de Saxe est de nouveau menacé par les impériaux. Gustave vient le défendre; il meurt vainqueur dans les champs de Lutzen, au sud-ouest de Leipsick (16 nov.). Les Suédois ont encore plusieurs généraux illustres, surtout le duc Bernard de Saxe-Weimar.

Angleterre. — Édits royaux pour arrêter les progrès de l'émigration en Amérique : ne pourront émigrer que ceux qui auront prêté le serment d'allégeance ou de foi anglicane et de suprématie épiscopale. — Dans l'Amérique du nord, la colonie de Maryland est formée par un démembrement de la Virginie proprement dite, sous le nom de lord Baltimore, protégé de la cour de Londres. Son gouvernement dépend de la métropole, plus directement que celui des colonies puritaines du nord-est. Les esclaves sont admis pour la culture de la terre. — Depuis quatre ans, les Anglais s'avancent dans les petites Antilles : ils occupent, au nord de la Guadeloupe, les îles de Mont-Serrat et d'Antigoa; plus à l'est, dans les îles Bahama, la Providence, au nord-ouest de San Salvador.

Espagne et Hollande. — Maestricht, défendue par des travaux de fortifications et par trois armées espagnoles, ne peut résister plus de deux mois. Elle se rend aux Hollandais (22 août).

France. — Richelieu ne consent au mariage du duc d'Orléans Gaston avec la sœur du duc de Lorraine qu'après une convention onéreuse pour le duc (janv.). Gaston va rejoindre sa mère à Bruxelles, chez les Espagnols. — Le traité de Saint-Germain confirme celui de Chérasque, en ce qui regarde la cession de Pignerol à la France (5 mai). — Le maréchal de Marillac, condamné par une commission sous prétexte de concussions, subit la sentence capitale (10 mai). Prise d'armes de Monsieur, du duc de Lorraine et du maréchal de Montmorency dans le Languedoc (juin). A l'approche de Louis XIII, le duc se soumet. Montmorency, vaincu et pris au combat de Castelnaudary (sept.), est livré au parlement de Toulouse, condamné à mort et exécuté (30 oct.).

Pologne. — Mort du roi Sigismond III. — Son fils Wladislas VII est élu (nov.). Il défend énergiquement Smolensk contre les Russes, qui ont recommencé les hostilités après l'expiration de la trêve.

1633.

Allemagne et Suède. — Les princes protestants de l'empire laissent la direction de la guerre contre l'Autriche au chancelier suédois Oxenstiern. Progrès vers le bas Rhin, en Franconie et dans le Palatinat. — La France, représentée par le marquis de Feuquières à Heilbronn, renouvelle l'alliance avec la Suède (mars).

Angleterre. — Charles Iᵉʳ, après son couronnement à Édimbourg, assemble le parlement écossais pour y faire décréter l'acceptation du culte anglican : docilité du parlement (juin). Laud, qui a préparé cette réforme est élevé à l'archevêché de Canterbury.

France. — Création d'un dixième

parlement à Metz pour les trois évêchés (janv.). — Constants efforts de Richelieu pour détacher le duc de Lorraine de Gaston et rompre le mariage de ce dernier. — Saint Vincent de Paul constitue en communauté les sœurs de la Charité, qu'il a fondées en 1617 pour le service des malades pauvres.

Italie. — Galilée de Pise, qui a confirmé par de nouvelles expériences la doctrine astronomique de Copernic, est contraint de l'abjurer à genoux devant les inquisiteurs de Rome (22 juin).

Suède. — Les états ont donné la couronne à Christine, fille de Gustave-Adolphe, âgée de six ans (mars).

1634.

Allemagne. — Walstein, qui était sur le point d'usurper la couronne de Bohême, est assassiné à Égra par l'ordre de l'empereur (févr.).

Allemagne et Suède. — La victoire remportée à Nordlingue, en Bavière, par le fils de l'empereur, roi de Bohême et de Hongrie, sur Horn le général suédois, relève la cause catholique et impériale (6 sept.).

Angleterre. — Établissement de la taxe de vaisseaux (*ship-money*).

France. — Louis XIII confisque une partie des domaines du duc de Lorraine : le mariage de la sœur du duc est déclaré nul par le parlement de Paris et par le clergé de France (sept.). — Réconciliation momentanée de Gaston avec le cardinal (oct.). — Extension des intendants de finances, de police et de justice. — Les grands jours, tenus à Poitiers, condamnent, pour exactions et violences, plus de deux cents nobles. — Supplice d'Urbain Grandier, accusé de sorcellerie; il était curé de Loudun.

Hollande. — Curaçao, dans les Iles sous-le-Vent, près de la côte nord de l'Amérique méridionale, est enlevée aux Espagnols.

Pologne et Russie. — Smolensk est assiégée depuis deux ans par les Russes avec l'aide d'officiers français et allemands : ils se brouillent, Smolensk est sauvée.

Turquie. — Amurat IV ose permettre la vente publique et l'usage libre du vin. Retrait de l'édit au bout de deux ans.

1635.

Allemagne, Espagne, France, Hollande et Suède. — Les Espagnols ont pris Trèves et enlevé l'archevêque qui s'était mis sous la protection de la France. Richelieu saisit ce prétexte pour faire déclarer la guerre à l'Espagne, alliée de l'Autriche (janv.). Traité de la France avec les Provinces-Unies, pour la conquête en commun et le partage des Pays-Bas espagnols (8 févr.). Victoire d'Avein, dans le Luxembourg, gagnée par les troupes françaises (20 mai) : la jalousie des Hollandais empêchera d'en profiter. — L'empereur se réconcilie à Prague avec l'électeur de Saxe et l'électeur de Brandebourg (30 mai). Les États de l'électeur de Brandebourg n'en seront pas moins foulés tour à tour par les impériaux, et par les Suédois qui continuent la guerre avec l'alliance de la France. Le fils de l'électeur de Saxe, qui est catholique, reçoit l'archevêché de Magdebourg, au détriment du prince de Brandebourg, luthérien, qui a été si cruellement frappé en 1631. — Commencement de la période française de la guerre de Trente ans : la guerre, engagée en 1618 au nom de la religion, se transforme en une lutte politique entre la France et les deux branches de la maison d'Autriche. — Ligue offensive et défensive de la France avec le duc de Savoie et le duc de Parme (11 juill.). — Le duc de Rohan, après avoir été occupé longtemps à réconcilier entre eux divers cantons de la Suisse, entre dans la Valteline comme allié des Grisons contre les Espagnols. Il est trois fois vainqueur (juin-oct.) : mais les Grisons craignent pour leur indépendance et ne favorisent pas ses progrès.

France. — Une société de gens de lettres, qui s'assemblait à Paris chez Conrart, reçoit des lettres patentes comme Académie française. Voiture, Balzac, Vaugelas, en font partie. Le Dictionnaire de la langue française est commencé.—Fondation du Muséum d'histoire naturelle (Jardin des Plantes) : Guy de La Brosse, médecin ordinaire du roi, en est l'intendant. — Mort du graveur Callot à Nancy (24 mars).

Suède. — Le Hollandais Grotius, hôte de la Suède, est chargé de représenter les Suédois à la cour de France; il y passera dix ans.

1636.

Allemagne, Espagne, France et Italie. — L'Etat de Parme, allié de la France, est dévasté par les troupes d'Espagne et de Modène (févr.). Le duc de Savoie, beau-frère de Louis XIII, résiste mieux.—Tentative inutile du prince de Condé sur Dôle, dans la Franche-Comté.— Les Espagnols viennent par la Picardie jusqu'à Corbie (août) : effroi à Paris; la présence de Louis XIII contribue au salut de la province (nov.). Danger du côté des Pyrénées et de la Bourgogne ; le duc de Lorraine combat à la tête des impériaux. — Dans le Brandebourg, les impériaux et les Saxons, leurs alliés, sont battus par le Suédois Banner (oct.).—Ferdinand II fait élire son fils roi des Romains (déc.).

Angleterre. — Procès de Hampden qui a refusé de payer la taxe des vaisseaux : discussion sur la légalité de la taxe.

Espagne. — Un an après la mort de Lope de Vega, Calderon est attiré à la cour de Philippe IV, qui fournira aux dépenses de la représentation de ses pièces. — Premier *almanach de Liége*; prophéties dites de Matthieu Laensberg.

France. — Pendant le siége de Corbie, Richelieu échappe à un projet d'assassinat formé entre Monsieur, le comte de Soissons, et Paul de Gondi, depuis coadjuteur de Paris et cardinal de Retz.—Corneille donne *le Cid* : le théâtre français est créé. Des savants et de pieux solitaires se retirent à Port-Royal-des-Champs.

Turquie. — Le schah a arraché Erivan, place forte d'Arménie, à une garnison de vingt-deux mille Turcs. Efforts d'Amurat IV pour la reprendre.

1637.

Allemagne. — Mort de Ferdinand II; avénement du roi des Romains, Ferdinand III (févr.). — La Hongrie se soulève pour la défense de ses priviléges et pour la liberté de religion.

Allemagne et Suède. — Le dernier duc de Poméranie, Bogislas, meurt sans enfant (mars). Les Suédois, qui maintenant sont les ennemis de l'électeur de Brandebourg, retiennent ce pays dont il était héritier.

Angleterre.— Lorsque la liturgie anglicane est imposée au peuple d'Édimbourg, l'insurrection éclate en Écosse. Le Covenant unira les défenseurs de la religion et des droits politiques de la nation. — De 1636 à 1638, des Anglais, persécutés par les puritains intolérants du Massachussets, fondent dans la Nouvelle-Angleterre, les colonies de Connecticut, de Rhode-Island et de la Providence. Établissement d'une colonie de puritains à New-Haven.—Le gouvernement renouvelle les édits contre l'émigration. — Une commission des colonies établie en Angleterre veut modifier la charte démocratique de l'État de Massachusets, et étendre le pouvoir royal sur les colonies de New-Hampshire et du Maine.

Espagne et Hollande. — Bréda, après trois mois de siége, est enlevée aux Espagnols (7 oct.).

France. — Descartes publie en français son *Discours de la méthode*, qui fera une révolution dans la philosophie.

Italie. — Le duc de Parme se réconcilie avec les Espagnols. — Mort du duc de Mantoue, allié de la France (sept.); son héritier est son petit-fils, Charles II, âgé de huit ans. — Mort du duc de Savoie Victor-Amédée Ier (oct.). Il laisse un fils mineur. La régente, sœur de Louis XIII, a pour compétiteurs les frères de Victor, le cardinal Maurice et le prince Thomas qui commande en Flandre pour l'Espagne.

Pologne. — Les Cosaques de l'Ukraine, qui donnaient retraite aux paysans polonais accablés d'impôts et de corvées par les seigneurs, sont attaqués par le roi de Pologne; ils auront pour alliés les Tartares.

Portugal. — Les Portugais sont chassés du Japon, à cause des troubles attribués à la présence des jésuites.

1638.

France. — Naissance du dauphin (5 sept.). — Mort du P. Joseph, conseiller intime de Richelieu. — *Preuves des libertés de l'Église gallicane*, par P. Dupuy. — L'abbé de St-Cyran, janséniste, est mis à la Bastille (14 mai).

Perse et Turquie. — Amurat IV reprend la Babylonie et Bagdad essuie cinquante jours d'assaut. Cruauté du vainqueur.

1639.

Allemagne, Espagne, France et Italie. — Importante campagne du duc de Saxe-Weimar avec les Suédois sur le territoire des villes forestières du Brisgau, en Alsace, et dans la vallée du Rhin, entre Constance et Bâle : il a en tête le général de l'empereur, Jean de Werth. — Le Suédois Banner désole la Saxe, le Brandebourg et la Poméranie. — La France a six armées sur pied. — L'archevêque de Bordeaux Sourdis commande la flotte contre les Espagnols. — Le cardinal de La Valette force la régente de Savoie, qui voulait rester neutre entre l'Espagne et la France, à signer avec la France un traité d'alliance offensive et défensive (3 juin). Mais les Grisons ont fait alliance avec les Espagnols. — Mort du duc de Saxe-Weimar (juill.) : Richelieu achète son armée suédoise et ses conquêtes en Alsace.

Angleterre. — Suspension de la guerre avec les Écossais rebelles (oct.).

Danemark. — Découverte de la célèbre corne d'or de Tondern, qui pèse plus de sept livres : des figures sont tracées entre les sept cercles qui la garnissent. — Le duc de Holstein-Gottorp cherche à établir des rapports de commerce avec l'Orient, et même avec la Perse.

Espagne et Hollande. — Martin Tromp est deux fois vainqueur des flottes d'Espagne dans les batailles des Dunes, entre Nieuport et Dunkerque (16 sept., 31 oct.).

France. — Richelieu fait élever une statue équestre à Louis XIII sur la nouvelle place Royale à Paris (27 sept.). — *Horace* et *Cinna* de P. Corneille. — Bourse de commerce à Paris.

Italie. — Commencement d'un débat qui durera cinq ans entre le duc de Parme et le saint-siége au sujet du duché de Castro.

Suède. — Établissement, de courte durée, sur les côtes de l'Amérique du nord, à l'embouchure de la Delaware, un peu à l'est du Maryland.

1640

Allemagne, Espagne et France. — Le Suédois Banner tente un coup de main jusque sur Ratisbonne où l'empereur a convoqué la diète; il manque d'enlever les députés allemands. — Les Français assiégent avec succès Arras (du 13 juin au 10 août); Turin (du 16 mai au 24 sept.).

Allemagne. — Mort de Georges-Guillaume; avénement de son fils, Frédéric-Guillaume I er dit le Grand. Les terres de Brandebourg sont en partie occupées par les armées de la Suède.

Angleterre. — La révolte recommençant en Écosse, Charles I er convoque pour la quatrième fois le parlement, après dix ans d'intervalle. Le parlement censure les excès de la prérogative royale. Victoire des Écossais ; ils demandent la paix. — Charles I er convoque le cinquième parlement (le long parlement). Réunion inutile du grand conseil des pairs à

XVII˚ SIÈCLE (1641-1642).

York (sept.). Le parlement prend déjà des mesures hostiles à la royauté.

Autriche. — Mort de Rubens à Anvers. — *Augustinus*, traité posthume de l'évêque d'Ypres Jansénius.

Espagne et Portugal. — Révolte de la Catalogne, dont les priviléges avaient été violés : le vice-roi a été égorgé. — Révolution en Portugal, préparée et accomplie par les amis de Jean, duc de Bragance et descendant de l'ancienne race royale : le lieutenant civil et le secrétaire d'État, agents de l'Espagne, sont tués à Lisbonne. Jean IV de Bragance est proclamé roi (8 déc.). Deux prétendants lui disputent le trône. Plus de vingt ans de guerre avec l'Espagne.

France. — Le parlement de Rouen est interdit de ses fonctions, pour n'avoir pas réprimé assez sévèrement une rébellion de Normandie (janv.). — Premiers louis d'or renommés à cause des coins gravés par Varin. — *Polyeucte*, de Corneille. N. Poussin est fait premier peintre ordinaire du roi.

Hollande. — Occupation des comptoirs de Malacca, si importants pour le commerce des épices et des drogueries. — Rembrandt de Leyde est célèbre.

Turquie. — Amurat IV meurt des suites de l'ivresse (fév.). Il donnait accès à tous auprès de lui : les sultans prennent l'habitude d'aller tous les vendredis à la mosquée, pour se faire voir au peuple. — Un de ses frères, Ibrahim, captif depuis quatre ans, lui succède.

1641.

Allemagne et Suède. — Le généra. suédois Banner meurt à quarante ans (mai). Génie militaire de son successeur Torstenson.

Angleterre. — La chambre des communes met en accusation le comte de Strafford, ministre du roi et lord lieutenant d'Irlande : la cour des pairs le condamne à mort, il est exécuté (12 mai). Arrestation de l'archevêque de Canterbury, Laud. — La paix est conclue avec les rebelles d'Ecosse (août). Le massacre des protestants d'Irlande par les catholiques est reproché au roi (oct.). — Van Dyck meurt à Londres.

Espagne. — Olivarès punit cruellement la rébellion de Tortose, en Catalogne. Les Catalans se mettent sous la protection de la France (20 févr.).

France. — Révolte du comte de Soissons, prince du sang, soutenue par Olivarès. Il meurt, vainqueur, dans le combat de la Marfée, près de Sedan (6 juill.). — Le roi, en lit de justice, défend au parlement de s'occuper des affaires de l'Etat; il enregistrera les édits sans délibération.

Portugal. — Les cortès confirment la royauté héréditaire à Jean IV de Bragance (20 janv.). Il est reconnu dans les colonies, partout où ne dominent pas les Hollandais. — Alliance avec la France.

1642.

Allemagne et Suède. — Torstenson défait l'armée de l'archiduc Léopold et du général Picolomini (oct.), et prend Leipsick.

Angleterre. — Le parlement, par des décrets successifs, usurpe le pouvoir exécutif. Charles Ier quitte Londres (10 janv.). Il commence la guerre civile (août). L'armée du parlement, qui est sous les ordres du comte d'Essex, sera d'abord inférieure en cavalerie ; les comtés les plus populeux du sud et du sud-est, Londres, une partie de l'armée et de la flotte se déclarent pour le parlement. Combats de Worcester et d'Edge-Hill. — Le philosophe Hobbes, royaliste, réfugié en France dès 1640, publie son ouvrage de *Cive*.

Espagne. — Olivarès offre vainement à la Catalogne une amnistie et la restitution de ses priviléges.

France. — Louis XIII, que Richelieu malade ne peut accompagner au delà de Narbonne, va prendre possession du Roussillon espagnol, conquis par ses armées. Révélation du complot que Gaston et le duc de Bouillon ont tramé avec l'Espagne par les conseils de Cinq-Mars, marquis d'Effiat, favori du roi (mars). Gaston est humilié; Bouillon est dépouillé de Sédan; Cinq-Mars meurt sur l'échafaud, avec son ami de Thou qui, ayant su son projet, ne l'avait pas révélé (12 sept.). Retour triomphal de Richelieu mourant. Marie de Médicis est morte dans la misère à Cologne (3 juill.). Mort de Richelieu à Paris au Palais-Cardinal (Palais-Royal) (4 déc.) : il est enseveli dans l'église de la Sorbonne qu'il a restaurée; son tombeau sera sculpté par Girardon. — L'Italien Mazarin, aussi cardinal, lui succède. — Établissement à Madagascar. — Achèvement de l'église Saint-Eustache à Paris, partie en style gothique, partie en style grec, commencée en 1532

Hollande. — Le Hollandais Abel Janssen Tasman découvre une île à laquelle il donne le nom du gouverneur général des Indes orientales : Van Diemen. Il a reconnu aussi une partie de la Nouvelle-Zélande.

Italie. — Les princes de Savoie se réconcilient avec leur belle-sœur, et la France.— M. de Galilée (8 janv.).

Perse. — Avénement d'un enfant de treize ans : il aura les qualités de son bisaïeul Abbas.

Turquie. — La prise d'Azof, à l'embouchure du Don, d'où partaient les incursions maritimes des Cosaques, assure contre toute surprise la navigation de Constantinople.

1643.

Allemagne, Espagne, France et Suède. — Au début du règne de Louis XIV, les meilleures bandes de l'infanterie espagnole, sous les ordres du gouverneur des Pays-Bas, don Francisco de Mello, envahissent la Champagne : elles sont terrassées à Rocroy, par le fils du prince de Condé, le duc d'Enghien, âgé de vingt et un ans (19 mai). — En Allemagne, après la mort du maréchal de Guébriant, désastres de l'armée française (nov.) : le commandement en est donné au vicomte de Turenne, âgé de trente-six ans, qui vient d'être nommé maréchal.— Le Suédois Torstenson ravage la Silésie et la Moravie. — Trêve de vingt ans entre la Suède et le Brandebourg. — Commencement des négociations, en Westphalie, pour la paix définitive qui tardera encore cinq ans (10 juillet). Les députés de l'Autriche, de l'Espagne et de leurs alliés se partagent entre les conférences de de Munster pour les puissances protestantes, et celles d'Osnabruck pour les puissances catholiques.

Angleterre. — La guerre civile s'étend à toute l'Angleterre. Actions importantes de Newbury, dans le comté de Berks (26-29 sept.). Succès d'Olivier Cromwell à la tête des troupes du parlement. L'assemblée d'Oxford, opposée par Charles Ier au parlement de Londres, est sans effet. — Le *Mercure britannique* fondé par Nedham, a pour rival le *Mercure de la cour*. — Massachussets, Connecticut, New-Haven, New-Plymouth, forment un pacte fédéral pour se défendre contre les Indiens, les Hollandais et les Suédois : mais le tribunal de l'Union sera peu respecté même par les États qui se sont unis.

Danemark et Suède. — Christian IV, malgré les états du royaume, déclare la guerre à la Suède, avec l'espoir d'être soutenu par l'empereur. La France empêche la Pologne de se joindre à lui. Les Suédois se jettent sur le Jutland et le Holstein.

Espagne. — Disgrâce du duc d'Olivarès, qui a surnommé Philippe IV le Grand, quoique, sous son ministère, aient été perdus le Portugal, le Roussillon, la Catalogne et l'Artois. Don Louis de Haro lui succède. — *Actes des saints* par le P. Bolland.

France. — Mort de Louis XIII (14 mai). Avènement de Louis XIV, âgé de moins de cinq ans. Le parlement casse le testament du roi, qui instituait un conseil de régence, et nomme régente Anne d'Autriche (18 mai). Mazarin devient premier ministre (déc.). — Mort de l'abbé de Saint-Cyran (oct.).

XVIIᵉ SIÈCLE (1644-1645).

Hollande. — Les découvertes de de Vries donnent une idée de l'île d'Yedo et des Kouriles, qui sont au nord du Japon; mais on croyait que ces îles ne faisaient qu'une péninsule de la Tartarie chinoise.

1644.

Allemagne, Espagne et France. — Victoire du duc d'Enghien, et de Turenne à Fribourg, dans le Brisgau (3, 4 et 5 août), sur les impériaux commandés par Mercy. Prise de Philipsbourg et de Mayence. — Le duc d'Orléans, oncle du roi, commande dans les Pays-Bas. — Le prince de Transylvanie, Georges Ragotzky, envahit la Hongrie au nom des Hongrois rebelles.

Angleterre. — La reine, assiégée dans Exeter, ville du comté de Devon, se sauve en France (juin). La défaite du prince palatin Robert, neveu de Charles Iᵉʳ, à Marston-Moor, livre aux parlementaires commandés par le comte de Manchester, Fairfax et Cromwell, la ville d'York (3 juill.). Les communes obtiennent contre l'archevêque de Canterbury, Laud, un *bill d'attainder* qui le déclare convaincu du crime de haute trahison (nov.). En Écosse, le comte de Montrose combat, au nom du roi, les troupes du Covenant.

Chine. — La dynastie Ming, qui durait depuis le XIVᵉ siècle, est renversée par la race des Tartares orientaux, qui forme la dynastie mantchoue des Tsim ou Tay-Tsing, la vingt-deuxième dynastie depuis les Hia, encore aujourd'hui régnante: son chef est Chun-Tchi.

Danemark. — Désastres maritimes dans la guerre avec la Suède.

France. — Édit du toisé. Emprunt forcé. Irritation du parlement.

Hollande. — Conquête sur les Espagnols du Sas de Gand, près de l'embouchure du canal de Gand, au sud de la Zélande (5 sept.). — Les États-Généraux refusent à Frédéric-Henri une augmentation de troupes, dont il aurait pu se servir contre les libertés de la république. — Conquête d'Hulst, place importante au sud-est de la Zélande (4 nov.).

Turquie. — Une capture faite par les galères de Malte et amenée dans le port vénitien de Céphalonie, est l'occasion de la guerre entre Venise et la Porte.

1645.

Allemagne, France et Suède. — En Bohême, victoire de Torstenson, à Janowitz, près de Tabor (6 mars). Siège de Brunn, en Moravie: l'empereur craint une attaque sur Vienne. La goutte force Torstenson à quitter le commandement de l'armée à trente-neuf ans; il est remplacé par Wrangel. — Le duc d'Enghien secourt Turenne, surpris par Mercy (mai), et bat avec lui les impériaux à Nordlingue, à l'entrée de la Bavière, où Mercy est tué (3 août). — Mort de Grotius à Rostock.

Angleterre. — La chambre des lords donne son assentiment à la poursuite des communes contre l'archevêque Laud (4 janv.); il meurt décapité le 10. — L'acte du renoncement à soi-même, proposé dans le parlement par Cromwell, exclut des fonctions civiles et militaires la première génération parlementaire de la révolution, qui était constitutionnelle et modérée; le commandement en chef de l'armée est donné à Fairfax, dont Cromwell devient le conseiller absolu: avec Cromwell la secte fanatique et républicaine des indépendants domine la révolution. Charles Iᵉʳ est vaincu à Naseby, dans le comté de Northampton (14 juin); il perd l'importante place de Bristol.

Danemark et Suède. — Paix de Bromsebro par la médiation de la France (23 août): cession aux Suédois de Wisby et du Halland.

Espagne. — Murillo se fixe à Séville.

France. — La reine mère fait commencer le Val-de-Grâce, par Mansard.

Russie. — Alexis, âgé de quinze

ans, succède à son père, Michel Romanow (juill.); il laisse le pouvoir aux mains indignes de son ancien précepteur, le boyard Morozow, qui devient son beau-frère; sérieuse révolte à Moscou.

Turquie. — Les Turcs attaquent l'île vénitienne de Candie (juin). Insuffisance des secours fournis par le pape, la France, l'Espagne et Florence. La Canée, au nord-ouest de l'île, se rend (août); longue résistance de la capitale. Plusieurs années de guerre.

1646.

Angleterre. — N'espérant pas de transaction avec les parlementaires, qui devenaient les plus forts, Charles Ier se confie à ses compatriotes les Écossais (mai). Ils le traitent en prisonnier, et négocient avec les Anglais pour le leur vendre.

Espagne et France. — Le duc d'Orléans prend Courtrai (juin) et Mardick (août); le duc d'Enghien force Dunkerque (10 oct.); le maréchal de Gassion ferme avec succès la campagne de Flandre.

France. — Le duc d'Enghien, Louis, succède au titre de son père Henri II, le prince de Condé (26 déc.).

1647.

Angleterre. — Les Écossais livrent le roi aux commissaires du parlement, moyennant quatre cent mille livres sterling (30 janv.). Par les artifices de Cromwell il tombera des mains du parlement dans celles des chefs de l'armée. — George Fox, cordonnier de Leicester, fonde la nouvelle secte des quakers.

Autriche. — La Hongrie reconnaît pour roi le fils aîné de Ferdinand III, qui n'a que treize ans: libre exercice de la religion pour les protestants, confirmation des priviléges nationaux.

Espagne et France. — Lérida, en Catalogne, qui en 1646 a résisté au comte d'Harcourt, ne peut être prise par le prince de Condé (17 juin).

— Mort du maréchal de Gassion (2 oct.): le maréchal de Turenne commande quelque temps dans les Pays-Bas.

Espagne. — La disette et la taxation du blé causent une révolte à Palerme (19 mai): court passage au pouvoir d'un tireur d'or, Joseph d'Alesi; il est assassiné par la corporation des pêcheurs (22 août). Rigueurs du gouvernement espagnol. Un nouveau chef d'insurrection est mis à mort. Conspirations et révoltes à Palerme, à Girgenti (nov.) et à Naples (7 juill.), où un pêcheur de vingt-quatre ans, Thomas Aniello, dit Masaniello, est pendant six jours, après l'expulsion du vice-roi espagnol, le maître du gouvernement et l'idole du peuple. Ses violences. Il est assassiné par des agents du viceroi (16 juill.). Nouveau soulèvement (5 oct.); rigueurs du jeune don Juan d'Autriche, fils naturel de Philippe IV. Henri de Lorraine, duc de Guise, alors à Rome, est proclamé généralissime par le peuple (15 nov.); il ne sera pas soutenu.

France. — *Artamène ou le grand Cyrus*, roman héroïque de Mlle de Scudéry. — *Remarques sur la langue française*, par Vaugelas.

Hollande. — Huyghens fait une révolution dans l'horlogerie, en appliquant le pendule aux horloges pour en régler le mouvement. Son mémoire *Horologium* est de 1657. — Mort de Frédéric-Henri; Guillaume II, son fils lui succède comme stathouder.

Italie. — Le duc de Modène, François Ier d'Este, accepte le commandement des armées françaises en Italie; mais il sera enchaîné dans ses mouvements par les volontés des généraux et du ministre de la France.

1648.

Allemagne, Espagne, France, Hollande et Suède. — Après une guerre de quatre-vingts ans, l'Espagne, par le traité de Munster, renonce à tout droit sur les Provinces-Unies, qu'elle reconnaît pour

États souverains (30 janv.). — La victoire de Turenne et de Wrangel, à Sommershausen, en Bavière, force l'électeur à se séparer de l'Autriche (mai). — Victoire décisive de Condé près de Lens, en Artois (20 août). — Le traité de Westphalie, signé à Osnabruck et à Munster, met fin à la guerre de Trente ans (24 oct.); l'Espagne seule reste en guerre avec la France et avec le Portugal. Les trois religions catholique, luthérienne, calviniste, sont admises dans l'empire avec égalité de droits. Organisation définitive de la diète germanique; les villes impériales obtiennent l'exercice sérieux du droit de suffrage. Une huitième dignité électorale est créée pour le fils de Frédéric V, comte palatin, qui a été dépouillé de l'électorat au profit du duc catholique de Bavière en 1623: le collège se compose ainsi de cinq catholiques et de trois protestants. Pour indemniser les puissances protestantes, beaucoup de terres d'évêchés et d'abbayes sont sécularisées. La France obtient la souveraineté de l'Alsace : Strasbourg reste ville impériale, en dehors de la nouvelle province française. La Suède reçoit l'archevêché de Brême et l'évêché de Verden, la Poméranie citérieure avec Stettin, les îles de Rugen et Wollin, les embouchures de l'Oder, et le droit de représentation à la diète. L'électeur de Brandebourg garde la plus grande partie de la Poméranie ultérieure, avec l'évêché de Camin sécularisé; il reçoit l'évêché de Minden, au nord-est du comté de la Marck qu'il possède depuis 1630, l'évêché d'Halberstadt, et l'expectative de celui de Magdebourg. Le traité reconnaît l'indépendance des Suisses et celle des Grisons.

Angleterre. — Charles Ier, qui s'est enfui dans l'île de Wight, tombe à la disposition de Cromwell, qui le fait conduire à Windsor. — Les colonies d'origine royale, la Virginie et le Maryland, sont restées attachées au parti de Charles Ier; les plus septentrionales, nées de la résistance au pouvoir royal et au culte anglican, se sont déclarées pour le parlement. Plusieurs, surtout les Massachusets et le Connecticut, de 1648 à 1650, se donnent des lois qui consacrent l'indépendance du gouvernement, les droits de la commune, et les grands principes d'éducation, mais aussi l'intolérance religieuse.

Danemark. — Mort de Christian IV (9 mars). Il avait confisqué toutes les libertés de la nation. La noblesse ne consent qu'avec peine à l'élection de son fils Frédéric III, et restreint l'autorité royale.

Espagne. — Naples a tenu cinq mois contre les Espagnols. Le duc de Guise est pris (6 avril); il passera quatre ans en Espagne. — La Sicile est pacifiée par le nouveau vice-roi, don Juan d'Autriche (avril).

France. — Les exactions des intendants dans les provinces et les édits bursaux, multipliés par le surintendant des finances, l'Italien Émery, créature de Mazarin, et imposés en lit de justice, irritent le parlement contre le gouvernement; il s'unit aux trois autres cours souveraines, le grand conseil, la chambre des comptes et la cour des aides, pour proposer des réformes, limiter l'autorité royale et faire tomber Mazarin (mai-juin). Le jour du *Te Deum* pour la victoire de Lens, la cour fait enlever le conseiller Broussel, un des opposants les plus opiniâtres (24 août) : colère du peuple, intrigues de Gondi, coadjuteur de l'archevêque de Paris, son oncle. Journée des barricades (26 août). Le parlement, même abandonné des autres cours souveraines, reste en hostilité avec le gouvernement : commencement de la guerre de la Fronde, renaissance des factions féodales et princières. — Naissance de l'Académie de peinture et de sculpture. — Mort du P. Mersenne, correspondant de tous les savants. — E. Le Sueur achève pour le couvent des Chartreux la série de tableaux représentant la vie de saint Bruno. — Mort de Voiture.

Pologne.—Mort de Wladislas VII. Les suffrages de la diète sont brigués par le czar Alexis et le prince de Transylvanie, Georges Ragotzky, qui meurt bientôt. Élection du frère de Wladislas, Jean-Casimir V, jésuite et cardinal (nov.). La guerre est continuée avec les Cosaques.

Portugal. — Une partie de ses colonies sont recouvrées, surtout en Afrique.

1649.

Angleterre.—Amené à Londres, Charles Ier est jugé au nom du peuple par une commission de soixante et dix membres qu'inspire Cromwell (janv.). Condamné à mort, il a la tête tranchée devant le palais de Whitehall (9 févr.). La France et la Hollande servent de refuge à sa femme et à ses enfants; une de ses filles, âgée de treize ans, reléguée dans l'île de Wight, y meurt bientôt. La chambre des communes abolit la royauté et supprime la chambre des lords. La république remplace la monarchie, au profit des indépendants et de Cromwell, nommé généralissime. Charles II, âgé de vingt-neuf ans, est proclamé en Écosse par le comte de Montrose.

Espagne et France. — Le duc de Modène est forcé de quitter l'alliance et le service de la France (févr.). — Succès des Espagnols dans les Pays-Bas.

Espagne.—Philippe IV, à quarante-quatre ans, épouse, en secondes noces, une fille de Ferdinand III.

France. — La cour abandonne Paris, où dominent les frondeurs (janvier). Bouffonneries militaires de la Fronde, auxquelles se mêle la galanterie. Condé, général de la cour, fait peur aux Parisiens. Paix de Ruel, acceptée par le parlement pour ne pas traiter avec l'Espagne (mars-avril). — L'ambition du prince de Condé suscite bientôt une nouvelle Fronde, plus féodale que parlementaire.

Italie. — Le duc de Parme expie le meurtre commis par son principal ministre, Gaufredi, sur le nouvel évêque de Castro : la ville de Castro est rasée par les troupes pontificales.

Portugal. — Innocent X, cédant à l'influence espagnole, refuse quelque temps de reconnaître les évêques désignés par le roi Jean de Bragance.

Suède. — Christine, qu'entourent déjà beaucoup de savants et d'artistes étrangers, attire Descartes.

Turquie. — Les débauches et les cruautés d'Ibrahim le font déposer; il meurt étranglé (28 juill.). Minorité turbulente de Mahomet IV.

1650.

Angleterre. — Le comte de Montrose est, par sentence du parlement d'Édimbourg, pendu et écartelé (mars). Cromwell dévaste l'Irlande catholique, qui a reconnu Charles II. Il est vainqueur des Écossais royalistes à Dumbar, à l'est d'Édimbourg (13 sept.).

France. — Anne d'Autriche fait enlever les princes de Condé et de Conti, et leur beau-frère le duc de Longueville (17 janv.). Prise d'armes des seigneurs dans la Normandie, dans la Bourgogne, et dans la Guyenne, gouvernement de Condé. — Progrès des Espagnols. — Le concours de Turenne, ennemi de Mazarin, ne les empêche point d'être vaincus à Rethel par le maréchal Duplessis-Praslin (14 et 15 déc.).—Descartes meurt en Suède à cinquante-quatre ans (11 févr.). — Mort de Vaugelas.

Hollande.—Les États-Généraux craignant l'ambition de Guillaume II, réduisent l'armée (juin). Tentative infructueuse du stathouder contre Amsterdam. Il meurt (6 nov.). Naissance d'un fils posthume (14 nov.). Les États-Généraux, à l'instigation de Cromwell, laissent vacantes les charges de capitaine, d'amiral général et de stathouder. — Occupation du cap de Bonne-Espérance, où les Portugais n'avaient pas fondé d'établissement.

Suède. — Christine, qui veut ab-

XVIIᵉ SIÈCLE (1651-1653).

diquer et se livrer dans la vie privée à son goût pour l'étude, fait reconnaître les droits de Charles-Gustave, son cousin, qui est né d'une fille de Charles IX et du duc de Deux-Ponts.

1651.

Angleterre. — Charles II, couronné roi d'Écosse à Scone (1er janv.), est vaincu par Cromwell près de Worcester, à la limite de la principauté de Galles (13 sept.). Il court les plus grands dangers avant d'arriver en France (nov.). — Le parlement de Londres propose vainement un projet d'union à la Hollande. — Acte de navigation, défense d'introduire en Angleterre sur navires étrangers d'autres denrées ou marchandises que celles qui sont le produit du sol, ou de l'industrie de la nation qui les apporte : cette loi prohibitive, si favorable à la marine anglaise, a été en vigueur jusqu'au 1er janvier 1850. — Droit sur la pêche au hareng, que les Hollandais venaient chercher près des côtes britanniques. — La guerre est imminente entre les deux républiques. — Occupation de Sainte-Hélène, au milieu de l'océan Atlantique.

France. — Alliance du duc d'Orléans et du parlement avec les seigneurs rebelles. Mazarin s'exile à Cologne, d'où il continue à conseiller la cour. Condé, Conti et Longueville, auxquels il avait lui-même rendu la liberté, s'emparent du gouvernement à Paris et dominent le parlement. Mais Turenne s'est réconcilié avec la cour (2 mai); le roi est déclaré majeur (7 sept.) : la guerre contre les frondeurs est engagée plus résolument dans les provinces. — Nouvelle édition des *Preuves des libertés de l'Église gallicane*, par P. Dupuy, avec privilége du roi (11 sept.).

1652.

Angleterre et Hollande. — L'Anglais Blake combat l'amiral hollandais Martin Tromp dans le pas de Calais et dans les eaux de Douvres (mai-déc.). Succès du Hollandais Ruyter.

Espagne. — Don Juan d'Autriche prend Barcelone (13 oct.) : les Catalans se soumettent.

Espagne et France. — Succès des Espagnols : ils reprennent Gravelines (mai) et Dunkerque (sept.).

France. — Retour de Mazarin malgré le parlement et le peuple de Paris (févr.). Condé est vainqueur à Gien, dans l'Orléanais (avril), et aux portes de Paris, près du faubourg Saint-Antoine (2 juill.); mais Louis XIV transfère à Pontoise les membres fidèles du parlement (6 août), et pour donner satisfaction à l'opinion publique renvoie Mazarin le 9 : le cardinal ne va pas plus loin que Sédan. Condé sort de Paris (18 oct.) : le roi y rentre le 21; défense au parlement de s'occuper des affaires générales de l'État (24 oct.); disgrâce du duc d'Orléans et de sa fille Mademoiselle; exil du coadjuteur de Retz, alors cardinal. Condé passe dans les Pays-Bas espagnols.

Pologne. — Pour la première fois à la diète, un nonce fait usage de ce droit de *veto* qui arrêtera trop souvent les délibérations de l'assemblée.

1653.

Angleterre. — Cromwell dissout violemment le parlement (30 avril); il compose une assemblée de gens sans naissance et sans mérite, qu'il fait dépositaires de l'autorité souveraine en son nom et au nom des officiers de l'armée. Le nouveau parlement remet le pouvoir aux officiers (22 déc.), qui défèrent le protectorat à Cromwell (26 déc.). — Hobbes, qui rentre en Angleterre, établira dans ses *Éléments de philosophie* qu'il n'y a d'autre droit que la force.

Espagne et France. — Défaite des Français devant Girone par don Juan d'Autriche.

France. — Mazarin rentre triomphant à Paris, accompagné par Turenne (3 févr.). Soumission des seigneurs et des villes rebelles, surtout en Guyenne. — Les intendants de justice, de police et de finance sont rétablis dans les provinces. — Innocent X condamne les cinq propositions de Jansénius, évêque d'Ypres, sur la grâce et le libre arbitre (mai).

Hollande. — Jean de Witt est nommé grand pensionnaire (févr.). Martin Tromp meurt dans un combat naval contre les Anglais (10 août) : son fils, Corneille Tromp, âgé de vingt-quatre ans, est déjà un habile marin.

Portugal. — Conspiration tramée par l'évêque de Coïmbre pour livrer le roi à Philippe IV d'Espagne. Elle avorte.

1654.

Angleterre et Hollande. — Traité de paix (20 févr.) entre les deux républiques qui redoutent l'influence de la maison d'Orange.

Angleterre. — Cromwell compose un parlement (sept.).

Espagne et France. — Turenne, opposé aux Espagnols et à Condé, force leurs lignes devant Arras : Turenne et Condé seront en présence pendant quatre ans dans les Pays-Bas. Première campagne du roi au siège de Stenay-sur-Meuse.

France. — La colonie de Madagascar est transportée à l'île Bourbon. — 1er volume du roman de *Clélie*. — Une nièce de Mazarin épouse le prince de Conti.

Hollande. — Ennemi de la maison d'Orange, Jean de Witt demande aux États-Généraux de lui interdire l'accès au stathoudérat : ils refusent. La province de Hollande, en particulier, abolit cette charge.

Portugal. — Les Hollandais sont chassés du Brésil.

Russie. — Le czar prend sous sa protection les Cosaques, sujets rebelles de la Pologne, qui ont même origine, même religion, même langue que les Russes.

Suède. — Abdication de Christine, en faveur de son cousin Charles X Gustave, gendre du duc de Holstein-Gottorp (juin). A Inspruck, elle abjure le luthéranisme ; elle ira à Rome. Retraite et mort du chancelier Oxenstiern.

1655.

Angleterre. — Cromwell brise encore une fois le parlement (janv.).

Angleterre, Espagne et France. — Tentative inutile des Anglais sur Saint-Domingue (mars) ; avec l'aide des boucaniers français, ils prennent la Jamaïque (mai). Blake attaque même les Espagnols dans la Méditerranée et les corsaires d'Afrique. — Traité d'alliance de Cromwell avec Mazarin contre les Espagnols, à la condition que les fils de Charles Ier sortiront de France (2 nov.) ; ils se retirent à Bruxelles. L'Espagne déclare la guerre à l'Angleterre.

Autriche. — Mort du fils aîné de Ferdinand III ; son second fils, Léopold, âgé de quinze ans, devient roi de Hongrie (juin).

France. — Le roi parle en maître au parlement, en habit de chasse et le fouet à la main (?). — Mort de Gassendi, de Lesueur, de Balzac. — Réforme de l'Acad. de peint. et de sculpt.

Hollande et Suède. — En Amérique, la colonie suédoise de la Delaware est occupée par les Hollandais, déjà établis près de de l'Hudson.

Italie. — Massacre des Vaudois hérétiques du Piémont (avril). — Le duc de Modène prend de nouveau une part active à la guerre contre les Espagnols, avec le concours des troupes de Savoie et de France. Son fils épouse une nièce de Mazarin (mai). — Le Toscan Chigi est élu pape sous le nom d'Alexandre VII.

Pologne, Russie et Suède. — Invasion de Charles X Gustave en Pologne ; Jean-Casimir fuit en Silésie. — Les Russes envahissent la Lithuanie polonaise, et par leur diversion favorisent la conquête suédoise.

1656.

Angleterre et Espagne.—Près de Cadix, Blake enlève une flotte qui revenait de l'Amérique. — Les Anglais sur la côte des Mosquitos.

France. — *Lettres provinciales* de Pascal, à l'occasion de la condamnation en Sorbonne du docteur Antoine Arnauld, janséniste, une des gloires de Port-Royal. — La *Pucelle* de Chapelain.—La *Gallia christiana* des Frères Sainte-Marthe.—Première manuf. de bas au métier.—Christine de Suède est reçue à Paris (8 sept.).

Hollande.—Conquête de Ceylan. -Naissance du journal actuel *Harlem courant*.

Pologne, Russie et Suède.— Traité de l'électeur de Brandebourg, Frédéric-Guillaume, avec Charles-Gustave de Suède, contre le roi de Pologne, qui est le suzerain de la Prusse (janv.) : il contribue au gain des trois combats devant Varsovie (28, 29, 30 juill.). Le traité de Vilna rend au czar, Smolensk et les autres villes conquises en Russie par les Polonais sous Wladislas VII. Le czar combat alors les Suédois en Livonie. Mais bientôt il se réconcilie avec Charles-Gustave

Portugal. — Mort de Jean IV (nov.). Avénement de son fils âgé de douze ans; sage tutelle de sa veuve.

1657.

Angleterre.— Cromwell refuse la couronne que lui offre le parlement ; il se fait confirmer la dignité de protecteur.

Danemark, Pologne, Suède et Transylvanie. — Georges Ragotzky II de Transylvanie se joint au roi de Suède contre les Polonais qui n'ont pas voulu de lui pour roi(janv.). Il est vaincu par les Polonais et les impériaux. — Déclaration de guerre du Danemark à la Suède (juin).

France.—Dans un second voyage en France, Christine de Suède fait assassiner à Fontainebleau son grand écuyer, Monaldeschi (8 nov.).

Italie. — Venise, dans l'espoir que Rome et la France l'aideront à terminer la guerre pénible de Candie qui dure depuis douze ans, consent, sur la demande des deux cours, au rappel des jésuites. — Le cardinal Léopold de Médicis fonde à Florence l'académie *del Cimento*, pour la physique expériment.; libéralités du grand-duc Ferdinand II, son frère, à Viviani, Torricelli.

Prusse. — Frédéric-Guillaume, électeur de Brandebourg, fait reconnaître par le roi de Pologne l'indépendance de la Prusse ducale, qui était depuis 1525 un fief de la couronne polonaise (19 sept.). Il obtient la cession d'Elbing, près de l'embouchure de la Vistule.

1658.

Allemagne. — Ferdinand III étant mort, son fils Léopold lui succède (juill.), malgré les intrigues de Mazarin. Il ne règne que par ses ministres qu'il choisit bien.—Ligue du Rhin sous le protectorat de la France

Angleterre, Espagne et France.—Turenne assiégeant Dunkerque, gagne, avec l'aide des Anglais, sur Condé et don Juan d'Autriche, la bataille des Dunes (14 juin). — Dunkerque enlevée par Turenne aux Espagnols est livrée, d'après les traités, à l'Angleterre (3 sept.). — La Flandre est parcourue victorieusement par les Français.

Angleterre. — Cromwell meurt tout-puissant à Whitehall, à cinquante-cinq ans, et est enseveli comme les rois (13 sept.). Richard, son fils, lui succède comme protecteur (14 sept.).

Danemark et Suède. — Charles-Gustave campe jusque devant Copenhague, et impose à Frédéric III l'onéreux traité de Roskild (3 janv.) : le roi de Danemark cède au duc de Holstein-Gottorp, beau-père de Charles-Gustave, ses droits de suzeraineté sur le duché de Slesvig, renonce à Drontheim en Norvége, et à l'île de Bornholm. Bientôt le traité est rompu : les Suédois assiègent Copenhague ; belle défense des bourgeois (août).

Italie. — Mort de François Iᵉʳ d'Este au milieu de ses succès sur les Espagnols et leur allié, le duc de Mantoue (oct.). Les lettres et les arts lui doivent beaucoup à Modène; il y a commencé le beau palais ducal.—Retour de Christine de Suède à Rome où elle continue à cultiver les beaux-arts.

Mogols. — Dans l'Inde, Aureng-Zeyb, descendant de l'empereur Mogol Akbar, qui a tué son père et ses frères pour régner plus tôt et seul, se fait couronner empereur à Dehli : ses conquêtes et son gouvernement, bien qu'entaché d'hypocrisie et de cruauté, en font un grand prince.

Pologne et Russie. — Renouvellement des hostilités entre la Russie et la Pologne, en Lithuanie. Vilna, occupée quelque temps par les Russes, leur est enlevée, quand Jean-Casimir s'est réconcilié avec la Suède.

1659.

Angleterre. — Richard Cromwell dissout le parlement qui l'a nommé protecteur (22 avril). Les officiers de l'armée se saisissent de l'autorité et rappellent les derniers débris du long parlement dissous par Cromwell en 1653 (8 mai). Ce parlement *rump* (croupion) est mal accueilli par la nation.

Danemark et Suède. — Obligés de quitter Copenhague (févr.), les Suédois restent maîtres de Helsingborg, sur la côte de Scanie, et de Kronenbourg sur la côte de Seeland, qui commandent l'entrée du Sund.

Espagne et France. — Après de longues négociations, la paix des Pyrénées est conclue par Mazarin et don Louis de Haro, dans l'île des Faisans, au milieu de la Bidassoa (7 nov.): l'Espagne adhère au traité de Westphalie pour les clauses qui regardent la France; elle lui laisse le Roussillon, la Cerdagne, et une partie des conquêtes dans les Pays-Bas; l'infante Marie-Thérèse épousera Louis XIV, en renonçant à la couronne d'Espagne ; Condé est rétabli dans ses dignités en France ; Charles-Emmanuel de Savoie recouvre ses domaines; le nouveau duc de Modène fait sa paix avec l'Espagne. — L'Espagne n'est plus en guerre qu'avec le Portugal.

France. — Molière, qui a pendant douze ans parcouru les provinces avec une troupe d'acteurs, fait représenter à Paris les *Précieuses ridicules*.

Italie.—A Rome, l'inquisition en présence d'Alexandre VII condamne l'ouvrage d'un jésuite : *Apologie des casuistes*, publié en réponse aux *Provinciales* de Pascal (août).

Russie. — Le czar, pour faire rentrer dans le trésor les véritables espèces d'or et d'argent, fait frapper des kopecks ou pièces de cuivre, et les met en circulation avec la valeur des pièces d'argent de même forme.

1660.

Angleterre.—Le général Monk, qui, après avoir servi Charles Iᵉʳ, puis la république et Cromwell, a relevé le parti royaliste en Écosse, entre en Angleterre avec son armée. Une autre assemblée, substituée au parlement rump (avril), proclame roi Charles II (8 mai). Entrée du roi à Londres (29 mai). Procès et supplice de dix régicides; le cadavre d'Olivier Cromwell est traîné sur la claie et pendu. Rétablissement de la chambre des lords, où reviennent siéger les évêques. Le chevalier Hyde, comte de Clarendon, un des auteurs de la restauration des Stuarts auxquels il avait été fidèle dans la disgrâce, devenu chancelier, sert la dynastie par son renom de probité et de vertu. — L'académie fondée, au temps de Cromwell, pour les études de physique et de mathématiques, protégée par Charles II, s'appelle Société royale de Londres. — Culture de la canne à sucre à la Jamaïque.

Danemark, Pologne et Suè-

XVIIᵉ SIÈCLE (1661).

de. — La mort du roi de Suède qui laisse pour successeur un enfant de quinze ans (févr.), décide la conclusion de la paix avec la Pologne, et bientôt avec le Danemark. Traité d'Oliva près de Dantzick, avec la Pologne (23 mai); le duc de Prusse est compris dans le traité. Traité de Copenhague avec le Danemark (6 juin): le Danemark recouvre Drontheim, Bornholm, mais cède la Scanie, le Halland, la Bleckingie, l'île de Rugen. — Le nouveau duc de Holstein-Gottorp fait confirmer le traité de Roskild qui lui donnait les droits de suzeraineté du Danemark sur le duché de Slesvig. — Le duché de Holstein est soumis à deux maîtres, le roi de Danemark et le duc de Holstein-Gottorp qui, ayant un pouvoir égal, composent d'un commun accord la régence chargée de l'administration du duché.

Danemark. — Le clergé et le peuple aident Frédéric III à dépouiller la noblesse: les états de Copenhague (*lex regia*) lui défèrent l'autorité absolue, déclarent le trône héréditaire même pour les femmes (23 oct.). Le despotisme assura au moins le repos.

Espagne. — Mort du peintre Velasquez; Zurbaran mourra en 1662.

France. — Le duc d'Orléans, Gaston, meurt à Blois, ne laissant que des filles (2 fév.). — Turenne est fait maréchal général (avril). — Louis XIV va, à la frontière de la Bidassoa, recevoir l'infante Marie-Thérèse des mains de son père (9 juin): il a vingt-deux ans. — Boileau à vingt-quatre ans commence à écrire des *satires*. — Mort de saint Vincent de Paul.

Hollande. — En Zélande, le jeune Guillaume d'Orange, parent du roi d'Angleterre, est désigné (7 août) pour les charges de capitaine général et de stathouder, qu'il exercera quand il aura dix-huit ans.

Perse. — Abbas II recouvre habilement le Candahar sur les Mogols.

Suède. — La reine mère gouverne avec un conseil au nom de Charles XI, âgé de quinze ans.

Turquie. — Succès du vizir Méhémet Koproli sur les Vénitiens, qui perdent Metelin (Mitylène) et Lemnos; les Autrichiens sont battus en Hongrie.

1661.

Angleterre. — Couronnement solennel de Charles II (avril); il gouvernera pendant dix-huit ans avec le même parlement, qui lui sera souvent hostile. — La publication des débats du parlement est interdite. Cependant, jusqu'en 1688, apparition de soixante et dix nouveaux journaux.

Autriche. — La protection des Turcs donne la Transylvanie à Michel Abaffi.

Espagne. — Mort du ministre don Louis de Haro. Le roi est effacé par son fils naturel, don Juan d'Autriche.

France. — Mazarin meurt tout-puissant, laissant des biens immenses, acquis par l'administration frauduleuse du *trésor public* (9 mars). — Louis XIV gouverne. — Monsieur, frère unique du roi, épouse Henriette d'Angleterre, sœur de Charles II (1ᵉʳ avril). — La charge de colonel-général de l'infanterie, qui mettait presque toutes les forces militaires du royaume entre les mains d'un seul, est supprimée après la mort d'Épernon (25 juill.). — Procès du surintendant des finances, Fouquet, pour malversations (sept.); il sera défendu par Pellisson, et regretté noblement par La Fontaine et par Mᵐᵉ de Sévigné. Colbert le remplace, seulement avec le titre et les fonctions de contrôleur général: Louis XIV signera lui-même. — Bossuet prêche pour la première fois devant Louis XIV, dans la chapelle du Louvre. — Saint-Évremond est forcé de s'exiler en Angleterre. — Faveur du musicien Lulli. — Hardouin-Mansart et Le Nôtre travaillent à l'embellissement de Versailles.

Italie. — Alexandre VII fait commencer la colonnade de la place de Saint-Pierre; Rome lui doit l'achèvement du collège de la Sapience, commencé par Léon X sur les dessins de Michel-Ange.

Pologne. — L'empereur négocie la paix entre la Russie et la Pologne. — Premier journal à Varsovie en polonais (20 mai).

1662.

Angleterre. — Défenseur des principes et des intérêts de l'Église anglicane qui était le meilleur appui de la monarchie, Charles II fait accepter par le parlement le bill d'uniformité, qui réduit toutes les liturgies au mode anglican (mai) : mais deux mille ministres presbytériens refusent leur adhésion. — Mariage de Charles II avec la sœur du roi de Portugal (31 mai) : il reçoit en dot Tanger et Bombay. — Établissements de commerce sur la côte de Coromandel, à Masulipatam et à Madras, en concurrence avec les Hollandais.

France. — Conflit avec Rome à l'occasion d'une insulte faite à l'ambassadeur le duc de Créqui. — Le pas est pris sur l'ambassadeur d'Espagne à Londres. — Achat de Dunkerque et Mardick (27 nov.-17 déc.). — Mort de Pascal à trente-neuf ans, (19 août). Ses *Pensées* ne sont pas encore publiées. Il est l'auteur de plusieurs découvertes mathématiques. La science du calcul des probabilités a été créée par Pascal et par Fermat, conseiller au parlement de Toulouse. — *École des femmes* de Molière. — Manufacture des Gobelins.

Portugal. — La France et l'Angleterre ne restent pas ses alliées contre les Espagnols. — La reine mère laisse le gouvernement à son fils, Alphonse VI, vicieux et incapable.

1663.

Allemagne. — La diète de Ratisbonne devient perpétuelle, et limite la puissance de l'empereur.

Angleterre. — Massachussets résiste au duc d'York, frère du roi, nommé gouverneur de toutes les colonies, et brave les nouveaux règlements de commerce. — Création de la colonie de la Caroline, au sud de la Virginie ; le roi en vend la propriété et le gouvernement à huit personnes, parmi lesquelles Monck, duc d'Albemarle, Clarendon et lord Ashley ; la charte, tout aristocratique, imitée de celle de Maryland, réserve aux lords propriétaires le monopole du commerce. Des esclaves cultiveront la terre.

Espagne et Portugal. — Don Juan d'Autriche, qui a conquis Evora, marche sur Lisbonne (22 mai). Il est arrêté en route et vaincu par le général français Schomberg.

Espagne. — Le monopole de l'exportation de soies de Sicile, promis au port de Messine qui était resté fidèle en 1647, cause une grande irritation dans les villes maritimes. La promesse n'est pas accomplie ; Messine réclame et est prête à se révolter.

France. — La marine, restaurée par Colbert, s'essaye sous la conduite du duc de Beaufort contre les pirates d'Algérie, et protège le commerce. — Le nouveau secrétaire d'État de la guerre, Louvois, fils de Michel Letellier, organise l'armée de terre. — Établissement des missions étrangères. — Création de l'Académie des inscriptions et belles-lettres, sous le nom de petite académie.

Portugal. — Alphonse VI interdit aux jésuites et aux religieux de tout ordre d'exercer aucune juridiction temporelle dans le gouvernement des Indiens de l'Amérique méridionale (sept.). — Les Portugais sont dépouillés par les Hollandais de leurs comptoirs de Cananore et de Cochin sur la côte de Malabar ; ils ont encore Goa et Diu.

Prusse. — Frédéric-Guillaume Ier se fait solennellement reconnaître souverain de la Prusse par les états de Kœnigsberg.

Turquie. — Le fils du vizir Méhémet Koproli, Ahmed, s'avance en Hongrie jusqu'à Neuhausel, à l'est de Presbourg, et s'en empare après trente-six jours de siége (sept.).

1664.

Angleterre et Hollande. — En Amérique, les nouveaux Pays-Bas, d'où les Anglais chassent les Hollandais, deviennent les colonies de New-York et de New-Jersey. — Guerre entre les deux gouvernements (nov.).

Autriche, France et Turquie. — Six mille Français vont soutenir les impériaux en Hongrie, et y contribuent à la victoire de Saint-Gothard, gagnée par Montecuculi (1ᵉʳ août). La trêve conclue à Temesvar est commune à la Hongrie, à la Transylvanie et aux Turcs (17 sept.).

Espagne. — Par l'influence de la reine, princesse autrichienne, disgrâce de don Juan, fils naturel de Philippe IV.

France. — Le pape accorde satisfaction à Louis XIV (juill.). — Nouveau tarif de douanes. — Colbert fait racheter par le gouvernement, et concéder à une compagnie privilégiée les établissements fondés par des particuliers dans les Antilles, aux îles de la Guadeloupe, Marie-Galante, la Martinique, la Grenade, les Grenadines, Saint-Barthélemy, Sainte-Croix. Il envoie des colonies dans la Guyane à Cayenne, au Canada et en Guinée. Acquisition de Saint-Domingue, au moyen des flibustiers. — Coutumes de Paris introduites au Canada. — Ch. Le Brun est nommé premier peintre du roi. — Selon un projet de Charles IX, le canal de Languedoc, qui doit faire communiquer les deux mers, est commencé par l'ingénieur Riquet. — Carte géologique de France par l'abbé Coulon. — M. de Rancé commence la réforme de la Trappe. — Est reconstituée l'Acad. de peint. et de sculp.

1665.

Angleterre et Hollande. — Victoire navale gagnée par le duc d'York, en vue des côtes de Suffolk (13 juin). — Peste de Londres (mai-déc.).

Espagne et Portugal. — Victoire signalée des Portugais à Villa-Viciosa, au nord-est d'Evora (17 juin).

Espagne. — Mort de Philippe IV, à soixante ans (17 sept.). Avénement de Charles II, âgé de quatre ans : cet enfant chétif est né de sa seconde femme, Marie-Anne d'Autriche. Gouvernement de la reine mère et de six conseillers, bientôt effacés par le P. Nithard, jésuite, son confesseur : don Juan d'Autriche est tenu à l'écart.

France. — Le duc de Beaufort bat les Algériens près de Tunis et près d'Alger. — Justes rigueurs exercées contre les traitants. — Projet d'une révision générale des lois (10 oct.). — Le *Journal des savants* est fondé (5 janv.). — Des ouvriers vénitiens obtiennent un privilége de vingt ans pour fonder une manufacture de glaces : c'est l'origine de l'établissement de Saint-Gobain, dans la forêt de Coucy. — Cl. Perrault commence la colonnade du Louvre. — Satire de Boileau sur la *noblesse*. — *Maximes* du duc de La Rochefoucauld. — Mort du Poussin.

Pologne. — Jean Casimir pense à abdiquer. Il désigne, pour lui succéder, un prince français, le duc d'Enghien, fils du grand Condé. Résistance de la diète par l'organe du grand maréchal Luborniski, qui est mis en jugement et condamné par le sénat.

Russie. — L'altération des monnaies, la hausse des marchandises et des denrées, causent de nombreuses séditions, que le czar étouffe dans le sang.

1666.

Angleterre, France et Hollande. — La France se joint aux Hollandais contre les Anglais (26 janv.). — Glorieuse action de Ruyter et de Corneille Tromp; quatre jours de combat (juin).

Angleterre. — Une grande partie de la cité de Londres est presque détruite par un incendie qui dure trois jours (12-16 sept.). Plan général de reconstruction par l'architecte Wren, adopté en partie. — Publication d'une feuille officielle, sous le nom de *Gazette de Londres* (7 nov.). — Les Anglais enlèvent aux Hollandais, dans les Antilles, la plupart des îles Vierges, à l'est de Porto-Rico.

Autriche. — L'empereur épouse une sœur du roi d'Espagne et de la reine de France (déc.).

France. — Mort d'Anne d'Autriche (20 janv.). — Etablissement de l'Académie des sciences. — Huyghens, savant Hollandais, est appelé à Paris. — Construction du port de Cette, dans le bas Languedoc. — Félibien, ami du grand peintre Nicolas Poussin, compose le plus estimé de ses ouvrages : *Entretiens sur les plus excellents peintres anciens et modernes.* — *Le Misanthrope* de Molière. — Publication des mémoires de Brantôme, qui est mort depuis 1615.

Perse. — Mort du schah Abbas, usé avant l'âge par la volupté, par l'ivresse et par les accès de colère qui le rendaient cruel. Il aimait les arts et les artistes; il était favorable aux chrétiens. Il a reçu avec courtoisie le voyageur français Tavernier. — Après lui, les eunuques gouvernent sous le nom des schahs.

Pologne. — Un parti puissant ramène Lubormiski et force le roi à renoncer au dessein de se donner un successeur.

Prusse. — La succession de Juliers, qui était en litige depuis près de soixante ans entre la maison de Brandebourg et celle de Neubourg, est irrévocablement partagée : l'électeur, duc de Prusse, garde le duché de Clèves, le comté de la Marck et le comté de Ravensberg, entre Minden et Munster; le duc de Neubourg a le duché de Juliers et le duché de Berg. — Par ces nouveaux domaines sur le Rhin, le duc de Prusse sera mêlé aux intérêts et à la politique des Etats de l'Europe occidentale.

Russie. — Les Cosaques du Don, tributaires du czar, sont soulevés par un de leurs chefs, qui voulait former dans le territoire d'Astrakan une principauté indépendante : quatre années de guerre, signalées par des atrocités. — Le patriarche Nicon, la lumière de l'Eglise, qui avait corrigé la version moscovite de la Bible, établi une école pour enseigner le grec et le latin, introduit le chant grec et aboli des usages de superstition, est traduit par des envieux devant un concile national qui, avec l'assentiment du czar, le dépose et le relègue dans un monastère, où il passera quatorze ans, occupé à recueillir les vieilles chroniques, base de l'ancienne histoire de Russie.

1667.

Angleterre, France et Hollande. — Ruyter remonte la Tamise (8 juin); prise du fort de Sherness; les Hollandais pénètrent jusqu'à Chatam. Paix de Bréda (21 juill.): les Anglais gardent New-York; rendent l'Acadie à la France.

Angleterre. — Disgrâce de Clarendon (10 août). Ministres corrompus de la *Cabal*, surtout Ahsley, comte de Shaftesbury; ils sont ennemis de Will. Temple. — Publication du *Paradis perdu*, par Milton, aveugle.

Espagne et France. — Malgré les avis de Colbert et de de Lionne, Louis XIV, en vertu du droit de dévolution suivi en Brabant, réclame la Flandre au nom de sa femme, née du premier mariage du roi Philippe IV. Brillante campagne; rapide conquête, faite par Louis XIV avec le concours de Turenne, et du secrétaire d'Etat de la guerre, Louvois (juin-août). Lille sera le chef-lieu de la Flandre française.

France. — On commence à construire l'Observatoire de Paris. — Création d'un lieutenant général de police (mars) : le premier, de La Reynie, a imaginé d'éclairer les rues de Paris avec des lanternes. — Rédaction de l'*ordonnance civile* (avril); elle est l'œuvre du conseiller d'Etat Pussort, oncle de Colbert, trop zélé pour le despotisme royal, et des Lamoignon, Talon, Bignon. — Le corps de Descartes est ramené de Suède à Paris : point d'éloge public. — Exposition publique de tableaux et sculpt.

— Persécutions contre les jansénistes de Port-Royal. — Le *Tartufe* de Molière. — *Andromaque* de Racine. — Mort de l'orientaliste Bochart; du géographe N. Sanson.

Hollande. — Le grand pensionnaire Jean de Witt, qui a négocié la paix de Bréda, pour garantir la république contre l'ambition de la maison d'Orange, fait statuer par les états généraux, sous forme d'édit perpétuel, que la charge de capitaine-général ne sera jamais conférée à quiconque aurait le stathoudérat dans une ou plusieurs provinces : mécontentement de la Zélande.

Pologne. — Les débats entre le roi et la noblesse laissent la Pologne sans défense contre les invasions des Tartares et des Cosaques, dans la Podolie et la Volhynie. Le grand maréchal Sobieski, fils d'un Castellan de Cracovie, lève à ses dépens vingt mille hommes et combat victorieusement pendant dix-sept jours les Tartares.

Portugal. — Les cortès ôtent les pouvoirs, mais non le titre de roi à Alphonse VI qui est souillé de vices; sa femme même, Marie de Savoie, duchesse de Nemours, est leur complice (23 sept.). Son frère Pierre, âgé de dix-huit ans, est déclaré régent.

Turquie. — Le grand vizir Achmet Koproli conduit trente-six mille hommes contre la capitale de Candie : il donne sans succès trente-deux assauts, mais ne lève pas le siége, malgré l'assistance que les Français et les Toscans prêtent aux Vénitiens.

1668.

Espagne, France et Portugal. — Triple alliance de l'Angleterre, de la Hollande, de la Suède, pour contraindre la France à faire la paix avec l'Espagne (28 janv.). En dix-sept jours, Louis XIV et le prince de Condé font la conquête de la Franche-Comté espagnole (fév.). Traité de Lisbonne (13 fév.) : l'Espagne reconnaît l'indépendance des Portugais, et la dynastie de Bragance. — Traité d'Aix-la-Chapelle : Louis XIV ne garde que la Flandre (2 mai). — Projet de partage de l'Espagne, signé à Vienne entre la France et l'Autriche (19 jan.).

France. — Conversion de Turenne par Bossuet, qui écrit alors son *Exposition de la Foi*. — La Fontaine donne un premier recueil de *Fables* en six livres; Molière *l'Amphitryon* et *l'Avare*, imités de Plaute; Racine *les Plaideurs*. — Création d'un parlement à Besançon. — *Acta sanctorum ord. s. Benedicti*, par Mabillon, 1668-1702.

Pologne. — Abdication du roi Jean-Casimir (sept.) Il se retire en France où il devient abbé de Saint-Germain des Prés.

Portugal. — La reine Marie de Savoie, avec dispense du pape, épouse, du vivant de son mari, son beau-frère, Pierre, âgé de vingt ans, qui est régent (avril).

1669.

Angleterre. — Constitution de Locke donnée à la colonie américaine de la Caroline : noblesse héréditaire; servage d'une partie des colons; aucune liberté politique. Elle sera pendant vingt-quatre ans une cause de troubles et d'affaiblissement commercial. — Comp. de la baie d'Hudson.

Espagne. — Don Juan d'Autriche, avec le concours de la noblesse, oblige la reine mère à éloigner le P. Nithard : il sera ambassadeur à Rome et deviendra cardinal.

France. — Suppression des chambres mi-parties, où siégeaient des magistrats protestants. — Ordonnance de Colbert sur les eaux et forêts. — Déclaration par édit, que le commerce de mer ne déroge pas à la noblesse. — L'astronome Cassini est attiré de Bologne par Colbert. — Mort d'Henriette de France, reine d'Angleterre (10 sept.) : son oraison funèbre par Bossuet, évêque de Condom. — Le jésuite Bourdaloue commence à prêcher à Paris : il prêchera dix carêmes de suite devant Louis XIV. — Epîtres de Boileau au roi sur les *Avantages de la Paix*. De 1667 à 1674, il publie l'*Art poétique* en quatre chants. — *Britannicus* de Racine.

Pologne. — Triste choix de Wiecnowiecki, pour la royauté.

Turquie. — Candie, mal secourue par six mille Français que conduit le duc de Beaufort (juin), est enfin prise par le vizir Ahmed Koproli, après un siége de vingt-neuf mois (sept.) : le blocus durait depuis vingt ans. Venise n'a plus dans l'île que deux places sans importance.

1670.

Autriche. — François Ragotzky est à la tête d'une insurrection hongroise.

Espagne. — Les colonies du nord de l'Amérique méridionale sont saccagées par les flibustiers ; ils occupent Porto-Bello à l'isthme de Panama.

France. — Voyage de la duchesse d'Orléans, auprès de son frère Charles II ; elle le décide à un traité secret contre la Hollande. Elle meurt inopinément au retour (30 juin). — Le duc de Lorraine, Charles IV, qui intrigue contre le roi, est dépouillé de ses États (sept.). — Les pirates d'Alger s'engagent à mettre en liberté tous les esclaves français. — Uniforme donné aux troupes. — Publication de *l'ordonnance criminelle* (août). — Création de l'académie d'architecture. — L'hôtel des Invalides est commencé à Paris (30 nov.). — *Capitularia R. Francorum* par Baluze. — Oraison funèbre de la duch. d'Orléans par Bossuet. — Il est nommé précepteur du dauphin. — *Bérénice* de Racine. — *Le Bourgeois gentilhomme* de Molière. — *Les Pensées* de Pascal.

Hollande. — La charge de capitaine-général est donnée par les États au prince d'Orange, Guillaume, âgé de vingt ans. — *Traité théologico-politique*, du philosophe panthéiste Spinosa, en latin.

Italie. — Le duc de Parme fait mourir Gaufridi, son principal ministre, qui depuis plus de vingt ans tyrannisait impunément ses sujets (janv.). — Charles-Emmanuel II ouvre au milieu des Alpes le chemin des Échelles, à deux lieues de la Grande-Chartreuse dans le Dauphiné.

1671.

Angleterre. — Abjuration d'Anne Hyde, fille du comte de Clarendon, femme du duc d'York. Peu de temps après la mort d'Anne, qui lui laisse deux filles, abjuration du duc d'York lui-même.

Autriche. — Chefs d'une conspiration contre l'empereur, quatre nobles hongrois périssent sur l'échafaud (d'avril à déc.). Léopold traite la Hongrie en pays de conquête, supprime la charge de palatin, y substitue celle de vice-roi.

Danemark. — Établissement dans l'île encore inhabitée de Saint-Thomas, à l'est de Porto-Rico dans les Antilles.

France. — Louis XIV visite les Pays-Bas français, fait fortifier Dunkerque et plusieurs places : travaux de l'ingénieur Vauban. — Usage du fusil à pierre, armé de la baïonnette. — Mort de de Lionne, secrétaire d'État des affaires étrangères ; il est remplacé par Pomponne. — Bossuet publie *l'Exposition de la foi.* — Fr. de Harlay devient arch. de Paris.

Pologne. — Les Cosaques ne pouvant obtenir l'égalité de droits, recommencent la guerre, à l'instigation des Russes, et avec l'assistance de Mahomet IV, dont ils se rendent tributaires. Jean Sobieski leur arrache le pays entre le Bog et le Dniester ; il établit ses troupes à Bar, en Podolie, et à Braclaw sur le Bog.

1672.

Angleterre. — Le roi rend une déclaration d'indulgence, surtout au profit des catholiques (mars).

Danemark. — Construction du palais de Charlottembourg à Copenhague.

France et Hollande. — Louis XIV et l'Angleterre déclarent la guerre aux Provinces-Unies qui tiennent le premier rang parmi les marines marchandes de l'Europe (mars) : le roi conduit avec Condé, Turenne, Luxembourg et le duc d'Orléans, son frère, cent mille hommes à la conquête de la Hollande. Passage du Rhin (12 juin). Rapides succès jusqu'à Utrecht, même jusqu'à Amsterdam, qui se sauve par l'ouverture des écluses. Louvois perd le temps à occuper des places fortes et refuse d'avantageuses conditions de paix. Les états généraux ont nommé Guillaume d'Orange capitaine-général des forces de terre (fév.). Fait stathouder par plusieurs provinces, il dirige la défense nationale même avant la mort du grand pensionnaire Jean de Witt, et de son frère Corneille assassinés par le peuple (août); il sauve les abords de Leyde et de la Haye, que la glace des marais avait rendues accessibles aux Français (oct.-déc.). — L'empereur (25 juill.), le duc de Clèves, l'électeur de Brandebourg, l'Espagne (déc.), se liguent contre Louis XIV.

France. — Épître de Boileau au roi sur le *Passage du Rhin*. De 1672 à 1674, il publie *le Lutrin* d'abord en quatre chants. *Les Femmes savantes* de Molière. — L'Académie royale de musique est fondée par Lulli.

Italie. — Le duc de Savoie prend parti pour des conjurés de Gênes qui n'ont pas réussi à bouleverser le gouvernement de la république. Guerre sans succès : elle finira par la médiation du pape, de la France et de l'Espagne.

Pologne. — Au milieu des discordes civiles, invasion de cent cinquante mille Cosaques, Tartares et Turcs. La faction de Sobieski a contre elle la basse noblesse qui est fidèle au roi. Sobieski repousse les Tartares. Mais Mahomet IV entre par trahison, après douze jours de siège, dans Kaminieck, capitale de la Podolie (26 sept.). Un de ces corps d'armée arrive jusque devant Léopol, aujourd'hui Lemberg, capitale de la Russie rouge ou Gallicie; le roi termine la guerre par un honteux traité dont s'est fait médiateur le khan des Tartares : il abandonne aux Turcs la Podolie et l'Ukraine, il payera un tribut annuel (18 oct.).

Russie. — Dans la crainte d'une guerre avec les Turcs, le czar Alexis sollicite l'alliance de plusieurs princes chrétiens, et s'adresse même au pape en lui offrant des conditions pour la réunion des deux Églises.

1673.

Angleterre. — Les presbytériens des communes font révoquer la déclaration de tolérance, rendue en 1672 en faveur des catholiques (mars). Ils imposent au roi le bill du *test*, qui crée pour toute personne occupant un office dans l'État l'obligation de désavouer la croyance romaine : le duc d'York, frère du roi, qui professait ouvertement la foi catholique, doit se démettre des fonctions de grand amiral.

Angleterre, Espagne, France et Hollande. — Les Anglais sont encore associés à la France dans la guerre de Hollande : Ruyter et Tromp leur tiennent tête (juin-août). Louis XIV rappelle ses troupes de la Hollande, après la conquête de Maestricht (juill.); guerre avec l'Espagne et l'empire (oct.). La Suède lui reste fidèle.

France. — Louis XIV étend la régale à tous les diocèses du royaume (fév.) : deux évêques du Languedoc résistent à la volonté du roi. — Défense aux cours souveraines d'adresser des remontrances avant l'enregistrement (mars). — Ordonnance sur la législation commerciale. — *Mithridate* de Racine (17 fév.) — Première exposition publique, avec livret, dans la cour du Palais-Royal ; elle ne comprend que les ouvrages des artistes vivants, membres de l'Académie royale de peinture, de sculpture et de gravure : cinquante exposants, cent quarante ouvrages. Noms restés célèbres : Charles Lebrun, Stella, Philippe de Champagne et Boullongne, peintres d'histoire ; Vander

Meulen et Bourguignon, peintres de batailles; Baptiste, peintre de fleurs; Girardon, sculpteur; Leclerc et Bernard Picard, graveurs. La France, qui a perdu Nicolas Poussin en 1665, a encore Claude le Lorrain, Mignard, Jouvenet, pour la peinture; Audran, Nanteuil, Edelinck, né à Anvers, fixé en France, pour la gravure; Coustou, Coysevox, Le Pujet. — Construction de la porte Saint-Denis à Paris, par Blondel. — *Dictionnaire historique* de Moréri.

Pologne. — La diète de Varsovie, inspirée par Sobieski, déclare nul le traité conclu par le roi avec les Turcs. Victoire de Sobieski devant la place de Choczim, sur le Dniester, au sud-ouest de Kaminieck, qui est enlevée aux Ottomans. Le même jour meurt le roi de Pologne (10 nov.).

1674.

Allemagne, Angleterre, Espagne, France et Hollande. — Paix entre l'Angleterre et la Hollande (19 fév.). Louis XIV conquiert en personne la Franche-Comté espagnole (mai-juin). — Condé, dans les Pays-Bas, a en tête Guillaume d'Orange : deux sanglantes journées à Senef, au nord-ouest de Charleroy. Course des armées entre le haut Escaut et la Meuse. — Campagne de Turenne dans les États rhénans de l'électeur de Brandebourg et de l'électeur palatin, ami de l'empereur. Dévastation du Palatinat. Pendant l'hiver, ses marches savantes et victorieuses à travers les montagnes de la Lorraine, toujours ennemie, et de l'Alsace française qu'il faut défendre contre soixante et dix mille hommes (d'oct. à janv. 1675).

Angleterre. — Mort de Clarendon; de Milton.

Espagne. — Agitation de la Sicile; Messine se met sous la protection de la France.

France. — Dernière convocation de l'arrière-ban. — La ferme du tabac est donnée à bail, pour la première fois, à raison de cinq cent mille livres. — Mort de Chapelain. — *Histoire généalogique et chronologique de la maison de France et des grands officiers*, par le P. Anselme. — *De la recherche de la vérité*, par Malebranche. — *Iphigénie* de Racine. — Construction de la porte Saint-Martin par Bullet.

Pologne. — Le héros de la Pologne, Jean Sobieski, candidat à la royauté, l'emporte avec peine sur dix compétiteurs (21 mai). Dans les nouvelles hostilités contre le grand vizir Koproli, il est entravé par la jalousie du grand-duc de Lithuanie.

1675.

Allemagne, Espagne, France et Hollande. — Succès des Français dans les Pays-Bas et dans la Catalogne. — Turenne, qui repasse le Rhin malgré le général de l'empereur Montécuculli, est emporté par un boulet de canon à Salzbach, au nord-est de Strasbourg (27 juill.). Retraite de l'armée sous de Lorges. Condé et le maréchal de Créqui sont envoyés sur le Rhin. C'est la dernière campagne de Condé qui se retire à Chantilly. Désastre de Créqui (août-sept.). — Le duc de Vivonne, envoyé à Messine, reçoit la déclaration des habitants qui proclament Louis XIV roi (28 avril). Le Hollandais Ruyter vient croiser dans les parages de Messine (déc.); il servira pendant six mois pour l'Espagne. — A Nimègue, sur le Wahal, conférences pour la paix par la médiation du roi d'Angleterre (août) : lentes négociations.

Angleterre. — A Londres, commencent les travaux de l'église Saint-Paul sur les dessins de Christophe Wren architecte du roi depuis 1668.

Danemark, Prusse et Suède. — Le roi de Suède Charles XI, allié de la France, envoie une armée avec Wrangel dans le Brandebourg. Les Hollandais et les Danois unissent leurs flottes contre les Suédois (janv.) et les battent au sud de l'île d'Oeland (11 juin). L'armée continentale de

Charles XI est vaincue dans le Brandebourg à Fehrbellin par l'électeur (18 juin). Le roi de Suède est mis au ban de l'empire. — Son ami secret, le duc de Holstein-Gottorp, attiré à Rensbourg par le roi de Danemark, est forcé de consentir à ce que ses places soient occupées par des Danois, et de renoncer aux droits de souveraineté qu'il devait aux traités de Roskild et de Copenhague (10 juill.). Les Danois occupent surtout Tonningen, à l'embouchure de l'Eyder.—Charles XI est vainqueur des Danois en personne, à Lunden, en Scanie; fuite du roi de Danemark (14 déc.). La guerre continue pendant trois ans.

France.—Louis XIV prend pour confesseur un jésuite, le père François de La Chaise, qui gardera ses fonctions jusqu'à sa mort, pendant trente-quatre ans. — La duchesse de La Vallière, qui s'est retirée volontairement aux Carmélites de Chaillot, prend le voile de religieuse. — Oraison funèbre de Turenne par Mascaron. — Commencement de la machine de Marly, pour conduire l'eau à Versailles. — Mort de Conrart.

Hollande.—Guillaume d'Orange déjà stathouder héréditaire, refuse d'être duc souverain de Gueldre.

Russie.—Le czar fait reconnaître pour son successeur le fils aîné de sa première femme, Fédor, âgé de dix-huit ans.

1676.

Autriche. — L'empereur, qui n'a encore qu'une fille, épouse en troisièmes noces une princesse de la maison palatine de Neubourg (déc.).

Espagne, France et Hollande. — Lutte terrible et indécise entre Ruyter et Duquesne qui ne peut s'ouvrir l'entrée du port de Messine pour y jeter des vivres (8 janv.). Palerme, rivale de Messine, proteste contre les promesses libérales de Louis XIV qui a été proclamé à Messine en 1675 (18 mars). Sur l'ordre du duc maréchal de Vivonne, Duquesne livre combat à Ruyter près d'Agousta, au nord de Syracuse : Ruyter est blessé mortellement (22 avril). — Succès des Français dans les Pays-Bas espagnols.

France. — Exécution de la Brinvilliers, célèbre empoisonneuse. — Or. funèbre de Turenne par Fléchier *Projet de l'H. des plantes*, p. Dodart.

Italie. — A Venise, le peuple refuse d'accepter le doge élu par l'aristocratie (août); le grand conseil fait une nouvelle élection.

Pologne. — Couronnement solennel de Jean Sobieski (2 fév.) Deux cent mille Turcs pénètrent dans le bassin du haut Dniester. Traité (27 oct.) : la Pologne garde les deux tiers de l'Ukraine et une partie de la Podolie; Kaminieck reste aux Turcs.

Russie. — Mort du czar Alexis. Il laisse inachevée l'œuvre de l'émancipation intellectuelle, de l'organisation militaire et administrative, et de la constitution politique de la Russie. La Russie lui doit un recueil de lois, la traduction en langue nationale d'ouvrages scientifiques, l'agrandissement de Moscou, la formation de bourgades dans les régions désertes du Volga et de la Kama qu'il peupla de prisonniers, l'établissement de manufactures, la création de troupes régulières composées d'étrangers.

1677.

Allemagne, Espagne, France et Hollande. — Louis XIV, avant la fin de l'hiver, reprend en personne la guerre de Flandre (20 fév.). Conquête de Valenciennes et de Cambrai sur l'Escaut. Victoire du duc d'Orléans sur le prince d'Orange au mont Cassel (11 avril); reddition de Saint-Omer le 20.—Le danger de l'invasion est toujours du côté du Rhin et de la Moselle, où le duc de Lorraine sert de guide aux Impériaux. Belle campagne du maréchal de Créqui : il prend Fribourg, à l'est de Brisach. — Les Français chassent les Hollandais de la côte africaine d'Arguin et du Sénégal.

Angleterre. — La fille aînée du duc d'York épouse le stathouder. — Méthode des fluxions de Newton, en même temps que le calcul différentiel de Leibnitz.

Autriche. — Après la défection de François Ragotzky, qui s'est donné à l'empereur, la Hongrie a recours aux Polonais : division entre les chefs de l'insurrection.

Espagne. — Agé de seize ans, le roi, qui depuis deux ans s'est fait déclarer majeur, relègue sa mère dans un couvent, et prend pour premier ministre son oncle don Juan d'Autriche. Essais de réforme dans l'administration.

France. — *Phèdre* de Racine.

Hollande. — *L'Ethique* de Spinoza. Il meurt.

Russie. — Les Turcs et les Tartares de Crimée s'unissent pour enlever au nouveau czar, Fédor II, le pays des Cosaques zaporogues, dans le bassin du Dniéper, acquis récemment par les Russes.

1678.

Allemagne, Espagne, France et Hollande. — Louis XIV ouvre encore en personne la campagne de Flandre (févr.), et s'empare de Gand. — Désastres du maréchal de La Feuillade en Sicile ; Louis XIV renonce à défendre l'île (avril). — Créqui s'étend sur la ligne du Bas Rhin : rencontre sanglante au pont de Rhinfeld, à l'est de Bâle (juill.). — Paix de Nimègue entre la France et la Hollande (10 août) : la Hollande garde tout son territoire et même Maestricht sur la Meuse ; entre la France et l'Espagne (17 sept.) : Louis XIV obtient la Franche-Comté, Valenciennes, Cambrai, Ypres, Saint-Omer.

Angleterre. — La conspiration papiste, découverte ou imaginée par le jésuite anglais Titus Oates, sème d'horribles défiances dans la nation, dans le parlement et à la cour : plusieurs catholiques sont mis à mort.

France. — Conférence de Bossuet avec le ministre protestant Claude. — *Glossarium mediæ et infimæ latinitatis* de du Cange. — Roman de Mme de La Fayette, *la Princesse de Clèves.* — Second recueil de *Fables* de la Fontaine. — *Histoire critique du vieux Testament* par Richard Simon.

Turquie. — Mort du vizir Ahmed Koproli, grand ministre et grand général. Infériorité de son successeur Kara Mustapha.

1679.

Allemagne, Danemark, France, Prusse et Suède. — L'empereur (5 févr.) et les autres princes de l'Allemagne accèdent à la paix de Nimègue : Fribourg reste à Louis XIV. Traité de Saint-Germain en Laye, par la médiation de la France, entre la Suède, le Danemark, le Holstein-Gottorp et le Brandebourg (2 sept.) : la Suède recouvre les places de Poméranie qu'elle avait perdues par les succès de l'électeur ; le duc de Holstein-Gottorp fait admettre le traité de Copenhague comme base des négociations, et rentre dans ses droits.

Angleterre. — Dissolution du parlement, qui entrave la royauté depuis dix-huit ans (24 févr.). La nouvelle assemblée, plus hostile encore, déclare inhabile à régner le duc d'York, soupçonné de papisme ; elle fait accepter le fameux bill d'*Habeas corpus*, qui soustrait les citoyens à tout emprisonnement arbitraire (mai). — Dénomination nouvelle des partis : les torys dévoués à royauté, les whigs aux idées constitutionnelles. — Insurrection des covenantaires.

Espagne. — Rigueurs exercées contre Messine (janv.). — Mariage de Charles II avec une fille de Monsieur, frère de Louis XIV (août) : il n'aura pas d'enfant. — Mort de don Juan d'Autriche, dernière gloire et dernier appui de la dynastie (17 déc.).

France. — Le ministre de Pomponne est disgracié comme janséniste, et remplacé par de Croissy, frère de Colbert. — Le droit français doit être enseigné. — Dernière année de l'éducation du Dauphin, pour laquelle Bossuet a composé le *Discours sur l'Histoire universelle;* la *Connaissance de Dieu et de soi-même* et la *Politique de l'Écriture sainte.* — Institution de la congrégation des frères des écoles chrétiennes par de La Salle, chanoine de Reims, prêtre.

Hollande.—Inutiles représailles exercées par les Anglais et par les Hollandais contre les corsaires d'Alger; les Hollandais consentent à un accommodement durable, moyennant un tribut.

1680.

Angleterre. — Charles II, malgré la faction du duc de Montmouth, son fils naturel, et de lord Shaftesbury, rappelle son frère le duc d'York.

France. — Mariage du Dauphin avec la fille de l'électeur de Bavière (7 mars). — Louis XIV reçoit le titre de Grand à l'hôtel de ville de Paris. — Il établit à Brisach et à Metz des chambres dites de réunion, pour décréter l'adjonction au territoire français des fiefs qui avaient fait partie des trois évêchés et de l'Alsace. — Édits contre les calvinistes, qui seront bientôt suivis de missions. — Établissement à la Louisiane de colons du Canada. — Fusion de la troupe de Molière avec celle de l'hôtel de Bourgogne : la nouvelle société forme la Comédie française.

Prusse. — A la mort du prince saxon, archevêque de Magdebourg, l'électeur de Brandebourg, duc de Prusse, prend possession de l'archevêché à titre de duché séculier; il l'incorpore à son électorat (juin).

Suède. — Charles XI accroit son pouvoir aux dépens du sénat. Il épouse une sœur du roi de Danemark (16 mai).

1681.

Angleterre. — Le duc d'York, commissaire du roi en Écosse, y établit un nouveau bill du *Test* en faveur de la suprématie royale et de l'obéissance passive (juill.) : il le met en vigueur avec une sévérité sanguinaire.

France. — Duquesne poursuit jusque dans le port ottoman de Chio les corsaires de Tripoli; il bombarde Alger, repaire de pirates (juill.). — Conquêtes injustes en pleine paix : Strasbourg, ville libre d'empire réclamée par la chambre de réunion, se soumet (30 sept.); le duc de Mantoue, Charles IV, est forcé de vendre à Louis XIV Casal, place forte du Montferrat.—Mort de la duchesse de Fontanges, dans un couvent. — Ordonnance sur la marine et le commerce maritime. — Le canal du Languedoc est ouvert à la navigation (19 mai).—L'assemblée générale du clergé, à laquelle Louis XIV soumettra l'affaire de la régale, est ouverte par un sermon de Bossuet, nouvellement nommé évêque de Meaux, sur *l'unité de l'Église* (nov.). Il vient de publier son *Discours sur l'Histoire universelle.* — L'ouvrage du savant Mabillon, bénédictin de la congrégation de Saint-Maur, *De Re diplomatica*, fonde la science de la paléographie.

Russie.—Traité de paix avec le sultan. — Le czar Fédor réhabilite et rappelle à Moscou le patriarche Nicon, qui meurt en route.

1682.

Angleterre. — Tribut payé aux corsaires d'Alger, pour arrêter leurs pirateries. — La lutte recommence entre la couronne et les colonies de l'Amérique du nord dont les chartes sont menacées.—La secte des quakers est installée (oct.) au nord de la Virginie et du Maryland, entre le fleuve de la Delaware à l'est, et le lac Érié à l'ouest : Guillaume Penn, leur chef, est le principal propriétaire; liberté entière de conscience et de religion, transactions pacifiques avec les Indiens. La Pensylvanie aura pour capitale Philadelphie.—Comète de Halley.

Autriche. — L'empereur, pour prévenir l'alliance de la Hongrie rebelle avec les Turcs, accorde à la diète d'OEdenbourg le rétablissement de la dignité palatine et de toutes les institutions nationales. — Le chef de l'insurrection, le comte Émeric Tekeli, dont le père est mort en combattant contre l'Autriche en 1672, continue la guerre avec l'aide des Turcs. Son mariage avec la veuve de François Ragotzky lui a donné la forte place de Munkatz, au nord-est de Tokaï, qu'elle a elle-même défendue.

France. — Édit de janvier pour terminer l'affaire de la régale, à la satisfaction du roi et de l'assemblée du clergé. Opposition du pape (13 avril). Déclaration du clergé de France formulée par Bossuet en quatre articles, qui sont presque littéralement tirés de l'ouvrage de P. Pithou, publié en 1594 : 1° le pape n'a aucune autorité sur le temporel des rois, 2° le concile général est au-dessus du pape, 3° l'usage de la puissance apostolique doit être réglé par les canons, sauf les libertés de l'Église gallicane, 4° les décisions du pape ne sont irréformables qu'autant qu'elles sont acceptées par l'Église. Elle est enregistrée par le parlement le 23 mars. — La machine de Marly est achevée. Louis XIV s'établit tout à fait à Versailles. — A la mort de Jacques de Courlande, les Français s'attribuent la colonie fondée par lui à Tabago en 1642. — Compagnie de cadets pour la noblesse. — Écoles d'artillerie.

Prusse. — La compagnie des Indes orientales, formée par Frédéric-Guillaume, établit trois comptoirs sur la côte d'Or de Guinée ; elle ne se soutient pas quarante ans.

Russie. — Le czar Fédor II détruit les chartes et les priviléges de la noblesse : le mérite personnel établira seul des distinctions (12 janv.). — Il meurt à vingt-cinq ans, sans laisser d'enfant de ses deux mariages (avril). Il a créé des haras et fait venir des écuyers étrangers. — Rivalité de ses frères Ivan, âgé de dix-neuf ans, né comme lui de la première femme d'Alexis, et Pierre, âgé de dix ans, né d'un second mariage. Influence de Sophie, sœur d'Ivan, et des gardes strélitz. Partage de l'autorité entre les deux frères (juin). Éducation corruptrice donnée à Pierre. Galitzin, Lithuanien de la maison des Jagellons, est le ministre de Sophie.

Suède. — Diète de Stockholm. le clergé, les bourgeois et les paysans rendent l'autorité royale absolue. Charles XI régnera en tyran ; il altérera les monnaies.

1683.

Angleterre. — Conspiration pour exclure du trône le duc d'York : elle coûte la vie au républicain Sidney. Ses complices, le duc de Montmouth et l'ambitieux lord Shaftesbury, se dérobent aux poursuites. La fin du règne n'est pas troublée. — Anne, seconde fille du duc d'York, épouse George, prince de Danemark. — Les Anglais, pour faire concurrence aux Hollandais, établissent des factoreries de commerce dans l'île de Sumatra, sur la côte occidentale, à Bencoulen, où abondent la muscade et le girofle.

Autriche, Pologne et Turquie. — La Porte ne veut pas renouveler les trêves avec l'Autriche. Le roi de Pologne se ligue avec Léopold contre les Turcs (31 mars). Le grand vizir Kara Mustapha s'avance jusqu'à Vienne (juill.) que sauvent Sobieski, Charles, duc de Lorraine, et les chevaliers teutoniques (12 sept.). Combat près de Strigonie (7 et 9 oct.) ; les Polonais, tour à tour vaincus et vainqueurs, n'obtiennent même pas de l'empereur d'hiverner en Hongrie, et reviennent à Cracovie au milieu des glaces et des neiges (fin de déc.). — Kara Mustapha est étranglé à Belgrade par ordre du sultan (25 déc.).

France. — Duquesne bombarde deux fois Alger et se fait rendre les

XVIIe SIÈCLE (1684-1686).

chrétiens français (26 et 27 juin).
— Mort de la reine Marie-Thérèse (30 juin). Son oraison funèbre, par Bossuet.—Mort de Colbert (6 sept.). Il avait administré les finances, la marine, l'industrie et le commerce, les bâtiments, les arts et les lettres. Sa sévère économie était un frein au despotisme et à l'ambition de Louis XIV. Le peuple qui ne l'aimait pas, troubla ses funérailles. Son fils Seignelay est secrétaire d'État de la marine. — La guerre recommence avec l'Espagne et l'empire. — Acquisition de Pondichéry.

Portugal. — Mort d'Alphonse, le roi déchu. Pierre II, le régent, souverain du Portugal depuis seize ans, reçoit le titre de roi (sept.).

1684.

Autriche, Pologne, Russie, Turquie et Venise. — Succès du duc de Lorraine et des impériaux contre les Turcs et Tekeli (juin-sept.). Le czar et Venise qui entrent dans la ligue de l'empereur et du roi de Pologne contre les Turcs, attaquent l'île de Sainte-Maure et la province de Carnia (Acarnanie). La nation polonaise presse Sobieski de reconquérir sur les Turcs l'importante place de Kaminieck.

Espagne. — Solis écrit avec talent mais partialité l'histoire de la conquête du Mexique.

France. — Louis XIV, se prétendant outragé, envoie Seignelay et Duquesne contre Gênes : bombardement de dix jours (10-20 mai); cette ville de marbre est presque détruite : médiation du pape. Louis XIV fait saisir la ville impériale de Luxembourg (juin). — L'empereur signe cependant à Ratisbonne une trêve de vingt ans, pour combattre les Turcs (août).—Dragonnades dans le Béarn. — Ambassadeurs du roi de Siam à Versailles. — Mort de P. Corneille (17 févr.).—*Nouvelles de la République des lettres*, journal littéraire, fondé par Bayle, protestant français, qui vit en Hollande.

1685.

Angleterre. — Jacques II, âgé de cinquante-deux ans, succède à Charles II (16 févr.) et assiste publiquement à la messe (18 févr.). Révoltes du comte d'Argyle en Écosse, du duc de Monmouth en Angleterre : ils sont pris et exécutés (juill.). Autres représailles sanglantes. — Le parlement refuse d'abolir le bill du *Test* de 1673 (nov.).

Autriche, Turquie et Venise. — Prise par les impériaux en Hongrie d'Éperies, une des places d'armes de Tekeli (11 août), de Neuhausel (19 août) et de Cassovie. Le Vénitien Morosini prend d'assaut Moron, sur la côte de Morée (août).

France. — Peut-être en 1685, mariage secret de Louis XIV avec Mme de Maintenon. — Le doge de Gênes fait réparation à Louis XIV à Versailles; la république s'engage à congédier les troupes espagnoles de son territoire, et à ne pas augmenter sa marine (mai). — D'Estrées bombarde Tripoli et intimide Tunis (juin-août). — Révocation de l'édit de Nantes, acte impolitique et fatal à la France (22 oct.) : les protestants, qui veulent garder leur religion, sont forcés de s'exiler. — *Code noir*, pour régler la condition des esclaves aux colonies. — Mort du chanc. le Tellier.

Prusse. — Vingt mille Français, chassés par la révocation de l'édit de Nantes, s'établissent dans les différents États de l'électeur et y font renaître l'agriculture et l'industrie.

Russie. — Sophie fait tuer, sans procès, le chef des strélitz. Ils se révoltent. Danger que courent les princes Ivan et Pierre; les boïards et les gentilshommes les protègent.

1686.

Allemagne, Espagne, France et Hollande. — Ligue d'Augsbourg contre Louis XIV (juillet), formée par le stathouder avec l'empereur, l'Espagne, la Suède, les électeurs de Saxe et de Bavière, les cercles de Souabe et de Franconie.

Angleterre. — Jacques II envoie une ambassade à Rome : zèle imprudent condamné par le pape. — Les chartes des colonies de l'Amérique du nord sont supprimées.

Autriche, Pologne, Turquie et **Venise.** — En Hongrie, le duc de Lorraine arrache Bude aux rebelles (2 sept.). Retraite de l'armée turque qui les soutenait. Au lieu de conclure la paix avec la Porte qui ni offre Kaminieck, Jean Sobieski continue la guerre pour l'empereur, qui lui fait espérer une principauté héréditaire en Moldavie et en Valachie. — Succès des Vénitiens en Morée.

France. — Création du parlement de Douai : c'est le douzième. — Institut des Dames de Saint-Louis à Saint-Cyr, pour les filles de noblesse pauvre, sous la direction de madame de Maintenon. — Mort du prince de Condé (11 déc.).

Italie. — Victor-Amédée II, à la sollicitation de Louis XIV, chasse les Vaudois barbets de plusieurs vallées des Alpes piémontaises. — Le général de Venise, Cornaro, purge la côte dalmate des pirateries des Uscoques.

Pologne et **Russie.** — Sophie signe avec Sobieski un traité, par lequel il renonce à toute prétention sur Smolensk, Tchernigof, Kief et le duché de Severie, moyennant deux millions de livres (nov.) : les Russes attaquent les Turcs vers la Crimée, dans l'espoir de s'établir sur les bords de la mer Noire.

Portugal. — Le roi prend parti pour les jésuites contre les gouverneurs des colonies dans l'Amérique méridionale, et leur accorde l'autorité politique et temporelle dans les villes et les villages où ils sont établis au milieu des populations indiennes.

1687.

Angleterre. — Réception faite par Jacques II au nonce du pape (juill.) ; abolition du test et des lois qui protégent la religion nationale : des évêques qui refusent d'obéir sont envoyés à la Tour. Le stathouder de Hollande se prépare à renverser son beau-père qu'avertit vainement Louis XIV. — Après cinq ans de résistance de la part de chaque colonie américaine, et surtout de Massachussets, tous les gouvernements cessent d'être libres : la couronne se réserve la nomination aux principales charges, et réglemente souverainement le commerce et la navigation. — Newton publie ses principes mathématiques ; il trouve la plus grande loi physique de l'univers, la loi de l'attraction universelle.

Autriche et **Turquie.** — L'Autriche étouffe l'insurrection de la Hongrie : échafaud dressé à Eperies depuis le 5 mars. — Course du duc de Lorraine en Transylvanie (mai) : le prince Michel Abaffi est forcé d'aller abjurer aux pieds de l'empereur son alliance avec les Turcs. L'empereur l'autorise à transmettre sa principauté à son fils. — Revenu contre les Turcs, le duc de Lorraine bat à Mohacz les quatre-vingt mille hommes du grand vizir (12 août) : réduction de l'Esclavonie. — Les états de Presbourg déclarent la couronne de Hongrie héréditaire dans la maison d'Autriche (31 oct.). Léopold cède cette couronne à son fils aîné Joseph, âgé de neuf ans (9 déc.).

France. — Rupture avec le saint-siége, à l'occasion du droit de franchise que Louis XIV veut réserver à l'hôtel de son ambassadeur à Rome. — Le château de Versailles est achevé. — Les *Caractères* de La Bruyère. — L'Oraison funèbre du grand Condé est la dernière prononcée par Bossuet. — Mort de Lully.

Grèce. — Pendant le siége d'Athènes par Morosini et Kœnigsmark, le Parthénon, transformé en magasin à poudre par les Turcs, est coupé en deux par une bombe vénitienne.

Italie. — A Rome, le prêtre espagnol Molinos, auteur d'une doctrine dangereuse sur le quiétisme, est condamné par l'inquisition (août).

Russie. — La guerre contre les

XVIIᵉ SIÈCLE (1688-1689).

Tartares de Crimée est mal conduite par les Galitzin ; avantages stériles.

Turquie. — Les désastres irritent le peuple et l'armée. Disgrâce des ministres. Mahomet IV est déposé (9 nov.) ; il vivra encore quatre ans. En seize ans, quatre de ses fils passeront sur le trône.

1688.

Allemagne et France. — Louis XIV prend l'avance sur les confédérés d'Augsbourg (sept.) ; occupation du Palatinat.

Angleterre et Hollande. — Naissance d'un prince de Galles (21 juin). Guillaume d'Orange hâte l'exécution de son projet d'usurpation : armement maritime avec l'assentiment des États-Généraux, sous prétexte de rétablir la concorde entre Jacques II et ses sujets (manifeste du 28 oct.). Descente de Guillaume dans le Devonshire (5 nov.). Il est reçu à Londres comme un libérateur (27 nov.). Attaqué par un de ses gendres, abandonné par l'autre, George de Danemark, méconnu de ses filles, Jacques II ne défend pas sa couronne. Louis XIV déclare la guerre à la Hollande (3 déc.). Jacques débarque en France (2 déc.).

Autriche et Turquie. — Après plusieurs années de blocus, la princesse Tekeli capitule honorablement dans Munkacz (17 janv.). Albe-Royale est reconquise par les impériaux sur les Turcs (19 mai). L'électeur de Bavière leur enlève Belgrade après quinze jours de siége (6 sept).

France. — Fondation de Chandernagor. — *Histoire des variations des églises protestantes*, par Bossuet. — Mort de Duquesne ; de Quinault.

Prusse. — Mort de Frédéric-Guillaume (avril). Il laisse des États florissants à son fils Frédéric III, né d'une princesse d'Orange.

1689.

Allemagne. — La secte mystique des piétistes commence à Leipsick : conférences chez l'Alsacien Spener, prédicateur luthérien de la cour de Dresde. L'université de Halle devient un foyer de piétisme.

Allemagne et France. — Louis XIV, sur les conseils de Louvois, fait incendier le Palatinat (fév.). Mais Mayence (sept.) et Bonn (oct.) se rendent au prince de Lorraine et à l'électeur de Brandebourg : la ligne du Rhin est perdue pour les Français.

Angleterre. — Les deux chambres, réunies en convention, déclarent le trône vacant, y appellent Guillaume III d'Orange et sa femme, Marie, et leur font signer la *déclaration des droits* qui limite la prérogative royale (févr.) Leur sacre (11 avril). Influence de deux Hollandais, W. Bentinck et Keppel. — La déclaration des droits servira de base à la charte de Massachussets. Guillaume III laissera l'assemblée générale de cette colonie proclamer le principe qu'elle ne peut être taxée sans son consentement. L'accord sera rétabli entre la couronne, qui nomme ses gouverneurs, et les colonies de la Nouvelle-Angleterre, qui gardent encore des institutions démocratiques. — Daniel Foë crée la première *Revue*. — Le gouvernement est soutenu par l'*Orange intelligence*.

Angleterre et France. — Jacques II a sa cour à Saint-Germain ; Louis XIV lui donne une flotte pour envahir l'Irlande : il ne peut prendre Londonderry. Louis XIV déclare la guerre à l'Angleterre (25 juin). — Lutte entre les colons des deux pays : l'Acadie est conquise par les seules forces des Anglo-Américains de Massachusets, Connecticut, New-York et le concours de quelques tribus indiennes.

Autriche, Turquie et Venise. — Succès du nouveau vizir Mustapha-Koproli : il prend Widdin, Semendria et Essek, aux dépens de nouveau de l'Autriche. — La maladie force le doge Morosini à quitter la direction du siége de Malvoisie, la seule place qui restait aux Turcs en Morée.

France. — Fénelon est chargé de l'éducation du duc de Bourgogne. — L'*Esther* de Racine, composée pour Saint-Cyr, est jouée par les demoiselles.

Hollande. — Guillaume III garde le stathoudérat et son influence par le grand pensionnaire Fagel, puis Heinsius.

Russie. — Le czar Pierre, à dix-sept ans, arrache le pouvoir au ministre Galitzin et à sa sœur Sophie. Son frère aîné, Ivan, n'a plus que le titre de czar. Faveur d'officiers étrangers, surtout du Génevois Lefort. — Traité avec la Chine (18 sept.).

1690.

Allemagne, Angleterre, Espagne, France, Hollande et **Italie.** — Louvois, jaloux du secrétaire d'État de la marine, Seignelay, active plus la guerre continentale que la guerre maritime. — Le duc de Savoie s'allie avec l'Espagne et l'empereur (3-4 juin). — Dans les Pays-Bas, le maréchal de Luxembourg bat les impériaux à Fleurus (1er juill.). — Stérile victoire de Tourville sur les flottes d'Angleterre et de Hollande, le 10. — Jacques II perd en personne la bataille de la Boyne, en Irlande, contre Guillaume, le 11. — Catinat bat le duc de Savoie à Staffarde, prend Saluces le lendemain 19 août et Suze le 12 novembre. — Les Anglais et les Français se font la guerre dans les Antilles et au Canada.

Angleterre. — Établissement à Calcutta — *Du gouvernement civil*, par Locke.

Autriche, Turquie et Venise. — A la mort de Michel Abaffi, les Turcs imposent pour quelque temps à la Transylvanie le comte Tekeli, dont la cause est perdue en Hongrie, et qui est bientôt forcé de se retirer à Constantinople. — Malvoisie se rend aux Vénitiens qui prennent encore la Morée, et sur la côte d'Albanie Valona et Canina.

France. — Négociation de Bossuet avec Leibnitz pour la réunion des Églises. — *Soupirs de la France esclave*, pamphlet étranger. — Mignard, après Lebrun, est premier peintre du roi. — Œuvre posthume de la Quintinie, célèbre agronome, qui a dessiné les jardins de Versailles.

Hollande. — Pendant vingt ans, plusieurs voyages de découverte au nom de la compagnie des Indes orientales, sur les côtes de la Nouvelle-Hollande en Océanie.

Italie. — Le duc de Savoie promet aux Provinces-Unies de rétablir les Vaudois dans leurs biens et de leur rendre la liberté du culte (oct.).

Russie. — Pierre se forme avec de jeunes Russes instruits par des officiers étrangers, une garde disciplinée, et plus fidèle que les strélitz ; il continue sa propre éducation militaire.

1691.

Allemagne, Espagne et France. — Succès des Français en Italie et dans les Pays-Bas. — Catinat prend au duc de Savoie Villefranche (mars), Nice (2 avril), Montmélian (21 déc.). — Reddition de Mons à Louis XIV (9 avril). Victoire de Luxembourg à Leuze, au nord de Condé, sur le prince de Waldeck.

Angleterre. — Limérick et toute l'Irlande se soumettent à Guillaume.

Autriche et **Turquie.** — A Salenkemen, au nord-ouest de Belgrade, bataille sanglante et indécise entre le prince de Bade et les Turcs : Mustapha Koproli y est tué (19 août).

Danemark et **Suède.** — Traité de commerce avec la France.

France. — Mort de Louvois (16 juill.). — *Athalie*, jouée d'abord à Saint-Cyr.

Russie. — Le Danois Ilbrand-Ide est envoyé en ambassade à la Chine pour préparer des relations durables de commerce. L'empereur Mantchou Hang-hi, qui règne depuis trente ans, est favorable aux chrétiens : il a livré presque tout le commerce du sud aux Portugais.

XVIIe SIÈCLE (1692-1694).

1692.

Allemagne, Angleterre, Espagne et France. — Désastre de la marine française à la Hogue, près de Cherbourg : Tourville n'avait que quarante-quatre vaisseaux contre quatre-vingt-dix (29 mai). — Aux Pays-Bas, Louis XIV prend Namur (5 juin). Luxembourg bat Guillaume à Steinkerque, au nord de Mons (3 août). — Catinat est forcé à la défensive par le duc de Savoie, qui vient jusqu'à Embrun et jusqu'à Gap en Dauphiné. — Le maréchal de Lorges occupe et dépasse quelquefois la ligne du Rhin.

Allemagne. — Neuvième électorat créé en faveur d'Ernest-Auguste, duc de Hanovre.

Italie. — Un décret d'Innocent XII, auquel adhèrent les cardinaux, interdit le népotisme.

Russie. — Le czar fait construire par un Hollandais, au port d'Arkhangel, monte et conduit à travers la mer Blanche un vaisseau de grande dimension : c'est l'origine de la marine russe.

Suède. — Plaintes légitimes des Livoniens dont les priviléges nationaux ont été violés. Patkul, qui a parlé en leur nom, est obligé de fuir en Pologne, pour se soustraire au supplice.

1693.

Angleterre, Espagne, France et Hollande. — Tourville capture des vaisseaux anglais et hollandais qui rapportaient du Levant une riche cargaison (17 juin). — Tentative de Louis XIV sur Liége. Luxembourg à Nerwinde, à l'est de Louvain, bat le prince d'Orange (29 juill.); prise de Charleroi (11 oct.). — En Italie, la victoire de la Marsaille, près de Pignerol (3 oct.), donne à Catinat les abords de Turin. — Machine infernale employée par les Anglais contre Saint-Malo (nov.).

Angleterre. — A la Caroline, abandon de la constitution de Locke.

France. — Ordre de Saint-Louis (10 mai). — Mort de Mme de La Sablière, chez laquelle La Fontaine vécut vingt ans (8 janv.); de Pélisson (7 fév.); de la grande mademoiselle de Montpensier qui fait le frère du roi son héritier universel (5 avril); de Bussy-Rabutin (14 avril); de Mme de Lafayette (mai).

Hollande. — Bantam, à l'extrémité nord-ouest de l'île de Java, es enlevée aux Anglais : l'île entière sera bientôt occupée.

Prusse. — L'électeur de Brandebourg, Frédéric III, fonde l'université de Halle.

Sicile. — Un grand tremblement de terre ébranle soixante villes et bourgades et coûte la vie à plus de cinquante mille personnes (9, 11 janv.).

1694.

Afrique. — Tunis passe aux Algér.

Angleterre. — Création de la banque.

Angleterre, Espagne, France et Hollande. — En Catalogne, belle campagne du maréchal de Noailles qui est d'abord vainqueur sur le Ter, à la frontière des Pyrénées (27 mai). — Activité de la guerre maritime. Les Anglais échouent contre Brest (19 juin). Un convoi de blé français, qu'avaient enlevé les Hollandais, leur est arraché, à la hauteur du Texel, par Jean Bart (19 juin). Les Anglais bombardent Dieppe qui est presque détruite (22 juill.); le Havre (22 juill.); Dunkerque (21 sept.). — Campagne stérile du dauphin dans les Pays-Bas.

Autriche. — Le fils de Michel Abaffi, âgé de dix-sept ans, est forcé par l'Autriche de renoncer à la Transylvanie. — Le nom de Léopold Ragotzky sert de drapeau aux Hongrois et aux Transylvains mécontents.

France. — L'Académie française achève son *Dictionnaire*, commencé depuis 1635. — Tournefort publie ses *Éléments de botanique*; il est l'auteur d'une classification méthodique des genres et des espèces. — Débat au sujet des ouvrages de Mme Guyon, sur la vie mystique; il devient personnel entre Bossuet et Fénelon qui va être nommé archevêque de Cambrai. Conférences d'Issy sur le quiétisme.— Mort d'Arnauld à Bruxelles.

Italie. — Mort du duc de Modène, François II; il a enrichi sa capitale de la belle bibliothèque d'Este, de l'Académie des Dissonanti, d'une université et de beaux travaux d'architecture.

1695.

Angleterre, Espagne, France et Hollande.—Mort de Luxembourg (4 janv.).— Les Français prennent Dixmude (juin), mais Guillaume d'Orange enlève Namur (4 août). — Les Anglais bombardent Saint-Malo (15-16 juill.), Dunkerque et Calais (août). Villeroi, par représailles, bombarde Bruxelles (15 août).

France. — La juridiction ecclésiastique et les appels comme d'abus sont précisés par un édit. — Établissement de la capitation, dont personne n'est exempt. — Bossuet publie la *Défense de la déclaration de l'Église de France.*—Mort de La Fontaine (13 avril); du peintre Mignard (29 mai); du moraliste Nicole, une des gloires de P.-Royal (16 nov.). —L. A. de Noailles dev. arch. de Paris.

Russie. — Pierre assiége en vain Azof. — Il répudie Euxodie Lapoukin, mère du prince Alexis.

Turquie. — Avénement de Mustapha II (janv.): moins indolent que ses deux frères qui l'ont précédé, il veut régner par lui-même et commande ses troupes en personne.

1696.

Angleterre.—Dernière tentative de Jacques II pour ressaisir le trône.

Espagne. — Fondation de Pensacola qui deviendra le chef-lieu de la Floride occidentale.

France et Italie. — Le duc de Savoie se détache de la ligue (4 juill.): sa fille aînée, âgée de onze ans, est fiancée au duc de Bourgogne, âgé de quatorze ans; toutes ses places lui seront rendues, même Pignerol que la France a gardée soixante-huit ans.

France. — Nombreux anoblissements moyennant finances. — Mort de Mme de Sévigné dont la correspondance embrasse vingt-cinq années du règne de Louis XIV (21 avril).— *Le Joueur*, comédie de Regnard.

Pologne. — Mort de Sobieski (juin). La diète, qui ne veut pas de son fils pour roi, se partage entre le prince de Conti et l'électeur de Saxe, Frédéric-Auguste, qui l'emporte, mais n'est couronné qu'après avoir abjuré le luthéranisme (15 sept.).

Russie. — Pierre oblige Azof à capituler (28 juill.). — On commence à connaître le Kamtchatka, à l'extrémité orientale de la Russie d'Asie.

1697.

Allemagne, Angleterre, Espagne, France et Hollande. — La guerre n'est fructueuse pour les Français que sur mer. Duguay-Trouin enlève une flotte hollandaise. De Pointis fait une riche proie à Carthagène, dans l'Amérique méridionale, sur les Espagnols. — Catinat sert quelque temps dans les Pays-Bas. — Par la médiation de la Suède, paix de Ryswick, près de la Haye, avec l'Espagne, l'Angleterre, la Hollande (20 sept.) et l'empereur (30 oct.): Louis XIV restitue ce qu'il a conquis sur l'Espagne et la Savoie; il reconnaît Guillaume d'Orange comme roi légitime de la Grande-Bretagne.

Autriche et Turquie. — Victoire du prince Eugène à Zenta, au nord de Péterwaradein : les Turcs perdent leur grand vizir, dix-sept pachas, trente mille hommes et trois mille prisonniers (11 sept.).

France. — A Rotterdam, première édition du *Dictionnaire historique et critique* de Bayle. — Ouvrage posthume de d'Herbelot, *Bibliothèque orientale.*—Les *Maximes des Saints* de Fénelon prolongent la querelle du quiétisme. — Mort de Santeuil, célèbre par des poésies latines.

XVIIᵉ SIÈCLE (1698-1699).

Russie. — A l'exemple du fils de Christian V qui a parcouru les cours de l'Europe et a passé un an à Paris, le czar voyage (avril) par la Livonie suédoise et la Prusse; il se rend en Hollande, où il se fait ouvrier charpentier, à Saardam, près d'Amsterdam : il étudie la marine et les sciences.

Suède. — Mort de Charles XI (avril); son fils, âgé de quinze ans, Charles XII, ne veut pas de régence, et se fait déclarer majeur par les états (27 nov.). Son couronnement (27 déc.).

1698.

Danemark. —Guerre avec le duc de Holstein-Gottorp et de Slesvig.

Espagne. — La Hollande, l'Angleterre et la France arrêtent à la Haye un projet de partage de la monarchie espagnole, comme si Charles II était mort (11 oct.): le jeune prince électoral de Bavière, le plus proche descendant des rois d'Espagne doit avoir l'Espagne proprement dite et les Indes; deux autres descendants, un prince de France et un archiduc d'Autriche, doivent avoir chacun une partie de l'Italie. Testament de Charles II en faveur du prince de Bavière, qu'il fait son héritier.

France. —Le roi paraît au camp de Compiègne avec Mme de Maintenon. — Les intendants de chaque province sont chargés de préparer un état précis des ressources, des besoins, de l'organisation sociale des pays qu'ils régissent. — Mort du savant historien Le Nain de Tillemont, de Port-Royal.

Russie. — Pierre visite Londres (fév., mai); il enrôle beaucoup d'Anglais pour Arkhangel et Moscou. — Au retour, il passe à Vienne (26 juin). La nouvelle de la révolte des Strélitz, que de son couvent la princesse Sophie a soulevés, le fait revenir précipitamment à Moscou (4 sept.); punition sanglante tirée des Strélitz: la milice est cassée. — Institution de l'ordre de chevalerie de Saint-André. —Commencement du travail de jonction du Don au Volga par un canal.

1699.

Angleterre. —Dampier, qui avait déjà fait un voyage autour du monde, de 1673 à 1691, découvre dans l'Océanie la Nouvelle-Bretagne, et le détroit qui sépare cet archipel de la Nouvelle-Guinée.

Autriche, Pologne, Russie, Turquie et Venise. — Les Turcs, par le traité de Carlowitz (26 janv.), reconnaissent à l'Autriche toute la Hongrie en deçà de la Save, la Transylvanie et l'Esclavonie, mais gardent Temesvar et le pays hongrois au delà de la Save; ils reconnaissent à la Pologne Kaminieck et la Podolie, mais gardent la Moldavie; ils laissent aux Vénitiens la Morée, les îles d'Égine et de Sainte-Maure, et des places en Dalmatie; aux Russes Azof.

Danemark. — Mort de Christian V (4 sept.). Il a établi une jurisprudence uniforme, et créé un code. Avénement de son fils Frédéric IV, âgé de vingt-huit ans.

Danemark, Pologne, Russie et Suède. — Frédéric IV se ligue avec le roi de Pologne et le czar contre Charles XII, protecteur naturel du duc de Holstein, son beau-frère, qui est en guerre avec les Danois à l'occasion de l'évêché de Lubeck.

Espagne. — La mort du prince de Bavière remet en question le partage de la monarchie (6 févr.).

France. — Chamillart, honnête homme, mais incapable, devient contrôleur général des finances. — Mort de Racine à Paris (22 avril). — Innocent XII condamne *les Maximes des saints* de Fénelon. Louis XIV fait accepter la bulle comme loi d'État (août). — En Hollande, première publication du *Télémaque* qui enrichit la littérature française d'un nouveau genre de chef-d'œuvre. — Massillon, oratorien, prêche à Versailles devant Louis XIV. —Papin, de Blois, mérite le titre de correspondant de l'Académie des sciences de Paris par ses travaux sur la vapeur, qu'il a le premier appliquée aux machines.

Russie. — Pierre change le calendrier russe qui comptait par les années du monde suivant l'ère des Grecs et faisait commencer l'année au 1er septembre : l'année commencera au 1er janvier et datera de l'ère de l'Incarnation suivant le calcul Julien non réformé.

XVIII° SIÈCLE.

APERÇU GÉNÉRAL.

JUSQU'A LA RÉVOLUTION FRANÇAISE.

Le XVIII° siècle, dont l'empreinte est sensible encore dans tout ce qui existe ou se passe autour de nous, est un âge intermédiaire entre le pouvoir absolu du règne de Louis XIV et l'ère nouvelle des libertés civiles et politiques, que la révolution française a inaugurée en Europe. Les conquêtes pacifiques des idées qui détrônent les préjugés enfantés par l'ignorance, entretenus par le despotisme, préparent de loin la destruction des abus, la régénération ou la chute des anciens gouvernements. Le goût des réformes, inspiré par les philosophes et les économistes, gagne déjà les ministres et les princes : ils se mettent à l'œuvre pour accorder au bien-être matériel des peuples, à leur amélioration civile, au commerce, à l'industrie, à l'agriculture, aux arts, tous les encouragements compatibles avec le maintien du pouvoir absolu. Dans la seconde partie du siècle, les abus commencent à être battus en brèche à peu près dans tous les États, et même en France, avant 1789. L'initiative du progrès, venant bien moins des conseils des rois que du cabinet des écrivains, vaut aux coryphées de la philosophie une gloire plus brillante et plus étendue qu'aux souverains leurs amis ou leurs persécuteurs : Pierre le Grand, Frédéric II, Joseph II, ne sont pas placés par la postérité plus haut que Voltaire.

Nous n'avons pas ici, comme au milieu du XVII° siècle, un grand nom de roi qui domine presque exclusivement la scène politique : mais, à défaut d'un nom, des faits caractéristiques de l'ordre politique, intellectuel et moral tracent une ligne de démarcation profonde entre les deux moitiés du XVIII° siècle, que nous fermons en 1789.

1° 1700-1748.

Pendant que l'installation de Philippe V, petit-fils de Louis XIV, sur le trône d'Espagne, irrite et effraye les grandes puissances, et altère en Occident l'équilibre européen, un nouveau trône s'élève entre l'empire germanique, la Suède et la Russie : Frédéric, duc de Prusse, électeur de Brandebourg, se couronne de ses mains à Kœnigsberg. Ce prince, quoique dénué d'instruction, révère Leibnitz et fonde l'académie de Berlin. Le jeune roi de Suède, Charles XII, menacé par l'ambition de ses voisins, commence sa carrière en héros : il frappe le roi de Danemark, le roi de Pologne, Auguste de Saxe, et fait roi à Varsovie le Polonais Stanislas Leckzinski. La bataille de Narva, perdue, ne décourage pas le réformateur de la Russie : le czar s'installe près de la Baltique, dans les marais de la Néva ; son génie dompte la nature, son despotisme ne recule pas devant des pertes immenses d'hommes et d'argent, pour faire sortir de ce sol fangeux, pestilentiel, menacé de continuelles inondations, une capitale, Saint-Pétersbourg.

Il parut bien, à la mort de Guillaume d'Orange, l'ennemi persévérant de la France, que l'ébranlement causé par l'élévation d'un Bourbon sur le trône de Madrid était profond. La ligue contre Louis XIV ne perd rien de ses forces ni de ses prétentions. Comme roi d'Angleterre, Guillaume Ier a pour successeur Anne, fille de Jacques II Stuart qui vient de mourir, et mariée à un prince danois. Liée par le pacte constitutionnel, elle ne peut rien pour les siens, elle continue la politique anglaise sur le continent et sur les mers, le général Marlborough gagne pour elle des victoires en même temps que le prince Eugène de Savoie pour l'empereur : la réunion définitive de l'Écosse à l'Angleterre par la fusion des parlements est la réalisation d'une pensée nationale des Stuarts. Comme stathouder de Hollande, Guillaume n'a pas de successeur : les républicains des Provinces-Unies craignent que cette dignité ne se transforme en royauté ; le grand pensionnaire Heinsius leur suffit.

Louis XIV est cruellement éprouvé dans les dernières années de son règne : la sagesse dans les conseils, l'habileté dans l'administration, le génie dans le commandement militaire, tout manque à la fois ; les favoris gouvernent mal et perdent les batailles ; le roi commet tour à tour la faute de ne pas se fier assez ou de se fier trop aux princes de son sang. L'Espagne, unie alors à notre destinée, perd Gibraltar, où les Anglais posent un pied solide. Le Portugal, en haine du monarque français des Espagnols, se jette dans les bras de l'Angleterre, dont l'influence sera plus durable et plus oppressive à Lisbonne que celle de la France à Madrid, car le mot prêté à Louis XIV : « Il n'y a plus de Pyrénées » sera mis à néant par les susceptibilités légitimes du peuple espagnol. L'année 1709 est fameuse par le désastre de Malplaquet, par un rigoureux hiver, par la famine, triple malheur qui réduit Louis XIV à la dernière détresse ; par l'avénement du P. Letellier, après le P. Lachaise, aux fonctions de confesseur du monarque septuagénaire. La diplomatie hollandaise refuse une paix humiliante pour la France.

A l'autre extrémité de l'Europe, le héros d'aventure, Charles XII, succombe à Pultava : sa retraite chez les Turcs lui donne un instant l'espoir de tourner contre les Russes vainqueurs les forces de la Porte, mais le czar Pierre échappe au danger par le traité du Pruth, œuvre hardie de sa femme Catherine.

La mort de l'empereur Joseph Ier, dont le successeur, l'archiduc Charles, prétendant depuis dix ans à la couronne d'Espagne, est trop puissant maintenant aux yeux de l'Europe ; la disgrâce de Marlborough, les dispositions équitables des nouveaux ministres tories ; la brillante victoire remportée à Denain par Villars, donnent à la France la paix tolérable d'Utrecht. Le négociateur Torcy, dernier ministre des affaires étrangères sous Louis XIV, de l'illustre maison des Pompone et des Arnauld qui sont mêlés à l'histoire du jansénisme, peut prendre rang à côté des de Lionne, des Colbert, des Louvois, qui ont ouvert le grand règne. Le traité d'Utrecht reconnaît Philippe V roi d'Espagne, mais sans les Pays-Bas et l'Italie, qui demeurent à l'Autriche ; sans la Sicile, qui doit former un royaume pour la maison ducale de Savoie. Cette royauté nouvelle gardera l'entrée des Alpes et les passages de la Méditerranée contre l'ambition des Bourbons de France et d'Espagne. A Utrecht, on allait reconnaître le premier roi de Prusse, qui avait été aussi un des ennemis de Louis XIV. Le second, qui n'a pas le goût des lettres, par ses réformes militaires, se met en état de soutenir la guerre et même d'entreprendre des conquêtes : il prépare ainsi, à son insu, la gloire d'un fils qu'il déteste.

Lorsque les hostilités cessent en Occident, la bulle *Unigenitus*, dont les ministres de Louis XIV imposent l'acceptation, ranime pour un demi-siècle les dissensions religieuses. Jansénistes et molinistes, évêques, parlements, universités, congrégations ecclésiastiques, se jettent dans la mêlée : le scandale de pareilles querelles nuit à la foi. Ces tristes débats, une dette publique énorme, une administration livrée au favoritisme, des mœurs en décadence, tels sont les maux de la France, lorsque la mort de Louis XIV fait roi un enfant de cinq ans, son arrière-petit-fils, seul survivant d'une nombreuse et brillante lignée royale. La reine d'Angleterre est morte un an auparavant : un prince allemand protestant, électeur de Hanovre, commence une nouvelle dynastie qui subordonnera souvent la politique britannique à ses intérêts sur le continent.

En Orient, les folies de Charles XII profitent à tous les ennemis de la Suède : l'aventurier redevient roi depuis le siége de Stralsund qu'il ne peut cependant pas sauver.

Le traité d'Utrech n'est qu'une trêve pour les Bourbons d'Espagne qui ne renoncent pas à l'espoir de régner sur l'Italie comme autrefois les descendants de Charles-Quint : c'est un but qu'ils poursuivront pendant trente-cinq ans.

Diverses causes peuvent encore renouveler la guerre en Occident. En France, l'annulation du testament de Louis XIV par le parlement a donné la régence à Philippe, duc d'Orléans : Philippe V d'Espagne, dominé par l'orgueil de sa seconde femme, Élisabeth de Parme, par les intrigues de son ministre le cardinal Albéroni, prétend au titre de régent ou même de roi de France ; le duc du Maine, l'aîné des fils de Mme de Montespan, prince légitimé, seconde la conspiration espagnole. Les prétentions de la famille Stuart au trône d'Angleterre ; l'alliance secrète, mais dévoilée, d'Albéroni avec Charles XII, pour renverser la maison de Hanovre, n'auront pas un résultat meilleur. George Ier se fortifie en Angleterre par la suspension de l'*habeas corpus*, par l'empire qu'il prend sur le parlement déclaré septennal ; au dehors il s'allie avec le régent de France, qui assume sur sa mémoire la responsabilité des honteuses négociations de Dubois.

La mort de Charles XII, qui sauve l'Europe de nouvelles craintes de guerre, délivre la Suède d'un roi qui l'a réduite au dernier degré d'épuisement et de servitude. Les nobles se vengent sur le baron de Goertz, principal ministre de Charles ; ils sentent la nécessité de tempérer la puissance souveraine et ne défèrent la couronne à la sœur de Charles XII que par une élection libre et en modifiant la forme du gouvernement ; mais ils transportent tous les pouvoirs dans le sénat, et par là préparent de longs troubles.

La France et l'Angleterre attirent à elles, contre l'Espagne, la Hollande et l'Autriche ; le traité de Passarowitz termine à propos la guerre de l'empereur, uni aux Vénitiens, contre les Turcs : le prince Eugène perd un théâtre de gloire. Philippe V ne désarme les puissances alliées qu'en renvoyant Albéroni.

A l'intérieur, la régence du duc d'Orléans est fameuse par les honteuses débauches de la cour ; par l'insolence du parvenu Dubois, le plus pervers des ministres, le plus scandaleux des prélats : par le déréglement général des mœurs, la subversion des fortunes, les fureurs de l'agiotage, résultat de la confiance accordée au système de Law ; mais aussi, à quelques égards, par le progrès des lumières, par les encouragements donnés aux lettres, à l'industrie et au commerce. La déclaration de la majorité de Louis XV; le court ministère d'abord de Dubois puis du duc d'Orléans; le gouvernement également honteux du duc de Bourbon, qui amène une rupture avec l'Espagne; le mariage du jeune roi avec la fille d'un roi détrôné, Stanislas Leckzinski, remplissent l'intervalle de la régence au ministère du cardinal Fleury. Dans les États où la royauté est absolue, lorsque les ministres sont les rois, c'est que les peuples vieillissent ou s'affaissent.

La Russie est le seul pays où le pouvoir réel soit alors exercé par le véritable souverain. Pierre le Grand n'a rien négligé pour transporter dans son inculte patrie l'industrie et les lumières de l'Occident : mais ses voyages en Europe ne lui ont appris à être ni moins despote, ni moins cruel; les mœurs sont plus difficiles à modifier que les lois : le réformateur asservit le clergé et se fait le bourreau de son propre fils. Sa femme Catherine Ire est digne de lui succéder. Elle ne règne que deux ans.

Deux longs ministères commencent presque en même temps. Dans un pays constitutionnel, en Angleterre, Walpole fonde la politique intérieure sur la corruption; mais des guerres heureuses dans le nouveau monde, les progrès toujours croissants de la marine illustrent même alors le règne de George II. En France, Fleury, premier ministre à soixante-treize ans, suivra pendant dix-sept ans, jusqu'à sa mort, ses immuables routines, opprimant avec modération, persécutant avec politesse les ennemis de la bulle *Unigenitus*; son amour de la paix, sainte vertu du prêtre, ne tient pas contre les provocations des courtisans ou des négociateurs étrangers qui flattent la vanité du ministre.

Les efforts tentés pour rendre la couronne de Pologne au beau-père de Louis XV mettent la France en guerre avec l'empire. Les Bourbons d'Espagne gagnent seuls à cette lutte nouvelle; le royaume des Deux-Siciles reste à l'infant D. Carlos; la maison de Savoie qui a dû, depuis quinze ans, échanger la Sicile contre la Sardaigne, s'arrondit dans le Milanais; la Lorraine et la Toscane changent de maisons princières. L'empereur Charles VI ne meurt en paix avec les Turcs qu'en leur rendant la Valachie, la Servie et Belgrade.

Le grand nom de l'époque est en Orient : Thamas Kouli-khan, la terreur de l'Asie pendant vingt-neuf ans, après avoir disposé du trône de Perse, saisit pour lui-même la dignité suprême sous le nom de Nadir-schah. Vainqueur des Tartares, des Turcs, du grand Mogol, il pille les trésors de Delhi, démembre l'Indostan, épouvante par son despotisme ses propres sujets, ses officiers, ses parents, qui à la fin l'assassinent.

XVIIIᵉ SIÈCLE.

En Occident, paraît Frédéric II : ce prince, qui sera le plus célèbre monarque du xviiiᵉ siècle par les armes et par la politique, qui aspire au double renom de conquérant et de philosophe, malgré son sincère amour des lettres, pratiquera les maximes du despotisme et ne dédaignera pas toujours les doctrines de Machiavel, qu'il a réfutées. La tolérance n'est pas difficile à pratiquer pour un déiste, mais on l'admire sur le trône de saint Pierre. L'esprit aimable, et les mœurs douces, qui n'excluent pas les vertus austères, concilieront à Benoît XIV les hommages même de la Prusse, de la Russie, de l'Angleterre. La mort de l'empereur Charles VI est le signal d'une guerre de succession pour Marie-Thérèse sa fille, les électeurs de Saxe et de Bavière, gendres de son frère aîné Joseph Iᵉʳ ; guerre d'ambition pour le roi de Prusse, qui convoite la Silésie ; pour les rois de Sardaigne et d'Espagne, qui voudraient se substituer aux Autrichiens dans l'Italie : la France poursuit contre l'Autriche, mais avec des ressources insuffisantes, la politique de Richelieu. La chute de Robert Walpole et la mort de Fleury n'influent pas sur la politique générale de l'Europe. Mais la France est réduite à regretter le vieux cardinal, parce que le règne des maîtresses commence aussitôt après sa mort : l'avénement de la marquise de Pompadour est de 1746. Marie-Thérèse perd la Silésie qui restera à la Prusse, mais le duc de Bavière, qui s'est fait proclamer empereur sous le nom de Charles VII, conserve à peine sa terre électorale, et meurt épuisé par le chagrin : son jeune fils renonce à toute prétention sur la succession autrichienne. La brillante journée de Fontenoy, et l'occupation d'une partie des Pays-Bas par les Français vainqueurs, n'empêchent pas Marie-Thérèse de faire élire et couronner empereur à Francfort son époux, François Iᵉʳ, qui est grand-duc de Toscane depuis la paix de Vienne. Le traité d'Aix-la-Chapelle affermit la maison d'Autriche, ou ne sert qu'à agrandir les possessions des Bourbons d'Espagne : la marine française est tombée bien au-dessous de celle de l'Angleterre. La Hollande, menacée d'une invasion par Louis XV, est revenue au stathoudérat, en en faisant pour la maison d'Orange une sorte de monarchie héréditaire tempérée par quelques restes d'institutions républicaines ; toutes les espérances de la maison des Stuarts, dont la France était complice, ont été ruinées dans la journée de Culloden. Le long règne de Philippe V d'Espagne, qui a commencé avec le siècle, avait fini deux ans avant cette paix, si favorable à sa maison ; son fils Ferdinand IV saura placer sa confiance dans d'habiles ministres, amis du bien des peuples. La plupart des gouvernements entrent dans la voie des réformes, ardemment provoquées par les esprits spéculatifs. La Russie attendra près de quinze ans le véritable successeur de Pierre le Grand, Catherine II : elle est déjà mariée à l'héritier présomptif d'une couronne qui a été placée sur tant de têtes de 1725 à 1763.

L'influence littéraire du grand siècle auquel est attaché le nom de Louis XIV se continue à peine dans les dernières années de sa vie. La chaire et la littérature ecclésiastiques ont encore Fénelon, qui survit onze ans à Bossuet, et meurt la même année que le grand roi. Massillon, déjà célèbre par ses prédications, ajoute à nos chefs-d'œuvre le *Petit carême* de 1717, prêché devant le jeune Louis XV. La littérature profane est variée, mais sans éclat : les recherches diplomatiques de Mabillon, les travaux d'érudition de Montfaucon, des comédies de Regnard, des tragédies de Crébillon, des odes et des épigrammes de J. B. Rousseau, des éloges académiques de Fontenelle, même l'*OEdipe* de Voltaire, essai d'un poëte de vingt-quatre ans, caractérisent moins l'époque que les *Lettres persanes* de Montesquieu, données en 1721.

Le Véronais Mafféi, par sa tragédie de *Mérope* (1713) commence une réforme dans l'art dramatique en Italie. Le Napolitain Gravina compose une poétique, et recherche, en habile jurisconsulte, l'origine et le sens des lois anciennes. Un poëte lyrique, Métastase, qui est né à Rome d'une famille pauvre, par sa *Didon abandonnée*, excite à Naples un universel enthousiasme, quelques mois après l'apparition de *la Henriade* de Voltaire en France : il ira chercher fortune à la cour d'Autriche. Écrire contre l'autorité temporelle du saint-siége, en Italie même, était une chose trop hardie pour que l'Apulien Giannone, auteur d'une histoire civile du royaume de Naples, ne fût pas persécuté.

Les ouvrages de l'Allemand Stahl, écrits en latin, élèvent la chimie au rang des sciences. Leibnitz, auquel Leipsick sa patrie, Berlin, Saint-Pétersbourg, même Dresde et Vienne, doivent de puissants encouragements donnés aux études, ne meurt qu'en 1716. Newton lui survit de quelques années. L'Angleterre a son siècle d'Auguste depuis la reine Anne : c'est le temps des poëtes Pope, Prior, Gay, Congrève; après Shaftesbury, la plume rend puissants Swift, Addison, de Foé, et Steele. Bolingbroke, ancien ministre d'Anne Stuart et négociateur de la paix d'Utrecht, tour à tour proscrit et réhabilité, avide d'agitation politique, ennemi de la révélation chrétienne, passionné pour l'étude des lettres, est le précurseur de Voltaire. La secte des méthodistes commence avec John Wesley.

En France, les déplorables controverses du jansénisme, qui enfantent tant de libelles et de scandales, sont cause de la disgrâce de Rollin. Privé de toute fonction dans l'Université de Paris, il consacre aux lettres les dernières années de sa vie : la science morale et pratique de l'éducation, l'histoire des peuples de l'antiquité, exposée avec les monuments littéraires de la Grèce et de Rome, sont ses titres de gloire. Montesquieu fait une révolution dans l'art historique par son livre sur la *Grandeur et la Décadence des Romains* (1734). Voltaire étonne, excelle dans tous les genres. *Brutus, César, Mahomet*, mis sur la scène, aussi bien que des personnages de l'époque des croisades ou des héros du nouveau monde; *l'Histoire de Charles XII*; les *Lettres philosophiques*; l'esquisse du *Siècle de Louis XIV*, l'*Essai sur les mœurs et l'esprit des nations*; l'étude des sciences dans la retraite; son voyage à Berlin auprès de Frédéric II, roi despote et bel esprit, pour lequel la philosophie et les lettres étaient un passe-temps mais non un enseignement, disent l'activité merveilleuse, la tolérance, le bon sens, mais aussi les tendances déistes, la haine de l'Église, le caractère adulateur du grand écrivain. Il n'a plus guère à concevoir de pensées nouvelles, utiles pour l'humanité, glorieuses pour sa mémoire : tant il a exploré déjà le champ des idées. Il continuera de marcher dans les carrières qu'il s'est ouvertes.

Les progrès des sciences exactes sont attestés par l'invention du thermomètre de Réaumur, et par les résultats des voyages qu'entreprennent, dans le nord de l'Europe, quatre savants français pour déterminer la mesure et la figure de la terre. La Hollande possède, dans Boërhaave, le plus célèbre médecin de l'Europe, qui renferme en un seul système général l'histoire, les causes, les symptômes, et le traitement de toutes les maladies.

2° 1748-1789.

Le milieu du XVIII° siècle est un moment de crise pour la France. La dignité royale se dégrade avec Louis XV. La royauté de l'esprit se partage entre Montesquieu qui publie *l'Esprit des lois*; Buffon qui donne les premiers volumes de son *Histoire naturelle*; J. J. Rousseau qu'un premier succès de rhéteur et de sophiste enhardit à rechercher l'origine de l'inégalité sociale parmi les hommes, à réformer à la fois l'homme et l'État; Voltaire enfin qui domine tout le siècle. Voltaire, après avoir joui tour à tour de la protection de Mme de Pompadour, de la duchesse du Maine, du bon duc de Lorraine, Stanislas Leckzinski, et du roi de Prusse, trouvera la liberté et l'aisance du grand seigneur dans le pays de Gex; il deviendra le patriarche de Ferney. Il enrichit à la fois les deux scènes de la tragédie et de la comédie; il crée un nouveau genre de romans, tout en achevant ses grands travaux d'histoire; mais quelques-uns de ses ouvrages souillent sa mémoire et son talent : l'un d'eux est une mauvaise action. Diderot et d'Alembert fondent *l'Encyclopédie* qui est comme une tribune offerte aux orateurs de la raison en guerre avec la religion révélée. L'Italie perd Muratori, érudit infatigable qui a rendu de grands services à l'histoire nationale. L'Écossais David Hume, historien et philosophe, est impunément sceptique. Lessing crée la littérature de l'Allemagne ; par la critique et l'analyse, il pose les lois de l'art et de la poésie. L'Angleterre et bientôt l'Europe se passionnent pour la brillante production de Richardson, *Clarisse Harlowe*. Rousseau donne coup sur coup le *Contrat social*, qui sera le symbole de foi de la démocratie révolutionnaire ; *la Nouvelle Héloïse*, qui pervertit les cœurs faibles et ardents ; l'*Émile*, code hardi et impraticable d'éducation privée et de croyances déistes : ce dernier ouvrage vaut des persécutions à son auteur. Le parlement de Paris ne ménage pas plus les philosophes que les protestants et les jésuites ; le jansénisme, devenu une faction odieuse et ridicule, obtient cependant l'expulsion des jésuites, qui est un triomphe pour les philosophes.

La France, dont le génie littéraire éclairait le monde, n'a ni un gouvernement moral ni une politique habile. Elle se laisse séduire à l'alliance de l'Autriche, qui veut disputer à la Prusse le premier rang sur le continent. La guerre de Sept ans ruine sa marine ; les Anglais ravissent ses dernières possessions du continent américain et fondent un empire durable dans l'Indostan. Ils sont peu sensibles aux dévastations du Hanovre par les armées françaises ; ils comptent sur les ressources et sur l'ambition du roi de Prusse, qui ne s'effraye pas de l'apparition des Russes, alliés des Autrichiens, aux frontières de ses États slaves. L'acte le mieux conçu du ministère de Choiseul, l'union de toutes les branches des Bourbons, n'est pas fécond alors : l'Espagne, notre alliée, perd la Floride et est indemnisée par la Louisiane. Ces passes d'armes, ces joutes savantes où se déploient toutes les inventions de la tactique épuisent d'hommes et d'argent les grands États de l'Europe. Mais la Prusse sort entière de la lutte méditée pour sa ruine : l'agriculture, le commerce, l'industrie, réparent pour elle les maux de la guerre. En Angleterre aussi, les intérêts matériels, puissamment encouragés, profitent de la suprématie maritime que William Pitt a assurée à sa patrie.

Les pays qui avaient subi le plus longtemps, et avec le plus de patience, le despotisme du clergé et de l'aristocratie, secouent violemment le joug. La haine pour les ordres monastiques est fatale aux jésuites en Portugal, en Espagne, en France, à Parme, etc. ; presque partout les classes privilégiées s'applaudissent de la chute de cette compagnie, dont les institutions sont un objet de défiance même pour des catholiques sincères. Les cours de Madrid et de Lisbonne remettent le pouvoir aux mains de ministres réformateurs : les lettres et les arts ont leur part de protection royale, comme tout ce qui touche au bien-être matériel, et à l'amélioration morale des peuples, l'instruction, la justice, l'industrie, l'agriculture. La science s'empare de toutes les grandes questions d'économie sociale et politique ; les sectes d'économistes ont des maîtres illustres en France et en Angleterre : c'est une mode maintenant de vouloir le bien des masses. Les théories philanthropiques abondent, même à la cour du roi de France qui est l'esclave, depuis la mort de Mme de Pompadour, d'une éhontée courtisane; même à la cour de Catherine II, la Messaline du nord, qui ne recule ni devant le meurtre de son mari, ni devant le démembrement de la Pologne : victorieuse il est vrai de tous ses ennemis sur terre et sur mer, bienfaitrice du commerce, des arts et des sciences, mais trop vantée par les philosophes. La France, qui alors s'agrandissait de l'île de Corse, juste à temps pour que Napoléon naquît français, assistait au supplice de Lally-Tollendal, à Paris; au procès de La Chalotais en Bretagne, en représailles de la chute des jésuites; à la disgrâce du duc de Choiseul qui pouvait être fier de son exil; au triumvirat ministériel de l'abbé Terray qui accrut à force d'infidélités le désordre des finances, du chancelier Maupeou, le créateur de ces cours de justice serviles qui, avec moins de dignité que les parlements dissous, n'avaient ni plus de tolérance ni plus de lumières, du duc d'Aiguillon qui laisse, en 1772, partager les provinces polonaises entre les cours de Russie, de Prusse et d'Autriche. La malheureuse Pologne avait pour roi un ancien favori de la czarine, Stanislas Poniatowski qui pendant tout son règne trahit par faiblesse la cause nationale. Une noblesse toujours anarchique, des dissidents religieux provoquaient l'intervention étrangère. Les troubles de ce pays sont l'occasion d'une guerre de la Porte contre la Russie. En Suède les factions servent d'instrument à l'asservissement de la patrie : le roi Gustave III renverse les lois et rétablit le despotisme. La reine de Danemark est exilée pour adultère, le premier ministre expie sa complicité par des tortures et une mort violente. L'Allemagne, toujours aux mains de Marie-Thérèse, quoique son fils aîné Joseph ait le titre d'empereur depuis la mort de François Ier, peut envier à la Toscane l'administration la plus sage qu'on ait vue jusqu'alors en Europe, celle du frère de Joseph, Léopold. A Parme, règne un Bourbon d'Espagne, élève du philosophe français Condillac : la doctrine anglaise de la sensation doit à Condillac les curieuses applications qu'il a faites de la théorie de la pensée à l'art du langage, aux connaissances morales et politiques, même à l'histoire. A Rome, soit tolérance, soit faiblesse, Clément XIV abroge la bulle *in cœna Domini*, attentatoire aux droits des couronnes temporelles, et supprime l'ordre des jésuites, aboli de fait dans la plupart des États.

Si l'audace philosophique est condamnable dans ses excès, si la piété chrétienne s'indigne que Dieu lui-même devienne la proie de la science, les secrets, les lois de la nature physique doivent tomber dans le domaine de la raison commune. « Le XVIIe siècle avait pénétré jusqu'aux profondeurs de l'espace pour y découvrir la forme elliptique des astres, mesurer leur grandeur, assigner la force respective de leurs attractions. Les observations du XVIIIe se portent sur notre globe, sur la matière qui le compose, l'atmosphère qui l'entoure, les fluides mystérieux qui l'agitent, les êtres variés qui l'animent. A la fondation véritable de l'astronomie succède celle de la physique, de la chimie, de l'histoire naturelle positive ; à Galilée, à Képler, à Huyghens, à Newton, à Leibnitz succèdent Franklin, Priestley, Lavoisier, Berthollet, Laplace, Volta, Linné, Buffon et Cuvier. » (Mignet, *Vie de Franklin*.) Le mathématicien Euler, que la France peut revendiquer à cause de ses *Lettres à une princesse d'Allemagne*, expose avec clarté les vérités les plus importantes de la mécanique, de l'astronomie, de l'optique, de la théorie des sons; Condorcet compose ses premiers ouvrages de mathématiques; l'Américain Franklin publie sa théorie de l'électricité, et apprend à éviter les effets terribles de la foudre. La Suède a un grand naturaliste, Linné ; le Français Bernard de Jussieu forme une nouvelle classification botanique, et bientôt Lavoisier renouvellera la science de la chimie; l'Anglais Jenner découvrira la vaccine. L'ardeur des voyages maritimes, qui étendent les limites du monde connu, se communique de l'Angleterre à la France, à la Hollande, même à la Russie : les terres océaniques, les régions polaires sont explorées, les missions chrétiennes y suivront bientôt les navigateurs. La vérité est un tissu de merveilles sous la plume des navigateurs Bougainville et Cook. *L'Histoire des deux Indes* du Français Raynal, *l'Histoire de l'Amérique* de l'Anglais Robertson, déjà célèbre comme historien de Charles-Quint, paraissent à quelques années l'une de l'autre : la première surtout est empreinte profondément de l'esprit philosophique. Dans ce moment même, les colonies anglaises de l'Amérique septentrionale deviennent le théâtre d'une révolution.

L'Angleterre, le seul pays d'Europe qui eut une tribune politique, illustrée alors par de grands orateurs, subit les conséquences de son ambition et de sa trop grande puissance : la crise financière est permanente, le déficit ne peut être arrêté que par l'augmentation des impôts ; les chambres autorisent le gouvernement à faire participer les colonies aux charges de la métropole. Les colons américains qui n'ont pas de représentants dans le parlement britannique, où se votent les taxes, s'affranchissent, par l'insurrection, des prétentions de l'Angleterre. Deux grandes luttes mettent à l'épreuve en même temps le gouvernement anglais : il se défend péniblement contre les Américains qui publient en 1776 leur acte d'indépendance ; il est engagé dans une longue guerre avec Haïder-Ali, roi de Mysore, qui veut l'empêcher de compléter son empire des Indes. La question américaine devient presque une question européenne : tous les grands États s'y trouveront indirectement associés. La seule guerre qui occupait le vieux continent finissait alors : la Porte ottomane a fait des sacrifices de territoire et d'honneur pour obtenir (1774) la paix de Catherine II ; l'ambition de la maison d'Autriche en provoqua une nouvelle de courte durée, à la mort de l'électeur de Bavière, en 1777. Le gouvernement de Louis XVI, inauguré par des réformes, dues à la volonté libérale du roi, et à l'influence de ses ministres Turgot et Malesherbes, les hommes les plus vertueux et les plus éclairés du siècle, s'intéresse avec ardeur et sincérité à la cause des Américains : on saisit cette occasion de réparer les malheurs de la guerre de Sept ans et d'effacer le traité de 1763, désastreux pour les colonies de la France. Au début de la guerre d'Amérique, beaucoup d'illustrations s'éteignent à la fois : William Pitt, qui est devenu lord Chatham, le naturaliste Linné, le Suisse Haller savant, médecin et auteur de poésies allemandes ; J. J. Rousseau, cinq semaines après Voltaire, dont la correspondance embrasse plus d'un demi-siècle et en retrace presque toute l'histoire politique et littéraire. La mort du roi de Portugal Joseph a eu du retentissement en Europe, parce qu'elle a entraîné la disgrâce du ministre Pombal que son excessive sévérité avait fait détester de tous ceux qu'atteignaient ses réformes : c'est lui cependant qui a régénéré l'administration portugaise. La guerre d'Amérique s'étend sur toutes les mers, quand l'Espagne et la Hollande s'allient contre les Anglais à la France : le plan de la neutralité armée proposé à l'Europe par Catherine II restreint les prétentions de suprématie maritime de la Grande-Bretagne. La mort de Marie-Thérèse ne change rien à la politique de l'Europe. Mais son fils, l'empereur Joseph II, prétend à la même gloire, montre le même despotisme, et recueille autant de haines que le ministre de Portugal, le comte de Pombal ; même avec des lumières et de l'humanité, il ne réussit pas, à cause de la violence de son caractère, dans ses entreprises de réformes : il faut plus que des intentions généreuses, il faut du tact et des circonstances heureuses pour accomplir le bien. Toutes les puissances engagées dans la guerre d'Amérique y trouvaient de la gloire, mais sans profit. La chute du cabinet de lord North est suivie de la paix avec les Américains, dont l'indépendance est reconnue : les Hollandais, les moins favorisés des alliés des États-Unis, fournissent quelques indemnités à la Grande-Bretagne; Tippoo-Saeb continue, comme son père Haïder-Ali, la guerre défensive dans l'Indostan.

La France et la Hollande sont agitées à l'intérieur : les patriotes voudraient chasser les princes d'Orange, qui sont rois de fait avec le titre de stathouders; le parlement est insatiable de réformes, et provoque, à son insu, une révolution. Ces privilégiés, qui parlent de régénérer et de sauver l'État, refusent de sanctionner les impôts nécessaires pour combler le déficit et conjurer la banqueroute, dès que la taxe ne respecte plus leurs privilèges. Le banquier génevois Necker n'est pas plus heureux que Turgot au contrôle général des finances : il se retire sans attendre la mort du vieux Maurepas, bel esprit de cour jusqu'à quatre-vingts ans, et insouciant des maux de l'État. M. de Calonne entretient un crédit factice à force d'emprunts. Les finances sont en Angleterre aussi un objet d'inquiétudes et de scandales : le procès de Warren Hastings, gouverneur général de la compagnie des Indes, qui commence à s'instruire devant le parlement, dévoile des exactions inouïes.

Les cinq années qui précèdent 1789 sont marquées par le dissentiment élevé au sujet de l'Escaut entre l'empereur, souverain des Pays-Bas autrichiens, et les Hollandais, dissentiment qu'apaise la médiation de la France; par la nouvelle tentative de l'empereur Joseph II pour joindre la Bavière à l'Autriche, réunion qu'empêche le vieux roi de Prusse; après la mort de Frédéric II, par le concours armé que prête son fils au stathouder de Hollande, Guillaume V d'Orange, contre les patriotes; par le voyage triomphal de Catherine II à travers les provinces méridionales de son empire jusqu'à la Crimée, devenue récemment province russe; par la guerre nouvelle de la Porte contre la Russie et l'Autriche qui convoitent les bouches et le bassin inférieur du Danube; enfin par l'insurrection du Brabant et des Pays-Bas, et par la révolte imminente de la Hongrie contre le gouvernement despotiquement réformateur de Joseph II.

Les ministres de Louis XVI se risquent à convoquer une assemblée de notables, représentation des classes privilégiées et non de la nation entière, pour chercher des remèdes à la crise financière :

le gouffre du déficit est seulement mis à découvert, et se creuse de plus en plus. Des courtisans parlent en secret de faire un appel aux cours plénières : le projet est éventé. L'ouverture des états généraux consentie par une royauté confiante, et animée encore d'intentions généreuses, puisqu'elle rappelle Necker aux finances, commencera la révolution française, au moment où la constitution fédérale de la république américaine met un terme à la grande révolution du nouveau monde : Washington, le héros de la guerre d'indépendance, est le premier président élu par les États-Unis en 1789.

CHRONOLOGIE.

1700.

Danemark, Pologne, Russie et Suède. — Un général polonais envahit la Livonie suédoise (fév.), et assiège Riga : la seule approche des Suédois suffit pour la délivrer (mai). — Charles XII vient lui-même battre les Saxons du roi Auguste, près de Riga (juill.). — Ses armées ont sauvé le duc de Holstein. — Après avoir pénétré dans le cœur du Danemark, il impose à Frédéric IV, par le traité de Traventhal à l'ouest de Lubeck, l'obligation de restituer toutes les places qu'il avait prises au duc (18 août). — Quelques instants de repos en Suède; victoire à Narva, dans l'Ingrie, sur les troupes très-nombreuses du czar qui ne les commande pas.

Espagne et France. — Nouveau traité de partage de la monarchie espagnole, signé à Londres par la France et l'Angleterre (13 mars); à la Haye par les États-Généraux (29 mars). — Le testament de Charles II, rappelant les droits de Marie-Thérèse qu'avait cependant annulés une renonciation formelle en 1659, institue pour héritier unique Philippe d'Anjou, âgé de dix-sept ans, second fils du dauphin, né d'une princesse de Bavière (2 oct.). — Mort de Charles II (1er nov.). Son testament est accepté par Louis XIV (6 nov.). Philippe V est proclamé à Madrid (24 nov.).

Prusse. — Frédéric III veut être l'égal de l'électeur de Saxe, devenu roi de Pologne : le traité de Vienne l'autorise à prendre le titre de roi de Prusse; il promet à l'Autriche un secours de dix mille hommes contre la France.

1701.

Allemagne, Angleterre, Autriche, Espagne, France, Hollande, Italie et Portugal. — Toutes les puissances, moins l'Autriche, reconnaissent le nouveau roi d'Espagne. Louis XIV a eu le tort (déc.) de conserver à Philippe V ses droits de successibilité à la couronne de France; il fait enregistrer par le parlement de Paris des lettres patentes à ce sujet (3 févr.). — L'Autriche commence la guerre dite de la succession d'Espagne. Hostilités en Italie; la Savoie est pour les Bourbons, Venise reste neutre. L'empereur oppose en Italie d'abord au maréchal de Catinat, puis à Villeroi, le prince Eugène de Savoie, dont Louis XIV avait dédaigné les services : les Français sont battus à Carpi (9 juill.) et à Chiari (1er sept.). — Grande alliance conclue à la Haye entre l'empereur, l'Angleterre et la Hollande (7 sept.). — Louis XIV a pour lui le roi de Portugal et le duc de Bavière dont le frère est électeur de Cologne : le duc de Savoie devient le beau-père de Philippe V (11 sept.).

Angleterre. — Bill qui règle l'ordre de succession au trône : après Guillaume, la princesse Anne Stuart, sa belle-sœur, et leurs descendants respectifs en ligne protestante ; puis la princesse Sophie, duchesse douairière de Hanovre, fille de l'électeur palatin Frédéric V et petite-fille de Jacques Ier, et sa descendance (juin). Embarras causés à Guillaume III par les défiances continuelles du parlement.

Angleterre et France. — Jacques II meurt à Saint-Germain (16 sept.). Contrairement aux traités et malgré ses ministres, Louis XIV donne le titre de roi d'Angleterre au fils de Jacques.

Autriche. — Arrestation de Léopold Ragotzky ; il fuit en Russie.

Danemark. — Création d'une milice nationale, où les paysans sont admis (21 févr.).

France. — L'incapable Chamillart ajoute aux finances l'administration de la guerre.

Pologne, Russie et Suède. — Charles XII bat les Saxons de Frédéric-Auguste en Courlande, emporte Mittau, la capitale, entre en Lithuanie et touche aux frontières de la Pologne. — Sept mille Suédois sont cependant vaincus par le czar en Livonie, près de Derpt (sept.).

Prusse. — Frédéric III de Brandebourg prend solennellement la couronne de Prusse à Kœnigsberg, avec le titre de Frédéric Ier (18 janv.). Vaines réclamations de l'ordre teutonique appuyées par Clément XI. La magnificence de sa cour, qui voudrait rivaliser avec celle de Louis XIV, n'est pas en proportion avec ses ressources. Ordre de chevalerie de l'Aigle noir ; Académie des sciences sous la direction de l'Allemand Leibnitz, qui est déjà célèbre comme mathématicien, théologien et publiciste.

1702.

Allemagne, Angleterre, Autriche, Espagne, France, Hollande et Italie. — Suite de la guerre de la succession. Déclaration de guerre à la France et à l'Espagne par la Hollande (8 mai), par l'Angleterre (15 mai), par l'Autriche (3 juill.), par la diète impériale de Ratisbonne (sept.). Marlborough est mis à la tête des forces anglaises. — La cour de Madrid donne le gouvernement des Pays-Bas à l'électeur de Bavière (10 sept.). — En Italie, les hostilités ont pour théâtre surtout le duché de Guastalla, point central dans la vallée du Pô, entre le Milanais et le Mantouan, dévoués à la France, et les duchés de Parme et de Modène, alliés de l'Autriche. Le prince Eugène surprend Crémone sur Villeroi (1er févr.), mais le duc de Vendôme bat les impériaux à Santa Vittoria (26 juill.) et dégage Mantoue (1er août). Victoire de Vendôme à Luzzara, au nord-ouest de Guastalla (15 août) ; Luzzara et Guastalla sont prises. Le roi d'Espagne, seigneur du Milanais, déclare le duché de Guastalla propriété du duc Charles IV de Mantoue (nov.). Le duc de Modène, qui avait reçu garnison des impériaux, à l'approche des troupes françaises s'est retiré à Bologne (juill.). Le duc de Parme s'abstient comme vassal de l'Église. — Aux Pays-Bas, les ennemis de l'Espagne prennent Venloo (23 sept.), Ruremonde (7 oct.), Liége (23 oct.), malgré le duc de Bourgogne. — En Allemagne, efforts de l'armée bavaroise pour se rallier à l'armée française du Rhin. Prise d'Ulm par le duc de Bavière (8 sept.). Le marquis de Villars, qui commande pour la première fois en chef, remporte à Friedlingen, à l'entrée de la forêt Noire, une brillante victoire sur le prince de Bade (14 oct.) ; il est fait maréchal. Tallard prend Trèves (25 oct.). Les impériaux menacent la Lorraine ; les Français occupent Nancy (3 déc.). — Une flotte espagnole, qui revenait des Indes richement chargée et escortée par le Français Château-Renaud, éprouve un grand désastre dans le port de Vigo (22 oct.). — La guerre s'étend jusque dans l'Amérique du nord. Tentative des colons anglais sur l'Acadie française ; ils ne font pas de progrès faute d'artillerie et de marine. Hostilités entre les Anglais de la Caroline et les Espagnols de la Floride.

Angleterre. — Mort de Guillaume III (9 mars). Avénement d'Anne Stuart, fille protestante de Jacques II. Elle n'associe pas son mari, le roi de Danemark, au gouvernement. L'autorité est aux whigs.

Danemark. — Frédéric IV décrète que les hommes ne seront plus attachés à la glèbe (21 févr.): mais il prend ses précautions pour que les paysans ne désertent pas la culture des terres. — Il oblige tous les Danois à être inscrits sur les rôles de la milice de quatorze à trente-cinq ans.

France. — Mort de Jean Bart. — Persécution contre les protestants; ils se soulèvent dans le Languedoc (30 déc.) — A la mort de Guillaume III, réunion de la principauté d'Orange à la couronne.

Hollande. — A la mort de Guillaume III, vacance du stathoudérat.

Pologne, Russie et Suède. — Charles XII envahit la Pologne pour détrôner le prince saxon, dont une faction soutenue par le cardinal primat désire la chute. Facile entrée à Varsovie (mai); Frédéric-Auguste, avec ses Saxons, est vaincu à quelques lieues de Cracovie, à Clissen: les Polonais ne l'ont pas soutenu 19 juill.). — Les Russes, vainqueurs à Pernof, occupent par capitulation Marienbourg (20 août), s'établissent en Ingrie, sur la Néva (14 oct.). Pour être maître du lac Ladoga, le czar fortifie Notembourg, aujourd'hui Schlussembourg.

Russie. — Le czar fonde à Moscou des écoles de mathématiques et d'astronomie et un vaste hôpital.

1703.

Allemagne, Espagne, France, Italie et Portugal. — Succès des Français sur le Rhin. Villars prend Kehl (mars), le duc de Bourgogne Brisach (7 sept.). Villars et le duc de Bavière battent les impériaux à Hochstedt, près de Donawert, en Bavière (20 sept.). Tallard, vainqueur à Spire, prend Landau (nov.). — Le roi de Portugal se déclare contre Philippe V (6 mai). — Le duc de Savoie se tourne contre les Bourbons, auxquels il a donné ses deux filles : l'Autriche lui promet le Montferrat (juin).

Angleterre et Portugal. — Le Portugal, par le traité de Méthuen, s'engage à recevoir les produits manufacturés des Anglais en échange de ses vins : le labourage et l'industrie nationale seront abandonnés pour la culture exclusive de la vigne.

Autriche. — Règlement de la succession autrichienne en prévision de la conquête de l'héritage espagnol. L'empereur réserve cette succession à son fils aîné et à sa descendance même féminine ; le second, Charles, âgé de dix-huit ans, reçoit le titre de roi d'Espagne (12 sept.).

France. — Dans les Cévennes, prise d'armes des calvinistes camisards. Il faudra envoyer contre eux Villars. — Le fusil à baïonnette remplace les piques dans toute l'infanterie.

Pologne, Russie et Suède. — Charles XII convoque une diète à Varsovie pour faire déposer Frédéric-Auguste. Il bat les Saxons à Pultusk, sur la Narew (1er mai). Siége de Thorn pendant trois mois ; elle est prise (14 oct.). — Pierre et son général Scheméretof, après six jours d'attaque, enlèvent Nientchantz ou Kantzi qui donne aux Russes un port sur la Baltique (1er mai).

Russie. — Le czar laisse vacante la dignité de patriarche de Russie : il s'en attribuera les pouvoirs. — Commencement de la fortune de Menzikof. — Pierre jette les fondements de Saint-Pétersbourg sur les bords de la Néva (16 mai). Pour la défendre contre les attaques des Suédois du côté de la mer, il fait construire dans une île, le fort de Cronschlot.

Turquie. — Les troupes révoltées massacrent le grand mufti, ou chef de la religion, et déposent le sultan Mustapha III (20 sept.), qui mourra en 1704. — Son frère, Achmet III, est tiré de la solitude pour être placé sur le trône.

1704.

Allemagne, Angleterre, Espagne, France et Portugal. — L'archiduc Charles se rend à Lisbonne sur une flotte anglaise. — L'amiral Rook donne à l'Angleterre l'importante position de Gibraltar qui commande l'entrée de la Méditerranée (4 août). — En Allemagne, désastreuse journée d'Hochstaedt (13 août) : Tallard et Marsin avec l'électeur de Bavière sont battus par Eugène et Marlborough ; les Français perdent quatre-vingts lieues de pays, et des bords du Danube sont rejetés sur le Rhin. Landau est repris par les impériaux (nov.). — Succès du duc de La Feuillade, et du duc de Vendôme en Italie contre le duc de Savoie.

France. — Mort de Bossuet (12 avril), le plus grand écrivain du XVIIe siècle, la lumière et la gloire de l'Église. — Mort du P. Bourdaloue, célèbre prédicateur (13 mai). — De 1704 à 1708, Galland traduit de l'arabe les *Mille et une Nuits*.

Pologne, Russie et Suède. — La diète de Varsovie dépose Frédéric-Auguste (12 févr.). Alexandre Sobieski refuse la couronne. Charles XII présente aux suffrages de la diète le palatin de Posnanie, Stanislas Leckzinski, qui se recommande par ses vertus civiques. Leckzinski est élu (12 juill.). Une surprise rend Frédéric-Auguste maître de Varsovie, dont le nouveau roi a à peine le temps de se sauver (31 août). Pressé par Charles XII et par Stanislas, Frédéric-Auguste fuit à travers la Silésie et la Bohême jusqu'à Dresde (13 déc.). — Le czar, en dix jours, prend Derpt, à la limite nord-est de la Livonie et de l'Esthonie (13 juill.); bombardement de Narva qu'un assaut lui livre (9 août) : il ne la laisse pas saccager par ses soldats.

1705.

Allemagne, Angleterre, Espagne, France et Italie. — Mort de Léopold ; les électeurs lui donnent pour successeur son fils aîné, Joseph Ier (mai). — Villars arrête Marlborough qui voulait pénétrer en Champagne. — Vendôme est vainqueur du prince Eugène en Italie (août). — En Espagne, l'archiduc prend Barcelone.

Angleterre. — Déjà six cents navires sont affectés au commerce du charbon de terre par des marchands de Londres formés en association.

Autriche. — Ragotzky se fait proclamer, à Albe-Julie ou Weissembourg, prince de Transylvanie (août) et bientôt duc de Hongrie (sept.); il reçoit le titre de père de la patrie. La France le secoura.

Pologne, Russie et Suède. — Échec de Scheméretof en Courlande, devant le général suédois Lewenhaupt (janv.). Il est réparé par le czar en personne qui prend la ville et la citadelle de Mittau (sept.). — Couronnement de Stanislas à Varsovie : Charles XII y assiste incognito (4 oct.).

1706.

Allemagne, Angleterre, Autriche, Espagne, France, Hollande et Italie. — Berwick, fait maréchal, puis Vendôme, battent le duc de Savoie (janv.-avril). — Les électeurs de Cologne et de Bavière, alliés de la France, sont mis au ban de l'empire et dépouillés en vertu d'un simple décret de conseil aulique (29 avril). Villars fait lever le blocus du fort Louis sur le Rhin (1er mai), et tient en échec le prince de Bade — Philippe V et le maréchal de Tessé lèvent le siége de Barcelone (12 mai). — Le désastre du maréchal de Villeroi à Ramillies, au nord de Namur (23 mai), livre à Marlborough le Brabant et les Pays-Bas jusqu'à Lille. Le commandement est donné à Vendôme. — Philippe V perd Carthagène. Les généraux de l'archiduc entrent à Madrid (16 juin) et l'y font proclamer ; mais ils n'occupent pas deux mois cette capitale.—Désastres du parti français, même en Italie. Le duc de Savoie et le prince Eugène battent à Turin le duc d'Orléans et le maréchal de Marsin (7 sept.). Les Français et les Espagnols sont chassés de Modène qui est emportée d'assaut (20 nov.), et de Guastalla (5 déc.). Ces deux villes dévastées sont rendues à leurs princes légitimes. — Philippe V recouvre Madrid et Carthagène. — Louis XIV propose la paix.

Angleterre. — L'Angleterre et l'Écosse sont enfin unies en une seule monarchie et auront, à partir de 1707, un seul parlement (août).

Pologne et Suède. — Défaite des Saxons à Fraunstadt, en Posnanie, par le Suédois Renschild (13 févr.). Frédéric-Auguste, poursuivi par Charles XII jusqu'en Saxe, renonce, par le traité d'Altranstadt (24 sept.), à la couronne de Pologne et à l'alliance des Russes; il livre les transfuges et le Livonien Patkul, alors auprès de lui comme ambassadeur du czar. Il est même forcé d'écrire une lettre de félicitations au roi Stanislas.

Portugal. — Mort de Pierre II (déc.). Jean V, né de sa seconde femme, a dix-sept ans.

1707.

Allemagne, Espagne, France, Italie et Portugal.—La victoire de Berwick à Almanza, à l'extrémité sud-est de la nouvelle Castille, enlève aux alliés les royaumes de Valence et d'Aragon (25 avril). — Villars force les lignes de Stolhoffen, au nord-est de Strasbourg, regardées comme le rempart de l'Allemagne (22 mai), et lève des contributions dans le Wurtemberg et la Franconie.— Le duc de Savoie perce au delà du Var (juin.); vaine tentative sur Toulon. — Les Français et les Espagnols, qui ont évacué la Lombardie par capitulation (mars), ne peuvent empêcher la conquête du royaume de Naples par l'armée impériale (juill.-sept.).

Autriche. — Ragotzky, avec soixante-quinze mille hommes, porte la terreur jusqu'à Vienne. Il est reconnu comme prince de Transylvanie par Louis XIV et fait déclarer vacant le trône de Hongrie.

Espagne. — Une trahison, favorisée par les Anglais, attire les Maures contre la place espagnole d'Oran, en Afrique ; ils la prendront en 1708.

France.—Mort de Vauban (30 mars). Outre des traités sur l'art des fortifications, il laisse des mémoires sur la *Dîme royale* et sur l'*édit de Nantes*

Mogols. — L'empereur Aureng-Zeyb meurt presque centenaire, après avoir joui quarante-sept ans de ses vastes conquêtes : il avait réuni à la domination mogole les royaumes de Dekkan, de Visapour ou Bedjapour, au sud-ouest, de Golconde à l'est du Dekkan, presque toute la presqu'île que bornent les côtes de Coromandel et de Malabar. Guerres fréquentes avec les Mahrattes, au nord-ouest du Dekkan. — Depuis sa mort, décadence rapide de l'empire mogol des Indes.

Prusse. — La principauté de Neufchâtel, à l'ouest de la Suisse, que plusieurs maisons réclamaient depuis la mort de la duchesse de Nemours, est adjugée au roi de Prusse qui la réclamait du chef de sa mère, comme partie de l'héritage de la maison d'Orange (3 nov.).

Russie et Suède. — Le czar épouse secrètement sa maîtresse Catherine, une des captives de Marienbourg en 1702, et offre inutilement la paix à Charles XII.

Suisse. — Alliance perpétuelle des Grisons avec le canton de Zurich.

1708.

Angleterre et France. — Une flotte française, destinée à porter en Écosse le prétendant Jacques III Stuart, battue par les vents, est ramenée avec peine par le chevalier de

Forbin (mars). Le prétendant se montre seulement au peuple d'Édimbourg (avril).

Angleterre. — Un bill du parlement donne droit de naturalisation aux protestants réfugiés (27 nov.).

Autriche. — Les États de l'empire consentent à rendre à la couronne de Bohême tous les droits dont les anciens rois avaient joui dans les diètes. — La trahison affaiblit le le chef des Hongrois rebelles.

Autriche, Espagne, France et Italie. — Villars arrête l'invasion du duc de Savoie dans le Dauphiné. — Dans les Pays-Bas, les Français perdent la bataille d'Oudenarde, sur l'Escaut, contre Marlborough et le prince Eugène (11 juill.); désastreuse retraite. — La ville (23 oct.) et la citadelle de Lille (8 déc.) sont forcées de capituler, malgré la belle défense du maréchal de Boufflers.

France. — Les cris du public font destituer Chamillart du contrôle général des finances. — Le livre janséniste du père Quesnel, *Réflexions morales sur le Nouveau Testament*, est proscrit par un décret de Clément XI, qu'annule le parlement de Paris. — Regnard donne le *Légataire universel*; Lesage *Turcaret*.

Italie. — Joseph Ier revendique les droits de l'empire sur les grands fiefs qui en ont autrefois relevé. Résistance armée du pape Clément XI qui est menacé dans ses possessions du nord de la péninsule; forcé de céder, il reconnaîtra l'archiduc pour roi d'Espagne. — Prétentions des maisons de Guastalla, de Savoie, de Lorraine à la succession de Mantoue. L'empereur s'adjuge le fief. Le duc de Savoie reçoit le Montferrat, Alexandrie, Valence et le Val de la Sessia.

Russie et Suède. — Charles XII chasse les Russes du territoire polonais (janv.); mais Schémérétof, en reculant devant lui, détruit les fourrages et les magasins, dévaste les campagnes pour affamer l'ennemi. — Charles XII, au lieu d'entrer en Russie par la Livonie, prend la route de l'Ukraine. Il est assailli, dans des régions inconnues et peu praticables, par des Cosaques et des Kalmouks, et court danger de la vie. — Le czar le prive des renforts et des munitions que son général Levenhaupt amenait de la Livonie, en battant ce dernier près de la Soja, affluent oriental du Dniéper (28 sept.).

1709.

— Rigoureux hiver, surtout en France et même en Italie où gèlent les lagunes de Venise.

Angleterre. — Débat fameux au sujet de l'obéissance passive envers les souverains. Les wighs font brûler les sermons du docteur Sackwerel. — Premier journal quotidien *Daily Courant*. — Le *Tattler* ou le *Babillard* fondé par Steele, bientôt avec Swift et Addison.

Autriche. — La défense faite par le pape au clergé de Transylvanie de reconnaître d'autre souverain que l'empereur achève la ruine de Ragotski.

Autriche, Espagne et France. — En Espagne, la campagne est encore heureuse pour Philippe V. — Aux Pays-Bas, le maréchal de Villars, opposé à Marlborough et au prince Eugène, ne peut sauver Tournai (juill.-sept.). Pour empêcher l'investissement de Mons, il livre, à Malplaquet, une bataille longue, meurtrière et désastreuse. Reddition de Mons (20 oct.).

Danemark. — Frédéric IV revient dans son royaume après quatorze mois de voyage en Italie.

Danemark, Pologne, Prusse, Russie, Suède et Turquie. — Charles XII s'enfonce dans l'Ukraine, où le guide le Cosaque Mazeppa. Il arrive avec une armée épuisée devant Pultava, en forme le siège, est blessé dans une rencontre avec les troupes du czar (27 mai), prend part cependant à une bataille sanglante et désastreuse (8 et 9 juill.), qui coûte à la Suède neuf mille morts et six mille prisonniers. Il fuit devant le czar, descend le Dniéper, va chercher asile chez les Turcs, à Bender, en Bessarabie. — Frédéric-Auguste rentre aussitôt en Pologne (août). Stanislas se retire dans la Poméranie suédoise, mais ses partisans entretiennent l'anarchie en Pologne. Le roi de Danemark s'unit aux ennemis de Charles XII, pour recouvrer la Scanie (sept.); il prend en personne Helsingborg, au passage du Sund (nov.). Le roi de Prusse attaquera la Poméranie suédoise.

France. — Année néfaste par le froid, la famine et les désastres des armées. Épuisement des finances, altération des monnaies. Chamillart se démet du secrétariat d'État de la guerre. — Mort du père Lachaise, confesseur du roi (20 janv.). Le père Letellier, jésuite aussi, lui succède. —Un décret du cardinal de Noailles, archevêque de Paris, ordonne la destruction de Port-Royal-des-Champs, foyer du jansénisme (11 juill.).

Portugal.—Contestations commerciales avec l'Angleterre.

1710.

Angleterre, Autriche, Espagne, France, Hollande et **Portugal.** — Ouverture des conférences de Gertruydemberg, près de Breda, dans le Brabant hollandais ; le maréchal d'Uxelles et l'abbé de Polignac sollicitent la paix aux conditions les plus onéreuses et les plus humiliantes pour Louis XIV : il renonçait à soutenir son petit-fils en Espagne (mars). Animosité du prince Eugène, de Marlborough et du grand pensionnaire de Hollande, Heinsius. Refus des propositions. — Nouveaux succès des alliés. Le prince Eugène passe la Scarpe, malgré la présence de Villars (20 avril); investissement et prise de Douai le 22. Les prétentions s'accroissent à Gertruydemberg : les alliés demandent que Louis XIV combatte lui-même Philippe V et s'engage à le chasser d'Espagne en deux mois. Rupture des conférences (juill.). — La France perd encore Béthune (26 août), Saint-Venant et Aire sur la Lys (sept.-nov.). Les Anglais ont paru dans le port de Cette, en Languedoc (25 juill.) : le duc de Noailles vient du Roussillon pour les chasser. En Espagne, deux victoires, l'une de lord Stanhope (27 juill.), l'autre du comte de Staremberg (20 août), forcent encore une fois Philippe V à quitter Madrid (5 sept.), mais le marquis de Bay empêche l'armée portugaise de venir renforcer l'archiduc. — Le duc de Vendôme ramène Philippe dans sa capitale (3 déc.); il atteint successivement Stanhope à Brihuega, un peu à l'est de Madrid le 9, et Staremberg à Villaviciosa tout près de Brihuega le 10. Philippe V a pris une part glorieuse à ce dernier combat, qui anéantit les espérances de l'archiduc. — Dans l'Amérique du nord, les colons anglais, avec le secours d'une flotte européenne, enlèvent aux Français de l'Acadie leur capitale, Port-Royal, qui est appelée alors Annapolis.

Angleterre.—Le pouvoir passe des whigs aux torys, qui sont moins ardents pour la guerre. Disgrâce de la duchesse de Marlborough. Son mari reste à la tête des armées. Les ministres sont Harley (comte d'Oxford), le duc d'Ormond, H. St-John (lord Bolingbroke), appuyés par l'*Examiner*.

Autriche. — Ragotzky renonce à la guerre (févr.) : il passe tour à tour en Pologne, en Russie, en France.

France.—Les protestants se sont révoltés dans le Vivarais. — D'après un projet de Vauban, établissement de la dîme sur les revenus de toutes les terres, même des classes privilégiées.

Russie, Suède et **Turquie.**— Charles XII, de sa retraite de Bender, décide la Porte à déclarer la guerre à la Russie, dont les progrès pourraient menacer les Turcs (20 nov.)

Turquie. — Achmet III nomme prince de Moldavie Démétrius Cantemir, fils du gouverneur de ce pays, qui, presque aussitôt, abandonne les intérêts de la Porte pour s'attacher aux Moscovites : il a écrit l'*Histoire de l'agrandissement et de la décadence de l'empire ottoman.*

1711.

Allemagne et Autriche. — Mort de Joseph Ier (17 avril). L'archiduc Charles, son frère, est élu empereur et réunit tout l'héritage autrichien. — Réconciliation avec les mécontents de Hongrie et de Transylvanie (29 avril).—Deux jours après son couronnement à Francfort, Charles VI signe une capitulation rédigée par les électeurs (24 déc.).

Angleterre, Autriche, Espagne, France et Portugal. — En Espagne, avant d'être élu empereur, l'archiduc Charles a perdu la Catalogne et l'Aragon, les seules provinces qui lui étaient fidèles (janv.-févr.). — La reine d'Angleterre est disposée à la paix. — Dans les Pays-Bas, où commande Villars, la prise de Bouchain, entre Cambrai et Valenciennes, est le dernier fait d'armes de Marlborough, que remplace le duc d'Ormond (13 sept.).—Au Brésil, Duguai-Trouin, après onze jours de siège, prend Rio-Janeiro (23 sept.). — Négociations avec l'Angleterre (sept.), Articles préliminaires (8 oct.).

Angleterre. — Le *Spectateur* d'Addison.

France.—Mort du dauphin (avr.). — *Rhadamiste* et *Zénobie* tragédie de Crébillon.

Russie.—Pierre fait reconnaître pour czarine Catherine, dont il a déjà deux filles (6 mars).

Russie et Turquie. — L'armée russe, qui s'avançait en Moldavie, réduite par les maladies et la disette à dix-sept mille hommes, est enveloppée par cent cinquante mille Turcs, sur les bords du Pruth. Le traité de Pruth négocié par Catherine avec le vizir Baltagi-Mehemet, au grand regret de Charles XII, laisse la liberté à Pierre, qui abandonne Azof (23 juill.).

1712.

Angleterre, Autriche, Espagne, France et Hollande. — Ouverture de conférences pour la paix générale, à Utrecht (29 janv.). — Les hostilités continuent. Dans les Pays-Bas, les Anglais se séparent du prince Eugène (17 juill.); les troupes de l'empire et de la Hollande sont vaincues à Denain par Villars (24 juill.), qui prend Mortagne, Saint-Amand, Landrecies, Douai, le Quesnoi, Bouchain (juill.-oct.).

Angleterre. — Droit de timbre sur les journaux, et les annonces qu'ils contiennent.

Espagne et France. — Mort de la nouvelle dauphine (12 févr.). Mort du dauphin, le duc de Bourgogne, le 18. Mort de leur fils aîné, le duc de Bretagne, âgé de cinq ans (8 mars). Il reste à Louis XIV un petit-fils au berceau. Philippe V, dans l'intérêt de la paix générale, signe un acte de renonciation à la couronne de France pour lui et ses descendants (5 nov.). Le duc du Maine et le comte de Toulouse, fils de Mme de Montespan, princes légitimés, sont déclarés princes du sang.

Suisse. — Les protestants étant opprimés dans le comté de Toggenbourg, par l'abbé de Saint-Gall, leur seigneur territorial, arment pour leur cause les cantons de Zurich et de Berne ; l'abbé de Saint-Gall est soutenu par les catholiques des cantons de Zug, d'Uri et de Schwitz : cent cinquante mille hommes combattent de part et d'autre.— Renouvellement de la confédération générale avec les trois ligues grisonnes.

1713.

Angleterre.—Louis XIV renvoie le fils de Jacques II, qui trouvera asile chez le duc de Lorraine. — Tragédie d'Addison, *Caton*.

Angleterre, Espagne, France, Hollande, Portugal, Prusse et Savoie. — Les traités d'Utrecht, depuis le 11 avril, mettent fin à la guerre de succession, excepté avec l'empereur et quelques princes de l'empire, qui continuent les hostilités. Philippe V garde l'Espagne et les colonies : mais Louis XIV est forcé de combler le port de Dunkerque et d'en raser les fortifications ; les Anglais gardent, au détriment de la France l'Acadie, le bassin de la Gambie au sud du fleuve Sénégal ; au détriment de l'Espagne, Gibraltar et Minorque : ils pourront, tous les ans, envoyer dans les possessions espagnoles d'Amérique un vaisseau chargé de marchandises, et y faire le commerce des nègres d'après le traité d'Asiento (29 mars) qui leur accorde un privilége de trente ans. La nation anglaise trouve cependant les traités d'Utrecht sans gloire et sans profit. Le duc de Savoie, Victor-Amédée, qui garde le comté de Nice, prend rang parmi les têtes couronnées comme roi héréditaire de Sicile ; sa race héritera du trône d'Espagne à défaut de la postérité de Philippe V. Le roi de Prusse obtient la confirmation du titre de roi : il acquiert la ville de Gueldre et une partie du duché du même nom, au sud de Clèves, qu'il possède déjà ; il est reconnu pour souverain légitime de Neufchâtel.

Autriche, Espagne et France. — Villars prend Landau (20 août) et Fribourg (nov.). — Plus de troupes allemandes en Espagne. Philippe V a encore à combattre pendant un an Barcelone révoltée.

Danemark, Pologne, Suède et Turquie. — Le duc de Slesvig, toujours révolté contre le Danemark, est mal soutenu par une armée suédoise qui est réduite à se rendre prisonnière près de Tonningen, à l'embouchure de l'Eider (16 mai). — Charles XII refuse de quitter Bender ; ses intrigues forcent le sultan à le faire enlever violemment et conduire comme prisonnier à Andrinople et de là à Dimotica.

Espagne et Italie. — Les prérogatives du tribunal de la monarchie de Sicile causent un conflit entre Philippe V et la cour de Rome (22 mars). Les évêques de Catane, de Messine, de Girgenti prennent parti pour le pape et sont bannis : bulle de Clément XI en leur faveur (17 juin).

France. — La bulle *Unigenitus* qui condamne les *Réflexions morales* du P. Quesnel, janséniste, est soumise par Louis XIV à la délibération de quarante évêques (oct.). Huit se déclarent contre elle, entre autres l'archevêque de Paris, cardinal de Noailles. — *Traité de l'existence de Dieu*, par Fénelon. — *Projet de paix perpétuelle* de l'abbé de Saint-Pierre.

Italie. — Gênes acquiert de l'empereur le marquisat de Final (août) : cause de dissentiment avec la cour de Turin. — Découverte de l'emplacement d'Herculanum, une des villes ensevelies par l'éruption du Vésuve, en 79. Commencement des fouilles. Des peintures, des monuments d'architecture et de sculpture, des instruments de musique, des objets de toutes sortes utiles au culte religieux ou aux besoins ordinaires de la vie domestique des Romains, formeront un précieux musée d'antiquités.

Perse. — Sous le schah Hussein, qui laisse le pouvoir aux eunuques, les Afghans du Candahar, révoltés, proclament souverain leur chef Mir-Wéis.

Prusse. — Mort de Frédéric Ier. Frédéric-Guillaume Ier, son fils, lui succède, à vingt-cinq ans.

Savoie. — Victor-Amédée, roi de Sicile, est couronné à Palerme (déc.). Comme Philippe V, il défend contre le pape les droits du tribunal de la monarchie sicilienne.

1714.

Allemagne, Autriche et France. — Villars et le prince Eugène signent la paix à Rastadt, dans le pays de Bade (6 mars). Les princes de l'empire confirmeront le traité à Baden en Suisse. Fin de la guerre de succession : Charles VI garde les Pays-Bas espagnols, le Milanais, les côtes de Toscane, la Sardaigne et le royaume de Naples.

Angleterre. — Nouveaux impôts; symptômes de soulèvement. L'Écosse est près de rompre l'union. — Un acte du parlement appelle à la couronne, après Anne, qui n'a plus d'enfant, le fils de la princesse Sophie, George-Louis, électeur de Hanovre, qui est protestant (mars). Mort de la princesse Sophie à quatre-vingt-quatre ans (28 mai). Mouvement des jacobites; proclamation de la reine contre le prétendant son frère. Elle meurt le 1er août. — Avénement de George Ier à cinquante-quatre ans : il rend la direction des affaires aux whigs, Somers, Townshend, soutenus par Robert Walpole et Pulteney. Déjà les ministres tories, Bolingbroke, d'Ormond, d'Oxford, sont menacés d'un jugement, comme auteurs de la paix d'Utrecht qu'on ne trouve pas assez avantageuse au pays. — Manifeste du chevalier de Saint-George, fils de Jacques II, pour soutenir les droits des Stuarts.

Espagne. — Mort de la reine, elle laisse plusieurs enfants (févr.). Mme des Ursins, sa favorite, d'accord avec l'abbé Alberoni, fait choisir, par Philippe V, Isabelle de Parme, âgée de vingt-deux ans, qui avant d'arriver à Madrid, la fait expulser du royaume. Célébration du mariage (24 déc.). Toute-puissance d'Alberoni.

France. — Lettres patentes du roi pour l'acceptation de la bulle *Unigenitus* dans tout le royaume (févr.). — Mor du duc de Berry, second fils du duc de Bourgogne (4 mai). Un édit royal, enregistré au parlement, appelle le duc du Maine et le comte de Toulouse à la couronne, en cas que toute la descendance légitime soit éteinte (2 août). Le testament de Louis XIV, qui est défavorable au duc d'Orléans, son neveu, est déposé au greffe du parlement (29 août).

Pologne, Russie, Suède et **Turquie.** — L'amiral des Russes, Apraxin, enlève aux Suédois la Finlande. — Stanislas Leckzinski se retire avec sa famille à Deux-Ponts, à l'ouest du Palatinat, qui lui a été assigné pour demeure. — Charles XII s'échappe de Démotica avec trois compagnons seulement (nov.); en vingt et un jours il arrive à Stralsund en Poméranie (22 nov.).

Russie. — Le czar établit à Saint-Pétersbourg une fonderie de canons, une amirauté, des magasins de port. Il transporte dans sa nouvelle capitale le sénat de Moscou. — Défense, sous peine de mort, à toute personne en place, de vendre la justice.

Turquie et **Venise.** — La Porte déclare la guerre aux Vénitiens, dans le dessein de reprendre la Morée. Corinthe capitule, après cinq jours de tranchée ouverte (juin); la garnison et la population sont massacrées. Reddition de Naples de Romanie. Impuissance des Vénitiens.

1715.

Angleterre. — D'Ormond et Bolingbroke, poursuivis par les communes, sont frappés d'un bill d'attainder, rayés de la liste des pairs et privés de leurs biens (sept.) — Révolte jacobite en Ecosse et dans le nord de l'Angleterre (sept.-nov.). Bolingbroke sert le prétendant

Autriche et **Hollande.** — Traité des Barrières, conclu à Anvers avec la médiation de l'Angleterre : dans les Pays-Bas, ci-devant espagnols, maintenant autrichiens, des villes situées à la frontière des possessions hollandaises recevront garnison des Provinces-Unies; l'indépendance et les conquêtes des Provinces-Unies sont garanties (15 nov.).

Danemark, Pologne, Prusse et **Suède.** — Les armées de Danemark, de Prusse et de Saxe, s'approchent de Stralsund (13 juill.), et enlèvent aux Suédois l'île de Rugen (17 nov.). Charles XII, ne pouvant sauver Stralsund, passe en Suède. Reddition de Stralsund (22 déc.). — Le roi de Pologne lutte avec sa noblesse qui s'indigne de payer des impôts pour solder des troupes étrangères; troubles pendant deux ans.

Espagne. — Alberoni devient le

XVIIIe SIÈCLE (1716-1717). 615

principal ministre : réformes dans les finances et l'administration militaire.

Espagne et Portugal.—Traité de réconciliation (13 févr.).

France. — Louis XIV reçoit un ambassadeur du roi de Perse(19 févr.). — Mort de Louis XIV à Versailles (1er sept.). Il laisse une dette de deux milliards soixante-deux millions. — Avénement de son arrière-petit-fils, Louis XV, âgé de cinq ans, né du duc de Bourgogne. Le parlement casse son testament qui établissait un conseil de régence (2 sept.) et nomme régent son neveu, Philippe d'Orléans ; il recouvre le pouvoir de faire des remontrances (15 sept.). Pendant six ans et demi, Paris sera la résidence du jeune roi. — Mort de Malebranche. — Mort de Fénelon. — Première partie de *Gil Blas*, roman de mœurs par Lesage.

Italie.— Une bulle de Clément IX interdit les pratiques superstitieuses et idolâtres que des missionnaires permettaient aux convertis de Chine.

Perse. — Le souverain du Candahar révolté, Mir-Wéis, meurt au moment où ses conquêtes allaient lui permettre de détrôner le schah de Perse Hussein. Les Afghans déferent le commandement à son frère Abdallah, qui est doux et pacifique.

1716.

Angleterre. — Le prétendant se montre en Écosse (janv.-mars). Beaucoup de ses partisans qui, depuis 1715, avaient été pris sont condamnés à mort et exécutés (mars-avril).—Le parlement, qui se renouvelait tous les trois ans, est rendu septennal au profit de la royauté.

Autriche, Turquie et Venise. — Quarante mille Turcs attaquent Corfou, que défend un étranger, le comte saxon de Schullenbourg; le pape, le roi de Portugal, le grand-duc de Toscane et le grand maître de Malte viennent en aide à Venise. — Charles VI, maintenant roi de Naples, conclut avec elle une ligue offensive et défensive (25 mai), et déclare la guerre aux Turcs (juin). Le prince Eugène les bat près du Danube, entre Peterwaradein et Salankemen(5 août), emporte Temesvar, la dernière place qu'ils avaient en Hongrie (13 oct.). -- Le siège de Corfou est levé.

France. — Les ministres et secrétaires d'État sont remplacés par des conseils de gouvernement, composés chacun de dix membres : ce régime durera deux ans. — Création, par édit royal, d'une chambre de justice pour la recherche des malversations commises par les financiers sous le dernier règne (12 mars). — L'Écossais Law obtient la création d'une banque où le numéraire est échangé contre du papier (2, 20 mai) : il espère une riche exploitation des terres et des mines du Mississipi, du Sénégal et des Indes; engouement fatal de la nation.

Russie.—Second voyage du czar pour étudier la politique et la législation de l'Europe (26 janv.); Catherine l'accompagne dans le nord de l'Allemagne, le Danemark et la Hollande.

1717.

Angleterre, Espagne, France et Hollande. — Abandonnant la politique de Louis XIV, le régent laisse conclure par Dubois la triple alliance avec l'Angleterre et la Hollande contre l'Espagne (4 janv.). — Alberoni, fait cardinal, veut, de concert avec Isabelle de Parme, rendre à l'Espagne la puissance en Italie, et dominer le gouvernement de la France. La Sardaigne est enlevée à l'Autriche.

Autriche et Turquie. — Les Turcs sont défaits devant Belgrade (16 août). Les impériaux s'en emparent le 18. — Ragotzky, retiré en France, malgré le régent et le czar, se rend inutilement à Andrinople dans l'espoir de recommencer la lutte contre l'Autriche.

France. — D'Aguesseau, grand orateur et jurisconsulte, est fait chancclier (févr.). — La bulle *Unigenitus* est combattue par quatre évêques, qui en appellent au futur concile général (mars); ils sont soutenus par les facultés de théologie, des arts, de droit, de médecine et par plusieurs membres influents du clergé. — La banque de Law devient banque générale (10 avril). — Louis XV, à sept ans, reçoit pour précepteur l'ancien évêque de Fréjus, Fleury, et pour confesseur l'abbé Fleury, auteur de l'*Histoire ecclésiastique.*— Sermons du *Petit carême* prêchés par Massillon devant le roi. — Publications des *Mémoires* du cardinal de Retz. — Le botaniste Tournefort publie son *Voyage au Levant*, résultat des recherches qu'il avait faites depuis 1700 par ordre de Louis XIV.— Nouveaux règlements en faveur de la liberté de commerce dans les Antilles.

Perse. — Abdallah est poignardé par son frère Mahmoud qui, à dix-huit ans, élu chef par les Afghans, reprend la guerre contre les Perses.

Prusse. — Abolition du droit féodal et conversion de tous les fiefs en biens allodiaux.

Russie. — Le czar, laissant Catherine en Hollande, vient en France; il étudie à Paris les merveilles des arts, des sciences et du génie de la civilisation moderne. Retour à Amsterdam (2 août). Il revient par Berlin (18 sept.) à Saint-Pétersbourg (21 nov.).

1718.

Angleterre, Autriche, Espagne, France et Savoie. — Descente des Espagnols en Sicile. L'Autriche, qui vient de terminer la guerre avec les Turcs, signe le traité de la Quadruple Alliance, à Londres (2 août). Sans déclaration de guerre l'amiral anglais Bing attaque et bat, sur la côte de Sicile, la flotte espagnole (10 août) : le parlement blâme l'expédition, la cour obtiendra cependant une déclaration de guerre contre l'Espagne.

Autriche, Turquie et Venise. — Le traité signé à Passarowitz, à l'est de Sémendria, donne à l'Autriche le bannat de Temesvar, Belgrade et la Servie; à la Porte, la Morée; il ne laisse aux Vénitiens que l'île de Cérigo (Cythère), et quelques places maritimes du continent, entre Corfou et Sainte-Maure (21 juill.).

Autriche. — Compagnie de commerce établie à Ostende par le gouvernement pour mettre en communication directe les Pays-Bas et les Indes. Jalousie des puissances maritimes.

Danemark. — Frédéric IV est le premier roi de Danemark qui obtienne en France d'être traité de Majesté.

France. — Refonte générale et augmentation considérable du taux des monnaies, malgré les remontrances du parlement, de la chambre des comptes, et de la cour des aides (31 mai). Law dirige une compagnie de commerce d'occident. Sa banque devient banque royale (4 décembre). Les billets de la banque, par un arrêt du conseil, qui défend de faire des payements en argent au-dessus de six cents livres, obtiennent cours forcé (27 décembre). — Fondation de la Nouvelle-Orléans, pour devenir la capitale de la colonie de la Louisiane. — Prospérité de notre colonie de l'île Bourbon, à l'est de Madagascar. — Les conseils de gouvernement, créés en 1716, sont supprimés; chaque branche de service est rendue à la direction d'un secrétaire d'État. — Intrigues des princes légitimés, qu'un édit royal du 2 juin 1717 a privés des prérogatives que leur avait accordées Louis XIV. Le duc du Maine conspire en vain avec l'ambassadeur espagnol Cellamare (déc.). — *OEdipe*, première tragédie de Voltaire.

Russie. — Le czar se fait le bourreau de son fils Alexis, né d'Eudoxie, sa première femme, qui se montrait adonné à l'indolence et à la volupté, et hostile aux réformes qui détruisent les anciennes coutumes de la Russie (févr.-juin).— Organisation d'un service général de police pour tout l'empire, avec un tribunal spécial et un lieutenant général, siégeant à Saint-Pétersbourg. — Cette ville est pavée et éclairée la nuit à l'instar de Paris.

Suède. — Charles XII entreprend la conquête de la Norvége. Négociations avec plusieurs cours de l'Europe, par l'adresse du baron de Goertz, qui travaille même à réconcilier Charles XII et Pierre. — Au siége de Frédéricshall, à l'entrée sud-est de la Norvége, il est blessé à mort (11 déc.).

Suisse. — L'abbé de Saint-Gall, qui depuis six ans est en guerre avec les cantons protestants de Zurich et de Berne, n'étant plus soutenu par les cantons catholiques, conclut la paix pour recouvrer ses domaines; les précieux manuscrits de l'abbaye lui seront aussi rendus.

1719

Angleterre, Autriche, Espagne, France et Hollande. — La cour de France déclare la guerre à l'Espagne (2 janv.). Berwick prend Fontarabie (16 juin) et Urgel (11 oct.). Les Anglais s'emparent du port de Vigo, au sud-ouest de la Galice. Alberoni traite en roi le chevalier de Saint-George qu'il attire à Madrid, et dirige pour lui, vers l'Ecosse, une flotte qui a le sort de l'invincible armada de Philippe II. Le prétendant retourne en Italie (sept.).

Angleterre. — *Robinson Crusoe* de Daniel de Foe.

Autriche. — Démêlés avec la Hollande au sujet de la compagnie de commerce établie à Ostende.

Danemark. — Établissement dans les Antilles à Saint-Jean, une des îles vierges, à l'est de Porto-Rico.

Espagne. — Disgrâce d'Alberoni (5 déc.), favorable à la pacification de l'Europe. Il avait embrassé des plans trop vastes pour pouvoir les exécuter tous; mais il a ranimé l'agriculture, l'industrie, le commerce et les arts.

France. — Mme de Maintenon, qui a quitté la cour au moment de la mort de Louis XIV, meurt à Saint-Cyr (15 avril). — La confiance du public dans le papier substitué au numéraire, les espérances que donnaient deux prétendues mines d'or à la Louisiane, ont déjà produit une émission de six cent quarante millions de billets de banque (1er déc.). La dépréciation des espèces monnayées au profit des billets de banque rendra plus désastreuse l'application du système de Law. — Stanislas Leckzinski quittant le duché des Deux-Ponts, va s'établir à Weissembourg, à l'entrée de l'Alsace française.

Suède. — Ulrique-Éléonore, sœur de Charles XII, mariée au prince de Hesse-Cassel, devient reine par le choix des états (31 janv.); elle renonce au pouvoir absolu exercé par les rois depuis 1682 (21 févr.). Le sénat fait instruire le procès du baron de Goertz, ministre de Charles XII, il a la tête tranchée (2 mars). Couronnement d'Ulrique à Upsal (28 mars).

1720.

Angleterre, Autriche, Espagne, France, Hollande et Savoie. — Philippe V souscrit aux termes de la quadruple alliance (25 janv.): le duc de Savoie reçoit le titre de roi de Sardaigne en échange de la Sicile qui reste à l'empereur; la reine d'Espagne obtient pour l'aîné de ses enfants l'expectative du duché de Parme et Plaisance, et du duché de Toscane, déclarés fiefs masculins de l'empire et qui ne manquaient cependant pas d'héritiers directs.

Angleterre. — Banque du chevalier Blunt, à la façon de celle de Law en France: le roi et le parlement conjurent la ruine du crédit public. — Dans la colonie de Massachusets, lutte de quinze ans, engagée entre le gouverneur que soutiennent ordinairement les conseillers nommés par le roi, et l'assemblée générale élue par tous les hommes libres: débats sur la banque, sur le traitement du gouverneur, sur les impôts, sur la paix ou la guerre à faire avec les Indieus, et sur les prerogatives de l'assemblée.

Autriche. — L'empereur fait accepter par les états de Silésie sa pragmatique sanction, qui appelle à la succession, d'abord sa fille aînée, âgée de trois ans, puis ses autres filles, au détriment des filles de son frère aîné, Joseph (25 oct.).

Danemark, Pologne, Prusse et Suède. — La Suède traite 1° avec la Pologne : Frédéric-Auguste est reconnu roi ; Stanislas n'en gardera que le titre ; mais ses biens héréditaires lui seront rendus, et un revenu lui sera assuré par l'État ; ses partisans rentreront dans leurs droits ; 2° avec la Prusse à Stockholm (1er févr.) : elle obtient, outre les îles d'Usedom et de Wollin, la partie de la Poméranie comprise entre l'Oder et la Penne ; les Suédois ne gardent que ce qui est à l'ouest de ce petit fleuve ; 3° avec le Danemark (14 juin) : le duché de Slesvig est laissé au roi de Danemark. Le traité avec la Russie ne sera conclu qu'en 1721.

Espagne. — Défense de Ceuta, assiégée depuis vingt ans par les Maures.

France. — Law est nommé contrôleur général des finances, après avoir abjuré la religion protestante (5 janv.). L'édit qui ordonne la réduction, de mois en mois, des billets de banque et des actions de la compagnie des Indes, commence la chute du système de Law (21 mai). Les espèces d'or et d'argent sont remises en circulation (29 mai). Le parlement qui a condamné certaines mesures du régent au sujet du système, est transféré à Pontoise (21 juill.). Law sort de Paris, et bientôt de France, poursuivi par la haine de la nation (10 déc.); il achèvera sa vie presque pauvre à Bruxelles, puis à Venise. — Avec l'approbation de quarante évêques, une déclaration royale ordonne l'observation de la bulle *Unigenitus* (4 août), et défend d'en appeler. Elle est enregistrée par le grand conseil (23 sept.), et par le parlement (4 déc.). — Le parlement est rappelé à Paris (16 déc.). — Peste à Marseille; zèle de l'évêque Belzunce. — Les Français, déjà maîtres de l'île de Bourbon, vont s'établir plus à l'est, dans l'île Maurice délaissée par les Hollandais; elle prend le nom d'île de France. Premier pied de café porté à la Martinique.

Russie. — Des colons arméniens y sont attirés par des privilèges.

Suède. — Alliance défensive avec l'Angleterre, par la médiation de la France (1er févr.). — Les états autorisent Ulrique à associer au trône son mari Frédéric 1er, de Hesse-Cassel (4 avril).

1721.

France. — L'abbé Dubois est fait archevêque de Cambrai et cardinal : c'est une vraie honte pour l'Église. — Publication anonyme des *Lettres persanes* de Montesquieu, président au parlement de Bordeaux.

Perse et **Turquie.** — Un tremblement de terre engloutit une partie de Tauris avec deux cent cinquante mille habitants (9 avril). — Le sultan Achmet III prend Hamadan, mais est battu devant Tauris. — Le chef des Afghans, Mahmoud, après quatre victoires (avril), bloque Ispahan (juin). Le schah Hussein lui remet l'autorité et lui donne sa fille (23 nov.). Mahmoud prend le titre de sultan de Perse. Mais le troisième fils d'Hussein, Thamas est reconnu dans plusieurs provinces.

Russie. — Abolition de la dignité de patriarche, vacante depuis 1703 (21 janv.) : le czar se fait lui-même le chef suprême de la religion; les évêques et les archimandrites qui composent le saint synode sont choisis par lui et lui prêtent serment de fidélité. — Protection accordée aux étrangers dans l'intérêt de l'industrie et du commerce : à Saint-Pétersbourg manufacture de glaces, de tapisseries de haute lisse sur le modèle de celles des Gobelins, fileries d'or et d'argent, manufactures de draps et de soie, fabrication de toiles aussi belles qu'en Hollande.

Russie et Suède. — Le czar dicte la paix de Nystadt (30 août) : il garde tout ce qu'il a conquis depuis les frontières de Courlande jusqu'au fond du golfe de Finlande, et, par delà encore, le long du pays de Kexholm sur le lac Ladoga, c'est-à-dire la Livonie, l'Esthonie, l'Ingrie, une partie de la Carélie, du pays de Viborg et de la Finlande et plusieurs îles ; la Suède garde le duché de Finlande. — Fêtes dans l'empire russe, surtout à Saint-Pétersbourg ; le sénat et le clergé décernent à Pierre I*er* les titres de Grand, d'Empereur, de Père de la patrie.

Suède. — Vingt années de repos répareront les maux qu'une guerre de vingt-deux ans avait causés.

1722.

Angleterre et France. — Différends, qui traînent pendant onze ans, au sujet des îles neutres dans les Antilles, la Dominique, Saint-Vincent, Sainte-Lucie.

France.—L'infante, âgée de quatre ans, destinée à Louis XV, est amenée en France (janv.). — Le cardinal Dubois, est fait premier ministre (22 août). Sacre du roi (23 oct.).

Russie. — Pierre I*er* décrète que le souverain de la Russie sera maître en tout temps de nommer son successeur, de révoquer son choix et d'en faire un nouveau (16 févr.). — Entreprise du côté de la mer Caspienne pour faciliter le commerce avec la Perse : le czar, Catherine et l'amiral Apraxin viennent à Astrakan (8 juill.), la mer Caspienne est parcourue; victoire sur les Persans, reddition de Derbent dans le Daghestan (sept.). Rentrée triomphale à Moscou (déc.).

1723.

Angleterre. — La sentence de dégradation, rendue en 1715 par le parlement contre Bolingbroke, est levée par le roi (mai).

Autriche. — Charles VI fait accepter par les Pays-Bas sa pragmatique sanction en faveur de Marie-Thérèse, sa fille aînée (7 avril).

France. — Déclaration de la majorité du roi (22 févr.). Mort de Dubois (10 août). Le duc d'Orléans devient premier ministre. Sa mort (2 déc.). Le duc de Bourbon, le plus proche des princes du sang, gouverne. — La culture du café, importée de la Guyane, à la Martinique sera, avec la canne à sucre, une source de richesses pour nos Antilles. Grands privilèges accordés à la Louisiane, entre autres le monopole du tabac.— *La Henriade* de Voltaire, publiée sous le nom de *Poëme de la Ligue*. — Premier volume de la collection des *Ordonnances des rois de France* publiée au Louvre.

Russie. — Rudes châtiments corporels infligés par le czar à son favori Menzikoff, et à une favorite de l'impératrice, coupables de concussions et de vénalité.

1724.

Espagne. — Philippe V, à quarante et un ans, résigne la royauté à son fils aîné, Louis, âgé de dix sept ans (10 janv.). Mort du nouveau roi (31 août). Philippe V remonte sur le trône.

France. — Les Hollandais sont écartés du Sénégal. — Déclaration de mort civile contre les protestants (14 mai).—Bourse de comm. à Paris.

Prusse. — Travaux à Postdam : palais, hôpitaux, manufactures.

Russie. — Couronn. de Catherine désignée pour régner (7 mai); elle pourra désigner son successeur.

1725.

Angleterre. — Procès du chancelier Macclesfied pour malversations. — Premier ouvrage d'esthétique et de morale d'Hutcheson, qui donnera en 1728 l'*Essai sur les Passions*.

Autriche, Espagne et France. — Rupture entre les deux branches de Bourbon par le renvoi de l'infante en Espagne. La fille du roi de Pologne déchu, Marie Leckzinska est destinée à Louis XV, qui l'épouse (4 sept.). Rapprochement entre l'Espagne et l'Autriche, par l'intermédiaire du baron hollandais de Riperda. Traité de Vienne (30 avril), accepté à Madrid (sept.) : Philippe V fait renouveler les promesses au sujet des duchés de Parme et Plaisance et de Toscane. — Alliance de l'Angleterre, de la France et de la Prusse (3 sept.).

France. — Est introd. la franc-maçonnerie.

Perse. — Les Turcs forcent Tauris. Maladie frénétique du sultan de Perse, Mahmoud. Il est déposé par les Afghans (22 avril), et mis à mort par le nouveau souverain, le fils de son frère qu'il a assassiné en 1721.

Portugal. — Benoît XIII, à la demande de Jean V, accorde aux prisonniers du saint office des avocats pour défendre leur cause : les inquisiteurs communiqueront leurs arrêts au conseil du roi avant de les faire exécuter.

Russie. — Mort de Pierre le Grand à Saint-Pétersbourg (janv.). Avénement de Catherine Ire qui garde pour ministre le prince Menzikoff; elle a le génie de son mari avec plus de clémence. Mariage de sa fille aînée avec le duc de Holstein-Gottorp, Charles-Frédéric (1er juin). — Elle établira à Saint-Pétersbourg l'Académie des sciences qui reçut beaucoup d'illustres étrangers. — Le Danois Behring, chargé par Pierre le Grand d'un voyage de découverte sur les côtes du Kamtchatka, a déterminé la forme de l'extrémité orient. de l'Asie.

1726.

Angleterre. — Poëme des *Saisons* de Thomson. — Le *Craftsman*, *l'Ouvrier*, journal fondé par Pulteney contre Walpole, avec le concours de Bolingbroke.

Espagne. — Le monopole du commerce colonial est transféré de Séville à Cadix, et reste toujours aux mains du gouvernement.

France. — Nouvelle fixation de la monnaie, qui pendant longtemps ne sera pas changée : le louis d'or est porté de vingt livres à vingt-quatre, l'écu de cinq livres à six; le prix du marc d'or fin est fixé à sept cent quarante livres neuf sous onze deniers, celui du marc d'argent fin à cinquante et une livres trois sous trois deniers (mai, juin). — Chute du premier ministre, le duc de Bourbon. Suppression du titre de premier ministre. Les pouvoirs nouveaux de principal ministre d'État sont donnés à Fleury, l'ancien précepteur du roi. Fleury est fait cardinal (11 sept.). — Cinq ans après avoir été arraché à l'éducation de la jeunesse comme suspect de jansénisme, Rollin publie son *Traité des études*. — Exil de Voltaire; il se retire en Angleterre. — *Corps universel diplomatique du droit des gens*, recueil des traités de paix, d'alliances, de trêves, faits en Europe depuis Charlemagne, par Dumont : il sera continué par Rousset et Martens. *Lettres* de Mme de Sévigné publ. pour la 1re fois.

Pologne. — Les états de Courlande, de peur que la Pologne n'exerce son droit de réunion sur un fief sans héritier, appellent à la dignité ducale Maurice de Saxe, fils naturel du roi Auguste II et de la comtesse de Kœnigsmark, âgé de trente ans, qui est alors au service de la France (juin). Il est soutenu par la veuve du dernier duc mort en 1711, Anne, nièce de Pierre le Grand.

1727.

Angleterre, Autriche, Espagne et France. — Vaine tentative des Espagnols sur Gibraltar. — Préliminaires de paix générale, signés à Paris, entre l'Espagne, l'empire, la Russie, la France, l'Angleterre, la Hollande et la Prusse (mai).

Angleterre. — Mort d'Isaac Newton, le père de la physique expérimentale, à quatre-vingt-cinq ans (20 mars). — George Ier meurt : Osnabruck, près du Hanovre, à

XVIIIᵉ SIÈCLE (1728-1729).

soixante-huit ans (juin) : il est peu regretté des Anglais. George II, son fils, lui succède à quarante ans. — Toute-puissance de Robert Walpole pendant quinze ans. La corruption lui assure la majorité dans les deux chambres : la prérogative royale et la politique de la paix n'ont pas eu de plus tenaces défenseurs.

France. — L'affaire de l'évêque de Senez, Jean Soanen, qui depuis dix ans combat la bulle *Unigenitus*, n'est pas résolue par la condamnation que porte contre lui le concile d'Embrun, sous la présidence de l'archevêque de Tencin (sept.). — Prétendus miracles sur la tombe du diacre janséniste Pâris; folies des convulsionnaires. — Ouvrage du comte de Boulainvilliers *de l'Ancien gouvernement de la France*.

Perse et **Turquie.** — Traité de paix (oct.) : les Turcs gardent tout le pays depuis Érivan en Géorgie jusqu'à Tauris et Hamadan ; le sultan de Constantinople est reconnu pour légitime successeur des califes.

Perse. — Le prince Thamas, fils d'Hussein, qui depuis 1721 régnait sur une partie de la Perse, prend à son service Kouli-Khan, né dans le Khoraçan, qui a commencé en brigand une vie de héros : il aide Thamas contre l'afghan qui règne par le droit de la guerre à Ispahan.

Pologne. — En Courlande, Anne oppose à son ancien favori, Maurice de Saxe, le favori de Catherine de Russie, Menzikoff ; guerre entre les Russes et les Saxons de Pologne : le duché restera à un oncle du dernier duc.

Russie. — Mort de Catherine Iʳᵉ (mai). — Pierre II, fils d'Alexis (que Pierre le Grand a fait mourir en 1718), désigné par elle, est, à douze ans, czar et empereur. — Menzikoff, qui a chassé du conseil de régence la fille de Catherine et son époux le duc de Holstein, est lui-même supplanté par le jeune Dolgorouki (sept.), jugé et envoyé en Sibérie (nov.).

1728.

Angleterre. — *Gulliver* de Swift.

Autriche. — Le pape résout en faveur de l'empereur, roi de Sicile, la querelle pour la monarchie sicilienne (août). — Charles VI visite l'Istrie : il en fera l'entrepôt du commerce avec le Levant ; grandes routes pour faciliter le transport des marchandises en Autriche et en Hongrie ; le port d'Istrie est déclaré franc. Une compagnie du Levant est établie à Vienne. Développement des manufactures dans tous les États autrichiens.

Danemark. — Un incendie ruine à Copenhague un grand nombre d'édifices, entre autres la bibliothèque publique, qui était très-riche en manuscrits et en imprimés (10 oct.).

France. — L'évêque de Senez est soutenu par le cardinal de Noailles, archevêque de Paris, et par onze évêques (mars). — Tripoli, qui n'accorde pas satisfaction pour les courses de ses pirates, est bombardée (19 juill.).

Russie. — Second voyage du Danois Behring au service de la Russie : il franchit le détroit qui porte son nom. — Traité avec la Chine (14 juin).

1729.

Angleterre, Autriche, Espagne et **France.** — Le traité de Séville, entre l'Espagne, la France et l'Angleterre, garantit à la maison d'Espagne le duché de Toscane, et celui de Parme et Plaisance, à la mort des possesseurs qui sont sans héritiers directs (9 nov.). La cour d'Espagne, à cette condition, retire sa protection à la compagnie d'Ostende, établie par l'empereur pour faire concurrence aux Hollandais et aux Anglais.

France. — Naissance du dauphin (4 sept.). — Fleury enjoint à tous les docteurs de signer la constitution *Unigenitus* (24 oct.). — Montesquieu visite l'Angleterre.

Italie. — La canonisation du pape Grégoire VII est renouvelée par Benoît XIII. La fête du saint est célébrée surtout en Italie : en France, un arrêt du parlement est rendu contre la légende de Grégoire VII.

1730.

Danemark. — Mort de Frédéric IV (oct.) : aucun prince n'a été servi avec plus d'économie et n'a fait rentrer avec moins de frais ses revenus. Avénement de son fils Christian VI, âgé de trente et un ans.

France. — Une déclaration royale ordonne que la constitution *Unigenitus* soit regardée comme loi de l'Église et de l'État (24 mars) : le parlement l'enregistre en présence du roi (3 avril). — La marine est abandonnée. — Réaumur, physicien et naturaliste de la Rochelle, fait connaître le thermomètre qui porte son nom.

Italie. — Commencement de l'insurrection de la Corse contre les Génois, qui la chargeaient d'impôts (avril). — Abdication de Victor-Amédée II, roi de Sardaigne, après un règne de cinquante-cinq ans (sept.). Avénement de son fils Charles-Emmanuel III.

Perse. — Le schah est tué en combattant contre les troupes de Kouli-Khan, général de Thamas qui est reconnu alors souverain de toute la Perse (janv.); mais l'autorité est réellement exercée par Kouli-Khan.

Prusse. — Le fils du roi, Charles-Frédéric, âgé de dix-huit ans, que ses goûts portaient vers les lettres et les idées réformatrices des philosophes, essaye de passer en pays étranger : il est jeté en prison à Custrin (août); son procès; supplice de son confident le lieutenant Kat, âgé de vingt-deux ans (nov.). Il sera quinze mois loin de la cour.

Russie. — Mort de Pierre II à quinze ans (juin). — La faction des Dolgorouki croit se perpétuer dans le pouvoir en faisant appeler au trône Anne, la seconde fille du prince Ivan, frère de Pierre le Grand, et veuve du duc de Courlande. La czarine, encouragée par le chancelier Osterman, fils d'un pasteur luthérien du comté de Mark, les envoie en Sibérie. Elle continue sa faveur à Biren, fils d'un paysan courlandais, qui affermit son pouvoir par des supplices, et par des décrets d'exil en Sibérie.

Turquie. — Achmet III, au moment d'aller combattre les Perses, est renversé par une conspiration (oct.). On lui substitue son neveu Mahmoud Ier, qui le laisse vivre.

1731.

Angleterre. — Poëme philosophique de Pope : *Essai sur l'homme.* — Un bill du parlement ordonne de n'employer dans les tribunaux que la langue nationale, au lieu de la langue latine. — La corruption est partout; deux agents de la corporation charitable vont disparaître emportant 12 millions et demi; le procès prouvera qu'ils ont eu pour complices plusieurs directeurs de la société, des membres du parlement, trois avocats de la couronne. — Dans la Caroline, partagée en deux gouvernements, Caroline du nord, Caroline du sud, accroissement dangereux des nègres employés au travail des plantations; ils sont souvent excités à la révolte par les Espagnols, voisins des Anglais au sud, dans leur colonie de la Floride.

Autriche, Espagne et Italie. — La maison ducale de Farnèse s'éteint avec Antoine, duc de Parme et de Plaisance (janv.). Don Carlos, fils aîné de la reine d'Espagne, âgé de quinze ans, est reconnu dans les duchés, en vertu des contrats acceptés par l'empereur en 1720, 1725, 1729. Le saint-siége ne renonce pas à ses prétentions sur Parme et Plaisance; pendant plus de cinquante-cinq ans, il renouvellera tous les ans sa protestation. — La pragmatique sanction de Charles VI est acceptée par l'Angleterre et la Hollande (16 mars), et par l'Espagne (22 juill.).

Italie. — Rupture entre Rome et la Sardaigne au sujet de quelques priviléges ecclésiastiques dont jouis-

XVIIIᵉ SIÈCLE (1732-1734).

sent les sujets du roi et que le pape veut supprimer : Charles-Emmanuel fait arrêter les revenus du pape en Piémont ; il défend à ses sujets de reconnaître la juridiction temporelle du saint-siége, et d'obéir au pape.

Perse et **Turquie.** — Guerre active : Hamadan, Tauris, le territoire d'Érivan, sont le théâtre des hostilités dirigées par Kouli-Khan pour le schah Thamas, par Koproli et le pacha Rustan pour le sultan.

Suède. — Compagnie des Indes orientales fondée à Gothembourg.

1732.

Angleterre. — Pour soustraire les nègres des deux Carolines aux suggestions des Espagnols de la Floride, Oglethorpe fait créer une colonie, composée seulement de fiefs militaires, dans lesquels les nègres ne sont pas admis : ces colons, dits Géorgiens, soutiennent une guerre continuelle contre les Espagnols.

Danemark. — Christian VI pose les fondements du magnifique palais de Copenhague. — Il établit, pour faire concurrence aux Hollandais et aux Anglais une compagnie des Indes, avec privilége exclusif de faire le négoce depuis le cap de Bonne-Espérance jusqu'à la Chine.

Espagne. — Heureuses expéditions sur les côtes d'Afrique : Oran est enlevée aux Maures (juill.).

France. — Déclaration royale, enregistrée dans un lit de justice à Versailles, pour régler la manière dont seront traitées désormais au parlement les affaires publiques (18 août, 3 sept.) : les appels comme d'abus ne seront plus portés à toutes les chambres assemblées, mais à la grande chambre seule. Protestation au parlement contre l'enregistrement extorqué (4 sept.); plusieurs magistrats sont exilés pour un mois et demi. — *Zaïre*, tragédie de Voltaire.

Perse et **Turquie.** — Traité de paix à Casbin : les Persans gardent Tauris ; la Géorgie du Caucase est cédée aux Turcs (janv.). — Ce traité est désavoué par Kouli-Khan, que n'a pas consulté le schah Thamas. Kouli-Khan substitue à Thamas son fils né depuis six semaines, au nom duquel il gouverne et recommence la guerre (août).

Prusse. — Dureté du roi envers les soldats, les juges, même envers son fils Charles-Frédéric pour le décider à épouser une princesse de Brunswick-Wolfenbuttel (juin).

1733.

Autriche, Espagne, France, Pologne, Russie et **Savoie.** — Mort de Frédéric-Auguste Iᵉʳ, plus regretté des Saxons qu'il avait ruinés pour acquérir le royaume de Pologne ou pour s'y maintenir, que des Polonais dont il avait acheté les suffrages et payé les autres services par de grands bienfaits (1ᵉʳ févr.). Stanislas Leckzinski quitte aussitôt la France ; il se fait couronner roi par la diète à Varsovie (sept.). Les efforts du parti saxon, l'influence de l'empereur et l'approche d'une armée russe font élire le fils du dernier roi, Frédéric-Auguste II (5 oct.). — Guerre à l'occasion de la succession de Pologne, entre la France et l'Autriche (12 oct.). Les Français attaquent les impériaux au delà du Rhin, du côté de Kehl et de Huningue, et au delà des Alpes ; Villars commandera en Italie. Le roi de Sardaigne, Charles-Emmanuel III, âgé de trente-deux ans, allié de la France, prend Pavie, Lodi, la Ghiarra d'Adda, Milan même (30 déc.). Le roi d'Espagne a déclaré la guerre à l'empereur.

Danemark. — Achat de Sainte-Croix, une des Antilles françaises.

France. — *Histoire littéraire de la France*, par les bénéd. de St-Maur.

Perse et **Turquie.** — Kouli-Khan est trois fois battu dans le bassin du Tigre par le pacha turc de Tiflis.

1734.

Autriche, Espagne, France, Pologne et **Savoie.** — Excepté en

Pologne, où l'emporte le prince saxon, succès des ennemis de l'Autriche. Dernière campagne 1° du maréchal de Villars qui voit ses lieutenants enlever Tortone aux Autrichiens (févr.), et meurt à Turin, à quatre-vingt-trois ans (27 juin); 2° du maréchal de Berwick, tué au siége de Philipsbourg sur le Rhin (12 juin); 3° du prince Eugène qui, n'ayant pu empêcher la prise de Philipsbourg par les Français, quitte le commandement (18 juill.). — Victoires de Parme (29 juin) et de Guastalla (19 sept.) gagnées, avec la participation du roi de Sardaigne, par les maréchaux de Coigny et de Broglie. — L'infant don Carlos, duc de Parme et de Plaisance, entre dans le royaume de Naples (mars); il est proclamé roi dans la capitale (15 mai). Le comte de Montemar s'empare du camp des impériaux à Bitonto (25 mai). La Sicile se donne à lui pour échapper au joug de l'Autriche (août) : reddition de Messine (30 août) et de Palerme (2 sept.). L'occupation de Capoue complète la conquête du royaume de Naples (21 nov.).

Espagne. — Un incendie à Madrid détruit en partie les archives de la couronne et des Indes (24-25 déc.).

France. — Mahé de Labourdonnais devient gouverneur général des Îles de France et de Bourbon, où il organisera la police et la justice, et donnera de l'activité à l'industrie et au commerce. — Montesquieu applique la philosophie à l'histoire, en lui donnant un caractère pratique, dans *la Grandeur et la Décadence des Romains.* — *Histoire critique de l'établissement de la monarchie française dans les Gaules*, par l'abbé Dubos. — Ordonnance de d'Aguesseau sur les testaments.

Pologne et Russie. — Couronnement de Frédéric-Auguste II à Cracovie (janv.). Stanislas Leckzinski, assiégé par une armée russe dans Dantzick (févr.), s'y défend héroïquement six mois; la France ne le soutient pas.

1735.

Autriche, Espagne, France, Pologne et Savoie. — La capitulation de Syracuse (juin), et la prise de Trapani (juill.) donnent la Sicile entière à don Carlos. — Préliminaires de paix signés à Vienne par l'Autriche, la France et ses alliés (3 oct.) : Stanislas renonce au trône de Pologne, garde seulement le titre et les honneurs royaux; les duchés de Bar et de Lorraine lui seront cédés avec droit de réversion à la couronne de France; la maison de Lorraine recevra en échange le grand-duché de Toscane; don Carlos reçoit les royaumes de Naples et de Sicile, avec quelques places de Toscane, les Présides; le roi de Sardaigne une partie du Milanais, le territoire d'Alba, de Tortone et de Novare; l'empereur qui perd ainsi en Italie les avantages du traité d'Utrecht, recouvre Parme et Plaisance; sa pragmatique sanction est reconnue par la France. — Protestation, contre cette pragmatique, de l'électeur de Bavière, mari d'une des filles de Joseph Ier, frère et prédécesseur de Charles.

France. — *Lettres philosophiques* de Voltaire; le parlement les fait brûler par la main du bourreau.

Italie. — La Corse, pour rompre tout à fait avec la domination génoise, s'érige en république (janv.) : trois des principaux citoyens, et parmi eux Paoli, sont reconnus primats avec le titre d'Altesse Royale.

Suède. — Linné, à vingt-huit ans, dans son *Systema naturæ*, pose les bases d'une distribution méthodique des trois règnes de la nature.

1736.

Autriche. — Marie-Thérèse, fille de l'empereur, épouse le duc François Ier, que le traité de Vienne prive du duché de Lorraine pour lui donner l'expectative du grand-duché de Toscane (févr.). — Mort du prince Eugène de Savoie, à Vienne (20 avril).

Danemark. — Christian VI établit une banque à Copenhague (oct.): les billets qu'elle créera seront admis dans les recettes royales, et auront un cours facultatif pour les particuliers. La banque prêtant à quatre pour cent, ce taux deviendra celui du prêt de l'argent dans tout le royaume.

France. — Bouguer, Godin, La Condamine sont envoyés au Pérou en 1735; de Clairaut, Camus, Lemonnier et Maupertuis, en Laponie en 1736 pour opérer des mesures de méridien. — *Alzire* de Voltaire.

Italie. — Les Corses, toujours en révolte contre Gènes, font roi, sous le nom de Théodore Ier, un aventurier, le baron de Neuhoff, Allemand de nation, élevé en France, venu sur un vaisseau anglais avec des armes et des munitions de Tunis (avril). Il va chercher des ressources en Hollande (nov.). — Comme l'empereur a déclaré franc le port de Trieste et le pape celui d'Ancône, les marchands vénitiens demandent à leur gouvernement le droit de franchise pour le port de Venise.

Perse. — La guerre continue entre les Turcs et les Persans. Mort du fils de Thamas. Kouli-Khan s'élève lui-même au trône de Perse; il prend le titre de schah-Nadir (janv.).

Perse, Russie et Turquie. — La protection que les Tartares de Crimée, qui ont envahi le territoire russe, trouvent à Azof, décide une nouvelle guerre. L'Irlandais Pierre, comte de Lascy, qui commande les Russes, enlève Azof en six semaines (15 mai-30 juin). — Pour n'avoir pas deux guerres en même temps, le sultan fait la paix avec les Persans : il leur rend Tauris, Érivan, la Géorgie et l'Arménie persane (29 sept.). — Kouli-Khan tournera ses armes contre les Mogols de l'Indostan.

Russie. — Le Danois Spandenberg, au service de la Russie, visite avec soin les îles Kouriles et l'archipel d'Ieso, au nord du Japon.

1737.

Allemagne. — Univ. de Gœtting.

Angleterre. — Discorde dans la famille royale : le pr. de Galles, banni.

Autriche, Russie et Turquie. — L'Autriche s'unit aux Russes contre les Turcs. Le comte de Münnich, Allemand qui commande les Russes, emporte d'assaut en onze jours la place d'Oczakow, entre Odessa et Kherson, sur la mer Noire (juill.). — Les impériaux, par le Danube et la Morava, entrent dans la Servie, et prennent Nissa (28 juill.), mais ils la perdent trois mois après.

Italie. — La mort de Jean-Gaston de Médicis, qui n'a pas d'héritier direct, fait retourner à l'empire le fief de Toscane, dont est mis en possession, suivant les traités, le duc François, gendre de Charles VI (juill.).

Pologne et Russie. — La czarine, Anne Ivanovna, présente aux états de Courlande pour l'élection ducale son favori Biren (juill.). — L'élection dictée à la noblesse est forcément confirmée par le roi de Pologne, suzerain du duché; administration despotique du nouveau duc.

1738.

Autriche, Espagne, France, Pologne et Savoie. — Signature définitive du traité de Vienne dont les préliminaires étaient arrêtés depuis trois ans (18 nov.) : il termine la guerre dite de succession de Pologne, après la prise d'Orsova par les Turcs.

France. — Le premier volume du *Recueil des historiens de la France et des Gaules* est publié (en latin). — *Histoire Romaine* de Rollin. — *Métromanie* de Piron.

Hollande. — Mort du grand médecin Boerhaave, natif des environs de Leyde : il a essayé d'appliquer à la médecine toutes les connaissances physiques et morales; la botanique et la chimie lui doivent de véritables progrès.

Italie. — Les Génois ont recours aux Français contre la Corse révoltée (févr.). Les rebelles se montrent bientôt mieux disposés pour le gouvernement de la France que pour celui de leur roi Théodore Ier (mai) : presque aussitôt après son retour de Hollande, il est réduit à fuir (nov.), mais son parti tient tête aux Français.

Suède. — Dans la diète, depuis longtemps divisée en parti français ou des chapeaux, et parti russe ou des bonnets, le parti français l'emporte ; guerre imminente avec la Russie.

1739.

Angleterre et Espagne. — L'Espagne voulant réprimer l'active contrebande des Anglais avec ses colonies ; plaintes de la cour de Londres ; traité du Prado, près de Madrid (janv.), qui n'empêche pas les déclarations de guerre échangées par les deux puissances (oct.-nov.). L'amiral anglais Vernon enlève aux Espagnols Porto Bello, sur la côte de l'isthme de Panama (1er déc.).

Autriche et Italie. — Unique voyage fait en Toscane par le nouveau grand-duc François de Lorraine : avec sa femme, Marie-Thérèse d'Autriche, il passe trois mois à Florence, à Pise, à Livourne, à Sienne (janv.-avril).

Autriche, Russie et Turquie. — Les Autrichiens, sous le comte de Wallis, sont battus par les Turcs à Krotzka, entre Belgrade et Semendria (22 juill.). Le grand vizir va assiéger Belgrade. — Les Russes, après deux victoires gagnées par le comte de Munnich, entrent à Choczim, sur le Dniester, au nord de la Moldavie (29 août). Jassy, capitale de la Moldavie, se donne à lui (14 sept.). Honteux traité à Belgrade (22 sept.) : les impériaux cèdent aux Turcs Belgrade, Orsova, la Servie et la Valachie, seulement la cour de Constantinople renonce à ses prétentions sur la Hongrie et sur le bannat de Temesvar ; le Danube et la Save forment la frontière des deux empires. Les Russes accèdent à la paix : ils rendent Azof conquise en 1736 et Oczakow conquise en 1737 ; la Moldavie reste aux Turcs. — L'empereur fait arrêter et soumet au jugement d'une commission les négociateurs d'un traité, fatal à l'Autriche, auquel cependant il souscrit (nov.).

Espagne. — La nouvelle Grenade et le territoire de Quito, séparés de la vice-royauté du Pérou, forment une vice-royauté nouvelle.

France. — Nouveaux débats de la bulle *Unigenitus.*

Mogols et Perse. — Kouli-Khan se rend maître de l'empire Mogol (févr.). Il laisse régner l'empereur, moyennant un tribut de soixante-dix millions et l'abandon des provinces les plus voisines de la Perse (avril). — Les soubabs ou vice-rois et les nababs ou gouverneurs de provinces profitent de l'affaiblissement du grand Mogol pour se rendre indépendants, dans le Dekkan, au centre de l'Indostan ; dans l'Arcat, à l'ouest de Madras ; dans le Carnatic, territoire qui s'étend au sud-est, jusqu'à la côte de Coromandel ; dans le Bengale, au nord-est ; dans l'Aoude, bassin central du Gange, au nord-ouest de Bénarès. Les Mahrattes, au nord-ouest du Dekkan, les Seïks, entre le Sedledje, et le Sind, et d'autres peuples indiens cessent d'obéir.

1740.

Angleterre et Espagne. — Échec des Anglais devant Carthagène (mars).

Autriche. — Charles VI meurt avant d'avoir fait élire roi des Romains son gendre François, grand-duc de Toscane (20 oct.). Avec lui s'éteint la race masculine d'Autriche. Il laisse deux filles. Marie-Thérèse, l'aînée, âgée de vingt-trois ans, se porte pour son héritière universelle. Prétentions des deux gendres de l'empereur Joseph Ier, l'électeur de Bavière, et l'électeur de Saxe, du roi de Prusse qui convoite la Silésie ; du roi de Sardaigne qui convoite le Milanais.

France. — *Essai sur les mœurs et l'esprit des nations*, commencé par Voltaire.

Hollande. — Les Hollandais massacrent les Chinois dans l'Ile de Java, sous prétexte d'une conspiration.

Italie. — Le nouveau pape, Lambertini de Bologne, Benoît XIV, d'un esprit aimable et cultivé, d'un caractère tolérant et conciliateur, cherchera à apaiser les discordes causées par la bulle *Unigenitus*. — Après le comte de Boissieux, le marquis de Maillebois amène des troupes françaises en Corse, et pacifie l'Ile.

Prusse. — Frédéric-Guillaume meurt le 31 mai. État florissant de l'administration des provinces, des finances, de l'armée : la Prusse doit à sa sévérité et à son économie les éléments de sa puissance militaire. Avénement de Frédéric II : bel esprit, auteur d'un Anti-Machiavel et de petits vers français, mais surtout grand homme de guerre et administrateur éclairé.

Russie. — Mort de la czarine (28 oct.); Biren est nommé régent d'Ivan VI, enfant de deux mois. Sa mère, Anne de Brunswick, de concert avec le maréchal de Munnich, fait instruire le procès de Biren (20 nov.).

1741.

Allemagne, Autriche, France et Prusse. — Guerre de la succession d'Autriche contre Marie-Thérèse. — Le roi de Prusse envahit la Silésie (4 avril); sa victoire à Molwitz, au sud-est de Breslau. Il se confédère avec les électeurs de Saxe et de Bavière (15 mai), et obtient l'adhésion de la France qui espère le démembrement des possessions autrichiennes. — Marie-Thérèse qui a été reconnue en Autriche va à Presbourg recevoir la couronne de Hongrie (25 juin); dévouement des Hongrois. — Louis XV, qui se déclare pour l'électeur de Bavière prétendant à l'empire, lui envoie quarante mille hommes; l'électeur Charles-Albert est entré en Autriche à Passau (31 août). Français et Bavarois marchent vers Prague qu'ils attaquent de concert avec le roi de Prusse qui vient d'achever la conquête de la Silésie (25 nov.). Chevert, la nuit, enlève Prague. Charles-Albert y est proclamé roi de Bohême (19 déc.). Bientôt les Autrichiens serrent de près les Français en Bavière et en Bohême. — Convention du roi de Sardaigne avec Marie-Thérèse pour défendre en commun le Milanais contre les Espagnols (déc.).

Danemark. — Les progrès de l'industrie nationale engagent Christian IV à interdire les draps étrangers.

France. — Mort de Rollin.

Russie. — Biren est condamné à mort par le sénat (févr.). Une intrigue de palais et un complot militaire renversent Ivan VI; son père et sa mère sont enfermés (déc.). La seconde fille de Pierre le Grand et de Catherine, Élisabeth, proclamée czarine, envoie en Sibérie les ministres Munnich, Osterman et Golowkin.

Russie et Suède. — A l'instigation de la France, la Suède déclare la guerre à la Russie (août). Mauvais début.

Suède. — Mort d'Ulrique-Éléonore, sans enfant : son mari, le prince de Hesse-Cassel, Frédéric Ier, reste roi (déc.). — Liberté de religion accordée aux calvinistes et aux anglicans dans les places maritimes, excepté à Landscroon en Scanie.

1742.

Allemagne, Autriche, Espagne, France, Prusse et Italie. — Succès de Frédéric II : il s'empare du comté de Glatz (janv.). — L'électeur de Bavière se fait couronner empereur, à Francfort, sous le nom de Charles VII (12 févr.). Pendant ce temps, les Autrichiens entrent à Lintz, à Passau et à Braunau sur l'Inn, ville bavaroise, même à Munich, résidence ordinaire des électeurs (27 janv.). — Frédéric II se montre au nord de la Moravie et en

Bohême, où il est vainqueur, à Czaslau, au sud-est de Prague (17 mai). Il traite séparément avec Marie-Thérèse, qui lui confirme la possession de la Silésie et du comté de Glatz (juin-juill.). — Marie-Thérèse s'assure de la neutralité de l'Angleterre, du Danemark, de la Russie, de la Hollande. L'électeur de Saxe, roi de Pologne, se retire de la guerre, dont le poids tombe tout entier sur les Français, à cause de l'impuissance des Bavarois. — Le roi de Sardaigne, qui s'est joint aux Autrichiens, occupe Reggio et Modène (mai-juin). Une armée espagnole, venue par la France, envahit la Savoie, où Chambéry et plusieurs places sont prises (sept.); mais Charles-Emmanuel les rejette dans le Dauphiné. — Triste et glorieuse campagne de Bohême: les maréchaux de Broglie et de Belle-Isle ne peuvent que sauver une partie de l'armée française, qui parvient à sortir de Prague, malgré la rigueur de l'hiver et les attaques continuelles des ennemis (août-déc.); une garnison de soldats français reste encore dans Prague, qu'elle quittera avec les honneurs de la guerre en janvier 1743.

Angleterre. — Robert Walpole, au moment où l'Angleterre veut prendre une part active aux luttes armées de l'Europe, est forcé de quitter le pouvoir (févr.). Il a donné la corruption pour appui à la royauté. Le célèbre orateur William Pitt, âgé alors de trente-quatre ans, a contribué puissamment à sa chute.

Angleterre, Espagne et France. — L'amiral anglais Vernon n'est pas plus heureux contre la Havane, dans l'île espagnole de Cuba, que contre Carthagène. — Pendant que la guerre se fait entre les Espagnols de la Floride et les Anglo-Américains des colonies méridionales, ceux des colonies septentrionales attaquent les possessions françaises, surtout l'île du cap Breton.

France. — *Mahomet* de Voltaire.

Pologne et Russie. — Biren, quoique rappelé de Sibérie par la czarine Élisabeth, ne recouvre pas le duché de Courlande qui, pendant seize ans, sera gouverné par les états.

Portugal. — Jean V tombe à cinquante-trois ans dans un état de langueur qui livre le royaume, pendant les huit dernières années de sa vie, à une administration incapable et prodigue : les heureux fruits de son règne sont perdus.

Russie et Suède. — Frédéric Ier de Suède n'ayant pas d'enfant, le jeune duc de Holstein-Gottorp, Charles-Pierre Ulric, âgé de quatorze ans, est désigné pour lui succéder (5 nov.). — La czarine désigne le même prince pour le trône de Russie, parce qu'il est né de sa sœur aînée (18 nov.). Il embrasse la religion grecque et reçoit le titre de grand-duc de Russie.

1743.

Allemagne, Angleterre, Autriche, Espagne, France et Savoie. — Les Autrichiens rentrent dans Munich (juin). — Le roi d'Angleterre, George II, avec quarante mille Anglais et Autrichiens, échappe au maréchal de Noailles, qui l'avait enfermé entre Aschaffembourg et Dettingen, sur la rive droite du bas Mein (27 juin). — Une suspension d'armes ramène en deçà du Rhin les armées françaises, mais Marie-Thérèse rejette la médiation de la diète d'empire pour la paix générale (juill.); ses armées ne font pas de progrès sur le Rhin. — L'impératrice en vendant au roi de Sardaigne le marquisat de Final, que Gênes avait acquis en 1713 de l'empereur Charles VI, fait de cette république une alliée de la France et de l'Espagne (sept.).

France. — Mort du cardinal Fleury à quatre-vingt-neuf ans (29 janv.). Sa politique timide, qui le portait à la paix, l'a jeté, par des fautes faciles à éviter, dans des guerres dont il n'a pas su faire profiter

XVIIIᵉ SIÈCLE (1744-1745). 629

la France; il a abandonné la marine dans un temps où; l'Angleterre couvrait de ses flottes la Méditerranée et l'Océan. —Après sa mort, commence l'ère scandaleuse des maîtresses titrées et des ministres leurs créatures. Nouveau ministre de la guerre, d'Argenson; son frère, René-Louis, sera pendant trois ans ministre des affaires étrangères. — *Mérope* de Voltaire. Sa mission du gouvernement en Prusse.

Perse. — Guerre sans succès, pendant trois ans, dans les provinces turques d'Arménie et de Diarbekir. Révolte des provinces cédées par le grand Mogol de l'Indostan. Les forces de Kouli-Khan s'épuisent déjà à cinquante-cinq ans.

Russie et **Suède.**—Le sénat de Stockholm punit de mort les deux généraux malheureux dans la guerre contre la Russie, Levenhaupt et Buddenbrock (27 juill.-5 août). — Paix signée à Abo par la médiation de l'Angleterre : les Russes renoncent à la Finlande, qu'ils venaient de conquérir (17 août).

Suède. — A défaut du duc de Holstein-Gottorp, qui vient d'être appelé à l'héritage présomptif de l'empire russe, la diète déclare prince héréditaire le chef de la maison de Holstein-Eutin, l'évêque de Lubeck, Adolphe-Frédéric, âgé de trente-trois ans (juin).

1744.

Allemagne, Angleterre, Autriche, Espagne, France, Prusse et Savoie—Invasion du Piémont par le prince de Conti et par l'infant don Philippe (1ᵉʳ avril). Victoire du roi de Naples à Velletri (10 août).— Invasion des Pays-Bas autrichiens par Louis XV (mai); occupation facile de Menin, d'Ypres et de Furnes (juin-juill.). Le roi de Prusse accède à un nouveau traité d'union conclu à Francfort contre Marie-Thérèse (22 mai), et recommence la guerre. — Charles de Lorraine, général de Marie-Thérèse, menace l'Alsace; une partie de l'armée de Flandre est envoyée contre lui (juin-août).—Frédéric II enlève Prague (16 sept.). Le prince Charles quitte le Rhin pour lui faire évacuer la Bohême. — Charles VII a profité de ces mouvements pour reconquérir la Bavière ; il rentre à Munich (22 nov.). Louis XV prend Fribourg (19 sept.-nov.). — Dans le Piémont, inutile victoire de l'infant don Philippe et du prince de Conti, à Coni (30 sept.).

France. — Pendant la maladie qui retient le roi un mois et demi à Metz, le peuple lui témoigne les plus vives sympathies; il reçoit le surnom de Bien-Aimé. Le premier aumônier du roi et le duc d'Orléans, pieux reclus de l'abbaye de Sainte-Geneviève, le font renoncer alors à sa favorite Mᵐᵉ de Châteauroux (août-sept.) pour peu de temps.

Italie. — Benoît XIV condamne les pratiques superstitieuses que les jésuites autorisaient à la Chine et dans les Indes.

1745.

Allemagne, Angleterre, Autriche, Espagne, France, Hollande, Pologne, Prusse et Savoie. — A Varsovie, ligue de Marie-Thérèse avec le roi d'Angleterre, l'électeur de Saxe, roi de Pologne, et la Hollande contre la France et la Prusse (janv.). — Mort de Charles VII (20 janv.) âgé de moins de cinquante ans. Son fils, Maximilien-Joseph, âgé de dix-huit ans, ne lui succède que dans l'électorat de Bavière. Pour jouir paisiblement de ses États héréditaires il renonce, par le traité de Fuessen, à toute prétention sur la succession d'Autriche (18 avr.). — En Flandre, le maréchal de Saxe et Louis XV gagnent une victoire sanglante à Fontenoy, au sud-ouest de Tournai, sur le second fils de George II, le duc de Cumberland, (11 mai). Tournai, Gand, Bruges, Oudenarde, Dendermonde, Ostende, Nieuport, se rendent (juin-sept.). — En Italie, avec le concours des Génois et du duc de Modène, le maréchal de Maillebois et l'infant don Philippe occupent les Apennins piémontais, le sud-ouest du Milanais, Plaisance et Parme (mai-nov.). Reddition de Casal, d'Asti, même de Milan (16 déc.). — Le roi de Prusse paraît dans la Silésie contre les Autrichiens et les troupes saxonnes du roi de Pologne : il les bat à Striegau ou Friedberg, entre Liegnitz et Schweidnitz (4 juin) ; il déclare la guerre à Frédéric-Auguste II et envahit son territoire (août). — Cependant Marie-Thérèse fait élire empereur son mari François Ier (13 juin). Soixante mille hommes campés près d'Heidelberg, au sud de Francfort, lui permettent d'entrer triomphalement avec lui à Francfort, où il est couronné (4 oct.). — Le roi de Prusse entre en Saxe, bat les troupes de l'électeur à la vue de Dresde (15 déc.), prend Leipsick, puis Dresde, et y signe la paix avec Frédéric-Auguste II et Marie-Thérèse (25 déc.) : la cession de la Silésie et du comté de Glatz est renouvelée, il reconnaît pour empereur l'époux de Marie-Thérèse. — Les Anglais s'établissent au cap Breton.

Angleterre. — Le fils du chevalier de Saint-George, Charles-Édouard, parti de Nantes, est allé relever en Écosse l'étendard des Stuarts ; beaucoup de chefs de clans arment pour lui : sa tête est mise à prix (14 sept.). Il entre à Perth (15 sept.), à Édimbourg, où il est proclamé régent pour son père Jacques III (19 sept.). Il est vainqueur du général Cope (oct.). Ses succès l'enhardissent à entrer en Angleterre. Il prend Carlisle, court jusqu'à Derby, à trente lieues de Londres (nov.), mais il est rejeté vers Carlisle, par l'activité du duc de Cumberland.

Italie. — Guerre civile en Corse : les chefs de l'insurrection sont soutenus par des troupes autrichiennes et piémontaises contre les Génois.

Russie. — L'héritier présomptif, le grand-duc Pierre, épouse à dix-sept ans Catherine, princesse d'Anhalt-Zerbst, sa cous.-germ. (21 août).

1746.

Angleterre. - Le prétendant est enfermé en Écosse, quand le duc Cumberland a pris Carlisle (janv.). Des renforts de troupes françaises, commandées par le comte de Lally-Tollendal, Irlandais, aident le prétendant à occuper Stirling, dont le château résiste, et à battre trois fois les Anglais ; au nord, Inverness se soumet à lui. Tous les fruits de cette campagne d'hiver sont perdus par la journée de Culloden, à l'est du comté d'Inverness (27 avril) : l'artillerie anglaise donne la victoire au duc de Cumberland. Fuite du prétendant, semée de dangers, jusqu'à ce qu'il s'embarque pour la France (17 sept.). Persécutions sanglantes en Angleterre contre ses partisans.

Angleterre et France. — Aux Indes, Madras, colonie anglaise, est occupée par le gouverneur français de l'île Bourbon, La Bourdonnais (sept.). Dupleix, gouverneur de Pondichéry, et directeur général de nos comptoirs, viole les capitulations que La Bourdonnais avait conclues avec les Anglais. Triste conflit entre eux. — Débarquement tenté par les Anglais sur les côtes de la Bretagne française. Attaque contre Lorient.

Autriche, Espagne, France et Italie. — Louis XV est reçu dans Bruxelles et dans Anvers (mai-juin). Mons et Charleroi sont occupées par le prince de Conti. Les Français, à Hui et à Namur, sur la Meuse (août). Le maréchal de Saxe bat les Anglais, les Hanovriens, les Hessois, les Hollandais, les Bavarois même, sous le prince de Lorraine, à Raucoux, un peu au nord de Liège (11 oct.). — En Italie, Gênes se rend aux Autrichiens vainqueurs à Plaisance. Les troupes de Savoie entrent en Provence (nov.) ; mais elles sont arrêtées par le maréchal de Belle-Isle (déc.). — Soulèvement de Gênes contre les Autrichiens (5 déc.). Cinq mille impériaux sont tués, le reste rétrograde vers la Lombardie. Gênes devient un foyer de résistance.

XVIIIᵉ SIÈCLE (1747-1748).

Danemark. — Mort de Christian VI (août). Il laisse un royaume florissant par le calme intérieur, par le développement de l'industrie et du commerce. Son fils, Frédéric V, a treize ans.

Espagne. — Mort de Philippe V (9 juill.). Infirmités et mélancolie de ses dernières années. Il a fait passer dans les institutions et les mœurs de l'Espagne quelques-unes des bonnes traditions françaises; réforme de la justice, des finances, de l'industrie, de la marine. Encouragement du commerce, des sciences et des arts. Avénement de Ferdinand VI, âgé de trente-trois ans, né de son premier mariage avec Louise-Marie de Savoie. — Lima, capitale du Pérou, est presque détruite par un tremblement de terre (26 oct.).

France. — La nouvelle favorite sera faite marquise de Pompadour. — Vauvenargues publie l'*Introduction à la connaissance de l'esprit humain avec des Réflexions et Maximes*. — *Essai sur l'origine des connaissances humaines*, par Condillac. — Table de mortalité de Deparcieux.

Italie. — Extinction de la maison ducale de Guastalla, branche des Gonzague, avec le duc Joseph (août). Marie-Thérèse déclare la principauté partie intégrante du Milanais (sept.).

Perse. — Paix avec les Turcs (janv.). Kouli-Khan fait enfermer dans la citadelle de Kars, en Arménie, le prince Thamas, dernier schah de la maison des Sophis, qu'il avait déposé en 1732. Ses défiances et ses cruautés.

Prusse. — Le chancelier Coccéi travaille deux ans à la rédaction du *Code Frédéric*, qui abrége les formalités de la jurisprudence.

1747.

Angleterre, Autriche, Espagne, France, Hollande, Italie et Russie. — Les Français enlèvent tout le pays entre l'Escaut et la mer, le fort de l'Écluse, le Sas de Gand, le fort Philippine, Hulst et Axel (avril-mai). — Le maréchal de Saxe et Louis XV gagnent une bataille meurtrière à Lawfeld, près de Maestricht (2 juill.). Siége et prise de Berg-op-Zoom, le chef-d'œuvre de Cohorn (15 sept.). — Lutte pénible des armées françaises et espagnoles pour contenir les Autrichiens et les Piémontais sur les crêtes du mont Genèvre, entre Briançon et Exilles. — Gênes se défend contre les Autrichiens avec le concours des troupes françaises, commandées par le duc de Richelieu (sept.). Deux combats perdus à l'entrée de la Manche, contre les amiraux Anson et Hawke, nous enlèvent plusieurs vaisseaux et détruisent notre réputation (juin-sept.). — Alliance défensive de l'Autriche et de la Russie (12 juin); de la Russie et de l'Angleterre (30 nov.). Les Russes paraissent sur le Rhin.

Angleterre. — Début de l'*English Chronicle*, le plus ancien des journaux de Londres encore existant.

Hollande. — A la demande des états de Zélande, comme en 1672, on rétablit le stathoudérat en faveur du prince d'Orange, Guillaume IV. Cette fois les États-Généraux déclarent la dignité de stathouder héréditaire même pour les femmes (4 mai). — Établissement colonial à Borneo, au nord de l'île de Java.

Perse. — Kouli-Khan, après vingt ans de gloire et de puissance, est réduit, par les conspirations qui se forment contre lui, à abandonner Ispahan pour se réfugier au milieu de ses soldats du Khoraçan, sa terre natale, près de Mechehed. Il est assassiné par les chefs de l'armée (juin).

1748

Allemagne. — *La Messiade*, épopée de Klopstock.

Angleterre. — Richardson publie le roman de *Clarisse Harlowe*.

Angleterre, Autriche, Espagne, France, Hollande, Italie et Prusse. — Les Français investissent Maestricht (12 avril). Inquiets pour Maestricht, pour Breda, pour Luxembourg, les États-Généraux, d'accord avec leurs alliés, demandent la paix. — Préliminaires signés à Aix-la-Chapelle (30 avril). Capitulation de Maestricht (10 mai). Cessation des hostilités (11 mai). — Le traité d'Aix-la-Chapelle met fin à la guerre, dite de la succession d'Autriche (18 oct). La maison d'Autriche garde le trône impérial. La Prusse conserve la Silésie, conquise dès le début de la guerre. Les duchés de Parme, Plaisance, Guastalla, sont donnés à l'infant don Philippe, second fils d'Isabelle de Parme, dont l'aîné don Carlos est roi des Deux-Siciles. Le roi de Sardaigne étend sa frontière du côté du Milanais, par l'occupation du territoire de Vigevano, et d'une partie du Pavesan sur la ligne du Tessin, que lui laisse Marie-Thérèse, son alliée. Le duc de Modène, allié de la France, est rétabli dans ses États qu'occupaient les troupes autrichiennes. La république de Gênes est déclarée indépendante, et recouvre toutes les possessions qu'elle avait avant la guerre. La France ne garde rien pour elle-même sur le continent; elle a contribué à l'agrandissement de la Prusse; elle laisse la suprématie sur mer aux Anglais qui recouvrent Madras en rendant le cap Breton : nous ne perdons pas encore le Canada. L'Espagne règle la traite des nègres en faveur de l'Angleterre; elle accorde encore aux Anglais le vaisseau de permission aux Indes espagnoles qui avait été la cause de la guerre en 1739. La France s'engage envers la maison de Hanovre à ne pas donner asile à Charles-Édouard Stuart.—Les hostilités suspendues en Europe continuent dans les Indes orientales : deux amiraux anglais assiégent Pondichéry (28 août), que l'énergique et intelligente défense de Dupleix les force à abandonner (17 oct.).

France. — Les galères ne sont plus employées comme navires de guerre.—Manufacture royale de porcelaine dans le château de Vincennes, plus tard à Sèvres. — Arrêt du parlement (23 juillet) pour ordonner la rédaction d'un *Codex* de médecine. — Publication de *l'Esprit des lois* de Montesquieu. — *Droit public de l'Europe, fondé sur les traités*, par Mably.—*Carte de France* de F. Cassini. — *Pandectes*, édit. de Pothier.

Italie. — Le commandant des troupes françaises dans l'île de Corse négocie, avec les chefs des rebelles et ceux des troupes auxiliaires, la suspension de la guerre civile (sept.).

Perse. — Prétentions au pouvoir suprême de Kérim-Khan, chef de bandits, qui s'appuie sur les provinces du sud, et de Mohammed-Haçan-Khan, fils d'un gouverneur du Mazandéran, de la tribu turcomane des Kadjars ou fugitifs. Tous deux avaient servi dans l'armée de Kouli-Khan.

Suède. — Exemption de taxes, pour vingt-quatre ans, accordée aux membres du clergé, aux officiers de la couronne et à tous ceux qui ont des seigneuries annexées à leurs charges, pour le défrichement de terres incultes.

1749.

Angleterre et France. — La rivalité recommence au sujet de l'Acadie et du Canada dont les limites ne sont pas fixées.

France. — Aux Indes, progrès de Dupleix : le prince indigène d'Arcate, au sud-ouest de Madras, vaincu est forcé de céder de nouvelles terres (août).—M. de Machault, contrôleur général des finances, fonde la caisse d'amortissement pour diminuer la dette publique. — Un édit royal diminue, dans l'intérêt de tous, les degrés de juridiction, par la réunion des prévôtés et des vicomtés aux bailliages et aux sénéchaussées (avril). — Par un édit de d'Aguesseau, les gens de mainmorte ne peuvent acquérir ou recevoir aucuns fonds, rentes ou maisons, même sous prétexte d'hospices, de congrégations, de confréries, d'hôpitaux ou de toute autre fondation ecclésiastique ou laïque, sans lettres patentes enregistrées dans le parlement (août). — Buffon commence à publier son *Histoire naturelle*. — Premier ouvrage de J. J. Rousseau : *Discours contre les sciences et les arts*, couronné par l'académie de Dijon. — Le *Catilina* de Crébillon inspire à Voltaire *Rome sauvée*.

Italie.—Le pape, Venise, Gênes, les Deux-Siciles, forment une ligue contre les corsaires d'Alger et de Tunis.

1750.

France. — Les droits et privilèges de la noblesse sont accordés, pour eux et pour leurs descendants, à tous ceux qui auront servi dans les troupes, au moins comme capitaines (nov.). — D'Aguesseau résigne ses fonctions (27 nov.). M. de Lamoignon, premier président de la cour des aides, devient chancelier; les sceaux passent au contrôleur général des finances Machault. — Mort du maréchal de Saxe au château de Chambord (30 nov.) : il aura un magnifique tombeau, ouvrage de Pigalle, dans le temple luthérien de Strasbourg. —Livre sur les *Fiefs* de Brussell.

Italie. — Après un vif débat, au sujet du patriarcat d'Aquilée, entre Venise et l'Autriche, le diocèse d'Aquilée sera partagé en deux archevêchés : l'un siégeant à Udine pour le Frioul vénitien, à la nomination du sénat; l'autre siégeant à Goritz, à la nomination des archiducs.

Portugal. — Mort de Jean V (juill.). Avénement de son fils aîné Joseph, âgé de trente-six ans. Il prend le titre de roi Très-Fidèle, que Benoît XIV avait donné depuis un an à Jean V. Causes permanentes de décadence : désordre dans les finances; point d'esprit militaire; une armée mal pourvue; une marine appauvrie; les sciences et la littérature comprimées par la routine et la superstition. — Ministère de don Sébastien-Joseph Carvalho, nommé plus tard marquis de Pombal. Tout-puissant pendant vingt-cinq ans, il affaiblit la noblesse, favorise le commerce, diminue le pouvoir de l'inquisition, sécularise le gouvernement, l'éducation et la jurisprudence ; il usera trop souvent de violence.

1751.

Angleterre. — Mort du prince de Galles : son fils a treize ans (mars). — Le départ d'Oglethorpe est fatal à la colonie de Géorgie, qu'il avait organisée : les nègres commencent à être admis, et deviennent bientôt très-nombreux comme dans la Caroline et le Maryland.

Angleterre et France. — En Amérique, dangers des colonies anglaises : les Français, maîtres du Canada, ont des forts sur toute la ligne des grands lacs, et dominent le cours du Mississipi, jusqu'à son embouchure, par la Louisiane; leurs troupes sont échelonnées jusqu'au sud du lac Champlain et sur les bords de l'Ohio. Création de la compagnie anglaise de l'Ohio. Plaintes des Français. Premiers actes d'hostilité.

Espagne.—Le ministre marquis de la Ensenada fait du Ferrol, village de la côte de Galice, le premier arsenal de la marine royale.

Espagne et Portugal.—Traité de limites pour leurs possessions dans l'Amérique du sud (avril) : les Indiens du Paraguay, du Parana et de l'Uraguay, soumis à l'influence des jésuites, ne veulent pas se laisser enclaver.

France.—École militaire fondée pour les nobles sans fortune; les bâtiments seront construits sur les plans de Gabriel. — Création des ingénieurs des ponts et chaussées. — De Machault propose au conseil l'établissement d'une imposition territoriale remplaçant la taille, et qui atteindrait les privilégiés non taillables. Clameurs; pamphlets. Le projet est abandonné. — Premier volume de l'*Encyclopédie*, dirigée par Diderot et d'Alembert : préface de d'Alembert, déjà connu comme mathématicien.—

Siècle de Louis XIV, de Voltaire. — Mort de d'Aguesseau ; il a laissé des Discours, des Mémoires judiciaires et des *Instructions à son fils* (févr.).

Hollande. — Mort de Guillaume IV (22 oct.). La tutelle de Guillaume V, enfant de trois ans, est partagée entre sa mère, fille du roi George II, et le duc Louis-Ernest de Brunswick.

Suède. — Mort du roi Frédéric Ier (avril). Avénement d'Adolphe-Frédéric de Holstein-Eutin. — *Philosophia botanica* de Linné, ouvrage qui résume et coordonne les travaux précédents, surtout pour la classification savante de toutes les richesses du règne végétal.

1752.

Angleterre. — Adoption du calendrier grégorien de 1582. — Fondation du *Britisch museum*. — Benj. Franklin, Américain de Boston, établi à Philadelphie, acquiert la preuve de l'identité de la matière électrique et de la foudre par l'expérience du cerf-volant (juin). Il imagina les paratonnerres.

France. — Mort du duc d'Orléans, retiré depuis dix ans à l'abbaye de Sainte-Geneviève, pieux janséniste (févr.). — Un arrêt du parlement défend de refuser, comme il arrivait souvent, les sacrements à ceux qui ne présentaient pas de billets de confession, et ne déclaraient pas accepter la bulle *Unigenitus* (18 avril). — Représentation du *Devin de village*, opéra de J. J. Rousseau.

Italie. — Pose de la première pierre du fameux palais de Caserta, à cinq lieues de Naples. Il sera construit sur les plans de Van Vitelli.

1753.

Allemagne. — Lessing, né en Lusace, publie à Berlin, à vingt-quatre ans, des *Fables* qui sont devenues classiques.

Angleterre. — *Analyse de la Beauté*, par le peintre Hogarth qui a créé le genre de la caricature morale.

Autriche et **Italie.** — Marie Thérèse nomme l'archiduc Pierre-Léopold, son second fils, gouverneur de tous les pays qu'elle possède en Lombardie, et en donne le gouvernement au duc de Modène, François III, récemment réconcilié avec la maison d'Autriche (déc.).

Espagne. — Concordat pour régler la collation des bénéfices, dont la cour de Rome ne disposera plus pendant les deux tiers de l'année.

France. — Le roi, par lettres patentes, enjoint au parlement de ne pas poursuivre ceux qui contreviennent à l'arrêt du 18 avril 1752 (22 févr.). Désobéissance des chambres (7 mai) ; lettres d'exil (9 mai) ; translation du parlement d'abord à Pontoise, puis à Soissons (mai-nov.). Le parlement est remplacé par une chambre royale à Paris. — *Lettre* de J. J. Rousseau *sur la musique française* à l'occasion de l'arrivée à Paris des bouffes italiens. — Son *Discours sur l'origine de l'inégalité parmi les hommes*. — La *Correspondance littéraire* de Grimm s'étend de 1753 à 1790.

Italie. — Traité humiliant et sans garantie consenti par Venise avec les barbaresques de Maroc, d'Alger, de Tunis, de Tripoli.

Suède. — Académie de belles-lettres. — Usage du nouveau style de calendrier : l'année sera comptée au 1er janvier.

1754.

Angleterre et **France.** — Les Anglais de l'Acadie assassinent M. de Jumonville, que le commandant français du Canada avait député près d'eux (24 mai). Les Français prennent le fort de la Nécessité. La guerre va recommencer.

Danemark. — Le ministre Bernstorff importe l'usage de l'inoculation qui doit préserver les peuples des ravages de la petite vérole : la première expérience est faite sur sa femme.

France. — Naissance du troisième fils du dauphin, le duc de Berri, depuis Louis XVI (23 août). — Déclaration du roi, qui impose un silence absolu sur les disputes religieuses (2 sept.). Le parlement de Paris est rétabli; il enregistre la déclaration (4, 5 sept.). — Édit pour la liberté du commerce des grains. — Disgrâce du contrôleur général de Machault. — Rappel de Dupleix. — Traité de Madras tout à l'avantage des Anglais (31 déc.). — Le journal de Fréron prend le titre d'*Année littéraire*.—Séjour de Rousseau à Genève.

Italie.—Les Corses, de nouveau soulevés contre Gênes, prennent pour chef le général Pascal Paoli, âgé de vingt-huit ans.—Nouveau recueil de lois des Deux-Siciles, le *Code Carolin*.

Portugal. —Une compagnie reçoit le monopole du commerce de la Chine et des Indes.

Turquie.—Mort de Mahmoud Ier; Othman III, son frère, lui succède à cinquante-six ans. Puissance de trois favoris. — Le vin est interdit aux musulmans, sous des peines très-sévères (déc.).

1755.

Angleterre. — Au moment de la guerre avec les Français du Canada, projet de confédération entre les colonies anglaises de l'Amérique du nord : le plan proposé par la couronne fut rejeté, parce que les colonies ne veulent ni d'un président-général nommé par le roi, ni d'une taxe qu'on devait lever pour les frais de la guerre. Les gouverneurs des colonies se réunissent cependant pour organiser la lutte contre les Français.

Angleterre et France. — Les Anglais commencent la guerre à la façon des pirates : leur amiral enlève deux vaisseaux français sur le banc de Terre-Neuve (juin); trois cents navires marchands sont capturés. Hostilités dans l'Ohio et le Canada, d'abord favorables à la France.

Espagne. — Au Pérou, à Quito, tremblement de terre (28 avril).

France. — Mort de Montesquieu à soixante-six ans (10 févr.).—*L'Ami des hommes*, du marquis de Mirabeau, le père de l'orateur, aborde les grandes questions d'économie politique et sociale. — L'*Histoire du peuple de Dieu*, écrite dans un esprit hostile à l'Église, est condamnée, du vivant de l'auteur, le jésuite Berruyer, par Benoît XIV qui renouvellera, trois ans après, la sentence (avril). — Mandrin, contrebandier et brigand qui a quelquefois tenu tête à des troupes du roi, est jugé et exécuté à Valence, en Dauphiné.

Italie. — On retrouve l'emplacement de Pompeii qui a été engloutie, comme Herculanum, sous les cendres du Vésuve. — Les fouilles ne seront poursuivies activement qu'à la fin du siècle.

Portugal. — A Lisbonne, un tremblement de terre détruit des églises et des maisons, et coûte la vie à quinze mille personnes (1er nov.). Effet de la commotion à Cadix, à Tolède, à Madrid. — Émancipation complète des indigènes du Brésil, favorable à la colonie.

1756.

Allemagne, Angleterre, Autriche, France et Prusse. — Commencement de la guerre de Sept ans. — La guerre maritime est engagée entre la France et l'Angleterre; les hostilités ont déjà commencé en Amérique. Alliance de l'Angleterre avec la Prusse (16 janv.), de la France avec l'Autriche, par l'influence de M. de Kaunitz, qui sera ministre des affaires étrangères en Autriche, aussi longtemps que durera cette alliance, jusqu'à la révolution française (1er mai). Avec l'escadre de Toulon, le maréchal de Richelieu va attaquer l'île de Minorque, sentinelle des Anglais dans la Méditerranée (avril) : tentative contre le fort Saint-Philippe, réputé imprenable (8 mai); victoire navale à la hauteur de Port-Mahon, sur l'amiral anglais Bing qui fuit jusqu'à Gibraltar (20 mai); assaut de nuit; capitulation du fort (28 juin). — Déclarations solennelles de guerre, échangées par les deux couronnes (mai-juin).—Au Canada, glorieuse campagne du marquis de Montcalm, qui enlève aux Anglais le fort Ontario et le voisinage des grands lacs. — Dans l'Indostan, un nabab, allié de la France, chasse les Anglais de Calcutta. Il enferme ses prisonniers au trou-noir où ils périssent. — Frédéric II, sans déclaration de guerre, lance le prince Ferdinand de Brunswick avec soixante mille hommes sur la Saxe, qu'il suppose complice de l'Autriche et de la Russie, ses ennemies (août). Brunswick prend Leipsick. Frédéric II, lui-même, entre à Dresde, presque sur les pas de l'électeur qui l'a quittée pour rejoindre ses soldats à Pirna (10 sept.), et force l'armée saxonne à capituler (15 oct.). L'électeur se retire à Varsovie. La Saxe sera pendant sept ans à la merci du roi de Prusse qui l'épuise d'argent, d'armes, de munitions, et laisse ses officiers y commettre toutes sortes d'excès. — Les armées prussiennes franchissent les frontières de la Bohême (oct.). Marie-Thérèse réclame et obtient de la France les secours promis par le traité : le prince de Soubise conduit vingt-quatre mille hommes en Allemagne.

Angleterre. — L'amiral Bing, le vaincu de Port-Mahon, saisi à Gibraltar par deux amiraux, est livré à une cour martiale qui s'établit sur un de ses vaisseaux à Portsmouth (22 déc.).—Peu d'accord entre les troupes anglaises et les troupes anglo-américaines réunies sous un même général.—L'Irlandais Edm. Burke est déjà célèbre; ses liaisons avec Garrick, Sam. Johnson et Reynolds.

France. — Bref de Benoît XIV dans la question des sacrements et de la bulle *Unigenitus* (oct.). Il n'est pas accepté par le parlement (nov.). Déclaration du roi (10 déc.), imposée dans un lit de justice (13 déc.). Un édit royal supprime deux chambres des enquêtes ; cent quatre-vingts membres du parlem. renoncent à siéger. — J. J. Rousseau à Montmorency.

Portugal. — Nommé secrétaire d'État pour les affaires du royaume, Carvalho est à la tête du ministère (mai). Encouragement de l'industri nationale : les marchandises venant de l'étranger sont frappées d'un droit. Indolence des Portugais. Réclamations de l'Angleterre.

Suède. — La diète punit des nobles qui voulaient préparer une restauration du despotisme. Elle veut même disposer de l'éducation de l'enfant destiné au trône.

Suisse. — *Idylles* de Salomon Gessner, poëte de Zurich.

1757.

Angleterre.—Sentence de mort contre Bing : ses juges cependant déclarent qu'il n'a manqué ni de cœur ni de fidélité, et demandent sa grâce (27 janv.). Les ministres font exécuter la sentence (14 mars). — William Pitt qui, depuis quinze ans, doit à son éloquence une grande influence politique, et qui a su conserver son indépendance et ses principes, même en exerçant des charges de l'État, devient le chef du ministère de coalition dans lequel entre Henri Fox (lord Holland), le père du célèbre Fox. Active direction donnée à la guerre contre la France dans les colonies; alliance avec Frédéric II ; réforme de l'administration des finances.

Angleterre, Autriche, France, Prusse, Russie et Suède. — Suite de la guerre de Sept ans. — Dans l'Indostan, succès des Anglais: leur colonel Clive enlève à la compagnie française Chandernagor sur le Gange (mars); il pourra soumettre le Bahar au nord-ouest, et l'Orissa au sud-ouest du Bengale, et donner à la Grande-Bretagne dix millions de sujets. — La France oppose à la Prusse cent mille hommes en Westphalie (avril), et prend l'Os'-Frise entre le bas Ems et le bas Weser (3 juill.). Le duc de Cumberland repasse le Weser pour couvrir l'élec-

XVIIIᵉ SIÈCLE (1758).

torat de Hanovre : il est battu à Hastembeck, près d'Hameln, au sud-ouest de la ville de Hanovre (26 juill.); le maréchal d'Estrées, vainqueur, reste maître de l'électorat et de tous les États de la maison de Brunswick. Richelieu, qui commandait sur le Rhin, se porte contre le duc de Cumberland, l'enferme entre les bouches de l'Elbe et du Weser, et lui fait signer la honteuse convention de Closter-Severn (10 sept.). La sanglante victoire de Prague (6 mai) coûte à Frédéric II le général Schwérin, l'un des créateurs de la discipline militaire. La victoire du général autrichien Daun, à Kollin, force les Prussiens à lever le siége de Prague et à sortir de la Bohême (juill.). — La diète de Stockholm déclare la guerre à la Prusse malgré le roi, beau-frère de Frédéric II (mars) : les hostilités seront sans résultat. — Alliance de la Russie et de l'Autriche (12 juin). Le feld-maréchal Apraxin, envoyé par la czarine, prend Memel, sur la Baltique (5 juill.), est vainqueur près de Gross-lœgerndorff, au sud-est de Kœnigsberg (30 août), mais se replie vers la Pologne et la Courlande. — Frédéric II, qui est rentré de Bohême en Saxe, y trouve l'armée impériale sous le prince de Saxe-Hildbourghausen, et l'armée française, venue de Westphalie avec le prince de Soubise : il les bat à Rosbach, sur la Saala, entre Mersebourg et Naumbourg (nov.), chasse de Saxe les Autrichiens, bat le prince Charles à Lissa ou Leuthen, en Silésie, au nord-ouest de Breslau (5 déc.).

France. — Tentative de régicide par Damiens (5 janv.). Il est exécuté (28 mars). — Réconciliation du parlement avec le roi (sept.).

Italie. — En Corse la France envoie des troupes à la prière des Génois; le parti de l'insurrection offre en vain de se donner au roi de Prusse.

Portugal. — Soulèvement au sujet des abus commis par la compagnie générale des vignes du haut Douro; il est réprimé avec vigueur (févr.). — La résistance des Indiens du Paraguay à l'exécution du traité de limites de 1750, imputée aux jésuites, fait retirer à cette Société l'administration temporelle sur les Indiens; plusieurs sont jetés en prison comme coupables de commerce illicite (août). — Les jésuites sont chassés du palais et remplacés comme confesseurs par des franciscains.

Russie. — Le feld-maréchal Apraxin, accusé de trahison pour sa conduite dans la guerre contre les Prussiens, meurt avant son jugement. — Les blés de la Russie nourrissent la Suède pendant une disette.

Turquie. — Avénement de Mustapha III. Il renouvelle les lois somptuaires portées contre le luxe des Grecs et des Arméniens. — Son ministre, le grand vizir Raghib-Pacha, est enclin à la paix.

1758.

Allemagne, Angleterre, Autriche, Prusse et Russie. — Frédéric II décide les Anglais à rompre le traité de Closter-Severn, pour que les armées françaises, occupées du côté du Hanovre, ne pénètrent pas, comme en 1757, au cœur de l'Allemagne. Les Français conservent d'abord Brême (janv.); mais ils perdent Minden (mars). Défaite d'un corps d'armée du comte de Clermont, entre Rhin et Meuse, à Crevelt, au nord-ouest de Dusseldorf (juin). Les Français cependant, sous le duc de Broglie et le prince de Soubise, deux fois vainqueurs des Anglais, des Hanovriens et des Hessois, se maintiennent au pays de Cassel dans la vallée supérieure du Weser (juill.-oct.). — Descente des Anglais à Saint-Malo (5 juin), à Cherbourg (7 août), à Saint-Brieuc (4 sept.); le duc d'Aiguillon les bat en Bretagne. — Le général russe Fermer prend Kœnigsberg (22 janv.) et livre les bat. indécises de Custrin et Zorndorff (25, 26 août). Frédéric II prend aux Autrichiens Schweidnitz, leur dernière place en Silésie, et oblige le maréchal Daun à renoncer au siége d'Olmutz (juin). Il est poursuivi en Lusace et est battu par Daun à Hochkirch, où il perd deux cent quatorze canons (11 oct.). Deux généraux prussiens forcent Daun à lever le siége de Dresde, et à se retirer en Bohême (nov.). La Saxe reste encore à Frédéric II. — Au Canada, malgré la brillante victoire du marquis de Montcalm qui avec trois mille cinq cents hommes bat seize mille Anglais (6 juill.), les Anglais s'emparent de l'île Royale ou cap Breton, avec le fort Louisbourg (27 juill.). Ils enlèvent à la France, sur les côtes d'Afrique, le Sénégal, et l'île de Gorée, au sud du cap Vert. — Dans l'Indostan, le gouverneur français, Lally-Tollendal, assiége la grande colonie anglaise de Madras (déc.).

France. — Par l'édit du 29 mars, aucun officier ne sera pourvu d'un régiment qu'il n'ait servi pendant sept ans, dont cinq comme capitaine; on ne sera pas reçu capitaine sans avoir occupé deux ans l'un des grades inférieurs. — Quesnay, par son *Tableau économique* et ses *Maximes générales du gouvernement économique*, ramène l'attention vers l'agriculture. — Beaux travaux de botanique de Bernard de Jussieu, à l'occasion de la plantation du jardin de Trianon à Versailles. — *De l'Esprit*, ouvrage d'Helvétius, doctrine de l'athéisme et de l'intérêt personnel.

Italie. — Mort de Benoît XIV (mai). Ses qualités aimables et son esprit tolérant lui ont valu d'utiles relations même avec la Prusse et la Russie. Il a fondé à Rome une académie pour l'histoire ecclésiastique; il a enrichi la bibliothèque du Vatican et consacré le musée, dans les bâtiments du Capitole, à recevoir les produits des fouilles faites à Rome et aux environs. — Avénement de Clément XIII, plus dévoué aux corporations religieuses.

Perse. — Toute-puissance de Kérim-Khan après la mort violente de Mohamed-Haçan. Il se contente du titre de régent, ou velik. Il résidera à Chiraz, qui lui doit le palais fortifié ou Ark, et les sépultures de ses deux grands poëtes, Saadi et Hafiz.

Portugal. — Benoît XIV a permis de rechercher les désordres commis par les jésuites (1er avril).

Suisse. — Poëme de *la Mort d'Abel*, par Gessner.

1759.

Angleterre, Autriche, Prusse et Russie. — Suite de la guerre de Sept ans. — Dans les Antilles, les Anglais attaquent vainement la Martinique (janv.); mais ils prennent la Guadeloupe. — Au Canada, le marquis de Montcalm meurt en héros près de Québec, qui est prise quatre jours après sa mort (sept.). — Infériorité numérique des vaisseaux français: bataille perdue près de la côte espagnole de Lagos (17 août); et fuite honteuse de M. de Conflans à la hauteur de Belle-Ile (20 nov.). — Dans les Indes, victoire disputée, sur la côte de Coromandel (10 sept.). — Les Français ne quittent pas les régions voisines de la Westphalie. Le prince Ferdinand de Brunswick, pour les couper du Mein et du Rhin, attaque les troupes du duc de Broglie, à Berghen, à deux lieues de Francfort, et perd dix mille hommes (avril). De Broglie enlève Minden, sur le Weser (9 juill.); Ferdinand de Brunswick bat à Minden le maréchal de Contades et le fait fuir jusqu'à Cassel (1er août). — Le général russe Soltikof, vainqueur du général prussien Vedel à Zullichau, arrive à Crossen, sur l'Oder (juill.), suit le fleuve jusqu'à Francfort, et envoie des détachements aux portes de Berlin. — Frédéric II vient en personne combattre les Russes, auxquels s'est réunie l'armée autrichienne de Laudon: entre Francfort et Berlin, à Cunersdorf, lutte acharnée pendant huit heures; défaite des Prussiens (12 août). — Par contre-coup, les Prussiens perdent Dresde (5 sept.), et sont enveloppés par le maréchal Daun, près du fameux camp de Pirna (10 nov.).

Espagne et Italie. — Mort de Ferdinand VI d'Espagne sans postérité (août). Son frère don Carlos, l'aîné des enfants d'Isabelle de Parme, est proclamé à Madrid. — Don Carlos, pendant vingt-quatre ans de règne dans les Deux-Siciles, a réformé les abus, encouragé les lettres et les arts. L'aîné de ses trois fils étant imbécile et incapable, il désigne le second pour l'héritage présomptif de la couronne d'Espagne, et donne au troisième, Ferdinand Ier, enfant de huit ans, le trône des Deux-Siciles, sous la tutelle du ministre Tanucci, qui l'avait lui-même guidé dans la voie des réformes : mais le nouveau roi, passionné pour les exercices physiques, ne gouvernera jamais lui-même.

France. — Le duc de Choiseul, qui a quitté l'ambassade de Vienne pour le secrétariat des affaires étrangères en 1758, se soutient malgré son esprit frondeur, par la faveur de la cour d'Autriche et de Mme de Pompadour. Le maréchal de Belle-Isle est secrétaire d'État de la guerre. Silhouette, pendant quelques mois contrôleur général des finances, réforme l'administration des fermes. — Le livre d'Helvétius, condamné par Clément XIII, est brûlé par ordre du parlement. — Voltaire, retiré à Ferney, dans le pays de Gex, près du lac de Genève, met la dernière main à l'*Essai sur les mœurs des nations*. — La *Nouvelle Héloïse* de J. J. Rousseau, écrite dans son ermitage de Montmorency. — *Eloge du maréchal de Saxe*, par Thomas.

Pologne. — A la demande des États de Courlande et de Sémigalle, le roi de Pologne investit de ce duché son troisième fils, qui s'engage à maintenir la confession d'Augsbourg et à ne pas permettre l'exercice du culte catholique (janv.).

Portugal. — La tentative d'assassinat dont le roi a failli être victime en septembre 1758 coûte la vie à plusieurs nobles accusés de complicité, le duc d'Aveiro, le marquis de Tavora avec sa femme et son fils (janv.). Malagrida et deux autres jésuites, enveloppés dans le complot, ne peuvent être jugés sans la permission de Rome, qui se fait attendre pendant un an. — Carvalho est fait comte d'Oeyras (juin). — Un édit royal chasse les jésuites (3 sept.): la plupart sont transportés en Italie. Leurs colléges étant supprimés, les études sont confiées au principal d'Almeida, et à des prêtres non congréganistes.

1760.

Angleterre, Autriche, France, Prusse et Russie. — Succès des Anglais. En Indostan, ils triomphent de Lally par la complicité des indigènes, les Mahrattes (janv.): la ville de Pondichéry va être bloquée. Au Canada, les efforts héroïques de M. de Vaudreuil n'aboutissent qu'à une capitulation honorable qui remet Montréal aux conquérants de Québec (sept.): le pays est perdu par l'incurie du gouvernement français. — Les colonies anglaises ont fait d'énormes sacrifices d'hommes et d'argent pour chasser les Français de tous les forts du territoire de l'Ohio, du lac Champlain et du lac Ontario, limitrophes du Canada. — Le maréchal de Broglie bat à Corbach, à l'ouest de Cassel, trente mille hommes du prince héréditaire de Brunswick (juill.); mais il est battu sur le bas Rhin à Rhinberg (16 oct.). Le combat de Clostercamp est célèbre par le dévouement du chevalier d'Assas. Le territoire entre le Rhin et le haut Weser reste ouvert aux armées françaises. — Malheurs de Frédéric II. Un de ses généraux, battu par le général autrichien Laudon, près de Glatz, perd cette place importante au sud-ouest de la Silésie (mai). Une division russe s'empare de Berlin, qui est mise à contribution (8 oct.). Frédéric II en personne n'a qu'une victoire sanglante sur le maréchal Daun, à Torgau sur l'Elbe (2 n.); la Saxe est entamée par les Autrich.

Angleterre. — Mort de George II (25 oct.). — Son petit-fils George III voudra un gouvernement personnel sans les whigs. — Poésies gaeliques d'*Ossian*, par Macpherson.

France. — A cause de la guerre, troisième vingtième et doublement de la capitulation. Ils seront maintenus jusqu'en 1787. — Petite poste à Paris. — Mémoire sur les *Défrichements* du marquis de Turbilly. — *Tancrède* tragédie de Voltaire.

Italie. — En Corse, Paoli fait de Corte sa place d'armes contre les Génois.

Portugal. — Création d'une intendance générale de police (25 juill.). — Rupture ouverte avec Rome à cause des jésuites (août). — Carvalho frappe les nobles : beaucoup sont jetés en prison ou exilés, même des frères naturels du roi. — Pour donner aux rues et aux maisons nouvelles un aspect plus régulier, un édit royal ordonne la démolition de tous les édifices qui ont échappé au tremblement de terre de 1755 (15 oct.).

1761.

Angleterre, Autriche, Espagne, France, Italie, Prusse et **Russie.** — Désastres maritimes de la France, surtout dans l'Indostan. Capitulation de Pondichéry, après neuf mois de blocus (15 janv.). — Le comptoir de Mahé, sur la côte de Malabar, est pris par les Anglais (févr.). Mais ils ont dans le Mysore, au sud de la péninsule de l'Indostan, un ennemi nouveau, Haïder-Ali, qui dépouille son souverain et prend sa place. — Aux Antilles, la France perd la Dominique. Sur la côte de Bretagne, la citadelle de Belle-Isle est occupée par les Anglais (juin). — Dans la Hesse-Cassel, succès balancés entre le prince Ferdinand de Brunswick et le maréchal de Broglie, auquel s'est joint le prince de Soubise, général de l'armée du bas Rhin (mars-juill.). — M. de Choiseul réunit par le pacte de famille les quatre souverains de la maison de Bourbon : France, Espagne, Naples et Sicile, Parme et Plaisance; ils promettent de se garantir mutuellement leurs États (15 août). — Sur le continent, l'armée française dite du Bas-Rhin occupe Embden et Meppen sur l'Ems, et le comté de Diepholz, au nord-ouest de Minden (sept.-oct.). — En Silésie le général autrichien Laudon, sous les yeux de Frédéric II, entre en vainqueur dans Schweidnitz; au nord-est de la Poméranie, les Russes enlèvent Colberg, après un siége de six mois (déc.).

Angleterre. — William Pitt quitte le ministère sur le refus des autres membres du cabinet de déclarer la guerre aux signataires du pacte de famille (oct.). Le comte de Bute, secrétaire d'État de l'intérieur, mis à la tête du ministère, sera obligé de faire ce qui a été refusé à Pitt. — *Histoire d'Angleterre* du philosophe écossais David Hume : elle n'est bien reçue d'abord ni des torys, ni des whigs, ni des catholiques, ni des protestants.

France. — A la mort du maréchal de Belle-Isle, le duc de Choiseul réunit aux affaires étrangères le ministère de la guerre (25 janv.). — A l'occasion du procès du jésuite Lavalette, négociant à la Martinique, un conseiller-clerc du parlement de Paris, l'abbé Chauvelin, provoque l'examen par le parlement et par des commissaires royaux des constitutions de la Société, de sa morale, de son enseignement, de ses doctrines politiques (avril). Un arrêt du parlement reçoit appel comme d'abus de bulles ou de brefs concernant la Société (août), et ordonne de brûler plusieurs de ses ouvrages. Une assemblée d'évêques se déclare pour le maintien de la Société (oct.-déc.). — Élan patriotique pour concourir à la guerre maritime : les états de plusieurs provinces, des compagnies de finances, la ville de Paris, la chambre de commerce de Marseille, le clergé, des corporations religieuses offrent au roi des vaisseaux (nov.).—Société royale d'agriculture (1er mars).

Italie. — Clément XIII fait reconstruire le port de Civita Vecchia.

Portugal. — Les biens des jésuites sont réunis à la couronne (févr.). — L'infortuné jésuite Malagrida, livré au tribunal de l'inquisition pour les pensées hérétiques et folles que contiennent deux livres composés par lui en prison, est étranglé et brûlé (sept.).—Fondation d'un collége royal pour cent jeunes nobles (avril).

1762.

Angleterre, Autriche, Espagne, France, Italie, Portugal, Prusse et Russie.—Déclarations de guerre échangées entre l'Angleterre et l'Espagne, alliée de la France (janv.).—Le Portugal dévoué à l'Angleterre subit une invasion espagnole (juin). Des hommes de guerre expérimentés lui sont envoyés par la cour de Londres : l'un d'eux, le comte de la Lippe Schauembourg, nommé maréchal général, constitue une nouvelle armée portugaise, et restaure les fortifications des places frontières, surtout Elvas, sur la Guadiana, en face de Badajoz, ville espagnole. — La participation de l'Espagne à la guerre donne aux Anglais de nouvelles conquêtes maritimes. Dans les Antilles, ils prennent aux Français la Martinique, la Grenade, Saint-Vincent, Sainte-Lucie, Tabago (janv., févr.); aux Espagnols la Havane, capitale de l'île de Cuba, et bientôt l'île entière (juin-août). Dans les Indes, l'Espagne perd les îles Philippines et leur capitale, Manille (oct.). — Sur le continent, dès son avénement, le nouveau czar Pierre III a cessé la guerre contre la Prusse (janv.). — Cessation des hostilités entre la Prusse et la Suède, par la volonté de la diète de Stockholm (mai). — En Allemagne, les maréchaux d'Estrées et de Soubise battent à Johannisberg, à l'ouest de Mayence, le prince héréditaire de Brunswick (30 août). Ils perdent Cassel (1er nov.).—Frédéric II, malgré le maréchal autrichien Daun, rentre, après une attaque de plus de deux mois, dans Schweidnitz, en Silésie (oct.). — L'Angleterre désire la paix : les conquêtes mêmes ont épuisé le trésor ; recrutements difficiles. Le comte de Bute, devenu principal ministre (mai), hâtera la fin des hostilités.—Six semaines de négociations. Préliminaires de paix signés à Fontainebleau (3 nov.) : l'Angleterre gardera l'Acadie, le Canada, le cap Breton, la Grenade et les Grenadines, Saint-Vincent, Saint-Dominique et Tabago, toutes trois contestées depuis 1722, et le Sénégal. La France conserve le droit de pêche sur les côtes de Terre-Neuve et dans le golfe Saint-Laurent, avec les îles de Saint-Pierre et de Miquelon, situées dans ce golfe ; elle recouvre la Guadeloupe, Marie-Galante, la Désirade, la Martinique, et obtient Sainte-Lucie ; l'île de Gorée lui reste au Sénégal ; Belle-Isle, sur la côte de Bretagne, lui est rendue. L'électeur de Hanovre et le landgrave de Hesse rentrent dans toutes leurs places. Aux Indes orientales, restitution mutuelle : la France garde Pondichéry, Mahé et trois petits comptoirs au Bengale ; mais sa marine est ruinée. L'Espagne recouvre Cuba et Manille, mais elle cède à l'Angleterre la Floride et la baie de Pensacola, au sud de la Caroline anglaise : la France la dédommagera par la cession de la Louisiane, à l'est des contrées mexicaines.

Angleterre. — Dans le parlement, opposition contre la paix si fructueuse cependant : Pitt s'en fait l'organe. L'opinion publique est favorable à lord Bute ; disgrâce des whigs.

France. — Calas, accusé sans preuve de la mort de son fils, condamné par le parlement de Toulouse, meurt du supplice de la roue (mars). Voltaire, plus tard, fera reviser cet inique procès. — L'*Émile* de J. J. Rousseau, traité philosophique sur l'éducation.—Le parlement de Paris, jugeant comme d'abus, dissout la Société des jésuites (6 août) : arrêts analogues rendus par plusieurs parlements. — Censure de la Sorbonne contre l'*Émile* (20 août).—Réunion au domaine royal, par cession volontaire, de la principauté de Dombes, au nord du Lyonnais, apanage du duc du Maine, fils légitimé de Louis XIV (mars-août).

Italie. — Affranchissement des serfs du duché de Savoie (20 janv.).

Russie.—Mort de la czarine Élisabeth (janv.). Sous son règne, pas une seule exécution à mort; diminution de l'impôt du sel; liberté rendue à vingt-cinq mille débiteurs; elle acquitte une partie de leurs dettes. — Avénement de Pierre III, son neveu, né d'une fille aînée de Pierre le Grand et du duc de Holstein-Gottorp. — Admirateur de Frédéric II, il cesse de lui faire la guerre et lui renvoie ses prisonniers. Projet d'alliance avec les deux autres branches souveraines de la maison de Holstein, qui règnent en Suède depuis 1751, en Danemark depuis 1523 : réunies à l'Angleterre et à la Prusse, elles contre-balanceraient le pacte de famille des Bourbons. Protection accordée au commerce, affranchissement de la noblesse des entraves qui la liaient au souverain, suppression de la question dans les procès criminels, lois répressives du luxe. Mais il a des mœurs ignobles et menace la puissance du clergé. Conspiration au profit de sa femme Catherine qu'il voulait répudier : il meurt neuf jours après sa renonciation à l'empire (juill.).—Catherine II règne : son fils Paul, âgé de huit ans, duc de Holstein-Gottorp par droit paternel, est déclaré grand-duc et héritier présomptif.—Biren, rappelé d'exil par Pierre III, rentre même, par la faveur de Catherine, dans son duché de Courlande.

1763.

Angleterre, Autriche, Espagne, France, Pologne, Portugal et Prusse.—Traités de Paris, entre la France, l'Espagne, l'Angleterre et le Portugal, qui recouvre ce qu'il a perdu (10 févr.). Traités d'Hubertsbourg, en Saxe, près de Dresde, entre Marie-Thérèse, le roi de Prusse et l'électeur de Saxe, roi de Pologne : la Saxe reste à l'électeur; Frédéric II, pour la troisième fois, se fait céder par Marie-Thérèse la Silésie (15 févr.). Résultats de la guerre de Sept ans : grandeur continentale de la Prusse et suprématie maritime de l'Angleterre, au détriment de l'Autriche et de la France.

Angleterre. — Le compte final des dépenses de la guerre fait voir un déficit immense; nécessité de nouveaux impôts. Discussion ardente dans les deux chambres, au sujet de l'impôt du cidre. Le comte de Bute se retire (avril) : la direction passe à George Grenville, un des membres de son cabinet, qui a les mêmes principes.—Affaire de M. Wilkes, éditeur de la feuille périodique *North Briton* : le numéro du 23 avril paraît attentatoire à la dignité royale, séditieux et criminel. Quoique membre du parlement, il est envoyé à la Tour, mais il en sort, grâce à son inviolabilité parlementaire. Le papier inculpé est brûlé de la main du bourreau; vive agitation à Londres : mais les deux chambres approuvent la conduite du pouvoir (nov.), les communes laissent autoriser les poursuites : Wilkes passe en France (déc.). — En Amérique, lutte avec les Indiens, que menacent les forts construits au sud-ouest des grands lacs et sur leurs territoires de chasse : ils se jettent même sur la Pensylvanie, le Maryland et la Virginie. — Envoi de colons dans la Floride nouvellement acquise, pour la culture du coton, de la vigne, de l'olivier, de l'indigo, de la cochenille et pour la production de la soie; privilèges accordés à des protestants de France, du Palatinat et de Lubeck : lente prospérité. — La permission d'abattre du bois de Campêche dans la baie de Honduras, colonie espagnole, aux portes du Mexique, sera l'occasion d'une contrebande active et ruineuse pour l'Espagne. — Aux Indes, la compagnie brise Cossim-Ali-Khan, soubab du Bengale, et s'empare deux fois en quatre mois de sa résidence, Patna, sur le Gange, qui reste aux Anglais (nov.). Au sud, résistance du souverain de Mysore, Haïder-Ali. — *Recherches sur l'entendement humain* de l'Ecossais Th. Reid.

France. — Édit royal portant règlement pour les colléges qui ne dépendent pas des universités (févr.). — Les Facultés de théologie et de médecine doivent donner leur avis sur l'inoculation de la petite vérole, avant que l'usage en soit permis (8 juin).— Circulation des grains autorisée à l'intérieur. — Les folies des jansénistes, qui durent depuis vingt ans, sont dévoilées dans leur assemblée d'Utrecht (13 sept.).—Tentative de colonisation dans la Guyane, à Cayenne : douze mille colons y périront. — *Famille des plantes* d'Adanson.

Pologne et Russie.—En Courlande, rivalité entre les partisans de Biren qu'appuient les Russes, et ceux du jeune fils du roi de Pologne, mal secouru par son père : il retourne à Varsovie (avril); l'influence russe est prépondérante.

Pologne.—Frédéric-Auguste II meurt à Dresde (5 oct.).

Prusse. — Depuis la paix, soins donnés à l'agriculture et à l'industrie : l'établissement de la régie des douanes et des impôts est un malheureux emprunt aux institutions françaises.

1764.

Allemagne. — L'*Histoire de l'art chez les anciens*, admirable traité de Winckelmann; qui, traduit en français en 1781, contribuera à amener une révolution dans la peinture.—Début de l'*Almanach de Gotha*.

Allemagne et **Autriche.**— Le fils aîné de l'empereur et de Marie-Thérèse, l'archiduc Joseph, est élu roi des Romains à Francfort (27 mars).

Angleterre. — Suite de l'affaire de Wilkes : les communes autorisant les poursuites des tribunaux (janv.), la cour du banc du roi déclare Wilkes coupable (févr.). Question de principe, discutée et ajournée, sur le droit d'appréhender au corps les auteurs, imprimeurs et éditeurs d'un libelle séditieux.—Tendance à imposer les colonies : les marchandises étrangères qui y sont importées sont soumises à des droits (mars). Projet d'un impôt sur le timbre. — Extinction d'une partie de la dette contractée pendant la guerre, sans emprunts, sans loterie, sans impôts nouveaux. — Renouvellement de la charte de la Banque pour vingt ans. — Commencement des voyages de découvertes qui ont illustré ce règne : le commodore Jean Byron part pour faire le tour du monde (juin). — Aux Indes, le soubab fugitif du Bengale, Cossim, entraîne à la guerre contre les Anglais le nabab d'Aoude, au nord-ouest de Patna, et même le grand mogol : les Indiens, vaincus malgré leur nombre, traitent avec la compagnie (oct.).

France. — Mort de Mme de Pompadour à Versailles, à quarante-deux ans (15 avril). — Un édit du roi, enregistré par le parlement, améliore la gestion et l'emploi des revenus des communes; suppression des offices vénaux et héréditaires, les magistrats seront élus par des notables (août).— Création d'une école vétérinaire à Alfort, près de Charenton. — Première pierre du dôme de la nouvelle église de Ste-Geneviève, comm. en 1757 par Soufflot : elle est imitée de Saint-Pierre de Rome et de Saint-Paul de Londres (6 sept.). — Par édit royal, suppression de la Société des jésuites; ils pourront continuer à résider individuellement dans le royaume en se conformant aux lois (26 nov.).— *Traité d'astronomie* de Lalande, professeur au collége de France.

Italie. — Le *Traité des délits et des peines* du Milanais Beccaria établit les bases et les limites du droit de punir : il demande que la peine soit proportionnée au délit, qu'on supprime les supplices barbares, qu'on s'applique à prévenir plutôt qu'à punir le crime. Traduit en français en 1766, il sera commenté par Voltaire et Diderot. — A Parme, les communautés religieuses ne pourront recevoir des legs de plus de trois cents écus; ceux qui veulent faire des vœux monastiques renonceront à tout droit de succession (oct.).

Pologne. — Après onze mois d'interrègne, Stanislas-Auguste, comte de Poniatowski, grand panetier de Lithuanie, est élu par l'influence de la Russie et de la Prusse (6 sept.) : c'est un prince incapable.

Rome. — Clément XIII proteste contre l'arrêt du parlement de Paris rendu en 1762 sur les jésuites (3 sept.).

Suède. — Le sénat, pour la première fois, admet un ministre britannique (avril).

1765.

Allemagne. — Lessing publie à Berlin *Laocoon* ou *Traité des limites de la peinture et de la poésie*, ouvrage supérieur de critique.

Allemagne et Autriche. — Mort de l'empereur François Ier (août). Marie-Thérèse continue de gouverner, quoique Joseph II, roi des Romains, reçoive le titre d'empereur. Le frère de Joseph, Pierre-Léopold, gouvernera le grand-duché de Toscane (sept.).

Angleterre. — James Watt perfectionne la machine à vapeur de Newcomen. — Quoique les colonies se refusent à l'impôt parce qu'elles n'ont pas de représentant dans le parlement qui le vote, le bill du timbre, voté dans les deux chambres, reçoit la sanction royale (mars). Ces débats irritants ont réagi sur le commerce et sur l'industrie : à Londres, insurrection des ouvriers en soie. Ministère plus conciliant de Rockingham; Burke le soutient. — Les colonies de l'Amérique du nord ne veulent plus recevoir de papier timbré. Congrès à New-York; exposé des droits et des griefs des colonies, Boston est un foyer d'opposition : mais on ne se sépare pas encore de la métropole. — Dans l'Indostan, arrivée de lord Clive, investi des pleins pouvoirs de la compagnie. Il traite avec le grand mogol qui accorde à la compagnie la perception des revenus de la province de Bahar, capitale Patna; de la province d'Orixa, qui s'étend au sud-ouest et va jusqu'à la mer, et du Bengale : il se réserve seulement un tribut annuel.

Espagne. — Mariage du prince des Asturies, âgé de dix-sept ans, avec Louise-Marie, infante de Parme, sa cousine-germaine, qui le dominera complétement. — Le commerce, dans les deux Indes, est déclaré libre pour tous les sujets du roi.

France. — Un arrêt des maîtres de requêtes de l'hôtel, à Paris, réhabilite la mémoire de Jean Calas, exécuté à Toulouse en 1762 (9 mars). — Règlement pour l'administration municipale (31 mai) : les villes et les bourgs qui comprennent plus de quatre mille cinq cents habitants auront un maire, quatre échevins, six conseillers municipaux, un syndic et un greffier. — Le parlement défend d'inhumer dans les cimetières établis dans l'intérieur des villes (7 juin). — La Chalotais, procureur général près du parlement de Bretagne, auteur, en 1761, d'un compte rendu des constitutions des jésuites, défenseur des droits du parlement et des états de Bretagne contre le duc d'Aiguillon, le gouverneur de la province, est arrêté par ordre du roi (11 nov.). — Mort du dauphin prince pieux (20 déc.). — *Observations sur l'histoire de France*, de Mably, ouvrage favorable à l'émancipation du tiers état. — De 1765 à 1767, *Salons* de Diderot, à l'occasion des ouvrages des artistes vivants. — *Les Saisons*, poëme de Saint-Lambert. — *Siége de Calais*, trag. de Belloy. — *Le Philosophe sans le savoir*, drame bourgeois de Sedaine.

Italie. — A Parme, un édit soumet les biens qui sont passés de mains laïques à des membres de l'Église aux mêmes impositions qu'ils payaient auparavant (janv.). Mort du duc don Philippe, au nom duquel gouvernait le Français M. du Tillot, administrateur intègre et dévoué (18 juill.). Avénement de son fils don Ferdinand, l'élève de Condillac; il garde le même ministre. — En Corse, Pascal Paoli, que la trahison a rendu maître de l'île de Ciraglia, à la pointe de l'Ile, échoue devant la Bastie, au nord-est (nov.).

Portugal. — Par ordre du ministre, dans les contrées les plus fertiles les vignes sont remplacées par des semences de céréales.

Turquie. — Réformes à la Turque : le grand vizir Mustapha et le palatin de Valachie, convaincus d'exactions, sont étranglés.

1766.

Angleterre. — Pétitions des grandes villes manufacturières et des ports, menacés de ruine par la suspension du commerce avec les colonies d'Amérique : la chambre des communes fait céder la chambre haute, révocation solennelle de l'acte du timbre (mars). — Révocation de l'impôt sur le cidre, établi en 1763.— Plusieurs lois dans l'intérêt du commerce et des colonies.—Réduction de l'impôt sur les fenêtres pour la partie la moins riche de la population. — Traité de commerce avantageux avec la Russie. — Solution libérale du débat, engagé au sujet du droit d'appréhender au corps les auteurs, éditeurs et imprimeurs d'un libelle séditieux. — Le roi renvoie le ministère qui a provoqué ou accepté toutes ces mesures agréables à la nation (juill.) Il reprend William Pitt, qu'il crée comte de Chatam, et dont les principes étaient cependant ceux des ministres congédiés. Le haut prix des subsistances occasionne des émeutes sanglantes. — Départ des navigateurs Wallis et Carteret pour un voyage d'exploration dans l'Océanie.

Danemark. — Mort de Frédéric V (14 janv.).—Avénement de son fils Christian VII à dix-sept ans. Il fait don de la propriété de leurs fermes aux paysans du bailliage de Copenhague : plusieurs seigneurs l'imitent.

Espagne.— Désordres à Madrid: la ville sera éclairée par des lanternes comme Paris et Saint-Pétersbourg. — Renvoi opportun du marquis de Squilaci, ancien directeur des douanes de Naples, alors ministre des finances et de la guerre : l'établissement de nouveaux impôts et leur perception vexatoire avaient provoqué un commencement de révolte. — Le comte d'Aranda, diplomate habile, alors capitaine général du royaume de Valence, est fait capitaine général et président du conseil de Castille pour réprimer les séditions de Madrid.— Mort d'Isabelle de Parme, la mère du roi, à soixante-quatorze ans (juill.).

France. — Mort du duc de Lorraine, Stanislas Leckzinski, à quatre-vingt-neuf ans (23 févr.): la sagesse de son administration pendant vingt-neuf ans lui a mérité le surnom de Bienfaisant. La Lorraine est réunie à la couronne. —Arrêt du conseil, en faveur des maximes gallicanes de 1682 (24 mai). — Après une longue détention, le plus inique des jugements conduit à l'échafaud Lally-Tollendal, auquel la France doit sa gloire et sa puissance éphémère dans l'Indostan (mai). — Supplice du chevalier de La Barre, pour sacrilége; il avait dix-huit ans.—École gratuite de dessin à Paris. — Bougainville entreprend un voyage autour du monde. — Berthollet invente le blanchiment au chlorure.

Pologne. — Les rigueurs de la diète contre les dissidents serviront de prétexte à l'intervention étrangère.

Turquie.—En Égypte, Ali-Bey, né chez les Abazes du Caucase, esclave mameluk, prend le pouvoir suprême.

1767.

Allemagne. — *Dramaturgie de Hambourg*, par Lessing, féconde pour la réforme du théâtre.

Angleterre. — A défaut de l'augmentation de l'impôt territorial, qui date de la guerre de Sept ans, et que la chambre des communes refuse de continuer, elle vote des taxes sur le verre, le papier, les couleurs et le thé importés d'Angleterre dans les colonies (juin). — En Amérique, Boston donne encore le signal de l'opposition (oct.). — Le parlement examine toutes les affaires de la compagnie des Indes orientales, ses statuts, ses traités avec les princes indiens, l'état de ses revenus et de ses dépenses; discussion sur le droit que s'est attribué la compagnie de posséder des territoires; le parlement prétend régler les dividendes à partager entre les propriétaires d'actions. — Dans l'Indostan, les troupes de la compagnie battent l'allié du souverain de Mysore, le nizam du Dekkan : il cède la soubabie de Balagat, à l'ouest du Carnatic qui s'étend jusqu'à la côte de Coromandel (sept.). — Dans le *Public Advertiser*, lettres pamphlétaires contre le gouvernement, du pseudonyme Poplicola; plus de cent suivront, sous les noms de Poplicola, Messala, Mnémon, Atticus, Vindex, Domitien. — Inertie de Chatham, malade et dégoûté du pouvoir qui ne lui donne pas la popularité. Cabinet reconstitué sous le duc de Grafton, avec lord North, chancelier de l'échiquier (déc.).

Danemark et Russie. — Convention au sujet du Holstein (avril): Paul, fils de Pierre III et de Catherine II renonce à la portion du duché de Sleswick-Holstein qui appartenait à sa branche avant le traité de 1720, et à sa part du duché de Holstein, en échange du comté d'Oldenbourg, à l'ouest de Brême, près du Hanovre. Catherine s'engage à faire renoncer les autres princes de la maison de Holstein-Gottorp.

Espagne. — Charles III et son premier ministre, le comte d'Aranda, préparent en secret la ruine des jésuites : en quatre jours ils sont enlevés de force de Madrid et de toutes les provinces, et embarqués pour l'état ecclésiastique (31 mars-3 avril); leurs biens, confisqués, passent au trésor; défense de parler, d'écrire, de réclamer en leur faveur; les évêques mêmes ne sont pas écoutés. Mêmes mesures dans les deux Indes. — L'intendant général de l'Andalousie, Paul Olavide, attire en Espagne des colonies d'Allemands, de Suisses, de Français, de Belges. Il assure de grands avantages aux étrangers qui voudront former des établissements dans les déserts de la Sierra Morena et de l'Andalousie : il n'y aura dans les nouvelles colonies ni couvents, ni confréries (25 juin).

France. — Un arrêt du conseil établit à Paris une caisse d'escompte pour faciliter les opérations du commerce (1er janv.) : c'est un essai de banque nationale.

Hollande. — Le stathouder Guillaume V, né d'une fille de George II, un an après la déclaration de sa majorité, à dix-neuf ans, épouse une nièce de Frédéric II (oct.): il est placé entre deux puissants alliés. — Il laisse la direction des affaires à son tuteur, de la maison de Brunswick.

Italie. — A Venise, le grand conseil défend d'aliéner aucun fonds en faveur du clergé séculier ou régulier (10 oct.). Les communautés régulières ne recevront plus de novices jusqu'à nouvel ordre (20 nov.). — A Naples, à l'instigation de l'Espagne, abolition des Jésuites (3 nov.) : pendant la nuit, ils sont enlevés pour être transportés hors du royaume (20 nov.).

1768.

Angleterre. — La durée des parlements d'Irlande, qui n'étaient jamais renouvelés pendant tout le temps de la vie du roi, est fixée à huit années (févr.). — Le parlement de Londres ayant été dissous, crise

XVIIIᵉ SIÈCLE (1768).

des élections. Wilkes, candidat à la cité de Londres, élu par le comté de Middlesex, est mis hors de cour pour son premier procès. Le gouvernement veut l'arrêter de nouveau : meeting à Londres (avril); il se constitue prisonnier. La cour du banc du roi le condamne, pour ses premiers libelles, à l'amende et à l'emprisonnement.—Création d'un secrétariat d'État pour les colonies (janv.). — Dans l'Amérique du nord, grande fermentation au sujet des impôts. L'assemblée de l'État de Massachusets invite les autres à former une union générale pour soutenir leurs droits (févr.). Convention des États à Boston : exposé des vœux et de la condition des colons (sept.). Deux régiments de ligne, deux régiments irlandais avec de l'artillerie arrivent d'Europe sous le général Gage. — Prise de Mangalore sur Haïder-Ali, dans la région du Kanara, côte de Malabar (févr.). Mais il ravage les États du nabab d'Arcate, fidèle allié de la compagnie ; sa cavalerie harcèle partout les amis des Anglais et leur enlève leurs convois. — Résultats des voyages de Wallis et de Carteret dans l'Océanie. Wallis a découvert la chaîne méridionale de l'archipel Dangereux, au sud de l'archipel de la mer Mauvaise : il retrouve Otaïti, découverte en 1606. Carteret, après avoir touché à l'île de Santa Cruz, passe le premier par le canal Saint-George, entre la Nouvelle-Bretagne et la Nouvelle-Irlande. — Départ du capitaine Cook pour son premier voyage autour du monde, entrepris par ordre du gouvernement (août) : il est accompagné du naturaliste Banks et du Suédois Solander. Il reconnaîtra les côtes de la Nouvelle-Irlande, et le détroit qui la partage en deux îles, détroit de Cook ; exploration des îles de la Société et des îles des Amis. — L'ingénieur Williams Reynolds emploie des rails de fonte au lieu de rails de bois aux mines du comté d'York et à une fonderie du Shorpshire : origine des chemins de fer. — Création d'une académie des beaux-arts (déc.).

Espagne. — Création d'une académie des beaux-arts à Valence, sous le nom de Saint-Charles. — Population : neuf millions cent quatre-vingt mille âmes.

France.—Gênes cède à la France l'île de Corse en nantissement des dépenses que la France a faites pour la réduire (15 mai). Elle est réunie le 15 août. — Mort de la vertueuse reine Marie Leckzinska à Versailles (24 juin). Ses vertus et sa résignation au milieu des effroyables scandales de la cour de Louis XV. Louis XV s'attache à Mᵐᵉ du Barry. —Maupeou devient chancelier (sept.). — Rareté et cherté des grains : les ministres et les serviteurs du roi se font accapareurs. Vive irritation. — Le chimiste Macquer introduit à Sèvres la fabrication de la porcelaine dure, connue en Saxe depuis 60 ans. —Plan d'éducation nationale, contenu dans le rapport du président Rolland (13 mai) : Paris doit être le chef-lieu de l'enseignement public et le centre de communication des universités entre elles ; elles auront des mœurs semblables, une coutume générale, une législation commune, un esprit et un caractère national ; une école normale, pépinière de professeurs, sera formée au chef-lieu de chaque université ; l'institution des agrégés créée en 1766 pour l'université de Paris, sera étendue à toute la France ; concession de bourses dans les colléges aux jeunes gens pauvres qui auront réussi dans les écoles ; à côté d'un enseignement exclusivement littéraire, et le même pour tous, un enseignement spécial préparera aux diverses professions.

Italie.— A Parme, une pragmatique sanction défend de porter aucune affaire contentieuse à des tribunaux étrangers, pas même à celui de Rome ; elle déclare nuls tous brefs, bulles, décrets venant de Rome, qui n'auraient pas le visa ducal (janv.). Bulle fulminatoire du pape (1ᵉʳ févr.). Dans une nuit, tous les jésuites sont expulsés (7-8 févr.). Monitoire de Clément XIII, qui s'appuie sur la bulle *In cœna Domini.* Il est supprimé par les cours de Parme (3 mars), d'Espagne (16 mars), de France (26 mars), de Portugal (5 mai), de Naples (4 juin). Le pape ne retire pas le monitoire. Louis XV fait saisir Avignon et le comtat Venaissin (11 juin), le roi de Naples le territoire de Bénévent, domaine du saint-siége. — Le jeune roi de Naples, Ferdinand, épouse une fille de Marie-Thérèse, Marie-Caroline (mai). — A Venise, le clergé régulier est soustrait à la juridiction des supérieurs généraux, et soumis à celle des évêques diocésains. Défense des prises d'habit dans l'ordre des religieux mendiants; pour les autres ordres, elles ne sont autorisées qu'à vingt et un ans. Opposition du pape sans effet (oct.).

Pologne. — Les dissidents sont protégés, presque malgré eux, par la Russie, la Prusse, la Grande-Bretagne, le Danemark; ils doivent être rétablis dans leurs droits et pourront parvenir à toutes les charges comme les catholiques. Des soldats russes arrachent de son siége l'évêque de Cracovie. Les amis de l'indépendance protestent contre l'intervention des étrangers; ils forment en Podolie, au sud-est de la Pologne, la confédération de Bar (1ᵉʳ mars). Le ministre de France, Choiseul, leur enverra des officiers, des ingénieurs et des artilleurs.

Pologne, Russie et Turquie. — Des confédérés de Bar, poursuivis par les Russes, se réfugient sur le territoire ottoman; les Russes les y saisissent. Déclaration de guerre de la Porte à la Russie, par l'influence de M. de Vergennes, ambassadeur de France à Constantinople (30 oct.).

Portugal. — Suppression de la bulle *In cœna Domini* comme contraire aux intérêts de la couronne et aux droits des évêques nationaux; suppression de l'Index expurgatoire (avril). La surveillance de l'impression des livres, confiée jusque-là aux inquisiteurs, est donnée à un tribunal royal de censure composé de magistrats et d'ecclésiastiques. — Abolition des rôles qui rappelaient les sommes que, sous le règne de don Sébastien, les nouveaux chrétiens acquittaient pour n'être pas poursuivis (mai).

Suède. — Le roi offre au sénat d'abdiquer, à moins qu'on ne convoque une diète extraordinaire qui choisisse enfin entre les deux politiques, celle de France, les Chapeaux, celle d'Angleterre, les Bonnets (déc.).

Turquie. — Au moment d'une nouvelle guerre avec la Russie, mort du grand vizir, le pacifique Raghib-Pacha. Utiles réformes militaires et moyens de défense dus au baron de Tott, né en France, d'origine hongroise.

1769.

Allemagne. — *La Messiade,* poëme épique de Klopstock, dont la publication a commencé en 1748, est enfin complète en vingt chants.

Angleterre. — Wilkes, expulsé de la chambre des communes, est trois fois successivement réélu par le comté de Middlesex, et expulsé encore (févr.-avril). Grande agitation; adresses aux chambres. La cour des plaids généraux semble donner gain de cause à Wilkes (nov.). — Début parlementaire de Ch. Fox à 19 ans (avril). — En Irlande, à cause des insurrections, on demande au parlement l'augmentation de l'armée; il cède avec peine (nov.) et rejette un bill de finance. — Le journal *the Public Advertiser* donne depuis le 21 janvier, sous le pseudonyme de *Junius,* des lettres politiques acerbes contre le ministère : soixante-neuf se succéderont en trois ans. — Accord entre la compagnie des Indes orientales et le gouvernement au sujet des dividendes à partager entre les propriétaires d'actions, et des indemnités que réclame le trésor pour la diminution des droits sur le thé (avril). — Haïder-Ali, qui a lancé ses cavaliers jusqu'aux environs de Madras, signe la paix (avril). — James Watt obtient un brevet pour la construction des machines à vapeur (avec les capitaux de Roebuck); Arkwright pour les métiers à filature continue. — Robertson, auteur d'une *Histoire d'Ecosse*, publie l'*Histoire de Charles-Quint*. — Naissance du *Morning-Chronicle*.

Espagne. — Extension des Sociétés d'amis de la patrie, formées d'abord en Biscaye, pour la protection de l'agriculture, de l'industrie et des arts : le roi leur livre une partie des biens d'Église dont il pouvait disposer pendant la vacance des évêchés. Réforme des troupes suivant la tactique prussienne. Soins donnés à la marine. — Des colons de la Louisiane ont la pensée de constituer une république.

France. — L'abbé Terray devient contrôleur des finances. — En Corse, réduction du parti de l'indépendance par le marquis de Chauvelin, le comte de Marbœuf et le comte de Vaux. — Suspension du privilège exclusif de la compagnie des Indes : tous les Français commerceront librement dans l'Indostan et la Chine (13 août). — Occupation des îles Seychelles, au nord-est de Madagascar. — Résultats du voyage de Bougainville dans l'Océanie : il a parcouru l'archipel Dangereux, visité l'île d'Otaïti et rencontré l'archipel des Navigateurs; après s'être dirigé vers les terres australes du Saint-Esprit, la famine le ramène au nord; découverte de l'archipel de la Louisiane, au sud-est de la Nouvelle-Guinée. — *Lettres de quelques juifs* à M. de Voltaire, solide et spirituelle défense de la religion, par l'abbé Guénée. — *Hamlet* trag. de Ducis, imitée de Shakspeare. — Naissance de Napoléon, de George Cuvier, de Chateaubriand, de Soult et aussi de Wellington, Canning, Walter Scott, Mehemet-Ali, Alex. de Humboldt.

Italie. — Mort de Clément XIII (2 févr.). Conclave tumultueux pendant près de trois mois. Voyage des deux fils de Marie-Thérèse à Rome. Élection de Ganganelli, de l'ordre de Saint-François, Clément XIV, qui sera modéré, sage et sans passion monastique. — A Parme, disgrâce du ministre, M. du Tillot, récemment créé marquis de Felino, qui s'était opposé au mariage de l'infant D. Ferdinand avec une fille de Marie-Thérèse, plus âgée que lui de cinq ans (27 juin).

Pologne. — Le duc de Courlande, de Biren, octogénaire, se démet en faveur de son fils aîné, âgé déjà de quarante-cinq ans. — Les Polonais de la confédération de Bar sont battus par les troupes russes.

Portugal. — L'inquisition devient un tribunal purement royal qui ne peut exercer d'autre autorité que celle que lui attribue le souverain (mai). Réforme de la jurisprudence (18 août) : on ne conserve du droit romain que les lois conformes au droit naturel; le droit canonique cesse d'être en vigueur pour les affaires civiles et purement temporelles. — L'exportation des laines est restreinte dans l'intérêt des manufactures nationales (4 sept.).

Russie et **Turquie.** — Les Russes prennent Azof et Choczim sur le Dniester, pénètrent en Moldavie et en Valachie. Le maréchal de Romanzov assiège Bender (2 sept.). Escadre russe dans la Méditerranée contre les côtes de la Grèce. — Un roi de la Géorgie, près du Caucase, allié infidèle des Russes, sera chassé par eux.

Suède. — La diète extraordinaire de Stockholm se décide pour l'alliance française contre le parti anglais (avril).

1770.

Angleterre. — Après six ministères en dix ans, lord North devient le chef d'un cabinet qui durera 12 ans. (janv.). — Wilkes sort de prison (avril). — L'éditeur du *Public Advertiser* et des lettres de *Junius*, le libraire Woodfall, est acquitté par la cour du banc du roi. — Abolition des impôts dont avaient été frappées les colonies d'Amérique (avril) : un seul droit est maintenu, sur le thé.

Danemark. — Faveur honteuse du médecin Struensée. Retraite de Bernstorf, l'utile conseiller du dernier roi.

Espagne. — Politique agressive contre les colonies de l'Angleterre, dans laquelle Charles III et le marquis de Grimaldi, son ministre, ne peuvent entraîner Louis XV. — L'inquisition ne jugera plus que les crimes d'hérésie contumace et d'apostasie, et n'appliquera la peine de la prison que pour des crimes prouvés. — Le canal d'Aragon ou canal impérial, commencé par Charles V, est continué; il ne sera pas encore achevé sous ce règne. — Statuts donnés à l'Académie royale latine de Madrid.

France. — Mariage du dauphin, avec Marie-Antoinette, fille de Marie-Thérèse d'Autriche (16 mai). — Cherté des grains; exportation interdite (14 juill.). — Le parlement de Bretagne met en jugement le gouverneur, le duc d'Aiguillon; le roi réclame le procès pour la cour des pairs (avril). Conflit, à ce sujet, entre le parlement de Paris et la cour; lit de justice à Versailles. Défense est faite au parlement de Paris de se liguer avec les autres parlements. Après les vacances, il suspend ses fonctions. — Arrêt du parlement contre sept ouvrages convaincus d'irréligion; le plus audacieux, *le Système de la nature*, du baron d'Holbach, attaquait Dieu, les rois et les prêtres (18 août). — Raynal, ex-jésuite, déclame contre la royauté dans son *Histoire philosophique des établissements et du commerce des Européens dans les Deux-Indes*, réédité à Amsterdam. — Disgrâce et exil de Choiseul (24 déc.), par l'influence de la nouvelle favorite du Barry. — Chariot à vapeur par Joseph Cugnot.

Italie. — A Venise, suppression et vente de biens de communautés de bénédictins au profit de l'État. — Condescendance de Clément XIV : la bulle *In cœna Domini*, si mal vue des princes, n'est pas publiée le jeudi saint (12 avril).

Portugal. — Réconciliation avec le saint-siège; le frère du ministre Carvalho est fait cardinal (août). Carvalho reçoit le titre héréditaire de marquis de Pombal qui le met au rang de la haute noblesse (17 sept.). — Les offices de judicature cesseront de passer des pères aux enfants (nov.).

Russie et Turquie. — Alexis Orlof et un amiral anglais brûlent une flotte turque dans la baie de Tchesmé, en Anatolie, au sud-ouest de Smyrne (7 juill.). Le maréchal de Romanzov bat les Turcs près d'Ismaïl, à l'est du confluent du Pruth et du Danube (18 juill.).

Suède. — Voyage en France du prince royal Gustave, âgé de vingt-quatre ans.

1771.

Allemagne. — Premiers fragments de *Faust* par Goethe âgé de 22 ans. *Mithridate*, opéra de Mozart âgé de 14 ans.

Autriche, Pologne, Prusse et Russie. — Poniatowski hostile aux confédérés de Bar est un instant leur prisonnier (sept.-oct.). La France fait peu pour eux. Les armées de Prusse et d'Autriche entrent sur le territoire polonais. — La peste venue de Turquie exerce ses ravages en Russie et en Pologne.

Espagne. — Création de l'ordre de Charles III pour ceux qui ne portent pas l'épée.

France. — Triumvirat du duc d'Aiguillon aux aff. étrangères, de l'abbé Terray aux finances, de Maupeou chancelier. — Maupeou remplace le parlement de Paris (janv.) par une nouvelle compagnie (parlement Maupeou) qui doit rendre la justice gratuitement; des conseils supérieurs, distincts du parlement de Paris, siégeront à Arras, à Blois, à Châlons-sur-Marne, à Lyon et à Poitiers (mars). Remontrances de la cour des aides : elle est cassée dans un lit de justice (13 avril). Protestation des princes d'Orléans, de Condé, de Conti. Suppression, puis reconstitution des différents parlements. — Édit pour la prorogation des impôts, le sou pour livre, et les deux vingtièmes (14 déc.). — Agiotage sur le commerce des grains.—Banqueroute partielle. — Le *Traité des droits du citoyen*, de l'abbé Mably, invite le parlement à refuser l'enregistrement des édits bursaux et à demander la convocation des états généraux qui seuls peuvent créer des impôts.

Portugal. — Défense d'importer des étoffes de laine étrangère.

Suède. — Mort du roi (févr.). Avénement de Gustave III qui, en revenant de France, s'arrête à Berlin chez son oncle Frédéric II.—La formule de serment que lui impose le sénat restreint encore la prérogative royale.

1772.

Angleterre. — Le ministère et les deux chambres dévoilent les abus commis par la compagnie des Indes orientales (déc.). — Départ de Cook pour son second voyage (juin). Il veut vérifier l'existence des terres australes, et s'avancera jusqu'au 71° degré de latitude méridionale. Découverte de la Nouvelle-Calédonie. — Début du *Morning-Post*.

Autriche, Pologne, Prusse, Russie et Turquie. — Convention secrète entre la Russie et la Prusse pour le partage de la Pologne (17 févr.). L'Autriche y accède (avril).— Pour n'être pas inquiétée par les Turcs, Catherine II conclut un armistice (2 mai). — Les trois cours adressent leurs manifestes au roi Poniatowski et au sénat de Varsovie, rappelant leurs prétendus droits sur certains domaines de la Pologne qu'ils déterminent (sept.). Protestation impuissante du sénat et du roi (oct.).

Danemark. — Disgrâce, jugement, supplice de Struensée, favori de la reine (janv.). Divorce du roi. Rappel de Bernstorf; il meurt avant d'arriver. Son neveu est à la tête des affaires.

Espagne. — Refonte générale de la monnaie (mai); elle portera l'effigie du souverain; suppression des monnaies particulières à chaque province.

Portugal. — Les terres défrichées sont exemptées de toute redevance (mars). — Réforme complète de l'université de Coïmbre, d'où disparaissent les traditions des jésuites. — Propagation de l'instruction élémentaire (10 nov.).

Suède. — Coup d'État contre le sénat qui enchaînait le roi Gustave à la politique russe et étouffait la prérogative royale (19 août) : Gustave a pour lui le peuple et l'armée. Cette révolution, qui se fait sans effusion de sang, a été conseillée par le ministre de France, M. de Vergennes. Changement de constitution au profit de la royauté (21 août) : comme avant 1680, le consentement des états est nécessaire pour faire des lois, établir des impôts, entreprendre la guerre offensive; le sénat a voix consultative; le roi décide. Gustave encouragera l'agriculture, le commerce, les arts et les sciences.

1773.

Angleterre. — Nouveaux reglements imposés à la compagnie des Indes orientales : les directeurs ne sont élus que pour quatre ans par les plus riches actionnaires, un gouverneur général à Calcutta, cour de justice à la nomination du roi. — Actes de malversation et d'iniquité de lord Clive, examinés par la chambre des communes; il se donnera la mort en 1774. — Explosion des colonies américaines à l'occasion de l'impôt du thé. Pour ne pas acquitter le droit, elles s'interdisent la consommation. La population de Boston, dans le Massachussetts, jette à la mer le thé de trois navires appartenant à la compagnie anglaise (18 déc.). Commencement de la révolution.

Autriche, Pologne, Prusse et Russie. — Premier partage de la Pologne, accompli à force ouverte l'infâme traité est ratifié par la diète de Varsovie (août-sept.). La Russie obtient le pays à droite de la Dwina, à gauche du Dniéper; la Prusse, la Poméranie jusqu'au delà de la Netze, affluent oriental de l'Oder, et toutes les dépendances de la Pologne éparses dans le royaume prussien, excepté Thorn et Dantzick, sur la Vistule, qui restent polonaises; l'Autriche, toute la droite de la Vistule jusqu'à Sandomir, la droite du Dniéper supérieur et les palatinats de Belz et de Léopold (Lemberg).

Danemark et Russie.—Transaction entre le grand-duc de Russie, Paul, et la couronne de Danemark; il échange ses domaines paternels de Holstein contre le territoire d'Oldembourg, à l'ouest du bas Weser (1er juin). Il cède ensuite ce territoire à la ligne cadette de Holstein-Gottorp qui devient grand'ducale. — Alliance secrète entre les deux cour.

Espagne. — Activité d'armements maritimes. — Adoucissement de la loi du recrutement. — Retraite du comte d'Aranda après sept années d'utile administration, il va ambassadeur en France. Le marquis de Grimaldi, déjà depuis dix ans minist. des aff. étrang., est à la tête du cabinet.

France. — *Mémoires* de Beaumarchais contre Goezman. *Essai* de Mercier contre les classiques.

Italie. — Mort de Charles-Emmanuel III (20 janv.) après quarante-trois ans de règne. Il a embelli des villes, fortifié des places, acquitté une partie de la dette publique, donné un nouveau code. Son fils Victor-Amédée II a quarante-sept ans. — Clément XIV, sollicité surtout par les cours de France, d'Espagne, des Deux-Siciles, supprime pour toute la chrétienté la compagnie de Jésus (21 juin). Le général des jésuites, Laurent Ricci, est détenu au château Saint-Ange.

Portugal. — Loi en faveur des esclaves nègres, mulâtres, ou blancs: l'affranchissement est rendu possible à la troisième génération (janv.). — Abolition de l'odieuse distinction entre les anciens et les nouveaux chrétiens (mai) : ces derniers pourront parvenir aux charges ecclésiastiques et civiles.

Russie et Turquie.—La guerre a recommencé, à l'avantage des Turcs, sur le Danube et à Varna.

Russie. — La France excite Gustave III contre les Russes. Un prétendu Pierre III réclame l'empire et fait trembler Moscou.

Turquie. — En Égypte, mort d'Ali-Bey par la perfidie d'un fils adoptif; la Porte a de la peine cependant à ressaisir son pouvoir.

1774.

Allemagne. — *Werther*, roman de Gœthe, qui bientôt sera protégé par le duc de Saxe-Weimar, Charles-Auguste.

Angleterre. — En Amérique, l'insurrection n'est pas étouffée quand le gouvernement a jeté l'interdit sur le port de Boston et fait occuper la ville par des troupes. Toutes les colonies soutiennent le Massachusetts. Leurs députés forment un congrès à Philadelphie, en Pensylvanie (5 sept.). Les échanges de commerce avec l'Angleterre sont suspendus. — Aux Indes lutte avec les Mahrattes. Warren Hastings, déjà gouvern. du Bengale, devient gouverneur général. — Priestley découvre l'oxygène (expérience du 10 août).—Mort d'Olivier Goldsmith romancier et poète.

France. — Mort de Louis XV (10 mai).—Avénement de Louis XVI, son petit-fils, âgé de vingt ans. Le cabinet est dirigé par le vieux comte de Maurepas, esprit frivole et routinier.—Le roi remet au peuple le droit de joyeux avénement, réforme la loi qui rendait les taillables solidaires du payement de l'impôt. — Renvoi du chancelier Maupeou (26 août). De Vergennes, ancien ambassadeur, devient ministre des affaires étrangères. L'économiste Turgot, ancien intendant de Limoges, est fait contrôleur des finances. — Arrêt pour la liberté

XVIIIᵉ SIÈCLE (1775-1776).

du commerce des grains et farines dans l'intérieur du royaume (25 sept.). — Lit de justice : rétablissement des anciens parlements et de la cour des aides, suppression des conseils supérieurs créés par Maupeou (12 nov.). — Le roi pose la première pierre du nouvel amphithéâtre de l'école de chirurgie, rue des Cordeliers, à Paris (14 déc.). — Essai stérile de colonisation à Madagascar. — Lavoisier, jeune fermier général, rassemble dans un premier ouvrage les résultats de ses expériences en physique et en chimie. — Nouvelle classification naturelle des plantes par L. de Jussieu. — Le compositeur allemand Gluck vient à Paris.

Italie. — Clément XIV meurt (22 sept.). Cinq mois après est élu Pie VI. — Guerre de Venise pendant trois ans avec Tunis.

Portugal. — Réforme de l'administration des colonies en Asie (janv.). — Les débiteurs reconnus insolvables sont exemptés des poursuites rigoureuses et de la prison (juin). — Suppression des droits de douane intérieure et des sauf-conduits exigés jusque-là pour le passage des marchandises d'une province dans une autre (déc.).

Russie et Turquie. — Romanzov, que soutiennent quatre régiments anglais, bat le grand vizir près de Kainardgi, en Bulgarie (20 juin). La paix de Kainardgi donne aux Russes le pays entre le Bog et le bas Dniéper, et la libre navigation sur la mer Noire; le sultan reconnaît l'indépendance des Tartares de la Crimée et du Kouban qui seront bientôt accessibles à l'influence russe, et garantit le partage de la Pologne (31 juill.). — Le roi de Géorgie recouvre ses États que lui avaient enlevés les Russes, de 1769 à 1771.

Turquie. — Mort de Mustapha III, avare et sanguinaire (janv.). Avénement de son frère Abdul-Hamid.

1775.

Angleterre. — Muni d'un nouveau privilége de vingt-cinq ans, James Watt s'associe avec Matthew Boulton, de Birmingham, pour construire des machines à vapeur : leur immense établissement de Soho, près de cette ville. — Propositions de réconciliation, inutilement soumises par Franklin, parce que lord North veut maintenir le droit de taxation. Discours pour la paix de Chatam (20 janv.- 2 fév.), de Burke (22 mars), après l'adresse du parlement contre les rebelles (9 févr.). — Guerre d'indépendance d'Amérique. — Défaite à Lexington, près de Boston, du général anglais Gage par les miliciens (19 avril). Le commandement est déféré à George Washington, planteur de la Virginie : attaque offensive sur le Canada pour obliger les Anglais à partager leurs forces. — Dans l'Indostan, le nabab d'Aoude devient vassal, et cède la ville sacrée de l'Inde, Bénarès, sur le Gange.

France. — Émeute à Paris au sujet de la liberté du commerce des grains (mai) : campagnes dévastées par des bandits, boulangers pillés ; répression sévère. — Le comte de Saint-Germain, ministre de la guerre, se fait détester en imposant aux soldats la discipline allemande. — Suppression, par économie, de deux compagnies de la maison du roi (15 déc.). Création du parlement de Nancy. — On commence le canal de Bourgogne entre la Saône et la Loire. — *Le Barbier de Séville* de Beaumarchais. — *Essai sur le despotisme* de Mirabeau.

Suisse. — Institut pédagogique fondé par Pestalozzi, d'abord dans l'Argovie, pour les enfants pauvres et abandonnés : enseignement simultané des langues, du calcul, de la géométrie, de l'industrie, de l'agriculture ; exercice du raisonnement, éducation morale. Peu de durée. — Lavater, de Zurich, commence à publier en allemand des *Essais physiognomoniques.*

1776.

Allemagne. — La secte des illuminés, société secrète fondée sur le modèle de celle des francs-maçons, par Weishaupt, professeur de droit canonique à Ingolstadt (1er mai), abjure toute croyance religieuse et toute dépendance sociale.

Angleterre. — Le médecin Edward Jenner découvre la vaccine : il en multipliera les expériences pendant près de vingt ans avant d'oser rendre sa découverte publique. — *Hist. de la décad. et de la chute de l'empire romain*, par Gibbon (1776-1778). — *Recherches sur la richesse des nations* par l'Ecoss. Adam Smith.

Angleterre et États-Unis. — Suite de la guerre d'indépendance. — Les Américains sont repoussés devant Québec par le général Carleton (mai), et bientôt chassés de tout le Canada par le général Burgoyne. Mais Washington a repris Boston sur le général Howe qui succède au général Gage. — Le congrès de Philadelphie déclare l'indépendance des treize États unis de l'Amérique du nord : New-Hampshire, Massachusets, Rhode-Island, Connecticut, New-York, New-Jersey, Pensylvanie, Delaware, Maryland, Virginie, les deux Carolines, la Géorgie (4 juill.). Établissement d'un gouvernement fédératif qui laisse à chaque État ses institutions politiques, religieuses et sociales. Franklin envoyé en France comme ambassadeur.

Autriche. — La Bukowine cédée par la Porte comme ancienne dépendance de la Transylvanie (mai).

Espagne. — Inutile tentative contre Alger. — L'administration des colonies est modifiée : le pays de Rio de la Plata, avec Buenos Aires, forme une vice-royauté détachée du Pérou, comme la Nouvelle-Grenade avec Quito qui a un vice-roi depuis 1739 ; dans l'Amérique du nord, il n'y a toujours qu'une vice-royauté, le Mexique. Création de huit capitaineries générales indépendantes des vice-royautés : 1° le Nouveau-Mexique avec Santa Fé ; 2° Guatemala ; 3° le Chili ; 4° Caracas ; 5° Cuba et la Havane ; 6° Porto Rico ; 7° Saint-Domingue ; 8° la Louisiane et la Floride.

France. — Ordonnance de Turgot qui abolit la corvée ou travail gratuit exigé chaque année des habitants de la campagne pour la confection des routes (fév.). Refus d'enregistrement par le parlement (mars) l'édit passe en lit de justice. La corvée doit être remplacée par un impôt mis sur tous les ordres. Clameurs des privilégiés, nobles, clercs, gens de cour et parlements. Retraite de Malesherbes, ministre de la maison du roi, ami de Turgot ; renvoi de Turgot. Louis XVI retire l'édit qui abolissait la corvée (11 août). — Un arrêt du conseil a rétabli la caisse d'escompte dans l'intérêt du commerce (10 mai). — Création de la loterie royale (30 juin) ; les autres loteries existantes sont supprimées. — Ordonnance royale pour l'armement de vingt vaisseaux de ligne à Brest et à Rochefort (10 juin). — Le banquier génevois et protestant Necker est nommé directeur général des finances. Necker essaye, par des réductions de frais de perception et par des emprunts, de suffire aux besoins de l'Etat sans accroître les impôts et sans diminuer les dépenses de la cour. — Société royale de médecine. — Piccini vient à Paris.

Russie. — Puissance de Potemkin, favori de Catherine II.

1777.

Allemagne. — Quand meurt l'électeur de Bavière, Maximilien-Joseph (30 déc.), l'héritier légitime est l'électeur palatin Charles-Théodore, chef de la branche aînée de Wittelsbach : prétentions de l'Autriche et de l'électrice douairière de Saxe.

Angleterre et États-Unis. — Howe a enlevé aux Américains New-York et Rhode-Island, mais l'Américain Gates force Burgoyne à capituler à Saratoga (17 oct.).

Autriche. — Joseph II visite la France (avril)

XVIIIᵉ SIÈCLE (1778-1779).

Espagne et Portugal.—Guerre dans l'Amérique méridionale. San Sacramento, colonie portugaise sur le golfe de Rio de la Plata, livrée aux Espagnols de Buenos Aires, est rasée. Montevideo commence à prospérer.—En Afrique, le Portugal cède à l'Espagne les îles d'Annobon et de Fernando Po, importantes pour le commerce des nègres.

France. — Renouvellement de l'alliance avec les cantons suisses (18 mai). — Établissement du Mont-de-Piété, prêtant sur gages mobiliers (9 sept.). — Premier numéro du *Journal de Paris*, feuille quotidienne (janv.). — Mort de Bern. de Jussieu.

Italie.—Venise s'engage à payer tribut aux Tunisiens, et à leur fournir des matériaux de construction et des armes.

Portugal.— Mort de Joseph Iᵉʳ (févr.). Sa fille Marie lui succède. Retraite de Pombal; réaction contre les actes de son ministère. Le clergé recouvre son influence. La reine partage le pouvoir avec son mari Pierre. — Peut-être, en 1777, partage du Brésil en neuf gouvernements, six sur la côte, trois dans les terres.

Russie. — Catherine II envahit la Crimée (mars). Le khan de Crimée lui vend sa souveraineté, moyennant une pension qu'on refusera bientôt de lui payer.

Suisse. — Mort d'Albert Haller, médecin, botaniste et poëte.

1778.

Allemagne.—Tableau des sciences, arts et métiers par Adelung.

Allemagne, Autriche et Prusse. — Les Autrichiens étant entrés en Bavière, le roi de Prusse, avec cent mille hommes, soutient les droits de l'électeur palatin (avril).

Angleterre, États-Unis et France. — Succès de l'ambassade de Franklin en France : enthousiasme pour la cause américaine depuis 1776, enrôlements volontaires dans la noblesse et départ du marquis de La Fayette. Traité d'amitié et de commerce avec les États-Unis (6 févr.). Déclaration de guerre à l'Angleterre (24 mai).—Bills conciliatoires du parlement anglais, rejetés par le congrès qui demande avant tout la reconnaissance de l'indépendance et le rappel des armées (avril). — Philadelphie est abandonnée par le général anglais Clinton (août). — Les hostilités s'étendent dans les Antilles et aux Indes orientales, où la France perd Pondichéry (16 oct.). Bataille navale indécise d'Ouessant, en face de la côte de Bretagne, entre l'Anglais Keppel et le Français d'Orvilliers (27 juill.).

Angleterre.—Mort de Chatham (11 mai). — Bill en faveur des catholiques (25 mai).

Espagne. — Olavide, qui avait entrepris de défricher les terres de la Sierra Morena, persécuté comme déiste et philosophe, est condamné par l'inquisition à huit ans de réclusion dans un couvent.

États-Unis. — Est préparée la constitution fédérale; elle ne sera adoptée par tous les États qu'en 1781.

France. — L'abbé de L'Épée fonde l'Institution des sourds et muets. — Dernier voyage de Voltaire à Paris à quatre-vingt-quatre ans; son triomphe à la représentation d'*Irène*. Sa mort (30 mai).—Mort de J. J. Rousseau, à Ermenonville (3 juil.); il laisse manuscrites ses *Confessions*. —*Epoques de la nature*, de Buffon.

Suède. — Mort de Linné, à soixante-dix ans.

1779.

Allemagne.—*Nathan le Sage*, drame de Lessing.

Allemagne, Autriche et Prusse. — Fin de la guerre de succession de Bavière par la médiation de la France et de la Russie (13 mai). Traité de Teschen : l'Autriche ne garde que quelques districts entre le Danube, l'Inn, et la Salza, affluents de l'Inn ; la Bavière reste à l'électeur palatin.

Angleterre, Espagne, États-Unis, France et Hollande. — L'Espagne se déclare pour les États-Unis (16 juin); ils reçoivent aussi des munitions de guerre des Hollandais.—Vaine tentative de débarquement des Français et des Espagnols à Plymouth, sous d'Orvilliers. Gibraltar, attaqué par les Espagnols, est ravitaillée par l'amiral Rodney.

Angleterre. — Cook est assassiné dans une des Sandwich, l'île d'Owhihée. — *Vie des poëtes anglais* par Samuel Johnson.

Autriche et Russie. — Visite de Joseph II à Catherine II pour la détacher de la Prusse (mai).

France. — *Examen critique de la pomme de terre*, par Parmentier. — Mesmer, médecin allemand, arrivé récemment à Paris, y publie son *Mémoire sur la découverte du magnétisme animal*.

Italie. — Terrible éruption du Vésuve (8 août), qui détruit la ville d'Ottoiano.

Perse. — A la mort de Kerim-Velik, guerre civile de quinze ans.

Suède. — La diète établit le libre exercice de toutes les religions.

1780.

Allemagne et Autriche. — Mort de Marie-Thérèse, après un règne glorieux de quarante ans. Son fils Joseph II, empereur de nom depuis quinze ans, lui succède (29 nov.).

Angleterre. — Émeutes contre les catholiques à Londres, à Bristol, à Hull; incendie et pillage de chapelles (juin). Lord Gordon, fanatique extravagant qui a dirigé la masse armée des pétitionnaires protestants contre la chambre des communes, est arrêté. Dix-huit exécutions capitales. La chambre des pairs s'oppose au bill présenté contre les catholiques sous une forme déguisée.— Première machine à feu établie à Birmingham. Début du *Morning Herald*.

Angleterre, Espagne, États-Unis, France, Hollande et Russie. — Question des neutres. L'Angleterre, pour empêcher les Espagnols et les Français de recevoir des régions du nord des munitions navales saisissait les bâtiments neutres. Catherine II (août) proclame la liberté du commerce neutre et la franchise des pavillons. Plan de neutralité armée, accepté par la Suède et le Danemark, la Prusse et l'Autriche, le Portugal, les Deux-Siciles et la Hollande : les munitions de guerre, poudre, boulets, canons, etc., seront seuls prohibées. — En Amérique l'Anglais Clinton réduit cinq mille hommes à capituler. — Aux Antilles Rodney tient tête au comte de Guichen. — Déclaration de guerre de l'Angleterre à la Hollande (20 déc.) : Rodney en attaque les possessions dans les Antilles et en Guyane. — L'Indien Haïder-Ali, avec le secours de la France, a rendu tributaires les côtes de Malabar et de Calicut.

France.—Louis XVI, qui a aboli le servage et la mainmorte dans ses domaines en 1779, abolit pour tous les tribunaux la question préparatoire. — Mort de Gilbert, à l'hôpital.

Italie.— *De la science de la législation*, par le Napolitain Filangieri.

Suisse. — *Histoire de la Confédération helvétique*, par J. Muller.

1781.

Allemagne.—Herschell, astronome de Hanovre, découvre une 6° planète *Uranus* (13 mars).— Mort de Lessing.—Kant, de Kœnigsberg, commence à publier la *Critique de la raison pure.* —Homère, traduit en allemand par Henri Voss.

Allemagne et Autriche.—Joseph II, plein de vastes projets de réforme, rend des édits sur les matières ecclésiastiques, même sur les usages et la discipline, sur les fêtes, les cérémonies et les offices de l'Église (avril) : il trouble ainsi les consciences sans profit pour la liberté. Il demande au clergé un état de ses revenus, sou-

XVIIIᵉ SIÈCLE (1782-1783). 657

à la nécessité de la sanction impériale les bulles, brefs, rescrits venant de Rome. Il ne veut pas que les religieux de ses États obéissent à des supérieurs ecclésiastiques étrangers : plaintes de Pie VI. Par l'édit de tolérance du 13 oct., libre exercice accordé pour tout culte qui est chrétien; égalité des droits civils, quelle que soit la différence de religion. — Négociations sans effet avec la Hollande, pour l'abolition du traité de la Barrière de 1715, qui restreignait la puissance militaire et le commerce de l'Autriche. — Son nouveau voyage à Paris.

Angleterre, Espagne, États-Unis et France. — Supériorité des Américains et de leurs alliés. Occupation en Floride de Pensacola par les Espagnols, de Tabago dans les Antilles par les Français. En Virginie, Washington et le général français Rochambeau, aidés par les succès maritimes du comte de Grasse, obligent le général anglais Cornwallis à capituler avec huit mille hommes dans Yorktown (19 oct.). A la fin de la campagne les Anglais n'ont plus que Savannah, entre la Géorgie et la Floride, Charlestown dans la Caroline du sud, et New-York.

Angleterre. — Un imprimeur de Glocester, Robert Raikes, fonde la première école du dimanche.

France. — Pour la première fois un compte rendu, qui établit les recettes et les dépenses, est publié par Necker et livré à l'examen de la nation (janv.). Clameurs des privilégiés que soutient Maurepas: Retraite de Necker (21 mai). — M. Joly de Fleury le remplace. — Edit impolitique (22 mai) : on ne peut devenir capitaine, si on n'est noble de quatre générations. — Mort de Maurepas (oct.). La reine et la cour dominent toujours le gouvernement. — *Le tableau de Paris* par Mercier.

1782.

Allemagne. — Premier drame de Schiller les *Brigands*.

Angleterre. — Chute de lord North (20 mars); cabinet du marquis de Rockingham avec Fox, lord Shelburne, Burke; mort de Rockingham, retraite de Fox et de Burke; le jeune V. Pitt est chancelier de l'échiquier. Dispositions favorables à la paix avec les États-Unis, dût-on reconnaître leur indépendance.

Angleterre, Espagne, États-Unis et France. — Les Espagnols enlèvent aux Anglais l'île de Minorque (janv.). Aux Antilles, Rodney bat le comte de Grasse près des Saintes (12 avril). — Gibraltar est assiégé par vingt mille Français et Espagnols (15 août). Épreuve de batteries flottantes (13 sept.). Défense valeureuse de l'Anglais Elliot. L'amiral Howe ravitaille la place qui est sauvée (18 oct.). — Dans la mer des Indes, quatre victoires du bailli de Suffren (févr.-sept.). — Mort du prince de Mysore, Haïder-Ali (9 déc.). Son fils, Tippoo-Saeb, fait aussitôt la guerre aux Anglais. — Des conférences s'ouvrent à Paris pour la paix, sous la médiation de Joseph II et de Catherine (30 nov.).

Autriche. — Voyage de Pie VI à Vienne (mars) : il est reçu avec honneur, mais n'obtient pas le retrait des édits de 1781, défavorables à la puissance romaine. — Abolition de la peine de mort et de la servitude.

France. — Guyton de Morveau, avocat général à Dijon, a le premier l'idée d'une nouvelle nomenclature chimique.

Italie. — Plus de trib. de l'inquis. dans les Deux-Siciles et en Toscane (mars). — Mort du poëte Métastase.

Russie. — Le prince Paul visite la France (mai). — Les jésuites renouvellent leur constitution. — Révolte des Tartares de la Crimée contre leur khan dévoué à la Russie.

1783.

Angleterre et Indostan. — Le général Anglais Matthews dévaste le Carnate et le territoire de Bednor, qui capitule, mais que Tippoo-

Saeb et les Français reprennent (avril).

Angleterre, Espagne, États-Unis, France et Hollande. — Traités de Paris et de Versailles : l'indépendance des treize États-Unis est reconnue par l'Angleterre, le Mississipi forme leur frontière occidentale ; la France garde le Sénégal, Tabago et Sainte-Lucie, aux Antilles, Saint-Pierre et Miquelon, dans le golfe Saint-Laurent, avec la liberté de la pêche à Terre-Neuve ; l'Espagne conserve Minorque et recouvre les Florides, que les Anglais ont depuis vingt ans ; la Hollande cède aux Anglais Négapatnam, au sud de Pondichéry, et leur assure la libre navigation dans les mers de l'Inde. Le traité avec la Hollande n'est signé qu'au 20 mai 1784.

Angleterre. — Ministère de coalition : Fox et Burke avec lord North.

Autriche. — Joseph II à Rome (23 déc.) ; conférences avec Pie VI.

États-Unis. — Après la paix de Versailles, l'armée, licenciée par Washington, se sépare sans trouble ; il dépose ses pouvoirs de généralissime et rentre dans la vie privée.

France. — Après la démission de Joly de Fleury, d'Ormesson est huit mois contrôleur général des finances (mars). — Établissement des paquebots pour aller de la France aux États-Unis (juin). — Résultat de la guerre d'Amérique : nouvelles dettes de sept cent trente-trois millions : M. Necker avait emprunté quatre cent soixante millions ; M. de Fleury deux cents ; M. d'Ormesson en emprunte soixante-treize. — M. de Calonne aux finances (nov.), en voulant complaire à la cour, augmentera encore les embarras du trésor. — Travaux de la digue de Cherbourg 1783-1853. — Le bénédictin Fr. Clément commence la publication de *l'Art de vérifier les dates après Jésus-Christ*, monument imposant de chronologie et d'histoire jusqu'en 1770, auquel ont travaillé avant lui les bénédictins Fr. d'Antine, mort en 1746, et Clémencet, mort en 1778 : trois vol. in-f° 1783-1787. — Mallet Du Pan réd. la partie politique du *Mercure de France* 1783 1789. — Expér. d'aérostats à Annonay et à Versailles par les frères Montgolfier, à Paris par Pilâtre du Rosier et d'Arlande. Bat. à vapeur du Cte Jouffroy à Lyon. — *Galatée* de Florian.

Hollande. — Agitation intérieure depuis deux ans. Humiliation de la nation et pertes maritimes dans la guerre d'Amérique. Les patriotes, ennemis du pouvoir du stathouder, forment des corps de volontaires.

Italie et Sicile. — Un tremblement de terre détruit une partie de Messine et cause de grands désastres en Sicile et dans la Calabre (5 mars).

Russie. — Catherine II prend possession de la Crimée que lui a aliénée le khan tartare, et du pays du Kouban, le long de la côte orientale de la mer Noire (avril). — Le roi de Géorgie, Héraclius, se met sous la protection des Russes. — Déclin de l'influence ottomane.

1784.

Angleterre. — Nouveau cabinet de W. Pitt. Il dissout le parlement ; les élections lui sont favorables. — Importation à Liverpool de 71 balles de coton américain. — Traité avec Tippoo-Saeb à Mangalore, au nord de la côte de Malabar (mars) ; il est reconnu souverain indép. de Mysore ; il se déclare sultan et empereur. — J. Watt perfectionne la machine à vapeur à double effet.

Autriche et Hollande. — Rupture à propos d'un bât. autrichien chargé à Anvers, qui cherche à sortir par l'embouchure de l'Escaut ; i est canonné par les Hollandais (oct.). Les troupes autrichiennes se mettent en marche ; la France semble prête à soutenir les Provinces-Unies, que la Russie menace.

Danemark. — Régence du prince royal Frédéric ; il a d'hab. conseillers.

France. — Un rude hiver qui a commencé en octobre 1783 aggrave les charges du trésor et multiplie

XVIIIᵉ SIÈCLE (1785).

la misère. — Calonne emprunte cent vingt-cinq millions. — Population, 24 000 000 d'âmes. — Haüy fonde l'Institut des aveugles. — *Etudes de la nature* de Bernardin-de-St-Pierre. — *Macbeth* de Ducis. — *Mariage de Figaro* de Beaumarchais (27 av.). — De 1784 à 1787, *les Horaces, la mort de Socrate, Pâris et Hélène,* et le *Brutus* de David font dominer dans la peinture le goût de l'antique. — *Richard Cœur de lion,* opéra comique de Grétry.

Hollande. — Le parti des patriotes oblige le duc de Brunswick, depuis trente-trois ans tuteur puis ministre de Guillaume V, à donner sa démission (oct.).

Suède. — Gustave III vient à Paris sous le nom de comte de Haga (juin). — La France lui cède Saint-Barthélemy dans les petites Antilles, en échange de priviléges qu'il donne au commerce français dans le port de Goetheborg, à l'entrée du Cattégat.

1785.

Allemagne. — *Lettres sur la doctrine de Spinosa* par Jacobi phil. mystique. — En Bavière, où sont interdites les sociétés secrètes, le chef des illuminés, Weishaupt, perd sa chaire de droit et est chassé d'Ingolstadt (févr.). — Les prélats de Mayence, de Trèves, de Cologne, de Salzbourg, réunis en congrès à Ems, rédigent une protestation contre les empiétements de la cour de Rome (25 août).

Allemagne, Autriche, Prusse, Hollande et **Russie.** — Négociations de Joseph II avec l'électeur de Bavière, Charles-Théodore, qui n'a pas d'enfant, pour qu'il échange toutes ses principautés contre la Belgique, qui serait érigée pour lui en royaume d'Austrasie. Traité signé à Munich (janv.). Protestation de l'héritier présomptif de l'électeur, le duc des Deux-Ponts; la France le soutient faiblement : mais Frédéric II réunit contre l'Autriche les électeurs de Saxe, de Mayence et de Hanovre, le prince de Brunswick-Lunebourg le margrave d'Anspach, etc. (22 juill.)

Joseph II est forcé de renoncer à ses projets d'agrandissement; le traité de Munich n'est pas exécuté. — Insurrection de Bruxelles, de concert avec les Hollandais qui, de leur côté, ne veulent plus de leur stathouder. — La France aplanit les différends entre Joseph II et les Provinces-Unies (nov.).

Angleterre. — Projet de mise en accusation devant le parlement du gouverneur général de la compagnie des Indes, Warren Hastings, à cause de ses exactions et de ses cruautés. Fox, Sheridan, Burke élèvent la voix contre lui. Neuf ans de débats. — Population du Royaume-Uni : 12 336 932 âmes. — Dette : 257 000 000 de livres sterling; en 1739, elle était de 54 000 000. — La machine à filer le coton, pour laquelle Arkwright avait eu un brevet en 1769, tombe dans le domaine public. — *Essais sur les facultés intellectuelles* par Th. Reid.

Espagne. — La paix est achetée d'Alger, vainem. bombardée en 1784.

France. — Le contrôleur général, M. de Calonne, emprunte encore quatre-vingts millions. — Affaire du collier de la reine. Arrestation du cardinal de Rohan. — Ascension heureuse de Nicolas Blanchard de Douvres à Calais (7 janv.). Mort déplorable de l'aéronaute Pilâtre du Rosier (15 juin). — Œuvres complètes de Voltaire, édition de Kehl, préparée par Beaumarchais : un arrêt du conseil l'interdit (juin) lorsqu'elle a déjà circulé. — *Essai* de Condorcet *sur l'application de l'analyse à la probabilité des décisions rendues à la pluralité des voix.* — *Discours* de Rivarol *sur l'universalité de la langue française;* il partage le prix proposé par l'Académie de Berlin. — Pendant qu'à Yedo, dans l'île japonaise de Niphon, se publie un atlas de cinq cartes qui décrit Yeso, la Corée, les îles Lieou-Khieou, etc., La Pérouse, dans un voyage qu'il entreprend en 1785, pénétrera jusqu'au détroit ensablé qui sépare les terres d'Yeso de la Mantchourie, et traversera le détroit qui porte son nom, entre 'Ile d'Yeso et les Iles Tarakhaï et Kouriles.

Hollande. — A la Haye, soulèvement des patriotes contre le stathouder (sept.). — Traité d'alliance avec la France, qui s'est faite médiatrice entre les Provinces-Unies et l'Autriche.

Italie. — Venise fait une entreprise inutile contre Tunis.

1786.

Allemagne. — Mort du philosophe Moïse Mendelssohn, à Berlin. Il cherche, dans ses ouvrages, à rapprocher les juifs des chrétiens. Schiller, à Weimar, rencontre le philosophe Herder, le poëte Wieland.

Angleterre. — Colonie de nègres libres sur la côte ouest d'Afrique à Sierra Leone.

France. — Accroissement des forces maritimes; organisation du service de mer; règlement d'avancement des officiers de vaisseaux. — Louis XVI visite Cherbourg (21 juin). — Nouvel emprunt de M. de Calonne : déjà, depuis Necker, près de 950 millions ont été empruntés. — Traité de commerce et de navigation avec l'Angleterre (26 sept.), plus favorable aux Anglais qu'aux Français. — Troupeaux de mérinos espagnols à la ferme de Rambouillet. — P. Lebon invente l'éclairage au gaz hydrogène.

Prusse. — Mort du grand Frédéric, à Potsdam (17 août). Avénement de son neveu Frédéric-Guillaume II, âgé de 42 ans. — Abolition du système de régie établi en 1763 pour les douanes et divers impôts. — *Lettre* de Mirabeau au nouveau roi.

Suède. — La diète résiste aux volontés absolues du roi.

1787.

Angleterre. — Wilberforce réclame avec insistance au parlement l'abolition de la traite. — Déportation des criminels dans la partie orientale de la Nouvelle-Hollande, appelée Nouvelle-Galles : c'est l'origine de la colonie de Sydney et de Botany-Bay. — L'agronome Arthur Young en France.

Autriche. — Pendant que Joseph II visite Catherine II en Crimée, insurrection des Pays-Bas à cause des réformes qui portent atteinte aux priviléges provinciaux, aux institutions civiles, aux usages et aux mœurs, et établissent de nouveaux impôts sans donner de nouveaux droits politiques (juin). Quelques hostilités. Fin des troubles (sept.) : Joseph II révoque les nouvelles ordonnances et rétablit la charte du Brabant.

Autriche, Russie et Turquie. — Voyage triomphal de Catherine II avec Potemkin, à travers les provinces méridionales, dans les régions du Volga, à Kherson, à l'embouchure du Dniéper, et dans la Crimée. — A Kherson, elle est visitée par Joseph II qui espère, avec son alliance, occuper les bouches du Danube (18 mai) : arc de triomphe sur le chemin de Byzance que convoitent les Russes. — La Porte prévient les desseins de la Russie et lui déclare la guerre (24 août). Deux cent mille Autrichiens se réunissent sur les frontières de la Turquie : ils passent la Save (déc.), mais ne peuvent surprendre Belgrade.

États-Unis. — Le congrès, seul pouvoir fédéral depuis le commencement de la guerre, se retire devant les embarras de la situation : indocilité de chaque État, lutte contre les nations indiennes, dettes contractées pendant la guerre, peu d'estime témoigné par les grands peuples de l'Europe (21 févr.). Pendant deux ans, pas de pouvoir fédéral. — La commission de constitution finit son travail; elle ne se composait que de cinquante-cinq membres : Washington, président; Madison, Hamilton, les deux Morris, etc. (17 sept.). Examinée et discutée dans chaque État, la constitution sera successivement approuvée par tous de

1787 à 1789 : le pouvoir législatif est à un congrès, composé d'un sénat et d'une chambre de représentants; le pouvoir exécutif à un président élu tous les quatre ans, rééligible et responsable : un véto seulement suspensif; cour suprême de justice fédérale; la Constitution peut être revisée. Le premier président élu n'entrera en charge qu'en 1789.

France. — Assemblée de notables, dans l'espoir qu'une répartition plus égale des charges publiques augmentera les revenus (22 févr.). La proposition d'un impôt territorial levé sur toutes les propriétés, même celles du clergé, est rejetée par les privilégiés. Retraite de Calonne (20 avril). L'archevêque de Toulouse, Loménie de Brienne, mis à la tête d'un nouveau conseil de finances (1er mai), présente à l'assemblée les mêmes plans qu'il avait blâmés. Clôture de l'assemblée le 25. Les édits sur l'impôt du timbre et sur la subvention territoriale, portés au parlement, y sont refusés. Des états généraux sont demandés. Lit de justice à Versailles : le roi impose les édits (6 août). Protestation du parlement : il est exilé à Troyes le 15; agitation à Paris et dans la Franche-Comté. Loménie de Brienne devient principal ministre (19 sept.). Rappel du parlement le 20. Le roi vient au parlement pour l'enregistrement de deux édits : 1° création d'emprunts jusqu'à concurrence de quatre cent vingt millions ; 2° concession de tous les droits civils et politiques aux protestants, demandée avec insistance par M. de Malesherbes (19 nov.). Sur le premier édit, en présence du roi, opposition violente du duc d'Orléans. — M. de Montmorin est le dernier ministre des affaires étrangères choisi par Louis XVI. — Nouvelle nomenclature chimique par Lavoisier et Guyton de Morveau, avec le concours de Berthollet et de Fourcroy.

Hollande. — Guerre civile à Amsterdam (28 mai). Les Prussiens qui soutiennent Guillaume V viennent jusqu'à Amsterdam (20 sept.), la puissance du stathoudérat est rétablie (9 oct.) : réaction sanglante contre les partisans de la révolution.

Russie. — Traité de commerce avec la France (11 janv.) : les Anglais n'ont plus le monopole de la navigation dans les mers du nord. — Convention de commerce avec la Chine.

1788.

Angleterre. — Début du *Times*.

Autriche, Danemark, Russie, Suède et Turquie. — Manifeste de Joseph II contre la Turquie (10 févr.). — Les Russes perdent contre les Turcs une bataille navale à Sébastopol, au sud-ouest de la Crimée. Le roi de Suède attaque la Russie à l'improviste (juin) ; malgré une défaite de sa flotte à Hogland, île du golfe de Finlande (17 juill.), il avance jusqu'à Frédérikshamm ; mais plusieurs officiers refusent le service : il retourne à Stockholm (août). Les Danois, alliés de Catherine II, envahissent la Suède et assiégent Goetheborg (sept). Mais l'intervention de l'Angleterre et de la Prusse arrête les Danois ; suspension d'armes (9 oct.). — Les Autrichiens qui attaquent Belgrade (mars-avril) sont rejetés au delà de la Save. Joseph II a à craindre, en Hongrie, un mouvement national, parce qu'il a arraché à la noblesse les prérogatives féodales et irrité le peuple par des innovations religieuses. — Le général Laudon parcourt la Bosnie turque et enlève Novi-Bazar (août). Le prince de Cobourg, soutenu par le Russe Soltikof, investit Choczim, sur le Dniester. — En Hongrie, les Turcs battent Joseph II à Temesvar (8 déc.). — Le Russe Potemkin prend d'assaut Oczakow, sur la mer Noire, entre Odessa et Kherson (17 déc.).

Danemark. — L'abolition complète de la servitude est décrétée pour l'an 1800; déjà des affranchissements.

Espagne. — Mort de Charles III (14 déc.). Esprit bienveillant et libéral de son gouvernement, pendant vingt-cinq ans dans les Deux-Siciles, pendant vingt-neuf en Espagne. A la fin de son règne, il a eu pour ministre et a nommé gouverneur du conseil de Castille Campomanès, auteur d'excellents ouvrages sur l'économie politique et sur l'administration de l'Espagne, qui a contribué au développement du commerce et de l'industrie.—Avénement de Charles IV, son fils.

France. — Loménie de Brienne et Lamoignon, garde des sceaux, veulent réduire les parlements au jugement des affaires privées, et établir des cours plénières composées seulement de l'élite des privilégiés. Le conseiller Duval d'Éprémesnil qui dénonce le projet est arrêté (3 mai); assemblée du parlement violemment rompue le 5. Lit de justice à Versailles pour l'enregistrement des nouveaux édits le 8. Cependant la crainte d'une insurrection fait suspendre l'établissement de la cour plénière (8 août). Édit du 8 pour l'ouverture des états généraux au 1er mai 1789. Retraite de M. Loménie de Brienne le 25; M. Necker est rappelé aux finances le 27. Graves désordres à Paris. Retraite du garde des sceaux (14 sept.). — L'édit de convocation des états généraux est enregistré au parlement (27 sept.) : ils doivent être assemblés selon la forme observée pour les états de 1614, distribués en trois ordres ayant chacun même nombre de députés élus par les bailliages, formant trois chambres particulières, avec le système de vote par ordre. — Après une seconde assemblée des notables à Versailles (6 nov.), Necker obtient, le 27, du Conseil qu'il y aura mille députés et que le tiers état aura un nombre de représentants égal à celui des deux ordres réunis; l'assemblée se tiendra à Versailles. — Une société d'hommes de lettres publie, de 1788 à 1789, une collection de *Documents sur l'histoire des états généraux* et des autres assemblées nationales de France. —Mort de Buffon (16 avril).—*Voyage du jeune Anacharsis en Grèce*, par l'abbé Barthélemy. — *Paul et Virginie*, de Bernardin de Saint-Pierre. — *Lettres* de Mlle Necker (depuis Mme de Staël), âgée de vingt-deux ans, *sur le caractère et les écrits de J. J. Rousseau*, dont elle accepte la philosophie.—Après que La Pérouse a visité la Nouvelle-Hollande, on cesse d'avoir de ses nouvelles depuis le 7 février : il a péri sans doute sur les récifs qui entourent l'île de Vanikoro, au sud de l'archipel de la reine Charlotte.—Population : 25 millions.

Hollande. — Traité d'alliance avec l'Angleterre, moyennant le maintien du stathoudérat (15 avril). Toutes les provinces, par un concordat que ratifient les États Généraux, s'engagent à conserver la constitution actuelle (10 juin). Triple alliance de la Hollande, de l'Angleterre, de la Prusse, qui a retiré ses troupes (août-sept.). La France n'a plus d'influence dans les Provinces-Unies.

PARIS. — IMPRIMERIE A. LAHURE
Rue de Fleurus, 9

www.ingramcontent.com/pod-product-compliance
Lightning Source LLC
Chambersburg PA
CBHW050101230426
43664CB00010B/1397